의사소통장애 용어집

고도홍 편저

Dictionary of Communication Disorders

학지사

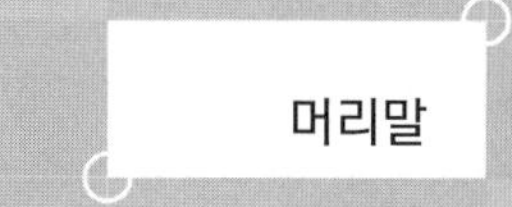

머리말

이 용어집에서 다루고자 하는 주된 관심 분야는 언어치료학과 청각학을 바탕으로 하는 의사소통장애학(Communication Sciences and Disorders)이다. 이 학문은 학제 간의 성격이 강하여 해부학 및 생리학은 물론 음성학, 언어학, 국어학, 인지심리학, 특수교육학, 음성공학, 뇌과학 등의 용어를 상당 부분 공유하고 있다.

필자는 졸저인 『언어기관의 해부와 생리』를 집필하는 동안 전문 용어를 체계적으로 정리할 필요성에 대하여 절실하게 느끼게 되었다. 이에 수년 전부터 시간이 될 때마다 기한을 정하지도 않고 무작정 자료를 취합하기 시작하였다. 수백 권에 달하는 관련 서적과 엄청난 양의 관련 논문집에서 추려 낸 용어를 취합·분류하고 표제어로서의 요건을 검토하는 것은 많은 시간과 정성이 필요한 작업이었다. 워낙 자료의 양이 방대하여 아무리 많은 시간을 투자하여도 제자리걸음이라 수렁에 빠진 듯한 느낌이 들 때가 많았다. 특히 편집의 핵심이 되는 표제어의 기준을 정하는 일조차 쉽지 않았다.

표제어의 하위 영역을 구분하고, 특정한 표제어와 연상될 수 있는 유사어는 물론 상대어까지 포함하는 까다로운 작업을 기획하면서 어려움에 빠지기를 수차례 거듭하게 되었다. 물론 용어의 표준화 작업은 당장 쉽게 이루어질 수 있는 일은 아니다. 어렵고 힘든 일임에는 틀림없지만 후학을 위해 누군가는 수행해야 할 필요가 있는 작업이다. 이제 정년을 눈앞에 두고 부족하나마 작은 결실을 맺게 되어 고맙기 이를 데 없다.

이 용어집에 올려진 어떤 표제어는 학자에 따라 이견이 있을 수도 있다. 한자와 한글 용어의 선호도 다를 뿐만 아니라, 하나 이상의 용어가 허용될 수도 있기 때문이다.

어쩌면 자신과의 약속을 지키기 위해 시작한 일이지만, 이 용어집을 만들면서 혼자의 이름을 올리는 것이 민망하기 이를 데 없다. 왜냐하면, 여러 해 동안 수많은 한림대학교 학부와 대학원 제자들의 노고가 이 책에 고스란히 담겨져 있기 때문이다. 특히 마지막 단계의 교정에 정성을 다해 준 심희정 박사와 신희백 박사, 그리고 한림대 전진아, 윤지혜 두 분 교수께도 고마움을 표한다. 용인대 정경희 교수도 바쁜 시간을 내어 마지막 교정작업에 참여하였다. 또한 영문 교정의 감수에 참여한 Jenny-Faye Jackson-Smith 양에게도 고마움을 표한다.

사실 요즘과 같은 인터넷 시대에 이와 같은 용어집의 출간은 출판사의 입장에서 보면 크게 내키지 않는 사업임에도 기꺼이 출간을 허락하여 주신 학지사 김진환 사장님께 깊이 감사드린다. 또한 세세한 작업에 정성을 다해 주신 김준범 님을 비롯한 편집진에게도 고마움을 표한다.

2018년 7월 봉의산 기슭에서

편저자 드림

편집의 원칙과 방향

언어는 화자의 입을 통해 역동적으로 살아 있는 실체이기 때문에 우리는 항상 변화의 과정에 있을 수밖에 없다. 같은 용어라도 분야에 따라 쓰임새가 달라질 수 있으며, 더 나아가 세대 간에 자신의 방식으로 용어를 인식하려는 경향이 있다. 불과 몇 십 년 전까지만 하더라도 사전의 올림말이 대부분 한자말로 이루어져 있었다.

전문용어(專門用語)에서 조상의 숨결이 숨 쉬는 순수한 우리말의 비중을 높이자는 뜻은 높이 평가할 만하다. 하지만 단순히 풀어쓰기식 전문용어는 표제어(올림말)의 자격을 부여하는 데 문제가 되는 경우도 흔히 볼 수 있다. 국어에는 외래어도 있지만 전체적으로 볼 때 그 비중이 매우 미미하고(5.6%), 과반이 넘는 한자말(57.3%)과 25.2%의 순수 우리말로 구성되어 있다.[注] 오랜 세월에 걸쳐 뿌리내려 온 우리말화한 한자를 남의 나라말로 치부하는 것은 논리적으로 맞지 않다고 본다.

사실 완전한 방식으로 용어를 표준화(標準化)한다는 것 자체가 불가능한 목표일 것이다. 그럼에도 불구하고, 시대적인 대세를 거스르면서까지 이 용어집을 펴내게 된 것은 누군가는 큰 틀에서 용어를 선택할 수 있도록 가이드라인을 제시하여야 한다는 이유에서이다. 의사소통장애학(意思疏通障礙學)은 다른 학문에 비해 학제 간의 연계성이 강해 인접학문의 배경지식이 필요하다. 그러나 제반 용어의 이해를 위해 여러 사전들을 다 들춰 보는 것은 대단히 번거롭고도 비효율적이다.

주) 2002년 국립국어원 발간 『표준국어대사전』 표제어 비율 참조

◈ 편집의 방향

가. 앞에는 영문-국문, 뒤에는 국문 색인 순으로 배열하였다.
나. 영문 표제어는 하이픈(-)에 관계없이 알파벳 순, 국문 색인은 가나다 순으로 나열하였다.
다. 국문 번역어는 원칙적으로 붙여 썼다.
라. 국문 번역어는 괄호에 한자를 병기하였다.
마. 외래어 표기는 원칙적으로 교육부의 외래어 표기법에 따랐다.
바. 한자어로 된 표제어를 먼저 올린 것은 저자의 선호도를 반영한 것은 아니다.
사. 영문 하나에 국문 표제어가 두 개 이상 있는 경우, 모두 색인에 올렸다.
아. 검사도구 등의 이름은 원저자의 의도를 반영하였다.

◈ 일러두기

아래 학문 영역의 하위 구분에서 보듯이, 이 용어집은 비단 언어병리학이나 청각학 전공자들뿐만 아니라 국어국문학이나 언어학, 영어학 전공자들에게도 충분한 표제어 정보를 제공하고 있다.

- 해부, 생리, 통계, 청각
- 신경, 언어발달, 말더듬, 조음, 음운, 음성장애
- 삼킴, 음향, 음성공학, AAC, 음성의학, 뇌과학
- 형태, 통사, 의미, 담화, 심리, 인지, 논리, 화용

기타 약어 및 기호는 다음과 같다.

- L 라틴어
- PL 복수형
- AAC 보완대체의사소통
- 옛 과거 용어
- = 유의어
- ↔ 반의어
- *cf.* 참조어

A ················ 9
B ·············· 58
C ·············· 76
D ··········· 128
E ··········· 157
F ··········· 185
G ··········· 205
H ··········· 219
I ··········· 234
J ··········· 265
K ··········· 268
L ··········· 272
M ··········· 297
N ··········· 340
O ··········· 359
P ··········· 375
Q ··········· 428
R ··········· 431
S ··········· 454
T ··········· 519
U ··········· 545
V ··········· 556
W ··········· 575
X ··········· 583
Y ··········· 584
Z ··········· 585

◈ 찾아보기 ···· 587

A

A not B error 청각 AB 혼동오류(混同誤謬)
A(ampere) 암페어
A/D(analog-to-digital) converter 아날로그-디지털 변환기(變換機)
A1(primary auditory area) 해부 일차청각영역(一次聽覺領域)
A2(secondary auditory area) 해부 이차청각영역(二次聽覺領域) *cf.* A1
A 19 Scale for Children who Stutter 말더듬아동을 위한 A-19 척도
AAA(American Academy of Audiology) 미국청각학회(美國聽覺學會)
AABR(aided auditory brainstem response) 청각 증폭기착용 청성뇌간반응(增幅器着用聽性腦幹反應)
AAC(achievement ability comparison) 성취능력비교(聽取能力比較)
AAC(augmentative and alternative communication) 보완대체의사소통(補完代替意思疏通) *cf.* aided augmentative communication
AAIDD(American Association on Intellectual and Developmental Disabilities) 미국지적 및 발달장애협회
AAMD(American Association on Mental Deficiency) 옛 미국정신박약협회(美國精神薄弱協會) *cf.* AAIDD
AAMR(American Association of Mental Retardation) 옛 미국정신지체협회(美國精神遲滯協會) *cf.* AAIDD
AAPS(Arizona Articulation Proficiency Scale) 아리조나 조음능력척도(調音能力尺度)
Aarskog syndrome 생리 (유전성) 아르스코그 증후군
AASC(American Academy of Speech Correction) 옛 미국언어교정학회(美國言語矯正學會) *cf.* ASHA
AAT(articulation attainment test) 조음성취검사(調音成就度檢查)
ABA(applied behavior analysis) 언어발달 응용행동분석(應用行動分析)

ABA(apraxia battery for adults) 성인실행증 검사(成人失行症檢査)

ABAS(adaptive behavior assessment system) 적응행동평가체계(適應行動評價體系)

abasia 생리 보행불능증(步行不能症)

abbreviated episode 언어발달 담화 간략한 일화(逸話), 간략한 에피소드 *cf.* complete episode

abbreviation 약어(略語) *cf.* acronym

abbreviation expansion 단축확장(短縮擴張)

ABCD(Arizona Battery for Communication Disorders of Dementia) 아리조나 치매의 사소통장애검사(癡呆意思疏通障礙檢査)

abdomen 복부(腹部), 배

abdominal aorta 해부 복부대동맥(腹部大動脈) = L aorta abdominalis

abdominal breathing 생리 복식호흡(腹式呼吸) = abdominal respiration *cf.* thoracic breathing

abdominal cavity 해부 복강(腹腔) *cf.* thoracic cavity

abdominal-diaphragmatic respiration 생리 복식횡격막 호흡(腹式-橫擊膜呼吸)

abdominal fixation 복부고착(腹部固着)

abdominal muscles 해부 복근(腹筋) = L abdominis muscles

abdominal pain 생리 복통(腹痛)

abdominal region 해부 복부(腹部)

abdominal respiration 생리 복식호흡(腹式呼吸) = abdominal breathing *cf.* thoracic respiration

abdominal trussing 복대(腹帶)

abdominal viscera 해부 복부내장(腹部內臟)

abdominal wall 해부 복벽(腹壁)

abdominopelvic cavity 해부 복부골반강(腹部骨盤腔)

abducens 외전(外轉), 외향(外向) = abduction

abducens nerve 해부 (뇌신경, CN VI) 외전신경(外轉神經)

abducens nucleus 해부 외전핵(外轉核)

abducens palsy 신경 외전마비(外轉痲痺)

abduction 외전(外轉) = abducens ↔ adduction

abduction quotient 외전지수(外轉指數)

abductor muscles 해부 외전근(外轉筋) ↔ adductor muscles

abductor paralysis 신경 외전근마비(外轉筋痲痺)

abductor spasmodic dysphonia(ABSD) 생리 외전형 연축성 발성장애(外轉形攣縮性發聲障礙) *cf.* adductor spasmodic dysphonia

abductor spasms 생리 외전근경련(外轉筋痙攣)

abductor type 외전형(外轉形) ↔ adductor type

aberrant behavior 심리 일탈행동(逸脫行動)

aberrant behavior checklist 심리 일탈행동 점검목록(逸脫行動點檢目錄)

ABG(air-bone gap) 청각 기도-골도차(氣導-骨導差)

ABI(activity-based intervention) 활동중심 중재(活動中心仲裁)

ABI(auditory brainstem implant) 청각뇌간 이식(聽覺腦幹移植)

ability 능력(能力)

ability-achievement discrepancy 심리 능력-성취 불일치(能力成就不一致)

ability test 심리 능력검사(能力檢査) *cf.* aptitude test

ablation 제거(除去), 절제(切除)

ablative absolute 통사 절대탈격(絶對奪格)

ablaut 음운 어간모음교체(語幹母音交替) = vowel gradation

ABLBT(alternate binaural loudness balance test) 청각 교대성 양이강도평형검사(交代性兩耳强度平衡檢査)

abnormal 비정상적인 ↔ normal

abnormal audibility zone 청각 이상 청취구역(異常聽取區域)

abnormal behavior 이상행동(異常行動), 비정상 행동(非正常行動)

abnormal child 비정상아(非正常兒)
abnormal disfluency(AD) 말더듬 비정상적 비유창성(非正常的非流暢性) ↔ normal disfluency
abnormal echo 비정상 에코
abnormal encephalogram 생리 뇌파이상(腦波異常)
abnormal gag reflex 생리 비정상 구토반사(非正常嘔吐反射)
abnormal person 비정상인(非正常人) ↔ normal person
abnormal psychology 심리 이상심리학(異常心理學)
abnormal reflex activity 신경 이상반사활동(異常反射活動)
abnormality 비정상성(非正常性)
abortion 낙태(落胎) *cf.* miscarriage
ABR(auditory brainstem response) 청각 뇌간유발반응검사(腦幹誘發反應檢査)
abrasion 찰과상(擦過傷)
abreaction 제반응(除反應), 소통법(疏通法)
abrupt release 급속방출(急速放出)
ABS(adaptive behavior scale) 심리 적응행동척도(適應行動尺度)
abscess 종기(腫氣), 농양(膿瘍)
ABSD(abductor spasmodic dysphonia) 생리 외전형 연축성 발성장애(外轉形攣縮性發聲障礙) *cf.* ADSD
absence seizure 생리 결여발작(缺如發作)
absolute 절대적(絶對的) *cf.* relative
absolute agraphia 생리 절대실서증(絶對失書症)
absolute amplitude 음향 절대적 진폭(絶對的振幅) *cf.* relative amplitude
absolute assimilation 음운 절대동화(絶對同化)
absolute constant 절대상수(絶對常數)
absolute construction 절대구조(絶對構造)
absolute difference limen 청각 절대변별역(絶對辨別閾)
absolute hearing 절대음감(絶對音感)
absolute humidity 절대습도(絶對濕度) *cf.* relative humidity
absolute jitter 절대지터값 *cf.* relative jitter
absolute judgement 절대판단(絶對判斷)
absolute latency(AL) 청각 절대잠복기(絶對潛伏期) *cf.* interaural latency
absolute neutralization 음운 절대중화(絶對中和)
absolute phase 절대위상(絶對位相) *cf.* relative phase
absolute quantity 절대적 양(絶對的量) *cf.* relative quantity
absolute refractory period 신경 절대불응기(絶對不應期) *cf.* relative refractory period
absolute sensitivity 절대민감도(絶對敏感度) *cf.* relative sensitivity
absolute synonymy 절대적 동의어(絶對的同義關係) *cf.* propositional synonymy
absolute temperature 절대온도(絶對溫度) *cf.* relative temperature
absolute term 절대항(絶對項) *cf.* relative term
absolute threshold 청각 절대역치(絶對閾值), 절대역(絶對閾) *cf.* difference threshold
absolute threshold of audibility 청각 절대가청한계(絶對可聽限界) = absolute threshold of hearing
absolute universals 절대적 표준(絶對的標準)
absolute value 절대치(絶對値), 절대값 *cf.* relative value
absorptiometer 흡수계(吸收計)
absorptiometry 흡수계측(吸收計測)
absorption 흡수(吸收), 몰두(沒頭)
absorption coefficient 통계 흡음계수(吸音係數)
absorption loss 흡수손실(吸收損失)
abstinence symptom 심리 금단증상(禁斷症狀)
abstract 개요(概要), 초록(抄錄)
abstract concept 의미 추상적 개념(抽象的概

念) ↔ concrete concept

abstract metonymy 인지 추상적 환유(抽象的換喩)

abstract noun 추상명사(抽象名詞) ↔ concrete noun

abstract phonology 추상음운론(抽象音韻論) ↔ concrete phonology

abstract representation 추상적 표시(抽象的標示)

abstract thinking 추상적 사고(抽象的思考)

abstraction 추상(抽象), 추상화(抽象化)

abstractness 추상성(抽象性) ↔ concreteness

abulia 생리 무의지증(無意志症)

abuse 남용(濫用) *cf.* misuse

abusive vocal behavior 음성남용(音聲濫用) = vocal abuse

abutting consonant 음운 인접한 자음

AC(air conduction) 청각 공기전도(空氣傳導) *cf.* BC

AC(alternating current) 교류(交流) ↔ DC

ACA(anterior cerebral artery) 해부 전대뇌동맥(前腦大動脈) ↔ PCA

academic aptitude 학업적성(學業適性)

academic aptitude test 학업적성 검사(學業適性檢査)

academic guidance 학업지도(學業指導)

Academy for Listening and Spoken Language 청각구어학회(聽覺口語學會)

acalculia 생리 실산증(失算症) *cf.* dyscalculia

acataleptic 생리 불가지병(不可知病)

acatamathesia 언어이해불능증(言語理解不能症)

acataphasia 신경 문장실어증(文章失語症)

ACB(aphasia clinical battery) 실어증임상검사도구(失語症臨床檢査道具)

ACC(anterior cingulate cortex) 해부 전대상피질(前帶狀回皮質) ↔ PCC

accelerance 음향 가속(加速) *cf.* deceleration

accelerated motion 음향 가속도운동(加速度運動)

accelerated speech 빠른구어, 가속화된 구어

accelerating process 음향 가속과정(加速過程) ↔ deccelerating process

acceleration 가속도(加速度), 촉진(促進) *cf.* deceleration

acceleration coefficient 통계 가속도계수(加速度係數) *cf.* deceleration coefficient

acceleration technique 가속도 기술(加速度技術)

acceleration type vibration pickup 가속도형 진동픽업

acceleration wave 가속도 파동(加速度波動)

accelerometer 가속도계(加速度計)

accent 악센트

accent method(AM) 음성치료 악센트 기법(技法)

accentuation 항진(亢進), 증강(增强)

acceptability 수용성(受容性), 가용성(可用性) ↔ unacceptability

acceptable 수용가능(受用可能)한 ↔ unacceptable

acceptable alternative method 수용가능 대안법(受用可能代案法)

acceptable fluency 말더듬 수용적 유창성(受容的流暢性) *cf.* spontaneous fluency

acceptable stuttering 말더듬 수용적 말더듬 ↔ spontaneous stuttering

acceptable variance 통계 용인가능 변이(容認可能變異)

acceptable word method 수용가능단어중심 교수법(受用可能單語中心教授法)

acceptance 수용(受容) = reception

acceptor 수용체(受容體) *cf.* receptor

access 접근(接近)

access barriers 접근장애(接近障礙)

access method 접근방법(接近方法)

accessibility 접근성(接近性)

accessibility hierarchy(AH) 접근위계(接近位階)

accessory behaviors 말더듬 부수행동(附隨行動)

accessory features 말더듬 부수적 특성(附隨的特性)
accessory food faction 부영양소(副營養素)
accessory gland 해부 부선(副腺), 보조선(補助腺)
accessory ligament 해부 부인대(副靭帶), 덧인대
accessory lobe 해부 (폐의) 부엽(副葉)
accessory muscles 해부 보조근(補助筋)
accessory nasal cartilage 해부 부비연골(副鼻軟骨)
accessory nasal cavity 해부 부비강(副鼻腔)
accessory nasal sinus 해부 부비동(副鼻洞)
accessory nerve 해부 (뇌신경, CN XI) 부신경(副神經)
accessory nucleus 해부 부핵(副核)
accessory organs 부속기관(付屬器官)
accessory parotid gland 해부 부이하선(副耳下腺)
accessory plexus 해부 부신경총(副神經叢)
accessory respiratory muscle 해부 보조호흡근(補助呼吸筋) *cf.* primary respiratory muscle
accessory thymus 해부 부흉선(副胸線)
accessory thyroid gland 해부 부갑상선(副甲狀腺)
accidental assimilation 우발동화(偶發同化)
accidental gap 음운 우연한 공백
acclimatization 청각 (새 환경의) 순응(順應)
accommodation 조절(調節), 조정(調整), 수용(受容)
accommodation theory 수용이론(受容理論), 조정이론(調整理論)
accompanying sound 동반음(同伴音)
accomplishment 성취(成就) = achievement
accountability 책임(責任), 효과입증(效果立證)
accountability system 책임체제(責任體制)
accrediting 공인(公認)
Accrediting Association (미) 대학인정협회
accrediting system (대학의) 학점제도(學點制度)
acculturation 문화적 적응(文化的適應), 문화변용(文化變容)
acculturation model 문화변용 모형(文化變容模型)
accumulated experience 누적경험치(累積經驗値)
accumulation 축적(縮積)
accuracy 정확도(正確度), 정밀도(精密度)
accuracy of voicing 말더듬 발성정확도(發聲正確度)
accusative case 대격(對格)
accusative language 대격언어(對格言語)
accusative with gerund 동명사동반 대격(動名詞同伴對格)
accusative with infinitive 부정사동반 대격(不定詞同伴對格)
accusative with participle 분사동반 대격(分詞同伴對格)
acetylcholine (모노아민계 흥분성 신경전달물질) 아세틸콜린
achalasia 생리 이완불능증(弛緩不能症)
ache 생리 동통(疼痛) = aching pain
achievement 성취(成就)
achievement ability comparison(AAC) 성취능력비교(成就能力比較)
achievement age 성취연령(成就年齡)
achievement battery 성취검사목록(成就檢査目錄)
achievement goal 성취목표(成就目標)
achievement motivation 성취동기유발(成就動機誘發)
achievement motive 성취동기(成就動機)
achievement potential 성취잠재력(成就潛在力)
achievement quotient 성취도지수(成就度指數)
achievement test 성취도 검사(成就度檢査)
achilles reflex 신경 아킬레스건 반사(反射) = achilles tendon reflex
achilles tendon 해부 아킬레스건 = calcaneal

tendon

achilles tendon reflex 신경 아킬레스건 반사(反射)=achilles reflex

aching pain 생리 동통(疼痛)=ache

achromatopsia 생리 색맹(色盲)=color blind

achrophobia 심리 군중공포증(群衆恐怖症)

ACI(articulation competence index) 조음능력지수(調音能力指數)

acid 산(酸)

acid-alkali balance 산-알칼리평형

acidism 생리 산중독(酸中毒)

acidity 산도(酸度)

acidophil 호산성(好酸性)

ACLC(assessment of children's language comprehension) 언어발달 아동언어이해력평가(兒童言語理解力評價)

acouesthesia 생리 청각예민증(聽覺銳敏症)

acoumetry 청각측정법(聽覺測定法)

acoupedics 청각법(聽覺法)

acouphone 전기 보청기=akouphone

acousma 생리 환청(幻聽)=hallucination

acousma agnosis 생리 음향실인증(音響失認症)

acoustic absorbability 흡음률(吸音率)

acoustic absorber 음향흡음기(音響吸音器)

acoustic absorption 음향흡음(音響吸音)

acoustic access 음향접근(音響接近)

acoustic admittance 청각 음향 어드미턴스

acoustic agglomeration 음향응집(音響凝集)

acoustic agraphia 생리 청각성 실서증(聽覺性失書症)

acoustic amnestic aphasia 신경 음향건망성 실어증(音響健忘性失語症)

acoustic analogy 음향대응(音響對應)

acoustic analysis 음향분석(音響分析)

acoustic analyzer 청분석기(聽分析器)

acoustic aphasia 신경 청각성 실어증(聽覺性失語症)

acoustic apparatus 청각기관(聽覺器官)

acoustic area 청역(聽域)

acoustic aura 청각성 전조(聽覺性前兆)

acoustic axis 음향축(音響軸)

acoustic blink reflex 신경 청각성 눈깜박 반사(反射)

acoustic boundary layer 음향 경계층(音響境界層)

acoustic brightness 음향명도(音響明度)

acoustic bullets 음향탄환(音響彈丸)

acoustic center 음향중심(音響中心)

acoustic characteristic impedance 음향 특성저항(音響特性抵抗)

acoustic compliance 음향 컴플라이언스

acoustic condenser 음향 콘덴서

acoustic conductance 청각 음향 전도도(音響傳導度)

acoustic contralateral reflex 음향 대측성 청각반사(對側性聽覺反射)

acoustic correlate 음향적 상관음(音響的相關音)

acoustic coupler 음향 연결기(音響連結器)

acoustic coupling 음향적 연결(音響的連結), 음향전달(音響傳達)

acoustic cross-section 음향단면(音響斷面)

acoustic cue 음향단서(音響端緖)

acoustic damper 음향감쇠자(音響減衰子), 음향 댐퍼

acoustic distance 음향거리(音響距離)

acoustic distortion 음향왜곡(音響歪曲)

acoustic dynamic range(ADR) 음향역동범위(音響力動範圍)

acoustic efficiency 청각 음향효율(音響效率)

acoustic emission(AE) 청각 음향방사(音響放射)

acoustic enclosure 음향 인클로저

acoustic energy 음향 에너지

acoustic energy density 음향 에너지밀도

acoustic environment 청각환경(聽覺環境)

acoustic fatigue 생리 청각피로(聽覺疲勞)

acoustic feature 음향자질(音響資質)

A

acoustic feedback 음향 피드백
acoustic fiberboard 흡음 보드
acoustic filter 음향 필터
acoustic filtering 음향 필터링
acoustic gain 청각 음향이득(音響利得)
acoustic glare 음향섬광(音響閃光)
acoustic holography 음향 홀로그래피
acoustic hyperesthesia 생리 청각과민증(聽覺過敏症)
acoustic image 생리 청각심상(聽覺心象)
acoustic immittance 청각 음향전류비(音響電流比), 음향 이미턴스
acoustic immittance audiometry 청각 음향전류비청력검사(音響電流比聽力檢查), 음향 이미턴스 청력검사(聽力檢查)
acoustic immittance measurement 청각 음향전류비측정(音響電流比測定), 음향 이미턴스 측정
acoustic impedance 청각 음향저항(音響抵抗), 음향임피던스
acoustic impedance audiometry 청각 음향 저항 청력검사(音響抵抗聽力檢查)
acoustic injury 생리 청각손상(聽覺損傷)
acoustic insulating material 청각 차음재료(遮音材料)
acoustic integrity 음향적 완전성(音響的完全性)
acoustic intensity 청각 음향강도(音響强度)
acoustic invariance 청각 음향 불변성(音響不變性)
acoustic invariance theory 청각 음향 불변성 이론(音響不變性理論)
acoustic ipsilateral reflex 신경 동측성 청각반사(同側性聽覺反射)
acoustic labyrinth 해부 청각미로(聽覺迷路)
acoustic leak 음향누수(音響漏水)
acoustic lens 음향 렌즈
acoustic levitation 청각 음향부양(音響浮揚)
acoustic lumped elements 청각 음향 집중소자(音響集中素子)
acoustic mass 음향질량(音響質量)
acoustic material 흡음재(吸音材)
acoustic medium 음향매질(音響媒質)
acoustic method 음향적 방법(音響的方法)
acoustic mobility 음향 이동도(音響移動度)
acoustic model 음향 모델 *cf.* language model
acoustic nerve 해부 청신경(聽神經) = auditory nerve, vestibulocochlear nerve
acoustic nerve tumor 생리 청신경 종양(聽神經腫瘍)
acoustic neurinoma 생리 청신경 초종(聽神經鞘腫)
acoustic neuritis 생리 청신경염(聽神經炎)
acoustic organ 청각기관(聽覺器官)
acoustic oscillation 음향진동(音響振動)
acoustic output 음향출력(音響出力)
acoustic phase coefficient 통계 음향위상계수(音響位相係數)
acoustic-phonetic invariance 음향-음성적 불변
acoustic phonetics 음향음성학(音響音聲學) *cf.* physical phonetics
acoustic-phonological conversion 음향-음운전환(音響音韻轉換) *cf.* grapheme-phoneme conversion
acoustic power 청각 청력(聽力)
acoustic pulse reflectometry 음향진동 반사측정(音響振動反射測定)
acoustic radiation 청각 음향방사(音響放射)
acoustic radiation force 청각 음향방사력(音響放射力)
acoustic radiation impedance 청각 음향방사저항(音響放射抵抗)
acoustic radiation pressure 청각 음향방사압(音響放射壓)
acoustic radiometer 청각 음향방사압계(音響放射壓計)

acoustic reactance 청각 음향 유도저항(音響誘導抵抗)
acoustic reflecter 청각 음향 반사체(音響反射體)
acoustic reflex 신경 청각반사(聽覺反射)
acoustic reflex arc 신경 청각반사 경로(聽覺反射經路)
acoustic reflex decay 생리 청각반사 피로(聽覺反射疲勞)
acoustic reflex decay test 청각반사 피로검사(聽覺反射疲勞檢査)
acoustic reflex latency 청각반사 잠복기(聽覺反射潛伏期)
acoustic reflex pattern 청각반사 유형(聽覺反射類型)
acoustic reflex test 청각반사 검사(音響反射檢査)
acoustic reflex threshold(ART) 신경 청각반사 역치(音響反射閾値)
acoustic resistance 청각 음향저항(音響抵抗)
acoustic resonator 음향공명기(音響共鳴器)
acoustic reverberation chamber 청각 잔향실(殘響室)
acoustic scatterer 음향산란기(音響散亂器)
acoustic screen 음향막(音響膜)
acoustic shadow 음향음영(音響陰影)
acoustic signal 음향신호(音響信號)
acoustic signature 음향특성 기록(音響特性記錄)
acoustic sink 음향 싱크
acoustic spectrum 음향 스펙트럼
acoustic speech center 해부 청각성 언어중추(聽覺性言語中樞)
acoustic spot 해부 청신경 반점(聽神經斑點)
acoustic stapedial reflex 신경 청각 등골반사(聽覺鐙骨反射)
acoustic stiffness 음향 경직성(音響硬直性)
acoustic streaming 음향유동(音響流動)
acoustic stress 음향 스트레스
acoustic susceptance 청각 서셉턴스
acoustic symbol AAC 음향상징(音響象徵) *cf.* graphic symbol
acoustic system 음향계(音響系)
acoustic taxonomy 음향분류(音響分類)
acoustic thermometry 음향학적 온도측정(音響學的溫度測定)
acoustic transducer 청각 음향변환기(音響變換機)
acoustic trauma 생리 청각외상(聽覺外傷)
acoustic trauma deafness 생리 음향외상성 농(音響外傷性聾)
acoustic trauma notch 해부 청각외상절흔(聽覺外傷切痕)
acoustic treatment 음향처리(音響處理)
acoustic tumor 생리 청신경 종양(聽神經腫瘍) = acoustic neuroma
acoustic vesicle 해부 이포(耳胞)
acoustic vibration sound 음향진동음(音響振動音)
acoustic vibration 음향진동(音響振動)
acoustic vowel space 음향적 모음공간(音響的母音空間)
acoustic wallpaper 음향배경(音響背景)
acoustic wave 음향파(音響波)
acoustic zero decibel 음향 0 데시벨
acoustic zone 음향지대(音響地帶)
acoustical ceiling 음향천정(音響天頂)
acoustical insulating material 차음재료(遮音材料)
acoustical well logging 음향탐사(音響探査)
acousticofacial ganglion 해부 청각안면 신경절(音響顔面神經節)
acousticopalpebral reflex 신경 음향안검반사(音響眼瞼反射), 음향 눈꺼풀반사
acousticophobia 심리 음향공포증(音響恐怖症)
acousticopsychology 음향심리학(音響心理學) = psychoacoustics
acoustics 음향학(音響學) *cf.* psychoacoustics

acoustoelastic effect 음향탄성 효과(音響彈性效果)

acoustoelasticity 음향탄성(音響彈性)

acousto-optic effect 음향-광학 효과(音響光學效果)

acquired (1) 후천성(後天性) (2) 습득(習得)한 ↔ congenital *cf.* hereditary

acquired age 언어발달 습득연령(習得年齢) = acquisition age

acquired apraxia 생리 후천성 실행증(後天性失行症)

acquired blindness 생리 후천성 맹(盲)

acquired brain injury 생리 후천성 뇌손상(後天性腦損傷) *cf.* traumatic brain injury

acquired communicative disorders 후천성 의사소통장애(後天性意思疏通障礙)

acquired deafness 생리 후천성 농(後天性 聾) ↔ congenitally deaf

acquired disease 생리 후천성 질병(後天性疾病) ↔ congenital disease

acquired disorders 생리 후천성 장애(後天性障礙) ↔ congenital disorders

acquired dyslexia 생리 후천성 난독증(後天性難讀症) *cf.* developmental dyslexia

acquired hearing loss 생리 후천성 청력손실(後天性聽力損失) ↔ congenital hearing loss

acquired immune deficiency 생리 후천성 면역결핍(後天性免疫缺乏)

acquired immune deficiency syndrome(AIDS) 생리 후천성 면역결핍증(後天性免疫缺乏症)

acquired immunity 생리 후천성 면역(後天性免疫)

acquired knowledge 언어습득 습득된 지식 *cf.* learnt knowledge

acquired neurogenic stuttering 생리 후천성 신경학적 말더듬증

acquired psychogenic stuttering 후천성 심인성 말더듬 *cf.* neurogenic acquired stuttering

acquired reflex 신경 획득반사(獲得反射)

acquired stuttering 후천성 말더듬 *cf.* lateonset stuttering, stuttering of sudden onset

acquired subglottic stenosis(ASS) 생리 후천성 성문하협착증(後天性聲門下狹窄症)

acquisition 습득(習得), 획득(獲得)

acquisition age 언어발달 습득연령(習得年齢) = acquired age *cf.* mastery age

acquisition-learning 언어발달 습득-학습가설(習得學習假說) = hypothesis

acquisition matrix number 통계 획득 행렬수

acquisition method 언어발달 습득방법(習得方法)

acquisition order 언어발달 습득순서(習得順序)

acquisition rate 언어발달 습득속도(習得速度)

acquisition time 언어발달 습득시간(習得時間)

acrolect 상층방언(上層方言) ↔ basilect *cf.* masolect

acronym 두음약어(頭音略語), 두음문자(頭音文字), 머리글자 *cf.* abbreviation

acrophobia 심리 고소공포증(高所恐怖症)

across-class generalization 조음 부류 간 일반화(部類間一般化) *cf.* within-class generalization

across-the-over rule 전역규칙(全域規則)

ACT(aphasia couples therapy) 신경 실어증부부치료(失語症夫婦治療)

act sequence 행위순서(行爲順序)

ACTH(adrenocortical hormone) 생리 부신피질 호르몬

acting out 언어발달 행동수행하기 *cf.* pointing

action level 활동레벨

action-locative 통사 행위-장소(行爲-場所)

action mechanism 작용기전(作用機轉)

action nominal 동작명사류(動作名詞類)

action noun 통사 동작명사(動作名詞)

action-object 통사 행위-대상(行爲-對象)

action picture test AAC 동작그림검사

action potential(AP) 신경 활동전위(活動電位)
= summating potential ↔ resting potential

action schema 인지 행위도식(行爲圖式)
cf. location schema

action sequence 언어발달 담화 행위연쇄(行爲連鎖) *cf.* reactive sequence

action stage 말더듬 행동단계(行動段階)

action theory 행동이론(行動理論)

action verb 통사 동작동사(動作動詞)
↔ state verb

action words 동작어(動作語)

actional passive 통사 동작수동태(動作受動態)

activated sleep 능동적 수면(能動的睡眠)

activation 활성화(活性化) ↔ deactivation

activation energy 활성화 에너지

activation feedback AAC 활성화 피드백

activation rules 인지 활성화 규칙(活性化規則)

active articulators 조음 능동적 조음기관(能動的調音器官) ↔ passive articulators

active bilingualism 능동적 이중언어(能動的二重言語)

active cognitive processing 능동적 인지처리과정(能動的認知處理過程)

active control 능동제어(能動制御) ↔ passive control

active filter 활성 필터

active intensity 능동적 강도(能動的强度)

active matrix screen 활동 모형영상(活動模型映像)

active mechanical property 능동-기계적 소유물(能動機械的所有物)

active memory 심리 활동기억(活動記憶)
cf. working memory

active noise control 음향 능동소음제어(能動騷音制御)

active sentence 통사 능동문(能動文)
↔ passive sentence

active sonar 능동 소나

active teaching 능동적 교수법(能動教授法)

active theory 능동이론(能動理論)

active transducer 능동변환기(能動變換機)

active transport 능동수송(能動輸送)

active vibration control 능동진동제어(能動振動制御)

active vocabulary 능동어휘(能動語彙)

active voice 통사 능동태(能動態) ↔ passive voice

active zone 인지 활성지역(活性地域)

activity-based intervention(ABI) 활동중심중재(活動中心仲裁)

activity-based language intervention 활동중심 언어중재(活動中心言語仲裁)

activity-based teaching 활동중심지도(活動中心指導), 활동중심교수(活動中心教授)

activity level 활동레벨

activity limitation 활동제한(活動制限)
= disability *cf.* handicap

activity maps (뇌) 활동지도(活動地圖)

actual neurosis 생리 실제 신경증(實際神經症)

actual structure 실제구조(實際構造)

actual word 실제단어(實際單語) ↔ nonsense word

acuity 민감도(敏感度), 예민성(銳敏性)

acumeter 청력계(聽力計) = audiometer

acupuncture 침술(鍼術)

acute 급성(急性)의 ↔ chronic

acute accent 예음 악센트

acute aphasia screening protocol 급성 실어증선별검사(急性失語症選別檢査)

acute ascending paralysis 신경 급성 상행성 마비(急性上行性痲痺)

acute brain disorder 생리 급성 뇌장애(急性腦障礙)

acute brain syndrome 생리 급성 뇌증후군(急性腦症候群) ↔ chronic brain syndrome

acute bronchitis 생리 급성 기관지염(急性氣

管支炎) ↔ chronic bronchitis

acute care hospital 급성환자 진료병원(急性患者診療病院)

acute depression 생리 급성 우울증(急性憂鬱症) ↔ chronic depression

acute dystonic reaction 생리 급성 근육긴장 이상반응(急性筋肉緊張異常反應)

acute epiglottitis 생리 급성 후두개염(急性喉頭蓋炎) = acute supraglottitis

acute infantile spinal muscular atrophy(AISMA) 급성 영아척수성 근위축(急性嬰兒脊髓性筋萎縮)

acute laryngitis 생리 급성 후두염(急性喉頭炎) ↔ chronic laryngitis

acute low tone sensorineural hearing loss 생리 급성 저주파 감각신경성 청각손실(急性低周波感覺神經性聽覺損失)

acute otitis media(AOM) 생리 급성 중이염(急性中耳炎) ↔ chronic otitis media

acute otitis media with cholesteatoma(AOMC) 생리 진주종성 급성중이염(眞珠腫性急性中耳炎) ↔ chronic otitis media with cholesteatoma

acute phoneme 음운 예음음운(銳音音韻)

acute pneumonia 생리 급성 폐렴(急性肺炎) ↔ chronic pneumonia

acute poisoning 생리 급성 중독(急性中毒) ↔ chronic poisoning

acute psychosis 신경 급성 정신병(急性精神病) ↔ chronic psychosis

acute respiratory disease 생리 급성 호흡기병(急性呼吸器病)

acute schizophrenia 생리 급성 정신분열증(急性精神分裂症)

acute sound 예음(銳音)

acute stage 생리 급성기(急性期)

acute stress disorder 생리 급성 스트레스 장애(障礙) ↔ chronic stress disorder

acute subglottic laryngitis 생리 급성 성문하후두염(急性聲門下喉頭炎)

acute subglottitis 생리 급성 하후두개염(急性下喉頭蓋炎)

acute supraglottitis 생리 급성 상후두염(急性上喉頭炎) *cf.* acute epiglottitis

acute upper airway obstruction 생리 급성 상기도폐쇄(急性上氣道閉鎖)

acuto soprano 높은 소프라노

AD(abnormal disfluency) 말더듬 비정상적 비유창성(非正常的非流暢性) ↔ ND

AD(Alzheimer's disease) 신경 알츠하이머 병 *cf.* dementia

Adam's apple 아담의 사과, 후두융기(喉頭隆起) = laryngeal protrusion

Adam's syndrome 생리 남성호르몬 부족증후군(不足症候群)

adaptability 적응성(適應性)

adaptation 적응(適應), 순응(順應)

adaptation effect 말더듬 적응효과(適應效果)

adaptation level 적응레벨

adaptation period 적응기(適應期)

adaptation physiology 적응생리학(適應生理學)

adaptation time 적응시간(適應時間)

adapted behavior 언어발달 적응행동(適應行動) = adaptive behavior

adaption study 적응연구(適應研究)

adaptive behavior 언어발달 적응행동(適應行動) = adapted behavior

adaptive behavior assessment system(ABAS) 언어발달 적응행동평가체계(適應行動評價體系)

adaptive behavior scale(ABS) 언어발달 적응행동척도(適應行動尺度)

adaptive cultural competence 적응력 있는 문화유능성(文化有能性)

adaptive device 심리 적응방법(適應方法)

adaptive disorder 심리 적응장애(適應障碍)

cf. defiant disorder
adaptive dispersion theory 심리 적응분산 이론(適應分散理論)
adaptive education 특수교육 적응교육(適應敎育)
adaptive equipment 적응장치(適應裝置)
adaptive filter 적응 필터
adaptive high-frequency filter 음향 적응 고주파 필터
adaptive learning environmental model (ALEM) 특수교육 적응학습환경모형(適應的學習環境模型)
adaptive low-frequency filter 음향 적응저주파 필터
adaptive strategy 적응전략(適應戰略)
adaptive test 적응검사(適應檢査), 맞춤검사
ADC(apparent diffusion coefficient) 통계 겉보기 확산계수(擴散係數)
ADD(attention deficit disorders) 심리 주의력결핍장애(注意力缺乏障礙)
addiction 중독(中毒), 몰두(沒頭)
addiction potential scale(APS) 심리 중독가능성 척도(中毒可能性尺度)
addictive noise 음향 가산성 소음(加算性騷音)
addition 음운 첨가(添加)
addition reaction 추가반응(追加反應) ↔ subtraction reaction
addition rule 음운 첨가규칙(添加規則)
additional criteria 부가적 준거(附加的準據)
additional language 부가언어(附加言語)
additional mass 추가질량(追加質量)
additive bilingual education 부가적 이중언어 교육(附加的二重言語敎育)
additive bilingualism 부가적 이중언어주의(附加的二重言語主義)
additive-difference model 인지 가산차이 모형(可算差異模型)
additive model 인지 가산모형(可算模型)
additive noise 음향 부가소음(附加騷音)
additivity principle 가산성 원리(可算性原理)
additus 해부 (후두) 입구(入口)
address 호칭(呼稱)
address form 호칭형태(呼稱形態)
adducens oculi 해부 L 안내전근(眼內轉筋)
adduct spasmodic dysphonia(ADSD) 생리 내전형 연축성 발성장애(內轉形攣縮性發聲障礙)
adduction 생리 내전(內轉) ↔ abduction
adductor canal 해부 내전근관(內轉筋管)
adductor muscles 해부 내전근(內轉筋) = adductor ↔ abductor muscles
adductor paralysis 신경 내전근 마비(內轉筋痲痺)
adductor reflex 신경 내전근 반사(內轉筋反射) ↔ abductor reflex
adductor spasmodic dysphonia(ADSD) 생리 내전형 연축성 발성장애(內轉形攣縮性發聲障礙) *cf.* abductor spasmodic dysphonia
adductor tenotomy 해부 내전근절제술(內轉筋切除術)
adductor type 내전형(內轉形) ↔ abductor type
Abecedarian Project 초보자 프로젝트
adenoid 해부 아데노이드
adenoid hypertrophy 생리 아데노이드 비대(腺樣組織肥大)
adenoid pad 생리 아데노이드 패드
adenoid tissue 해부 아데노이드 조직
adenoid tumor 생리 아데노이드 종양
adenoidectomy 해부 아데노이드 절제술
adenoiditis 생리 인두편도염(咽頭扁桃炎)
adenoma 생리 선종(腺腫)
adequacy 적절성(適切性) ↔ inadequacy
adequate stimulus 적합자극(適合刺戟)
ADHD(attention deficit hyperactivity disorder) 심리 주의력결핍 과잉행동장애(注意力缺乏過剩行動障礙) *cf.* ODD
adhesion 유착(癒着), 부착(付着)

adhesive otitis media 생리 유착성 중이염(癒着性中耳炎)
adhesives 접착제(接着劑)
adiabatic 단열(斷熱)
adiabatic change 단열변화(斷熱變化)
adiabatic equation 단열방정식(斷熱方程式)
adiabatic invariant 단열불변성(斷熱不變性)
adiabatic mode 단열성 모드
adiadochokinesis 길항운동부전(拮抗運動不全)
adipocyte 해부 지방질저장세포(脂肪質貯藏細胞)
adipose tissue 해부 지방조직(脂肪組織)
adjacency 인접성(隣接性)
adjacency condition 인접성 조건(隣接性條件)
adjacency parameter 인접 매개변수(隣接媒介變數)
adjacency principle 인접원리(隣接原理)
adjacent area 인접영역(隣接領域)
adjacent effect 말더듬 근접효과(近接效果)
adjectival noun 형용사적 명사(形容詞的名詞)
adjectival passive 통사 형용사적 수동태(形容詞的受動態)
adjective 형용사(形容詞)
adjective clause 통사 형용사절(形容詞節)
adjective phrase 형용사구(形容詞句)
adjective-pronoun 형용사적 대명사(形容詞的代名詞)
adjective-subjunct 통사 형용사적 종속어(形容詞的從屬語)
adjoined position 부가위치(附加位置)
adjoined structure 부가구조(附加構造) = adjunction structure
adjudication 판결(判決)
adjunct 부가어(附加語)
adjunction 부가(附加)
adjunction constraint 부가제약(附加制約)
adjunction operation 부가운용(附加運用)
adjunction structure 부가구조(附加構造) = adjoined structure
adjunctive imaging technique 보조영상기법(補助映像技法)
adjustment disorders 심리 적응장애(適應障礙) *cf.* maladjustment
adjustment rule 조정규칙(調整規則)
adjuvant 보강제(補强劑)
adjuvant therapy 보조요법(補助療法)
administration (1) 관리(管理), 행정(行政) (2) 투약(投藥), 투여(投與)
admittance 청각 수용(受容), 어드미턴스 *cf.* impedance
adnexus 부속기(付屬器)
adnominal 관형사류(冠形詞類)
adnominal ending 관형사형 어미(冠形詞形語尾)
adolescence 청소년기(青少年期)
adolescent 청소년(青少年)
adolescent language screening test(ALST) 청소년언어선별검사(青少年言語選別檢查)
adolescent psychology 청소년심리학(青少年心理學)
adolescent psychotherapy 청소년기 심리치료(青少年期心理治療)
adolescent voice 변성음(變聲音), 사춘기음성(思春期音聲)
adopted children 입양아(入養兒)
ADOS(autism diagnostic observation schedule) 자폐증 진단 관찰 스케줄
ADP(aphasia diagnostic profiles) 실어증진단검사(失語症診斷檢查)
ADR(acoustic dynamic range) 음향역동범위(音響力動範圍)
adrenal cortex 해부 부신피질(副腎皮質) *cf.* adrenal medulla
adrenal gland 해부 부신(副腎) = adrenal gland
adrenal gland syndrome 생리 부신 증후군(副腎症候群)
adrenal medulla 해부 부신수질(副腎髓質) *cf.* adrenal cortex

adrenal system 부신계(副腎系)
adrenaline (부신수질에서 분비되는 호르몬) 아드레날린 = epinephrine
adrenalitis 생리 부신염(副腎炎)
adrenergic innervation 아드레날린 신경분포(神經分布)
adrenoceptor 아드레날린성 수용체(受容體)
adrenocortical function 부신피질 기능(副腎皮質機能)
adrenocortical hormone(ACTH) 해부 부신피질 호르몬
ADS(adult-directed speech) 성인지향적 말 *cf.* CDS
ADS(androgen deficiency syndrome) 생리 남성호르몬 부족 증후군 = Adam's syndrome
ADSD(adductor spasmodic dysphonia) 생리 내전형 연축성 발성장애(內轉形攣縮性發聲障礙) *cf.* ABSD
ADT(auditory discrimination test) 청각적 변별력검사(聽覺的辨別力檢查)
adult 성인(成人), 어른
adult attitude 성인태도(成人態度)
adult-centrism 어른중심주의(中心主義)
adult day care 성인주간보호(成人晝間保護)
adult development 성인발달(成人發達)
adult-directed speech(ADS) 언어발달 성인지향적 말 *cf.* child-directed speech
adult disease 성인병(成人病)
adult foster care 성인가정위탁제도(成人家庭委託制度)
adult onset stuttering 말더듬 성인기(成人期) 말더듬 *cf.* late onset stuttering
adult protective services 성인보호 서비스
adult psychology 성인심리학(成人心理學)
adult respiratory distress syndrome 생리 성인호흡곤란증후군(成人呼吸困難症候群)
adulthood 성인기(成人期) *cf.* childhood
advance organizer 사전조직자(事前組織者)
advanced stage 말더듬 (Guitar의) 진전된 단계 *cf.* intermediate stage
advanced tongue root vowel 조음 설근 전진 모음(舌根前進母音), 혀뿌리전진모음
advanced vocabulary 고급어휘(高級語彙) *cf.* basic vocabulary
adventitia 해부 외막(外膜) *cf.* intima
adventitious 우발성(偶發性)의
adventitious deafness 생리 우발성 농(偶發性聾)
adventitious sound 우발음(偶發音)
adventitiously handicapped 우발적 장애인(偶發的障礙人)
adverb 부사(副詞)
adverbial 부사류(副詞類)
adverbial accusative 부사적 대격(副詞的對格)
adverbial clause 부사절(副詞節)
adverbial disjunct 담화 이접부사(離接副詞)
adverbial genitive 부사적 속격(副詞的屬格)
adverbial noun 부사적 명사(副詞的名詞)
adverbial object 부사적 목적어(副詞的目的語)
adverbial particle 부사적 불변화사(副詞的不變化詞)
adverbial phrase 부사구(副詞句)
adverbial preposing 부사전치(副詞前置)
adverbial relative 부사적 관계사(副詞的關係詞)
adverse action 유해작용(有害作用)
adverse effect 유해효과(有害效果), 역효과(逆效果)
adverse reaction 역반응(逆反應), 부작용(副作用)
AE(acoustic emission) 청각 음향방사(音響放射)
AEP(auditory evoked potential) 청각 청성유발전위(聽性誘發電位) *cf.* VEP, SEP
AER(auditory evoked response) 청각 청성유발반응(聽性誘發反應)
aeration 통기(通氣), 공기 쐬기
aeroacoustics 기류음향학(氣流音響學)
aerobic exercises 유산소운동(有酸素運動)
aerobic respiration 생리 유기호흡(有氣呼吸)

aerobic training 유기훈련(有氣訓練)

aeroconduction 청각 공기전도(空氣傳導) = air conduction *cf.* bone conduction

aerodigestive tract 해부 호흡소화관(呼吸消化管)

aerodynamic analysis 공기역학적 분석(空氣力學的分析)

aerodynamic force 공기역학적 힘

aerodynamic impedance 공기역학적 저항(空氣力學的抵抗)

aerodynamic measures 공기역학적 측정(空氣力學的測定) *cf.* kinematic measures

aerodynamic sound 공기역학적 음성(空氣力學的音聲)

aerodynamics 공기역학(空氣力學)

aeroelasticity 공기탄성(空氣彈性)

aerophagia 생리 공기삼킴증

aeroplethysmograph 호흡량계(呼吸量計)

aeropleura 생리 기흉(氣胸)

aerotitis media 생리 항공성 중이염(航空性中耳炎)

aetiology 생리 병인학(病因學) = etiology

affect 정서(情緒), 감정(感情)

affect expressive monologues 감정표현형 독백(感情表現形獨白)

affective 정동성(情動性), 정서적(情緒的)인

affective connotation 정동적 내포(情動的內包), 정서적 내포(情緒的內包)

affective control 감정통제(感情統制)

affective disorders 정동장애(情動障礙), 정서장애(情緒障碍)

affective domain 감성적 영역(感性的領域)

affective education 정서교육(情緒教育)

affective filter 정동적 여과(情動的濾過)

affective filter hypothesis 정동적 여과가설(情動的濾過假說)

affective function 인지 정서기능(情緒機能)

affective involvement 정서적 몰입(情緒的沒入)

affective meaning 인지 정서적 의미(情緒的意味)

affective principles 인지 정서적 원칙(情緒的原則) *cf.* cognitive principles

affective projection 감정투사(感情投射)

affective reaction 정동반응(情動反應)

affective repression 인지 정동억압(情動抑壓)

affective state 인지 정동상태(情動狀態)

affective style 정동적 문체(情動的文體)

affective word 정동적 단어(情動的單語)

affectivity 정동성(情動性), 정의성(情意性)

afferent 구심성(求心性)의 *cf.* efferent

afferent agraphia 생리 구심실서증(求心失書症) = neglect agraphia

afferent arteriole 해부 구심성 소동맥(求心性小動脈)

afferent feedback 구심성 피드백 ↔ efferent feedback

afferent fibers 해부 구심성 섬유(求心性纖維) = efferent nerve fibers ↔ efferent fibers

afferent impulse 신경 구심성 자극(求心性刺戟) ↔ efferent impulse

afferent inhibition 신경 구심성 억제(求心性抑制) ↔ efferent inhibition

afferent motor aphasia 신경 구심성 운동 실어증(求心性運動失語症)

afferent nerve 해부 구심성 신경(求心性神經) ↔ efferent nerve

afferent nervous system 구심성 신경체계(求心性神經體系) ↔ efferent nervous system

afferent neuron 해부 구심성 뉴런 ↔ efferent neuron

afferent pathway 구심성 경로(求心性經路) ↔ efferent pathway

afferent peripheral nerve 해부 구심성 말초신경(求心性末梢神經) ↔ efferent peripheral nerve

afferent roots 구심원(求心源)

afferent stimulation 구심성 자극(求心性刺戟) ↔ efferent stimulation
afferent tract 구심로(求心路) ↔ efferent tract
affinity 친화성(親和性), 친화력(親和力)
affinity coefficient 친화계수(親和係數)
affirmation 긍정(肯定)
affirmative sentence 긍정문(肯定文) = positive sentence ↔ negative sentence
affix 접사(接辭) *cf.* prefix, infix, suffix
affix filter 통사 접사여과(接辭濾過)
affix hopping 통사 접사도약(接辭跳躍)
affix movement 통사 접사이동(接辭移動)
affordability 허용가능성(許容可能性)
affricate consonants 조음 파찰자음(破擦子音)
affricate sound 조음 파찰음(破擦音)
affrication 음운 파찰음화(破擦音化) *cf.* frication
after current 후전류(後電流)
after depolarization 신경 후탈분극(後脫分極)
after-future 후미래(後未來)
after-glide 후방경과음(後方經過音)
after-image 잔상(殘像)
after load 후부하(後負荷)
after-pain 후진통(後陣痛)
after-past 후과거(後過去)
after-perception 후인식(後認識)
after potential 후전위(後電位)
after-sensation 생리 후감각(後感覺)
after-treatment 후처치(後處置)
afterbirth 출생후(出生後), 후산(後産)
aftercare 회복기 치료(回復期治療), 사후조리(事後調理)
afternoon effect 오후효과(午後效果)
afunction 무기능(無機能), 기능상실(機能喪失)
AGA(appropriate for gestational age) 적정체중아(適正體重兒)
AGC(automatic gain control) 청각 자동이득조절(自動利得調節)
age 연령(年齡)
age at onset 발병연령(發病年齡), 발병나이
age differences 연령차(年齡差)
age discrimination 연령차별(年齡差別) *cf.* gender discrimination
age equivalent score 연령등가점수(年齡等價點數)
age equivalents 연령등가(年齡等價) *cf.* grade equivalents
age of acquisition 언어발달 습득연령(習得年齡)
age of mastery 언어발달 숙달연령(熟達年齡) *cf.* customary age of production
age ratio 연령비율(年齡比率)
aged society 고령사회(高齡社會) *cf.* super ageing, superaged society
ageing 노화(老化), 고령화(高齡化) = aging
ageing society 고령화사회(高齡化社會) = aging society *cf.* aged society
ageism 노인차별(老人差別)
agenesis 무발생(無發生), 무발육(無發育) *cf.* aplasia
agenitive case 행위격(行爲格)
agent 행위자(行爲者) *cf.* experiencer
agent-action 행위자-행위(行爲者-行爲)
agent-causation 인지 행위자 인과관계(行爲者因果關係) *cf.* event-causation
agent-object 행위자-대상(行爲者-對象)
agent play 대행자 놀이
agent postposing 행위자 후치(行爲者後置)
agent theta-role 인지 행위자 의미역(行爲者意味役)
agentive case 행위자 격(行爲者格)
agentive object 행위자격 목적어(行爲者格目的語)
ageusia 생리 무미각증(無味覺症), 미각 결여(味覺缺如) *cf.* hypogeusia
ageusic aphasia 신경 미각실어증(味覺失語症)
agglomeration 응집(凝集)
agglutinating language 교착어(膠着語), 첨가

어(添加語) = agglutinative language *cf.* language family

agglutination 교착(膠着)

agglutinative language 교착어(膠着語) *cf.* isolating language

agglutinin 응집소(凝集)

agglutiongen 응집원(凝集元)

aggregation 집합(集合)

aggression 심리 공격성(攻擊性)

aggression anxiety 심리 공격성 불안(攻擊性不安)

aggression motive 심리 공격동기(攻擊動機)

aggression reflex 심리 공격반사(攻擊反射)

aggressive behavior 심리 공격행동(攻擊行動)

aggressive conversational style 공격적 대화체(攻擊的對話體)

agility 조음 (과제의) 민첩성(敏捷性)

aging 노화(老化), 고령화(高齡化) = ageing

aging depression 신경 노화성 우울(老化性憂鬱)

aging patient 고령환자(高齡患者)

aging phenomenon 노화현상(老化現象) = elderly society *cf.* aged socity

aging society 고령화사회(高齡化社會)

aging test 노화검사(老化檢查)

aging voice 노인음성(老人音聲) = senile voice

agitation 동요(動搖), 불안(不安)

agitographia 생리 속서증(速書症)

agitophasia 생리 속어증(速語症)

aglossia 생리 무설증(無舌症)

aglossia syndrome 생리 무설증 증후군(無舌症症候群)

aglutition 생리 삼킴불능증

agnosia 생리 실인증(失認症)

agnosia test 실인증 검사(失認症檢查)

agnosticism 불가지론(不可知論) *cf.* atheisa

agonist 작용제(作用劑), 작용근(作用筋)

agonistic muscle 해부 주동근(主動筋) ↔ antagonistic muscle

agoraphobia 심리 광장공포증(廣場恐怖症)

agrammatic aphasia 신경 실문법성 실어증(失文法性失語症)

agrammatism 생리 실문법증(失文法症) *cf.* dysgrammatism

agranular 무과립(無顆粒)의 ↔ granular

agraphia 생리 실서증(失書症) *cf.* dysgraphia

agraphia amnemonica 생리 건망성 실서증(健忘性失書症)

agreement 일치(一致)

agreement category 일치범주(一致範疇)

agreement feature 일치자질(一致資質)

AH(accessibility hierarchy) 접근위계(接近位階)

ahypnia 생리 불면증(不眠症) = insomnia

AI(articulation index) 조음 조음지수(調音指數)

AI(artificial intelligence) 음성공학 인공지능(人工知能) *cf.* man-machine interface

AICA(anterior inferior cerebellar artery) 해부 전하소뇌동맥(前下小腦動脈) ↔ PICA

Aicardi syndrome 생리 (유전성) 에이카르디 증후군

aid 보조(補助), 보좌(補佐)

aided auditory brainstem response(AABR) 신경 증폭기착용 청성뇌간반응(增幅器着用聽性腦幹反應)

aided augmentative communication AAC 보조대체의사소통(補助代替意思疏通) *cf.* augmentative and alternative communication

aided communication AAC 의사소통 보조장치(意思疏通補助裝置)

aided language stimulation(ALgS) AAC 보조언어자극(補助言語刺戟) *cf.* system for augmenting language

aided symbols AAC 도구적 상징(道具的象徵)

aided threshold 청각 증폭역치(增幅閾値)

AIDS(acquired immune deficiency syndrome) 신경 후천성 면역결핍증후군(後天性免役缺乏症) *cf.* immunodeficiency

AIDS(assessment of intelligibility of dysarthric speech) 마비구어장애 명료도 평가(麻痹口語障礙明瞭度評價)
aim 목적(目的)
air absorption 공기흡입(空氣吸入)
air alveologram 공기폐포조영상(空氣肺胞造影像)
air bone gap(ABG) 청각 기도-골도차(氣導-骨導差)
air bronchogram 공기기관지조영상(空氣氣管支造影像)
air bubble 기포(氣胞)
air capacity 공기용량(空氣容量)
air column 기주(氣柱)
air conduction audiometry 청각 기도청력검사(氣導聽力檢查)
air conduction hearing 청각 기도청력(氣導聽力) *cf.* bone conduction hearing
air conduction hearing aid 공기전도 보청기 *cf.* bone-conduction hearing aid
air conduction pure-tone audiometry 청각 기도전도순음청력검사(氣導傳導純音聽力檢查) *cf.* bone conduction pure-tone audiometry
air conduction(AC) 청각 공기전도(空氣傳導) *cf.* bone conduction
air conduction receiver 청각 공기전도수신기(空氣傳導受信機) *cf.* bone-conduction receiver
air conduction test 청각 기도검사(氣道檢查)
air current 기류(氣流)=air flow
air dome sign 공기돔 징후
air embolism 생리 공기색전증(空氣塞栓症)
air film 공기막(空氣膜)
air flow 기류(氣流)=air current
air fluid level 공기액체층(空氣液體層)
air gap effect 청각 공기간격효과(空氣間隔效果)
air infection 생리 공기감염(空氣感染)
air ion 공기 이온
air leakage 공기누출(空氣漏出)
air passage 기도(氣道)=airway
air pressure 기압(氣壓)
air pressure transducer 기압측정기(氣壓測程器)
air space 공간(空間)
air space disease 생리 공간질환(空間疾患)
air space nodule 생리 공간 소결절(空間小結節)
air study 공기검사(空氣檢查)
air temperature 기온(氣溫)
air trapping 공기잡이
air volume 공기체적(空氣體積), 공기부피
airborne path 공기중 경로(空氣中經路)
airborne sound 공기음(空氣音)
airborne sound insulation index 청각 공기차음지수(空氣遮音指數)
airflow management 호흡관리(呼吸管理)
airstream 기류(氣流)
airstream mechanism 기류기제(氣流機制)
airstream process 기류과정(氣流過程)
airway 기도(氣道)=air passage
airway closure 기도폐쇄(氣道閉鎖)=airway obstruction
airway obstruction 기도폐쇄(氣道閉鎖)=airway closure
airway pressure 기도압력(氣道壓力)
airway protection 기도보호(氣道保護)
airway resistance 기도저항(氣道抵抗)
airway stenosis 생리 기도 협착(氣道狹窄)
AIS(anterior isolation syndrome) 신경 전방분리증후군(前方分離症候群)=TMA
AISMA(acute infantile spinal muscular atrophy) 급성 영아척수성 근위축(急性嬰兒脊髓性筋萎縮)
akathisia 무운동(無運動)
akinesia 생리 운동불능증(運動不能症)
akinetic apraxia 생리 무운동성 실행증(無運動性失行症)
akinetic mutism 생리 무운동성 함묵증(無運動性含默症)
akouphone 전기 보청기=acouphone

akinetic seizures 생리 무운동성 발작(無運動性發作)

AL(absolute latency) 절대잠복기(絶對潛伏期) *cf.* interpeak latency, interaural latency

alalia 생리 발어불능증(發語不能症)

alarm reaction 경고반응(警告反應)

alaryngeal speech 무후두 음성(無喉頭音聲) *cf.* esophageal speech

alaryngeal voicing 생리 무후두발성(無喉頭發聲)

Albers-Schoenberg disease 생리 (선천성) 알버스-쉰베르그 병

albinism 백색증(白色症)

Albright syndrome 신경 (유전성) 알브라이트 증후군

alcohol abuse 알코올 남용(濫用)

alcohol dementia 신경 알코올성 치매(癡呆)

alcohol intoxication 알코올 중독(中毒) = alcoholism

alcoholic family 알코올 중독자 가족

alcoholic nystagmus 알코올성 안진(眼震)

alcoholism 알코올 중독 = alcohol intoxication

ALD(assistive listening devices) 청각보조기기(聽覺補助器機), 보조듣기장비

ALEM(adaptive learning environmental model) 적응적 학습환경 모형(適應的學習環境模型)

alerting stimuli 각성자극(覺醒刺戟)

alertness 심리 각성(覺醒) = arousal

alexia 생리 실독증(失讀症) = dyslexia *cf.* reading disability, paralexia

alexia with agraphia 실서증을 동반한 실독증

alexia without agraphia 실서증을 동반하지 않는 실독증 = pure alexia

Alezzandrini syndrome 신경 해독제 증후군(解毒劑症候群)

algesia 생리 통각(痛覺), 통각과민(痛覺過敏) ↔ analgesia

algorithm 알고리즘

ALS(aided language stimulation) AAC 보조언어자극(補助言語刺戟) *cf.* system for augmenting language

aliasing 음향 가주파수 생성(假周波數生成), 엘리어싱 ↔ antialiasing

aliasing error 음성향 가주파수 생성오차(假周波數生成誤差), 엘리어싱 오차

aliasing signal 음향 거짓신호

Alice in Wonderland syndrome 신경 이상한 나라의 앨리스 증후군

alienable possession 분리적 소유(分離的所有)

alimentary canal 영양관(營養管)

alimentation 영양공급(營養供給)

alkalosis 알칼리 혈증

ALL(analysis of the language of learning) 학습언어분석(學習言語分析)

all pass function 전대역 통과함수(全帶域通過函數)

allegory 풍유(諷諭)

allele 대립 형질(對立形質), 대립 유전자(對立遺傳子)

Allen Kindergarten picture cards(AKPC) 앨런 유치원그림카드

allergen 알레르겐, 알레르기 항원(抗元)

allergic disorders 알레르기성 장애(障礙)

allergic reaction 알레르기 반응

allergic rhinitis 알레르기성 비염(鼻炎)

allergic tension fatigue syndrome 신경 알레르기성 긴장성 피로증후군(疲勞症候群)

alleviation 완화(緩和), 경감(輕減)

allied health professional 결연 건강전문가(結緣健康專門家)

alliteration 두운(頭韻), 두운법(頭韻法) *cf.* rhyme, rime

allograph 이서체(異書體)

allographic disorder 생리 이서장애(異書障礙)

allomorph 음운 이형태(異形態), 변이형태(變異形態) *cf.* allophone

allomorphic alternation 음운 변이형의 변동,

이형태의 교체(交替)

allophone 음운 변이음(變異音) *cf.* allomorph

allophonic adjustment 음운 이음조정(異音調整)

allophonic alternation 음운 이음교체(異音交替), 이음적 변동(異音的變動)

allophonic change 음운 이음변화(異音變化)

allophonic process 음운 이음과정(異音過程)

allophonic representation 음운 이음표시(異音標示)

allophonic rule 음운 이음규칙(異音規則)

allophonic transcription 음운 이음표기(異音表記), 이음전사(異音轉寫)

allophonic variations 음운 음소적 변이(音素的變異), 변이음(變異音)

all-or-none principle 신경 실무율(悉無律), 절대적 유무원리(絶對的有無原理) = all-or-none law

allowable limit 음향 (소음) 허용한계(騷音許容限界)

allowance 허용량(許容量), 권장량(勸獎量)

allusion 암시(暗示)

alogia 담화 담화 불능증(談話不能症)

alpha 알파

alpha behavior 말더듬 알파행동

alpha-blockers 알파차단제(遮斷劑)

alpha cell 알파세포(細胞)

alpha-fetoprotein 알파태아단백(胎兒蛋白)

alpha motor neurons 알파 운동뉴런

alpha notation 알파표기(表記)

alpha particle 알파입자(粒子)

alpha ray 알파선

alpha receptor 알파수용체(受容體)

alpha wave suppression 알파파 억제

alphabet 자모(字母), 알파벳

alphabet board 자모판(字母板), 문자판(文字板), 글자판

alphabet board supplementation AAC 자모판 보완(字母板補完)

alphabetic method 자모법(字母法), 알파벳 방법

alphabetic naming 언어발달 자모 이름대기, 철자 이름대기

alphabetic stage 언어발달 알파벳 단계

alphabetic writing 자모문자(字母文字) = phonemic writing *cf.* syllabic writing

alphanumeric 영숫자

alphanumeric mode 영숫자 모드

Alport syndrome 신경 (유전성) 알포트 증후군

ALPS(aphasia language performance scales) 실어증 언어수행척도(失語症言語遂行尺度)

ALR(auditory late response) 청각 청성후기반응(聽性後期反應)

ALS(amyotrophic lateral sclerosis) 신경 근위축성 측삭경화증(筋萎縮性側索硬化症), 루게릭병 = Lou Gehrig's disease

ALST(adolescent language screening test) 청소년언어선별검사(青少年言語選別檢査)

Alstrom syndrome 신경 (유전성) 알스트롬 증후군

Altaic language family 알타이어족

alter 변질(變質)

alteration 변성(變性), 변경(變更), 고침

altered auditory feedback 음향 변조된 청각 피드백

alternant 음운 교체음(交替音), 변동음(變動音) = alternating sound

alternate binaural loudness balance test (ABLBT) 청각 교대성 양이강도평형검사(交代性兩耳强度平衡檢査)

alternate encoding techniques 신경 교차 부호화 기법(交叉符號化技法)

alternate forms 음운 대체형태(代替形態)

alternate-forms method 통계 대안법(代案法) = multiple forms technique

alternate forms reliability coefficient 통계 교대형태 신뢰도계수(交代形態信賴度係數)

alternate monaural loudness balance test

(AMLBT) 청각 교대성 편이강도평형검사(交代性片耳强度平衡檢查)

alternate response item 대체반응 항목(代替反應項目)

alternate routing 교대맥박(交代脈搏), 교호맥(交互脈)

alternated reflex 교대반사(交代反射)

alternating 교대상(交代相)

alternating current(AC) 교류(交流) ↔ direct current

alternating form 음운 교체형(交替形)

alternating motion rates(AMRs) 조음 교대운동속도(交代運動速度) = diadochokinetic rate *cf.* sequential motion rate

alternating polarity 교대상(交代相)

alternating pulse 교대 맥박(交代脈搏)

alternating sound 음운 교체음(交替音) = alternant

alternation 음운 교체(交替), 변동(變動)

alternation condition 음운 교체조건(交替條件)

alternation rule 음운 교체규칙(交替規則)

alternative communication AAC 대체의사소통(代替意思疏通)

alternative feeding 생리 대체섭식(代替攝食)

alternative form reliability 통계 교대형 신뢰도(交代形信賴度) = parallel form reliability split-half reliability

alternative hypothesis 대안가설(代案假說)

alternative keyboard 대안키보드

alternative medicine 대체의학(代替醫學)

alternative teaching 대안적 교수(代案的敎授) *cf.* parallel teaching

alternatives 대안(代案)

alto (여성의 저음) 알토 = contralto

altruism 이타주의(利他主義) *cf.* egoism

alveolar arch 해부 치조궁(齒槽弓)

alveolar area 해부 치조부위(齒槽部位)

alveolar assimilation 음운 치조동화(齒槽同化)

alveolar capillary membrane 해부 폐포모세혈관막(肺胞毛細血管膜)

alveolar cell 해부 포상세포(胞狀細胞)

alveolar cleft 해부 치조열(齒槽裂)

alveolar closure 치조폐쇄(齒槽閉鎖)

alveolar duct 해부 폐포관(肺胞管)

alveolar epithelium 해부 폐포상피(肺胞上皮)

alveolar lateral sound 조음 치조설측음(齒槽舌側音)

alveolar-palatal sounds 조음 치경-경구개음(齒槽硬口蓋音)

alveolar part 치조부(齒槽部)

alveolar pressure 생리 폐포압(肺胞壓)

alveolar process 해부 치조돌기(齒槽突起) = alveolar ridge

alveolar ridge 해부 치조융기(齒槽隆起) = alveolar process

alveolar sac 해부 폐포낭(肺胞囊)

alveolar septa 해부 폐포 중격(肺胞中隔)

alveolar sound 조음 치조음(齒槽音)

alveolar space 해부 폐포강(肺胞腔)

alveolar stops 조음 치조 폐쇄음(齒槽閉鎖音)

alveolar ventilation volume 폐포용적(肺胞容積)

alveolar ventilatory rate 폐포 환기율(肺胞換氣率)

alveolar wall 해부 폐포벽(肺胞壁)

alveolarity 조음 치조성(齒槽性)

alveoli (1) 치조(齒槽), 이틀 (2) 폐포(肺胞), 허파꽈리

alveoli pulmonis 해부 폐포(肺胞)

alveolitis 생리 (1) 폐포염(肺胞炎) (2) 치조염(齒槽炎)

alveolization 음운 치조음화(齒槽音化)

alveolus (1) 조음 치조(齒槽) (2) 해부 폐포(肺胞)

alveopalatal region 조음 치조구개영역(齒槽口蓋領域)

alveopalatal sound 조음 치조구개음(齒槽口蓋音)

alveus hippocampi 해부 해마백판(海馬白板)

Alzheimer's corpuscle 해부 알츠하이머 소체
Alzheimer's dementia 생리 알츠하이머 치매
Alzheimer's dementia risk questionnaire 신경 알츠하이머 치매 위험률 질문지
Alzheimer's disease(AD) 신경 알츠하이머 병 *cf.* dementia
AM(accent method) 악센트 기법
AM(amplitude modulation) 진폭변조(振幅變調) *cf.* FM
amalgam 아말감
AMAR(auditory middle latency response) 청각중간 잠복기반응(聽覺中間潛伏期反應)
ambient intelligence(AMI) 생활환경지능(生活環境知能)
ambient noise 음향 주변소음(周邊騷音), 환경소음(環境騷音) = environmental noise
ambient noise level 음향 주변소음레벨, 환경소음레벨
ambient pressure 대기압(大氣壓) = atmospheric pressure
ambient static pressure 대기정압(大氣靜壓) ↔ ambient dynamic pressure
ambiguity 의미 중의성(重義性), 애매성(曖昧性) *cf.* vagueness
ambiguous 애매한 *cf.* vague
ambiguous stuttering 말더듬 불명확한 말더듬
ambiguous word 의미 중의어(重義語)
ambiguus nucleus 해부 의문핵(疑問核)
ambilaterally 양측성으로
ambisyllabic sound 음운 양음절음(兩音節音)
ambisyllabicity 음운 양음절성(兩音節性)
ambition 욕망(欲望), 야망(野望)
ambivalence 심리 양가감정(兩價感情), 반대감정병존(反對感情竝存) = ambivalent feeling
amblyopia 약시(弱視)
ambulation 보행(步行)
ambulatory patient 보행가능환자(步行可能患者) *cf.* out-patient
amenorrhea 무월경(無月經)
amentia 신경 정신지체(精神遲滯), 정신착란(精神錯亂)
American Academy of Audiology(AAA) 미국청각학회(美國聽覺學會)
American Academy of Speech Correction (AASC) 옛 미국언어교정학회(美國言語矯正學會) *cf.* American Speech-Language-Hearing Association
American Association of Mental Retardation (AAMR) 옛 미국정신지체협회(美國精神遲滯協會)
American Association of Mental Retardation (AAMR) 옛 미국정신지체협회(美國精神遲滯協會) *cf.* AAIDD
American Association on Mental Deficiency (AAMD) 옛 미국정신박약협회(美國精神薄弱協會) *cf.* AAIDD
American Board of Audiology 미국청각위원회(美國聽覺委員會)
American Indian Hand Talk(AMER-IND) 청각 북미인디언수화(手話)
American National Standards Institute(ANSI) 미국표준연구소(美國標準硏究所)
American Psychological Society(APS) 미국심리학회(美國心理學會)
American Psychology Association(APA) 미국심리협회(美國心理協會)
American Sign Language(ASL) 청각 미국수어(美國手語) = Ameslan
American Speech-Language-Hearing Association(ASHA) 미국언어청각협회(美國言語聽覺協會)
AMER-IND(American indian hand talk) 북미인디언 수어(手語)
Ameslan 청각 미국수어(美國手語) = American sign language
amimia 무표정증(無表情症)

amino acid 아미노산
aminoacetic acid 아미노아세트산
AMLB(alternate monaural loudness balance) 청각 교대성 편이강도평형검사(交代性片耳强度平衡檢査)
Ammons full range picture vocabulary test 아몬스 광역 그림-어휘검사(語彙檢査)
amnesia 심리 기억상실(記憶喪失), 건망증(健忘症)
amnestic aphasia 신경 건망성 실어증(健忘性失語症)
amnestic apraxia 생리 건망성 실행증(健忘性失行症)
amnion 해부 양막(羊膜)
amniotic cavity 해부 양막강(羊膜腔)
amniotic fluid 해부 양막액(羊膜液)
amorphognosia 생리 형태 실인증(形態失認症)
ampere(A) 암페어
amplification 음향 증폭(增幅)
amplification attenuation 음향 증폭감쇠(增幅減衰)
amplification factor 음향 증폭지수(增幅指數)
amplifier 증폭기(增幅器)
amplitude 음향 진폭(振幅)
amplitude attenuation coefficient 통계 진폭감쇠계수(振幅減衰係數)
amplitude decay coefficient 통계 진폭소멸계수(振幅消滅係數)
amplitude distortion 음향 진폭왜곡(振幅歪曲)
amplitude focal gain 음향 진폭 초점이득(振幅焦點利得)
amplitude modulation(AM) 음향 진폭변조(振幅變調) *cf.* frequency modulation
amplitude perturbation 음향 진폭변이(振幅變異) *cf.* shimmer
amplitude perturbation quotient 통계 진폭변이지수(振幅變異指數)
amplitude ratio 음향 진폭비율(振幅比率)
amplitude resonance 음향 진폭공명(振幅共鳴)
amplitude response function 통계 진폭 응답함수(振幅應答函數)
amplitude spectrum 음향 진폭 스펙트럼
amplitude to length ratio 진폭길이의 비율
amplitude tremor 음향 진폭진전(振幅振顫), 진폭떨림
amplitude tremor frequency 음향 진폭 진전주파수(振幅振顫周波數), 진폭떨림 주파수
amplitude variability 음향 진폭변이(振幅變異)
ampoule 앰플
ampulla 해부 팽대부(膨大部)
amputation 절단(切斷)
AMRs(alternating motion rates) 조음 교대운동속도(교호운동속도) = DDK *cf.* SMR
Amsterdam-Nijemegen everyday language test 암스테르담-니제미겐 일상언어검사(日常言語檢査)
amusia 실음증(失音症)
amyelinated nerve fiber 해부 무수신경섬유(無髓神經纖維) ↔ myelinated nerve fiber
amygdala 해부 편도체(扁桃體) = amygdaloid body
amygdalectomy 해부 편도절제술(扁桃切除術)
amygdaloid body 해부 편도체(扁桃體) = amygdala
amygdaloid nucleus 해부 편도핵(扁桃核)
amylase 아밀라제
amyloid 아밀로이드
amyloid degeneration 생리 아밀로이드 변성(變性)
amyotonia 신경 근무긴장증(筋無緊張症)
amyotrophia 신경 근위축증(筋萎縮症) = amyotrophy
amyotrophic lateral sclerosis(ALS) 신경 근위축성 측삭경화증(筋萎縮性側索硬化症), 루게릭병 = Lou Gehrig's disease
amyotrophy 생리 근위축증(筋萎縮症)

=amyotrophia
anabolic steroid 근육 강화제(筋肉强化劑)
anabolism 생리 동화작용(同化作用)=anabolic action ↔ catabolism *cf.* metabolism
anacidity 생리 무산증(無酸症)
anaclitic depression 신경 의존성 우울증(依存性憂鬱症)
anacusia 생리 무청각증(無聽覺症), 농(聾) =anakusis
anaerobe 무기성 생물(無機性生物)
anaerobic glycolysis 무기성 당분해(無機性糖分解)
anaerobic infection 무기성 전염(無機性傳染)
anakusis 생리 무청각증(無聽覺症), 농(聾) =anacusia
anal column 해부 직장주(直腸柱)
anal reflex 신경 항문반사(肛門反射)=amal wink
anal stage 심리 (프로이드의) 항문기(肛門期, 1-2세) *cf.* oral stage
anal stage personality 심리 항문기 인성(肛門期人性)
anal wink 해부 항문반사(肛門反射)=amal reflex
analgesia 생리 무통증(無痛症) ↔ algesia
analgesics 진통제(鎭痛劑)
analog 아날로그 *cf.* digital
analog generation 아날로그 세대(世代) *cf.* digital generation
analog hearing aid 아날로그 보청기 *cf.* digital hearing aid
analog signal 아날로그 신호(信號) *cf.* digital signal
analog tape editing 아날로그 테이프 편집(編輯)
analog-to-digital(A/D) converter 아날로그-디지털 변환기(變換機)
analogical change 유추변화(類推變化)
analogical extension 언어발달 유추적 확장(類推的擴張) *cf.* categorical extension
analogical overextension 언어발달 유추적 과잉확장 *cf.* categorial overextension
analogical representation 유추표상(類推表象) *cf.* analytic representation
analogical transfer 인지 언어발달 유추적 전이(類推的轉移)
analogue circuit 아날로그 회로(回路)
analogue filter 아날로그 필터
analogue image 아날로그 영상(映像)
analogue output 아날로그 출력(出力)
analogue system 아날로그 체계(體系) *cf.* digital system
analogy 유추(類推)
analysing filter 분석 필터
analysis 분석(分析) ↔ synthesis
analysis by synthesis 음성공학 합성에 의한 분석
analysis of covariance(ANCOVA) 통계 공분산분석(共分散分析)
analysis of the language of learning(ALL) 언어발달 학습언어분석(學習言語分析)
analysis of variance(ANOVA) 통계 변량분석(變量分析), 분산분석(分散分析)
analysis of state 상태분석
analysis window 분석창(分析窓)
analytic approach 분석적 접근(分析的接近) *cf.* synthetic approach
analytic language 분석언어(分析言語)
analytic method 의미 분석적 방법(分析的方法), 분석법(分析法) *cf.* synthetic method
analytic philosophy 분석철학(分析哲學)
analytic proposition 의미 분석적 명제(分析的命題) ↔ synthetic proposition
analytic psychology 분석심리학(分析心理學)
analytic representation 분석표상 *cf.* analogical representation
analytic sentence 통사 분석적 문장(分析的文章)
analytic strategy 분석책략(分析策略)
analytic style 분석 스타일
analytic tendency 분석경향(分析傾向)

analytic training approach 분석적 훈련접근법(分析的訓練接近法) ↔ synthetic training approach
analytic truth 분석적 진리(分析的眞理)
analytical chemistry 분석화학(分析化學)
analytical psychotherapy 분석적 심리치료(分析的心理治療)
analytical reagent(AR) 분석시약(分析試藥)
analyzability 분석가능성(分析可能性)
analyzer 분석기(分析機)
anamnesis 병력(病歷), 기왕력(旣往歷)
anamnestic phenomenon 기왕현상(旣往現象)
anamnestic reaction 기왕반응(旣往反應)
anaphor 대용어(代用語)
anaphora 대용(代用)
anaphoric reference 담화 대용어 지시(代用語指示)
anaplasia 퇴화(退化)
anaporic index 대용지표(代用指標)
anaporic pronoun 대용 대명사(代用代名詞)
anaptyxis 어중음 첨가(語中音添加), 모음의 어중첨가
anarexia 식욕부진(食慾不振) = inappetence
anarithmetria 생리 산수장애(算數障礙)
anarthria 구어불능증(構語不能症), 실구어증(失構語症) *cf.* apraxia of phonation
anastomosis 문합술(吻合術), 연결술(連結術)
anastomosis of bowel 장문합술(吻合術), 장연결술(連結術)
anatomia L 해부학(解剖學) = anatomy
anatomic neuron 해부학적 뉴런
anatomical age 해부연령(解剖年齡)
anatomical airway 해부학적 기도(解剖學的氣道)
anatomical dead space 해부학적 사강(解剖學的死腔) *cf.* functional dead space
anatomical diagnosis 해부학적 진단(解剖學的診斷)
anatomical pathology 해부병리학(解剖病理學)
anatomical position 해부학적 위치(解剖學的位置)
anatomy 해부학(解剖學) = anatomia
ANC(assessment of nonverbal communication) AAC 비구어의사소통평가(非口語意思疏通評價)
ancephaly 생리 무뇌증(無腦症)
anchor vowels 기본모음(基本母音) = cardinal vowels
Ancient Korean 고대국어(古代國語) *cf.* Middle Korean
ANCOVA(analysis of covariance) 통계 공분산 분석(共分散分析)
androgen 해부 (남성호르몬) 안드로겐 ↔ progesterone
anecdotal evidence 일화적 증거(逸話的證據)
anecdotal records 일화 기록법(逸話記錄法)
anecdotalism 일화주의(逸話主義)
anechoic 음향 무반향(無反響)
anechoic boundary condition 음향 무반향경계조건(無反響境界條件)
anechoic chamber 음향 무반향실(無反響室) = anechoic room *cf.* soundproof room
anechoic tank 음향 무반향 탱크
anechoic termination 음향 무반향종단(無反響終端)
anemia 빈혈(貧血)
anencephaly 무뇌증(無腦症)
aneroid barometer 아네로이드 기압계(氣壓計)
aneurysm 동맥류(動脈瘤)
Angelman syndrome(AS) 신경 (유전성) 엥겔만 증후군
anger 분노(忿怒) = fury, rage
anger meter AAC 분노계(忿怒計)
angina 생리 L 협심증(狹心症) = angina pectoris
angina syndrome 협심증 증후군(狹心症症候群)
angiogram 혈관조영상(血管造影像)
angiography 혈관조영술(血管造影術)

cf. cerebral angiogrphy
angiology 혈관학(血管學)
angioma 생리 혈관종(血管腫)
angle 각(角)
angle of reflection 반사각(反射角) ↔ incidence angle
angled bracket 직각괄호(直角括弧)
angstrom(Å) 옹스트롬
angular acceleration 각가속도(角加速度)
angular artery 해부 안각동맥(眼角動脈)
angular convolution 해부 각회(角回), 각이랑 = angular gyrus
angular deviation loss 각도편차손실(角度偏差損失)
angular frequency 음향 각진동수(角振動數)
angular gyrus 해부 각회(角回), 각이랑 = angular convolution
angular moment 각모멘트
angular momentum 각운동량(角運動量)
angular vein 해부 각정맥(眼角靜脈)
angular velocity 각속도(角速度)
anhedonia 무쾌감증(無快感症)
anhydrosis 발한장애(發汗障礙)
anility 노쇠(老衰), 노망(老妄)
animal communication 동물의사소통(動物意思疏通)
animal language 동물언어(動物言語) ↔ human language
animate agent strategy 유정행위자전략(有情行爲者戰略) *cf.* probable event strategy
animate noun 유정명사(有情名詞) ↔ inanimate noun
animate object 유정물(有情物) ↔ inanimate
animism (피아제의) 물활론(物活論)
anisometropia 생리 부동시(不動視), 굴절부동 = anisopia
anisopia 생리 부동시(不動視), 굴절부동 = anisometropia
ankyloglossia 생리 설소대단축증(舌小帶短縮症) = tongue tie
ankylosis (관절의) 강직증(剛直症)
ANN(artificial neural network) 뇌과학 인공신경망(人工神經網)
annalistic present 연대기적 현재(年代記的現在)
annual calibration 연간보정(年間補正) *cf.* daily calibration
annular flow 환류(還流)
annular ligament 해부 고리인대
annulus 윤(輪), 고리
annulus fibrosis 생리 고리섬유증(纖維症)
anode 양극(陽極)
anode rays 양극선(陽極線)
anomalous depth effect 이상 수심효과(異常水深效果)
anomalous finite verb 변칙 한정동사(變則限定動詞)
anomalous verb 변칙동사(變則動詞) = irregular verb
anomaly 기형(畸形), 변칙(變則)
anomia 생리 실명칭증(失名稱症) = dysnomia
anomia aphasia 신경 명칭실어증(名稱失語症) = anomic aphasia
anomie 혼돈상태(混沌狀態)
anonymity 익명성(匿名性) *cf.* confidentiality
anorexia 생리 거식증(拒食症) = sitophobia ↔ sitomania
anorexia nervosa 생리 L 신경성 거식증(神經性拒食症) ↔ bulimia nervosa
anosmia 생리 후각소실(嗅覺消失), 후각상실증(嗅覺喪失症)
anosmic aphasia 신경 후각성 실어증(嗅覺性失語症)
anosognosia 생리 질병불각증(疾病不覺症)
anotia 생리 무이증(無耳症)
ANOVA(analysis of variance) 통계 분산분석(分散分析), 변량분석

anoxia 생리 무산소증(無酸素症)

ANSI(American national standards institute) 미국표준연구소(美國標準硏究所), 미국국립표준협회

answering 대답하기

antacid 제산제(制酸劑)

antagonism 길항작용(拮抗作用) = antagonistic action

antagonist 길항제(拮抗劑)

antagonistic action 길항작용(拮抗作用) = antagonism

antagonistic muscle 해부 길항근(拮抗筋) ↔ agonistic muscle

antagonistic reflex 신경 길항반사(拮抗反射)

antecedent 선행사(先行詞), 선행어(先行語)

antecedent condition 선행조건(先行條件)

antecedent contained deletion 선행사 내포 삭제(先行詞內包削除)

antecedent event 선행사건(先行事件), 선행행위(先行行爲)

antecedent government 선행사 지배(先行詞支配)

antecedent-relative 선행사 관계사(先行詞關係詞)

anteflexion 생리 전굴증(前屈症)

anterior (1) 해부 앞쪽의 = ventral ↔ posterior, dorsal (2) 음운 전방성(前方性)

anterior alexia 생리 전두부 실독증(前頭部失讀症) = frontal alexia

anterior auricular muscle 해부 전이개근(前耳介筋)

anterior basal segment 해부 앞바닥 구역(區域)

anterior basal segmental bronchus 해부 전폐저지(前肺底枝) ↔ posterior basal segmental bronchus

anterior belly 해부 전복근(前腹筋) ↔ posterior belly

anterior cavity 해부 전강(前腔) ↔ posterior cavity

anterior cerebral artery(ACA) 해부 전뇌동맥(前腦動脈) ↔ posterior cerebral artery

anterior cingulate cortex(ACC) 해부 전대상피질(前帶狀皮質) ↔ posterior cingulate cortex

anterior cochlear nucleus 해부 전와우핵(前蝸牛核)

anterior commissure 해부 전교련(前交連) ↔ posterior commissure

anterior communicating artery 해부 전교통동맥(前交通動脈) ↔ posterior communicating artery

anterior external arcuate fibers 해부 전외측궁상섬유(前外側弓狀纖維)

anterior faucial arch 해부 전구개궁(前口蓋弓), 앞구개궁 ↔ posterior faucial arch

anterior faucial pillars 해부 전구협궁(前口頰弓)

anterior fossa 해부 전두와(前頭窩) *cf.* posterior fossa

anterior future 과거중 미래(過去中未來), 전미래(前未來)

anterior horn 해부 전각(前角) ↔ posterior horn

anterior hypothalamus 해부 전시상하부(前視床下部)

anterior inferior 해부 전하부(前下部) ↔ posterior inferior

anterior inferior cerebellar artery(AICA) 해부 전하소뇌동맥(前下腦動脈) ↔ posterior inferior cerebellar artery

anterior isolation syndrome(AIS) 신경 전방분리증후군(前方分離症候群) = transcortical motor aphasia

anterior limb 해부 전각(前脚)

anterior lingual gland 해부 전설선(前舌腺)

anterior lobe 해부 전엽(前葉) = paleocerebellum ↔ posterior lobe

anterior muscle 해부 전근(前筋) ↔ posterior

muscle

anterior palatine nerve 해부 전구개신경(前口蓋神經)

anterior pillar 해부 전구개궁(前口蓋弓) ↔ posterior pillar

anterior root 해부 전근(前根) ↔ posterior root

anterior semicircular canal 해부 전반규관(前半規管) ↔ posterior semicircular canal

anterior serratus muscle 해부 전거근(前鋸筋) ↔ posterior serratus muscle

anterior sulcus 해부 앞고랑

anterior superior 해부 전상부(前上部) ↔ posterior superior

anterior surface 해부 전면(前面) ↔ posterior surface

anterior thalamic nucleus 해부 전시상핵(前視床核) ↔ posterior thalamic nucleus

anterior view 해부 전상(前狀) ↔ posterior view

anterior wall 해부 전벽(前壁) ↔ posterior wall

anterograde 선행성(先行性), 전향성(前向性)

anterograde amnesia 심리 선행성 기억상실(先行性記憶喪失) ↔ retrograde amnesia

anterograde memory 심리 전행기억(前行記憶)

anterolateral approach 전외측접근법(前外側接近法)

anterolateral cerebral cortex 해부 전측두엽 대뇌피질(前側頭葉大腦皮質)

anteroposterior 해부 전후(前後)

anteroposterior view 해부 전후상(前後像)

anteversion 해부 (자궁 등의) 전경(前傾)

anthracosis 생리 진폐증(塵肺症)

anthropocentrism 인간중심주의(人間中心主義)

anthropological linguistics 인류언어학(人類言語學)

anthropology 인류학(人類學)

anthropometry 인체측정학(人體測定學)

anti '반(反)'의 의미

antialiasing 가주파수 생성방지(假周波數生成防止) ↔ aliasing

antialiasing filter 가주파수 생성방지(假周波數生成防) 필터

antialiasing software 가주파수 생성방지 소프트웨어

antianxiety drug 항불안제(抗不安劑)

antibiotic 항생물질(抗生物質)

antibody 항체(抗體) *cf.* antigen

antibody formation 항체형성(抗體形成)

anticipation 예견(豫見), 기대(期待)

anticipation effect 말더듬 예기효과(豫期效果)

anticipation guidance 예기지도(豫期指導)

anticipatory 예상(豫想)하는, 선행(先行)하는

anticipatory and struggle behavior theory 말더듬 예기투쟁이론(鬪爭豫期理論)

anticipatory assimilation 조음 순행동화(豫測同化) = progressive assimilation ↔ carryover assimillation

anticipatory avoidance reaction 말더듬 예기회피반응(豫期回避反應)

anticipatory coarticulation 조음 예기적 동시조음(豫期的同時調音) = progressive coarticulation ↔ carryover coarticulation

anticipatory error 조음 (말실행증의) 선행적 오류(期待誤謬) *cf.* transpositional error

anticipatory language 선행성 언어(先行性言語), 예측성 언어(豫測性言語)

anticipatory reaction 말더듬 예기반응(豫期反應), 예견반응(豫見反應)

anticipatory strategies 말더듬 예기전략(豫期戰略) *cf.* repair strategies

anticipatory struggle hypothesis 말더듬 예기투쟁가설(豫期鬪爭假說)

anticipatory subject 기대주어(期待主語), 가주어(假主語)

anticipatory substitutions 선행대치(先行代置)
anticoaggulant 항응고제(抗凝固劑)
anticonvulsant 진정제(鎭靜劑)
antidepressant 항우울제(抗憂鬱劑)
antidiuresis 항이뇨(抗利尿)
antidiuretic hormone 항이뇨 호르몬
antiexpectancy 반기대(反期待), 반기대법(反期待法)
antiformant 음향 반공명(反共鳴), 안티 포먼트 = antiresonance
antigen 항원(抗原) *cf.* antibody
antigen-antibody complex 항원항체합성(抗原抗體合成)
antigenic-determinant site 항원결정부(抗原決定部)
antigravity 반중력(反重力) *cf.* gravity, zero gravity
antihelix 해부 대이륜(對耳輪) ↔ helix
antihistamine 항히스타민 ↔ histamine
antihistaminic drug 항히스타민 약물
antiinflammatory effects 생리 항염효과(抗炎效果)
antimongoloid slant 반몽고병 경향(反蒙古病傾向)
antineoplastic 생리 항종양제(抗腫瘍劑)
antinode point 반절점(反節点)
antinoise microphone 잡음소거 마이크로폰
antiparkinsonian 생리 항파키슨 약
antipassive 반수동(反受動)
antipathy 증오(憎惡), 혐오(嫌惡)
antiphase 반위상(反位相)
antipsychotic drug 항정신성 약품(抗精神性藥品) = antipsychotics
antipsychotics 항정신병약(抗精神病藥) = antipsychotic drugs
antipyretic agents 해열제(解熱劑)
antiresonance 음향 반공명(反共鳴) = antiformant
antiresonance frequency 음향 반공명주파수(反共鳴周波數) *cf.* resonance frequency
antisocial behavior 심리 반사회적 행동(反社會的行動) ↔ prosocial behavior
antisocial personality 심리 반사회적 성격(反社會的性格)
antisocial personality disorder 심리 반사회적 성격장애(反社會的性格障礙)
antithesis 상반(相反)
antitragus 해부 대이주(對耳珠) ↔ tragus
antivibration mounting 무진동 설치대(無振動設置臺)
antonym 반의어(反義語) ↔ synonym
antonymy 반의관계(反義關係) ↔ synonymy
antrum 해부 동(洞)
antrum auris 해부 L 외이도(外耳道) = external auditory canal
anus 해부 항문(肛門)
anxiety 불안(不安), 근심
anxiety disorder 심리 불안장애(不安障礙)
anxiety drug therapy 불안 약물치료(抗不安藥物治療)
anxiety hysteria 불안 히스테리아
anxiety melancholia 심리 불안우울증(不安憂鬱症)
anxiety neurosis 심리 불안신경증(不安神經症)
anxiety psychosis 신경 불안정신병(不安精神病)
anxiety reaction 심리 불안반응(不安反應)
anxiety state 심리 불안상태(不安狀態)
anxiolytic 항불안제(抗不安劑)
anypnia 생리 불면증(不眠症)
AOAE(automated otoacoustic emission) 청각 자동이음향방사(自動耳音響放射)
AOM(acute otitis media) 생리 급성 중이염(急性中耳炎) ↔ COM
AOMC(acute otitis media with cholesteatoma) 생리 진주종성 급성중이염(眞珠腫性急性中耳炎) ↔ COMC
AOP(apraxia of phonation) 생리 발성실행증

(發聲失行症) *cf.* laryngeal apraxia

aorta 해부 대동맥(大動脈)

aorta ascendens 해부 L 상행대동맥(上行大動脈) = ascending aorta

aorta thoracica 해부 L 흉대동맥(胸大動脈) = thoracic aorta

aortic baroreceptor 해부 대동맥압수용기(大動脈壓受容器)

aortic insufficiency 생리 대동맥 폐쇄부전증(大動脈閉鎖不全症)

aortic arch 대동맥궁

aortic nerve 해부 대동맥신경(大動脈神經)

aortic sclerosis 생리 대동맥 경화증(大動脈硬化症)

AOS(apraxia of speech) 말실행증 *cf.* oral apraxia

A-over-A constraint 통사 상위범주 우선제약(上位範疇于先制約)

A-over-A principle 통사 상위범주 우선원리(上位範疇優先原理)

AP(action potential) 신경 활동전위(活動電位) = SP

AP(adjective phrase) 형용사구(形容詞句)

APA(American psychology association) 미국심리협회(美國心理協會)

APAC(assessment of phonology and articulation for children) 조음 아동용 조음음운평가(兒童用調音音韻評價)

apastia 생리 거식증(拒食症) *cf.* sitomania

apathy 심리 무감동(無感動)

APD(auditory processing disorders) 청각처리장애(聽覺處理障礙)

apenic period 생리 무호흡기간(無呼吸期間)

apepsia 생리 소화불량(消化不良) = indigestion ↔ eupepsia *cf.* dyspepsia

aperiodic sounds 음향 비주기음(非週期音) = nonperiodic sounds ↔ periodic sounds

aperiodic vibration 음향 비주기 진동(非週期振動)

aperiodic wave 음향 비주기파(非週期波) = nonperiodic wave ↔ periodic wave

aperiodicity 음향 비주기성(非週期性) ↔ periodicity

Apert syndrome (지적 장애) 아퍼트 증후군

aperture 조음 개구도(開口度), 간극도(間隙度), 열림도 *cf.* sonority

aperture assimilation 조음 간극동화(間隙同化)

apex auriculae 해부 L (귀의) 이개첨(耳介尖)

apex linguae 조음 L 설첨(舌尖)

apex pulmonis L 폐첨(肺尖) = apex of lung

apex 첨부(尖部), 꼭대기 ↔ basila

Apgar family version 아프가 가족판

Apgar score 아프가 점수

aphaeresis 음운 어두자음탈락(語頭子音脫落) *cf.* apocope

aphagia 삼킴 삼킴장애, 연하장애, 무섭식증(無攝食症) *cf.* dysphagia

aphakia 무수정체(無水晶體)

aphasia 신경 실어증(失語症)

aphasia classification system 신경 실어증 분류체계(失語症分類體系)

aphasia clinical battery(ACB) 신경 실어증임상검사도구(失語症臨床檢査道具)

aphasia couples therapy(ACT) 신경 실어증부부치료(失語症夫婦治療)

aphasia diagnostic profiles(ADP) 신경 실어증진단검사(失語症診斷檢査)

aphasia language performance scales(ALPS) 신경 실어증언어수행척도(失語症言語遂行尺度)

aphasia quotient(AQ) 실어증지수(失語症指數)

aphasia screening test(AST) 신경 실어증 선별검사(失語症選別檢査)

aphasic 실어증환자(失語症患者), 실어증의

aphasic and apraxic syndrome 신경 실어증-실행증 증후군(失語症失行症症候群)

aphasic phonological impairment 신경 실어

증환자 음운장애(失語症患者音韻障礙)

aphasic quotient(AQ) 신경 (실어증 중증도 측정) 실어증지수(失語症指數) *cf.* cortical quotient

aphasiologist 실어증학자(失語症學者)

aphasiology 실어증학(失語症學)

aphatic agraphia 신경 실어증적 실서증(失語症的失書症)

aphemesthesia 생리 어맹증(語盲症)

aphemia 신경 옛 실어증(失語症)

apheresis 조음 어두음탈락(語頭音脫落)

aphesis 조음 어두모음생략(語頭母音省略)

aphonia 생리 실성증(失聲症), 무성증(無聲症)

aphonic episode 실성증 일화(失聲症逸話)

aphrasia 생리 구절언어 상실증(句節言語喪失症)

aphthous stomatitis 생리 아프타성 구내염

APIB(assessment of preterm infant behavior) 미숙아 행동평가(未熟兒行動評價)

apical dental stop 조음 설첨치폐쇄음(舌尖齒閉鎖音)

apical post-alveolar sound 조음 설첨후치조음(舌尖後齒槽音), 설첨 뒤치경음

apical segment 꼭대기 구역

apical segmental bronchus 해부 꼭대기 구역기관지(區域氣管支)

apical sound 조음 설첨음(舌尖音), 혀끝-소리

apical trill 조음 설첨 전동음(舌尖顫動音), 혀 굴림소리

apicalization 음운 설첨음화(舌尖音化)

apico-alveolar sound 조음 설첨치경음(舌尖齒莖音)

apico-alveolar trill 조음 설첨치경 전동음(舌尖齒莖顫動音)

apico-dental sound 조음 설첨치음(舌尖齒音)

apico-palatal sound 조음 설첨구개음(舌尖口蓋音)

apicoposterior segment 해부 꼭대기뒤 구역

apicoposterior segmental bronchus 해부 꼭대기뒤 구역기관지

aplasia 무형성(無形成) *cf.* agenesis

aplastic anemia 생리 재생불량성 빈혈증(再生不良性貧血症)

apnea 생리 무호흡(無呼吸), 무호흡증(無呼吸症) = sleep apnea *cf.* eupnea

apneic period 생리 무호흡기간(無呼吸期間)

apneusis 생리 지속성 흡식(持續性吸息)

apneustic center 생리 지속성 흡식중추(持續性吸息中樞) *cf.* pneumotaxic center

apocope 음운 어말자음탈락(語末子音脫落) *cf.* syncope

apocrine glands 생리 아포크린 샘

aponeurosis 해부 건막(腱膜)

apoplexy 신경 옛 뇌졸중(腦卒中), 중풍(中風) = stroke

apoptosis 생리 세포사멸(細胞死滅)

apostrophe 생략기호(省略記號)

apparatus 장치(裝置)

apparent compound sentence 통사 의사복문(疑似複文)

apparent diffusion coefficient(ADC) 통계 겉보기 확산계수(擴散係數)

apparent mass 의사질량(疑似質量)

apparent simple sentence 통사 의사단문(疑似短文)

apparent source width(ASW) 음향 가시음원폭(可視音源幅)

appendage 부속물(附屬物)

appended statement 추가진술(追加陳述)

appendicectomy 해부 충수절제술(蟲垂切除術)

appendicitis 생리 충수염(蟲垂炎), 맹장염(盲腸炎)

appendicular skeleton 해부 사지골격(四肢骨格) *cf.* axial skeleton, trunk skeleton

appendix 해부 충수(蟲垂), 부록

apperception 생리 통각(統覺)

apperceptive agnosia 신경 통각실인증(統覺失

認症)

apperceptive visual agnosia 신경 통각적 시각실인증(統覺的視覺失認症) *cf.* associative visual agnosia

appetite 식욕(食慾)

appetite center 생리 식욕중추(食慾中樞) *cf.* feeding center, satiety center

appetite disorders 생리 식욕장애(食慾障礙)

appliance 기구(機具), 장치(裝置)

application 응용(應用), 적용(適用), 신청(申請)

applicative construction 응용구조(應用構造)

applied anatomy 응용해부학(應用解剖學)

applied behavior analysis(ABA) 언어발달 응용행동분석(應用行動分析)

applied frequency 음향 응용주파수(應用周波數)

applied linguistics 응용언어학(應用言語學) *cf.* theoretical linguistics

applied phonetics 응용음성학(應用音聲學) *cf.* theoretical phonetics

applied psychology 응용심리학(應用心理學) *cf.* theoretical psychology

applied relaxation(AR) 심리 응용 이완법(應用弛緩法) *cf.* anxiety disorder

applied research 응용연구(應用硏究) *cf.* theoretical research

applied science 응용과학(應用科學) *cf.* pure science

applied social psychology 응용사회심리학(應用社會心理學)

apposition 동격(同格)

appositional growth 부가성장(附加成長)

appraisal 평가(評價) = evaluation *cf.* assessment

appreciative comprehension 감상적 독해(感傷的讀解)

apprenticeship 도제제도(徒弟制度)

approach 접근법(接近法)

approach-avoidance 말더듬 접근-회피(接近-回避)

approach-avoidance conflicts 말더듬 접근-회피갈등(接近-回避葛藤)

approach-avoidance theory 말더듬 접근-회피이론(接近-回避理論)

approach behavior 말더듬 접근행동(接近行動)

approach-escape theory 말더듬 접근도피이론(接近-逃避理論)

appropriate for gestational age(AGA) 적정체중아(適正體重兒)

appropriate word method 적절한 단어중심 교수법(語彙方法)

appropriateness 적절성(適切性)

approximant 조음 접근음(接近音)

approximate system 언어습득 근접체계(近接體系), 근사체계(近似體系)

approximation (1) 말더듬 (벤 라이퍼의 말더듬 단계) 점근(漸近) *cf.* stabilization (2) 접근(接近)

APR(auropalpebral reflex) 신경 청안검반사 = auditory palpebral reflex

apraxia 생리 실행증(失行症)

apraxia battery for adults(ABA) 성인실행증 검사(成人失行症檢查)

apraxia of phonation(AOP) 생리 발성실행증(發聲失行症) *cf.* laryngeal apraxia

apraxia of speech(AOS) 생리 말실행증 = verbal apraxia *cf.* oral apraxia

apraxia of swallowing 생리 연하실행증(嚥下失行症), 삼킴실행증

apraxic agraphia 생리 실행실서증(失行失書症), 실행증형 실서증(失行症形失書症)

apraxic dysarthria 생리 실행마비말장애, 실행증형 마비말장애

aprosodia 생리 실율증(失律症), 운율불능증(韻律不能症) = aprosody

aprosody 생리 운율불능(韻律不能) *cf.* dysprosody

APS(addiction potential scale) 중독가능성 척도(中毒可能性尺度)

APS(American Psychological Society) 미국심

리학회(美國心理學會)
aptitude 적성(適性)
aptitude test 심리 적성검사(適性檢查) *cf.* ability test
aptitude-treatment interaction(ATI) 심리 적성처치 상호작용(適性處理相互作用)
aptyalism 생리 타액결핍증(唾液缺乏症), 무타액증(無唾液症) *cf.* ptyalism
AQ(aphasia quotient) 신경 실어증지수(失語症指數) *cf.* LQ, CQ
AQ(aphasic quotient) 신경 (실어증 중증도 측정) 실어증지수(失語症指數) *cf.* CQ, LQ
aqua '수(水)'의 의미
aqueous humor 체액(體液), 물같은 액
AR(analytical reagent) 분석시약(分析試藥)
AR(androgen receptor) 생리 (남성호르몬) 안드로겐 수용기(受容器)
AR(applied relaxation) 심리 응용 이완법(應用弛緩法) *cf.* anxiety disorder
AR(auditory rehabilitation) 청각재활(聽覺再活) = audiologic rehabilitation
AR(augmented reality) 증강현실(增强現實) *cf.* virtual reality, mixed reality
arachnoid foramen 해부 지주막공(蜘蛛膜孔)
arachnoid granulation 해부 지주막 과립(蜘蛛膜顆粒) = arachnoidal granulation
arachnoid mater 해부 지주막(蜘蛛膜), 거미막 *cf.* meninges
arachnoid trabecula 해부 거미막 잔기둥
arachnoid villus 해부 지주막 융모(蜘蛛膜絨毛)
arachnoidal granulation 해부 지주막 과립(蜘蛛膜顆粒) = arachnoid granulation
arbitrariness (기호의) 자의성(恣意性) *cf.* distinctiveness
arbitrary reference (기호의) 임의적 지시(任意的指示), 자의적 지시(恣意的指示)
arbitrary symbol (기호의) 자의적 상징(恣意的象徵)
arc 궁(弓) = arch
arc of palate 해부 구개궁(口蓋弓)
arch 궁(弓) = arc
arch of aota 해부 대동맥궁(大動脈弓)
archaism 고어(古語), 고어체(古語體)
archicerebellum 해부 원시소뇌(原始小腦)
archiform 원형식(原形式)
archiphoneme 음운 원음소(原音素)
archisegment 음운 원분절음(原分節音)
archive 보관(保管), 저장(貯藏)
arcuate fasciculus 해부 궁상속(弓狀束), 활꼴다발
arcuate nucleus 해부 궁상핵(弓狀核)
arcus alveolaris 해부 L 치조궁(齒槽弓)
arcus costalis 해부 L 늑골궁(肋骨弓)
area 지역(地域) 영역(領域)
area postrema 해부 최후야(最後野)
area score 영역점수(領域點數) *cf.* factor score
areal ratio 면적비(面積比)
arena assessment 팀 평가
argot 은어(隱語), 암호말 = cant *cf.* swearword
argument 논리 논항(論項)
argument chain 논리 논항연쇄(論項連鎖)
argument linking principle 논리 논항연결원리(論項連結原理)
argument structure 논리 논항구조(論項構造)
argumentation 논증 논증(論證)
argumentative style 의논체(議論體), 논변체(論辯體)
arithmetic average 산술평균(算術平均)
arithmetic subject test 산수하위검사(算數下位檢查)
Arizona articulation proficiency scale(AAPS) 조음 아리조나 조음능력척도(調音能力尺度)
Arizona battery for communication disorders of dementia(ABCD) 아리조나 치매 의사소통장애검사(癡呆意思疏通障礙檢查)
armature 전기자(電機子)

arnold-chiari malformation 아놀드-카이리 기형(奇形)
arousal 심리 각성(覺醒)=wakefulness
arousal level 심리 각성레벨
arousal pattern 심리 각성형 뇌파(覺醒形腦波)
arousal response 심리 각성반응(覺醒反應)
arousal symptoms 심리 각성증상(覺醒症狀)
arousal theory 심리 각성이론(覺醒理論)
arrangement 준비(準備), 정리(整理)
array 배열(配列)
array gain 배열이득(配列利得)
array sensitivity 배열민감도(配列敏感度)
array transducer 배열변환기(配列變換機)
arrest (1) 억제(抑制), 정지(停止) (2) 체포(逮捕)
arresting consonant 조음 정지자음(停止子音)
arrhythmia 부정맥(不整脈)
arsis 강음부(强音部)
Arskog syndrome 신경 아르스코그 증후군
ARST(auditory retention span test) 청력보존기간검사(聽覺保存期間檢査)
ART(acoustic reflex threshold) 신경 음향반사역치(音響反射閾値)
ART(auditory response telemetry) 청각 원격청신경반응측정(遠隔聽神經反應測定)
art therapy 예술치료(藝術治療)
arteria mentalis 해부 이동맥(頤動脈)
arterial pressure 동맥압력(動脈壓力)
arterial pulse 동맥맥박(動脈脈搏)
arteriole 해부 소동맥(小動脈)
arteriosclerosis 생리 동맥경화증(動脈硬化症)
arteriovenous malformation(AVM) 동정맥기형(動靜脈奇形)
artery 해부 동맥(動脈) *cf.* vein
arthr- 연결(連結)을 의미하는 접두사
arthralgia 생리 관절통(關節痛)
arthritis 생리 관절염(關節炎)
arthrograpyposis multiplex congenita 생리 L 선천성 다발관절 굽음증
arthrology 관절학(關節學)
articulacy 조음 명료성(明瞭性) =articulateness ↔ inarticulateness
articular capsule 해부 관절낭(關節囊)
articular cartilage 해부 관절연골(關節軟骨)
articular muscle 해부 관절근(關節筋)
articular process 해부 관절 기(關節突起)
articular resection 해부 관절절제술(關節切除術)
articulateness 조음 명료성(明瞭性) =articulacy ↔ inarticulateness
articulation (1) 조음(調音), 명료도(明瞭度) (2) 해부 관절(關節)
articulation and phonological disorders 조음음운장애(調音音韻障礙)
articulation area 조음영역(調音領域)
articulation attainment test(AAT) 조음성취검사(調音成就度檢査)
articulation competence index(ACI) 조음능력지수(調音能力指數)
articulation curve 조음곡선(調音曲線)
articulation delay 조음지체(調音遲滯)
articulation disorders 조음장애(調音障礙) *cf.* phonological disorders
articulation error 조음오류(調音誤謬)
articulation index(AI) 조음지수(調音指數)
articulation programming 조음계획(調音計劃)
articulation rate 조음속도(調音速度) *cf.* speech rate
articulation sternocostal 해부 흉골늑골관절(胸骨肋骨關節)
articulation test 조음검사(調音檢査)
articulator 조음자(調音子), 조음기(調音器)
articulatory basis 조음원리(調音原理), 조음상의 기초
articulatory compensation 조음보상(調音補償)
articulatory dynamics 조음 역동성(調音逆動性)
articulatory gesture 조음 제스처
articulatory model 조음 모형(調音模型)

articulatory organs 조음기관(調音器官)

articulatory phonetic complexity 조음음성학적 복잡성(調音音聲學的複雜性)

articulatory phonetics 조음음성학(調音音聲學) *cf.* physiological phonetics

articulatory ports 조음지점(調音地點)

articulatory precision 조음정확도(調音正確度)

articulatory process 조음과정(調音過程)

articulatory release 조음방출(調音放出)

articulatory synthesis 조음합성(調音合成)

articulatory synthesizer 조음합성기(調音合成器)

articulatory system 조음체계(調音體系)

articulatory target 조음목표(調音目標)

articulatory undershoot 조음 미달성(調音未達成) 조음적 도달실패

artifact 인공물(人工物)

artificial (1) 인공(人工)의 (2) 인위적(人爲的)인 ↔ natural

artificial airway 인공기도(人工氣道)

artificial brain 뇌과학 인공두뇌(人工頭腦)

artificial breathing 생리 인공호흡(人工呼吸)

artificial ear 인공 귀, 모의귀

artificial heart 해부 인공심장(人工心臟) = mechanical heart

artificial ice 인조얼음

artificial immunity 인공면역(人工免疫)

artificial intelligence(AI) 음성공학 인공지능(人工知能) *cf.* man-machine interface

artificial language 음성공학 인공언어(人工言語) ↔ natural language

artificial larynx 해부 인공후두(人工喉頭) *cf.* electrolarynx

artificial life 인공생명(人工生命)

artificial mastoid 해부 인공 유양돌기(人工乳樣突起)

artificial method 인공적 방법(人工的方法)

artificial mouth 인공 입, 모의입

artificial neural network(ANN) 뇌과학 인공신경망(人工神經網)

artificial pacemaker 인공심장박동기(人工心臟搏動器)

artificial palate 조음 인공구개(人工口蓋), 만든 입천장

artificial reality 인공현실(人工現實)

artificial respiration 생리 인공호흡(人工呼吸)

artificial saliva 생리 인공타액(人工唾液)

artificial speech 음성공학 인공음(人工言語)

artificial stuttering 말더듬 인위적 말더듬

artificial voice 음성공학 인공음성(人工音聲)

artistomia 조음 L 구어명료(口語明瞭)

aryepiglottic folds 해부 피열후두개 주름

aryepiglottic muscle 해부 피열후두개근(披閱喉頭蓋筋)

aryepiglottic part 해부 피열후두개 부분

arytenoid adduction 해부 피열연골 내전(披閱軟骨內轉)

arytenoid apex 해부 피열연골 첨부(披閱軟骨尖部)

arytenoid base 해부 피열연골 기저(披閱軟骨基底)

arytenoid cartilages 해부 피열연골(披閱軟骨), 호미연골

arytenoid muscle 해부 피열근(披閱筋)

arytenoid ring 해부 피열륜(披閱輪)

arytenoid surface 해부 피열관절면(披閱關節面)

arytenoid swelling 해부 피열융기(披閱隆起)

AS(Angelman syndrome) 신경 (유전성) 엥겔만 증후군

asaphia 조음 발음불명료(發音不明瞭)

ASC(automatic sensitivity control) 자동민감도조절(自動敏感度調節)

ascending 상행(上行)의, 오르는 ↔ descending

ascending aorta 해부 상행대동맥(上行大動脈) ↔ descending aorta

ascending auditory pathway 해부 상행청각

경로(上行聽覺經路)

ascending colon 해부 상행결장(上行結腸) ↔ descending colon

ascending-descending method 상승-하강법(上乘下降法)

ascending fiber tract 생리 상행신경전도로(上行神經傳導路) ↔ descending fiber tract

ascending method 상승법(上乘法) ↔ descending method

ascending nerve fiber 해부 상행신경섬유(上行神經纖維) ↔ descending nerve fiber

ascending order 오름차순 ↔ descending order

ascending pathways 신경 상행로(上行路) = ascending tract ↔ descending pathway

ascending pitch break 상승 피치단절 ↔ descending pitch break

ascending sensory pathway 신경 상행감각경로(上行感覺經路)

ascending series 상승계열(上昇系列)

ascending technique 상승기술(上昇技術)

ascending technique audiometry 상승기법 청력검사(上昇技法聽力檢査)

ascending tract 신경 상행로(上行路) = ascending pathway ↔ descending tract

ascending pitch break 음향 상승 피치단절 ↔ descending pitch break

asceticism 금욕주의(禁慾主義) ↔ hedonism, Epicureanism

ASD(autism spectrum disorders) 신경 (선천성 발달장애) 자폐범주성장애(自斃範疇性障礙) *cf.* Asperger syndrome

asemantic jargon 무의미적 자곤

asemia 신경 상징불능(象徵不能), 실상증(失象症) = asymbolia

aseptic '무균(無菌)'의

Ash leaf spot 회색 나뭇잎 반점(半點)

ASHA(American Speech-Language-Hearing Association) 미국언어청각협회(美國言語聽覺協會)

Ashworth scale 애쉬워스 척도(尺度)

ASIEP(autism screening instrument for educational planning) 교육계획을 위한 자폐증 선별도구(自閉症選別道具)

ASL(American sign language) 미국수어(美國手語)

asomnia 불면증(不眠症) = insomnia

ASP(automatic signal processing) 음성공학 자동신호처리(自動信號處理)

aspect 통사 (문법범주) 상(相), 양상(樣相)

aspectual auxiliary 양상 조동사(樣相助動詞)

aspectual complement 상적 보어(相的補語)

aspectual head 상적 핵(相的核)

aspectual tier 상 층위(相層位)

aspectual verb 상 동사(相動詞)

Asperger's syndrome 생리 (선천성 발달장애) 아스퍼거 증후군 *cf.* autism spectrum disorders

asphyxiation 질식(窒息) = suffocation

aspirate 조음 유기음(有氣音), 거센소리

aspirate quality 조음 기식음질(氣息音質)

aspirated 음운 기식성(氣息性)

aspirated consonant 조음 유기자음(有氣子音)

aspirated sounds 조음 유기음(有氣音), 거센소리 ↔ unaspirated sounds

aspirated stops 조음 유기 폐쇄음(有氣閉鎖音), 유기 정지음(有氣停止音)

aspirated voice 조음 기식화된 음성

aspiration (1) 조음 기식음화(氣息音化) (2) 삼킴 흡인(吸引) *cf.* penetration

aspiration after swallow 삼킴 삼킴 후 흡인(吸引)

aspiration before swallow 삼킴 삼킴 전 흡인

aspiration biopsy 삼킴 흡인 생검법(吸引生檢法)

aspiration during swallow 삼킴 삼킴 중 흡인

aspiration pneumonia 삼킴 흡인성 폐렴(吸引性肺炎)

aspiration pneumonitis 생리 진폐증(呼吸塵肺症)

aspirin sensitivity 아스피린 과민성(過敏性)

ASS(acquired subglottic stenosis) 생리 후천성 성문하협착증(後天性聲門下狹窄症)

assertive training 주장훈련(主張訓練)

assertive utterance 말더듬 주장적 발화(主張的發話) *cf.* responsive utterance

assessment 사정(査定), 평가(評價) *cf.* appraisal, evaluation

assessment of children's language comprehension(ACLC) 언어발달 아동언어이해력평가(兒童言語理解力評價)

assessment of intelligibility of dysarthric speech(AIDS) 마비말장애 명료도평가

assessment of nonverbal communication (ANC) AAC 비구어의사소통평가(非口語意思疏通評價)

assessment of phonological process-revised (APP-R) 말더듬 수정 음운처리능력평가(音韻處理能力評價)

assessment of phonology and articulation for children(APAC) 조음 아동용 조음음운평가(兒童用調音音韻評價)

assessment of preterm infant behavior(APIB) 언어발달 미숙아행동평가(未熟兒行動評價)

assessment strategies 말더듬 평가전략(評價戰略) *cf.* inference strategies

assibilation 음운 파찰음화(破擦音化)

assignment constraints 할당제약(割當制約)

assimilation 음운 동화(同化) ↔ dissimilation

assimilative effect 동화효과(同化效果)

assimilative nasality 음운 동화비성(同化鼻性)

assimilative processes 동화과정(同化過程)

assimilatory phonological processes 음운 동화음운변동(同化音韻變動)

assimilatory rule 음운 동화규칙(同化規則)

assist-control mode 보조조절 방식(補助調節方式)

assisted exercise 보조운동(補助運動)

assisting device 보장구(保障具)

assistive listening devices(ALD) 청각보조기기(聽覺補助器機), 보조듣기장치

assistive listening system 청각보조체계(聽覺補助體系), 보조듣기체계

assistive technology AAC 보조공학(補助工學)

assistive technology device AAC 보조공학기기(補助工學器機)

assistive technology service AAC 보조공학서비스

associated behaviors 말더듬 관련행동(關聯行動)

associated deficits 연합된 결함

associated features 말더듬 관련특징(關聯特徵)

associated motor behaviors 연합 근육운동 행동(聯合筋肉運動行動)

associated movement 연합동작(聯合動作)

associated reaction 연합반응(聯合反應)

association areas 연합영역(聯合領域)

association convention 연결규약(連結規約)

association cortex 해부 연합피질(聯合皮質)

association fibers 해부 연합섬유(聯合纖維)

association for the gifted 영재협회(英才協會)

association line 연결선(連結線)

association neuron 해부 연합신경(聯合神經)

association nuclei 해부 연결핵(連結核)

association process 언어발달 연합과정(表現過程)

association psychology 연합심리학(聯合心理學)

association tract 연합통로(聯合通路)

association tracts 신경 연합로(聯合路) *cf.* commissural tract

association 연합(聯合), 연결(連結)

associationism 연합주의(聯合主義)

associative aphasia 신경 연합성 실어증(聯合性失語症)

associative complex hypothesis 언어발달 연합적 복합가설(聯合的複合假說) *cf.* prototypic complex hypothesis

associative construction 통사 결합구조(結合構造), 연결구문(連結構文)

associative control 연합 통제력(聯合統制力)

associative deficit 생리 연합능력결함(聯合能力缺陷)

associative inference 논리 연합추론(聯合推論) = predictive inference

associative learning 연상학습(聯想學習) ↔ nonassociative learning

associative mating 동류교배(同類交配)

associative meaning 인지 연상의미(聯想意味) *cf.* conceptual meaning

associative strategy 연상전략(聯想戰略) *cf.* mediational strategy

associative visual agnosia 생리 연합성 시각실인증(聯合性視覺失認症) *cf.* apperceptive visual agnosia

assonance 조음 유사음(類似音)

ASSR(auditory steady state response) 청각 청성지속반응(聽性持續反應)

AST(aphasia screening test) 실어증 선별검사(失語症選別檢査)

astasia 생리 기립 불능(起立不能), 못섬증

A-state 말더듬 상태불안(狀態不安) = state anxiety *cf.* trait anxiety

astereognosis 생리 입체실인증(立體失認症)

asterisk 별표

asthenia 생리 무력증(無力症)

asthma 생리 천식(喘息)

astigmatism 생리 난시(亂視)

astomia 생리 구강폐쇄증(口腔閉鎖症)

Aston index 통계 아스톤 지수(指數)

astrocyte 해부 성상교세포(星狀膠細胞), 별아교세포

astrocytoma 생리 성상세포종(星狀細胞腫)

ASW(apparent source width) 음향 가시음원폭(可視音源幅)

asymbolia 생리 상징불능(象徵不能), 실상증(失象症) = asemia

asymmetric hearing loss 생리 비대칭형 청력손실(非對稱形聽力損失)

asymmetric relation 비대칭 관계(非對稱關係) ↔ symmetric relation

asymmetric time 비대칭 박자(非對稱拍子)

asymmetrical distribution 비대칭 분포(非對稱分布) ↔ symmetrical distribution

asymmetry 비대칭(非對稱), 비대칭성(非對稱性) ↔ symmetry

asymmetry ratio 비대칭 비율(非對稱比率) ↔ symmetric ratio

asymptomatic carrier 무증상 보균자(無症狀保菌者)

asymptomatic diabetes 생리 무증상 당뇨병(無症狀糖尿病)

asymptomatic infection 생리 무증상 감염(無症狀感染)

asynchronism 비동시성(非同時性) = asynchrony

asynchrony 비동시성(非同時性) = asynchronism

asynergy 생리 협동운동 불능증(協同運動不能症)

asyntactic 비통사적(非統辭的) ↔ syntactic

ataxia 생리 운동 실조증(運動失調症)

ataxia-telangiectasia 생리 모세혈관확장성 운동실조(毛細血管擴張性運動失調)

ataxic 신경 실조형(失調形)의

ataxic aphasia 신경 실조형 실어증(失調形失語症)

ataxic cerebral palsy 신경 운동실조형 뇌성마비(運動失調形腦性麻痺)

ataxic dysarthria 신경 실조형 마비말장애

ataxic gait 신경 실조성 보행(失調性步行)

ataxic nystagmus 생리 실조성 안진(失調性眼震)

ataxic paraplegia 신경 실조성 대마비(失調性對癱瘓)

ataxic speech 실조성 언어(失調性言語)

ataxic tremor 생리 실조성 진전(失調性震顫)

ataxic type 신경 실조형(失調形)

atelectasis 생리 무기폐(無氣肺)

atheism 무신론(無神論) ↔ theism *cf.* agnoticism

atherosclerosis 생리 동맥경화증(動脈硬化症)
atherosclerotic narrowing 생리 동맥경화성 협착(動脈硬化性狹窄)
athetoid 무정위형(無定位形)의
athetoid cerebral palsy 신경 무정위형 뇌성마비(無定位形腦性麻痺), 불수의운동형 뇌성마비(不隨意運動形腦性麻痺)
athetoid posturing 신경 무정위 운동자세(無定位運動姿勢)
athetoid type 신경 무정위형(無定位形)
athetosis 생리 무정위 운동증(無定位運動症)
athymia 신경 (1) 치매(癡呆) (2) 의식상실(意識喪失) (3) 무흉선증(無胸線症)
ATI(aptitude-treatment interaction) 적성처치 상호작용(適性處理相互作用)
atmosphere 기압(氣壓)
atmospheric absorption 공기흡수(空氣吸收)
atmospheric pressure 대기압(大氣壓), 기압(氣壓) = ambient pressure
atom 원자(原子) *cf.* molecule
atomic mass 원자질량(原子質量)
atomic number 원자번호(原子番號)
atomic predicate 원자술어(原子述語)
atomic weight 원자량(原子量)
atomizer 분무기(噴霧器), 분쇄기(分碎器)
atonia 생리 무긴장(無緊張), 긴장상실(緊張喪失)
atonic seizure 생리 무긴장성 발작(無緊張性發作)
A-trait 말더듬 특성불안(特性不安) = trait anxiety *cf.* state anxiety
atremia 생리 보행불능(步行不能)
atresia 생리 폐쇄증(閉鎖症)
atresia esophagi 생리 L 식도폐쇄증(食道閉鎖症)
atrial fibrillation 생리 심방섬유성 연축(心房纖維性攣縮)
atrial reflex 신경 심방반사(心房反射)
atrial septal defect 생리 심방 격막결함(心房膈膜缺陷)
atrial systole 심방 수축기(心房收縮期)
atrioventricular bundle 해부 심방심실다발
atrioventricular node 생리 심방심실결절(心房心室結節)
atrioventricular valve 해부 심방심실판막(心房心室瓣膜)
at-risk 위험군(危險群)
at-risk register 말더듬 위험군 명부(危險群名簿)
atrium 해부 PL atria, 심방(心房)
atrophic laryngitis 생리 위축성 후두염(萎縮性喉頭炎)
atrophy 생리 (성대의) 근위축(筋萎縮)
attached mass 부가질량(附加質量)
attachment 부착(附着), 부가장치(附加裝置)
attachment rule 부가규칙(附加規則)
attachment disorder 심리 애착장애(愛着障礙)
attack 발작(發作), 발병(發病), 공격(攻擊)
attack rate 발병률(發病率)
attack response 심리 공격반응(攻擊反應)
attack time 생리 발작시간(發作時間)
attempt-suppressing signal 담화 (상대방의 끼어들기) 억제신호(抑制信號) ↔ turn-yielding signal
attempted suicide 자살미수(自殺未遂)
attempts 담화 시도(試圖) *cf.* internal plans
attendance (1) 출근(出勤) (2) 시중(侍中) (3) 간호(看護)
attending physician 주치의(主治醫)
attention 심리 주의력(注意力), 주의집중(注意集中)
attention deficit 심리 주의력결핍(注意力缺乏)
attention deficit disorders(ADD) 심리 주의력결핍장애(注意力缺乏障礙)
attention deficit hyperactivity disorders (ADHD) 심리 주의력결핍 과잉행동장애(注意力缺乏過剩行動障礙) *cf.* oppositional defiant disorder
attention disorders 심리 주의력 장애(注意力障礙)

attention gathering 심리 주의끌기
attention gathering device 심리 주의끌기 장치
attention span 심리 주의력 지속시간(注意力持續時間), 주의폭 = concentration span
attentional alexia 생리 주의형 실독증(注意形失讀症) ↔ neglect alexia
attentional view 인지 주의적 관점(注意的觀點) *cf.* experiential view
attenuation 음향 감쇠(減衰)
attenuation coefficient 통계 감쇠계수(減衰係數)
attenuation constant 음향 감쇠상수(減衰常數)
attenuation length 음향 감쇠길이
attenuation loss 음향 감쇠손실(減衰損失)
attenuation rate 음향 감쇠율(減衰率)
attenuator 감쇠기(減衰器), 강도조절기(强度調節器)
attic perforation 해부 상고실 천공(上鼓室穿孔)
attitude 태도(態度)
attitude measurement 태도측정(態度測定)
attitude scale 태도등급 척도(態度等級尺度)
attitude test 태도검사(態度檢査)
attitudinal function 태도기능(態度機能)
attitudinal past 태도 과거시제(態度過去時制)
attract 유인(誘引)
attraction 견인(牽引), 인력(引力)
attraction homonymy 동음견인(同音牽引), 같은 소리끌기
attractor 유인자(誘因子)
attributable silence 귀착침묵(歸着沈默)
attribute 속성(屬性)
attribute-entity 속성-실체(屬性-實體)
attribution retraining 귀인재훈련(歸因再訓練)
attribution theory 귀인이론(歸因理論)
attributions 속성(屬性), 귀인(歸因)
attributive 한정어(限定語)
attributive adjective 한정 형용사(限定形容詞)
attributive possession 속성적 소유(屬性的所有) *cf.* predicative possession
attributive use 한정적 사용(限定的使用)
attrition 소멸(消滅)
atypical clefts 비전형적 구개파열(非典型的口蓋破裂)
atypical disfluency 말더듬 비전형적 비유창성(非典型的非流暢性) ↔ typical disfluency
audibility 청각 가청(可聽), 가청도(可聽度)
audibility test 청력검사(聽力檢査)
audibility threshold 청각 청력역치(可聽閾値) = audible limit
audible 가청(可聽)의, 들리는 ↔ inaudible
audible area 청각 가청영역(可聽領域)
audible inhalatory stridor 그렁거리는 들숨소리
audible inspiration 가청흡기(可聽吸氣), 소음이 들리는 들숨
audible limit 청각 가청한계(可聽限界) = audible threshold
audible nasal emission 생리 가청 비누출(可聽鼻漏出)
audible prolongation 청각 가청연장(可聽延長)
audible range 청각 가청범위(可聽範圍)
audible signal 청각 가청신호(可聽信號)
audible sound 청각 가청음(可聽音)
audience 청중(聽衆)
audile 청각성(聽覺性)
audimutitas 청각 청아(聽啞)
audiofrequency 음향 가청주파수(可聽周波數) = threshold of audibility
audiogenic convulsion 생리 청각성 경련(聽覺性痙攣)
audiogenic seizure 생리 청각성 발작(聽覺性發作)
audiogenic 청각성(聽覺性)의
audiogram 청각 청력도(聽力圖)
audio input 오디오 입력(入力)
audiolingual habit theory 청각 청화습관형성이론(聽話習慣形成理論)

audiolingual method 청각 청각구어법(聽覺口語法) *cf.* silent way

audiologic habilitation 청각자활(聽覺自活) = auditory habilitation

audiologic rehabilitation 청각 청능재활(聽能再活) = auditory rehabilitation

audiological evaluation 청각 청능평가(聽能評價)

audiologist 청각 청능사(聽能士) *cf.* audiometrist

audiology 청각학(聽覺學) *cf.* otology

audiology aide 청각 보조청능사(補助聽能士), 청력측정사(聽力測定士) = audiometrist

audiometer 청각 청력검사기(聽力檢査器), 청력계(聽力計)

audiometric curve 청각 청력곡선(聽力曲線)

audiometric hearing loss 생리 청력손실(聽力損失)

audiometric level 음향 청력레벨 = hearing level

audiometric test 청각 청력검사(聽力檢査)

audiometric test booth 청각 청력검사실(聽力檢査室)

audiometric zero 청각영점(聽力零點), 청력기준점(聽力基準點)

audiometrist 청각 청능기사(聽力技士), 보조청능사(補助聽能士) = audiology aide *cf.* audiologist

audiometry 청각 청력측정검사(聽力測定檢査) = hearing test

audiophone 보청기(補聽器)

audiovisual 시청각(視聽覺)의

audio-visual aid 시청각 교재(視聽覺教材)

audio visual communication media 시청각 의사소통매체(視聽覺意思疏通媒體)

audio visual connection 시청각 연결(視聽覺連結)

audio visual education 시청각 교육(視聽覺教育)

audit culture 심사문화(審査文化)

audition 시청(視聽), 오디션

auditognosis 청진(聽診)

auditooculogyric reflex 신경 청각동안반사(聽覺動眼反射)

auditopsychic area 청각정신영역(聽覺精神領域)

auditopsychic center 청각정신중추(聽覺精神中樞)

auditorium 강당(講堂)

auditorization 청각화(聽覺化), 들려주기 *cf.* reauditorization

auditory acclimatization 청각순응(聽覺順應)

auditory acuity 생리 청각민감도(聽覺敏感度)

auditory adaptation 청각적응(聽覺適應)

auditory agnosia 생리 청각실인증(聽覺失認症) = auditory imperception

auditory alexia 생리 청각난독증(聽覺難讀症)

auditory amnesia 생리 청각건망증(聽覺健忘症)

auditory analysis test 청각적 분석검사(聽覺的分析檢査)

auditory analysis 청각적 분석(聽覺的分析)

auditory aphasia 신경 청각실어증(聽覺失語症)

auditory area 해부 청각영역(聽覺領域) = auditory field

auditory artery 해부 청동맥(聽動脈)

auditory association area(AA) 해부 청각연합영역(聽覺聯合領域)

auditory association cortex 해부 청각연합피질(聽覺聯合皮質)

auditory attention 청각적 집중(聽覺的集中)

auditory blending 청각의 혼합

auditory brainstem implant(ABI) 해부 청각뇌간이식(聽覺腦幹移植)

auditory brainstem response(ABR) 생리 청각뇌간반응(聽覺腦幹反應)

auditory canal 해부 외이도(外耳道)

auditory cartilage 해부 이연골(耳軟骨)

auditory cell 신경 청세포(聽細胞)

auditory center 청각중추(聽覺中樞)

auditory central nervous system 청각중추

신경계(聽覺中樞神經系)

auditory closure 청각폐쇄(聽覺閉鎖), 귀의 폐쇄

auditory club 청각 청곤(聽棍)

auditory comprehension 청각이해력(聽覺理解力)

auditory comprehension deficit 청각이해력결함(聽覺理解力缺陷)

auditory comprehension test 청각이해력검사(聽覺理解力檢査)

auditory cortex 해부 청각피질(聽覺皮質)

auditory critical band 청각임계대역(聽覺臨界帶域)

auditory cue 청각적 단서(聽覺的端緖)

auditory defect 청각 청결손(聽缺損) =hearing defect

auditory deprivation 청각결핍(聽覺缺乏)

auditory detection 청각탐지(聽覺探知)

auditory differentiation 청각적 차별(聽覺的差別)

auditory discrimination 청각적 변별(聽覺的辨別)

auditory discrimination and attention test 청각변별력-주의집중 검사(聽覺辨別力主意集中檢査)

auditory discrimination screening test 청각변별력선별검사(聽覺辨別力選別檢査)

auditory discrimination test(ADT) 청각변별력검사(聽覺辨別力檢査)

auditory discrimination training 청각변별훈련(聽覺辨別訓練)

auditory disorders 청각 청능장애(聽能障礙) =hearing impairment

auditory displays 청각적 표시(聽覺的標示)

auditory drill 청각훈련(聽覺訓練)

auditory epithelium 해부 청각상피(聽覺上皮)

auditory evoked potential(AEP) 신경 청각유발전위(聽覺誘發電位) *cf.* visual evoked potential

auditory evoked potential measurement(AEP) 신경 청각유발전위검사(聽覺誘發電位檢査)

auditory evoked response(AER) 생리 청각유발반응(聽覺誘發反應)

auditory fatigue 생리 청각피로(聽覺疲勞) =tone decay

auditory feedback 음향 청각 피드백 *cf.* delayed auditory feedback

auditory field 해부 청각영역(聽覺領域) =auditory area

auditory figure-ground 청각적 형태-기초(聽覺的形態基礎)

auditory figure-ground discrimination 청각적 형태-기초 변별(聽覺的形態基礎辨別)

auditory filter 청각 필터

auditory flutter 청각근 진동(聽覺筋振動)

auditory habilitation 청각자활(聽覺自活) *cf.* auditory rehabilitation

auditory hair 해부 청모(聽毛)

auditory hallucination 생리 환청(幻聽)

auditory image 청각 청상(聽象)

auditory imperception 생리 청각 실인증(聽覺失認症) =auditory agnosia *cf.* verbal information agnosia

auditory induction 청각유도(聽覺誘導)

auditory information store 인지 청각정보저장고(聽覺情報貯藏庫) *cf.* visual information store

auditory integration training 청각통합훈련(聽覺統合訓練)

auditory island 청각 청도(聽島)

auditory language 청각언어(聽覺言語)

auditory late response(ALR) 청각 청성후기반응(聽性後期反應)

auditory lateralization 청각측분별(聽覺側分別)

auditory localization 청각적 국재화(聽覺的局在化), 청각 위치분별(聽覺位置分別)

auditory macula 청각 청반(聽斑)

auditory masking 음향 청각적 차폐(聽覺的遮蔽)
auditory massage 청각 고막 마사지
auditory meatus 해부 이관(耳管), 중이관(中耳管) = Eustachian tube
auditory memory 청각기억(聽覺記憶)
auditory memory span 인지 청각기억폭(聽覺記憶幅)
auditory method 청각적 방법(聽覺的方法)
auditory middle latency response(AMAR) 생리 청각중간잠복기반응(聽覺中間潛伏期反應)
auditory modality 청각 양상(聽覺樣相)
auditory muscles 해부 이내근(耳內筋)
auditory nerve 해부 청신경(聽神經) = auditory neuron, vestibulocochlear nerve
auditory nerve compound action potential 청각 청신경 복합활동전위(聽神經複合活動電位)
auditory nerve fiber 해부 청신경섬유(聽神經纖維)
auditory nerve system 해부 청신경계(聽神經系)
auditory neuroma 생리 청신경종양(聽神經腫瘍) = acoustic tumor
auditory neuron 해부 청신경(聽神經), 청각뉴런 = auditory nerve
auditory neuropathy 생리 청신경병증(聽神經病症), 청각신경병증(聽覺神經病症) = auditory dyssynchrony
auditory oculogyric reflex 신경 청각동안반사(聽覺動眼反射)
auditory organ 청각기관(聽覺器官) = hearing argan
auditory ossicles 해부 이소골(耳小骨) = ossicles
auditory pain 생리 청각통증(聽覺痛症)
auditory palpebral reflex 신경 청안검반사(聽眼瞼反射) = auropalpebral reflex
auditory pathway 해부 청각전도로(聽覺傳導路)
auditory pattern 청각유형(聽覺類型)
auditory perception 청지각(聽知覺) = aural perception
auditory perception region 청각 가청지역(可聽地域)
auditory-perceptual evaluation 청지각적 평가(聽知覺的評價)
auditory percussion 청각타진법(聽覺打診法)
auditory phonetics 청각음성학(聽覺音聲學)
auditory pit 해부 청와(聽窩), 귓구멍
auditory placode 해부 이판(耳板) = otic plate
auditory plate 해부 이판(耳板) = otic placode
auditory pointing test 청각지시검사(聽覺指示檢査)
auditory processing 청각처리(聽覺處理)
auditory processing deficits 생리 청각처리결함(聽覺處理缺陷)
auditory processing disorders(APD) 청각처리장애(聽覺處理障礙) *cf.* central auditory processing disorder
auditory profile analysis 청각프로파일 분석
auditory projection area 청각투사영역(聽覺投射領域)
auditory radiation 청각 청방사(聽放射)
auditory recruitment test 청각보충검사(聽覺補充檢査)
auditory reflex 청각반사(聽覺反射) = aural reflex
auditory rehabilitation(AR) 청각재활(聽覺再活) = aural rehabilitation *cf.* auditory habilitation
auditory resolution 청각해상도(聽覺解像度)
auditory response 청각반응(聽覺反應) = aural response
auditory response telemetry(ART) 청각 원격청신경반응측정(遠隔聽神經反應測定)
auditory retention span test(ARST) 청각 청력보존기간검사(聽覺保存期間檢査)

auditory selective listening 청각 선택적 청취(選擇的聽取)
auditory sensation 생리 청감각(聽感覺)
auditory sensation area 청각 가청영역(可聽領域)
auditory sensation curve 청각 가청곡선(可聽曲線)
auditory sense 청각(聽覺) = hearing sense
auditory sequencing 청각적 연속(聽覺的連續), 청각 순차화(聽覺順次化)
auditory sequential memory 청각적 연속기억(聽覺的連續記憶)
auditory sequential memory test 청각적 연속기억검사(聽覺的連續記憶檢査)
auditory skill 청각적 기술(聽覺的技術)
auditory steady state response(ASSR) 청각 청성지속반응(聽性持續反應)
auditory stimulation 청각자극(聽覺刺戟)
auditory string 청각 청사(聽絲)
auditory summating potential 청각합산전위(聽覺合算電位)
auditory symptom 청각증상(聽覺症狀)
auditory synthesis 청각적 종합(聽覺的綜合)
auditory test 청각검사(聽覺檢査)
auditory threshold 생리 청각역치(聽覺閾値)
auditory training 청각 청능훈련(聽能訓練), 청력훈련(聽力訓練)
auditory training units 청각 청능훈련단위(聽能訓練單位)
auditory trauma 생리 청각외상(聽覺外傷)
auditory tube 해부 이관(耳管) = Eustachian tube
auditory-verbal agnosia 생리 청각구어 실인증(聽覺性單語失認症)
auditory-verbal approach 청각 청각구어접근법(聽覺口語接近法) *cf.* total communication
Auditory-Verbal international(AVI) 국제청각구어협회(國際聽覺口語協會)
auditory vertigo 생리 이성 현기(耳性眩氣)
auditory vesicle 해부 이포(耳胞)
auditory-vestibular nerve 청각 청각전정신경(聽覺-前庭神經)
auditory vocal association 청각성 음성연합(聽覺性音聲聯合)
auditory vocal automaticity 청각적 음성자동성(聽覺的音聲自動性)
auditosensory area 청감각영역(聽感覺領域)
augmentation AAC 보완(補完), 강화(强化)
augmentative and alternative communication (AAC) AAC 보완대체의사소통(補完代替意思疏通) *cf.* aided augmentative communication
augmentative communication AAC 보완의사소통(補完意思疏通)
augmentative communication system AAC 보완의사소통체계(補完意思疏通體系)
augmented reality(AR) 증강현실(增强現實) *cf.* virtual reality
aura 전조(前兆), 조짐
aural aid 보청기 = hearing aid
aural atresia 생리 외이도 폐쇄증(耳道閉鎖症) = external auditory canal atresia
aural communication 청각적 소통(聽覺的疏通) *cf.* visual communication
aural discharge 생리 이루(耳漏) = otorrhea
aural habilitation 청각 청능자활(聽能自活) = auditory habilitation *cf.* aural rehabilitation
aural harmonic 음향 청각 고조파(高調波)
aural microphonics 청각 와우 마이크로폰 작용
aural neuralgia 생리 이신경통(耳神經痛)
aural nystagmus 생리 이성 안진(耳性眼震)
aural perception 청지각(聽知覺) = auditory perception
aural polyp 생리 이용종(耳茸腫), 귀 폴립
aural reflex 신경 이반사(耳反射) = auditory reflex
aural rehabilitation 청각재활(聽覺再活) = auditory rehabilitation

aural response 청각반응(聽覺反應) = auditory response

aural speculum 청각 이경(耳鏡)

aural syringe 청각 이세척기(耳洗滌器)

aurally handicapped 청각장애인(聽覺障碍人) = hearing impaired

aural-oral approach 청각 청화접근법(聽話接近法) = aural-oral method *cf.* total communication

aural-oral method 청각 청화중심교수법(聽-話中心教授法) = aural-oral approach

aurepuncture 생리 고막천자(鼓膜穿刺)

auricle 해부 이개(耳介), 귓바퀴 = pinna

auricle reflex 신경 이개반사(耳介反射)

auriclulotemporal nerve 해부 이개측두신경(耳介側頭神經)

auricular canal 해부 이도(耳道)

auricular cartilage 해부 이연골(耳殼軟骨)

auricular fissure 해부 이개열(耳介裂)

auricular ganglion 해부 이개신경절(耳介神經節)

auricular hillock 해부 이구(耳丘)

auricular index 통계 이개지수(耳介指數)

auricular ligament 해부 이개인대(耳介靭帶)

auricular reflex 신경 이개반사(耳介反射)

auricular region 해부 이개부(耳介部)

auricular training 청각 귀 훈련

auriculoparietal index 통계 이개두정지수(耳介頭頂指數)

auriculotemporal nerve 해부 이개측두신경(耳介側頭神經)

auriform 귓바퀴모양

auriphone 청각 청음기(聽音機)

auris 해부 L 이(耳), 귀 = ear

auris dextra 해부 L 우이(右耳), 오른귀 ↔ auris sinistra

auris externa 해부 L 외이(外耳) = external ear

auris interna 해부 L 내이(內耳), 속귀 = inner ear

auris media 해부 L 중이(中耳) = middle ear

auris sinistra 해부 L 왼귀 *cf.* auris dextra

auriscalpium 청각 이소파기(耳搔爬器)

auriscope 청각 이경(耳鏡)

aurist 이과전문의사(耳科專門醫師) = otologist

auristics 청각 이과요법(耳科療法)

auropalpebral reflex(APR) 신경 청안검반사 = auditory palpebral reflex

auscultation 삼킴 청진(聽診)

authenticity 실제성(實際性), 진실성(眞實性)

author 저자(著者), 명명자(命名者)

author-causation 인지 행위자 인과관계(行爲者因果關係) *cf.* agent-causation

authoring system 저자체계(著者體系)

authoritarian discipline 권위주의적 훈육(權威主義的訓育)

authoritarian leadership 권위주의적 리더쉽

authoritarian parents 권위주의적 부모(權威主義的父母)

authoritarian personality 권위주의적 성격(權威主義的性格)

authoritarianism 권위주의(權威主義)

autism 생리 자폐증(自閉症)

autism diagnostic observation schedule(ADOS) 자폐증 진단 관찰 스케줄

autism screening instrument for educational planning(ASIEP) 교육계획을 위한 자폐증 선별도구(自閉症選別道具)

autism spectrum disorders(ASD) 생리 자폐범주성장애(自閉範疇性障碍) *cf.* Asperger's syndrome

autistic attitude 자폐적 태도(自閉的態度)

autistic child 자폐아(自閉兒)

autistic children 자폐아동(自閉兒童)

autistic disorders 생리 자폐성장애(自閉性障礙)

autistic features 자폐특성(自閉特性)

autistic gesture 자폐적 몸짓

autistic psychopathy 생리 자폐적 정신질환(自

閉的精神疾患)

autistic theory 자폐성 이론(自閉性理論)

autistic thinking 자폐적 사고(自閉的思考)

autoadmittance test 청각 (귀의) 음향어드미턴스검사

autoantibody 자가항체(自家抗體)

autobiographical memory 인지 자서전적 기억(自敍傳的記憶)

autobiography 자서전(自敍傳)

autoclitic operant 자동접어적 조작(自動接語的操作)

autocorrelation 통계 자기상관법(自己相關法)

autocorrelation coefficient 통계 자기상관계수(自己相關係數)

autocorrelation function 통계 자기상관함수(自己相關函數)

autocorrelation matrix 통계 자기상관 행렬(自己相關行列)

autocovariance function 통계 자기공분산함수(自己共分散函數)

autodigestion 자동소화(自動消化)

auto-echolalia 자가반향어(自家反響語)

autognosis 자기진단(自己診斷)

autohypnosis 심리 자기최면(自己催眠)

autoimmune disease 생리 자기면역질환(自己免疫疾患)

autoimmune hearing loss 생리 자기면역성 청력손실(自己免疫性聽力損失)

autoimmune inner ear disease 생리 자기면역성 내이질환(自己免疫性內耳疾患)

autoimmunity 생리 자기면역(自己免疫)

autologous cellular therapy 자가조직세포치료(自家組織細胞治療)

autolysis 자가분해(自家分解)

automated auditory brainstem response (AABR) 생리 자동청각뇌간반응(自動聽覺腦幹反應)

automated otoacoustic emission(AOAE) 청각 자동이음향방사(自動耳音響放射)

automated speech recognition 음성공학 자동음성인식(自動音聲認識)=automatic speech recognition

automatic alternation 자동적 교체(自動的交替)

automatic artifact reject 자동잡파제거법(自動雜波除去法)

automatic attenuator 자동 감약기(自動減弱器), 자동감쇠기(自動減衰器)

automatic audiometer 자동청력계(自動聽力計)

automatic audiometry 자동청력검사(自動聽力檢查) ↔ manual audiometry *cf.* computerized audiometry

automatic encoding 인지 자동 부호화(自動符號化)

automatic gain control(AGC) 청각 자동이득조절(自動利得調節)

automatic language 자동언어(自動言語)

automatic processing 자동처리과정(自動處理過程)

automatic productions 자동적 산출(自動的産出) *cf.* volitional productions

automatic productivity 자동적 생산성(自動的生産性)

automatic reinforcer 자동적 강화물(自動的强化物)

automatic scanning 자동적 스캐닝 *cf.* directed scanning

automatic sensitivity control(ASC) 자동민감도조절(自動敏感度調節)

automatic serial naming 자동연쇄이름대기

automatic signal processing(ASP) 음성공학 자동신호처리(自動信號處理)

automatic speech (숫자세기와 같은) 자동구어(自動口語) *cf.* propositional speech

automatic speech recognition 음성공학 자동음성인식(自動音聲認識)=automated speech recognition

automatic spreading 자동적 전파(自動的傳播)
automatic translation 자동번역(自動飜譯)
automatic volume control 자동음량제어(自動音量制御)
automatic-voluntary dissociation 불수의-수의조절해리(不隨意調節解離)
automaticity 자발성(自發性)
automatism 자동성(自動性)
automatization 자동화(自動化)
autonomasia 신경 명칭실어증(名稱失語症) =anomic aphasia
autonomic activation 자율적 활성화(自律的活性化)
autonomic arousal 자율적 각성(自律的覺醒)
autonomic center 해부 자율신경중추(自律神經中樞)
autonomic disturbance 자율신경장애(自律神經障礙)
autonomic effector 자율효과기(自律效果器)
autonomic excitation 자율성 흥분(自律性興奮)
autonomic ganglion 해부 자율신경절(自律神經節)
autonomic hyperreflexia 생.리 자율신경 반사항진(自律神經反射亢進)
autonomic innervation 자율신경지배(自律神經支配)
autonomic nerve 해부 자율신경(自律神經)
autonomic nerve fiber 해부 자율신경섬유(自律神經纖維)
autonomic nerve plexus 해부 자율신경총(自律神經叢)
autonomic nervous system 자율신경계(自律神經系) =vegetative nervous system
autonomic reflex 신경 자율신경반사(自律神經反射)
autonomous change 자율변화(自律變化)
autonomous function 자율기능(自律機能)
autonomous linguistics 언어 자율언어학(自律言語學)
autonomous module 자율적 모듈
autonomous semantics 의미 자율의미론(自律意味論)
autonomous syntax 통사 자율통사론(自律統辭論)
autonomous theory 자율이론(自律理論)
autonomy 자율(自律)
autonomy hypothesis 자율가설(自律假說)
autophobia 심리 자기공포증(自己恐怖症)
autophony 자성강청(自聲强聽)
autopsy 해부 부검(剖檢)
autoradiogram 자가방사선도(自家放射線圖)
autoradiography 자가방사기록법(自家放射線記錄法)
autoreceptor 자가수용체(自家受容體), 자가수용기(自家受容器)
autoregulation 자동조절(自動調節)
autosegment 음운 자립분절음(自立分節音)
autosegmental phonology 자립분절음소론(自立分節音素論)
autosegmental tier 음운 자립분절음운 층렬(自立分節音韻層列)
autosomal (성염색체를 제외한 모든 염색체) 상염색체(常染色體)의
autosomal abnormality 생리 상염색체 이상(常染色體異常)
autosomal dominant 생리 상염색체 우성(常染色體優性) ↔ autosomal recessive
autosomal dominant cerebellar ataxia of late onset 신경 후발성 상염색체 우성 소뇌실조증(後發性常染色體優性小腦失調症)
autosomal dominant disorders 생리 상염생체 우성유전질환(常染色體優性遺傳疾患)
autosomal dominant inheritance 생리 상염색체 우성유전(常染色體優性遺傳), 보통염색체 우성 유전(普通染色體優性遺傳) ↔ autosomal recessive inheritance

autosomal recessive 생리 상염색체 열성(常染色體劣性) ↔ autosomal dominant

autosomal recessive inheritance 생리 상염색체 열성유전(常染色體劣性遺傳) ↔ autosomal dominant inheritance

autosome 생리 상염색체(常染色體), 보통염색체(普通染色體)

autospectral density function 통계 자기스펙트럼 밀도함수(密度函數)

autosymbolic scheme 자동적 상징행동(自動的象徵行動) *cf.* single (symbolic) scheme

autotopagnosia 생리 자가국소실인증(自家局所失認症)

autotopagnosis 신경 자기국소인지(自家局所認知) *cf.* topagnosis

auxiliary language 보조언어(補助言語)

auxiliary reduction 조동사 축약(助動詞縮約)

auxiliary respiratory muscles 해부 보조호흡근(呼吸補助筋) *cf.* primary respiratory muscles

auxiliary verb 조동사(助動詞), 보조동사(補助動詞) *cf.* full verb

auxology 발육학(發育學), 생장학(生長學)

availability 가용성(可用性)

avascular 무혈관(無血管)

Avellis syndrome 신경 에비리스 증후군

aventitia 해부 L (1) (결합조직의) 외막(外膜) (2) (혈관의) 외피(外皮)

average 평균(平均) = mean

average age 평균연령(平均年齡)

average air flow 생리 평균호기율(平均呼氣率)

average evoked potentials 신경 평균유발전위(平均誘發傳位) = event-related potentials

average evoked response audiometry 신경 평균유발반응청력측정(平均誘發反應聽力測定)

average hearing threshold level 청각 평균청각역치레벨

average modal energy 평균모드 에너지

average reverberation intensity 청각 평균잔향음강도(平均殘響音强度), 평균잔향음세기

average Sabine absorption coefficient 청각 평균세이빈흡음률

average sound intensity 음향 평균음파강도(平均音波强度), 평균음파세기

average sound velocity 평균음속(平均音速)

average speech power 평균음성 파워

averaged sound pressure level 청각 평균음압레벨

averaging 평균화(平均化)

aversive control 혐오조절(嫌惡調節), 기피성조절(忌避性調節)

aversive stimulus 혐오자극(嫌惡刺戟), 기피성자극(忌避性刺戟)

AVI(auditory-verbal international) 국제청각구어협회(國際聽覺口語協會)

avitaminosis 생리 비타민 결핍증(缺乏症)

AVM(arteriovenous malformation) 해부 동정맥 기형(動靜脈奇形)

avoid pronoun principle 대명사 기피원리(代名詞忌避原理)

avoidance 회피(回避)

avoidance behavior 말더듬 회피행동(回避行動) *cf.* escape behavior

avoidance conditioning 말더듬 회피 조건화(回避條件化)

avoidance conflict 말더듬 회피갈등(回避葛藤)

avoidance device 말더듬 회피방책(回避方策)

avoidance learning 말더듬 회피학습(回避學習)

avoidance strategy 말더듬 회피전략(回避戰略)

avoidance vector 회피백터

avoidant personality disorder 심리 회피성성격장애(回避性性格障碍) *cf.* dependent personality disorder

awareness 인지(認知), 자각(自覺)

awareness condition 인지조건(認知條件), 자각조건(自覺條件)

awareness training 의식훈련(意識訓練)

A-weighted deceibel 음향 A-가중 데시벨

A-weighted filter 음향 A-가중 필터

A-weighted scale 음향 A-가중척도(加重尺度)

axial plane 축면(軸面)

axial quadrupole 축상사극자(軸上四極子)

axial response 축상응답(軸上應答)

axial sensitivity 축상감도(軸上感度), 정면감도(正面感度)

axial skeleton 해부 체간골격(體幹骨格)=trunk skeleton

axial source level 축상음원레벨(軸上音源水準)

axially progressive wave 음향 축상진행파(軸上進行波)

axiom 공리(公理)

axis 축(軸)

axoaxonal synapse 신경 축삭간(軸索間) 시냅스

axodendritic synapse 신경 축삭수상돌기(軸索樹狀突起) 시냅스

axolemma 해부 축삭초(軸索鞘) *cf.* neurolemma

axon 해부 축삭(軸索)

axon collateral 해부 축삭곁가지

axon hillock 해부 축삭소구(軸索小丘)

axon terminal 해부 축삭종말(軸索終末)

axonal flow 축삭흐름

axonal reaction 신경 축삭반응(軸索反應) =central chromatolysis

axonal transport 축삭운반(軸索運搬

axoplasm 해부 축삭형질(軸索形質)

axosomatic synapse 해부 축삭세포체(軸索細胞體) 시냅스

azimuth 방위각(方位角)

azimuth adjustment 방위각도 조정(方位角度調整)

azimuth loss 방위각도 손실(方位角度損失)

B

BA(basilar artery) 해부 뇌저동맥(腦低動脈)
BA(Brodmann's area) 브로드만 영역
babbling 옹알이 *cf.* cooing
babbling stage 언어발달 옹알이단계(段階)
Babinet's principle 광학 바비네 원리(原理)
Babinski reflex 신경 (신생아의 발바닥 반사) 바빈스키 반사(反射) = plantar reflex
Babinski sign 바빈스키 현상, 바빈스키 징후(徵候)
baby biography 육아일기(育兒日記)
baby talk 아기 말, 어린이 말투 *cf.* motherese
baby tooth 해부 유치(乳齒) = milk teeth
Bach's generalization 통사 바흐의 일반화(一般化)
back 음운 후설성(後舌性) ↔ front
back-channel 청각 청자반응 신호(聽者反應信號)
backflow 환류(還流), 역류(逆流) = retropulsion
back formation 역성(逆成)
back pain 배통(背痛)
back phoneme 조음 후설음소(後舌音素)
back plate 뒷판
back projection 역투사(逆投射)
back-shift (영어의 간접화법에서) 시제변화(時制變化)
back vowels 조음 후설모음(喉舌母音), 뒤홀소리 ↔ front vowels
background 배경(背景)
background information 배경정보(背景情報)
background knowledge 배경지식(背景知識)
background muscle tone 배경근긴장(背景筋緊張)
background noise 음향 배경소음(背景騷音)
background noise level 음향 배경소음레벨
background radiation 배경방사선(背景放射線)
backgrounding 인지 배경화(背景化) ↔ foregrounding *cf.* gapping
backing (1) 음운 후설음화(後舌音化) (2) 음운 후방화(後方化) ↔ fronting
backness 음운 후설성(後舌性)
backscattering differential 후방산란격차

backsliding 회귀(回歸), 퇴행(退行)
backstage cognition 인지 사적 인지(私的認知)
backterial meningitis 생리 세균성 뇌수막염(細菌性腦髓膜炎)
backup 예비(豫備), 지지(支持), 지원(支援)
back-up inventory 예비재고(豫備在庫)
back-up reinforcers 보상강화물(補償强化物)
backward chain 후진연쇄(後進連鎖)
backward coarticulation 음운 역행 동시조음(逆行同時調音) ↔ forward coarticulation
backward digit-span 심리 거꾸로 숫자외우기
backward effect 역류효과(逆流效果)
backward elimination 후진제거(後進除去)
backward masking 음향 후방차폐(後方遮蔽), 역방향 차폐(逆方向遮蔽) ↔ forward masking
backward pronominalization 통사 역행 대명사화(逆行代名詞化) ↔ forward pronominalization
backward reader 역으로 읽는 독자
bacteria 세균(細菌), 박테리아 단수형 bacterium
bacterial otitis externa 청각 L 세균성 외이도염(細菌性外耳道炎)
BADEG(Bekesy ascending-descending gap evaluation) 청각 베케시 상승-하강차이평가
BAEP(brain stem auditory-evoked potential) 신경 뇌간청각-유발전위(腦幹聽覺誘發電位)
BAER(brain stem auditory-evoked response) 신경 뇌간청각-유발반응(腦幹聽覺誘發反應)
baffle 배플
bagpipe 백파이프
Baker's paradox 언어습득 베이커의 역설(逆說)
BAL(bronchoalveolar lavage) 기관지폐포세척(氣管支肺胞洗滌)
balance 균형(均衡)
balance method 평형법(均衡法)
balanced approach AAC 균형잡힌 접근
balanced armature type 평형전기자형(平衡電機子型)
balanced bilinguals 언어발달 균형잡힌 이중언어사용자(二重言語使用者)
balancing quality 평형정도(平衡程度)
bald on record 노골적 기록(露骨的記錄)
ballad 연가(戀歌)
Baller-Gerold syndrome 신경 (유전성) 볼러-제럴드 증후군
ballon dilation 해부 풍선확장술(擴張術)
Balthazar scales of adaptive behavior(BSAB) 발사자 적응행동척도(適應行動尺度)
band 대역(帶域)
band-edge frequencies 음향 대역경계 주파수(帶域境界周波數)
band elimination filter 음향 대역소거 필터
band frequency 음향 대역주파수(帶域周波數)
band level 대역레벨
band limited 음향 제한대역(制限帶域)
band limited white noise 음향 제한대역 백색잡음(制限帶域白色雜音)
band noise 음향 대역잡음(帶域雜音)
band-pass filter 대역통과 필터
band rejection filter 대역거부 필터
band sound pressure level 음향 대역음압 레벨
band spectrum 음향 대역 스펙트럼
band stop filter 대역차단 필터
banding 띠-염색법
bandshifting 음향 대역천이(帶域遷移)
Bandura, Albert (1925~), 반두라, 미국의 교육심리학자
bandwidth 음향 (주파수) 대역폭(帶域幅)
bandwidth-time product 대역폭-시간산출(帶域幅-時間産出)
banjo 벤조
Bankson language screening test(BLST) 뱅크슨 언어선별검사(言語選別檢査)

Bankson language test(BLT) 뱅크슨 언어검사(言語檢査)
bar 압력의 단위 바
bar graph 막대그래프
bar notation 바 표기
barb 갈고리
Bardet-Biedl syndrome (유전성 상염색체 열성) 바데트-비들 증후군
bare area 나부(裸部)
bare infinitive 원형부정사(原形不定詞)
bare nominalization 무형 명사화(無形名詞化)
bare output conditions 필수산출조건(必須入力條件)
Bare phrase structure theory 통사 필수구구조 이론(必須句構造理論)
bare property 필수속성(必須屬性)
baritone (남성의 중간음) 바리톤
barium swallow 바륨 삼킴
Bark scale 음향 (심리음향 척도) 바크 척도(尺度)
Barlow maneuver (영 · 유아 신경반응검사) 발로우 검사법(檢查法)
barognosis 신경 중압인지(重壓認知), 무게인지 *cf.* sterognosis
barometer 기압계(氣壓計)
baroreception 기압감지(氣壓感知)
baroreceptor reflex 기압감지기반사(氣壓感知反射)
baroreceptors 기압감지기(氣壓感知器)
barotrauma 기압외상(氣壓外傷), 압력외상(壓力外傷)
barrel chest 해부 원통형 흉곽(圓筒形胸廓)
Barrett's classification 삼킴 바렛 분류법(分類法)
Barrett's esophagus 삼킴 바렛 식도(食道)
barrier 장벽(障壁), 한계(限界)
barrier free movement 장벽제거운동(障壁除去運動)
barrierhood 한계성(限界性)
BASA(Boston assessment of severe aphasia) 보스톤 중증실어증평가(重症失語症評價)
basal age 기초연령(基礎年齡)
basal angle 기저각(基底角)
basal artery 해부 기저동맥(基底動脈)
basal cell carcinoma 생리 기저세포암(基底細胞癌)
basal ganglia 해부 (대뇌) 기저신경절(基底神經節), 기저핵(基底核)=basal nuclei
basal ganglia control circuit 해부 기저핵 조절회로(基底核調節回路)
basal lamina 해부 기저판(基底板)
basal layer 해부 기저층(基底層) *cf.* superficial layer
basal metabolic rate(BMR) 생리 기초대사율(基礎代謝率)
basal metabolism 생리 기초대사(基礎代謝)
basal metal age 기본정신연령(基本精神年齡)
basal nuclei 해부 (대뇌의) 기저핵(基底核)=basal ganglia
basal pitch 최저피치
basal readers 기저독자(基底讀者)
basal surface 기저면(基底面)
base (1) 기저(基底) (2) 염기(鹽基)
base component 통사 기저부(基底部)
base deficit 염기결핍(鹽基缺乏)
base elementary transformation 통사 기준변형(基準變形)
base form 기본형(基本形)
base pair 기초쌍(基礎雙)
base phrase-marker 통사 기저구표지(基底句標識)
base positions 기저위치(基底位置)
base structure 통사 기저구조(基底構造)=underlying structure ↔ surface structure
base word 어기(語基)
baseband vocoder 음향 기저대역 보코더
baseline 기초선(基礎線), 기준선(基準線)

baseline exaggeration 기초선과장(基礎線誇張)
baseline period 기초선기간(基礎線期間)
baseline phase 기초선단계(基礎線段階), 기저선단계(基底線段階) *cf.* intervention phase
basement membrane 해부 기저막(基底膜) = basilar membrane
basic achievement skills individual screener (BASIS) 기본성취기능개별선별검사(基本成就技能個別選別檢査)
basic allomorph 언어 기본이형태(基本異形態)
basic alternant 음운 기본교체형(基本交替形)
basic audiology 기초청각학(基礎聽覺學)
basic concept inventory 기초개념 이해검사(基礎概念理解檢査)
basic curriculum 기본교육과정(基本教育課程), 기초교육과정(基礎教育課程)
basic element 기초성분(基礎成分)
Basic English 기본영어(基本英語)
basic goal 기본목표(基本目標) *cf.* intermediate goal
basic interpersonal communication skills (BICS) 기본대인의사소통능력(基本對人意思疏通能力)
basic language concepts test(BLCT) 기초언어개념검사(基礎言語概念檢査)
basic-level category 인지 기초수준범주(基礎水準範疇)
basic meaning 기본의미(基本意味)
basic metabolic rate 생리 기초대사율(基礎代謝率)
basic metabolism 생리 기초대사(基礎代謝)
basic mistrust 기본적 불신(基本的不信)
basic motor skills 기본운동능력(基本運動能力)
basic need 기본적 욕구(基本欲求)
basic personality 심리 기본인성(基本人性), 기본성격(基本性格)
basic research 기초연구(基礎研究) *cf.* applied research
basic school skills inventory 기초학습기능검사목록(基礎學習技能檢査目錄)
basic science 기초과학(基礎科學)
basic skill 기초기술(基礎技術)
basic tone melody 기본가락
basic training 기초훈련(基礎訓鍊)
basic trust 기본신뢰(基本信賴)
basic vocabulary 기초어휘(基礎語彙) *cf.* advanced vocabulary
basic vowels 조음 기본모음(基本母音) *cf.* cardinal vowels
basila 기저부(基底部), 바닥 ↔ apex
basilar artery(BA) 해부 뇌저동맥(腦低動脈), 뇌바닥 동맥
basilar fibers 해부 (내이의) 기저섬유(基底纖維)
basilar groove 해부 바닥고랑
basilar membrane 해부 (귀의) 기저막(基底膜) *cf.* Reissner's membrane
basilect 하층방언(下層方言) ↔ acrolect *cf.* masolect
BASIS(basic achievement skills individual screener) 기본성취기능개별선별검사
basis 기저(基底), 기초(基礎) = crus cerebri
basis function 통계 기저함수(基底函數)
basis vectors 기저 벡터
basket cell 해부 바구니 세포(細胞)
bass (남성의 저음) 베이스 *cf.* basso profondo
bass ratio(BR) 저음비율(低音比率)
basso profondo (남성의 최저음) 바소 프로폰도 *cf.* bass
batch 일괄(一括), 묶음
bathythermograph 해수온도 측정기(海水溫度測程器)
Battelle developmental inventory screening test(BDIST) 바텔 발달선별검사목록(發達選別檢査目錄)
battered children syndrome 심리 학대받은 아동증후군(兒童症候群)

B

battery 검사목록(檢査目錄), 검사도구(檢査道具)

Bayley scales of infant development(BSID) 언어발달 베일리 영아 발달검사(嬰兒發達檢査)

BBRS(Burks behavior rating scale) 말더듬 벅스 행동평정척도(行動評定尺度)

BC(bone conduction) 청각 골전도(骨傳導) *cf.* AC

BCA(board certification in audiology) 청각 임상자격증(聽覺臨床資格證)

BCID(bone conduction implanted device) 청각 골전도이식기(骨傳導移植器)

BDAE(Boston diagnostic aphasia examination) 보스톤 실어증진단검사(失語症診斷檢査)

beach-la-mar 사투리 영어

BEAM(brain electrical activity mapping) 뇌전기활동지도(腦電氣活動地圖)

beam 빔

beam displacement 빔-변위(變位)

beam steering 빔-조향(操向)

beam width 빔-폭

beat 맥놀이

beat frequency 맥놀이 주파수(周波數)

Beck depression inventory(BDI) 베크 우울검사(憂鬱檢査)

Beckwith-Wiedmann syndrome(BWS) 생리 (성장장애) 베크위드-위드만 증후군

bedridden patient 침상의존환자(寢床依存患者)

bedside consultation 병상자문(病床諮問)

bedside swallowing evaluation 삼킴 병상 연하평가(病床嚥下評價), 병상 삼킴평가

before-future 전-미래(前-未來)

before-past 전-과거(前-過去)

beginning stage 말더듬 (Guitar의) 초기단계(初期段階) *cf.* beginning stage

behavior 행동(行動) = action *cf.* act

behavior-based intervention 행동기반중재(行動基盤仲裁)

behavior contract 인지 행동계약(行動契約)

behavior disorders 인지 행동장애(行動障礙)

Behavior evaluation scale(BES) 인지 행동평가척도(行動評價尺度)

behavior management 인지 행동관리(行動管理)

behavior modeling 인지 행동모델링

behavior modification 인지 행동수정(行動修正)

behavior observation scale for autism(BOSA) 자폐행동 관찰척도(自斃行動觀察尺度)

behavior principles 인지 행동원리(行動原理)

behavior rating instrument(BRI) 행동평정도구(行動評定道具)

behavior rating profile(BRP) 인지 행동평정 프로파일

behavior shaping 인지 행동형성법(行動形成法)

behavior therapy 인지 행동요법(行動療法), 행동치료(行動治療)

behavioral analysis 심리 행동분석(行動分析)

behavioral assessment 심리 행동평가(行動評價)

behavioral audiometry 청각 행동관찰청력검사(行動觀察聽力評價)

behavioral contingency 행동적 개연성(行動的蓋然性)

behavioral counseling 말더듬 행동주의적 상담(行動主義的相談)

behavioral criterion 행동준거(行動準據)

behavioral, emotional, and social difficulties(BESD) 심리 행동, 정서, 사회성 문제(行動情緒社會性問題)

behavioral engineering 행동공학(行動工學)

behavioral genetics 행동유전학(行動遺傳學)

behavioral inattention test 무시행동검사(無視行動檢査)

behavioral learning theories 심리 행동주의학습이론(行動主義學習理論)

behavioral modification 심리 행동수정(行動修正)

behavioral neurology 행동신경학(行動神經學)

behavioral objective 행동목표(行動目標)

behavioral observation 행동관찰(行動觀察)

behavioral observation audiometry(BOA) 청각 행동관찰청력측정(行動觀察聽力測定) *cf.* play audiometry

behavioral observation method 언어발달 행동관찰방법(行動觀察方法) *cf.* descriptive method

behavioral science 심리 행동과학(行動科學)

behavioral self-management exercises 심리 자기행동 관리연습(自己行動管理練習)

behavioral semantics 행동의미론(行動意味論)

behavioral state system 행동상태계(行動狀態系)

behavioral theory 언어습득 행동주의 이론(行動主義理論) *cf.* nativist theory

behavioral training 심리 행동훈련(行動訓練)

behavioral voice therapy 행동적 음성치료(行動的音聲治療)

behaviorism 심리 행동주의(行動主義)

behaviorist psychology 행동주의 심리학(行動主義心理學)

behavioristic definition 행동주의적 정의(行動主義的定義)

behind-the-ear(BTE) hearing aid 귀걸이형 보청기 *cf.* in-the-ear hearing aid

Behr disease 생리 베르 질환

Bekesy ascending-descending gap evaluation(BADEG) 청각 베케시 상승-하강 차이평가(上昇下降差異評價)

Bekesy audiometry 청각 베케시 청력검사(聽力檢査)

Bekesy, Georg Von (1899~1972) 청각 베케시 (헝가리 태생의 미국의 청각생리학자)

Bekesy tracing types 청각 베케시 추적유형(追跡類型)

Bekesy type audiometer 청각 베케시형 청력검사기(聽力檢査器)

bel 음향 (강도 측정단위) 벨 *cf.* DeciBel

bel canto 벨칸토

belch 트림

Bell, Alexander Graham (1847~1922) 벨 (미국의 과학자이자 발명가, 농아교육자)

Bell-Magendie law 신경 (척수신경근의) 벨-마겐디 법칙(法則)

bell-shaped curve 신경 벨 곡선(曲線)

Bell's palsy 신경 (안면마비) 벨 마비, 안면신경마비(特發性顔面神經麻痺) *cf.* Bogora's syndrome, Crocodile tears syndrome

Bell's visible speech 청각 벨의 시각어(視覺語)

Bellugi-Klima's language comprehension tests 벨루기-클리마 언어이해검사(言語理解檢査)

belly 복부(腹部), 배

belongingness 소속감(所屬感)

BEM(boundary element method) 경계요소법(境界要素法)

Bender face hand test (치매용) 벤더 얼굴손 검사

Bender visual motor gestalt test 벤더 시각-운동형태검사(視覺運動形態檢査)

bending stiffness 굽힘탄성

bending wave 음향 굴곡파(屈曲波)

benefactive case 수혜격(受惠格)

beneficiary 수혜자(受惠者) = recipient

benign 양성(良性)의 ↔ malign

benign cancer 생리 양성 암(良性癌) ↔ malignant cancer

benign paroxysmal nystagmus 생리 양성 발작성 안진(良性發作性眼震)

benign paroxysmal positional nystagmus (BPPN) 양성 발작성 체위안진(良性發作性體位眼震)

benign Rolandic epilepsy 생리 양성 롤랜드 발작

benign tumor 생리 양성 종양(良性腫瘍) ↔ malign tumor

benignancy 생리 양성(良性) ↔ malignancy

benignant 생리 양성(良性)의 ↔ malignant

benignant cancer 생리 양성 암(良性癌) ↔ malignant cancer

benignant cell 해부 양성 세포(良性細胞) ↔ malignant cell

benignant tumor 생리 양성 종양(惡性腫瘍) ↔ malignant tumor

Benton right-left discrimination test 벤턴 좌우 변별검사(左右辨別檢査)

Benton visual retention test 벤턴 시각적 파지검사(視覺的把持檢査)

Berlitz method 벌리츠 교수법(敎授法)

Bernoulli, Daniel (1700~1782) 베르누이(스위스의 수학자이자 물리학자)

Bernoulli effect 물리 베르누이 효과(效果)

Bernoulli force 물리 베르누이 힘

Bernoulli principle 물리 베르누이 원리(原理)

Bernstein test 번스틴 검사(檢査)

Berry-Talbott language test 베리-탈봇 언어 검사(言語檢査)

BES(behavior evaluation scale) 심리 행동평가척도(行動評價尺度)

BESD(behavioral, emotional, and social difficulties) 심리 행동, 정서, 사회성 문제(行動情緖社會性問題)

Bessel equation 베셀 방정식(方程式)

Bessel filter 베셀 필터

Bessel functions 베셀 함수(函數)

best bone conduction 청각 최대골전도(最大骨傳導)

best frequency 최적주파수(最適周波數), 최적 진동수(崔適振動數)

beta 베타

beta-amyloid protein (피질성 치매의 원인을 제공하는) 베타 아밀로이드 단백질 *cf.* cortical dementia

beta behavior 말더듬 베타 행동(行動)

beta blocker 베타 차단제(遮斷劑)

beta cell 해부 베타 세포(細胞)

beta oxidation 생리 베타 산화(酸化)

beta particle 베타 미립자(微粒子)

beta receptor 신경 베타 수용기(受容器)

beta rhythm 베타 리듬

between-groups variance 통계 집단간 변량(集團間變量)

between subject design 피험자간 설계(被驗者間設計)

between word disfluency 말더듬 단어간 비유창성(單語間非流暢性) ↔ within word disfluency

bezoar 생리 위결석(胃結石), 위석(胃石)

BG-wave(Bleustein-Glyaev wave) 블루슈타인-글리에프 파(波)

bi- '둘'의 의미

BI(break index) (운율) 휴지지수(休止指數)

bias 바이어스, 편향(偏向)

bias effect 편향효과(偏向效果)

bias error 통계 편향오차(偏向誤差)

bias noise 음향 편재잡음(偏在雜音)

biased errors 통계 편재오차(偏在誤差)

bibliotherapy 독서요법(讀書療法)

BIBO stability(bounded input/bounded output stability) 제한입력/제한출력안정성(制限制限入出力安定性)

bicarbonate ion 중탄산 이온

BICS(basic interpersonal communication skills) 기본대인의사소통능력(基本對人意思疏通能力)

bicultural education 이중문화교육(二重文化敎育)

biculturalism 양 문화공존(兩文化共存), 두 문화공존(文化共存)

bicuspid teeth 해부 소구치(小臼齒) = premolar teeth *cf.* molar teeth

bidialectal 이중방언(二重方言)

bidialectal education 이중방언 교육(二重方言

教育)

bidirectional assumption 양방향 가정(兩方向假定)

bidirectional polar pattern (마이크로폰) 양지향 폴라 유형

bifid 이열(二裂)

bifid tongue 갈라진 혀

bifid uvula 해부 갈라진 목젖

bifurcation 분기(分岐), 분기점(分岐點)

bijection principle 양립원리(兩立原理)

bilabial 조음 양순(兩盾)의, 두입술의 *cf.* labial

bilabial area 조음 양순부위(兩脣部位)

bilabial click 조음 양순흡착음, 양순혀차는 소리

bilabial closure 조음 양순폐쇄(兩順閉鎖)

bilabial sounds 조음 양순음(兩脣音) *cf.* labial sounds

bilabiality 조음 양순성(兩脣性)

bilateral abductor 해부 양측외전근(兩側外轉筋)

bilateral abductor paralysis 신경 양측외전마비(兩側外轉痲痹)

bilateral cleft lip 해부 양측구순파열(兩側口脣破裂)

bilateral cleft palate 해부 양측구개파열(兩側口蓋破裂)

bilateral innervation 해부 양측신경지배(兩側神經支配)

bilateral laryngeal paralysis 신경 양측후두마비(兩側喉頭痲痹)

bilateral opposition 양면대립(兩面對立)

bilateral symmetry 양측대칭성(兩側對稱性)

bilateral upper motor neuron 해부 양측상부운동뉴런 *cf.* unilateral upper motor neuron

bilateral vocal fold palsy 신경 양측성대마비(兩側聲帶痲痹) = bilateral vocal fold paralysis

bile juice 해부 담즙(膽汁) = bile

bile salt 생리 담즙염(膽汁鹽)

bilingual 이중언어 사용자(二重言語使用者) *cf.* monolingual

bilingual corpora 이중언어 말뭉치, 이중언어 코퍼스 *cf.* monolingual corpora

bilingual deficits 이중언어적 결함(二重言語的缺陷)

bilingual society 이중언어사회(二重言語社會) *cf.* multilingual society

bilingual syntax measure 이중언어구문측정(二重言語構文測定)

bilingual verbal ability test(BVAT) 이중언어 구어능력검사(二重言語口語能力檢查)

bilingualism 이중언어 병용(二重言語竝用) *cf.* multilingualism

biliousness 생리 담즙병(膽汁病), 담즙이상(膽汁異常)

bilirubin 해부 (간에서 분비되는 적황색 물질) 빌리루빈

biliterate 이중언어 문해능력자(二重言語文解能力者)

bimaxillary protrusion 해부 양악돌기(兩顎假說)

bimodal hearing 청각 이형청력(二形聽力)

binarism 이분론(二分法), 이분주의(二分主義)

binarity 양분성(兩分性)

binary branch hypothesis 이분지가설(二分枝假說)

binary branching 이원적 분지(二元的分枝)

binary feature 이분자질(二分資質) *cf.* multinary feature

binary opposition 이분대립(二分對立)

binary principle 이분원칙(二分原則)

binary system 이분체계(二分體系)

binaural 해부 양이(兩耳)의, 두 귀의 *cf.* monaural

binaural advantage 청각 양이이점(兩耳利點)

binaural amplification 청각 양이증폭(兩耳增幅)

binaural beat 청각 양이성 울림

binaural deafness 생리 양이 농(兩耳聾) *cf.* monaural deafness

binaural diplacusis 생리 양이복청(兩耳複聽) *cf.* monaural diplacusis

binaural effect 청각 양이효과(兩耳效果), 두귀효과

binaural fusion 청각 양이융합(兩耳融合)

binaural fusion test 청각 양이융합검사(兩耳融合檢査)

binaural hearing 청각 양이청취(兩耳聽取) *cf.* monaural hearing

binaural hearing aid 양이 보청기

binaural hearing effect 청각 양이청취효과(兩耳聽取效果)

binaural integration test 청각 양이통합검사(兩耳統合檢査) *cf.* binaural separation test

binaural interaction 청각 양이상호작용(兩耳相互作用), 두귀상호작용

binaural interaction test 청각 양이상호작용검사(兩耳相互作用檢査), 두귀상호작용검사

binaural lateralization 청각 양이측분별(兩耳側分別)

binaural localization 청각 양이위치분별(兩耳位置分別)

binaural loudness balance test 청각 양이음량평형검사(兩耳音量平衡檢査) *cf.* monaural loudness balance test

binaural masking level difference(BMLD) 청각 양이차폐레벨차

binaural recording 청각 양이녹음(兩耳錄音)

binaural redundancy 청각 양이잉여(兩耳剩餘)

binaural separation 청각 양이분리(兩耳分離)

binaural separation test 청각 양이분리검사(兩耳分離檢査) *cf.* binaural integration test

binaural squelch 청각 양이억제(兩耳抑制)

binaural summation 청각 양이합산(兩耳合算), 양이가중(兩耳加重), 두귀합산

Binder syndrome (선천성 신경학적) 바인더 증후군

binding 결속(結束), 결합(結合)

binding category 통사 결속범주(結束範疇)

binding condition 통사 결속조건(結束條件)

binding principle 통사 결속원리(結束原理)

binding theory 통사 결속이론(結束理論) *cf.* government theory

Binet-Simon intelligence test 비네-사이먼 지능검사(知能檢査)

Bing test 청각 빙 검사(檢査)

binocularity 양안시성(兩眼視性)

bins 빈

BINT(blast-induced neurotrauma) 폭발로 인한 뇌손상 = blast-induced brain injury

bio- '생물(生物), 생명(生命)'의 의미

bioacoustics 생물음향학(生物音響學)

bioassay 생물학적 검정(生物學的檢定), 생물학적 분석(生物學的分析)

biochemistry 생화학(生化學)

bioelectrical potential 생체전기전위(生體電氣電位)

bioenergetics 생(生) 에너지학

bioengineering 생체공학(生體工學)

biofeedback 생체환원(生體還元), 생체 되먹이기

biofeedback system 생체환원체계(生體還元體系), 생체되먹이기 체계

biofeedback therapy 생체환원치료(生體還元治療), 생체되먹이기 치료

biofeedback training 생체환원훈련(生體還元訓練), 생체되먹이기 훈련

biological act 생물학적 행동(生物學的行動)

biological breathing 생리 생물학적 호흡(生物學的呼吸)

biological characteristic 생물학적 특성(生物學的特性)

biological clock 생체시계(生體時計)

biological effect 생물학적 효과(生物學的效果)

biological half life 생물학적 반감기(生物學的半減期)

biological psychology 생물심리학(生物心理學)

biological therapy 생물학적 치료(生物學的治療)
biology 생물학(生物學)
biomechanics 생체역학(生體力學)
biomechanism 생체기제(生體機制)
biophysics 생물물리학(生物物理學)
bioprogram hypothesis 생체계획 가설(生體計劃假說)
biopsy 생검(生檢), 생체검사법(生體檢査法)
biopsy needle 생검침(生檢針)
biopsychosocial assessment 생물심리사회학적 평가(生物心理社會學的評價)
biopsychosocial model 생물심리사회학적 모형(生物心理社會學的模型)
biorhythms 생체 리듬
biosynthesis 생합성(生合成)
biotinidase deficiency 비오니티아제 결핍(缺乏)
biovular twins 이란성 쌍생아(二卵性雙生兒), 이란성 쌍둥이 = dizygotic twins ↔ monovular twins
biparietal diameter 양두정골 직경(兩頭頂骨直徑)
biphasic action potential 신경 이상성 활동전위(二相性活動電位)
biphasic closure 양분주기 폐쇄(兩分週期閉鎖)
biphasic response 양위상 반응(兩位相反應)
biphasic stridor 이중 협착음(二重狹窄音)
biplane fluoroscope 양면 형광투시경(兩面螢光透視鏡)
bipolar 양극성(兩極性)의 *cf.* monopolar, multipolar
bipolar adjective 양극 형용사(兩極形容詞)
bipolar cells 해부 양극세포(兩極細胞)
bipolar disorder 심리 양극성 장애(兩極性障礙) *cf.* manic-depressive illness
bipolar electrode 분리전극(分離電極)
bipolar gradient 양극경사(兩極傾斜)
bipolar illness 생리 양극성 질환(兩極性疾患)
bipolar neuron 해부 양극뉴런 *cf.* monopolar neuron
bipolar stimulation 생리 양극성 자극(兩極性刺戟)
birth 출생(出生)
birth control 산아제한(産兒制限)
birth cry 출생시 울음
birth defect 출생결함(出生缺陷)
birth rate 출산율(出産率) = fertility ↔ mortality rate
birth to three developmental scale(BTDS) 언어발달 출생 후-3세 발달척도
birth weight 출산체중(出産體重)
bit frequency oscillator 음향 비트 주파수진동자(周波數振動子)
bite 교합(交合), 물기
bite block 물림틀
bite reflex 신경 교합반사(交合反射), 물기반사
bite sign 교합징후(交合徵候)
bite wound 물린 상처
bitemporal hemianopsia 생리 양이측 반맹(兩耳側半盲)
biuniqueness 이방향 유일성(二方向唯一性), 쌍방향 유일성(雙方向唯一性)
Bjerknes forces 비야크네스힘
black and white photos 흑백사진(黑白寫眞)
black box model 블랙박스 모형
bladder 방광(膀胱)
blank verse 무운시(無韻詩)
blanking 소거(掃去)
blast-induced brain injury 폭발로 인한 뇌손상 = blast-induced neurotrauma
blast-induced neurotrauma(BINT) 폭발로 인한 뇌손상 = blast-induced brain injury
BLAT(blind learning aptitude test) 맹인용 학습적성검사(盲人用學習適性檢査)
BLCT(basic language concepts test) 기초언어 개념검사(基礎言語概念檢査)
bleaching model 인지 탈색모형(脫色模型) *cf.* loss-gain model

bleat 울음소리
bleeding 출혈(出血)=hemorrhage
bleeding order 음운 출혈순서(出血順序)
blended family 혼합가족(混合家族)
blended space 인지 혼성공간(混成空間) *cf.* generic space
blending 혼합(混合), 혼성어(混成語) *cf.* pidgin, creole
blends (자음) 혼성어(混成語) *cf.* blending
blepharospasm 생리 안검경련(眼瞼痙攣)
Bleustein wave 블루슈타인 파(波)
Bleustein-Glyaev wave(BG wave) 블루슈타인-글리예프 파
blind learning aptitude test(BLAT) 맹인용 학습적성검사(盲人用學習適性檢査)
blind obedience 맹목적 복종(盲目的服從)
blind sight 생리 시맹(視盲)
blind spots 맹점(盲點)
blind test 맹시험(盲試驗)
blindism 맹인벽(盲人癖)
blindness 생리 맹(盲), 실명(失明)
blinking 눈깜박임
bliss symbolics AAC 블리스 기호(記號)
bliss symbols AAC 블리스 상징
blister 수포(水疱), 물집
block 폐쇄(閉鎖), 차단(遮斷)
block diagram 구성도(構成圖)
blockage schema 인지 봉쇄도식(封鎖圖式) *cf.* counterforce schema
blocked impedance 저지저항(沮止抵抗)
blocked order (아동 말실행증 치료의) 구획적 순서(區劃的順序) ↔ random order
blocked pressure 저지음압(沮止音壓)
blocking 차단(遮斷), 저지(沮止), 막힘
blocking category 차단범주(遮斷範疇)
blocking effect 차단효과(遮斷效果)
blood 혈액(血液), 피
blood-brain barrier 생리 혈뇌장벽(血腦障壁)
blood plasma 생리 혈장(血漿)
blood pressure(BP) 생리 혈압(血壓)
blood serum 생리 혈청(血淸)
blood type 혈액형(血液型)
blood vessels 해부 혈관(血管)
Bloom syndrome 신경 브룸 증후군
Bloomfield Leonard (1887~1949) 브룸필드 (미국의 구조주의 언어학자)
Bloomfieldian 브룸필드 학파(學派)
blooming and pruning (대뇌 발달의) 과잉생산 후 가지치기
Bloom's taxonomy 브룸의 분류
blowing 팽창성(膨脹性)
blowing exercise 불기운동연습(運動練習)
BLST(Bankson language screening test) 뱅크슨 언어선별검사(言語選別檢査)
BLT(Bankson language test) 뱅크슨 언어검사(言語檢査)
blurred vision 시력 불선명(視力不鮮明), 흐린 시력
blurring 흐려짐, 흔들림
BMLD(binaural masking level difference) 청각 양이차폐레벨차
BMR(basal metabolic rate) 생리 기초대사율(基礎代謝率)
B-MRI(brain-magnetic resonance imaging) 뇌과학 뇌-자기공명영상(腦磁氣共鳴影像)
BNBAS(Brazelton neonatal behavioral assessment scale) 브라젤톤 신생아행동평가척도(新生兒行動評價尺度)
BNT(Boston naming test) 신경 (실어증 환자용) 보스톤 이름대기검사
BNT-C(Boston naming test for children) 신경 (실어증 환자용) 아동용 보스톤 이름대기검사
BOA(behavioral observation audiometry) 청각 행동관찰청력측정(行動觀察聽力測定) *cf.* VRA

board certification in audiology(BCA) 청각 임상자격증(聽覺臨床資格證)

Bobath method 보바스 치료법

bobble-head doll syndrome 머리를 움직이는 인형 증후군(人形症候群)

body 체(體), 몸통

body and mind 심신(心身)

body cavity 해부 체강(體腔)

body-coda 언어발달 (음절과 음소 중간단계) 음절체-종성(音節體終聲) *cf.* onset-rime

body fluid 해부 체액(體液)

body hearing aid 착용 보청기

body image 신체상(身體像), 신체이미지

body language 신체언어(身體言語)

body weight 체중(體重)

Boehm test of basic concepts(BTBC) 보엠 기초개념검사(基礎概念檢査)

Bogorad's syndrome 신경 (마비성) 보고라드 증후군(症候群)=Superficial sympathy, Crocodile tears syndrome *cf.* Bell's palsy

BOLD(blood oxygen level dependent) 생리 혈액내 산소레벨

bolus 삼킴 식괴(食塊), 음식덩이

bond graph 결합그래프

bone 해부 경골(硬骨), 뼈

bone age 골연령(骨年齡)

bone-anchored hearing aid 뼈고정 보청기

bone cell 해부 골세포(骨細胞), 뼈세포

bone conduction(BC) 청각 골전도(骨傳導) *cf.* air conduction

bone conduction audiometry 청각 골전도청력계(骨傳導聽力計) *cf.* air conduction audiometry

bone conduction hearing 청각 골전도 청력(骨傳導聽力) *cf.* air conduction hearing

bone conduction hearing aid 골전도 보청기

bone conduction implanted device(BCID) 청각 골전도 이식기(骨傳導移植器)

bone conduction microphone 골전도 마이크로폰

bone conduction oscillator 청각 골전도진동기(骨傳導振動器)=bone conduction vibrator

bone conduction pure-tone audiometry 청각 골전도순음청력검사(骨傳導純音聽力檢査)

bone conduction receiver 청각 골전도 수신기(骨傳導受信機) *cf.* air conduction receiver

bone conduction threshold 청각 골도역치(骨導閾値)

bone conduction vibrator 청각 골전도 진동기(骨傳導振動器)=bone conduction oscillator

bone fracture 골절(骨折)

bone marrow 생리 골수(骨髓), 뼈속질

bone marrow aspiration 골수흡인술(骨髓吸引術)

bone oscillator 청각 골도발진기(骨導發振器)

bone reflex 신경 골반사(骨反射)

bone structure 골구조(骨構造)

bone tissue 해부 골조직(骨組織)

bone tumor 생리 골종양(骨腫瘍)

bone vibration 청각 골진동(骨振動)

bone vibrator 청각 골진동자(骨振動子)

bonelet 해부 소골(小骨)

bony canal 해부 골관(骨管)

bony external auditory canal 해부 골성 외이도(骨性外耳道) *cf.* cartilaginous external auditory canal

bony labyrinth 해부 골미로(骨迷路)=osseous labyrinth *cf.* membranous labyrinth

bony palate 해부 골구개(骨口蓋)

bony semicircular canal 해부 골성 반규관(骨性半規管)

bony spiral lamina 해부 골나선판(骨螺旋板)

bony vestibule 해부 골 전정(骨前庭)

book sharing 언어발달 (부모와 함께) 함께 책보기

boom microphone 붐 마이크

booster session 말더듬 추가회기(追加回期)

booster treatment 말더듬 추가치료(追加治

療), 보조치료(補助治療)

bootstrap circuit 자동처리 회로(自動處理回路), 부트스트랩 회로

bootstrapping 언어발달 자동처리(自動處理), 자동처리기법(自動處理技法)

border cell 해부 경계세포(境界細胞)

borderline 경계선(境界線), 한계선(限界線)

borderline intellectual functioning 경계선 지적기능(境界線知的機能)

borderline intelligence 경계선 지능(境界線知能)

borderline mentally retardation 경계선 정신지체(境界線精神遲滯)

borderline personality disorder 심리 경계선 성격장애(境界線性格障礙), 경계선 인격장애(境界線人格障礙)

borderline stage 말더듬 (Guitar의) 경계선 단계(境界線段階) *cf.* beginning stage

boredom 권태(倦怠)

borrowing 차용(借用)

borrowing transfer 차용어 전이(借用語轉移)

borrowing word 차용어(借用語) = loan word

BOSA(behavior observation scale for autism) 자폐행동 관찰척도(自斃行動觀察尺度)

Boston assessment of severe aphasia(BASA) 신경 보스톤 중증실어증평가(重症失語症評價)

Boston diagnostic aphasia examination(BDAE) 신경 보스톤 실어증진단검사(失語症診斷檢查)

Boston naming test(BNT) 신경 (실어증 환자용) 보스톤 이름대기검사

Boston naming test for children(BNT-C) 신경 (실어증 환자용) 아동용 보스톤 이름대기 검사

Boston University speech sound discrimination test 보스톤대학 언어음변별 검사(言語音辨別檢查)

BOTOX(botulinum toxin) 독소, 보톡스

botox injection 보톡스 주사(注射)

bottom effect 통계 바닥효과 = floor effect *cf.* ceiling effect

bottom radius 구저곡률 반지름

bottom-up 상향식(上向式) ↔ top-down

bottom-up analysis 상향식 분석(上向式分析)

bottom-up approach 상향식 접근(上向式接近) ↔ top-down approach

bottom-up model 상향식 모형(上向式模型)

bottom-up processing 상향식 과정(上向式過程), 상향적 처리(上向式處理)

bottom-up theory 상향식 이론(上向式理論)

botulinum toxin(BOTOX) 보툴리누스 독소, 보톡스

botulinus A toxin 보툴리누스 A 독소

botulism 보툴리누스 중독

bound 결속(結束), 의존(依存)

bound anaphor 결속대용사(結束代用詞)

bound form 언어 의존형태(依存形態) ↔ free form

bound morpheme 언어 의존형태소(依存形態素) = function morpheme ↔ free morpheme

bound pronoun 통사 결속대명사(結束代名詞)

bound variable 통계 결속변수(結束變數)

boundary 경계(境界)

boundary absorption 음향 경계흡수(境界吸收)

boundary condition 음향 경계조건(境界條件)

boundary element method(BEM) 음향 경계요소법(境界要素法)

boundary feature 음향 경계자질(境界資質)

boundary layer 음향 경계면(境界面)

boundary layer noise 음향 경계면 소음(境界面騷音)

boundary value problem 음향 경계치 문제(境界值問題)

boundary weakening rule 음향 경계약화 규칙(境界弱化規則)

bounded foot 제한음보(制限音譜)

bounded input/bounded output stability (BIBO stability) 제한입력/제한출력안정성

(制限入力/制限出力安定性)
boundedness 통계 한정성(限定性), 한계성(限界性) ↔ unboundedness
bounding category 한계범주(限界範疇)
bounding node 한계 마디
bounding principle 통사 한계원리(限界原理)
bounding theory 통사 한계이론(結合理論) *cf.* binding theory
bow leg O형 다리
bow shock wave 음향 충격파(衝擊波)
bowed vocal 만곡음(彎曲音)
bowed vocal folds 생리 궁형 성대(弓形聲帶)
bowel (1) 장(腸) (2) 배변(排便)
bowel moving 생리 배변(排便)
box type hearing aid 박스형 보청기
boyhood 소년기(少年期), 소년시절(少年時節) ↔ girlhood
Boyle, Robert (1627~1691) 보일(아일랜드의 화학자)
Boyle's law of gas 물리 보일의 기체법칙(氣體法則)
BP(blood pressure) 혈압(血壓)
BPD(bronchopulmonary dysplasia) 생리 기관지폐 이형성증(氣管支肺異形成症)
BPSD(behavior and psychological symptoms of dementia) 신경 치매의 행동 및 심리적 증상
BR(bass ratio) 저음비율(低音比率)
brace 중괄호(中括弧)
braces 버팀대
brachial plexus 해부 상완신경총(上腕神經叢)
brachialgia 생리 상완통(上腕痛)
brachiocephalic artery 해부 상완두동맥(上腕頭動脈) *cf.* innominate artery
brachium 상완(上腕)
brachy- '짧음'의 의미
brachycephaly 생리 단두증(短頭症)
brachydactylia 생리 단지증(短指症)
brachydactylia glossia 생리 단설증(短舌症)
brachylogy 간결표현(簡潔表現)
Bracken basic concept scale(BBCS) 브라켄 기초개념척도(基礎概念尺度)
bracket erasure convention 괄호삭제규약(括弧削除規則)
bracketing 계층분류(階層分類)
brackets 괄호(括弧)
brady- '늦은, 둔한'의 의미 ↔ tachy-
bradyarthria 언어완만(言語緩慢) ↔ tachyarthria
bradycardia 생리 서맥(徐脈), 심박느림증 ↔ tachycardia
bradyecoia 생리 둔청(鈍聽)
bradykinesia 생리 운동완서증(運動緩徐症) ↔ tachykinesia
bradylalia 생리 말느림증 = bradylogia ↔ tachylalia
bradylexia 생리 서독(徐讀), 독서완만(讀書緩慢)
bradylogia 생리 말느림증 = bradyphemia ↔ tachylalia
bradyphemia 생리 말느림증 = bradylogia ↔ tachylalia
bradypnea 생리 호흡완만(呼吸緩慢) ↔ tachypnea
braille 점자(點字)
brain 해부 뇌(腦)
brain abscess 생리 뇌농양(腦膿瘍)
brain atrophy 생리 뇌위축증(腦萎縮症) = cerebral atrophy
brain attack 생리 뇌공격(腦攻擊)
brain center 해부 대뇌중추(大腦中樞)
brain complexity 뇌복잡성(腦複雜性)
brain damage 생리 뇌손상(腦損傷) = brain injury
brain damaged 뇌손상자(腦損傷者)
brain death 생리 뇌사(腦死) = cerebral death *cf.* human vegetable

brain death syndrome 생리 뇌사증후군(腦死症候群)
brain disorders 생리 뇌장애(腦障礙)
brain dissolubility 신경 뇌분리성(腦分離性)
brain dysfunction 생리 뇌기능부전(腦機能不全)
brain electrical activity mapping(BEAM) 뇌과학 뇌전기활동지도(腦電氣活動地圖)
brain exercise 뇌운동(腦運動)
brain function mapping 뇌과학 뇌기능 지도(腦機能地圖)
brain granuloma 생리 뇌육아종(腦肉芽腫)
brain imaging 뇌과학 뇌영상(腦映像)
brain infection 생리 뇌염(腦炎)
brain injury 생리 뇌손상(腦損傷) = brain damage
brain lesion 생리 뇌병소(腦病巢), 뇌병변(腦病變)
brain lesions 특수교육 뇌병변장애(腦病變障礙)
brain lobe 해부 뇌엽(腦葉)
brain-magnetic resonance imaging(B-MRI) 뇌과학 뇌-자기공명영상(腦磁氣共鳴映像)
brain neoplasm 생리 뇌종양(腦腫瘍)
brain operation 뇌수술(腦手術)
brain plasticity 뇌과학 뇌가소성(腦可塑性) *cf.* neuroplasticity
brain potential 음향 뇌전위(腦電位)
brain reflex 신경 뇌반사(腦反射)
brain scan 뇌주사(腦走査), 뇌스캔
brain science 뇌과학(腦科學)
brain self stimulation 뇌 자기자극(腦自己刺戟)
brain shift 생리 (뇌구조가 한쪽으로 밀리는) 뇌변위(腦變位)
brain stem 해부 뇌간(腦幹)
brain stem auditory-evoked potential(BAEP) 생리 뇌간청각유발전위(腦幹聽覺誘發電位)
brain stem auditory-evoked response(BAER) 생리 뇌간청각유발반응(腦幹聽覺誘發反應)
brain stem evoked response(BSER) 생리 뇌간유발반응(腦幹誘發反應)
brain stem evoked response(BSER) audiometry 생리 뇌간 유발반응 청력검사(腦幹誘發反應聽力檢査)
brain stem implant 해부 뇌간이식(腦幹移植)
brain stem lesion 해부 뇌간병변(腦幹病邊)
brain stem response 청각 뇌간반응(腦幹反應)
brain stem response audiometry 청각 뇌간 반응 청력검사(腦幹反應聽力檢査)
brain stem reticular formation 해부 뇌간망상체(腦幹網狀體)
brain stimulation 뇌 자극(腦刺戟)
brain storming 심리 (오스번의) 창조적 집단 사고법(創造的集團思考法), 브레인 스토밍
brain substance 생리 뇌물질(腦物質)
brain surgery 해부 뇌수술(腦手術)
brain syndrome 생리 뇌증후군(腦症候群)
brain training 뇌훈련(腦訓練)
brain tumor 생리 뇌종양(腦腫瘍)
brain washing 세뇌(洗腦), 사상전향(思想轉向)
brain wave 뇌파(腦波)
brain weight 해부 뇌중량(腦重量)
brain worker 두뇌노동자(頭腦勞動者)
branch 가지
branches to tympanic membrane 청각 고막 가지
branching 분지(分枝)
branching direction 분지방향(分枝方向)
branching programme 분지 프로그램
branching quantifier 분지 양화사(分枝量化詞)
branching rhyme 분지각운(分枝脚韻)
branching rule 분지규칙(分枝規則)
branching theory 분지이론(分枝理論)
Braverman-Chevigny auditory projective test 브라버맨-체비니 청각투사검사(聽覺投射檢査)
Brazelton neonatal behavioral assessment scale(BNBAS) 브라젤톤 신생아행동평가척

도(新生兒行動評價尺度)
breakdown 붕괴(崩壞)
break index(BI) (운율) 휴지지수(休止指數)
breaking 분해(分解), 겪임
breath 호흡(呼吸)
breath force 호흡기압(呼吸氣壓)
breath group 호흡단락(呼吸段落)
breath holding spell 생리 호흡정지 발작(呼吸停止發作)
breath support (성대기능훈련법의) 호흡 지원(呼吸支援)
breathiness 기식성(氣息性)
breathing 호흡(呼吸), 숨쉬기 = respiration
breathing apparatus 호흡장치(呼吸裝置)
breathing cycle 생리 호흡주기(呼吸週期)
breathing disorders 생리 호흡장애(呼吸障礙)
breathing exercises 호흡운동(呼吸運動)
breathing for life 생명호흡(生命呼吸)
breathing for speech 구어호흡(口語呼吸)
breathing method 호흡방식(呼吸方式)
breathing reserve 생리 호흡예비(呼吸豫備)
breathing-swallowing coordination 삼킴 호흡-삼킴 조절
breathing system 호흡계(呼吸系)
breathlessness 생리 호흡곤란(呼吸困難)
breathy voice 기식음(氣息音), 기식성 음성(氣息性音聲)
BRI(behavior rating instrument) 행동평정도구(行動評定道具)
bridge circuit 브리지 회로(回路)
bridge unbalance 브리지 비평형(非平衡)
bridge verb 교량동사(橋梁動詞)
brief psychotherapy 단기 심리치료(短期心理治療)
brief test of head injury 뇌손상 간편검사(腦損上簡便檢查)
brief tone audiometry 청각 간결성조 청력검사(簡潔聲調聽力檢查)

bright spot 밝은 점
brightness 명도(明度), 밝기
brightness constancy 심리 명도 항상성(明度恒常性)
brightness contrast 심리 명도대비(明度對比)
brightness modulation 심리 명도조정(明度調整), 밝기조정
brightness perception 심리 명도지각(明度知覺)
brightness ratio 심리 명도비율(明度比率)
Brill educational achievement test for deaf students 청각 브릴 농아용 교육성취검사(教育成就檢查)
British Stammering Association 말더듬 영국 말더듬협회
broad-band 음향 광대역(廣帶域) = wide-band ↔ narrow-band
broad-band high frequency 음향 광대역 고주파수(廣帶域高周波數)
broad-band noise 음향 광대역 소음(廣帶域騷音) = wide-band noise
broad-band random vibration 광대역 불규칙 진동(廣帶域不規則振動)
broad-band shock-associated noise 음향 광대역 충격소음(廣帶域衝擊騷音)
broad-band spectrum 음향 광대역 스펙트럼 ↔ narrow-band spectrum
broad notation 간략표기(簡略表記) ↔ narrow notation
broad-range rule 광역규칙(廣域規則)
broad reference 언어발달 광의적 참조(廣義的參照) = overextension ↔ narrow reference
broad spectrum 광대역 스펙트럼 ↔ narrow spectrum
broad transcription 간략전사(簡略轉寫), 간략표기(簡略表記) ↔ narrow transcription
broadly tuned 넓은동조
broadly tuned resonator 넓은동조공명기(同調共鳴器)

B

Broca, Pierre Paul (1824~1880) 브로카(프랑스의 의사, 해부학자)

Broca's agraphia 생리 브로카실서증(失書症) ↔ Wernicke's agraphia

Broca's area 해부 브로카 영역 *cf.* Wernicke's area

Broca's aphasia 신경 브로카실어증=nonfluent aphasia, motor aphasia *cf.* Wernicke's aphasia

Broca's speech area 해부 브로카 언어 영역(言語領域) *cf.* Wernicke's speech area

Broca's syndrome 생리 브로카 증후군 *cf.* Wernicke's syndrome

Brodmann area(BA) 브로드만 영역(領域)

Brodmann, Korbinian (1868~1918) 브로드만(독일의 신경학자)

broken chord 펼침화음

broken word 깨진 낱말

bronchi 해부 PL 기관지(氣管支)

bronchial artery 해부 기관지동맥(氣管支動脈)

bronchial disorders 기관지장애(氣管支障礙)

bronchial mucous membrane 해부 기관지점막(氣管支粘膜)

bronchial respiration 생리 기관지호흡(氣管支呼吸)

bronchial tree 해부 기관세지(氣管細支)

bronchial tube 해부 기관지관(氣管支管)

bronchiectasis 해부 기관지확장(氣管支擴張) =bronchodilatation

bronchiole 해부 세기관지(細氣管支) *cf.* bronchus

bronchiolitis 생리 세기관지염(細氣管支炎)

bronchitis 생리 기관지염(氣管支炎)

bronchoalveolar lavage(BAL) 생리 기관지폐포세척(氣管支肺胞洗滌)

bronchodilatation 해부 기관지확장(氣管支擴張)=bronchiectasis

bronchodilator 생리 기관지 확장제(氣管支擴張劑)

bronchopneumonia 생리 기관지폐렴(氣管支肺炎)

bronchopulmonary dysplasia(BPD) 생리 기관지폐 이형성증(氣管支肺異形成症)

bronchoscope 기관지경(氣管支鏡)

bronchoscopy 기관지경검사(氣管支鏡檢査)

bronchostenosis 생리 기관지협착증(氣管支狹窄症)

bronchotomy 해부 기관지절제술(氣管支切除術)

bronchus 해부 기관지(氣管支) PL bronchi

Brownian motion 브라운운동 = Brownian movement

BRP(behavior rating profile) 행동평정 프로파일

Bruhn method 브룬 방식

bruit 잡음(雜音), 쉿소리

bruxism 이갈이

BSAB(Balthazar scales of adaptive behavior) 발사자 적응행동척도(適應行動尺度)

BSER(brain stem evoked response 생리 뇌간유발반응(腦幹誘發反應)

BSER(brain stem evoked response) audiometry 청각 뇌간유발반응 청력검사(腦幹誘發反應聽力檢査)

BSID(Bayley scales of infant development) 베일리 영 · 유아발달척도(乳兒知發達尺度)

BTBC(Boehm test of basic concepts) 보엠 기초개념검사(基礎概念檢査)

BT-compatibility 결속이론 적합(結束理論適合)

BTDS(birth to three developmental scale) 출생 후-3세 발달척도

BTE(behind-the-ear) hearing aid 귀걸이형 보청기 *cf.* ITE hearing aid

bubble resonance 공기방울 공진

buccal artery 해부 볼동맥

buccal branch 해부 볼근가지

buccal cavity 해부 협면와동(頰面窩洞)

buccal nerve 해부 볼신경

buccal reflex 신경 볼반사

buccal region 협부(頰部), 볼부위

buccal speech 볼 언어
buccal vein 해부 볼근정맥
buccinator 해부 볼근
buccofacial apraxia 생리 구강안면실행증(口腔顔面失行症) = orofacial apraxia *cf.* facial apraxia
buccolabial 구순(口脣)의
bucconasal membrane 구비막(口鼻膜)
buccoversion 협측전위(頰側轉位)
buckling effect 청각 좌굴효과(坐屈效果) = shearing effect *cf.* lever effect
buffer 완충(緩衝)
buffer system 완충계(緩衝系)
buildups and breakdown 합성-분리(合成分離)
bulbar ataxia 구상 운동실조(球狀運動失調), 연수성 운동실조(延髓性運動失調)
bulbar palsy 신경 연수마비(延髓痲痺), 구성마비(球性痲痺)
bulbar paralysis 구상 마비(球狀痲痺), 연수성 마비(延髓性痲痺)
bulbar polio 연수성 폴리오
bulging 융기(隆起), 돌출(突出)
bulimia 생리 대식증(大食症), 식욕 이상증진(食慾異常增進) ↔ anorexia
bulimia nervosa 생리 L 신경성 대식증(神經性大食症) ↔ anorexia nervosa
bulk 용적(容積), 체적(體積)
bulk absorption coefficient 체적흡음계수(體積吸音係數)
bulk acoustic wave 체적음향파(體積音響波)
bulk flow 용적이동(容積移動)
bulk motion 용적운동(容積運動)
bulk phase model 용적위상 모형(容積位相模型)
bulk resistance 용적저항(容積抵抗)
bulk scattering coefficient 통계 체적산란계수(體積散亂係數)
bulk viscosity 체적점성(體積粘性)
bullying 집단따돌림
bundle of correlation 상관속(相關束)
bundle of isogloss (방언학의) 등어선속(等語線束)
buoyancy frequency 부력주파수(浮力周波數)
burden of proof 입증책임(立證責任)
bureaucratic leadership 관료적 리더쉽
Burks behavior rating scale(BBRS) 말더듬 벅스 행동평정척도(行動評定尺度)
burning sensation 작열감(灼熱感)
burnout (1) 탈진(脫盡), 극도의 피로 = exhaustion (2) (연료의) 소진(燒盡)
Burzio's generalization 통사 버지오의 일반화
buzz group 집단토론(集團討論)
buzzing(tone) 진동음(振動音)
buzzword 유행어(流行語) *cf.* neologism
BVAT(bilingual verbal ability test) 이중언어 구어능력검사(二重言語口語能力檢査)
B-weighted decibel 청각 B-가중 데시벨
BWS(Beckwith-Wiedmann syndrome) 생리 (성장장애) 베크위드-위드만 증후군

C

CA(chronological age) 생활연령(生活年齡) *cf.* MA, SA

CA(conceptual age) 임신연령(妊娠年齡), 수태연령(受胎年齡) = GA

CA(conversational analysis) 담화 대화분석(對話分析) *cf.* discourse analysis

CA(current amplitude) 음향 전류진폭(電流振幅)

cable capacitance 도선용량(導線容量)

cacophony 듣기싫은소리 ↔ euphony

cacotrophy 생리 영양장애(營養障礙)

CAD(central auditory disorders) 생리 중추청각장애(中樞聽覺障碍)

CADL(communicative abilities in daily living) AAC 일상생활의사소통능력(日常生活意思疏通能力)

CADT(communication abilities diagnostic test) 의사소통능력진단검사(意思疏通能力診斷檢査)

caecum 해부 맹장(盲腸)

CAEP(cortical auditory evoked potential) 음향 청각피질유발전위(聽覺皮質誘發電位)

Caesarian section 해부 제왕절개술(帝王切開術)

caesura 중간휴지(中間休止)

CAI(computer-assisted instruction) 컴퓨터보조교육(補助教育)

Cain-Levine social competency scale 케인-레빈 사회능력척도(社會能力尺度)

calcaneal tendon 해부 아킬레스건(腱) = Achilles tendon

calcification 생리 석회화(石灰化)

calcium metabolism 생리 칼슘대사

calculability 의미 담화 (논리적) 예측 가능성(豫測可能性) *cf.* non-detachability

calculated loudness level 산정강도레벨

calculation 계산법(計算法) = numerative

calculosis 생리 결석증(結石症)

calculus 결석(結石)

calibration 보정(補正)

calibration tone 보정음(補正音)

calibrator 보정기(補正器)

California psychological inventory(CPI) 심리 캘리포니아 성격검사목록(性格檢查目錄)

Callier-Azusa scale (농아자 평가를 위한) 캘리어-아주사 척도

callosal 해부 뇌량(腦梁)의

callosal convolution 해부 뇌량회(腦梁回)

callosal disconnection syndrome 생리 뇌량 절단증후군(腦梁切斷症候群)

callosal sulcus 해부 뇌들보고랑

callosum 해부 뇌량(腦梁) = corpos callosum

call-word 단서어휘(端緖語彙)

calorie 열량(熱量), 칼로리

calorimetry 열량측정(熱量測定)

CALP(cognitive academic language proficiency) 인지학습언어능력(認知言語學習能力)

calque 어의차용(語義借用), 번역차용(飜譯借用) = loan translation

calvaria 해부 두개관(頭蓋冠) = skullcap

Campbell diagram 음향 캠벨 도해(圖解) = interference diagram

camptodactylia 해부 수지만곡증(手指彎曲症)

Camurati-Englemann syndrome 생리 (유전성) 캠무라티-엥겔만 증후군

canal 관(管) 도관(導管)

cancellability 의미 담화 취소가능성(取消可能性) *cf.* non-detachability

cancellation 말더듬 취소(取消) *cf.* pull-out

cancellation interference 음향 소멸간섭(消滅干涉) = destructive interference ↔ reinforcement interference

cancellation test 삭제검사(削除檢査)

cancer 생리 암(癌), 악성종양(惡性腫瘍)

cancerogen 발암물질(發癌物質)

cancerology 암종학(癌腫學)

cancerophobia 심리 암공포증(癌恐怖症)

cancerous 암성(癌性)의

cancerous degeneration 암변성(癌變性)

candidacy model AAC 적정후보자 모형(適正候補者模型) *cf.* participation model

candidate 후보(候補)

canine fossa 해부 견치와(犬齒窩)

canine teeth 해부 견치(犬齒), 송곳니

canities 생리 백모증(白毛症)

cannonical 정형적(正形的) ↔ noncannonical

cannonical babbling 언어발달 반복적(反復的) 옹알이 = reduplicated babbling

cannula 해부 도관(導管)

canonical form 표준형(標準形)

canonical government 표준지배(標準支配)

canonical structural realization(CSR) 표준구조실현(標準構造實現)

canonical syllable 음운 정형적 음절(正形的音節), 표준적 음절(標準的音節)

canonical syllable structure 음운 정형적 음절구조(正形的音節構造)

CANS(central auditory nervous system) 해부 중추청각신경계(中樞聽覺神經系)

cant 은어(隱語) = argot *cf.* vulgar speech

canthus 눈구석, 눈의 양끝

CAP(central auditory pathway) 해부 중추청각로(中樞聽覺路)

CAP(central auditory processing) 생리 중추청각처리(中樞聽覺處理)

CAP(compound action potential) 신경 복합활동전위(複合活動電位)

cap electrode 모자 전극

capability 능력(能力)

capacitance-type vibration pickup 정전형 진동픽업

capacities and demands model 말더듬 용량-요구 모델

capacitive load 정전형 부하(靜電型負荷)

capacitive microphone 정전형 마이크로폰

capacity 용량(容量)

capacity limitation 용량 제한성(容量制限性)

CAPD(central auditory processing disorders) 생리 중추청각처리장애(中樞聽覺處理障礙)
capillary 해부 모세혈관(毛細血管)
capillary ectasia 생리 모세혈관확장증(毛細血管擴張症)＝telangiectasia
capillary electrode 모세관전극(毛細管電極)
capillary tube 해부 모세관(毛細管)
capillary wave 표면 장력파(表面張力波)
capital letter 대문자(大文字)＝upper case
capitulum 해부 소두(小頭) ↔ small letter, lower case
CAPS(categories of auditory perception scale) 청각 청지각척도범주(聽知覺尺度範疇)
capstan idler 캡스턴 유동바퀴
capsule 해부 낭(囊)
caput 갈래, 머리
Capute aptitude test(CAT) 캐퓨트 적성검사(適性檢査)
carbohydrate 탄수화물(炭水化物)
carbon 탄소(炭素)
carbon acid 탄산(炭酸)
carbon dioxide 이산화탄소(二酸化炭素)
carbonic anhydrase 탄산 탈수효소(炭酸脫水酵素)
carcin- 망치다, 좀먹다
carcinogen 발암물질(發癌物質)
carcinoma 생리 암종(癌腫)
carcinoma laryngeal 생리 후두암종(喉頭癌腫)
cardia 해부 (위의) 분문(噴門)
cardiac apex 해부 심첨(心尖)
cardiac asthma 생리 심인성 천식(心因性喘息)
cardiac axis 해부 심축(心軸)
cardiac chamber 해부 심실(心室)
cardiac cycle 심장주기(心臟週期)
cardiac death 심장사(心臟死)
cardiac edema 생리 심인성 부종(心因性浮腫)
cardiac evoked response audiometry(CERA) 청각 심장유발반응 청력검사(心臟誘發反應聽力檢査)
cardiac index 심장지수(心臟指數)
cardiac muscle 해부 심장근(心臟筋), 심근(心筋) *cf.* skeletal muscle, smooth muscle
cardiac output 심박출량(心搏出量)
cardiac output index 심박출계수(心搏出係數)
cardiac pain 심장통(心臟痛)
cardiac performance 심장작업 수행능력(心臟作業遂行能力)
cardiac rate 심장박동율(心臟搏動率), 심박동수(心搏動數)＝heart rate
cardiac rehabilitation 심장재활(心臟再活)
cardiac reserve 심장예비력(心臟豫備力)
cardiac rhythm 심박(心縛)
cardiac sound 심음(心音)＝heart sound
cardiac stimulant 강심제(强心劑)＝cardiotonic agent
cardiac tamponade 심장압전
cardinal 기수(基數)
cardinal vowels 기본모음(基本母音)＝anchor vowels *cf.* basic vowels
cardio- '심장(心臟)'과 관계된
cardioangiology 심장혈관학(心臟血管學)＝cardiovasology
cardiodynamics 심장역학(心臟力學)
cardiodynia 생리 심장통(心臟痛)
cardiogenic edema 심인성 부종(心因性浮腫)
cardiogram 심전도(心電圖)
cardiography 심전계(心電計), 심박동기록법(心搏動記錄法)
cardioinhibitory nerve 해부 심장억제신경(心臟抑制神經)
cardiologist 심장전문의(心臟專門醫), 심장병전문의(心臟病專門醫)
cardiology 심장학(心臟學)
cardiomegaly 해부 심장비대(心臟肥大)
cardiometer 심장계(心臟計)

cardiomotility 심장운동능력(心臟運動能力)

cardiomuscular bradycardia 생리 심근성 서맥(心筋性徐脈)

cardiomyopathy 생리 심근증(心筋症)

cardionecrosis 생리 심장괴사(心臟塊死)

cardiopath 심장병환자(心臟病患者)

cardiopathology 심장병리학(心臟病理學)

cardiophonogram 심음도(心音圖)

cardioplegia 생리 심장마비(心臟痲痺)

cardiopneumograph 심폐운동기록기(心肺運動記錄器)

cardiopulmonary murmur 심폐성 잡음(心肺性雜音)

cardiopulmonary resuscitation(CPR) 심폐소생술(心肺甦生術)

cardiosclerosis 생리 심장경화증(心臟硬化症)

cardiotonic agent 강심제(强心劑) = cardiac stimulant

cardiovascular centers 심혈관중추(心血管中樞)

cardiovascular cycle 심혈관주기(心血管週期)

cardiovascular disease 심혈관질환(心血管疾患)

cardiovascular disorders 심혈관장애(心血管障礙)

cardiovascular response 심혈관반응(心血管反應)

cardiovascular system 심혈관계(心血管系)

cardiovascular 심혈관(心血管)의

cardiovasology 심장혈관학(心臟血管學), 심장맥관학 = cardioangiology

carditis 생리 심장염(心臟炎)

care 보호(保護), 보살핌

care unit 치료 병동(治療病棟)

career education 진로교육(進路敎育)

caregiver 보호자(保護者), 간병인(看病人), 보모(保姆) *cf.* caretaker

caregiver naming 보호자 명명(保護者命名)

caregiver questionnaire 보호자 질문지

caregiver responsiveness 언어발달 양육자 반응성(養育者反應性)

caregiver training program 보호자를 통한 훈련 프로그램

caretaker (건물, 주택의) 관리인(管理人) *cf.* caregiver

caretaker talk 보호자 말

Carhart notch 해부 카하트 절흔(切痕)

carina 해부 (기관의) 분기부(分岐部)

carnitine deficiency 생리 카르니틴 결핍증(缺乏症)

Carolina curriculum for infants and toddlers with special needs(CCITSN) 장애 영·유아용 캐롤라이나 교육과정(敎育課程)

Carolina curriculum for preschooler with special needs(CCPSN) 장애 미취학아동 캐롤라이나 교육과정(敎育課程)

Carolina picture vocabulary test(CPVT) 캐롤라이나 그림어휘검사

carotenemia 생리 고카로틴 혈증(血症)

caroticotympanic nerve 해부 경동맥고실신경(頸動脈鼓室神經)

carotid artery 해부 경동맥(頸動脈)

carotid sinus massage 경동맥동 마사지

carrier (1) 이동(移動) (2) 보균자(保菌者)

carrier frequency 음향 반송주파수(搬送周波數)

carrier phrase 언어발달 (목표단어) 운반구(運搬句) *cf.* carrier sentence

carrier sentence 운반문장(運搬文章)

Carrow auditory-visual ability test(CAVAT) 캐로우 청-시각능력검사(聽視覺能力檢查)

Carrow elicited language inventory(CELI) 캐로우 유발언어검사목록(言語誘發檢查目錄)

carrying angle 운동각도(運動角度)

carryover 이월(移越)

carryover assimilation 음운 후행동화(後行同化) = regressive assimilation ↔ anticipatory assimilation

carryover coarticulation 음운 후행동시조음

(後行同時調音) = regressive coarticulation ↔ anticipatory coarticulation
carryover effect 이월효과(移越效果)
CARS(childhood autism rating scale) 아동기 자폐증평정척도(兒童期自閉症評定尺度)
Carson's rule 카슨의 법칙
Carson's theorem 카슨의 이론
Cartesian coordinates 카티시언 좌표
Cartesian linguistics 데카르트 언어학
Cartesian problem 데카르트의 문제
cartilage 해부 연골(軟骨)
cartilage matrix 연골모체(軟骨母體)
cartilaginification 연골화(軟骨化)
cartilaginous external auditory canal 해부 연골성 외이도(骨性外耳道) *cf.* bony external auditory canal
cartilaginous glottis 해부 연골성 성문(軟骨性聲門) *cf.* membranous glottis
cartilaginous joint 해부 연골관절(軟骨關節)
cartilaginous meatus 해부 연골성 외이도(軟骨性外耳道) *cf.* bony meatus
cartilaginous portion 해부 연골부(軟骨部)
cartilaginous ring 연골고리
cartilaginous skeleton 해부 연골성 골격(軟骨性骨格)
cartilaginous stenosis 해부 연골성 협착증(軟骨性狹窄症)
cartilaginous tumor 생리 연골성 종양(軟骨性腫瘍)
CAS(child anxiety scale) 말더듬 아동불안척도(兒童不安尺度)
CAS(childhood apraxia of speech) 생리 아동기 말실행증
case 통사 (문법범주) 격(格)
case absorption 격 흡수(格吸收)
case adjacency condition 격 연접조건(格連接條件)
case and case theory 격과 격 이론
case and chains 격과 연쇄
case and government 격과 지배
case assigner 격 할당자(格割當者)
case assignment 격 할당(格割當), 격 부여(格附與)
case constraints 격 제약(格制約)
case construction 격 구문(格構造)
case contrast 격 대조(格對照)
case definition 사례정의(事例定義)
case feature 격 자질(格資質)
case filter 격 여과(格濾過)
case grammar 격 문법(格文法)
case history interview 사례력 면접(事例歷面接)
case history 사례력(事例歷)
case identification 사례확인(事例確認)
case intrinsic features 격 고유자질(格固有資質)
case management 사례관리(事例管理)
case-marking 격 표지(格-標識)
case module 격 단위(格單位)
case position 격 위치(格位置)
case realization 격 구현화(格具現化)
case realization condition 격 구현화 조건(格具現化條件)
case report 사례보고(事例報告)
case resistance principle 격저항 원리(格抵抗原理)
case-shifting 격전이(格-轉移)
case study 사례연구(事例研究)
case study method 사례연구법(事例研究法)
case system 격체계(格體系)
case theory 통사 격이론(格理論) *cf.* movement theory
castration anxiety 거세불안(去勢不安)
casual speech 자연스러운 발화 *cf.* spontaneous speech
casual style 비격식 문체(非格式文體) ↔ formal style
CAT(Capute aptitude test) 캐퓨트 적성검사

(適性檢査)

CAT(children's apperception test) 아동용 통각검사(兒童用痛覺檢査)

CAT(communication attitude test) 의사소통 태도검사(意思疏通態度檢査)

cat eye syndrome(CES) 생리 (유전성) 고양이 눈 증후군

catabolism 생리 이화작용(異化作用) ↔ anabolism *cf.* metabolism

catachresis 오용(誤用)

catalysis 촉매작용(觸媒作用), 매합(媒合)

catalyst 촉매(觸媒)

cataphora 후방대용(後方代用)

catarrhal deafness 청각 카타르성 농(聾)

catatonic motor behavior 긴장성 운동형태(緊張性運動形態)

catatonic schizophrenia 생리 긴장성 정신분열증(緊張性精神分裂症)

cat-cry syndrome 생리 (유전성) 고양이울음 증후군 = cri-du-chat syndrome

categorial component 범주적 구성소(範疇的構成素)

categorial gesture 범주 제스처

categorial grammar 범주문법(範疇文法)

categorial overextension 언어발달 범주적 과잉확대(範疇的過剩擴大) *cf.* relational overextension

categorial perception 언어발달 AAC 범주지각(範疇的知覺) = categorical perception

categorial rule 인지 범주규칙(範疇規則)

categorial selection 인지 범주선택(範疇選擇)

categorical assumption 언어발달 범주적 가정(範疇的假定) *cf.* extendibility principle

categorical extension 언어발달 범주적 확장(範疇的擴張) *cf.* analogical extension, relational extension

categorical naming 언어발달 범주적 이름대기

categorical overinclusion 언어발달 범주적 과잉내포(範疇的過剩內包) *cf.* analogical overextension

categorical perception 언어발달 AAC 범주지각(範疇知覺) = categorial perception

categorical scope 언어발달 범주적 영역(範疇的領域)

categorical variable 통계 범주형 변수(範疇形變數) = classified variable

categories and order 범주와 어순

categories of auditory perception scale (CAPS) 청각 청지각척도범주(聽知覺尺度範疇)

categorization AAC 인지 범주화(範疇化) ↔ decategorization

categorized 범주화(範疇化)된 ↔ uncategorized

category 범주(範疇)

category association 범주연합(範疇聯合)

category fluency 범주 유창성(範疇流暢性)

category inclusion rule 범주 내포규칙(範疇內包規則)

category membership error 언어발달 범주 구성원 오류(範疇構成員誤謬)

category variable 범주변항(範疇變項)

catenative 연쇄동사(連鎖動詞)

cateration 연쇄(連鎖), 연결(連結)

catharsis 심리 정화(淨化), 카타르시스

catharsis effect 심리 정화효과(淨化效果)

catharsis theory 정화이론(淨化理論)

catheter 도관(導管)

catheterization 카테터 삽입(揷入)

cathod 음극선(陰極線)

cathode 음극(陰極)

cathode ray oscilloscope(CRO) 음향 음극선 오실로스코프

CATS(clinician attitudes toward stuttering inventory) 말더듬 말더듬 검사목록에 대한 치료사의 태도

C

Cattell development and intelligence scale 카텔 발달-지능척도(發達知能尺度)
cauda 해부 미(尾), 꼬리
cauda equina 해부 마미(馬尾)
cauda equina syndrome 생리 마미 증후군(馬尾症候群)
cauda helicis 해부 이륜미(耳輪尾)
caudal 해부 미측(尾側)의, 꼬리쪽의 ↔ rostral
caudal ligament 해부 미골인대(尾骨靭帶)
caudal medulla 해부 연수미부(延髓尾部)
caudal part 해부 미부(尾部)
caudal regression syndrome 생리 미측퇴화 증후군(尾側退化症候群)
caudate lobe 해부 (간의) 미상엽(尾狀葉)
caudate nucleus 해부 미상핵(尾狀核), 꼬리핵
causal relation 인과관계(因果關係)
causal relationship 인과관계성(因果關係性) = cause-and-effect relationship
causal triggers 심리 인과적 계기(因果的契機)
causality 심리 인과성(因果性), 인과율(因果律)
causative affix 형태 원인접사(原因接辭)
causative agent 원인 행위자(原因行爲者)
causative construction 통사 이유구문(理由構文)
causative transitive verb 통사 원인타동사(原因他動詞)
causative verb 통사 사역동사(使役動詞)
cause-and-effect relationship 인과관계(因果關係性) = causal relationship
cause-effect concept 언어발달 인과관계 개념(因果關係概念) *cf.* means-ends concept
cause-effect method 원인-결과 방법(原因-結果方法), 인과방법(因果方法)
cause-effect pattern 인과형(因果型)
CAVAT(Carrow auditory-visual ability test) 캐로우 청-시각능력검사(聽視覺能力檢查)
cavernous sinus 해면정맥동(海綿靜脈洞)
cavitation 공동화 현상(空同化懸象)
cavity (신체의) 강(腔), 빈공간
cavity effect 조음 공동효과(空洞效果)
cavity feature 조음 구강자질(口腔資質)
cavity friction 조음 구강마찰(口腔摩擦)
cavity obliteration 조음 공동폐쇄(空洞閉鎖)
cavity type acoustic filter 공동형 음향여과기(空洞形音響濾過器)
cavum 해부 L 강(腔) = cavity
cavum tympani 해부 L 고실강(鼓室腔)
cavus foot 해부 첨족(尖足)
CBCL(Child Behavior Checklist) 아동행동점검목록(兒童行動點檢目錄)
CBI(closed brain injury) 폐쇄형 뇌손상(閉鎖形腦損傷) = nonpenetrating brain injury ↔ OBI
CBP(child behavior profile) 아동행동 프로파일
CC(communicative competence) AAC 의사소통능력(意思疏通能力) *cf.* grammatical competence
CCC(certificate of clinical competence) 임상전문가 자격증(臨床專門家資格證)
CCC-A(certificate of clinical competence in audiology) 청각 미국공인청능사자격증(美國公認聽能士資格證), 임상청능사자격증(臨床聽能士資格證)
CCC-SLP(certificate of clinical competence in speech-language pathology) 미국공인언어치료사자격증(美國公認言語治療士資格證)
CCITSN(Carolina curriculum for infants and toddlers with special needs) 장애 영·유아용 캐롤라이나 교육과정
CCN(complex communication needs) AAC 복합의사소통장애아동(複合意思疏通障礙兒童)
CCPSN(Carolina curriculum for preschooler with special needs) 장애 미취학아동 캐롤라이나 교육과정
CCS(crippled children's services) 지체부자유

아동서비스

CCSPEA(classroom communication screening procedure for early adolescents) 초기청소년용 학급 의사소통선별검사(初期靑少年用學級意思疏通選別檢査)

CCSS(common core state standard) 언어발달 (미국) 공통핵심성취기준(共通核心成就基準)

CD(communicative devices) AAC 의사소통장치(意思疏通裝置)

CDD(childhood disintegrative disorders) 신경 (후천성 발달장애) 아동기붕괴성장애(兒童期崩壞性障礙) *cf.* Rett syndrome

CDF(cumulative distribution function) 통계 누적분포함수(累積分布函數)

CdLS(Cornelia de Lange syndrome) 생리 (유전성 발달장애) 코르넬리아 데 랑게 증후군 = de Lange syndrome

CDRS(clinical dementia rating scale) 임상치매평정척도(臨床癡呆評定尺度) *cf.* global deterioration scale

CDS(child-directed speech) 언어 아동중심언어(兒童中心言語) *cf.* IDS

CEC(council for exceptional children) 특수아동위원회(特殊兒童委員會)

cecectomy 해부 맹장절제술(盲腸切除術)

cecum 해부 맹장(盲腸), 막창자

CED(condition on extraction domain) 추출영역 조건(抽出領域條件)

CEI(communication effectiveness index) 의사소통효율성지표(意思疏通效率性指標)

ceiling effect 통계 천장 효과(天障效果) *cf.* floor effect

cel-, -cele '종양(腫瘍) 또는 탈장(脫腸)'의 의미

CELF(clinical evaluation of language fundamentals) 기초언어 임상평가(基礎言語臨床評價)

cell 해부 세포(細胞)

cell body 해부 세포체(細胞體) = soma

cell division 세포분열(細胞分裂)

cell membrane 해부 세포막(細胞膜) = plasma membrane

cell migration 세포이동(細胞移動)

cell nucleus 해부 세포핵(細胞核)

cell physiology 세포생리학(細胞生理學)

cellular biology 세포생물학(細胞生物學)

cellular respiration 생리 세포호흡(細胞呼吸)

center 중심(中心), 중추(中樞), 센터

center-based program 기관-중심 프로그램

center frequency(CF) 음향 중심주파수(中心周波數)

center-periphery schema 인지 중심-주변 도식(中心周邊圖式) *cf.* link schema

center time 시간중심(時間重心)

centering diphthongs 조음 내향 이중모음(內向二重母音)

centile charts 표준성장 차트

central 중추(中樞)의 ↔ peripheral

central agraphia 생리 중추성 실서증(中樞性失書症) ↔ peripheral agraphia *cf.* deep agraphia

central alexia 생리 중추성 실독증(中樞性失讀症) ↔ peripheral alexia *cf.* deep alexia

central aphasia 신경 중추실어증(中樞失語症) ↔ peripheral aphasia

central approximant 조음 중앙 접근음(中央接近音)

central articulation 조음 중앙조음(中央調音)

central auditory assessment 중추청각평가(中樞聽覺評價)

central auditory disorders(CAD) 생리 중추청각장애(中樞聽覺障礙)

central auditory nervous system(CANS) 해부 중추청각신경계(中樞聽覺神經系)

central auditory nuclei 해부 중추청각핵(中樞聽覺核)

central auditory pathway(CAP) 해부 중추청

각로(中樞聽覺路)

central auditory processing(CAP) 생리 중추청각처리(中樞聽覺處理)

central auditory processing disorders(CAPD) 생리 중추청각처리장애(中樞聽覺處理障礙)

central auditory system 해부 중추청각계(中樞聽覺系)

central axis (인체의) 중심축(中心軸)

central blindness 신경 중추성 맹(中樞性盲)

central canal 해부 중심관(中心管)

central chromatolysis 신경 중추염색질융해(中樞染色質融解) = axonal reaction

central coherence 중앙응집력(中央凝集力)

central deafness 생리 중추성 농(中樞性聾聾)

central facial palsy(CFP) 신경 중추성 안면마비(中樞性顔面痲痹) ↔ peripheral facial palsy

central fatigue 중추성 피로(中樞性疲勞) *cf.* peripheral fatigue

central fissure 중심열구(中心裂溝) = central sulcus *cf.* lateral sulcus

central gyrus 해부 중심회(中心回), 중심고랑 *cf.* lateral sulcus

central hearing loss 청각 중추성 청력상실(中樞性聽力喪失), 중추성 난청(中樞性難聽)

central intermediate substance 중심중간 회색질

central language disturbance 중추언어장애(中樞言語障礙) ↔ peripheral language

central lobule 해부 중심소엽(中心小葉)

central masking 음향 중추차폐(中樞遮蔽)

central meaning 중심의미(中心意味) = core meaning

central nervous dysfunction 중추신경계 기능부전(中樞神經系機能不全)

central nervous system(CNS) 해부 중추신경계(中樞神經系) *cf.* peripheral nervous system

central nervous system disorders 중추신경계장애(中樞神經系障礙)

central neurogenic hyperpnea 생리 중추신경성 과호흡(中樞神經性過呼吸)

central nucleus 해부 중심핵(中心核)

central pattern generator 중앙유형 생성기(中央類型生成機)

central scotoma 생리 중심암점(中心暗點)

central sulcus 해부 중심구(中心溝), 중심고랑 = fissure of Rolando *cf.* fissure of Sylvius

central tegmental tract 해부 중심뒤판로

central tendency 통계 집중화 경향(集中化傾向)

central tendon 해부 중심건(中心腱)

central theme 중심주제(中心主題)

central vein 해부 중심정맥(中心靜脈)

central vowel 조음 중설모음(中舌母音)

centralism 중앙집권주의(中央集權主義)

centralization 집중화(集中化)

centration 언어발달 중심화(中心化) ↔ decentration

centrencephalic 해부 대뇌중심(大腦中心)의

centriole 중심입자(中心粒子), 중심소체(中心小體)

centromedian nucleus 해부 중심정중핵(中心正中核)

centrosome 해부 중심체(中心體)

CEOAE(click evoked otoacoustic emission) 해부 클릭유발 이음향반사(耳音響反射)

cephalic index 해부 두부지수(頭部指數)

cephalo- '두(頭)'의 의미

cephalohematoma 생리 머리혈종

cephalometry 두개계측(頭蓋骨計測)

cephalopelvic disproportion 해부 머리-골반 불균형(骨盤不均衡)

cepstral peak prominence(CPP) 음향 켑스트럼 정점돋들림

cepstral peak prominence smoothed(CPPS) 음향 켑스트럼 정점돋들림 평활화

cepstrum 음향 켑스트럼

cepstrum mean normalization(CMN) 음향 역여과 평균정규화(逆濾過平均正規化)
CERA(cardiac evoked response audiometry) 심장유발반응 청력검사(心臟誘發反應聽力檢査)
ceramic microphone 세라믹 마이크로폰
ceramic resonator 음향 세라믹 공진기(共振器)
ceratocricoid ligament 해부 하윤상인대(下輪狀靭帶)
ceratocricoid muscle 해부 하윤상근(下輪狀筋)
cerebellar 해부 소뇌(小腦)의 *cf.* cerebral
cerebellar abscess 생리 소뇌농양(小腦膿瘍)
cerebellar ataxia 생리 소뇌성 운동실조(小腦性運動失調)
cerebellar control circuit 해부 소뇌조절회로(小腦調節回路), 소뇌제어회로(小腦制御回路)
cerebellar cortex 해부 소뇌피질(小腦皮質)
cerebellar degeneration 생리 소뇌변성(小腦變性)
cerebellar disease 생리 소뇌손상(小腦損傷)
cerebellar fissures 해부 소뇌열구(小腦裂溝)
cerebellar folia 해부 소뇌이랑
cerebellar function 생리 소뇌기능(小腦機能)
cerebellar gait 생리 소뇌성 보행(小腦性步行)
cerebellar hemisphere 해부 소뇌반구(小腦半球) = L hemispherium cerebelli *cf.* cerebral hemisphere
cerebellar hemisphere syndrome 생리 소뇌반구 증후군(小腦半球症候群)
cerebellar hemisphere tumor 생리 소뇌반구 종양(小腦半球腫瘍)
cerebellar infarction 생리 소뇌경색(小腦梗塞) *cf.* cerebral infarction
cerebellar nuclei 해부 소뇌핵(小腦核)
cerebellar peduncle 해부 소뇌각(小腦脚)
cerebellar stimulation 생리 소뇌자극(小腦刺戟)
cerebellar vermis 해부 소뇌충부(小腦蟲部)
cerebellopontine angle(CPA) 해부 소뇌교각(小腦橋角)
cerebellopontine angle lesions 생리 소뇌교각 병변(小腦橋角病邊)
cerebellum 해부 PL cerebella, 소뇌(小腦), 작은뇌 *cf.* cerebrum
cerebr- '대뇌(大腦)' 혹은 '뇌(腦)'의 의미
cerebral 해부 대뇌(大腦)의 *cf.* cerebellar
cerebral angiography 뇌혈관조영술(腦血管造影術) *cf.* angiography
cerebral aqueduct 해부 중뇌수도(中腦水導)
cerebral arteriosclerosis 생리 뇌동맥경화증(腦動脈硬化症)
cerebral atrophy 생리 뇌위축증(腦萎縮症) = brain atrophy
cerebral concussion 생리 뇌진탕(腦震蕩)
cerebral cortex 해부 대뇌피질(大腦皮質)
cerebral cranium 해부 뇌두개(腦頭蓋)
cerebral death 생리 뇌사(腦死) = brain death *cf.* human vegetable
cerebral dominance 생리 대뇌우성(大腦優性)
cerebral dominance theory 대뇌지배이론(大腦支配理論)
cerebral edema 생리 뇌부종(腦浮腫)
cerebral hemisphere 해부 대뇌반구(大腦半球) = L hemispherium cerebri *cf.* cerebellar hemisphere
cerebral hemispheric dominance 생리 대뇌반구우위(大腦半球優位)
cerebral hemorrhage 생리 뇌출혈(腦出血)
cerebral hypoxia 생리 뇌저산소증(腦低酸素症)
cerebral infarction 생리 뇌경색(腦梗塞) *cf.* cerebellar infarction
cerebral laterality 생리 대뇌편재화(大腦偏在化) = cerebral lateralization
cerebral lateralization 뇌생리 대뇌편재화(大腦偏在化) = cerebral laterality
cerebral meninges 해부 뇌막(腦膜), 뇌수막(腦髓膜)

C

cerebral nerves 해부 뇌신경(腦神經) *cf.* spinal nerves
cerebral nuclei 해부 대뇌핵(大腦核)
cerebral occlusion 생리 뇌동맥폐쇄(腦動脈閉鎖)
cerebral palsy 신경 뇌성마비(腦性痲痺)
cerebral peduncle 해부 대뇌각(大腦脚)
cerebral seizure 생리 대뇌발작(大腦發作)
cerebral surface 해부 대뇌면(大腦面)
cerebral thrombosis 생리 뇌혈전증(腦血栓症)
cerebral vascular disease 생리 뇌혈관질환(腦血管疾患) = cerebrovascular disease
cerebral ventricle 해부 뇌실(腦室)
cerebritis 생리 뇌염(腦炎)
cerebrospinal fluid(CSF) 해부 뇌척수액(腦脊髓液)
cerebrospinal fluid pressure 생리 뇌척수액 압력(腦脊髓液壓力)
cerebrospinal meningitis 생리 뇌척수막염(腦脊髓膜炎)
cerebrospinal nervous system 뇌척수 신경계(腦脊髓神經系)
cerebrospinal pressure 생리 뇌척수액 압력(腦脊髓液壓力)
cerebrospinal system 뇌척수계(腦脊髓系)
cerebrotomy 해부 대뇌절개술(大腦切開術)
cerebrovascular accident(CVA) 생리 뇌혈관 사고(大腦血管事故), 뇌졸중(腦卒中) = stroke (옛) apoplexy
cerebrovascular disease 생리 뇌혈관 질환(腦血管疾患) = cerebral vascular disease
cerebrovascular disorders 생리 뇌혈관 장애(腦血管障礙)
cerebrum 해부 PL cerebra, 대뇌(大腦) *cf.* cerebellum
certain 확실한 ↔ uncertain
certificate of clinical competence(CCC) 임상전문가자격증(臨床專門家資格證)
certificate of clinical competence in audiology(CCC-A) 미국공인청능사자격증(美國公認聽能士資格證)
certificate of clinical competence in speech-language pathology(CCC-SLP) 미국공인언어치료사자격증(美國公認言語治療士資格證)
cerumen 생리 이구(耳垢), 귀지, 귓밥 = ear wax
ceruminal deafness 생리 귀지성 농
ceruminal impaction 생리 귀지전색 = impacted cerumen
ceruminolysis 생리 귀지분해
ceruminosis 생리 귀지과잉분비
ceruminous gland 해부 귀지샘 *cf.* sebaceous gland
cervical 경부(頸部)의, 목의
cervical arthritis 목뼈 관절염
cervical auscultation 생리 경부 청진법(頸部聽診法)
cervical brace 목 고정기
cervical branch 해부 목가지
cervical curve 해부 경부만곡(頸部彎曲)
cervical enlargement 해부 목팽대
cervical esophagus 해부 경부식도(頸部食道)
cervical fusion 해부 목 고정술
cervical nerve 해부 경신경(頸神經)
cervical plexus 해부 경부신경총(頸部神經叢)
cervical region 해부 경부(頸部)
cervical segments 해부 경분절(頸分節)
cervical spinal cord 해부 경부척수(頸部脊髓)
cervical spinal cord injury(CSCI) 생리 경부척수손상(頸部脊髓損傷)
cervical spine disease 생리 경추질환(頸椎疾患)
cervical spine injury 생리 경추손상(頸椎損傷)
cervical vertebrae 해부 경추(頸椎)
CES(cat eye syndrome) 해부 (유전성) 고양이 눈 증후군
cesarean section 해부 제왕절개술(帝王切開術)
CETI(communicative effectiveness index)

신경 (실어증 환자용) 의사소통효율성지수(意思疏通效率性指數)

CEUs(continuing education units) 보수교육단위(補修教育單位), 보완교육단위(補完教育單位)

CF(center frequency) 음향 중심주파수(中心周波數)

CFC(complete functional complex) 완전 기능복합체(完全機能複合體)

CFP(central facial palsy) 신경 중추성 안면마비(中樞性顔面痲痹) ↔ PFP

CFY(clinical fellowship year) 임상수련기간(臨床修練期間)

CGS(contiguous gene syndrome) 해부 (유전성) 근접 유전인자 증후군(近接遺傳因子症候群)

CGS system 표준측량체계(標準測量體系) (c = centimeters, g = grams, and s = seconds)

chain 연쇄(連鎖), 사슬

chain binding 연쇄결속(連鎖結束)

chain condition 연쇄조건(連鎖條件), 사슬조건

chain dialog 연쇄대화(連鎖對話)

chain models 연쇄모형(連鎖模型)

chain practice 연쇄연습(連鎖練習)

chain shifts 연쇄이동(連鎖移動)

chain uniformity condition 연쇄균일성 조건(連鎖均一性條件)

chaining 연쇄반응(連鎖反應)

chaining criterion 연쇄기준(連鎖基準)

chains and agreement system 연쇄-일치 체계(連鎖一致體系)

chains and chain condition 연쇄-연쇄 조건(連鎖連鎖條件)

channel 경로(徑路), 통로(通路)

channel vocoder 채널 보코더

channel gain 채널 이득 *cf.* global gain

channel separation 채널 분리

channeling 경로화(經路化)

chant (카톨릭의) 영창(靈唱)

chant-talk method 음성치료 영창조로 말하기, 노래조로 말하기 = chant technique

chant technique 음성치료 영창조로 말하기, 노래조로 말하기 = chant-talk method

chaotic behavior 난잡한 행위

chaotic family 혼란가족(混亂家族)

CHAPPS(children's auditory processing performance scale) 아동청각처리수행척도(兒童聽覺處理遂行尺度)

character 심리 성격(性格), 인격(人格)

character disorder 심리 성격장애(性格障碍), 인격장애(人格障碍) = personality disorder

character education 인격교육(人格敎育)

characteristic acoustic resistance 음향 특성음향저항(特性音響抵抗)

characteristic decay time 음향 특성 감쇠시간(特性減衰時間)

characteristic distortion 음향 특성왜곡(特性歪曲)

characteristic equation 특성 방정식(特性方程式)

characteristic frequency 음향 특성주파수(特性周波數)

characteristic function 통계 특성함수(特性函數)

characteristic impedance 음향 특성저항(特性抵抗)

characteristic phase lag 음향 특성 위상지연(特性位相遲延)

characteristic polynomial 특성 다항식(特性多項式)

characteristic wavenumber 음향 특성파수(特性波數)

characteristic wavenumber vector 음향 특성 파수벡터

Charcot-Marie-Tooch syndrome 해부 (유전성) 샤르코-마리-투스 증후군(症候群)

charge preamplifier 전하 전치증폭기(電荷前置增幅器)
charge sensitivity 전하감도(電荷感度)
charisma 카리스마
charm 매력(魅力)
charm value 매력값
charmed element 매력적 원소(魅力的元素)
charmless element 매력 없는 원소
checked 억제성(抑制性)
checked syllable 음운 폐음절(閉音節) = closed syllable
checked vowel 음운 억제모음(抑制母音)
checkee 피점검자(被點檢者)
checker 점검자(點檢者)
checking and checking theory 통사 점검-점검이론(點檢理論)
checking and S-structure 통사 점검과 S-구조
checking configurations 점검 형상구조(點檢形狀理論)
checking domain 점검영역(點檢領域)
checking relations 점검관계(點檢關係)
checklist 점검항목 대조표(點檢項目對照表), 체크 리스트
Chediak-Higashi syndrome 생리 (유전성 상염색체 열성장애) 체디아크-히가시 증후군
cheek 해부 협(頰), 뺨
cheilorrhaphy 해부 입술봉합
cheiloschisis 해부 구순열(口脣裂)
cheilosis 생리 구순증(口脣症)
chemical brain stimulation 화학적 뇌자극(化學的腦刺戟)
chemical microenvironment 화학적 미세환경(化學的微細環境)
chemical pneumonitis 생리 화학적 폐렴(化學的肺炎)
chemical reaction 화학반응(化學反應)
chemical sense 생리 화학감각(化學感覺)
chemical signal 화학신호(化學信號)
chemical transmission 화학적 전달(化學的傳達)
chemical transmitter 화학전달물(化學傳達物質)
chemicals 화학물질(化學物質)
chemolysis 화학분해(化學分解)
chemoreception 화학수용(化學受容)
chemoreceptor 생리 화학수용기(化學受容器) *cf.* mechanoreceptor
chemotaxis 화학주성(化學走性)
chemotherapy 화학요법(化學療法) *cf.* radiotherapy
chereme 청각 수어소(手語素)
chereme system 청각 수어소 체계(手語素體系)
cherry red spot 버찌 진분홍
cherubism 생리 가족섬유성이상증(家族纖維性異常症), 천사얼굴증
chest 해부 흉부(胸部) = thorax
chest imaging 흉부영상(胸部映像)
chest pain 생리 흉통(胸痛)
chest physiotherapy 흉부물리요법(胸部物理療法)
chest pulse 생리 흉부박동(胸部搏動)
chest register 흉성구(胸聲區)
chest resonance 흉성 공명(胸聲共鳴) *cf.* head resonance
chest voice 흉성(胸聲), 가슴소리
chest wall 해부 흉벽(胸壁)
chest wall shape 해부 흉벽모양(胸壁模樣)
chest wall system 흉벽체계(胸壁體系)
chewing 생리 씹기 = mastication
chewing method 음성치료 저작기법(咀嚼技法), 씹기기법
Cheyne-Stokes respiration 생리 교대성 무호흡(交代性無呼吸), 체인-스토우크스 호흡
CHF(congestive heart failure) 생리 울혈성 심부전(鬱血性心不全)
chi square 카이 자승
CHI(closed head injury) 폐쇄형 두부손상(閉鎖型形頭部損傷) = unpenetrating head

injury ↔ open head injury

chiasma 염색체 교차(染色體交叉)

chiasmus 교차배열(交叉配列)

chickenpox 수두(水痘)

chief complaint(CP) 주요 호소증상(主要呼訴症狀)

child 아동(兒童)

child abuse 아동학대(兒童虐待)

child anxiety scale(CAS) 말더듬 아동불안척도(兒童不安尺度)

child behavior checklist (CBCL) 아동행동 점검목록(兒童行動點檢目錄)

child behavior profile(CBP) 아동행동 프로파일

child care 육아(育兒)

child-centered approach 언어발달 아동중심 접근법(兒童中心接近法) = child-directed approach ↔ clinician-directed approach

child development 아동 발달(兒童發達)

child-directed approach 언어발달 아동중심 접근법(兒童中心接近法) = child-centered approach ↔ clinician-directed approach

child-directed speech(CDS) 언어발달 아동중심 언어(兒童中心言語) ↔ adult-directed speech *cf.* infant-directed speech

child grammar 아동 문법(兒童文法)

child language 아동 언어(兒童言語)

child life specialist 아동생활전문가(兒童生活專門家)

child psychiatry 아동 정신의학(兒童精神醫學)

child psychoanalysis 심리 아동심리분석(兒童心理分析)

child psychology 심리 아동심리학(兒童心理學)

child psychotherapy 심리 아동심리치료(兒童心理治療)

child-rearing attitude 양육태도(養育態度)

childbearing age 가임연령(可姙年齡)

childhood 아동기(兒童期) *cf.* adolescence

childhood aphasia 신경 아동기 실어증(兒童期失語症)

childhood apraxia of speech(CAS) 생리 아동기 말실행증

childhood autism rating scale(CARS) 아동기 자폐증평정척도(兒童期自閉症評定尺度)

childhood disintegrative disorders(CDD) (후천성 발달장애) 아동기붕괴성장애(兒童期崩壞性障礙) *cf.* Rett syndrome

childhood disorders 아동기장애(兒童期障礙) *cf.* developmental disabilities

childhood neurosis 생리 아동기신경증(兒童期神經症)

childhood onset fluency disorders 언어발달 말더듬 아동기 발병 유창성장애(兒童期發病流暢性障礙)

childhood psychosis 소아정신병(小兒精神病)

childhood schizophrenia 생리 아동정신분열증(兒童精神分裂症)

children-based play therapy 아동중심 놀이치료

children with underachievement 학습부진아(學習不進兒)

children's apperception test(CAT) 아동용 통각검사(兒童用痛覺檢査)

children's auditory processing performance scale(CHAPPS) 아동 청각처리 수행척도(兒童聽覺處理遂行尺度)

children's pragmatic language checklist (CPLC) 아동 화용언어 점검표(兒童話用言語點檢表)

children's version of the family environment scale(CVFES) 아동용 가정환경척도

chin 턱

chin block 하악부 차단(下顎部遮斷)

chin-down posture 삼킴 턱 내리기 ↔ chin-up posture

chin tuck posturing 생리 고개 숙이기, 턱 당기기

chin-up posture 삼킴 턱 올리기 ↔ chin-down posture
CHL(conductive hearing loss) 생리 전음성 청력손실(傳音性聽力損失) *cf.* SNHL, MHL
chlorhydria 생리 위산과다증(胃酸過多症)
chlorine 염소(鹽素)
chlorophyll 엽록소(葉綠素)
choice 선택(選擇)
choice board AAC 선택판(選擇板)
choice reaction process 선택반응과정(選擇反應過程)
choice reaction time 선택반응시간(選擇反應時間)
choice technique 선택기법(選擇技法)
cholangitis 생리 담관염(膽管炎)
cholecystitis 생리 담낭염(膽囊炎)
cholelithiasis 생리 담석증(膽石症)
cholesteatomsis 생리 진주종(眞珠腫) = pearl tumor
cholesterol 콜레스테롤
choline 콜린
cholinergic 콜린성
cholinergic deficit 콜린성 결함(缺陷)
cholinergic innervation 콜린성 신경지배(神經支配)
cholinergic synapse 콜린성 시냅스
Chomsky, Avram Noam (1928～) 촘스키 (언어학자, 철학자, 정치운동가)
chondrocyte 해부 연골세포(軟骨細胞)
chord glottis 해부 성대성문(聲帶聲門)
chorda 해부 L 삭(索), 끈
chorda tympani nerve 해부 고실신경(鼓室神經)
chorda tympani section 해부 고삭신경절단(鼓索神經切斷)
chorda vocalis 해부 L 성대(聲帶)
chorditis 생리 성대염(聲帶炎) = chorditis vocalis
chorditis vocalis 생리 L 성대염(聲帶炎) = chorditis
chorea 해부 무도병(舞蹈病)
choreiform movement 무도병형태 동작(舞蹈病形態動作)
choreiform syndrome 생리 무도병형 증후군(舞蹈病形症候群)
choreoathetosis 해부 무도무정위운동(舞蹈無定位運動)
chorion 해부 융모막(絨毛膜)
choroid plexus 해부 맥락총(脈絡叢), 맥락얼기
choroid plexus cells 해부 맥락총세포(脈絡叢細胞)
chorus 합창(合唱)
chorus effect 코러스 효과
chro-, chrom- '색깔'의 뜻
chromosomal anomalies 생리 염색체 이상(染色體異常)
chromosomal disorders 생리 염색체 질환(染色體疾患)
chromosome 생리 염색체(染色體)
chron- '시간(時間)'의 의미
chronic 만성(慢性)의 ↔ acute
chronic aspiration 생리장애 만성 흡인(慢性吸引)
chronic bronchitis 생리 만성 기관지염(慢性氣管支炎) ↔ acute bronchitis
chronic cough 생리 만성 기침
chronic depression 생리 만성 우울증(慢性憂鬱症) ↔ acute depression
chronic disease 생리 만성 질환(慢性疾患) = chronic illness
chronic disorders 생리 만성 장애(慢性障礙)
chronic drug-induced dystonia 생리 만성 약물유발 근긴장이상증(慢性藥物誘發筋緊張異常症)
chronic ear infections 생리 만성이염(慢性耳炎)
chronic fatigue syndrome 생리 만성피로증후군(慢性疲勞症候群)
chronic illness 생리 만성질병(慢性疾病)

=chronic disease

chronic laryngitis 생리 만성 후두염(慢性喉頭炎) ↔ acute laryngitis

chronic obstructive pulmonary disease (COPD) 생리 만성 폐쇄성 폐질환(慢性閉鎖性肺疾患)

chronic otitis media(COM) 생리 만성 중이염(慢性中耳炎) ↔ acute otitis media

chronic otitis media with cholesteatoma (COMC) 생리 진주종성 만성중이염(眞珠腫性慢性中耳炎) ↔ acute otitis media with cholesteatoma

chronic pain 생리 만성 통증(慢性痛症)

chronic perseverative stuttering(CPS) 말더듬 만성적 반복성 말더듬

chronic psychosis 생리 만성 정신병(慢性精神病)

chronic sore throat 생리 만성 인두통(慢性咽頭痛)

chronic sorrow 심리 만성적 슬픔

chronic stress 생리 만성적 스트레스 ↔ acute stress

chronic stress syndrome 생리 만성 스트레스 증후군(症候群) ↔ acute stress syndrome

chronic stuttering 말더듬 만성 말더듬 ↔ emerging stuttering

chronic subdural hematoma 생리 만성 경막하 출혈(慢性硬膜下出血)

chronic suppurative otitis media(CSOM) 생리 만성 화농성 중이염(慢性化膿性中耳炎)

chronicity prediction checklist(CPC) 만성화 예측 검사목록(慢性化豫測檢査目錄)

chronobiology 신체생물학(身體生物學)

chronological age(CA) 생활연령(生活年齡) *cf.* mental age, social age

church music 교회음악(敎會音樂)

chyl-, chym- '즙'이나 '액(液)' 등의 유동체(流動體) 뜻

chylothorax 유미흉(乳糜胸)

CI(clinical internship) 임상 인턴십

cilia 해부 섬모(纖毛) 단수형 cilium

ciliary action 생리 섬모운동(纖毛運動)

ciliary body 생리 섬모체(纖毛體)

ciliary ganglion 해부 섬모체 해부절(纖毛體神經節)

ciliary reflex 해부 섬모체 반사(纖毛體反射)

ciliated cell 해부 섬모세포(纖毛細胞)

CILT(constraint induced language therapy) 억제유도 언어치료(抑制誘導言語治療)

cinefluorography 투시영상조형술(透視映畫造影術)

cineradiography 방사선영화촬영술(放射線映畫撮影術)

cinerea 회색질(灰色質)

cingulate cortex 해부 대상피질(帶狀皮質)

cingulate gyrus 해부 대상회(帶狀回)

cingulate sulcus 해부 대상구(帶狀溝)

cingulum 해부 대(帶), 띠cingulum fasciculus 해부 대상속(帶狀束)

CIP(comprehensive identification process) 포괄적 확인과정(包括的確認過程)

circle of Willis 해부 윌리스 환

circuit analogy 등가회로 표기법(等價回路表記法)

circular 원형(圓形)의

circular fold 윤상주름

circular frequency 음향 원 주파수(圓周波數)

circular layer 해부 원형층(圓形層)

circular muscle 해부 윤주근(輪柱筋)

circular polarized wave 음향 원편파(圓偏波) *cf.* vertically polarized wave

circulation 순환(循環), 혈행(血行)

circulatory system 순환계(循環系)

circum- '주위(周圍)'의 의미

circumaural earphone 청각 귀덮개형 이어폰 *cf.* supra-aural earphone

circumaural headphone 귀덮개형 헤드폰

C

circumduction 회전(回轉), 순환운동(循環運動)
circumlocution 말더듬 완곡어법(婉曲語法), 에둘러 말하기 = euphemism
circumoral disc 구강주위판(口腔周圍板)
circumvallate papillae 해부 성곽유두(城廓乳頭) = vallate palilae
cirrhosis 생리 경변증(硬變症) *cf.* liver cirrhosis
CIS-A(community integration skills-assessment) 지역사회적응능력검사(地域社會適應檢査能力)
cistern 수조(水槽)
citation form 인용형(引用形)
citric acid cycle 구연산 회로(枸櫞酸回路), 시트르산 회로
CIU(correct informational units) 정확한 정보단위(情報單位)
CJD(Creutzfelt-Jacob disease) 해부 (퇴행성 뇌 질환) 크로이츠펠트-야곱병
clairvoyance 투시(透視)
CLAMS(clinical linguistic and auditory milestone scale) 임상언어청각 발달단계척도(臨床言語聽覺發達段階尺度)
clarification 명료화(明瞭化), 설명(說明) = manifestation
clarification request 언어습득 명료화 요청(明瞭化要請), 설명요청(說明要請)
clarity 명료도(明瞭度) *cf.* articulation
clarity index 명료도 지수(明瞭度指數)
clas- '깨뜨리다'의 의미
class 류(類)
class dialect 계급방언(階級方言)
class I affix 형태 1종 접사
class I affixation 형태 1종 접사화(接辭化)
class I malocclusion 해부 제1형 부정교합(不正咬合)
class I prefix 형태 1종 접두사(接頭辭)
class II affix 형태 2종 접사
class II affixation 형태 2종 접사화(接辭化)
class II malocclusion 해부 제2형 부정교합
class II prefix 형태 제2종 접두사(接頭辭)
class II suffix 형태 제2종 접미사(接尾辭)
class III malocclusion 해부 제3형 부정교합
class dialect 계층방언(階層方言)
class node 부류마디
class within a class(CWC) 학급내 학급(學級內學級)
class word 유어(類語), 범주어
classic 고전적(古典的)인 = classical
classic aphasia 신경 고전적 실어증(古典的失語症)
classical 고전적(古典的)인 = classic
classical absorption 고전적 흡수(古典的吸收), 고전적 흡음(古典的吸音)
classical attenuation coefficient 고전적 감쇄지수(古典的減殺指數)
classical conditioning 말더듬 심리 (행동수정의) 고전적 조건화(古典的條件化) = instrumental conditioning *cf.* operant conditioning
classical generative phonology 전통생성음운론(傳統的生成音韻論)
classical learning theory 말더듬 고전적 학습이론(古典的學習理論) = instrumental learning theory
classical phonemics 고전음소론(古典音素論)
classical validity 통계 고전적 타당도(古典的妥當度)
classification 논리 분류(分類) *cf.* division
classification method 분류방법(分類方法)
classificatory feature 분류자질(分類資質)
classified variable 통계 분류형 변수(分類形變數) = categorical variable
classifier 분류사(分類詞)
classifier predicate 분류서술어(分類敍述語)
classifying article 종별관사(種別冠詞)
classifying genitive 종별속격(種別屬格)
classroom acoustics 음향 교실음향학(教室音

響學)

classroom communication screening procedure for early adolescents(CCSPEA) 초기청소년용 학급의사소통선별검사(初期青少年用學級意思疏通選別檢查)

classroom discourse 교실담화(敎室談話)

classroom environment 교실 환경(敎室環境)

clausal adjunct 절 부가어(節附加語)

clause 절(節)

clause mate 동절요소(同節要素)

clause mate constraint 동절요소제약(同節要素制約)

claustrophobia 심리 폐쇄공포증(閉鎖恐怖症)

clavicle 해부 쇄골(鎖骨), 빗장뼈

clavicle fracture 해부 쇄골골절(鎖骨骨折) = fractures of clavicle

clavicular respiration 생리 쇄골호흡(鎖骨呼吸)

CLD(council for learning disabilities) 학습장애위원회(學習障礙委員會)

clear speech 명확한 발화(發話) *cf.* casual speech

clearing throat 목청 가다듬기

cleavage 분할(分割)

cleavage lines 분할선(分割線)

cleft 해부 열(裂), 틈새

cleft lip 해부 구순열(口脣裂) = harelip *cf.* cleft palate

cleft lip patient 구순열환자(口脣裂患者)

cleft lip surgery 해부 구순열수술(口脣裂手術)

cleft lips and palate patient 구순구개열환자(口脣口蓋裂患者)

cleft lobule 해부 이수열구(耳垂破裂)

cleft of soft palate 해부 연구개 파열(軟口蓋破裂)

cleft palate 해부 구개파열(口蓋破裂) *cf.* cleft lip

cleft sentence 통사 분열문(分裂文)

cleft tongue 해부 설파열(舌破裂)

cleidocranial dyostosis 생리 쇄골두개골 이형성증(鎖骨-頭蓋骨異形成症)

C-level(maximum comfortable level) 청각 최대쾌적레벨

cliched phrase 상투적 어구(常套的語句)

click 조음 흡착음(吸着音), 혀차는 소리

click evoked otoacoustic emission(CEOAE) 해부 클릭유발 이음향반사(耳音響反射)

clicking tinnitus 생리 흡착성 이명(吸着性耳鳴)

clicking vocal fry 흡착성 성대 프라이

client assistance program 고객조력 프로그램

client-specific assessment procedures 환자-개인별 평가절차(患者個人別評價節次)

client-specific strategy 환자개인별전략(患者個人別戰略)

climactelic changes 갱년기변화(更年期變化)

climacterium 갱년기(更年期) = menopause

climate 기후(氣候)

climatology 기후학(氣候學)

climbing fiber 해부 오름섬유

clin- '기울이다'의 의미

clinical assessment 임상평가(臨床評價)

clinical audiology 임상청각학(臨床聽覺學)

clinical audiometer 임상청력검사기(臨床聽力檢查器)

clinical case study 임상사례연구(臨床事例研究)

clinical dementia rating scale(CDRS) 임상치매평정척도(臨床癡呆評定尺度) *cf.* global deterioration scale

clinical depression 심리 임상적 우울(臨床的憂鬱)

clinical evaluation of language fundamentals(CELF) 기초언어 임상평가(基礎言語臨床評價)

clinical expertise 임상전문지식(臨床專門知識), 임상전문기술(臨床專門技術)

clinical fellowship year(CFY) 임상수련기간(臨床修練期間)

clinical history 병력(病歷)

clinical internship(CI) 임상 인턴십

C

clinical judgement 임상적 판단(臨床的判斷)
clinical laboratory 임상검사실(臨床檢査室)
clinical linguistic and auditory milestone scale(CLAMS) 임상언어청각 발달단계척도
clinical medicine 임상의학(臨床醫學)
cf. rehabilitation medicine
clinical method 임상법(臨床法)
clinical pharmacology 임상약리학(臨床藥理學)
clinical phonetics 임상음성학(臨床音聲學)
clinical psychologist 임상심리학자(臨床心理學者)
clinical psychology 임상심리학(臨床心理學)
clinical record 임상기록(臨床記錄)
clinical science 임상과학(臨床科學)
clinical sign 임상징후(臨床徵候)
clinical significance 임상적 유의성(臨床的有意性), 임상적 의의(臨床的意義)
clinical study 임상적 연구(臨床的硏究)
clinical unit 임상단위(臨床單位)
clinical utility 임상적 유용성(臨床的有用性)
clinical ward 임상병동(臨床病棟)
clinician 임상가(臨床家), 치료사(治療師) =therapist
clinician attitudes toward stuttering inventory(CATS) 말더듬 검사목록에 대한 치료사의 태도
clinician-directed approach 임상가중심 접근법(臨床家中心接近法)=clinician-oriented approach ↔ child-centered approach
clinician-induced prolonged speech 임상가에 의해 유도된 확장발화
clinician-oriented approach 임상가중심 접근법(臨床家中心接近法)=trainer-oriented approach ↔ child-centered approach
clinician stutterng severity scale 임상가용 말더듬중증도척도
clinodactyly 생리 만지증(彎指症), 손가락 기울증
clipped compound 절단 합성어(切斷合成語)
clipped speech 생략언어(省略言語)
clipping loss 클리핑 손실(損失)
clitic 접어(接語)
clitic climbing 접어상승(接語上乘)
clitic doubling 접어중복(接語重複)
clitc expletives 접어적 허사(接語的虛辭)
clitic group peak constraint 접어군강세정점 제약(接語群强勢頂點制約)
clitic pronoun 접합대명사(接合代名詞)
cliticization 통사 접어화(接語化)
CLL(community language learning) 집단언어 학습(集團言語學習)
clock-training 대소변 훈련(大小便訓練)
clonic block 간대성 장애(間代性障礙), 경련성 장애(痙攣性障礙)
clonic stuttering 경련성 말더듬
clonus 간헐성 경련(間歇性痙攣)
close approximation 폐쇄근접(閉鎖近點)
close ended question 폐쇄형 질문(閉鎖形質問) ↔ open ended question
close juncture 폐쇄연접(閉鎖連接)
close medulla 폐쇄연수(閉鎖延髓)
close resonance 음향 인접공진(隣接共振)
close-talking microphone 접화 마이크로폰
close-talking sensitivity 생리 접화감도(接話感度)
close transcription 폐쇄전사(閉鎖轉寫), 폐쇄표기(閉鎖表記)
close transition 폐쇄이행(閉鎖移行)
closed aphasia 신경 교차실어증(交叉失語症)
closed bite 해부 폐쇄교합(閉鎖咬合) ↔ open bite
closed bite malocclusion 해부 폐쇄부정교합(閉鎖不正咬合) ↔ open bite malocclusion
closed brain injury(CBI) 폐쇄형 뇌손상(閉鎖形腦損傷)=nonpenetrating brain injury ↔ open brain injury

closed chest 생리 폐흉(閉胸)
closed circuit 폐쇄회로(閉鎖回路) ↔ open circuit
closed class (품사의) 폐쇄부류(閉鎖部類) ↔ open class
closed-ended question 폐쇄형 질문(閉鎖形質問) ↔ open-ended question
closed-ended response 폐쇄응답(閉鎖應答) ↔ open-ended response
closed head injury(CHI) 폐쇄형 두부손상(閉鎖形頭部損傷) = nonpenetrating head injury ↔ open head injury
closed head trauma 폐쇄 두부외상
closed-loop system 생리 폐순환 체계(閉循環體系)
closed path 인지 닫힌 경로(徑路) ↔ open path *cf.* fictive path
closed period 생리 (성대) 폐쇄구간(閉鎖區間)
closed phase 생리 (성대진동의) 폐쇄기(閉鎖期) ↔ open phase
closed question 폐쇄 질문(閉鎖質問)
closed quotient(CQ) (성대의) 폐쇄지수(閉鎖指數) ↔ open quotient
closed set 폐쇄집합(閉鎖集合)
closed-set test 폐쇄형 검사(閉鎖形檢査) ↔ open-set test
closed society 닫힌사회 ↔ open society
closed syllable 음운 폐음절(閉音節) = checked syllable ↔ open syllable
closed system 폐쇄체계(閉鎖體系)
closed-to-open ratio(C/O ratio) (성대의) 폐쇄-개방 비율(閉鎖開放比率)
closed vowel 조음 폐모음(閉母音) ↔ open vowel
closeness 근접성(近接性)
closing diphthong 음운 상향 이중모음(上向二重母音) = rising diphthong
closing phase 폐쇄기(閉鎖期) ↔ opening phase
closure 폐쇄(閉鎖)
closure duration 조음 폐쇄 지속시간(閉鎖持續時間)
closure naming 폐쇄성 이름대기
clotting factor 응고인자(凝固因子)
clotting response 응고반응(凝固反應)
cloudy cornea 생리 각막혼탁(角膜混濁)
cloverleaf skull syndrome 생리 (두개 기형의) 클로버잎 두개골 증후군(症候群)
cloze technique 완성기법(完成技法)
CLQT(cognitive linguistic quick test) 빠른 인지언어검사(認知言語檢査)
CLT(communicative language teaching) 의사소통중심 언어교육(意思疏通中心言語教育)
clumsy child syndrome 생리 서툰 아동증후군(兒童症候群) = developmental coordination disorder
cluster 군(群)
cluster reduction 음운 언어발달 자음군 축약(子音群縮約) = consonant cluster reduction
clustering 언어발달 군집화(群集化)
clutterer 속화자(速話者)
cluttering 생리 속화(速話), 말 빠름증 = tachylalia ↔ bradylalia
cluttering severity instrument(CSI) 속화중증도검사도구(速話重症度檢査道具)
CMMS(Columbia mental maturity scale) 콜럼비아 지능성숙척도(知能成熟尺度)
CMN(cepstrum mean normalization) 역여과 평균정규화(逆濾過平均正規化)
CMR(comodulation masking release) 음향 공변조차폐감소(共變調遮蔽減少)
CMV(controlled mode ventilation) 조절방식 환기(調節方式換氣)
CMV(cytomegalovirus) 거대세포바이러스
CN(cochlear nuclei) 해부 와우신경핵(蝸牛神經核)
CNAP(cochlea nerve action potential) 음향

와우해부 활동전위(蝸牛神經活動電位)

CNPC(complex noun phrase constraint) 통사 복합명사구제약(複合名詞句制約)

CNS(central nervous system) 중추신경계(中樞神經系) *cf.* PNS

CNV(contingent negative variation) 수반성 음성변동(隨伴性音聲變動)

C/O ratio(closed-to-open ratio) (성대의) 폐쇄-개방 비율(閉鎖開放比率)

co- '공동(共同), 같이'의 의미

co-host 공동사회자(共同社會者)

co-hyponym 논리 동위어(同位語), 공하위어(共下位語)

co-indexing 동일지표(同一指標)

co-negativity 공동음성(共同陰性) ↔ co-positivity

co-occurrence 공기(共起)

co-operation 협업(協業)

co-positivity 공동양성(共同陽性) ↔ co-negativity

co-subscript 동일 하부표기(同一下部表記)

co-superscript 동일 상부표기(同一上部表記)

co-teaching 협력교수(協力敎授) *cf.* team teaching

co-text 보충적 언어환경(補充的言語環境)

coaching 지도(指導)

coagulation (피의) 응고(凝固)

coalescence 융합(融合)

coalescent assimilation 연합동화(聯合同化)

coanalysis 이중분석(二重分析)

coarctation 협착(狹窄), 수축(收縮)

coarse face 조잡한 인물

coarticulation 음운 동시조음(同時調音), 공동조음(共同調音) *cf.* double articulation

coarticulatory movement 음운 동시조음 운동(同時調音運動)

coaxial 동축형(同軸形)

coaxial loudspeaker 동축형 스피커

coccygeal 해부 미골(尾骨)의

coccygeal ligament 해부 미골인대(尾骨靭帶)

coccygeal nerve 해부 미골신경(尾骨神經)

coccygeal plexus 해부 미골 신경총(尾骨神經叢)

coccygeal segments 해부 미골분절(尾骨分節)

coccygeal vertebrae 해부 미골(尾骨)

coccygectomy 해부 미골절제(尾骨切除)

coccyx 해부 미골(尾骨), 꼬리뼈

cochlea 해부 와우(蝸牛), 달팽이

cochlea deafness 생리 미로성 농(迷路性聾)

cochlea nerve action potential(CNAP) 신경 와우신경 활동전위(蝸牛神經活動電位)

cochlear amplification 청각 와우증폭(蝸牛增幅)

cochlear amplifier 청각 와우증폭기(蝸牛增幅器)

cochlear aqueduct 해부 와우도수관(蝸牛導水管)

cochlear conductive presbycusis 생리 와우전도성 노인성 난청(蝸牛傳導性老人性難聽)

cochlear duct 해부 와우관(蝸牛管), 달팽이관

cochlear echo 음향 와우반향(蝸牛反響)

cochlear ganglion 해부 와우신경절(蝸牛神經節)

cochlear hearing loss 생리 와우청력손실(蝸牛聽力損失)

cochlear implant 해부 인공와우이식(人工蝸牛移植)

cochlear implant mapping 해부 인공와우이식 매핑

cochlear implant team 인공와우이식팀

cochlear joint 해부 와우관절(蝸牛關節)

cochlear labyrinth 해부 와우관 미로(蝸牛管迷路)

cochlear microphonics 해부 인공 귀

cochlear nerve 해부 와우신경(蝸牛神經) *cf.* vestibular nerve

cochlear nerve branch 해부 와우신경지(蝸牛神經枝)

cochlear nuclei(CN) 해부 와우신경핵(蝸牛神經核)

cochlear partition 청각 와우분할(蝸牛分割)

cochlear prosthesis 청각 와우보철(蝸牛補綴)

cochlear reflex 신경 와우반사(蝸牛反射)
cochlear window 해부 와우창(蝸牛窓)
cochleopalpebral reflex(CPR) 신경 와우안검반사(蝸牛眼瞼反射)
Cockayne syndrome 생리 (상염색체 열성의 발달장애) 코카인 증후군(症候群)
Cocktail party effect 음향 칵테일 파티효과 = self-reference effect *cf.* Haas effect
Cocktail party phenomenon 음향 칵테일 파티현상
coda 음운 말음(末音) ↔ onset *cf.* syllable coda
coda cluster constraint 음운 말음군제약(末音群制約)
coda constraint 음운 말음 제약(末音制約)
coda devoicing 음운 말음 무성음화(末音無聲化)
codability 부호화 능력(符號化能力)
code-alternation 부호교체(符號交替)
code-mixing 부호혼용(符號混用)
code of ethics 윤리강령(倫理綱領)
code selection 부호선택(符號選擇)
code-switching 언어습득 (이중언어의) 부호전환(符號轉換), 코드변환
coding 부호화(符號化) = encoding ↔ decoding
coefficient of variation(CV) 통계 변이계수(變異係數)
coenzyme 보조효소(補助酵素)
cognate 동족어(同族語)의
cognate object 통사 동족목적어(同族目的語)
cognitial universals 인지 보편소(普遍素)
cognition 인지(認知), 인식(認識) *cf.* awareness
cognition-based intervention 인지기반 중재(認知基盤仲裁)
cognition hypothesis 언어발달 인지가설(認知假說)
cognitive abilities test 인지능력검사(認知能力檢查)
cognitive academic language proficiency (CALP) 인지학습언어능력(認知的言語能力)
cognitive anticipatory reaction 말더듬 인지적 예상반응(認知的豫想反應)
cognitive appraisal 인지적 평가(認知的評價)
cognitive approach 인지적 접근(認知的接近)
cognitive architecture 해부 인지얼개
cognitive asymmetry 인지 인지적 비대칭성(認知的非對稱性) *cf.* structural asymmetry
cognitive avoidance theory 인지 인지적 회피이론(認知的回避理論) *cf.* generalized anxiety disorder
cognitive behavior modification 인지적 행동수정(認知的行動修正)
cognitive behavior therapy 인지적 행동치료(認知的行動治療)
cognitive bias 인지적 편견(認知的偏見)
cognitive code-learning theory 규칙인지학습론(規則認知學習論)
cognitive communication disorders 인지의사소통장애(認知意思疏通障碍)
cognitive competency 인지능력(認知能力)
cognitive determination 인지결정주의(認知決定主義)
cognitive development 인지발달(認知發達)
cognitive discrimination 인지적 변별(認知的辨別)
cognitive disorders 인지장애(認知障礙) = cognitive impairment
cognitive domain 인지영역(認知領域)
cognitive effort 인지노력(認知努力)
cognitive engineering 인지공학(認知工學)
cognitive enrichment 인지강화(認知强化)
cognitive error 인지적 오류(認知的誤謬)
cognitive exercise 인지훈련(認知訓練)
cognitive filter 인지적 여과(認知的濾過)
cognitive flexibility 인지적 유연성(認知的柔軟性)
cognitive grammar 인지문법(認知文法) *cf.* construction grammar

C

cognitive habit-formation theory 인지적 습관형성 학습론(認知的習慣形成學習論)
cognitive immaturity 인지적 미성숙(認知的未成熟)
cognitive impairment 인지장애(認知障礙) = cognitive disorders
cognitive infrastructure 인지적 기반구조(認知的基盤構造)
cognitive instruction 인지교수법(認知敎授法)
cognitive interpretation theory 인지해석이론(認知解釋理論)
cognitive intervention 인지중재(認知仲裁)
cognitive interview 심리 인지적 면담(認知的面談)
cognitive knowledge 인지지식(認知知識)
cognitive learning 인지학습(認知學習)
cognitive learning theory 인지학습이론(認知學習理論)
cognitive level 인지레벨
cognitive linguistic quick test(CLQT) 빠른 인지언어검사(認知言語檢查)
cognitive meaning 인지적 의미(認知的意味) *cf.* conceptual meaning
cognitive method 인지법(認知法)
cognitive model 인지모형(認知模型)
cognitive neuropsychology 인지신경심리학(認知神經心理學)
cognitive neuroscience 인지신경과학(認知神經科學) = neurocognition
cognitive operation 인지적 조작(認知的操作)
cognitive-perceptual abilities 언어발달 인지-지각 능력(認知知覺能力)
cognitive principles 인지적 원칙(認知的原則) *cf.* affective principles
cognitive process 인지과정(認知過程)
cognitive psychologist 인지심리학자(認知心理學者)
cognitive psychology 인지심리학(認知心理學)
cognitive physiological theory 인지생리학적 이론(認知生理學的理論)
cognitive reframing 인지재구성(認知再構成)
cognitive rehabilitation 인지재활(認知再活)
cognitive remediation 인지교정(認知矯正)
cognitive response theory 인지반응이론(認知反應理論)
cognitive restructuring 말더듬 심리 인지적 재구조화(認知的再構造化)
cognitive retraining 인지 재훈련(認知再訓練) *cf.* cognitive training
cognitive science 인지과학(認知科學)
cognitive semantics 인지의미론(認知意味論)
cognitive skills 인지기능(認知技能)
cognitive stimulation 언어습득 인지자극(認知刺戟)
cognitive strategy 언어습득 인지책략(認知策略)
cognitive structure 인지구조(認知構造)
cognitive style 인지양식(認知樣式)
cognitive support 인지지지(認知支持)
cognitive symptom 인지적 증상(認知的症狀) ↔ noncognitive symptom
cognitive system 인지체계(認知體系)
cognitive task 인지적 과제(認知的課題)
cognitive test 인지검사(認知檢查)
cognitive theory 언어습득 인지이론(認知理論) *cf.* behavioral theory
cognitive therapy 인지치료(認知治療)
cognitive training 인지훈련(認知訓練) *cf.* cognitive retaining
cognitive variable 인지변수(認知變數)
cognitivism 인지주의(認知主義)
Cohen syndrome 생리 (유전성) 코헨 증후군(症候群)
coherence 일관성(一貫性)
cohesion 응집(凝集)
cohesive ball 응집력있는 덩어리
cohesive devices 담화 결속장치(結束裝置), 연

결장치(連結裝置)
cohesiveness 응집성(凝集性)
coincidence 일치(一致)
coincidence effect 일치효과(一致效果)
coincident array 일체배열방식(一體配列方式)
coincident distribution 동시적 분포(同時的分布)
colitis 생리 결장염(結腸炎), 대장염(大腸炎)
collaboration 협력(協力)
collaborative consultation 협력적 자문(協力的諮問)
collaborative model 협력모형(協力模型)
collaborative research 공동연구(共同硏究
collaborative team model 협력팀 체계모형
collagen 생리 교원질(膠原質), 콜라겐
collagen disease 생리 교원질 질환(膠原質疾患)
collagen fiber 해부 교원섬유(膠原纖維)
collagen injection 콜라겐 주사(注射), 콜라겐 주입(注入) *cf.* Teflon injection
collateral family 방계가족(傍系家族) *cf.* immediate family
collatertal sulcus 해부 측면고랑
collating 조합(調合), 대조(對照)
collating sequence 조합순서(調合順序)
collation sort 조합정렬(調合整列)
collective monologue 집단독백(集合獨白)
collective noun 집합명사(集合名詞)
collective numeral 집합수사(集合數詞)
collective singular 집합단수(集合單數)
collectivism 집단주의(集團主義) ↔ individualism
colliculus 해부 소구(小丘)
colligation 통합(統合)
collocation 연어(連語) *cf.* syntagmatic relation
colloid 교질(膠質)
colloquialism 구어적 표현(口語的表現)
coloboma 생리 안조직 결손증(眼組織缺損症)
colon 해부 결장(結腸), 대장(大腸)
colonial English 식민지 영어(植民地英語)
color agnosia 생리 색채 실인증(色彩失認症) *cf.* visual agnosia
color blindness 생리 색맹(色盲)
color term 색채어(色彩語)
coloration 착색화(着色化)
coloured noise 유색잡음(有色雜音)
Columbia mental maturity scale(CMMS) 콜럼비아 지능성숙척도(知能成熟尺度)
columella 축주(軸柱), 주(柱), 기둥
columella cochleae 해부 L 와우축(蝸牛軸), 달팽이축
com- '결합(結合)' 또는 '함께'의 의미
COM(chronic otitis media) 생리 만성 중이염(慢性中耳炎) ↔ AOM
coma 혼수(昏睡) *cf.* semi-coma
combination laryngocele 생리 혼합성 후두실 낭종(混合性喉頭室囊腫)
combination resonance 음성공학 결합공진(結合共振)
combination tone 조합음(調合音)
combinatory variant 음운 결합적 변이음(結合的變異音), 문맥적 변이음(文脈的變異音) = contextual variant
combined aphasia 신경 복합성 실어증(複合性失語症)
combined method 결합법(結合法)
combined treatment 복합치료(複合治療)
combined type 결합유형(結合有形)
COMC(chronic otitis media with cholesteatoma) 생리 진주종성 만성중이염(眞珠腫性慢性中耳炎) ↔ AOMC
coming out state 표출상태(表出狀態)
command 명령(命令), 통어(通語)
command principle for R-expression 지시표현의 통어원리(通語原理)
comment 논평(論評)
commission errors 언어습득 중개실수(仲介失手)
commissura 해부 (신경의) 교련(神經交聯), 맞

교차 = commissure

commissural aphasia 신경 교련성 실어증(交聯性失語症)

commissural fibers 해부 교련섬유(交聯纖維)

commissural neuron 해부 교련뉴런

commissural nucleus 해부 교련핵(交聯核)

commissural tracts 신경 교련로(交連路) *cf.* association tracts

commissurotomy 해부 뇌량절제술(腦梁切除術)

commitment theory 개입이론(介入理論)

common assessment procedures 보편적 평가 절차(普遍的評價節次)

common bile duct 해부 총담관(總膽管)

common carotid artery 해부 총경동맥(總頸動脈)

common core 공통핵심(共通核心)

common core state standard(CCSS) 언어발달 (미국) 공통핵심성취기준(共通核心成就基準)

common facial vein 해부 총안면 정맥(總顏面靜脈)

common ground 공통배경(共通背景)

common ground electrode 공통 접지전극(共通接地電極)

common hapatic duct 해부 총간관(總肝管)

common knowledge 상식(常識) = common sense

common language 공통언어(共通言語)

common noun 보통명사(普通名詞) *cf.* proper noun

common noun phrases 보통 명사구(普通名詞句)

common sense 상식(常識) = common knowledge

common underlying proficiency (이중언어의) 기저의 공통언어능력(共通言語能力)

commonality score 공통성 점수(共通性點數)

communicable disease 전염병(傳染病)

communication 의사소통(意思疏通)

communication abilities diagnostic test (CADT) 의사소통능력진단검사(意思疏通能力診斷檢查)

communication aid AAC 의사소통 보조기구(意思疏通補助器具)

communication and symbolic behavior scales(CSBS) 언어발달 의사소통 및 상징행동척도(意思疏通象徵行動尺度)

communication attitude test(CAT) 말더듬 의사소통 태도검사(意思疏通態度檢查)

communication barrier 의사소통 장애물(意思疏通障碍物)

communication board AAC 의사소통판(意思疏通板)

communication breakdowns 의사소통 붕괴(意思疏通崩壞)

communication centered approach 조음 의사소통 중심법(意思疏通中心法)

communication competency 의사소통 능력(意思疏通能力)

communication demand 말더듬 의사소통 요구(意思疏通要求)

communication deprivation 의사소통 박탈(意思疏通剝奪)

communication disorders 의사소통장애(意思疏通障礙)

communication effectiveness index(CEI) 의사소통효율성지표(意思疏通效率性指標)

communication efficacy 의사소통 효율성(意思疏通效率性)

communication event 의사소통 사례(意思疏通事例)

communication failure theory 의사소통 실패이론(意思疏通失敗理論)

communication functions 의사소통 기능(意思疏通機能)

communication intent 언어발달 의사소통 의도(意思疏通意圖)

communication intention 언어발달 의사소통

의도(意思疏通意圖)

communication matrix AAC 의사소통망(意思疏通網) = communication network

communication media 의사소통매체(意思疏媒體)

communication model 의사소통모형(意思疏通模型)

communication need model AAC 의사소통요구 모델 *cf.* candidacy model

communication network AAC 의사소통망(意思疏通網) = communication matrix

communication orally AAC 구어의사소통(口語意思疏通)

communication partners(CP) AAC 의사소통상대(意思疏通相對) *cf.* play partners

communication pressure 말더듬 의사소통 압력(意思疏通壓力)

communication process 의사소통 과정(意思疏通過程)

communication sciences 의사소통과학(意思疏通科學)

communication screen AAC 의사소통 선별(意思疏通選別)

communication script AAC 의사소통 대본(意思疏通臺本)

communication situations AAC 의사소통 상황(意思疏通狀況)

communication skill training AAC 의사소통기능훈련(意思疏通技能訓練)

communication skills AAC 의사소통 기능(意思疏通技能)

communication strategy training AAC 의사소통 전략훈련(意思疏通戰略訓練)

communication supports inventory AAC 의사소통지원 검사목록(意思疏通支援檢查目錄)

communication system 의사소통 체계(意思疏通體系)

communication taboo 의사소통 금기(意思疏通禁忌)

communication theory 의사소통 이론(意思疏通理論)

communication unit(C-unit) 의사소통 단위(意思疏通單位)

communicating branch 교통지(交通枝), 교통가지

communicating-producing 표현성 의사소통(表現性意思疏通) ↔ communicating-receiving

communicating-receiving 수용성 의사소통(受容性意思疏通) ↔ communicating-producing

communicative abilities in daily living(CADL) AAC 일상생활 의사소통능력(日常生活意思疏通能力)

communicative act 의사소통행위(意思疏通行爲)

communicative approach 의사소통중심교수법(意思疏通中心教授法)

communicative behaviors 언어발달 의사소통행위(意思疏通行爲)

communicative competence(CC) AAC 의사소통 능력(意思疏通能力)

communicative devices(CD) AAC 의사소통장치(意思疏通裝置)

communicative drill 의사소통 연습(意思疏通練習)

communicative effectiveness index(CETI) (실어증 환자용) 의사소통효율성지수 (意思疏通效率性指數)

communicative event 의사소통 사례(意思疏通事例)

communicative exchange AAC 의사소통적 교환(意思疏通的交換)

communicative functions 의사소통 기능(意思傳達機能)

communicative intention 의사소통적 의도(意思疏通的意圖)

communicative interference 의사소통적 간섭(意思疏通的干涉)
communicative language teaching(CLT) 의사소통중심 언어교육(意思疏通中心言語教育)
communicative pressure 말더듬 의사소통 압력(意思疏通壓力)
communicative repertoire 의사소통 목록(意思疏通目錄)
communicative strategy 언어습득 의사소통 전략(意思疏通戰略)
communicative stress 의사소통 스트레스
communicator credibility 의사소통자 신뢰성(意思疏通者信賴性)
communicologist 의사소통학자(意思疏通學者)
communicology 의사소통학(意思疏通學)
community 지역사회(地域社會)
community-based instruction 지역사회기반 교육(地域社會基盤教育)
community integration skills-assessment (CIS-A) 지역사회적응검사(地域社會適應檢查)
community language 지역사회 언어(地域社會言語)
community language learning(CLL) 집단 언어학습(集團言語學習)
community mental health 지역사회 정신건강(地域社會精神健康)
community noise 음향 근린소음(近隣騷音)
community psychology 지역사회 심리학(地域社會心理學)
community reentry 지역사회 재진입(地域社會再進入)
commutation 변환(變換)
commutation test 치환검사(置換檢查)
comodulation masking release(CMR) 음향 공변조차폐감소(共變調遮蔽減少)
comorbidities 동반질환(同伴疾患)
compact (1) 음운 밀집자질(密集資質) *cf.* diffuse (2) 촘촘한, 조밀한
compact bone 해부 치밀골(緻密骨)
compact phoneme 음운 집중음소(集中音素)
compaction 압축(壓縮)
comparatist 비교언어학자(比較言語學者)
comparative 비교급(比較級)의 *cf.* superlative
comparative anatomy 비교해부학(比較解剖學)
comparative appraisal 비교평가(比較評價)
comparative construction 비교구문(比較構文), 비교구조(比較構造)
comparative deletion 비교삭제(比較削除)
comparative historical linguistics 비교역사언어학(比較歷史言語學)
comparative linguistics 비교언어학(比較言語學) *cf.* contrastive linguistics
comparative method studies 비교방법 연구(比較研究方法)
comparative philology 비교문헌학(比較文獻學)
comparative phonetics 비교음성학(比較音聲學)
comparative psychologist 비교심리학자(比較心理學者)
comparative psychology 비교심리학(比較心理學)
comparative research 비교연구(比較研究)
comparative rhetoric 비교수사학(比較修辭學)
comparative sentence 비교문장(比較文章)
comparison 비교(比較)
comparison and contrast method 비교-대조 방법(比較對照方法)
comparison function 통계 비교함수(比較函數)
comparison group 비교집단(比較集團)
comparison patterns 비교형태(比較形態)
compatibility 양립성(兩立性), 호환성(互換性)
compatibility requirement 양립성의 필요조건
compensation 보상(補償) = reward
compensation curves 보상만곡(補償彎曲)
compensation theory 보상 이론(補償理論)
compensatory articulation 조음 보상적 조음(補償的調音)

compensatory articulation errors 조음 보상적 조음오류(補償的調音誤謬) *cf.* obligatory articulation errors

compensatory articulatory postures 조음 보상적 조음자세(補償的調音姿勢)

compensatory education 보상교육(補償教育), 보충교육(補充教育)

compensatory errors 조음 보상적 오류(補償的誤謬)

compensatory growth 보상적 성장(補償的成長)

compensatory lengthening 조음 보상적 장음화(補償的長音化)

compensatory methodology 보상방법(補償方法)

compensatory model 인지 보상모델

compensatory movement 보상운동(補償運動)

compensatory skills 보상기술(補償技術)

compensatory strategies 삼킴 보충적 책략(補充的策略) *cf.* strengthening exercises

compensatory treatment 보상치료(補償治療)

competence 능력(能力), 능숙(能熟) ↔ incompetence *cf.* performance

competence-based appraisal 능력기반평가(能力基盤評價), 역량기반평가(力量基盤評價)

competency-based teaching 능력기반교육(能力基盤教育), 역량기반교육(力量基盤教育)

competition model 언어발달 경쟁모델

complement 통사 보어(補語)

complement clause 통사 보어절(補語節)

complement domains 보충어 영역(補充語領域)

complement specifications 통사 보어 명세(補語明細)

complementarity principle 음운 상보성 원리(相補性原理)

complementary air 생리 보상흡기량(補相吸氣量)

complementary distribution 음운 상보적 분포(相補的分布), 배타적 분포(排他的分布) *cf.* contrastive distribution

complementation (1) 의미 상보(相補) (2) 음운 상보성(補相性)

complementizer 통사 보문화소(補文化素), 보문소(補文素) *cf.* nominalizer

complementizer category 통사 보문소 범주(補文素範疇)

complementizer phrase 통사 보문소구(補文素句)

complete aphasia 신경 완전 실어증(完全失語症)

complete assimilation 음운 완전동화(完全同化) = total assimilation *cf.* partial assimilation

complete blood count(CBC) 전혈구 계산치(全血球計算値)

complete cleft palate 해부 완전 구개파열(完全口蓋破裂)

complete episode 언어발달 담화 완전한 일화(逸話), 완전한 에피소드 *cf.* abbreviated episode

complete functional complex(CFC) 완전기능복합체구조(完全機能複合體)

complete overlapping 완전중복(完全重複)

complete swallowing problem 삼킴 완전한 삼킴문제

complete verb 통사 완전동사(完全動詞)

completely-in-the-canal hearing aid 비노출 외이도 보청기

completion 완성(完成)

completion test 완성검사(完成檢查)

complex amplitude 복소수 크기

complex angular frequency 음향 복소수 각주파수(複素數角周波數)

complex attenuation 복소수 감쇠(複素數減衰)

complex attenuation coefficient 통계 복소수 감쇠계수(複素數減衰係數)

complex coherence function 복소수 기여도 함수(複素數寄與度函數)

complex communication needs(CCN) AAC

복합의사소통장애아동(複合意思疏通障礙兒童)
complex effective bulk modulus 복소수 유효체적 탄성율(複素數有效體積彈性率)
complex effective compressibility 복소수 유효 압축율(複素數有效壓縮率)
complex effective density 복소수 유효밀도(複素數有效密度)
complex effective sound speed 복소수 유효음속(複素數有效音速)
complex episode 언어발달 담화 복잡한 일화(逸話), 복잡한 에피소드 *cf.* complete episode
complex feature 복합자질(複合資質)
complex flow resistivity 복소수 기류저항
complex Fourier amplitude 복소수 푸리에 진폭
complex Fourier spectrum 복소수 푸리에스펙트럼
complex frequency 복소수 주파수(複素數周波數)
complex intensity 복소수 강도
complex modes 복소수 모드
complex modulus 복소수 탄성계수(複素數彈性係數)
complex natural frequency 음향 복소수 자연주파수(複素數自然周波數)
complex noun phrase constraint(CNPC) 복합명사구 제약(複合名詞句制約)
complex number 복소수(複素數)
complex parameter 복합매개변수(複合媒介變數)
complex partial seizure 복합 부분발작(複合部分發作)
complex periodic tones 음향 복합주기음(複合週期音)
complex periodic waveform 음향 복합주기파형(複合週期波形)
complex plane 복소수 평면(複素數平面)
complex predicates 복합술어(複合述語) =compound predicates
complex pressure 복소수 압력(複素數壓力)
complex pressure reflection coefficient 통계 복소수 음압반사계수(複素數音壓反射係數)
complex pressure transmission coefficient 통계 복소수 음압투과계수(複素數音壓透過係數)
complex segment 음운 복합분절음(複合分節音)
complex sentence 통사 복문(複文) ↔ simple sentence *cf.* compound sentence
complex sound 음운 복합음(複合音) ↔ simple sound
complex sound wave 음향 복합음파(複合音波)
complex specific flow impedance 음향 복소수특성 유동저항(複素數特性流動抵抗)
complex speech sound discrimination test 복합음식별검사(複合音識別檢査)
complex stiffness 복소수 강성(複素數剛性)
complex syllable 음운 복합음절(複合音節)
complex syllable nuclei 음운 복합음절핵(複合音節核)
complex time-integrated intensity 복소수 시적분 세기
complex tone 복합음(複合音) *cf.* pure tone
complex transitive verb 복합타동사(複合他動詞)
complex verb 복합동사(複合動詞)
complex vowel 복합모음(複合母音), 중모음(重母音) *cf.* simple vowel
complex wave 복합파(複合波), 복합파형(複合波形) ↔ simple wave *cf.* pure wave
complex wavenumber 복합파수(複合波數)
complex word 복합어(複合語) ↔ simplx word *cf.* compound words
complexity 복잡성(複雜性) ↔ simplicity
compliance 순응(順應), 순응도(順應度)
complicating disease 생리 합병증(合併症)
componential analysis 성분분석(成分分析)
components 성분(成分)
composing process 작문과정(作文過程)

composite loudspeaker 복합 스피커, 다중채널 스피커

composite phonological deviancy score (CPDS) 음운장애 합산점수(音韻障礙合算點數)

composite resection 해부 복합절제술(複合切除術)

composite signal 합성신호(合成信號)

composite sound transmission loss 복합음투과손실(複合音透過損失)

composite wall 복합벽(複合壁)

composition (1) 복합(複合) (2) 작문(作文)

compositional adjunct 복합부가어(複合附加語)

compositionality 인지 합성성(合成性), 합성원칙(合成原則)

compound action potential(CAP) 복합활동전위(複合活動電位)

compound adjective 합성형용사(合成形容詞)

compound bilingualism 복합 이중언어사용(複合二重言語使用)

compound-complex sentence 합성-복합문(合成複合文)

compound consonant 복합자음(複合子音)

compound hypothesis 복합가설(複合假說)

compound noun 복합명사(複合名詞) = complex noun

compound predicate 복합술어(複合述語) = complex predicate

compound preposition 복합전치사(複合前置詞)

compound relative 복합관계사(複合關係詞)

compound sentence 중문(重文) *cf.* complex sentence

compound stress rule 복합어 강세규칙(複合語强勢規則)

compound-type rubber isolator 복합형 방진고무

compound words 합성어(合成語) *cf.* complex words

comprehensibility 이해 가능도(理解可能度)

comprehensibility test 이해도 검사(理解度檢查)

comprehensible input 이해가능 입력(理解可能入力)

comprehension 이해(理解)

comprehension approach 이해접근법(理解接近法)

comprehension-based approach 이해기반접근법(理解-基盤接近法)

comprehension span 이해폭(理解幅)

comprehension tasks 언어발달 이해과제(理解課題)

comprehensive apraxia test 포괄적 실행증검사(包括的失行症檢查)

comprehensive guide to stuttering assessment 말더듬 종합평가안내(綜合評價案內)

comprehensive identification process(CIP) 포괄적 확인과정(包括的確認過程)

comprehensive test of phonological processing(CTOPP) 음운처리이해력검사(音韻處理理解力檢查)

comprehensive test of visual functioning (CTVF) 종합시각기능검사(綜合視覺技能檢查)

compressed speech 함축된 발화

compressibility 압축률(壓縮率)

compression 음향 압축(壓縮) = condensation ↔ rarefaction

compression amplification 음향 압축증폭(壓縮增幅)

compression bandage 압박붕대(壓迫繃帶)

compression force 압축력(壓縮力) ↔ tension force

compression fracture 해부 압박골절(壓迫骨折)

compression limiting 압축제한(壓縮制限)

compression paralysis 신경 압박증마비(壓迫症痲痺)

compression phase 음향 압축상(壓縮相)

↔ rarefaction phase
compression ratio 음향 압축비율(壓縮比率)
compression threshold 압축역치(壓縮閾値)
compression-type rubber mount 압축형 방진고무
compressional wave 음향 압축파(壓縮波)
compressional wave speed 음향 압축파 속도(壓縮波速度)
compressive power 압축력(壓縮力)
=compressive strength
compressor 압축기(壓縮機)
compulsion 강박(强迫), 강요(强要), 강제(强制)
compulsion schema 인지 강요도식(强要圖式)
cf. force dynamic schema
compulsive behavior 심리 강박행동(强迫行動)
computational acoustics 전산음향학(電算音響學)
computational aeroacoustics 전산공기음향학(電算空氣音響學)
computational complexity 연산의 복잡성
computational fluid dynamics 전산유체역학(電算流體力學)
computational linguistics 전산언어학(電算言語學)
computational system(CS) 연산체계(演算體系)
computed tomography(CT) 컴퓨터 단층촬영술(電算化斷層撮影術)
computer-aided design 컴퓨터 보조설계(補助設計)
computer-assisted composition 컴퓨터보조작문(補助作文)
computer-assisted instruction(CAI) 컴퓨터보조 교육(補助敎育)=computer aided instruction
computer-assisted language learning 컴퓨터보조 언어학습(言語學習)
computer conference 컴퓨터 회의
computer language 컴퓨터 언어(電算言語)
computer simulation 컴퓨터 모의실험(電算謀議實驗)
computerized axial tomography(CAT) 뇌과학 컴퓨터 축성 단층촬영술(電算化軸性短縮撮影術)
computerized speech lab(CSL) 음성분석기(音聲分析器)
computerized tomography(CT) 뇌과학 컴퓨터 단층촬영술(電算化斷層撮影術)
comradeship 동료의식(同僚意識), 우애(友愛)
con- '함께'의 의미
conative 의욕적(意慾的), 능동적(能動的)
concatenated clause 연쇄절(連鎖節)
concatenation 연쇄(連鎖)
concealed question 잠복의문(潛伏疑問), 은폐된 질문
concentration 농도(濃度)
concentration gradient 농도 증감율(濃度增減率)
concentration span 주의집중 기간(注意持續期間), 주의집중폭=attention span
concentric power 응집력(凝集力)
concept 논리 개념(槪念)
concept center (뇌의) 개념중추(槪念中樞)
concept development 인지 개념발달(槪念發達)
concept formation 인지 개념형성(槪念形成)
=ideation
concept hierarchy 인지 개념위계(槪念位階)
conception control 수태조절(受胎調節)
conceptual accessibility 인지 개념 접근성(槪念接近性)
conceptual age(CA) 임신령(妊娠齡), 수태령(受胎齡)=gestational age
conceptual arrangement 인지 개념배열(槪念配列)
conceptual behavior 개념행위(槪念行爲)
conceptual blending 인지 개념적 혼성(槪念的混成)
conceptual disorders 인지 개념장애(槪念障礙)

conceptual field 의미 개념장(概念場) =semantic field, lexical field

conceptual hierarchy 인지 개념적 위계(概念的位階)

conceptual integration network 인지 개념적 통합망(概念的統合網)

conceptual-intentional system 인지 개념-의도 체계(概念意圖體系)

conceptual learning 개념학습(概念學習)

conceptual meaning 인지 개념적 의미(概念的意味) *cf.* associative meaning

conceptual metaphor 인지 개념적 은유(概念的隱喩) *cf.* structural metaphor

conceptual neuter 인지 개념적 중성(概念的中性)

conceptual semantics 개념의미론(概念意味論)

conceptual skill 인지 개념적 기술(概念的技術) *cf.* practical skill

conceptual structure 인지 개념구조(概念構造)

conceptual thinking 인지 개념적 사고(概念的思考)

conceptualism 논리 개념론(概念論)

conceptualist 인지 개념론자(概念論者)

conceptualization 논리 개념화(概念化)

conceptualizer 개념부(概念部), 개념화자(概念話者)

concert pitch 연주피치, 콘서트 피치

concessive clause 양보절(讓步節)

concha 해부 갑개(甲介), 귓바퀴

concha crest 해부 비갑개능(鼻甲介陵)

concha nasalis inferior 해부 L 하비갑개(下鼻甲介)=inferior nasal concha

concha nasalis media 해부 L 중비갑개(中鼻甲介)=middle nasal concha=middle concha

concha nasalis superior 해부 L 상비갑개(上鼻甲介)=superior nasal concha =superior concha

conclusion 결론(結論)

concomitant learning 언어발달 수반학습(隨伴學習)

concomitant sensation 생리 수반감각(隨伴感覺)

concomitants 수반행동(隨伴行動)

concord 일치(一致)

concordance rate 말더듬 일치율(一致率) =congruity

concrete concept 의미 구체적 개념(具體的概念) ↔ abstract concept

concrete noun 구상명사(具象名詞) ↔ abstract noun

concrete operational period 인지 (피아제의 인지발달) 구체적 조작기(具體的操作期) *cf.* formal operational period

concrete operational stage 인지 (피아제의) 구체적 조작단계(具體的操作段階)

concrete operations 인지 구체적 조작(具體的操作)

concrete phonology 구체음운론(具體音韻論) ↔ abstract phonology

concreteness 구체성(具體性) ↔ abstractness

concretism 구상주의(具象主義), 구체주의(具體主義) ↔ abstractionism

concurrent conditions 동시이행조건(同時履行條件)

concurrent heating 보열(補熱)

concurrent line 병점선(竝點線)

concurrent stimulus-response generalization 동시자극-반응 일반화(同時刺戟反應一般化)

concurrent validity 통계 동시타당도(同時妥當度) *cf.* predictive validity

concussion of the brain 뇌진탕(腦震蕩)

condensation 압축(壓縮), 응축(凝縮) =compression ↔ rarefaction

condensation effect 압축효과(壓縮效果) =areal ratio

condensation phase 압축상(壓縮相) ↔ rarefaction phase

C

condensation polarity 압축극성(壓縮極性)
condenser 응축장치(凝縮裝置)
condition 조건(條件)
condition stimulus 조절자극(調節刺戟)
condition on analyzability 분석가능성 조건(分析可能性條件)
condition on extraction domain(CED) 추출영역 조건(抽出領域條件)
condition on long extraction 장거리 추출조건(長距離抽出條件)
conditional 조건(條件)의
conditional change 조건변화(條件變化)
conditional clause 조건절(條件節)
conditional modifiers 조건수식어(條件修飾語)
conditional mood 조건법(條件法)
conditional probability analyses 통계 조건확률분석(條件確率分析)
conditional proposition 논리 조건명제(條件命題)
conditional statement 조건진술(條件陳述)
conditioned change 조건변화(條件變化) ↔ unconditioned change
conditioned disintegration theory 조건화된 분열이론(分裂理論)
conditioned dysphagia 삼킴 조건화된 연하곤란(嚥下困難)
conditioned emotion 조건화된 정서(情緖)
conditioned fear 조건화된 공포(恐怖)
conditioned orientation reflex(COR) 조건지향반사(條件指向反射)
conditioned play audiometry 청각 조건화된 놀이청력검사
conditioned reflex 심리 조건반사(條件反射) ↔ unconditioned reflex
conditioned reinforcers 심리 조건화된 강화물(强化物) = secondary reinforcers ↔ unconditioned reinforcers
conditioned response 심리 조건반응(條件反應) ↔ unconditioned response
conditioned stimulus(CS) 심리 조건자극(條件刺戟) ↔ unconditioned stimulus
conditioning 심리 조건화(條件化), 조건형성(條件形成) = operant conditioning ↔ deconditioning
conditioning stimulus 심리 조건화자극(條件化刺戟)
conditions of satisfaction 논리 만족조건(滿足條件)
conditions of self-worth 자기가치조건(自己價値條件)
conduct disorder 품행장애(品行障礙) *cf.* behavior disorder
conductance 전도도(傳導度)
conducted change 전도된 변화
conductibility 전도성(傳導性)
conduction 전도(傳導)
conduction aphasia 신경 전도실어증(傳導失語症)
conduction defect 생리 전도장애(傳導障礙)
conduction tract 전도로(傳導路)
conduction velocity 전도속도(傳導速度)
conducting system (흥분) 전도계(傳導系)
conductive agraphia 생리 전도실서증(傳導失書症)
conductive deafness 생리 전음성 농(傳音性聾) = conduction deafness
conductive education 동작교육(動作敎育)
conductive hearing impairment 생리 전음성 청각장애(傳音性聽覺障碍) = conductive hearing loss
conductive hearing loss(CHL) 생리 전음성 청력손실(傳音性聽力損失) *cf.* sensorineural hearing loss
conductive mechanism 전도성 기제(傳導性機制)
conductive system 전도계(傳導系), 전음계(傳音系)

conductivity 전도성(傳導率), 전도도(傳導度)
condylar process 해부 관절돌기(關節突起)
condyle 해부 관절융기(關節隆起) = condyloid process
cone 해부 추체(錐體), 원뿔
cone of light 해부 광추(光錐)
confabulation 생리 작화증(作話症)
confidence interval 신뢰구간(信賴區間)
confidence level 신뢰레벨
confidence limit 신뢰한계(信賴限界)
confidential voice 음성치료 비밀스러운 음성
confidentiality 비밀보장(秘密保障) *cf.* anonymity
configuration 배치(配置), 구성(構成)
configuration 윤곽(輪廓), 형상(形狀)
configurational feature 형상적 자질(形狀的資質)
configurational language 형상언어(形狀言語)
configurational structure 형상적 구조(形狀的構造)
configurative feature 형상적 자질(形狀的資質), 형상적 바탕
confirmed stuttering 굳어진 말더듬
conflict 갈등(葛藤)
conflict resolution 심리 갈등해소(葛藤解消)
conflict theory 심리 갈등이론(葛藤理論)
conflicting reinforcement theory 심리 갈등강화이론(葛藤强化理論)
conflicting role 갈등역할(葛藤役割)
confrontation naming 언어발달 대면이름대기 *cf.* responsive naming
confrontation writing skills 대면 쓰기기술
confused language 혼동된 언어
congenital 선천성(先天性)의, 선천적(先天的)인 ↔ acquired *cf.* genetic
congenital aphasia 신경 선천적 실어증(先天的失語症)
congenital aural atresia 생리 선천성 외이폐쇄증(先天性外耳閉鎖症)
congenital cause 선천적 원인(先天的原因) ↔ acquired cause
congenital cleft palate 해부 선천성 구개열(先天性口蓋裂)
congenital defect 선천적 결함(先天的缺陷) ↔ acquired defect
congenital disorders 선천성 장애(先天性障礙) ↔ acquired disorders
congenital hearing loss 생리 선천성 청력손실(先天性聽力損失) *cf.* hereditary hearing loss ↔ acquired hearing loss
congenital heart disease 생리 선천성 심질환(先天性心疾患)
congenital palatal insufficiency 생리 선천성 구개부전(先天性口蓋不全)
congenital palatopharyngeal incompetence (CPI) 생리 선천성 구개인두 불능(先天性口蓋咽頭不能)
congenital subglottic stenosis 생리 선천성 성문하부 협착증(先天性聲門下部狹窄症)
congenital vertical talus 생리 선천성 거골직립(先天性距骨直立)
congenital word blindness 생리 선천성 어맹증(先天性語盲症)
congenitally deaf 생리 선천성 농(先天性聾) ↔ acquired deaf
congenitally handicapped 선천성 장애인(先天性障礙人) ↔ acquired handicapped
congestion 울혈(鬱血), 충혈(充血)
congestive heart failure(CHF) 생리 울혈성 심부전(鬱血性心不全)
congruence 일치관계(一致關係), 일치성(一致性)
congruity 말더듬 일치율(一致率) = concordance rate
conjoined structures 결합구조(結合構造)
conjoining 연결(連結)
conjugation 어미활용(語尾活用) *cf.* declension

C

conjunct 접속요소(接續要素)

conjunction (1) 결합(結合), 연결(連結) (2) 접속사(接續詞)

conjunction reduction 대등구조 축소(對等構造縮小)

conjunctiva 결막(結膜)

conjunctive application 연접적 작용(連接的作用)

conjunctive ordering 연접적 순서(連接的順序)

conjunctive tissue 연접적 조직(連接的組織)

connected speech 연속된 말

connected word recognition 연속단어인식(連續單語認識)

connectedness condition 연계성 조건(連繫性條件)

connectedness theory 접속이론(接續理論)

connection 결합(結合), 연결(連結)

connectionism 뇌과학 연결론(連結論) *cf.* localism

connectionist 뇌과학 연결론자(連結論者) *cf.* localist

connectionist theory 뇌과학 연결론자이론(連結論者理論) *cf.* localist theory

connective tissue 결합조직(結合組織)

connectoplasm 연결원형질(連結原形質)

connector 접속어(接續語)

Conner's rating scale 말더듬 코너즈 평정척도(評定尺度)

connotation 논리 내포(內包), 함축(含蓄) =intension ↔ denotation

connotative meaning 논리 함축적 의미(含蓄的意味), 내포적 의미(內包的意味) ↔ denotative meaning

consanguinity 혈족(血族)

conscious raising 말더듬 의식고양(意識高揚)

conscious state 심리 의식상태(意識狀態) =consciousness state ↔ unconscious state

consciousness 심리 의식(意識)=the conscious ↔ unconsciousness *cf.* subconsciousness

consciousness state 심리 의식상태(意識狀態) =conscious state ↔ unconsciousness state

consecutive interpretation 순차통역(順次通譯) *cf.* simultaneous interpretation

consensual light reflex 해부 공감성 대광반사(共感性對光反射)

consequence 결과(結果)

consequence hypothesis 결과가설(結果假說)

consequent stimulus event(CSE) 결과적 자극 상황(結果的刺戟狀況)

consequentialism 결과주의(結果主義)

consistency 일관성(一貫性)

consistency effect 말더듬 일관성 효과(一貫性效果)

consistency of errors 오류 일관성(誤謬一貫性)

consistency principle 일관성 원리(一貫性原理)

consolidate alphabetic phase 언어발달 공고한 알파벳 단계 *cf.* full alphabetic phase

consolidation 경화(硬化)

consolidation phase 강화단계(强化段階), 강화국면(强化局面)

consonance 일치(一致), 조화(調和)

consonant 음운 자음(子音), 닿소리

consonant blend 음운 자음융합(子音融合)

consonant chart 음운 자음도(子音圖), 자음 차트 *cf.* vowel chart

consonant cluster 음운 자음군(子音群), 겹자음

consonant cluster reduction 음운 언어발달 자음군 축약(子音群縮約)=cluster reduction

consonant cluster simplification 음운 자음군 단순화(子音群單純化)

consonant deletion 음운 자음탈락(子音脫落)

consonant extrametricality 자음 율격제외(子音律格除外)

consonant intensity level 음향 자음 강도레벨

consonant length 음운 자음음장(子音音長), 자음길이

consonant position 음운 자음위치(子音位置)
consonant system 음운 자음체계(子音體系)
consonant voicing 음운 유성자음(有聲子音)
consonantal 음운 자음성(子音性)
↔ nonconsonantal, syllabic
consonantal harmony 음운 자음조화(子音調和) *cf.* vowel harmony
consonant-injection method 음운 자음주입 방법(子音注入方法)
consonant-to-vowel amplitude 음향 모음-자음 진폭(母音子音振幅)
consonant-to-vowel ratio 음운 자모음비(子母音比)
consonantal 음운 자음성(子音性)
↔ nonconsonantal, syllabic
consonantal vowel 음운 자음성 모음(子音性母音)
conspiracy 음운 공모(共謀), 공모성(共謀性)
constancy 항구성(恒久性)
constant-bandwidth frequency analysis 음향 고정대역 주파수분석(固定帶域周波數分析)
constant opposition 불변대립(不變對立), 항구대립(恒久對立)
constant temperature and humidity room 항온항습실(恒溫恒濕室)
constant temperature room 항온실(恒溫室)
constatives 의미 (진리조건) 단언문(斷言文) *cf.* performatives
constellation 상호무의존(相互無依存)
constipation 생리 변비(便祕) = obstipation
constituent 통사 구성요소(構成要素) *cf.* constitute
constituent clause 통사 구성절(構成節)
constituent ordering 통사 구성요소 배열(構成要素配列)
constituent sentence 통사 성분문(成分文) = embedded sentence *cf.* matrix sentence
constituent spreading hypothesis 성분전파 가설(成分傳播假說)
constituent structure 통사 성분구조(成分構造)
constitute 통사 구성체, 구성(構成) = construct *cf.* constituent
constitutional theory 구조이론(構造理論)
constitutive relation 구성관계(構成關係)
constrain 제약(制約)
constraint-based account 통사 제약기반 설명(制約基盤說明)
constraint conjunction 연접제약(連接制約)
constraint hierarchy 제약위계(制約位階)
constraint induced language therapy(CILT) 신경 억제유도 언어치료(抑制誘導言語治療)
constraint table 제약도표(制約圖表)
constricted glottis 수축된 성문(聲門)
constricted 협착성(狹窄性), 수축성(收縮性)
constriction 수축(收縮), 협착(狹窄)
constrictor muscle 수축근(收縮筋) = sphincter muscle
constrictor pharyngeal muscle 인두수축근(咽頭收縮筋) = sphincter pharyngeal muscle
construal relationship 인지 해석관계(解釋關係) *cf.* perceptual relationship
construct 통사 구성체(構成體) = constitute
construction 통사 구성(構成), 구성체(構成體) = constitute
construct validity 통계 구성 타당도(構成妥當度) *cf.* content validity
construction 구성(構成), 구조(構造)
construction grammar 인지 구성문법(構成文法) *cf.* cognitive grammar
constructional aphasia 신경 구성실어증(構成失語症)
constructional apraxia 생리 구성실행증(構成失行症) *cf.* dressing apraxia
constructional impairment 구성장애(構成障礙)
constructionalist approach 언어발달 구성주의

C

접근(構成主義接近)

constructionism 언어발달 구성주의론(構成主義論)

constructive interference 음향 보강간섭(補强干涉) = reinforcement interference ↔ destructive interference

constructive play 구성놀이

constructive strategy 구성전략(構成戰略)

consultation 자문(諮問)

consultation-liaison model 자문연락 모형(諮問連絡模型)

consultative model 자문모형(諮問模型)

contact between language 언어간 접촉(言語間接觸)

contact-clause 접촉절(接觸節)

contact elasticity 접촉탄성(接觸彈性)

contact granuloma 생리 접촉성 육아종(接觸性肉芽腫) = contact ulcers

contact index 통계 접촉지수(接觸指數) = contact quotient

contact language 접촉어(接觸語)

contact microphone 접촉형 마이크로폰

contact quotient(CQ) 통계 접촉지수(接觸指數) = contact index

contact ulcers 생리 접촉성 궤양(接觸性潰瘍) = granuloma

contagion 생리 (접촉) 감염(感染)

containment 포괄성(包括性)

contamination 오염(汚染)

contemplation stage 말더듬 의도단계(意圖段階) *cf.* precontemplation stage

content 내용(內容)

content analysis 내용분석(內容分析)

content areas 내용영역(內容領域)

content based instruction 내용중심 교육(內容中心教育)

content-clause 내용절(內容節)

content condition 내용조건(內容條件)

content generalization 담화 내용일반화(內容一般化) *cf.* context generalization

content morpheme 실질형태소(實質形態素) ↔ functional morpheme

content reading 내용독서(內容讀書)

content validity 통계 내용타당도(內容妥當度) = face validity *cf.* criterion validity

content word 실사(實辭), 내용어(內容語) ↔ function word

context 맥락(脈絡), 문맥(文脈)

context after 사후맥락(事後脈絡) ↔ context before

context-based assessment 맥락기반평가(脈絡基盤評價)

context before 사전맥락(事前脈絡) ↔ context after

context-bound 문맥의존적(文脈依存的)인, 맥락의존적(脈絡依存的)인 = context-dependent ↔ context-free

context-bound nature 맥락의존적 성격(脈絡依存的性格) = context dependent nature context-free nature

context cues 맥락단서(脈絡端緖), 문맥단서(文脈端緖)

context-dependent 문맥의존적(文脈依存的)인, 맥락의존적(脈絡依存的)인 = context-sensitive ↔ context-independent

context-dependent change 언어발달 맥락의존적 변화(脈絡依存的變化), 문맥의존적 변화(文脈依存的變化) ↔ context-independent change

context-dependent model 의미 맥락의존적 모형(脈絡依存的模型) = selective access model ↔ context-independent model

context effect 맥락효과(脈絡效果), 문맥효과(文脈效果)

context-free grammar 문맥자유 문법(文脈自由文法) ↔ context-bound grammar

context-free rewriting rule 문맥자유 다시 쓰기규칙 = context-independent ↔ context-sensitive rule

context-free rule 문맥독립적 규칙(文脈獨立的規則) = context-independent rule ↔ context-sensitive rule

context generalization 담화 맥락일반화(脈絡一般化) *cf.* content generalization

context-independent 문맥독립적(文脈獨立的)인 = context-free ↔ context-dependent

context-independent learning 문맥독립적 학습(文脈獨立的學習) = context-free learning ↔ context-sensitive learning

context-induced reinterpretation 인지 문맥-유도적 재해석(文脈誘導的再解釋)

context-sensitive 문맥의존적(文脈依存的)인 = context-dependent ↔ context-free

context-sensitive grammar 문맥의존적 문법(文脈依存的文法) = context-dependent grammar ↔ context-free grammar

context variability 맥락다양성(脈絡多樣性), 문맥다양성(文脈多樣性)

contextual association 맥락적 연합(脈絡的聯合)

contextual clues 맥락적 단서(脈絡的端緖)

contextual definition 문맥상의 정의(定義)

contextual feature 문맥자질(文脈資質)

contextual markedness 환경적 유표성(環境的有標性)

contextual meaning 문맥의미(文脈意味)

contextual model 인지 맥락모형(脈絡模型)

contextual neutralization 음운 맥락적 중화(脈絡的中和)

contextual testing 문맥검사(文脈檢査)

contextual therapy 맥락적 치료(脈絡的治療)

contextual variant 음운 문맥적 변이음(文脈的變異音) = combinatory variant

contextualism 맥락주의(脈絡主義)

contextualized 맥락화(脈絡化)된 ↔ decontextualized

contextualized language 언어발달 맥락화된 언어 ↔ decontextualized language

contiguity 의미 인접성(隣接性), 연속성(連續性)

contiguity disorders 연속성 장애(連續性障礙)

contiguous assimilation 음운 인접동화(隣接同化) ↔ distant assimilation

contiguous band 음향 인접대역(隣接帶域)

contiguous gene syndrome(CGS) 생리 근접 유전인자 증후군(近接遺傳因子症候群)

contingency 우연성(偶然性), 개연성(蓋然性), 수반성(隨伴性)

contingency management 우연성 관리(偶然性管理), 개연성 관리(蓋然性管理)

contingency table 분할표(分割表)

contingent consequences 후속결과(後續結果)

contingent negative variation(CNV) 수반성 음성변동(隨伴性陰性變動)

contingent query 담화 후속질문(後續質問)

contingent reinforcement 심리 유관강화(有關强化) ↔ non-contingent reinforcement

contingent responding 담화 후속반응(後續反應)

continuant 음운 지속성(持續性)

continuant structure 구성소구조(構成素構造)

continuant sentence 구성소문(構成素文)

continuant structure grammar 통사 구성소구조문법(構成素構造文法)

continuant tier 계속음 층렬, 지속음 층렬

continuing education 보수교육(補修敎育), 보완교육(補完敎育) *cf.* life long education

continuing education units(CEUs) 보수교육단위(補修敎育單位), 보완교육단위(補完敎育單位)

continuity equation 연속방정식(連續方程式)

continuity hypothesis 말더듬 연속성가설(連續性假說), 계속성가설(繼續性假說)

continuous airflow 지속적 공기유량(持續的空氣流量)

C

continuous amnesia 생리 지속성 건망증(持續性健忘症)

continuous assimilation 음운 연속동화 ↔ discontinuous assimilation

continuous load test 연속부하 시험(連續負荷試驗)

continuous perception 심리 지속적 지각(持續的知覺)

continuous performance test(CPT) 지속적 수행검사(持續的遂行檢査)

continuous phonation 지속적 발성(持續的發聲)

continuous positive air pressure 조음 공기양압 지속(空氣陽壓持續)

continuous positive airway pressure(CPAP) 지속적 능동기도압력(持續的能動氣道壓力), 지속성 기도양압(持續性氣道陽壓)

continuous positive pressure breathing(CPPB) 생리 지속성 양압호흡법(持續性陽壓呼吸法)

continuous random variable 연속 불규칙변수(連續不規則變數)

continuous reinforcement 연속강화(連續强化) *cf.* intermittent reinforcement

continuous reinforcement schedule 지속적 강화계획(持續的强化計劃)

continuous sound 지속음(持續音) *cf.* sustained phonation

continuous spectrum 음향 연속 스펙트럼

continuous system 연속체계(連續體系)

continuous tense 지속시제(持續時制)

continuous wave(CW) 음향 연속파(連續波)

continuum 연속체(連續體)

contoids 조음 자음류(子音類) ↔ vocoids

contortion 비틀림

contour 음조곡선(音調曲線)

contour tone 굴곡조(屈曲調)

contour tone language 언어 굴곡성조어(屈曲聲調語)

contracted allomorph 형태 축약이형태소(縮約異形態素)

contracted form 축약형(縮約形)

contractile wave 음향 수축파(收縮波)

contractility 수축성(收縮性), 신축성(伸縮性)

contraction 수축(收縮)

contracture 생리 (관절) 경축(痙縮)

contradictory 모순성(矛盾性)

contraindication 금기(禁忌)

contralateral 대측(對側)의 ↔ ipsilateral

contralateral acoustic reflex 신경 대측음향반사(對側音響反射), 대측등골반사(對側鐙骨反射) ↔ ipsilateral acoustic reflex

contralateral competing message 대측경쟁메시지 ↔ ipsilateral competing message

contralateral dysfunction 대측기능장애(對側機能障礙) ↔ ipsilateral dysfunction

contralateral function 대측기능(對側機能) ↔ ipsilateral function

contralateral innervation 대측해부지배(對側神經支配) ↔ ipsilateral innervation

contralateral masking 음향 대측차폐(對側遮蔽) ↔ ipsilateral masking

contralateral motor deficits 대측운동장애(對側運動障礙) ↔ ipsilateral motor deficits

contralateral reflex 음향 대측성 반사(對側性反射) ↔ ipsilateral reflex

contralateral routing of signals(CROS) 음향 대측신호(對側信號) ↔ ipsilateral routing of signals

contralateral routing of signals hearing aid 교대성 신호보청기 ↔ ipsilateral routing of signals hearing aid

contralto (여성의 저음) 콘트랄토=alto

contrast 대조(對照)

contrast agent 대조작용제(對照作用劑)

contrast analysis 음운 대조분석법(對照分析法)

contrast approach 대조법(對照法)

contrast effect 대조효과(對照效果)

contrast principle 대조원칙(對照原則)
contrastive analysis 음운 대조분석(對照分析)
contrastive discourse analysis 담화 대조적 담화분석(對照的談話分析)
contrastive distribution 음운 대조분포(對照分布) *cf.* complementary distribution
contrastive grammar 대조문법(對照文法)
contrastive linguistics 대조언어학(對照言語學) *cf.* comparative linguistics
contrastive phonetics 대조음성학(對照音聲學)
contrastive pragmatics 담화 대조적 화용(對照話用)
contrastive rhetoric 대조수사학(對照修辭學)
contrastive set 음운 대조쌍(對照雙) = minimal pair
contrastive stress 음운 대조강세(對照强勢)
contrastive stress drills 음운 대조강세훈련(對照强勢訓練)
contrastive tone 음운 대조적 성조(對照的聲調)
contrecoup injury 반충손상(反衝損傷)
contribution 기여(寄與)
control 통제(統制), 제어(制御)
control agreement principle 통제일치원리(統制一致原理)
control category 언어발달 통제적 범주(統制的範疇) *cf.* procedural category
control condition 통제조건(統制條件)
control group 통계 통제군(統制群), 대조군(對照群) *cf.* experimental group
control process 인지 통제과정(統制過程)
control room 통제실(統制室)
control techniques 통제기법(統制技法)
control theory 통사 통제이론 (統制理論) *cf.* movement theory
control variable 통계 통제변인(統制變數) *cf.* moderator variable
control verb 통제동사(統制動詞)
controlled and uncontrolled pronominal 통제-비통제 대명사(統制非統制代名詞)
controlled evidence 통제된 증거(證據)
controlled fluency 말더듬 조절된 유창성(調節流暢性) *cf.* spontaneous fluency
controlled mode ventilation(CMV) 조절방식 환기(調節方式換氣)
controlled oral word association 신경 통제단어연상(統制單語聯想)
controlled oral word association test(COWAT) 신경 통제단어연상검사(統制單語聯想檢查)
controlled respiration 조절호흡(調節呼吸)
controlled sentence 조절된 문장
controller 통제자(統制者)
contusion 좌상(挫傷), 타박상(打撲傷)
conus elasticus 해부 L 탄성원추(彈性圓錐)
conus medullaris 해부 L 척수원추(脊髓圓錐)
convection velocity 대류속도(對流速度)
convective amplification 대류증폭(對流增幅)
convective loss 전달성 손실(傳達性損失)
conventional clinical complexity 전통적-임상적 복잡성(傳統的臨床的複雜性)
conventional imagery 인지 관습적 영상(慣習的映像)
conventional implicature 논리 담화 관습적 함축(慣習的含蓄) *cf.* conversational implicature
conventional mapping 언어발달 관습적 연결하기
conventional metaphor 인지 관습적 은유(慣習的義務) ↔ unconventional metaphor
conventional sign 관습적 기호(慣習的記號)
conventional stage 언어발달 관습적 단계(慣習的段階)
conventionality 언어발달 관습성(慣習性)
conventionality principle 언어발달 관습성 원리(慣習性原理) *cf.* reference principle
convergence 집중(集中), 수렴(收斂), 폭주(輻輳)
convergence circuit 집중성 회로(集中性回路)
convergence hypothesis 수렴가설(收斂假說)
convergence nystagmus 폭주안진(輻輳眼震)

convergence paralysis 해부 폭주마비(輻輳痲痹)
convergence validity 통계 수렴타당도(收斂妥當度)
convergence zone 수렴대(收斂帶)
convergent question 집중적 질문(集中的質問)
convergent strabismus 생리 내사시(內斜視) ↔ divergent strabismus
convergent task 수렴 과제(收斂課題) ↔ divergent task
convergent thinking 수렴적 사고(收斂的思考), 집중적 사고(集中的思考)
conversation analysis 담화 대화분석(對話分析)
conversation and use of communication devices and techniques 담화 대화와 의사소통 도구 및 기술의 사용
conversation linked adjacency pairs 담화 인접쌍과 연결된 대화
conversational acts 담화 대화행위(對話行爲)
conversational analysis(CA) 담화 대화분석(對話分析) = discourse analysis
conversational context 담화 대화적 맥락(對話的脈絡)
conversational implicature 논리 담화 대화적 함축(對話的含蓄) *cf.* conventional implicature
conversational inference 논리 담화 대화추론(推論)
conversational maxims 논리 담화 대화격률(對話格律)
conversational method 대화법(對話法)
conversational opening strategy 담화 대화시작 전략(對話始作戰略)
conversational partners 대화상대(對話相對) *cf.* language partners
conversational postulates 담화 대화적 가정(對話的假定)
conversational probes 대화체 검사(對話體檢查) *cf.* intermixed probes
conversational range 청각 회화영역(會話領域)
conversational repair 언어발달 대화수정(對話修正)
conversational repair strategy 언어발달 대화수정전략(對話修正戰略) *cf.* functional core strategy
conversational rules 담화 대화규칙(對話規則)
conversational skills 담화 대화기술(對話技術)
conversational speech 담화 대화어(對話語)
conversational style 담화 대화형태(對話形態)
conversational turn 담화 대화차례(對話次例)
conversational turn-taking 담화 대화주고받기
converse syntax 통사 변환통사론(變換統辭論)
conversion 전환(轉換), 변환(變換)
conversion aphasia 신경 전환실어증(轉換失語症)
conversion aphonia 생리 전환실성증(轉換失聲症)
conversion deafness 생리 전환성 농(轉換性聾)
conversion disorders 전환장애(轉換障礙)
conversion dysphonia 전환성 발성장애 (轉換性發聲障礙)
conversion hysteria 생리 전환신경증(轉換神經症)
conversion operation 인지 전환작용(轉換作用)
conversion reaction 전환반응(轉換反應)
convex 볼록
convolution 해부 뇌회(腦回)
convolutional atrophy 생리 뇌회위축(腦回萎縮)
convulsion 생리 경련(痙攣)
convulsive hysteria 생리 경련성 신경증(痙攣性神經症)
convulsive reaction 경련반응(痙攣反應)
cooing 언어발달 목 울리기, 초기 옹알이 *cf.* babbling
cooing stage 언어발달 쿠잉 단계 *cf.* expansion stage
cooperative effect 협동효과(協同效果)
cooperative play 협동놀이
cooperative preschool inventory 협동적 취학전 검사목록(協同的就學前檢查目錄)
cooperative principle 의미 화용 (Paul Grice

의) 협력원칙(協力原則) *cf.* maxims of conversation

coopersmith self-esteem inventory(CSEI) 쿠퍼스미스 자기존중감검사목록(自己尊重感檢査目錄)

coordinate bilingualism 언어습득 병용이중언어사용(竝用二重言語使用)

coordinate clause 통사 등위절(等位節) *cf.* subordinate clause

coordinate concept 논리 동위개념(同位概念) *cf.* co-hyponym

coordinate conjunction 통사 대등접속사(對等接續詞) ↔ subordinate conjunction

coordinate structure constraint 통사 대등구조제약(對等構造制約)

coordinating centers 협응 센터

coordination 통사 협응(協應), 대등(對等) *cf.* subordination

coordination reduction 통사 대등접속삭감(對等接續削減)

coordinative structure 협응구조(協應構造)

COPD(chronic obstructive pulmonary disease) 생리 만성 폐쇄성 폐질환(慢性閉鎖性肺疾患)

coplanar harmony 동일평면 조화(同一平面調和)

coporal punishment 신체처벌(身體處罰)

coprolalia 생리 욕설증(辱說症)

copula 계사(繫辭), 연결동사(連結動詞)

copy synthesis 모사합성(摹寫合成)

copying 모사(摹寫)

copying rule 모사규칙(摹寫規則)

COR(conditioned orientation reflex) 해부 조건지향반사(條件指向反射)

coracoid process 해부 오훼돌기(烏喙突起)

cordectomy 해부 성대절제술(聲帶切除術)

core 핵심(核心)

core behavior 말더듬 핵심행동(核心行動) *cf.* surface behavior

core grammar 핵심문법(核心文法)

core language 핵심언어(核心言語)

core local relations 핵심국부관계(核心局部關係)

core meaning 핵심의미(核心意味), 기본의미(基本意味) = central meaning

core phonology 핵음운론(核音韻論)

core properties 핵심속성(核心屬性)

core subject 핵심과목(核心科目)

core vocabulary AAC 핵심어휘(核心語彙) *cf.* fringe vocabulary

corectomy 해부 동공절제술(瞳孔切除術)

corectopia 해부 동공편위(瞳孔偏位)

coreference 동지시(同指示)

Cori cycle 코리주기

corium 해부 (피부) 진피(眞皮)

cornea 해부 각막(角膜)

corneal reflex 해부 각막반사(角膜反射)

Cornelia de Lange syndrome(CdLS) 생리 (유전성 발달장애) 코르넬리아 데 랑게 증후군 = de Lange syndrome

corner audiogram 굴곡청력도(屈曲聽力度)

corner vowels 조음 꼭지모음, 모서리 모음

corniculate 해부 소각(小角)

corniculate cartilage 해부 소각연골(小角軟骨), 뿔연골

corniculate papillae 해부 원추유두(圓錐乳頭), 원뿔유두 = L papillae conicae

corniculate tubercle 생리 소각결절(小角結節), 뿔연골결절

cornification 각질화 작용(角質化作用)

cornu 해부 각(角), 뿔

cornu anterius 해부 L 전각(前角)

cornu inferius 해부 L 하각(下角)

cornu laterale 해부 L 측각(側角)

cornu majus 해부 L 대각(大角)

cornu minus 해부 L 소각(小角)

corona 관(冠)

corona radiata(CR) 해부 (대뇌) 방사관(放射冠)

coronal 음운 설정성(舌頂性)

C

coronal articulation 설정조음(舌頂調音)
coronal plane 해부 관상면(冠狀面) = frontal plane
coronal section 해부 관상절개(冠狀切開)
coronal structure 관상구조(冠狀構造)
coronal suture 해부 관상봉합(冠狀縫合)
coronary artery 해부 관상동맥(冠狀動脈)
coronary vein 해부 관상정맥(冠狀靜脈)
coronoid process 해부 근돌기(筋突起)
corpora quadrigemina 해부 L 사구체(四丘體)
corpus (1) 신체(身體), 몸통 (2) (어휘) 코퍼스, 말뭉치
corpus callosum 해부 뇌량(腦梁)
corpus cerebelli 해부 L 소뇌체(小腦體)
corpus medulla 해부 수질체(髓質體)
corpus spongiosum 해부 해면체(海綿體)
corpus sterni 해부 흉골체(胸骨體)
corpus striatum 해부 선조체(線條體), 줄무늬체
correct informational units(CIU) 정확한 정보단위(情報單位)
correct rejection rate 적부율(適否率)
corrected visual acuity 생리 교정시력(矯正視力) = corrective sight ↔ naked sight
correction 교정(矯正), 수정(修正)
corrective feedback 교정 피드백
corrective process 교정과정(矯正過程)
corrective sight 생리 교정시력(矯正視力) = corrected visual acuity ↔ naked sight
correlated signals 상관신호(相關信號)
correlation 상관(相關), 상관관계(相關關係)
correlation coefficient 통계 상관계수(相關係數)
correlation function 통계 상관함수(相關函數)
correlation vocoder 상관 보코더
correlational research 상관연구(相關硏究)
correlative conjunction 상관접속사(相關接續詞)
correlative pair 상관쌍(相關雙)
correlator 상관기(相關機)
correlogram 상관도(相關圖)
correspondence relation 대응관계(對應關係)
correspondence theory 대응이론(對應理論)
correspondent 대응요소(對應要素)
corrugator 해부 주름근
corrugator supercilii muscle 해부 눈썹주름근
cortex 피질(皮質)
cortex cerebelli 해부 L 소뇌피질(小腦皮質) = cerebellar cortex
cortex cerebri 해부 L 대뇌피질(大腦皮質) = cerebral cortex
Corti ganglion 해부 코르티 신경절
Corti organ 해부 코르티기관
cortical 해부 피질성(皮質性)의 *cf.* subcortical
cortical alexia 생리 피질실독증(皮質失讀症)
cortical aphasia 신경 피질실어증(皮質失語症)
cortical auditory evoked potential(CAEP) 신경 청각피질유발전위(聽覺皮質誘發電位)
cortical blindness 생리 피질성 맹(皮質性盲), 피질성 실명(皮質性失明)
cortical cell 해부 피질성 세포(皮質性細胞)
cortical deafness 생리 피질성 농(皮質性聾)
cortical degeneration 생리 피질변성(皮質變性)
cortical dementia 생리 피질성 치매(皮質性癡呆) *cf.* subcortical dementia
cortical encephalitis 생리 피질성 뇌염(皮質性腦炎)
cortical epilepsy 생리 피질성 간질(皮質性癎疾), 피질성 뇌전증
cortical evoked potential 해부 피질유발전위(皮質誘發電位)
cortical glucose metabolism 생리 대뇌피질 포도당대사(大腦皮質葡萄糖代謝)
cortical hemiplegia 해부 피질성 편마비(皮質性片痲痺)
cortical insufficiency 생리 피질성 기능부전증(皮質性機能不全症)
cortical lateralization 해부 피질 편측성(皮質

片側性)

cortical membrane 해부 피질막(皮質膜)

cortical paralysis 신경 피질성 마비(皮質性痲痹)

cortical quotient(CQ) 신경 (인지적 기능측정) 피질지수(皮質指數) *cf.* aphasic quotient

cortical reaction 피질반응(皮質反應)

cortical respiration 피질성 호흡(皮質性呼吸)

cortical retina 해부 피질성 망막(皮質性網膜)

cortical structure 해부 피질구조(皮質構造)

cortical stuttering 피질성 말더듬 *cf.* organic stuttering

cortical thumb 해부 피질엄지

cortices 피류(皮類), 피부(皮膚)

corticobasal degeneration 생리 피질기저핵 변성

corticobulbar tract 해부 피질연수로(皮質延髓路) *cf.* corticospinal tract

corticopontine tract 해부 피질뇌교로(皮質腦橋路) *cf.* corticobulbar tract

corticospinal tracts 해부 피질척수로(皮質脊髓路) *cf.* corticobulbar tract

Corti's canal 해부 코르티관

Corti's cell 해부 코르티 세포

corticorubral fibers 신경 피질적핵 섬유(皮質赤核纖維)

cortisol 생리 (부신피질에서 생성되는 스테로이드 호르몬의 일종) 코르티졸

COS(contralateral routing of signals) 교대성 신호보청기

cost contingency 대가유관성(代價有關性)

costae 해부 늑골(肋骨)

costal cartilage 해부 늑연골(肋軟骨)

costal levators 해부 늑골거근(肋骨擧筋), 늑골 올림근

costal pleura 해부 늑골흉막(肋骨胸膜)

costal respiration 생리 늑골호흡(肋骨呼吸)

costal surface 해부 늑골면(肋骨面)

costophrenic angle 해부 늑횡격막각(肋橫擊膜角)

cough 기침

cough reflex 기침반사(反射)

Council for Exceptional Children 미국특수아동위원회(特殊兒童委員會)

counseling 상담(相談)

counselling-based treatment 상담기반치료(相談基盤治療)

counseling learning 상담학 학습(相談學習)

counseling psychologist 상담심리학자(相談心理學者)

counseling psychology 상담심리학(相談心理學)

counselor 상담자(相談者), 카운슬러

counselor attitude 상담자 태도(相談者態度)

counselor role 상담자 역할(相談者役割)

countable noun 가산명사(可算名詞) ↔ uncountable noun

counter balancing 역균형화(逆均衡化)

counter-bleeding 음운 역출혈(逆出血)

counter-conditioning 말더듬 역조건화(逆條件化)

counter-coup injury 반충손상(反衝損傷) ↔ coup injury

counter-feeding 음운 역급여(逆給與)

counter-feeding order 음운 역급여순(逆給與順)

countercurrent exchange 역류교환(逆流交換)

countercurrent multiplication 역류증가(逆流增加)

counterfeit disease 꾀병

counterforce schema 인지 저항도식(抵抗圖式)

counterintuitive 반직관적(反直觀的)인

countertenor (남성 최고음) 카운터 테너 *cf.* tenor

countertransference 심리 (정신분석의) 역전이(逆轉移) ↔ transference

counting span 숫자폭 과제

coup 생리 타박성 충격(打撲性衝擊)

coup de glottis 성문충격(聲門衝擊)

C

coup injury 타격손상(打擊損傷), 직격손상(直擊損傷) ↔ counter-coup injury
coupled mode 연성모드
coupler 청각 결합기(結合器), 커플러
coupler gain 청각 결합기 이득(結合器利得), 커플러 이득
couplet 2행 연구(二行聯句)
coupling 연결(連結), 결합(結合)
coupling factor 통계 결합계수(結合係數)
coupling material 결합물질(結合物質)
coupling reflection coefficient 통계 커플링 반사계수(反射係數)
covalent bonding 공유결합(共有結合)
covariance 통계 공분산(共分散), 공변량(共變量)
covariance analysis 통계 공분산분석(共分散分析) *cf.* variance analysis
cover 덮개
cover-body model 덮개-몸체 모델
cover-body theory 덮개-몸체 이론
cover symbol 포괄기호(包括記號)
cover test 은폐검사(隱蔽檢査) *cf.* uncover test
coverage 대체정도(代替程度), 적용범위(適用範圍)
coverage vocabulary AAC 상황어휘(狀況語彙) *cf.* developmental vocabulary
covert 내적(內的)의, 비밀(祕密)의, 은밀(隱密)한 ↔ overt
covert adjunction 내현적 부가(內顯的附加)
covert anxiety 심리 내적 불안(內的不安)
covert assessment 비밀평가(祕密評價) ↔ overt assessment
covert behavior 내재적 행동(內在的行動) ↔ overt behavior
covert category 잠재적 범주(潛在的範疇)
covert component 내현부(內顯部)
covert error 비명시적 오류(非明示的誤謬)
covert need 내적 욕구(內的慾求)
covert practice 내적 연습(內的練習)
covert repair hypothesis 말더듬 내적수정가설(內的修正假說) *cf.* diagnosogenic theory
covert response 내적 반응(內的反應) ↔ overt response
covert stutterer 말더듬 내적 말더듬이 = internalized stutterer
COWAT(controlled oral word association test) 통제단어 연상검사(統制單語聯想檢査)
Cowden syndrome 생리 (상염색체 우성 선천성) 코우덴 증후군(症候群)
CP(chief complaint) 주요 호소증상(主要呼訴症狀)
CP(communication partners) AAC 의사소통 상대(意思疏通相對)
CPA(cerebellopontine angle) 해부 소뇌교각(小腦橋角)
CPAP(continuous positive airway pressure) 생리 연속적 능동기도압력(連續的能動氣道壓力)
CPC(chronicity prediction checklist) 만성화 예측 검사목록(慢性化豫測檢査目錄)
CPD(cricopharyngeal dysphagia) 삼킴 윤상인두근 기능부전성 삼킴장애
CPDS(composite phonological deviancy score) 음운장애 합산점수(音韻障礙合算點數)
CPI(California psychological inventory) 심리 캘리포니아 성격검사목록(性格檢査目錄)
CPI(congenital palatopharyngeal incompetence) 생리 선천성 구개인두기능부전(先天性口蓋咽頭機能不全)
CPLP(children's pragmatic language checklist) 아동 화용언어 점검표(兒童話用言語點檢表)
CPP(cepstral peak prominence) 음향 켑스트럼 정점돋들림
CPPB(continuous positive pressure breathing) 지속성 양압호흡법(持續性陽壓呼吸法)
CPPS(cepstral peak prominence smoothed)

음향 켑스트럼 정점돋들림 평활화
CPR(cochleopalpebral reflex) 해부 와우안검 반사(蝸牛眼瞼反射)
CPS(chronic perseverative stuttering) 만성적 반복성 말더듬
CPS(cycles per second) 음향 초당주기수(秒當週期數)
CQ(closed quotient) (성대 접촉의) 폐쇄지수(閉鎖指數) ↔ OQ
CQ(contact quotient) (성대의) 접촉지수(接觸指數)
CQ(cortical quotient) 신경 (인지적 기능측정) 피질지수(皮質指數) *cf.* AQ
CR(conditioned response) 심리 조건반응(條件反應) ↔ UR
CR(corona radiata) 해부 (대뇌) 방사관(放射冠)
cranial arachnoid mater 해부 뇌지주막(腦蜘蛛膜)
cranial bone 해부 두개골(頭蓋骨)
cranial cavity 해부 두개강(頭蓋腔)
cranial cranium 해부 뇌두개골(腦頭蓋骨)
cranial dura mater 해부 뇌경질막(腦硬質膜)
cranial fossa 해부 두개와(頭蓋窩)
cranial malformation 해부 두개기형(頭蓋畸形) = skull deformity
cranial nerve 해부 (12쌍의) 뇌신경(腦神經)
cranial nerve nucleus 해부 뇌신경핵(腦神經核)
cranial pia mater 해부 뇌연막(腦軟膜)
cranial portion 해부 두개부분(頭蓋部分)
cranial reflex 해부 뇌반사(腦反射)
cranial spinal cord 해부 뇌척수(腦脊髓)
cranial synostosis 생리 두개골격 유착증(頭蓋骨格癒着症)
craniectomy 해부 두개골절제술(頭蓋骨切除術)
craniocerebral 해부 두개뇌(頭蓋腦)의
craniocerebral injury 생리 두개뇌 손상(頭蓋腦損傷)
craniocerebral trauma 생리 두개뇌 외상(頭蓋腦外傷)
craniofacial abnormality 해부 두개안면이상(頭蓋顔面異常)
craniofacial anomalies 해부 두개안면기형(頭蓋顔面奇形)
craniofacial dysostosis 생리 두개안면골 형성부전증(頭蓋顔面骨形成不全症)
craniognomy 해부 두개골상학(頭蓋骨狀學)
craniopharyngeal duct 해부 구개인두관(口蓋咽頭管)
cranioplasty 생리 두개성형술(頭蓋成形術)
craniotomy 해부 개두술(開頭術)
cranium 해부 두개(頭蓋)
crash 파탄(破綻)
creaky voice 짜내는 목소리, 목갈리는 소리
creative writing 창작법(創作法)
creativity development 창의성 발달(創意性發達)
creativity test 창의성 검사(創意性檢查)
creativity 창의성(創意性), 창조성(創造性)
credibility 신빙성(信憑性), 신뢰성(信賴性)
creeping 엎드려 기기
creeping wave 음향 포복파(匍匐波)
creole 언어습득 크리올 *cf.* pidgin
creole language 언어습득 크리올 언어 *cf.* pidgin language
creolized language 언어습득 혼합어(混合語), 혼성어(混成語) = mixed language *cf.* pidginized language
crescendo 음운 점강음(漸强音)
crest 능선(稜線), 산등성이
crest phoneme 음운 정상음소(頂上音素)
Creutzfelt-Jacob disease(CJD) 해부 (퇴행성 뇌 질환) 크로이츠펠트-야곱병
cribriform plate 해부 사골판(篩骨板)
cricoarytenoid ankylosis 생리 윤상피열근 강직증(輪狀披閱剛直症)
cricoarytenoid articulation 해부 윤상피열관

절(輪狀披閱關節) = cricoarytenoid joint

cricoarytenoid joint 해부 윤상피열관절(輪狀披閱關節) = cricoarytenoid articulation

cricoarytenoid ligament 해부 윤상피열인대(輪狀披閱靭帶)

cricoarytenoid muscle 해부 윤상피열근(輪狀披閱筋)

cricoid arch 해부 윤상궁(輪狀弓), 반지연골활

cricoid cartilage 해부 윤상연골(輪狀軟骨), 반지연골

cricopharyngeal dysphagia(CPD) 삼킴 윤상인두근 기능부전성 삼킴장애

cricopharyngeal incoordination 윤상인두 불협응(輪狀咽頭不應)

cricopharyngeal juncture 해부 윤상인두연접부(輪狀咽頭連接部)

cricopharyngeal ligament 해부 윤상인두인대(輪狀咽頭靭帶)

cricopharyngeal muscle 해부 윤상인두근(輪狀咽頭筋) = cricopharyngeus muscle

cricopharyngeal sphincter muscle 해부 윤상인두괄약근(輪狀咽頭括約筋)

cricopharyngeus 해부 윤상인두(輪狀咽頭)

cricopharyngeus muscle 해부 윤상인두근(輪狀咽頭筋) = cricopharyngeal muscle

cricothyroid articulation 해부 윤상갑상 관절(輪狀甲狀筋關節) = cricothyroid joints

cricothyroid membrane 해부 윤상갑상막(輪狀甲狀膜)

cricothyroid muscle 해부 윤상갑상근(輪狀甲狀筋)

cricothyroid paralysis 해부 윤상갑상근마비(輪狀甲狀筋痲痹)

cricothyroidotomy 해부 윤상갑상절개(輪狀甲狀切開)

cricotracheal ligament 해부 윤상기관인대(輪狀氣管靭帶)

cricotracheal membrane 해부 윤상기관막(輪狀氣管膜)

cri-du-chat syndrome 생리 (유전성) 고양이 울음 증후군(症候群) = cat-cry syndrome

criopharyngeal myotomy 해부 윤상인두근 절개술(輪狀咽頭筋切開術)

crippled children's services(CCS) 지체부자유아동서비스

crisis 위기(危機)

crisis counseling 위기상담(危機相談)

crisis intervention services 위기개입(危機介入) 서비스

crista galli 계관(鷄冠), 볏돌기

criterion 준거(準據), 기준(基準) PL criteria = norm

criterion analysis 준거분석(準據分析)

criterion group 준거집단(準據集團)

criterion-referenced language screening test(CRLST) 언어발달 준거-참조언어선별검사(準據參照言語選別檢査)

criterion-referenced test 언어발달 준거-참조검사(準據參照檢査) *cf.* norm-referenced test

criterion-related validity 통계 준거타당도(準據妥當度) = criterion validity *cf.* concurrent validity

criterion validity 통계 준거타당도(準據妥當度) = criterion-related validity *cf.* face validity

critical 음향 임계(臨界)의

critical angle 음향 임계각(臨界角)

critical band 음향 임계대역(臨界帶域)

critical band concept 임계대역 개념(臨界帶域槪念)

critical bandwidth 음향 임계 대역폭(臨界帶域幅)

critical bandwidth for masking 음향 차폐 임계대역폭(遮蔽臨界帶域幅)

critical constant 통계 임계상수(臨界常數)

critical damping 음향 임계감쇠(臨界減衰)

critical damping coefficient 통계 임계감쇠계수(臨界減衰係數)

critical damping ratio 통계 임계감쇠비(臨界減衰比)
critical density 음향 임계밀도(臨界密度)
critical frequency 음향 임계주파수(臨界周波數)
critical level 임계레벨
critical list 중환자 리스트
critical listening 비판적 청취(批判的聽取)
critical literacy 언어발달 비판적 문해력(批判的文解力) *cf.* dynamic literacy
critical mass 임계질량(臨界質量)
critical moment 위기(危機)
critical path 최상경로(最上經路)
critical period 언어발달 결정적 시기(決定的時期) = sensitive period
critical period hypothesis 언어발달 결정적 시기 가설(決定的時期假說)
critical philosophy 비판철학(批判哲學)
critical point 임계점(臨界點)
critical pressure 임계압력(臨界壓力)
critical ratio 임계비(臨界比)
critical reading 언어발달 비판적 독서(批判的讀書), 비판적 읽기
critical speed 임계속도(臨界速度)
critical theory 비판이론(批判理論)
critical thinking 비판적 사고(批判的思考)
critical threshold 음향 임계역치(臨界閾値), 임계문턱값
critical value 통계 임계치(臨界値), 임계값
critical velocity 임계속도(臨界速度)
critical wound 중상(重傷)
criticism 비판론(批判論)
CRLST(criterion-referenced language screening test) 준거-참조 언어선별검사(準據參照言語選別檢査)
CRO(cathode ray oscilloscope) 음향 음극선 오실로스코프
Crocodile tears syndrome 생리 (마비성) 악어 눈물 증후군(症候群) = superficial sympathy *cf.* Bell's palsy
crocodile tears 악어눈물, 거짓눈물
Crohn's disease 생리 (만성염증성 장질환) 크론병 *cf.* irritable bowel syndrome
cross admittance 음향 상호 어드미턴스
cross bicorrelation function 통계 교차 양상관 함수(交叉兩相關函數)
cross bispectrum 교차 이변량스펙트럼
cross-categorical 교차범주적(交叉範疇的)
cross-categorial projection symmetry 범주간투사대칭(範疇間投射對稱)
cross classification 교차분류(交叉分類)
cross-consonant injection method 자음교차 주입방법(子音交叉注入方法)
cross correlation function 통계 교차상관함수(交叉相關函數)
cross correlation matrix 통계 교차상관행렬(交叉相關行列)
cross-cultural approach 문화간 접근(文化間接近)
cross-cultural communication 문화간 의사소통(文化間意思疏通)
cross-cultural comparison 문화간 비교(文化間比較)
cross-cultural differences 문화간 차이(文化間差異)
cross-cultural method 비교문화적 방법(比較文化的方法)
cross-cultural psychology 비교문화 심리학(比較文化心理學)
cross-cultural understanding 문화간 이해(文化間理解)
cross-discipline analysis 학제간 분석(學制間分析) *cf.* multi-discipline analysis
cross examination 반대심문(反對審問)
cross-eye 사시(斜視), 사팔뜨기 = strabismus
cross-generational problem 세대간 문제(世代間問題)

C

cross hearing 청각 교차청력(交叉聽力)
cross-laced effect 교차끈 효과
cross-language 교차언어(交叉言語)
cross-linguistic influence 언어습득 언어간 영향(言語間影響)
cross-modal priming task 교차양상 점화과제(交叉樣相點火課題)
cross-pressure 교차압력(交叉壓力)
cross reference 상호참조(相互參照)
cross-sectional approach 횡단적 접근법(橫斷的接近法) ↔ longitudinal approach
cross-sectional design 횡단적 설계(橫斷的設計)
cross-sectional method 횡단적 연구방법(橫斷的 硏究方法) ↔ longitudinal method
cross-sectional study 횡단적 연구(橫斷的硏究) ↔ longitudinal study
cross-sequential study 횡단연속적 연구(橫斷連續的硏究)
cross-space mapping 인지 공간횡단 사상(空間橫斷寫像)
cross spectrum 음향 상호 스펙트럼
cross spectral matrix 음향 상호 스펙트럼 행렬(行列)
cross spectral density(CSD) 음향 상호 스펙트럼 밀도(密度)
cross spectral density function 통계 상호 스펙트럼 밀도함수(密度函數)
cross-talk 교차대화(交叉對話)
crossed acoustic reflex 신경 교차된 등골근반사(鐙骨筋反射)
crossed aprasia 교차실어증(交叉失語症)
crossed extension 교차확장(交叉擴張)
crossed extension pattern 교차 확장형(交叉擴張型)
crossed hemianopsia 교차반맹(交叉半盲)
crossed interpretation 교차해석(交叉解釋) = crossed readings
crossed laterality 교차 편측성(交叉片側性)
crossed readings 인지 교차해석(交叉解釋) = crossed interpretation
crossing coreference 교차 동일지시(交叉同一指示)
crossover 교차(交叉)
crossover constraint 교차제약(交叉制約)
crossover distortion 교차왜곡(交叉歪曲), 크로스오버 왜곡
crossover frequency 분할주파수(分割周波數), 교차주파수(交叉周波數)
crossover network 분할 네트워크
crossover study 교차연구(交叉硏究)
Crouzon syndrome 생리 (상염색체 우성 유전성) 크루존 증후군(症候群)
crowding behavior 군집행동(群集行動)
crown-rump length 상체신장(上體身長), 머리-엉덩 길이
cry 울음
cryptomnesia 심리 잠재기억(潛在記憶)
cryptophthalmus 잠재안구(潛在眼球)
cryptorchidism 생리 잠복고환증(潛伏睾丸症)
crystal filter 수정 필터
crystal loudspeaker 수정 스피커
crystal microphone 수정(水晶) 마이크로폰
crystal oscillator 수정 발진기(水晶發振機)
crystallized ability 결정화된 능력
crystallized ability factor 결정화된 능력요인(能力要因)
CS(computational system) 연산체계(演算體系)
CS(conditioned stimulus) 심리 조건자극(條件刺戟) ↔ US
CSBS(communication and symbolic behavior scales) 언어발달 의사소통 및 상징행동척도(意思疏通象徵行動尺度)
CSCI(cervical spinal cord injury) 경부척수손상(頸部脊椎損傷)
CSD(cross spectral density) 상호 스펙트럼 밀도
CSE(consequent stimulus event) 결과적 자극

상황(結果的刺戟狀況)
CSF(cerebrospinal fluid) 해부 뇌척수액(腦脊髓液)
CSHCN(children with special health care needs) 특수 건강관리요구를 지닌 아동
CSI(cluttering severity instrument) 속화중증도검사도구(速話重症度檢査道具)
CSL(computerized speech lab) 음성분석기(音聲分析器)
CSOM(chronic suppurative otitis media) 생리 만성 화농성 중이염(慢性化膿性中耳炎)
CSR(canonical structural realization) 표준구조실현(標準構造實現)
CT(computerized tomography) 뇌과학 컴퓨터 축성 단층촬영술(軸性短縮撮影術)
CTOPP(comprehensive test of phonological processing) 음운처리이해력검사(音韻處理理解力檢査)
CTVF(comprehensive test of visual functioning) 종합시각기능검사(綜合視覺技能檢査)
cue-dependent forgetting 단서-의존 망각(端緖-依存妄覺)
cue recall 심리 단서회상(端緖回想) *cf.* free recall
cued speech 단서 언어(端緖言語)
cueing techniques 단서기법(端緖技法)
cues 조음 단서(端緖), 실마리 *cf.* prompts
cul-de-sac 해부 맹관(盲管)
cul-de-sac resonance 맹관공명(盲管共鳴)
cultural anthropology 문화인류학(文化人類學)
cultural-familial mental retardation 문화가족성 정신지체(文化家族性精神遲滯)
culture-general 문화-일반적(文化一般的) ↔ culture-specific
culture-specific 문화-개별적(文化個別的) ↔ culture-general
Cummings device 커밍스 방식
Cummins threshold hypothesis 언어발달 커민스 역치가설(閾値假說)
cumulative complexity 누적 복합성(累積複合性)
cumulative distribution function(CDF) 통계 누적분포함수(累積分布函數)
cumulative frequency distribution 통계 누가빈도분포(累加頻度分布)
cumulative modification practice 점진수정연습(漸進修正練習)
cumulative nonlinearity 누적 비선형성(累積非線形性)
cuneate 설상(楔狀)의
cuneate fascicle 해부 설상섬유속(楔狀纖維束), 쐐기다발
cuneiform 쐐기문자 *cf.* hieroglyph
cuneiform cartilage 해부 설상연골(楔狀軟骨), 쐐기연골
cuneiform nucleus 해부 설상핵(楔狀核), 쐐기핵
cuneiform tubercle 설상연골 결절(楔狀軟骨結節), 쐐기연골 결절
C-unit(communication unit) 의사소통 단위(意思疏通單位)
cupololithiasis 생리 이석증(耳石症)
cupula 정(頂), 꼭대기
cupula cochleae 해부 와우정(蝸牛頂)
cure-all 만능약(萬能藥)
cure rate 치유율(治癒率)
Curle's equation 컬 방정식(方程式)
current 전류(電流)
current response 전류응답(電流應答)
current amplitude(CA) 음향 전류 진폭(電流振幅)
current circuit 음향 전류회로(電流回路)
curriculum 교육과정(教育課程), 교과과정(教科課程)
curriculum-based assessment 교육과정기반평가(教育課程基盤評價)
curriculum-based language assessment 교육과정기반 언어평가(教育課程基盤言語評價)

C

curriculum development 교육과정 개발(教科課程開發)

curriculum evaluation 교육과정 평가(教科課程評價)

curriculum planning 교육과정 계획(教科課程計劃)

curvature (척추의) 만곡(彎曲)

curve 곡선(曲線)

curvilinear compression 곡선압축(曲線壓縮)

cusp 첨두(尖頭)

custodial care 보호적 관리(保護的管理)

custom hearing aid 맞춤형 보청기

customary age 언어발달 관습적 연령(慣習的年齡)

customary age of production 언어발달 관습적 산출연령(慣習的産出年齡) *cf.* age of mastery

cutaneous 피부(皮膚)의

cutaneous facilitation 피부촉진제(皮膚促進劑)

cutaneous layer 해부 피부층(皮膚層)

cutaneous membrane 해부 피부점막(皮膚粘膜)

cuticle 소피(小皮), 각피(角皮)

cutoff 차단(遮斷), 절단(切斷)

cutoff frequency 음향 절단주파수(切斷周波數)

cutoff ratio 음향 차단비율(遮斷比率)

cutoff score (1) 기준점수(基準點數) (2) 음향 절단점(切斷點)

cutoff wavenumber 음향 차단파수(遮斷波數)

CV(coefficient of variation) 통계 변이계수(變異係數)

CV(consonant vowel) phonology 음운 CV 음운론

CV(consonant-vowel) 음운 자음-모음(子音-母音)

CVA(cerebrovascular accident) 생리 뇌혈관 사고(大腦血管事故), 뇌졸중(腦卒中) = stroke, (옛) apoplexy

CVC(consonant-vowel-consonant) 음운 자음-모음-자음(子音-母音-子音)

CVFES(children's version of the family environment scale) 아동용 가정환경 척도(兒童用家庭環境尺度)

CVR(consonant-to-vowel ratio) 음운 자음-모음비(子音母音比)

CW(continuous wave) 음향 연속파(連續波)

CWC(class within a class) 학급내 학급(學級內學級)

C-weighted decibel 청각 C-가중 데시벨

C-weighted scale 청각 C-가중척도(加重尺度)

cyanosis 생리 청색증(靑色症)

cyber violence 사이버 폭력(暴力)

cybercommunity 사이버 공동체(共同體)

cybernetic theory 인공두뇌학 이론(人工頭腦學理論)

cybernetics 인공두뇌학(人工頭腦學), 자동제어학(自動制御學)

cyberphobia 심리 사이버 공포증(恐怖症)

cyberpsychology 사이버 심리학(心理學)

cyberspace 사이버 공간(空間)

cycle 주기(週期)

cycle approach 조음 주기법(週期法)

cycle-to-cycle variation 음향 주파수 변동률(周波數變動率) = jitter, frequency *cf.* shimmer

cycle training 조음 주기훈련법(週期訓練法)

cycles per second(CPS) 음향 초당주기수(秒當週期數)

cyclic node 통사 순환마디

cyclic principle 통사 순환원리

cyclic rule 통사 순환규칙(循環規則)

cyclical approach 통사 순환적 접근법(循環的接近法)

cyclical goal attack strategy 주기적 목표달성전략(週期的目標達成戰略)

cyclicity 통사 순환성(循環性)

cylindrical wave 음향 원통파(圓筒波)

cymba concha 해부 이갑개정(耳甲介艇)

cyndrical spreading 원통형 분산(圓筒形分散)

cyst 해부 낭(囊), 주머니
cystic duct 해부 담관(膽管)
cytology 세포학(細胞學)
cytomegalovirus(CMV) 거대세포바이러스
cytoplasm 해부 세포질(細胞質)
cytosine 세포용해소(細胞溶解素)
cytoskeleton 해부 세포골격(細胞骨格)
cytotoxic antibody 세포항독체(細胞抗毒體)

D

DA(discourse analysis) 담화분석(談話分析) = conversational analysis *cf.* pragmatics
DAB(diagnostic achievement battery) 성취력진단검사(成就力診斷檢査)
dactyl speech 지화(指話)
dactylology 지화술(指話術)
DADE(Daegu aphasia diagnostic examination) 대구실어증진단검사(大邱失語症診斷檢査)
Daegu aphasia diagnostic examination(DADE) 대구실어증진단검사(大邱失語症診斷檢査)
DAF(delayed auditory feedback) 음향 지연청각 피드백 *cf.* auditory feedback
daily calibration 청각 매일보정(每日補正) *cf.* annual calibration
daily metabolism 생리 일일 물질대사(一日物質代謝)
daily schedule 일과표(日課表)
Dallas preschool screening test(DPST) 달라스 취학전선별검사(選別檢査)
Dalton's law 달톤의 법칙(法則)
damage risk criteria(DRC) 청각위험준거(聽覺危險準據)
damped free vibration 음향 감쇠자유진동(減衰自由振動)
damped natural frequency 음향 감쇠고유진동수(減衰固有振動數)
damped natural vibration 음향 감쇠고유진동(減衰固有振動)
damped oscillation 음향 감쇠진동(減衰振動)
damped vibration 음향 감폭진동(減幅振動)
damped wave 음향 감폭파(減幅派)
damper 음향 감쇠기(減衰器)
damping 음향 감폭(減幅)
damping coefficient 통계 감쇠계수(減衰係數)
damping constant 음향 감쇠상수(減衰常數)
damping effect 음향 감쇠효과(減衰效果)
damping factor 음향 감쇠요인(減衰要因)
damping material 음향 감쇠물질(減衰物質)
damping rate 음향 감쇠속도(減衰速度)
damping ratio 음향 감쇠비(減衰比), 감쇠율(減

衰率)

Dandy-Walker syndrome 생리 (선천성 뇌 기형) 댄디-워커 증후군(症候群)

dangling construction 통사 현수구문(懸垂構文)

dangling modifier 현수 수식어(懸垂修飾語)

dangling participle 통사 독립분사(獨立分詞), 현수분사(懸垂分詞)

DAPS(differentiation of auditory perception skills) 심리 청지각 변별기술(聽知覺辨別技術)

Darwin, Charles R. (1809~1882) 영국의 생물학자, 진화론 제창자

DAS(developmental apraxia of speech) 생리 발달성 말실행증

DAS(differential ability scale) 변별능력척도(辨別能力尺度)

DASE(Denver articulation screening exam) 덴버 조음선별검사(調音選別檢査)

DASI(developmental activities screening inventory) 발달적 활동선별검사(發達的行動選別檢査)

DAT(developmental articulation test) 발달성 조음검사(發達性調音檢査)

DAT(digital audiotape) 디지털 오디오테이프

data 자료(資料)

data collection 자료수집(資料收集)

data processing 자료처리(資料處理)

data structure 자료구조(資料構造)

database(DB) 데이터 베이스

dative 여격(與格)의

dative alternation 통사 여격교체(與格交替)

dative infinitive 통사 여격부정사(與格不定詞)

dative movement 통사 언어습득 여격이동(與格移動)

daughter adjunction 하위부가(下位附加)

daughter cells 딸세포

day care 주간관리(晝間管理) *cf.* night care

day hospital 주간병원(晝間病院) *cf.* night hospital

daydream 공상(空想) = fantasy

daydreaming 백일몽(白日夢)

day-night equivalent level 음향 주야등가레벨

DB(database) 데이터 베이스

dB(decibel) 음향 (강도 측정단위) 데시벨(bel의 1/10)

dB HL(decibel in hearing level) 음향 (강도 측정단위) 청력레벨 데시벨 *cf.* dB SPL

dB level 음향 (강도 측정단위) 데시벨 레벨

DBS(deep brain stimulation) (뇌과학) 뇌심부자극술(腦深部刺戟術)

dB scale 음향 (강도 측정단위) 데시벨 척도(尺度)

dB SPL(dB sound pressure level) 음향 (강도 측정단위) 음압레벨 데시벨 *cf.* dB HL

DC(direct current) 직류(直流) ↔ AC

DC(dynamic compliance) 음향 동적 이행(動的履行) ↔ SC

DCBRS(Devereux child behavior rating scale) 디버룩스 아동행동평정척도(兒童行動評定尺度)

DCC(developmental communication curriculum) 발달적 의사소통교육과정(發達的意思疏通教育課程)

DCD(developmental coordination disorder) 발달성 협응장애(發達性協應障礙)

DCM(demands and capacities model) 말더듬 요구-용량(要求用量) 모델

DCN(dorsal cochlear nucleus) 해부 배측 와우해부핵(背側蝸牛神經核) ↔ VCN

DCOMET(Dworkin-Culatta oral mechanism examination and treatment system) 워킨-큐라타 구강기전검사-치료체계

DDK(diadochkinetic rate) 조음 길항운동률(拮抗運動率), 길항운동횟수 = AMR *cf.* SMR

DDST(Denver developmental screening test) 언어발달 덴버 발달선별검사(發達選別檢査)

DDx(differential diagnosis) 감별진단(鑑別診斷)

de- '벗어남'의 의미

D

deactivation 불활성화(不活性化) ↔ activation
dead air 죽은 공기
dead-end symbol 폐쇄상징(閉鎖象徵) *cf.* rebus symbol
dead language 사어(死語) = extinct language
dead metaphor 인지 사은유(死隱喩) = conventional metaphor ↔ unconventional metaphor
dead room 음향 무향실(無響室) = anechoic room
dead space 해부 (호흡의) 사강(死腔), 무효공간(無效空間)
dead space effect 생리 사강효과(死腔效果)
dead space ventilation 생리 사강환기(死腔換氣)
deaf 생리 농(聾) = deafness
deaf and dumb 생리 농아(聾啞)
deaf-blindness 생리 농맹(聾盲)
deaf community 청각 농사회(聾社會)
deaf culture 청각 농문화(聾文化)
deaf field 청각 농역(聾域)
deaf mute 청각 농아자(聾啞者)
deaf mutism 생리 농아증(聾啞症)
deaf points 청각 농점(聾點)
deaf speech 청각 농아언어(聾啞言語)
deaffrication 음운 탈파찰음화(脫破擦音化)
deafness 생리 농(聾) = deaf
deafness due to acoustic trauma 생리 음향 외상성 농(音響外傷性聾)
deafness tone 음치(音癡)
dearticulation 조음중단(調音中斷)
deaspirated stops 조음 탈기식화 폐쇄음(脫氣息化閉鎖音)
deaspiration 음운 탈기식음화(脫氣息音化)
death 사망(死亡)
death instinct 심리 사망본능(死亡本能), 죽음본능 ↔ life instinct
deautomatization 탈자동화(脫自動化)
DEB(dysarthria examination battery) 신경 마비말장애 검사도구
debilitating anxiety 부정적 불안(否定的不安)
deblocking 탈장애(脫障礙)
debriefing 복명(復命), 보고하기
deca Pascal 데카 파스칼
decategorization 인지 탈범주화(脫範疇化) ↔ categorization
decay 감쇠(減衰)
decay coefficient 통계 감쇠계수(減衰係數)
decay heat 음향 감쇠열(減衰熱)
decay period 음향 감쇠기(減衰期)
decay rate 통계 감쇠율(減衰率)
decay theory 인지 붕괴이론(崩壞理論)
decay time 인지 감쇠시간(減衰時間)
decaying vibration 음향 감쇠진동(減衰振動)
deceleration 음향 감속(減速) *cf.* acceleration
deceleration area 음향 감속구간(減速 區間)
deceleration process 감속과정(減速 過程) *cf.* accelerating process
deceleration ratio 통계 감속비(減速比)
deceleration time 감속시간(減速時間)
decentration 언어발달 탈중심화(脫中心化) ↔ centration *cf.* inferred reality
deception 기만(欺瞞), 속임
deceptive cadence 거짓마침
decerebrate posture 대뇌제거 자세(大腦除去姿勢)
decibel(dB) 음향 데시벨 (bel의 1/10)
decibel in hearing level(dB HL) 음향 청력레벨 데시벨 *cf.* dB SPL
decibel in sound pressure level(dB SPL) 음향 음압레벨 데시벨 *cf.* dB HL
decibel level(dB level) 음향 데시벨 레벨
decibel scale(dB scale) 음향 데시벨 척도(尺度)
deciduous teeth 해부 유치(幼齒), 젖니 = milk teeth
decision making process 의사결정 과정(意思決定過程)
decision making 의사결정(意思決定)

decision procedure 결정과정(決定過程)
decision tree 결정수형도(決定樹型圖)
declaration 선언(宣言)
declarative knowledge 선언적 지식(選言的知識) *cf.* procedural knowledge
declarative memory 심리 서술성 기억(敍述性記憶) = explicit memory ↔ implicit memory
declarative pointing 언어발달 서술적 가리키기 *cf.* imperative pointing
declarative sentences 평서문(平敍文), 서술문(敍述文) *cf.* interrogative sentences
declension 격변화(格變化), 곡용(曲用) *cf.* conjugation
declination (억양의) 점진하강(漸進下降)
declive 해부 (소뇌의) 경사(傾斜)
decode 해독(解讀)
decoder 해독기(解毒器)
decoding 해독하기 ↔ coding
decomposition 생리 (소화) 분해(分解)
deconditioning 심리 역조건화(逆條件化) ↔ conditioning
decontexualized 탈문맥화(脫文脈化)된 ↔ contextualized
decontextualized language 담화 탈문맥화된 언어 ↔ contextualized language
decontextualized meaning 담화 탈맥락화된 의미
decontextualized story 언어발달 탈문맥적 이야기
decontexualization 담화 탈맥락화(脫脈絡化)
decorticate posture 피질제거자세
decreolization 언어습득 역혼성화(逆混成化), 탈(脫) 크리올화 *cf.* depidginization
decruitment 감가현상(減價現象)
decubiti 욕창(褥瘡)
decussation 교차(交叉)
deduction 논리 연역법(演繹法) ↔ induction
deductive approach 논리 연역적 접근법(演繹的接近法) ↔ inductive approach
deductive argument 논리 연역적 논증(演繹的論證) ↔ inductive argument
deductive inference 논리 연역적 추론(演繹的推論) = deductive reasoning ↔ inductive inference
deductive learning 연역적 학습(演繹的學習) ↔ inductive learning
deductive reasoning 논리 연역적 추리(演繹的推理) ↔ inductive reasoning
deductive thinking 논리 연역적 사고(演繹的思考) ↔ inductive thinking
deep 심부(深部)의 표면으로부터 먼 = underlying ↔ superficial, surface
deep agraphia 생리 심층난서증(深層難書症) *cf.* central agraphi
deep alexia 생리 심층난독증(深層難讀症) ↔ surface alexia
deep articulation test 심층조음검사(深層調音檢査)
deep auricular artery 해부 심이개동맥(深耳介動脈)
deep base voices 베이스 음성
deep brain stimulation(DBS) (뇌과학) 뇌심부자극술(腦深部刺戟術)
deep breathing 생리 심호흡(深呼吸) ↔ shallow breathing
deep cervical nodes 해부 깊은목 림프절
deep dysgraphia 생리 심층 난서증(深層難書症) ↔ surface dysgraphia
deep dyslexia 생리 심층 난독증(深層難讀症) ↔ surface dyslexia
deep epineurium 해부 심층 신경외막(深層神經外膜)
deep facial vein 해부 심층 안면정맥(深層顔面靜脈)
deep layer 해부 (성대근의) 심층(深層) ↔ superficial layer

deep layer of the lamina propria 해부 고유층의 심층(深層)
deep learning 음성공학 (음성인식의) 심층학습(深層學習)
deep lingual artery 해부 설심동맥(舌深動脈)
deep neural network 뇌과학 심층 신경망(深層神經網)
deep nuclei 해부 심부 신경핵(深部神經核) ↔ shallow nuclei
deep orthography 언어습득 심층표기체계(深層表記體系) ↔ shallow orthography
deep proprioceptive receptor 생리 심층 고유감각 수용기(深層固有感覺受容器)
deep psychotherapy 심층 심리치료(深層心理治療)
deep sensation 신경 심부지각(深部知覺) ↔ superficial sensation
deep sensitivity 신경 심층적 민감성(深層的敏感性) ↔ shallow sensitivity
deep sleep 깊은 수면 *cf.* rem sleep
deep structure ambiguity 통사 의미 심층구조의 중의성(重義性)
deep structure model 통사 심층구조 모델
deep structure(DS) 통사 심층구조(深層構造), 기저구조(基底構造) = underlying structure ↔ surface structure
deep temporal artery 해부 심측두동맥(深側頭動脈)
deep temporal nerve 해부 심층관자신경(深層側頭神經)
deep tendon reflex 신경 심부 건반사(深部腱反射)
deep test 심화검사(深化檢査) *cf.* full test
default 기본값, 디폴트
default linking rule 기본값 연결규칙(連結規則)
default rule 기본값 규칙
defecation 생리 배변(排便), 변통(便痛)
defecation reflex 해부 배변반사(排便反射)
defective verb 결여동사(缺如動詞)
defectology 결함론(缺陷論)
defects of memory 심리 기억장애(記憶障礙)
defeminization 생리 (여성의) 탈여성화(脫女性化) ↔ demasculinization *cf.* feminization
defense mechanism 심리 방어기제(防禦機制) ↔ offensive mechanism
defensiveness 심리 방어성(防禦性) ↔ offensiveness
deference strategy 존중전략(尊重戰略)
deferred imitation 지연모방(遲延模倣)
defiant disorder 심리 반항장애(反抗障碍) *cf.* adaptive disorder
deficit approach 언어발달 결손접근(缺損接近), 결함접근(缺陷接近)
deficit hypothesis AAC 결함가설(缺陷가설), 결손가설(缺損假說)
defining relative clause 제한적 관계절(制限的關係節)
defining vocabulary 정의용 어휘(定義用語彙)
definite article 정관사(正冠詞) ↔ indefinite article
definite noun phrases 한정명사구(限定名詞句)
definition 논리 정의(定義)
definition method 정의방법(定義方法)
definitional attribute 논리 정의속성(定義屬性)
definitive declension 확정변화(確定變化)
deformation 기형(畸形)
deformity 변형(變形)
degeneration 신경 변성(變性), 퇴행(退行)
degenerative 퇴행성(退行性)의 *cf.* progressive
degenerative brain disease 퇴행성 뇌질환(退行性腦疾患)
degenerative disease 퇴행성 질환(退行性疾患) *cf.* progressive disease
degenerative hearing loss 생리 퇴행성 청력손실(退行性聽力損失)
degenerative heart disease 생리 퇴행성 심질

환(退行性心疾患)

degenerative joint disease 생리 퇴행성 관절 질환(退行性關節疾患)

deglutition 삼킴 연하(嚥下), 삼킴 = swallowing

deglutition apnea 삼킴 연하무호흡(嚥下無呼吸)

deglutition movement 삼킴 연하운동(嚥下運動), 삼킴운동

deglutition reflex 삼킴 연하반사(嚥下反射), 삼킴반사 = swallowing reflex

degradation 분해(分解), 퇴행(退行)

degree 정도(程度), 도(度)

degree modification 정도의 수식

degree of aperture 음운 간극도(間隙度), 개구도(開口度) = degree of opening *cf.* sonority

degree of disability 장애등급(障碍等級)

degree of extension 인지 확장의 정도

degree of freedom 통계 자유도(自由度)

degree of grammaticalness 문법성 정도(文法性程度)

degree of opening 음운 간극도(間隙度), 개구도(開口度) = degree of aperture *cf.* sonority

degree of salience 인지 현저성(顯著性)의 정도

degree of satisfaction 만족도(滿足度)

degree words 정도어(程度語)

dehumanization 몰인간화(沒人間化)

dehydration 탈수(脫水)

dehydration reaction 탈수반응(脫水反應)

deictic center 담화 지시적 중심(指示的中心)

deictic expression 담화 인지 지시적 표현(指示的表現)

deictic gaze 담화 지시적 응시(指示的凝視)

deictic projection 담화 지시적 투사(指示的投射)

deictic terms 담화 지시어(指示語) = deictic words *cf.* relational terms

deictic words 담화 지시어(指示語) = deictic terms *cf.* relational words

deindividuation 몰개성화(沒個性化), 몰개인화(沒個人化) ↔ individuation

deinstitutionalization 탈시설화(脫施設化)

Deiter's cell 해부 다이테르 세포(細胞)

deixis 담화 지시(指示), 가리킴말 *cf.* indicating

deja vu 심리 기시경험(旣視經驗), 데자뷰

Dejerine syndrome 생리 (뇌졸중 후) 데저린 증후군(症候群) = thalamic pain syndrome

de Lange syndrome 생리 (유전성 발달장애) 데 랑게 증후군 = Cornelia de Lange syndrome

Del Rio language screening test 델리오 언어 선별검사(言語選別檢査)

delabialization 음운 탈순음화(脫脣音化) ↔ labialization

delateralization 음운 탈설측음화(탈舌側音化) ↔ lateralization

delay 지연(遲延)

delay distortion 지연왜곡(遲延歪曲)

delay marker 담화 지연표지(遲延標識)

delayed acquisition 지연된 습득(習得)

delayed alternation 지연교체(遲延交替)

delayed auditory feedback(DAF) 음향 지연청각 피드백 *cf.* auditory feedback

delayed consecutive repetition (자극과 반응 사이의) 지연적 연속 반복(遲延的連續反復)

delayed development 지체된 발달

delayed echo 음향 지연된 반향(反響)

delayed echolalia 음향 지연반향어(遲延反響語) ↔ immediate echolalia

delayed feedback 음향 지연 피드백

delayed feedback audiometry(DFA) 청각 지연피드백 청력검사(聽力檢査)

delayed free recall 심리 지연 자유회상(遲延自由回想) ↔ immediate free recall

delayed hard palate closure 조음 경구개 폐쇄 지연(硬口蓋閉鎖遲延)

delayed hypersensitivity reaction 지연형 과민반응(遲延形過敏反應)

delayed imitation 지연모방(遲延模倣) *cf.* direct

imitation

delayed language 언어발달 언어지체(言語遲滯), 지체된 언어

delayed language development 언어발달 언어발달지체(言語發達遲滯)

delayed memory 심리 지연기억(遲延記憶) *cf.* immediate memory

delayed onset of pharyngeal swallowing 삼킴 인두삼킴지연

delayed perception 심리 지연지각(遲延知覺)

delayed phonology 음운 음운지체(音韻遲滯)

delayed puberty 사춘기 지연(思春期遲延) *cf.* precocious puberty

delayed reflex 지연반사(遲延反射)

delayed reinforcer 지연 강화물(遲延强化物)

delayed release 음운 지연개방성(遲延開放性)

delayed repetition (자극과 반응 사이의) 지연적 반복(遲延的反復) ↔ immediate repetition

delayed response 지연반응(遲延反應)

delayed sensation 생리 지연감각(遲延感覺)

delayed speech and language 언어발달 말-언어지체(言語遲滯)

delayed speech 언어발달 지연언어(遲延言語)

delayed stimulus presentation 지연된 자극의 제시

deleted argument 삭제논항(削除論項)

deletion 음운 탈락(脫落), 생략(省略) = elision

deletion process 탈락과정(脫落過程)

delexical items 탈어휘화 항목(脫語彙化項目)

delinking rule 연결선절단규칙(連結線切斷規則)

delirium 심리 정신착란(精神錯亂)

delivery system 전달체제(傳達體系)

delta function 델타함수

delta modulation 음향 델타 변조(變調)

delta spectrum 음향 델타 스펙트럼

delta wave 음향 델타파

deltoid muscle 해부 (어깨의) 삼각근(三角筋)

delusion 심리 망상(妄想) *cf.* hallucination

delusions of persecution 심리 피해망상(被害妄想)

demand characteristics 심리 요구특징(要求特徵)

demands and capacities model(DCM) 말더듬 요구-용량(要求容量) 모델

demarcation 분계(分界), 분획(分劃)

demarcation membrane 해부 분계막(分界膜)

demarcation potential 해부 분계전위(分界電位)

demarcative function 분계기능(分界機能)

demasculinization 생리 (여성의) 탈남성화(脫男性化) ↔ defeminization *cf.* masculinization

dementia 신경 치매(癡呆) *cf.* Alzheimer's disease

dementia of the Alzheimer's type(DAT) 신경 알츠하이머형 치매 *cf.* frontal temporal dementia

demodulation 복조(復調) *cf.* modulation

demonstration therapy 시범치료(示範治療)

demonstrative 지시사(指示辭)

demonstrative-entity 지시사-실체(指示辭實體)

demonstrative pronoun 통사 지시대명사(指示代名詞)

demotion 강등(降等), 격하(格下) ↔ promotion

DEMSS(dynamic evaluation of motor speech skills) 신경 말운동능력의 역동적 평가

demutization 농아교육법(聾啞敎育法)

demyelinating disease 생리 탈수초성 질환(脫髓鞘性疾患)

demyelinating disorders 탈수초성 장애(脫髓鞘性障礙)

demyelination 해부 탈수초화(脫髓鞘化) ↔ myelination

denasal 무비음(無鼻音)의

denasality 조음 무비성(無鼻性) ↔ nasality

denasalization 음운 탈비음화(脫鼻音化) ↔ nasalization

dendrite 해부 수지상돌기(樹支狀突起)

dendrite cell 해부 수상세포(樹狀細胞)
dendritic potential 해부 수상돌기 전위(樹狀突起電位)
dendrodendrictic synapse 해부 (두개의) 수상돌기간(樹狀突起間) 시냅스
denial 부인(否認)
denial of illness 질병의 부인(否認)
denotation 논리 외연(外延), 범위(範圍) ↔ connotation
denotative meaning 논리 외연적 의미(外延的意味) ↔ connotative meaning
density 밀도(密度), 밀집상태(密集狀態)
density function 통계 밀도함수(密度函數)
dental alveoli 해부 치조(齒槽)
dental arch 해부 치궁(齒弓)
dental click 조음 치흡착음(齒吸着音)
dental closure 치폐쇄(齒閉鎖)
dental implants 인공치아(人工齒牙)
dental lateral 조음 치측음(齒側音)
dental mirror 치과경(齒科鏡)
dental nasal sound 조음 치비음(齒鼻音)
dental prosthesis 치아보철(齒牙補綴)
dental prosthetics 치과보철학(齒科補綴學), 의치학(義齒學)
dental sound 조음 치음(齒音)
dental surgeon 구강외과의사(口腔外科醫師)
dentate nucleus 해부 치아핵(齒牙核)
dentes 치아(齒牙), 이
denticulate ligaments 해부 치아인대(齒牙靭帶)
dentification 치아형성(齒牙形成)
dentin 해부 (치아) 상아질(象牙質)
dentist 치과의사(齒科醫師)
dentistry 치과학(齒科學), 치의학(齒醫學)
dentition 해부 치열(齒列)
denture 의치(義齒)
denutrition 생리 영양실조(營養失調), 식이요법(食餌療法) *cf.* nutritional deficiency
Denver articulation screening examination (DASE) 덴버 조음선별검사(調音選別檢査)
Denver developmental screening test(DDST) 덴버 발달선별검사(發達選別檢査)
Denver eye screening(DEST) 덴버 시각선별검사(視覺選別檢査)
deoxyribonucleic acid(DNA) 생리 디옥시리보핵산
depalatalization 음운 탈구개음화(脫口蓋音化) ↔ palatalization
departmentalization 부문화(部門化)
dependence theory 종속이론(從屬理論), 의존이론(依存理論)
dependency 의존성(依存性)
dependency grammar 통사 의존문법(依存文法)
dependency marker 의존관계 표지(意味關係標識)
dependency phonology 음운 의존음운론(依存音韻論)
dependency relation 의존관계(依存關係)
dependent 의존자(依存子), 종요소(種要素)
dependent adverb 통사 종속부사(從屬副詞)
dependent change 의존변화(依存變化)
dependent clause 종속절(從屬節) = subordinate clause ↔ independent clause
dependent personality 심리 의존성격(依存性格)
dependent personality disorder 심리 의존성 성격장애(依存性性格障碍) *cf.* avoidant personality disorder
dependent question 종속의문(從屬疑問)
dependent speech 담화 종속화법(從屬話法)
dependent variable(DV) 통계 종속변수(從屬變數) ↔ independent variables *cf.* parameters
dephonologization 음운 탈음운화(脫音韻化)
depictive predicate 묘사적 술어(描寫的述語)
depidginization 언어습득 탈피진화 *cf.* decreolization
deployment of perspective 인지 원근법 배치

(遠近法配置)

depolarization 해부 탈분극(脫分極)
↔ polarization *cf.* hyperpolarization

depolarizer 해부 탈분극유도제(脫分極誘導劑)

depolarizing drug 탈분극약물(脫分極藥物)

depolarizing electrode 탈분극전극(脫分極電極)

deponent verb 이태동사(異態動詞)

depression 생리 심리 우울증(憂鬱症)
= hypochondria

depressive disorder 심리 우울장애(憂鬱障礙)
cf. bipolar disorder

depressive neurosis 생리 심리 우울신경증(憂鬱神經症)

depressive psychosis 생리 심리 우울병(憂鬱病)

depressive reaction 심리 우울반응(憂鬱反應)

depressive state 심리 우울상태(憂鬱狀態)

depressor 해부 L 하체근(下掣筋), 내림근
= depressor muscle ↔ levator

depressor anguli oris 해부 L 입꼬리내림근
↔ levator anguli oris

depressor center 해부 감압중추(減壓中樞)

depressor costarum 해부 L 늑골내림근
= depressor muscle of ribs

depressor effect 억제효과(抑制效果)

depressor fibers 해부 감압신경섬유(減壓神經纖維)

depressor labii inferior 해부 L 하순하체근(下脣下掣筋), 아래입술내림근 = depressor muscle of lower lip

depressor labii superioris 해부 L 상순하체근(上脣下掣筋), 윗입술내림근 = depressor muscle of upper lip

depressor muscle of angle of mouth 해부 구각하체근(口角下掣筋), 입꼬리내림근 = L depressor anguli oris

depressor muscle of ribs 해부 늑골하체근(肋骨下掣筋), 늑골내림근 = L depressor costarum

depressor muscle of upper lip 해부 상순하체근(上脣下掣筋), 윗입술내림근 = L depressor labii superioris muscle

depressor muscle of velum palatinum 해부 구개하체근(口蓋下掣筋), 구개내림근 ↔ L depressor veli palatini

depressor nerve 해부 감압신경(減壓神經)

depressor of scapula 해부 견갑하체근(肩胛下掣筋), 어깨뼈내림근 ↔ levator of scapula

depressor palatini 해부 L 구개하체근(口蓋下掣筋), 구개내림근 ↔ levator palatini

depressor reflex 음향 감압반사(減壓反射)

depressor reflex 해부 감압반사(減壓反射)

depressor test 감압시험(減壓試驗)

depressor veli palatini 해부 L 연구개하체근(軟口蓋下掣筋), 연구개내림근 = depressor muscle of velum palatinum

deprimens oculi 해부 안구하직근(眼球下直筋)

deprivation 박탈(剝奪)

depth-dependent Green's function 그린의 거리의존함수(距離依存函數)

depth electrode recording 심층전극기록(深層電極記錄)

depth interview 심층면담(深層面談)

depth perception 깊이 지각

depth psychology 심층심리학(深層心理學)

derivation 파생(派生), 도출(導出)

derivational affix 파생접사(派生接辭)
↔ inflectional affix

derivational compound 파생복합어(派生複合語)

derivational concept 의미 파생개념(派生概念)

derivational constraint 파생제약(派生制約)

derivational morphemes 파생형태소(派生形態素) ↔ inflectional morphemes

derivational prefix 파생접두사(派生接頭辭)
cf. derivational suffix

derivational relations 파생관계(派生關係)
↔ inflectional relations

derivational suffix 파생접미사(派生接尾辭) *cf.* derivational prefix

derivational theory of complexity(DTC) 복잡성의 파생이론

derivational theory 파생이론(派生理論)

derivative word 파생어(派生語) *cf.* compound word

derived adjective 파생형용사(派生形容詞)

derived environment 도출환경(導出環境)

derived form 도출형(導出形), 파생형태(派生形態)

derived nominal 파생명사류(派生名詞類)

derived phonetic representation 도출음성표시(導出音聲標示)

derived physical quantities 유도물리량(誘導物理量)

derived score 전환점수(轉換點數), 파생점수(派生點數)

derived sentence 통사 파생문(派生文)

derived structure 통사 도출구조(導出構造)

derived unit 유도단위(誘導單位)

derived words 파생어(派生語)

dermal sinus 해부 피부굴

dermatitis 생리 피부염(皮膚炎)

dermatoglyphics 지문학(指紋學)

dermatologic system 피부계(皮膚系)

dermatologists 피부과의사(皮膚科醫師)

dermatology 피부과학(皮膚科學)

dermatome 피부절편기

dermatomyositis 생리 피부근육염(皮膚筋肉炎)

dermic layer 해부 피부층(皮膚層)

dermis 해부 진피(眞皮)

derotative righting 반회전 정위반사

DeSanctis-Cacchione syndrome 생리 (유전성 발달장애) 드상티스 카치온 증후군

descending 하행(下行)의, 내리는 ↔ ascending

descending aorta 해부 하행대동맥(下行大動脈) ↔ ascending aorta

descending autonomic pathway 해부 하행자율신경로(下行自律神經路)

descending colon 해부 하행결장(下行結腸) ↔ ascending colon

descending degeneration 하행변성(下行變性)

descending fiber tract 하행성 전도로(下行性神經傳導路) ↔ ascending fiber tract

descending infection 생리 하행감염(下行感染)

descending method 하강법(下降法) ↔ ascending method

descending myelitis 생리 하행성 척수염(下行性脊髓炎)

descending neuritis 생리 하행성 신경염(下行性神經炎)

descending order 내림차순 ↔ ascending order

descending palatine artery 해부 하행구개동맥

descending pathway 하행로(下行路), 하행전도로(下行傳導路) = descending tract ↔ ascending pathway

descending pitch break 음향 하강 피치단절 ↔ ascending pitch break

descending process 해부 하행돌기(下行突起)

descending sort 내림차순 정렬(整列)

descending technique audiometry 청각 하강기법 청력검사(下降技法聽力檢査)

descending technique 하강기법(下降技法)

descending tract 하행로(下行路) = descending pathway ↔ ascending tract

description 담화 단순묘사(單純描寫) *cf.* action sequence

descriptive adequacy 통사 기술적 타당성(記述的妥當性) *cf.* explanatory adequacy

descriptive adjective 기술형용사(記述形容詞)

descriptive anatomy 기술해부학(記述解剖學)

descriptive content 기술적 내용(記述的內容)

descriptive-developmental approach 언어발달 기술발달적 접근(記述發達的接近) *cf.* etiological-categorical approach

D

descriptive function 묘사기능(描寫機能)

descriptive grammar 기술문법(記述文法) *cf.* structural grammar

descriptive linguistics 기술언어학(記述言語學) = structural linguistics *cf.* prescriptive linguistics

descriptive method 언어발달 기술적 방법(記述的方法) *cf.* behavioral observation method

descriptive observation 기술적 관찰(記述的觀察)

descriptive phonetics 기술음성학(記述音聲學)

descriptive rules 기술적 규칙(記述的規則)

descriptive sentence 기술적 문장(記述的文章)

descriptive sequence 언어발달 담화 서술적 계열(敍述的系列) *cf.* action sequence

descriptive statistics 통계 기술통계(記述統計) *cf.* inferential statistics

descriptive study 기술연구(記述硏究)

descriptive style 기술체(記述體)

descriptivism 기술주의(記述主義) *cf.* prescriptivism

desegregation 인종차별폐지(人種差別廢止) ↔ segregation, racism

desegregationist 인종차별폐지론자(人種差別廢止論者) ↔ segregationist, racist

desensitization 말더듬 (벤 라이퍼의 말더듬 단계) 둔감화(鈍感化), 탈감각화(脫感覺化) ↔ sensitization

desensitization therapy 말더듬 둔감화 치료(鈍感化治療)

design features 디자인 자질

designated terminal element(DTE) 지정말단요소(指定末端要素)

designator (1) 지시어(指示語) (2) 지정인(指定人)

designatum 피표시물(被標示物)

desired sensation level(DSL) 청각 요구감각레벨

desired sensation level fitting formula 청각 요구감각레벨 적합공식

desk-type auditory trainer 청각 데스크 타입 청력훈련기(聽力訓鍊機)

DEST(Denver eye screening) 덴버 시각선별검사(視覺選別檢査)

destressing rules 탈강세 규칙(脫强勢規則)

destructive interference 음향 소멸간섭(消滅干涉) = cancellation interference ↔ constructive interference

detached preposition 분리전치사(分離前置詞)

detachment 분리성(分離性)

detachment verb 분리동사(分離動詞), 떼기동사

detailing 묘사하기

detectability threshold 감지력 역치(感知力閾值)

detection (소리의) 탐지(探知), 감지(感知), 검출(檢出)

detection differential 검출 수준차, 인식 디퍼렌셜

detection range 탐지범위(探知範圍), 감지범위(感知範圍)

detection rate 탐지율(探知率)

detection threshold 탐지역치(探知閾值), 감지역치(感知閾值)

detector 검출기(檢出器)

deteriorating baseline 기초선 저하(基礎線低下), 기준선 저하(基準線低下)

determinant 한정어(限定語), 결정소(決定素), 결정인자(決定因子)

determinant theory 결정소설(決定素說)

determination 결정(決定), 결의(決意)

determined lexeme 의미 피한정 어휘소(被限定語彙素) ↔ determining lexeme

determiner 통사 한정사(限定詞) *cf.* quantifier

determiner constraint 통사 한정사 제약(限定詞制約)

determiner universal 통사 한정사 보편소(限定詞普遍素)

determining lexeme 의미 한정 어휘소(限定語彙素) ↔ determined lexeme

determinism 결정론(決定論)
deterministic signal 결정적 신호(決定的信號)
detonation 발성실조(發聲失調)
detoxification 해독(解毒)
Detroit tests of learning aptitude(DILA) 디트로이트 학습적성검사(學習適性檢査)
development 발달(發達)
development quotient(DQ) 발달지수(發達指數)
developmental abnormality 발육이상(發育異常), 발달장애(發達障礙) = developmental disabilities
developmental activities screening inventory(DASI) 행동발달선별검사목록(行動發達選別檢査目錄)
developmental ages 발달연령(發達年齡)
developmental alexia 생리 발달성난독증(發達性失讀症)
developmental anomaly 생리 발육이상(發育異常)
developmental aphasia 신경 발달실어증(發達失語症)
developmental approach 발달적 접근(發達的接近)
developmental apraxia of speech(DAS) 생리 발달성 말실행증
developmental arrest 생리 발육정지(發育停止)
developmental articulation errors 조음 발달성 조음오류(發達性調音誤謬) *cf.* obligatory articulation errors
developmental articulation test(DAT) 발달성 조음검사(發達性調音檢査)
developmental articulatory apraxia 생리 발달성 조음실행증(發達性調音失行症)
developmental assessment 발달사정(發達査定)
developmental balance theory 발달평형설(發達平衡說)
developmental communication curriculum (DCC) 발달적 의사소통 교육과정(發達的意思疏通教育課程)
developmental coordination disorder(DCD) 발달성 협응장애(發達性協應障礙)
developmental delay 발달지체(發達遲滯)
developmental difference controversy 발달적 차이 논쟁(發達的差異論爭)
developmental disabilities 발달장애(發達障礙) = developmental abnormality *cf.* childhood disorders
developmental disabilities services 발달장애 서비스
developmental disturbance 신경 발달장애(發達障礙) = developmental disabilities
developmental dyslexia 생리 발달성 난독증(發達性難讀症) *cf.* acquired dyslexia
developmental dyspraxia 생리 발달성 실행장애(發達性失行症)
developmental error 언어습득 발달오류(發達誤謬)
developmental factors 언어습득 발달요인(發達要因)
developmental feature 발달특성(發達特性)
developmental hesitations 말더듬 발달주춤
developmental history 발달력(發達歷)
developmental imbalance 발달 불균형(發達不均衡)
developmental indicators for assessment of learning(DIAL) 학습평가 발달지표
developmental interdependence hypothesis 발달 상호의존가설(發達相互依存假說)
developmental language disorders(DLD) 언어발달장애(言語發達障礙)
developmental linguistics 발달언어학(發達言語學)
developmental measures 발달측정치(發達測定值)
developmental pathway 발달경로(發達經路)
developmental pattern 발달유형(發達有形)

developmental period 발달시기(發達時期)

developmental phonological processes 음운 발달적 음운변동(發達的音韻變動)

developmental principles 발달원리(發達原理)

developmental psychologist 발달심리학자(發達心理學者)

developmental psychology 발달심리학(發達心理學)

developmental quotient(DQ) 발달지수(發達指數)

developmental scale 언어발달 발달척도(發達尺度)

developmental screening inventory(DSI) 언어발달 발달선별검사목록(發達選別檢查目錄)

developmental sentence scoring(DDS) 언어발달 문장발달점수(文章發達點數)

developmental sequence 언어발달 발달순서(發達順序)

developmental stages 언어발달 발달단계(發達段階)

developmental stuttering 말더듬 발달성 말더듬

developmental task 언어발달 발달과업(發達課業)

developmental test of visual perception (DTVP) 시지각발달검사(視知覺發達檢查)

developmental test of visual-motor integration (DTVMI) 시각운동통합발달검사(視覺運動統合發達檢查)

developmental theory 발달이론(發達理論)

developmental verbal dyspraxia(DVD) 생리 발달성 말실행증

developmental vocabulary AAC 발달어휘(發達語彙) *cf.* coverage vocabulary

developmentalism 발달주의(發達主義)

Devereux child behavior rating scale(DCBRS) 디버룩스 아동행동평정척도(兒童行動評定尺度)

deviant 일탈(逸脫)＝deviation

deviant articulation 일탈조음(逸脫調音)

deviant behavior 일탈행동(逸脫行動)

deviant language 일탈언어(逸脫言語), 비정상 언어(非正常言語)

deviant speech 일탈음성(逸脫音聲), 비정상 음성(非正常音聲)

deviant swallowing 삼킴 일탈연하(逸脫嚥下), 일탈삼킴

deviation 일탈(逸脫)＝deviant

deviation IQ 일탈 지능지수(逸脫知能指數)

deviation phonology 음운 음운일탈(音韻逸脫)

device trials AAC 도구시도(道具試圖)

devoiced sound 조음 무성화음(無聲化音) ＝unvoiced sound

devoicing 음운 무성음화(無聲音化) ↔ voicing

Dewey, John (1859～1952) 듀이(미국의 교육학자이자 철학자)

dexterity 민첩성(敏捷性), 솜씨

dextrality 오른손잡이 ↔ sinistrality

dextro- '오른쪽의'의 의미

DFA(delayed feedback audiometry) 청각 지연피드백 청력계(聽力計)

DFT(discrete Fourier transform) 이산푸리에 변환(變換)

di- '둘'이나 '두 번'의 의미

diachoronie 통시태(通時態) ↔ synchronie

diachotic 생리 (소리의 높이 · 세기가) 좌우의 귀에 다르게 들리는

diachronic linguistics 통시언어학(通時言語學)＝historical linguistics ↔ synchronic linguistics

diachronic phonemics 통시음소론(通時音素論) ↔ synchronic phonemics

diachronic phonetics 통시음성학(通時音聲學) ↔ synchronic phonetics

diachronic process 통시적 과정(通時的過程) ↔ diachronic process

diachrony 통시태(通時態) ↔ synchrony

diacritic feature 구별자질(區別資質)
diacritics 구별기호(區別記號)
diadochkinetic rate(DDK) 조음 길항운동률(拮抗運動率) *cf.* alternating motion rate, sequential motion rate
diadochokinesis 조음 길항반복운동(拮抗反復運動)
diagnosis 진단(診斷)
diagnosis related groups 진단관련 집단(診斷關聯集團)
diagnosogenic theory 말더듬 진단기인론(診斷起因論) *cf.* theory of capacities and demands
diagnostic achievement battery(DAB) 언어발달 성취력진단검사(成就力診斷檢査)
diagnostic and statistical manual of mental disorders(DSM) 정신장애 진단 및 통계편람(精神障礙診斷統計便覽)
diagnostic articulation test 조음진단검사(調音診斷檢査)
diagnostic audiometry 청각 진단청력검사(診斷聽力檢査), 진단청력계(診斷聽力計)
diagnostic character test 심리 성격진단검사(性格診斷檢査)
diagnostic components 의미 진단적 성분(診斷的成分) *cf.* supplementary components
diagnostic evaluation 진단평가(診斷評價)
diagnostic interview schedule(DIS) 진단면담계획(診斷面談計劃)
diagnostic interview 진단적 면담(診斷的面談)
diagnostic reading scales(DRS) 생리 읽기진단척도
diagnostic rhythm test(DRT) 진단운율검사(診斷韻律檢査)
diagnostic teaching 진단교수(診斷敎授)
diagnostic test 진단검사(診斷檢査)
diagnostic therapy 진단치료(診斷治療)
diagnostic ultrasound 진단초음파(診斷超音波)
diagonal diphthong 조음 대각이중모음(對角二重母音)
diagonal element 대각성분(對角成分)
diagonal vent 대각 환기구(對角換氣口)
diagram 다이어그램
diagraphia 다중문자 사용(多重文字使用)
DIAL(developmental indicators for assessment of learning) 학습평가발달지표(學習評價發達指標)
dialect 방언(方言) = vernacular
dialect area 방언권(方言圈) *cf.* dialect boundary
dialect boundary 방언경계(方言境界) *cf.* dialect area
dialect continuum 방언연속체(方言連續體)
dialect differences 방언적 차이(方言的差異)
dialect geography 방언지리학(方言地理學) = linguistic geography
dialect speech community 방언사회(方言社會)
dialectal variations 방언적 변이(方言的變異)
dialectics (Hegel의) 변증법(辨證法) *cf.* idealism
dialectology 방언학(方言學)
dialogue 대화(對話) *cf.* monologue
dialogue exchange 대화교환(對話交換)
dialogue management 대화관리(對話管理)
dialogue repetition drill 대화반복훈련(對話反復訓練)
dialysis 투석(透析), 분리(分離)
dialysis dementia 투석치매(透析癡呆)
diameter 직경(直徑), 지름
diapedesis 누출(漏出), 유출(流出)
diaphone 음소 (방언적인) 이음(異音)
diaphragm 해부 횡격막(橫膈膜)
diaphragm reflex 신경 횡격막반사(橫膈膜反射)
diaphragm type 해부 횡격막형(橫膈膜形)
diaphragma sellae L 골격막
diaphragmatic pleura 해부 횡격흉막(橫膈胸膜)
diaphragmatic surface 해부 횡격면(橫膈面)
diaphragmatic-abdominal respiration 생리 횡격막-복부호흡(橫膈膜腹部呼吸)
diaphysis 해부 골간(骨幹)

D

diarrhea 생리 설사(泄瀉) = enterorrhea
diarthrosis 해부 가동관절(可動關節)diaschisis 기능해리(機能解離)
diaschisis theory 분열이론(分裂理論)
diastole (심장의) 확장기(收縮期) ↔ systole
diastolic 심장 확장(心臟擴張)의 ↔ systolic
diastolic blood pressure 확장기혈압(擴張期血壓) ↔ systolic blood pressure
diastolic hypertension 확장기고혈압(擴張期高血壓)
diastolic pressure 확장기압(擴張氣壓) ↔ systolic pressure
diathesis 특이체질(特異體質)
diathrodial 해부 가동관절(可動關節)의
diatonic intervals 음향 온음계적 음정
diatonic scale 음향 온음계
diatonic semi-tone 음향 온음계적 반음
diatonic whole-tone 음향 온음계적 온음
dichotic listening 생리 (두 귀) 이분청취(二分聽取)
dichotic listening condition (두 뒤) 이분청취조건(二分聽取條件)
dichotic listening task (두 귀) 이분청취과제(二分聽取課題)
dichotic messages (두 귀) 이분법적 메시지
dichotic test (두 귀) 이분검사(二分檢査)
dichotomy 이분법(二分法)
dichrotic dysphonia 생리 이색성 부전실성증(二色性不全失聲症)
dicrotic pulse 생리 중복맥(重複脈)
diction 말씨
dicto-comp 받아쓰기형 작문
diencephalic syndrome 생리 (유전성 발달장애) 간뇌증후군(間腦症候群)
diencephalon 해부 간뇌(間腦), 사이뇌
diet adjustment 식이조절(食餌調節)
diet and lifestyle 식이생활방식(食餌生活方式)
diet cure 식이요법(食餌療法) = dietetics
diet history 식이력(食餌歷)
diet modification 삼킴 (음식농도 변경을 통한) 식이 수정(食餌修正) *cf.* postural modification
dietary approach 삼킴 식이적 접근(食餌的接近) *cf.* rehabilitative approach
dietary deficiency 생리 식이성 영양결핍(食餌性營養缺乏)
dietetics 식이요법(食餌療法) = diet cure
difference approach 차이접근(差異接近)
difference equation 차분방정식(差分方程式)
difference hypothesis 청각 차이가설(差異假說)
difference limen(DL) 청각 차이역(差異閾)
difference limen difference(DLD) 청각 차이역 차이(差異閾差異)
difference limen for frequency(DLF) 청각 주파수차이역(周波數差異閾)
difference limen test 청각 차이역검사(差異閾檢査)
difference limen threshold 청각 차이역역치(差異閾閾值)
difference threshold 청각 차이역치(差異閾值) *cf.* absolute threshold
difference tone 청각 차분음조(差分音調)
differential ability scale(DAS) 청각 변별능력척도(辨別能力尺度)
differential admittance 청각 차동 어드미턴스
differential amplifier 청각 차동증폭기(差動增幅器)
differential analyses 청각 감별분석(鑑別分析)
differential bulk scattering coefficient 통계 미분체적산란계수(微分體積散亂指數)
differential diagnosis(DDx) 감별진단(鑑別診斷)
differential equation 미분방정식(微分方程式)
differential evaluation 감별평가(鑑別評價)
differential function 감별기능(鑑別機能)
differential microphone 차동 마이크로폰
differential pulse code modulation(DPCM) 음향 차분진동부호변조(差分振動符號變調)

differential recording 음향 감별기록(鑑別記錄)
differential reinforcement 음향 감별강화(鑑別强化)
differential reinforcement of alternative behavior(DRA) 인지 대체행동 차별강화(代替行動差別强化) *cf.* differential reinforcement of incompatible behavior
differential reinforcement of higher rates of behavior(DRH) 인지 고발생률행동 차별강화(高發生率行動差別强化) ↔ DRL
differential reinforcement of incompatible behavior(DRI) 인지 모순행동 차별강화(矛盾行動差別强化) *cf.* differential reinforcement of alternative behavior
differential reinforcement of lower rates of behavior(DRL) 인지 저발생률행동 차별강화(低發生率行動差別强化) *cf.* differential reinforcement of other behaviors
differential reinforcement of other behaviors(DRO) 인지 타행동 차별강화(他行動差別强化) *cf.* differential reinforcement of lower rates of behavior
differential relaxation 음향 감별이완(鑑別弛緩)
differential response 음향 감별반응(鑑別反應)
differential scattering cross-section 음향 감별산란단면(鑑別散亂斷面)
differential test 음향 감별검사(鑑別檢査)
differential threshold 음향 감별역치(鑑別閾値)
differential threshold of hearing 청각 차음가청한계(遮音可聽限界)
differentiated plural 분화복수(分化複數)
differentiation (언어의) 분화(分化) *cf.* diversification
differentiation of auditory perception skills (DAPS) 청각 청지각변별기법(聽知覺辨別技法)
difficulty level 난이도 레벨
diffracted wave 음성공학 회절파(回折波)
diffraction 회절(回折)
diffraction factor 회절인자(廻折因子)
diffuse (1) 음운 확산자질(擴散資質) *cf.* compact (2) 확산(擴散)된
diffuse-field distance 음향 확산음장거리(擴散音場距離)
diffuse-field sensitivity 음향 확산음장감도(擴散音場感度)
diffuse phoneme 음운 확산음소(擴散音素)
diffuse sound field 음향 확산음장(擴散音場)
diffusion 확산(擴散)
diffusion model 확산 모형(擴散模型)
digastric branch 해부 이복근지(二腹筋枝)
digastric fossa 해부 이복근와(二腹筋窩)
digastric groove 해부 이복근 홈
digastric muscle 해부 악이복근(顎二腹筋)
digestion 생리 소화(消化)
digestive enzyme 생리 소화효소(消化酵素)
digestive fluid 생리 소화액(消化液) = digestive juice
digestive grand 생리 소화선(消化腺)
digestive hormone 생리 소화호르몬
digestive juice 생리 소화액(消化液) = digestive fluid
digestive organ 소화기관(消化器官)
digestive system disorders 생리 소화계장애(消化系障礙)
digestive system 소화기계(消化器系)
digestive tract 생리 소화로(消化路)
digit 숫자
digit recalling 언어발달 숫자회상(數字回想)
digit span test 심리 숫자 기억범위검사(記憶範圍檢査)
digital 디지털 *cf.* analog
digital audio 디지털 오디오
digital audiotape(DAT) 디지털 오디오테이프
digital audio disc 디지털 음반(音盤)
digital data 디지털 자료

D

digital delay 음향 디지털 지연(遲延)
digital filter 음향 디지털 필터
digital filtering 음향 디지털 필터링
digital hearing aid 디지털 보청기
digital indicator 음향 디지털 지시기(指示機)
digital manipulation 음성치료 손가락조작법(造作法) *cf.* laryngeal massage
digital recording 디지털 녹음
digital signal 음성공학 디지털 신호
digital signal processing(DSP) 음성공학 디지털 신호처리(信號處理)
digital signal processor 음성공학 디지털 신호처리기
digital speech signal processing 음성공학 디지털 음성신호처리(音聲信號處理)
digital system 음향 디지털 체계 *cf.* analog system
digital to analog(D/A) conversion 음성공학 디지털-아날로그 변환
digitization 음향 디지털화
digitized speech device(DSD) 음성공학 디지털 언어장치(言語裝置) *cf.* synthesized speech device
diglossia (1) 두언어사회 (2) 생리 이중혀증
diglossic variant 일어이형 변이(一語二形變異)
digraph 이중글자
DILA(Detroit tests of learning aptitude) 디트로이트 학습적성검사(學習適性檢査)
dilatant fluid 팽창유체(膨脹流體)
dilatation 팽창(膨脹)
dilatation rate 팽창률(膨脹率)
dilatation wave 팽창파(膨脹波)
dilation of pupil 생리 동공확장(瞳孔擴張)
dimension 차원(次元)
dimeter 이음보(二音譜)
diminished interval 감음정(減音程)
diminuendo 점점 여리게, 디미누엔도 *cf.* ritardando
diminuendo diphthongs 조음 하강이중모음(下降二重母音) = falling diphthongs ↔ crescendo diphthongs
diminutive 지소사(指小辭)
diminutive morphemes 형태 지소형태소(指小形態素)
diminutization 지소화(指小化)
ding-dong theory 딩동설, 땡땡설
diode 음향 양극진공관(兩極眞空管)
diotic listening 청각 양이청취(兩耳聽取), 두귀청취
diphthong 조음 이중모음(二重母音), 겹홀소리 *cf.* monophthong
diphthong shortening 음운 이중모음의 단모음화
diphthongization 음운 이중모음화(二重母音化) *cf.* monophthongization
diphthongization rule 이중모음화 규칙(二重母音化規則)
diplacusis 생리 복청(複聽), 이중청(二重聽)
diplegia 신경 (같은 부분의 양쪽이 마비된) 양지마비(兩肢痲痹) *cf.* monoplegia
diploid 해부 이배체(二倍體)
diplomyelia 생리 중복척수증(重複脊髓症)
diplophonia 이중음성(二重音聲)
diplopia 생리 복시(複視) = double vision
dipper curve 하강상승조 곡선(下降上昇調曲線), 디퍼곡선
direct access 직접접근(直接接近)
direct activation system 해부 직접활성경로(直接活性經路) ↔ indirect activation system *cf.* pyramidal tract
direct argument 직접논항(直接論項)
direct assimilation 음운 직접동화(直接同化) ↔ indirect assimilation
direct consequences 담화 직접결과(直接結果) *cf.* reactions
direct contact method 직접접촉법(直接接觸法)

direct current(DC) 직류(直流) ↔ alternating current

direct current biasing 직류 바이어스

direct discourse 담화 직접담화(直接談話)

direct discourse analysis 담화 직접담화분석(直接談話分析)

direct discourse representation 담화 직접화법표시(直接話法標示)

direct drive 직접구동(直接驅動)

direct encoding 직접 기호화(直接記號化)

direct field 음향 직접음장(直接音場) = direct sound field ↔ indirect field

direct imitation 즉각모방(卽刻模倣) *cf.* delayed imitation

direct impedance 음향 직접저항(直接抵抗) ↔ indirect impedance

direct instruction 언어발달 직접교수(直接教授) ↔ indirect instruction

direct language stimulation 언어발달 직접적 언어자극(직接的言語刺戟) ↔ indirect language stimulation

direct language treatment approaches 직접적 언어치료접근법(直接的言語治療接近法)

direct laryngeal examination 직접후두검사(直接喉頭檢査) ↔ indirect laryngeal examination

direct laryngoscopy 음성의학 직접후두경(直接喉頭鏡) ↔ indirect laryngoscopy

direct magnitude estimation(DME) 직접 크기평가

direct mapping 직접유도(直接誘導)

direct memory access(DMA) 인지 직접기억접근(直接記憶接近)

direct memory test 인지 직접기억검사(直接記憶檢査) ↔ indirect memory test *cf.* explicit memory

direct method (조사방법의) 직접방법(直接方法) ↔ indirect method

direct motor system 직접운동체계(直接運動體系)

direct narration 담화 직접화법(直接話法) = direct speech ↔ indirect narration

direct object 통사 직접목적어(直接目的語) ↔ indirect object

direct passive 통사 직접수동태(直接受動態) ↔ indirect passive

direct path 직접경로(直接經路) = direct route ↔ indirect path

direct question 통사 직접의문문(直接疑問文) ↔ indirect question

direct radiator type 직접 방사형(直接放射形)

direct replication 직접적 반복실험(直接的反復實驗) *cf.* systematic replication

direct route 직접경로(直接經路) = direct path ↔ indirect route

direct selection 직접선택(直接選擇) ↔ indirect selection

direct selection communication board AAC 직접선별 의사소통판(直接選別意思疏通板)

direct sound 직접음(直接音) ↔ indirect sound

direct speech 담화 직접화법(直接話法) = direct narration ↔ indirect speech

direct speech act 의미 화용 직접화행(直接話行) ↔ indirect speech act

direct statement 직접적 진술(直接的陳述) ↔ indirect statement

direct stuttering reduction strategy 말더듬 직접적 말더듬 감소전략(減少戰略)

direct stuttering treatment 말더듬 직접적 말더듬 치료 ↔ indirect stuttering treatment

direct surface compositionality 직접표면 구조합성성(直接表面構造合成性)

direct system 직접체계(直接體系) ↔ indirect system

direct teaching 직접교수(直接教授) ↔ indirect teaching

direct therapy 삼킴 직접치료(直接治療) ↔ indirect therapy

direct treatment (치매환자의) 직접치료(直接治療) ↔ indirect treatment

direct visualization 직접적 시각화(直接的視覺化)

direct wave 입사파(入射波) ↔ reflected wave

directed dialogue 지시대화(指示對話)

directed scanning 유도된 스캐닝 *cf.* automatic scanning

directing signs 지시기호(指示記號)

direction 지시(指示)

direction determiner 지향점(指向點)

direction of arrival(DOA) 음향 신호도착방향(信號到着方向)

directional 지향성(指向性) ↔ omnidirectional

directional discrimination test 청각 방향분별 검사(方向分別檢査)

directional gain 청각 지향성 이득(指向性利得) = directivity gain

directional gain test 청각 지향성 이득검사(指向性利得檢査)

directional index 청각 지향지수(指向指數)

directional microphone 지향성 마이크로폰

directional pattern 음향 지향성 유형(指向性類型)

directional response 음향 지향성 응답(指向性應答)

directionality 방향성(方向性)

directionality parameter 통계 방향성 매개변수(方向性媒介變數)

directive counselling 지시적 상담(指示的相談)

directive speech act 담화 지시적 발화행위(指示的發話行爲)

directive therapy 지시적 치료(指示的治療)

directives 지시발화(指示發話), 지시형(指示形)

directivity 지시성(指示性), 지향성(指向性)

directivity factor 청각 지향성 요인(指向性要因)

directivity gain 청각 지향성 이득(指向性利得) = directional gain

directivity index 통계 지향지수(指向指數)

directness 직접성(直接性) ↔ indirectness

Dirichlet boundary condition 디리클렛 경계조건(境界條件)

dis- '분리(分離)', '이탈(離脫)'의 의미

DIS(diagnostic interview schedule) 진단면담계획(診斷面談計劃)

DIS(dyskinesia identification system) 운동장애 식별체계(運動障礙識別體系)

disability 무능력(無能力), 장애(障礙) = activity limitation *cf.* handicaps

disability etiquette 장애 에티켓

disabled (심신) 장애인(障礙人) = handicapped

disagreement 반대(反對)

disambiguation 의미 중의성 제거(重義性除去), 탈중의성(脫重義性)

disappearance 소멸(消滅), 소실(消失)

disaspiration 음운 탈기식음화(脫氣息音化) ↔ aspiration

disassociation 분리(分離)

disavowal 거부(拒否)

disc 원반(圓盤), 원판(圓板)

discal ligament 원판인대(圓板靭帶), 원반인대(圓盤靭帶)

discharge 방출(放出), 배설물(排泄物)

discharge planning 방출계획(放出計劃)

discipline 규율(規律), 훈육(訓育)

DISCO(dyskinesia identification system) 운동장애 식별체제(運動障礙識別體系)

discomfort 불쾌(不快)

discomfort index 불쾌지수(不快指數)

discomfort threshold 불쾌역치(不快易置) = tickle threshold

disconnection anomia 신경 불연속형 명칭실어증(不連續形名稱失語症)

disconnection syndrome 생리 (뇌기능 부전)

단절증후군(斷切症候群)
discontinuity 단절(斷切)
discontinuity hypothesis 불연속가설(不連續假說)
discontinuous assimilation 불연속 동화(不連續同化) ↔ continuous assimilation
discontinuous constituent 불연속 구성성분(不連續構成成分)
discontinuous dependency 불연속 의존구조(不連續依存構造)
discourse 담화(談話), 담화론(談話論)
discourse accent 담화 악센트
discourse antecedent 담화 선행사(談話先行詞)
discourse center 담화중심(談話中心)
discourse commitments 담화수행(談話遂行)
discourse community 담화공동체(談話共同體)
discourse competence 담화능력(談話能力) = pragmatic competence
discourse completion questionnaire 담화완성 설문지(談話完成設問紙)
discourse dependent interpretation 담화의존적 해석(談話依存的解析)
discourse factors 담화요인(談話要因)
discourse-functional factor 담화기능적 요인(談話機能的要因)
discourse grammar 담화문법(談話文法) *cf.* sentence grammar
discourse ideal 이상적 담화(理想的談話)
discourse information 담화정보(談話情報)
discourse location 담화위치(談話位置)
discourse management 담화관리(談話管理)
discourse-old 담화구정보(談話舊情報)
discourse principle 담화원리(談話原理)
discourse record 담화기록(談話記錄)
discourse repair 담화보수(談話補修)
discourse representation theory 담화표상론(談話表象論)
discourse situation 담화상황(談話狀況)
discourse structure 담화구조(談話構造)
discovery learning 발견학습(發見學習)
discovery method 발견학습법(發見學習法)
discovery procedure 발견과정(發見過程), 발견절차(發見節次)
discrete data 음향 이산 데이터
discrete Fourier series(DFS) 음성공학 이산 푸리에 시리즈
discrete Fourier transform(DFT) 음성공학 이산 푸리에 변환(變換)
discrete frequency component 음성공학 이산 주파수성분(離散周波數成分)
discrete point test 음향 이산점 검사(離散點檢査)
discrete sample 음향 이산표본(離散標本)
discrete signal 음향 이산신호(離散信號)
discrete spectrum 음향 이산 스펙트럼
discrete system 음향 이산체계(離散體系)
discrete time 음향 이산시간(離散時間)
discrete trial training(DTT) 언어발달 독립시도 훈련(獨立試圖訓練) = discrete trial instruction
discrete trials 분리시도(分離試圖)
discrete units 분절단위(分節單位)
discrete variable 통계 이산변수(離散變數), 비연속변인(非連續變因)
discreteness 의미 불연속성(不連續性), 비연속성(非連續性)
discretization 불연속화(不連續化)
discriminant analysis 통계 판별분석(判別分析)
discriminant validity 통계 판별타당도(判別妥當度)
discrimination 변별(辨別), 식별(識別), 차별(差別) *cf.* identification
discrimination against disabilities 장애차별(障礙差別)
discrimination approach 변별법(辨別法)
discrimination curve 변별곡선(辨別曲線)

discrimination drill 변별훈련(辨別訓練)
discrimination index 변별지수(辨別指數)
discrimination loss 변별손실(辨別損失)
discrimination method 식별 기법(識別技法)
discrimination power 변별력(辨別力)
discrimination score 변별점수(辨別點數)
discrimination task 변별과제(辨別課題)
discrimination test (어음) 판별검사(判別檢査)
discrimination threshold 식별역치(識別閾値)
discriminative learning 변별학습(辨別學習)
discriminative sensation 생리 변별감각(辨別感覺)
discriminative stimuli 변별자극(辨別刺戟)
discriminatory training 변별훈련(辨別訓練)
disengagement 이탈(離脫)
disfluency 병리적 비유창성(非流暢性) = dysfluency ↔ fluency
dishabituation 언어발달 탈습관화(脫習慣化) ↔ habituation
disinhibition 탈억제(脫抑制) ↔ inhibition
disintegrative disorders (아동기) 분열장애(分裂障礙)
disjoint reference 비동일 지시(非同一指示)
disjunction 이접(離接), 분립(分立) = disjuncture
disjunctive application 이접적 적용(離接的適用)
disjunctive ordering 이접적 순서(離接的順序)
disjuncture 이접(離接) = disjunction
dislocation 탈구(脫臼), 전위(轉位) = displacement
disorder of sensation 심리 지각장애(知覺障礙)
disorder of time 말더듬 시간조절장애(時間調節障礙)
disordered utterance 생리 발화장애(發話障礙)
disordered voice 장애음성(障礙音聲) ↔ normal voice
disorders 장애(障礙)
disorganized 비조직적(非組織的) ↔ organized
disorganized speech 비조직적 언어(非組織的言語), 두서없는 말
disorientation 지남력장애(指南力障礙)
dispersion 통계 산포도(散布度), 분산(分散) = scatter diagram
displaced speech 변위된 말소리
displacement 변위(變位), 전위(轉位) = dislocation
displacement flow 변위이동(變位移動)
display question 예시질문(例示質問)
display rules 예시규칙(例示規則)
disposition 성향(性向)
disrhythmic phonation 비운율적 발성(非韻律的發聲)
disruption 분열(分裂), 붕괴(崩壞), 중단(中斷)
disruption theory 중단이론(中斷理論)
disruptive behavior 심리 분열성 행위(分裂性行爲), 파괴적 행동(破壞的行動)
disruptive behavior disorder 심리 파괴적 행동장애(破壞的行動障碍) *cf.* intermittent explosive disorder
dissection 해부(解剖), 절개(切開)
dissimilarity matrix 통계 상이성 행렬(相異性行列)
dissimilation 음운 이화(異化) ↔ assimilation
dissipation 소산(消散), 소실(消失)
dissipation factor 소산인자(消散因子)
dissipation rate 소산율(消散率)
dissociation 심리 해리(解離), 분리(分離)
dissociative disorders 심리 해리성 장애(解離性障礙)
dissociative reaction 심리 분리반응(分離反應)
dissonance 불협화음(不協和音)
dissonance theory 불협화음이론(不協和音理論)
distal 해부 원위(遠位)의 ↔ proximal
distal arthrogryposis syndrome 생리 말초관절구축 증후군(末梢關節構築症候群)
distal carpal bone 해부 원위 수근골(遠位手根骨)

distal flap 해부 원거리 피판

distance amplitude compensation 음향 거리진폭보상(距離振幅報償)

distance effect 거리효과(距離效果)

distance perception 심리 거리지각(距離知覺)

distance scale 거리척도(距離尺度)

distance sensation 심리 거리감각(距離感覺)

distancing 원거리화(遠距離化)

distant assimilation 음운 원격동화(遠隔同化) ↔ contiguous assimilation

distant spread 확산성(擴散性)

distend 확장(擴張)

distinct trajectory 뚜렷한 궤도(軌道)

distinctive contrast 음운 변별적 대조(辨別的對照)

distinctive feature 음운 변별자질(辨別資質)

distinctive feature analysis 음운 변별자질 분석(辨別資質分析)

distinctive feature theory 변별자질 이론(辨別資質理論)

distinctive function 변별적 기능(辨別的機能)

distinctiveness (기호의) 변별성(辨別性) *cf.* arbitrariness

distinguisher 식별표지(識別標識)

distorted vowels 조음 왜곡된 모음

distorter component 왜곡소 성분(歪曲素成分)

distortion 왜곡(歪曲), 변형(變形)

distortion level 음향 왜곡레벨

distortion product 음향 왜곡산출(歪曲産出)

distortion-product evoked otoacoustic emissions(DPOAE) 청각 변조유발이음향방사(變調誘發耳音響放射)

distortional bone conduction 청각 왜곡성 골도전도(歪曲性骨導傳導)

distoversion (치과의) 원심전위(遠心轉位)

distracter 오답(誤答)

distractibility 주의산만성(注意散漫性), 주의분산성(注意分散性)

distracting word 방해단어(妨害單語)

distraction 주의산만(注意散漫)

distraction technique 주의산만기술(注意散漫技術)

distributed 분산성(分散性), 배분성(配分性)

distributed morphology 분포형태론(分布形態論)

distributed neural network 분산된 신경망(神經網)

distributed practice (아동 말실행증 치료의) 분산적 연습(分散的練習) *cf.* mass practice

distribution 분포(分布), 배분(配分)

distribution of attention 인지 주의배분(注意配分)

distributional analysis 언어발달 분포분석(分布分析)

distributive 배분사(配分辭)

distributive plural 배분복수(配分複數) *cf.* distriburive singular

distributive singular 배분단수(配分單數) *cf.* distributive plural

disyllabic foot 2음절 음보(二音節音譜)

disyllabic rule 음운 2음절 규칙(二音節規則)

disyllable 음운 이음절(二音節) *cf.* mono syllable

dithering 혼합(混合)

diuretic 이뇨제(利尿劑)

diurnal rhythm disturbance 주간리듬교란

divergence 분기(分岐), 발산(發散)

divergence loss 발산손실(發散損失)

divergent categorization 확산 범주화(擴散範疇化)

divergent semantic production 확대의미생산(擴大意味生産)

divergent semantic tasks 확대의미과제(擴大意味課題)

divergent strabismus 해부 외사시(外斜視) ↔ convergent strabismus

divergent task 발산 과제(發散課題)

D

↔ convergent task

diversification (언어의) 다양화(多樣化)

cf. differentiation

diversion schema 인지 전환도식(轉換圖式)

cf. counterforce schema

diversity 다양성(多樣性)

diverticulitis 생리 게실염(憩室炎)

diverticulum 해부 게실(憩室)

divided attention 배분적 주의(配分的注意)

cf. sustained attention

divine theory 신성설(神聖說)

divisibility 분리성(分離性)

division 논리 구분(區分) *cf.* classification

divocalic 음운 이모음성(二母音性)

dizygotic twins 이란성 쌍생아(二卵性雙生兒), 이란성 쌍둥이 = biovular twins ↔ identical twins

DL(difference limen) 청각 차이역(差異閾)

DLD(developmental language disorders) 언어발달장애(言語發達障礙)

DLD(difference limen difference) 청각 차이역 차이(差異閾差異)

DLF(difference limen for frequency) 청각 주파수차이역(周波數差異閾)

DLPFC(dorsolateral prefrontal cortex) 해부 등쪽외측전전두피질(前前頭皮質)

DMA(direct memory access) 인지 직접 기억 접근(直接記憶接近)

DME(direct magnitude estimation) 직접 크기평가

DMP(dystrophia musculorum progressiva) 생리 L 진행성 근이영양증(進行性筋異營養症) = PMD

DNA(deoxyribonucleic acid) 디옥시리보 핵산

DOA(direction of arrival) 청각 신호도착 방향(信號到着方向)

Doeffler-Stewart test 청각 도플러-스트워트 검사

dogmatism 독단주의(獨斷主義)

domain 영역(領域) = area

domain general 영역 일반적(領域一般的)

↔ domain specific

domain general ability 언어발달 영역 일반적 능력(領域一般的能力) ↔ domain specific ability

domain of intantiation 인지 실화의 영역

domain specific 영역 특정적(領域特定的)

↔ domain general

domain specific ability 언어발달 언어 특정적 능력(言語特定的能力) ↔ domain general

Doman-Delacato developmental profile 도만-델라카토 발달적 프로파일

dome loudspeaker 돔형 스피커, 돔 스피커

dome-shape 돔 모양, 돔 형태

domestic violence 가정폭력(家庭暴力)

dominance 우성(優性), 우위(優位), 지배(支配)

dominance condition 우위조건(優位條件)

dominance relation 관할관계(管轄關係)

dominance rule 관할규칙(管轄規則)

dominance schemata 관할도식(管轄圖式)

dominant 신경 우성(優性)의 ↔ recessive

dominant angular gyrus 해부 각회우세(角回優勢)

dominant dialect 우세방언(優勢方言)

dominant frequency 음향 지배주파수(支配周波數)

dominant gene 신경 우성인자(優性因子)

↔ recessive gene

dominant hemisphere 생리 (대뇌의) 우성반구(優性半球)

dominant inheritance 신경 우성유전(優性遺傳) ↔ recessive inheritance

dominant language 우세언어(優勢言語)

= stronger language ↔ nondominant language

dominant mutation 신경 우성돌연변이(優性

突然變異)
dominant wave length 음향 지배파장(支配波長)
dominating node 관할마디
domination 관할(管轄), 지배(支配)
dominator 관할자(管轄者)
donated phrases 표시된 구(句)
donee 받는 이 ↔ donor
donkey breathing 생리 당나귀식 호흡(呼吸)
donor 공여자(供與者), (장기) 제공자(提供者) ↔ donee
donor site 제공부위(提供部位)
dopamine (모노아민계 흥분성 신경전달물질) 도파민
dopamine agonists 도파민 작용제(作用劑)
dopamine antagonists 도파민 길항제(拮抗劑)
dopamine hypothesis 도파민 가설
dopamine metabolites 도파민 대사물(代謝物)
Doppler, Christian Johann 도플러(1803~1853) 오스트리아 물리학자, 수학자, 천문학자
Doppler effect 도플러효과(效果)
Doppler frequency relation 음향 도플러 주파수관계(周波數關係)
Doppler sonar 음향 도플러 소나
dorsal 해부 배측(背側)의, 등쪽의 = posterior ↔ ventral
dorsal aorta 해부 배측 대동맥(背側大動脈) ↔ ventral aorta
dorsal articulation 조음 설배조음(舌背調音)
dorsal cochlear nucleus(DCN) 해부 배측 와우핵(背側蝸牛核) ↔ ventral cochlear nucleus
dorsal commissure 해부 배측 교련(背側交連)
dorsal flexion 등쪽굽힘
dorsal ganglia 해부 배측 신경절(背側神經節)
dorsal horn 해부 전각(前角), 앞뿔 = ventral cornu ↔ ventral horn
dorsal lingual branch 해부 설배지(舌背枝)
dorsal motor nucleus 신경 배측 운동핵(背側運動核)
dorsal muscles 해부 등쪽 근육 ↔ ventral muscles
dorsal of tongue 해부 설배(舌背), 혀등
dorsal reflex 신경 배근반사(背筋反射)
dorsal root 해부 후근(後根) ↔ ventral root
dorsal root ganglion 해부 등쪽뿌리신경절
dorsal root reflex 신경 후근반사(後根反射)
dorsal sound 조음 설배음(舌背音)
dorsal spine 해부 척주(脊柱)
dorsal system 배측 체계(背側體系)
dorsal thalamus 해부 배측 시상(背側視床)
dorsal vagus nucleus 신경 배측 미주핵(背側迷走核)
dorsiflexion 해부 배측 굴곡(背側屈曲)
dorsolateral 해부 등쪽외측의
dorsolateral cortex 해부 등쪽외측피질
dorsolateral prefrontal cortex(DLPFC) 해부 등쪽외측전전두피질(前前頭皮質)
dorsopalatal sound 조음 설배구개음(舌背口蓋音)
dorsovelar sound 조음 설배연구개음(舌背軟口蓋音)
dorsum (혀의) 배면(背面)
dorsum of tongue 해부 설배(舌背)
dosimeter 선량계(線量計), 약학 약량계(藥量計), 도시미터
double articulation 조음 이중조음(二重調音) *cf.* coarticulation
double assimilation 조음 이중동화(二重同化), 겹닮음
double-cell effect 이중기억소자 효과(二重記憶素子效果)
double comparison 이중비교(二重比較)
double consonants 조음 이중자음(二重子音)
double counterpoint 이중 대위법(二重對位法)
double dot 겹점
double genitive 형태 이중속격(二重屬格)
double hemiplegia 신경 이중편마비(二重片麻痺)
double iambus 음운 이중 약강조(二重弱强調)

D

double immersion 이중몰두(二重沒頭)
double innervation 신경 이중지배(二重支配)
double negation 통사 이중부정(二重否定)
double object 통사 이중목적어(二重目的語)
double personality 심리 이중성격(二重性格)
double plural 이중복수(二重複數)
double preposition 이중전치사(二重前置詞)
double restriction 이중제한(二重制限)
double-scale comparatives 이중척도 비교(二重尺度比較)
double sharp (음악의) 겹올림
double sideband(DSB) 양측파대(兩側波帶) *cf.* single sideband
double simultaneous stimulation 신경 이점동시 자극(二点同時刺戟) *cf.* two-point discrimination
double-wall resonance 음향 이중벽 공진(二重共振)
doublet 이중어(二重語)
doubling 중복(重複)=duplication
down-beat nystagmus 하방향 안진(下方向眼震)
down points 아래 지점
down step 낮춤 성조
downers 진정제(鎭靜劑)
downgrading 격하(格下), 등급강등(等級降等)
Down's syndrome(DS) 생리 (유전성 발달장애) 다운 증후군(症候群)
downward spread of masking 음향 하향확산차폐(下向擴散遮蔽)
DPCM(differential pulse code modulation) 청각 차분진동부호변조(差分振動符號變調)
DPOAE(distortion-product evoked otoacoustic emissions) 청각 변조유발이음향방사(變調誘發耳音響反射)
DPST(Dallas preschool screening test) 달라스 취학전선별검사(就學前選別檢査)
DQ(development quotient) 발달지수(發達指數)
DRA(differential reinforcement of alternative behavior) 인지 대체행동 차별강화 (代替行動差別强化) *cf.* DRI
drag 항력(抗力)
drag coefficient 항력계수(抗力係數)
dramatic irony 인지 극적 아이러니 *cf.* situational irony
dramatization 극화(劇化)
drawing a person test 인물화 검사(人物畵檢査)
DRC(damage risk criteria) 청각손상 위험척도(聽覺損傷危險尺度)
dream 꿈
dream analysis 꿈의 분석(分析)
dreaming 꿈꾸기
dreaming sleep 활성수면(活性睡眠), 렘수면
dressing apraxia 생리 착의실행증(着衣失行症) *cf.* constructional apraxia
DRH(differential reinforcement of higher rates of behavior) 인지 고발생률행동 차별강화(高發生率行動差別强化) ↔ DRL
DRI(differential reinforcement of incompatible behavior) 모순행동 차별강화(矛盾行動差別强化) *cf.* DRA
drift 편류(偏流)
drill (기계적) 훈련(訓練)
drive 동인(動因), 충동(衝動)
driver unit 구동부(驅動部)
driving force 추진력(推進力), 동력(動力)
driving frequency 음향 추진주파수(推進周波數)
driving-point impedance 음향 구동점 저항(驅動點抵抗)
driving-point impedance matrix 통계 구동점 저항행렬(驅動點抵抗行列)
driving-point receptance 음향 구동점 리셉턴스
driving pressure 음향 추진압력(推進壓力), 동압(動壓)
DRL(differential reinforcement of lower rates of behavior) 인지 저발생률행동 차별강화(低發生率行動差別强化) *cf.* DRH

DRO(differential reinforcement of other behaviors) 인지 타행동 차별강화(他行動差別强化) *cf.* DRL

drooling 생리 침흘림 증상

drooping eyelid 생리 안검하수증(眼瞼下垂症), 눈꺼풀 처짐(증) = ptosis

drop 낙하(落下)

droplet infection 비말감염(飛沫感染)

dropout 음향 신호유실(信號流失)

dropping 탈락(脫落) = deletion

drowsiness 생리 기면 상태(嗜眠狀態)

DRS(diagnostic reading scales) 생리 읽기진단척도(診斷尺度)

DRT(diagnostic rhythm test) 음운 운율진단검사(韻律診斷檢査)

drug abuse 생리 약물 남용(藥物濫用)

drug addiction 생리 약물중독(藥物中毒)

drug dependency 생리 약물의존성(藥物依存性)

drug effect 생리 약물효과(藥物效果)

drug resistance 생리 약물저항(藥物抵抗)

drug sensitivity 생리 약물민감성(藥物敏感性)

drug therapy 생리 약물치료(藥物治療)

drug tolerance 생리 약물내성(藥物耐性)

drum 드럼

drum cavity 해부 고실(鼓室) = tympanic cavity

drum membrane 해부 고막(鼓膜) = tympanic membrane

dry friction 건조 마찰(乾燥摩擦)

dry hoarseness 건목쉼

dry swallowing 마른 삼킴 ↔ wet swallowing

DS(deep structure) 통사 심층성구조(深層性構造), 기저구조(基底構造) = underlying structure ↔ SS

DS(Down's syndrome) 생리 (유전성 발달장애) 다운증후군(症候群)

DSB(double sideband) 양측파대(兩側波帶) *cf.* single sideband

DSD(digitized speech device) 디지털 언어장치(言語裝置) *cf.* SSD

DSI(developmental screening inventory) 발달선별검사목록(發達選別檢査目錄)

DSL(desired sensation level) 청각 요구감각레벨

DSM(diagnostic and statistical manual of mental disorders) 정신장애 진단 및 통계편람(精神障礙診斷統計便覽)

DSP(digital signal processing) 음성공학 디지털신호처리(信號處理)

DSR(dynamic spatial reconstructor) 역동적 공간재구성(力動的空間再構成)

DSS(developmental sentence scoring) 문장발달점수(文章發達點數)

DST(dexamethasone suppression test) 덱시메타손 억제검사(抑制檢査)

DTC(derivational theory of complexity) 파생복합이론(派生複合理論)

DTE(designated terminal element) 지정말단요소(指定末端要素)

DTT(discrete trial training) 언어발달 독립시도훈련(獨立試圖訓練) = discrete trial instruction

DTTC(dynamic temporal and tatile cueing) 역동적 시간-촉각 단서(力動的時間觸覺端緖)

DTVMI(developmental test of visual-motor integration) 시각운동통합발달검사(視覺運動統合發達檢査)

DTVP(developmental test of visual perception) 시지각발달검사(視知覺發達檢査)

DTW(dynamic time warping) 동적 시간왜곡(動的時間歪曲)

dual 양수(兩數)의, 이중(二重)의

dual effect 이중효과(二重效果)

dual inhibition hypothesis 이중억제가설(二重抑制假說)

dual language children 언어습득 이중언어아동(二重言語兒童)

dual language system hypothesis 언어학습

이중언어체계 가설(二重言語體系假說) *cf.* unitary language system hypothesis

dual memory theory 심리 이중기억이론(二重記憶理論)

dual movement 이중이동규칙(二重移動規則)

dual nationality 이중국적(二重國籍)

dual pronouns 양수대명사(兩數代名詞)

dual purpose 이중목적(二重目的)

dualism 이원론(二元論) *cf.* monism

duality 이중성(二重性)

Dubowitz neurological assessment 드보비치 신경학적 평가(神經學的評價)

Dubowitz scale 드보비치 척도(尺度)

Dubowitz syndrome 생리 (유전성 발달장애) 드보비치 증후군

duct 관(管), 도관(導管)

duct attenuator 음향 덕트 감쇠기(減衰器)

duct cochlearis 해부 L 와우관(蝸牛管)

duct transmission 음향 덕트 전파

dumbness 벙어리

dummy forms 모조형태(模造形態)

dummy verb 허동사(虛動詞)

dumping (1) 폐기(廢棄) (2) 낙하(落下)

dumping syndrome 생리 (위절제 후) 낙하증후군(落下症候群)

duodenitis 생리 십이지장염(十二指腸炎)

duodenum 해부 십이지장(十二指腸)

duplex modem 이중식 모뎀

duplication 중복(重複) = doubling

duplication problem 중복의 문제

dura mater 해부 경막(硬膜) *cf.* meninges

duration 음향 지속시간(持續時間) *cf.* length

duration modifiers 기간 수식어(期間修飾語)

durative 지속음(持續音)

durative participle 계속분사(繼續分詞)

duty cycle 주기량(週期量), 동작주기(動作週期)

DV(dependent variable) 통계 종속변수(從屬變數) ↔ independent variable *cf.* parameters

DVD(developmental verbal dyspraxia) 생리 발달성 말실행증

dwarfism 생리 왜소증(矮小症), 난장이증 = microsomia ↔ gigantism

Dworkin-Culatta oral mechanism examination and treatment system(DCOMET) 워킨-큐라타구강기전검사-치료체계(口腔機轉檢査治療體系)

dyad 이분염색체(二分染色體)

dyadic relation 이항관계(二項關係)

dynamic acoustic impedance 음향 동적 음향저항(動的音響抵抗) ↔ static acoustic impedance

dynamic action 동력작용(動力作用)

dynamic aphasia 신경 역동적 실어증(力動的失語症) = transcortical motor aphasia

dynamic assessment 언어발달 역동적 평가(力動的評價) ↔ static assessment *cf.* dynamic evaluation

dynamic awareness 언어발달 역동적 인식(力動的認識)

dynamic block 동적 차단(動的遮斷)

dynamic characteristic 동적 특성(動的特性)

dynamic compliance(DC) 동적 이행(動的履行) ↔ static compliance

dynamic demography 역동적 인구통계학(力動態人口統計學)

dynamic distortion 음향 역동적 왜곡(力動的歪曲)

dynamic equilibrium 역동적 평형(力動的平衡)

dynamic evaluation 언어발달 역동적 평가(力動的評價) *cf.* dynamic assessment

dynamic evaluation of motor speech skills (DEMSS) 신경 말운동능력의 역동적 평가

dynamic exercise 동적 운동(動的運動)

dynamic flow resistance 동적 유체저항(動的流體抵抗)

dynamic focusing 동적 초점맞추기

dynamic interactional process 역동적 상호과정(力動的相互過程)

dynamic interpretation 역동적 해석(力動的解釋)

dynamic language assessment 역동적 언어평가(力動的言語評價)

dynamic literacy 언어발달 생리 역동적 문해력(力動的文解力) *cf.* critical literacy

dynamic magnification factor 음향 동적 증폭인자(動的增幅因子)

dynamic marks 강약기호(强弱記號), 셈여림표

dynamic memory 심리 동적 기억(動的記憶) ↔ static memory

dynamic modulus 동적 탄성률(動的彈性率) ↔ static modules

dynamic palatography 동태구개도(動態口蓋圖)

dynamic paradigm 동적 모형(動的母型)

dynamic parameters 동적 매개변수(動的媒介變數) *cf.* positional parameters

dynamic phonetics 동태적 음성학(動態的音聲學)

dynamic pressure 동압(動壓) ↔ static pressure

dynamic psychology 동태심리학(動態心理學)

dynamic range 역동범위(力動範圍), 강도범위(强度範圍)

dynamic spatial reconstructor(DSR) 역동적 공간재구성(力動的空間再構成)

dynamic specific flow resistance 동적 특정 흐름저항

dynamic spring constant 동적 스프링상수

dynamic state 동적 상태(動的狀態) ↔ static state

dynamic statistics 동태통계학(動態統計學)

dynamic stiffness 동적 강성(動的剛性)

dynamic system 동력학 체계(動力學體系)

dynamic temporal and tatile cueing(DTTC) 역동적 시간-촉각 단서(力動的時間觸覺端緖)

dynamic time warping(DTW) 동적 시간왜곡(動的時間歪曲)

dynamic verb 동적 동사(動的動詞) ↔ state verb

dynamic vibration absorber 동적 흡진기(動的吸振器)

dynamic vibration reducer 동적 진동감쇠기(動的振動減衰器)

dynamic viscosity 동적 점성(動的粘性)

dynamics 역학(力學), 역동성(逆動性)

dynamism 역동론(逆動論)

dynamometer 동력측정기(動力測程器)

dyne 물리 다인 (힘의 단위)

dysacousia 청각장애(聽覺障碍) = hearing impairment

dysacoustic zone 음향 이음향권(異音響圈)

dysaesthesia 생리 이상감각(異常感覺)

dysanagnosis 생리 어맹증(語盲症), 오독증(誤讀症)

dysaphia 생리 이촉각증(異觸覺症)

dysarthria 생리 마비성 구어장애(痲痹性口語障礙), 마비말장애

dysarthria examination battery(DEB) 마비말장애 검사도구

dysaudia 생리 청각부전(聽覺不全)

dysautonomia 생리 자율신경기능장애(自律神經機能障礙)

dysbasia 생리 보행장애(步行障礙) = gait disturbance

dyscalculia 생리 계산장애(計算障礙) *cf.* acalculia

dyscoria 생리 동공이상(瞳孔異常)

dysdiadochokinesis 생리 길항반복운동부전(拮抗反復運動不全)

dysdipsia 생리 삼킴곤란

dysecoia 생리 이청각증(異聽覺症)

dysfluency 말더듬 비유창성(非流暢性) = disfluency ↔ fluency

dysfunction 생리 기능부전(機能不全) ↔ malfunction

dysgenesis 생리 이상발육(異常發育)

dysglossia 생리 부전실설증(不全失舌症)

dysgrammatism 생리 오문법증(誤文法症) *cf.* agrammatologia

dysgraphia 생리 난서증(亂書症), 쓰기장애 = writing disability *cf.* agraphia

dysgraphia with dyslexia 생리 읽기장애를 동반한 쓰기장애

dysgraphia without dyslexia 생리 읽기장애를 동반하지 않은 쓰기장애

dyskinesia 생리 이상운동증(異常運動症)

dyskinesia identification system(DIS) 운동장애 식별체계(運動障礙識別體系)

dyskinetic agraphia 생리 이상운동형 실서증(異常運動形失書症) *cf.* paretic agraphia

dyskinetic syndrome 생리 운동장애 증후군(運動障礙症候群)

dyslalia 생리 (말초성) 발어곤란(發語困難)

dyslexia 생리 난독증(亂讀症), 읽기장애 = reading disability *cf.* alexia

dyslogia 생리 논리장애(論理障礙)

dysmaturity 생리 이상성숙(異常成熟)

dysmenorrhea 생리 월경불순(月經不純)

dysmetria 생리 운동조정곤란(運動調整困難)

dysmorphia 생리 이형증(異形症)

dysmorphology 기형학(畸形學)

dysmorphophobia 심리 불구공포증(不具恐怖症)

dysmorphopsia 생리 착시증(錯視症)

dysmyotonia 생리 근긴장이상(筋緊張異常)

dysneuria 생리 신경기능장애(神經機能障礙)

dysnomia 신경 명칭실어증(名稱失語症) = anomia

dysopsia 생리 약시(弱視)

dysorexia 생리 식욕결핍(食慾缺乏)

dysosteogenesis 생리 이상골형성증(異常骨形成症)

dysostosis 생리 골형성부전증(骨形成不全症)

dyspepsia 생리 소화불량(消化不良) = indigestion ↔ eupepsia *cf.* apepsia

dysphagia 생리 연하장애(嚥下障礙), 삼킴장애 = swallowing disorders *cf.* aphagia

dysphasia 신경 부전실어증(不全失語症) *cf.* aphasia

dysphemia 생리 신경증적 언어장애(神經症的嚥下障礙)

dysphonia 생리 발성부전(發聲不全) *cf.* aphonia

dysphoria 불쾌(不快), 불쾌감(不快感) ↔ euphoria

dysphrasia 신경 신경성 부전실어증(神經性不全失語症)

dysplasia 생리 이형성증(異形成症)

dyspnea 생리 호흡곤란(呼吸困難)

dyspraxia 생리 부전실행증(不全失行症)

dysprosody 생리 운율부전증(韻律不全症) *cf.* aprosody

dysrhythmia 생리 율동장애(律動障礙)

dysrhythmic phonation 비운율적 발성(非韻律的發聲)

dyssemia 사회화장애(社會化障礙)

dysthymic disorders 심리 기분부전장애(氣分不全障碍), 기분저하증(氣分低下症)

dystocia 생리 근육긴장 부전증(筋肉緊張不全症)

dystomia 생리 문장착오(文章錯誤)

dystonia 생리 근육긴장이상(筋肉緊張異常) *cf.* laryngeal dystonia

dystonia mesculorum deformans 생리 변형성 근긴장부전증(變形性筋緊張不全症)

dystonic attack 생리 실조성 발작(失調性發作)

dystrophia 생리 L 이영양증(異營養症)

dystrophia musculorum progressiva(DMP) 생리 L 진행성 근이영양증(進行性筋異營養症) = progressive muscular dystrophy

dystrophy 생리 (1) 영양실조(營養失調) (2) 근위축증(筋萎縮症) = muscle dystrophy

dysuria 생리 배뇨곤란(排尿困難), 난뇨(難尿)

dysusis 생리 이청각증(異聽覺症), 청각부전(聽覺不全)

E

EABR(electrically evoked auditory brainstem response) 신경 전기유발청각 뇌간반응(電氣誘發聽覺腦幹反應)

EAC(external auditory canal) 해부 외이도(外耳道) = external auditory meatus

eAEP(electrical auditory evoked potential) 신경 전기유발 청성전위(電氣誘發聽聲電位)

EAI(equal-appearing interval scale) 통계 등간척도(等間尺度) *cf.* ordinal scale

EAP(employee assistance program) 피고용자 조력 프로그램

ear 이(耳), 귀

EAR(early automated responses) 초기자동화 반응(初期自動化反應)

ear advantage 생리 귀 우세(優勢)

ear block 청각 귀 차단

ear canal 해부 이관(耳管), 중이관(中耳管) = external auditory canal

ear canal resonance 음향 이관공명(耳管共鳴)

ear canal stenosis 생리 이관협착(耳管狹窄)

ear concha 해부 이갑개(耳甲介)

ear crystal 해부 이석(耳石)

ear defender 청각보호구(聽覺保護區), 방음보호구(防音保護區)

ear discharge 생리 이루(耳漏)

ear drum 해부 고막(鼓膜) = tympanic membrane

eardrum rupture 생리 고막파열(鼓膜破裂)

ear impression 청각 귓본 = earmold

ear lobe 해부 귓불

ear noise 음향 이명(耳鳴), 귀울림 = tinnitus

ear, nose, and throat(ENT) 이비인후과(耳鼻咽喉科)

ear ossicles 해부 이소골(耳小骨) = auditory ossicles

ear pain 생리 귀앓이

ear pit 해부 이소와(耳小窩)

ear polyp 생리 이용종(耳茸腫)

ear preference 청각 귀 선호도(選好度)

ear protection 청각 귀 보호(聽覺保護)

ear protector 청각 귀 보호구(保護具)

ear simulation 청각 모의귀 검사

ear simulator 청각 모의귀

ear speculum 청각 이경(耳鏡)

ear training 청각 귀 훈련 = sensory-perceptual training

ear wax 생리 이구(耳垢), 귀지, 귓밥 = cerumen

early adulthood 성인전기(成人前期) *cf.* late adulthood

early and periodic screening diagnosis and treatment(EPSDT) 조기주기적 선별진단 치료(早期週期的選別診斷治療)

early automated responses(EAR) 초기자동화 반응(初期自動化反應)

early childhood 언어발달 초기 아동기(初期兒童期) = infancy

early childhood education 조기아동교육(早期兒童教育)

early childhood longitudinal study 언어발달 초기 아동기 종단연구(初期兒童期縱斷研究)

early childhood special education act 유아특수교육법(幼兒特殊教育法)

early consonants 언어발달 초기자음(初期子音) *cf.* late consonants

early decay time(EDT) 음향 초기감쇠시간(初期減衰時間)

early detection inventory(EDI) 조기발견검사목록(早期發見檢查目錄)

early hearing screening 조기청력선별검사(早期選別聽力檢查)

early infantile autism 생리 조기유아자폐증(初期幼兒自閉症)

early intervention 언어발달 조기중재(早期仲裁)

early intervention development profile(EIDP) 언어발달 조기중재발달 프로파일

early language milestones scale (ELMS) 언어발달 초기언어발달척도(初期言語發達尺度)

early latency response 생리 초기지연반응(初期遲延反應) *cf.* auditory late response

early literacy 언어발달 초기문해(初期文解) *cf.* preliteracy

early reflections 초기반사음(初期反射音)

early response 초기반응(初期反應) *cf.* late response

early screening inventory(ESI) 언어발달 조기선별검사목록(早期選別檢查目錄)

early screening profile(ESP) 언어발달 조기선별 프로파일

early second language learners 언어발달 조기제2언어 학습아동(早期第二言語學習兒童)

early sentence stage 언어발달 초기문장단계(初期文章段階)

early social communication scales(ESCS) 언어발달 초기 사회적 의사소통척도(初期社會的意思疏通尺度)

early symbolic level 언어발달 초기상징 단계(初期象徵段階) *cf.* presymbolic level

early-to-late sound index 초기-후기음 지수(初期後期音指數)

earmold 청각 귓본 = hearing aid shell

earmuff 청각 귀덮개

earn and lose 득실(得失)

EAS(electroacoustic stimulation) 전기음향자극(電氣音響刺戟)

EAS(electroacoustic system) 전기음향체계(電氣音響體系)

EASC(evaluating acquired skills in communication) 의사소통 습득기술평가(意思疏通習得技術評價)

easy breath hold 보통 숨참기

easy speech 말더듬 편한 말

eating disorders 삼킴 섭식장애(攝食障礙), 식이장애(食餌障碍) = feeding disorders *cf.* swallowing disorders

EBP(evidence-based practice) 근거중심 임상치료(根據中心臨床治療), 근거기반임상치

료(根據基盤臨床治療)

ECA(external carotid artery) 해부 외경동맥(外頸動脈)

ECA(external criterion approach) 외적 준거 접근법(外的準據接近法)

ECAP(electrically evoked compound action potential) 음향 전기유발복합활동전위(電氣誘發複合活動電位)

ECC(evaluating communicative competence) 의사소통능력평가(意思疏通能力評價)

eccentric circle 이심원(離心圓)

eccentric power 이심력(離心力), 원심력(遠心力)

ECF(extracellular fluid) 해부 세포외액(細胞外液) *cf.* ICF

ECG(electrocardiogram) 심전도(心電圖)

echo 반향(反響), 에코

echo and delay effects 음향 반향지연 효과(反響遲延效果)

echo canceller 음향 반향상쇄기(反響相殺機)

echo-cultural environment 생태문화적 환경(生態文化的環境)

echo chamber 음향 반향실(反響室) = echo room

echo level 음향 반향레벨

echo location 음향 반향위치(反響位置)

echo-planar imaging 반향평면 영상(反響-平面映像)

echo question 음향 반향의문(反響疑問)

echo room 음향 반향실(反響室) = echo chamber

echo scales 음향 반향척도(反響尺度)

echo speech 말더듬 반향말

echo suppressor 음향 반향억제기(反響抑制機)

echoic operant 음향 반향조작(反響操作)

echoic store 심리 반향기억(反響記憶)

echolalia 언어발달 반향어(反響語) = echospeech

echophonia 생리 음성반향증(音聲反響症)

echopraxia 생리 반향동작증(反響動作症)

echospeech 생리 반향어(反響語) = echolalia

echotime patten 반향시간유형(反響時間類型)

eclampsia 자간(子癎)

ECLB(evaluation of classroom listening behavior) 교실청취행동평가(教室聽取行動評價), 교실듣기행동평가

eclectic method 절충식 교수법(折衷式教授法)

eclectic voice therapy 절충적 음성치료(折衷的音聲治療) *cf.* holistic voice therapy

eclecticism 절충주의(折衷主義)

en 전접어(前接語)

ECM(extracellular matrix) 세포외 기질(細胞外基質)

ECoG(electrocochleography) 청각 전기와우도검사법(電기蝸牛圖檢查法)

ecogenetic disorders 생태-유전학적 장애(生態遺傳學的障礙)

ecological approach 생태학적 접근(生態學的接近)

ecological factors 생태적 요인(生態的要因)

ecological psychology 생태심리학(生態心理學)

ecological validity 생태학적 타당도(生態學的妥當度)

ecology 생태학(生態學)

ECP(empty category principle) 통사 공범주원리(空範疇原理) *cf.* subjacency condition

ecstasy 생리 황홀증(恍惚症)

ectasia 생리 (혈관) 확장증(擴張症)

ecto- '외측(外側)에 있는'의 의미

ectoderm 해부 외배엽(外胚葉) ↔ endoderm *cf.* mesoderm

ectodermal dysplasia 생리 외배엽 형성부전증(外胚葉形成不全症)

ectomorph 외배엽형(外胚葉形)

ectomy '절제(切除)', '제거(除去)'의 의미

ectrodactyly 생리 손발가락 결손증(缺損症)

ECU(environmental control unit) 환경조절장치(環境調節裝置)

E

eczema 습진(濕疹)

EDA(electrodermal audiometry) 피부전위청력검사(皮膚電位聽力檢査)

eddy current loss 와전류손실(渦電流損失), 소용돌이 전류손실

edema 부종(浮腫), 수종(水腫)

edge diffraction 음향 경계회절(境界回折), 모서리 회절

EDH(epidural hematoma) 생리 (경막과 두개골 사이에 피가 고이는) 경막외 혈종(硬膜外血腫) ↔ SDH

EDI(early detection inventory) 조기발견검사목록(早期發見檢査目錄)

EDR(electric dynamic range) 전기역동범위(電氣力動範圍) = ODR

EDRA(electrodermal response test audiometry) 청각 피부전위청력반응검사(皮膚電位聽力反應檢査)

EDT(early decay time) 초기감쇠시간(初期減衰時間)

educable mentally handicapped(EMH) 교육가능 지적장애(教育可能知的障礙)

educable mentally retarded(EMR) 교육가능정신지체(教育可能精神遲滯)

Education of the Handicapped Act(EHA) 장애인교육법(障礙人教育法)

educational audiologist 교육청능사(教育聽能士)

educational audiology 교육청각학(教育聽覺學)

educational diagnosis 교육진단(教育診斷)

educational evaluation 교육평가(教育評價)

educational finance 교육재정(教育財政)

educational incentives 교육유인(教育誘引)

educational linguistics 교육언어학(教育言語學)

educational planning 교육계획(教育計劃)

educational policy 교육정책(教育政策)

educational psychology 교육심리학(教育心理學)

educational quotient(EQ) 교육지수(教育指數)

educational settings 교육환경(教育環境)

educational sign system 청각 교육적 수화체계(教育的手話體系)

educational system 교육제도(教育制度)

educational technology 교육공학(教育工學)

educational theory 교육이론(教育理論)

educationally mentally handicapped(EMH) 교육학적-정신학적 장애(教育學的精神學的障礙)

eduction 추출(抽出)

Edward syndrome 생리 (유전성) 에드워드 증후군

EEA(electroencephalic audiometry) 청각 전자뇌파 청력계(電子腦波聽力計)

EEG(electroencephalogram) 뇌과학 뇌전도(腦電圖)

EER(extraesophageal reflux) 생리 식도외역류(食道外逆流)

EERD(extraesophageal reflux disease) 생리 식도외역류병 *cf.* LPR

effect 효과(效果), 효능(效能) *cf.* effectiveness, efficiency

effect size 통계 효과크기

effective acoustic center 실효음향중심(實效音響中心)

effective amplitude 효과적 진폭(效果的振幅)

effective bandwidth 음향 유효대역(有效帶域)

effective communication AAC 효과적 의사소통(效果的意思疏通) *cf.* efficient communication

effective length 유효길이

effective masking level 음향 유효차폐레벨

effective masking(EM) 음향 유효차폐(有效遮蔽)

effective mass 실효질량(實效質量)

effective perceived noise level(EPNL) 음향 유효감지소음도(有效感知騷音度)

effective schooling 효과적 학교교육(效果的學校教育)

effective sound pressure 청각 실효음압(實效

音壓)

effective teaching 효과적 교육(效果的教育)

effective temperature 체감온도(體感溫度)

effective value 실효치(實效値)

effectiveness 유효성(有效性) *cf.* efficiency

effectiveness factor 통계 유효계수(有效係數)

effectiveness of treatment 치료 효율성(治療效率性)

effector 신경 효과기(效果器) *cf.* receptor

effector cell 해부 효과기세포(效果器細胞)

effector-inhibitory factor 효과기억제인자(效果器-抑制因子)

effector operation 효과기 작동(效果器作動)

effectorceptor 신경 효과 수용기(效果受容器), 효과수용체(效果受容體)

effeminate voice quality 약한 음질＝thin vocal resonance

efference copy 원심복사(遠心複寫)

efferent 신경 원심성(遠心性) ↔ afferent

efferent auditory system 원심성 청각체계(遠心性聽覺體系), 원심성 청각시스템

efferent axon 해부 원심성 축삭(遠心性逐朔) ↔ afferent axon

efferent impulse 원심성 자극(遠心性興刺戟) ↔ afferent impulse

efferent motor aphasia 신경 원심성 운동실어증(遠心性運動失語症)

efferent nerve 해부 원심성 신경(遠心性神經) ↔ afferent nerve

efferent nerve fiber 해부 원심성 신경섬유(遠心性神經纖維)＝efferent fibers ↔ afferent nerve fibers

efferent neuron 해부 원심성 뉴런 ↔ afferent neuron

efferent pathway 원심성 경로(遠心性經路) ↔ afferent pathway

efferent peripheral nerve 해부 원심성 말초신경(遠心性末梢神經) ↔ afferent peripheral nerve

efferent sensory system 생리 원심성 감각계(遠心性感覺系) ↔ afferent sensory system

efficacy 효능(效能)

efficiency 효율성(效率性) *cf.* effectiveness

efficiency parameters 효율성 매개변수(效率性媒介變數)

efficient communication AAC 효율적 의사소통(效率的意思疏通) *cf.* effective communication

efficient voice 효율적 음성(效率的音聲)

effort closure technique 노력성 폐쇄기법(努力性閉鎖技法)

effort level 노력레벨

effortful breath hold 최대 숨참기

effortful closure technique (성대의) 노력성 폐쇄기법(努力性閉鎖技法)

effortful phonation 생리 노력성 발성(努力性發聲)

effortful swallow 삼킴 노력성 삼킴 *cf.* Mendelsohn maneuver

effusion 삼출액(滲出液)＝exudate

EFL(English as a foreign language) 외국어로서의 영어

EFT(embedded figure test) 숨은그림찾기검사

egg cell 해부 난세포(卵細胞)

ego 심리 자아(自我) *cf.* superego

ego analysis 자아분석(自我分析)

ego-control 자아통제(自我統制)

ego defense 자아방어(自我防禦)

ego-identity 자아정체성(自我正體性)

ego integrity 자아통합(自我統合)

ego narcissism 자아애(自我愛), 자애(自愛)

ego neurosis 생리 자아신경증(自我神經症)

ego-permeability 자아투과성(自我-透過性)

ego state 자아상태(自我狀態)

ego strength 자아력(自我力)

egocentric language 자기중심적 언어(自己中

心的言語)
egocentric speech 자기중심적 말
egocentric writing 자기중심적 작문(自己中心的作文)
egocentricity 자아중심성(自我中心性)
egocentrism 자기중심주의(自己中心主義)
egodevelopment 자아발육(自我發育)
EGP(English for general purpose) 일반목적을 위한 영어
egressive air 호기(呼氣), 날숨 ↔ ingressive air
egressive airstream 호기류(呼氣流), 날숨기류 ↔ ingressive airstream
egressive sound 호기음(呼氣音), 날숨소리 ↔ ingressive sound
EHA(Education of the Handicapped Act) 장애인교육법(障礙人敎育法)
EIDP(early intervention development profile) 조기중재발달 프로파일
eigenfrequency 고유주파수(固有周波數)
eigenfunction 고유함수(固有函數)
eigenmode 고유모드
eigenray 고유음선(固有陰線)
eigenvalue 고유치(固有値), 고유값
eigenvector 고유벡터
eight-step continuum treatment 8단계 연속치료(連續治療)
eighth note 팔분음표
eighth-tone 팔분음
Einstein, Albert (1879~1955) 아인슈타인(독일 태생의 미국의 이론 물리학자)
ejaculation 사정(射精)
ejaculatory duct 사정관(射精管)
ejective sound 방출음(放出音)
elaborated code (중산층 가정이 쓰는) 정밀어(精密語) = formal code *cf.* restricted code
elaboration 정교화(精巧化)
elaborative distance 인지 정교화 거리(精巧化距離)
elaborative inference 논리 정교한 추리 *cf.* explanatory inference
elaborative simplification 정교한 단순화
elastic body 탄성체(彈性體)
elastic cartilage 해부 탄성연골(彈性軟骨)
elastic constant 통계 탄성상수(彈性常數)
elastic deformation 탄성변형(彈性變形)
elastic fiber 해부 탄성섬유(彈性纖維)
elastic membrane 해부 탄성막(彈性膜)
elastic modulus 탄성모듈
elastic reactance 탄성저항(彈性抵抗)
elastic recoil 탄성반동(彈性反動)
elastic recoil force 탄성반동력(彈性反動力)
elastic recoil pressure 탄성반동압력(彈性反動壓力)
elastic support 탄성지지(彈性支持)
elastic wave 탄성파(彈性波)
elasticity 탄성(彈性)
elder abuse 노인학대(老人虐待)
elective mutism 생리 선택적 무언증(選擇的無言症)
Electra complex (Karl Jung의) 엘렉트라 콤플렉스 ↔ Oedipus complex
electric auditory evoked potential telemetry 청각 전기청성유발전위 원격측정(電氣聽性誘發電位遠隔測定)
electric charge 전하(電荷)
electric condenser microphone 전기콘덴서 마이크로폰
electric disequilibrium 음향 전기적 비평형(電氣的非平衡)
electric dynamic range(EDR) 음향 전기역동범위(電氣力動範圍) = output dynamic range
electric field 음향 전기적 영역(電氣的領域)
electric guitar 전기기타
electric irritability 음향 전기적 감수성(電氣

的感受性)
electric musical instrument 전기악기(電氣樂器)
electric piano 전기피아노
electric response audiometry(ERA) 청각 전기반응청력검사(電氣反應聽力檢查)
electric stapedius reflex threshold(eSRT) 음향 전기등골근반사역치(電氣鐙骨筋反射閾値)
electric stimulation 전기자극(電氣刺戟)
cf. magnetic stimulation
electric threshold level 음향 전기역치레벨
electrical analogy 전기적 대응법(電氣的對應法)
electrical artificial larynx 전기인공후두(電氣的人工喉頭)
electrical auditory evoked potential(eAEP) 신경 전기청성유발전위(電氣聽性誘發電位)
electrical brain stimulation 전기뇌자극(電氣腦刺戟)
electrical buzz generator 음향 전자음생성기(電子音生成器)
electrical coupling 전기적 결합(電氣的結合)
electrical field 음향 전기장(電氣場)
electrical gradient 전기 기울기
electrical impedance 음향 전기저항(電氣抵抗), 전기 임피던스
electrical measurement 전기적 측정(電氣的測定)
electrical potential 음향 전기전위(電氣電位)
electrical reaction 전기반응(電氣反應)
electrical recoding 전기적 녹음방법(電氣的錄音方法)
electrical signal 음향 전기신호(電氣信號)
electrical stimulation 삼킴 전기적 자극(電氣的刺戟)
electrical stimulation of the brain(ESP) 뇌과학 뇌전기적 자극방법(電氣的刺戟方法)
electrical synapse 신경 전기적(電氣的) 시냅스
electrical threshold 전기역치(電氣閾値)
electrically evoked action potential 음향 전기유발활동전위(電氣誘發活動電位)
electrically evoked auditory brainstem response(EABR) 신경 전기유발청각뇌간반응(電氣誘發聽覺腦幹反應)
electrically evoked compound action potential(ECAP) 신경 전기유발복합활동전위(電氣誘發複合活動電位)
electrically evoked middle latency response (EMLR) 신경 전기유발중간잠복기반응(電氣誘發中間潛伏期反應)
electrically evoked stapedial reflex(ESR) 신경 전기유발등골근반사(電氣誘發鐙骨筋反射)
electricity 전기(電氣)
electro larynx 전기후두기(電氣喉頭器)
electroacoustic analysis 전기음향분석(電氣音響分析)
electroacoustic coupling coefficient 음향 전기음향 결합계수(電氣音響結合係數)
electroacoustic device 전기음향적 장치(電氣音響的裝置)
electroacoustic stimulation(EAS) 전기음향자극(電氣音響刺戟)
electroacoustic system(EAS) 전기음향체계(電氣音響體系)
electroacoustic transducer 전기음향 변환기(電氣音響變換機)
electroacoustic wave 음향 전기음향파(電氣音響波)
electroacoustics 전자음향학(電子音響學)
electrocardiogram(ECG) 심전도(心電圖)
electrocardiography 심전도검사법(心電圖檢査法), 심전도기록법(心電圖記錄法)
electrochemical 전기화학적(電氣化學的)
electrochemical gradient 전기화학 기울기
electrocochelogram 청각 전기와우도(電氣蝸牛圖)

E

electrocochleography(ECoG) 청각 전기와우도검사법(電기蝸牛圖檢査法), 전기달팽이관검사법

electrocochleometer 청각 와전계(蝸電計)

electroculography(EOG) 전기안구도기록법(電氣眼球圖記錄法), 안전위도검사(眼電位圖檢査)

electrode 전극(電極)

electrode array 전극배열(電極配列)

electrode impedance 음향 전극저항(電極抵抗), 전극임피던스

electrode potential 음향 전극전위(電極電位)

electrodermal audiometry(EDA) 피부전위청력검사(皮膚電位聽力檢査)

electrodermal response test audiometry (EDRA) 피부전위청력반응검사(皮膚電位聽力反應檢査)

electrodynamic microphone 다이나믹 마이크로폰

electrodynamic shaker 전기역학 교반기(電氣力學攪拌機)

electrodynamic telephone earphone 음향 전기역학 수화기(電氣力學受話器)

electrodynamic velocity pickup 전기역학 속도픽업

electrodynamic vibration pickup 전기역학 진동픽업

electroencephalic audiometry(EEA) 청각 전자뇌파 청력계(電子腦波聽力計)

electroencephalic response audiometry (ERA) 뇌과학 전자뇌파반응청력계(電子腦波反應聽力計)

electroencephalogram(EEG) 뇌과학 뇌전도(腦電圖)

electroencephalography 뇌과학 뇌파검사법(腦波檢査法)

electroglottography(EGG) 전기성문도(電氣聲門圖)

electrolarynx 전기후두(電氣喉頭) *cf.* artificial larynx

electrolyte 전해질(電解質)

electromagnetic field 전자기장(電磁氣場)

electromagnetic induction 전자기유도(電磁氣誘導)

electromagnetic wave 전자기파(電磁氣波)

electromechanical coupling 전기역학 결합(電氣力學結合)

electromechanical coupling coefficient 전기역학 결합계수(電氣力學結合係數)

electromechanical filter 전기기계 필터

electromechanical transducer 전기역학 변환기(電氣力學變換機)

electromotility 전기운동성(電氣運動性)

electromotive force(EME) 기전력(起電力)

electromyogram(EMG) 근전도(筋電圖)

electromyograph 근전계(筋電計)

electromyography 근전도검사법(筋電圖檢査法)

electron 전자(電子)

electron transport system 전자전달계(電子傳達系)

electroneuronography(EnoG) 전기신경전도법(電氣神經傳導法)

electronic artificial larynx 전기인공후두(電氣人工喉頭)

electronic brain 전자두뇌(電子頭腦)

electronic commerce 전자상거래(電子商去來)

electronic communication systems AAC 전자의사소통체계(電子意思疏通體系) = electronic gestural-assisted communication strategies

electronic device for alaryngeal speech 무후두 발성용 전자장치(無喉頭發聲用電子裝置) = electrolarynx

electronic focusing 전자집속(電子集束)

electronic gestural-assisted communication strategies AAC 전자몸짓-보조 의사소통

전략＝electronic communication systems
electronic microphone 전자 마이크로폰
electronic scanning 전자주사(電子注射)
electronic synthesizers 전기음성합성기(電氣音聲合成機)
electronystagmography(ENG) 전기안진도검사법(電氣眼震度檢査法)
electropalatography(EPG) 전자구개검사법(電子口蓋檢査法)
electrophone 전기 보청기
electrophonic effect 전기음 효과(電氣音效果)
electrophysiologic audiometry 청각 전기생리학적 청력검사(電氣生理的聽力檢査)
electrophysiology 전기생리학(電氣生理學)
electroretinography(ERG) 망막전기측정기(網膜電氣測程器)
electrostatic actuator 정전형 구동기(靜電形驅動機)
electrostatic earphone 정전형 이어폰
electrostatic loudspeaker 정전형 스피커
electrostatic microphone 정전형 마이크로폰
electrostatic telephone earphone 정전형 수화기(靜電形受話器)
element (1) 요소(要素) (2) 원소(元素)
elementary particle 소립자(素粒子)
elementary school student 초등학교학생(初等學校學生)
elementary transformation 기본변형(基本變形)
elephant man disease 생리 코끼리 인간병(人間病)
elephantiasis 생리 코끼리 상피증(上皮症)
elevation 거상(擧上), 상승(上昇)
elevator muscles 해부 (설골의) 올림근 ＝levators ↔ depressors
elevators 해부 (설골의) 거근(擧筋), 올림근 ＝elevator muscles ↔ depressors
ELI(environmental language inventory) 환경언어검사목록(環境言語檢査目錄)
elicitation 유도(誘導)
elicitation procedure 유도절차(誘導節次)
elicitation technique 유도기술(誘導技術)
elicited aggression 유도된 공격성
elicited imitation 유도된 모방, 유발된 모방
elicited responses 유도반응(誘導反應)
eliciting fluency breaks 말더듬 유창성 단절 유도하기
eligibility 적격성(適格性)
elimination disorders 배설장애(排泄障礙)
elimination of abuses 음성치료 음성남용의 제거
ELIP(environmental language intervention program) 환경적 언어중재 프로그램
ELIS(environmental language strategy) 환경적 언어중재전략(環境的言語仲裁戰略)
elision 음운 생략(省略), 탈락(脫落)＝deletion
ellipsis 생리 생략증(省略症)
ellipsoid 타원체(楕圓體)
ellipsoidal (condylar) joint 해부 타원관절(楕圓關節)
ELM scale(early language milestones scale) 언어발달 초기언어발달척도(初期言語發達尺度)
elongation 연장(延長)
elsewhere 음운 여타환경(餘他環境)
elsewhere condition 음운 여타조건(餘他條件)
ELT(English language teaching) 영어교육(英語教育)
ELU(extended length of utterance) 말더듬 발화길이의 확장
EM(effective masking) 음향 효과적 차폐(效果的遮蔽), 유효차폐(有效遮蔽)
emaciation 수척(瘦瘠), 야윔
email 전자우편(電子郵便)＝electronic mail
embedded clause 내포절(內包節), 안긴절 *cf.* subordinate clause
embedded figure test(EFT) 숨은그림찾기검사
embedded language 삽입된 언어

E

embedded sentence 통사 내포문(內包文), 안긴문장 = constituent sentence *cf.* matrix sentence
embedding 통사 내포(內包)
embedding structure 통사 내포구조(內包構造)
embedding transformation 통사 삽입변형(挿入變形)
embodied schema 인지 구체화된 도식 = kinaesthetic schema
embodiment of meaning 인지 의미의 구체화
emboliform nucleus 신경 색전형 핵(塞栓形核), 마개핵
embolism 생리 색전증(塞栓症) *cf.* thrombolism
embolus 생리 색전(塞栓) *cf.* thrombus
embryo 해부 배아(胚芽), 태아(胎芽) = fetus
embryoblast 해부 태아배엽(胎兒胚葉)
embryogenesis 해부 배발생(胎發生), 태발육(胎發育)
embryologist 태생학자(胎生學者)
embryology 태생학(胎生學)
embryonic development 배아발달(胚芽發達)
embryonic disc 해부 배아판(胚芽板)
embryonic period 배아기(胚芽期)
emergent communicator AAC 초기의사소통자(初期意思疏通者)
emergent language 언어발달 출현언어(出現言語)
emergent literacy 언어습득 발현적 문해(發顯的文解)
emergent structure 인지 발현구조(發顯構造) *cf.* blended space
emergentism 발생주의(發生主義)
emerging age 언어발달 출현연령(出現年齡) *cf.* mastery age
emerging stuttering 급성 말더듬 ↔ chronic stuttering
emesis 생리 구토(嘔吐) = vomiting
EMF(electromotive force) 기전력(起電力)
EMG(electromyogram) 근전도(筋電圖)
EMH(educable mentally handicapped) 교육가능 지적장애(教育可能知的障礙)
eminence 융기(隆起)
emission 방출(放出)
EMLR(electrically evoked middle latency response) 신경 전기유발중간잠복기반응(電氣誘發中間潛伏期反應)
emmetropia 정시안(正視眼), 정상시(正常視)
emollient 완화제(緩和劑)
emotion 정서(情緖), 감정(感情)
emotional abuse 정서적 학대(情緖的虐待)
emotional adjustment 정서적 적응(情緖的適應)
emotional aggression 정서적 공격성(情緖的攻擊性)
emotional and behavioral disorder 정서 및 행동장애
emotional arousal and dramatic relief 말더듬 정서적 각성과 극적 위안
emotional arousal theory 말더듬 정서적 각성 이론(情緖的覺醒理論)
emotional autonomy 정서적 자율(情緖的自律)
emotional control 정서조절(情緖調節)
emotional development 정서발달(情緖發達)
emotional disharmony 정서부조화(情緖不調和)
emotional disturbance 정서장애(情緖障碍)
emotional expression 감정표현(感情表現)
emotional immaturity 정서적 미숙(情緖的未熟)
emotional incontinence 감정실금(情緖失禁)
emotional inferiority 정서상 열등성(情緖上劣等性)
emotional insight 정서적 통찰(情緖的洞察)
emotional instability 정서적 불안정성(情緖的不安定性)
emotional intelligence 정서지능(情緖知能)
emotional learning 정서학습(情緖學習)
emotional liability 감성적 책임(感性的責任)
emotional maladjustment 정서 부적응(情緖不適應)

emotional maltreatment 정서적 학대(情緒的虐待)
emotional maturity 정서적 성숙(情緒的成熟)
emotional quotient(EQ) 통계 감성지수(感性指數) *cf.* intelligence quotient
emotional response 정서반응(情緒反應)
emotional speech 감정적 언어(感情的言語)
emotional stability 정서적 안정성(情緒的安定性)
emotional states 정서상태(情緒狀態)
emotional stress 정서적 자극(情緒的刺戟)
emotional tension 정서적 긴장(情緒的緊張)
emotionally disturbed 정서장애자(情緒障碍者)
emotionally disturbed child 정서장애아(情緒障碍兒)
emotive meaning 정서적 의미(情緒的意味)
emotive style 정서적 문체(情緒的文體)
emotive therapy 심리 정서치료(情緒治療)
empathy 심리 감정이입(感情移入) *cf.* sympathy
emphasis 강조(强調)
emphatic consonant 음운 강조적 자음(强調的子音)
emphatic pronoun 통사 강조대명사(强調代名詞)
emphatic reflective pronoun 통사 강조 재귀대명사(强調再歸代名詞)
emphatic stress 강조강세(强調强勢)
emphysema 생리 폐기종(肺氣腫)
empirical base 경험적 기초(經驗的基礎)
empirical fact 경험적 사실(經驗的事實)
empirical investigation 경험적 조사(經驗的調査)
empirical law 경험적 법칙(經驗的法則)
empirical method 경험적 방법(經驗的方法)
empirical play scale 경험적 놀이척도
empirical research method 경험적 연구방법(經驗的硏究方法)
empirical validity 경험적 타당성(經驗的妥當性)
empiricism 경험론(經驗論), 경험주의(經驗主義) ↔ rationalism *cf.* tabula rasa
empiricist theory 경험주의 이론(經驗主義理論)
employee assistance program(EAP) 피고용자 조력 프로그램
empowerment 역량강화(力量强化), 능력제고(能力提高)
empty category 통사 공범주(空範疇)
empty category principle(ECP) 통사 공범주 원리(空範疇原理) *cf.* subjacency condition
empty forms 빈 형태
empty morpheme 형식형태소(形式形態素) = grammatical morpheme ↔ full morpheme
empty nest 안식처(安息處)
empty speech 허구어(虛口語), 빈구어
empty staring 생각 없이 쳐다보기
empty word 허어(虛語)
EMR(educable mentally retarded) 교육가능급 지적장애(教育可能精神遲滯)
EMR(electronic medical record) 전자 의무기록(電子醫務記錄)
emulsification 유화작용(宥和作用)
en-, em- '안(內)'의 의미
enablement schema 인지 권능도식(權能圖式)
enamel (치아) 에나멜질
enanthem 생리 점막발진(粘膜發疹)
encephalitis 생리 뇌염(腦炎)
encephalography 뇌과학 뇌조영법(腦造影法)
encephalomeningitis 생리 뇌수막염(腦髓膜炎)
encephalomyelitis 생리 뇌척수염(腦脊髓炎)
encephalon 해부 뇌(腦) = brain
encephalopathy 생리 뇌병증(腦病症)
encephalorrhagia 생리 뇌출혈(腦出血)
enclitics 전접어(前接語)
encoded speech 부호화된 말, 암호화된 말
encoder 부호화기(符號化機), 엔코더
encoder energy spectrum 음향 부호화기, 에너지 스펙트럼
encoding 부호화(符號化)
encoding communication board AAC 부호화된 의사소통판(意思疏通板)

encoding system AAC 부호화 체계(符號化)
encryption 암호화(暗號化)
enculturation 문화화(文化化)
end expiratory level 호기종결레벨
end organ 종말기관(終末器官)
end plate potential 음향 종판전위(終板電位)
endarterectomy 해부 장절제술(腸切除術)
endemic 생리 풍토병(風土病)
enderon 해부 진피(眞皮)
endless loop 무한 루프
endo- '안쪽으로 향하는'의 의미
endocarditis 생리 심내막염(心內膜炎)
endocardium 해부 심내막(心內膜)
endocentric combination 인지 내심적 결합(內心的結合) ↔ exocentric combination
endocentric construction 통사 내심구조(內心構造) ↔ exocentric construction
endochondral ossification 생리 연골내 골화(軟骨內骨化), 연골속 골화
endocochlear potential 신경 와우내 전위(蝸牛內電位)
endocrine 생리 내분비(內分泌)
endocrine disease 생리 내분비성 당뇨병(內分泌性糖尿)
endocrine disorders 생리 내분비성 장애(內分泌性障礙)
endocrine gland 해부 내분비선(內分泌線) ↔ exocrine gland
endocrine organ 내분비기관(內分泌器官)
endocrine secretion 내분비물(內分泌物)
endocrine system 내분비계(內分泌系)
endocrine voice disorders 내분비 음성장애(內分泌音聲障礙)
endocrinology 내분비학(內分泌學)
endocrinotherapy 내분비치료(內分泌治療)
endocytosis 생리 세포내 유출(細胞內流出) ↔ endocytosis
endocytosis 세포내 이입(細胞內移入), 세포내 작용(細胞內作用) ↔ exocytosis
endoderm 해부 내배엽(內胚葉) ↔ ectoderm *cf.* mesoderm
endogenous 내인성(內因性) ↔ exogenous
endogenous depression 생리 내인성 우울증(內因性憂鬱症)
endogenous evoked potential 신경 내인성 유발전위(內因性誘發電位)
endogenous hearing impairment 생리 내인성 청각장애(內因性聽覺障碍) ↔ exogenous hearing impairment
endogenous infection 생리 내인성 감염(內因性感染) ↔ exogenous infection
endogenous response 내인성 반응(內因性反應) ↔ exogenous response
endolymph 해부 내림프(액) ↔ perilymph
endolymphic 해부 내(內)림프의 ↔ perilymphic
endolymphatic duct 해부 내림프관(管) ↔ perilymphatic duct
endolymphatic fistula 해부 내림프 누공(瘻孔) ↔ perilymphatic fistula
endolymphatic hydrops 생리 내림프 수종(水腫) ↔ perilymphatic hydrops
endolymphatic potential 신경 내림프 전위(電位) ↔ perilymphatic potential
endolymphatic sac 해부 내림프낭(囊) ↔ perilymphatic sac
endolymphatic space 해부 내림프강(腔) ↔ perilymphatic space
endoneurium 해부 신경내막(神經內膜)
endorphin (마약성 진통제) 엔도르핀 = endogenous morphine *cf.* enkephalin
endoscope 내시경(內視鏡)
endoscopic evaluation 내시경평가(內視鏡評價)
endoscopic examination 내시경검사(內視鏡檢查)
endoscopic techniques 내시경기술(內視鏡技術)
endoscopic ultrasound(EUS) 내시경초음파검

사(內視鏡超音波檢查)
endoscopy 내시경검사(內視鏡檢查)
endosteum 해부 PL endostima, 골내막(骨內膜)
endostitis 생리 골내막염(骨內膜炎)
endothoracic fascia 해부 흉내근막(胸內筋膜)
endotracheal extubation 해부 기관내 발관(器官內拔管) *cf.* extubation
endotracheal intubation 해부 기관내 삽관(器官內挿管) *cf.* intubation
enduring disposition 인지 지속적 성향(持續的性向) *cf.* momentary intention
end-plate potential 신경 종판전위(終板電位)
energetic masking 에너지 차폐(遮蔽)
energy 에너지
energy absorption coefficient 통계 에너지 흡수계수(吸收係數)
energy absorption exponent 음향 에너지 흡수지수(吸收指數)
energy acoustics 에너지 음향학(音響學)
energy attenuation (decay) coefficient 통계 에너지 감쇠계수(減衰係數)
energy bandwidth 음향 에너지 대역폭(帶域幅)
energy cross-spectral density 음향 에너지 교차-스펙트럼 밀도(密度)
energy decay time 음향 에너지 감쇠시간(減衰時間)
energy density 음향 에너지 밀도(密度)
energy flux density 음향 에너지 유동밀도(流動密度)
energy flux density level 음향 에너지 유동밀도레벨
energy mean value 에너지 평균치(平均値)
energy metabolism 생리 에너지 대사(代謝)
energy reflection coefficient 통계 에너지 반사계수(反射係數)
energy source level(ESL) 음향 에너지원 레벨
energy spectral density 음향 에너지 스펙트럼 밀도
energy spectral density level(ESD) 음향 에너지 스펙트럼 밀도레벨
energy-time curve 음향 에너지-시간 곡선(曲線)
energy theorem 에너지 정리(定理)
energy transmission coefficient 통계 에너지 전달계수(傳達係數)
energy velocity 음향 에너지 속도(速度)
ENG(electronystagmography) 전기안진도검사법(電氣眼震度檢查)
engagement 참여(參與), 개입(介入)
engineers 공학자(工學者)
English as a foreign language(EFL) 외국어로서의 영어
English as a second dialect 제2 방언으로서의 영어
English as a second language(ESL) 제2 언어로서의 영어
English medium school 영어사용학교(英語使用學校)
English philology 영어문헌학(英語文獻學)
English stress rule 영어 강세규칙(英語强勢規則)
engram 심리 기억흔적(記憶痕迹)
enhanced input 향상된 입력
enhanced milieu language intervention 언어발달 강화된 환경중심 언어중재(環境中心言語仲裁)
enhanced vocal feedback 말더듬 강화된 음성 피드백
enkephalin (모르핀의 진통효과를 나타내는) 엔케팔린 *cf.* endorphin
enlarged vestibular aqueduct syndrome 전정도수관확장 증후군(前庭導水管擴張症候群)
enmeshment 응집(凝集)
ENOG(electroneuronography) 전기신경전도법(電氣神經傳導法)
enrichment 풍부(豐富)
enrichment programme 강화 프로그램
ensemble 앙상블

E

ensemble average 앙상블 평균
ENT(ear, nose, and throat) 이비인후과(耳鼻咽喉科), 귀, 코, 목구멍의 약자
entailment 논리 담화 함의(含意)
cf. presupposition, implicature
enteral absorption 장관내 흡수(腸管內吸收)
enteral administration 소화관내 투여(消化管內投與)
enteral diarrhea 장성 설사(腸性泄瀉)
enteral feeding 장관영양(腸管營養)
enteral infection 장관감염(腸管感染)
enteralgia 장통(腸痛)
enteric nervous system 장관신경계(腸管神經系)
enteric plexus 해부 장신경총(腸神經叢)
enteroendocrine cells 생리 장내분비선 세포(腸內分泌線細胞)
enteroenterostomy 해부 소장간문합술(小腸間吻合術)
enterogastric reflex 앤테로가스트론 반사작용(反射作用)
enterogastritis 생리 위장염(胃腸炎)
enterohepatic circulation 생리 장질환 순환(腸疾患循環)
enterorrhea 생리 설사(泄瀉) = diarrhea
entity 실체(實體), 존재(存在)
entity-locative case 존재 처소격(存在處所格)
ento- '안쪽을 향하여'의 의미
entrenchment 언어발달 정착(定着)
entrenchment preemption 언어발달 정착선점(定着先占)
entry 도입부(導入部)
envelope 음향 (스펙트럼의) 포락선(包絡線)
envelope generator 음향 포락선 발생기(包絡線發生機)
envelope modulation spectrum 포락선 변조 스펙트럼
environment 환경(環境)
environmental contingency 환경적 개연성(環境的蓋然性) *cf.* genetic contingency
environmental control unit(ECU) 환경조절장치(環境調節裝置)
environmental engineering 환경공학(環境工學)
environmental inventory AAC 환경적 의사소통목록(環境意思疏通檢査目錄)
= ecological inventory
environmental language intervention program(ELIP) 환경적 언어중재프로그램
environmental language inventory(ELI) 환경적 언어목록(環境言語檢査目錄)
environmental language strategy(ELIS) 환경적 언어중재전략(環境的言語仲裁戰略)
environmental noise 음향 환경소음(環境騷音) = extraneous noise
environmental pollutants 환경오염물질(環境汚染物質)
environmental pre-language battery(EPB) 환경 언어이전검사(環境言語以前檢査), 언어이전기 환경검사
environmental reevaluation 말더듬 환경재평가(環境再評價)
MNRU(modulated noise reference unit) 음향 변조잡음 기준단위(變調雜音基準單位)
environmental sound 환경음(環境音)
environmental stimulation model 환경자극모형(環境刺戟模型)
enzyme 효소(酵素)
EOAEs(evoked otoacoustic emissions) 청각 유발이음향방사(誘發耳音響放射)
EOG(electroculography) 신경 안전위도검사(眼電位圖檢査)
EOWPV(expressive one-word picture vocabulary test) 한 단어 그림어휘표현검사
EP(evoked potential) 음향 유발전위(誘發電位)
ep-, epi- '그 밖의'의 의미
EPB(environmental pre-language battery) 언어이전기 환경검사, 환경 언어이전검사

(環境言語以前檢查)

EPEC(evaluation and prescription for exceptional children) 특수아동평가 및 처방(特殊兒童評價處方)

epencephalon 해부 후뇌(後腦)

ependyma 해부 뇌실막(腦室膜)

ependymal cell 해부 뇌실막세포(腦室膜細胞)

epenthesis 음운 어중삽입모음(語中揷入母音)

EPG(electropalatography) 전자구개검사법(電子口蓋檢査法)

ephemeral adductor paralysis 신경 일시성 내전근마비(一時性內轉筋痲痺)

ephemeral fever 일시열(一時熱)

ephemeral pneumonia 생리 일시성 폐렴(一時性肺炎)

ephemral 일시성(一時性)의

ephudrine 에페트린

epi- 해부 '위(上)'를 의미 ↔ hypo-

epicanthal fold 몽고주름

epicardium 해부 외심막(外心膜)

Epicureanism 쾌락주의(快樂主義)=hedonism ↔ asceticism

epidemy 유행(流行)

epidemic 유행성(流行性)의

epidemic bronchitis 생리 유행성 기관지염(流行性氣管支炎)

epidemic diarrhea 생리 유행성 설사(流行性泄瀉)

epidemic disease 유행병(流行病)

epidemic hepatitis 생리 유행성 간염(流行性肝炎)

epidemic jaundice 생리 유행성 황달(流行性黃疸)

epidemic parotitis 생리 유행성 이하선염(流行性耳下腺炎)

epidemicity 유행성(流行性)

epidemiology 역학(疫學)

epiderm 해부 표피(表皮)=epidermis

epidermis 해부 L 표피(表皮)=epiderm

epidermal 표피성(表皮性)의

epidermal cancer 생리 표피암(表皮癌)

epidermal dysplasia 생리 표피 이형성(表皮異形成)

epidermal organ 표피기관(表皮器官)

epidermal structure 표피구조(表皮構造)

epidermitis 생리 표피염(表皮炎)

epidermoid cyst 생리 표피낭종(表皮囊腫) =keratin cyst

epidural 해부 경막외(硬膜外)의, 경막상(硬膜上)의 ↔ subdural

epidural hematoma(EDH) 생리 (경막과 두개골 사이에 피가 고이는) 경막외 혈종(硬膜外血腫) ↔ subdural hematoma

epidural hemorrhage 생리 경막외 출혈(硬膜外出血) ↔ subdural hemorrhage

epienurium 해부 신경외막(神經外膜)

epiglottal sound 조음 후두개음(喉頭蓋音)

epiglottectomy 해부 후두개절제술(喉頭蓋切除術)

epiglottic cartilage 해부 후두개연골(喉頭蓋軟骨)

epiglottic tubercle 생리 후두개결절(喉頭蓋結節)

epiglottic vallecula 해부 후두개곡(喉頭蓋谷)

epiglottis 해부 후두개(喉頭蓋), 후두덮개

epiglottitis 생리 후두개염(喉頭蓋炎)

epiglottopexy 해부 후두개고정술(喉頭蓋固定術)

epilepsy 생리 간질(癎疾)

epileptic seizure 생리 간질발작(癎疾發作)

epileptic syndrome 생리 간질 증후군(癎疾症候群)

epimysium 해부 근외막(筋外膜)

epinephrine (부신수질에서 분비되는 호르몬) 에피네프린=adrenalin

epineurium 해부 신경외막(神經外膜), 신경바깥막

epipharynx 해부 (1) 상인두(上咽頭), 윗인두 (2) 비인두(鼻咽頭), 코인두=nasopharynx *cf.* laryngopharynx

epiphora 결구반복(結句反復)

E

epiphysis 골단(骨端)
episode 담화 일화(逸話), 개별사건(個別事件)
episode structure 담화 일화구조(逸話構造)
episodic memory 담화 일화기억(逸話記憶) *cf.* semantic memory
episodic stress reaction 말더듬 일시적 스트레스 반응
episodic stuttering 말더듬 일시적 말더듬 *cf.* psychogenic stuttering
episodicity 간헐성(間歇性)
epistaxis 생리 비출혈(鼻出血) = rhinorrhagia
epistemic meaning 인지 인식적 의미(認識的意味) *cf.* root meaning
epistemic passive 통사 인식수동문(認識受動文)
epistemic verb 통사 인지동사(認知動詞)
epistemology 인식론(認識論), 인지(認知論)
epithalamus 해부 (간뇌의) 시상상부(視床上部) *cf.* hypothalamus
epithelial 상피(上皮)-
epithelial tissue 해부 상피조직(上皮組織)
epithelioma 생리 상피종(上皮腫)
epithelitis 생리 상피염(上皮炎)
epithelium 해부 (피부의) 상피(上皮) *cf.* mesothelium
epithelization 생리 상피화(上皮化)
epithesis 음운 어말음 첨가(語末音添加) = excresent
epitympanum 해부 상고실(上鼓室)
epizeuxis 첩어법(疊語法)
EPNL(effective perceived noise level) 음향 유효감지소음레벨
EPSDT(early and periodic screening diagnosis and treatment) 조기-주기적 선별진단치료(早期週期的選別診斷治療)
EPSP(excitatory postsynaptic potential) 신경 흥분성 시냅스후전위 ↔ IPSP
EQ(educational quotient) 통계 교육지수(教育指數)
EQ(emotional quotient) 통계 감성지수(感性指數) *cf.* IQ
equal-appearing interval scale(EAI) 통계 등간척도(等間尺度) *cf.* ordinal scale
equal interval rating scale 등간 척도법(等間尺度法)
equal loudness contour 동일음량곡선(同一音量曲線)
equal opportunity 기회균등(機會均等)
equal temperament 등분평균률(等分平均率)
equal tempered scale 등분평균률 음계(等分平均率音階)
equal unit scale 등단위척도(等單位尺度)
equalization 등화(等化)
equalizer 등화기(等化器), 이퀄라이저
equalizing network 등화회로(等化回路)
equational division 균등분열(均等分裂)
equational plate 적도판(赤道板)
equilibration 평형화(平衡化)
equilibrium 심리 평형상태(平衡狀態), (마음의) 평정(評定)
equilibrium potential 신경 평형전위(平衡電位)
equilibrium sound velocity 평형음속(平衡音速)
equi-NP(noun phrase) deletion 통사 동일명사구 삭제(同一名詞句削除)
equipollent opposition 등치대립(等値對立)
equipotentialism (좌뇌와 우뇌의) 균등능력주의(均等能力主義) *cf.* localizationism
equipotentiality hypothesis (좌뇌와 우뇌의) 동등잠재력가설(同等潛在力假說)
equity 형평(衡平)
equivalence classification 등가분류(等價分類)
equivalence constraint 동등제약(同等制約)
equivalent absorption area 음향 등가흡음면적(等價吸音面積)
equivalent age 등가연령(等價年齡)
equivalent bandwidth 음향 등가대역폭(等價帶域幅)

equivalent circuit 음향 등가회로(等價回路)
equivalent class 동등류(同等類)
equivalent continuous sound level 음향 등가계속음레벨
equivalent continuous sound pressure level 음향 등가음압레벨
equivalent-form reliability 통계 동형검사신뢰도(同形檢査信賴度)
equivalent forms 동일형태(同一形態)
equivalent input noise level 음향 등가입력잡음레벨
equivalent level 등가레벨
equivalent lists 적정목록(適正目錄)
equivalent mass 등가질량(等價質量)
equivalent noise bandwidth 음향 등가소음대역폭(等價騷音帶域幅)
equivalent noise pressure 음향 등가소음음압(等價騷音音壓)
equivalent rectangular bandwidth 음향 등가직각대역폭(等價直角帶域幅)
equivalent sound level 음향 등가음레벨
equivalent tone method 청각 등가음법(等價音法)
equivalent tone value 청각 등가음값
equivalent viscous damping coefficient(EVDC) 통계 등가점성감쇠계수(等價粘性減衰指數)
equivalent volume 음향 등가용적(等價容積)
equivoluminal wave 음향 등용적파(等容積波)
ERA(electric response audiometry) 청각 전기반응청력검사(電氣反應聽力檢查), 전기응답청력측정(電氣應答聽力測定)
ERA(evoked response audiometry) 청각 유발반응청력측정계(誘發反應聽力測定計),
erasure 소거기(掃去器)
erasure transformation 말소변형(抹消變形)
erg (힘의 단위) 에르그
ERG(electroretinography) 망막전기측정기(網膜電氣測程器)
ergative 능격(能格)의
ergative language 능격언어(能格言語)
ergative verb 능격동사(能格動詞)
ergativity 능격성(能格性)
ergometer 작업계(作業計)
ERP(event-related potential) 사건관련전위(事件關聯電位) = average evoked potentials
error 오류(誤謬)
error analysis 언어습득 오류분석(誤謬分析)
error and mistakes 언어습득 오류-실수(誤謬失手)
error corpus 오류 코퍼스, 오류 말뭉치
error description 언어습득 오류기술(誤謬記述)
error evaluation 언어습득 오류평가(誤謬評價)
error explanation 언어습득 오류설명(誤謬說明)
error gravity 오류중량(誤謬重量), 오류무게
error identification 언어습득 오류식별(誤謬識別)
error rate 통계 오류율(誤謬率), 오반응율(誤謬反應率)
error repetition 오류반복(誤謬反復)
error score 통계 오차점수(誤差點數)
error source 오차근원(誤差根源)
error term 통계 오차항(誤差項)
error treatment 오류처리(誤謬處理)
error variance 통계 오차변량(誤謬變量)
ERV(expiratory reserve volume) 생리 날숨예비용적(豫備容積) ↔ IRV
Erying absorption coefficient 음향 아이링흡음계수(吸音係數)
erythema 홍반(紅斑)
erythrocyte 해부 적혈구(赤血球) = red blood cell *cf.* leukocyte
escape 도피(逃避), 탈출(脫出)
escape-avoidance 말더듬 도피-회피(逃避回避)
escape-avoidance learning 말더듬 도피-회피학습(逃避回避學習)
escape behavior 말더듬 도피행동(逃避行動) *cf.* avoidance behavior
escape extinction 말더듬 도피소멸(逃避消滅)

escape hatch 통사 탈출구(脫出口)
escape learning 말더듬 도피학습(逃避學習)
escape mechanism 말더듬 도피기제(逃避機制)
escape phenomenon 말더듬 도피현상(逃避現象)
escape reaction 말더듬 도피반응(逃避反應)
ESCS(early social communication scales) 언어발달 초기 사회적 의사소통척도(初期社會的意思疏通尺度)
ESD(energy spectral density level) 음향 에너지스펙트럼 밀도레벨
ESI(Early Screening Inventory) 언어발달 조기 선별검사목록(早期選別檢査目錄)
ESL(energy source level) 에너지원 레벨
ESL(English as a second language) 제2 언어로서의 영어
esophageal atresia 생리 식도폐쇄증(食道閉鎖症)
esophageal cancer 생리 식도암(食道癌)
esophageal dysphagia 생리 식도 삼킴장애 *cf.* oropharyngeal dysphagia
esophageal hemorrhage 생리 식도출혈(食道出血)
esophageal hiatus 생리 식도열공(食道裂孔) = hiatus esophageus
esophageal intubation 해부 식도내 삽관(食道內揷管)
esophageal perforation 생리 식도천공(食道穿孔)
esophageal phase 삼킴 식도단계(食道段階)
esophageal plexus 해부 식도신경총(食道神經叢)
esophageal reflux 생리 식도역류(食道逆流)
esophageal spasm 생리 식도경련(食道痙攣), 식도연축(食道攣縮)
esophageal speakers 식도발성화자(食道發聲話者)
esophageal speech 식도발성(食道發聲) *cf.* alaryngeal speech
esophageal sphincter muscle 해부 식도괄약근(食道括約筋)
esophageal stricture 해부 식도협착(食道狹窄) = esophageal stenosis
esophageal tube 해부 식도관(食道管)
esophageal voice 식도발성(食道發聲) = esophageal speech
esophagectomy 해부 식도절제술(食道切除術)
esophagitis 생리 식도염(食道炎)
esophagoenterostomy 생리 식도소장문합술(食道小腸吻合術)
esophagogram 식도조영상(食道造影像)
esophagography 식도조영술(食道造影術)
esophagology 생리 식도병학(食道病學)
esophagoplasty 해부 식도성형(食道成形)
esophagorrhagia 생리 식도출혈(食道出血)
esophagoscope 식도경(食道鏡)
esophagoscopy 식도경 검사(食道鏡檢査)
esophagospasm 생리 식도연축(食道攣縮)
esophagostenosis 해부 식도협착(食道狹窄)
esophagostoma 해부 식도누공(食道瘻孔)
esophagostomy 해부 식도조루술(食道造瘻術), 식도창냄술
esophagotomy 해부 식도절개술(食道切開術)
esophagus 해부 식도(食道)
esophagus atresia 생리 식도폐쇄(食道閉鎖)
esophagus spasm 생리 식도연축(食道攣縮)
esophoria 생리 내사위(內斜位) ↔ exophoria
esotropia 생리 내사시(內斜視) ↔ exotropia
ESP(early screening profile) 언어발달 조기선별 프로파일
ESP(electrical stimulation of the brain) 신경 전기적 뇌자극방법(電氣的腦刺戟方法)
ESR(electrically evoked stapedial reflex) 신경 전기유발등골근반사(電氣誘發鐙骨筋反射)
ESRT(electric stpedius reflex threshold) 신경 전기등골근반사역치(電氣鐙骨筋反射閾值)
essential amino acid 필수 아미노산

essential condition 본질적 조건화(本質的條件化)
essential element 필수원소(必須元素)
essential fatty acids 필수지방산(必須脂肪酸)
essential tremor 생리 본태성 진전(本態性震顫) *cf.* organic tremor
EST(extended standard theory) 통사 확대표준이론(擴大標準理論)
established assimilation 음운 확정동화(確定同化)
established risk 확정 위험도(確定危險度)
establishing a new pitch 음성치료 새로운 피치 확립
establishment 말더듬 확립(確立)
estimation 추정(推定)
estimator 추정치(推定値)
estrogen 해부 (여성호르몬) 에스트로겐 ↔ testosterone
ethical dative 심성여격(心性與格)
ethical genitive 심성속격(心性屬格)
ethics 윤리(倫理) *cf.* morality
ethmoid bone 해부 사골(篩骨)
ethmoidal nerve 해부 사골신경(篩骨神經)
ethmoidal notch 해부 사골절흔(篩骨切痕)
ethmoidal sinus 해부 사골동(篩骨洞) = ethmoid sinus
ethmoiditis 생리 사골동염(篩骨洞炎)
ethnography 민족지(民族誌)
ethnolinguistics 민족언어학(民族言語學)
etio- '원인(原因)이나 기원(起源)'의 의미
etiologic agent 병인체(病因體)
etiological-categorical approach 언어발달 병인-범주적 접근(病因範疇的接近) *cf.* descriptive developmental approach
etiology 병인학(病因學) = aetiology
etiopathology 원인병리학(原因病理學)
etymological dictionary 어원사전(語源辭典)
etymological fallacy 어원적 오류(語源的誤謬)
etymological spelling 어원적 철자(語源的綴字)
etymology 어원(語源), 어원론(語源論)
etymology associative 연상어원(聯想語源)
etymon 어근(語根) = root
eugenics 우생학(優生學)
eugenist 우생학자(優生學者)
eugnathia 생리 하악결손(下顎缺損)
eunuchoid voice 환관양 발성(宦官様發聲)
eupepsia 삼킴 소화양호(消化良好) ↔ dyspepsia *cf.* apepsia
euphemism 완곡어법(婉曲語法), 에둘러 말하기 = circumlocution *cf.* litotes
euphony 듣기좋은소리 ↔ cacophony
euphoria 행복감(幸福感), 희열(喜悅) ↔ dysphoria
eupnea 생리 정상호흡(正常呼吸) *cf.* apnea
eurythmy 조화 리듬
EUS(endoscopic ultrasound) 내시경초음파검사(內視鏡超音波檢查)
Eustachian canal 해부 이관(耳管), 중이관(中耳管) = Eustachian tube
Eustachian diverticulum 해부 이관게실(耳管憩室)
Eustachian tonsil 해부 이관편도(耳管扁桃)
Eustachian tube 해부 이관(耳管), 중이관(中耳管) = Eustachian canal
Eustachian tube function test 청각 이관기능검사(耳管技能檢查)
Eustachian tube salpingitis 생리 이관염(耳管炎) = Eustachitis
Eustachitis 생리 이관염(耳管炎) = Eustachian tube salpingitis
eustress 긍정적 스트레스
euthanasia 안락사(安樂死)
evaluating acquired skills in communication(EASC) 언어발달 의사소통습득기술평가(意思疏通習得技術評價)
evaluating communicative competence (ECC) 언어발달 의사소통능력평가(意思疏通

E

能力評價)

evaluation 평가(評價) = appraisal *cf.* assessment

evaluation and prescription for exceptional children(EPEC) 특수아동평가 및 처방(特殊兒童評價處方)

evaluation measure 평가척도(評價尺度)

evaluation of auditory responses to speech (EARS) 청각 어음청각반응평가(語音聽覺反應評價)

evaluation of classroom listening behavior (ECLB) 청각 교실청취행동평가(教室聽取行動評價), 교실듣기행동평가

evaluation procedure 평가과정(評價過程)

evaluative comprehension 평가적 이해(評價的理解)

evaluative question 평가적 질문(評價的質問)

evanescent 소멸(消滅)

evanescent mode 소멸모드

evanescent wave 음향 소멸파(消滅波)

even time 짝수박자

event cast 사건종류(事件種類), 사건유형(事件類型)

event-category labelling 사건범주 명칭(事件-範疇名稱)

event-causation 인지 사건 인과관계(事件因果關係) *cf.* agent-causation

event-related potentials(ERP) 사건관련전위(事件關聯電位) = average evoked potentials

event structure 사건구조(事件構造)

eventive object 사건 목적어(事件目的語)

eversion 외번(外飜)

everyday metaphor 인지 일상은유(日常隱喩) = conventional metaphor ↔ new metaphor poetic

evidence 근거(根據), 증거(證據)

evidence-based 근거중심(根據中心), 근거기반(根據基盤)

evidence-based practice(EBP) 근거중심 임상치료(根據中心臨床治療), 근거기반 임상치료(根據基盤臨床治療)

evocation 환기(喚起), 유발(誘發)

evocative effect 담화 환기효과(喚起效果)

evocative utterance 언어발달 담화 (주위) 환기성 발화(周圍喚起性發話), (주위) 환기적 발화(周圍喚起的發話)

evoked otoacoustic emissions(EOAEs) 음향 유발이음향방사(誘發耳音響放射)

evoked potential(EP) 신경 유발전위(誘發電位)

evoked response 생리 유발반응(誘發反應)

evoked response audiometry(ERA) 청각 유발반응청력측정계(誘發反應聽力測定計), 유발반응청력측정검사(誘發反應聽力測定檢查)

evoked trials 유발시도(誘發試圖)

evolution theory 진화론(進化論)

evolution 진화(進化)

evolutionary approach 진화적 접근(進化的接近)

evolutionary phonetics 진화음성학(進化音聲學)

EVT(expressive vocabulary test) (실어증 환자용) 표현어휘검사(表現語彙檢查)

ex- '밖의, 밖으로'의 의미

exaggerated respiration 생리 과대호흡(過大呼吸)

exaggeration 과장(誇張)

examining for aphasia 실어증검사(失語症檢查)

exanthem 발진(發疹), 피진(皮疹)

exceed level 초과레벨

exceptional case marking 예외적 격표시(例外的格表示)

exceptional children 특수아동(特殊兒童)

excess attenuation 음향 초과감쇠(超過減衰)

excess attenuation coefficient 통계 초과감쇠계수(超過減衰係數)

excess income 초과소득(超過所得)

excessive anxiety scale 말더듬 과도한 불안척도(不安尺度)

excessive nasality 생리 과대비성(過大鼻聲)

=hypernasality
excessive self-blame 말더듬 과도한 자기비난(自己非難)
excessive suffering scale 말더듬 과도한 고통척도(苦痛尺度)
exchange error 인지 교환오류(交換誤謬)
exchange rule 인지 교환규칙(交換規則)
excitable membranes 신경 흥분성 막(興奮性膜)
excitation (1) 신경 흥분(興奮) (2) 음향 여기(勵起)
excitation potential 신경 흥분전위(興奮電位)
excitation signal 음향 여기신호(勵起信號)
excitation transfer 신경 흥분전이(興奮轉移)
excitation transfer effect 신경 흥분전이효과(興奮轉移效果)
excitatory 흥분성(興奮性) ↔ inhibitory
excitatory cell 신경 흥분성 세포(興奮性細胞)
excitatory connections 인지 흥분성 연결(興奮性連結) ↔ inhibitory connections
excitatory junctional potential 신경 흥분성 접합부전위(興奮性接合部電位)
excitatory postsynaptic potential(EPSP) 신경 흥분성 시냅스후전위 ↔ inhibitory postsynaptic potential
excitatory presynaptic fiber 신경 흥분성 시냅스전섬유 ↔ inhibitory presynaptic fiber
excitatory synapse 신경 흥분성 시냅스 ↔ inhibitory synapse
excitatory transmitter 신경 흥분성 전달물질(興奮性傳達物質) ↔ inhibitory transmitter
excitement 흥분(興奮)=excitation
exciting electrode 신경 자극전극(刺戟電極)
excitor nerve 해부 흥분신경(興奮神經)
exclamation 감탄(感歎)
exclamation mark 감탄부호 (感歎符號)
exclamatory adverb 감탄부사 (感歎副詞)
exclamatory question 감탄 의문문(感歎疑問文)
exclamatory sentence 감탄문(感歎文)
exclusion criterion 제외 준거(除外準據)
exclusion time-out 배제성 한시적 통제(排除性限時的統制) ↔ nonexclusion time-out
exclusive distribution 음운 배타적 분포(排他的分布)=contrastive distribution
exclusive pronoun 배타적 대명사(排他的代名詞)
exclusive transcription 배타표기(排他表記)
excresent 음운 어말음첨가(語末音添加) =epithesis
excretion 배설(排泄)
excretory function 배설기능(排泄機能)
excursus 부기(附記)
execution 집행(執行)
executive attention 집행주의(執行注意) *cf.* orienting attention
executive functioning 언어발달 집행기능(執行機能)
executive praxis 집행적 동작(執行的動作) *cf.* panning praxis
exemplar 견본(見本), 예문(例文)
exhalation 날숨=expiration ↔ inhalation
exhalatory 날숨의=expiratory ↔ inhalatory
exhaled tidal volume 생리 방출된 1회 호흡량(呼吸量)
exhausted relative 통사 단절관계사(斷切關係詞)
exhausted relative clause 통사 단절관계절(斷切關係節)
exhaustive search 인지 완결탐색(完結探索)
existential presupposition 존재전제(存在前提)
existential process 존재과정(存在過程)
existential proposition 존재명제(存在命題)
existential quantifier 존재수량사(存在數量詞)
existential sentence 통사 존재문(存在文)
exocentric combination 인지 외심적 결합(外心的結合) ↔ endocentric combination
exocentric compound 형태 외심 복합어(外心複合語)
exocentric construction 통사 외심구조(外心

構造) ↔ endocentric construction
exocrine gland 해부 외분비선(外分泌腺) ↔ endocrine gland
exocytosis 생리 세포외 유출(細胞外流出) ↔ endocytosis
exogenous 외인성(外因性) ↔ endogenous
exogenous hearing impairment 청각 외인성 청각장애(外因性聽覺障碍) ↔ exogenous hearing impairment
exogenous infection 생리 외인성 감염(外因性感染) ↔ endogenous infection
exogenous response 심리 내인성 반응(外因性反應) ↔ endogenous response
exophoria 외사위(外斜位) ↔ esophoria
exotropia 생리 외사시(外斜視) ↔ esotropia
expanded tense 확충시제(擴充時制)
expansion 언어발달 의미 확장(擴張) *cf.* extension
expander 확장기(擴張器)
expansion convention 확대규약(擴大規約)
expansion ratio 의미 확장비율(擴張比率)
expansion skills 의미 확장기술(擴張技術)
expansion stage 언어발달 확장단계(擴張段階) *cf.* reduplicated babbling
expansion threshold 확장역치(擴張閾値)
expectance motivation 기대동기(期待動機)
expectancy effect 기대효과(期待效果)
expectancy grammar 예기문법(豫期文法), 기대문법(期待文法)
expectancy theory 인지 기대이론(期待理論)
expectation analysis 인지 기대분석(期待分析)
expected frequency 인지 기대빈도(期待頻度)
expected value 인지 기대치(期待値), 기댓값
expender range 확장 가변폭(擴張可變幅)
experience 경험(經驗)
experience-based schematization 인지 체험기반 도식화(體驗基盤圖式化)
experience-centered curriculum 경험중심교육과정(經驗中心教育課程)
experience-dependent plasticity 언어발달 경험의존적 가소성(經驗依存的可塑性) *cf.* experience-expectant plasticity
experience-expectant plasticity 언어발달 경험기대적 가소성(經驗期待的可塑性) *cf.* experience-dependent plasticity
experience of disabilities 장애체험(障礙體驗)
experiencer 경험자(經驗者) *cf.* agent
experiential view 인지 체험적 관점(體驗的觀點) *cf.* prominence view
experientialism 인지 체험주의(體驗主義) *cf.* objectivism
experiment 실험(實驗) ↔ non-experiment
experimental audiology 실험청각학(實驗聽覺學)
experimental condition 실험조건(實驗條件)
experimental conditioning phase 실험적 조건화 단계(實驗的條件化段階)
experimental design 실험설계(實驗設計)
experimental error 실험적 오차(實驗的誤差)
experimental group 실험집단(實驗集團) *cf.* control group
experimental hypothesis 실험가설(實驗假說)
experimental knowledge 실험적 지식(實驗的知識)
experimental method 실험방법(實驗方法)
experimental neurosis 생리 실험신경증(實驗神經症)
experimental pathology 실험병리학(實驗病理學) *cf.* theoretical pathology
experimental phonetics 실험음성학(實驗音聲學) *cf.* theoretical phonetics
experimental plan 실험계획(實驗計劃)
experimental psychology 실험심리학(實驗心理學) *cf.* theoretical psychology
experimental psychotherapy 경험적 심리치료(實驗的心理治療)
experimental research 실험적 연구(實驗的硏究)

experimental science 실험과학(實驗科學)
experimental social psychology 실험사회심리학(實驗社會心理學)
experimental study 실험연구(實驗硏究)
experimental subjects 실험피험자(實驗被驗者)
experimental treatment 말더듬 실험적 치료(實驗的治療)
experimental variable 통계 실험변이(實驗變異), 실험변인(實驗變因)
experimentalism 실험주의(實驗主義)
expert system 전문가 체계(專門家體系)
explicit 명시적(明示的) ↔ implicit
expiratory airflow 생리 호기류(呼氣流), 날숨기류 ↔ inspiratory airflow
expiratory airflow duration 호기류 지속시간(呼氣流持續時間), 날숨기류 지속시간
expressive one-word picture vocabulary test(EOWPV) 한 단어 그림표현어휘검사
external otitis 생리 외이도염(外耳道炎)
false ribs 가늑골(假肋骨) *cf.* true ribs
false role disorders 거짓역할장애(假役割障礙)
far-field 원거리(遠距離)
female 여성(女性) ↔ male
first premolar teeth 해부 제1 소구치(第一小臼齒), 제1 작은어금니
expiration 날숨 = exhalation ↔ inspiration, inhalation
expiratory 날숨의 ↔ exhalatory ↔ inspiratory, inhalatory
expiratory board 해부 날숨판
expiratory center 해부 날숨중추 ↔ inspiratory center
expiratory dyspnea 생리 호식성 호흡곤란(呼息性呼吸困難)
expiratory flow 생리 날숨기류 ↔ inspiratory flow
expiratory muscle 해부 날숨근 ↔ inspiratory muscle
expiratory pause time 호기후 휴지시간(呼氣後休止時間)
expiratory phase 호식상(呼息相) ↔ inspiratory phase
expiratory phase time 호식상 시간(呼息相時間)
expiratory reserve 날숨비축 ↔ inspiratory reserve
expiratory reserve volume(ERV) 생리 날숨예비용적 ↔ inspiratory reserve volume
expiratory resistance 생리 날숨저항 ↔ inspiratory resistance
explanatory adequacy 통사 설명적 타당성(說明的妥當性) *cf.* descriptive adequacy
explanatory conjunction 설명접속사(說明接續詞)
explanatory inference 논리 설명적 추론(說明的推論) *cf.* associative inference
explanatory style 설명체(說明體)
explanatory variable 통계 설명변수(說明變數) *cf.* response variable
expletive 허사(虛辭)
explicit correction 언어습득 명시적 교정(明示的矯正) ↔ implicit correction
explicit learning 언어습득 명시적 학습(明示的學習) ↔ implicit learning
explicit memory 심리 명시적 기억(明示的記憶) = declarative memory ↔ implicit memory
explicit performative utterance 의미 화용 명시적 수행발화(明示的遂行發話) ↔ implicit performative utterance
explicitness 명확성(明確性)
exploration strategy 인지 탐색전략(探索戰略)
exploratory behavior 인지 탐색행동(探索行動)
explosion 조음 외파(外破) ↔ implosion
explosive echo ranging 폭발음 거리측정(暴發音距離測定)
explosive shock source 폭발 충격원(爆發衝擊源)
explosive sound 조음 외파음(外破音)

↔ implosive sound
exponent 지수(指數)
exponential curves 통계 지수곡선(指數曲線)
exponential decay 통계 지수감쇠(指數減衰)
exponential distribution 통계 지수분포(指數分布)
exponential function 통계 지수함수(指數函數)
exposition (1) 전시(展示) (2) 담화 설명(說明)
expository text 설명글
exposure to language 언어노출(言語露出)
expression 표현(表現)
expression plane 표현면 (表現面)
expression substance 표현실질(表現實質)
expressiveness 표현성(表現性)
expressive aphasia 신경 표현실어증(表現失語症) = Broca's aphasia ↔ receptive aphasia
expressive aprosody 생리 표현성 운율불능증(表現性運動不能症) ↔ receptive aprosody
expressive category 언어발달 표현적 범주(表現的範疇) *cf.* social category
expressive errors 언어발달 표현오류(表現誤謬)
expressive features 표현적 자질(表現的資質), 표현적 소리바탕
expressive function 언어발달 표현기능(表現機能)
expressive language 언어발달 표현언어(表現言語) ↔ receptive language
expressive language disorders 표현언어장애(表現言語障礙) ↔ receptive language disorders
expressive level 언어발달 표현단계(表現段階) ↔ receptive level
expressive lexicon 언어발달 표현어휘집(表現語彙集) ↔ receptive lexicon *cf.* mental lexicon
expressive meaning 표현의미(表現的意味)
expressive oral language 구어표현언어(口語表現言語)
expressive power 인지 표현적 힘
expressive process 언어발달 표현과정(表現過程) *cf.* receptive process
expressive psychotherapy 표현심리치료(表現心理治療)
expressive-receptive aphasia 신경 표현-수용 실어증(表現-受容失語症)
expressive-receptive language disorders 언어발달 표현-수용언어장애(表現受容言語障礙)
expressive state 언어발달 표현적 상태(表現的狀態)
expressive value 표현적 가치(表現的價値)
expressive vocabulary test(EVT) (실어증 환자용) 표현어휘검사(表現語彙檢查)
expressive 표현성(表現性)의 ↔ receptive
expressivity 표현도(表現度)
ex-stutterer 전말더듬이
extended event 인지 확장적 사건(擴張的事件) *cf.* punctual event
extended family members 확대가족구성원(擴大家族構成員)
extended high-frequency audiometry 고주파수 확장 청력검사기(高周波數擴張聽力檢絲器)
extended jargon paraphasia 생리 확대자곤착어증(錯語症)
extended language acquisition 확대언어습득(擴大言語習得)
extended length of utterance(ELU) 말더듬 발화길이의 확장
extended lexicalist hypothesis 확대어휘주의 가설(擴大語彙主義假說)
extended mapping 의미 확장된 연결하기 *cf.* fast mapping, slow mapping
extended meaning 의미 확대의미(擴大意味)
extended predicate frame 확대술어틀
extended projection principle 확대투사원리(擴大投射原理)

extended reaction 확장된 반응

extended standard theory(EST) 통사 확대표준이론(擴大標準理論)

extendibility 언어발달 확장성(擴張性)

extendibility principle 언어발달 확장성 원리(擴張性原理) *cf.* whole-object principle

extension (1) 언어발달 확대(擴大) *cf.* expansion (2) 해부 신전(伸展) (3) 논리 외연(外延) = denotation ↔ intension

extension semantic 확대의미론(擴大意味論)

extension semantics 의미확대(意味擴大)

extensional 확장적(擴張的)인, 외연적(外延的)인 ↔ intensional

extensional definition 논리 외연적 정의(外延的定義) ↔ intensional definition

extensional meaning 논리 외연적 의미(外延的意味) ↔ intensional meaning

extensional orientation 외연적 사고방식(外延的思考方式)

extensive reading 다독(多讀) ↔ intensive reading *cf.* silent reading

extensive support 확장적 지원(擴張的支援) *cf.* pervasive support

extensor 해부 신근(伸筋) ↔ flexor

extensor paralysis 신경 신근마비(伸筋痲痹)

extensor reflex 신경 신근반사(伸筋反射)

exteriorized stuttering 말더듬 외면화된 말더듬, 표현성 말더듬

external acoustic foramen 해부 외이공(外耳孔) = external auditory foramen external 외부(外部)의, 밖의 ↔ internal

external acoustic meatus 해부 외이도(外耳道) = external acoustic meatus

external argument 외재논항(外在論項) ↔ internal argument

external auditory canal(EAC) 해부 외이도(外耳道) = external auditory meatus ↔ internal auditory canal

external auditory canal atresia 생리 외이도폐쇄증(外耳道閉鎖症) = aural atresia

external auditory canal reflex 신경 외이도반사(外耳道反射) = external auditory meatus reflex

external auditory foramen 해부 외이공(外耳孔) = external acoustic foramen

external auditory meatus reflex 신경 외이도반사(外耳道反射) = external auditory canal reflex

external beam method 외부방출법(外部放出法)

external borrowing 외적 차용(外的借用)

external boundary 외부경계(外部境界)

external branch 해부 외지(外肢) ↔ internal branch

external canal cholesteatoma 생리 외이도진주종(外耳道珍珠腫)

external capsule 해부 외포(外包)

external carotid artery(ECA) 해부 외경동맥(外頸動脈)

external carotid nerve 해부 외경신경(外頸神經)

external carotid plexus 해부 외경동맥총(外頸動脈叢)

external cause 외인(外因) ↔ internal cause

external criterion approach(ECA) 심리 외적 준거접근법(外的準據接近法) *cf.* internal structure approach

external ear 해부 외이(外耳) = outer ear *cf.* inner ear

external elastic membrane 해부 외탄력막(外彈力膜)

external fibrous layer 해부 외섬유층(外纖維層)

external glial limiting membrane 해부 바깥아교 경계막(境界膜)

external grounds 외적 기초(外的基礎) ↔ internal grounds

external hemorrhage 생리 외출혈(外出血) ↔ internal hemorrhage

external information 인지 외적 정보(外的情報) ↔ internal information

external intercostal muscle 해부 외늑간근(外肋間筋) ↔ internal intercostal muscle

external juncture 외부연접(外部連接)

external language 외재적 언어(外在的言語) = externalized language ↔ internal language

external laryngeal nerve 해부 외후두신경(外喉頭神經), 바깥후두신경

external lobe 해부 외엽(外葉) ↔ internal lobe

external meaning 언어외적 의미(言語外的意味)

external medullary lamina 해부 외섬유판(外纖維板)

external memory aids 신경 (치매환자를 위한) 외부기억보조(外部記憶補助)

external motive 외적 동기(外的動機) ↔ internal motive

external nares 해부 외비공(外鼻孔)

external nasal branch 해부 외비지(外鼻枝)

external negation 외적 부정(外的否定)

external oblique abdominis muscle 해부 외복사근(外腹斜筋) = external oblique muscle of abdomen ↔ internal oblique abdominis muscle

external oblique muscle 해부 외사근(外斜筋) ↔ internal oblique

external occipital protuberance 해부 외후두융기(外喉頭隆起)

external open juncture 외부 개연접(外部開連接)

external pterygoid muscle 외측익돌근(外側翼突筋) ↔ internal pterygpoid muscle

external pyranidal layer 해부 바깥 피라밋세포층(細胞層)

external reconstruction 외적 재구성(外的再構成) ↔ internal reconstruction

external respiration 생리 외호흡(外呼吸) ↔ internal respiration

external rotation 외회전(外回轉)

external secretion 생리 외분비(外分泌) ↔ internal secretion

external speech 외형적 말

external sphincter muscle 해부 외부괄약근(外部括約筋)

external stylistics 외적 문체론(外的文體論)

external tensor muscle 해부 외긴장근(外緊張筋)

external test 외적 시험(外的試驗)

externality 외면성(外面性) ↔ internality

externalization 외재화(外在化) ↔ internalization

externalized approach 외적 접근법(外的接近法) ↔ internalized approach

externalized language 외재적 언어(外在的言語) = external language ↔ internalized language

externalizing behavior 인지 외현화 행동(外現化行動)

externalizing disorders 외현화 장애(外現化障礙) ↔ internalizing disorders

externalizing problem behavior 외현화 문제행동(外現化問題行動) ↔ internalizing problem behavior

exteroreceptor 신경 외부수용기(外部受容器)

extinct language 사어(死語) = dead language

extinction 심리 (행동수정의) 소거(消去)

extinction cross section 소멸단면(消滅斷面)

extra- '밖의' 또는 '이외의'의 의미

extracellular 세포외(細胞外)의 ↔ intracellular

extracellular electrode 신경 세포외전극(細胞外電極)

extracellular fluid(ECF) 해부 세포외액(細胞外液) *cf.* intracellular fluid

extracellular matrix(ECM) 생리 세포외기질(細胞外基質)

extracellular space 해부 세포외 공간(細胞外空間)

extraction 적출(摘出), 추출(抽出)
extraemembryonic membranes 해부 외배막(外胚膜)
extraesophageal reflux(EER) 생리 식도외역류(食道外逆流)
extraesophageal reflux disease(EERD) 생리 식도외역류병 *cf.* larngopharyngeal reflux
extralinguistic cues 언어발달 언어외적 단서(言語外的端緖)
extralinguistic feedback 언어발달 언어외적 피드백 *cf.* nonlinguistic feedback
extrametricality 외율격성(外律格性)
extraneous 외부(外部)의 = extrinsic ↔ intrinsic, inherent
extraneous noise 음향 주변소음(周邊騷音) = environmental noise
extraneous variable 통계 외변인(外變因)
extrapolation 외삽법(外揷法)
extraposition transformation 통사 외치 변형(外置變形)
extrapositional apposition 위치외적 동격(位置外的同格)
extrapyramidal diseases 생리 추체외로 질환(錐體外路疾患)
extrapyramidal motor tract 해부 추체외 운동로(錐體外運動路)
extrapyramidal system 해부 추체외로계(錐體外路系)
extrapyramidal tract 해부 추체외로(錐體外路) ↔ pyramidal tract
extrasegmental phoneme 음운 초분절 음소(超分節音素) = suprasegmental phoneme
extrasensory perception 심리 감각외적 지각(感覺外的知覺)
extrasyllabicity 음운 음절외성(音節外性)
extrasystematic phoneme 음운 조직외적 음소(組織外的音素)
extrathoracic obstruction 생리 외흉부 폐쇄(外胸部閉鎖)
extratympanic recording 청각 고막외측정(鼓膜外測定) *cf.* tympanic recording
extreme capsule 해부 극포(極胞)
extreme hearing loss 생리 고도청력손실(高度聽力損失)
extreme value 극치(極値)
extremitas L 단(端), 끝
extremity 해부 사지(四肢)
extrinsic 외재적(外在的)인, 외적(外的)인 = extraneous ↔ intrinsic, inherent
extrinsic factor 외인성 인자(外因性因子)
extrinsic laryngeal muscles 해부 후두외근(喉頭內筋) ↔ intrinsic laryngeal muscles
extrinsic muscles 해부 외근(外筋) ↔ intrinsic muscles
extrinsic ordering 외재적 순서(外在的順序) ↔ intrinsic order
extrinsic pathway 외인성 경로(外因性經路)
extrinsic potential 신경 외인성 전위(外因性電位)
extrinsic rule ordering 외재적 규칙순(外在的規則順)
extrinsic tongue musclulature 해부 외설근육조직(外舌筋肉組織) ↔ intrinsic tongue musculature
extroversion (1) 해부 외전(外轉) (2) 심리 외향성(外向性) ↔ introversion
extroversion type 심리 외향형(外向型)
extroverted 심리 외향적(外向的) ↔ introverted
extroverted personality 심리 외향적 성격(外向的性格) ↔ introverted personality
extubation 해부 발관(拔管) ↔ intubation
exudate 생리 삼출액(滲出液) = effusion
eye compression reflex 신경 안구압박반사(眼球壓迫反射)
eye contact 눈맞춤
eye dialect 시각적 방언(視覺的方言)

eye gaze 주시(注視), 응시(凝視)
eye glass hearing aids 안경형 보청기
eye-hand coordination 눈손협응(協應)
eye irritation 생리 안자극(眼刺戟)
eye movements 생리 안구운동(眼球運動)
eye reflex 신경 안반사(眼反射)
eyeball 해부 안구(眼球)
eyeblink reflex 신경 눈깜박거림 반사(反射)
eyesight 신경 시력(視力)
eyesight test 시력검사(視力檢査)

F

F0(fundamental frequency) 기본주파수(基本周波數) *cf.* harmonics

fable 우화(寓話)

face 안면(顔面)

face bow 안궁(顔弓)

face-motor skills 안면운동기능(顔面運動技能)

face perception 신경 안면지각(顔面知覺)

face recognition 안면재인(顔面再認)

face-to-face communication 면대면 의사소통(面對面意思疏通)

face to face interaction 대면 상호작용(對面相互作用)

face validity 통계 안면타당도(顔面妥當度) = content validity *cf.* criterion validity

face velocity 표면속도(表面速度)

face wants 체면요구(體面要求)

FACES(family adaptability and cohesion evaluation scales) 가족적응력-응집력평가척도(家族適應力凝集力評價尺度)

facet 측면(側面), 면(面)

facial 안면(顔面)의

facial action coding system 말더듬 표정행동부호화체계(表情行動符號化體系)

facial angle 해부 안면각(顔面角)

facial apraxia 생리 안면실행증(顔面失行症) *cf.* orofacial apraxia

facial artery 해부 안면동맥(顔面動脈)

facial bone 해부 안면골(顔面骨)

facial colliculus 해부 안면신경구(顔面神經丘)

facial cranium 해부 안면두개골(顔面頭蓋骨)

facial expression 안면표정(顔面表情)

facial index 안면계수(顔面係數)

facial muscle 해부 안면근(顔面筋)

facial nerve 해부 (뇌신경, CN VII), 안면신경(顔面神經)

facial nerve dysfunction 생리 안면신경부전(顔面神經不全)

facial nerve palsy 신경 안면신경마비(顔面神經麻痺)

facial nucleus 해부 안면신경핵(顔面神經核)
facial paralysis 신경 안면마비(顔面痲痹)
facial portion 해부 안면부(顔面部)
facial process 해부 안면돌기(顔面突起)
facial prosthetics 안면보철학(顔面補綴學)
facial reflex 신경 안면근반사(顔面筋反射)
facial vein 해부 안면정맥(顔面靜脈), 얼굴정맥
facilitated communication 촉진된 의사소통
facilitated diffusion 촉진확산(促進擴散)
facilitating anxiety 촉진불안(促進不安)
facilitating technique 촉진기법(促進技法)
facilitation 촉진(促進)
facilitation of resonance 공명촉진(共鳴促進)
facilitative communication 의사소통촉진(意思通促進)
facilitative strategy 삼킴 촉진전략(促進戰略)
facilitator 촉진자(促進子) = promotor
facioversion 해부 안면변형(顔面變形)
FACS-A(functional assessment of communication skills for adults) 성인용 의사소통능력의 기능적 평가
FACT(functional auditory comprehension task) 기능적 청각이해력과제(機能的聽覺理解力課題)
fact-oriented acquisition 심리 사실지향학습(事實志向學習) *cf.* problem-oriented acquisition
fact retrieval 사실인출(事實引出)
factitious disorders 인위성 장애(人爲性障礙)
factitive verb 작위동사(作爲動詞)
factive case 작위격(作爲格)
factive predicate 서술적 술어(敍述的述語)
factive presupposition 사실적 가정(事實的假定)
factor (1) 요인(要因) (2) 통계 변인(變因) *cf.* variable
factor analysis (1) 요인분석(要因分析) (2) 통계 변인분석(變因分析)
factor score 요인점수(要因點數) *cf.* area score
factorial stimulus generalization 요인자극일반화(要因刺戟一般化)
factorial validity 통계 요인타당도(要因妥當度)
factual information 사실적 정보(事實的情報) = literal information
facultative variant 음운 자유변이음(自由變異音), 수의변이(隨意變異) = free variant
faculty psychology 능력심리학(能力心理學)
fadeaway 소실(消失), 차츰사라짐
fader 음향 음향조절기(音響調節器), 페이더
fading 퇴색(退色) = discoloration
FAF(frequency altered feedback) 음향 주파수변조 피드백
FAH(full access hypothesis) 완전 접근가설(完全接近假說)
failure-of-fixation test 미고정검사(未固定檢査)
fallacy 오류(誤謬)
falling curve 하강곡선(下降曲線)
falling diphthongs 조음 하강 이중모음(下降二重母音) = diminuendo diphthongs ↔ rising diphthongs, cresendo diphthongs
falling juncture 하강연접(下降連接)
falling rhythm 하강운율(下降韻律)
falling-rising tone 음운 하강-상승조(下降上昇調), 하강-상승 성조(下降上昇聲調)
falling tone 음운 하강조(下降調) 하강성조(下降聲調)
false alarm 인지 허위경보(虛僞警報)
false alarm rate 인지 허위경보율(虛僞警報率), 오보율(誤報率)
false cords phonation 가성대 발성(假聲帶發聲)
false fluency 말더듬 가유창성(假流暢性)
false image 가상(假像)
false negative 허위음성(虛僞陰性), 거짓음성 ↔ false positive
false-negative response 거짓 부정반응(不正反應) ↔ false-positive response
false pelvis 가골반(假骨盤)

false positive 허위양성(虛僞陽性), 거짓양성 ↔ false negative
false positive reaction 위양성 반응(僞陽性反應)
false-positive response 거짓 긍정반응(肯定反應) ↔ false-negative response
false regression 통계 부정회귀(不正回歸)
false relation 대사(對斜)
false threshold 가성역치(假性閾値), 거짓문턱값
false vocal cords 가성대(假聲帶), 전정주름 = false vocal folds, ventricular folds
falsetto 가성(假聲) *cf.* puberphonia, mutational falsetto
falsetto exercise 가성발성 훈련(假聲發聲訓練)
falsetto register 가성구(假聲區) ↔ modal register
falx cerebri (대뇌) 겸상막(鎌狀膜), 대뇌낫
familial 가족성(家族性), 가계성(家系性)
familial deafness 생리 가계성 농(家系性聾)
familial dysautonomia 생리 가계성 자율신경 이상(家系性自律神經異常)
familial incidence 가계발생률(家系發生率)
familial mental retardation 생리 가계성 정신 지체(家系性精神遲滯)
familial tremor 생리 가족성 진전(家族性震顫) *cf.* organic tremor
familiarity 친밀도(親密度), 친숙성(親熟性)
familiarization 친숙화(親熟化)
family-allied model 가족연합 모형(家族聯合模型) *cf.* family-focused
family counseling 가족상담(家族相談)
family-centered model 가족중심 모형(家族中心模型)
family-centered permanency planning 가족중심 평생계획(家族中心平生計劃)
family-centered practice 가족중심치료(家族中心治療)
family doctor 가정의(家庭醫)
family-focused model 가족중점 모형(家族中點模型) *cf.* family-allied model
family friendly 가족친화(家族親和)
family history 가족사(家族史)
family interaction 가족상호작용(家族相互作用)
family involvement 가족참여(家族參與) *cf.* parent involvement
family life cycle 가족생활주기(家族生活週期)
family medicine 가정의학(家庭醫學)
family therapy 가족치료(家族治療), 가족요법(家族療法)
family training 가족훈련(家族訓練)
family tree 가계도(家系圖)
family tree model 가계도 모형(家系圖模型)
family tree theory 가계도이론(家系圖理論)
fan loading 팬 부하(負荷)
fantasy 공상(空想) = daydream
FAPC(Fisher's auditory problems checklist) 피셔 청각문제점검표(聽覺問題點檢表)
far-field criteria 음향 원거리 음장기준(遠距離音場基準)
far-field recording 원거리 측정(遠距離測定)
far sound field 원거리 음장(遠距離音場)
FAS(fetal alcohol syndrome) 생리 (선천성) 태아알코올 증후군
fascia 해부 근막(筋膜)
fasciculation 신경 섬유속성 연축(纖維束性攣縮), 속상수축(束狀收縮)
fasciculus 해부 섬유속(纖維束), 섬유다발
fasciculus cuneatus 해부 쐐기다발
fasciculus gracilis 해부 박속(薄束), 얇은다발
fast fibers 해부 빠른수축섬유
fast Fourier transform(FFT) 음성공학 고산푸리에 변환
fast mapping 의미 빠른연결 ↔ slow mapping *cf.* extended mapping
fast mapping strategy 언어발달 (의미의) 빠른 연결전략 *cf.* quick incidental learning strategy
fast phase 빠른위상(位相)

F

fast-twitch fibers 빠른수축섬유(收縮纖維)
fast-wave sleep(FWS) 속파수면(速波睡眠)
fastigial nucleus 해부 꼭지핵
fat metabolism 생리 지방대사(脂肪代射)
cf. vegetal metabolism
fat pads 지방덩이
fat-soluble 지용성(脂溶性) = lipid-soluble
cf. water-soluble
fatherhood 심리 부성애(父性愛) = paternal love ↔ motherhood
fatigue 피로(疲勞)
fatigue effect 피로효과(疲勞效果)
fatigue test 피로도검사(疲勞度檢査)
= stress test
fatty acids 생리 지방산(脂肪酸)
fatty liver 생리 지방간(脂肪肝)
fatty tissue 해부 지방조직(脂肪組織)
fauces 해부 구협(口峽)
faucial arch 해부 구개궁(口蓋弓)
faucial isthmus 해부 구협부(口峽部)
faucial reflex 신경 인두반사(咽頭反射)
faucial tonsil 해부 구개편도(口蓋扁桃)
= palatine tonsil
FCM(functional communication measures) 기능적 의사소통 측정(機能的意思疏通測定)
FCP(functional communication profile) AAC 기능적 의사소통검사(機能的意思疏通檢査)
FCR(feature co-occurrence restriction) 자질공기제약(資質共起制約)
FCR(formant centralization ratio) 음향 포먼트 중앙화비율(中央化比率)
FD(functional dysphonia) 생리 기능성 발성장애(機能性發聲障礙)
FDRC(full-dynamic range compression) 음향 전역동범위압축(全力動範圍壓縮)
FDS(functional dysphasia scale) 삼킴 기능적 삼킴곤란 척도(機能的嚥下困難尺度)
featural writing 자질문자(資質文字)
feature 자질(資質), 특질(特質)
feature changing rule 음운 자질변경규칙(資質規則)
feature contrasts process 자질대치방법(資質對峙方法)
feature co-occurrence restriction(FCR) 음운 자질공기제약(資質共起制約)
feature deletion rule 자질삭제규칙(資質削除規則)
feature detector 자질탐지기(資質探知機)
feature extraction 음성공학 특징추출(特徵抽出)
feature geometry 음운 자질위계론(資質位階論)
feature hierarchy 음운 자질위계(資質位階)
feature hierarchy theory 자질위계이론(資質位階理論)
feature matrix 자질모형(資質母型)
feature minimization principle 음운 자질최소화원리(資質最小化原理)
feature percolation convention 자질삼투규약(資質滲透規約)
feature specification 음운 자질명시(資質明示)
feature specification default(FSD) 무표자질명시(無標資質明示)
feature tier 자질층렬(資質層列)
feature-value 자질값
fear 공포(恐怖), 두려움
feared word 불안단어(不安單語)
febrile seizure 생리 열성발작(熱性發作)
feces 생리 배설물(排泄物)
Fechner's law 심리 페히너의 법칙
Federal Rehabilitation Act(FRA) 연방재활법(聯邦再活法)
feeble-minded 신경 정신박약(精神薄弱)
= weak-minded
feedback 피드백
feedback circuits 피드백 회로 = feedback loops
feedback inhibition 피드백 억제

feedback mechanism disorders 피드백 기전 장애

feeding (1) 문법 급여(給與) (2) 생리 섭식(攝食)

feeding and eating disorders 생리 섭식-식이 장애(攝食食餌障礙)

feeding apraxia 생리 섭식실행증(攝食失行症)

feeding center 해부 섭식중추(攝食中樞) = intake center ↔ satiety center *cf.* appetite centerfeeding control 삼킴 섭식조절(攝食調節)

feeding difficulty 삼킴 섭식곤란(攝食困難)

feeding disorders 삼킴 섭식장애(攝食障礙) = eating disorders *cf.* swallowing disorder

feeding utensil 삼킴 식사도구(食事道具)

feeling 감각(感覺), 감정(感情)

feeling threshold 생리 감각한계(感覺限界)

feelings of confusion 생리 혼란감(混亂感)

FEES(flexible endoscopic evaluation of swallowing) 삼킴 연성 내시경삼킴검사

Feingold diet hypothesis 삼킴 화인골드 식이 가설(食餌假說)

felicity condition 담화 의미 (진리조건) 적정 조건(適正條件)

FEM(finite element method) 유한요소법(有限要素法)

female chauvinism 여성우월주의(女性優越主義) ↔ male chauvinism

female-dominated 여성주도형(女性主導形)의, 여성우위(女性優位)의 ↔ male-dominated

female hormone 여성 호르몬 ↔ male hormone

female-to male transgender 트랜스젠더 남성 ↔ male-to-female transgender *cf.* sex minority

feminine 여성(女性)의 ↔ masculine

feminine ethos 여성적 기질(女性的氣質) ↔ masculine ethos

feminine sex character 여성성징(女性性徵) ↔ masculine sex character

femininity 여성성(女性性) ↔ masculinity

feminism 남녀동등권주의(男女同等權主義), 여권신장주의(女權伸張主義) ↔ antifeminism

feminization 생리 (남성의) 여성화(女性化) = feminity ↔ masculinization *cf.* defeminization

feminizing effect 생리 (남성의) 여성화 효과(女性化效果) ↔ masculinizing effect

feminizing syndrome 생리 (호르몬 장애) 여성화 증후군(女性化症候群) ↔ masculinizing syndrome

feminizing tumors 생리 여성화종양(女性化腫瘍) ↔ masculinizing tumors

femur 해부 대퇴골(大腿骨)

femural nerve 해부 대퇴신경(大腿神經)

fenestration 해부 개창술(開窓術)

feral child 야생아(野生兒)

Fernald word learning technique(FWLT) 퍼날드 단어학습기법(單語學習技法)

fertility rate 출생률(出生率) *cf.* mortality rate

fertilization 생리 수정(受精)

FES(fluency enhancing skills) 말더듬 유창성 향상기법(流暢性向上技法)

festination 생리 가속보행(加速步行), 서두름증

fetal cell transplantation 해부 태아세포 전이술(胎兒細胞轉移術)

fetal cytomegalovirus 생리 태아 거대세포 바이러스

fetal face syndrome 생리 태아안면 증후군(胎兒顔面症候群)

fetal period 태아기(胎兒期) = fetal stage, period of fetus

fetal research 태아연구(胎兒研究)

fetal rubella syndrome 생리 태아풍진 증후군(胎兒風疹症候群)

fetus 태아(胎兒) = embyo

FEV(forced expiratory volume) 생리 노력성 날숨폐활량(努力性呼氣肺活量)

fever of unknown origin 불명열(不明熱)

F

FFF(flicker fusion frequency) 음성공학 점멸 융합 주파수(點滅融合周波數)
FFP(foot feature principle) 발자질 원칙
FFT(Fast Fourier transform) 음성공학 고속 푸리에 변환(變換)
FGTAC(Fisher-Logeman test of articulation competence) 조음 피셔-로지만 조음능력 검사(調音能力檢査)
FI(fixed interval reinforcement) 고정간격 강화계획표(固定間隔强化計劃表)
fiber 해부 섬유(纖維)
fiber of Corti 해부 코르티 섬유(纖維)
fiberoptic endoscope 광학섬유 내시경(光學纖維內視鏡)
fibers of stria terminalis 해부 분계섬유줄섬유
fiberscope 섬유경(纖維鏡), 파이버스코프
fibrillation 신경 섬유성 연축(纖柔性攣縮)
fibrinolysis 섬유소분해(纖維素分解)
fibroblast 해부 섬유모세포(纖維母細胞)
fibrocartilage 해부 섬유연골(纖維軟骨)
fibrocartilaginous ring 해부 섬유연골륜(纖維軟骨輪)
fibroelastic membrane of larynx 해부 후두 섬유탄성막(喉頭纖維彈性膜)
fibromuscular membrane 해부 근섬유성 막(筋纖維性膜)
fibrosis 생리 섬유증(纖維症)
fibrous astrocyte 해부 섬유성 성상세포(纖維性星狀細胞)
fibrous layer 해부 섬유층(纖維層) *cf.* mucous layer
fibrous tunic 해부 섬유성 피막(纖維性皮膜)
fibrovascular nodule 생리 섬유혈관성 결절(纖維血管性結節), 섬유혈관성 노즐
fiction 허구(虛構)
fictive path 인지 가상경로(假想徑路) *cf.* open path
fidelity 충실도(充實度)
field dependence 장의존성(場依存性) ↔ field independence
field experience 현장경험(現場經驗)
field incidence 음향 음장입사(音場入射)
field incidence absorption coefficient 음향 음장입사 흡음계수(音場入射吸音係數)
field incidence mass law 음향 음장입사 질량 법칙(音場入射質量法則)
field incidence transmission coefficient 통계 음장입사 투과계수(音場入射透過係數)
field independence 장독립성(場獨立性) ↔ field dependence
field method 현장 방법론(現場方法論)
field reference point 음장 기준점(音場基準點)
field theory 장이론(場理論)
field 분야(分野), 현장(現場), 장(場)
fieldwork 현장작업(現場作業)
fifth cranial nerve 해부 제5 뇌신경, 삼차신경(三次神經) = trigeminal nerve
fight-flight reaction 말더듬 투쟁-도피반응(鬪爭逃避反應)
FIGs(fluency-initiating gestures) 말더듬 유창성유발 제스처
figura 기호소(記號素)
figural after-effect 잔상효과(殘像效果)
figurative irony 인지 비유적 아이러니
figurative language 인지 비유적 언어(比喩的言語), 비유어(比喩語) *cf.* metaphoric language
figurative meaning 인지 비유적 의미(比喩的意味) *cf.* literal meaning
figure (1) 수치(數值) (2) 그림
figure-ground 도지(圖地)
figure notation 숫자 기보법
figure of merit of an active sonar 능동소나 양호지수(良好指數)
figure of speech 비유(比喩) *cf.* smile, metaphor
FILE(family inventory of life events) 가족생

활사건 검사목록(家族生活事件檢査目錄)
filiform papillae 해부 사상유두(絲狀乳頭), 실유두 = L papillae filliformes
filter 필터
filter bandwidth 음향 필터 대역폭(濾過器帶域幅)
filter constraint 필터 제약(濾過制約)
filtered speech 필터된 음성
filtering function 필터 기능(濾過機能)
filtrate 여과액(濾過液)
filtration pressure 필터작용 압력(濾過作用壓力)
filtration 필터 작용(濾過作用)
FIM(functional independence measurement) 기능적 독립성척도(機能的獨立性尺度), 기능적 자립도측정(機能的自立度測定)
final common pathway 최종 공통경로(最終共通經路)
final consonant deletion 음운 어말자음탈락(語末子音脫落) *cf.* initial consonant deletion
final consonant position 어말자음위치(語末子音位置)
final devoicing 음운 종성 무성음화(終聲無聲音化)
final ending 통사 어말어미(語末語尾) *cf.* prefinal ending
final windowing 인지 최종 창문화(最終窓門化) ↔ initial windowing medial windowing
fine-finger movements 정교한 손동작
fine motor 미세운동(微細運動)
fine motor control 미세운동조절(微細運動調節)
fine motor movement 소근육 운동(小筋肉運動)
fine motor skill 소근육 운동기능(小筋肉運動技能) ↔ gross motor skill
fine touch 미세접촉(微細接觸)
fine tremor 생리 미세진전(微細震顫)
finger agnosia 생리 손가락 실인증(失認症)
finger board 지판(指板)
finger spelling 청각 지화법(指話法), 손가락문자 *cf.* sign language approach
finger-to-nose test(FTNT) 신경 손가락-코대기 검사
fingering 운지법(運指法)
finite 유한한 ↔ infinite
finite difference method 유한차분법(有限差分法)
finite element method(FEM) 유한요소법(有限要素法)
finite grammar 유한문법(有限文法)
finite impulse response filter 유한충격응답(有限衝擊應答) 필터
finite impulse response(FIR) 유한충격응답(有限衝擊應答)
finite state grammar 통사 유한상태문법(有限狀態文法)
finite verb 통사 유한동사(有限動詞)
finite volume method 유한 체적방법(有限體積方法)
finiteness 통사 (문법적) 유한성(有限性)
FIR(finite impulse response) 유한충격응답(有限衝擊應答)
first cervical somite 해부 첫째 목분절
first-degree relative 일차적 가족(一次的家族)
first language 언어습득 제1 언어(第一言語) = native language *cf.* vernacular
first language acquisition(FLA) 언어습득 제1 언어습득(第一言語習得)
first messenger system 신경 일차전령체계(一次傳令體系)
first-order change 일차적 변화(一次的變化)
first-order logic 일차논리(一次論理)
first-order neurons 해부 제1차 신경세포(一次神經細胞)
first sister principle 첫자매 원리(原理)
first tracheal cartilage 해부 제1 기관연골(氣管軟骨)

F

first word 언어발달 초어(初語), 첫낱말 *cf.* protoword

Fisher-Logeman test of articulation competence(FGTAC) 피셔-로지만 조음 능력검사(調音能力檢査)

Fisher's auditory problems checklist(FAPC) 피셔 청각문제점검표(聽覺問題點檢表)

fission 분열(分裂)

fissure 해부 열구(裂溝), 틈새 *cf.* sulcus

fissure of Rolando 해부 롤란도 열구 = central fissure, central sulcus

fissure of Sylvius 해부 실비우스 열구 = temporal fissure, lateral sulcus

fisting 파악(把握)

fistula 해부 (구개의) 누공(瘻孔)

fitness 적응도(適應度)

fitting 적합(適合)

five-vesicle brain 해부 다섯 뇌소포

fixation 고착(固着), 고정(固定)

fixation pause 고정휴지(固定休止)

fixed accent 고정 악센트

fixed channel strategy 고정채널전략

fixed edge 고정 모서리

fixed interval reinforcement schedule(FI) 고정간격 강화계획표(固定間隔强化計劃表)

fixed interval reinforcement 고정간격강화(固定間隔强化)

fixed length code 고정 길이부호

fixed ratio 고정비율(固定比率)

fixed ratio reinforcement schedule(FR) 고정비율 강화계획(固定比率强化計劃)

fixed response item 고정반응 항목(固定反應項目)

fixed stress 고정강세(固定强勢)

FLA(first language acquisition) 제1 언어습득(第一言語習得) ↔ SLA

flaccid dysarthria 신경 이완형 마비말장애 *cf.* spastic dysarthria

flaccid hemiplegia 신경 이완형 편마비(弛緩性偏癱痹)

flaccid paralysis 신경 이완형 마비(弛緩性痲痺)

flaccid part 해부 (고막의) 이완부(弛緩部) = L pars flaccida

flaccid type 이완형(弛緩形)

flaccidity 이완(弛緩) ↔ rigidity

flagellum 편모(片貌)

flanking transmission 측면투과(側面透過)

flap consonant 조음 탄설자음(彈舌子音)

flap operation 해부 피판술(皮瓣術)

flapped sound 조음 탄설음(彈舌音) = flap

flapping 음운 탄설음화(彈舌音化)

flare constant 나팔상수

flash card 단어카드, 플래시 카드

flashbulb memory 인지 섬광전구 기억(閃光電球記憶)

flat affect 단조로운 감정

flat audiogram 청각 평면청력도(平面聽力圖)

flat board loudspeaker 평판 스피커

flat fricative 조음 평마찰음(平摩擦音)

flat hearing loss 생리 수평형 청력손실(水平形聽力損失)

flat vowel 조음 평순음(平脣音)

flatness 평탄(平坦), 평범(平凡)

flatulence 생리 복부팽만감(腹部膨滿感)

flesch index 플래시 지표

flexed posture 구부정한 자세

flexible 유연(柔軟)한, 연성(軟性)의 ↔ hard

flexible endoscopic evaluation of swallowing (FEES) 삼킴 연성 내시경삼킴검사

flexible fiberoptic examination 연성 광섬유검사(軟性光纖維檢査)

flexible fiberoptic laryngoscope 연성 광섬유후두경(軟性光纖維喉頭鏡), 연성 파이버스코프후두경

flexible gastroscope 연성 위경(軟性胃鏡)

flexion 굴곡(屈曲)

flexion reflex 신경 굴곡반사(屈曲反射)
flexor muscle 해부 굴근(屈筋)
flexor reflex 신경 굴근반사(屈筋反射)
flexor spasm 신경 굴근연축(屈筋攣縮)
flexural wave 음향 굴곡파(屈曲波)
flexure 굴곡(屈曲), 만곡(彎曲)
flicker effect 명멸 효과(明滅效果)
flicker fusion frequency(FFF) 점멸 융합주파수(點滅融合周波數)
flight reaction 도피반응(逃避反應)
flight reflex 도피반사(逃避反射)
floating construction 부유구조(浮遊構造)
floating floor 부유바닥, 뜬바닥
floating ribs 해부 부유늑골(浮遊肋骨) *cf.* false ribs
floating tone 음운 부유성조(浮遊聲調)
floccular peduncle 해부 타래다리, 소엽뇌각
flocculus 해부 소엽(小葉), 타래
floor-apportionment 발언권 할당(發言權割當)
floor effect 바닥효과 = bottom effect
floor impact sound level 바닥 충격음레벨
floor of mouth 해부 구강바닥
floppy infant 저긴장아(低緊張兒)
florid counterpoint 꾸밈 대위법(對位法)
flow 흐름
flow acoustic interaction 음향 유동음향 상호작용(流動音響相互作用)
flow noise 음향 유동잡음(流動雜音)
flow resistance 음향 유동저항(流動抵抗)
fluctuating 변동성(變動性)
fluency 말더듬 유창성(流暢性) *cf.* dysfluency ↔ nonfluency
fluency break 말더듬 유창성 단절(流暢性斷切)
fluency disorders 말더듬 유창성 장애(流暢性障礙), 말더듬 장애 = stuttering disorders
fluency disruptors 말더듬 유창성 방해요인(流暢性妨害要因) ↔ fluency facilitators
fluency enhancing 말더듬 유창성 향상(流暢性向上), 유창성 증진(流暢性增進)
fluency enhancing skills(FES) 말더듬 유창성 향상기법(流暢性向上技法), 유창성 증진기법(流暢性增進技法)
fluency facilitating movements 말더듬 유창성 촉진운동(流暢性促進運動)
fluency facilitators 말더듬 유창성 촉진요인(流暢性促進要因) ↔ fluency disrupters
fluency-initiating gestures(FIGs) 말더듬 유창성유발 제스처
fluency interview 말더듬 유창성 인터뷰 *cf.* stuttering interview
fluency modification 말더듬 유창성조절(流暢性調節)
fluency modification techniques(FMT) 말더듬 유창성수정법(流暢性修正技法)
fluency reinforcement techniques(FRT) 말더듬 유창성강화기법(流暢性强化技法)
fluency rules program(FRP) 말더듬 유창성규칙 프로그램
fluency-shaping techniques(FST) 말더듬 유창성 형성기법(流暢性形成技法)
fluency-shaping therapy 말더듬 유창성형성치료(流暢性形成治療)
fluency specialists renewal form 유창성장애 전문가 갱신신청서(流暢性障礙專門家更新申請書)
fluency speech and language screening test (FSLS) 말더듬 유창성 말-언어선별검사(言語選別檢查)
fluent aphasia 신경 유창성 실어증(流暢性失語症) = Wernicke's aphasia ↔ nonfluent aphasia
fluent speech 유창한 말
fluent stuttering 유창하게 말더듬기
Fluharty preschool speech and language screening test(FPSLS) 언어발달 플루하티 학령전 말-언어선별검사(言語選別檢查)

fluid 유체(流體), 액체(液體) = liquid ↔ solid
fluid-analytic factor 유동분석적 요인(流動分析的要因)
fluid dynamics 유체역학(流體力學)
fluid elasticity 유체탄성(流體彈性)
fluid intake 액체섭취(液體攝取)
fluid intelligence 유동성 지능(流動性知能)
fluid loading 유체하중(流體荷重)
fluid pressure waves 유압파(流壓波)
fluoride treatment 불소치료(弗素治療)
fluoroscope 형광투시경(螢光透視鏡)
fluoroscopy 형광투시법(螢光透視法)
flutter echo 플러터 반향(反響)
flux density 유속밀도(流速密度)
FM(frequency modulation) 음향 주파수 변조(周波數變調) *cf.* AM
fMRI(functional magnetic resonance imaging) 기능적 자기공명영상술(機能的磁氣共鳴映像術)
FMT(fluency modification techniques) 말더듬 유창성수정법(流暢性修正技法)
focal area (방언학의) 초점지역(焦點地域) *cf.* relic area
focal dystonia 생리 국소 근긴장이상증(局所筋緊張異常症) *cf.* segmental dystonia
focal injury 초점손상(焦點損傷)
focal lesion 초점성 병소(焦點性病巢)
focal line (억양의) 초점선(焦點線)
focus 초점(焦點), 집중(集中)
focus movement 초점이동(焦點移動)
focused attention 언어발달 집중적 주의(集中的注意) *cf.* selected attention
focused interview 언어발달 집중면담(集中面談)
focused stimulation 언어발달 집중적 자극(集中的刺戟) *cf.* parallel-talk
focusing gain 초점이득(焦點利得)
focussing of ultrasonic wave 음향 초음파 집속(超音波集束)
FOIS(functional oral intake scale) 삼킴 기능적 구강섭취척도(機能的口腔攝取尺度)
fold 추벽(皺襞), 주름
folding error 중복오차(重複誤差)
folding frequency 음향 중복주파수(重複周波數)
foliate papillae 해부 엽상유두(葉狀乳頭), 잎새유두 = L papillae foliatae
folium 해부 PL folia, 박층(薄層)
folk etymology 민간어원설(民間語源說) = popular etymology, pseudo-etymology
follow-up 후속조치(後續措置), 후속평가(後續評價)
follow-up call 확인전화(確認電話)
follow-up management 사후관리(事後管理)
following direction 언어발달 지시 따르기 *cf.* imitating
fontanel 천문(泉門), 숨구멍
food allergies 생리 음식 알레르기
food intake 생리 음식섭취(飮食攝取)
food selectivity 편식(偏食)
foot 음보(音譜)
foot-switch system 푸트-스위치 체계
foot feature principle(FFP) 발자질 원칙
foot plate 해부 족판(足板)
footer 꼬리말
footnote 각주(脚註)
foramen 해부 소공(小孔), 구멍
foramen cecum 해부 맹공(盲孔)
foramen cecum of tongue 해부 설맹공(舌盲孔)
foramen magnum 해부 대후두공(大喉頭孔)
foramen of Luschka 해부 루시카 공
foramen of Magendie 해부 마겐디 공
foramen ovale 해부 난원공(卵圓孔)
foramen rotundum 해부 정원공(正圓孔)
foramen spinosum 해부 극공(隙孔)
force dynamic schema 인지 힘역학 도식 *cf.* compulsion schema
force dynamics 인지 힘역학

force of inertia 관성력(慣性力)
forced breathing 생리 강제호흡(强制呼吸)
= forced respiration
forced choice method 강제선택법(强制選擇法)
forced expiratory volume(FEV) 생리 노력성 날숨폐활량
forced feeding 강제급식(强制給食)
forced movement 강제운동(强制運動)
forced oscillation 음향 강제진동(强制振動)
= forced vibration ↔ free oscillation, free vibration
forced respiration 생리 강제호흡(强制呼吸)
= forced breathing
forced response 강제응답(强制應答)
forced vibration 음향 강제진동(强制振動)
= forced oscillation ↔ free vibration, free oscillation
forced vital capacity(FVC) 생리 강제 폐활량(强制肺活量)
forced whisper 강제 속삭임
forearm 해부 앞팔
forebrain 해부 앞뇌 ↔ hindbrain
fore-glide 조음 전방활음(前方滑音)
foreground(ed) information 인지 전경정보(前景情報)
foregrounding 인지 전경화(前景化)
↔ backgrounding *cf.* gapping
foreign accent 외국말투
foreign body 이물(異物)
foreign language 외국어(外國語)
foreign language acquisition 외국어습득(外國語習得)
foreign plural 외래복수(外來複數)
foreigner talk 외국인에게 하는 말투
foreignism 외국어법(外國語法), 외국풍(外國風)
forensic anthropology 법인류학(法人類學)
forensic evidence 법의학적 증거(法醫學的證據)
forensic linguistics 법언어학(法言語學)
forgery 허구(虛構), 허위(虛僞)
forgetting 망각(忘却)
forgetting curve 망각곡선(忘却曲線)
forgetting theory 망각이론(忘却理論)
form 형태(形態)
form class 형태류(形態類)
form factor 형태인자(形態因子)
form-focused instruction 형식중심 교육(形式中心敎育)
form-function analysis 형태-기능 분석(形態機能分析)
form-function mapping 형태-기능 매핑
form-function relation 형태-기능 관계(形態機能關係)
form of address 호칭(呼稱)
form of language 언어형태(言語形態)
form-meaning composite 형식-의미 합성체(形式意味合成體)
form word 형식어(形式語) = function word
↔ content word
formal auditory training 형식적 청능훈련(形式的聽能訓練) ↔ informal auditory training
formal code (중산층이 쓰는) 공식어(公式語) = elaborated code *cf.* public code
formal equivalence 형식적 등치(形式的等値)
formal feature 형식자질(形式資質)
formal grammar 형식문법(形式文法)
formal implication 형식적 함언(形式的含言)
formal instruction 공식적 교육(公式的敎育)
formal language 형식언어(形式言語), 격식어(格式語) ↔ informal language
formal language learning setting 형식적 언어학습 환경(形式的言語學習環境)
formal meaning 형식적 의미(形式的意味)
↔ substantial meaning
formal method 형식법(形式法)
formal model 형식모형(形式模型)
formal operation 인지 형식적 조작(形式的操作)

F

formal operational period 인지 형식적 조작기(形式的操作期)
formal operational stage 인지 (피아제의 인지발달) 형식적 조작단계(形式的操作段階) *cf.* concrete operational stage
formal paraphasia 생리 형식착어증(形式錯語症) = 타 단어화 음소착어증 *cf.* semantic paraphasia
formal reading inventory(FRI) 공식 읽기검사목록
formal relations 공식적 관계(公式的關係)
formal scatter 어형산개(語形散開)
formal structure 공식구조(公式構造)
formal subject 형식주어(形式主語) ↔ sense subject
formal syntax 통사 형식통사론(形式統辭論)
formal theorem 형식적 공리(形式的公理)
formal universal 형식적 보편소(形式的普遍素)
formality 격식성(格式性)
formalization 형식화(形式化), 공식화(公式化) *cf.* ritualization
formant 음향 포먼트, 공명(共鳴)
formant bandwidth 음향 포먼트주파수 대역, 공명주파수 대역(共鳴周波數帶域)
formant centralization ratio(FCR) 음향 포먼트 중앙화 비율(中央化比率)
formant extraction 음향 포먼트 추출(抽出)
formant frequency 음향 포먼트주파수, 공명주파수(共鳴周波數) = resonant frequency
formant frequency fluctuation 포먼트주파수 동요, 공명주파수 동요(共鳴周波數動搖)
formant frequency location 음향 포먼트주파수 위치, 공명주파수 위치(共鳴周波數位置)
formant synthesis 음향 포먼트 합성
formant synthesizer 음향 포먼트 합성기(合成器)
formant trajectory 음향 포먼트 궤적(軌跡)
formant transition 음향 포먼트 전이(轉移)
formant tuning 음향 포먼트 조율(調律)
formation rule 형성규칙(形成規則)
formative 형성소(形成素)
formative disfluency 말더듬 형식적 비유창성(形式的非流暢性) *cf.* normal disfluency
formative element 형성적 요소(形式的要素)
formative evaluation 형성평가(形成評價)
formboard 형태판(形態板)
formula 공식(公式)
formulaic definition 공식적 정의(公式的定義)
formulaic language 정형화된 언어
formulaic speech 상투적 어투(常套的語套)
formulated sentence 언어발달 문장 만들기 *cf.* recalling sentence
formulation 공식화(公式化), 형식화(形式化)
formulative disfluency 말더듬 형식적 비유창성(形式的非流暢性)
formulative fluency break 말더듬 형성단계 유창성 일탈(形成段階流暢性逸脫)
formulator 형식부(形式部)
fornix 해부 뇌궁(腦弓), 뇌활
Forster-Seeley detector 포스터-실리 검파기(檢波器)
forth ventricles 해부 전뇌실(前腦室)
fortis 조음 경음(硬音), 된소리 ↔ lenis
fortis consonants 조음 경자음(硬子音), 된자음
fortition 음운 경음화(硬音化) ↔ lenition
forward automatic gain control 청각 전방향 자동이득조절(前方向自動利得調節)
forward coarticulation 음운 순행 동시조음(順行同時調音) ↔ backward coarticulation
forward masking 음향 전방차폐(前方遮蔽), 순행차폐(順行遮蔽) ↔ backward masking
forward pronominalization 통사 순행 대명사화(順行代名詞化) ↔ backward pronominalization
forward transform 전방변환(前方變換)
fossa 해부 와(窩), 오목

fossa incudis 해부 L 침골와(砧骨窩)
fossa triangularis 해부 삼각오목
fossilization 언어습득 화석화(化石化), 폐습화(弊習化) *cf.* stabilization
four finger method 네 손가락법
Fourier amplitude spectrum 음성공학 푸리에 진폭 스펙트럼
Fourier analysis 음성공학 푸리에 해석, 푸리에 분석
Fourier-Bessel integral 음성공학 푸리에-베셀 적분
Fourier-Bessel modal analysis 음성공학 푸리에-베셀모드 해석
Fourier coefficient 통계 푸리에 계수
Fourier component 푸리에 성분
Fourier integral 통계 푸리에 적분
Fourier phase spectrum 음성공학 푸리에 위상 스펙트럼
Fourier series 음성공학 푸리에 급수
Fourier spectrum 음성공학 푸리에 스펙트럼
Fourier theory 음성공학 푸리에 이론
Fourier transform 음성공학 푸리에 변환 ↔ reverse Fourier transform
Fourier's integral theorem 음성공학 푸리에 적분이론(積分理論)
fourth cranial nerve 해부 제4번 뇌신경, 활차신경(滑車神經) = trochlear nerve
fourth ventricle 해부 제4 뇌실(腦室)
fovea 해부 와(窩), 오목
fovea inferior 해부 하와(下窩), 아래오목 *cf.* inferior fovea
foveola palatina 해부 구개소와(口蓋小窩)
FPSLS(Fluharty preschool speech and language screening test) 플루하티 학령전 말-언어선별검사(言語選別檢查)
FR(fixed ratio reinforcement schedule) 고정비율 강화계획(固定比率强化計劃)
FRA(Federal Rehabilitation Act) 연방재활법(聯邦再活法)
fractionated stereotatic radiotherapy(FSRT) 분할정위 방사선치료(分割定位放射線治療)
fracture 해부 골절(骨折)
fragile features 불충분한 자질(資質)
Fragile X syndrome(FXS) 생리 (유전성 지적 장애) 약체 X 증후군 = Martin-Bell syndrome *cf.* mental retardation
fragment 조각
fragmentation 말더듬 세분화(細分化)
frame 틀, 프레임
frame feature 격틀자질(資質)
frame of reference 인지 참조 틀
frame semantics 인지 틀의미론
framing function 인지 틀부여 기능
fraternal twins 이란성 쌍둥이 = biovular twins *cf.* identical twins
FRC(functional residual capacity) 생리 기능적 잔기용량(機能的殘氣容量)
free adjective 분리 형용사(分離形容詞)
free alternation 음운 자유교체(自由交替)
free association 심리 (정신분석학의) 자유연상(自由聯想)
free barrier movement 무장벽운동(無障壁運動)
free boundary 자유경계(自由境界)
free composition 자유작문(自由作文)
free economy 자유경제(自由經濟)
free edge 자유변(自由邊)
free education 무상교육(無償敎育)
free electron 자유전자(自由電子)
free end 자유 단(自由端)
free field 음향 자유음장(自由音場) = free sound field
free-field calibration 음향 자유음장 교정(自由音場)
free-field current sensitivity 음향 자유음장 전류감도(自由音場電流感度)
free-field radiation 음향 자유음장 방사(自由

音場放射)
free field room 음향 무향실(無響室)
free-field sensitivity 음향 자유음장 감도(自由音場感度)
free-field-to eardrum transfer function 통계 자유음장고막 전달함수(自由音場鼓膜傳達函數)
free flap 유리 피판
free-floating anxiety 자유부상 불안(自由浮上不安)
free form 자립 형태(自立形態) ↔ bound form
free impedance 음향 자유저항(自由抵抗)
free margin 자유 모서리
free morpheme 자립형태소(自立形態素) ↔ bound morpheme
free morpheme constraint 자립형태소 제약(自立形態素制約)
free open end 자유 개방단(自由開放端)
free oscillation 음향 자유진동(自由振動) = free vibration ↔ forced oscillation, forced vibration
free progressive wave 음향 자유 진행파(自由進行波)
free recall 자유회상(自由回想) *cf.* total recall
free relative clause 자유 관계절(自由關係節)
free-ride principle 편승원칙(便乘原則), 무임편승원리(無賃便乘原理)
free sound field 음향 자유음장(自由音場)
free-stream 자유흐름
free stress 자유강세(自由强勢)
free surface 자유표면(自由表面)
free translation 자유번역(自由飜譯)
free variant 음운 자유변이음(自由變異音), 수의변이(隨意變異) = facultative variant
free verse 자유시(自由詩)
free vibration 음향 자유진동(自由振動) = free oscillation ↔ forced vibration, force oscillation
free vowel 조음 자유모음(自由母音)
free wave 음향 자유파(自由波)
free word order 자유 어순(自由語順)
free writing 자유작문(自由作文)
freezing 말더듬 얼어붙기
freezing principle 동결원리(凍結原理)
French loan word 프랑스 차용어(借用語)
frenulum 소대(小帶), 주름띠 = frenum
frenulum linguae 해부 설소대(舌小帶)
frenulum of lower lip 해부 하순소대(下脣小帶)
frenulum of upper lip 해부 상순소대(上脣小帶)
frequency 음향 주파수(周波數)
frequency altered feedback(FAF) 음향 주파수변조 피드백
frequency analysis 음향 주파수분석(周波數分析)
frequency analyzer 음향 주파수분석기(周波數分析器)
frequency auditory feedback 음향 주파수 청각피드백
frequency band 음향 주파수 대역(周波數帶域) = frequency transposition hearing aid
frequency bandwidth 음향 주파수대역폭(周波數帶域幅)
frequency characteristics 음향 주파수특성(周波數特性)
frequency component 음향 주파수 성분(周波數成分)
frequency compression hearing aid 주파수 압축 보청기
frequency count 음향 빈도수 계산(頻度數計算)
frequency demodulator 음향 주파수복조기(周波數複調器)
frequency-dependent 주파수 의존형(周波數依存形)
frequency discrimination 음향 주파수변별(周波數辨別)
frequency distribution 음향 주파수분포(周波數分布)

frequency domain 음향 주파수영역(周波數領域)
frequency-domain operation 주파수영역 작용(周波數領域作用)
frequency equation 음향 주파수평균(周波數平均)
frequency fallacy 말더듬 빈도오류(頻度誤謬)
frequency harmonic energy 음향 주파수 배음에너지
frequency hopping 음향 주파수 도약(周波數跳躍)
frequency hypothesis 인지 빈도가설(頻度假說)
frequency information 인지 빈도정보(頻度情報) *cf.* spatial information
frequency intermodulation distortion 음향 주파수 혼변조왜곡(周波數混變調歪曲)
frequency interval 음향 주파수 간격(周波數間隔)
frequency matching 음향 빈도대응(頻度對應)
frequency modulated tone 음향 주파수 변조음(周波數變調音)
frequency modulation auditory trainer 청각 주파수조절 청력훈련기(周波數調節聽力調節器)
frequency modulation hearing aid 주파수변조 보청기
frequency modulation(FM) 음향 주파수변조(周波數變調) *cf.* amplitude modulation
frequency of occurrence 발생빈도(發生頻度), 출현빈도(出現頻度)
frequency of occurrence of phonemes 음운 음소빈도수(音素頻度數)
frequency of sine wave 음향 정현파 주파수(正弦波周波數), 사인파 주파수(周波數)
frequency of vibration 음향 진동주파수(振動周波數)
frequency pattern test 음향 주파수 패턴검사
frequency perturbation 음향 주파수 변동률(周波數變動率) = jitter *cf.* shimmer
frequency range 주파수 범위(周波數範圍) *cf.* intensity range
frequency resolution 주파수 해상도(周波數解像度)
frequency response 주파수 반응(周波數窓反應), 주파수 응답(周波數應答)
frequency response curve 주파수반응 곡선(周波數窓反應曲線)
frequency response function 통계 주파수 응답함수(周波數窓應答函數)
frequency selectivity 주파수 선택도(周波數選擇度)
frequency specificity 주파수 특이성(周波數特異性)
frequency spectrum 음향 주파수 스펙트럼
frequency stability 음향 주파수 안정도(周波數安定度)
frequency task score(FTS) 말더듬 빈도과제 점수(頻度課題點數)
frequency theory 음향 주파수 이론(周波數理論)
frequency-threshold curve 음향 주파수역치 곡선(周波數閾値曲線)
frequency transposition hearing aid 주파수 전위 보청기 = frequency compression hearing aid
frequency tremor 음향 주파수 진전(周波數震顫)
frequency weighting 음향 주파수 가중(周波數加重)
frequency weighting circuit 음향 주파수 가중회로(周波數加重回路)
frequency weighting function 통계 주파수 가중함수(周波數加重函數)
frequency window 음향 주파수 창(周波數窓)
frequent asymmetry 인지 빈도적 비대칭성(頻度的非對稱性) *cf.* structural asymmetry
frequent pulse 빈맥(頻脈) = tachycardia ↔ bradycardia

Fresnel correction 프레넬 보정(補正)
fresnel interference zone 근거리 간섭대(近距離干涉帶)
Freud, Sigmund (1856~1939) 프로이드(오스트리아의 의학자, 정신분석학 창시자)
FRI(Formal Reading Inventory) 공식 읽기검사목록(檢査目錄)
frication 음운 마찰음화(摩擦音化) *cf.* affrication
fricative (sounds) 조음 마찰음(摩擦音) = spirant (sound)
fricative consonants 조음 마찰자음(摩擦子音)
fricative devoicing 음운 마찰 무성음화(摩擦無聲音化)
fricative manner of articulation 마찰음 조음방식(摩擦音調音方式)
fricative noise 마찰성 잡음(摩擦性雜音)
friction 조음 마찰(摩擦)
frictional release 조음 마찰개방(摩擦開放)
frictionless consonant 조음 무마찰 자음(無摩擦子音)
frictionless continuant 조음 무마찰 지속음(無摩擦持續音)
Friedrich's ataxia 신경 프리드리히 운동실조(運動失調)
fringe benefit 부가혜택(附加惠澤)
fringe vocabulary AAC 부수어휘(附隨語彙), 주변언휘(周邊語彙) *cf.* core vocabulary
FRN(fully resonant nuclei) 완전공명핵(完全共鳴核) *cf.* QRN
frog in the throat 목잠김
frog posture 개구리 자세
front 음운 전설성(前舌性) *cf.* back
front close rounded vowel 조음 전설폐쇄 원순모음(前舌閉鎖圓脣母音)
front high vowel 조음 전설고모음(前舌高母音)
front of the tongue 조음 전설(前舌)
front phoneme 음운 전방음소(前方音素)
front touting of signal(FROS) 전면신호보청기
front vocoid 조음 전설모음류(前舌母音類)
front vowels 조음 전설모음(前舌母音), 혀앞모음 ↔ back vowels
frontal 해부 전두쪽, 전두(前頭)의
frontal alexia 생리 전두부 실독증(前頭部失讀症) = anterior alexia
frontal apraxia 신경 전두엽성 실행증(前頭葉性失行症)
frontal artery 해부 전두동맥(前頭動脈)
frontal ataxia 신경 전두엽성 운동실조(前頭葉性運動失調)
frontal bone 해부 전두골(前頭骨)
frontal cortex 해부 전두엽피질(前頭葉皮質)
frontal foramen 해부 전두공(前頭孔), 전두구멍
frontal gyrus 해부 전두회(前頭回)
frontal lisp 조음 단설음(短舌音), 혀짧은소리
frontal lobe 해부 전두엽(前頭葉)
frontal lobe syndrome 생리 전두엽 증후군(前頭葉症候群)
frontal muscle 해부 전두근(前頭筋)
frontal nerve 해부 전두신경(前頭神經)
frontal plane 해부 전두면(前頭面) = coronal plane
frontal pole 해부 전두극(前頭極) ↔ occipital pole
frontal process 해부 전두돌기(前頭突起)
frontal sinus 해부 전두동(前頭洞)
frontal sound 조음 전설음(前舌音)
frontal suture 해부 전두봉합(前頭縫合)
frontal veolar 조음 전설치경음(前舌齒莖音)
fronting (1) 음운 전설음화(前舌音化) (2) 음운 전방화(前方化) ↔ backing
fronting diphthong 조음 전향 이중모음(前向二重母音)
fronting of palatals 음운 구개음의 전설음화(前舌音化)
fronting of velars 음운 연구개음의 전설음화(前舌音化)

fronting rule 음운 전설모음화규칙(前舌母音化規則)

fronto-alveopalatal sound 조음 전설치경구개음(前舌齒莖硬口蓋音)

frontocortical aphasia 신경 전두엽피질성 실어증(前頭葉皮質性失語症)

frontolenticular aphasia 신경 전두엽렌즈핵성 실어증(前頭葉核性失語症)

frontonasal process 해부 전두비부돌기(前頭鼻部突起)

fronto-palatal sound 조음 전설구개음(前舌口蓋音)

fronto-subcortical circuit 해부 전두엽-피질하 회로(前頭葉皮質下回路)

frontotemporal dementia(FTD) 신경 전두측두엽 치매(前頭側頭葉癡呆) *cf.* dementia of the Alzheimer's type

frontotemporal lobar degeneration(FTLD) 생리 전두측두엽 변성(前頭側頭葉變性)

front-to-back ratio 전후방 비율(前後方比率)

FROS(front touting of signal) 전면신호보청기(前面信號補聽器)

frozen pattern 동결유형(凍結類型)

frozen sound speed 동결음속(凍結音速)

FRP(fluency rules program) 말더듬 유창성규칙 프로그램

FRT(fluency reinforcement techniques) 말더듬 유창성강화기법(流暢性强化技法)

frustration 심리 좌절(挫折)

FSD(feature specification default) 무표자질명시(無標資質明示)

FSLS(fluency speech and language screening test) 말더듬 유창성 말-언어선별검사(言語選別檢査)

FSP(functional sentence perspective) 기능적 문장구성론(機能的文章構成論)

FSRT(fractionated stereotatic radiotherapy) 분할정위 방사선치료(分割定位放射線治療)

FST(fluency-shaping techniques) 말더듬 유창성형성기법(流暢性形成技法)

FTD(frontotemporal dementia) 신경 전두측두치매(前頭側頭癡呆) *cf.* DAT

FTLD(frontotemporal lobar degeneration) 생리 전두측두엽 변성(前頭側頭葉變性)

FTNT(finger-to-nose test) 신경 손가락-코대기 검사

FTS(frequency task score) 말더듬 빈도과제점수(頻度課題點數)

full access hypothesis(FAH) 완전접근가설(完全接近假說)

full alphabetic phase 언어발달 생리 완전 알파벳 단계 *cf.* consolidate alphabetic phase

full assimilation 음운 완전동화(完全同化) = total assimilation *cf.* partial assimilation

full compound 완전복합(完全複合)

full connection 완전결합(完全結合)

full diphthong 조음 순이중모음(純二重母音)

full-dynamic range compression(FDRC) 음향 전역동범위압축(全力動範圍壓縮)

full-falling 완전 하강조(完全下降調)

full inclusion 특수교육 (장애아와 정상아의) 완전통합

full morpheme 실질형태소(實質形態素) = lexical morpheme ↔ empty morpheme, grammatical morpheme

full-rising 완전 상승조(完全上昇調)

full test 종합검사(綜合檢查) *cf.* deep test

full-time job 상근직(常勤職) *cf.* part-time job

full vowel 조음 완전모음(完全母音)

fully resonant nuclei(FRN) 음운 완전공명핵(完全共鳴核) *cf.* quasi-resonant nuclei

function (1) 기능(機能) (2) 함수(函數)

function-based distributional analysis 언어발달 기능기반 분포분석(機能基盤分布分析)

function chain 기능고리

function morpheme 기능형태소(機能形態素)
= bound morpheme ↔ free morpheme

function of language 언어기능(言語機能)

function space 통계 함수공간(函數空間)

function word 허사(虛辭), 기능어(機能語)
= grammatical word *cf.* content word

functional analysis 통계 함수분석(函數分析)

functional aphasia 신경 기능적 실어증(機能的失語症)

functional aphonia 생리 기능적 실성증(機能的失聲症)

functional articulation disorders 생리 기능적 조음장애(機能的調音障礙)

functional assessment of communication skills for adults(FACS-A) 성인용 의사소통능력의 기능적 평가

functional assessment 기능적 평가(機能的評價)

functional assignment 심리 기능배정(機能配定)

functional auditory comprehension task (FACT) 기능적 청각이해력과제(機能的聽覺理解力課題)

functional behavior assessment 기능적 행동평가(機能的行動評價)

functional brain imaging 뇌과학 기능적 뇌영상화(機能的腦影像化)

functional category AAC 기능범주(機能範疇)

functional category system AAC 기능적 범주체계(機能的範疇體系)

functional communication AAC 기능적 의사소통(機能的意思疏通)

functional communication measures(FCM) 기능적 의사소통 측정(機能的意思疏通測定)

functional communication profile(FCP) AAC 기능적 의사소통검사(機能的意思疏通檢査)

functional core hypothesis 기능적 핵심가설(機能的核心假說)

functional core strategy 언어발달 기능적 핵심전략(機能的核心戰略)

functional dead space 생리 기능적 사강(機能的死腔) *cf.* anatomical dead space

functional deafness 생리 기능성 농(機能性聾)

functional delay 언어발달 기능적 지체(機能的遲滯)

functional determination 기능적 결정(機能的決定)

functional differentiation 기능분화(機能分化)

functional disorders 기능적 장애(機能的障礙)
organic disorders

functional disorders of communication 기능적 의사소통장애(機能的意思疏通障礙)

functional dyspepsia 생리 기능성 소화불량(機能性消化不良)

functional dysphasia scale(FDS) 생리 기능적 삼킴곤란 척도

functional dysphonia(FD) 생리 기능성 발성장애(機能性發聲障礙)

functional element 기능요소(機能要素)

functional equation 통계 함수방정식(函數方程式)

functional equivalence training 기능적 등가훈련(機能的等價訓練)

functional family therapy 기능적 가족치료(機能的家族治療) *cf.* intergenerational family therapy

functional fixedness 기능적 고착(機能的固着)

functional flexibilty 언어발달 기능적 유연성(機能的柔軟性)

functional gain 음향 기능이득(機能利得)

functional grammar 기능문법(機能文法)

functional hearing loss 생리 기능성 청력손실(機能性聽力損失), *cf.* organic hearing loss

functional illiteracy 언어발달 기능성 문맹(機能性文盲)

functional independence measure(FLM) 기능적 독립성척도(機能的獨立性尺度), 기능적 자립도측정(機能的自立度測定)

functional language 기능적 언어(機能的言語)
functional learning 언어발달 기능적 학습(機能的學習)
functional linguistic communication inventory (FLCI) (치매환자용) 기능적 언어의사소통검사목록(機能的言語意思疏通檢査目錄)
functional linguistics 기능적 언어학(機能言語學)
functional literacy 기능적 문해능력
functional localization 뇌과학 기능적 국재화(機能的局在化)
functional magnetic resonance imaging (fMRI) 뇌과학 기능적 자기공명영상술(機能的磁氣共鳴映像術)
functional model 인지 기능주의 모형(機能主義模型)
functional mutism 생리 기능적 함묵증(機能的緘黙症) *cf.* selective mutism
functional oral intake scale(FOIS) 삼킴 기능적 구강섭취척도(機能的口腔攝取尺度)
functional outcome 기능적 결과(機能的結果)
functional outcome measures 기능적 결과측정(機能的結果測定)
functional parameterization hypothesis 기능범주 매개변수가설(機能範疇媒介變數假說)
functional phonetics 기능주의 음성학(機能主義音聲學)
functional plateaus 통계 함수고원(函數高原)
functional play 함수놀이
functional psychology 기능주의 심리학(機能主義心理學)
functional psychosis 기능적 정신병(機能的精神病)
functional relation 통계 함수관계(函數關係)
functional residual capacity(FRC) 생리 기능적 잔기용량(機能的殘氣容量)
functional sentence perspective(FSP) 기능적 문장 구성론(機能的文章構成論)
functional shift 기능전환(機能轉換)
functional skills training 기능적 기술훈련(機能的技術訓練)
functional spasm 기능적 연축(機能的攣縮)
functional stimulus 기능적 자극(機能的刺戟)
functional syntax 기능통사론(機能統辭論)
functional system 기능적 체계(機能的體系)
functional theory 기능주의 이론(機能主義理論)
functional uniqueness 기능적 유일성(機能的唯一性)
functional unit 기능단위(機能單位)
functional unity 기능적 단일성(機能的單一性)
functional view 기능적 견해(機能的見解)
functional voice disorders 기능적 음성장애(機能的音聲障礙) *cf.* organic voice disorders
functional word 기능어(機能語) = function word ↔ content word
functional core hypothesis 언어발달 기능중심가설(機能中心假說)
functional core strategy 언어발달 기능중심전략(機能中心戰略)
functionalism 언어발달 기능주의(機能主義)
functionalist model 언어발달 기능주의 모형(機能主義模型)
functioning disability 기능장애(機能障礙)
fundamental error 기본적 오류(基本的誤謬)
fundamental frequency(F0) 기본주파수(基本周波數), 기저주파수(基底周波數)
fundamental frequency indicator 기본주파수 지표(基本周波數指標)
fundamental frequency perturbation 기본주파수 변동률(基本周波數變動率) = jitter
fundamental frequency variation(vFo) 기본주파수 변이(基本周波數變異)
fundamental harmonic approximation 기본배음 근사치(基本倍音近似値)
fundamental mode 기본모드
fundamental mode of vibration 기본 진동모

드 = fundamental mode of oscillation

fundamental note 근음(根音)

fundamental particles 기본입자(基本粒子)

fundamental period 기본주기(基本週期)

fundamental psychology 기초심리학(基礎心理學)

fundamental resonance 기본공진(基本共振)

fundamental tone 기음(基音), 기본음(基本音)

fundamental vibration 음향 기본진동(基本振動)

fundus 해부 (위의) 기저부(基底部)

fundus tympani 해부 L 고실저(鼓室底)

fungiform papillae 해부 버섯유두
= L papillae fungiformes

funiculus 해부 PL funiculi, 섬유단(纖維端)

furuncle 종기(腫氣)

fusiform cell 해부 방추세포(紡錘細胞)

fusiform gyrus 방추이랑

fusiform layer 해부 방추세포층(紡錘細胞層)

fusion 융합(融合)

fusion pore complex 융합구멍 복합체(複合體)

fusional language 융합어(融合語)

future directions 향후방향(向後方向)

fuzziness of syllable boundary 음절경계 불명확성(音節境界不明確性)

fuzzy grammar 불투명 문법(不透明文法)

FVC(forced vital capacity) 생리 강제 폐활량(强制肺活量)

FWLT(Fernald word learning technique) 퍼날드 단어학습기법(單語學習技法)

FWS(fast-wave sleep) 속파수면(速波睡眠)

FXS(Fragile X syndrome) 생리 (유전성 발달장애) 약체 X 증후군 = Martin-Bell syndrome
cf. mental retardation

G

GA(geometric analogies) (비언어지능검사의) 기하학적 유추(幾何學的類推) *cf.* PA

GA(gestational age) 임신령(妊娠齡), 수태령(受胎齡) = CA

GABA(gamma-aminobutyric acid) (아미노산계 억제성 신경전달물질) 감마 아미노브티르산

gag reflex 신경 구토반사(嘔吐反射) *cf.* deep tendon reflex

gage pressure 게이지 압력(壓力)

gain 이득(利得)

gain-bandwidth 음향 이득대역폭(利得帶域幅)

gain control 이득조절(利得調節)

gain expander 이득 신장기(利得伸張器)

gain factor 이득요인(利得要因)

gain function 통계 이득함수(利得函數)

gain-loss effect 득실효과(得失效果)

gain-loss theory 득실이론(得失理論)

gain riding 수동이득조절(受動利得調節)

gait 보행(步行) = locomotion

gait analysis 보행분석(步行分析), 걸음걸이 분석(分析)

gait ataxia 생리 보행실조(步行失調)

gait cycle 보행주기(步行週期), 걸음걸이 주기

gait disturbance 보행장애(步行障礙) = dysbasia

gait test 보행검사(步行檢査)

gait training 보행훈련(步行訓練)

gallbladder 해부 담낭(膽囊), 쓸개

Gallicism 갈리시즘

Galvanic skin response(GSR) 청각 갈바닉 피부전기반응검사(皮膚電氣反應檢査)

Galvanic skin response audiometry(GSRA) 청각 갈바닉 피부전기반응청력검사(皮膚電氣反應聽力檢査)

Galvanometer 청각 갈바닉 검류계(檢流計)

Galveston orientation and amnesia test (GOAT) 심리 갈베스톤 지남력기억상실검사(指南力記憶喪失檢査)

gamete 생식자(生殖者), 배우자(配偶者)

gametogenesis 생식자발생(生殖者發生), 배우

자 형성(配偶者形成)

gamma-aminobutyric acid(GABA) (아미노산계 억제성 신경전달물질) 감마 아미노브티르산

gamma behavior 말더듬 감마 행동(行動)

gamma motor neuron 해부 감마 운동뉴런

ganglion 해부 PL ganglia, 신경절(神經節)

ganglion blocking drug 신경절 차단약물(神經節遮斷藥物)

ganglion cell 해부 신경절세포(神經節細胞)

ganglion cell of retina nucleus 해부 망막 신경절세포핵(網膜神經節細胞核)

ganglionic branch 해부 신경절가지

ganglionic layer 해부 신경절층(神經節層)

gangrene 괴저(壞疽)

GAP(general all-purpose words) 언어발달 다목적 일반 대용어휘(多目的一般代用語彙)

gap depth 간극깊이

gap detection test 음향 간격탐지검사(間隔探知檢査)

gap detection threshold(GDT) 음향 간격탐지역치(間隔探知閾値)

gap-filling inference 언어발달 빈칸 채우기 추론, 빠진 정보추론 *cf.* text-connecting inference

gap-in-noise test(GINT) 음향 소음내 간격검사(騷音內間隔檢査)

gap junctions 간극결합(間隙結合)

gap length 간극길이

gap loss 간극손실(間隙損失)

gap width 간극폭(間隙幅)

gapping (1) 통사 (동일동사의) 탈락(脫落) (2) 인지 공백화(空白化) *cf.* foregrounding

Garcia effect 심리 가르시아 효과(效果)

garden path sentence 미로문장(迷路文章)

garden-pathing 막다른 길 효과(效果)

Gardner social maturity scale(GSMS) 가드너 사회적 성숙척도(社會的成熟尺度)

gas exchange 가스교환

gasroenterologist 소화기내과 전문의(消化器內科專門醫)

gaster 해부 L 위(胃)

gastralgia 생리 위통(胃痛)

gastrectomy 해부 위절제술(胃切除術)

gastric acid 생리 위산(胃酸)

gastric acid secretion 생리 위산분비(胃酸分泌)

gastric bleeding 생리 위출혈(胃出血)=gastric hemorrhage

gastric cancer 생리 위암(胃癌)

gastric dyspepsia 생리 위성 소화불량(胃性消化不良)

gastric function test 위기능검사(胃技能檢査)

gastric fundus 해부 위저(胃底)

gastric gland 생리 위액분비선(胃液分泌腺)

gastric hemorrhage 생리 위출혈(胃出血) =gastric bleeding

gastric juice 생리 위액(胃液)

gastric mucosa atrophy 생리 위점막 위축(胃粘膜萎縮)

gastric notch 해부 위절흔(胃切痕)

gastric plexus 위신경총(胃神經叢)

gastric ptosis 생리 위하수(胃下垂)

gastric reflux 생리 위산역류(胃酸逆流)

gastric ulcer 생리 위궤양(胃潰瘍)

gastritis 생리 위염(胃炎)

gastrocolic reflex 신경 위대장 반사(胃-大腸反射)

gastroduodenal artery 해부 위십이지장 동맥(胃十二指腸動脈)

gastroduodenal ulcer 생리 위십이지장 궤양(胃十二指腸潰瘍)

gastroduodenostomy 생리 위십이지장 연결술(胃十二指腸連結術)

gastroenteric reflex 신경 위소장 반사(胃-小腸反射)

gastroenteritis 생리 위장염(胃腸炎)

gastroenterology 위장병학(胃腸病學)

gastroesophageal 해부 위식도(胃食道)의

gastroesophageal junction 해부 위식도 접합부(胃食道接合符)

gastroesophageal reflux disease(GERD) 생리 위식도역류병(胃食道逆流病) *cf.* laryngopharyngeal reflux

gastroesophageal vestibule 해부 위식도 전정(胃食道前庭)

gastrogavage 복식위영양법(複式胃營養法)

gastrointestinal 해부 위장(胃腸)의

gastrointestinal disorders 생리 위장장애(胃腸障礙)

gastrointestinal tract 해부 위장관(胃腸管)

gastrosalivary reflex 신경 위타액반사(胃唾液反射)

gastroscope 위경(胃鏡)

gastroscopy 위경검사법(胃鏡檢查法)

gastrospasm 신경 위연축(胃攣縮)

gastrostomy 해부 위루술(胃瘻術), 위창냄술 =G-tube

gastrotomy 해부 위절개술(胃切開術)

gate 관문(關門)

gate control 관문조절(關門調節)

gate control theory 관문조절이론(關門調節理論)

gated channels 매개통로(媒介通路)

Gaucher disease 거처병

Gauss, Carl Friedrich (1777-1855) 가우스 (독일의 수학자)

Gaussian curve 통계 가우스 곡선(曲線)

Gaussian distribution 통계 가우스 분포(分布)

Gaussian integer 통계 가우스 정수(定數)

Gaussian mixture model(GMM) 가우시안 혼합모델

Gaussian noise 음향 가우시안 잡음(雜音)

Gaussian random signal 음향 가우시안 임의신호(任意信號)

Gaussian stochastic process 통계 가우시안 확률과정

Gaussian white noise 음향 가우시안 백색잡음(白色雜音)

Gauss's divergence theorem 통계 가우스 정리(定理)

gavage 위관영양(胃管營養)

gavage feeding 유동식 인공영양(流動食人工營養)

gaze behaviors 주시행동(注視行動)

gaze coupling 시선주고 받기

gaze nystagmus test 주시안진검사(注視眼震檢查)

gaze test 주시 검사(注視檢查)

GBS(Guillain-Barrè syndrome) 생리 (후천성 근무력증) 길랑-바레 증후군

GCD(greatest common denominator) 최대공약수(最大公約數)

GCS(Glasgow coma scale) 글래스고우 혼수상태척도(昏睡狀態尺度)

GDRT(Gray diagnostic reading test) 언어발달 생리 그레이 읽기진단검사

GDS(geriatric depression scale) 노인우울증척도(老人憂鬱症尺度)

GDS(global deterioration scale) 전반적 퇴행척도(全般的退行尺度)

GDT(gap detection threshold) 음향 간격탐지역치(間隔探知閾値)

gemeinschaft 독 공동사회(共同社會) *cf.* gesellshaft

geminate 조음 중복음(重複音), 겹소리

geminate consonants 조음 중복자음(重複子音), 겹자음

gemination 조음 중복 자음화(重複子音化), 겹자음화

gender 성(性), 성별(性別)

gender assignment 성별 재지정(性別再指定)

gender bender 남자 같은 여자; 여자 같은 남자

gender discrimination 성차별(性差別) *cf.* age discrimination

gender identification therapy 성별인지치료

(性別認知治療)

gender identity 성정체성(性正體性)

gender role 성적 역할(性的役割), 남녀 역할(男女役割)

genderlect 언어발달 성 언어(性言語)

gene 생리 유전자(遺傳子)

gene amplification 생리 유전자 증폭 (遺傳子增幅)

gene conversion 생리 유전자 변환(遺傳子變換)

gene mutation 생리 돌연변이(突然變異)

genealogical classification 계통적 분류(系統的分類)

general abilities test 심리 일반능력검사(一般能力檢査) = intelligience test

general all-purpose words(GAP) 언어발달 다목적 일반 대용어휘(多目的一般代用語彙)

general anesthesia 전신마취(全身痲醉) = topical anesthesia ↔ local anesthesia

general conceptual knowledge 보편적 개념지식(普遍的概念知識)

general grammar 일반문법(一般文法)

general learning theory 일반 학습이론(一般學習理論)

general linguistics 일반언어학(一般言語學)

general multipurpose strategy(GMPS) 다목적형 학습전략(多目的形學習戰略)

general nominals 일반 명사류(一般名詞類) *cf.* specific nominals

general oral inaccuracy 조음 전반적 발음오류(全般的發音誤謬)

general paralysis 신경 전신마비(全身痲痹)

general phonetics 일반음성학(一般音聲學)

general problem solver 일반문제해결기(一般問題解決器)

general purpose interface bus(GPIB) 범용 인터페이스 버스

general semantic 일반의미론(一般意味論)

general sensation 신경 일반감각(一般感覺) ↔ special sensation

general sensory system 신경 일반감각 계통(一般感覺系統)

general somatic afferent nerve 해부 일반체성 구심신경(一般體性求心神經)

general somatic efferent nerve 해부 일반체성 원심신경(一般體性遠心神經)

general surgery 일반외과학(外科學) *cf.* internal medicine

general visceral afferents 해부 일반내장 구심신경(一般內臟求心神經)

general visceral efferents 해부 일반내장 원심신경(一般內臟遠心神經)

generality of treatment 치료의 일반성(一般性)

generalization 일반화(一般化) ↔ specialization, specification

generalization error 일반화의 오류

generalization hierarchy 일반화 계층(一般化階層)

generalization logic 일반화 논리(一般化論理)

generalization of meaning 인지 의미의 일반화(一般化) *cf.* specialization of meaning

generalized anxiety disorder 심리 범불안장애(凡不安障礙) *cf.* somatization disorder

generalized binding theory 통사 일반화 결속이론(一般化結束理論)

generalized conditioned reinforcer 심리 일반적 조건강화물(一般的條件强化物)

generalized convulsion 생리 전신 경련발작(全身痙攣發作)

generalized coordinate 일반좌표(一般座標)

generalized dystonia 생리 전반적 근긴장이상증(全般的筋緊張異常症) *cf.* hemidystonia

generalized edema 생리 전신부종(全身浮腫)

generalized empty category principle 통사 일반화 공범주 원리(一般化空範疇原理)

generalized force 일반화힘

generalized infection 생리 전신감염(全身感染)

generalized intellectual impairment 전반적 지적 손상(全般的知的損傷)
generalized mass 일반화된 질량(質量)
generalized osteoporosis 생리 전신성 골다공증(全身性骨多孔症)
generalized other 일반화된 타자(他者)
generalized phrase structure grammar(GPSG) 통사 일반화된 구구조문법(句構造文法)
generalized production 일반화 산출(一般化算出)
generalized reinforcer 일반적 강화물(一般的强化物)
generalized requesting approach AAC 일반적 요구하기 접근(接近)
generalized seizure 신경 전신발작(全身發作) *cf.* tonic-clonic seizure
generalized transformation 일반화 변형(一般化變形)
generation gap 세대차(世代差)
generative approach 생성주의적 접근(生成主義的接近) *cf.* structurist approach
generative capacity 생성능력(生成能力)
generative component 통사 생성부분(生成部門) *cf.* interpretive component
generative grammar 통사 생성문법(生成文法) *cf.* transformational grammar
generative naming test 생성이름대기검사(檢查)
generative naming 생성이름대기
generative phonology 생성음운론(生成音韻論)
generative semantics 통사 생성의미론(生成意味論) *cf.* interpretive semantics
generative system 생성체계(生成體系)
generative transformational grammar 통사 생성변형문법(生成變形文法), 변형생성문법(變形生成文法)
generator 발전기(發電機), 생성원(生成源)
generator polynomial 생성 다항식(生成多項式)
generator potential 발생기 전위(發生器電位)
generic 속(屬), 유전(遺傳)의
generic drugs 복제약품(複製藥品)
generic interpretation 총칭해석(總稱解釋)
generic proposition 총칭명제(總稱命題)
generic skills 언어발달 일반기술(一般技術)
generic skills assessment profile 언어발달 일반기술사정 프로파일
generic space 인지 총칭공간(總稱空間) *cf.* blended space
generic word 인지 총칭단어(總稱單語)
genetic 유전적(遺傳的)인 = hereditary *cf.* congenital
genetic code 생리 유전암호(遺傳暗號)
genetic contingency 생리 유전적 개연성(遺傳的蓋然性) *cf.* environmental contingency
genetic copying 생리 유전자 복제(遺傳子複製)
genetic counseling 생리 유전상담(遺傳相談)
genetic disorders 생리 유전장애(遺傳障礙)
genetic dominance 생리 유전적 우성(遺傳的優性)
genetic drift 생리 유전적 부동(遺傳的浮動)
genetic engineering 유전공학(遺傳工學)
genetic epistemologist 언어발달 발생론적 인식론자(發生論的認識論者)
genetic epistemology 언어발달 발생론적 인식론(發生論的認識論)
genetic fallacy 언어발달 발생론적 오류(發生論的誤謬)
genetic hearing loss 생리 유전성 청력손실(遺傳性聽力損失) = hereditary hearing loss ↔ non-genetic hearing loss *cf.* congenital hearing loss
genetic pool 유전자 조합(遺傳子組合)
genetic predisposition 유전적 성향(遺傳的性向)
genetic relatedness 유전적 관련성(遺傳的關聯性)
genetic relationship 친족관계(親族關係)
genetic screening test 유전 선별검사(遺傳選

G

別檢査)

genetic trait 유전형질(遺傳形質)

genetic variation 유전적 변이(遺傳的變異)

geneticist 유전학자(遺傳學者)

genetics 유전학(遺傳學)

geniculate 해부 무릎신경

geniculate body 해부 슬상체(膝上體)

genioglossus muscle 해부 턱끝설근

geniohyoid muscle 해부 턱끝설골근

genital stage 심리 (프로이드의) 성기기(性器期, 12-15세) *cf.* secondary sex characteristic

genitive case 속격(屬格) *cf.* possessive case

genitive object 속격 목적어(屬格目的語)

genitive preposing transformation 속격 전치변형(屬格前置變形)

genitive superlative 속격 최상급(屬格最上級)

genius 천재(天才)

genogram (심리학적) 가계도(家系圖) *cf.* pedigree

genome 게놈(gene+chromosome), 유전체(遺傳體)

genome project 게놈 프로젝트

genotype 유전자형(遺傳子型)

gentle phonatory onset 편안한 발성시작

genu 무릎, 슬(膝)

genu recurvatum 생리 슬관절 과신전증(膝關節過神經症)

geoacoustic model 지질음향학적 모델

geoacoustics 음향 지질음향학(地質音響學)

geographic disorientation 지리적 지남력장애(地理的指南力障礙)

geometric analogies(GA) (비언어지능검사의) 기하학적 유추(幾何學的類推) *cf.* pictorial analogies

geometric centre frequency 음향 기하학적 중심주파수(幾何學的中心周波數)

geometric near field 음향 기하학적 근거리 음장(幾何學的近距離音場)

geometrical acoustics 음향 기하음향학(幾何音響學)

geometrical scattering 음향 기하학적 산란(幾何學的散亂)

geometrical theory of diffraction 기하학적 회절이론(幾何學的回折理論)

geometry 기하학(幾何學)

GERD(gastroesophgeal reflux disease) 생리 위식도역류병(胃食道逆流病) *cf.* LPR

geriatric audiology 노인청각학(老人聽覺學)

geriatric depression scale(GDS) 노인우울증척도(老人憂鬱症尺度)

geriatric psychotherapy 노인병 심리치료(老人病心理治療)

geriatricians 노인의학전문의(老人醫學專門醫)

geriatrics 노인병학(老人病學) *cf.* gerontology

German measles 생리 풍진(風疹), 홍역(紅疫) =rubella

gerontic psychology 심리 노인심리학(老人心理學)

gerontological social worker 노인 사회복지사(老人社會福祉士)

gerontologist 노인학자(老人學者)

gerontology 노인학(老人學) *cf.* geriatrics

Gerstmann syndrome 생리 (뇌 장애) 거스트만 증후군

gerund 동명사(動名詞)

gerundial infinitive 통사 동명사적 부정사(動名詞的不定詞)

gerundive clause 통사 동명사절(動名詞節)

gerundive complement 동명사 보충어(動名詞補充語)

gerundive nominal 동사상 명사(動詞上名詞)

Geschwind, Norman 게슈윈(1926~1984), 미국의 신경과 의사, 실어증 보스톤학파의 창시자

gesellschaft 독 이익사회(利益社會) *cf.* gemeinschaft

Gestalt 게스탈트, 형태(形態)

Gestalt approach 게스탈트 접근법, 형태 접근법(形態接近法)
Gestalt method 형태적 방법(形態的方法)
Gestalt psychology 형태심리학(形態心理學), 게스탈트 심리학
Gestalt therpy 게스탈트 치료
Gestalt theory 형태이론(形態理論)
gestation 임신(妊娠) = pregnancy
gestation period 임신기간(妊娠期間)
gestational age(GA) 임신령(妊娠齡), 수태령(受胎齡) = conceptual age
gestural communication AAC 몸짓 의사소통(意思疏通) *cf.* non-verbal communication, non-vocal communication
gestural prompts 삼킴 몸짓 촉진법 *cf.* verbal prompts
gestural reorganization AAC 몸짓표현의 재조직(再組織), 제스처 재조직
gesture AAC 몸짓, 제스처
gesture dictionary AAC 제스처 사전(辭典)
gesture language 몸짓언어, 제스처 언어 *cf.* sign language
GFI(glottal function index) 성대기능지수(聲帶機能指數) *cf.* OLI
GH(growth hormone) 해부 성장 호르몬
ghost echo 유령울림
ghost word (현재 쓰이지 않는) 유령어(幽靈語) *cf.* neologism
giant cell 해부 거대세포(巨大細胞)
gibberish 알아듣기 힘든말
gibberish aphasia 신경 횡설수설 실어증(橫說竪說失語症)
gifted and talented children with disabilities 장애영재아동(障礙英才兒童)
gifted child 영재(英才)
giftedness 천재성(天才性)
gigantism 생리 거인증(巨人症) ↔ microsomia, dwarfism
GILCU(gradual increase in length and complexity of utterances) 말더듬 발화길이와 복잡성의 단계적 증가
gingiva 해부 잇몸
gingival sound 조음 잇몸소리
GINT(gap-in-noise test) 음향 소음내 간격검사(騷音內間隔檢査)
girlhood 소녀기(少女期), 소녀시절(少女時節) ↔ boyhood
glabella 해부 미간(眉間)
glabella reflex 신경 미간반사(眉間反射)
gland 해부 선(腺), 샘 = L glandula
gland of auditory tube 해부 이관선(耳管腺), 귀인두관샘
glandular branch 해부 선지(腺枝)
glandular cell 해부 선세포(腺細胞)
glandular tissue 해부 선조직(腺組織)
Glasgow coma scale(GCS) 글래스고우 혼수상태척도(昏睡狀態尺度)
glass fiber 유리섬유
glass frustration 유리 욕구좌절(欲求挫折)
glaucoma 녹내장(綠內障) *cf.* cataract
glia 해부 신경교(神經膠)
glial cells 해부 신경교세포(神經膠細胞)
glide 전이(轉移)
glide consonants 음운 전이자음(轉移子音)
gliding 음운 활음화(滑音化), 전이음화(轉移音化), 과도음화(過渡音化)
gliding diphthongs 조음 전이 이중모음(轉移二重母音) = narrow diphthongs
gliding sound 조음 전이음(轉移音), 활음(滑音), 과도음(過渡音)
gliding toneme 굴곡조(屈曲調)
gliding vowel 조음 전이모음(轉移母音)
glioma 생리 신경교종(神經膠腫)
global aphasia 신경 전반실어증(全般失語症) = total aphasia
global auditory agnosia 생리 범발성 청각실인

G

증(汎發性聽覺失認症)

global coherence 심리 전체적 일관성(全體的一貫性) *cf.* local coherence

global constraint 전면적 제약(全面的制約)

global derivational constraint 전체적 도출제약(全體的導出制約)

global deterioration scale(GDS) 전반적 퇴화척도(全般的退化尺度)

global economy 전면적 경제성(全面的經濟性)

global error 전체적 오류(全體的誤謬)

global gain 전체이득(全體利得)

global intelligence 전체적 지능(全體的知能)

global language index(GLI) 신경 (실어증 판별용) 전반적 언어지수(全般的言語指數) *cf.* oral language index

global learning 전체적 학습(全體的學習)

global transformation 전면적 변형(全體的變形)

globose nucleus 해부 둥근핵

globular proteins 해부 적혈구 단백질(赤血球蛋白質)

globus hysterius 심리 히스테리구

globus pallidus 해부 담창구(淡蒼球), 창백핵 = pallidum

glomerular capsule 해부 사구체 캡슐

glomerulonephritis 생리 사구체 신염(絲毬體腎炎)

glomerulus 해부 사구체(絲毬體)

gloss 주석(註釋), 주해(註解)

glossa 해부 혀

glossalgia 생리 설통(舌痛), 혀통증 = glossodynia

glossary 용어집(用語集)

glossectomy 해부 혀절제술

glossing 해석(解析)

glossolalia 헛소리

glossopharyngeal nerve 해부 (뇌신경, CN IX), 설인신경(舌咽神經)

glossophobia 심리 발언공포증(發言恐怖症), 말하기 공포증(恐怖症)

glossoplegia 신경 혀마비

glossoptosis 생리 혀처짐증

glossorrhaphy 해부 혀봉합술

glottal 해부 성문(聲門)의 = glottic *cf.* subglottal

glottal area 성문영역(聲門領域)

glottal attack (강한) 성대접촉(聲帶接觸), (강한) 성문폐쇄(聲門閉鎖)

glottal axis 해부 성문축(聲門軸)

glottal catch 성문 막힘

glottal chink 해부 성문틈

glottal click 조음 성문흡착음(聲門吸着音)

glottal closure 조음 성문폐쇄(聲門閉鎖)

glottal constriction 조음 성문수축(聲門收縮)

glottal contact ulcer 생리 성문접촉종양(聲門接觸腫瘍)

glottal coup 생리 성문 충격(聲門衝擊)

glottal egressive sound 조음 성문호기음(聲門呼氣音) ↔ glottal ingressive sound

glottal explosive 조음 성문파열(聲門破裂)

glottal function index(GFI) 성대기능지수(聲帶機能指數)

glottal impedance 생리 성문저항(聲門抵抗)

glottal plosive 조음 성문파열음(聲門破裂音)

glottal pulse 성문파동(聲門波動) = glottic pulse

glottal replacement 성문음 교체(聲門音交替)

glottal resistance 성문저항(聲門抵抗)

glottal sound 조음 성문음(聲門音)

glottal source 성문음원(聲門音源)

glottal spectrum 성문 스펙트럼

glottal stenosis 생리 성문협착증(聲門狹窄症)

glottal stop 조음 성문폐쇄음(聲門閉鎖音), 성문파열음(聲門破裂音)

glottal stricture 생리 성문협착(聲門狹窄)

glottal stroke 해부 성문파열(聲門破裂)

glottal tone 성문음조(聲門陰助)

glottal tumor 생리 성문부 종양(聲門部腫瘍) *cf.* supraglottal tumor, subglottal tumor

glottal vibration 성문진동(聲門振動)
glottal volume velocity 성문음량속도(聲門音量速度)
glottal waveform 성문파형(聲門波形)
glottalic airflow 성문방출기류(聲門放出氣流)
glottalic airstream 성문기류(聲門氣流)
glottalic airstream mechanism 성문기류 기전(聲門氣流機轉), 성문기류 기제(聲門氣流機制)
glottalic ingressive sound 조음 성문흡기음(聲門吸氣音) ↔ glottal egressive sound
glottalic sound 조음 성문 기류음(聲門氣流音)
glottalic suction 성문흡입(聲門吸入)
glottalization 음운 성문음화(聲門音化) *cf.* glottalized sounds
glottalized 성문화(聲門化)된
glottalized consonants 음운 성문음화 자음(聲門化子音)
glottalized sounds 음운 성문화음(聲門化音) *cf.* glottalization
glottic cancer 생리 성대암(聲帶癌) *cf.* laryngeal cancer
glottic gap 해부 성문틈
glottic incompetence 생리 성문폐쇄부전(聲門閉鎖不全)
glottic pulse 음향 성문파동(聲門波動) = glottal pulse
glottic source 성문 음원(聲門音源)
glottic web 생리 후두격막(喉頭膈膜)
glottis 해부 성문(聲門) = vocal chink, L glottis vocalis
glottis edema 생리 성문부종(聲門浮腫)
glottis vocalis 해부 L 성문(聲門) = glottis
glottitis 생리 성문염(聲門炎)
glottograph 성문도(聲門圖)
glottography 성문조영술(聲門造影術)
glucagon 생리 (취장분비 호르몬) 그루카곤
glucose 포도당(葡萄糖)
glutamic acid (조미료의 원료) 글루탐산 *cf.* monosodium glutamate
glycine (억제성 신경전달물질) 글리신
GMFCS(gross motor function classification system) 신경 전반적 운동기능 분류체계(全般的運動機能分類體系)
GMM(Gaussian mixture model) 가우시안 혼합모델
GMPS(general multi-purpose strategy) 다목적형 학습전략(多目的形學習戰略)
gnashing 이갈기
gnathodynamometer 악력측정계(顎力測定計), 교합력측정계(咬合力測定計)
goal (상위) 목표(目標)
goal behavior 목표행동(目標行動), 표적행동(標的行動)
goal schema 인지 목표도식(目標圖式) *cf.* polarity schema
goal setting 목표설정(目標設定)
GOAT(Galveston orientation and amnesia test) 심리 갈베스톤 지남력-기억상실검사(指南力記憶喪失檢査)
goblet cell 해부 배상세포(杯狀細胞), 술잔세포
goiter 생리 갑상선종(甲狀腺腫)
Goldenhar syndrome 생리 (선천성 안면장애) 골덴하르 증후군
goldstandard 정석(定石), 금본위(金本位)
golgi apparatus 해부 골지체
gottalization 음운 성문음화(聲門音化), 경음화(硬音化)
governing category 지배범주(支配範疇)
governing category parameter 지배범주 매개변수(支配範疇媒介變數)
government and binding theory 통사 지배-결속이론(支配結束理論)
government phonology 음운 지배음운론(支配音韻論)
government theory 통사 지배이론(支配理論)

cf. binding theory

Gowers sign 생리 (일시적 의식상실) 고워스 증상(症狀) *cf.* vasovagal reaction

GPC(grapheme to phoneme conversion) 언어발달 자소-음소 변환(字素音素變換) *cf.* acoustic-phonological conversion

GPC rule(grapheme to phoneme conversion rule) 언어발달 (이중언어화자의) 자소-음소 변환규칙(字素音素變換規則)

GPIB(general purpose interface bus) 범용 인터페이스 버스

G-protein G-단백(蛋白)

Grace Arthur performance scale 그레이스 아더 수행척도(遂行尺度)

grace note 장식음

grace 그레이스, 꾸밈음

graceful degradation 생리 우아한 퇴행

gradable adjective 등급 형용사(等級形容詞)

gradated category 점층적 범주(漸層的範疇)

gradation 음운 모음전환(母音轉換), 모음교체(母音交替) *cf.* vowel gradation

grade 등급(等級)

grade equivalents 학년등가(學年等價) *cf.* age equivalents

grade, roughness, breathiness, asthenia, strain (GRBAS) 주관적 음성장애평정등급(主觀的音聲障礙評定等級) 조조성(粗造性), 기식성(氣息性), 무력성(無力性), 노력성(努力性)

graded direct method 단계화 직접교수법(段階化直接教授法)

graded naming test(GNT) 단계별 명명하기 검사(檢查)

graded objectives 등급화된 목표

graded potential 신경 차등전위(差等電位)

graded reader 등급화된 독본

gradient 경사(傾斜), 경사도(傾斜度)

gradient of generalization 일반화의 경사도(傾斜度)

gradual diffusion model 점진적 확산모델형(漸進的擴散模型)

gradual increase in length and complexity of utterances(GILCU) 말더듬 발화길이와 복잡성의 단계적 증가

gradually falling 점진적 하강(漸進的下降) *cf.* sharply falling

gradually falling curve 점진적 하강곡선(漸進的下降曲線)

gradually falling hearing loss 생리 점진적 하강형 청력손실(漸進的下降形聽力損失)

grammar 문법(文法)

grammar checker 문법 검토기(文法檢討器)

grammar control 문법통제(文法統制)

grammar for the receiver 수신자 문법(受信者文法)

grammar for the sender 발신자 문법(發信者文法)

grammar-translation method 문법해석 중심 교수법(文法解釋中心教授法)

grammarian 문법가(文法家), 문법학자(文法學者)

grammatic closure 문법적 종결(文法的終結)

grammatic method 문법적 방법(文法的方法)

grammatic morphemes 문법형태소(文法形態素) = grammatical morphemes

grammatical ambiguity 통사 문법적 애매성(文法的曖昧性)

grammatical analysis 통사 문법분석(文法分析)

grammatical category 통사 문법범주(文法範疇)

grammatical change 통사 문법적 변화(文法的變化)

grammatical characterization 통사 문법특성(文法特性) *cf.* grammatical realization

grammatical competence 통사 문법능력(文法能力) *cf.* communicative competence

grammatical complexity 통사 문법적 복잡성(文法的複雜性) *cf.* propositional density

grammatical component 통사 문법성분(文法

成分)

grammatical encoding AAC 문법적 부호화(文法的符號化)

grammatical equivalent 문법적 대응(文法的對應), 문법적 동의어(文法的同義語)

grammatical errors 통사 문법적 오류(文法的誤謬)

grammatical form 문법형식(文法形式)

grammatical formative 문법 형성소(文法形成素)

grammatical function 문법기능(文法機能)

grammatical gender 문법적 성(文法的性)

grammatical inflection 문법적 굴절(文法的屈折)

grammatical judgement task 언어발달 문법성 판단과제(文法性判斷課題)

grammatical load 문법하중(文法荷重)

grammatical marker 통사 문법표지(文法標識) *cf.* syntactic marker

grammatical meaning 의미 문법적 의미(文法的意味) *cf.* lexical meaning

grammatical morphemes 문법형태소(文法形態素) = empty morpheme ↔ full morpheme, lexical morpheme

grammatical pause 문법적 휴지(文法的休止)

grammatical predicate 문법적 술어(文法的述語)

grammatical realization 통사 문법실현(文法實現) *cf.* grammatical characterization

grammatical relation 문법관계(文法關係)

grammatical representation 문법표시(文法標示)

grammatical structure 문법구조(文法構造)

grammatical subject 문법적 주어(文法的主語)

grammatical syllabus 문법중심 교수요목(文法中心教授要目)

grammatical theory 문법이론(文法理論)

grammatical variable 문법변항(文法變項)

grammatical verb 문법적 동사(文法的動詞)

grammatical word 기능어(機能語) = function word ↔ content word

grammaticality judgement tasks 언어발달 문법성 판단과제(文法性判斷課題)

grammaticality 통사 문법성(文法性) *cf.* grammaticalness

grammaticalization 인지 문법화(文法化) = semantic bleaching

grammaticalness 통사 문법성(文法性) *cf.* grammaticality

grand mal epilepsy 생리 대발작 간질(大發作癎疾) ↔ petit mal epilepsy

grand mal seizures 대발작(大發作) ↔ petit mal seizures

grand style 장엄한 문체

grandiose delusion 과대망상(誇大妄想)

grandiosity 과장(誇張)

granular 과립(無顆粒)의 ↔ agranular

granular layer 과립층(顆粒層)

granular noise 음향 입자성 잡음(粒子性雜音)

granulation tissue 해부 육아조직(肉芽組織)

granule 과립(顆粒)

granule cell 해부 과립세포(顆粒細胞)

granuloma 생리 육아종(肉芽腫) = contact ulcers

granulomatosis 생리 육아종증(肉芽腫症)

granulovacuolar degeneration 생리 과립공포변성(顆粒空胞變性)

graph 도표(圖表)

grapheme 음운 생리 자소(字素), 문자소(文字素) *cf.* phoneme

grapheme awareness 언어발달 생리 자소인식(字素認識), 문자소인식(文字素認識) *cf.* word awareness

grapheme to phoneme conversion(GPC) 언어발달 자소-음소 변환(字素音素變換) *cf.* acoustic-phonological conversion

grapheme to phoneme conversion rule(GPC rule) 언어발달 (이중언어화자의) 자소-음소 변환규칙(字素音素變換規則)

grapheme to phoneme correspondence 언어발달 생리 자소음소 대응

G

(字素音素對應)

grapheme to phoneme correspondence rule 언어발달 생리 자소음소 대응규칙(字素音素對應規則)

graphemic addition 언어발달 자소첨가(字素添加)

graphemic buffer impairment 생리 자소-완충기 장애(字素緩衝器障礙)

graphemic omission 언어발달 자소생략(字素省略)

graphemic output lexicon 자소출력어휘집(字素出力語彙集) *cf.* speech output lexicon

graphemic substitution 언어발달 자소대치(字素代置)

graphic symbol AAC 그래픽 상징(象徵) *cf.* acoustic symbol

graphic utterance AAC 그래픽 발화

graphical summary 통계 그래픽 요약(要約) *cf.* numerical summary

graphization 문자화(文字化)

graphokinesthetic aphasia 신경 서운동 감각성 실어증(書運動感覺性失語症)

graphomotor aphasia 신경 서운동성 실어증(書運動性失語症), 쓰기운동 실어증

graphomotor skills 서운동성 기술(書運動性技術), 쓰기운동 기술

Grashey's aphasia 신경 그라세이 실어증(失語症)

grasp reflex 신경 파악반사(把握反射)

grassroots activism 풀뿌리 운동

grave 억음(抑音), 저음조성(低音調性)

grave accent 억음 악센트

grave phoneme 억음소(抑音素)

gravity 중력(重力) ↔ zero gravity *cf.* antigravity

gravity wave 음향 중력파(重力波)

gray columns 해부 회백주(灰白柱)

gray commissure 해부 회백교련(灰白交連)

Gray diagnostic reading test(GDRT) 언어발달 생리 그레이 읽기진단검사

gray matter 해부 회백질(灰白質)

gray ramus 해부 회백질 가지

Gray salient reading tests(GSRT) 언어발달 생리 그레이 핵심읽기검사

great auricular nerve 해부 대이개 신경(大耳介神經)

Great Vowel Shift(GVS) 음운 대모음변이(大母音變異)

greater curvature 해부 대만(大彎)

greater horn 해부 대각(大角, 큰뿔)

greater tubercle 해부 대결절(大結節)

greater wing 해부 대익(大翼)

greatest common denominator(GCD) 최대공약수(最大公約數)

greeting 인사하기

grid clash 격자충돌(格子衝突)

Grid-only Phonology 격자유일 음운론(格子唯一音韻論), 격자단독 음운론(格子單獨音韻論)

grid structure 격자구조(格子構造)

grid theory 격자이론(格子理論)

grief 비통함

Griffith's test (2-8세 아동의 정신발달 척도) 그리피스 검사

Grimm's law 음운 그림의 법칙 *cf.* Verner's law

groove 홈, 리듬

groove fricative 조음 좁은마찰음, 홈마찰음 =groove spirant

groping 모색행동(摸索行動)

gross anatomy 육안해부학(肉眼解剖學) *cf.* microscopic anatomy

gross closing rate (성대의) 전반적 폐쇄속도(全般的閉鎖速度) ↔ gross opening rate

gross motor function classification system (GMFCS) 신경 전반적 운동기능 분류체계(全般的運動機能分類體系)

gross motor skill 대근육운동기능(大筋肉運動技能) ↔ fine motor skill

gross movement 대근육운동(大筋肉運動)

gross opening rate (성대의) 전반적 개방속도(全般的開放速度) ↔ gross closing rate

gross sound 거친 음
ground attenuation 지표감쇠(地表減衰)
ground effect 지표효과(地表效果)
ground electrode 접지전극(接地電極)
grounding (1) 인지 배경정보(背景情報) (2) 고정화(固定化)
group audiometer 청각 집단청력검사기(集團聽力檢査器)
group audiometry 청각 집단청력검사(集團聽力檢査), 집단청력계(集團聽力計)
group behavior 집단행동(集團行動)
group counseling 집단상담(集團相談)
group delay 집단 지연시간(集團遲延時間)
group design 집단설계(集團設計)
group design strategy 집단 설계전략(集團設計戰略)
group factor 집단요인(集團要因)
group genitive 군어속격(群語屬格)
group identity 집단 정체성(集團正體性)
group intelligence test 심리 집단지능검사(集團知能檢査) *cf.* individual ntelligence test
group mind 심리 집단의식(集團意識), 집단심리(集團心理)
group neural selection 집단신경선택(集團神經選擇)
group preposition 군어 전치사(群語前置詞)
group psychotherapy 집단심리치료(集團心理治療), 집단정신요법(集團精神療法)
group sensory integration intervention 집단감각통합치료(集團感覺統合治療)
group style 집단문체(集團文體)
group therapy 집단치료(集團治療), 그룹치료
group velocity 군속도(群速度)
group work 집단작업(作業集團)
grouping 집단화(集團化)
growing pains 생리 성장통(成長痛)
growth 성장(成長)
growth curve 성장곡선(成長曲線)
growth disorders 생리 성장장애(過度成長障礙) *cf.* overgrowth disorders
growth hormone(GH) 생리 성장 호르몬
growth period 성장기(成長期)
growth rate 성장률(成長率)
growth velocity 성장속도(成長速度)
Gruneisen parameter 그뤼나이젠 매개변수(媒介變數)
GSMS(Gardner social maturity scale) 가드너 사회적 성숙척도(社會的成熟尺度)
GSR(Galvanic skin response) 청각 갈바닉 피부전기 반응검사(皮膚電氣反應檢査)
GSRA(Galvanic skin response audiometry) 청각 갈바닉 피부전기반응 청력검사(皮膚電氣反應聽力檢査)
GSRT(Gray salient reading tests) 언어발달 그레이 핵심읽기검사
G-tube 해부 위 창냄술 = gastrostomy
guard band 음향 보호 주파수대(保護周波數帶)
guidance 지도(指導)
guided discussion 유도토론(誘導討論)
guided interview 유도면접(誘導面接)
guidelines for practice in stuttering treatment 말더듬 말더듬 치료 현장지침(治療現場指針)
Guillain-Barrè syndrome(GBS) 생리 (후천성 근무력증) 길랑-바레 증후군
guilt 죄의식(罪意識), 죄책감(罪責感)
gullet 해부 식도(食道)
gum ridge 해부 잇몸능선
gust response 돌풍응답(突風應答)
gustation 생리 미각(味覺) = gustatory sensation
gustatory agnosia 생리 미각 실인증(味覺失認症)
gustatory area 해부 미각영역(味覺領域)
gustatory bulb 해부 미구(味球)
gustatory cell 해부 미각세포(味覺細胞)
gustatory center 미각중추(味覺中樞)
gustatory nerve 해부 미각신경(味覺神經)

gustatory organ 미각기(味覺器)

gustatory sensation 생리 미각(味覺)
=gustation

gustatory smell 생리 미각성 후각(味覺性嗅覺)

GVS(Great Vowel Shift) 음운 대모음변이(大母音變異)

gymnophobia 심리 여성공포(女性恐怖)

gyri cerebri 해부 L 대뇌이랑

gyri transitivi cerebri 해부 L 대뇌 이행회(大腦移行回)

gyrus 해부 PL gyri, 회(回), 이랑

gyrus cinguli 해부 L 대상회(帶狀回), 띠이랑

H

H2 brokers 생리 H2 차단제(遮斷劑) *cf.* proton pump inhibitors, prokinetics

HA(hearing aid) 보청기 = aural aid

HAA(hearing aid adjustment) 보청기 적합(補聽器適合) = HAF

Haas effect 청각 하스효과 = precedence effect *cf.* Cocktail party effect

habenula 해부 고삐

habenula arcuate 해부 와우기저막내측부(蝸牛基底膜內側部)

habenula sulcus 해부 고삐고랑

habenular commissure 해부 고삐 맞교차

habenular nuclear 해부 고삐핵

habenular trigon 해부 고삐삼각

habenulointerpeduncular tract 해부 고삐다리사이로

habit 습관(習慣), 성향(性向)

habit formation 습관형성(習慣形成)

habitual pitch 습관적 피치 = 옛 speaking fundamental frequency *cf.* fundamental frequency

habitual pitch levels 습관적 피치 레벨

habituated hoarseness 생리 습관성 애성(習慣性啞聲)

habituation 언어발달 습관화(習慣化) ↔ dishabituation

habituation-dishabituation tasks 언어발달 습관화-탈습관화 과제(習慣化脫習慣化課題)

habituation therapy 적응요법(適應療法), 습관화 요법(習慣化療法)

HAE(hearing aid evaluation) 보청기 평가(補聽器評價)

HAE(hearing aid evaluation) 보청기 평가(補聽器評價)

HAF(hearing aid fitting) 보청기 적합(補聽器適合) = HAA

HAIC(Hearing Aid Industry Conference) 보청기 산업회의(補聽器産業會議)

hair cell 해부 모세포(毛細胞)

hair cell intracellular resting potential 신경

모세포내 안정 전위(毋細胞內安定電位)
hair cell regeneration 생리 유모세포 재생(有毛細胞再生)
hair follicle 해부 모낭(毛囊)
hair pouch 해부 모공(毛孔)
hair root 해부 모근(毛根)
half-breath 생리 얕은호흡
half-closed vowel 조음 반폐모음(半閉母音), 반닫힘 모음 ↔ half-open vowel
half diphthong 조음 반이중 모음(半二重母音)
half-gerund 반동명사(半動名詞)
half life 반감기(半減期)
half link-verb 반연결 동사(半連結動詞)
half-long 반장(半長)
half-long vowel 조음 반장모음(半長母音)
half-open vowel 조음 반개모음(半開母音), 반열림 모음 ↔ half-closed vowel
half-power bandwidth 음향 반전력 대역폭(半電力帶域幅)
half-power beamwidth 반전력 빔폭
half step 반음(半音)
half voice 조음 반유성음(半有聲音), 중얼거림
halitosis 구취(口臭), 입내
Hallpike maneuver 홀파이크 조작법(操作法)
hallucination 환각(幻覺) *cf.* delusion
hallucination auditory 생리 환청(幻聽)
hallucinatory psychosis 환각성 정신병(幻覺性精神病)
hallucinogens 환각제(幻覺劑)
hallux 엄지발가락
halo effect 후광효과(後光效果)
HAM(hearing aid modification) 보청기 변형(補聽器變形)
hand arrangement 수배열(手配列)
hand signals 수신호(手信號)
handedness 손잡이
handicap 참여제한(參與制限), 장애(障碍) = participation restriction *cf.* disability, impairments
handicapped (심신) 장애인(障礙人) = disabled
handicapped person 불구자(不具者), 장애인
handshape 수형(手形)
handwriting 손글씨
hapatic lobule 해부 간소엽(肝小葉)
haplology 조음 중음탈락(重音脫落), 동음탈락(同音脫落)
hapoxia 생리 저산소증(低酸素症)
haptic 신경 촉각(觸覺)의 = tactile
haptic feedback 신경 촉각 피드백
haptic perception 신경 촉지각(觸知覺)
haptic system 신경 촉각계(觸覺系)
haptic technology 촉각기술(觸覺技術)
hard articulation contacts 조음 강한 조음접촉(調音接觸)
hard attack 강한 접촉
hard boundary 굳은 경계 ↔ soft boundary
hard contact 단단한 접촉
hard glottal attack 과도한 성문접촉(聲門接觸)
hard of hearing 생리 난청(難聽) = hearing impair
hard palatal 조음 경구개(硬口蓋)
hard palatal sound 조음 경구개음(硬口蓋音)
hard speech 힘든 구어
hard-wired amplification system 유선증폭 시스템
harelip 해부 토순(兎脣), 구순열(口脣裂) = cleft lip *cf.* cleft palate
harmonic 배음(倍音) *cf.* octave
harmonic component 음향 배음성분(倍音成分)
harmonic distortion 음향 고조파 왜곡(高調波歪曲), 배음왜곡(倍音歪曲)
harmonic frequencies 음향 배음주파수(倍音周波數)
harmonic function 통계 조화함수(調和函數)
harmonic motion 음향 조화운동(調和運動)
harmonic oscillator 음향 조화 진동체(倍音振

動體)

harmonic phonology 음운 화성음운론(和聲音韻論)

harmonic process 조화 과정(調和過程)

harmonic scale 음향 화성적 음계(和聲的音階)

harmonic sound 음향 배음(倍音) = harmonic overtone, harmonics *cf.* overtone

harmonic spacing 음향 배음간격(倍音間隔)

harmonic to noise ratio 음향 배음-대-소음비(倍音對騷音比)

harmonic vibration 음향 조화진동(調和振動)

harmonics 음향 배음(倍音), 조화음(調和音) = harmonic sound, harmonic tone *cf.* overtone

harmonium 하모늄

harmony processes 조화과정(調和過程)

harsh speech 거친 구어

harsh vocal quality 거친 음질(音質)

harsh voice 거친 음성 = harshness

Hassall's body 해부 해셀 소체 = Hassall's corpuscles

hate speech 혐오발언(嫌惡發言)

Hawaii early learning profile(HELP) 하와이 조기학습 프로파일

Haws screening test 하스 선별검사(選別檢査)

hazardous noise 음향 유해소음(有害騷音)

HCI(human computer interaction) 음성공학 인간-컴퓨터 상호작용(相互作用) *cf.* MMI

HCI(human computer interface) 인간-컴퓨터 상호작용 *cf.* MMI

HCP(hearing conservation program) 청각 청력보존 프로그램

HD(Huntington's disease) 신경 헌팅턴 병

head and neck cancer 생리 두경부암(頭頸部癌)

head-driven phrase structure grammar (HPAG) 통사 핵-중심 구구조문법(核中心句構造文法)

head feature convention 핵자질 약정

head feature 핵자질

head final filter 핵말 여과(核末濾過)

head final language 핵말 언어(核末言語)

head government 핵지배(核支配)

head initial language 핵선행 언어(核先行言語)

head injury 두부손상(頭部損傷)

head jerks 경련(痙攣)

head lifting maneuver 두부거상운동(頭部擧上運動)

head movement 통사 핵 이동(核移動)

head movement constraint 통사 핵이동 제약(核移動制約)

head-neck cancer 생리 두경부암(頭頸部癌)

head noun 통사 피수식명사(被修飾名詞) *cf.* modifier

head positioning 음성치료 머리 위치변경(位置變更)

head resonance 두성 공명(頭聲共鳴) *cf.* chest resonance

head rotation 고개 돌리기

head shadow effect 두영효과(頭影效果), 머리음영 효과, 머리그림자 효과

head start program 헤드 스타트 프로그램

head-turn conditioning 머리회전 조건화(條件化)

head voice 두성(頭聲)

headband hearing aid 머리띠 보청기

header 머릿말

headroom 머리위 공간

headword (사전의) 표제어(標題語), 주요어(主要語)

health 건강(健康), 보건(保健) = wellness

health authority 보건당국(保健當局)

health behavior 보건태도(保健態度)

health care agents 건강관리요원(健康管理要員)

health care plan 건강관리계획(健康管理計劃)

health care system 건강관리 체계(健康管理體系)

health certificate 건강증명서(健康證明書), 건강진단서(健康診斷書)

health consultant 건강 상담관(健康相談官)
health consultation 건강상담(健康相談)
health control 건강관리(健康管理)
health education 건강교육(健康教育)
health insurance 건강보험(健康保險)
health organization 보건기구(保健機構)
health promotion activity 건강증진 활동(健康增進活動)
health science 보건과학(保健科學)
health screening 건강 선별검사(健康選別檢査)
health station 보건소(保健所)=health service
health assessment 건강평가(健康評價) =health appraisal
healthy attitude 긍정적 태도(肯定的態度) =positive attitude
healthy food 건강에 좋은 음식
hearing 청각(聽覺)=hearing sense, auditory sense, audition
hearing acuity 청각 청력(聽力)
hearing aid(HA) 보청기=aural aid
hearing aid adjustment(HAA) 보청기 적합(補聽器適合)=hearing aid fitting
hearing aid evaluation(HAE) 보청기 평가(補聽器評價)
hearing aid fitting formular 보청기 적합공식(補聽器適合公式)
hearing aid fitting(HAF) 보청기 적합(補聽器適合)=hearing aid adjustment
hearing aid industry conference(HAIC) 보청기 산업회의(補聽器産業會議)
hearing aid modification(HAM) 보청기 변형(補聽器變形)
hearing aid orientation 보청기 적응지도(補聽器適應指導)
hearing aid shell 보청기 외형(補聽器外形) =earmold
hearing aid stethoscope 보청기 청음기(補聽器聽音機)
hearing amelioration 청각 청력개선(聽力改善)
hearing amplification 청각 청력증폭(聽力增幅)
hearing and vision status AAC 청각과 시각능력(視覺能力)
hearing area 청각 가청범위(可聽範圍)
hearing conservation 청각 청력보존(聽力保存)
hearing conservation program(HCP) 청각 청력보존 프로그램
hearing defect 생리 청력결함(聽力缺陷) =hearing handicap
hearing disability 생리 청각장애(聽覺障碍) =hearing impairment
hearing disease 생리 청각질환(聽覺疾患)
hearing disorders 생리 청각장애(聽覺障碍) =auditory disorders
hearing distance 청각 가청거리(可聽距離)
hearing dog 청각 청도견(聽導犬)
hearing handicap 청각장애(聽覺障碍) =hearing impairment
hearing impaired 청각 난청인(難聽人)
hearing impairment 생리 난청(難聽) =hearing disorders
hearing impairment degrees 청각 난청정도(難聽程度)
hearing instrument 청각 보청기(補聽器) =hearing aid
hearing island 청각 청도(聽島)
hearing level(HL) 청각 청력레벨 =audiometeric level
hearing loss 생리 청력손실(聽力損失)
hearing mechanism 청각기제(聽覺機制)
hearing mutism 생리 청각무언증(聽覺無言症), 귀머거리
hearing organ 청각기관(聽覺器官)=auditory organ
hearing protector 청각 청력보호구(聽力保護具)=hearing protection device
hearing range 청각 청역(聽域)

hearing science 청각과학(聽覺科學) *cf.* audiology
hearing screening 청각 청력선별(聽力選別)
hearing screening test(HST) 청각 청력선별검사(聽力選別檢査)
hearing sensitivity 생리 청력민감도(聽力敏感度)
hearing speech clinic 청각언어 크리닉
hearing test 청각 청력검사(聽力檢査)
hearing threshold 청각 청력역치(聽力閾値)
hearing threshold level(HTL) 청각 청력역치 레벨
hearing turn technique 청각 청력방향전환기법(聽力方向轉換法)
heart 해부 심장(心臟)
heart auricles 해부 심이(心耳)
heart block 생리 심장부조(心臟不調)
heart death 심장사(心臟死)
heart defect 생리 심장결함(心臟缺陷)
heart disease 심질환(心疾患), 심장병(心臟病)
heart disorders 심장장애(心臟障礙)
heart failure 심부전(心不全)
heart in pericardial sac 해부 심낭내 심장(心囊內心臟)
heart rate 생리 심장박동률(心臟搏動率), 심박동수(心搏動數) = cardiac rate
heart rate affecting drug 심장박동 영향약물(心臟搏動影響藥物), 심박영향약물(心搏影響藥物)
heart rate audiometry(HRA) 청각 심장박동청력측정(心臟搏動聽力測定)
heart rate variability(HRV) 생리 심장박동변화율(心臟搏動變化率), 심박변화율(心搏變化率)
heart sound 심음(心音) = cardiac sound
heart surgery 심장외과(心臟外科)
heart valves 해부 심장판막(心臟瓣膜)
heart ventricles 해부 (심장) 심실(心室)
heat sink 방열기(放熱器)
heat stroke 열사병(熱射病)
heavy syllables 음운 중음절(重音節), 무거운 음절 ↔ light syllable
hebephrenic schizophrenia 생리 파괴형 정신분열증(破壞形精神分裂症)
hedonism 쾌락주의(快樂主義) = epicureanism ↔ asceticism
helicotrema 해부 와우공(蝸牛孔)
helix 해부 이륜(耳輪) *cf.* antihelix
Helmholtz, Hermann von 헬름홀쯔(1821~1894)는 독일의 물리학자 겸 의학자로 당대 과학의 선구자
Helmholtz resonator 헬름홀쯔 공명기(共鳴器)
HELP(Hawaii early learning profile) 하와이 조기학습 프로파일
helper verb 보조 동사(補助動詞)
helping relationships 말더듬 관계 돕기
hemangioma 생리 혈관종(血管腫)
hemangioblastomas 생리 혈관모세포종(血管母細胞腫)
hematoma 생리 혈종(血腫)
hemopolesis 생리 조혈작용(造血作用)
hemi - 반(半)의 의미
hemi-anechoic room 음향 반무향실(半無響室)
hemianesthesia 생리 반감각소실(半感覺消失)
hemianopsia 반맹(半盲)
hemiataxia 생리 편측실조증(片側失調症)
hemiballism 생리 편무도병(偏舞蹈病)
hemicerebrum 반대뇌(半大腦)
hemicolectomy 해부 부분대장절제술(部分大腸切除術)
hemidystonia 생리 일측 근긴장이상증(一側筋緊張異常症) *cf.* generalized dystonia
hemi-free field 음향 반자유 음장(半自由音場)
hemilaryngectomy 해부 편측후두절제술(片側喉頭摘出術)
hemiparesis 신경 편측부전마비(片側不全痲痺)
hemiplegia 신경 (몸 전체 중 한쪽면이 마비된)

H

편마비(偏痲痹)

hemispatial neglect 생리 편측공간 무시증(半空間無視症)

hemisphere 해부 반구(半球)
= L hemispherium

hemispherectomies 해부 (뇌) 반구절제술(半球切除術)

hemispheric asymmetry 생리 반구불균형(半球不均衡)

hemispheric dominance 생리 반구우위(半球優位)

hemispheric specialization 뇌반구 전문화(腦半球專門化) 뇌반구 특수화(腦半球特殊化)

hemispherium 해부 L 반구(半球)
=hemisphere

hemispherium cerebelli 해부 L 소뇌반구(小腦半球)=cerebellar hemisphere

hemispherium cerebri 해부 L 대뇌반구(大腦半球)=cerebral hemisphere

hemocytoblast 해부 혈구 모세포(血球母細胞)

hemodialysis 생리 혈액투석(血液透析)

hemodynamics 혈액동태(血液動態)

hemoglobin 생리 혈색소(血色素), 헤모글로빈

hemophilia 생리 혈우병(血友病)

hemorrhage 생리 출혈(出血)=bleeding

hemorrhagic pancreatitis 생리 출혈성 췌장염(出血性膵臟炎)

hemorrhagic polyp 생리 출혈성 용종(出血性茸腫), 출혈성 폴립

hemorrhagic stroke 신경 출혈성 뇌졸중(出血性腦卒中) *cf.* ischemic stroke

hemorrhagic transformation 출혈성 전환(出血性轉換)

hemostasis 생리 지혈(止血)

Hensen's cell 해부 Hensen 세포(細胞)

hepatic cell 해부 간세포(肝細胞)=hepatocyte

hepatic duct 해부 간관(肝管)

hepatitis 생리 간염(肝炎)

hepatocyte 해부 간세포(肝細胞)=hepatic cell

hepeanopsia 생리 반맹증(半盲症)

hereditary 유전적(遺傳的)인=genetic
cf. congenital

hereditary aphasia 신경 유전성 실어증(遺傳性失語症)

hereditary ataxia 생리 유전성 운동실조(遺傳性運動失調)

hereditary chorea 생리 유전성 무도병(遺傳性舞蹈病)

hereditary deaf mutism 생리 유전성 농아(遺傳性聾啞)

hereditary deafness 생리 유전성 농(遺傳性聾) *cf.* congenital deafness

hereditary disease 유전병(遺傳病)

hereditary edema 생리 유전성 부종(遺傳性浮腫)

hereditary epilepsy 신경 유전성 간질(遺傳性癎疾)

hereditary hearing impairment 생리 유전성 청각장애(遺傳性聽力障礙)

hereditary hearing loss 생리 유전성 청력손실(遺傳性聽力損失)=genetic hearing loss
cf. congenital hearing loss

hereditary labyrinthine deafness 생리 유전성 내이성 농(遺傳性內耳性聾)

hereditary myotonia 생리 유전성 근긴장증(遺傳性筋緊張症)

hereditary nephritis 생리 유전성 신염(遺傳性腎炎)

hereditary spinal ataxia 신경 유전성 척수운동실조(遺傳性脊髓失調)

hereditary tremor 생리 유전성 진전(遺傳性震顫)

heredity 유전(遺傳)

heredodegenerative hearing loss 생리 유전성 청력손실(遺傳性聽力損失)

heritability ratio 유전가능성 비율(遺傳可能性比率)

heritable language impairment 생리 유전성

언어장애(遺傳性言語障礙)

hermeneutics 해석학(解析學)

hernia 생리 탈장(脫腸)

herniation 탈출(脫出)

herpes 포진(疱疹)

herpes simplex 생리 단순포진(單純疱疹)

herpes zoster 생리 대상포진(帶狀疱疹) = shingles

Hertz 헤르쯔, Hz

Heschl's gyrus 해부 청각 헤슬 회(回)

hesitation phenomena 주저현상(躊躇現象)

heterochromia 생리 이색증(異色症)

heterogeneity 이질성(異質性), 이종성(異種性) ↔ homogeneity

heterogeneous 이질(異質)의, 이종(異種)의 ↔ homogeneous

heterogeneous catalysis 불균일 촉매작용(不均一觸媒作用) ↔ homogeneous catalysis

heterogeneous mixture 불균질 혼합물(不均質混合物)

heteromodal association areas 이질양식 연합영역(異質樣式聯合領域)

heteronym 형태 이철동의어(異綴同義語) *cf.* homonym

heteronymous diplopia 생리 이명복시(異名複視)

heterorganic affricate 조음 이위치 파찰음(異位置破擦音)

heterotopy 생리 음소착어증(音素錯語症)

heuristic approach 언어발달 발견적 해결방법(發見的解決方法)

heuristic function 언어발달 발견적 기능(發見的機能)

heuristic method 발견적 학습법(發見的學習法)

heuristics 발견법(發見法)

HF(high frequency) 음향 고주파수(高周波數) ↔ LF

HFA(high-frequency average) 음향 고주파수 평균(高周波數平均)

hiatal hernia 해부 식도열공(食道裂孔) = hiatus esophagus

hiatus (1) 해부 열공(裂孔) (2) 음운 모음충돌(母音衝突)

hiatus esophageus 해부 식도열공(食道裂孔) = hiatal hernia

hidden layer 뇌과학 (신경망의) 은익층위(隱匿層位) *cf.* input layer

hidden Markov model(HMM) 음성공학 은닉마코프 모델

hierarchial phonology 음운 계층음운론(階層音韻論)

hierarchical model 위계모형(位階模型)

hierarchical organization 위계조직(位階組織)

hierarchical research 계층연구(階層硏究)

hierarchical sentence structure 통사 위계문장구조(位階文章構造)

hierarchical structure 통사 위계구조(位階構造), 계층적 구조(階層的構造)

hierarchy 계층(階層), 위계(位階)

hierarchy analysis 음성치료 계층적 분석(階層的分析)

hieroglyph (1) 상형문자(象形文字) = hieroglyphic script (2) (이집트의) 신성문자(神聖文字) *cf.* ideograph

hieroglyphic script 상형문자(象形文字) = hieroglyph *cf.* ideograph

HIFU(high intensity focused ultrasound) 음향 고집적초음파(高集積超音波)

high 음운 고설성(高舌性) ↔ low

high-amplitude nonnutritive sucking procedure 언어발달 고진폭 빈젖병 빨기절차

high back vowel 조음 후설고모음(後舌高母音) ↔ high back vowel

high class 상류층(上流層) ↔ lower class *cf.* middle class

high current pulses 음향 고기류 파동(高氣流波動)

high density recording 고밀도 기록(高密度記錄)
high fever 고열(高熱)
high fidelity 고충실도(高充實度)
high frequency(HF) 음향 고주파수(高周波數) ↔ low frequency
high-frequency audiometer 청각 고주파 청력검사기(高周波聽力檢査器)
high frequency audiometry 청각 고주파수 청력계(高周波數聽力計)
high frequency average(HFA) 음향 고주파수 평균(高周波平均)
high-frequency average full-on gain 음향 고주파수 평균 풀-온 이득(利得)
high frequency deafness 생리 고주파수 농(高周波數聾)
high frequency hearing loss 생리 고주파수형 청력손실(高周波數形聽力損失)
high frequency oscillation 음향 고빈도 진동(高頻度振動)
high front vowel 조음 전설고모음(前舌高母音) ↔ high back vowel
high functioning autistic children 언어발달 고기능 자폐성장애아동(高機能自閉性障礙兒童) ↔ low functioning autistic children
high functioning 고기능(高機能) = hyperfunction ↔ low functioning
high inference category 고추론 범주(高推論範疇)
high intensity focused ultrasound(HIFU) 음향 고집적초음파(高集積超音波)
high-level language 고급언어(高級言語)
high level short increment sensitivity index 음향 고 레벨 미세증가민감도(微細增加敏感度)
high pass filter(HPF) 음향 고대역통과(高帶域通過) 필터
high-pitched monotonal falsetto 높은-피치 단음조 가성(單音調假聲)
high pressure 고압(高壓) ↔ low pressure
high probability 통계 고확률(高確率) ↔ low probability
high probability behaviors 고개연성 행위(高蓋然性行爲)
high probability response 고개연성 반응(高蓋然性反應) ↔ low probability response
high-rising tone 음운 고상승 성조(高上昇聲調)
high risk children 고위험 아동(高危險兒童)
high self-expectations 높은 자기 기대치(自己期待值)
high-speed digital imaging(HSDI) 고속디지털후두내시경검사
high-stimulus speech 음향 고주파 자극음(高周波刺戟音)
high-tech AAC 하이테크 ↔ low-tech *cf.* no-tech
high-tech speech-generating devices(HSGD) AAC 하이테크 말생성장치
high-technology devices AAC 하이테크 장치(高等技術裝置) = high-tech devices ↔ low-technology devices
high tone 음운 고성조(高聲調)
high tone deafness 생리 고음성 농(高音性聾)
high variety 고변이형(高變異形)
high vowels 조음 고모음(高母音), 높은 홀소리 ↔ low vowels
higher cutoff frequency 음향 상부 절단 주파수(上部切斷周波數) ↔ lower cutoff frequency
highlighting 밑줄긋기
highly-stable quartz-oscillator 음향 고안정성 수정발진기(高安定性水晶發振器)
hilus 해부 폐문(肺門)
hindbrain 해부 후뇌(後腦) ↔ forebrain
hip bone 엉치뼈
hippocampal commissure 해부 해마교차연결(海馬交叉連結)

hippocampal fissure 해부 해마열(海馬裂)
hippocampal formation 해부 해마형성체(海馬形成體)
hippocampal gyrus 해부 해마회(海馬回) *cf.* hippocampal fissure
hippocampus 해부 해마(海馬)
hiss generator 음향 소음생성기(騷音生成機)
hisses 쉿소리
hissing noise 조음(噪音), 소음성 잡음(騷音性雜音)
histamine 히스타민 ↔ anti-histamine
histogram 통계 히스토그램
histological anatomy 조직해부학(組織解剖學)
histology 조직학(組織學)
histones 세포핵 단백질(細胞核蛋白質), 히스톤
histophysiolgy 조직생리학(組織生理學)
historic present 역사적 현재형(歷史的現在形)
historical grammar 역사문법(歷史文法)
historical infinitive 역사적 부정사(歷史的不定詞)
historical lexicography 역사적 사전편찬법(歷史的辭典編纂法)
historical linguistics 역사언어학(歷史言語學)
historical phonetics 역사음성학(歷史音聲學)
historical phonology 역사음운론(歷史音韻論)
historical semantics 역사의미론(歷史意味論)
histormophology 조직형태학(組織形態學)
histrionic personality disorder 심리 연극성 성격장애(演劇性性格障碍)
HIV(human immunodeficiency virus) 생리 인간면역결핍바이러스
HL(hearing level) 청각 청력레벨 = audiometeric level
HLA(human leukocyte antigen) 인간백혈병항원(人間白血病抗元)
HMM(hidden Markov model) 음성공학 은닉마코프 모델
hoarse voice 생리 애성(呃聲), 사성(嗄聲), 목잠긴소리 = hoarseness
hoarseness 생리 애성(呃聲), 사성(嗄聲), 목잠긴소리 = hoarse voice
hold 정지(停止)
hold deletion 정지삭제(停止削除)
hold segment 정지분절(停止分節)
holding onto the moment of stuttering 말더듬 말더듬 순간의 보류기법
holistic approach 총체적 접근방법(總體的接近方法)
holistic evaluation 총체적 평가(總體的評價)
holistic learning 총체적 학습(總體的學習)
holistic rehabilitation 전인재활(全人再活)
holistic view 전체론(全體論)
holistic voice therapy 총체적 음성치료(總體的音聲治療) *cf.* eclectic voice therapy
holocrine 완전분비(完全分泌)
holophrase 언어발달 일어문(一語文)
home health 가정보건(家庭保健)
home language stage 언어발달 가정언어단계(家庭言語段階)
home-schooling 재택교육(在宅敎育)
home-sign 가정수어(家庭手語)
home-visiting 가정방문(家庭訪問)
homeostasis 생리 항상성(恒常性)
homing instinct 귀소본능(歸巢本能)
homogeneity 동종성(同種性), 동질성(同質性) ↔ heterogeneity
homogeneous 동종(同種)의, 동질(同質)의 ↔ heterogeneous
homogeneous catalysis 균일촉매작용(均一觸媒作用) ↔ heterogeneous catalysis
homogeneous equation 등차방정식(等差方程式)
homogeneous plane wave 음향 균일평면파(均一平面波)
homogenous word 동질어(同質語)
homograph 언어발달 동철어(同綴語), 동형이의어(同形異義語) *cf.* homophone

H

homologous chromosomes 생리 상동염색체(相同染色體)
homomorphism 준동형(準同形)
homonym 언어발달 동음이의어(同音異義語) *cf.* heteronym
homonymous hemianopsia 생리 동측성 반맹(同側性半盲) *cf.* nasal hemianopsia
homonymy 음운 동형관계(同形關係) *cf.* heteronymy
homophone 음운 동음어(同音語), 동음이자(同音異字), 동음이형어(同音異形語) *cf.* homograph
homorganic affricate 조음 동위치 파찰음(同位置破擦音)
homorganic assimilation 음운 동기관음 동화(同器官音同化), 동기관적 동화(同器官的同化)
homorganic sound 음운 동위치음(同位置音), 동기관음(同器官音)
homozygous 동질접합체(同質接合體)의
homunculus 해부 뇌난장이, 호먼큘러스
honorific expression 경어표현(敬語表現) *cf.* honorific speech
honorific speech 존댓말 *cf.* honorific expression
honorific system 경어법(敬語法), 경어체계(敬語體系)
honorifics 경어법(敬語法)
hood technique 덮개기술
Hooke's law 물리 훅의 법칙
horizontal 수평적(水平的)인 ↔ vertical
horizontal ampullar 수평 팽대부(水平膨大部)
horizontal ampullary nerve 수평 팽대신경(水平膨大神經)
horizontal axis 해부 (신경) 수평축(水平軸) ↔ vertical axis *cf.* neuraxis
horizontal canal 해부 수평관(水平管)
horizontal construction 수평구문(水平構文)
horizontal distance 수평거리(水平距離)
horizontal fissure 수평틈새
horizontal focus 수평적 초점(水平的焦點) ↔ vertical focus
horizontal goal attack strategy 수직적 목표 달성 전략(垂直的目標達成戰略) ↔ vertical goal attack strategy
horizontal neuron 수평세포(水平細胞)
horizontal plane 수평면(水平面) ↔ vertical plane
horizontal plate 수평판(水平板)
horizontal range 수평범위(水平範圍)
horizontal variation 수평적 변이(水平的變異)
horizontal vocabulary development 언어발달 수평적 어휘발달(水平的語彙發達)
horizontally stratified 수평 계층화(水平階層化)
hormone 호르몬
hormone therapy 호르몬 치료(治療)
horn 각(角), 뿔
horn effect 나팔효과
hospital school 병원학교(病院學校)
hot-wire microphone 열선 마이크로폰 = thermal microphone
hourly noise level 음향 시간등가소음(時間等價騷音) 레벨
house style 가계식(家系式)
household management 가정관리(家庭管理)
hovering accent 주저강세(躊躇强勢)
howling level 하울링 레벨
HPAG(head-driven phrase structure grammar) 핵-중심 구구조문법(核中心句構造文法)
HPV(human papilloma virus) 인간 유두종 바이러스
HRA(heart rate audiometry) 청각 심장박동 청력측정(心臟搏動聽力測定)
HRV(heart rate variability) 생리 심장박동 변화율(心臟搏動變化率)
HSDI(high-speed digital imaging) 고속디지털후두내시경검사
HSGD(high-tec speech-generating devices)

AAC 하이테크 말생성장치

HST(hearing screening test) 청각 청력선별검사(聽力選別檢査)

HTL(hearing threshold level) 청각 청력역치 레벨

human biological rhythmes 인간생체리듬

human communication 인간 의사소통(人間意思疏通)

human computer interaction(HCI) 음성공학 인간-컴퓨터 인터페이스, 인간-컴퓨터 접속(接續) *cf.* man-machine interface

human-computer interface(HCI) 음성공학 인간-컴퓨터 상호작용 *cf.* man-machine interface

human development 인간발달(人間發達)

human dignity 인간존엄(人間尊嚴)

human dynamics 인간역학(人間力學)

human ecology 인류생태학(人類生態學)

human engineering 인간공학(人間工學)

human genetics 인류유전학(人類遺傳學)

human immunodeficiency virus(HIV) 생리 인간면역결핍바이러스

human information processing 인간정보처리론(人間情報處理론)

human language 인간언어(人間言語) ↔ animal language

human physiology 인체생리학(人體生理學)

human rehabilitation 인간재활학(人間再活學)

human relation 인간관계(人間關係)

human resource 인적자원(人的資源)

human vegetable 식물인간(植物人間) *cf.* brain death

human verbal learning 인간 언어학습(人間言語學習)

humanistic approach 인문주의적 접근(人文主義的接近)

humanities 인문학(人文學)

humanity 인간성(人間性)

humerus 해부 상완골(上腕骨)

humidity 습도(濕度)

humming 허밍, 콧노래

humor 농담(弄談), 익살 = japery

humoral immunity 생리 체액성 면역(體液性免疫)

hunger center 생리 기아중추(飢餓中樞) *cf.* appetite center

hunger sensation 공복감(空腹感)

Hunter syndrome 생리 (선천성 유전성) 헌터 증후군

Huntington, George (1850~1916), 헌팅턴(미국의 의학자로 1872년에 그의 이름을 딴 질환을 학계에 보고)

Huntington's chorea 생리 헌팅턴 무도병(舞蹈病)

Huntington's disease(HD) 생리 헌팅턴 병

Hunt's syndrome 생리 (말초신경성) 헌트 증후군

Hurler syndrome 생리 (유전성) 헐러 증후군

huskiness 목쉰소리, 허스키음성

hyaline cartilage 해부 초자연골(椒子軟骨)

hybrid 잡종(雜種), 혼성(混成)

hybrid approach 혼합식 접근(混合式接近)

hybrid model for parent-implemented language intervention 언어발달 혼합형 부모참여 언어중재 모형(混合形父母參與言語仲裁模型)

hybrid word 혼성어(混成語)

hydration therapy 음성장애 습윤치료(濕潤治療)

hydrocephalus 뇌수종(腦水腫)

hydrodynamic near field 음향 유체역학적 근거리음장(流體力學的近距離音場)

hydrodynamics 유체역학(流體力學)

hydroelasticity 액체탄성(液體彈性)

hydrogen bond 해부 수소골(水素骨)

hydrogen ion 수소이온

hydrogen monoxide 일산화수소(一酸化水素)

hydrogen peroxide 과산화수소(過酸化水素)

hydrolysis 가수분해(加水分解)
hydrops 생리 수종(水症)
hydrostat 누수검출기(漏水檢出器)
hydrotherapy 수치료법(手治療法)
hydrothorax 수흉(水胸)
hydroxyl group 수산기(水酸基)
hygrometer 습도계(濕度計)
hyoepiglottic ligament 해부 설골후두개 인대(舌骨喉頭蓋靭帶)
hyoglossus muscle 해부 설골설근(舌骨舌筋)
hyoid arch 해부 설골궁(舌骨弓)
hyoid bone 해부 설골(舌骨), 목뿔뼈
hyoid muscle 해부 설골근(舌骨筋)
hyoid tubercle 생리 설골결절(舌骨結節)
hyolaryngeal excursion 해부 설골후두상승(舌骨喉頭上昇)
hyo-laryngeal excursion range 설골-후두 상승범위(舌骨喉頭上昇範圍)
hyopharyngicus muscle 해부 설골인두근(舌骨咽頭筋)
hyothyroid membrane 해부 설골갑상막(舌骨甲狀膜)
hypacusis 생리 민감성 청력장애(敏感性聽力障礙)
hyper- '과도'하거나 '지나침'을 나타내는 접두어 ↔ hypo-
hyperacidity 생리 위산과다(胃酸過多) ↔ hypoacidity
hyperactive gag reflex 신경 과잉 구역반사(過剩嘔逆反射)
hyperactive reflexes 신경 과잉반사(過剩反射)
hyperactive stretch reflex 신경 과잉 신전반사(過剩伸展反射)
hyperactivity 과잉행동(過剩行動) ↔ hypoactivity
hyperactivity disorders 과잉행동장애(過剩行動障礙)
hyperactivity index 말더듬 과잉행동 지수(過剩行動指數)
hyperactivity index scale(HIS) 과잉행동 지수 척도(過剩行動指數尺度)
hyperacusis 생리 청각과민증(聽覺過敏症) = oxyecoia ↔ hypoacusis
hyperadduction 과대내전(過大內轉) ↔ hypoadduction
hyperalgesia 생리 통각과민증(痛覺過敏症)
hyperbole 과장법(誇張法)
hyperbolic horn 쌍곡선혼
hypercapnia 생리 과탄산증(過呑酸症)
hyper-correction 과잉교정(過剩校訂) *cf.* overcorrection
hyperesthesia 심리 지각과민(知覺過敏)
hyperextension 생리 과대신전(過大伸展), 과잉확대(過剩擴大)
hyperfunction 생리 기능항진(機能亢進), 과대기능(過大機能) ↔ hypofunction
hyperglycemia 생리 과혈당증(過血糖症)
hyperkalemia 생리 고칼륨혈증
hyperkeratosis 생리 과각화증(過角化症) *cf.* keratosis
hyperkinesia 생리 운동과잉증(運動過剩症) ↔ hypokinesia
hyperkinesis 생리 운동과잉(運動過剩), 운동항진(運動亢進) ↔ hypokinesis
hyperkinetic 생리 과다운동형(過多運動形) ↔ hypokinetic
hyperkinetic agraphia 생리 과다운동형 실서증(過多運動形失書症) ↔ hypokinetic agraphia
hyperkinetic dysarthria 생리 과다운동형 마비말장애 ↔ hypokinetic dysarthria
hyperkinetic dysphonia 생리 과다운동형 발성장애(過多運動形發聲障礙) ↔ hypokinetic dysphonia
hyperkinetic syndrome 생리 운동과다 증후군(運動過多症候群) ↔ hypokinetic syndrome
hyperlexia 생리 과독증(過讀症)

hypernasality 생리 과대비성(過大鼻性) ↔ hyponasality

hypernym 의미 상위어(上位語) ↔ hyponym *cf.* hyponymy

hyperopia 안과 원시(遠視) ↔ myopia

hyperorexia 생리 식욕과다증(食慾過多症) *cf.* hyperphagia

hyperphagia 생리 식욕항진(食慾亢進) *cf.* hyperorexia

hyperphonia 발성과도(發聲過度) ↔ hypophonia

hyperpituitarism 생리 뇌하수체 기능항진증(腦下垂體機能亢進症)

hyperplasia 생리 과다형성(過多形成) ↔ hypoplasia

hyperplastic laryngitis 생리 과형성성 후두염(過形成性喉頭炎)

hyperpnea 생리 과호흡(過呼吸) ↔ hypopnea

hyperpolarization 신경 과분극(過分極) ↔ hypopolarization *cf.* polarization

hyperptyalism 생리 타액분비 과다(唾液分泌過多) ↔ hypoptyalism

hyperrecruitment 과잉보충(過剩補充)

hyperreflexia 신경 반사이상 항진(反射異常亢進) ↔ hyporeflexia

hypersecretion 생리 과다분비(過多分泌) ↔ hyposecretion

hypersensitive reaction 과민성 반응(過敏性反應)

hypersensitiveness 생리 과민증(過敏症)

hypersialosis 생리 타액분비과다증(唾液分泌過多症)

hypersomnia 생리 수면과다(睡眠過多) ↔ hyposomnia

hypersound 음향 극초음파(極超音波) = ultrasonic

hypertelorism 생리 격리증(隔離症)

hypertensed laryngeal closure 생리 과긴장성 후두폐쇄(過緊張性喉頭閉鎖)

hypertension 생리 (1) 고혈압(高血壓) ↔ hypotension (2) 과대긴장(過大緊張)

hypertensive 고혈압환자(高血壓患者) ↔ hypotensive

hyperthermia 생리 고열(高烈) ↔ hypothermia

hyperthyoidism 생리 갑상선기능항진증(甲狀腺機能亢進症) ↔ hypothyroidism

hypertonia 생리 과다긴장(過多緊張) = hypertonicity ↔ hypotonia

hypertonicity 생리 과다긴장(過多緊張) = hypertonia ↔ hypotonicity

hypertrophy 이상비대(異常肥大) ↔ hypotrophy

hypervalvular phonation 과밸브 긴장발성(緊張發聲)

hyperventilation 생리 과도호흡(過度呼吸) ↔ hypoventilation

hypnagogic hallucinations 최면성 환각(催眠性幻覺)

hypnogenic 최면제(催眠劑)

hypnology 최면학(催眠學)

hypnosis 최면술(催眠術)

hypnotherapists 최면치료자(催眠治療者)

hypnotherapy 최면치료(催眠治療), 최면요법(催眠療法)

hypnotic 수면제(睡眠劑)

hypnotic induction 최면유도(催眠誘導)

hypnotist 최면술사(催眠術士)

hypo- 해부 (1) '아래(下)'를 의미 ↔ epi- (2) '과소(過小)'를 의미 ↔ hyper-

hypoacidity 생리 위산감소(胃酸減小) ↔ hyperacidity

hypoactivation 저활성화(低活性化)

hypoactivity 운동저하(運動低下) ↔ hyperactivity

hypoacusis 청각 청력저하(聽力低下), 청각저하(聽覺低下) ↔ hyperacusis

hypoadduction 과소내전(過小內轉)

H

↔ hyperadduction
hypoblast 해부 내배엽(內胚葉)
hypochondria 생리 심리 우울(憂鬱)
= depression
hypochondriasis 심리 건강염려증(健康念慮症) = illness anxiety disorder
hypoderm 해부 피하조직(皮下組織)
= hypodermis
hypodermic injection 피하주사(皮下注射)
hypodermic needle 피하주사침(皮下注射針)
hypodermis 해부 피하조직(皮下組織)
= hyperderm
hypoflexia 유연성 저하(柔軟性低下)
hypofunction 과소기능(過小機能), 기능저하(機能低下) ↔ hyperfunction
hypogastric breathing 생리 단전호흡(丹田呼吸) *cf.* abdominal breathing
hypogeusia 생리 미각감퇴증(味覺減退症)
cf. ageusia
hypoglossal canal 해부 설하신경관(舌下神經管)
hypoglossal nerve 해부 (뇌신경, CN XII), 설하신경(舌下神經)
hypoglossal nucleus 해부 설하신경핵(舌下神經核)
hypoglossal trigone 해부 설하신경 삼각(舌下神經三角)
hypokinesia 생리 운동저하증(運動低下症)
↔ hyperkinesia
hypokinetic 과소운동형의, 운동저하증의
↔ hyperkinetic
hypokinetic agraphia 생리 과소운동형 실서증(過小運動形失書症) ↔ hyperkinetic agraphia
hypokinetic disease 생리 운동부족병(運動不足病)
hypokinetic dysarthria 생리 과소운동형 마비말장애 ↔ hyperkinetic dysarthria
hypokinetic effect 생리 운동기능 감퇴효과(運動機能減退效果)
hypokinetic rigid 생리 운동부족 강직(運動不足硬直)
hypolarynx 해부 하후두(下喉頭)
hypologia 언어불수증(言語不遂症)
hypomania 생리 심리 경조증(輕躁症) *cf.* manic depressive illness
hyponasality 생리 과소비성(過小鼻聲)
↔ hypernasality
hyponucleus 해부 설하핵군(舌下核群)
hyponym 의미 하위어(下位語) ↔ hypernym
cf. hyponymy
hyponymy 의미 상하관계(上下關係)
cf. hypernym, hyponym
hypoperfusion 생리 관류저하(灌流低下)
hypopharyngeal diverticula 해부 하인두게실(下咽頭憩室)
hypopharynx 해부 (1) 하인두(下咽頭), 아래인두 (2) 후두인두(喉頭咽頭), 목구멍인두
= laryngopharynx *cf.* oropharynx
hypophonia 발성부전(發聲不全)
hypophyseal fossa 해부 뇌하수수체와(腦下垂體窩)
hypophysis 해부 뇌하수체(腦下垂體)
hypopituitarism 생리 뇌하수체 기능저하증(腦下垂體機能低下症)
hypoplasia 생리 형성부전증(形成不全症)
↔ hyperplasia
hypopnea 생리 호흡저하(呼吸低下)
hypopolarization 신경 저분극(低分極)
↔ hyperpolarization
hypopraxia 행동감퇴(行動減退) ↔ hyperpraxia
hypoprosody 운율부전(韻律不全)
hyporeflexia 신경 반사저하(反射低下)
↔ hyperreflexia
hyporhinolalia 과소비성(過小鼻聲)
hyporhinophonia 저비음병(低鼻音病)
hyposecretion 생리 과소분비(過小分泌)

↔ hypersecretion

hyposmia 생리 후각장애(嗅覺障碍) *cf.* anosmia

hypotaxis 종속(從屬)

hypotension 생리 저혈압(低血壓)
↔ hypertension

hypothalamic sulcus 해부 시상하구(視床下溝)

hypothalamohypophyseal tract 해부 시상하부 뇌하수체로(視床下部腦下垂體路)

hypothalamus 해부 시상하부(視床下部)
= subthalamus *cf.* epithalamus

hypothermia 생리 저체온증(低體溫症)
↔ hyperthermia

hypothesis 가설(假說)

hypothesis building 언어발달 가설설정(假說設定) *cf.* language decoding

hypothesis generator 통사 언어습득 가설 생성기(假說生成器)

hypothesis testing 언어발달 가설검증(假說檢證)

hypothesis testing utterance 언어발달 가설검증발화(假說檢證發話)

hypothetical object 가설적 대상(假說的對象)

hypothetico-deductive methods 가설적 연역법(假說的演繹法)

hypothyroidism 생리 갑상선기능저하증(甲狀腺機能低下症) ↔ hyperthyroidism

hypotonia 생리 근육긴장저하(筋肉緊張低下)
↔ hypertonia

hypotonic cerebral palsy 생리 저긴장성 뇌성마비(低緊張性腦性痲痺)

hypotrophy 생리 발육부전(發育不全)
↔ hypertrophy

hypotypanum 해부 고실하부(鼓室下部)

hypoventilation 생리 호흡저하(呼吸低下)
↔ hyperventilation

hypovolemic 순환혈액량 감소(循環血液量減少)

hypoxia 생리 저산소증(低酸素症)

hypoxic ischemic encephalopathy 생리 허혈성 저산소뇌병증(虛血性低酸素腦病症)

hysteresis 이력현상(履歷現象)

hysteria 생리 신경증(神經症)

hysterical anesthesia 생리 히스테리성 무감각증(無感覺症)

hysterical aphasia 생리 신경성 실성증(神經性失聲症)

hysterical deafness 생리 심인성 농(心因性聾)

hysterical dysphonia 생리 히스테리성 부전실성증 (不全失聲症)

hysterical neurosis 생리 히스테리성 신경증(神經症)

hysterical paralysis 신경 히스테리성 마비(痲痹)

hysterical stuttering 말더듬 히스테리성 말더듬

I

IA(interaural attenuation) 청각 이간감쇠(耳間減衰), 귀사이소리감쇠

IAC(internal acoustic canal) 해부 내이도(內耳道) ↔ EAC

IACC(interaural cross-section coefficient) 통계 이간횡단면 상관계수(耳間斷面相關係數)

IAD(illness anxiety disorder) 심리 질병불안장애(疾病不安障碍) = hypochodriasis *cf.* somatization disorder

IAM(internal auditory meatus) 해부 내이도(內耳道), 속귀길 ↔ EAM

iambic stress 약강격 강세(弱强格强勢)

iambus 약강격(弱强格)

IC(immediate constituent) 통사 직접구성요소(直接構成要素)

IC(integrated circuit) 음향 집적회로(集積回路)

ICA(inferior cerebellar artery) 해부 하소뇌동맥(下小腦動脈) ↔ SCA

ICA(internal carotid artery) 해부 내경동맥(內頸動脈)

ICA(internal content approach) 내적 내용접근법(內的內容接近法) *cf.* ISA

IC Analysis(immediate constituent analysis) 통사 직접구성요소분석(直接構成要素分析)

ICD(international classification of diseases) 국제질병분류(國際疾病分類)

ICF(intracellular fluid) 생리 세포내액(細胞內液) *cf.* ECF

ICFDH(international classification of functioning, disability and health) 국제기능장애건강분류(國際技能障碍健康分類)

ICFMRDD(intermediate care facility for people with mental retardation and developmental disabilities) 정신지체인 및 발달장애인을 위한 중간관리 시설

ICH(intracerebral hemorrhage) 생리 대뇌내출혈(大腦內出血) *cf.* SAH

ICIDH(international classification of impairment, disability, and handicap)

국제손상-불능-장애분류(國際損傷不能障礙分類)

icon 상(像), 아이콘

icon prediction 상예측(像豫測)

iconic communication 언어발달 도상적 의사소통(圖上的意思疏通)

iconic document 영상자료(映像資料)

iconic element 유사요소(類似要素)

iconic gestures AAC 도상적(圖像的) 제스처

iconic memory 심리 영상기억(映像記憶) *cf.* visual memory

iconic store 영상저장(映像貯藏)

iconic symbols AAC 도상적 상징(圖像的象徵)

iconicity 인지 AAC 도상성(圖像性)

ICP(intracranial pressure) 두개내압(頭蓋內壓)

ICU(intensive care unit) 중환자실(重患者室)

id 심리 진성 무의식(眞性無意識), 이드 *cf.* ego

IDA(international dyslexia association) 국제난독증협회(國際難讀症協會)

idea 관념(觀念), 표상(表象)

ideal bandpass filter 음향 이상적 대역통과 필터

ideal fluid 이상유체(理想流體)

ideal gas 이상기체(理想氣體)

ideal gas law 이상기체법칙(理想氣體法則)

idealism (Hegel의) 유심론(唯心論) ↔ materialism

idealization 이상화(理想化)

ideation 관념화(觀念化), 개념 형성(概念形成) = concept formation

ideational apraxia 생리 관념성 실행증(觀念性失行症)

identical twins 일란성 쌍생아(一卵性雙生兒), 일란성 쌍둥이 = monozygotic twins ↔ biovular twins

identification (1) 청각 판별(判別) *cf.* discrimination (2) 말더듬 (벤 라이퍼의 말더듬 단계) 증상확인(症狀確認)

identification and modification 말더듬 확인 및 수정

identification audiometry 청각 판별용 청력측정(判別用聽力測定)

identification reaction 동일화 반응(同一化反應)

identification task 판별과제(判別課題)

identification training 판별훈련(判別訓練)

identifying 판별하기

identifying information 기본정보(基本情報)

identity 정체감(正體感), 정체성(正體性)

identity achievement 정체감 성취(正體感成就), 정체성 성취(正體性成就)

identity card 신분증(身分證)

identity condition 동일성 조건(同一性條件)

identity crisis 정체성 위기(正體性危機)

identity diffusion 정체성 혼동(正體性混同)

identity disorder 정체성 장애(正體性障礙), 주체성 장애(主體性障礙)

identity formation 정체성 형성(正體性形成)

identity function 통계 항등함수(恒等函數)

identity matrix 통계 단위행렬(單位行列)

identity theft 신원도용(身元盜用)

ideograph 표의문자(表意文字) *cf.* pictograph, cuneiform, hieroglyph

ideographic symbols 표의문자 상징(表意文字象徵) *cf.* pictographic symbols

ideokinetic agraphia 생리 관념운동성 실서증(觀念運動性失書症)

ideokinetic apraxia 생리 관념운동성 실행증(觀念運動性失行症) = ideomotor apraxia

ideomotor apraxia 생리 관념운동성 실행증(觀念運動性失行症) = ideokinetic apraxia

ideophone 묘사음(描寫音)

idioglossia 생리 구어부전(構語不全)

idiolect 개인방언(個人方言) *cf.* dialect

idiom 관용어(慣用語) = frozen expression

idiopathic 생리 (원인을 알 수 없는) 특발성(特發性)의

idiopathic abscess 생리 특발성 농양(特發性膿瘍)

I

idiopathic anemia 생리 특발성 빈혈(特發性貧血)
idiopathic cerebral hemorrhage 생리 특발성 뇌출혈(特發性腦出血)
idiopathic edema 생리 특발성 부종(特發性浮腫)
idiopathic epilepsy 생리 특발성 간질(特發性癎疾)
idiopathic esphageal dilatation 생리 특발성 식도확장증(特發性食道擴張症)
idiopathic facial paralysis 생리 특발성 안면 신경 마비(特發性顔面神經麻痺)
idiopathic hearing loss 생리 특발성 청력손실(特發性聽力損失), 특발성 난청(特發性難聽)
idiopathic language retardation 특발성 언어 지체(特發性言語遲滯)
idiopathic nystagmus 특발성 안진(特發性眼震), 원인불명성 안진(原因不明性眼震)
idiopathic Parkinson's disease(IPD) 신경 특발성 파킨슨병
idiopathic sporadic late-onset cerebellar ataxia 신경 특발성 산발 후발성 소뇌실조증(特發性散發後發性小腦失調症)
idiosyncratic dialect 언어습득 특이한 방언
idiosyncratic meaning 특이한 의미
idiosyncratic phonological processes 음운 특이한 음운변동(音韻變動)
IDL(intensity difference limen) 음향 강도변별역치(强度辨別閾值)
IDS(infant-directed speech) 언어발달 영 · 유아지향적 말 *cf.* CDS, ADS
IEC(international electrotechnical commission) 국제전기기술위원회(國際電氣技術委員會)
IEP(individualized educational plan) 개별화 교육계획(個別化敎育計劃)
IF(illocutionary force) 의미 언어발달 언표내적 힘
IFSP(individualized family service plan) 개별화가족서비스계획
ignition noise 음향 점화잡음(點火雜音)
IHP(individualized habilitation plan) 개별화 자활계획(個別化自活計劃)
IID(interaural intensity difference) 청각 이간강도차(耳間强度差), 양이강도차(兩耳强度差)
IIS(infant intelligence scale) 영 · 유아지능척도(乳兒知能尺度)
IL(intensity level) 음향 강도레벨
IL(interaural latency) 청각 이간잠복기(耳間潛伏期), 양이간잠복기(兩耳間潛伏期) *cf.* interpeak latency
IL(interlanguage) 언어습득 중간언어(中間言語), 사이언어
ileo- 해부 회장(回腸)의
ileocecal 해부 회맹부(回盲部)의
ileocecal incompetence 생리 회맹부부전(回盲部不全)
ileocecal sphincter muscle 해부 회맹괄약근(回盲括約筋)
ileocecal tumor 생리 회맹부종양(回盲部腫瘍)
ileocecal valve 해부 회맹부(回盲部)
ileocecostomy 해부 회맹장문합술(回盲腸吻合術)
ileocolic artery 해부 회결장동맥(回結腸動脈)
ileocolostomy 해부 회결장문합술(回結腸吻合術)
ileostomy 해부 회장조루술(回腸造瘻術)
ileum 해부 회장(回腸)
iliac plexus 해부 장골신경총(腸骨神經叢)
iliocostalis dorsi muscle 해부 장늑골 배측근육(腸肋骨背側筋肉)
illative conjunction 추론 접속사(推論接續詞)
illative co-ordination 추론적 대등접속(推論的對等接續)
Illinois clinician stuttering severity scale 말더듬 일리노이 임상말더듬 중증도척도(重症度尺度)
illiteracy 문맹(文盲) ↔ literacy
illiteracy rate 문맹율(文盲率) ↔ literacy rate

illiterate 읽고 쓸 수 없는, 문맹의 ↔ literate *cf.* nonliterate

illness 병(病), 질병(疾病) = sickness, disease, ailment

illness anxiety disorder(IAD) 심리 질병불안장애(疾病不安障碍) = hypochodriasis *cf.* somatization disorder

illocutionary act 언어발달 언표내적 행위(言表內的行爲) *cf.* locutionary act

illocutionary communicative behaviors 언어발달 언표내적 의사소통행동(言表內的意思疏通行動) *cf.* locutionary communicative behaviors

illocutionary competence 언어발달 언표내적 능력(言語內的能力)

illocutionary force(IF) 의미 언어발달 언표내적 힘

illocutionary speech act 언어발달 언표내적 화행(言表內的話行)

illocutionary stage 언어발달 언표내적 단계(言表內的段階) *cf.* perlocutionary stage

illusion 환각(幻覺), 환영(幻影)

illusory correlation 착각적 상관(錯覺的相關)

ILN(inferior laryngeal nerve) 해부 하후두신경(下喉頭神經), 아래후두신경 ↔ superior laryngeal nerve

ILS(independent living scales) 독립생활척도(獨立生活尺度)

ILSA(interpersonal language skills and assessment) 개인간 언어기술-평가(個人間言語技術評價)

image 심상(心象)

image schema 심상도식(心象圖式)

image source 가상원(假像源), 가상소스

image training 심상훈련(心象訓練)

imagery 형상(形像), 이미지

imaginary audience 상상청중(想像聽衆)

imaginary pregnancy 상상임신(想像姙娠)

imagination 상상력(想像), 공상(空想)

imaginative function 언어발달 가상적 기능(假想的機能)

imaginative tense 상상시제(想像時制)

imaging 심상화(心象化)

imaging technique 심상기술(心象技術), 이미지 기술

imitating 언어발달 모방하기 *cf.* following direction

imitation 모방(模倣)

imitation of children's utterances (치료사의) 아동발화 모방(兒童發話模倣)

immature 미성숙(未成熟)

immature infant 미숙아(未熟兒)

immediate constituent analysis(IC Analysis) 통사 직접구성요소분석(直接構成要素分析)

immediate constituent(IC) 통사 직접구성요소(直接構成要素)

immediate death 즉사(卽死), 순강사(瞬間死)

immediate echolalia 즉각 반향어(卽刻反響語) ↔ delayed echolalia

immediate effect 즉시효과(卽時效果)

immediate family 직계가족(直系家族) *cf.* collateral family

immediate free recall 심리 즉각 자유회상(卽刻自由回想) ↔ delayed free recall

immediate future 근접미래(近接未來) *cf.* immediate past

immediate infant 미숙아(未熟兒) *cf.* premature

immediate memory 심리 직접기억(直接記憶), 즉각기억(卽刻記憶) *cf.* delayed memory

immediate naming task 즉시적 명명과제(卽時的命名課題)

immediate past 근접과거(近接過去) *cf.* immediate future

immediate recall 심리 즉각회상(卽刻回想)

immediate repetition (자극과 반응 사이의) 즉각적 반복(卽刻的反復) ↔ delayed repetition

I

immediate sentence constituents 직접문장구성성분(直接文章構成成分)
immersion bilingual education 언어습득 몰입형 이중언어교육(沒入形二重言語敎育)
immittance 청각 이미턴스(impedance+admittance)
immittance analyzer 청각 이미턴스 분석기(分析器)
immittance audiometry 청각 중이청력검사(中耳聽力檢査)
immittance converter 청각 이미턴스 변환기(變換機)
immittance test 청각 중이검사(中耳檢査)
immovable joint 해부 비가동 관절(非可動關節) ↔ movable joint
immune 면역(免疫)의
immune antibody 생리 면역항체(免疫抗體)
immune body 생리 면역체(免疫體)
immune deficiency 면역결핍(免疫缺乏)
immune phenomenon 면역현상(免疫現象)
immune response 면역반응(免疫反應)
immune system 면역계(免疫系), 면역체계(免疫體系)
immunity 면역성(免疫性)
immunization 면역(免疫)
immunoglobulins 면역글로블린
immunology 면역학(免疫學)
impact 충격(衝擊)
impact noise 음향 충격소음(衝擊騷音) =impulse noise
impact sound pressure level 음향 충격 음압레벨
impact-sound reducing material 충격음 방지재료(衝擊音防止材料)
impacted cerumen 생리 이구전색(耳垢栓塞), 귀지떡=cerumen impaction
impacter area 인구급증지구(人口急增地區)
impaired inference 심리 추론장애(推論障礙)
impaired professionals 장애전문가(障礙專門家)
impairments 손상(損傷), 결함(缺陷)장애(障礙) *cf.* disabilities, handicaps
impedance 음향 저항(抵抗), 임피던스 *cf.* admittance
impedance audiometry 청각 저항청력검사(抵抗聽力檢査)
impedance boundary condition 청각 저항경계조건(抵抗境界條件)
impedance function 통계 저항함수(抵抗函數)
impedance matching 청각 저항정합(抵抗整合) ↔ impedance mismatching
impedance mismatch transformer 음향 저항부정합 변환기(抵抗不整合變換機)
impedance mismatching 음향 저항부정합(抵抗不整合) ↔ impedance matching
impedance telemetry 청각 저항 원격측정법(抵抗遠隔測定法)
impedance tube 음향 저항관(抵抗管)
imperative conception 심리 강박개념(强迫槪念)
imperative forms 명령형(命令形)
imperative idea 심리 강박관념(强迫觀念)
imperative mood 통사 명령법(命令法)
imperative pointing 언어발달 명령적 가리키기 *cf.* declarative pointing
imperative sentence 통사 명령문(命令文)
imperception 심리 지각부전(知覺不全)
imperfect learning 언어습득 불완전한 학습
imperfective process 인지 미완료적 과정(未完了的過程) ↔ perfective process
imperfective verbs 통사 미완료적 동사(未完了的動詞) ↔ perfective verbs
impersonal construction 통사 비인칭 구문(非人稱構文)
impersonal passive construction 통사 비인칭 수동문(非人稱受動文)
implantable bone conduction hearing aids 이식형 골도보청기

implantable hearing aid 이식형 보청기
implicature 논리 담화 함축(含蓄)
cf. presupposition, entailment
implicit 암묵적(暗默的) ↔ explicit
implicit argument 논리 잠재논항(潛在論項)
implicit casuality 심리 암묵적 인과관계(暗默的因果關係)
implicit correction 언어습득 암묵적 교정(暗默的矯正) ↔ explicit correction
implicit language 내재어(內在語)
implicit learning 언어습득 암묵적 학습(暗默的學習) = procedural learning
implicit memory 심리 암묵적 기억(暗默的記憶) = procedural memory ↔ explicit memory
implicit performative utterance 의미 담화 비명시적 수행발화(非明示的遂行發話) ↔ explicit performative utterance
implicit retrieval practice 내면적 인출연습(內面的引出練習)
implicit stuttering 말더듬 내재적(內在的) 말더듬
implicit theory 언어습득 암묵적 이론(暗默的理論)
implosive sound 조음 내파음(內破音) ↔ explosive sound
implosive stop 조음 내파 정지음(內波停止音)
imposter (화자 인증의) 사칭자(詐稱者)
imprecise articulation 부정확한 조음(調音)
imprecise consonant production 조음 부정확한 자음산출(子音産出) *cf.* slurred speech
imprecise elaboration 인지 부정확한 정교화 ↔ precise elaboration
impression 인상(印象)
impressionistic phonetics 인상음성학(印象音聲學)
impressionistic transcription 인상적 전사(印象的轉寫), 인상적 표기(印象的表記)
impressive aphasia 신경 인상실어증(印象失語症)
imprinting 각인(刻印)
improvement 향상(向上), 개선(改善)
impulse 신경 충격(衝擊), 충동(衝動)
impulse noise 음향 충격소음(衝擊騷音) = impact noise
impulse response 충격응답(衝擊應答)
impulse theory 신경 충격이론(衝擊理論)
impulse transmission 신경 흥분전달(興奮傳達)
impulsive force 충격력(衝擊力)
impulsiveness 충동성(衝動性)
inaccurate observation 부정확한 관찰
cf. selective observation
inadequacy 부적절성(不適切性) ↔ adequacy
inanimate object 무정물(無情物) ↔ animate
inappetence 생리 식욕부진(食慾不振) = anarexia
inappropriate crying 부적절한 울음
inappropriate laughing 부적절한 웃음
inappropriate silence 부적절한 쉼
inarticulateness (조음) 불명료(調音不明瞭), 어눌함 ↔ articulateness
inattention 주의력결핍(注意力缺乏)
inattentive behavior 부주의 행동(不注意行動)
inaudible 들리지 않는 ↔ audible
inaudible prolongation 무성연장(無聲延長)
inborn 선천적인, 타고난 = innate ↔ acquired
cf. hereditary
incidence (1) 발생률(發生率) *cf.* prevalence (2) 입사(入射) ↔ reflection
incidence angle 입사각(入射角) ↔ angle of reflection
incidence field 입사장(入射場)
incident stuttering 말더듬 부수적 말더듬
incident wave 음향 입사파(入射波)
incidental image 잔상(殘像)
incidental learning 지적 장애 언어발달 우발학습(偶發學習), 우연학습(偶然學習) ↔ incidental teaching

incidental learning strategy 지적 장애 언어발달 우발학습전략(偶發的學習戰略), 우연학습전략(偶然學習戰略)

incidental learning task 지적 장애 언어발달 우발학습과제(偶發學習課題)

incidental teaching 지적 장애 언어발달 우발적 교수(偶發的教授) ↔ incidental learning

incidental teaching procedures 언어발달 지적 장애 우발적 교수절차(偶發的教授節次), 우발적 지도절차(偶發的指導節次)

incisive bone 해부 절치골(切齒骨)

incisive nerve 해부 절치신경(切齒神經)

incisive papilla 해부 절치유두(切齒乳頭)

incisive suture line 해부 절치봉합선(切齒縫合線)

incisor 해부 절치(切齒)

included sentence 통사 내포문(內包文) = embedded sentence

inclusion 의미 포함(包含)

inclusive environment 특수교육 통합환경(統合環境)

incoherence 모순성(矛盾性)

incompatibility 의미 모순관계(矛盾關係)

incompatible behavior 모순행위(矛盾行爲)

incompetence (1) 무능(無能) ↔ competence (2) 기능부전(機能不全)

incomplete cleft palate 해부 불완전 구개파열(不完全口蓋破裂)

incomplete verb 불완전 동사(不完全動詞)

incompletion 미완성(未完成)

incontinence 요실금(尿失禁)

incoordination 불협응(不協應), 부조화(不調和)

incorporating distribution 포괄적 분포(包括的分布), 포합 분포(抱合分布)

incorporating language 포합어(抱合語) *cf.* polysynthetic language

incremental learning 단계적 학습(段階的學習)

incubation (1) 배양(培養), 알품기 (2) (질병의) 잠복기(潛伏期)

incubation effects 심리 잠복효과(潛伏效果)

incudostapedial joint 해부 침등골 관절(砧鐙骨關節)

incus 해부 침골(砧骨), 모루뼈

incus body 해부 침골체부(砧骨體部)

indefinite article 부정관사(不定冠詞) ↔ definite article

indefinite pronoun 부정대명사(不定代名詞)

indefinite vowel 조음 부정모음(不定母音)

independent analysis 통계 독립분석(獨立分析) *cf.* relational analysis

independent change 자립변화(自立變化)

independent clause 주절(主節), 독립절(獨立節) = main clause ↔ dependent clause

independent group design 독립집단설계(獨立集團設計)

independent living 독립생활(獨立生活)

independent living scales(ILS) 독립생활척도(獨立生活尺度)

independent stage 독립단계(獨立段階)

independent variable(IV) 통계 독립변인(獨立變因), 독립변수(獨立變數) ↔ dependent variable *cf.* parameters

indeterminacy (1) 담화 불확정성(不確定性) (2) 의미 비결정성(非決定性) *cf.* unconventionality

index PL indices (1) 지수(指數) = quotient (2) 색인(索引)

index of narrative microstructure(INMIS) 담화 이야기 미시구조 지표(微視構造指標)

Index of Status Characteristics(ISC) 지위특징지표(地位特徵指標)

indexical information 색인정보(索引情報)

indicating 지시하기

indicating lamp 표시등(表示燈)

indicating range 지시범위(指示範圍)

indication 지시(指示)

indicative 담화 직설법(直說法)의

↔ subjunctive

indicative mood 담화 직설법(直說法)
↔ subjunctive mood

indicative signs 지시기호(指示記號)

indigestion 생리 소화불량(消化不良)
= dyspepsia ↔ eupepsia *cf.* apepsia

indirect activation system 해부 간접활성경로(間接活性經路) ↔ direct activation system *cf.* extrapyramidal system

indirect assimilation 음운 간접동화(間接同化)
↔ direct assimilation

indirect binding 통사 간접결속(間接結束)
↔ direct binding

indirect experience 간접경험(間接經驗)
↔ direct experience

indirect field 음향 간접음장(間接音場)
= indirect sound field ↔ direct field, direct sound field

indirect instruction 언어발달 간접교수(間接教授) ↔ direct instruction

indirect language stimulation 언어발달 간접적 언어자극(間接的言語刺戟) ↔ direct language stimulation

indirect laryngeal examination 간접후두검사(間接喉頭檢查) ↔ direct laryngeal examination

indirect laryngoscopy 간접후두경검사법(間接喉頭鏡檢查法) ↔ direct laryngoscopy

indirect learning 간접학습(間接學習) ↔ direct learning

indirect memory test 심리 간접기억검사(間接記憶檢查) ↔ direct memory test
cf. implicit memory

indirect method (조사방법의) 간접방법(間接方法) ↔ direct method

indirect motor system 간접 운동계(間接運動系)

indirect narration 담화 간접화법(間接話法)
↔ direct narration

indirect object 통사 간접 목적어(間接目的語)
↔ direct object

indirect passive 통사 간접 수동태(間接受動態) ↔ direct passive

indirect question 통사 간접 의문문(間接疑問文) ↔ direct question

indirect requests 담화 간접요청(間接要請)

indirect route 간접경로(間接經路) = direct path ↔ direct route

indirect selection 간접선택(間接選擇)
↔ direct selection

indirect selection communication board AAC 간접선별 의사소통판(直接選別意思疏通板)

indirect sound 간접음(間接音) ↔ direct sound

indirect sound field 간접음장(間接音場)
= indirect field ↔ direct sound field

indirect speech 담화 간접화법(間接話法)
= indirect narration ↔ direct speech

indirect speech act 화용 간접화행(間接話行)
↔ direct speech act

indirect statement 간접적 진술(間接的陳述)
↔ direct statement

indirect stuttering treatment 말더듬 간접적 말더듬치료

indirect system 간접체계(間接體系) ↔ direct system

indirect teaching 간접교수(間接教授)
↔ indirect teaching

indirect therapy 삼킴 간접치료(間接治療)
= indirect treatment ↔ direct therapy

indirect treatment (치매환자의) 간접치료(間接治療) = indirect therapy ↔ direct treatment

indirectness 간접성(間接性) ↔ directness

individual 개인적(個人的)

individual conditioning paradigms 개별조건화 패러다임

individual counseling 개별상담(個別相談)

individual difference 개인차(個人差), 개인차

I

이(個人差異)
individual experience 개인적 경험(個人的經驗)
individual goal 개인적 목표(個人的目標)
individual intelligence test 심리 개별지능검사(個別知能檢査) *cf.* group intelligence test
individual phonetics 개별음성학(個別音聲學)
individual psychology 심리 개인심리(個人心理) *cf.* mass psychology, mob psychology
individual psychotherapy 심리 개인심리치료(個人心理治療)
individual style 개인문체(個人文體)
individual term 개체항(個體項)
individual test 개인별 검사(個人別檢査)
individual therapy 개인 요법(個人療法)
individual thinking 개인적 사고(個人的思考)
individual treatment 개별치료(個別治療)
individualism 개인주의(個人主義) ↔ collectivism
individualization 개인화(個人化), 개별화(個別化)
individualized education 개별화교육(個別化教育)
individualized educational plan(IEP) 개별화교육계획(個別化教育計劃)
individualized family service plan(IFSP) 개별화가족서비스계획
individualized habilitation plan(IHP) 개별화자활계획(個別化自活計劃)
individualized rehabilitation plan(IRP) 개별화재활계획(個別化再活計劃)
individualized transition plan(ITP) 개별화 전환계획(個別化轉換計劃)
individualized written rehabilitation program (IWRP) 개별화 쓰기재활 프로그램
individualizing genitive 개별화속격(個別化屬格)
individualizing word 개별어(個別語)
individuals with disabilities education act (IDEA) 미국장애인교육법(美國障礙人教育法)
individuation 개인화(個人化), 개성화(個性化) ↔ deindividuation
induced mass 유도질량(誘導質量)
induced movement 유도된 운동
induced nystagmus 생리 유발안진(誘發眼震)
inductance 통계 유도계수(誘導係數)
induction (1) 논리 귀납법(歸納法) ↔ deduction (2) 유도(誘導)
inductive approach 논리 귀납적 접근법(歸納的接近法) ↔ deductive approach
inductive argument 논리 귀납적 논증(歸納的論證) ↔ deductive argument
inductive deductive reasoning 논리 귀납연역추론(歸納演繹推論)
inductive inference 논리 귀납적 추론(歸納的推論) ↔ deductive inference
inductive instruction 귀납적 수업(歸納的授業) ↔ deductive instruction
inductive logic 귀납적 논리(歸納的論理) ↔ deductive logic
inductive reactance 음향 귀납적 유도저항(歸納的誘導抵抗)
inductive reasoning 논리 귀납적 추리(歸納的推理) ↔ deductive reasoning
inductive requirement 논리 귀납적 필요조건(歸納的必要條件)
inductive rule 논리 귀납적 규칙(歸納的規則) ↔ deductive reasoning
inductive schema 논리 귀납적 도식(歸納的圖式) ↔ deductive schema
inductive thinking 논리 귀납적 사고(歸納的思考) ↔ deductive thinking
inductor 유도자(誘導子)
industrial audiology 산업청각학(産業聽覺學)
Industrial deafness 생리 산업적 농(産業的聾)
industrial hearing loss 청각 산업청력손실(産業聽力損失), 산업난청(産業難聽)
industrial noise 음향 공장소음(工場騷音)
industrial psychologist 심리 산업심리학자(産

業心理學者)

industrial psychology 심리 산업심리학(産業心理學)

industrial revolution 산업혁명(産業革命)

industrial waste 산업폐기물(産業廢棄物)

inequality 불평등(不平等), 부등성(不等性) *cf.* inequity

inequity 불평형(不平衡) *cf.* inequality

inertance 음향관성(音響慣性)

inertia (1) 관성(慣性) (2) 무력증(無力症)

inertia base 관성기초(慣性基礎)

inertia control 음향 관성제어(慣性制御)

inertial bone conduction 청각 관성골도전도(慣性骨導傳導)

inertial tone conduction 청각 관성음전도(慣性音傳導)

inexcitable 자극불감(刺戟不感)의

infancy 영아기(嬰兒期), 유아기(乳兒期) *cf.* toddler period

infant 영아(嬰兒), 젖먹이 *cf.* toddler

infant and toddler 영 · 유아(嬰乳兒), 젖먹이와 걸음마 아기

infant bilinguals 언어습득 영 · 유아기 이중언어 아동(嬰乳兒期二重言語兒童) *cf.* simultaneous bilinguals

infant development 영 · 유아발달(嬰乳兒發達)

infant-directed speech(IDS) 언어발달 영 · 유아 지향적 말 *cf.* child-directed speech, adult-directed speech

infant intelligence scale(IIS) 언어발달 영 · 유아지능척도(嬰乳兒知能尺度)

infant-toddler checklist 언어발달 영 · 유아 점검표(嬰乳兒點檢表), 영 · 유아 체크리스트

infant vocalization 언어발달 영 · 유아발성(嬰乳兒發聲)

infanticide 영아살해(嬰兒殺害)

infantile 어린애 같은, 유치한

infantile amnesia 심리 유아기 기억상실(乳兒期記憶喪失), 소아기 기억상실(小兒期記憶喪失)

infantile aphasia 신경 영 · 유아 실어증(嬰乳兒失語症)

infantile autism 생리 영 · 유아 자폐증(嬰乳兒自閉症)

infantile mortality 유아 사망률(乳兒死亡率)

infantile psychosis 생리 유아정신분열증(乳兒精神分裂症), 유아정신병

infantile swallowing 생리 유아삼킴

infantile swallowing pattern 생리 유아 삼킴 유형

infarct 생리 (순환계 장애) 경색(梗塞)

infarction 생리 경색증(梗塞症)

infection 생리 감염(感染)

infection control 감염관리(感染管理)

infectious diseases 생리 감염성 질환(感染性疾患)

inference 논리 추론(推論) = reasoning

inference statistics 추리통계학(推理統計學)

inference strategies 말더듬 추론전략(推論戰略) *cf.* assessment strategies

inference theory 논리 추론이론(推論理論)

inferencing 논리 생리 추론하기

inferential statistics 통계 추리통계(推理統計) *cf.* descriptive statistics

inferior 하(下)~, 아래의 ↔ superior

inferior alveolar artery 해부 하치조동맥(下齒槽動脈) ↔ superior alveolar artery

inferior alveolar nerve 해부 하치조신경(下齒槽神經) ↔ superior alveolar nerve

inferior alveolar vein 해부 하치조정맥(下齒槽靜脈) ↔ superior alveolar vein

inferior angle 해부 하각(下角) ↔ superior angle

inferior auricular muscle 해부 하이개근(下耳介筋) ↔ superior auricular muscle

inferior cerebellar artery(ICA) 해부 하소뇌동맥(下小腦動脈) ↔ superior cerebellar artery

I

inferior cerebellar peduncle 해부 하소뇌각(下小腦脚)

inferior cerebral veins 해부 하대뇌정맥(下大腦靜脈) ↔ superior cerebral veins

inferior cervical cardiac nerve 해부 하경심장신경(下頸心臟神經)

inferior cervical ganglion 해부 하경신경절(下頸神經節) ↔ superior cervical ganglion

inferior colliculus 해부 하구(下丘), 아래둔덕 ↔ superior colliculus

inferior concha 해부 하비갑개(下鼻甲介) = inferior nasal concha, L concha nasalis inferior ↔ superior concha

inferior constrictor muscle 해부 하수축근(下收縮筋) = inferior sphincter muscle ↔ superior constrictor muscle

inferior constrictor pharyngeal muscle 해부 하인두수축근(下咽頭收縮筋) = inferior sphincter pharyngeal muscle ↔ superior constrictor pharyngeal muscle

inferior cornu 해부 하각(下角) = inferior horn ↔ superior cornu

inferior fovea 해부 하와(下窩) = L fovea inferior ↔ superior fovea

inferior frontal gyrus 해부 하전두회(下前頭回) ↔ superior frontal gyrus

inferior frontal sulcus 해부 하전두구(下前頭溝) ↔ superior frontal sulcus

inferior ganglion 해부 하신경절(下神經節) ↔ superior ganglion

inferior horn 해부 하각(下角) = inferior cornu ↔ superior horn

inferior incudal ligament 해부 하침골인대(下砧骨靭帶) ↔ superior incudal ligament

inferior labial artery 해부 하순동맥(下脣動脈) ↔ superior labial artery

inferior labial branch 해부 하순지(下脣枝) ↔ superior labial branch

inferior labial frenulum 해부 하구순대(下口脣帶) ↔ superior labial frenulum

inferior labial region 해부 하순부(下脣部) ↔ superior labial region

inferior labial vein 해부 하순정맥(下脣靜脈) ↔ superior labial vein

inferior laryngeal artery 해부 하후두동맥(上喉頭動脈) ↔ superior laryngeal artery

inferior laryngeal branch 해부 하후두(下後頭) 가지 ↔ superior laryngeal branch

inferior laryngeal nerve(ILN) 해부 하후두신경(下喉頭神經) ↔ superior laryngeal nerve

inferior laryngeal nerve palsy 신경 하후두신경마비(下喉頭神經痲痺) ↔ superior laryngeal nerve palsy

inferior limb 해부 하지(下肢) ↔ superior limb

inferior lingular bronchus 해부 하설기관지(下舌氣管枝) ↔ superior lingular bronchus

inferior lingular segment 해부 하설구역(下舌區域)

inferior lobe 해부 하엽(下葉) ↔ superior lobe

inferior longitudinal fasciculus 해부 하종단다발 ↔ superior longitudinal fasciculus

inferior longitudinal muscle 해부 하종설근(下縱舌筋) ↔ superior longitudinal muscle

inferior malleolar ligament 해부 하추골인대(下槌骨靭帶) ↔ superior malleolar ligament

inferior maxillary bone 해부 하상악골(下上顎骨) ↔ superior maxillary bone

inferior meatus of nose 해부 하비도(下鼻道) = inferior nasal meatus ↔ superior meatus of nose

inferior mediastinum 해부 하종격(下縱隔) ↔ superior mediastinum

inferior medullary velum 해부 하수범(下髓帆) ↔ superior medullary velum

inferior nasal concha 해부 하비갑개(下鼻甲介) = inferior concha ↔ superior nasal concha

inferior nasal meatus 해부 하비도(下鼻道) = L meatus nasalis inferior ↔ superior nasal concha

inferior oblique muscle 해부 하사근(下斜筋) ↔ superior oblique muscle

inferior olivary complex(IOC) 해부 하올리브복합체 ↔ superior olivary complex

inferior olivary nucleus 해부 하올리브핵 ↔ superior olivary nucleus

inferior parietal lobule 해부 하두정소엽(下頭頂小葉) ↔ superior parietal lobule

inferior peduncle 해부 하소뇌각(下小腦脚), 하소뇌다리 ↔ superior peduncle

inferior pharyngeal constrictor muscle 해부 하인두괄약근(下咽頭括約筋) ↔ superior pharyngeal constrictor muscle

inferior rectal plexus 해부 하직근신경총(下直筋神經叢) ↔ superior rectal plexus

inferior rectus muscle 해부 하직근(下直筋) ↔ superior rectus muscle

inferior salivatory nucleus 해부 하타액핵(下唾液核) ↔ superior salivary nucleus

inferior segment 해부 아래구역 ↔ superior segment

inferior segmental bronchus 해부 아래구역기관지(區域氣管支) ↔ superior segmental bronchus

inferior semicircular canal 해부 하반규관(下半規管) ↔ superior semicircular canal

inferior surface 해부 하면(上面) ↔ superior surface

inferior temporal gyrus 해부 하측두회(下側頭回) ↔ superior temporal gyrus

inferior temporal line 해부 하측두선(下側頭線) ↔ superior temporal line

inferior temporal sulcus 해부 하측두구(下側頭溝) ↔ superior temporal sulcus

inferior thyroidal notch 해부 하갑상절흔(下甲狀切痕) ↔ superior thyroidal notch

inferior thyroidal tuberculum 해부 하갑상결절(下甲狀結節) ↔ superior thyroidal tuberculum

inferior turbinated bone 해부 하비갑개골(下鼻甲介骨) ↔ superior turbinated bone

inferior vena cava 해부 하대정맥(下大靜脈) ↔ superior vena cava

inferior vestibular nerve 해부 하전정신경(下前庭神經) ↔ superior vestibular nerve

inferiority 심리 열등감(劣等感) ↔ superiority

inferiority complex 심리 열등 콤플렉스

inferred reality 언어발달 현실추론(現實推論) *cf.* decentration

infinite 무한한 ↔ finite

infinite schema 무한도식(無限圖式)

infinitive 부정사(不定詞)

infix 형태 접요사(接腰辭) *cf.* prefix

inflammation 생리 염증(炎症)

inflammation of ear 생리 이염(耳炎) = otitis

inflammation of larynx 생리 후두염(喉頭炎) = laryngitis

inflammation of middle ear 생리 중이염(中耳炎) = otitis media

inflammatory croup 생리 감염성 후두염(感染性喉頭炎)

inflammatory laryngeal diseases 생리 염증성 후두질환(炎症性喉頭疾患)

inflammatory neuropathies 생리 염증성 신경증(炎症性神經症)

inflation 팽창(膨脹)

inflected word 통사 굴절하는 단어 ↔ uninflected word *cf.* conjugation

inflection 굴절(屈折) *cf.* derivation

inflection point 변곡점(變曲點)

inflectional affix 굴절접사(屈折接辭) ↔ derivational affix
inflectional endings 굴절어미(屈折語尾)
inflectional language 굴절어(屈折語) = inflecting language *cf.* agglutinative language
inflectional morphemes 굴절형태소(屈折形態素) ↔ derivational morphemes
inflectional phrase 굴절구(屈折句)
inflectional relations 굴절관계(屈折關係) ↔ derivational relations
influenza 독감(毒感)
informal assessments 비공식적 평가(非公式的評價)
informal auditory training 비공식적 청능훈련(非公式的聽能訓練) ↔ formal auditory training
informants 피실험자(彼實驗者) = subjects
information 정보(情報)
information unit 정보단위(情報單位)
information artefacts 정보화된 인공물(人工物)
information content 정보내용(情報內容)
information exchange 정보교환(情報交換)
information gap 정보차이(情報差異)
information load 정보하중(情報荷重)
information processing 정보처리(情報處理)
information processing approach 정보처리 접근(情報處理接近)
information processing model 정보처리 모형(情報處理模型)
information science 정보과학(情報科學)
information service provider 정보서비스 제공자
information system 정보체계(情報體系)
information technology 정보공학(情報工學)
information theory 정보이론(情報理論)
information transmission bit 정보전송 비트
information transmission rate 정보 전달속도(情報傳達速度)
informational masking 정보차폐(情報遮蔽)
informational value 정보가치(情報價值)
informed consent 고지된 동의
infra- 하(下)~, '아래'의 의미
infraglottic 성문하(聲門下)의 ↔ supraglottic
infraglottic cavity 해부 성문하강(聲門下腔)
infraglottic laryngectomy 해부 성문하부 후두절제(聲門下部喉頭切除) ↔ supraglottic laryngectomy
infraglottic region 해부 성문하부(聲門下部) ↔ supraglottis
infraglottic swallowing 삼킴 성문하 삼킴 ↔ supraglottic swallowing
infrahyoid muscle group 해부 설골하근육군(舌骨下筋肉群) ↔ supraglottic muscle group
infrahyoid muscles 해부 설골하근(舌骨下筋) ↔ suprahyoid muscles
infraorbital artery 해부 안와하동맥(眼窩下動脈)
infraorbital canal 해부 안와하관(眼窩下管)
infraorbital foramen 해부 안와하공(眼窩下孔)
infraorbital nerve 해부 안와하신경(眼窩下神經)
infraorbital region 해부 안와하부(眼窩下部)
infraorbital sulcus 해부 안와하구(眼窩下溝)
infrared system 적외선 시스템
infrasegmental representation 내분절음 표시(內分節音標示), 분절음 내부표시(分節音內部標示)
infrasonic frequency 음향 초저주파수(超低周波數)
infrasonic wave 음향 가청하음파(可聽下音波) ↔ ultrasonic wave
infrasound 음향 초저주파음(超低周波音) ↔ ultrasound
infratemporal surface 해부 측두하면(側頭下面)
infratentorial structure 해부 천막하 구조(天幕下構造) ↔ supratentorial structure
infraversion 하방전위(下方轉位)

infrazygomatic crest 해부 권골하능(顴骨下陵)

ingestion 생리 섭식(攝食) = intake

ingressive air 들숨 ↔ egressive air

ingressive airstream 들숨기류 ↔ egressive airstream

ingressive glottalic airstream 호흡 들숨 성문기류(聲門氣流)

ingressive sound 생리 들숨소리 ↔ egressive sound

inguinal ligament 서혜인대(鼠蹊靭帶)

inguinal region 서혜부(鼠蹊部)

inhalant 흡입물(吸氣物)

inhalation 들숨 = inspiration ↔ exhalation

inhalation-exhalation cycles 생리 들숨-날숨 주기(週期)

inhalation method 음성치료 흡기법(吸氣法), 들숨법

inhalatory 들숨의 = inspiratory ↔ exhalation

inhalatory phonation 음성치료 흡기발성(吸氣發聲), 들숨발성 = inhalatory vocalization

inhalatory stridor 생리 흡기천명(吸氣喘鳴)

inhalatory vocalization 음성치료 흡기발성(吸氣發聲), 들숨발성 = inhalatory phonation

inhaler 흡입기(吸入器)

inharmonic energy 음성공학 비배음 에너지

inharmonicity 비조화성(非調和性)

inherent 내재(內在)하는, 고유(固有)의 = intrinsic ↔ extranous, extrinsic

inherent boundedness 고유한 한정성(限定性)

inherent distinctive feature 음운 고유 변별자질(固有辨別資質)

inherent feature 음운 고유자질(固有資質)

inherent knowledge of syntax 통사 선천적 구문지식(先天的構文知識)

inherent value 내재적 가치(內在的價値)

inheritable 유전성(遺傳性) ↔ acquired *cf.* congenital

inheritance 계승(繼承)

inheritance mode 유전형(遺傳型)

inheritance principle 계승원리(繼承原理)

inherited disorders 선천성 질환(先天性疾患) ↔ acquired disorders *cf.* congenital disorders

inhibition 억압(抑壓), 억제(抑制), 금지(禁止) = suppression

inhibition pattern 억제양상(抑制樣相)

inhibitory 억제성(抑制性) ↔ excitatory

inhibitory connections 인지 억제성 연결(抑制性連結) ↔ excitatory connections

inhibitory deficit 억제결함(抑制缺陷)

inhibitory modulation 억제성 조절(抑制性調節)

inhibitory nerve 해부 억제신경(抑制神經) ↔ excitatory nerve

inhibitory postsynaptic potential(IPSP) 신경 억제성 시냅스후 전위 ↔ excitatory postsynaptic potential

inhibitory process 억제처리(抑制處理)

inhibitory synapse 신경 억제성 시냅스 ↔ excitatory synapse

inhibitory transmitter 신경 억제성 전달물질(抑制性傳達物質) ↔ excitatory transmitter

initial consonant deletion 음운 어두자음 탈락(語頭子音脫落) *cf.* final consonant deletion

initial consonant position 음운 어두자음 위치(語頭子音位置)

initial interview 첫 면접

initial lag 조음 어두지체(語頭遲滯)

initial masking 음향 초기차폐(初期遮蔽)

initial phase 초기위상(初期位相)

initial response 초기반응(初期反應) ↔ terminal response

initial segment 수학 절면(節面)

initial stage 초기단계(初期段階) ↔ terminal stage

initial state 언어습득 초기상태(初期狀態) ↔ terminal state

initial string 시작렬(始作列)

I

initial symbol 시작기호(時作記號)
initial teaching Alphabet 초기철자교육(初期綴字教育)
initial value problem 초기값 문제
initial windowing 인지 초기 창문화(初期窓門化) ↔ final windowing *cf.* medial windowing
initial word 두문자어(頭文字語)
initiating events 담화 계기사건(契機事件), 발단사건(發端事件) *cf.* setting events
initiation ritual 성년의식(成年儀式)
initiator 발동부(發動部)
initiatory subgesture 발동 하위제스처
injection 주사(注射), 주입(注入)
injection augmentation 주입 확대술(注入擴大術)
injection method 음성치료 (식도발성의 공기) 주입법(注入法)
injection procedure (공기) 주입절차(注入節次)
injury potential 음향 손상전위(損傷電位)
inkhorn term 현학적 용어(衒學的用語)
inkhorn 현학적(衒學的) = pedantic
INMIS(index of narrative microstructure) 담화 이야기 미시구조 지표(微視構造指標)
innate 선천적(先天的)인, 타고난 = inborn ↔ acquired
innate ability 생득능력(生得能力)
innate behavior 본능행동(本能行動) = instinctive behavior
innate inferiority 선천적 열등감(先天的劣等感)
innate intellectual equipment 생득적인 지적 장치(知的裝置)
innateness 선천성(先天性) *cf.* nativist approach
innateness hypothesis 언어발달 생득가설(生得假說)
innateness position 언어발달 생득주의 입장(生得主義立場)
innateness theory 언어발달 생득이론(生得理論)
innatism 언어발달 생득주의(生得主義)
inner 내부(內部)의, 안쪽의 ↔ inner
inner cannula 내부도관(內部導管) ↔ outer cannula
inner-directed strategy 언어습득 내부지향전략(內部指向戰略) *cf.* other-directed strategy
inner-directed type 내부지향형(內部志向型) ↔ outer-directed type
inner ear 해부 내이(內耳), 속귀 = internal ear ↔ outer ear
inner ear deafness 생리 내이성 청각장애(內耳性聽覺障碍)
inner ear dysplasia 생리 내이형성부전(內耳形成不全)
inner granular layer 해부 내과립층(內顆粒層) ↔ outer granular layer
inner hair cell 해부 내유모세포(內有毛細胞) ↔ outer hair cell
inner language 내언어(內言語) = internal speech
inner layer 내층(內層) ↔ outer layer
inner magnet type magnetic circuit 내자형 자기회로(內磁型磁氣回路)
inner pillar cell 신경 내주세포(內柱細胞), 속기둥세포 ↔ outer pillar cell *cf.* rods of Corti
inner pressure 내압(內壓) ↔ outer pressure
inner process 내돌기(內突起)
inner radial fiber 해부 내방사선섬유(內放射線纖維)
inner speech 내언어(內言語), 속말 = inner language
inner speech system 내언어체계(內言語體系), 속말체계
inner spiral fasciculus 해부 내나선신경섬유속(內螺旋神經纖維束) ↔ outer spiral fasciculus
inner spiral sulcus 해부 내나선구(內螺旋溝) ↔ outer spiral sulcus
inner sustentacular cell 해부 내버팀 세포(細

胞) ↔ outer sustentacular cell

inner tunnel 해부 속굴 ↔ outer tunnel

inner wall 해부 내벽(內壁) ↔ outer wall

innervation 신경지배(神經支配)

innervation apraxia 생리 신경지배성 실행증(神經支配性失行症)

innervation density 신경지배 밀도(神經支配密度)

innervation ratio 신경지배비(神經支配比)

innominate artery 해부 무명동맥(無名動脈) *cf.* brachiocephalic artery

inorganic chemistry 무기화학(無機化學) ↔ organic chemistry

in-patient 입원환자(入院患者) ↔ out-patient *cf.* ambulatory patient

input 입력(入力) ↔ output

input compression 음향 입력 압축(入力壓縮)

input condition 음향 입력 조건(入力條件) ↔ output condition

input devices 음향 입력 장치(入力裝置) ↔ output devices

input flooding 음향 입력 쇄도(入力殺到)

input hypothesis 음향 입력 가설(入力假說) ↔ output hypothesis

input impedance 음향 입력 저항(入力抵抗), 입력 임피던스 ↔ output impedance

input layer 뇌과학 (신경망의) 입력 층위(入力層位) ↔ output layer *cf.* hidden layer

input method AAC 입력 방식(入力方式), 입력 장치(入力裝置) = input devices ↔ output method

input noise level 음향 입력잡음 레벨

input-output device 음향 입출력 장치(入出力裝置)

input-output function 음향 입출력 함수(入出力函數)

input-output function curve 음향 입출력 함수곡선(入出力函數曲線)

input power 입력(入力) ↔ output power

input signal 음향 입력신호(入力信號) ↔ output signal

INS(International Neuropsychological Society) 국제신경심리학회(國際神經心理學會)

insensibility 생리 무감각(無感覺) = insensitivity, numbness, senselessness

insert earphone 삽입형 이어폰 *cf.* supra-aural earphone

insert headphone 삽입 헤드폰

insert hearing protection device 청각 삽입형 청력보호장치(挿入形聽力保護裝置)

inserting 삽입하기

insertion 삽입(挿入)

insertion rule 삽입규칙(挿入規則)

insertion gain 삽입이득(挿入利得)

insertion loss 삽입손실(挿入損失)

insertion point 삽입점(挿入點)

insight 인지 통찰(洞察)

insight learning 인지 통찰학습(洞察學習)

insight oriented psychotherapy 통찰지향 정신요법(洞察指向精神療法)

insight theory 인지 통찰이론(洞察理論)

insistence 고집(固執)

insomnia 생리 불면증(不眠症) = asomnia

inspiration 흡기(吸氣), 들숨 = inhalation ↔ expiration, exhalation

inspirator 흡입기(吸入器)

inspiratory 들숨의 = inhalatory ↔ expiratory

inspiratory airflow 생리 흡기류(吸氣流), 들숨기류 ↔ exspiratory airflow

inspiratory capacity 생리 들숨용량 ↔ expiratory capacity

inspiratory center 생리 들숨중추 ↔ expiratory center

inspiratory cycle 생리 들숨주기 ↔ expiratory cycle

I

inspiratory dyspnea 생리 흡식성 호흡곤란(吸息性呼吸困難)

inspiratory-expiratory ratio 생리 들숨-날숨 비율

inspiratory-expiratory valve 생리 들숨-날숨 밸브

inspiratory force 흡식력(吸息力)

inspiratory movement 생리 들숨운동 ↔ expiratory movement

inspiratory muscle 해부 들숨근 ↔ expiratory muscle

inspiratory pause time 생리 흡기후 휴지시간(吸氣後休止時間), 들숨후 휴지시간

inspiratory phase 생리 흡기상(吸氣相) ↔ expiratory phase

inspiratory pressure 생리 들숨압력 ↔ expiratory pressure

inspiratory reserve volume(IRV) 생리 들숨예비용적 ↔ expiratory reserve volume

inspiratory stage 생리 들숨단계 ↔ expiratory stage

inspiratory triggering flow 생리 흡기유발기류(吸氣誘發氣流), 들숨유발기류

inspiratory valve 생리 들숨밸브

inspiratory voice 생리 흡기음(吸氣音)

installation 설치(設置), 시설(施設)

instant release 순간개방(瞬間開放)

instantaneous acoustic energy density 음향 순간음향 에너지밀도

instantaneous acoustic intensity 음향 순간 음향강도(瞬間音響强度), 순간 음향세기

instantaneous angular frequency 음향 순간 각주파수(瞬間角周波數)

instantaneous frequency 음향 순간 주파수(瞬間周波數)

instantaneous kinetic sound energy density 음향 순간 운동음향 에너지밀도

instantaneous particle acceleration 음향 순간 입자가속도(瞬間粒子加速度)

instantaneous particle displacement 음향 순간 입자변위(瞬間粒子變位)

instantaneous particle velocity 음향 순간 입자속도(瞬間粒子速度)

instantaneous phase 음향 순간위상(瞬間位相)

instantaneous potential sound energy density 음향 순간위치 음향 에너지 밀도(密度)

instantaneous power 순간력(瞬間力)

instantaneous power spectrum 음향 순간전력 스펙트럼

instantaneous release 순간 개방(瞬間開放), 순간적 개방(瞬間的開放)

instantaneous sound intensity 음향 순간 음강도(瞬間音强度)

instantaneous sound pressure 음향 순간음압(瞬間音壓)

instantaneous speech power 음향 순간 음성 파워

instantaneous value 순간치(瞬間値)

instantiation 인지 실례화(實例化)

instigator 선동자(煽動者)

instinct 본능(本能) = intuition

instinct theory 본능이론(本能理論)

instruction (1) 교수(敎授), 수업(授業) (2) 지시(指示)

instructional adaptation 교수적합화(敎授適合化)

instructional objective 교수목표(敎授目標), 수업목표(授業目標)

instructional strategy 교수전략(敎授戰略), 지시전략(指示戰略)

instrument 도구(道具)

instrumental analysis 도구적 분석(道具的分析) = objective analysis ↔ perceptual analysis

instrumental assessment 도구적 평가(道具的評價) = instrumental evaluation *cf.* objective assessment

instrumental avoidance act theory 말더듬 도구적 회피행동이론(道具的回避行動理論)
instrumental case 도구격(道具格)
instrumental communicative behaviors 언어발달 도구적 의사소통 행동(道具的意思疏通行動) = transitional communicative behaviors
instrumental conditioning 말더듬 도구적 조건화(道具的條件化) = classical conditioning *cf.* operant conditioning
instrumental evaluation 도구적 평가(道具的評價) = instrumental assessment *cf.* objective evaluation
instrumental function 언어발달 도구적 기능(道具的機能)
instrumental learning theory 말더듬 도구적 학습이론(道具的學習理論) = classical learning theory
instrumental method 도구적 방법(道具的方法) ↔ perceptual method
instrumental motivation 말더듬 도구적 동기(道具的動機)
instruments for voice and speech analysis 음성 및 말소리 분석기기(分析機器)
insufflation 흡입법(吸入法)
insula 해부 (대뇌의) 섬
insular gyri 해부 섬이랑
insular lobe 해부 (대뇌의) 도엽(島葉), 대뇌섬
insulator 절연체(絶緣體)
intake 생리 섭식(攝食) = ingestion
intake center 신경 섭식중추(攝食中樞) = feeding center *cf.* appetite center
integral stimulation 통합적 자극법(統合的刺戟法)
integral transform 적분변환(積分變換)
integrated approach 통합적 접근법(統合的接近法)
integrated circuit(IC) 음향 집적회로(集積回路)
integrated functional intervention 통합 기능적 중재(統合機能的仲裁)
integrated impulse response method 적분자극 반응법(積分刺戟反應法)
integrated motivation 통합적 동기(統合的動機)
integrated rehearsal 통합연습(統合演習)
integrated therapy model 통합치료 모형(統合治療模型)
integrated whole language approach 통합적 전체언어접근법(統合的全體言語接近法)
integrating center 통합중추(統合中樞)
integration 통합(統合), 적분법(積分法)
integration deficit 통합능력 결함(統合能力缺陷)
integration of stuttering modification and fluency shaping 말더듬 말더듬 수정과 유창성 형성의 통합
integrative elaboration 통합적 정교화(統合的精巧化)
integrative language 통합언어(統合言語)
integrative learning 통합학습(統合學習)
integrator 적분기(積分器)
integrity 통합성(統合性)
integrity test 통합검사(統合性檢査) = integrity examination
integumentary system 외피계(外皮系)
intellectual adaptation 지적 적응(知的適應)
intellectual aphasia 신경 지적 실어증(知的失語症)
intellectual development 지적 발달(知的發達)
intellectual disorder 지적 장애(知的障碍)
intellectual style 지적 문체(知的文體)
intellectuals 지식계급(知識階級)
intelligence 지능(知能)
intelligence age 심리 지적연령(知的年齡)
intelligence development 지능 지능발달(知能發達)
intelligence quotient(IQ) 지능지수(知能指數)

cf. EQ
intelligence structure 지능구조(知能構造)
intelligence test 심리 지능검사(知能檢査) =general abilities test
intelligent observation 지적관찰(知的觀察)
intelligentia 지식층(知識層)
intelligibility (1) 조음 명료도(明瞭度) (2) 심리 이해도(理解度)
intelligibility in context scale 신경 문맥내 명료도척도(文脈內明瞭度尺度)
intelligibility test 조음 명료도검사(明瞭度檢査)
intelligibility threshold 조음 명료도역치(明瞭度閾値)
intensifier 강조부사(强調副詞)
intension 내포(內包)=connotation ↔ extension
intension semantics 내포의미론(內包意味論)
intensional 내포적(內包的)인, 내재적(內在的)인 ↔ extensional
intensional definition 논리 내포적 정의(外延的定義) ↔ extensional definition
intensional language 내포적 언어(內包的言語) =internal language ↔ extensional language
intensional logic 내포논리(內包論理)
intensional meaning 논리 내포적 의미(內包的意味) ↔ extensional meaning
intensional orientation 내포적 사고방식(內包的思考方式)
intensity 음향 강도(强度), 세기
intensity attenuation coefficient 청각 강도감쇠계수(强度減衰係數), 세기 감쇠계수
intensity cross-section 청각 강도 단면적(强度斷面的), 세기 단면적
intensity difference limen(IDL) 청각 강도변별역치(强度辨別閾値)
intensity diminution 청각 강도감소(强度減少), 세기감소
intensity focal gain 청각 강도 초점이득(强度焦點利得), 세기 초점이득
intensity level(IL) 청각 강도레벨
intensity range 강도범위(强度範圍) *cf.* frequency range
intensity ratio 청각 강도비율(强度比率)
intensity scale 청각 강도척도(强度尺度)
intensity stimulus 청각 자극강도(刺戟强度)
intensity variability 청각 강도변이(强度變異)
intensity-duration curve 청각 강도-시간곡선(强度時間曲線)
intensity-frequency spectrum 음향 강도-주파수 스펙트럼
intensive care unit(ICU) 집중치료실(集中治療室), 중환자실(重患者室)
intensive fluency training 말더듬 집중 유창성 훈련(集中流暢性訓練)
intensive psychotherapy 심리 집중심리요법(集中心理療法)
intensive reading 정독(精讀) ↔ extensive reading *cf.* silent reading
intent 의지(意志)
intention reading 언어발달 의도읽기
intention tremor 생리 의도진전(意圖振顫), 기도진전(企圖振顫) *cf.* resting tremor
intentional communication AAC 언어발달 의도적 의사소통(意圖的意思疏通) =iconic communication preintentional communication
intentional communication behavior AAC 언어발달 의도적 의사소통행동(意圖的意思疏通行動)
intentional communicators AAC 언어발달 의도적 의사소통자(意圖的意思疏通者) *cf.* pre-intentional communicators
intentional learning 의도학습(意圖學習)
intentional reading 의도적 읽기
intentional tremor 의도적 전율(意圖的戰慄)
intentionality 의도성(意圖性)

intentionality hypothesis 언어발달 의도성 가설(意圖性假說)

intentionality model 언어발달 의도성 모형(意圖性模型)

inter- '사이(間)'의 의미 *cf.* intra-

interaction 상호작용(相互作用)

interaction model 언어발달 상호작용 모형(言語發達模型)

interaction analysis 언어발달 상호작용 분석(相互作用分析)

interaction effect 언어발달 상호작용 효과(相互作用效果)

interaction hypothesis 언어발달 상호작용가설(相互作用假說)

interactional act 언어발달 상호작용 행동(相互作用行動)

interactional function 언어발달 상호작용적 기능(相互作用的機能)

interactional modification 언어발달 상호작용적 수정(相互作用的修正)

interactionalist learning theory 언어습득 상호작용 학습이론(相互作用學習理論)

interactionism 언어발달 상호작용설(相互作用說)

interactive episode 언어발달 담화 상호작용적 일화(相互作用的逸話) *cf.* complex episode

interactive label 상호적 명명(相互的命名) ↔ noninteractive label

interactive language development teaching 상호작용적 언어발달지도(相互作用的言語發達指導)

interactive modes 인지 상호작용적 양식(相互作用的樣式)

interactive treatment 상호작용 치료(相互作用治療)

interalveolar septum 해부 치조간중격(齒槽間中隔)

interarytenoid muscle 해부 피열간근(披閱間筋)

interarytenoid notch 해부 피열간절흔(披閱間切痕)

interarytenoidal fold 해부 피열간주름

interaural attenuation(IA) 청각 이간감쇠(耳間減衰)

interaural cross-section coefficient(IACC) 통계 이간횡단면 상관계수(耳間斷面相關係數)

interaural intensity difference(IID) 청각 이간강도차(耳間强度差)

interaural latency(IL) 청각 이간잠복기(耳間潛伏期) *cf.* interpeak latency

interaural latency difference 청각 이간잠복기차(耳間潛伏期差)

interaural phase difference 청각 이간위상차(耳間位相差)

interaural time difference(ITD) 청각 이간시간차(耳間時間差)

interaural timing 청각 이간시간(耳間時間)

intercalation 삽입(挿入)

intercartilagenous part 해부 연골사이 부분

intercellular 해부 세포간(細胞間)의 *cf.* intracellular

intercellular cement 해부 세포사이의 백악질

intercellular cleft 해부 세포간극(細胞間隙) = intercellular space

intercellular digestion 세포간 소화(細胞間消化) ↔ intracellular digestion

intercellular edema 생리 세포간 부종(細胞間浮腫)

intercellular fluid 해부 세포간 체액(細胞間體液)

intercellular lymph 해부 세포간 림프

intercellular potential 신경 세포간 전위(細胞間電位) ↔ intracellular potential

intercellular space 세포간극(細胞間隙) = intercellular cleft

interconsonantal vowel 음운 자음간 모음(子音間母音)

intercorrelations 상관표(相關表)

intercostal anesthesia 늑간마취(肋間痲醉)

intercostal membrane 해부 늑간막(肋間膜)
intercostal muscle 해부 늑간근(肋間筋)
intercostalis externus 해부 L 외늑간근(外肋間筋) = external intercostal muscle
intercostalis internus 해부 L 내늑간근(內肋間筋) = internal intercostal muscle
intercultural communicative competence 문화간 의사소통능력(文化間意思疏通能力)
interdental cell 해부 치간세포(齒間細胞)
interdental lisp 조음 치간발음 오류(齒間發音誤謬)
interdependence 언어습득 (이중언어의) 상호의존(相互依存)
interdependency principle 언어습득 상호의존원리(相互依存原理)
interdisciplinary 학제간(學制間) *cf.* multidisciplinary, transdisciplinary
interdisciplinary activity 학제간 활동(學制的活動)
interdisciplinary approach 학제적 접근법(學制的接近法) *cf.* multidisciplinary approach
interdisciplinary assessment 학제적 평가(學制的評價)
interdisciplinary communication 학제간 의사소통(學制間制意思疏通)
interdisciplinary decision 학제적 결정(學制的決定)
interdisciplinary study 학제간 연구(學制間研究) = interdisciplinary research *cf.* translational study
interethnic communication 민족간 의사소통(民族間意思疏通)
interface 중간면(中間面), 계면(界面)
interface wave 음향 경계파(境界波)
interference 간섭(干涉)
interference color 간섭색(干涉色)
interference diagram 음향 간섭도해(干涉圖解) = Campbell diagram
interference distance 음향 간섭거리(干涉距離)
interference microscope 음향 간섭 현미경(干涉顯微鏡)
interference modification 음향 간섭수정(干涉修正)
interference of light 광간섭(光干涉)
interference pattern 음향 간섭유형(干涉類型)
interference phenomenon 음향 간섭현상(干涉現象)
interference ring 음향 간섭고리
interference signal 음향 간섭신호(干涉信號)
interference spectroscope 음향 간섭분광기(干涉分光器)
interference speech 음향 간섭음(干涉音)
interference substance 음향 간섭물질(干涉物質)
interference theory 인지 간섭이론(干涉理論)
interference zone 음향 간섭대(干涉帶)
interfering behaviors 간섭행동(干涉行動)
interferometer 음향 간섭계(干涉計)
interferon 인터페론
intergenerational family therapy 세대간 가족치료(世代間家族治療) *cf.* functional family therapy
intergration 통합작용(統合作用)
intergrative language 통합언어(統合言語)
intergroup 대집단(對集團) *cf.* intragroup
intergroup theory 집단간 이론(集團間理論)
intergroup communication 집단간 의사소통(集團間意思疏通)
intergroup dynamics 집단간 역학(集團間力學)
interhemispheric interaction 뇌생리 반구간 상호작용(半球間相互作用)
interindividual 개인간(個人間)의 ↔ intraindividual
interior laryngeal nerve 해부 내후두신경(內喉頭神經)
interiorized stuttering 말더듬 내면화된 말더듬

interjected clause 간투절(間投節)
interjection 간투사(間投詞), 삽입어(挿入語)
interjudge reliability 통계 판단자간 신뢰도(判斷者間信賴度) *cf.* interrater reliability
interlanguage(IL) 언어습득 (이중언어의) 중간언어(中間言語), 사이언어
interlanguage continuum 중간어 연속체(中間語連續體)
interlanguage pragmatics 담화 중간어 화용론(中間語話用論)
interlingual error 언어습득 언어간 오류(言語間誤謬)
interlingual identification 언어습득 언어간 동일시(言語間同一視)
interlingual taboos 언어습득 언어간 금기(言語間禁忌)
interlingual transfer 언어습득 언어간 전이(言語間轉移) ↔ intra-lingual transfer
interlinguistics 국제어학(國際語學)
interlobar surface 해부 엽사이면
interlocking verbal behavior paradigm 결합성 언어행동 패러다임
interlocutors 대화자(對話者)
interlude 막간(幕間)
intermaxillary suture 해부 상악골간봉합(上顎骨間縫合)
intermediary nerve 해부 중간신경(中間神經)
intermediate 중간(中間)의
intermediate care (만성질환 환자들을 수용하는) 중간 관리소(中間管理所)
intermediate care facility for people with mental retardation and developmental disabilities(ICFMRDD) 정신지체인 및 발달장애인을 위한 중간관리 시설
intermediate frequency 음향 중간주파수(中間周波數)
intermediate ganglia 해부 중간신경절(中間神經節)
intermediate goal 중간목표(中間目標) *cf.* basic goal
intermediate laryngeal cavity 해부 중간후두강(中間喉頭腔)
intermediate layer (1) 뇌과학 중간층(中間層) *cf.* input layer (2) 해부 (성대근의) 중간층(中間層) *cf.* superficial layer
intermediate nerve 해부 중간신경(中間神經)
intermediate response 중간반응(中間反應)
intermediate stage 말더듬 (Guitar의) 중간급 단계(中間級段階) *cf.* advanced stage
intermediate string 중간렬(中間列)
intermediate structure 중간구조(中間構造)
intermediate stuttering 말더듬 중간급 말더듬
intermediate tendon 중간건(中間腱), 중간힘줄
intermittency chaos 간헐성 카오스 현상
intermittent aphonia 생리 간헐적 실성증(間歇的失聲症)
intermittent explosive disorder 심리 간헐적 폭발장애(間歇的爆發障碍) *cf.* disruptive behavior disorder
intermittent reinforcement 심리 간헐적 강화(間歇的强化) *cf.* positive reinforcement, negative reinforcement
intermittent reinforcement schedule 심리 간헐적 강화계획(間歇强化計劃)
intermittent support 지적 장애 간헐적 지원(間歇的支援) *cf.* limited support
intermixed probes 혼합검사(混合檢査) *cf.* pure probes
intermodulation 음향 상호변조(相互變調)
internal 내부(內部)의, 안의 ↔ external
internal acoustic canal 해부 내이도(內耳道) = internal auditory canal
internal acoustic nerve 해부 내이신경(內耳神經)
internal acoustic porus 해부 내이공(內耳孔)
internal arcuate fibers 해부 내궁섬유(內弓纖維)
internal argument 논리 내재논항(內在論項)

I

↔ external argument

internal auditory canal 해부 내이도(內耳道) = internal acoustic canal ↔ external auditory canal

internal auditory meatus(IAM) 해부 내이도관(內耳導管), 속귀길 ↔ external acoustic meatus

internal bleeding 생리 내출혈(內出血) = internal hemorrhage ↔ external bleeding

internal branch 해부 내지(內枝) ↔ external branch

internal capsule 해부 속섬유막, 내포

internal carotid artery(ICA) 해부 속목동맥

internal carotid nerve 해부 속목신경

internal carotid plexus 해부 속목 신경얼기

internal cause 내인(內因) ↔ external cause

internal close juncture 내부 폐쇄연접(內部閉鎖連接)

internal consistency 통계 내적 일관성(內的一貫性)

internal consistency reliability 통계 내적 일관성 신뢰도(內的一貫性信賴度)

internal content approach(ICA) 내적 내용접근법(內的內容接近法) *cf.* internal structure approach

internal criterion 내적 기준(內的基準)

internal distribution class 내부분류표(內部分類表)

internal ear 해부 내이(內耳), 속귀 = inner ear ↔ external ear

internal energy 내부 에너지

internal environment 내부환경(內部環境) ↔ external environment

internal evidence 내적 증거(內的證據)

internal friction 내부마찰(內部摩擦)

internal glial limiting membrane 신경 내아교세포 경계막(內神經膠細胞境界膜)

internal granular layer 해부 내과립층(內顆粒層)

internal hemorrhage 생리 내출혈(內出血) = internal bleeding ↔ external hemorrhage

internal homogeneity 내적 동질성(內的同質性)

internal impedance 내부저항(內部抵抗)

internal information 인지 내적 정보(內的情報) ↔ external information

internal intercostal muscle 해부 내늑간근(內肋間筋) ↔ external intercostal muscle

internal jugular vein 해부 속목정맥

internal juncture 내부연접(內部連接)

internal language 내재적 언어(內在的言語) = internalized language ↔ external language

internal laryngeal nerve 내후두신경(內喉頭神經), 속후두신경 ↔ external laryngeal nerve

internal lobe 해부 내엽(內葉) ↔ external lobe

internal locus of control 말더듬 내적 통제소(內的統制所)

internal medicine 내과학(內科學) *cf.* general surgery

internal medullary lamina 해부 속섬유판

internal modification 내적 변화(內的變化) *cf.* zero modification

internal motive 심리 내적 동기(內的動機) ↔ external motive *cf.* internal respose

internal noise 음향 내부잡음(內部雜音) ↔ external noise

internal oblique 해부 내사근(內斜筋)

internal oblique abdominis muscle 해부 내복사근(內腹斜筋) ↔ external oblique abdominis muscle

internal open juncture 신경 내적 개연접(內的開連接)

internal plans 담화 내적 계획(內的計劃) *cf.* internal response

internal pterygoid muscle 내측익돌근(內側翼突筋) ↔ external pterygpoid muscle

internal pterygoid nerve 해부 내측익돌근신

경(內側翼突神經)

internal reconstruction 내적 재구성(內的再構成) ↔ external reconstruction

internal report 내부 보고(內部報告)

internal representation 내적 표상(內的表象) ↔ external representation

internal resonance 공명 내부공명(內部共鳴)

internal respiration 생리 내호흡(內呼吸) ↔ external respiration

internal response 담화 내적 반응(內的反應) *cf.* internal plans

internal secretion 생리 내분비(內分泌) ↔ external secretion

internal speaker 내부 스피커

internal speech 내언어(內言語), 속말

internal storage 심리 내부기억장치(內部記憶裝置)

internal strabismus 해부 내사시(內斜視), 내측사시(內側斜視) ↔ lateral strabismus

internal structure approach(ISA) 심리 내적 구조접근법(內的構造接近法) *cf.* internal content approach

internal trauma 생리 내부외상(內部外傷)

internal validity 통계 내적 타당도(內的妥當度)

internal ventricular laryngocele 생리 내측성 후두실낭포증(內側性喉頭室囊胞症)

internal waves 음향 내부파(內部波)

internality 내면성(內面性) ↔ externality

internalization 내면화(內面化), 내재화(內在化) ↔ externalization

internalized approach 내재적 접근방식(內在的接近方式)

internalized expectancy grammar 내재적 예기문법(內在的豫期文法), 내재적 기대문법(內在的期待文法)

internalized language 내재적 언어(內在的言語) = internal language ↔ externalized language

internalized stutterer 말더듬 내재적 말더듬이 = cover stutterer

internalized stuttering 말더듬 내재화된 말더듬

internalizing behavior problem 외현화 행동문제(外現化行動問題) ↔ externalizing behavior problem

internalizing disorders 내면화 장애(內面化障礙), 내재화 장애(內在化障礙) ↔ externalizing disorders

International Association for Family Therapy 국제가족치료협회(國際家族治療協會)

international classification of diseases(ICD) 국제질병분류(國際疾病分類)

international classification of functioning, disability and health(ICFDH) 국제기능장애건강분류(國際技能障礙健康分類)

international classification of impairment, disability, and handicap(ICIDH) 국제손상, 불능, 장애분류(國際損傷不能障礙分類)

International Dyslexia Association(IDA) 국제난독증협회(國際難讀症協會)

International Electrotechnical Commission (IEC) 국제전기기술위원회(國際電氣技術委員會)

international language 국제어(國際語) *cf.* lingua franca

International Neuropsychological Society (INS) 국제신경심리학회(國際神經心理學會)

International Organization for Standardization(ISO) 국제표준기구(國際標準機構)

international phonetic alphabet(IPA) 국제음성자모(國際音聲字母)

International Phonetic Association(IPA) 국제음성협회(國際音聲協會)

international system of units(ISU) 국제단위계(國際單位系)

international test for aphasia 국제실어증검

사(國際失語症檢査)

internet addiction 인터넷 중독(中毒)

interneuron 중간신경세포(中間神經細胞), 개재뉴런

interneurosensory learning 상호감각신경적 학습(相互感覺神經學習)

interobserver reliability 통계 관찰자간 신뢰도(觀察者間信賴度) *cf.* intraobserver reliability

interocepter 내수용기(內受容器), 내수용체(內受容體)

interoctave frequency 음향 중간옥타브 주파수

interosseous membrane 골간막(骨間膜)

interpeak latency(IPL) 정점간 잠복기(頂點間潛伏期) *cf.* absolute latency, interaural latency

interpeduncular fossa 각간와(脚間窩), 다리사이 오목

interpeduncular nucleus 각간핵(脚間核), 다리사이핵

interpersonal conflict 대인갈등(對人葛藤)

interpersonal intelligence 대인간 지능(對人間知能)

interpersonal language skills and assessment (ILSA) 개인간 언어기술-평가(個人間言語技術評價)

interpersonal orientation 대인관계 성향(對人關係性向)

interpersonal problem solving competence 대인간 문제해결 능력(對人間問題解決能力)

interpersonal psychotherapy 대인 정신요법(對人精神療法)

interpersonal relationship 대인관계(對人關係)

interpersonal strength 심리 (다중지능이론의) 대인관계지능(對人關係知能)

interphase 간기(間期)

interpolar effect 극간효과(極間效果)

interpolar part 극간부분(極間部分)

interpolation 보간법(補間法), 조직이식(組織移植)

interposition 중첩(重疊)

interpretation 해석(解釋)

interpretation method 해석방법(解釋方法)

interpreter 통역사(通譯士) *cf.* translator

interpreting 통역(通譯)

interpretive component 통사 해석부문(解釋部門) *cf.* generative component

interpretive error 해석상 오류(解釋上誤謬)

interpretive functions 담화 해석적 기능(解釋的機能)

interpretive rule 해석규칙(解釋規則)

interpretive semantics 의미 해석의미론(解釋意味論) *cf.* generative semantics

interpretive theory 해석이론(解釋理論)

interpupillary line 해부 동공간선(瞳孔間線)

interradicular septum 해부 근간중격(根間中隔)

interrater agreement 통계 평정자간 일치도(評定者間一致度)

interrater comparability 통계 평정자간 비교가능성(評定者間比較可能性)

interrater reliability 통계 평가자간 신뢰도(評價者間信賴度) *cf.* intrarater reliability

interrelationship 상호관계(相互關係)

interresponse time 반응간 시간(反應間時間)

interrogative 의문사(疑問詞)

interrogative pronoun 의문대명사(疑問代名詞)

interrogative reversals 언어발달 의문사 역전(疑問詞逆轉)

interrogative sentences 의문문(疑問文) *cf.* declarative sentences

interrogative transformation 통사 의문변형(疑問變形)

interrogative utterance 언어발달 의문발화(疑問發話) *cf.* evocative utterance

interrupted 음운 중단성(中斷性), 방해성(妨害性)

interrupted noise method 단속성 잡음방법(斷續性雜音方法)

interrupted respiration 생리 단속성 호흡(斷

續性呼吸)
interruptions 단속(斷續), 방해(妨害)
interruptor switch 단속기(斷續器)
interscorer reliability 통계 채점자간 신뢰도(採點者間信賴度) *cf.* interater reliability
intersegmental reflex 신경 상호부분 반사(相互部分反射)
intersensory integration 생리 감각간 통합(感覺間統合)
intersentence semantic relations 문장간 의미관계(文章間意味關係)
interspeaker variation 통계 화자간 변이(話者間變異) *cf.* intraspeaker variation
interspersed recall 산재회상(散在回想)
interstimulus interval 자극간 간격(刺戟間間隔)
interstitial cell 해부 간질세포(間質細胞)
interstitial cell-stimulating hormone 해부 간질세포 자극 호르몬
interstitial fluid 해부 간질액(間質液)
interstitial growth 간질 성장(間質成長)
interstitial nucleus 해부 간질핵(間質核)
interstitial pulmonary fibrosis 생리 간질성 폐섬유증(間質性肺纖維症)
interstitial tissue 해부 간질조직(間質組織)
intersubjective awareness 언어발달 상호 주관적 인식(相互主觀的認識)
intersystemic reorganization 체계간 재조직(體系間再組織)
intersystole 해부 중간수축(中間收縮) *cf.* systole
intertest analysis 통계 검사간 분석(檢査內分析) *cf.* intratest analysis
interthalamic adhesion 시상간 고착(視床間固着)
intertragic incisure 해부 주간절흔(珠間切痕)
intertragicus 해부 이주간근(耳珠間筋)
interval 간격(間隔)
interval judgement 간격판단(間隔判斷)
interval scale 통계 등간척도(等間尺度) *cf.* ratio scale
intervening variable 통계 매개변수(媒介變數) *cf.* independt variable
intervention 중재(仲裁), 개입(介入) *cf.* remediation
intervention phase 중재단계(仲裁段階) = treatment phase *cf.* baseline phase
interventricular foramen 해부 뇌실간공(腦室間孔)
intervertebral cartilage 해부 추간연골(椎間軟骨)
intervertebral disc 해부 추간원판(椎間圓板) = intervertebral disk
intervertebral foramen 해부 추간공(椎間孔)
interview 문진(問診)
interview method 문진법(問診法)
interview therapy 문진치료(問診治療)
interviewing 문진실시(問診實施)
intervocalic consonant position 음운 모음간 자음위치(母音間子音位置)
intervocalic voicing 음운 모음간 유성음화(母音間有聲音化)
intervocalic weakening 음운 모음간 약화(母音間弱化)
interwave interval(IWL) 음향 파간간격(波間間隔)
intestinal disease 생리 장질환(腸疾患)
intestinal hemorrhage 생리 장출혈(腸出血)
intestinal wall 해부 장벽(腸壁)
intestine 해부 장(腸)
intestinum cecum 해부 L 맹장(盲腸)
intestinum colon 해부 L 결장(結腸)
intestinum crassum 해부 L 대장(大腸)
intestinum duodenum 해부 L 십이지장(十二指腸)
intestinum ileum 해부 L 회장(迴腸)
intestinum jejunum 해부 L 공장(空腸)
intestinum rectum 해부 L 직장(直腸)
intestinum tenue 해부 L 소장(小腸)

in-the-ear hearing aid 귓속 보청기
intima 혈관내막(血管內膜)
intimacy 친밀도(親密度), 친애감(親愛感)
intimal fibrosis 생리 내막섬유증(內膜纖維症)
intimal tear 내막파열(內膜破裂)
intimate borrowing 밀접차용(密接借用)
intonation 억양(抑揚), 문강세(文强勢), 월가락
intonation curve 억양곡선(抑揚曲線)
intonation pattern 억양유형(抑揚類型)
intonation question 의문억양(疑問抑揚)
intonation unit 억양단위(抑揚單位)
intonational contour 억양곡선(抑揚曲線)
intonational phrase 억양구(抑揚句) *cf.* phonological phrase
intoneme 억양소(抑揚素)
intra- '안(內)'의 의미 *cf.* inter-
intraalveolar pressure 폐포내압(肺胞內壓)
intra-aural muscle 해부 이내근(耳內筋)
intra-aural reflex 신경 이내반사(耳內反射), 귀속반사
intracellular 세포내(細胞內)의 ↔ extracellular
intracellular digestion 세포내 소화(細胞內消化) ↔ extracellular digestion
intracellular electrode 세포내 전극(細胞內電極)
intracellular enzyme 세포내 효소(細胞內酵素) ↔ extracellular enzyme
intracellular fluid(ICF) 생리 세포내액(細胞內液) *cf.* extracellular fluid
intracellular potential 신경 세포내 전위(細胞內電位) ↔ intercellular potential
intracerebral hemorrhage(ICH) 대뇌내 출혈(大腦內出血) *cf.* subarachnoid hemorrhage
intracochlear electrode 신경 와우 내 전극(蝸牛內電極)
intracordal cyst 생리 성대내 낭종(聲帶內囊腫)
intracordal injection 성대 내 주입술(聲帶內注入術)
intracranial hemorrhage 생리 두개내 출혈(頭蓋內出血)
intracranial pressure(ICP) 두개내압(頭蓋內壓)
intracranial venous sinuses 해부 두개내정맥동(頭蓋內靜脈洞), 두개내정맥굴
intracultural variation 문화내 변화(文化內變化)
intrafusal muscle fibers 해부 방추내 근섬유(紡錘內筋纖維)
intragroup 내집단(內集團) *cf.* intergroup
intraindividual 개인내적(個人內的) *cf.* interindividual
intralingual shifting 언어내적 이동(言語內的移動)
intra-lingual transfer 언어습득 언어 내 전이(言語內轉移) ↔ interlingual transfer
intramembranous ossification 생리 막내골화(膜內骨化)
intramuscular injection 근육내 주사(筋肉內注射)
intrapersonal strength 심리 다중지능이론의 자기이해지능(自己理解知能)
intransitive adjective 자동형용사(自動形容詞)
intransitive preposition 자동 전치사(自動前置詞)
intransitive relation 자동연결(自動連結)
intransitive verb 자동사(自動詞) ↔ transitive verb
intraobserver reliability 통계 관찰자내 신뢰도(觀察者內信賴度) *cf.* interobserver reliability
intraocular pressure 안압(眼壓)
intraoperative hydration 수술중 수액요법(手術中水液療法)
intraoral examination 구강내 검사(口腔內檢査)
intraoral pressure 생리 구강내압(口腔內壓)
intraoral speech aid 구강 삽입형 구어보조기(口腔挿入形口語補助器)
intraparietal sulcus 해부 마루엽속 고랑
intrapleural pressure 생리 내늑막 압력(內肋膜壓力)

intrapulmonic pressure 생리 폐내부 압력(肺內部壓力)

intrarater reliability 통계 평가자내 신뢰도(評價者內信賴度) *cf.* interrater reliability

intraspeaker variation 통계 동일화자간 변이(同一話者間變異) *cf.* interspeaker variation

intratest analysis 통계 검사내분석(檢査內分析) *cf.* intertest analysis

intrathoracic pressure 생리 흉곽내압(胸廓內壓)

intraventricular hemorrhage(IVH) 생리 뇌실내 출혈(腦室內出血)

intraverbal operant 언어적 조작(言語的操作)

intrinsic 내재적(內在的)인, 고유(固有)의 = inherent ↔ extrinsic, extraneous

intrinsic absorption 고유흡음(固有吸音)

intrinsic acoustic impedance 음향 고유 음향저항(固有音響抵抗)

intrinsic duration 내재적 지속시간(內在的持續時間)

intrinsic feature 고유자질(固有資質)

intrinsic impedance 음향 고유저항(固有抵抗)

intrinsic laryngeal muscles 해부 후두내근(喉頭內筋), 후두고유근(喉頭固有筋) ↔ extrinsic laryngeal muscles

intrinsic motivation 심리 내적 동기(內的動機)

intrinsic muscles 해부 내근(內筋), 고유근(固有筋) ↔ extrinsic muscles

intrinsic neuron 해부 내재 뉴런

intrinsic ordering 내재적 규칙순(內在的規則順)

intrinsic oscillators 음향 내재적 진동자(內在的振動子)

intrinsic reward 내적 보상(內的報償)

intrinsic tongue musclulature 해부 허고유근육조직 ↔ extrinsic tongue musculature

intro- '안(內部)를 향하는'의 의미

introduction 도입(導入)

introject 심리 (정신분석의) 내사(內射)

introspection 심리 내성(內省), 내성법(內省法)

introspective psychology 심리 내성심리학(內省心理學)

introversion 심리 내향성(內向性) ↔ extroversion

introvert 심리 내향적인 사람

introverted 심리 내향적(外向的) ↔ extroverted

introverted personality 심리 내향적 성격(內向的性格) ↔ extroverted personality

intrusion 침입(侵入)

intubation 해부 (기관내) 삽관(揷管) ↔ extubation *cf.* endotracheal intubation

intubation granuloma 삽관육아종(揷管肉芽腫) *cf.* postintubation granuloma

intuition 논리 직관(直觀) = instinct

intuition set theory 직관적 집합론(直觀的集合論)

intuitionism 직관주의(直觀主義)

intuitionist 직관주의자(直觀主義者)

intuitive 직관적(直觀的) = instinctive

intuitive thinking 직관적 사고(直觀的思考)

invariance 불변성(不變性)

invariance hypothesis (뇌의) 불변성 가설(不變性假說)

invariant 불변체(不變體), 불변소(不變素)

invasive 침습적(侵襲的)인 ↔ non-invasive

invasive electrode 침습전극(侵襲電極) ↔ non-invasive electrode

invasive method 침습적 방법(侵襲的方法) ↔ non-invasive method

inventory 검사목록(檢査目錄)

inverse circular functions 통계 역순환 함수(逆循環函數)

inverse feedback 역 피드백

inverse filter 음향 역 필터

inverse filtering 음성공학 역필터 작용(逆濾過作用)

inverse Fourier transform 음성공학 역 푸리에 변환(變換)

inverse square law 음향 역제곱 법칙(法則)
inversion 도치(倒置), 전도(顚倒)
invertebrate animal 무척추동물(無脊椎動物) ↔ vertebrate animal
inverting electrode 전환전극(轉換電極) ↔ noninverting electrodes
investigator (1) 조사자(調査者), 연구자(硏究者) (2) 수사관(搜查官)
involuntary 불수의적(不隨意的) ↔ voluntary
involuntary movements 생리 불수의 운동(不隨意運動) ↔ voluntary movements
involuntary muscles 해부 불수의근(不隨意筋) ↔ voluntary muscles
involuntary reflex 신경 불수의적 반사(不隨意的反射)
involuntary stuttering 말더듬 의도적 말더듬 ↔ voluntary stuttering
involuntary treatment 불수의 치료(不隨意治療)
involutional melancholia 생리 갱년기 우울증(更年期憂鬱症)
IOC(inferior olivary complex) 해부 하올리브 복합체(複合體) ↔ inferior olivary complex
ion 이온
ion channel 이온통로
ionic bond 이온결합
ionic loudspeaker 음향 이온 스피커
ionic microphone 이온 마이크로폰
ionization 이온화
ionizing radiation 이온광선(光線)
Iowa patient's voice index(IPVI) 아이오와 환자음성지수(患者音聲指數)
IPA(international phonetic alphabet) 국제음성자모(國際音聲字母)
IPA(international phonetic association) 국제음성협회(國際音聲協會)
IPD(idiopathic Parkinson's disease) 신경 특발성(特發性) 파킨슨병
IPL(interpeak latency) 정점간 잠복기(頂點間潛伏期)
IPP(individualized program plan) 개별화 프로그램 계획
ipsilateral 해부 동측(同側)의 ↔ contralateral
ipsilateral acoustic reflex 음향 동측 음향반사(同側音響反射) ↔ contralateral acoustic reflex
ipsilateral competing message 음향 동측 경쟁 메시지 ↔ contralateral competing message
ipsilateral dysfunction 음향 동측 기능장애(同側機能障礙) ↔ contralateral dysfunction
ipsilateral function 음향 동측 기능(同側機能) ↔ contralateral function
ipsilateral innervation 음향 동측 신경지배(同側神經支配) ↔ contralateral innervation
ipsilateral masking 음향 동측 차폐(同側遮蔽) ↔ contralateral masking
ipsilateral motor deficits 음향 동측 운동장애(同側運動障礙) ↔ contralateral motor deficit
ipsilateral routing of signals(IROS) 음향 동측 신호(同側信號) ↔ contralateral routing of signals
ipsilateral routing of signals hearing aid 동측신호 보청기 ↔ contralateral routing of signals hearing aid
IPSP(inhibitory postsynaptic potential) 신경 억제성 시냅스 후 전위 ↔ EPSP
IPVI(Iowa patient's voice index) 아이오와 환자음성지수(患者音聲指數)
IQ(intelligence quotient) 지능지수(知能指數) *cf.* emotional quotient
irregular articulatory breakdowns 조음 불규칙 조음붕괴(不規則調音崩壞)
iris 홍채(紅彩)
IROS(ipsilateral routing of signals) 음향 동측

신호(同側信號) *cf.* CROS

IRP(individualized rehabilitation plan) 개별화재활계획(個別化再活計劃)

irradiance 발광(發光)

irrational number 무리수(無理數) ↔ rational number

irregular articulatory breakdowns 조음 불규칙적 조음단절(不規則的調音斷切)

irregular form 불규칙형(不規則型)

irregular verb 변칙동사(變則動詞), 불규칙 동사(不規則動詞) = anomalous verb

irregular word 불규칙 단어(不規則單語)

irreversibility 비가역성(非可逆性) ↔ reversibility

irritability 감수성(感受性)

irreversible (치료가 불가능한) 비가역성(非可逆性)의 ↔ reversible

irreversible dementia 신경 비가역성 치매(非可逆性癡呆) ↔ reversible dementia

irreversible reaction 비가역반응(非可逆反應) ↔ reversible reaction

irritable bowel syndrome 생리 과민성 대장 증후군(過敏性大腸症候群) *cf.* Crohn's disease

IRV(inspiratory reserve volume) 생리 흡기예비용적(吸氣豫備容積), 들숨예비용적(豫備容積) ↔ ERV

ISA(internal structure approach) 내적 구조 접근법(內的構造接近法) *cf.* ICA

ISC(Index of Status Characteristics) 지위특징지표(地位特徵指標)

ischemia 생리 (산소의 결핍으로 인한) 허혈(虛血), 국소빈혈(局所貧血)

ischemic brain damage 생리 허혈성 뇌손상(虛血性腦損傷)

ischemic brain syndrome 생리 허혈성 뇌 증후군(虛血性腦症候群)

ischemic colitis 생리 허혈성 대장염(虛血性大腸炎)

ischemic heart disease 생리 허혈성 심장질환(虛血性心臟疾患)

ischemic stroke 신경 허혈성 뇌졸중(虛血性腦卒中) *cf.* hemorrhagic stroke

ischium 해부 좌골(坐骨)

island constraint 섬 제약(制約)

iso- '같은(同)'의 의미

ISO(international organization for standardization) 국제표준기구(國際標準機構)

isochrony 등시성(等時性), 등시 간격성(等時間隔性)

isocortex 해부 동피질(同皮質)

isogloss (방언학의) 등어선(等語線)

isolability 형태 분리성(分離性)

isolated opposition 고립대립(孤立對立)

isolated therapy model 고립치료 모형(孤立治療模型)

isolating language 고립어(孤立語) *cf.* inflectional language

isolation 고립(孤立), 격리(隔離)

isolation aphasia 신경 고립실어증(孤立失語症)

isolation efficiency 격리효율(隔離效率)

isolation effect 고립효과(孤立效果)

isolation point 고립점(孤立點)

isolative change 고립변화(孤立變化)

isometric contraction 등장성 수축(等張性收縮)

isometric rule 등장법칙(等張法則)

isomorph 등형태(等形態)

isomorphism 유질동상(類質同像), 동형(同形)

isothermal layer 등온층(等溫層)

isotonic contraction 삼투성 수축(滲透性收縮)

isotope 동위원소(同位元素)

isthmus 해부 협부(峽部)

ISU(international system of units) 국제단위계(國際單位系)

ITD(interaural time difference) 청각 이간시간차(耳間時間差)

ITE(in-the-ear) hearing aid 귓속형 보청기
cf. BTE hearing aid

item 항목(項目), 문항(問項)

item achievement 문항성취도(問項成就度)

item analysis 문항분석(問項分析)

item and arrangement 항목-배열(項目配列)

item and process 항목-과정(項目過程)

item-based construction 언어발달 항목기반구조(項目基盤構造)

item difficulty 문항난이도(問項難易度)

item discriminating power 문항변별력(問項辨別力)

item discrimination 문항변별도(問項辨別度)

iteration 반복(反復)

iterative application 반복적용(反復適用)

iterative rule 반복규칙(反復規則)

iterative rule application 반복규칙 적용(反復規則適用)

-itis '염증(炎症)'의 의미

ITP(individualized transition plan(ITP) 개별화 전환계획(個別化轉換計劃)

i-umlaut 음운 i-모음변이(母音變異)

IV(independent variable) 통계 독립변인(獨立變因), 독립변수(獨立變數) ↔ DV
cf. parameters

IVH(intraventricular hemorrhage) 생리 뇌실내 출혈(腦室內出血)

IWL(interwave interval) 파간간격(波間間隔)

IWRP(individualized written rehabilitation program) 개별화 쓰기 재활프로그램

J

jam 꼬임
James language dominance test 언어발달 제임스 언어지배검사(言語支配檢査)
jamming 방해전파(妨害電波)
jangle 말다툼
Japanese society of logopedics and phoniatrics 일본음성언어의학회(日本音聲言語醫學會)
japery 농담(弄談), 익살=humor
jargon 언어발달 중얼거림, 자곤
jargon aphasia 신경 자곤실어증
jaw 해부 하악(下顎), 아래턱
jaw control 삼킴 턱 조절
jaw jerk 신경 하악반사(下顎反射), 아래턱반사=jaw reflex
jaw joint 해부 악관절(顎關節), 턱관절
jaw line 해부 하악선(下顎線)
jaw reflex 생리 하악반사(下顎反射), 아래턱반사=jaw jerk
jaw setting 턱주위
jaw's harp 구금(口琴)
JBS(Johanson-Blizzard syndrome) 생리 (상염색체 열성의 안면기형) 요한슨-블리자드 증후군
Jedcom speech amplifier 제드콤 확성기(擴聲器)
jejunal 해부 공장(空腸)의
jejunocecostomy 해부 공맹장문합술(空盲腸吻合術)
jejunoileostomy 해부 공회장문합술(空回腸吻合術)
jejunostomy 해부 공장루술(空腸瘻術), 빈창자 창냄술
jejunum 해부 공장(空腸), 빈창자
Jekyll and Hyde personality 심리 지킬과 하이드 성격
jerky breathing 생리 경련성 호흡(痙攣性呼吸)
Jervell and Lange-Nielsen syndrome(JLNS) 신경 (선천성 청각장애) 저벨, 랑게-닐슨 증후군
jest 농담(弄談), 익살=humor
jigsaw 협동수업(協同授業)

jitter 음향 주파수변이율(周波數變異率) =cycle-to-cycle variation *cf.* shimmer
Jitter percentage 음향 지터 퍼센트
JLNS(Jervell and Lange-Nielsen syndrome) 신경 (선천성 청각장애) 저벨, 랑게-닐슨 증후군
JND(just noticeable difference) 최소식별차이(最小識別差異)
job analysis 작업분석(作業分析)
job backup file 작업 백업파일
job coaching 직무지도(職務指導)
job management 작업관리(作業管理)
job number 작업번호(作業番號)
job performance 직무수행(職務遂行)
job processing 작업처리(作業處理)
job security 직무 안정성(職務安定性)
job step 작업단계(作業段階)
job stream 작업흐름
Johanson-Blizzard syndrome(JBS) 신경 (상염색체 열성의 안면기형) 요한슨-블리자드 증후군
joint (1) 공동(共同) (2) 관절(關節)
joint action 언어발달 공동행위(共同行爲)
joint action routines 언어발달 공통 일상활동(共通日常活動)
joint attention 언어발달 공동주목(共同注目), 함께 주목하기
joint attention behavior 언어발달 공동주시행동(合同注視行動)
joint book reading 언어발달 함께 책읽기
joint disorders 관절장애(關節障礙)
joint distribution 결합분포(結合分布)
joint probability 결합확률(結合確率)
joint probability function 통계 결합확률 분포함수(結合確率分布函數)
joint reference 언어발달 공동 지시관계(共同指示關係)
joint statistics 통계 결합통계학(結合統計學)
jointly stationary 결합 정상상태(結合正常狀態)
jolt 정신적 충격(精神的衝擊), 쇼크, 놀람
Jones, Daniel (1881~1967), 영국의 음성학자 (IPA 창시자 중 한사람)
Joubert syndrome 신경 (상염색체 열성의) 주버트 증후군
joule 줄
joystick 수동식 조정장치(手動式調整裝置), 조이스틱
judge perceived noise level 음향 주관적 지각 소음레벨
judgement 판정(判定), 판단(判斷)
judgement tasks 언어발달 판단 과제(判斷課題)
jugular bulb 해부 경정맥구(頸靜脈球)
jugular foramen 해부 경정맥공(頸靜脈孔)
jugular fossa 해부 경정맥와(頸靜脈窩)
jugular nerve 해부 경정맥신경(頸靜脈神經)
jugular notch 해부 경정맥 절흔(頸靜脈切痕)
jugular trunk 해부 경림프본간
jugular vein 해부 경정맥(頸靜脈)
jugular wall 해부 경정맥벽(頸靜脈壁)
jugulo-digastric nodes 해부 경정맥이복근 림프절
jugulo-omohyoid nodes 해부 경정맥견갑설골 림프절
jumbling 덧니
jump counter 약진형 계수기(躍進形計數器)
jump phenomenon 도약현상(跳躍現象)
junction 연접(延接)
junction box 접속 상자(接續箱子)
junction circuit 음향 연결회로(連結回路)
junction diode 접합 다이오드
junction field effect transistor 접합 전기장 효과 트렌지스터
junction prosody 연접 운율학(連接韻律學)
junction transistor 접합 트랜지스터
junctural feature 연접 자질(連接資質)
juncture characteristic 연접 특성(連接特性)

juncture phoneme 음운 연접 음소(連接音素)

Jung, Carl Gustav 융(1875~1961), 스위스의 정신과의사이자 분석심리학자

junk 폐물(廢物), 고물(古物)

jurisdiction 사법권(司法權), 재판권(裁判權)

jurisprudence 법학(法學)

just noticeable difference(JND) 청각 최소식별차이(最小識別差異)

justice 정의(正義), 정당(正當)

justification 정당성(正當性), 대의명분(大義名分)

juvenile 청소년(靑少年)의

juvenile delinquency 청소년비행(靑少年非行)

juvenile era 청소년기(靑少年期)

juvenile papillomatosis 생리 청소년기 유두종증(靑少年期頭腫症)

juxtaposing language 병렬어(竝列語)

juxtaposition 병렬배치(竝列配置), 병렬(竝列)

juxtapositional assimilation 음운 병렬적 동화(竝列的同化)

juxtapositional dissimilation 음운 병렬적 이화(竝列的異化)

K

K-ABC(Korean Kaufman assessment Battery for children) 한국판 카우프만 아동용 지능검사(兒童用知能檢查)

K-ADS(Korean-autism diagnotic scale) 한국 자폐증진단척도(韓國自閉症診斷尺度)

karatoplasty 해부 각막이식술(角膜移植術)

karatotomy 해부 각막절개술(角膜切開術)

kartoclasis 핵파괴(核破壞)

karyapsis 핵접합(核接合)

karyenchyma 핵액(核液)

Karyotype 핵형(核型)

Katz-Postal hypothesis 의미 캇즈-포스탈 의미보존가설(意味保存假說)

K-BNT-C(Korean version-Boston naming test for children) 언어발달 아동용 한국판 보스톤 이름대기검사

K-DDST(Korean-Denver development screening test) 언어발달 한국판 덴버 발달 선별검사(發達選別檢査)

KE(kinetic energy) 음향 운동에너지 *cf.* PE

keel line 해부 용골선(龍骨線)

keelson 해부 내용골(內龍骨)

Kelvin, William Thomson (1824~1907), 켈빈 (영국의 수리물리학자이며 공학자)

keratin 생리 각질(角質)

keratin cyst 생리 표피낭종(表皮囊腫) =epidermoid cyst

keratinization 생리 각화(角化)

keratinizing squamous epithelium 해부 각질 평편상피(角質扁平上皮)

keratitis 생리 각막염(角膜炎)

keratosis 생리 각화증(角化症)

kernel sentence 통사 핵문(核文)

keyboard (1) 자판(字板) (2) 건반(鍵盤)

keyboard instrument 건반악기(鍵盤樂器)

key map 개념도(概念圖)

key note 주안점(主眼點), 주음, 기조

keystone 근본원리(根本原理)

key telephone system 버튼 전화장치(電話裝置)

key words 핵심 단어(核心單語)

keyword method 핵심어 기법(核心語技法)
K-FAST(Korean Frenchay aphasia screening test) 한국판 프렌차이 실어증 선별검사(失語症選別檢査)
kidney 해부 신장(腎腸)
kidney disease 생리 신장병(腎腸病)
kidney transplantation 신장이식(腎腸移植)
kinaesthetic schema 인지 운동감각적 도식(運動感覺的圖式) = embodied schema
kinaesthetic strength 심리 (다중지능이론의) 운동감각적 지능(運動感覺的知能)
kindergarten 미국 유치원(幼稚園) *cf.* nursery school
kinematic energy 운동학적 에너지
kinematic measures 운동학적 측정(運動學的測定) *cf.* aerodynamic measures
kinematic similarity 운동학적 유사성(運動學的類似性)
kinesics 동역학(動力學)
kinesiology 운동기능학(運動機能學), 운동학(運動學)
kinesis 운동성(運動性)
kinesthesia 생리 운동감각(運動感覺) = kinesthetic sensation
kinesthetic analysis 운동감각적 분석(運動感覺的分析)
kinesthetic cues 운동감각적 단서(運動感覺的端緖)
kinesthetic drill 운동감각적 훈련(運動感覺的訓練)
kinesthetic feedback 생리 운동감각적 피드백 *cf.* proprioceptive feedback
kinesthetic method 운동감각적 방법(運動感覺的方法)
kinesthetic perception 운동감각적 지각(運動感覺的知覺)
kinesthetic sensation 생리 운동감각(運動感覺) = kinesthesia
kinesthetic technique 운동감각적 기술(運動感覺的技術)
kinetic analysis 운동학적 분석(運動學的分析)
kinetic apraxia 생리 운동실행증(運動性失行症)
kinetic center 해부 운동중추(運動中樞)
kinetic energy(KE) 음향 운동 에너지 *cf.* potential energy
kinetic memory 심리 동적 기억(動的記憶)
kinetic order 반응차수(反應次數)
kinetic system 운동계(運動系)
kinetic theory 운동학적 이론(運動學的理論)
kinetic viscosity 운동점성(運動粘性)
kineticist 동역학전문가(動力學專門家)
kinetics 동역학(動力學)
kinocilium 해부 운동섬모(運動纖毛) PL kinocilia
kinship 혈족관계(血族關係) *cf.* regionalism
kinship terms 친족어(親族語) *cf.* sibling terms
kinship vocabulary 친족어휘(親族語彙)
Kluver-Bucy syndrome 생리 (변연계 손상으로 인한 정서장애) 크뤼버-부시 증후군
K-MMSE(Korean mini mental status examination) 신경 한국판 간이정신상태검사(簡易精神狀態檢査)
knee jerk 신경 슬개반사(膝蓋反射), 무릎반사 *cf.* knee reflex
knee joint 해부 슬관절(膝關節), 무릎관절
knee point 해부 무릎점
knee reflex 신경 슬개건반사(膝蓋腱反射) *cf.* knee jerk
knowledge 지식(知識)
knowledge acquisition 심리 지식습득(知識習得)
knowledge base 지식기반(知識基盤)
knowledge encoding 지식부호화(知識符號化)
knowledge engineering 지식공학(知識工學)
knowledge industry 지식산업(知識產業)
knowledge-intensive industry 지식집약산업(知識集約產業)

K

knowledge level 지식레벨

knowledge management 지식경영(知識經營)

knowledge management system 지식관리체계(知識管理體系)

knowledge of performance (아동 말실행증 치료의) 수행 지식(遂行知識) ↔ knowledge of results

knowledge of results (아동 말실행증 치료의) 결과 지식(結果知識) ↔ knowledge of performance

knowledge socialization 지식사회화(知識社會化)

knowledge telling strategy 지식서술책략(知識敍述策略) *cf.* knowledge transforming strategy

knowledge transforming strategy 지식변형책략(知識變形策略) *cf.* knowledge telling strategy

Korean-adaptive behavior scale(K-ABS) 한국판 적응행동검사(適應行動檢査)

Korean association of speech-language pathologists(K-SLP) 한국언어재활사협회(韓國言語再活士協會)

Korean-autism diagnostic scale(K-ADS) 한국자폐증진단척도(韓國自閉症診斷尺度)

Korean-Denver development screening test (K-DDST) 한국판 덴버 발달선별검사(發達選別檢査)

Korean-Bayley scale of infant development (K-BSID) 언어발달 한국판 베일리 영·유아 발달척도(嬰兒乳兒發達尺度)

Korean Frenchay aphasia screening test(K-FAST) 한국판 프렌차이 실어증 선별검사(失語症選別檢査)

Korean Kaufman assessment Battery for children(K-ABC) 카우프만 아동용 지능검사(兒童用知能檢査)

Korean mini mental status examination (K-MMSE) 신경 간이정신상태검사(簡易精神狀態檢査)

Korean sentence comprehension test (KOSECT) 구문이해력검사(構文理解力檢査)

Korean sign language 한국수화언어(韓國手話言語)

Korean standard picture of articulation and phonological test(KS-PAPT) 조음 한국어 표준 조음음운 검사(韓國語標準調音音韻檢査)

Korean test for differential diagnosis of aphasia(KTDDA) 한국실어증감별진단검사(韓國失語症鑑別診斷檢査)

Korean-token test for children(KTTFC) 언어발달 한국아동토큰검사

Korean version-Boston naming test for children(K-BNT-C) 언어발달 아동용 한국판 보스톤 이름대기검사

Korean-Wechsler intelligence scale for children(K-WISC) 한국판 웩슬러 아동지능검사(兒童知能檢査)

Koreanology 한국학(韓國學)

Korsakoff's syndrome 생리 (티아민 부족으로 인한 기억상실) 코르사코프 증후군

KOSECT(Korean sentence comprehension test) 구문이해력검사(構文理解力檢査)

KS-PAPT(Korean standard picture of articulation and phonological test) 조음 한국어 표준 조음음운 검사(韓國語標準調音音韻檢査)

KTDDA(Korean test for differential diagnosis of aphasia) 한국실어증감별진단검사(韓國失語症鑑別診斷檢査)

KTTFC(Korean-token test for children) 한국아동토큰검사

K-WAIS(Korean-Wechsler Adult intelligence scale) 한국판 웩슬러 성인지능검사(成人知

能檢査)

K-WISC(Korean-Wechsler intelligence scale for children) 한국판 웩슬러 아동지능검사(兒童知能檢査)

K-WPPSI(Korean-Wechsler Preschool and Primary scale of intelligence) 한국판 웩슬러 유아지능검사(幼童知能檢査)

Kymogram 음향 카이모그램

Kymograph 음향 카이모그래프

L

Lab(language aptitude battery) 언어적성검사(言語適性檢査)

la belle indifference 정서적 무관심(情緖的無關心)

labeled relation 표지관계(標識關係)

labeling 이름붙이기, 레이블링

labial 조음 순음(脣音)의, 입술 소리 *cf.* bilabial

labial articulation 조음 순조음(脣調音), 입술조음

labial assimilation 음운 순음동화(脣音同化)

labial branches 해부 입술가지

labial cleft 해부 구순열(口脣裂) = cleft lips *cf.* cleft palate

labial commissure 해부 입술교차

labial gland 해부 구순선(口脣腺), 입술샘

labial plosive 조음 순파열음(脣破裂音)

labial sounds 조음 순음(脣音)

labial velar sounds 조음 순연구개음(脣軟口蓋音)

labiality 조음 순음성(脣音性)

labialization 음운 순음화(脣音化) ↔ delabialization

labile 불안정(不安定)

labio- '입술에 관련된'의 의미

labiodental area 순치영역(脣齒領域)

labiodental sounds 조음 순치음(脣齒音)

labio-dentality 조음 순치성(脣齒性)

labiogingival lamina 해부 입술 잇몸판

labiomental 해부 입술턱

labiovelar sounds 조음 순치조음(脣齒槽音)

labiovelarized sound 음운 순연구개화음(脣軟口蓋化音)

labium 입술

labret 입술장식

labyrinth 미로(迷路), 미궁(迷宮)

labyrinth apparatus 해부 미로장치(迷路裝置)

labyrinthine deafness 생리 미로성 농(迷路性聾)

labyrinthine righting reflex 신경 미로정위반사(迷路正位反射)

labyrinthitis 생리 미로염(迷路炎)

LAC(Lindamood auditory conceptualization

test) 청각 Lindamood 청력인지검사
laceration 열상(裂裳)
lacquer film condenser 래커필름
lacri- '눈물에 관련된'의 의미
lacrimal bone 해부 누골(漏骨), 눈물뼈
lacrimal canal 해부 누관(漏管)
lacrimal duct 생리 누액(漏液)
lacrimal duct stenosis 해부 선천성 누선관 협착(先天性淚腺管狹窄)
lacrimal gland 생리 누선(漏腺), 눈물샘
lacrimal nerve 해부 누선신경(漏腺神經), 눈물샘신경
lacrimal nucleus 신경 누선핵(漏腺核), 눈물분비핵
lacrimal sac 해부 누낭(淚囊)
lactase 유당효소(乳糖酵素), 락타아제
lactic acid 유산(乳酸), 젖산
lacuna 해부 열공(裂孔)
lacunar infarction 생리 열공성 뇌경색(裂孔性腦梗塞) *cf.* multi-infarction
LAD(language acquisition device) 언어발달 언어습득장치(言語習得裝置)
laddergram 사다리도
lag 지연(遲延)
lag effect 지연효과(遲延效果), 지체효과(遲滯效果)
lagging 지체(遲滯), 더딤
lalophobia 심리 말하기 공포증(恐怖症)
lambdoidal suture 해부 인자봉합(人字縫合), 시옷봉합
lamina (얇은) 판(板), 층(層)
laminar 층(層)의
laminar flow 층류(層流) *cf.* turbulent flow
laminal dental stop 조음 설단 치폐쇄음(舌端齒閉鎖音)
laminal post-alveolar sound 조음 설단 후치조음(舌端後齒槽音)
laminal sounds 조음 설단음(舌端音)
laminography 단층X-선 촬영법(撮影法)
landmark 경계표(境界標)
language 언어(言語) *cf.* speech
language abilities 언어발달 언어능력(言語能力) = linguistic abilities ↔ nonlanguage abilities
language achievement 언어성취(言語成就)
language acquisition device(LAD) 언어발달 언어습득장치(言語習得裝置)
language acquisition 언어습득(言語拾得)
language age 언어발달 언어연령(言語年齡)
language and communication assessment (LCA) AAC 언어-의사소통평가(言語意思疏通評價)
language aptitude battery(LAB) 언어적성검사(言語適性檢查)
language arts 언어기술(言語的技術)
language assesment 언어평가(言語評價)
language assessment, remediation, and screening procedure(LARSP) 언어평가, 치료 및 선별절차
language attitudes 언어태도(言語態度)
language attrition 언어마모(言語磨耗)
language barrier 언어장벽(言語障壁)
language-based classroom model 언어발달 언어기반교실모형(言語基盤敎室模型)
language bioprogram hypothesis 언어 생체 프로그램 가설
language boundary 언어경계(言語境界)
language branch 어파(語派) *cf.* language family
language capacity 언어능력(言語能力) *cf.* language competence
language centers 언어중추(言語中樞)
language change 언어변화(言語變化)
language clinician 언어임상가(言語臨床家) = speech-language therapist, speech-language pathologist
language competence 통사 언어능력(言語能

力) *cf.* language performance

language component 언어부문(言語部門)

language comprehension 언어발달 언어이해(言語理解) = verbal comprehension

language contact 언어접촉(言語接觸)

language content 언어내용(言語內容)

language culture 언어문화(言語文化)

language death 언어사멸(言語死滅) = language extinction

language decoding 언어발달 언어해독(言語解讀) *cf.* hypothesis building

language delay 언어발달 언어지체(言語遲滯)

language delayed children 언어발달 지체아동(言語發達遲滯兒童) *cf.* late-talkers

language description 언어기술(言語記述)

language development 언어발달(言語發達)

language development survey(LDS) 언어발달설문조사(言語發達設問調査)

language development theory 언어발달이론(言語發達理論)

language developmental disorders(LDD) 언어발달장애(言語發達障礙)

language deviance 언어편차(言語偏差)

language deviance in adults 성인기 언어장애(成人期言語障礙) = language disorders in adults *cf.* language disabilities in adults

language deviance in children 아동언어 이상(兒童言語異常) *cf.* language disorders in children

language differences 언어 차이(言語差異)

language disabilities 언어장애(言語障礙) = language disorders

language disabilities in adults 성인언어장애(成人言語障礙) = language disorders in adults *cf.* language deviance in adults

language disabilities in children 아동언어장애(兒童言語障礙) = language disorders in children *cf.* language deviance in children

language disorders 언어장애(言語障礙) = language impairment

language disorders in adults 성인언어장애(成人期言語障礙) = language disabilities in adults

language disorders in children 아동언어장애(兒童言語障礙) = language disabilities in children *cf.* language deviance in children

language dissolution 언어소실(言語消失)

language diversity 언어다양성(言語多樣性) = linguistic diversity

language dominance 언어지배(言語支配)

language extinction 언어사멸(言語死滅) = language death

language faculty 통사 언어능력(言語能力) *cf.* language competence

language family 어족(語族) *cf.* language branch

language fluency 말더듬 언어 유창성(言語流暢性) *cf.* speech fluency

language form 언어형식(言語形式)

language formulation 언어화(言語化)

language fossilization 언어발달 언어 화석화(言語化石化)

language function 언어기능(言語機能)

language-general 일반언어(一般言語) *cf.* language-specific

language impairment(LI) 언어장애(言語障礙), 언어 손상(言語損傷) = language disorders

language instinct 언어본능(言語本能)

language learning 언어학습(言語學習)

language learning apparatus 언어학습기제(言語學習機制)

language learning disabilities(LLD) 언어학습장애(言語學習障礙) = language learning disorders

language learning disorders 언어학습장애(言語學習障礙) = language learning disability

language loss 언어상실(言語喪失)

language maintenance 언어보존(言語保存),

언어유지(言語維持) *cf.* language shift

language making capacity(LMC) 언어생성능력(言語生成能力)

language master 언어습득기(言語習得器)

language modalities tests for aphasia 실어증 언어양식검사(失語症言語樣式檢査)

language model 음성공학 언어 모델 *cf.* acoustic model

language obsolescence 언어쇠퇴(言語衰退)

language of emotion 정서언어(情緒言語) *cf.* conversational partners

language-oriented therapy(LOT) 신경 언어중심치료(言語中心治療)

language parameters 언어매개변수(言語媒介變數)

language partners 언어상대(言語相對)

language pathologist 언어병리학자(言語病理學者) = speech therapist

language pathology 언어병리학(言語病理學) = speech therapy

language pedagogy 언어교육(言語教育)

language perception 언어지각(言語知覺) *cf.* categorical perception

language performance 언어수행(言語遂行) *cf.* language competence

language planning 언어계획(言語計劃)

language policy 언어정책(言語政策)

language problems 언어 문제점(言語問題點)

language procedures 언어절차(言語節次)

language processing disorders 언어처리과정장애(言語處理過程障礙)

language processing test 언어처리검사(言語處理檢査)

language production 언어발달 언어산출(言語産出)

language productivity 언어발달 언어 생산성(言語生産性)

language proficiency 언어발달 언어숙달(言語熟達)

language proficiency test(LPT) 언어발달 언어숙달검사(言語熟達檢査)

language purification 언어순화(言語純化)

language quotient(LQ) 신경 (구어, 문어 측정) 언어지수(言語指數) *cf.* aphasic quotient

language revitalization 언어소생(言語蘇生) = language revival

language revival 언어소생(言語蘇生) = language revitalization

language sample 언어표본(言語標本), 언어샘플

language sampling 언어표본추출(言語標本抽出)

language shift 언어교체(言語交替) = language transfer *cf.* language maintenance

language sign 언어기호(言語記號)

language skills 언어기술(言語技術)

language-specific 특정언어(特定言語) *cf.* language-general

language spread 언어확산(言語擴散)

language stabilization 언어습득 언어 안정화(言語安定化)

language stimulation 언어자극(言語刺戟)

language structure 언어구조(言語構造)

language-structured auditory retention span test(LARS) 청각 언어 구조화된 청력보존기간검사(聽力保存期間檢査)

language tests 언어검사(言語檢査)

language theories 언어이론(言語理論)

language therapist 언어치료사(言語治療士) = speech pathologist

language transfer 언어교체(言語交替) = language shift

language typology 언어유형론(言語類型論)

language universals 언어보편성(言語普遍性)

language use 언어사용(言語使用)

language use inventory(LUI) 언어발달 언어사용검사목록(言語使用檢査目錄)

language variations 언어변이(言語變異)

languages for special purposes(LSP) 특수목적을 위한 언어
langue 랑그, 체계로서 파악한 언어 *cf.* parole
laparoscope 복강경(腹腔鏡)
laparoscopy 복강경 검사(腹腔鏡檢査)
laparotomy 해부 개복수술(開腹手術)
lapsus 착오(錯誤), 실수(失手)
large intestine 해부 대장(大腸) *cf.* small intestine
large-scale neural network 대단위 신경망(大單位神經網)
LARS(language-structured auditory retention span test) 청각 언어 구조화된 청력보존기간검사(聽力保存期間檢査)
LARSP(language assessment, remediation, and screening procedure) 언어평가, 치료 및 선별절차
laryngeal 해부 후두(喉頭)의
laryngeal abscess 생리 후두농양(喉頭膿瘍)
laryngeal aditus 해부 후두구(喉頭口)
laryngeal amyloidosis 생리 후두 아밀로이드증
laryngeal anesthesia 생리 후두무감각증(喉頭無感覺症)
laryngeal anomaly 생리 후두이상(喉頭異常)
laryngeal aperture 해부 후두구멍
laryngeal apoplexy 생리 후두졸증(喉頭卒症)
laryngeal apraxia 생리 후두실행증(喉頭失行症) *cf.* apraxia of phonation
laryngeal artery 해부 후두동맥(喉頭動脈)
laryngeal asthma 생리 후두천식(喉頭喘息)
laryngeal atresia 생리 후두폐색증(喉頭閉塞症)
laryngeal bypass 해부 후두우회로(喉頭迂廻路), 후두 바이패스 = tracheoesophageal diversion
laryngeal calibration 후두보정(喉頭補正)
laryngeal cancer 생리 후두암(喉頭癌) *cf.* glottal cancer
laryngeal cartilage 해부 후두연골(喉頭軟骨)
laryngeal catheterization 후두 카테테르 삽입법(挿入法)
laryngeal cavity 해부 후두강(喉頭腔)
laryngeal chorea 생리 후두무도병(喉頭舞蹈病)
laryngeal cleft 해부 후두열(喉頭裂), 후두갈림증
laryngeal closure 해부 후두폐쇄(喉頭閉鎖), 후두닫침
laryngeal constriction 후두수축(喉頭收縮)
laryngeal cysts 생리 후두낭종(喉頭囊腫) = laryngoceles
laryngeal diaphragm 생리 후두횡격막(喉頭橫隔膜) = laryngeal web
laryngeal disorders 후두장애(喉頭障礙)
laryngeal dystonia 생리 후두 근육긴장이상(喉頭筋肉緊張異常)
laryngeal edema 생리 후두부종(喉頭浮腫)
laryngeal electromyography(LEMG) 후두근전도검사(喉頭筋電圖檢査)
laryngeal elevation 후두상승(喉頭上昇)
laryngeal fatigue 후두피로(喉頭疲勞)
laryngeal glands 해부 후두선(喉頭腺,) 후두샘
laryngeal glide 조음 후두활음(喉頭滑音)
laryngeal granuloma 후두육아종(喉頭肉芽腫)
laryngeal hydration 생리 후두수화(喉頭水化)
laryngeal hyperesthesia 생리 후두감각과민(喉頭感覺過敏)
laryngeal hyperkeratosis 생리 후두각화증(喉頭角化症)
laryngeal inlet 해부 후두입구(喉頭入口)
laryngeal leukoplakia 생리 후두 백반증(喉頭白斑症)
laryngeal ligament 해부 후두인대(喉頭靭帶)
laryngeal lipidosis 생리 후두지질증(喉頭脂質症)
laryngeal lumen 해부 후두내강(喉頭內腔)
laryngeal manual therapy(LMT) 음성장애 후두마사지
laryngeal massage 음성치료 후두 마사지 *cf.* digital manipulation
laryngeal mirror 후두경(喉頭鏡)

laryngeal motor paralysis 신경 후두운동마비(喉頭運動痲痹)
laryngeal muscle 해부 후두근(喉頭筋)
laryngeal nerve block 후두신경차단(喉頭神經遮斷)
laryngeal nerve conduction study 후두신경전도검사(喉頭神經傳導檢査)
laryngeal nerve paralysis 신경 후두신경마비(喉頭神經痲痺)
laryngeal nodule 생리 후두결절(喉頭結節)
laryngeal oscillation 생리 후두진동(喉頭振動)
laryngeal papillomatosis 생리 후두유두종증(喉頭乳頭腫症)
laryngeal paralysis 신경 후두마비(喉頭痲痹)
laryngeal paresthesia 신경 후두지각이상(喉頭知覺異常)
laryngeal part 해부 후두부(後頭部)
laryngeal passage 해부 후두통로(喉頭通路)
laryngeal penetration 생리 후두침습(喉頭侵襲)
laryngeal pharynx 해부 후두인두(喉頭咽頭) = laryngopharynx
laryngeal polyp 생리 후두용종(喉頭茸腫), 후두 폴립
laryngeal polyp granuloma 생리 성대용종 육아종(聲帶茸腫肉芽腫), 성대폴립 육아종
laryngeal prominence 해부 후두융기(喉頭隆起) = laryngeal protuberance
laryngeal protrusion 해부 후두돌출(喉頭突出) = Adam's apple
laryngeal reflex 신경 후두반사(喉頭反射)
laryngeal reinnervation(LR) 신경 후두신경재배치(喉頭神經再配置)
laryngeal respiration 생리 후두호흡(喉頭呼吸)
laryngeal saccule 해부 후두소낭(喉頭小囊)
laryngeal sensory paralysis 신경 후두감각마비(喉頭感覺痲痹)
laryngeal sinus 해부 후두동(喉頭洞)
laryngeal sounds 조음 후두음(喉頭音)
laryngeal stenosis 해부 후두협착(喉頭狹窄) = laryngostenosis
laryngeal stoma 해부 후두소공(喉頭小孔)
laryngeal stridor 해부 후두천명(喉頭喘鳴)
laryngeal stuttering 말더듬 후두말더듬 = stammering of the vocal cords
laryngeal suspension 후두 매달기
laryngeal tension 후두긴장(喉頭緊張)
laryngeal tier 후두층렬(喉頭層列)
laryngeal tonsil 해부 후두편도(喉頭扁桃)
laryngeal trauma 후두외상(喉頭外傷)
laryngeal tuberculosis 생리 후두결핵(喉頭結核)
laryngeal tumor 생리 후두종양(喉頭腫瘍)
laryngeal ventricle 해부 후두실(喉頭室) = L ventriculus laryngis
laryngeal vestibule 해부 후두전정(喉頭前庭), 후두안뜰
laryngeal web 생리 후두횡격막(喉頭橫隔膜) = laryngeal diaphragm, webbing
laryngealization 음운 후두음화(喉頭音化)
laryngectomee 생리 후두절제환자(喉頭切除患者)
laryngectomy 해부 후두절제술(喉頭切除術)
laryngendoscope 후두내시경(喉頭內視鏡)
laryngitis 생리 후두염(喉頭炎) = inflammation of larynx
laryngitis sicca 생리 건성 후두염(乾性喉頭炎)
laryngocele ventricuraris 생리 L 후두실 낭포(喉頭室囊胞)
laryngoceles 생리 후두낭포(喉頭囊胞), 후두낭종(喉頭囊腫) = laryngeal cysts
laryngofissure 생리 후두열구(喉頭裂溝)
laryngography 후두조영술(喉頭造影術)
laryngologist 후두과전문의(喉頭科專門醫)
laryngology 후두과학(喉頭科學)
laryngomalacia 생리 후두연화증(喉頭軟化症)
laryngometry 후두 측정법(喉頭測定法)
laryngopathy 생리 후두질환(喉頭疾患)

laryngopharyngeal branches 해부 후두인두지(喉頭咽頭枝)

laryngopharyngeal reflux(LPR) 생리 후인두역류(喉咽頭逆流) *cf.* gastroesophageal reflux

laryngopharyngeal reflux disease(LPRD) 생리 후인두역류병(喉咽頭逆流病)

laryngopharyngeus muscle 해부 후인후근(喉咽頭筋)

laryngopharynx 해부 후두인두(喉頭咽頭), 목구멍인두 = hypopharynx *cf.* oropharynx

laryngophony 후두발성(喉頭發聲)

laryngoplasty 해부 후두성형술(喉頭成形術)

laryngorhinology 후두비학(喉頭鼻學)

laryngoscope 후두경(喉頭鏡)

laryngoscopy 후두경검사(喉頭鏡檢査)

laryngospasm 생리 후두강직(喉頭强直), 후두경련(喉頭痙攣)

laryngostenosis 해부 후두협착(喉頭狹窄) = laryngeal stenosis

laryngostroboscopy 후두내시경(喉頭內視鏡)

laryngotomy 해부 후두절개술(喉頭切開術)

laryngotracheal reconstruction(LTR) 해부 후두기관재건술(喉頭氣管再建術)

laryngotracheal separation 해부 후두기관 분리(喉頭氣管分離)

laryngotracheobronchitis 생리 후두기관지염(喉頭氣管支炎)

larynx 해부 후두(喉頭)

laser amplifier 레이저 증폭기(增幅器)

laser fusion 레이저 융합(融合)

laser memory 레이저 기억장치(記憶裝置)

laser surgery 레이저 수술

laser velocimeter 레이저 속도계(速度計)

last cyclic rule 최종순환 규칙(最終循環規則)

last-in, first-out 후입선출(後入先出)

last-in, last-out 후입후출(後入後出)

last resort principle 최후수단 원리(最後手段原理)

late adulthood 청년후기(青年後期) *cf.* early adulthood

late auditory evoked response 신경 후기청성유발반응(後期聽性誘發反應)

late consonants 언어발달 후기자음(後期子音) *cf.* early consonants

late cortical response 생리 후기피질반응(後期皮質反應)

late language emergence(LIE) 언어발달 늦은 언어출현(言語出現)

late-onset stuttering 말더듬 후발성 말더듬 *cf.* acquired stuttering

late response 후기반응(後期反應) *cf.* early response

late-talkers 언어발달 말 늦은 아동 *cf.* language delayed children

latency 잠복(潛伏), 잠재(潛在), 반응시간(反應時間)

latency-age child 언어발달 잠재연령기아동(潛在年齡兒童)

latency-intensity function 통계 잠재강도함수(潛在强度函數)

latency of response 반응잠복기(反應潛伏期)

latency optimization 통신 (회전) 지연최적화(回轉遲延最適化)

latency period 잠복기(潛伏期), 잠재기(潛在期)

latency relaxation 잠복기 이완(潛伏期弛緩)

latency stage 잠복단계(潛伏段階)

latency time 대기시간(待機時間), 잠복시간(潛伏時間)

latent comparative 잠재 비교급(潛在比較級)

latent consonant 조음 잠재자음(潛在子音)

latent content (꿈의 분석) 잠재몽(潛在夢) *cf.* manifest content

latent inhibition 잠재적 억제(潛在的抑制)

latent learning 잠재적 학습(潛在的學習)

latent response 잠재성 반응(潛在性反應), 잠복성 반응(潛伏性反應)

latent stage 심리 (프로이드의) 잠재기(潛在期,

6～12세) *cf.* genital stage

later adulthood 성년후기(成年後期)

lateral 음운 설측성(舌側性)

lateral adenoidectomy 해부 외측아데노이트 절제술(切除術)

lateral ampullar nerve 해부 외측팽대부신경(外側膨大部神經)

lateral aperture 해부 외측구멍

lateral approximant 조음 설측 접근음(舌側接近音)

lateral articulation 조음 설측 조음(舌側調音)

lateral balance 측방향 균형(側方向均衡)

lateral basal segmental bronchus 외측바닥구역 기관지(氣管支)

lateral canal 해부 외측도(外側道)

lateral cerebellum 해부 외측소뇌반구(外側小腦半球)

lateral click 조음 설측 협착음(舌側狹窄音)

lateral column 외측기둥

lateral cord 측삭(側索)

lateral corticospinal tract 해부 외측피질척수로(外側皮質脊髓路)

lateral cricoarytenoid 해부 외측윤상피열근(外側輪狀披閱筋)

lateral cricoarytenoid muscle 해부 외측윤상피열근(外側輪狀披閱筋)

lateral crus 외측각(外側脚), 외측다리

lateral dominance 편측성 우위(片側性優位), 편측우성(片側優性)

lateral fissure 편측성 열구(片側性裂溝)

lateral fricative 조음 설측 마찰음(舌側摩擦音)

lateral geniculate body 해부 외측슬상체(外側膝上體)

lateral geniculate nuclei 해부 외측슬상핵(外側膝上核)

lateral habenular nucleus 해부 외측고삐핵

lateral horn 해부 외측각(外側角)

lateral incisor 해부 측절치(側切齒)

lateral inhibition 측부억제(側部抑制)

lateral intermediate substance 해부 외측중간회색질

lateral lemniscus(LL) 해부 외측섬유띠

lateral lenticulostriate artery 해부 외측렌즈핵줄무늬체동맥

lateral ligament of melleus 해부 추골측인대(槌骨側靭帶)

lateral malleolar ligament 해부 외측추골인대(外側槌骨靭帶)

lateral medullary syndrome 생리 (허혈성 경색에 의한 신경질환) 외측연수증후군(外側延髓症候群)＝Wallenburg syndrome ↔ medial medullary syndrome

lateral nasal branch 해부 외비지(外鼻枝)

lateral nasal cartilage 해부 외측비연골(外側鼻軟骨)

lateral nasal vein 해부 외측비정맥(外側鼻靜脈)

lateral olivecochlear bundle 외측올리브 와우속(蝸牛束)

lateral pharyngeal wall 해부 외측인두벽(外側咽頭壁)

lateral plosion 조음 설측파열(舌側破裂)

lateral process 해부 외측돌기(外側突起)

lateral proper fascicles 해부 외측고유섬유속(外側固有纖維束)

lateral pterygoid lamina 해부 외측익상돌기판(外側翼狀突起板)

lateral pterygoid muscle 해부 외측익돌근(外側翼突筋), 외측날개근

lateral pterygoid nerve 외측익돌신경(外側翼突神經)

lateral rectus muscle 해부 외측직근(外側直筋), 외측곧은근

lateral release 설측 개방(舌側開放)

lateral resonant 조음 설측 공명음(舌側共鳴音)

lateral reticular formation 해부 외측 망상체(外側網狀體)

L

lateral reticular nucleus 해부 외측망상핵(外側網狀核)
lateral sclerosis 생리 측삭경화증(側索硬化症)
lateral segment 해부 외측구역(外側區域)
lateral segmental bronchus 해부 외측구역기관지(外側區域氣管枝)
lateral semicircular canal 해부 외측반규관(外側半規管), 외측반고리관
lateral sound 조음 설측음(舌側音)
lateral spinal cord 해부 외측척수(外側脊髓)
lateral spinothalamic tract 해부 외측척수시상로(外側脊髓視床路)
lateral strabismus 해부 외측사시(外側斜視) ↔ internal strabismus
lateral sulcus 해부 외측구(外側溝), 외측고랑 *cf.* central sulcus
lateral superior olive(LSO) 해부 외측상 올리브
lateral suppression 외측억제(外側抑制)
lateral thinking 측면적 사고(側面的事故)
lateral thyrohyoid ligament 해부 외측갑상설골인대(外側甲狀舌骨靭帶)
lateral thyrotomy 해부 외측갑상연골절개술(外側甲狀軟骨切開術)
lateral trigeminothalamic tract 해부 외측삼차신경시상로(外側三次神經視床路)
lateral trim of the adenoid 해부 아데노이드 편측절제
lateral ventricle 해부 외측뇌실(外側腦室)
lateral vestibular nucleus 신경 외측전정신경핵(外側前庭神經核)
lateral view 외측관(外側觀)
lateral wall 측면벽(側面壁), 외측벽(外側壁)
lateral wave 음향 측면파(側面波)
lateral zone 외측대(外側帶)
laterality 편측성(片側性)
laterality theory 말더듬 편측성 이론(片側性理論)
lateralization (1) 뇌 편재화(偏在化), 국소화(局在化) (2) 음운 설측음화(舌側音化)
lateralization hypothesis 편재화 가설(偏在化假說)
latero- '측면(側面)'의 의미
laterodeviation 해부 외측편향(外側偏向)
laterognathism 생리 턱 치우침증
latissimus dorsi muscle 해부 광배근(廣背筋)
Laurence-Moon syndrome(LMS) 생리 (상염색체 열성 유전성) 로렌스문 증후군
lavage of sinus 생리 부비동 세척(副鼻洞洗滌)
lavator muscle of ribs 해부 늑골거근(肋骨擧筋), 늑골올림근
lavator veli palatini muscle 해부 연구개거근(軟口蓋擧筋), 연구개올림근
law of causality 인과율(因果率)
law of conservation of mass 질량보존법칙(質量保存法則)
law of demand and supply 수요공급법칙(需要供給法則)
law of diffusion 확산법칙(擴散法則)
law of displacement 변위법칙(變位法則)
law of dominance 우열법칙(優劣法則)
law of inertia 관성법칙(慣性法則)
law of mass balance 질량형평의 원칙
law of the first wavefront 음향 제1 파면의 법칙 = Haas effect *cf.* Cocktail party effect
laws of association 연합법칙(聯合法則)
lax 음운 이완성(弛緩性) ↔ tensed
lax consonant 조음 이완자음(弛緩子音)
lax phoneme 음운 이완음소(弛緩音素)
lax vowel 조음 이완모음(弛緩母音) ↔ tense vowel
laxing 음운 이완음화(弛緩音化) ↔ tensing
laxing rule 음운 이완규칙(弛緩規則), 이완음화규칙(弛緩音化規則)
laxity 이완(弛緩), 이완성(弛緩性) ↔ tensity
layer-built cell 적층전지(積層電池)
layer-built dry cell 적층 건전지(積層乾電池)
LBL(lower bound length) 최단발화길이

↔ UBL

LCA(language and communication assessment) AAC 언어-의사소통평가(言語意思疏通評價)

LCA(linear correspondence axiom) 선형대응공리(線形對應公理)

LCB(locus of control of behavior) 말더듬 행동통제소(行動統制所)

LCBS(locus of control of behavior scale) 말더듬 행동통제소척도(行動統制所尺度)

LDD(language developmental disorders) 언어발달장애(言語發達障礙)

LDL(loudness discomfort level) 음향 음고불쾌레벨 = uncomfortable loudness level ↔ LCL

LDS(language development survey) 언어발달설문조사(言語發達設問調査)

leadership 지도력(指導力)

leakage 누설(漏泄)

leakage current 청각 누설전류(漏泄電流)

leak resistance 음향 누설저항(漏泄抵抗)

leakage coefficient 통계 누설계수(漏泄係數)

leakage conductance 청각 누설전도율(漏泄傳導率)

leapfrog narrative 언어발달 왔다 갔다 하는 이야기 *cf.* miscellaneous narrative

learnability 언어습득 학습능력(學習能力) = learning ability

learnability theory 언어습득 학습능력이론(學習能力理論)

learned behavior 심리 학습된 행위

learned helplessness theory 심리 학습된 무력감이론(無力感理論)

learner corpus 언어습득 학습자 코퍼스, 학습자 말뭉치

learning 학습(學習)

learning ability 언어습득 학습능력(學習能力) = learnability

learning aptitude 언어습득 학습적성(學習適性)

learning curve 언어습득 학습곡선(學習曲線)

learning disabilities 언어발달 학습장애(學習障礙) = learning disorders

learning disabilities teacher 학습장애교사(學習障礙教師)

learning disabled 학습장애인(學習障礙人)

learning effect 말더듬 학습효과(學習效果)

learning goal 학습목적(學習目的)

learning guidance 학습지도(學習指導)

learning history 학습력(學習歷)

learning log 학습일지(學習日誌)

learning model 언어습득 학습모형(學習模型)

learning motivation 언어습득 학습 동기유발(學習動機誘發)

learning motive 언어습득 학습동기(學習動機)

learning period 언어습득 학습기간(學習期間)

learning process 언어습득 학습과정(學習過程)

learning strategy 언어습득 학습전략(學習戰略)

learning style 언어습득 학습양식(學習樣式), 학습유형(學習類型)

learning task 언어습득 학습과제(學習課題)

learning theory 언어습득 학습이론(學習理論)

learning to read 언어발달 읽기 위한 학습 *cf.* reading to learn

learnt knowledge 언어습득 학습한 지식 *cf.* acquired knowledge

least 최소(最小), 최소량(最少量)

least common denominator 최소 공통분모(最少共通分母)

least common multiple 최소공배수(最少公倍數)

least effort condition 최소노력조건(最少努力條件)

least restrictive environment(LRE) 최소제한환경(最小制限環境)

least significant digit 최하위의 수

least squares 최소제곱

LED(light emitting diode) 발광 다이오드

Lee-Silverman voice treatment(LSVT)

리-실버만 음성치료(音聲治療) *cf.* think aloud

left 좌(左), 왼(쪽)

left atrium 해부 좌심방(左心房) ↔ right atrium

left brain 해부 좌뇌(左腦) ↔ right brain

left branch condition 좌분지 조건(左分枝條件)

left branch constraint 좌분지 제약(左分枝制約) ↔ right branch constraint

left-branching clause 좌분지절(左分枝節) ↔ right-branching clause

left cerebral impairment 좌뇌손상(左腦損傷) *cf.* right cerebral impairment

left common carotid artery 해부 좌총경동맥(左總頸動脈) ↔ right common carotid artery

left dislocation 좌측전위(左側轉位)

left-dominant 왼쪽우세 ↔ right-dominant

left ear advantage 왼쪽 귀 유리

left-hand manual alphabet 왼손 수신호 알파벳

left-handed 왼손잡이 ↔ right-handed

left-handedness 왼손잡이 ↔ right-handedness

left hemisphere 해부 좌뇌반구(左腦半球) ↔ right hemisphere

left hepatic lobe 해부 (간의) 좌엽(左葉) ↔ right hepatic lobe

left hypogastric nerve 좌하복신경(左下腹神經)

left inferior lobar bronchus 해부 좌하엽기관지(左下葉氣管支)

left lamina 왼판

left lung 해부 좌폐(左肺) ↔ right lung

left main bronchus 해부 좌주기관지(左主氣管支)

left middle cerebral artery 좌측중부뇌동맥(左側中部腦動脈)

left neglect 신경 좌측무시(左側無視) = left-sided neglect ↔ right neglect

left neglect dyslexia 신경 좌측무시 읽기장애

left recurrent laryngeal palsy 좌측회귀성 후두신경마비(左側回歸性喉頭神經痲痺)

left right disorientation 좌우지남력장애(左右指南力障礙)

left side of lateral pterygoid muscle 해부 좌외측익돌근(左外側翼突筋)

left side of temporal muscle 해부 왼쪽 관자근

left-sided neglect 생리 좌측무시(左側無視) = left neglect ↔ right-sided neglect

left superior lobar bronchus 해부 좌상엽기관지(左上葉氣管支)

left ventricle 해부 (심장의) 좌심실(左心室) ↔ right ventricle

left visuospatial neglect 생리 좌측시공간무시증(左側視空間無視症)

leftness condition 좌측조건(左側條件)

legal blindness 법적 맹(法的盲)

legato 레가토, 음이 끊이지 않고 부드럽게 ↔ staccato

Legendre polynomials 르장드레 다항식(多項式)

Leibnitz' law 라이프니쯔의 법칙, 대치의 법칙

leisure time 여가시간(餘暇時間)

Leiter international performance scale(LIPS) 라이터 비언어성 지능검사(非言語性知能檢查)

LEMG(laryngeal electromyography) 후두근전도검사(喉頭筋電圖檢查)

lemniscus 모대(帽帶), 융대(絨帶)

length 길이, 음장(音長)

length mark 장음부호(長音符號)

lengthening 음운 장음화(長音化) ↔ shortening

lenis 조음 연음(軟音), 약한 소리 ↔ fortis

lenis consonant 조음 연자음(軟子音) ↔ fortis consonant

lenis phoneme 음운 연음소(軟音素)

lenition 음운 연음화(軟音化) ↔ fortition

lens 해부 (눈의) 수정체(水晶體)

lenticular aphasia 신경 렌즈핵성 실어증(失語症)

lenticular nucleus 해부 렌즈핵 = lentiform nucleus

lenticular process 해부 렌즈핵 돌기(突起)

lentiform nucleus 해부 렌즈핵 = lenticular nucleus

leptomeningitis 생리 연수막염(延髓膜炎)

Lermoyez syndrome 생리 (메니에르병의 변성) 러모예즈 증후군

LES(lower esophageal sphincter) muscle 해부 하부식도괄약근(下部食道括約筋), 아래식도조임근 *cf.* UES

Lesch-Nyhan syndrome(LNS) 생리 (선천성 유전성) 레쉬-니한 증후군

lesion 해부 병소(病巢), 병변(病變)

lesion study 해부 병소연구(病巢硏究)

Leskien August 슬라브어학자, 소장문법학파의 중심인물

lesser cornua 해부 L 소각(小角), 작은뿔 = lesser horn

lesser curvature 해부 소만곡(小彎曲)

lesser horn 해부 소각(小角), 작은뿔 = lesser cornua

lesser horn of hyoid 해부 설골소각(舌骨小角)

lesser occipital nerve 소후두신경(小後頭神經)

lesser palatine foramen 해부 소구개공(小口蓋孔)

lesser palatine nerve 해부 소구개신경(小口蓋神經)

lesser petrosal nerve 해부 소추체신경(小錐體神經)

lesser salivatory glands 해부 소타액선(小唾液腺), 작은침샘

lesser splanchnic nerve 해부 작은내장신경

lesser wing 해부 소익(小翼)

lesser wing of sphenoid bone 해부 접형골소익(蝶形骨小翼)

lesson plan 교안(敎案)

lethal factor 생리 치사인자(致死因子)

lethargy 혼수(昏睡), 무기력(無氣力)

let's talk inventory for children(LTI) 아동용 말하기 검사목록(檢査目錄)

letter 문자(文字)

letter-by-letter reading (실독증 환자의) 낱글자읽기

letterform 문자형태(文字形態), 활자 디자인

letter founder 활자 주조자(活字鑄造者)

lettering pen 글자도안용 펜

letterpress 문자인쇄면(文字印刷面)

letter quality 활자 품질수준(活字品質水準)

letter-to-sound conversion 문자-음성변환(文字音聲變換)

leucotome 해부 뇌엽절제용 메스

leukemias 생리 백혈병(白血病)

leukocyte 생리 백혈구(白血球) *cf.* erythrocyte, red blood cell

leukoma 생리 백반(白斑)

leukoplakia 생리 백반증(白斑症)

leukoplakia of oral cavity 생리 구강백반증(口腔白斑症)

leukotomy 해부 (전두엽) 백질절제술(前頭葉白質切除術)

levator 해부 L 거근(擧筋), 올림근 = levator muscle ↔ depressor

levator anguli oris 해부 L 구각거근(口角擧筋), 입꼬리올림근 = levator muscle of angle of mouth

levator costarum 해부 L 늑골거근(肋骨擧筋), 늑골올림근 = levator muscle of ribs

levator labii inferioris 해부 하순거근(下脣擧筋), 아래입술올림근 = levator muscle of lower lip

levator labii superioris 해부 L 상순거근(上脣擧筋), 윗입술올림근 = levator muscle of upper lip

levator muscle of angle of mouth 해부 구각거근(口角擧筋), 입꼬리올림근 = L levator anguli oris

levator muscle of ribs 해부 늑골거근(肋骨擧

筋), 늑골올림근 = L levator costarum

levator muscle of upper lip 해부 상순거근(上脣擧筋), 윗입술올림근 = L levator labii superioris muscle

levator muscle of velum palatinum 해부 구개거근(口蓋擧筋), 구개올림근 ↔ L levator veli palatini

levator palatini 해부 L 구개거근(口蓋擧筋), 구개올림근 ↔ L depressor palatini

levator veli palatini 해부 L 연구개거근(軟口蓋擧筋), 연구개올림근 = levator muscle of velum palatinum

level above threshold 음향 역치상 레벨

level difference 음향 (실간음압) 레벨 차

level effect 계층효과(階層效果)

level gauge 액면계(液面計)

level mode 레벨양식(水準樣式)

level of function 기능레벨

level of statistical significance 통계적 유의 레벨

level-one therapy 첫 단계 치료

level ordering hypothesis 단계순서가설(段階順序假說)

level pitch 수평소리높이

levels of analysis 분석레벨

levels of language cueing 레벨별 언어단서(言語端緖)

levels of significance 유의레벨

lever effect 청각 지렛대 효과 *cf.* shearing effect

lever ratio 지렛대 비(比)

lexeme 어휘소(語彙素) *cf.* sememe

lexical activation 어휘 활성화(語彙活性化)

lexical agraphia 생리 어휘실서증(語彙的失書症) *cf.* phonological agraphia

lexical alexia 생리 어휘실독증(語彙失讀症) = surface alexia *cf.* phonological alexia

lexical alteration 인지 어휘변화(語彙變化)

lexical ambiguity 언어발달 어휘적 애매성(語彙曖昧性) *cf.* sentential ambiguity

lexical analyzer 어휘분석기(語彙分析器)

lexical anaphora 어휘대용(語彙代用)

lexical application 어휘적용(語彙適用)

lexical bootstrapping 언어발달 어휘적 자동처리(語彙的自動處理) *cf.* phonological bootstrapping

lexical category 어휘범주(語彙範疇)

lexical category prominence rule 어휘범주 우세규칙(語彙範疇優勢規則)

lexical change 어휘변화(語彙變化)

lexical cohesion 어휘적 결속(語彙的結束)

lexical competency 어휘능력(語彙能力)

lexical component 어휘부문(語彙部門)

lexical concept 어휘개념(語彙概念)

lexical contrast constraint 사전적 대조제약(辭典的對照制約)

lexical decision task 언어습득 어휘판단과제(語彙判斷課題)

lexical decomposition 의미 어휘분해(語彙分解)

lexical density 어휘밀도(語彙密度)

lexical diffusion 어휘분산(語彙分散), 어휘확산(語彙擴散)

lexical effect 어휘효과(語彙效果)

lexical entries and diacritic features 의미 어휘항목 구별자질(語彙項目區別資質)

lexical entries and markedness 의미 어휘항목 유표성(語彙項目有標性)

lexical entry 의미 어휘항목(語彙項目), 어휘목록(語彙目錄)

lexical error 의미 어휘오류(語彙誤謬)

lexical feature 의미 어휘자질(語彙資質)

lexical field 의미 어휘장(語彙場) = semantic field, conceptual field

lexical functional grammar 어휘기능문법(語彙機能文法)

lexical gap 의미 어휘빈칸

lexical information 의미 어휘정보(語彙情報)

lexical insertion 어휘삽입(語彙插入)

lexical integrity hypothesis 의미 어휘합성가설(語彙合成假說), 어휘보존가설(語彙保存假說)
lexical interpretation 어휘해석(語彙解釋)
lexical item 의미 어휘항목(語彙項目)
lexical level 의미 어휘계층(語彙階層), 어휘단계(語彙段階)
lexical meaning 의미 어휘적 의미(語彙的意味) *cf.* grammatical meaning
lexical morpheme 어휘형태소(語彙形態素) = full morpheme ↔ grammatical morpheme, empty morpheme
lexical non-semantic route 어휘-비의미경로(語彙非意味經路)
lexical passive 통사 어휘적 수동(語彙的受動)
lexical phonology 어휘음운론(語彙音韻論)
lexical redundancy rule 통사 어휘잉여규칙(語彙剩餘規則)
lexical representation 어휘표시(語彙標示)
lexical route 언어습득 어휘경로(語彙徑路) ↔ non-lexical route
lexical rule 어휘규칙(語彙規則)
lexical semantic processes 인지 어휘의미 처리과정(語彙意味處理過程)
lexical semantics 어휘의미론(語彙意味論)
lexical split 어휘분기(語彙分岐)
lexical stress 어휘강세(語彙强勢)
lexical structure 어휘구조(語彙構造)
lexical syntactic deficit 어휘적 구문장애(語彙的構文障礙)
lexical system 어휘체계(語彙體系)
lexical verbs 동사어휘(動詞語彙)
lexicalist control theory 어휘론자적 통제이론(語彙論者的統制理論)
lexicalist hypothesis 어휘주의적 가설(語彙主義的假說)
lexicalization 어휘화(語彙化)
lexicogrammar 어휘문법(語彙文法)
lexicographer 사전편찬자(辭典編纂者)
lexicography 사전학(辭典學)
lexicologist 어의학자(語義學者)
lexicology 어휘론(語彙論)
lexicon 어휘집(語彙集) *cf.* vocabulary
lexicostatistics 어휘통계학(語彙統計學)
lexigram 단어문자(單語文字)
lexigraphy 일자일어법(一字一語法)
LF(logical form) 논리형태(論理形態)
LF(low frequency) 저주파수(低周波數) ↔ HF
LI(language impairment) 언어장애(言語障礙), 언어 손상(言語損傷) = LD
liaison 연음(連音), 연독(連讀)
Liberator communication aid 리버레이터 의사소통보조기(意思疏通補助器)
libido 심리 (프로이드의 정신분석학) 성충동(性衝動), 리비도
license 인가(認可), 허가(許可)
licensing condition 허가조건(許可條件)
licensor 인가어(認可語)
Lichtheim's aphasia 신경 리하트하임 실어증
Lidcombe program 말더듬 리드콤 프로그램 *cf.* stocker probe technique
LLE(late language emergence) 언어발달 늦은 언어출현(言語出現)
lie detector 거짓말 탐지기 = poligraohy
life cycle 수명(壽命), 전생애(全生涯) = life span
life expectancy 기대수명(期待壽命)
life history 생활사(生活史)
life instinct 심리 삶의 본능, 생의 본능 ↔ death instinct
life long education 평생 교육(平生敎育) *cf.* continuing education
life science 생명과학(生命科學)
life span 수명(壽命), 전생애(全生涯) = life cycle
life span development 전생애발달(全生涯發達)
life span development process 전생애발달과정(全生涯發達過程)

L

lifestyle considerations 생활양식 고려점(生活樣式考慮點)
lift 양력(揚力)
lift coefficient 통계 양력계수(揚力係數)
lift fluctuation 양력변동(揚力變動)
ligament 해부 인대(靭帶) *cf.* tendon
ligamentum teres 해부 L 인대근(靭帶筋)
light articulatory contact 조음 가벼운 조음 접촉(調音接觸)
light cone 해부 광추(光錐)
light emitting diode(LED) 발광 다이오드
light perception 신경 광각(光覺)
light reflex 신경 광반사(光反射)
light refraction 빛굴절
light sleep 경수면(輕睡眠)
light syllable 음운 경음절(輕音節), 가벼운 음절 ↔ heavy syllable
light vowel 조음 경모음(輕母音)
Lighthill's acoustic analogy 라이트힐의 음향 대응법
likelihood ratio 유사도(類似度)
Likert scale 통계 리커트 척도 *cf.* equal appearing interval scale
like-subject constraint 동주어 제약(同主語制約)
limb apraxia 생리 사지실행증(四肢失行症)
limbic cortex 해부 변연피질(邊緣皮質)
limbic lobe 해부 변연엽(邊緣葉)
limbic system 해부 (대뇌) 변연계(邊緣系)
limbus spiralis 해부 나선연(螺旋緣)
limen 역(閾), 문턱
limen insulae 해부 L 도역(島閾), 섬문턱
limen nasi 해부 L 비역(鼻域), 코문턱
limes 경계(境界)
liminal stimulus 청각 한계자극(限界刺戟)
limit 한계(限界)
limit cycle 한계순환기(限界循環期)
limit of error 오차한계(誤差限界)
limit point 한계점(限界點)
limited anomia 생리 제한적 명칭실증(制限的名稱失症)
limited manual sigh system 음향 한정적 수신호체계(限定的手信號體系)
limited range audiometer 청각 한계범위 청력측정기(限界範圍聽力測程器)
limited range speech audiometer 청각 한계범위 발화청력측정기(限界範圍發話聽力測程器)
limited support 지적 장애 제한적 지원(制限的支援) *cf.* intermittent support
limiter (진폭) 제한기(制限器)
limiting ray 한계 광선(限界光線)
limp wall 생리 림프벽
limphoid tissue 생리 림프조직
Lindamood auditory conceptualization test (LAC) 청각 린다무드 청력인지검사(聽力認知檢査)
line 선(線), 행(行)
line drawings 선 그림
line microphone 선(線) 마이크로폰
line of declination 기울기선
line of identity 식별선(識別線)
line sound-source 선 음원(線音源)
line spectrum 음향 선(線) 스펙트럼
linea alba 생리 L 백색선(白色線)
linear acoustics 음향 선형음향학(線形音響學) ↔ nonlinear acoustics
linear amplification 음향 선형증폭(線形增幅) ↔ nonlinear amplification
linear amplifier 음성공학 선형 증폭기(線形增幅器) ↔ nonlinear amplifier
linear combination 음성공학 선형조합(線形調合) ↔ nonlinear combination
linear compression 음성공학 선형압축(線形壓縮) ↔ nonlinear compression
linear correspondence axiom(LCA) 음성공학 선형대응공리(線形對應公理)

linear dependent 음성공학 선형의존(線形依存) ↔ linear independent

linear distortion 음성공학 선형왜곡(線形歪曲) ↔ nonlinear distortion

linear distribution 음성공학 선형분포(線形分布) ↔ nonlinear distribution

linear equations 통계 선형방정식(線形方程式) ↔ nonlinear equations

linear frequency compression 음향 선형주파수압축(線形周波數壓縮) ↔ nonlinear frequency compression

linear hearing aid 선형 보청기 ↔ nonlinear hearing aid

linear hearing aid amplification 선형보청기 증폭(線形補聽器增幅)

linear independent 선형독립(線形獨立) ↔ linear dependent

linear momentum 선형운동량(線形運動量)

linear notation 선형표시(線形標示) ↔ nonlinear notation

linear order 선형순(線形順)

linear phonology 단선음운론(單線音韻論) ↔ nonlinear phonology

linear precedence rules 음성공학 선형선행규칙(線形先行規則)

linear prediction 음성공학 선형예측(線形豫測)

linear prediction coefficient 통계 선형예측 상관계수(線形豫測相關係數)

linear prediction method 음성공학 선형예측방법(線形豫測方法)

linear predictive analysis 음성공학 선형예측분석(線形豫測分析)

linear predictive cepstral coefficient(LPCC) 음성공학 선형예측 켑스트럼계수

linear predictive coding(LPC) 음성공학 선형예측부호(線形豫測符號)

linear programming 선형계획(線形計劃)

linear recording density 선형녹음밀도(線形錄音密度)

linear regression 통계 선형회귀(線形回歸) ↔ nonlinear regression

linear regression analysis 통계 선형회귀분석(線形回歸分析)

linear regression equation 통계 선형회귀 방정식(線形回歸方程式)

linear relationships 선형관계(線形關係) ↔ nonlinear relationships

linear representation 선형표시(線形表示)

linear rule 통계 선형규칙(線形規則) ↔ nonlinear rule

linear scale 통계 선형계수(線形係數)

linear story structure 선형적 이야기 구조

linear syntactic relationships 통사 선형적 구문관계(線形的構文關係)

linear system 선형체계(線形體系) ↔ nonlinear system

linear theory 선형이론(線形理論) ↔ nonlinear theory

linear viscous damping 선형점성 감쇄(線形粘性減殺)

linearity 선형성(線形性) ↔ nonlinearity

linearization 선형화(線形化)

linearized magnetometer 선형화된 자력계

linearly dependent 선형 의존성(線形依存性)

linearly independent set 선형독립집합(線形獨立集合)

linearly polarized 선형분극화(線形分極化)

linearly stable 선형안정성(線形安定性)

Ling 5 sound test 청각 링 파이브 음성검사(音聲檢查)

Ling 6 sound test 청각 링 식스 음성검사(音聲檢查)

lingo 특수용어(特殊用語)

lingua-alveolar 조음 설치조(舌齒槽)

lingua-alveolar area 조음 설치조 부위(舌齒槽部位)

lingua-alveolar sounds 조음 설치조음(舌齒槽音)
lingua franca 통용어(通用語), 혼성국제어(混成國際語) *cf.* international language
linguadental area 조음 설치부위(舌齒部位)
linguadental sounds 조음 설치음(舌齒音)
linguagram 설면도(舌面圖)
lingual abscess 생리 설농양(舌膿瘍)
lingual apex 조음 설첨(舌尖), 혀끝
lingual apraxia 생리 설실행증(舌失行症) *cf.* facial apraxia
lingual artery 해부 설동맥(舌動脈)
lingual branch 해부 설지(舌枝)
lingual consonants 조음 설자음(舌子音)
lingual frenulum 해부 설소대(舌小帶), 혀주름띠
lingual gland 해부 설선(舌腺), 혀샘
lingual gyrus 해부 설상이랑
lingual lisp 혀짤배기소리
lingual mucous membrane 해부 혀점막
lingual nerve 해부 설신경(舌神經)
lingual papillae 해부 설유두(舌乳頭) = L papillae linguales
lingual paralysis 신경 설마비(舌痲痹)
lingual raphe 해부 중앙설구(中央舌溝)
lingual tonsil 해부 설편도(舌扁桃)
linguality 조음 설음성(舌音聲)
linguapalatal sounds 조음 설구개음(舌口蓋音)
linguavelar sound 조음 설연구개음(舌軟口蓋音)
linguist 언어학자(言語學者)
linguistic abilities 언어발달 언어능력(言語能力) = language abilities ↔ nonlinguistic abilities
linguistic anthropology 언어인류학(言語人類學)
linguistic approaches AAC 언어접근법(言語接近法)
linguistic aspects 언어양상(言語樣相)
linguistic atlas (방언학의) 언어지도(言語地圖) = linguistic map
linguistic change 언어변화(言語變化)
linguistic circle of Prague 프라그 언어학파
linguistic cognition 인지 언어적 인지(言語的認知)
linguistic community 언어공동체(言語共同體)
linguistic competence AAC 언어능력(言語能力) *cf.* social competence
linguistic complexity 언어학적 복잡성(言語學的複雜性) *cf.* psycholinguistic complexity
linguistic component 언어적 구성요소(言語的構成要素)
linguistic context 언어적 문맥(言語的文脈)
linguistic co-presence 언어적 공존(言語的共存)
linguistic deficits 언어적 결함(言語的缺陷)
linguistic determinism 언어결정론(言語決定論) *cf.* linguistic relativity
linguistic disfluency model 말더듬 언어학적 비유창성 모델
linguistic divergence 언어분기(言語分岐)
linguistic diversity 언어다양성(言語多樣性) = language diversity
linguistic experience 언어적 경험(言語的經驗)
linguistic falsity 언어학적 허위(言語學的虛僞)
linguistic features 언어자질(言語資質)
linguistic feedback 언어적 피드백 ↔ nonlinguistic feedback *cf.* paralinguistic
linguistic geography (방언학의) 언어지리학(言語地理學) = dialect geography
linguistic indicator 언어 지시체(言語指示體)
linguistic input 언어입력(言語入力)
linguistic insecurity 언어적 불안(言語的不安)
linguistic intelligence 언어적 지능(言語的知能)
linguistic intrusion 언어적 강요(言語的强要)
linguistic intuition 언어적 직관(言語的直觀)
linguistic level 언어층위(言語層位)
linguistic load 언어적 부담(言語的負擔)
linguistic map (방언학의) 언어지도(言語地圖) = linguistic atlas
linguistic meaning 언어학적 의미(言語學的意味)
linguistic metaphor 인지 언어적 은유(言語的

隱喩)
linguistic method 언어학적 교수법(言語學的敎授法)
linguistic norm 어문규범(語文規範) *cf.* orthography
linguistic ontogency 언어적 개체발생학(言語的個體發生學)
linguistic patterns 언어유형(言語類型)
linguistic performance 언어수행(言語遂行), 언어행위(言語行爲) *cf.* linguistic competence
linguistic phenomenology 인지 언어 현상학(言語現象學)
linguistic philosophy 언어철학(言語哲學)
linguistic phonetics 언어음성학(言語音聲學)
linguistic predictability 언어적 예언가능성(言語的豫言可能性)
linguistic principles 언어적 원칙(言語的原則) *cf.* cognitive principles
linguistic profiles 언어 프로파일
linguistic psychology 언어심리학(言語心理學)
linguistic relativism 언어상대주의(言語相對主義)
linguistic relativity 언어상대성(言語相對性) *cf.* linguistic determinism
linguistic relativity hypothesis 언어상대가설(言語相對性假說)
linguistic retention 언어보유력(言語保有力)
linguistic schizophrenia 생리 언어분열증(言語分裂症)
linguistic sign 언어기호(言語記號)
linguistic specific 언어특수성(言語特殊性) *cf.* linguistic universal
linguistic truth 언어학적 진리(言語學的眞理)
linguistic typology 언어유형론(言語類型論)
linguistic units 언어단위(言語單位)
linguistic universal 언어보편성(言語普遍性) *cf.* linguistic specific
linguistic variation 언어적 변이(言語的變異)
linguistics 언어학(言語學) *cf.* paralinguistics
lingula 해부 소설(小舌), 혀
lingula of mandible 해부 하악소설(下顎小舌)
linguoclination 해부 혀쪽경사
linguolabial sound 조음 설순음(舌脣音)
linguoversion 해부 설측전위(舌側轉位)
link bar 연결막대
link schema 인지 연결도식(連結圖式) *cf.* center-periphery schema
linking 연결(連結)
linking verb 연결동사(連結動詞)
linking condition 연결제약(連結制約)
linking convention 연결규약(連結規約)
linking rule 연결규칙(連結規則)
lip 입술
lip-attitude 해부 입술모양
lip reader 청각 독순술가(讀脣術家)
lip reading 청각 독순술(讀脣術), 입술 읽기 *cf.* speech reading
lip rounding 음운 원순성(圓脣性), 원순화(圓脣化)
lip shape feature 조음 입술모양 자질
lip surgery 해부 입술수술
lipase 생리 리파제
lipid 해부 지질(脂質)
lipid bilayer 해부 지질막(脂質膜)
lipid-soluble 지용성(脂溶性)의 *cf.* water-soluble
lipreading 독순(讀脣) *cf.* speechreading
LIPS(Leiter international performance scale) 라이터 비언어성 지능검사(非言語性知能檢査)
liquid 액체(液體) = fluid *cf.* solid
liquid crystal display 액정화면(液晶畫面)
liquid gliding 음운 유음의 활음화(滑音化)
liquid sound 조음 유음(流音)
liquidization 음운 유음화(流音化)
LIS(locked-in syndrome) 생리 (마비로 인한 움직임이 전혀 불가능한) 감금증후군(監禁症候群)

L

lisp 조음 혀짧배기 발음
listemes 목록소(目錄素)
listener 청자(聽者) *cf.* speaker
listening 청취(聽取), 듣기
listening comprehension 청취이해력(聽取理解力)
listening room 청각 청음실(聽音室)
listening tube 청취관(聽取管)
literacy 문해력(文解力), 독서능력(讀書能力) ↔ illiteracy
literacy education 언어발달 문해교육(文解敎育)
literacy rate 식자율(識者率) ↔ illiteracy rate
literacy socialization 언어발달 문해사회화(文解社會化) *cf.* reading socialization
literacy test 언어발달 문해검사(文解檢査)
literal 문자상의
literal comprehension 언어발달 문어적 이해(文語的理解)
literal information 언어발달 사실적 정보(事實的情報) = factual information
literal meaning 문자적 의미(文字的意味) *cf.* figurative meaning
literal paraphasia 생리 문자착어증(文字錯語症)
literary 문학의, 문어의
literary corpus 문어 코퍼스, 문어 말뭉치 ↔ spoken corpus
literary culture 문어문화(文語文化) = text culture ↔ oral culture
literary language 문어(文語), 문학어(文學語) = written language
literate 언어발달 읽고 쓸 수 있는 ↔ illiterate *cf.* preliterate
literate language 언어발달 문해언어(文解言語)
literature review 문헌개관(文獻槪觀)
literature survey 문헌조사(文獻調査)
litotes 곡언법(曲言法) *cf.* euphemism
live room 음향 반향실(反響室)
live-voice audiometry 청각 육성 청력검사(肉聲聽力檢査)
live-voice test 육성검사(肉聲檢査)
liver 해부 간(肝)
living environment 생활환경(生活環境)
living language 생활언어(生活言語)
living standard 생활수준(生活水準) = standard of living
LL(lateral lemniscus) 해부 외측섬유띠
LLD(language learning disabilities) 언어학습장애(言語學習障礙) = language learning disorders
Lloyd mirror effect 음향 로이드 미러효과
LMN(lower motor neuron) 해부 하위운동뉴런 ↔ UMN
LMS(Laurence-Moon syndrome) 생리 (상염색체 열성 유전성) 로렌스문 증후군
LMT(laryngeal manual therapy) 후두마사지
LNS(Lesch-Nyhan syndrome) 생리 (선천성 유전성) 레쉬-니한 증후군
load 부하(負荷), 짐
loaded impedance 음향 부하시저항(負荷時抵抗)
loading 부하량(負荷量)
loan blend 차용혼성어(借用混成語)
loan phonology 음운 차용어음운론(借用語音韻論)
loan translation 어의차용(語義借用) = calque
loanword 차용어(借用語) = borrowing word *cf.* native word
loanword orthography 외래어표기법(外來語表記法)
lobe 해부 엽(葉)
lobectomy 해부 폐엽절제술(肺葉切除術)
lobotomy 해부 (전두엽) 백질절제술(前頭葉白質切除術)
lobule 해부 소엽(小葉)
lobule of auricle 해부 귓볼 = L lobulus auriculae
lobulus auriculae 해부 L 귓볼 = lobule of

auricle

lobus frantalis 해부 L 전두엽(前頭葉) =frontal lobe

lobus inferior 해부 L 하엽(下葉) ↔ lobus superior

lobus intermedius 해부 L 중간엽(中間葉) =intermedial lobe

lobus occipotalis 해부 L 후두엽(後頭葉) =occipital lobe

lobus parietalis 해부 L 두정엽(頭頂葉) =parietal lobe

lobus posterior 해부 L 후엽(後葉)=posterior lobe

lobus superior 해부 L 상엽(上葉) ↔ lobus inferior

lobus temporalis 해부 L 측두엽(側頭葉) =temporal lobe

local anesthesia 생리 국소마취(局所痲醉) =topical anesthesia ↔ general anesthesia

local binding 국소적 결속(局所的結束)

local case theory 처소격 이론(處所格理論)

local circuit 국소회로(局所回路)

local coherence 심리 국소적 일관성(局所的一貫性) *cf.* global coherence

local control 국소적 통제(局所的統制)

local current 국소전류(局所電流)

local economy 국소적 경제성(局所的經濟性)

local error 국소오류(局所誤謬)

local identifier 국소 확인자(局所確認者)

local negation 부분부정(部分否定)

local potential 신경 국소전위(局所電位)

local reaction 국소반응(局所反應)

local transformation 국소변형(局所變形)

local trees 국소수형(局所樹形)

localism 뇌과학 국소론(局所論), 국재설(局在說)=localization *cf.* connectionism

localist 뇌과학 국소론자(局所論者) *cf.* connectionist

localist hypothesis 뇌과학 국소론자가설(局所論者假說) *cf.* connectionist hypothesis

localist theory 뇌과학 국소론자이론(局所論者理論) *cf.* connectionist theory

locality 인지 처소성(處所性)

locality condition 뇌과학 국소성 조건(局所性條件)

locality principle 뇌과학 국소성 원리(局所性原理)

localization 뇌과학 국재화(局在化)

localization of function 뇌과학 기능의 국재화(局在化)

localization view 뇌과학 국소론(局所論) =localism *cf.* holistic view

localizationism 뇌과학 국재화주의(局在化主義) *cf.* equipotentialism

localized amnesia 생리 제한적 기억상실증(制限的記憶喪失症)

localized wave 음향 국소파(局所波)

locally-reaction 생리 국소반응(局所反應)

location schema 인지 장소도식(場所圖式) *cf.* action schema

locative action relations 위치동작관계(位置動作關係)

locative case 처소격(處所格)

locative state relations 위치상태 관계(位置狀態關係)

locked-in syndrome(LIS) 생리 (마비로 인한 움직임이 전혀 불가능한) 감금증후군(監禁症候群)

locomotion 보행(步行), 운동(運動)=gait

locus 음향 기점(起點)

locus frequency 음향 로커스 주파수

locus of control of behavior(LCB) 말더듬 행동통제소(行動統制所)

locus of control of behavior scale(LCBS) 말더듬 행동통제소 척도(行動統制所尺度)

locution (1) 말씨, 말투 (2) 어법(語法), 화법

L

(話法) *cf.* illocution

locutionary act 언어발달 언표행위(言表行爲) *cf.* illocutionary act

locutionary communicative behaviors 언어발달 언표적 의사소통행위(言表的意思疏通行爲) *cf.* illocutionary communicative behaviors

locutionary meaning 언어발달 언표적 의미(言表的意味)

locutionary stage 언어발달 언표적 단계(言表的段階)

loft 고음(高音), 가성(假聲)

loft register 변성음성(變聲音聲)

loft register voice 음향 저주파 성역소리

logarithm 대수(對數), 로그 *cf.* mathematics

logarithmic decrement ratio 로그 감쇠율(對數減衰率)

logarithmic distribution 로그 분포 = non-linear distribution ↔ linear distribution

logarithmic frequency interval 음향 로그주파수 간격

logarithmic graph 로그 그래프

logarithmic magnitude ratio 대수 크기비율

logarithmic measurement 로그 측정(對數測定)

logarithmic scale 로그 척도(對數尺度)

logic 논리학(論理學)

logical argument structure 논리적 논항구조(論理的論項構造)

logical categories 논리적 범주(論理的範疇)

logical connective 논리적 연결어(論理的連結語)

logical consistency 논리적 일관성(論理的一貫性)

logical fallacy 논리적 오류(論理的誤謬)

logical form(LF) 논리형태(論理形態)

logical forms rules 논리적 형태규칙(論理的形態規則)

logical functions 담화 논리적 기능(論理的機能)

logical grammar 논리 문법(論理文法)

logical inference 언어발달 논리적 추론(論理的推論) *cf.* pragmatic inference

logical method 논리적 방법(論理的方法)

logical operations 논리적 작용(論理的作用), 논리적 조작(論理的操作)

logical positivism 논리실증주의(論理實證主義)

logical problem 논리적 문제(論理的問題)

logical proposition 논리적 명제(論理的命題)

logical relation 논리 관계(論理關係)

logical semantics 논리의미론(論理意味論)

logical subject 논리적 주어(論理的主語)

logical thinking 논리적 사고(論理的思考)

logical validity 논리적 타당성(論理的妥當性)

logistic map 논리도(論理圖)

logo- '언어(言語)'의 의미

logogen 말소리 인식

logograph 표어문자(表語文字)

logoneurosis 생리 언어신경증(言語神經症)

logopedician 언어의학자(言語醫學者)

logopedics 언어교정법(言語矯正法)

logopedist 옛 언어교정사(言語矯正士), 언어치료사(言語治療士)

logophasia 구어장애(口語障礙)

logophobia 심리 언어공포증(言語恐怖症)

logophoric anaphora 인식자적 대용화(認識子的代用化)

logophoricity 인식자효과(認識子效果)

logorrhea 생리 병적다변증(病的多辯症)

logotherapy 의미치료(意味治療)

Lombard effect 음향 (소음 차폐의) 롬바드 효과

Lombard test 음향 롬바드 검사

London school linguistics 런던 언어학파(言語學派)

long association fiber 해부 장연합섬유(長聯合纖維)

long consonant 조음 장자음(長子音), 긴닿소리

long-distance binding 장거리 결속(長距離結束)

long-distance dependency 장거리 의존성(長距離依存性)

long-distance movement 장거리 이동(長距離

移動)

long latency response 장기 잠복기반응(長期潛伏期反應) ↔ short latency response

long process 해부 장돌기(長突起), 긴돌기 ↔ short process

long process of incus 해부 침골장각(砧骨長脚)

long-term depression(LTD) 뇌과학 장기전압강하(長期電壓降下) ↔ long-term potentiation

long-term potentiation(LTP) 뇌과학 장기전압증강(長期電壓增强) ↔ long-term depression

long vowels 조음 장모음(長母音) ↔ short vowels

long vowel stressing rule 음운 장모음 강세규칙(長母音强勢規則)

longitudinal 종단(縱斷)의, 세로의 ↔ transverse

longitudinal approach 종단적 접근법(縱斷的接近法) ↔ cross-sectional approach

longitudinal canal 세로관 ↔ transverse canal

longitudinal cerebral fissure 해부 대뇌종열(大腦縱裂) = longitudinal fissure

longitudinal design 종단적 설계(縱斷的設計)

longitudinal fissure 해부 (대뇌의) 종렬(縱裂)

longitudinal glossus muscle 해부 종설근(縱舌筋)

longitudinal line 종선(縱線)

longitudinal method 종단적 연구방법(縱斷的研究方法) ↔ cross-sectional method

longitudinal mode transducer 음향 종모드 변환기

longitudinal muscle 해부 종주근(縱走筋), 세로근 ↔ transverse muscle

longitudinal lingual muscle 해부 종설근(縱舌筋), 혀세로근 *cf.* transverse lingual muscle

longitudinal phase difference 음향 종단적 위상차이(縱斷的位相差異)

longitudinal piezoelectric effect 음향 종단압전효과(縱斷壓電效果)

longitudinal plane 세로면 = horizontal plane ↔ transverse plane

longitudinal pontine fibers 해부 종단뇌교섬유(縱斷腦橋纖維)

longitudinal research 종단적 조사(縱斷的調査) *cf.* quasi-longitudinal research

longitudinal section 해부 종단면(縱斷面) ↔ vertical section

longitudinal study 종단적 연구(縱斷的研究)

longitudinal tension 종적 긴장(縱的緊張)

longitudinal wave 음향 종파(縱波) ↔ transverse wave

longitudinal wave speed 음향 종파속도(縱波速度)

longitudinalis inferior muscle 해부 하종설근(下縱舌筋) ↔ longitudinalis superior muscle

longitudinalis superior muscle 해부 상종설근(上縱舌筋) ↔ longitudinalis inferior muscle

long-range goals 장기목표(長期目標) ↔ shortrange goals

long-term average speech spectrum(LTASS) 장기간 평균어음 스펙트럼

long-term care facilities 장기요양시설(長期療養施設) ↔ short-term care facilities

long-term care 장기간 보호(長期間保護) ↔ short-term care

long-term memory(LTM) 심리 장기기억(長期記憶) ↔ short-term memory *cf.* working memory

long-term shear modulus 음향 장기간 전단탄성률(長期間剪斷彈性率)

long-term store 장기저장(長期貯藏) ↔ short-term store

loop 루프, 회송(回送)

loop induction auditory trainer 청각 회송유도 청력훈련기(回送誘導聽力訓鍊器)

loose articulatory contacts 조음 느슨한 조음

접촉(調音接觸)
loose connective tissue 느슨한 연결조직(連結組織)
loose contacts 느슨한 접촉(接觸)
loquacity 다변(多辯), 수다
lordosis 해부 척주전만(脊柱前彎)
Lorentz transformation 로렌츠 변환
loss-and-gain model 인지 소실-획득 모형(消失獲得模型) *cf.* bleaching model
loss angle 손실각(損失角)
loss factor 손실인자(損失因子)
LOT(language-oriented therapy) 언어중심치료(言語中心治療)
Lou Gehrig's disease 생리 근위축성 측삭경화증(筋萎縮性側索硬化症), 루게릭병 = amyotrophic lateral sclerosis
loudness 음량(音量), 강도(强度) *cf.* intensity
loudness adaptation test 음량적응검사(音量適應檢查)
loudness balance test 음량평형검사(音量平衡檢查)
loudness comfort level 청각 음량최적레벨
loudness contours 음량곡선(音量曲線)
loudness control 청각 음량조절(音量調節)
loudness deviation 청각 강도일탈(强度逸脫)
loudness discomfort level(LDL) 청각 음량불쾌레벨 = uncomfortable loudness level ↔ loudness comfort level
loudness discrimination 청각 음량식별(音量識別), 음크기변별
loudness disorders 청각 강도장애(强度障礙)
loudness growth function 통계 음량증가함수(音量增加函數)
loudness growth perception test 음량증가지각검사(音量增加知覺檢查)
loudness level 음량레벨
loudness level contour 음량레벨곡선
loudness matching 음량매칭
loudness normalization 음량 정규화(音量正規化)
loudness perception 음량지각(音量知覺)
loudness recruitment 음량누가(音量累加), 소리크기보충
loudness scale 음량 척도(音量尺度)
loudness summation 음량합산(音量合算)
loudness unit 음향 음량구성단위(音量構成單位)
loudspeaker 확성기(擴聲器) = megaphone
loudspeaker reception 확성기 수화(擴聲器受話)
low back vowel 조음 후설저모음(後舌低母音)
low-electron density 음향 저전자 밀도(低電子密度)
low frequency(LF) 음향 저주파수(低周波數) ↔ high frequency
low frequency wave 음향 저주파(低周波) ↔ high frequency wave
low front vowel 조음 전설저모음(前舌低母音) ↔ high front vowel
low functioning 저기능(低機能) = hypofunction ↔ high functioning
low functioning autistic children 언어발달 저기능 자폐성장애아동(低機能自閉性障礙兒童) ↔ high functioning autistic children
low income class 저소득층(低所得層) = low income bracket ↔ high income bracket
low income 저소득(低所得)
Low Latin 저라틴 어 = late Latin
low-level rule 말단규칙(末端規則), 저층위 규칙(低層位規則)
low-level short increment sensitivity index 청각 저강도 미세증가 감도지수(低强度微細增加感度指數)
low-pass cutoff-frequency 음향 저대역 절단주파수(低帶域切斷周波數)
low-pass filter(LPF) 음향 저주파대역통과 필터 ↔ high-pass filter
low phonetic rule 하위음성규칙(下位音聲規則)
low pressure 저압(低壓) ↔ high pressure

low probability 통계 저확률(低確率) ↔ high probability

low probability response 저개연성 반응(低蓋然性反應) ↔ high probability response

low rise contour 저상승 곡선(低上昇曲線)

low-tech AAC 로우 테크 ↔ high-tech *cf.* no-tech

low-technology devices AAC 로우테크 장치(下等技術裝置) = low-tech devices ↔ high-technology devices

low tone 음운 저조(低調), 저성조(低聲調)

low tone deafness 생리 저성조 농(低聲調聾)

low variety 저변이형(低變異形)

low vision 저시력(低視力)

low vowels 조음 저모음(低母音) ↔ high vowels

lower airway 해부 하기도(下氣道) ↔ upper airway

lower bound length(LBL) 최단발화길이 ↔ upper bound length

lower case 소문자(小文字) = small letter ↔ upper case, capital letter

lower class 하류층(下流層) ↔ upper class, high class *cf.* middle class

lower cutoff frequency 음향 하부 절단주파수(下部切斷周波數) ↔ higher cutoff frequency

lower esophageal sphincter(LES) muscle 해부 하부 식도괄약근(下部食道括約筋), 아래식도조임근 ↔ upper esophageal sphincter muscle

lower extremity 해부 하지(下肢) lower limb ↔ upper extremity

lower front vowels 조음 전설저모음(前舌低母音)

lower jaw 해부 하악(下顎), 아래턱 = mandible ↔ upper jaw

lower labial vein 해부 하순정맥

lower limb 해부 하지(下肢) = lower extremity ↔ upper limb

lower limit of hearing 청각 최저 가청한계(最低可聽限界)

lower lip 해부 하순(下脣), 아래입술 ↔ upper lip

lower lobe 해부 하엽(下葉) ↔ upper lobe

lower medulla 해부 하부연수(下部延髓)

lower molars 해부 하악대구치(下顎大臼齒) ↔ upper molars

lower motor neuron(LMN) 해부 하위 운동뉴런 ↔ upper motor neuron

lower respirator tract 해부 하부 호흡관(下部呼吸管) ↔ upper respiratory tract

lower respiratory system 하부 호흡체계(下部呼吸體系) ↔ upper respiratory system

lowering 하강(下降)

lowest splanchnic nerve 해부 최하 내장신경(最下內臟神經)

lowness 음운 저설성(低舌性)

LPC(linear predictive coding) 음성공학 선형예측부호(線形豫測符號)

LPCC(linear predictive cepstral coefficient) 음성공학 선형예측 켑스트럼계수

LPF(low-pass filter) 음향 저주파대역통과 필터

LPR(laryngopharyngeal reflux) 생리 후인두역류(喉咽頭逆流) = EERD *cf.* GERD

LPRD(laryngopharyngeal reflux disease) 생리 후인두역류병(喉咽頭逆流病)

LPT(language proficiency test) 언어숙달검사(言語熟達檢査)

LQ(language quotient) 신경 (구어, 문어 측정) 언어지수(言語指數) *cf.* AQ

LR(laryngeal reinnervation) 후두신경재배치(喉頭神經再配置)

LRE(least restrictive environment) 최소제한환경(最小制限環境)

Irlen syndrome 생리 (시각인지 처리장애) 얼

L

렌 증후군

LSVT(Lee-Silverman voice treatment) 리-실버만 음성치료(音聲治療) *cf.* think aloud

LTAS(long-term average spectrum) 음향 장기간평균스펙트럼

LTD(long-term depression) 뇌과학 장기전압강하(長期電壓降下) ↔ LTP

LTI(let's talk inventory for children) 아동용 말하기 검사목록(檢査目錄)

LTM(long-term memory) 심리 장기기억(長期記憶) ↔ STM *cf.* working memory

LTP(long-term potentiation) 뇌과학 장기전압증강(長期電壓增强) ↔ LTD

LTR(laryngotracheal reconstruction) 해부 후두기관재건술(喉頭氣管再建術)

lucidity 명료(明瞭)

lucite 투명 합성수지(透明合成樹脂)

Ludchka's duct 해부 (담즙을 담당으로 운반하는 담관) 루시카 관(管)

Ludwig's angina 생리 (턱 밑의 염증으로 인한) 루드비히 협심증(狹心症)

LUI(language use inventory) 언어발달 언어사용검사목록(言語使用檢査目錄)

lumbar arteries 해부 요동맥(腰動脈)

lumbar cord 해부 요수(腰髓) *cf.* spinal cord

lumbar curve 해부 (척추의) 요부만곡(腰部彎曲)

lumbar ganglia 해부 요신경절(腰神經節)

lumbar nerve 해부 요신경(腰神經)

lumbar plexus 해부 요신경총(腰神經叢)

lumbar puncture 해부 요추천자(腰椎穿刺)

lumbar reflex 신경 요부반사(腰部反射)

lumbar region 해부 요부(腰部)

lumbar rib 해부 요추늑골(腰椎肋骨)

lumbar spine 해부 요추(腰椎) = lumbar vertebrae

lumbar splanchnic nerve 해부 요내장신경(腰內臟神經)

lumbar vertebrae 해부 요추(腰椎) = lumber spine

lumbosacral enlargement 해부 허리엉치팽대

lumen 해부 PL lumina (장의) 관강(管腔)

lumped element 집중소자(執中素子)

lung abscess 생리 폐농양(肺膿瘍)

lung cancer 생리 폐암(肺癌)

lung capacity 생리 폐활량(肺容量)

lung circulation 생리 폐순환(肺循環)

lung collapse 생리 폐허탈(肺虛脫)

lung deflation reflex 신경 폐수축 반사(肺收縮反射)

lung disease 생리 폐질환(肺疾患)

lung infarction 생리 폐경색증(肺梗塞症)

lung volume 생리 폐용적(肺容積)

lungs 해부 폐(肺), 허파

Luschka's foramens 해부 루시카 공(孔)

lymph 해부 림프

lymph capillary 해부 림프 모세관(毛細管)

lymph circulation 생리 림프 순환

lymph duct 해부 림프관

lymph node 해부 림프절 = lympha

lymph nodule 해부 림프소절(小節)

lymph sinus 해부 림프동

lympha 해부 림프절 = lymph node

lymphadenectomy 해부 림프절 절제술(切除術)

lymphadenitis 생리 림프절염(炎)

lymphadenopathy 생리 림프절장애

lymphangiectasis 생리 림프관확장(擴張)

lymphangiogram 림프관조영도(造影圖)

lymphangiography 림프관조영술(造影術)

lymphatic system 림프계

lymphatic tissue 해부 림프조직

lymphatics 해부 림프샘

lymphedema 생리 림프부종(浮腫)

lymphocyte 해부 림프구

lysis 용해(溶解)

M

M1(primary motor area) 일차운동영역(一次運動領域)

M2(secondary motor area) 해부 이차운동영역(二次運動領域) *cf.* M1

MA(mental age) 정신연령(精神年齡) *cf.* CA

MAA(maixmum audible angle) 청각 최소가청각(最小可聽角)

MAB(mother's assessment of the behavior of her infant) 유아행동 모성평가(幼兒行動母性評價)

MAC(minimum auditory capabilities test) 최소청능검사(最小聽能檢査)

MacArther-Bates communicative development inventories(M-B CDI) 맥아더-베이츠 의사소통발달 평가(意思疏通發達評價)

machine code 기계부호(機械符號)

machine diagnostics 기계진단(機械診斷)

machine language 음성공학 기계언어(機械言語)

machine speech recognition 음성공학 음성인식기계(音聲認識機械)

machine translation 음성공학 기계번역(機械飜譯) *cf.* artificial intelligence

machine vision 기계시각(機械視覺)

macro method 대량법(大量法), 거시적 방법(巨視的方法) ↔ micro method

macro-phoneme 음운 대음소(大音素) ↔ micro-phoneme

macro program 매크로 프로그램 ↔ micro program

macro segment 대분절(大分節), 대절편

macro skill 전체적 이해기술(全體的理解技術) ↔ micro skill

macro sociolinguistics 거시 사회언어학(巨視社會言語學)

macroanalysis 대량분석(大量分析), 거시분석(巨視分析) ↔ microanalysis

macrocephaly 생리 대두증(大頭症) ↔ microcephaly

macrocheirlia 생리 대수증(大手症)

↔ microcheirlia

macrocytosis 생리 대적혈구증(大赤血球症) ↔ microcytosis

macrodont 해부 대치(大齒), 큰치아 ↔ microdont

macroglia 해부 대교세포(大膠細胞) ↔ microglia

macroglossia 생리 대설증(大舌症) ↔ microglossia

macrognathia 생리 대악증(大顎症) ↔ micrognathia

macrolabia 생리 대순증(大脣症) ↔ microlabia

macrolinguistics 거시언어학(巨視言語學) ↔ microlinguistics

macromolecule 생리 거대분자(巨大分子) ↔ micromolecule

macron 장음부호(長音符號)

macroorganism 육안으로 보이는 생물 ↔ microorganism

macropathology 육안병리학(肉眼病理學)

macrophage 신경 대식세포(大食細胞)

macrophonia 생리 거성증(巨聲症)

macropsia 생리 거시증(巨視症) ↔ micropia

macroscopic anatomy 거시해부학(巨視解剖學) ↔ microscopic anatomy *cf.* gross anatomy

macroscopic examination 육안검사(肉眼檢査) ↔ microscopic examination

macrosegment 음운 대분절(大分節)

macrostereognosia 신생리 입체성 거시증(立體性巨視症)

macrostomia 생리 대구증(大口症) ↔ microstomia

macrostructure 거대구조(巨大構造), 대형구조(大型構造) ↔ microstructure

macrosystem 대체계(大體制) ↔ microsystem *cf.* mesosystem

macrotia 생리 대이증(大耳症) ↔ microtia

macula 해부 황반(黃斑), 각막반(角膜斑)

MAE(multilingual aphasia examination) 다중언어실어증검사(多重言語失語症檢査)

MAF(minimum audible field) 청각 최소가청역(最小可聽領域)

MAF(minimum audible field) 청각 최소청각영역(最小聽覺領域)

Maffucci syndrome 생리 (선천성) 마푸치 증후군

MAFR(mean airflow rate) 평균호기류율(平均呼氣流率)

magic thinking 신비적 사고(神秘的思考)

magnet effect 자석효과(磁石效果)

magnetic air gap 자기공극(磁氣空隙)

magnetic circuit 자기회로(磁氣回路)

magnetic disk 자기 디스크

magnetic earphone 자기 이어폰

magnetic eraser 음향 자기소거기(磁氣消去器)

magnetic erasing head 음향 자기소거 헤드

magnetic field 음향 자기장(磁氣場)

magnetic flux density 음향 자속밀도(磁速密度)

magnetic gap 자기간극(磁氣間隙)

magnetic printing 자기전사(磁氣轉寫)

magnetic recorder 자기녹음기(磁氣錄音器)

magnetic recording head 자기녹음헤드

magnetic (recording) reproducer 자기재생기(磁氣再生器)

magnetic reproducing head 자기재생헤드

magnetic resonance angiography(MRA) 자기공명혈관조영술(磁氣共鳴血管造影術)

magnetic resonance Imaging(MRI) 뇌과학 자기공명영상술(磁氣共鳴映像術)

magnetic speaker 자기 스피커

magnetic stimulation 자기자극(磁氣刺戟) *cf.* electric stimulation

magnetic tape 자기 테이프

magneto bell 자석 벨

magnetoacoustic effect 음향 자기음향효과(磁氣音響效果)

magnetoencephalography(MEG) 뇌과학 자기뇌파검사(磁氣腦波檢査)
magnetometer 자력계(磁力計)
magnetostriction 자기왜곡(磁氣歪曲)
magnetostriction constant 자기왜곡 상수(磁氣歪曲常數)
magnification factor 음향 증폭요인(增幅要因)
magnitude 크기
magnocellular neuron 신경 대세포성 뉴런
magnocellular reticular nuclei 신경 대세포망상핵, 큰세포 그물핵
MAI(movement assessment of infants) 유아용 동작평가(乳兒用動作評價)
main amplifier 음향 주 증폭기(主增幅器)
main articulation 조음 주 조음(主調音)
main clause 주절(主節), 독립절(獨立節) = principal clause ↔ subordinate clause *cf.* coordinate clause
main clause strategy 주절전략(主節戰略)
main idea 주제(主題)
main lobe 해부 주엽(主葉)
main memory 심리 주기억(主記憶)
main reference signal 주참조 신호(主參照信號)
main sensory trigeminal nucleus 해부 삼차신경주감각핵(三次神經主感覺核)
main stress rule 음운 주강세 규칙(主强勢規則)
main trunk of facial nerve 신경 안면신경 본간(顔面神經本幹), 얼굴신경 본줄기
mainstem bronchi 해부 주요 기관지(主要氣管支)
mainstream classroom 특수교육 통합교실(統合敎室)
mainstreaming 주류화(主流化)
maintenance 유지(維持)
maintenance rehearsal 인지 유지시연(維持試演)
maintenance stage 말더듬 유지단계(維持段階)
maintenance strategies 말더듬 유지전략(維持戰略) *cf.* repair strategies
maximum audible angle(MAA) 청각 최대가청각(最大可聽角)
major 주요(主要)한, 큰 ↔ minor
major articulators 조음 주 조음기관(主調音器官) *cf.* minor articulator
major category 대범주(大範疇)
major chamber 주연소실(主燃燒室)
major class 대집단(大集團) ↔ minor class
major class feature 음운 주요 분류자질(主要分類資質)
major depressive disorder 심리 주요 우울장애(主要憂鬱障碍) *cf.* Depressive disorder
major histocompatibility complex(MHC) 주조직적 합성복합체(主組織的合成複合體)
major horn 해부 대각(大角) ↔ minor horn
major lexical category 주요 어휘범주(主要語彙範疇)
major muscles 해부 대흉근(大胸筋) ↔ minor muscles
major node 전기 다중노드
major parameters 통계 주요 매개변수(主要媒介變數)
major premise 논리 (삼단논법의) 대전제(大前提) *cf.* minor premise
major salivary gland 해부 대타액선(大唾液腺), 큰침샘 ↔ minor salivary gland
major scale 장음계(長音階) ↔ minor scale
major sublingual duct 해부 대설하관(大舌下管)
major zygomatic muscle 해부 대권골근(大顴骨筋), 큰권골근 ↔ minor zygomatic muscle
majority 다수(多數), 다수민족(多數民族) ↔ minority
majority ethnolinguistic community 언어습득 다수 인종언어 공동체
majority language (1) 다수민족 언어(多數民族言語) (2) 주류언어(主流言語) ↔ minority language
mal- '악성(惡性), 나쁜'의 의미
maladaptive behavior 부적응 행동(不適應行動)

maladaptive learning theory 부적응 학습이론(不適應學習理論)

maladaptive responses 말더듬 부적응 반응(不適應反應)

maladaptive strategy 부적응 전략(不適應戰略)

maladjustment 심리 부적응(不適應) ↔ adjustment *cf.* adjustment disorder

malaise 권태감(倦怠感)

malapropism 언어오용(言語誤用)

malar bone 해부 권골(顴骨), 광대뼈 = zygomatic bone

malaxation 연화(鍊和)

maldevelopment 발육불량(發育不良)

maldigestion 생리 소화불량(消化不良)

maldistribution 분포이상(分布異常)

male 남성(男性), 수컷 ↔ female

male chauvinism 심리 남성 우월주의(男性優越主義) ↔ female chauvinism

male hormone 생리 남성 호르몬 *cf.* female hormone

male-to female transgender 트랜스젠더 여성 ↔ female-to-male transgender *cf.* sex minority

malformation 해부 기형(奇形)

malfunction 기능부전(機能不全)

malign 악성(惡性)의 malignant ↔ benign, benignant

malign tumor 악성 종양(惡性腫瘍) = malignant tumor ↔ benign tumor, benignant tumor

malignancy 생리 악성(惡性) ↔ benignancy

malignant 악성(惡性)의 = malign ↔ benignant, benign

malignant cancer 생리 악성 암(惡性癌) ↔ benign cancer

malignant cell 생리 악성 세포(惡性細胞) = malign cell ↔ benignant cell, benign cell

malignant external otitis 생리 악성 외이도염(惡性外耳道炎) = L malignant otitis

malignant granuloma 생리 악성 육아종(惡性肉芽腫)

malignant hypertension 생리 악성 고혈압(惡性高血壓)

malignant hyperthermia 생리 악성 고열(惡性高熱), 악성 고체온(惡性高體溫)

malignant otitis externa 생리 L 악성 외이도염(惡性外耳道炎) = malignant external otitis

malignant tumor 생리 악성 종양(惡性腫瘍) = malign tumor ↔ benignant tumor, benign tumor

malignment 해부 부정치열(不正齒列)

malingering 가병(假病), 꾀병 *cf.* pseudohypacusis

malleolar fold 해부 추골주름

malleolar ligament 해부 추골인대(槌骨靭帶)

malleus 해부 추골(槌骨), 망치뼈

malleus head 해부 추골두부(槌骨頭部)

malnutrition 생리 영양실조(營養失調) ↔ overnutrition

malocclusion 해부 부정교합(不正咬合) ↔ normal occlusion

malposition 이상위치(異常位置)

malrotation 이상회전(異常回轉)

Maltron keyboard Maltron 키보드

mammary glands 해부 유선(乳腺), 젖샘

mammary line 해부 유두선(乳頭腺)

mammillary body 해부 유두체(乳頭體)

mammillotegmental tract 해부 유두피개로(乳頭被蓋路)

mammilothalamic tract 해부 유두시상로(乳頭視床路)

mammography 해부 유방조영술(乳房造影術)

management of behavioral contingencies 행동적 개연성 관리(行動的蓋然性管理)

mand operant 명령적 조작(命令的操作)

mandible 해부 하악골(下顎骨) *cf.* maxilla

mandibular 해부 하악골(下顎骨)의 *cf.* maxillary
mandibular angle 해부 하악각(下顎角)
mandibular arch 해부 하악궁(下顎宮)
mandibular branch 신경 (삼차신경의) 하악지(上顎枝) ↔ maxillary branch
mandibular canal 해부 하악관(下顎管)
mandibular condyle 해부 하악두(下顎頭)
mandibular cyst 해부 하악낭(下顎囊)
mandibular foramen 해부 하악공(下顎孔)
mandibular fossa 해부 하악와(下顎窩)
mandibular hypoplasia 생리 하악 발육부전증(下顎發育不全症)
mandibular movement 하악운동(下顎運動)
mandibular nerve 해부 하악신경(下顎神經) ↔ maxillary nerve
mandibular notch 해부 하악절흔(下顎切痕)
mandibular process 해부 하악돌기(下顎突起) ↔ maxillary process
mandibular reflex 신경 하악반사(下顎反射)
mandibular restriction 해부 하악제한(下顎制限)
mandibular symphisis 해부 하악골 유합(下顎骨癒合)
mandibulectomy 해부 하악골절제술(下顎骨切除術)
mandibulofacial dysostosis 생리 하악안면골 형성부전증(下顎顔面骨形成不全症)
mandibulofacial dysplasia 생리 하악형성장애(下顎形成障礙)
mandibulohyoid muscle 해부 하악설골근(下顎舌骨筋)
mandibulopharyngeal 해부 하악인두(下顎咽頭)의
mand-model technique 요구-모델 기법
mands 반응요구(反應要求)
mania 생리 조증(躁病) *cf.* melancholia, hypochodria
manic-depressive illness 생리 조울증(躁鬱症) *cf.* bipolar disorder
manic-depressive psychosis 생리 조울증(躁鬱病)
manic-depressive reaction 생리 조울반응(躁鬱反應)
manifest content (꿈의 분석) 현재몽(現在夢) *cf.* latent content
manifestation 현현(懸懸), 표출(表出)
man-machine interface(MMI) 음성공학 인간-기계 인터페이스 *cf.* human-computer interface
Mann assessment of swallowing ability (MAS) 삼킴 만의 연하능력평가(嚥下能力評價), 만 삼킴능력평가
manner 방식(方式), 방법(方法)
manner assimilation 조음 조음방식 동화(調音方式同化)
manner feature 조음 조음방식 자질(調音方式資質)
manner of articulation 조음 조음방식(調音方式) *cf.* place of articulation
manner of articulation feature 조음 조음방식 자질(調音方式資質),
mannerism 타성(惰性), 매너리즘
manofluorography 내압투시검사법(內壓透視檢査法)
manometer 호흡계(呼吸計), 기압계(氣壓計)
manometry 내압검사(內壓檢査), 압력측정법(壓力測定法)
manual alphabet 수화문자(手話文字)
manual approach 수화접근법(手話接近法)
manual audiometry 청각 수동청력검사(受動聽力檢查) ↔ automatic audiometry
manual circumlaryngeal therapy 후두주위 수기치료(喉頭周圍手技治療)
manual communication 손짓의사소통
manual guidance 수화안내(手話案內)
manual method 수화법(手話法) *cf.* oral method
manual pointing 수화구두법(手話句讀法)
manual speed 수화속도(手話速度) *cf.* oral speed

manual symbols AAC 손짓상징
cf. tactile symbols
manual technique 수화술(手話術)
manual volume control 음향 수동 음량제어(手動音量制御)
manualism 청각 수화주의(手話主義)
↔ oralism
manualist 청각 수화사용자(手話使用者), 수화주의자(手話主義者) *cf.* oralist
manubrium 해부 (1) 흉골병(胸骨柄) (2) 추골병(槌骨柄)
many-space model 인지 다공간 모형(多空間模型)
many valued logic 다치논리(多値論理)
MAP(maximum audible pressure) 청각 최대가청음압(最大可聽音壓)
MAP(Miller assessment for preschoolers) 밀러 취학 전 아동평가(就學前兒童評價)
MAP(minimum audible pressure) 음향 최소가청음압(最小可聽音壓)
MAP(multiple personality disorders) 심리 다중성격장애(多重性格障礙)
MAP(Muma assessment program) 무마 평가프로그램
MAPA(multiple auditory processing assessment) 다중청각처리평가(多重聽覺處理評價)
maple syrup urine disease(MSUD) 생리 단풍당뇨증(糖尿症)
mapping (1) 사상(寫像) (2) 함수(函數規則)
mapping principle 사상원리(寫像原理)
mapping rules 사상규칙(寫像規則)
marasmus 생리 소모증(消耗症)
Marfan habitus 생리 (마르고 큰 키의) 마르팡체형(體型)
Marfan syndrome 생리 (유전성) 마르팡 증후군
margin 연(緣), 주변(周邊), 가장자리
margin of a syllable 음운 음절의 주변(周邊)
cf. nucleus of syllable
marginal artery 해부 모서리동맥
marginal babbling 언어발달 주변적 옹알이
cf. cannonical babbling
marginal cell 해부 모서리세포
marginal convolution 해부 주변회(周邊回)
= marginal gyrus
marginal cortex 해부 주변피질(周邊皮質)
marginal fold 해부 주변주름
marginal gyrus 해부 주변회(周邊回)
= marginal convolution
marginal unit 음운 비성절성 분절음(比成節性分節音)
marital status 결혼여부(結婚與否)
mark 표지(標識), 징표(徵標)
mark of correlation 상관표지(相關標識)
marked 유표적(有標的) ↔ unmarked
marked anaphora 유표대용사(有標代用詞), 조응사(照應詞)
marked binding 유표성 결속(有標性結束)
marked breath group 생리 유표적 호흡단락(有標的呼吸段落)
marked falling curve 급하강 곡선(急下降曲線)
marked language 유표언어(有標言語)
marked order 유표 순(有標順)
marked reflexive 유표성 재귀사(有標性再歸辭)
marked term 유표항(有標項) ↔ unmarked term
markedness 음운 유표성(有標性)
↔ unmarkedness
markedness convention 음운 유표적 규약(有標的規約)
markedness theory 음운 유표성 원리(有標性原理), 유표이론(有標理論)
marker 표지(標識), 표시(標示)
marker term 유표항(有標項)
Maroteaux-Lamy syndrome 생리 (유전성) 마로토-라미 증후군
marriage counseling 결혼상담(結婚相談)
marriage rites 결혼 의식(結婚儀式)

MAS(Mann assessment of swallowing ability) 삼킴 만 연하능력평가(嚥下能力評價), 만 삼킴능력평가
MAS(motivation assessment scale) 동기사정 척도(動機査定尺度)
masculine 남성(男性)의 ↔ feminine
masculine ethos 생리 남성적 기질(男性的氣質) ↔ feminie ethos
masculine hormone 생리 남성 호르몬 ↔ feminine hormone
masculine sex character 생리 남성성징(男性性徵) ↔ feminine sex character
masculinity 생리 남성성(男性性) = masculinization ↔ feminity
masculinization 생리 (여성의) 남성화(男性化) = masculinity ↔ feminization
masculinizing effect 생리 (여성의) 남성화 효과(男性化效果) ↔ feminizing effect
masculinizing syndrome 생리 (여성의) 남성화 증후군(男性化症候群) ↔ feminizing syndrome
masculinizing tumor 생리 남성화 종양(男性化腫瘍) ↔ feminizing tumor
masked component 음향 피차폐 성분(被遮蔽成分) ↔ masker component
masker 차폐기(遮蔽器)
masker-aid 음향 차폐 증폭기(遮蔽增幅器)
masker component 음향 차폐성분(遮蔽成分) ↔ masked component
masking 음향 차폐(遮蔽), 마스킹
masking audiogram 청각 차폐 청력도(遮蔽聽力圖)
masking dilemma 음향 차폐 딜레마
masking effect 음향 차폐효과(遮蔽效果)
masking level difference(MLD) 음향 차폐레벨차이
masking noise 음향 차폐잡음(遮蔽雜音)
masking range 음향 차폐범위(遮蔽範圍)
masking source 음향 차폐원(遮蔽源)
masking technique 음향 차폐기법(遮蔽技法)
masking threshold 음향 차폐역치(遮蔽閾値)
masking tone 음향 차폐음(遮蔽音)
mask-like face 무표정한 얼굴
masochism 심리 피학대증(被虐待症) ↔ sadism
masochist 심리 피학대증 환자(被虐待症患者) ↔ sadist
masochistic personality 심리 피학대적 성격(被虐待的性格)
masolect 중층방언(中層方言) *cf.* acrolect, basilect
mason equivalent circuit 메이슨 등가회로(等價回路)
mass 질량(質量)
mass activity reflex 신경 질량활동 반사작용(質量活動反射作用)
mass contraction movement 집단수축운동(集團收縮運動)
mass control 질량제어(質量制御)
mass effect 질량효과(質量效果)
mass flow 질량흐름
mass flux vector 질량흐름 벡터
mass law 질량법칙(質量法則)
mass noun 질량명사(質量名詞) = uncountable noun ↔ countable noun
mass peristalsis 삼킴 집단연동운동(集團蠕動運動)
mass practice (아동 말실행증 치료의) 집중적 연습(集中的練習) *cf.* distributed practice
mass psychology 심리 군중심리(群衆心理), 대중심리(大衆心理) = mob psychology ↔ individual psychology
mass reactance 음향 질량저항(質量抵抗)
mass reflex 신경 집단반사(集團反射)
mass spring 집단 탄성(集團彈性)
mass transfer efficiency 물질전달 효율(物質傳達效率)

masseter branch 해부 교근지(咬筋枝)
masseter muscle 해부 교근(咬筋)
masseteric artery 해부 교근동맥(咬筋動脈)
masseteric nerve 교근신경(咬筋神經)
masseteric reflex 신경 교근반사(咬筋反射)
masseteric tuberosity 해부 교근조면(咬筋粗面)
masseteric vein 해부 교근정맥(咬筋)
mast cell 비만세포(肥滿細胞)
mastery age 언어발달 숙달연령(熟達年齡) *cf.* acquisition age
mastery learning 완전학습(完全學習)
mastery of sound 발음숙달(發音熟達)
mastication 생리 저작(咀嚼) = chewing
mastication reflex 신경 저작반사(咀嚼反射)
masticator nucleus 해부 저작핵(咀嚼核)
masticatory 저작(咀嚼)의
masticatory efficiency 저작능률(咀嚼能率)
masticatory movement 생리 저작운동(咀嚼運動)
masticatory muscle 해부 저작근(咀嚼筋), 교근(咬筋) = muscle of mastication
masticus 해부 L 저작(咀嚼), 씹는 일
mascatory organ 해부 저작기관(咀嚼器管)
masticatory paralysis 신경 저작근마비(咀嚼筋痲痺)
mastoid 유두양(乳頭樣)의
mastoid air cell 해부 유돌봉소(乳突蜂巢), 유돌벌집
mastoid area 해부 유양돌기 영역(乳様突起領域)
mastoid foramen 해부 유양돌기공(乳様突起孔)
mastoid fossa 해부 유양돌기와(乳様突起窩)
mastoid notch 해부 유양돌기절흔(乳様突起切痕)
mastoid portion 해부 유돌부(乳突部)
mastoid process 해부 유양돌기(乳様突起)
mastoid region 해부 유양부(乳様部)
mastoid sinus 해부 유양동(乳様洞)
MAT(matrix analogies test) 통계 행렬유추검사(行列類推檢査)
matched filter 음향 정합(整合) 필터
matched subjects design 대응피험자설계(對應被驗者設計)
matching 정합(整合), 매칭
matching-to-sample 예시 자극물과 짝짓기
mater 해부 막(膜)
material artifacts 인공물(人工物)
material linguistics 언어자료(言語資料)
material noun 물질명사(物質名詞)
materialism 유물론(唯物論) ↔ idealism
maternal behavior 심리 모성행동(母性行動)
maternal depression 생리 모성 우울증(母性憂鬱症)
maternal deprivation 심리 모성박탈(母性剝奪)
maternal drive 심리 모성충동(母性衝動)
maternal infection 모계감염(母系感染) ↔ paternal infection
maternal instinct 심리 모성본능(母性本能)
maternal line 모계(母系) ↔ paternal line
maternal love 심리 모성애(母性愛) = motherhood ↔ paternal love
maternity 심리 모성(母性) ↔ paternity
maternity hospital 산원(産院)
maternity test 심리 모성시험(母性試驗) ↔ paternity test
mathematical linguistics 수리언어학(數理言語學)
mathematical logic 수리논리학(數理論理學)
mathematical model 수리적 모형(數理的模型)
mathematical physics 수리물리학(數理物理學)
mathematical psychology 심리 수리심리학(數理心理學)
mathematician 수학자(數學者)
mathematics disorders 수학장애(數學障礙) *cf.* dyscalculia
matrix (1) 수학 행렬(行列) (2) 모체(母體)
matrix analogies test(MAT) 통계 행렬유추검사(行列類推檢査)

matrix language 주 언어(主言語)
matrix sentence 통계 모문(母文), 주절(主節) = main clause *cf.* embedded sentence
matrix verb 통사 주절동사(主節動詞)
matter 문제(問題), 소재(素材)
maturation 성숙(成熟)
maturation hypothesis 성숙가설(成熟假說)
maturity process 성숙과정(成熟過程)
maxillae 해부 L PL 상악골(上顎骨) maxilla = maxillary bone ↔ mandible
maxillary 상악골(上顎骨)의 ↔ mandibular
maxillary antrum 해부 상악동(上顎洞)
maxillary bone 해부 상악골(上顎骨) = maxillae ↔ mandible
maxillary branch 해부 (삼차신경의) 상악지(上顎枝) ↔ mandible branch
maxillary gland 해부 악하선(顎下腺)
maxillary nerve 상악신경(上顎神經), 위턱신경 ↔ mandibular nerve
maxillary process 해부 상악돌기(上顎突起) ↔ mandibular process
maxillary sinus 해부 상악동(上顎洞)
maxillary sinustomy 해부 상악동 절개술(上顎洞切除術)
maxim of conversation 의미 화용 (Paul Grice의) 대화격률(對話格律) *cf.* cooperative principle
maxim of manner 화용 (Paul Grice의) 방법의 격률(格律) *cf.* cooperative principle
maxim of quality 화용 (Paul Grice의) 질의 격률(格律) *cf.* cooperative principle
maxim of quantity 화용 (Paul Grice의) 양의 격률(格律) *cf.* cooperative principle
maxim of relation 화용 (Paul Grice의) 관계의 격률(適合性格律) *cf.* cooperative principle
maximal application principle 최다적용 원리(最多適用原理)
maximal assessment 최대평가(最大評價)
maximal blood pressure 최고혈압(最高血壓) ↔ minimal blood pressure
maximal breathing capacity 생리 최대호흡용량(最大呼吸容量)
maximal contrasts 극대대비(極大對比)
maximal expiratory flow 생리 최대호기량(最大呼氣量)
maximal expiratory pressure 생리 최대호기압력(最大呼氣壓力)
maximal inspiration pressure 생리 최대흡기압력(最大吸氣壓力)
maximal inspiratory level 생리 최대흡기 레벨
maximal onset principle 최대두음원리(最大頭音原理)
maximal opposition 음운 최대대립(最大對立) *cf.* minimal pair
maximal projection 최대투사(最大投射)
maximal syllable 음운 최대음절(最大音節)
maximal syllable structure 음운 최대음절구조(最大音節構造)
maximale projection 최대투사범주(最大投射範疇)
maximalism 최대주의(最大主義) ↔ minimalism
maximality principle 최대원칙(最大原則)
maximum acoustic output 음향 최대음향출력(最大音響出力)
maximum amplitude 음향 최대진폭(最大振幅) *cf.* peak amplitude
maximum articulation score 조음 최고명료도점수(最大明瞭度點數)
maximum audibility 청각 최고청력치(最大聽力值)
maximum audible field(MAF) 청각 최대가청장(最대可聽場)
maximum audible pressure(MAP) 청각 최대가청음압(最大可聽音壓)
maximum closing rate (성대의) 최대폐쇄속도(最大閉鎖速度)

maximum comfortable level(C-level) 음향 최대최적레벨

maximum compliance 음향 최대순응도(最大順應度)

maximum contact 최대접촉점(最大接觸點)

maximum depth 최대깊이

maximum discrimination score 음향 최대식별점수(最大識別點數)
↔ minimum discrimination score

maximum duration time(MDT) 최대지속시간(最大持續時間)

maximum entropy method 최대 엔트로피법

maximum exhalation time(MET) 최대호기지속시간(最大呼氣持續時間), 최대날숨지속시간

maximum flow rate 최대공기량(最大空氣量)

maximum frequency range 음향 최대주파수범위(最大周波數範圍)

maximum likelihood spectrum estimation 음향 최대유사도 스펙트럼추정

maximum masking 음향 최대차폐(最大遮蔽)

maximum of sonority value 음향 최대공명치(最大共鳴值)

maximum onset principle 초성최대화원칙(初聲最大化原則)

maximum opening rate (성대의) 최대개방속도(最大開放速度)

maximum output level(MOL) 음향 최대출력(最大出力) 레벨

maximum permissible ambient noise sound pressure level 음향 최대허용주변소음(最大許容周邊騷音) 레벨

maximum performance task 최대수행 과제(最大遂行課題)

maximum phonation time(MPT) 최대발성지속시간(最大發聲持續時間)

maximum phonational frequency range 음향 최대발성주파수대역(最大發聲周波數帶域)

maximum power output(MPO) 음향 최대출력(最大出力)

maximum sound pressure 음향 최대음압(最大音壓)

maximum steady state noise level 음향 최대정상소음(最大定常騷音) 레벨

maximum subglottal pressure 생리 최대성문하압(最大聲門下壓)

maximum sustained phonation task 최대연장발성과제(最大延長發聲課題)

Mayo clinic (미국의 비영리 의학 및 생리학 연구소) 메이요 클리닉

maze 인지 미로(迷路)

maze learning 인지 미로학습(迷路學習)

M-B CDI(MacArther-Bates communicative development inventories) 맥아더-베이츠 의사소통발달 평가(意思疏通發達評價)

MBD(minimal brain dysfunction) 미세뇌기능장애(微細腦機能障礙)

MBI(Montessori-based intervention) 몬테소리-기반 중재(基盤仲裁)

MBS(modified barium swallow) 삼킴 수정 바륨삼킴 검사(檢査)

MBTI(Myers-Briggs type indicator) 심리 마이어-브릭스 성격유형지표(性格類型指標)

MCA(middle cerebral artery) 해부 중대뇌동맥(中大腦動脈)

McCarthy scales of children's abilities 맥카시 아동능력척도(兒童能力尺度)

McCarthy screening test(MST) 맥카시 선별검사(選別檢査)

MCI(mild cognitive impairment) 경도인지장애(輕度認知障礙)

MCL(most comfortable level) 음향 쾌적 레벨

MCLR(most comfortable loudness range) 음청각 최적강도범위(最適强度範圍)

MCMI(Millon clinical multiaxial inventory 심리 밀론 임상다축검사목록(臨床多軸檢査

目錄)
MDI(modulation detection interference) 음향 변조탐지간섭(變調探知干涉)
MDT(maximum duration time) 최대지속시간(最大持續時間)
MDVP(multidimensional voice program) 다차원 음성분석(多次元音聲分析) 프로그램
ME(mutual exclusivity) 상호배제(相互排除), 상호배타성(相互排他性)
mean 통계 평균(平均) *cf.* median, mode
mean and variance normalization(MVN) 통계 평균분산정규화(平均分散正規化)
mean airflow rate(MAFR) 평균호기류율(平均呼氣流率)
mean babbling level 음운 평균옹알이레벨
mean error 통계 평균오차(平均誤差)
mean flow rate(MFR) 평균기류율(平均氣流率)
mean flow 평균기류
mean free path 평균자유경로(平均自由經路)
mean length of response(MLR) 평균반응길이
mean length of utterance(MLU) 평균발화길이
mean length of utterance in morphemes(MLUm) 평균형태소발화길이
mean length of utterance in words(MLUw) 평균단어발화길이, 평균낱말발화화길이
mean length speaking turn (MLT) 말전환 평균길이
mean opinion score(MOS) 평균주관척도(平均主觀尺度)
mean relational utterance(MRU) 평균관계발화(平均關係發話)
mean sound transmission loss 음향 평균음향투과손실(平均音響透過損失)
mean square amplitude 음향 평균제곱 진폭(振幅) *cf.* root mean square amplitude
mean square deviation 통계 평균제곱 편차(偏差)
mean square error 통계 평균제곱 오차(誤差)
mean square value 통계 평균제곱값
mean syntactic length(MSL) 평균구문길이
mean time between failures 평균고장시간간격(平均故障時間間隔)
mean utterance length 평균발화길이
mean value interpolation 평균치보간(平均値補間)
meaning 의미(意味)
meaning change 의미변화(意味變化)
meaning effect 의미효과(意味效果)
meaning extention 의미확장(意味擴張)
meaning overlap 의미중복(意味重複)
meaning paraphasia 신경 의미착어(意味着語) = semantic paraphasia *cf.* phonemic paraphasia
meaning postulate 의미상정(意味想定)
meaning properties 의미속성(意味屬性)
meaning relations 의미관계(意味關係)
meaningful drill 의미훈련(意味訓練)
meaningful learning 의미학습(意味學習)
means 수단(手段)
means-ends analysis 언어발달 수단-목표 분석(手段目標分析)
means-ends concept 언어발달 수단-목적 개념(手段目的概念) *cf.* cause-effect concept
means-ends model 언어발달 수단-목표 모형(手段目標模型)
measles 홍역(紅疫)
measure 마디
measure adjective 도량 형용사(度量形容詞), 측정 형용사(測定形容詞)
measurement 측정(測定)
measurement by ultrasonics 초음파계측(超音波計測), 초음파측정(超音波測定)
measurement error 통계 측정오차(測定誤差)
measurement level 통계 측정레벨
measurement methodologies 측정방법론(測定方法論)
measurement microphone 측정용 마이크로폰

measurement scales 통계 측정척도(測定尺度)
measures 통계 측정치(測定値)
measures of central tendency 통계 집중경향치(集中傾向値)
measuring 측정(測定)
measuring instrument 측정도구(測定道具)
meatus 해부 도(道)
meatus acusticus externus 해부 L 외이도(外耳道)＝meatus auditorius externus
meatus acusticus externus cartilagineus 해부 L 연골성 외이도(軟骨性外耳道)
meatus acusticus internus 해부 L 내이도(內耳道)＝meatus auditorius internus
meatus nasalis 해부 L 비도(鼻道)＝nasal meatus
meatus nasalis inferior 해부 L 하비도(下鼻道)＝inferior nasal meatus
meatus nasalis medius 해부 L 중비도(中鼻道)＝medial nasal meatus
meatus nasalis superior 해부 L 상비도(上鼻道)＝superior nasal meatus
Mecham verbal language developmental scale(VLDS) 매캄 구어발달척도(口語發達尺度)
mechanical admittance 음향 기계적 어드미턴스
mechanical compliance 음향 기계적 이행(機械的履行)
mechanical corrective feedback 음향 기계적 고정피드백
mechanical coupler 음향 기계적 커플러
mechanical damping constant 음향 기계적 감쇠상수(機械的減衰常數)
mechanical drill 기계적 훈련(機械的訓練)
mechanical energy 기계적 에너지
mechanical engineering 기계공학(機械工學)
mechanical filter 기계식 필터
mechanical heart 인공심장(人工心臟)＝artificial heart
mechanical impedance 역학적 저항(力學的抵抗)
mechanical index(MI) 역학적 지수(力學的指數)
mechanical ohm 역학적 옴
mechanical presbycusis 생리 기계적 노인성난청(機械的老人性難聽)
mechanical radiation impedance 음향 기계적 방사저항(機械的放射抵抗)
mechanical reactance 기계적 반응(機械的反應)
mechanical resistance 기계적 저항(機械的抵抗)
mechanical shock 역학적 충격(力學的衝擊)
mechanical system 역학계(力學系)
mechanical twitch 무의식적 경련(無意識的痙攣)
mechanical ventilation 기계식 환기(機械式換氣)
mechanical wave propagation 음향 기계적 파동전파(機械的波動傳播)
mechanics 역학(力學), 기계학(機械學)
mechanism 기제(機制), 기전(機轉), 매커니즘
mechano-electrical transduction(MET) 기계전기적 변환과정(機械電氣的變換過程)
mechanoreception 기계적 수용(機械的受容)
mechanoreceptor 기계적 수용체(機械的受容體) *cf.* chemoreceptor
meconium 태변(胎便)
meconium aspiration syndrome 생리 태변흡인 증후군(胎便吸引症候群)
medial accessory olivary nucleus 해부 안쪽덧 올리브핵, 내측부올리브핵
medial arytenoidectomy 해부 내측 피열연골절제술(內側披閱軟骨切除術)
medial basal segment 해부 안쪽바닥 구역
medial basal segmental bronchus 해부 내측구역기관지(內側區域氣管支)
medial compression 내측압축(內側壓縮)
medial consonant 음운 어중자음(語中子音)
medial crus 해부 내각(內脚)
medial eminence 해부 내측융기(內側隆起)
medial forebrain bundle 해부 내측전뇌속(內側前腦束)

medial frontal area 해부 전두엽 내측부위(前頭葉內側部位)
medial frontal cortex 해부 내측전두피질(內側前頭皮質)
medial geniculate body(MGB) 해부 내측슬상체(內側膝上體)
medial lemniscus 해부 내측섬유띠
medial longitudinal fasciculus 해부 내측종단다발
medial medullary syndrome 생리 내측연수 증후군(內側延髓症候群) ↔ lateral medullary syndrome
medial nasal concha 해부 중비갑개(中鼻甲介) *cf.* middle concha
medial nuclei 해부 내핵(內核)
medial olivocochlear bundle(MOB) 해부 내측올리브 와우섬유다발
medial phoneme 음운 중앙 음소(中央音素)
medial position 음운 어중 위치(語中位置)
medial pteygoid muscle 해부 내측익돌근(內側翼突筋)
medial pteygoid nerve 내측익돌신경(內側翼突神經)
medial pterygoid plate 해부 내측익돌판(內側翼突板)
medial rectus muscle 해부 내측직근(內側直筋)
medial segmental bronchus 해부 내구역기관지(區域內氣管支)
medial stress 어중강세(語中强勢)
medial superior olive(MSO) 해부 내측상올리브
medial surface 내측면(內側面), 안쪽면
medial temporal atrophy 생리 내측측두위축(內側側頭萎縮)
medial thyroid ligament 해부 내측갑상인대(內側甲狀靭帶)
medial turbinated bone 해부 중비갑개골(中鼻甲介骨)
medial vestibular nucleus 해부 전정 내측핵(前庭內側核)
medial windowing 인지 중간 창문화(中間窓門化) *cf.* initial windowing, final windowing
medial word 어중단어(語中單語)
medialization thyroplasty 해부 내측갑상성형술(內側甲狀成形術)
median 통계 중앙값 *cf.* mode, mean
median cleft lip 해부 중앙구순열(中央口脣裂)
median cleft palate face syndrome 생리 중앙구개열 안면 증후군(中央口蓋裂顔面症候群)
median clefts 해부 중앙파열(中央破裂)
median cricothyroid ligament 해부 정중 윤상갑상 인대(正中輪狀甲狀靭帶)
median lingual sulcus 해부 중앙설구(中央舌溝)
median longitudanal raphe 해부 중앙세로 봉선
median nuclei 해부 정중핵(正中核)
median palatine suture 해부 정중구개봉합(正中口蓋縫合)
median plane 해부 정중면(正中面)
median rhinoscopy 중비강검사(中鼻腔檢査)
median sagittal plane 해부 정중 시상면(正中矢狀面)
median smoothing 통계 중간값 평균화
median sulcus 해부 정중구(正中溝), 정중고랑
median thyrohyoid ligament 해부 정중갑상설골인대(正中甲狀舌骨靭帶)
mediastinal pleura 해부 흉격종막(胸膈縱膜)
mediastinal surface 해부 흉격종면(胸膈縱面)
mediastinum 해부 종격(縱隔)
mediated effect 매개효과(媒介效果)
mediating strategy 언어발달 매개전략(媒介戰略)
mediating variable 매개변수(媒介變數)
mediation 매개(媒介)
mediational strategy 조정전략(調定戰略) *cf.* associative strategy
Medicaid 미국 저소득층의료보장제도(美國低所得層醫療保障制度) *cf.* Medicare

medical history 의학적 과거력(醫學的過去歷)
medical patient 의료환자(醫療患者)
medical personnel 의료요원(醫療要員)
medical psychology 심리 의학심리학(醫學心理學)
medical treatment 의학적 치료(醫學的治療)
Medicare 미국노인의료보장제도(美國老人醫療保障制度) *cf.* Medicaid
medication 약물치료(藥物治療), 약물투여(藥物投與)
meditation 명상(瞑想)
medium 매질(媒質), 매체(媒體)
medium effect 매체효과(媒體效果)
medium-sized fusiform neuron 중간 방추세포(中間紡錘細胞)
medium-sized pyramidal neuron 중간 피라밋세포
medius 중앙(中央)
medulla 해부 수질(髓質), 대뇌수질(大腦髓質)
medulla infarction 생리 연수경색(延髓梗塞)
medulla oblongata 해부 L 연수(延髓), 숨뇌 *cf.* myencephalon
medulla ossium 해부 L 골수(骨髓)
medulla syndrome 생리 연수 증후군(延髓症候群) *cf.* lateral medullary syndrome
medullary cavity 해부 수질강(髓質腔)
medullary cell 해부 수질세포(髓質細胞)
medullary intermediate reticular nucleus 해부 수질중간 망상체핵(髓質中間網狀體核)
medullary lateral reticular nucleus 해부 수질외측망상체핵(髓質外側網狀體核)
medullary raphe 해부 수질봉선(髓質縫線), 숨뇌솔기
medullary reticulospinal tract 해부 수질망상척수로(髓質網狀體脊髓路)
medullary rhythmicity center 수질율동성 중추(髓質律動性中樞)
medullary sheath 해부 수초(髓鞘)
medullary sinus 해부 수질동(髓質洞)
MEG(magnetoencephalography) 뇌과학 자기뇌파검사(磁氣腦波檢查)
mega- '거대한'의 의미
megakaryocyte 해부 거대핵세포(巨大核細胞)
megalencephaly 생리 거두증(巨頭症)
megaloglossia 생리 거대설증(巨大舌症)
megaphone 확성기(擴聲器) = loudspeaker
megavitamin therapy 비타민 다량투여 요법(療法)
MEI(middle ear implant) 인공 중이(人工中耳)
Meige's syndrome 생리 (구강안면 근이상증) 메이지 증후군
meio- '감소(減少)'의 의미
meiosis 감수분열(減數分裂)
mel 음향 멜
mel-frequency cepstral coefficient(MFCC) 음성공학 멜-주파수 스펙트럼 계수
mel scale 음향 멜 척도(尺度)
melancholia 생리 우울증(憂鬱症) = hypochodria
melanin 멜라닌
melanocyte 해부 멜라닌 세포(細胞)
melanomas 흑색종(黑色腫)
Melnick-Fraser syndrome 생리 (상염색체 우성) 멜릭 프레이저 증후군
melodic intonation therapy(MIT) 멜로디 억양치료(抑揚治療), 멜로디 억양치료
melody 선율(旋律)
melody level 선율단계(旋律段階)
melody tier 선율층렬(旋律層列)
melotia 해부 협부이개(頰部耳介)
melting pot 용광로(鎔鑛爐)
member-collection 단위집합(單位-集合)
membrana tympani 해부 L 고막(鼓膜)
membrane 해부 막(膜) = L membrana
membrane absorber 막 흡음재(膜吸音材)
membrane bone 막골(膜骨)
membrane charge 신경 막전하(膜電荷)

membrane current 신경 막전류(膜電流)
membrane equilibrium 신경 막평형(膜平衡)
membrane potential 신경 막전위(膜電位) =membrane voltage
membrane protein 생리 막 단백질(膜蛋白質)
membrane stabilization 막안정화(膜安定化)
membrane theory 생리 막이론(膜理論)
membrane transverse-wave velocity 음향 막횡파속도(膜橫波速度)
membrane voltage 신경 막전위(膜電位) =membrane potential
membranous cochlea 해부 막성 와우각(膜性蝸牛殼)
membranous cochlea canal 해부 막성 와우관(膜性蝸牛管)
membranous glottis 해부 막성 성문(膜性聲門) *cf.* cartilaginous glottis
membranous labyrinth 해부 막미로(膜迷路) *cf.* bony labyrinth
membranous laryngitis 생리 막성 후두염(膜性喉頭炎)
membranous part 해부 막성부(膜性部) =membraneous portion
membranous pharyngitis 생리 막성 인두염(膜性咽頭炎)
membranous portion 해부 막성부(膜性部) =membraneous part
membranous semicircular canal 해부 막성 반규관(膜性半規管)
membranous stenosis 생리 막성 협착(膜性狹窄)
membranous vestibule 해부 막성 전정(膜性前庭)
membranous wall 해부 막벽(膜壁)
memorial strategy 인지 기억전략(記憶戰略)
memorization 인지 기억화(記憶化)
memory 기억(記憶)
memory activation 인지 기억활성화(記憶活性化)
memory capacity 인지 기억용량(記憶容量)
memory cell 해부 기억세포(記憶細胞)
memory code 인지 기억부호(記憶符號)
memory connection 인지 기억연결(記憶連結)
memory decay 인지 기억쇠퇴(記憶衰退)
memory disorder 생리 기억장애(記憶障礙) =memory impairment
memory for sentences 언어발달 문장 회상하기 =recalling sentences
memory image 인지 기억상(記憶像)
memory impairment 생리 기억력장애(記憶力障礙) =memory disorder
memory log books 인지 기억 보조장부(記憶補助帳簿)
memory notebooks 인지 (치매환자용) 기억공책(記憶空册) *cf.* memory wallet
memory-retrieval explanation 인지 기억인출 설명(記憶引出說明)
memory retrieval process 인지 기억인출과정(記憶引出過程)
memory-scan hypothesis 인지 기억주사 가설(記憶走査假說)
memory set 인지 기억집합(記憶集合)
memory span 인지 기억폭(記憶幅)
memory strategy 인지 기억전략(記憶戰略)
memory theory 인지 기억이론(記憶理論)
memory trace 인지 기억흔적(記憶痕迹)
memory training 인지 기억훈련(記憶訓練)
memory wallet 인지 (치매환자용) 기억수첩(記憶手帖)
Mendelsohn maneuver 삼킴 멘델슨기법 *cf.* effortful swallow
Meniere's disease 생리 메니에르병
Meniere's syndrome 생리 메니에르 증후군
meningeal branch 해부 (뇌의) 경막지(硬膜枝)
meningeal infection 생리 뇌척수막염(腦脊髓膜炎)
meninges 해부 뇌척수막(腦脊髓膜)

meninges encephali 해부 뇌막(腦膜)
meningiomas 생리 수막종(髓膜腫)
meningitis 생리 수막염(髓膜炎)
meningomyelocele 생리 수막척수류(髓膜脊髓類)
meningothelial meningiomas 생리 수막세포성 수막종(髓膜細胞性髓膜腫)
menopause 갱년기(更年期) = climacterium
mental (1) 정신적(精神的)인 (2) 해부 턱의
mental aberration 정신착란(精神錯亂) = mental derangement
mental ability 정신능력(精神能力)
mental activity 정신활동(精神活動)
mental age(MA) 정신연령(精神年齡) *cf.* chronological age
mental agraphia 생리 정신실서증(精神失書症)
mental allergy 심인성 알레르기
mental analogues 논리 정신적 유추(精神的類推)
mental anesthesia 생리 심인성 감각소실(心因性感覺消失)
mental artery 해부 턱끝동맥
mental assimilation 정신동화(精神同化)
mental branches 해부 턱끝가지
mental canal 해부 턱끝관
mental chronometry 심리 시간계측법(心理時間計測法)
mental combination 언어발달 심적 조합(心的組合), 정신적 조합(精神的組合)
mental defective 생리 정신적 결함자(精神的缺陷者)
mental deficiency 생리 정신결함(精神缺陷), 정신박약(精神薄弱) = feeble minded
mental derangement 생리 정신착란(精神錯亂) = mental aberration
mental development 정신발달(精神發達)
mental dictionary 정신적 사전(精神的辭典)
mental disability 생리 정신적 장애(精神的障礙) *cf.* physical disability
mental disease 생리 정신병(精神病) = psychosis
mental disorders 생리 정신장애(精神障礙) = mental handicap
mental entity 정신적 실체(精神的實體)
mental foramen 해부 이공(頤孔), 턱끝구멍
mental handicap(MH) 정신장애(精神障礙) = mental disorders
mental health 정신건강(精神健康) ↔ physical health
mental hospital 정신병원(精神病院)
mental hygiene 정신위생(精神衛生)
mental illness 생리 정신질환(精神疾患)
mental image 심상(心像)
mental lexicon 심성어휘집(心性語彙集) *cf.* receptive lexicon, expressive lexicon
mental maps 심성지도(心性地圖)
mental mechanism 정신기제(精神機制)
mental model 심성 모형(心性模型)
mental nerve 해부 이신경(頤神經), 턱끝신경
mental organ 정신적 기관(精神的器官) ↔ physical organ
mental process 생리 정신작용(精神作用)
mental protuberance 해부 턱끝융기
mental region 해부 턱끝부위
mental representation 정신적 표상(精神的表象) ↔ physical representation
mental retardation attendant(MRA) 정신지체 간병인(精神遲滯看病人)
mental retardation(MR) 생리 정신지체(精神遲滯) = mental retarded
mental retarded child 정신지체아(精神遲滯兒)
mental rule 정신적 규칙(精神的規則)
mental science 정신과학(精神科學)
mental semantics 심리의미론(心理意味論)
mental space 인지 정신공간(精神空間)
mental spine 해부 이극(頤棘), 턱끝가시
mental state 심리 정신상태(精神狀態) = mental status

mental status 심리 정신상태(精神狀態) = mental state

mental status examination 심리 정신상태검사(精神狀態檢査)

mental test 심리 정신검사법(精神檢査法)

mental toughness 정신적 강인함 *cf.* psychic energy

mental tubercle 해부 이결절(頤結節), 턱끝결절

mentalis muscle 해부 이근(頤筋), 턱끝근

mentalism 유심론(唯心論), 심리주의(心理主義) ↔ materialism

mentalist 유심론자(唯心論者)

mentalist theories 유심론적 이론(唯心論的理論)

mentalistic semantics 심리의미론(心理意味論)

mentally retarded(MR) 정신지체(精神遲滯) = mental retardation

mentolabial sulcus 해부 턱끝입술고랑

mentum 해부 L 턱끝

MEP(magnetoencephalography) 뇌과학 자기뇌파(磁氣腦波)

mercury barometer 수은기압계(水銀氣壓計)

merger 융합(融合), 병합(倂合)

merger theory 병합이론(倂合理論)

Merill language screening test(MLST) 메릴 언어선별검사(言語選別檢査)

meronymy 부분관계(部分關係)

mesencephalic 중뇌(中腦)의

mesencephalic aqueduct 해부 중뇌수도(中腦水道)

mesencephalic trigeminal nucleus 해부 삼차신경 중뇌핵(三次神經中腦核)

mesencephalon 해부 중뇌(中腦) = midbrain

mesenchyme 해부 중간엽(中間葉)

mesial occlusion 내측교합(內側交合)

mesioversion 근심전위(近心電位)

mesmerism 최면술(催眠術)

mesocortical tract 해부 중뇌피질로(中腦皮質路)

mesoderm 해부 중배엽(中胚葉) *cf.* endoderm, ectoderm

mesodont 해부 중간치아형(中間齒牙形)

mesolimbic pathway 해부 중뇌변연로(中腦邊緣路)

mesomelic 해부 지붕부

mesomorph 해부 중배엽형(中胚葉形)

mesosystem 중체제(中體制) *cf.* macrosystem, microsystem

mesothelium 해부 중피(中皮) *cf.* epithelium

mesotympanum 해부 중고실(中鼓室)

message 전달내용(傳達內容), 메시지

MET(maximum exhalation time) 최대호기지속시간(最大呼氣持續時間), 최대날숨지속시간

MET(mechano-electrical transduction) 기계전기적 변환과정(機械電氣的變換過程)

meta 상위(上位)의

meta-analysis 상위분석(上位分析), 메타분석

meta cognition 상위인지(上位認知), 메타인지 = metacognition

meta memory 상위기억(上位記憶), 메타기억

meta-meta language 최상위 언어(最上位言語)

meta thinking 상위사고(上位思考), 메타사고

metabolic 대사성(代謝性)의

metabolic cycle 생리 대사주기(代謝週期)

metabolic disease 생리 대사성 질환(代謝性疾患)

metabolic disorders 생리 대사장애(代謝障礙)

metabolic presbycusis 생리 대사성 노인난청(代謝性老人難聽)

metabolic rate 생리 대사율(代謝律)

metabolic syndrome 생리 대사 증후군(代謝症候群)

metabolic turnover 생리 대사전환(代謝轉換)

metabolism 생리 물질대사(物質代謝) *cf.* catabolism, anabolism

metabolism disorders 생리 대사장애(代謝障礙)

metabolism test 생리 대사시험(代謝試驗)

metacarpal bone 중수골(中手骨)

metachrony 내재통시론(內在通時論)
metacognition AAC 상위인지(上位認知), 초인지(超認知) = meta cognition
metacognitive approach AAC 상위인지적 접근(上位認知的接近)
metacognitive knowledge AAC 상위인지적 지식(上位認知的知識)
metacognitive model 상위인지 모형(上位認知模型), 메타인지 모델
metacognitive skills AAC 상위인지 기술(上位認知技術)
metacommunication AAC 상위의사소통(上位意思疏通)
metacompetence AAC 상위능력(上位能力)
metalanguage 언어발달 상위언어(上位言語), 초언어(超言語)
metalinguistic ability 언어발달 상위언어 능력(上位言語能力)
metalinguistic awareness 언어발달 상위언어 인식(上位言語認識)
metalinguistic cues 언어발달 상위언어 단서(上位言語端緖) *cf.* nonlinguistic cues
metalinguistic feedback 언어습득 상위언어적 피드백
metalinguistic knowledge 언어발달 상위언어 지식(上位言語知識)
metalinguistic negation 언어발달 상위언어 부정(上位否定言語)
metalinguistic skills 언어발달 상위언어 기술(上位言語技術)
metalinguistics 상위언어학(上位言語語學), 메타언어학
metalloproteins 금속성 단백질(金屬性蛋白質)
metamemory strategies 언어발달 상위기억전략(上位記憶戰略)
metamorphosis 변태(變態), 탈바꿈
metaphase 중기(中期)
metaphon 조음 상위음운(上位音韻)
metaphon therapy 조음 상위음운치료(上位音韻治療), 메타폰치료 *cf.* phonological awareness approach
metaphonological awareness 언어발달 상위음운인식(上位音韻認識)
metapragmatic awareness 언어발달 상위화용인식(上位話用認識)
metaphonological skill 언어발달 상위음운능력(上位音韻能力)
metaphonology 언어발달 상위음운론(上位音韻論)
metaphor 은유(隱喩) *cf.* simile
metaphoric language 은유적 언어(隱喩的言語) *cf.* figurative language
metaphoric transparency 인지 은유적 투명성(隱喩的透明性)
metaphorical extension 인지 은유적 확장(隱喩的擴張) = metaphorical transfer
metaphorical mapping 인지 은유적 사상(隱喩的寫像)
metaphorical transfer 인지 은유적 전이(隱喩的轉移) = metaphorical extension
metaplasm 해부 후형질(後形質)
metapragmatics 화용 상위화행론(上位話行論)
metapsychology 심리 상위심리학(上位心理學)
metarteriole 해부 미세동맥(微細動脈)
metarule 상위규칙(上位規則)
metasprache 독 상위어(上位語) = metalanguage
metastasis 생리 (암 등의) 전이(轉移)
metastatic 생리 전이성(轉移性)
metastatic tumor 생리 전이성 종양(轉移性腫瘍) *cf.* primary tumor
metathalamic nuclear group 해부 시상후부 핵군(視床後部核群)
metathalamus 해부 (간뇌의) 시상후부(視床後部)
metatheory 언어발달 상위이론(上位理論)
metathesis 음운 음위전환(音位轉換)
metathetic errors 음운 음위전환 오류(音位轉

換誤謬)
metencephalon 해부 후뇌(後腦)
↔ procencephalon
meter 측정기(測程器)
method of adjustment (자극) 조절법(調節法)
method of constant stimuli 상시 자극법(常時刺戟法)
method of limits 한계법(限界法), 극한법(極限法)
method of multiple stimuli 배수 자극법(倍數刺戟法)
method of noise measurement 음향 소음측정법(騷音測定法)
method of quadrasection 사분법(四分法)
method of rank order 순위척도법(順位尺度法)
method of section 분해법(分解法)
methodology 방법론(方法論)
meticulous 세심한, 꼼꼼한
metonymic-metaphorical model 인지 환유-은유 모형(換喩隱喩模型) *cf.* protype extension model
metonymic object 환유적 목적어(換喩的目的語)
metonymic signs 환유적 기호(換喩的記號)
metonymy 환유(換喩), 환유법(換喩法)
cf. metaphor
metre 율격(律格)
metric variable 통계 측정형 변수(測定形變數)
= measurable variable ↔ non-metric variable
metrical derivation 율격도출(律格導出)
metrical foot 율격음보(律格音譜)
metrical grids 운율격자(韻律格子), 율격격자(韻格格子)
metrical phonology 운율음운론(韻律音韻論)
metrical strength 율격강도(律格强度)
metrical structure 율격구조(律格構造)
metrical tension 운율긴장(韻律緊張)
metrical tree construction rule 운율수형 구성규칙(韻律樹形構成規則)
metrical trees 운율수형(韻律樹形)
metronome 메트로놈, 박절기(拍節器)
metronome-paced speech 메트로놈 박자에 맞춰 말하기
Metropolitan readiness tests(MRT) 메트로폴리탄 준비도검사(準備度檢査)
mezzo soprano (여성의 중간음) 메조소프라노
cf. soprano
MFB(motional feedback) 운동귀환(運動歸還)
MFCC(mel-frequency cepstral coefficient) 음성공학 멜-주파수 스펙트럼 계수
MFM(modified frequency modulation) 음향 수정 주파수변조(修正周波數變調)
MFP(Monterey fluency program) 말더듬 몬테레이 유창성 프로그램
MFP(multidisciplinary feeding profile) 다학문적 수유프로그램
MFR(mean flow rate) 평균기류율(平均氣流率)
MG(myasthenia gravis) 중증 근무력증(重症筋無力症)
MGB(medial geniculate body) 내측슬상체(內側膝上體)
MH(mental handicap) 정신장애(精神障礙)
= mental disorders
MHC(major histocompatibility complex) 주조직적 합성복합체(主組織的合成複合體)
MI(mechanical index) 역학적 지수(力學的指數)
MI(mental injury) 정신손상(精神損傷)
MI(myocardial infarction) 심근경색(心筋梗塞)
micelle 미포(微胞)
Michigan picture inventory(MPI) 미시간 그림목록
micr(o)- '미세(微細)'의 의미
micro context 소문맥(小文脈)
micro-phoneme 음운 소음소(小音素)
↔ macro-phoneme
micro prosody 미세운율(微細韻律)
micro skill 부분적 이해기술 ↔ macro skill

M

micro-teaching 소집단학습(小集團學習)
microanalysis 미량분석(微量分析), 미시분석(微視分析) ↔ macroanalysis
microbeam X-ray 마이크로빔 엑스레이
microbiology 미생물학(微生物學)
microcephaly 생리 소두증(小頭症), 소뇌증(小腦症) ↔ macrocephaly
microcheilia 생리 소순증(小脣症) ↔ macrocheilia
microdont 생리 소치증(小齒症) ↔ macrodont
microdissection 해부 미세수술(微細手術) = microsurgery
microelectrode 미소전극(微小電極), 미세전극(微細電極)
microencephaly 생리 소뇌증(小腦症) ↔ macroencephaly
microfilaments 신경 미세섬유(微細纖維)
microglia 해부 소교세포(小膠細胞) ↔ macroglia
microglossia 생리 소설증(小舌症) ↔ macroglossia
micrognathia 생리 소하악증(小下顎症) ↔ macrognathia
micrographia 생리 소서증(小書症), 소자증 ↔ macrographia
microlaryngoscopy 미세후두경검사법(微細喉頭鏡檢查法)
microlinguistics 미시언어학(微視言語學) ↔ macrolinguistics
microlobule 해부 미세소엽(微細小葉), 미소엽(微小葉)
micromethod 미세법(微細法)
micronutrient 미량영양소(微量營養素)
microorganism 미생물(微生物) ↔ macroorganism
microphobia 생리 미생물공포증(微生物恐怖症)
microphone flow noise 음향 마이크로폰 유동 잡음(送話機流動雜音)
microphone location effect(MLE) 마이크로폰 위치효과(送話機位置效果)
microphone placement techniques 이크로폰 설치기술(設置技術)
microphonics 확성효과(擴聲效果)
microphonograph 미음확대기(微音擴大器)
microphonosurgery 미세음성외과술(微細音聲外科術)
microphotometer 마이크로 광도계(光度計)
microphysics 미립자물리학(微粒子物理學)
micropia 생리 소시증(小視症) = micropsia ↔ macropsia
microplasia 소인(小人), 난장이 ↔ macroplasia
microplastic surgery 미세성형술(微細成形術)
micropsia 생리 소시증(小視症), micropia ↔ macropsia
microradiography 미세방사선 촬영술(微細放射線撮影術)
microrespirometer 미량호흡계(微量呼吸計)
microscopic analysis 현미경적 분석(顯微鏡的分析)
microscopic anatomy 미세해부학(微細解剖學) ↔ macroscopic anatomy *cf.* gross anatomy
microscopic diagnosis 현미경적 진단(顯微鏡的診斷)
microscopic examination 현미경검사(顯微鏡檢查) *cf.* microscopic test
microscopic object 미생물(微生物), 미립자(微粒子)
microscopic test 현미경검사(顯微鏡檢查) *cf.* microscopic examination
microscopy 현미경검사법(顯微鏡檢查法)
microsegment 소분절(小分節)
microsoma 왜소체(矮小體)
microsomia 생리 소인증(小人症) = dwarfism ↔ gigantism
microstomia 생리 소구증(小口症) ↔ macrostomia

microstructure 소형구조(小形構造)
↔ macrostructure

microsurgery 해부 미세수술(微細手術)
= microdissection

microswitch 미세 스위치

microsystem 소체제(小體制) ↔ macrosystem
cf. mesosystem

microtia 생리 소이증(小耳症) ↔ macrotia

microtubules 해부 미세소관(微細小管)

microvillus 해부 PL 미세융모(微細絨毛), microvilli

microvoltometer 미량전압계(微量電壓計)

microwave 방사선 극초단파(極超短波)

microwave therapy 마취 극초단파 요법(極超短波療法)

mid back vowel 조음 후설중모음(後舌中母音)

mid central vowel 조음 중설중모음(中舌中母音)

mid front vowel 조음 전설중모음(前舌中母音)

mid-high vowel 조음 중설고모음 (中舌高母音)

mid-level tone 음운 중-평판 성조(中平板聲調), 중평판조(中平板調)

mid life crisis 중년기 위기(中年期危機)

mid-low vowel 조음 중설저모음(中舌低母音)

mid position 중간위치(中間位置)

mid rising tone 음운 중간 상승성조(中間上昇聲調)

midsagittal plane 해부 정중 시상면(正中矢狀面)

mid superior alveolar nerve 중상 치조신경(中上齒槽神經), 중간위 이틀신경

mid-temporal epilepsy 중심측두부 간질(中間側頭部癎疾)

mid tone 음운 중성조(中聲調), 중조(中調)

mid vowel 조음 중설모음(中舌母音), 중모음(中母音) *cf.* mid-central vowel

midband frequency 음향 중간대역 주파수(中間帶域周波數)

midbrain 해부 중뇌(中腦) = mesencephalon

midbrain level 중뇌위(中腦位)

middle adulthood 성인중기(成人中期)

middle age 중년(中年)

middle cerebellar peduncle 해부 중소뇌각(中小腦脚)

middle cerebral artery(MCA) 해부 중대뇌동맥(中大腦動脈)

middle cervical cardiac nerve 해부 중경심장신경(中頸心臟神經)

middle cervical ganglion 해부 중경신경절(中頸神經節)

middle class 중산층(中産層) *cf.* lower class, high class, upper class

middle concha 해부 중비갑개(中鼻甲介)
= middle turbinate

middle constrictor pharyngis muscle 해부 중인두수축근(中咽頭收縮筋) = middle constrictor muscle of pharynx

middle construction 중간구조(中間構造)

middle cranial fossa 해부 중두개와(中頭蓋窩)

middle ear 해부 중이(中耳)

middle ear cavity 해부 고실(鼓室), 중이강(中耳腔) = tympanic cavity

middle ear disease reflex 신경 중이염반사(中耳炎反射)

middle ear implant(MEI) 인공중이(人工中耳)

middle ear muscle reflex 신경 중이근반사(中耳筋反射)

middle ear myoclonus 생리 중이근 경련(中耳筋痙攣)

middle ear transfer function 통계 중이전달함수(中耳傳達函數)

middle ear transformer 청각 중이변환기(中耳變換機)

middle fossa 해부 중두와(中頭窩)
cf. anterior fossa

middle frontal gyrus 해부 중전두회(中前頭回)

Middle Korean 중세국어(中世國語) *cf.* Modern Korean

middle latency evoked potential(MLEP) 신경 중간지연청력 유발전위(中間遲延聽力誘發電位)

middle latency response(MLR) 중기반응(中期反應) = middle response

middle life 중류생활(中流生活)

middle lobe 해부 중간엽(中間葉)

middle mediastinum 해부 중간중격(中間中隔)

middle meningeal artery 해부 중간뇌막 동맥(中間腦膜動脈)

middle nasal concha 해부 중비갑개(中鼻甲介)

middle nasal meatus 해부 중비도(中鼻道)

middle otitis 생리 중이염(中耳炎)

middle palatine nerve 해부 중구개신경(中口蓋神經)

middle peduncle 해부 중소뇌각(中小腦脚), 중소뇌다리 *cf.* superior peduncle

middle pharyngeal constrictor muscle 해부 중인두수축근(中咽頭收縮筋) = middle constrictor pharyngis muscle

middle pitch 중간 피치

middle rectal plexus 해부 중간직장신경총(中間直腸神經叢)

middle response 중기반응(中期反應) = middle latency response

middle temporal gyrus 해부 중간관자이랑

middle temporal muscle 해부 중측두근(中側頭筋)

middle temporal vein 해부 중측두정맥(中측두靜脈)

middle turbinate 해부 중비갑개(中鼻甲介) = middle concha

middle verb 중간동사(中間動詞)

middle voice 중간태, 중동태

middlescence 중년기(中年期)

midface 얼굴중간

midline 정중선(正中線), 중간선(中間線)

midness 조음 중모음성(中母音性)

midrange speaker 중음역 스피커

midsagittal plane 해부 정중시상면(正中矢狀面)

migraine headache 생리 편두통(偏頭痛)

migration error 이동오류(移動誤謬) = transposition error

mild cognitive impairment(MCI) 경도인지장애(輕度認知障礙)

mild hearing impairment 경도청력장애(輕度聽力障礙)

mild hearing loss 생리 경도청력손실(輕度聽力損失) *cf.* moderate hearing loss

mild mental retardation 경도정신지체(輕度精神遲滯)

mild nasality 경도비성(輕度鼻性)

mildly retarded children 경도정신지체아(輕度精神遲滯兒)

milieu 환경(環境)

milieu language intervention 환경중심 언어중재(環境中心言語仲裁)

milieu language training 환경중심 언어훈련(環境中心言語訓練)

milieu teaching 환경중심교수(環境中心敎授)

milieu teaching approaches 환경중심교수법(環境中心敎授法) *cf.* operant-teaching techniques

milieu therapy 환경요법(環境療法), 환경중심치료(環境中心治療)

milk teeth 해부 유치(乳齒), 젖니

Miller assessment for preschoolers(MAP) 밀러 취학 전 아동평가(就學前兒童評價)

Miller-Yoder language comprehension test (MYLCT) 밀러-요더 언어이해력검사(言語理解力檢査)

millisecond 밀리 세컨드(1/1000초)

millivolts 밀리볼트(mV)

Millon clinical multiaxial inventory(MCMI) 심리 밀론 임상다축검사목록(臨床多軸檢査目錄)

mimetic word 의태어(擬態語) *cf.* onomatopoeia

mimic speech 모방어(模倣語)
mimicry 모방(模倣)
mimicry-memorization method 모방기억 방법(模倣記憶方法)
mind control 세뇌(洗腦)
mind-reading 독심술(讀心術), 마음읽기
mineral reservoir 광물질 저장(鑛物質貯藏)
mineralocorticoid 전해질 코르티코이드
miniature 축소모형(縮小模型)
mini-inventory of right brain injury(MIRBI) 우뇌손상간편검사목록(右腦損傷簡便檢查目錄)
mini-mental status examination(MMSE) 심리 간이정신상태검사(簡易精神狀態檢查)
minimal attachment 통사 최소부착(最小附着)
minimal blood pressure 생리 최저혈압(最低血壓) ↔ maximal blood pressure
minimal brain damage 생리 미세뇌 손상(微細腦損傷)
minimal brain dysfunction syndrome 생리 미세뇌기능장애 증후군(微細腦機能障礙症候群)
minimal brain dysfunction(MBD) 신경 미세뇌기능장애(微細腦機能障礙)
minimal contrast 음운 최소대립(最小對立)
minimal-contrast approach 최소대조접근법(最小對照接近法)
minimal contrast method 음운 최소대립방법(最小對立方法)
minimal distance principle 통사 언어습득 최단거리원리(最短距離原理), 최소거리원칙(最小距離原則)
minimal-distance principle 최소거리원리(最小距離原理)
minimal distinction 최소차이(最小差異)
minimal domain 최소영역(最小領驛)
minimal factorization 최소요소분석(最小要素分析)
minimal free form 형태 최소자립형식(最小自立形式)
minimal link condition 최소연결조건(最小連結條件)
minimal major category 최소대범주(最小大範疇)
minimal masking level(MML) 음향 최소차폐레벨
minimal maximal category 최소최대범주(最小最大範疇)
minimal maximal projection 최소최대투사(最小最大投射)
minimal meaningful unit 형태 최소의미단위(最小意味單位) = minimum unit of meaning
minimal pair 형태 최소대립쌍(最小對立雙) = contrastive set
minimal pair analysis 형태 최소변별쌍 분석(最小辨別雙分析)
minimal pair contrast approach 형태 최소대립쌍 대조법(最小對立雙對照法)
minimal pair test 형태 최소대립쌍 분석(最小對立雙分析)
minimal sign 최소기호(最小記號)
minimal sonority distance 음향 최소공명거리(最小共鳴距離)
minimal stimulation classroom model 최소자극학급 모형(最小刺戟學習模型)
minimal syllable structure 음운 최소음절(最小音節)
minimum unit of meaning 형태 최소의미단위(最小意味單位) = minimal meaningfulunit
minimal word 형태 최소 단어(最小單語)
minimal word constraint 형태 최소단어제약(最小單語制約)
minimalism 최소주의(最小主義) ↔ maximalism
minimalist binding theory 통사 최소주의 결속이론(最小主義結束理論)
minimality barrier 최소장벽(最小障壁)

M

minimality condition 최소조건(最小條件)
minimally brain-damaged child 신경 최소뇌손상아(最小腦損傷兒)
minimally terminable unit 최소종결단위(最小終結單位) = terminal unit
minimization 경시(輕視), 깔봄
minimum acceptable skill 최소수용기술(最小受容技術)
minimum audible field(MAF) 청각 최소가청영역(最小可聽領域)
minimum audible pressure(MAP) 음향 최소가청음압(最小可聽音壓)
minimum auditory capabilities test(MAC) 청각 최소청능검사(最小聽能檢查)
minimum discrimination score 청각 최소식별점수(最小識別點數) ↔ maximum discrimination score
minimum phase system 최소위상계(最小位相系)
minimum response level 최소반응레벨
minimum unit 음운 최소단위(最小單位)
Minnesota multiphasic personality inventory (MMPI) 심리 미네소타 다면적 인성검사(多面的人性檢查)
Minnesota test for differential diagnosis of aphasia(MTDDA) 미네소타 실어증감별진단검사(失語症鑑別診斷檢查)
minor 소(小), 작은 ↔ minor
minor articulator 부 조음기관(副調音器官) *cf.* major articulator
minor class 소집단(小集團) ↔ major class
minor depression 생리 경미한 우울증
minor dysmorphic features 미소기형적 특징(微小畸形的特徵)
minor horn 해부 소각(小角) ↔ major horn
minor motor seizure 생리 소운동 발작(小運動發作)
minor movement rule 소이동 규칙(小移動規則)
minor muscles 해부 소흉근(小胸筋) ↔ major muscles
minor parameter 통계 부매개변수(副媒介變數)
minor premise 논리 (삼단논법의) 소전제(小前提) *cf.* major premise
minor rule 소수규칙(小數規則) ↔ major rule
minor salivary gland 해부 소타액선(小唾液腺) ↔ major salivary gland
minor scale 단음계(短音階) ↔ major scale
minor sentence 단문(短文)
minor sublingual duct 해부 소설하선관(小舌下腺管)
minor tranquilizer 소신경 안정제(小神經安靜劑)
minor zygomatic muscle 해부 소권골근(小顴骨筋), 작은권골근 ↔ major zygomatic muscle
minority 소수민족(少數民族) ↔ majority
minority ethnolinguistic community 언어습득 소수 인종언어 공동체(小數人種言語共同體) ↔ majority ethnolinguistic community
minority language group 소수언어집단(少數言語集團)
minority language 소수민족언어(少數民族言語) ↔ majority language
minority student 소수학생(少數學生)
minus rule feature 마이너스 규칙자질(規則子姪)
minute ventilation 미세환기(微細換氣)
minute volume 매분 방출량(每分放出量)
MIRBI(mini-inventory of right brain injury) 우뇌손상간편검사목록(右腦損傷簡便檢查目錄)
mirror-image notation 경상표기(鏡狀標記), 거울상표기
mirror movements 경상운동(鏡像運動), 거울동작
mirror neurons 해부 거울뉴런 *cf.* visuomotor neurons
mirror principle 경상원리(鏡像原理), 거울원리
misarticulation 조음 오조음(誤調音)
miscarriage 생리 유산(流産) *cf.* abortion

miscellaneous narrative 언어발달 (논리를 벗어난) 잡다한 이야기 *cf.* leapfrog narrative
misfire 불발발화(不發發火)
mismatch negativity test(MMN) 음향 음전위 부정합검사(陰電位不整合檢查)
mismatching 부정합(不整合) ↔ matching
misophonia 음성장애 (신경학적) 특정음 민감성 장애(特定音敏感性障礙)
misphonia 오발성(誤發聲)
mispronunciation 발음실수(發音失手)
miss rate 실기율(失機率)
missing antecedent 소실선행사(燒失先行詞)
missing parts test 빠진부분검사(部分檢查)
missing preposition 소실전치사(燒失前置詞)
missing subject 부재주어(不在主語)
mistiming 시간 맞추기 오류, 타이밍 오류
misuse 오용(誤用) *cf.* overuse
MIT(melodic intonation therapy) 신경 멜로디 억양치료(抑揚治療)
mitigated echolalia 완화된 반향
mitigating device 완화장치(緩和裝置)
mitigation 완화(緩和)
mitigator 완화요소(緩和要素)
mitochondrial disorder 생리 미토콘드리아 질환
mitochondrial myopathy 사립체성 근질환(絲粒體性筋疾患), 미토콘드리아 근질환
mitochondrion 미토콘드리아
mitokinetic 유사운동(有絲運動)
mitosis 유사분열(有絲分裂)
mitral cell 해부 승모신경세포(僧帽神經細胞)
mitral stenosis 생리 승모판협착증(僧帽瓣狹窄症)
mitral valve 해부 승모판(僧帽瓣)
mitral vavulitis 생리 승모판막염(僧帽瓣膜炎)
mixed aphasia 신경 혼합형 실어증(混合形失語症)
mixed cerebral pasly 신경 혼합형 뇌성마비(混合形腦性麻痺)
mixed conduct disorders 혼합형 행동장애(混合形行動障礙)
mixed deafness 생리 혼합형 농(混合形聾)
mixed dementia 신경 혼합형 치매(混合形癡呆) *cf.* cortical dementia
mixed dysarthria 신경 혼합형 마비말장애
mixed emotional disorders 혼합형 정서장애(混合形情緖障碍)
mixed gland 혼합선(混合腺)
mixed hearing impairment 생리 혼합형 청각장애(混合形聽覺障碍)
mixed hearing loss(MHL) 생리 혼합형 청력손실(混合形聽力損失) *cf.* sensorineural hearing loss
mixed language 혼성언어(混成言語) *cf.* pidgin language, creole language
mixed language disorders 혼합 언어장애(混合言語障礙)
mixed laterality 혼합 설측성(混合舌側性)
mixed layer 혼합층(混合層)
mixed lymphocyte culture 혼합 림프구 배양
mixed nasality 조음 혼성비음(混成鼻音)
mixed nerve 해부 혼합신경(混合神經), 혼합뉴런
mixed reality(MR) 혼합현실(混合現實) *cf.* virtual reality
mixed receptive-expressive language disorder 수용 · 표현 혼합형 언어장애(受容表現混合形言語障礙)
mixed resonance 혼합공명(混合共鳴)
mixed transcortical aphasia 신경 혼합연결피질실어증(混合連結皮質失語症)
mixed type 혼합형(混合形)
mixed vowel 조음 혼합모음(混合母音)
mixture theory 혼합이론(混合理論)
MLAT(modern language aptitude test) 현대언어적성검사(現代言語適性檢查)
MLB(monaural loudness balance test) 청각 편이 음량평형검사(片耳音量平衡檢查) *cf.* BLB
MLD(masking level difference) 음향 차폐레벨차이

M

MLE(microphone location effect(MLE) 음향 마이크로폰 위치효과(位置效果)

MLEP(middle latency evoked potential) 신경 중간지연청력유발전위(中間遲延聽力誘發電位)

MLR(mean length of response) 평균반응길이

MLR(middle latency response) 중기반응(中期反應) = middle response

MLST(Merill language screening test) 메릴 언어선별검사(言語選別檢査)

MLT(mean length speaking turn) 말전환 평균길이

MLU(mean length of utterance) 평균발화길이

MLU(multi-word lexical unit) 다단어 어휘단위(多單語語彙單位)

MLVT(monitored live voice testing) 관찰육성검사(觀察肉聲檢査), 모니터된 육성검사

MMI(man-machine interface) 음성공학 인간-컴퓨터 인터페이스, 인간-컴퓨터 접속(接續) *cf.* HCI

MML(minimal masking level) 음향 최소차폐레벨

MMN(mismatch negativity test) 음향 음전위부정합(陰電位不整合)

MMPI(Minnesota multiphasic personality inventory) 심리 미네소타 다면적 인성검사(多面的人性檢査)

MMSE(mini-mental status examination) 심리 간이정신상태검사(簡易精神狀態檢査)

mnemonic devices 심리 기억장치(記憶裝置)

mnemonic interference 심리 기억간섭(記憶干涉)

mnemonic technique 심리 기억증진기법(記憶增進技法)

mnemonics 심리 기억법(記憶法), 기억술(記憶術)

MNRU(modulated noise reference unit) 음향 변조잡음 기준단위(變調雜音基準單位)

mob psychology 심리 군중심리(群衆心理), 대중심리(大衆心理) = mass psychology ↔ individual psychology

MOB(medial olivocochlear bundle) 신경 내측 올리브와우섬유다발

mobility 운동력(運動力), 이동도(移動度)

modal 화법조동사(話法助動詞)

modal analysis 모드 해석(解釋)

modal auxiliary 서법조동사(敍法助動詞)

modal auxiliary verb 서법 보조동사(敍法補助動詞)

modal characteristic impedance 음향 모드 특성저항(特性抵抗)

modal density 음향 모드 밀도(密度)

modal domain 음향 모드 영역(領域)

modal energy 음향 모드 에너지

modal frequency 음향 모드 주파수(周波數)

modal impedance matrix 음향 모드 저항행렬(抵抗行列)

modal level of play 언어발달 놀이양식레벨

modal number 모드 번호

modal radiation impedance 음향 모드 방사저항(放射抵抗)

modal register 진성구(眞聲區), 중간성역(中間聲域) ↔ falsetto register

modal register voice 중간성역음(中間聲域音)

modal testing 모드 실험

modality 양태(樣態), 양식(樣式), 양상(樣狀)

modality reduction 법성 감소(法性減少)

modality-specific hypothesis AAC 특정형태 가설(特定形態假說)

modalization 양태부여(樣態賦與)

modalizing term 양태요소(樣態要素)

mode (1) 양식(樣式) (2) 통계 최빈값 *cf.* mean, median

mode conversion 모드 변환(變換)

mode numbers 모드 번호

mode of oscillation 음향 진동 모드 = mode of vibration

mode of response 반응방식(反應方式)

mode of response generalization 반응방식 일반화(反應方式一般化)
mode shape 모드 형상(形狀)
model 모형(模型), 모델
model-theoretic semantics 의미 모형이론 의미론(模型理論意味論) *cf.* possible-world semantics
model theory 모형이론(模型理論)
modeled trials 모방시도(模倣試圖)
modeling 심리 (행동수정의) 모델화
moderate development 정상발달(正常發達)
moderate hearing impairment 생리 중도청력장애(中度聽力障礙)
moderate hearing loss 생리 중도청력손실(中度聽力損失) *cf.* mild hearing loss
moderate mental retardation 중도정신지체(中度精神遲滯)
moderately nasality 중도비성(中度鼻性)
moderately severe 중고도(中高度)
moderately severe hearing loss 생리 중고도 청력손실(中高度聽力損失)
moderator variable 통계 조절변수(調節變數) *cf.* control variable
Modern Korean 근세국어(近世國語) *cf.* Middle Korean
modern language aptitude test(MLAT) 현대 언어적성검사(現代言語適性檢查)
modification 말더듬 수정(修正)
modified airflow 숨 조절
modified barium swallow(MBS) 삼킴 수정바륨삼킴검사
modified Erickson scale of communication attitude 말더듬 수정된 에릭슨 의사소통태도척도(意思疏通態度尺度)
modified frequency modulation(MFM) 음향 수정 주파수변조(修正周波數變調)
modified input 조정된 입력(入力)
modified rhyme test(MRT) 수정압운검사(修正押韻檢查)
modified unitary base hypothesis 수정단일어기가설(修正單一語基假說) *cf.* unitary base hypothesis
modified Valsalva maneuver 말더듬 수정 발살바법
modifier 통사 수식어(修飾語) *cf.* head noun
modifier-head 수식어-피수식어(修飾語-被修飾語)
modifier shift 통사 수식어 변경(修飾語變更) *cf.* relative reduction
modiolus 해부 와우축(蝸牛軸), 달팽이축
modular system of universal principles 보편원리 조합 체계(普遍原理組合體系)
modulares system 조합체계(組合體系)
modularity 단원성(單元性), 조합(組合), 모듈방식
modularity theory 언어발달 단원성 이론(單元性理論)
modulated noise reference unit(MNRU) 음향 변조잡음 기준단위(變調雜音基準單位)
modulated tone 음향 변조음(變調音)
modulation 음향 변조(變調) *cf.* demodulation
modulation depth 음향 변조깊이
modulation detection interference(MDI) 음향 변조탐지간섭(變調探知干涉)
modulation distortion 음향 변조왜곡(變調歪曲)
modulation frequency 음향 변조주파수(變調周波數)
modulation index 통계 변조지수(變調指數)
modulation noise 음향 변조잡음(變調雜音)
modulation rate 음향 변조율(變調率)
modulation tone 음향 변조음(變調音)
modulation transfer function(MTF) 음향 변조전이기능(變調轉移機能)
modulator 음향 변조기(變調器)
module 장치(裝置)
modulus of foundation 지반계수(地盤係數)

Moebius syndrome 생리 (선천성 안면마비) 뫼비우스 증후군

Mohr syndrome 생리 (유전성) 모어 증후군

MOL(maximum output level) 최대출력레벨

molar compressibility 분자압축률(分子壓縮率)

molar sound velocity 분자음속(分子音速)

molar teeth 해부 대구치(大臼齒), 어금니 =molars *cf.* premolar teech, biswspid teeth

molariform 해부 구치(臼齒狀), 어금니 모양

molecular absorption 분자흡수(分子吸收)

molecular biology 분자생물학(分子生物學)

molecular cytology 신경 분자세포학(分子細胞學)

molecular formula 분자식(分子式)

molecular genetics 생리 분자유전학(分子遺傳學)

molecular layer 분자층(分子層)

molecular motion 분자운동(分子運動)

molecular physiology 분자생리학(分子生理學)

molecular relaxation absorption 분자이완흡수(分子弛緩吸收)

molecular theory 분자론(分子論)

molecular weight 분자량(分子量)

molecule 분자(分子) *cf.* atom

moment generating function 모멘트 생성함수(生成函數)

moment of stuttering 말더듬의 순간

momental 순간음(瞬間音)

momentary intention 인지 순간적 의도(瞬間的意圖) *cf.* enduring disposition

momentum 운동량(運動量), 모멘텀

monaural 해부 편이(片耳)의, 한쪽 귀의 *cf.* binaural

monaural deafness 생리 한쪽 귀 농(聾) *cf.* biaural deafness

monaural diplacusis 생리 단이복청(單耳複聽) *cf.* binaural diplacusis

monaural hearing 청각 일이청각(一耳聽覺), 한귀듣기

monaural hearing aid 청각 편이 보청기, 한귀 보청기 *cf.* binaural hearing aid

monaural loudness balance test(MLB) 청각 편이 음량평형검사(片耳音量平衡檢査) *cf.* binaural loudness balance test

monaural low-redundancy speech test 청각 편이 저잉여어음검사(片耳低剩餘語音檢査)

monaural low-redundancy test 청각 편이 저잉여성검사(片耳低剩餘性檢査)

Mondini dysplasia 생리 몬디니 기형(畸形), 몬디니 이형성증(異形成症)

moneme 단원소(單元素), 기호소(記號素)

monesthetic 생리 단일감각(單一感覺)

Mongolian spot 몽고반점(蒙古斑點)

Mongolism 생리 몽고증(蒙古症) =Down syndrome

monism 일원론(一元論) *cf.* dualism, pluralism

monistic approach 일원론적 접근방식(一元論的接近方式)

monitor 감시(監視)

monitor function 감시기능(監視機能)

monitor hypothesis 언어습득 감시가설(監視假說)

monitored live voice testing(MLVT) 관찰육성검사(觀察肉聲檢査)

monitoring 감시(監視), 모니터링

monitoring audiometry 청각 모니터링 청력검사(聽力檢査)

mono clausal causative 단일절 사역형(單一節使役形)

monoamines 모노아민류

monoclonal antibodies 해부 단일세포군 항체(單一細胞群抗體)

monocytes 해부 단핵세포(單核細胞)

monogenesis 단원설(單元說)

monogenic 단일유전자성(單一遺傳子性)의 *cf.* polygenic

monolingual 단일언어사용자(單一言語使用者) *cf.* bilingual

monolingual children 단일언어사용아동(單一言語使用兒童) *cf.* bilingual children

monolingual corpora 단일언어 코퍼스, 단일언어 말뭉치 *cf.* bilingual corpora

monolingual society 단일언어사회(單一言語社會) = unilingual society *cf.* bilingual society

monolingualism 단일언어사용(單一言語使用) *cf.* bilingulalism

monologeme 어종(語種)

monologue 독백(獨白), 혼잣말 = soliloquy *cf.* dialogue

monoloudness 조음 단음량(單音量), 단조로운 피치 = monopitch

monomorphemic reflexive 단형태소 재귀사(單形態素再歸辭)

monomorphemic word 단형태소어(單形態素語) ↔ polymorphemic word

monophasic action potential 단상성 활동전위(單相性活動電位) ↔ polyphasic action potential

monophonic recording 단선율 녹음(單旋律錄音)

monophthong 조음 단모음(單母音), 단순모음(單純母音) = simple vowel *cf.* diphthong

monophthongization 음운 단모음화(單母音化) *cf.* diphthongization

monopitch 조음 단일피치 = monoloudness *cf.* monotone

monoplegia 신경 (사지 중 하나만 마비된) 단마비(單痲痺) *cf.* diplegia

monopolar electrode 신경 단극전극(單極電極)

monopolar stimulation 신경 단극자극(單極刺戟)

monopolar 단극성(單極性)의 *cf.* bipolar, multipolar

monopole 신경 단극자(單極子)

monopole distribution 신경 단극자분포(單極子分布)

monopole source 단극자음원(單極子音源)

monosaccharide 단당(單糖)

monoseme 단의어(單義語) *cf.* polyseme

monosodium glutamate(MSG) 글루탐산모노나트륨, 조미료(調味料)

monosyllabic word 음운 단음절어(單音節語) *cf.* polysyllabic word

monosyllabic word list 단음절어 목록(單音節語目錄)

monosyllabism 음운 단음절성(單音節性)

monosynaptic reflex 신경 단일연접반사(單一連接反射)

monotherapy 단일요법(單一療法)

monothetic 단일원칙(單一原則)

monotic speech test 단이음검사(單耳音檢查) = monotic tone test

monotone 음운 단음조(單音調), 단성조(單聲調) *cf.* monopitch

monotone decreasing 단조감소(單調減少)

monotone decreasing quantifier 단조감소 양화사(單調減少量化詞)

monotone increasing 단조증가(單調增加)

monotone increasing quantifier 단조증가 양화사(單調增加量化詞)

monotonicity 단조성(單調性)

monotonization 단조화(單調化)

monotonous voice 단음도 음성(單音度音聲)

monovular twins 일란성 쌍생아(一卵性雙生兒), 일란성 쌍둥이 = identical twins ↔ biovular twins, dizygotic twins

Monroe diagnostic reading test 몬로 읽기진단검사

Montague grammar 통사 몬테규 문법(文法)

Montague semantics 몬테규 의미론(意味論)

Monterey fluency program(MFP) 말더듬 몬테레이 유창성 프로그램

Montessori-based intervention(MBI) 몬테소리 기반 중재(仲裁)

mood 통사 (문법범주) 법(法), 서법(敍法)

mood category 법범주(法範疇)

mood-dependent memory 인지 기분의존적

기억(氣分依存的記憶)
mood disorders 심리 기분장애(氣分障礙)
mora 음운 모라
mora theory 모라 이론(理論)
mora-timed language 음운 모라 박자언어(拍子言語) *cf.* stress-timed language
moraic phonology 음운 모라 음운론(音韻論)
moraic trochee 음운 모라식 강약격(强弱格)
moral judgement inventory 도덕적 판단검사 목록(道德的判斷檢査目錄)
moral majority 도덕적 다수(道德的多數) *cf.* silent majority
morale 자신감(自信感), 자아력(自我力)
morality 도덕성(道德性) *cf.* ethics
morbid jealousy 병적 질투(病的嫉妬)
morbidity 이병(罹病)
morbidity rate 이병률(罹病率), 질병률(疾病率)
moria 실없는 농담증
Moro's reflex 신경 모로 반사
morph 형태(形態)
morpheme 형태소(形態素)
morpheme alternal theory 형태소교체이론(形態素交替理論)
morpheme boundary 형태소경계(形態素境界) *cf.* word boundary
morpheme order 형태소습득순서(形態素習得順序)
morpheme structure condition 형태소구조조건(形態素構造條件)
morpheme structure constrain(MSC) 형태소구조제약(形態素構造制約)
morpheme structure rule(MSR) 형태소구조규칙(形態素構造規則)
morpheme studies 형태소연구(形態素硏究)
morpheme tier hypothesis 형태소층렬가설(形態素層列假說)
morpheme variation 형태소변이형(形態素變異形)
morphemics 형태소론(形態素論) *cf.* morphology
morphine 모르핀
morphogenesis 형태발생(形態發生)
morphographemic rule 형태문법적 규칙(形態文法的規則)
morphological alternation 형태적 교체(形態的交替) *cf.* phonological alternation
morphological analysis 언어발달 형태론적 분석(形態論的分析) *cf.* morphological reanalysis
morphological awareness 형태인식(形態認識) *cf.* phonological awareness
morphological change 형태적 변화(形態的變化)
morphological classification 형태적 분류(形態的分類)
morphological component 형태부(形態部)
morphological disorders 형태장애(形態障礙) *cf.* syntactic disorders
morphological information 해부 형태정보(形態情報)
morphological processes 형태론적 과정(形態論的過程)
morphological reanalysis 언어발달 형태론적 재분석(形態論的再分析) *cf.* morphological analysis
morphological rule 형태규칙(形態規則)
morphological uniformity principle 형태소일괄원리(形態素一括原理)
morphology (1) 언어 형태론(形態論) (2) 의학 형태학(形態學)
morphology-driven grammar 형태부-추진 문법(形態部推進文法)
morphon 형태소 구성요소(形態素構成要素)
morphophoneme 음운 형태음소(形態音素)
morphophonemic alternation 음운 형태음소적 교체(形態音素的交替)
morphophonemic component 음운 형태음소적 구성요소(形態音素的構成要素)
morphophonemic level 음운 형태음소적 차원

(形態音素적次元), 형태-음소적 층위(形態音素的層位)
morphophonemic processes 언어습득 음운 형태음소적 과정(形態音素的過程)
morphophonemic representation 음운 형태음소표기(形態音素標記)
morphophonemic rule 음운 형태음소규칙(形態音素規則)
morphophonology 형태음소론(形態音素論)
morphosyntactic awareness 형태구문인식(形態構文認識)
morphosyntactics 형태통사론(形態統辭論)
Morquio syndrome 생리 (상염색체 열성 대사장애) 모르키오 증후군
mortality 사망(死亡)
mortality rate 사망률(死亡率) ↔ birth rate
MOS(mean opinion score) 평균주관척도(平均主觀尺度)
mosaicism 생리 섞임증
mossy fiber 해부 이끼섬유
most comfortable level(MCL) 음향 쾌적레벨
most comfortable loudness range(MCLR) 음향 최적강도범위(最適强度範圍)
mother cell 신경 모세포(母細胞)
mother-infant play interaction scale 모아간 놀이 상호행동척도(相互行動尺度)
mother node 모교점
mother tape 머더테이프
mother tongue 모어(母語) = native language
motherese 엄마말 *cf.* baby talk
motherhood 심리 모성애(母性愛) = maternal love ↔ fatherhood
mother's assessment of the behavior of her infant(MABI) 유아행동 모성평가(乳兒行動母性評價)
mother's depression 생리 모성 우울증(母性憂鬱症)
motility 운동성(運動性)
motion agnosia 생리 운동 실인증(運動失認症)
motion response 운동응답(運動應答)
motion sensation 신경 운동각(運動覺) *cf.* deep sensation
motion transmissibility 운동전달도(運動傳達度)
motion verb 통사 이동동사(移動動詞)
motional admittance 음향 운동 어드미턴스
motional admittance method 음향 운동 어드미턴스법
motional feedback(MFB) 음향 운동귀환(運動歸還)
motional impedance 음향 운동저항(運動抵抗)
motional impedance method 음향 운동저항법(運動抵抗法)
motivated forgetting 동기화된 망각
motivation (1) 심리 동기화(動機化), 동기유발(動機誘發) (2) 말더듬 (벤 라이퍼의 말더듬 단계) 동기부여(動機附與)
motivation assessment scale(MAS) 동기사정척도(動機査定尺度)
motivation hypothesis 심리 동기화가설(動機化假說)
motivation training 심리 동기화훈련(動機化訓練)
motivational interviewing 심리 동기부여 면담(動機附與面談)
motive 동기(動機), 동인(動因)
motokinesthetics 감각운동학(感覺運動學)
motoneuron 해부 운동신경세포(運動神經細胞) = motor cell
motor 운동(運動)의 *cf.* sensory
motor ability 운동능력(運動能力)
motor access 운동접근(運動接近)
motor agraphia 생리 운동실서증(運動失書症)
motor alexia 생리 운동실독증(運動失讀症)
motor amusia 생리 운동실음악증(運動失音樂症)
motor aphasia 신경 운동실어증(運動失語症) = Broca's aphasia ↔ sensory aphasia

motor apraxia 생리 운동실행증(運動失行症)

motor area 해부 운동영역(運動領域) *cf.* sensory area

motor aspect 운동특성(運動特性)

motor assembly stage 언어발달 운동조합단계(運動調合段階)

motor behaviors 운동행동(運動行動)

motor cell 해부 운동신경세포(運動神經細胞) =motoneuron *cf.* sensory cell

motor command 신경 운동명령(運動命令)

motor commanded center 신경 운동명령중추(運動命令中樞)

motor control 운동신경 통제(運動神經統制)

motor coordination 운동조절(運動調節), 운동협응(運動協應)

motor coordination disorders 신경 운동협응장애(運動協應障礙)

motor cortex 해부 운동피질(運動皮質) *cf.* sensory cortex

motor development 신경 운동발달(運動發達)

motor disorders 신경 운동장애(運動障礙) *cf.* sensory disorders

motor encoding 신경 운동 부호화(運動符號化)

motor end-plate 신경 운동종판(運動終板)

motor engram 신경 운동기억(運動記憶) =motor memory

motor equivalence 신경 운동등가성(運動等價性)

motor fiber tract 해부 운동신경섬유로(運動神經纖維路) ↔ sensory fiber tract

motor-free visual perception test(MVPT) 운동무관 시지각검사(運動無關視知覺檢査)

motor function 운동기능(運動機能) *cf.* sensory function

motor incoordination difficulty 생리 운동불협응 장애(運動不協應障礙)

motor kinesthetic method 운동감각적 방법(運動感的覺方法)

motor memory 운동기억(運動記憶) =motor engram

motor nerve 해부 운동신경(運動神經) *cf.* sensory nerve

motor nerve cell 해부 운동신경세포(運動神經細胞) *cf.* sensory nerve cell

motor nervous system 운동신경계(運動神經系) *cf.* sensory nervous system

motor neuron 해부 운동뉴런 *cf.* sensory neuron

motor nuclei 해부 운동신경핵(運動核神經核) *cf.* sensory nuclei

motor paralysis 신경 운동마비(運動痲痺) *cf.* sensory paralysis

motor pathway 신경 운동신경로(運動神經路) *cf.* descending pathway

motor perception 신경 운동지각(運動知覺)

motor phonetics 운동음성학(運動音聲學)

motor planning therapy 운동기획치료(運動企劃治療)

motor process 운동처리과정(運動處理過程) ↔ sensory process

motor programming approach 운동 프로그램 접근법(接近法)

motor root 신경 운동근(運動根) *cf.* sensory root

motor root of trigeminal nerve 삼차신경 운동근(三次神經運動根), 삼차신경 운동뿌리

motor sensation 생리 운동감각(運動感覺)

motor speech areas 운동발화영역(運動發話領域)

motor speech center 운동발화중심(運動發話中心)

motor speech disorder(MSD) 신경 말운동장애

motor speech evaluation 신경 말운동평가

motor strip 해부 운동띠 =precentral gyrus, primary motor cortex ↔ sensory strip

motor system 해부 운동계(運動系) ↔ sensory system

motor theory 운동이론(運動理論)

motor theory of speech perception 언어지각의 운동이론(運動理論)

motor trigeminal nucleus 삼차운동 신경핵(三次運動神經核)

motor unit 신경 운동단위(運動單位) *cf.* sensory unit

motor unit action potential(MUAP) 운동단위 활동전위(運動單位活動電位)

motoric disfluency 말더듬 진성 비유창성(眞性非流暢性) = stuttering like disfluency

motoroherminative 근육발생(筋肉發生)

mouse emulator 마우스 에뮬레이터

mouth breathing 생리 구강호흡(口腔呼吸)

mouth corner 해부 구각(口角), 입꼬리

mouth-opening finger-spreading phenomenon 입벌림손가락뻗침현상

mouth simulator 인공입, 모의입

mouth-to-mouth resuscitation 구강 대 구강 소생술(口腔對口腔甦生術)

movable joint 해부 가동관절(可動關節) ↔ immovable joint

movable vocal organs 가동 음성기관(可動運動器官) ↔ immovable vocal organs

movement 이동(移動), 동작(動作)

movement assessment battery for children 아동용 종합동작사정도구(兒童用綜合査定道具)

movement assessment of infants(MAI) 유아용 동작사정(幼兒用動作査定)

movement behavior 운동행동(運動行動)

movement disorders 동작장애(動作障礙)

movement down-from 하향이동(下向理論)

movement epenthesis 운동삽입(運動挿入)

movement-hold model 운동정지 모형(運動停止模型)

movement hypothesis 이동가설(移動假說)

movement-interpretive hypothesis 이동해석 가설(移動解釋假說)

movement of the extremities 사지동작(四肢動作)

movement theory 통사 이동이론(移動理論) *cf.* control theory

movement transformation 통사 이동변형규칙(移動變形規則)

movement up-from 상향이동(上向移動)

MPD(Minnesota precepto-diagnostic test) 미네소타 지각진단검사(知覺診斷檢査)

MPI(Michigan picture inventory) 미시간 그림목록

MPO(maximum power output) 음향 최대출력(最大出力)

MPQ(multidimensional personality questionaire) 심리 다차원성격검사(多次元性格檢査)

MPT(maximum phonation time) 최대발성지속시간(最大發聲持續時間)

MR(mentally retardation) 생리 정신지체(精神遲滯) mental retarded

MR(mixed reality) 혼합현실(混合現實) *cf.* augmented reality

MRA(magnetic resonance angiography) 자기공명혈관조영술(磁氣共鳴血管造影術)

MRA(mental retardation attendant) 정신지체 간병인(精神遲滯看病人)

MRI(magnetic resonance Imaging) 뇌과학 자기공명영상술(磁氣共鳴映像術) *cf.* fMRI

MRT(modified rhyme test) 수정압운검사(修正押韻檢査)

MRU(mean relational utterance) 평균관계발화(平均關係發話)

MS(multiple sclerosis) 생리 다발성 경화증(多發性硬化症)

MSA(multiple system atrophy) 생리 다계통위축증(多系統萎縮症)

MSC(morpheme structure constrain) 형태소구조제약(形態素構造制約)

MSD(motor speech disorder) 신경 말운동장애

MSG(monosodium glutamate) 글루탐산모노

나트륨, 조미료(調味料)
MSL(mean syntactic length) 평균구문길이
MSO(medial superior olive) 내측상 올리브
MSR(morpheme structure rule) 형태소구조 규칙(形態素構造規則)
MST(McCarthy screening test) 매카시 선별 검사(選別檢査)
MSUD(maple syrup urine disease) 생리 단풍 당뇨증(糖尿症)
MTD(muscle tension dysphonia) 생리 근긴장성 발성장애(筋緊張性發聲障礙)
MTDDA(Minnesota test for differential diagnosis of aphasia) 미네소타 실어증감별 진단검사(失語症鑑別診斷檢査)
MTF(modulation transfer function) 음향 변조잡음 기준단위(變調雜音基準單位)
MUAP(motor unit action potential) 운동단위 활동전위(運動單位活動電位)
mucin (점액의 주성분) 뮤신
mucocele 생리 점액낭포(粘液囊胞)
mucoid 생리 점액성(粘液性), 뮤코이드
mucoid otitis 생리 점액성 이염(粘液性耳炎)
mucoid otitis media 생리 점액성 중이염(粘液性中耳炎)
mucoperiosteum 점막성 골막(粘膜性骨膜)
mucosa 해부 점막(粘膜) = mucous membrane
mucosal preservation surgery 해부 점막보존 수술법(粘膜保存手術法)
mucosal tear 생리 점막파열(粘膜破裂)
mucosal wave 음향 점막파(粘膜波)
mucosity 점도(粘度)
mucous component 해부 점막성분(粘膜成分) *cf.* serous component
mucous fold 해부 점막주름
mucous layer 해부 점막층(粘膜層) *cf.* fibrous layer
mucous membrane 해부 점막(粘膜) = mucosa
mucous otitis 생리 점액성 중이염(粘液性中耳炎)
mucus 점액(粘液)
muffled voice 둔탁한 소리, 죽인 음성
multi- '다(多), 다수(多數)'의 의미
multi-degree of freedom system 다중 자유도체계(多重自由度體系)
multi-factor assessment approach 말더듬 다요인 평가 접근법(多要因評價接近法)
multi-infarct dementia 생리 다경색 치매(多梗塞癡呆) = vascular dementia
multi-infarction 생리 다발성 뇌경색(多發性腦梗塞) *cf.* lacuna infarction
multi-membered chain 복수 연쇄(複數連鎖)
multi-microphone recording 다중 마이크 녹음(錄音)
multi-modality approach AAC 다양한 양식접근(樣式接近)
multi-mode filter 음향 다중모드 필터
multi-syllable words 음운 다음절단어(多音節單語)
multi-utterance turns 화용 다중발화 차례
multi-word lexical unit(MLU) 언어발달 다단어 어휘단위(多單語語彙單位)
multi-word sentence 형태 다단어문장(多單語文章)
multi-word stage 다단어 단계(多單語段階)
multiaxial classification system 다축적 분류체계(多軸的分類體系)
multichannel amplifier system 다중 채널앰프방식
multichannel compression 다중 채널압축
multichannel electroencephalography 뇌과학 다채널 뇌파검사(腦波檢査)
multichannel loudspeaker 다중 채널스피커, 복합 스피커
multichannel recording 다중 채널녹음
multichannels 다중 채널, 멀티 채널
multicultural education 다문화 교육(多文化敎育)

multicultural issues 다문화 문제(多文化問題)
multiculturalism 다문화 주의(多文化主義)
multidimensional analysis 다차원적 분석(多次元的分析)
multidimensional model 다차원 모형(多次元模型)
multidimensional personality questionaire (MPQ) 심리 다차원 성격검사(多次元性格檢査)
multidimensional phonology 음운 다차원 음운론(多次元音韻論)
multidimensional scaling 다차원 척도화(多次元尺度化)
multidimensional scaling method 다차원 척도구성법(多次元尺度構成法)
multidimensional voice program(MDVP) 다차원 음성분석(多次元音聲分析)프로그램
multidimensionality 다차원성(多次元性)
multidirectional microphone 음향 다지향성(多指向性) 마이크로폰
multidisciplinary 학제간(學制間) *cf.* interdisciplinary, transdisciplinary
multidisciplinary approach 다학문적 접근(多學問的接近), 학제간 접근(學際間接近) *cf.* interdisciplinary approach
multidisciplinary feeding profile(MFP) 다학문적 수유프로그램
multidiscipline analysis 다학문간 분석(多學問間分析), 학제간 분석(學際間分析) = cross-discipline analysis
multifactorial disorders 다인성 장애(多因性障礙)
multifactorial-dynamic model 말더듬 다인성 역동적 모델
multifactorial inheritance 다인성 유전(多因性遺傳)
multifactorial perspective 다인성 관점(多因性觀點), 다요인 관점(多要因觀點)
multifrequency coding 다주파수 부호화(多周波數符號化)
multiinfarct dementia 신경 다중 경색성 치매(多重梗塞性癡呆), 복합경색성 치매(複合梗塞性癡呆) *cf.* vascular dementia
multilateral opposition 다면대립(多面對立)
multilayer absorber 다층 흡음재(多層吸音材)
multilingual aphasia examination(MAE) 다중언어실어증검사(多重言語失語症檢查)
multilingual corpora 다중언어 코퍼스, 다중언어 말뭉치 *cf.* bilingual corpora
multilingual society 다언어 사회(多言語社會) *cf.* bilingual society
multilingual speech community 다언어사용공동체(多言語使用共同體)
multilingualism 다언어사용(多言語使用) *cf.* bilingualism
multimodal 다중방식적(多重方式的)
multimodality prestimulation 신경 다중 양식 선자극(多重樣式先刺戟)
multinary feature 다원적 자질(多元的資質), 다분자질(多分資質) *cf.* binary feature
multipath 다중경로(多重經路)
multipath propagation 음향 다중경로 전파(多重經路電波)
multiplanar harmony 다평면 조화(多平面調和)
multiple access 인지 다중접속(多重接續)
multiple access model 인지 다중접속 모형(多重接續模型) *cf.* ordered access model
multiple affixation 다중접사 첨가(多重接辭添加)
multiple analysis of variance 통계 다변량분석(多變量分析) = multivariate analysis
multiple articulation 조음 복합조음(複合調音)
multiple auditory processing assessment (MAPA) 다중청각처리평가(多重聽覺處理評價)
multiple baseline 중다기초선(重多基礎線)
multiple-baseline design 다중기초선설계(多

重基礎線設計), 중다기저선설계(重多基底線設計) *cf.* single-case research design

multiple choice questions 선다형 질문(選多型質問)

multiple choice type 선다형(選多型)

multiple complementation 복식 상보배치(複式相補配置), 복식 상보분포(複式相補分布)

multiple cranial nerve 해부 다발성 뇌신경(多發性腦神經)

multiple derivation 복수도출(複數導出)

multiple direct question 통사 다중 직접의문문(多重直接疑問文)

multiple disabilities 중복장애(重複障礙) =multiple disorders

multiple disorders 중복장애(重複障礙) =multiply handicapped

multiple forms technique 통계 복수양식법(複數樣式法)=alternate-forms method

multiple frequency vibration 음향 다중 주파수진동(多重周波數振動)

multiple hypothesis 중복가설(重複假說)

multiple indirect question 통사 다중 간접의문문(多重間接疑問文)

multiple intelligence 심리 다중지능(多重知能)

multiple intelligence theory 심리 다중지능이론(多重知能理論)

multiple microphone 음향 다중 마이크로폰, 조합 마이크로폰

multiple myeloma 생리 다발성 골수증(多發性骨髓症)

multiple opposition approach 다중대립접근법(多重對立接近法)

multiple personality 심리 다중성격(多重性格)

multiple personality disorders(MAP) 심리 다중성격장애(多重性格障礙)

multiple phobia 심리 다중 공포증(多重恐怖症) *cf.* generalized anxiety disorder

multiple phoneme approach 음운 다중음소접근법(多重音素接近法)

multiple psychotherapy 심리 중다심리치료(重多心理治療)

multiple pure tone noise 음향 다중순음소음(多重純音騷音)

multiple regression 통계 다중회귀(多重回歸)

multiple regression analysis 통계 다중회귀분석(多重回歸分析)

multiple schedule 중다계획(重多計劃)

multiple sclerosis(MS) 생리 다발성 경화증(多發性硬化症)

multiple sequencial episode 담화 다중 사건연결 일화(多重事件連結逸話), 다중 사건연결 에피소드 *cf.* complex episode

multiple strokes 신경 복합뇌졸중(複合腦卒中)

multiple system atrophy(MSA) 생리 다계통위축증(多系統萎縮症)

multiplex broadcasting 다중방송(多重放送)

multiplexer 다중화기(多重化機), 다중통신용장치(多重通信用裝置)

multiply handicapped 중복장애(重複障礙) =multiple disabilities

multiplying D-A converter 승산형 디지털-아날로그 변환기(變換機)

multipoint system 다분기 방식(多分岐方式)

multipolar neuron 신경 다극성 뉴런 *cf.* monopolar neuron, bipolar neuron

multipole 다중극자(多重極子)

multipositional function 다위치적 기능(多位置的機能)

multiracial country 다민족 국가(多民族國家)

multisensory approach 다감각적 접근(多感覺的接近) ↔ unisensory approach

multisensory association area(MA) 해부 다중감각 연합영역(多重感覺聯合領域)

multitier model AAC 다층구조 모형(多層構造模型)

multitiered 다층적(多層的)

multitiered representation 다층적 표시(多層的標示)
multitrack recording 다중 트랙 녹음
multivalued 많은 가치를 지닌
multivalued dependency 통계 다치종속(多值從屬)
multivalued feature 통계 다치자질(多值資質)
multivariate assumption 통계 중다변인 가정(重多變因假定)
multiway loudspeaker system 다중 스피커 체계
mumbling 중얼거림
murmur 웅얼거리는 소리 = murmured sound
murmur vowel 중얼거림 모음
murmured sound 중얼거리는 소리 = murmur
muscle action potential 신경 근활동전위(筋活動電位)
muscle atrophy 생리 근위축(筋萎縮) = muscular atrophy
muscle cell 해부 근육세포(筋肉細胞)
muscle contraction 생리 근수축(筋收縮)
muscle cramp 생리 근경련(筋痙攣)
muscle exercise 근운동(筋運動)
muscle fatigue 생리 근피로(筋疲勞)
muscle fiber 신경 근섬유(筋纖維)
muscle force 근력(筋力)
muscle memory 신경 근육기억(筋肉記憶)
muscle of mastication 해부 저작근(咀嚼筋), 교근(咬筋) = masticatory muscle
muscle relaxation 생리 근육이완(筋肉弛緩) ↔ muscle tension
muscle relaxing drug 생리 근육이완약물(筋肉弛緩藥物)
muscle rigidity 생리 근강직(筋强直)
muscle sheet 해부 근막(筋膜)
muscle spasm 생리 근육연축(筋肉攣縮)
muscle spindle 해부 근방추(筋紡錐)
muscle tension 생리 근육긴장(筋肉緊張) ↔ muscle relaxation
muscle tension dysphonia(MTD) 근긴장성 발성장애(筋緊張性發聲障礙)
muscle tissue 해부 근조직(筋組織)
muscle tone 생리 근긴장(筋緊張)
muscle weakness 생리 근쇠약(筋衰弱)
muscles for swallowing 삼킴 연하근육(嚥下筋肉), 삼킴근육
muscles of abdomen 해부 복부근(腹部筋)
muscles of auditory ossicles 해부 이소골근(耳小骨筋)
muscles of back 해부 등근육
muscles of expression 해부 표정근(表情筋)
muscles of facial expression 해부 안면표정근(顔面表情筋)
muscles of head 해부 머리근육
muscles of mastication 해부 저작근(咀嚼筋)
muscles of the cheek 해부 볼근육
muscles of the ear 해부 이근(耳筋)
muscles of the head 해부 두개근(頭蓋筋)
muscles of the jaw 해부 하악근(下顎筋)
muscles of the larynx 해부 후두근(喉頭筋)
muscles of the lips 해부 입술근육
muscles of the neck 해부 목근육
muscles of the palate 해부 구개근(口蓋筋)
muscles of the respiration 해부 호흡근(呼吸筋)
muscles of the soft palate 해부 연구개근(軟口蓋筋)
muscles of the tongue 해부 설근(舌筋)
muscles of thorax 해부 흉근(胸筋)
muscular activity 생리 근활동(筋肉活動)
muscular asthenia 생리 근무력증(筋無力症)
muscular atrophy 생리 근위축(筋萎縮) = muscle atrophy
muscular branch 해부 근육지(筋肉枝), 근육가지
muscular coat 근육층(筋肉層), 근층(筋層)
muscular contraction 생리 근수축(筋收縮)
muscular disorders 생리 근육장애(筋肉障礙)

M

muscular dystrophy 생리 근이영양증(筋異營養症), 근육위축병(筋肉萎縮病) *cf.* oculopharyngeal dystrophy

muscular fiber 해부 근섬유(筋纖維)

muscular hypertrophy 생리 근비대(筋肥大)

muscular incompetence 생리 근부전증(筋不全症)

muscular motion 근운동(筋運動)

muscular paralysis 신경 근마비(筋痲痺)

muscular process 해부 근육돌기(筋肉突起) *cf.* vocal process

muscular reflex 신경 근반사(筋反射)

muscular rigidity 생리 근강직(筋硬直)

muscular stiffness 생리 근경도(筋硬度)

muscular system 근육계(筋肉系)

muscular tension 생리 근긴장(筋緊張)

muscular tissue 근조직(筋組織)

muscular triangle 해부 삼각근(三角筋)

muscularis 해부 근육(筋肉), 근성(筋性)

muscularis mucosae 해부 L 점막근층(粘膜筋層)

muscularis propria 해부 L 고유근(固有筋)

musculcus serratus posterior inferioris 해부 L 하후거근(下後鋸筋), 아래뒤톱니근 = inferior posterior serratus muscle

musculi infrahyoidei 해부 L 설골하근(舌骨下筋), 설골아래근육 ↔ musculi suprahyoidei

musculi intercostales externi 해부 L 외늑간근(外肋間筋), 바깥늑골사이근

musculi intercostales interni 해부 L 내늑간근(內肋間筋), 속늑골사이근 ↔ musculi intercostales externi

musculi laryngis 해부 L 후두근(喉頭筋)

musculi levatores costarum 해부 L 늑골거근(肋骨擧筋), 늑골올림근

musculi linguae 해부 L 설근(舌筋), 혀근

musculi oculi 해부 L 동안근(動眼筋)

musculi scaleni 해부 L 사각근(斜角筋)

musculi sphincter pylori 해부 L 유문괄약근(幽門括約筋), 유문조임근 = pyrolic sphincter muscle

musculi subcostalis 해부 L 늑골하근(肋骨下筋), 늑골아래근

musculi suprahyoidei 해부 L 설골상근(舌骨上筋), 설골위근육 ↔ musculi infrahyoidei

musculoskeletal defects 생리 근골격계 결함(筋骨格系缺陷)

musculoskeletal disease 생리 근골격질환(筋骨格疾患)

musculoskeletal disorders 생리 근골격장애(筋骨格障礙)

musculoskeletal system 해부 근골격계(筋骨格系)

musculoskeletal tension disorders 생리 근골격성 긴장장애(筋骨格性緊張障礙)

musculoskeletal tension dysphonia 근골격성 긴장 발성장애(筋骨格性緊張發聲障礙)

musculus constrictor pharyngis inferioris 해부 L 하인두수축근(下咽頭收縮筋), 아래인두수축근 = inferior pharyngeal constrictor muscle

musculus constrictor pharyngis medius 해부 L 중인두수축근(中咽頭收縮筋), 가운데인두수축근 = medial pharyngeal constrictor muscle

musculus constrictor pharyngis superioris 해부 L 상인두수축근(上咽頭收縮筋), 위인두수축근 = superior pharyngeal constrictor muscle

musculus cricoarytenoideus posterioris 해부 L 후윤상피열근(後輪狀披閱筋) = posterior cricoarytenoid muscle

musculus cricopharyngeus 해부 L 윤상인두근(輪狀咽頭筋) = cricopharyngeal muscle

musculus cricothyroideus 해부 L 윤상갑상근(輪狀甲狀筋) = cricothyroid muscle

musculus depressor labii inferioris 해부 L 하순하체근(下脣下體筋), 아랫입술내림근

=inferior labial depressor muscle

musculus digastricus 해부 L 악이복근(顎二腹筋), 두힘살근=digastric muscle

musculus genioglossus 해부 L 이설근(頤舌筋), 턱끝혀근=genioglossus muscle

musculus geniohyoideus 해부 L 이설골근(頤舌骨筋), 턱끝설골근=geniohyoid muscle

musculus glossopalatinus 해부 L 설구개근(舌口蓋筋)=glossopalatal muscle

musculus helicis major 해부 L 대이륜근(大耳輪筋), 큰귀둘레근=major helical muscle

musculus hyoglossus 해부 L 설골설근(舌骨舌筋), 설골혀근=hyoglossal muscle

musculus incisurae helicis 해부 L 이륜절흔근(耳輪切痕筋), 귀둘레패임근 =helical incisura muscle

musculus larynx 해부 L 후두근(喉頭筋) =laryngeal muscle

musculus latissimus dorsi 해부 L 광배근(廣背筋), 넓은등근=dorsal latissimus muscle

musculus levator anguli oris 해부 L 구각거근(口角擧筋), 입꼬리올림근=oral angle levator muscle

musculus levator labii superioris 해부 L 상순거근(上脣擧筋), 윗입술올림근=superior labial levator muscle

musculus levator palpebrae superioris 해부 L 상안검거근(上眼瞼擧筋), 위눈꺼풀올림근 =superior palpebral levator muscle

musculus levator prostatae 해부 L 전립선거근(前立腺擧筋), 전립샘올림근=prostate levator muscle

musculus levator scapulae 해부 L 견갑거근(肩胛擧筋), 견갑올림근=scapular levator muscle

musculus levator veli palatini 해부 L 구개범거근(口蓋帆擧筋), 구개올림근=palatal velum levator muscle

musculus mentalis 해부 L 이근(頤筋), 턱끝근=mental muscle

musculus mylohyoideus 해부 L 하악설골근(下顎舌骨筋), 악설골근=mylohyoid muscle

musculus nasalis 해부 L 비근(鼻筋), 코근 =nasal muscle

musculus obliquus externus abdominis 해부 L 외복사근(外腹斜筋), 배바깥경사근 =abdominal external oblique muscle

musculus obliquus internus abdominis 해부 L 내복사근(內腹斜筋), 배속경사근 =abdominal internal oblique muscle

musculus occipitalis 해부 L 후두근(後頭筋) =occipital muscle

musculus orbicularis oculi 해부 L 안륜근(眼輪筋), 눈둘레근=ocular orbicularis muscle

musculus orbicularis oris 해부 L 구륜근(口輪筋), 입둘레근=oral orbicularis muscle

musculus orbitalis 해부 L 안와근(眼窩筋) =orbital muscle

musculus palatopharyngeus 해부 L 구개인두근(口蓋咽頭筋)=palatopharyngeal muscle

musculus pectoralis major 해부 L 대흉근(大胸筋)=major pectoral muscle

musculus pectoralis minor 해부 L 소흉근(小胸筋)=minor pectoral muscle

musculus pharyngis 해부 L 인두근(咽頭筋)=pharyngeal muscle

musculus pharyngopalatinus 해부 L 인두구개근(口蓋咽頭筋)=pharyngopalatal muscle

musculus pterygoideus 해부 L 익돌근(翼突筋), 날개근=pterygoid muscle

musculus pterygoideus externus 해부 L 외익돌근(外翼突筋), 바깥날개근 =external pterygoid muscle
cf. L musculus pterygoideus lateralis

musculus pterygoideus internus 해부 L 내익돌근(內翼突筋), 안쪽날개근

M

=internal pterygoid muscle
cf. L musculus pterygoideus medialis

musculus pyramidalis auriculae 해부 L 이개추체근(耳介錐體筋), 귓바퀴피라밋근 =auricular pyramidal muscle

musculus quadratus femoris 해부 L 대퇴사각근(大腿四角筋)=femoral quadrant muscle

musculus risorius 해부 L 소근(笑筋), 입꼬리당김근=risorius muscle

musculus serratus posterior superioris 해부 L 상후거근(上後鋸筋), 위톱니근=superior posterior serratus muscle

musculus sphincter 해부 L 괄약근(括約筋), 조임근=sphincter muscle

musculus stapedius 해부 L 등골근(鐙骨筋), 등자근(鐙子筋)=stapedius muscle

musculus sternalis 해부 L 흉골근(胸骨筋) =sternal muscle

musculus sternocleidomastoideus 해부 L 흉쇄유돌근(胸鎖乳突筋) =sternocledomastoid muscle

musculus sternohyoideus 해부 L 흉골설골근(胸骨舌骨筋)=sternohyoid muscle

musculus sternothyreoidues 해부 L 흉골갑상근(胸骨甲狀筋)=sternothyroid muscle

musculus styloglossus 해부 L 경돌설근(莖突舌筋), 경상혀근=styloglossal muscle

musculus stylohyoideus 해부 L 경돌설골근(莖突舌骨筋), 경상설골근(莖狀舌骨筋) =sternohyoid muscle

musculus stylopharyngeus 해부 L 경돌인두근(莖突咽頭筋), 경상인두근(莖狀咽頭筋) =stylopharyngeal muscle

musculus subclavius 해부 L 쇄골하근(鎖骨下筋), 쇄골아래근=subclavian muscle

musculus subscapularis 해부 L 견갑하근(肩胛下筋), 견갑오목근=subscapular muscle

musculus temporalis 해부 L 측두근(側頭筋) =temporal muscle

musculus tensor tympani 해부 L 고막긴장근(鼓膜緊張筋), 고막장근(鼓膜張筋) tympanic tonsor muscle

musculus tensor veli palatini 해부 L 구개긴장근(口蓋緊張筋), 구개범장근(口蓋凡張筋) =palatal velum tensor muscle

musculus thyroarytenoideus 해부 L 갑상피열근(甲狀披閱筋)=thyroarytenoid muscle

musculus thyroepilgotticus 해부 L 갑상후두개근(甲狀喉頭蓋筋), 갑상후두덮개근 =thyroepiglottic muscle

musculus thyrohyoideus 해부 L 갑상설골근(甲狀舌骨筋)=thyrohyoid muscle

musculus trachealis 해부 L 기관근(氣管筋) =tracheal muscle

musculus transvursus auriculae 해부 L 이개횡근(耳介橫筋), 귓바퀴가로근=auricular transverse muscle

musculus uvulae 해부 L 구개수근(口蓋垂筋), 목젖근=uvular muscle

musculus ventricularis 해부 L 후두실근(喉頭室筋)=ventricular muscle

musculus verticalis linguae 해부 L 수직설근(垂直舌筋), 혀수직근

musculus vocalis 해부 L 성대근(聲帶筋) =vocal muscle

musculus zygomaticus major 해부 L 대권골근(大顴骨筋), 큰권골근=major zygomatic muscle

musculus zygomaticus minor 해부 L 소권골근(小顴骨筋), 작은권골근 =minor zygomatic muscle

music ability 음악능력(音樂能力)

music deafness 음치(音癡)

music education 음악교육(音樂教育)

music intonation therapy(MIT) 멜로디 억양치료법[抑揚治療法]

music therapy 음악치료(音樂治療)
musical accent 음악적 악센트
musical acoustics 음악 음향학(音樂音響學)
musical form 악식(樂式)
musical formant 음악 포먼트=singer's formant
musical instrument 악기(樂器)
musical instrument tone 악기음(樂器音)
musical intelligence 음악적 지능(音樂的知能)
musical scale 음계(音階)
musical sound 악음(樂音)
musical sound synthesis 악기음 합성(樂器音合成)
musical strength 심리 (다중지능이론의) 음악지능(音樂知能)
musicology 음악학(音樂學)
mutation (1) 돌연변이(突然變異), 변성(變性) (2) 음운 모음전환(母音轉換), 모음 변이(母音變異)
mutation of voice 음성장애 변성(變聲) =mutational voice
mutation of vowels 음운 모음변이(母音變異)
mutation plural 변모음 복수(變母音複數)
mutational dysphonia 음성장애 변성 발성장애(變聲發聲障礙)=puberphonia
mutational falsetto 음성장애 변성가성(變聲假聲) *cf.* falsetto, puberphonia
mutational reduplication 음운 교체중첩(交替重疊)
mutational voice 음성장애 변성음(邊聲音) =mutation of voice
mutative verb 변이동사(變異動詞)
mute 약음(弱音)
mutism 심리 무언증(無言症), 함묵증(緘黙症)
mutual assimilation 음운 상호동화(相互同化) =reciprocal assimilation
mutual bleeding 음운 상호출혈(相互出血)
mutual bleeding order 음운 상호출혈순(相互出血順)
mutual entailment 논리 담화 상호함의(相互含意)
mutual exclusivity(ME) 언어발달 상호배제(相互排除), 상호배타성(相互排他性)
mutual exclusivity assumption 언어발달 상호배타성 가정(相互排他性假定) *cf.* reference principle
mutual exclusivity constraint 언어발달 상호배타성 제약(相互排他性制約)
mutual gaze 언어발달 화용 상호응시(相互凝視), 눈맞춤
mutual impedance 청각 상호저항(相互抵抗)
mutual intelligibility 상호 이해성(相互理解性)
mutually exclusive 상호 배타적(相互排他的)
muturational stage 성숙단계(成熟段階)
MVN(mean and variance normalization) 통계 평균분산정규화(平均分散正規化)
MVPT(motor-free visual perception test) 운동무관 시지각검사(運動無關視知覺檢査)
myastasia 생리 근실조증(筋失調症)
myasthenia gravis(MG) 중증 근무력증(重症筋無力症)
myatonia 생리 근육무긴장증(筋肉無緊張症)
myectopy 근육전위(筋肉轉位)
myelencephalon 수뇌(髓腦)
myelin basic protein 말이집 기초단백질(基礎蛋白質)
myelin degeneration 신경 수초변성(髓鞘變性)
myelin formation 신경 수초형성(髓鞘形成)
myelin globule 신경 미엘린 구(球)
myelin lamella 신경 수초층판(髓鞘層板)
myelin sheath 신경 마엘린 수초(髓鞘)
myelinated axon 신경 유수축삭(有髓逐朔) ↔ unmyelinated axon
myelinated fiber 신경 유수섬유(有髓纖維)
myelinated nerve fiber 해부 유수신경섬유(有髓神經纖維) ↔ amyelinated nerve fiber
myelination 신경 유수화(有髓化), 수초화(髓

M

鞘化) ↔ demyelination
myelinoclasis 신경 수초탈락(髓鞘脫落)
myelinogenesis 신경 수초발생(髓鞘發生), 수초생성(髓鞘生成)
myelitis 신경 척수염(脊髓炎)
myelography 척수조영술(脊髓造影術)
myelomeningocele 척수수막류(脊髓髓膜瘤)
myenteric plexus 해부 장근신경총(腸筋神經叢)
Myers-Briggs type indicator(MBTI) 심리 마이어-브릭스 성격유형지표(性格類型指標)
MYLCT(Miller-Yoder language comprehension test) 밀러-요더 언어이해력검사(言語理解力檢査)
mylo-, myo- '근(筋)'의 의미
mylohyoid 해부 하악설골(下顎舌骨)의
mylohyoid groove 해부 하악설골근 신경구(下顎舌骨筋神經溝)
mylohyoid line 해부 하악설골근선(下顎舌骨筋線)
mylohyoid muscle 해부 하악설골근(下顎舌骨筋) = mylohyoideus
mylohyoid nerve 해부 하악설골근신경(下顎舌骨筋神經)
mylohyoid raphe 해부 하악설골근봉선(下顎舌骨筋縫線)
mylohyoideus 해부 하악설골근(下顎舌骨筋) = mylohyoid muscle
myoasthenia 생리 근무력증(筋無力症)
myoatrophy 생리 근위축(筋萎縮)
myobradia 생리 근육수축지체(筋肉收縮遲滯)
myocardial contraction 생리 심근수축(心筋收縮)
myocardial disease 생리 심근질환(心筋疾患)
myocardial failure 생리 심근부전(心筋不全)
myocardial infarction(MI) 생리 심근경색(心筋梗塞)
myocarditis 생리 심근염(心筋炎)
myocardium 해부 심장근육층(心臟筋肉層)
myoclonic epilepsia 신경 간대성 근경련 간질(間代性筋痙攣癎疾)
myoclonic jerks 신경 간대성 반사(間代性反射)
myoclonus 생리 간대성 근경련(間代性筋痙攣) *cf.* resting tremor
myodystonia 생리 근육긴장이상(筋肉緊張異常)
myoelastic 근탄성(筋彈性)
Myoelastic-Aerodynamic theory 근탄성 공기역학이론(筋彈性空氣力學理論)
myofibroblast 해부 근섬유아세포(筋纖維母細胞)
myofibrositis 생리 근섬유막염(筋纖維膜炎)
myofilament 해부 근세사(筋細絲)
myofunctional therapy 생리 근기능요법(筋機能療法)
myogenic potential 신경 근전위(筋電位)
myogram 근운동 기록도(筋運動記錄圖)
myoid 근육모양
myokinesis 생리 근운동(筋運動)
myology 근육학(筋肉學)
myomalacia 생리 근연화증(筋軟化症)
myometer 근기록계(筋記錄計)
myonecrosis 생리 근괴사(筋壞死)
myopalmus 생리 근경련(筋痙攣)
myoparalysis 신경 근마비(筋痲痺) = myopathic paralysis
myopathy 생리 근병증(筋病症)
myopia 안과 근시(近視) ↔ hyperopia
myoseism 신경 불규칙 근육경련(不規則筋肉痙攣)
myosin 해부 근섬유소(筋纖維素), 마이오신
myositis 생리 근염(筋炎)
myospasm 신경 근연축(筋攣縮)
myotatic irritability 근육자극 반응성(筋肉刺戟反應性)
myotatic reflex 신경 근신전반사(筋伸展反射)
myotonia 생리 근경직(筋硬直), 근긴장증(筋緊張症)
myotonic dystrophy 생리 근긴장성 이영양증(筋緊張性異營養症)

myringa 해부 고막(鼓膜)=tympanic membrane

myringectomy 해부 고막절제술(鼓膜切除術) *cf.* myringotomy

myringitis 생리 고막염(鼓膜炎)

myringitis bullosa 생리 수포성 고막염(水疱性鼓膜炎)

myringoplasty 해부 고막성형술(鼓膜成形術)

myringoscope 청각 고막경(鼓膜鏡)

myringotomy 해부 고막절개술(鼓膜切開術) *cf.* myringectomy

myrinx 해부 고막(鼓膜)=tympanic membrane

mystification 신비화(神祕化)

myth of motherhood 모성신화(母性神話)

N

NAD(national association of the deaf) 전미농아협회(全美聾啞協會)
NAH(near field acoustic holography) 근접음향 홀로그래피
naked vision 나안시력(裸眼視力) ↔ corrective sight
NAM(neighborhood activation model) 인지 근접어휘 활성모형(近接語彙活性模型)
name signs 명칭기호(名稱記號)
naming 이름대기
naming explosion 언어발달 어휘폭발(語彙爆發) = word spurt
naming task 명명하기 과제
NAN(national academy of neurophysiology) 전국신경심리학회(全國神經心理學會)
narcissism 심리 자기도취(自己陶醉)
narcisistic personality disorder 심리 자기애성 성격장애(自己愛性性格障碍)
narco 생리 마취(痲醉)
narcolepsy 생리 기면증(嗜眠症)
narcotics 마취제(痲醉劑)
nares anterior 해부 전비공(前鼻孔)
nares constriction 생리 외비공 수축(外鼻孔收縮)
nares posterior 해부 후비공(後鼻孔)
naris 해부 외비공(外鼻孔) PL nares
narration 담화 화법(話法), 이야기
narrative family therapy 담화적 가족치료(談話的家族治療)
narrative grammar 담화 이야기 문법 = story grammar
narrative skills 담화 화술력(話術力), 이야기 기술
narrative skill training 담화 화술훈련(話術訓練), 이야기기술 훈련
narrative text 담화 이야기 덩이글
narrative writing 담화 이야기 쓰기
narrow-band 음향 협대역(狹帶域), 협역(狹域) ↔ broad-band
narrow-band analysis 음향 협대역 분석(狹帶域分析) ↔ broad-band analysis

narrow-band noise(NBN) 음향 협대역 소음(狹帶域騷音)

narrow-band spectrogram 협대역 스펙트로그램 ↔ broad-band spectrogram

narrow-band spectrum 협대역 스펙트럼 ↔ broad-band spectrum

narrow diphthongs 조음 좁은이중모음 = gliding diphthongs ↔ wide diphthongs

narrow groove 좁은홈

narrow notation 정밀표기(精密表記) broad notation

narrow output range 협역출력범위(狹域出力範圍)

narrow range audiometer 청각 협역청력검사기(狹域聽力檢査器)

narrow reference 언어발달 협의적 참조(狹義的參照) = underextension ↔ broad reference

narrow transcription 음운 정밀전사(精密轉寫), 정밀표기(精密表記) = phonetic transcription ↔ broad transcription

narrow vowels 조음 협모음(狹母音) ↔ wide vowels

nasal 음운 비강성(鼻腔性) *cf.* oral

nasal accessory cartilage 부비연골(副鼻軟骨), 덧코연골

nasal air emission 생리 비누출(鼻漏出) = nasal emission

nasal airflow 조음 비강기류(鼻腔氣流) *cf.* oral airflow

nasal airway 해부 비기도(鼻氣道)

nasal airway resistance 생리 비기도 저항(鼻氣道抵抗)

nasal alae 해부 비익(鼻翼)

nasal alar breathing 생리 비익호흡(鼻翼呼吸)

nasal allergy 비 알레르기

nasal assimilation 음운 비음동화(鼻音同化)

nasal asthma 생리 비성천식(鼻性喘息)

nasal atresia 생리 비강폐쇄증(鼻腔閉鎖症)

nasal bleeding 생리 비출혈(鼻出血)

nasal bone 해부 비골(鼻骨)

nasal breathing 생리 비호흡(鼻呼吸) = nasal respiration

nasal bridge 해부 비교(鼻橋)

nasal calculus 해부 비석(鼻石)

nasal capsule 해부 비낭(鼻囊)

nasal cartilages 해부 비연골(鼻軟骨)

nasal cavity 조음 비강(鼻腔) *cf.* oral cavity

nasal cavity resonance 조음 비강공명(鼻腔共鳴)

nasal click 조음 비강 흡착음(鼻腔吸着音)

nasal concha 비갑개(鼻甲介)

nasal consonants 조음 비자음(鼻子音)

nasal crest 해부 코능선

nasal emission 비누출(鼻漏出) = nasal air emission

nasal endoscope 비강내시경(鼻腔內視鏡)

nasal fistula 생리 구개천공(口蓋穿孔)

nasal floor 해부 비저(鼻底), 코바닥

nasal flow transducer 비강 누출기류측정기(鼻腔漏出氣流測程器)

nasal formant 음향 비 포먼트

nasal ganglion 해부 비신경절(鼻神經節)

nasal glands 해부 비선(鼻腺), 코샘

nasal glide consonants 음운 비강전이음(鼻腔轉移音)

nasal-glide stimulation 음성치료 비음-유음 자극(鼻音流音刺戟)

nasal hemianopsia 생리 양비측 반맹(兩鼻側半盲) *cf.* homonymous hemianopsia

nasal hemorrhage 해부 비출혈(鼻出血)

nasal labyrinth 해부 비미로(鼻迷路)

nasal lisp 비성 리스프

nasal meatus 해부 비도(鼻道), 콧길

nasal mucosa 해부 비점막(鼻粘膜), 코점막 = nasal mucous membrane

nasal murmur 비음성 중얼거림

N

nasal notch 해부 비절흔(鼻切痕), 코안 패임
nasal obstruction 해부 비폐색(鼻閉塞)
nasal pain 생리 비통(鼻痛)
nasal part 해부 비부(鼻部), 코부위 = nasal region
nasal passage 해부 비로(鼻路)
nasal place assimilation 음운 비음 위치동화(鼻音位置同化)
nasal plosion 조음 비파열(鼻破裂)
nasal polyps 생리 비용종(鼻茸腫)
nasal reflex 신경 비성 반사(鼻性反射)
nasal region 해부 비부(鼻部), 코부위 = nasal part
nasal regurgitation 생리 비강역류(鼻腔逆流)
nasal release 생리 비강방출(鼻腔放出) = nasal emission
nasal resistance 비저항(鼻抵抗)
nasal resonance 조음 비강공명(鼻腔共鳴)
nasal respiration 생리 비호흡(鼻呼吸) = nasal breathing *cf.* oral respiration
nasal root 비근(鼻根)
nasal rustle 조음 비강 스침소리 *cf.* nasal turbulence
nasal septal cartilage 비중격 연골(鼻中隔軟骨)
nasal septum 비중격(鼻中隔)
nasal snort 비성 유출(鼻性流出)
nasal snorting 콧방귀
nasal sounds 조음 비음(鼻音), 비강음(鼻腔音) *cf.* oral sounds
nasal speculum 비경(鼻鏡)
nasal speech 조음 비성어(鼻性語)
nasal stop 조음 비강 폐쇄음(鼻腔閉鎖音) *cf.* oral stop
nasal surface 해부 비강면(鼻腔面), 코안면
nasal tier 비음 층렬(鼻音層列)
nasal tonsil 해부 비편도(鼻扁桃)
nasal tract 해부 비도(鼻道), 콧길
nasal turbinate 해부 비갑개(鼻甲介), 비강 난기류(鼻腔亂氣流) *cf.* nasal rustle
nasal turbulence 조음 비와류(鼻渦流)
nasal twang 조음 비음(鼻音), 콧소리
nasal uncoupling 조음 비강폐쇄(鼻腔閉鎖)
nasal vessels 생리 비혈관(鼻血管)
nasal vestibule 해부 비전정(鼻前庭)
nasal voice 조음 비음(鼻音)
nasal vowels 조음 비강모음(鼻腔母音) *cf.* oral vowels
nasalance 조음 비음치(鼻音値) *cf.* nasality
nasalis muscle 해부 비근(鼻筋)
nasality 조음 (청지각적) 비음도(鼻音度) ↔ denasality *cf.* nasalance
nasality severity index(NSI) 비음도 중증도 지수(鼻音度重症度指數)
nasalization 음운 비음화(鼻音化)
nasalized sound 음운 비음화된 소리, 비음화음(鼻音化音)
nasalized vowels 음운 비음화된 모음
nasiciliary nerve 해부 비모양체신경(鼻毛樣體神經), 코-섬모체신경
nasoendoscopy 비강내시경(鼻腔內視鏡)
nasogastric tube feeding 삼킴 비위관섭식(鼻胃管攝食), 비위관식이법(鼻胃管食餌法)
nasogastric tube(NG) 해부 비위영양관(鼻胃營養管), 코위 튜브
nasolabial 해부 비순(鼻脣)의, 코입술의
nasolabial line 해부 비순선(鼻脣線), 코입술선
nasolabial line 해부 코입술선
nasolabial sulcus 해부 비순구(鼻脣溝), 코입술 고랑
nasolacrimal duct 해부 비루관(鼻涙管), 코눈물관 = nasolacrimal canal
nasolacrimal reflex 신경 비루선반사(鼻涙線反射)
nasomental reflex 신경 코턱반사
nasometer 비음 측정기(鼻音測程器)
nasooral 해부 비구강(鼻口腔)의

naso-ocular 해부 비안와(鼻-眼窩)
nasopalatine duct 해부 비구개관(鼻口蓋管), 코구개관
nasopalatine nerve 해부 비구개신경(鼻口蓋神經), 코입천장신경(神經)
nasopalpebral reflex 비안검 검사(鼻眼瞼檢査)
nasopharyngeal airway 해부 비인두기도(鼻咽頭氣道)
nasopharyngeal cavities 해부 비인강(鼻咽頭腔)
nasopharyngeal meatus 해부 비인두도(鼻腔咽頭道)
nasopharyngeal tumor 생리 비인두 종양(鼻咽頭腫瘍)
nasopharyngitis 생리 비인두염(鼻咽頭炎)
nasopharyngoendoscopy 비인두내시경검사(鼻咽頭內視鏡檢査)
nasopharyngolaryngoscopy 비인후경검사(鼻咽喉鏡檢査)
nasopharyngoscope 비인두경(鼻咽頭鏡)
nasopharyngoscopy 비인두경검사(鼻咽頭鏡檢査)
nasopharynx 해부 비인두(鼻咽頭), 코인두 = epipharynx *cf.* laryngopharynx
nasotracheal aspiration 비기관흡인법(鼻氣管吸引法)
natality 출생률(出生率)
National Academy of Neuropsychology(NAN) 미국신경심리학회(美國神經心理學會)
National Association for the Deaf(NAD) 전미농아협회(全美聾啞協會)
National Institute for Occupational Safety and Health(NIOSH) 미국국립직업안전보건연구원(美國國立職業安全保健硏究院)
National Institute of Health(NIH) 미국국립보건원(國立保健院)
national language 국어(國語) *cf.* official language
National Outcomes Measurement System (NOMS) 국가적 효과측정체계(國家的效果測定體系)
native language 모국어(母國語) = first language *cf.* second language target language
native speaker 원어민(原語民) = mother tongue
native word 고유어(固有語) *cf.* loanword
nativism 언어발달 생득론(生得論), 생득설(生得說) *cf.* rationalism ↔ empiricism
nativist approach 언어발달 생득주의적 접근(生得主義的接近) *cf.* innateness
nativist theory 언어습득 생득주의 이론(生得主義理論) *cf.* behavioral theory
nativization 모어화(母語化)
natrium 나트륨(Na) = sodium
natural angular frequency 음향 고유각 진동수(固有角振動數), 고유각 주파수(固有角周波數)
natural approach 자연접근법(自然接近法)
natural boundary condition 고유경계조건(固有境界條件)
natural class 자연부류(自然部類)
natural consonant system 조음 자연적 자음체계(自然的子音體系)
natural frequency 음향 자연주파수(自然周波數)
natural generative phonology(NGP) 음운 자연생성음운론(自然生成音韻論)
natural harmonic 음향 자연배음(自然倍音)
natural killer cell 자연 살해세포(自然殺害細胞)
natural language 자연언어(自然言語) ↔ artificial language
natural method 자연적 방법(自然的方法)
natural order hypothesis 언어습득 자연 순서 가설(自然順序假說)
natural oscillation 음향 자연진동(自然振動)
natural phonological processes 자연적 음운변동(自然的音韻變動)
natural phonology 자연 음운론(自然音韻論)

N

natural pitch 자연적 피치
natural process 자연과정(自然過程)
natural process analysis 자연처리분석(自然處理分析)
natural prompts 삼킴 자연적 촉진법(自然的促進法) *cf.* physical prompts
natural radioactivity 천연방사능(天然放射能)
natural recovery 자연회복(自然回復)=natural remission
natural remission 자연회복(自然回復) =natural recovery
natural segments 음운 자연분절음(自然分節音)
natural setting 자연적 환경(自然的環境)
natural sonority 음운 자연공명도(自然共鳴度)
natural sound field 자연음장(自然音場)
natural-sounding fluency 말더듬 자연스럽게 들리는 유창성(流暢性)
natural speed 평상속도(平常速度)
natural vowel system 자연모음체계(自然母音體系)
naturalistic intervention 자연적 중재(自然的仲裁)
naturalistic observation 자연적 관찰(自然的觀察) *cf.* direct observation
naturalistic strength 심리 (다중지능이론의) 자연지능(自然知能)
naturality 자연도(自然度)
naturalness 자연성(自然性)
naturalness condition 자연성 조건(自然性條件)
nature (1) 자연(自然) (2) 본성(本性) *cf.* nurture
nature-inspired theories 언어발달 본성 지향적 이론(本性指向的理論) *cf.* nurture-inspired theories
nausea 생리 구역질(嘔逆質)
NBAS(neonatal behavior assessment scale) 신생아행동평정척도(新生兒行動評定尺度)
NBN(narrow-band noise) 음향 협대역소음(狹帶域騷音)
NC(noise criteria) 청각 소음평가기준(騷音評價基準)
ND(normal disfluency) 말더듬 정상적 비유창성(正常的非流暢性) ↔ AD
NDT(neuro-developmental treatment) 신경발달치료(神經發達治療)
NDT(noise detection threshold) 음향 소음검출역치(騷音檢出閾値)
NDT(non-destructive testing) 비파괴시험(非破壞檢査)
NDW(number of different words) 언어발달 (산출된) 새로운 낱말수, 서로 다른 낱말수 *cf.* NTW
NE(normal elderly) 정상노인(正常老人)
near field acoustic holography(NAH) 음향 근접음향 홀로그래피
near field effect 음향 근거리 음장효과(近距離音場效果)
near reflex 음향 근거리 반사(近距離反射)
near sound field 음향 근거리 음장(近距離音場)
near synonymy 근사적 동의관계(近似的同意關係)
nearest-neighbor rule 인지 최단이웃법칙
neck 해부 경부(頸部), 목
neck brace 목 고정기
neck dissection 목해부
neck of mandible 해부 하악경(下顎頸), 턱뼈목
neck of posterior horn 해부 뒤뿔목
neck of tooth 해부 치경(齒莖), 잇몸
neck tightness 생리 목 긴장
necro- '죽음, 시신(屍身)'의 의미
necrophobia 생리 사망공포증(死亡恐怖症)
necropolis 공동묘지(共同墓地)
necropsy 검시(檢屍), 부검(剖檢)=autopsy, postmortem
necrosis 괴사(壞死), 괴저(壞疽)
needle electrode 침전극(針電極) *cf.* surface electrode

needle electromygraphy 침 근전도(針筋電圖)
neg contraction 통사 부정사 축약(否定詞縮約)
neg placement 통사 부정사 배치(否定詞配置)
neg raising 통사 부정사 인상(否定詞引上)
negation 부정(否定)
negative component 부적 성분(否的成分) ↔ positive component
negative correlation 통계 부적 상관관계(否的相關關係) ↔ positive correlation
negative damping 음향 부적 감쇠(否的減衰)
negative electricity 음향 음전기(陰電氣) ↔ positive electricity
negative electrode 음향 음극(陰極) ↔ positive electrode
negative frequency 음향 음의 주파수(周波數)
negative image (1) 잔상(殘像) (2) 부정적 이미지 ↔ positive image
negative intrapleural pressure 생리 늑막내 음압(肋膜內音壓) ↔ positive intrapleural pressure
negative ion 음이온 ↔ positive ion
negative pole 신경 음극(陰極) ↔ positive pole
negative potential 신경 음전위(陰電位) ↔ positive potential
negative practice 반대연습(反對練習)
negative predictive value(NPV) 음성예측치(陰性豫測値), 음성예측값
negative pressure 음압(陰壓) ↔ positive pressure
negative pressure ventilation 음압환기(陰壓換氣) ↔ positive pressure ventilation
negative reaction 생리 음성반응(陰性 反應) = negative response
negative reinforcement 심리 부적 강화(否的强化) ↔ positive reinforcement *cf.* intermittent reinforcement
negative reinforcers 심리 부적 강화물(否的强化物) ↔ positive reinforcers
negative response 생리 음성 반응(陰性反應) = negative reaction ↔ positive response
negative sentence 부정문(否定文) ↔ affirmative sentence
negative spike waves 음향 음의 극파(棘波) ↔ positive spike-waves
negative stiffness 부적 강성(否的剛性)
negative symptom 생리 음성 증상(陰性症狀) ↔ positive symptom
negative tropism 부정적 친화성(否定的親和性)
negative vowels 음운 음성모음(陰性母音) ↔ positive vowels
negatively charmless element 부정적 매력 없는 원소
negatively syllable structure constrains(NSSC) 음운 부정적 음절구조 제약(否定的音節構造制約)
negativism 부정주의(否定主義) ↔ positivism
neglect 무시(無視), 무시증(無視症)
neglect agraphia 생리 무시실서증(無視失書症) = spatial agraphia
neglect alexia 생리 무시실독증(無視失讀症), 무시형 실독증(無視形失讀症) ↔ attentional alexia
neglect syndrome 생리 무시증후군(無視症候群)
neighborhood activation model(NAM) 인지 근접어휘 활성모형(近接語彙活性模型)
neighborhood density 언어발달 인접밀도(隣接密度) *cf.* phonotactic probability
neighborhood rule 인접규칙(隣接規則)
neo-, ne- '신(新), 새'의 의미
neo-Bloonfieldians 신-블룸필드 학파
neo-oralism 신구어주의(新口語主義)
neo-Piagetian 신피아제 학파(學派)
neocerebellum 신소뇌(新小腦), 새소뇌
neoclassicism 신고전주의(新古典主義)
neocortex 신피질(新皮質)

N

neoglottis 신성문(新聲門)
neologism 언어 신조어(新造語), 신어(新語) *cf.* buzzword
neologistic distortion 신어적 왜곡(新語的歪曲)
neologistic jargon 언어발달 신어적 자곤
neologistic paraphasia 신어착어증(新語錯語症)
neonatal auditory response cradle 신생아청각반응기(新生兒聽覺反應期)
neonatal behavior assessment scale(NBAS) 신생아행동평정척도(新生兒行動評定尺度)
neonatal development 신생아발달(新生兒發達)
neonatal disorders 신생아장애(新生兒障礙)
neonatal intensive care unit(NICU) 신생아집중치료실(新生兒集中治療室)
neonatal period 신생아기(新生兒期)
neonatal screening 신생아선별검사(新生兒選別檢查)
neonate 신생아(新生兒) = newborn baby
neoplasm 생리 종양(腫瘍)
nephritis 생리 신장염(腎臟炎) = inflammation of the kidneys
nerve 해부 신경(神經)
nerve action potential 신경활동전위(神經活動電位)
nerve block 해부 신경차단법(神經遮斷法)
nerve cell 해부 신경세포(神經細胞)
nerve cell body 해부 신경세포체(神經細胞體)
nerve cell layer 해부 신경세포층(神經細胞層)
nerve cell process 해부 신경세포돌기(神經細胞突起)
nerve conduction 신경전도(神經傳導)
nerve damage 생리 신경손상(神經損傷) = nerve injury
nerve end-organ 해부 신경종말기관(神經終末器官)
nerve energy 신경 에너지
nerve epithelium 생리 신경쇠약(神經衰弱)
nerve fiber 해부 신경섬유(神經纖維)
nerve fiber layer 해부 신경섬유층(神經纖維層)
nerve force 신경력(神經力)
nerve ganglion 해부 신경절(神經節)
nerve grafting 해부 신경이식술(神經移植術)
nerve implantation 해부 신경삽입술(神經挿入術)
nerve impulse 신경충격(神經衝擊), 신경충동(神經衝動)
nerve injury 생리 신경손상(神經損傷) = nerve damage
nerve pain 생리 신경통(神經痛)
nerve papilla 해부 신경유두(神經乳頭)
nerve potential 음향 신경전위(神經電位)
nerve ring 해부 신경고리
nerve roots 해부 신경근(神經根)
nerve sheath 해부 신경초(神經鞘), 신경다발막
nerve stimulation 신경자극(神經刺戟)
nerve suture 해부 신경봉합술(神經縫合術)
nerve tissue 해부 신경조직(神經組織)
nerve track 해부 신경로(神經路)
nerve transmitter substance 신경전달물질(神經傳達物質) = neurotransmitter
nervous breakdown 생리 신경쇠약(神經衰弱)
nervous disorders 신경장애(神經障礙)
nervous system 신경계(神經系), 신경계통(神經系統)
nervous system disorder 신경계장애(神經系障礙)
nervous tissue 해부 신경조직(神經組織)
nervus injury 신경손상(神經損傷)
nervus lesion 신경계 병변(神經系病邊)
nervus paralysis 생리 신경성 마비(神經性痲痹)
nesting loops 전자회로 범주(電子回路範疇)
network 통신망(通信網)
network model 인지 망모형(網模型)
neumann function 통계 노이만 함수(函數)
neural anastomosis 해부 신경연결술(神經連結術)

neural arch 해부 신경궁(神經弓)
neural canal 해부 신경관(神經管)
neural circuitry 해부 신경회로(神經回路)
neural crest 해부 신경능선(神經稜線)
neural cyst 해부 신경낭(神經囊)
neural deafness 생리 신경성 농(神經性聾)
neural density 신경밀도(神經密度)
neural development 신경발달(神經發達)
neural firing rate 신경발화율(神經發火率)
neural fold 해부 신경주름
neural groove 해부 신경구(神經溝)
neural impulse 신경 격(神經衝擊)
neural network approach 뇌과학 신경망적 접근(神經網的接近)
neural networks 뇌과학 신경망(神經網)
neural pathways 뇌과학 신경경로(神經經路)
neural plasticity 신경 신경가소성(神經可塑性)
neural plate 해부 신경판(神經板)
neural presbycusis 생리 신경노인성 난청(神經老人性難聽)
neural receptors 해부 신경수용기(神經受容器)
neural response imaging test(NRIT) 신경반응 영상검사(神經反應映像檢査)
neural response telemetry(NRT) 신경반응 원격측정법(神經反應遠隔測定法)
neural tinnitus 음향 신경성 이명(神經性耳鳴)
neural tract 해부 신경로(神經路)
neural transmission 신경전달(神經傳達)
neural transplantation 해부 신경이식(神經移植)
neural tube 해부 신경관(神經管)
neural tuning curve 신경조율곡선(神經調律曲線)
neuralgia 생리 신경통(神經痛)
neuranagenesis 해부 신경재생(神經再生)
neuraprexia 생리 신경무동작(神經無動作)
neurarchy 신경지배(神經支配)
neurasthenia 생리 신경쇠약증(神經衰弱症) = nervous prostration
neuraxis 해부 신경축(神經軸) *cf.* horizontal axis
neurectomy 해부 신경절제술(神經切除術)
neurilemmal sheath 해부 신경수초(神經髓鞘)
neurilemoma 해부 신경초(神經鞘) = Schwann's sheath
neurinoma 생리 신경섬유종(神經纖維腫)
neuritic plaques 생리 신경염성 플라크 = senile plaques
neuritis 생리 신경염(神經炎)
neuroanatomy 신경해부학(神經解剖學)
neuroaudiology 신경청각학(神經聽覺學)
neurobiological change 신경생물학적 변화(神經生物學的變化)
neurobiology 신경생물학(神經生物學)
neuroceptor 신경수용기(神經受容器)
neurochemistry 신경화학(神經化學)
neurochronaxic theory (발성의) 신경시치이론(神經時直理論)
neurocognition 신경인지(神經認知) = cognitive neuroscience
neurocognitive psychology 신경인지심리학(神經認知心理學)
neurodegenerative disorder 생리 신경퇴행성 장애(神經退行性障礙)
neuro-developmental disorders(NDT) 신경발달장애(神經發達障礙)
neuro-developmental hypothesis 신경발달 가설(神經發達假說)
neuro-developmental treatment(NDT) 신경발달치료(神經發達治療)
neurodiagnostic techniques 신경병 진단기술(神經病診斷技術)
neuroeffector junction 신경효과기 접합(神經效果器接合)
neuroendocrinology 신경내분비학(神經內分泌學)
neurofibrillary tangles 해부 신경섬유 매듭
neurofibrils 해부 신경세섬유(神經細纖維)

neurofibroma 생리 신경섬유종(神經纖維腫)
neurofibromatosis 생리 신경섬유종증(神經纖維腫症)
neurofilaments 해부 신경세사(神經細絲)
neuroganglion 해부 신경절(神經節)
neurogenesis 신경발생(神經發生)
neurogenic acquired stuttering 후천성 신경학적 말더듬 *cf.* acquired psychogenic stuttering
neurogenic dysphonia 신경학적 발성장애(神經學的發聲障礙)
neurogenic mutism 생리 신경학적 함구증(神經學的緘口症)
neurogenic stuttering 신경학적 말더듬 *cf.* psychogenic stuttering
neuroglia 해부 신경교세포(神經膠細胞) = neurologlia
neurohistology 신경조직학(神經組織學)
neurohypophysis 해부 신경뇌하수체(神經腦下垂體)
neurolaryngology 신경후두학(神經喉頭學)
neurolemma 해부 신경초(神經鞘) *cf.* axolemma
neuroleptics 신경이완제(神經弛緩劑)
neurolinguistic program(NLP) 신경언어학적 프로그램
neurolinguistics 신경언어학(神經言語學)
neurologia 해부 신경교(神經膠) = neuroglia
neurologic diagnosis 신경학적 진단(神經學的診斷)
neurologic speech and language disorders 신경 말-언어장애(神經言語障礙)
neurological cell 해부 신경세포(神經膠細胞)
neurological damage 생리 신경학적 손상(神經學的損傷)
neurological dysfunction 신경학적 기능장애(神經學的機能障礙)
neurological examination 신경학적 검사(神經學的檢査)
neurological imprint 신경학적 각인(神經學的刻印)
neurological speech and language examination 신경 말-언어검사
neurological test of verbal conceptualization and fluency (실어증 환자용) 구어개념화 및 유창성에 관한 신경학적 검사
neurologist 신경전문의(神經專門醫)
neurologists 신경학자(神經學者)
neurology 신경학(神經學), 신경의학(神經醫學)
neuroma 생리 신경종(神經腫)
neuromalacia 생리 신경연화증(神經軟化症)
neuromaturation differences 신경성숙도 차이(神經成熟度差異)
neuromodulator 신경조절물질(神經調節物質) *cf.* neurotransmitter
neuromotor 신경운동(神經運動)
neuromotor dysfunction 신경운동 기능장애(神經運動機能障礙)
neuromotor system 신경운동계(神經運動系)
neuromuscular 해부 신경근(神經筋)의
neuromuscular antagonist 신경근 길항제(神經筋拮抗劑)
neuromuscular contractility 신경근 수축성(神經筋收縮性)
neuromuscular coordination 신경근 협조성(神經筋協助性)
neuromuscular disease(NMD) 근신경계질환(筋神經系疾患)
neuromuscular disorders 신경근육 장애(神經筋肉障礙)
neuromuscular electrical stimulation(NMES) 삼킴 신경근육 전기자극법(神經筋肉電氣刺戟法)
neuromuscular execution 신경근육적 집행(神經筋肉的執行)
neuromuscular irritability 신경근 흥분성(神經筋興奮性)
neuromuscular junction 해부 신경근 접합부

(神經筋接合符)

neuromuscular pathway 삼킴 (삼킴반응에 관여하는) 신경근육 경로(神經筋肉徑路)

neuromuscular speech execution 말 신경근육 집행(神經筋肉執行)

neuromuscular spindle 해부 신경근 방추(神經筋紡錘)

neuromuscular stimulant 신경근 자극제(神經筋刺戟劑)

neuromuscular transmission 신경근 흥분전달(神經興奮傳達)

neuron 해부 뉴런

neuronal metabolism 신경 대사(神經代謝)

neuronal migration 신경 이주(神經移住)

neuronal substance 신경물질(神經物質)

neuropath 신경병환자(神經病患者)

neuropathist 신경병학자(神經病學者)

neuropathologist 신경병리학자(神經病理學者)

neuropathology 신경병리학(神經病理學)

neuropathophysiology 신경병리생리(神經病理生理)

neuropathy 생리 신경병증(神經病症)

neurophamacology 신경약리학(神經藥理學)

neurophysiological contingency 신경생리학적 개연성(神經生理學的蓋然性) *cf.* genetic contingency

neurophysiological deficits 신경생리학적 결함(神經生理學的缺陷)

neurophysiological theory 신경생리학 이론(神經生理學理論)

neurophysiology 신경생리학(神經生理學)

neuropil 신경망(神經網), 신경그물

neuroplasticity 신경가소성(神經可塑性) *cf.* brain plasticity

neuropsychiatric 신경정신병(神經精神病)

neuropsychiatric learning disorder 신경정신학습장애(神經精神學習障礙)

neuropsychiatry 신경정신의학(神經精神醫學)

neuropsycholinguistics 신경심리언어학(神經心理言語學)

neuropsychological assessment 신경심리평가(神經心理評價)

neuropsychological condition 신경심리학적 조건(神經心理學的條件)

neuropsychological test 신경심리검사(神經心理檢査)

neuropsychologist 신경심리학자(神經心理學者)

neuropsychology 신경심리학(神經心理學)

neurorehabilitation medicine 신경재활의학(神經再活醫學)

neuroscience 신경과학(神經科學)

neuroscientist 신경과학자(神經科學者)

neurosensory 해부 감각신경(感覺神經) = sensory nerve *cf.* neuromotor

neurosensory cell 해부 신경감각세포(神經感覺細胞)

neurosis 생리 신경증(神經症)

neuro stem cell 해부 신경줄기세포 *cf.* stem cell

neurosurgery 신경외과학(神經外科學)

neurosuture 해부 신경봉합(神經縫合)

neurotic depressive reaction 생리 신경성 우울반응(神經性憂鬱反應)

neurotic disorder 생리 신경증장애(神經症障礙)

neurotic theory 신경증이론(神經症理論)

neurotic theory of stuttering 말더듬 말더듬의 신경학적 이론

neurotology 신경이과학(神經耳科學)

neurotoxin 생리 신경독(神經毒)

neurotransmission 신경전달(神經傳達)

neurotransmitter 신경전달물질(神經傳達物質) = nerve transmitter substance *cf.* neuromodulator

neurotubules 해부 신경세관(神經細管)

neuructomy 해부 신경절단술(神經切斷術)

neurulation 신경관형성(神經管形成)

neutral intonation pattern 중립 억양유형(中

立抑揚類型)

neutral occlusion 해부 정상교합(正常咬合), 정상 맞물림=normal occlusion

neutral order 중립순서(中立順序)

neutral position 중립위치(中立位置)

neutral stimulus 중성자극(中性刺戟)

neutral suffixes 중립접미사(中立接尾辭)

neutral vowel 조음 중립모음(中立母音)

neutralizable opposition 음운 중화대립(中和對立)

neutralization 음운 중화(中和)

neutralized fluid 삼킴 중성액체(中性液體)

neutrocclusion 치과 중성교합(中性咬合)

neutron 중성자(中性子)

new metaphor 인지 신은유(新隱喩)=poetic metaphor ↔ dead metaphor

newborn anoxia 생리 신생아 무산소증(新生兒無酸素症)

newborn baby 신생아(新生兒)=neonate

newborn hearing screening test(NHST) 신생아 청각선별검사(新生兒聽覺選別檢查) *cf.* general newborn hearing screening test

Newton, Isaac (1643~1727) 뉴턴(영국의 물리학자, 수학자)

newtonian fluid 뉴턴유체

nexus 연결(連結), 넥서스

nexus-substantive 연결-실사(連結實辭)

NG(nasogastric tube) 삼킴 코위 영양관, 비위튜브

NGP(natural generative phonology) 음운 자연생성음운론(自然生成音韻論)

NHST(newborn hearing screening test) 신생아청각선별검사(新生兒聽覺選別檢查) *cf.* general newborn hearing screening test

NIC(nominative island condition) 통사 주격섬조건

nicotinic receptors 니코틴성 수용체(受容體)

nictalopia 생리 야맹증(夜盲症) *cf.* night blind

night blind 생리 야맹(夜盲) *cf.* nictalopia

night care 야간관리(夜間管理) *cf.* day care

night hospital 야간병원(夜間病院) *cf.* day hospital

nigra 해부 (중뇌의) 흑질(黑質)

nigrostrial tract 해부 흑질선조로(黑質線條路)

nigrostriatal pathway 해부 흑질 줄무늬체로

nihilism 심리 허무주의(虛無主義) *cf.* pessimism

NIHL(noise-induced hearing loss) 생리 소음성 청력손실(騷音性聽力損失)

NIL(noise interference level) 음향 소음간섭레벨

NIMBY syndrome 님비 증후군, 님비 현상

NIMBY(not in my back yard) 님비, 배타적 지역이기주의(排他的地域利己主義) ↔ PIMFY

NIOS(National Institute for Occupational Safety and Health) 미국국립직업안전보건(美國國立職業安全保健)

Nissl's body 해부 닛슬소체

NMD(neuromuscular disease) 근신경계질환(筋神經系疾患)

NMES(neuromuscular electrical stimulation) 삼킴 신경근육 전기자극법(神經筋肉電氣刺戟法)

NMR(nuclear magnetic resonance) 뇌과학 핵자기공명(核磁氣共鳴)

no-echo chamber 음향 무반향실(無反響室)

no specified deletions constraint 통사 비명시 삭제제약(非明示削除制約)

no tech AAC 노테크=no technology *cf.* low tech, high tech

nocebo effect 심리 노세보 효과 ↔ placebo effect

nociception 침해자극(侵害刺戟), 위해자극(危害刺戟)

nociceptive reflex 침해반사(侵害反射), 위해

반사(危害反射)

nociceptor 유해 수용체(有害受容體)

nocturia 생리 야뇨증(夜尿症)

node admissibility condition 절점 허용조건(節點許容條件)

node of Ranvier 해부 랑비에 마디

nodose ganglion 해부 결절성 신경절(結節性神經節)

nodularity 결절성(結節性)

nodule 결절(結節)

noise 음향 소음(騷音), 잡음(雜音)

noise analyzer 소음분석기(騷音分析器)

noise barrier 소음장벽(騷音障壁)

noise between floors 음향 층간소음(層間騷音)

noise buildup 소음증가(騷音增加)

noise-canceling microphone 잡음소거 마이크로폰

noise control 음향 소음제어(騷音制御)

noise criteria(NC) 음향 소음기준(騷音基準)

noise damage-risk criteria 음향 소음 상해-위험 판단기준(騷音傷害危險判斷基準)

noise deafness 생리 소음성 농(騷音性聾) = noise-induced deafness

noise detection threshold(NDT) 음향 소음검출역치(騷音檢出閾值)

noise due to flow non-uniformity 음향 유동불균일성 소음(流動不均一性騷音)

noise effects 음향 소음효과(騷音效果)

noise exposure 음향 소음노출(騷音露出)

noise exposure forecast(NEF) 음향 소음노출예보(騷音露出豫報)

noise exposure level 음향 소음노출레벨

noise exposure meter 소음노출계(騷音露出計)

noise factor 음향 소음지수(騷音指數)

noise floor 음향 소음층(騷音層)

noise gate 소음차단기(騷音遮斷器)

noise generator 음향 소음생성기(騷音生成器), 소음발생기(騷音發生器)

noise-induced deafness 생리 소음성 농(騷音性聾) = noise deafness

noise-induced hearing loss(NIHL) 생리 소음유발 청력손실(騷音誘發聽力損失)

noise interference level(NIL) 음향 소음간섭레벨

noise level 음향 소음레벨

noise level meter 소음측정기(騷音測程器)

noise limit 소음한계(騷音限界)

noise-limited condition 음향 소음제한조건(騷音制限條件)

noise limiter 소음제한기(騷音制限器)

noise masking 음향 소음차폐(騷音遮蔽), 소음마스킹

noise measurement 소음측정(騷音測定)

noise measuring instrument 소음측정기(騷音測定器) = noise measuring apparatus

noise of heating and cooling system 음향 냉난방 소음(冷煖房騷音)

noise pollution 소음공해(騷音公害)

noise pollution level 소음공해레벨

noise problem 소음문제(騷音問題)

noise protection 소음방지(騷音防止)

noise rating(NR) 소음평가기준(騷音評價基準)

noise rating number 소음평가치(騷音評價值)

noise ratio 음향 잡음비(雜音比)

noise reduction 소음저감(騷音低減)

noise-rejection filter 음향 소음거절 필터

noise source 음향 소음원(騷音源)

noise spectrum level 음향 소음 스펙트럼 레벨

noise suppression 소음억제(騷音抑制)

noise suppressor 소음억제 장치(騷音抑制裝置)

noise survey meter 청각 간이소음계(簡易騷音計)

noise susceptibility 생리 소음 감수성(騷音感受性)

noise under consideration 대상소음(對象騷音)

noisebox 음향 소음상자(騷音箱子)

N

noisemeter 음향 소음계(騷音計)

NOME(nonspeech oral motor exercises) 삼킴 비구어 구강운동 연습(非口語口腔運動練習)

nomenclature 명명법(命名法)

nominal 명사류(名詞類)

nominal aphasia 신경 명칭실어증(名稱失語症)

nominal clause 명사절(名詞節)

nominalizer 통사 명사화소(名詞化素) *cf.* complementizer

nominal scale 통계 명명척도(命名尺度) *cf.* ordinal scale

nominal style 명사적 문체(名詞的文體)

nominalization 통사 명사화(名詞化)

nomination 지명(指名)

nominative absolute 절대주격(絶對主格)

nominative-accusative language 주격대격 언어(主格-對格言語)

nominative case 주격(主格) = subjective case

nominative island condition(NIC) 통사 주격섬조건

nominative pronoun 주격대명사(主格代名詞)

NOMS(National Outcomes Measurement System) 국가적 효과측정체계(國家的效果測定體系)

non return to zero(NRZ) 비제로 복귀(復歸)

non-argument 비논항(非論項) ↔ argument

non-articular surface 해부 비관절면(非關節面) ↔ articular surface

nonassimilatory process 음운 비동화적 과정(非同化的過程) ↔ assimilatory process

nonassociative learning 비연상학습(非聯想學習) ↔ associative learning

nonavoidance techniques 비회피기법(非回避技法) ↔ avoidance techniques

non-back 음운 비후설성(非後舌性) ↔ back

non-basic allomorph 비기본 이형태(非基本異形態) ↔ basic allophone

non-branching rhyme 음운 비분지 각운(非分枝脚韻)

noncannonical 비정형적(非正形的) ↔ cannonical

non-canonical syllable 음운 비정형적 음절(非定形的音節) ↔ cannonical syllable

noncognitive symptom 신경 비인지적 증상(非認知的症狀) ↔ cognitive symptom

non-commissural neuron 해부 비맞교차신경세포 ↔ commissural neuron

non-communicator type (아동의) 자기주장형(自己主張形)

noncompliance 비순응(非順應) ↔ compliance

non-concatenative morphology 비연속 형태론(非連續形態論), 비연쇄 형태론

non-configurational language 비형상 언어(非形像言語)

nonconsonantal 음운 비자음성(非子音性) = syllabic ↔ consonantal

nonconstricted glottis 비수축된 성문 ↔ constricted glottis

noncontiguous assimilation 음운 비인접 동화(非隣接同化) ↔ contiguous assimilation

non-contingent reinforcement 비유관 강화(非有關强化) ↔ contingent reinforcement

non-coreference rule 비동일 지시규칙(非同一指示規則)

noncoronal 음운 비설정성(非舌頂性) ↔ coronal

noncued recall 인지 무단서 회상(無端緖回想)

noncyclic 비순환성(非循環性) ↔ cyclic

nondeglutative sucking 삼킴 비연하적 빨기 *cf.* nonfeeding sucking

non-derived environment 비도출 환경(非導出環境)

non-destructive testing(NDT) 비파괴시험(非破壞試驗), 비파괴검사(非破壞檢查)

non-detachability 의미 담화 분리 불가능성(分離不可能性) *cf.* cancellability

nondirectional microphone 무지향성(無指向性) 마이크로폰 ↔ directional microphone

nondirective counseling 비지시적 상담(非指示的相談) ↔ directive counselling

non-dispersive propagation 음향 비분산전파(非分散電波)

nondistinctive features 음운 비변별자질(非辨別資質) ↔ distinctive features

non-distributed 비분산성(非分散性) ↔ distributed

nondominant language 열세언어(劣勢言語) = weak language ↔ dominant language

nonegocentrism 언어발달 담화 비중심성(非中心性) *cf.* decentration

nonexclusion time-out 비배제성 한시적 통제(非排除性限時的統制) ↔ exclusion time-out

nonexistence 비실체(非實體)

non-experiment 비실험(非實驗) ↔ experiment

nonfeeding nipple 비섭식용(非攝食用) 젖꼭지

nonfeeding sucking 생리 비섭식적 빨기 *cf.* nondeglutative sucking

non-finite verb 통사 비정형 동사(非定形動詞) ↔ finite verb

nonfluency 말더듬 정상적 비유창성(正常的非流暢性) *cf.* dysfluency ↔ fluency

nonfluent aphasia 신경 비유창성 실어증(非流暢性失語症) = Broca's aphasia ↔ fluent aphasia

non-genetic hearing loss 생리 비유전성 청력손실(非遺傳性聽力損失) ↔ non-genetic hearing loss, hereditary hearing loss *cf.* congenital hearing loss

non-high 음운 비고설성(非高舌性) ↔ high

nonintentional tremor 생리 비의도적 진전(非意圖的震顫)

noninteractive communication behaviors 비상호적 의사소통행동(非相互的意思疏通行動)

noninteractive conversational style 비상호적 대화형태(非相互的對話形態)

noninteractive label 비상호적 명명(非相互的命名) ↔ interactive label

non-intervention 방임(放任) ↔ intervention

non-invasive 비침습적(非侵襲的)인 ↔ invasive

non-invasive electrode 비침습 전극(非侵襲電極) ↔ invasive electrode

non-inverting electrode 비전환 전극(非轉換電極) ↔ inverting electrode

non-kernel sentence 비핵심적 문장(非核心文章) ↔ kernel sentence

non-labial 음운 비순음성(非脣音性) ↔ labial

nonlanguage abilities 언어발달 비언어 능력(非言語能力) = linguistic abilities ↔ language abilities

nonlexical anaphor 비어휘 대명사(非語彙的代名詞)

nonlexical category 비어휘 범주(非語彙範疇)

non-lexical route 언어습득 비어휘경로(非語彙經路) ↔ lexical route

nonlinear acoustics 비선형 음향학(非線形音響學) ↔ linear acoustics

nonlinear amplification 음향 비선형 증폭(非線形增幅) ↔ linear amplification

nonlinear amplification 음향 비선형 증폭(非線形增幅) ↔ linear amplification

nonlinear amplifier 음향 비선형 증폭기(非線形增幅器) ↔ linear amplifier

nonlinear analysis 음향 비선형적 분석(非線形的分析) ↔ linear analysis

nonlinear assumption 통계 비선형적 가정(非線形的假定)

nonlinear distortion 음향 비선형 왜곡(非線形歪曲) ↔ linear distortion

nonlinear distribution 비선형 분포(非線形分布) = logarithmic disribution ↔ linear distribution

nonlinear emphasis 음향 비선형 강조(非線形强調)

nonlinear frequency compression 음향 비선형 주파수압축(非線形周波數壓縮) ↔ linear frequency compression

nonlinear hearing aid 비선형 보청기 ↔ linear hearing aid

nonlinear instability 음향 비선형 불안정성(非線形不安定性)

nonlinear parameter 음향 비선형 매개변수(非線形媒介變數)

nonlinear phonology 음운 비단선 음운론(非單線音韻論), 복선 음운론(複線音韻論)

nonlinear propagation equation(NPE) 음향 비선형 전파방정식(非線形傳播方程式)

nonlinear quantization 음향 비선형 양자화(非線形量子化) ↔ linear quantization

nonlinear synthesis 음향 비선형 합성(非線形合成) ↔ linear synthesis

nonlinear system 비선형 체계(非線形體系) ↔ linear system

nonlinearity 비선형성(非線形性) ↔ linearity

nonlinguistic abilities 언어발달 비언어 능력(非言語能力) = nonlanguage abilities ↔ linguistic abilities

nonlinguistic communication AAC 비언어적 의사소통(非言語的意思疏通) = nonoral communication

nonlinguistic cues 언어발달 비언어적 단서(非言語的端緖) *cf.* metalinguistic cues

nonlinguistic feedback 비언어적 피드백 ↔ linguistic feedback *cf.* paralinguistic feedback

nonlinguistic noise 음향 비언어적 소음(非言語的騷音)

nonliterate AAC (장애로) 읽고 쓰기가 불가능한 ↔ literate *cf.* illiterate

non-low 음운 비저설성(非低舌性) ↔ low

non-lowness 비저모음성(非低母音性)

nonmanual signal 비수지 신호(非手指信號) ↔ manual signal

non-metric variable 통계 비측정형 변수(非測定形變數) = measurable variable ↔ metric variable

nonmyelinated nerve fiber 해부 무수신경섬유(無髓神經纖維), 민말이집신경섬유 ↔ myelinated nerve fiber

non-nasal sound 조음 비비음(非鼻音) ↔ nasal sound

nonnutritive sucking 생리 비영양적 빨기 *cf.* nonswallowing sucking

nonoccluding earmold 비폐쇄 귓본, 개방형 귓본

nonoral communication AAC 비구두 의사소통(非口頭意思疏通) = nonlinguistic communication

non-ordering principle 무규칙순 원칙(無規則順原理)

nonorganic deafness 생리 비기질적 농(非氣質的聾) ↔ organic deafness

nonorganic hearing loss 생리 비기질적 청력손실(非氣質的聽力損失) ↔ organic hearing loss

nonostensive word-learning contexts 언어발달 비외형적 낱말 학습맥락 = inferential contexts ↔ ostensive word-learning contexts

nonparametric statistics 통계 비모수통계(非母數統計) ↔ parametric statistics

nonparticipant observation 비참여 관찰(非參與觀察)

nonpenetrating brain injury 비관통성 뇌손상(非貫通性腦損傷) = closed brain injury ↔ penetrating brain injury

nonpenetrating head injury 비관통성 두부손상(非貫通性頭部損傷) = closed head injury ↔ penetrating head injury

nonperiodic sounds 음향 비주기음(非週期音) = aperiodic sounds ↔ periodic sounds

nonperiodic wave 음향 비주기파(非週期波) =aperiodic wave ↔ periodic wave

non-phonemic diphthong 음운 비음소적 이중모음(非音素的二重母音) ↔ phonemic diphthong

nonphonological element 음운 비음운론적 요소(非音韻論的要素)

nonproductive process 비생산적 과정(非生産的過程)

nonpropositional speech 비명제적 언어(非命題的言語)

nonprotein respiratory quotient(NPRQ) 비단백 호흡교환 비율(非蛋白呼吸交換指數)

non-purulent 비화농성(非化膿性)

non-reduplicated babbling 언어발달 비중복성 옹알이=variegated babbling ↔ reduplicated babbling

non-reinforcement 비강화(非强化) ↔ reinforcement

non-restrictive adjunct 비제한적 부가어(非制限的附加語)

nonrestrictive modifier 비제한적 수식어(非制限的修飾語) ↔ restrictive modifier

non-segmental 음운 비분절(非分節) ↔ segmental

nonsense syllable 무의미 음절(無意味音節)

nonsense syllable learning 무의미 철자학습(無意味綴字學習)

nonsense word 무의미어(無意味語), 비단어(非單語)=non-word ↔ actual word

non-simultaneous 비동시적(非同時的) =sequential

non-slack vocal cords 성대 비이완성(聲帶非弛緩性)

non-sonorants 조음 비공명음(非共鳴音), 장해음(障害音)=obstruents ↔ sonorant

nonspecific language 비특정 언어(非特定言語)

nonspeech behavior 말더듬 비구어 행동(非口語行動), 이차적 행동(二次的行動) =secondary characteristic

nonspeech evaluation 비구어 평가(非口語評價) ↔ speech evaluation

nonspeech oral motor exercises(NOME) 삼킴 비구어 구강운동 연습(非口語口腔運動練習)

nonspeech sound 비구어음(非口語音)

non-spread glottis (성문) 비확대성(非擴大性)

nonstandard language 비표준 언어(非標準言語)

nonstandardized assessment 비표준화 평가(非標準化評價)

nonstationary 비정상성(非正常性), 비정체성(非停滯性)

nonstationary noise 음향 비고정 소음(非固定騷音)

nonstationary signal 비정상 신호(非正常信號)

non-stiff vocal cords 성대 비경직성(聲帶非硬直性)

non-strident 음운 비조찰성(非粗擦性) ↔ strident

non-subject control 비주어 통제(非主語統制)

nonsuppurative 비화농성(非化膿性)

nonsuppurative otitis media 생리 비화농성 중이염(非化膿性中耳炎)

nonswallowing sucking 삼킴 비삼킴적 빨기 =nondeglutative sucking *cf.* nonnutritive sucking

nonsyllabic 음운 비성절성(非成節性) =consonantal ↔ syllabic

nonsyllabic speech sound 비성절적 말소리

nonsyllabic vowel 음운 비성절 모음(非成節母音)

nonsyndromic hearing loss 생리 비증후군 청력손실(非症候群聽力損失)

nontension type 무긴장형(無緊張型)

non-terminal symbol 비종단 기호(非終端記號)

non-test ear(NTE) 청각 반대 귀 ↔ test ear

non-uniqueness 비유일성(非唯一性) ↔ uniqueness

non-vascular 생리 비혈관성(非血管性) ↔ vascular

nonverbal 비구어(非口語)의 ↔ verbal

nonverbal ability 비구어적 능력(非口語的能力) ↔ verbal ability

nonverbal apraxia 생리 비구어성 실행증(非口語性失行症) ↔ verbal apraxia

nonverbal auditory agnosia 생리 비구어성 청각실인증(非口語性聽覺失認症) ↔ verbal auditory agnosia

nonverbal behavior AAC 비구어성 행동(非口語性行動)

nonverbal communication AAC 비구어의사소통(非口語意思疏通) = nonvocal communication *cf.* gestural communication

nonverbal communication system AAC 비구어 의사소통체계(非口語意思疏通體系)

nonverbal intelligence test AAC 비구어적 지능검사(非口語的知能檢査)

nonverbal IQ AAC 비구어성 아이큐

nonverbal learning AAC 비구어 학습(非口語學習)

nonverbal meaning AAC 비구어적 의미(非口語的意味)

nonverbal oral apraxia 생리 비구어 구강실행증(非口語口腔失行症)

nonverbal overt-motor responses AAC 비구어적 외현적 운동반응(非口語的運動反應)

nonverbal period 언어발달 비언어기(非言語期)

nonverbal quotient(NVQ) AAC 비구어 지수(非口語指數) ↔ verbal quotient

nonverbal reinforcement AAC 비구어적 강화(非口語的强化)

nonverbal response AAC 비구어적 반응(非口語的反應)

nonverbal test AAC 비구어 검사(非口語檢査) ↔ verbal test

non-vibrating portion (성대의) 무진동 부위(無振動部位) ↔ vibrating portion

nonvocal communication AAC 비구어 의사소통(非口語意思疏通) = nonverbal communication *cf.* gestural communication

non-vocalic 음운 비모음성(非母音性) ↔ vocalic

non-white noise 음향 비백색 잡음(非白色雜音) ↔ white noise

nonword 비단어(非單語) ↔ nonsense word

nonword repetition 언어발달 비단어 반복(非單語反復)

nonword repetition tasks(NRT) 언어발달 비단어 모방과제(非單語模倣課題)

Noonan syndrome 생리 (선천성 상염색체 우성) 누난 증후군

no-ordering condition 통사 무규칙순 조건(無規則順條件)

no-ordering principle 통사 무규칙순 원칙(無規則順原則)

noradrenalin (흥분성 신경전달물질) 노르아드레날린

norm group 규준집단(規準集團)

normal 정상적(正常的) ↔ abnormal

normal auditory sensation area 해부 정상 청감각영역(正常聽感覺領域)

normal behavior 정상행동(正常行動) ↔ abnormal behavior

normal curve 통계 정규분포곡선(正規分布曲線)

normal disfluency(ND) 말더듬 정상적 비유창성(正常的非流暢性) ↔ abnormal disfluency

normal distribution 통계 정규분포(正規分布)

normal elderly(NE) 정상노인(正常老人)

normal hearing 건청(健聽)

normal mode 정규모드

normal mode field 정규모드 필드

normal mode frequency 음향 정규모드 주파수(周波數)

normal mode of oscillation 음향 고유진동 모드
normal nasality 정상비성(正常鼻性)
normal occlusion 해부 정상교합(正常咬合) = neural occlusion ↔ malocclusion
normal person 정상인(正常人) ↔ abnormal person
normal pressure hydrocephalus 정상압력 뇌수종(正常壓力腦水腫)
normal probability 통계 정상확률(正常確率)
normal probability curve 통계 평균가능성곡선(平均可能性曲線)
normal swallowing habit 삼킴 정상적 연하습관(正常的嚥下習慣), 정상적 삼킴습관
normal tape 표준 테이프
normal threshold of hearing 정상 청각역치(正常聽覺閾値)
normal threshold of pain 정상 통각역치(正常痛覺閾値)
normal transition 정상전이(正常轉移)
normal vector 수직벡터
normal velocity transmission coefficient 음향 수직 입자속도투과계수(垂直粒子速度透過係數)
normal voice 정상음(正常音) ↔ disordered voice
normality 정상성(正常性)
normalization 표준화(標準化), 정상화(正常化)
normalization constant 정규화 상수(正規化常數)
normalized impact sound pressure level 음향 충격 음압레벨 정규화
normalized noise energy 음향 정규화된 소음에너지, 소음에너지 정규화(定規化)
normative age of acquisition 정상 습득연령(正常習得年齡)
normative data 정규 데이터
normative development 규범적 발달(規範的發達)
normative influence 규범적 영향(規範的影響)
normative linguistics 규범언어학(規範言語學) = prescriptive linguistics *cf.* descriptive linguistics
normative pattern 규범적 형태(規範的形態)
normative phonetics 표준음성학(標準音聲學)
normative research 규범 연구(規範硏究)
normative statement 규범적 진술(規範的陳述)
normative strategy 규범적 전략(規範的戰略)
normative system 규범체계(規範體系)
normativism 규범주의(規範主義) = prescriptivism *cf.* descriptivism
norminals 사물명(事物名)
norm-referenced test 언어발달 규준참조검사(規準參照檢査) *cf.* criterion-referenced test
norms 기준(基準), 표준(標準) = standard 규준(規準), 규범(規範) = reference
norms of interpretation 해석규범(解析規範)
Norrie syndrome 생리 (선천성 안장애) 노리 증후군
Northwestern syntax screening test(NSST) 언어발달 노스웨스턴 구문선별검사(構文選別檢査)
nose 코
nose cleft 해부 비파열(鼻破裂)
nose twitching 생리 비경련(鼻痙攣)
nostril 해부 외비공(外鼻孔)
nostril contraction 생리 비강수축(鼻腔收縮)
not in my back yard(NIMBY) 님비, 배타적 지역이기주의(排他的地域利己主義) ↔ please in my front yard
notational convention 표기규약(表記規約)
notch 해부 절흔(切痕), 패임
notch filter 음향 V자형 필터
notched hearing loss 생리 V자형 청력손실(聽力損失)
notched noise 음향 V자형 소음(騷音)
notched waves 음향 V자형 파형
note 음표(音標)

nothing by mouth 삼킴 절식(絶食)
notional-functional syllabus 개념기능중심 교수요목(概念機能中心教授要目)
noun 명사(名詞)
noun clause 통사 명사절(名詞節)
noun clause equivalent 통사 명사절 상당어구(名詞節相當語句)
noun of multitude 군집명사(群集名詞)
noun phrase complement 명사구 보문(名詞句補文)
noun phrase 명사구(名詞句)
noun-verb quotient 명사-동사 지수(名詞-動詞指數)
novel name-nameless assumption 언어발달 새낱말-비낱말 가정 *cf.* reference principle
novel stimulus 새로운 자극(刺戟)
novel word 새로운 단어
number 통사 (문법범주) 수(數)
Nyquist's sampling theory 나이퀴스트 표본추출이론(標本抽出理論)

O

OAE(otoacoustic emissions) 음향 이음향 방사(耳音響放射)

Oakland school's picture dictionary AAC 오클랜드 학교그림사전

OASES(overall assessment of the speaker's experience of stuttering) 말더듬화자의 경험에 관한 전반적 평가

obesity 생리 비만증(肥滿症)

OBI(open brain injury) 개방형 뇌손상(開放形腦損傷) = penetrating brain injury ↔ CBI

object (1) 목적어(目的語) (2) 대상(對象)

object agnosia 생리 대상실인증(對象失認症) *cf.* visual agnosia

object case 목적격(目的格)

object complement 목적 보어(目的補語)

object genitive 목적 속격(目的屬格)

object language 대상언어(對象言語) *cf.* metalanguage

object of perception 인지 지각대상(知覺對象)

object permanence 언어발달 대상 영속성(對象永續性), 사물의 영속성(永續性)

object-related norm 의미 대상관련 규준(對象關聯規準) *cf.* role-related norm

object-subject 목적어-주어(目的語-主語)

object substitution 언어발달 사물 대치(事物代置)

objective anxiety 객관적 불안(客觀的不安)

objective assessment 객관적 평가(客觀的評價) ↔ subjective assessment *cf.* instrumental assessment

objective assessment measure 객관적 평가 측정(客觀的評價測定)

objective audiometry 청각 객관적 청력검사(客觀的聽力檢査) ↔ subjective audiometry

objective case 목적격(目的格)

objective complement 통사 목적보어(目的補語)

objective introspection 객관적 내성법(客觀的內省法)

objective measures 객관적 측정(客觀的測定) ↔ subjective measures

objective method 객관적 방법(客觀的方法) ↔ subjective method
objective quantity 객관적 수량(客觀的數量) ↔ subjective quantity
objective self 객관적 자기(客觀的自己)
objective test 객관적 검사(客觀的檢査) ↔ subjective test
objective tinnitus 음향 객관적 이명(客觀的耳鳴) ↔ subjective tinnitus
objective vertigo 생리 객관적 현기증(客觀的眩氣症)
objectivism 객관론(客觀論), 객관주의(客觀主義) ↔ subjectivism
objectivity 인지 객관성(客觀性) ↔ subjectivity
obligatory articulation errors 해부 필연적 조음오류(必然的調音誤謬) *cf.* developmental articulation errors
obligatory context 언어발달 의무적 맥락(義務的脈絡)
obligatory contour principle(OCP) 음운 필수굴곡성조원리(必須屈曲聲調原理)
obligatory errors 해부 필연적 오류(必然的誤謬)
obligatory occurrence 의무적 사건(義務的事件)
obligatory precedence principle 필수규칙 우선원칙(必須規則于先原則)
obligatory rule 의무규칙(義務規則) ↔ optional rule
oblique 사각(斜角)의, 사위(斜位)의
oblique arytenoid muscle 해부 사피열근(斜披閱筋), 빗모뿔근
oblique case 사격(斜格)
oblique fissure 사상열(斜狀裂), 빗틈새
oblique incident sound absorption coefficient 경사입사 흡음계수(傾斜入射吸音係數)
oblique line 사선(斜線), 경사선(傾斜線)
oblique mode 경사모드
oblique muscles 해부 사근(斜筋)
oblique part 빗부분
oblique wave 음향 경사파(傾斜波)
oblongata 연수(延髓), 숨뇌 *cf.* medulla oblongata
obscure vowel 조음 애매모음(曖昧母音)
observation 관찰(觀察)
observation of communicative interactions (OCI) AAC 의사소통 상호작용의 관찰
observation treatment 관찰치료(觀察治療)
observation unit 관찰단위(觀察單位)
observational adequacy 통사 관찰적 타당성(觀察的妥當性) *cf.* descriptive adequacy
observational learning 관찰학습(觀察學習) *cf.* vicarious learning
observed score 통계 관찰점수(觀察點數) true score
observer 관찰자(觀察者)
observer bias 관찰자 편향(觀察者偏向)
observer's paradox 관찰자의 역설(逆說)
obsession 심리 강박관념(强迫觀念), 집착(執著)
obsessional behavior 강박적 행동(强迫的行動)
obsessional emotion 심리 강박감정(强迫感情)
obsessional impulse 심리 강박자극(强迫刺戟)
obsessive-compulsive disorder 심리 강박장애(强迫障礙)
obsessive-compulsive neurosis 심리 강박신경증(强迫神經症)
obsessive-compulsive personality disorder 심리 강박성 성격장애(强迫性性格障碍)
obsessive-compulsive reaction 심리 강박관념적 반응
obsessive disorder 심리 강박관념적 장애(强迫觀念的障礙)
obstetricts 산부인과학(産婦人科學)
obstipation 생리 변비(便祕) = constipation
obstructive pulmonary disese 생리 폐쇄성 폐질환(閉鎖性肺疾患)
obstructive sleep apnea 생리 폐쇄성 수면 무호흡증(閉鎖性睡眠 無呼吸症)
obstructs 조음 장해음(障害音), 저해음(沮害

音) = obstruent sounds ↔ sonorants

obstruent nasalization 음운 장해음 비음화(障害音鼻音化)

obstruent omission 음운 장해음 생략(障害音省略)

obstruent sounds 음운 장해음(障害音) ↔ resonant sounds

obstruent voicing assimilation 음운 장해음 유성동화(障害音有聲同化)

obtundation 생리 둔감상태(鈍感狀態)

occasional meaning 임시적 의미(臨時的意味)

occasional spelling 임시철자(臨時綴字)

occipital 해부 후두쪽, 후두(喉頭)의

occipital alexia 생리 후두부 실독증(後頭部失讀症)

occipital artery 해부 후두동맥(後頭動脈)

occipital association cortex 해부 후두부 연합피질(後頭部聯合皮質)

occipital belly 해부 후두근(後頭筋)

occipital bone 해부 후두골(後頭骨)

occipital horn 해부 후두각(後頭角)

occipital lobe 해부 후두엽(後頭葉)

occipital muscle 해부 후두근(後頭筋)

occipital neuralgia 생리 후두 신경통(後頭神經痛)

occipital pole 해부 후두극(後頭極) ↔ frontal pole

occipital puncture 해부 후두천자(後頭穿刺)

occipital region 해부 후두부(後頭部)

occluded-ear simulator 폐색귀 시뮬레이터

occluded lisp 조음 폐쇄적 혀짧은 소리

occlusal surface 교합면(咬合面)

occlusion (1) 생리 폐색(閉塞) (2) 해부 정교합(正咬合) ↔ malocclusion

occlusion effect(OE) (1) 삼킴 교합효과(咬合效果) (2) (외이도) 폐쇄효과 (閉鎖效果)

occlusive sound 조음 폐쇄음(閉鎖音)

occulomotor nerve 해부 동안신경(動眼神經)

occult submucous cleft palate 해부 잠재성 점막하구개열(潛在性粘膜下口蓋裂)

occupation 직업(職業), 업무(業務)

occupational deafness 생리 직업성 농(職業性聾)

occupational hearing loss 생리 직업성 청력손실(職業性聽力損失)

occupational lung disease 생리 직업성 폐질환(職業性肺疾患)

Occupational Safety and Health Act(OSHA) 직업상 안전과 건강에 관한 법

occupational voice demands 직업적 음성요구도(職業的音聲要求度)

occurrence frequency 출현빈도(出現頻度), 발생빈도(發生頻度)

occurrence rate 발생 비율(發生比率), 발생률(發生率) *cf.* incidence

OCI(observation of communicative interactions) AAC 의사소통 상호작용의 관찰

OCP(obligatory contour principle) 음운 필수적 굴곡성조원리(必須的屈曲聲調原理)

octave 옥타브 *cf.* harmonic

octave band 음향 옥타브 대역(帶域)

octave-band analysis 음향 옥타브대역 분석(帶域分析)

octave-band filter 음향 옥타브대역 필터

octave scale 음향 옥타브 척도(尺度)

octave twist 음향 옥타브 엉킴, 옥타브 비틀림

ocular movement 안구운동(眼球運動)

oculomotor apraxia 생리 동안신경 실행증(動眼神經失行症)

oculomotor groove 해부 동안신경구(動眼神經溝)

oculomotor nerve 해부 (뇌신경, CN III), 동안신경(動眼神經)

oculomotor nucleus 해부 동안신경핵

oculomotor palsy 신경 동안신경마비(動眼神經麻痺)

oculomotor pathway 해부 동안신경로(動眼神經路)

oculomotor reflex 신경 동안신경반사(動眼神經反射)

oculopharyngeal dystrophy 생리 안인두위축증(眼咽頭萎縮症)

oculus 해부 L 안(眼), 눈

ODD(oppositional defiant disorder) 심리 적대적 반항장애(敵對的反抗障礙) *cf.* attention deficit hyperactivity disorder

odd-even method 홀수짝수 기법, 홀짝기법

ODH(orthographic depth hypothesis) 문자규칙 심층성 가설(文字規則深層假說)

odontogenic 치아형성(齒牙形成)

odontogeny 치아발생(齒牙發生)

odontology 치과학(齒科學)

odor discrimination 냄새변별

ODR(output dynamic range) 출력역동범위(出力力動範圍) = EDR

odynophagia 삼킴통증

odynophonia 생리 발성통(發聲痛)

OE(occlusion effect) (1) 삼킴 교합효과(咬合效果) (2) 청각 (외이도) 폐쇄효과(閉鎖效果)

Oedipus complex (Sigmund Freud의) 오디프스 콤플렉스 독 Oedipuskomplex ↔ Eletra complex

oesophageal speech 식도발성(食道發聲), 무후두발성(無喉頭發聲)

oesophagus 해부 식도(食道)

oesteoradionecrosis (뼈의) 방사선괴사(放射線壞死)

off-axis frequency responses 음향 비축주파수 응답(非軸周波數應答)

off-contraction 비수축성(非收縮性)

off-effect 후 효과(後效果) ↔ on-effect

offense mechanism 공격기제(攻擊機制) ↔ defense mechanism

offensiveness 공격성(攻擊性) ↔ defensiveness

off-glide 조음 후전이음(後轉移音) ↔ on-glide

official language 공용어(公用語) = standard language *cf.* national language

off-microphone 오프 마이크로폰 기법 ↔ on-microphone

off-resonant mode 음향 비공명 방식(非共鳴方式) ↔ resonant mode

off-stage 인지 무대 밖 ↔ on-stage

OHI(open head injury) 생리 개방형 두부손상(開放型頭部損傷), 개방형 머리손상 = penetrating injury ↔ closed head injury

Ohm 옴(Ω)

Ohm's acoustical law 음향 옴의 음향법칙(音響法則)

Ohm's law 옴의 법칙

old age 노년(老年)

olfaction 생리 후각(嗅覺) = olfactory sense

olfactory apparatus 후각기(嗅覺器)

olfactory area 해부 후각영역(嗅覺領域)

olfactory brain 해부 후뇌(嗅腦)

olfactory bulb 해부 후각망울

olfactory bundle 후삭(嗅索)

olfactory canal 해부 후관(嗅管)

olfactory cell 해부 후각세포(嗅覺細胞)

olfactory center 후각중추(嗅覺中樞)

olfactory cilia 해부 후각섬모(嗅覺纖毛)

olfactory epithelium 해부 후각상피(嗅覺上皮)

olfactory evoked potentials 신경 후각유발전위(嗅覺誘發電位)

olfactory foramina 해부 후신경공(嗅神經孔)

olfactory gland 해부 후각선(嗅覺腺)

olfactory groove 해부 후각고랑 = olfactory sulcus

olfactory information 후각정보(嗅覺情報)

olfactory labyrinth 해부 후신경 미로(嗅神經迷路)

olfactory mucosa 해부 후각점막(嗅覺粘膜)

olfactory nerve 해부 (뇌신경, CN I), 후각신경(嗅覺神經)

olfactory nerve fiber 해부 후신경섬유(嗅神經纖維)

olfactory neuroepithelium 해부 후신경표피(嗅神經表皮)

olfactory neuron 해부 후각뉴런

olfactory organ 후각기관(嗅覺器官)

olfactory peduncle 해부 후엽각(嗅葉覺)

olfactory perception 신경 후각지각(嗅覺知覺) = olfactory sense

olfactory region 후각부위(嗅覺部位)

olfactory sense 신경 후각(嗅覺) = olfactory perception *cf.* special sensation

olfactory stimulation 신경 후각자극(嗅覺刺戟)

olfactory sulcus 해부 후각고랑 = olfactory groove

olfactory threshold 신경 후각역치(嗅覺閾值)

olfactory tract 신경 후각로(嗅覺路)

olfactory tubercle 생리 후결절(嗅結節)

OLI(oral language index) 신경 (실어증 판별용) 구어지수(口語指數) *cf.* global language index

oligodendrocyte 해부 희돌기교세포

oligodendrogliomas 해부 희돌기교종

oligodontia 부분치아결손(部分齒牙缺損)

olive inferior 해부 하 올리브

olive superior 해부 상 올리브

olivian(olivary) nucleus 해부 올리브핵

olivocerebellar tract 해부 올리브소뇌로

olivocochlear tract 해부 올리브달팽이로

olivopontocerebellar degeneration 신경 올리브뇌교소뇌 퇴행(退行)

olivospinal tract 해부 올리브척수로

OLSID(oral language sentence imitation diagnostic inventory) 구어문장모방진단목록(口語文章模倣診斷目錄)

OLSIS(oral language sentence imitation screening test) 구어문장모방선별검사(口語文章模倣選別檢查)

OM(otitis media) 생리 L 중이염(中耳炎) = inflammation of middle ear

OME(ottis media with effusion) 생리 삼출성 중이염(滲出性中耳炎)

omission 음운 생략(省略) *cf.* deletion

omission process 생략과정(省略過程)

omission training 생략훈련(省略訓練)

omnidirectional 무지향성(無指向性) ↔ directional

omni-directional microphone 음향 무지향성 마이크로폰

omni-directional polar system 음향 무지향성 전극 체계(無指向性電極體系)

omohyoid muscle 해부 견갑설골근(肩胛舌骨筋), 어깨목뿔근

on-effect 개시효과(開始效果) ↔ off-effect

on-glide 음운 전-전이음(前轉移音), 앞-과도음 ↔ off-glide

on-microphone 온-마이크로폰 ↔ off-microphone

on-stage 인지 무대 위 ↔ off-stage

oncogene 종양유전자(腫瘍遺傳子)

oncologists 종양학자(腫瘍學者)

one-dimensional propagation 음향 일차원 전파(一次元傳播)

one-event narrative 언어발달 하나의 사건으로 구성된 이야기 *cf.* two-event narrative

one-factor theory 일원인론(一原因論)

one-trial learning 일회성 학습(一回性學習)

one-valued feature 단일가 자질(單一價資質)

one-way ANOVA(analysis of variance) 통계 일원변량분석(一元變量分析), 일원분산분석(一元分散分析)

one-way mirror 일방경(一方鏡) *cf.* two-way mirror

one-way valve 일방향 밸브

one-word utterance 언어발달 한 단어발화

ongoing assessment 계속평가(繼續評價)
onomasiology 명의론(名義論)
onomatopoeia 의성어(擬聲語) *cf.* mimetic word
onset (1) 시작(始作) (2) 음절두음(音節頭音) ↔ coda *cf.* syllable onset
onset cluster constraint 음운 초성자음군제약(初聲子音群制約)
onset frequency 시작주파수(始作周波數)
onset-rime 언어발달 (음절과 음소의 중간단위) 초성-각운(初聲脚韻) *cf.* body-coda
ontogenesis 개체발생(個體發生)
ontogenetic development 개체발생적 발달(個體發生的發達)
ontological category 언어발달 존재론적 범주(存在論的範疇)
ontological metaphor 인지 존재론적 은유(存在論的隱喩) *cf.* orientational metaphor
oocyst 해부 낭포체(囊胞體)
opacification 통사 불투명화(不透明化)
opacity 통사 불투명(不透明)
opacity condition 통사 불투명조건(不透明條件)
opacity restriction 음운 (음절의) 두음제약(音節頭音制約), 초성제약(初聲制約)
opaque domain 불투명 영역(不透明領域)
opaque projector 실물투사기(實物投射機)
opaque segment 조음 불투명분절음(不透明分節音)
opaque symbol AAC 불투명상징(不透明象徵) ↔ transparent symbol *cf.* translucent symbol
opaqueness 불투명체(不透明體)
open 개방(開放) ↔ closed
open bite 해부 개방교합(開放咬合) ↔ closed bite
open bite malocclusion 해부 개방부정교합(開放不正咬合) ↔ closed bite malocclusion
open brain injury(OBI) 개방형 뇌손상(開放形腦損傷) = penetrating brain injury ↔ closed brain injury
open categorization 개방범주(開放範疇)
open circuit 개방회로(開放回路) ↔ closed circuit
open class (품사의) 개방부류(開放部類) ↔ closed class
open condition 개방조건(開放條件)
open earmold 청각 개방형 귓본
open-ended question 개방형 질문(開放形質問) ↔ closed-ended question
open-ended response 개방형 응답(開放形應答) ↔ closed-ended response
open fitting 개방형 적합(開放形適合)
open head injury(OHI) 해부 개방형 두부손상(開放形頭部損傷), 개방형 머리손상 = penetrating injury ↔ closed head injury
open juncture 개연접(開連接), 개방이음새 ↔ closed juncture
open medulla 개방연수(開放延髓)
open-mouth approach 음성치료 입 벌리기 접근법, 구강개방 접근법(口腔開放接近法)
open path 인지 열린경로(徑路) ↔ closed path *cf.* fictive path
open phase (성대진동의) 개방기(開放期) ↔ closed phase
open quotient(OQ) (성대 접촉의) 개방지수(開放指數) ↔ closed quotient
open reel 개방형 릴
open-set 무한집단(無限集團)
open-set test 개방형검사(開放形檢査) ↔ closed-set test
open society 열린사회 ↔ closed society
open sore 개방성 궤양(開放性潰瘍)
open syllable 조음 개음절(開音節) ↔ closed syllable
open system 개방계(開放系)
open-terminal output voltage 개방출력 전압(開放出力電壓)
open vowel 조음 개모음(開母音), 낮은 홀소리 ↔ closed vowel

open word 개방어(開放語) *cf.* pivot word

opened tube 개관(開管) = opened pipe

opening diphthongs 조음 개방이중모음(開放二重母音) ↔ closing diphthongs

opening phase 개방기(開放期) ↔ closing phase

operant 조작(操作)

operant aggression 조작적 공격성(操作的攻擊性)

operant audiometry 청각 조작적 청력검사법(操作的聽力檢査法)

operant behavior 심리 조작적 행동(操作的行動)

operant behavior theory 심리 말더듬 조작적 행동이론(操作的行動理論)

operant conditioning 말더듬 심리 (행동수정의) 조작적 조건화(操作的條件化), (스키너의) 조작적 조건형성(操作的條件形成) = conditioning ↔ deconditioning *cf.* classical conditioning

operant learning 심리 말더듬 조작적 학습(操作的學習)

operant level 말더듬 심리 조작적 레벨

operant method 말더듬 심리 조작적 방법(操作的方法)

operant procedures 말더듬 심리 조작적 절차(操作的節次)

operant-teaching techniques 말더듬 심리 조작적 교수기법(操作的敎授技法) *cf.* milieu teaching approaches

operant therapy 말더듬 조작적 치료(操作的條治療)

operating principles 심리 조작적 원리(操作的原理)

operating system 작동체계(作動體系)

operating system commands 작동체계 명령어(作動體系命令語)

operational amplifier 연산증폭기(演算增幅器)

operational competence AAC 도구조작능력(道具操作能力) *cf.* linguistic competence

operational definitions 조작적 정의(操作的定義)

operational objectives 조작물(操作物)

operational stages 언어발달 (피아제의 인지발달) 조작단계(操作段階)

operationalism 조작주의(操作主義)

operator 작동자(作動者), 조작자(操作者)

operator binding 운용자 결속(運用者結束)

ophthalmic branch 해부 (삼차신경의) 안분지(眼分枝) *cf.* maxillary branch, mandibular branch

ophthalmic nerve 해부 안신경(眼神經), 눈신경

ophthalmologist 안과의사(眼科醫師) *cf.* optician

ophthalmology 안과학(眼科學)

ophthalmoplegia 생리 안근마비(眼筋痲痺)

ophthamoscope 검안경(檢眼鏡)

opinion scale 의견척도(意見尺度)

opinion score 의견평점(意見評點)

Opitz syndrome 생리 (상염색체 열성 발달장애) 오피즈 증후군

opportunistic infection 기회감염(機會感染)

opportunity cost 기회비용(機會費用)

opposite phase 역위상(逆位相), 반대위상(反對位相)

opposition 대립(對立)

oppositional defiant disorder(ODD) 심리 적대적 반항장애(敵對的反抗障礙) *cf.* attention deficit hyperactivity disorder

optic agnosia 생리 시각실인증(視覺失認症) = visual agnosia *cf.* color agnosia

optic agraphia 생리 시각실서증(視覺失書症)

optic angle 시각(視角)

optic aphasia 신경 시각실어증(視覺失語症)

optic area 시각영역(視覺領域)

optic atrophy 생리 시신경위축(視神經萎縮) = optic nerve atrophy

optic canal 해부 시신경관(視神經管)

optic center of speech 시각성 언어중추(視覺性言語中樞)

optic chiasm 해부 시신경 교차(視神經交叉) =optic decussation

optic commissure 해부 시신경 교련(視神經交連)

optic contrast 시각대조(視覺對照)

optic decussation 해부 시신경 교차(視神經交叉)=optic chiasm

optic foramen 해부 시신경공(視神經孔)

optic lobe 해부 시각엽(視覺葉)

optic nerve 해부 (뇌신경, CN II), 시신경(視神經)

optic nerve atrophy 생리 시신경위축(視神經萎縮)=optic atrophy

optic neuritis 생리 시신경염(視神經炎)

optic papilla 해부 시신경 유두(視神經乳頭)

optic pathway 해부 시신경로(視神經路)

optic recess 해부 시교차함요(視交叉陷凹), 시각교차오목

optic speech center 시각성 언어중추(視覺性言語中樞)

optic tract 해부 시각로(視覺路), 시삭(視朔)

optical alexia 생리 시각성 실독증(視覺性失讀症)

optical digital audio disc 광(光) 디지털 오디오 디스크

optical illusion 착시(錯視)

optical image 시상(視像)

optical interference type vibration meter 광간섭형 진동계(光干涉形振動計)

optical sound recording 광학녹음(光學錄音)

optician 안경제작전문가(眼鏡製作專門家) *cf.* opthalmologist

optimal condition 음운최적조건(最適條件)

optimal pitch 최적 피치

optimal stimulation model 인지 최적자극모형(最適刺戟模型)=environmental stimulation model

optimalization 최적화(最適化)

optimism 낙관주의(樂觀主義) *cf.* skepticism ↔ pessimism

optimist 낙관주의자(樂觀主義者) ↔ pessimist

optimization 최적화(最適化)

optimizing reequilibration 최적재평형화(最適再評價化)

optional rule 수의규칙(隨意規則) ↔ obligatory rule

optionality 수의성(隨意性)

optoacoustic excitation 광음향여기(光音響勵起)

optokinetic reflex 신경 안구운동 반사(眼球運動反射)

OPTT(oropharyngeal transit time) 삼킴 구인두통과시간(口咽頭通過時間), 구인두이동시간(口咽頭移動時間)

OQ(open quotient) (성대 접촉의) 개방지수(開放指數) ↔ CQ

OR(orienting reflex) 신경 지향반사(指向反射)

oral 음운 구강성(口腔性) *cf.* nasal

oral air pressure 구강기압(口腔氣壓)

oral airflow 구강기류(口腔氣流) *cf.* nasal airflow

oral anatomy 구강 해부학(口腔解剖學)

oral angle 해부 구각(口角), 입꼬리

oral approach 구두접근법(口頭接近法)

oral apraxia 생리 구강실행증(口腔失行症) *cf.* apraxia of speech

oral arch 해부 구개궁(口蓋弓)

oral atresia 생리 구강폐쇄증(口腔閉鎖症)

oral-aural method 청각 구화 청력법(口話聽力法), 말청각적 방법

oral cancer 생리 구강암(口腔癌)

oral carcinoma 생리 구강암종(口腔癌腫)

oral cavity 조음 구강(口腔) *cf.* nasal cavity

oral cavity examination 구강검사(口腔檢査)

oral cavity proper 해부 고유구강(固有口腔)

oral central release 구강중앙개방(口腔中央開放)

oral communication 구두의사전달(口頭意思傳達), 구어의사소통(口語意思疏通) ↔ non-oral communication *cf.* written communication

oral contraception 경구피임(經口避姙)

oral culture 구술문화(口述文化) *cf.* literary

culture, text culture

oral deaf education 청각 농구화교육(聾口話教育)

oral diadochokinesis 구강변환운동(口腔變換運動)

oral diagnosis 구강진단(口腔診斷)

oral examination 구두검사(口讀檢査)

oral expression 구두언어 표현(口讀言語表現)

oral-facial examination 구강안면검사(口腔顔面檢査)

oral feeding 삼킴 경구섭식(經口攝食) *cf.* tube feeding

oral fissure 해부 구열(口裂), 입술틈새

oral floor 해부 구강저(口腔底)

oral hygiene 구강위생(口腔衛生)

oral language 구두언어(口頭言語) = spoken language ↔ written language

oral language index(OLI) 신경 (실어증 판별용) 구어지수(口語指數) *cf.* global language index

oral language sentence imitation diagnostic inventory(OLSID) 구어문장모방진단목록(口語文章模倣診斷目錄)

oral language sentence imitation screening test(OLSIS) 구어문장모방선별검사(口語文章模倣選別檢査)

oral lateral release 구강측면개방(口腔側面開放)

oral leukolpakia 생리 구강백반증(口腔白斑症)

oral literature 구비문학(口碑文學) ↔ written literature

oral manometer 생리 구강기압계(口腔氣壓計)

oral mechanism 구강기전(口腔機轉)

oral motor assessment scale(OAMS) 말더듬 구강운동평가척도(口腔運動評價尺度)

oral-motor control 구강운동조절(口腔運動調節)

oral motor discoordination 말더듬 구강운동불협응(口腔運動不協應)

oral-motor dysfunction 구강운동기능부전(口腔技能不全), 구강운동장애(口腔運動障礙)

oral-motor exercises 구강운동연습(口腔運動練習)

oral-motor function 구강운동기능(口腔運動機能)

oral-motor skills 구강운동기술(口腔運動技術)

oral mucosa 해부 구강점막(口腔粘膜)

oral-nasal acoustic ratio 음향 구-비강 음향비(口鼻腔音響比)

oral onset time 삼킴 구강시작시간(口腔始作時間)

oral pharynx 해부 구인두(口咽頭), 입인두 = oropharynx *cf.* nasopharynx

oral phase 삼킴 구강단계(口腔段階)

oral preparatory phase 삼킴 구강준비단계(口腔準備段階)

oral prosthetics 구강보철(口腔補綴)

oral reading 음독(音讀), 소리내어읽기 *cf.* silent reading

oral reading fluency 읽기유창성(流暢性)

oral reading fluency test 읽기유창성검사(流暢性檢査)

oral reflex 해부 구강신경(口腔反射)

oral region 해부 구부(口部), 입부위

oral release 구강개방(口腔開放)

oral report 구두보고(口頭報告) = verbal report ↔ written report

oral resonation 조음 구강공명(口腔共鳴)

oral respiration 생리 구호흡(口呼吸), 구강호흡(口腔呼吸) = oral breathing *cf.* nasal respiration

oral secretions 구강 분비물(口腔分泌物)

oral sensory awareness 삼킴 구강감각 자각(口腔感覺自覺)

oral sensory discrimination 생리 구강감각변별(口腔感覺辨別)

oral sounds 조음 구강음(口腔音) *cf.* nasal sounds

oral speech mechanism examination 말더듬 구어기전검사(口語機轉檢査)

oral stage 심리 (프로이드의) 구강기(口腔期, 0-1세) *cf.* anal stage

oral stop 조음 구강 폐쇄음(口腔閉鎖音) *cf.* nasal stop

oral surgery 구강외과(口腔外科)

oral swallow 삼킴 구강삼킴

oral tactile agnosia 생리 구강촉각실인증(口腔觸覺失認症)

oral tissue 구강조직(口腔組織)

oral tract 해부 구강도(口腔道)

oral transit time(OTT) 삼킴 구강통과시간(口腔通過時間), 구강이동시간 (口腔移動時間)

oral transport phase 삼킴 구강운반단계(口腔運搬段階)

oral tumor 생리 구강종양(口腔腫瘍)

oral verbal apraxia 생리 구강성 구어실행증(口腔性口語失行症)

oral vestibule 해부 구강전정(口腔前庭)

oral vowel 조음 구강모음(口腔母音) *cf.* nasal vowel

oralism 청각 구화주의(口話主義) *cf.* manualism

oralist 청각 구화주의자(口話主義者) *cf.* manualist

orbicular 해부 윤상(輪狀)의, 둘레의 = orbicularis

orbicular muscle 해부 윤근(輪筋), 둘레근 = musculus orbicularis

orbicularis L 윤상(輪狀)의, 둘레의

orbicularis oculi muscle 해부 L 안륜근(眼輪筋), 눈둘레근

orbicularis oculi reflex 신경 L 안륜근반사(眼輪筋反射)

orbicularis oris muscle 해부 L 구륜근(口輪筋), 입둘레근

orbit 해부 안와(眼窩)

orbital foramen 해부 안와공(眼窩孔)

orbital gyrus 해부 안와회(眼窩回)

orbital muscle 해부 안와근(眼窩筋)

orbital process 해부 안와돌기(眼窩突起)

orbital region 해부 안와부(眼窩部)

orbital surface 해부 안와면(眼窩面)

orbitofrontal cortex 해부 안와전두피질(眼窩前頭皮質)

ORD(ordinal scale) 통계 서열척도(序列尺度) = VAS *cf.* equal-appearing interval scale

order 순서(順序), 서열(序列)

order of mention strategy 언급순서전략(言及順序戰略)

order relationship 적용순서의 관계

ordered access model 인지 순서적 접속모형(順序的接續模型) *cf.* multiple access model

ordered pair 순서쌍(順序雙)

ordered relations 의미 배열관계(配列關係)

ordering condition 규칙순 조건(規則順序條件)

ordering paradox 순서의 역설, 규칙순의 역설(逆說)

ordering relationship 규칙순 관계(規則順關係), 순서매김의 관계

ordinal numbers 서수사(序數詞) *cf.* cardinal numbers

ordinal rank (형제간의) 서열순서(序列順序)

ordinal scale(ORD) 통계 서열척도(序列尺度) = visual analog scale *cf.* equal-appearing interval scale

ordinal scales of infant development 언어발달 유아발달 서열척도(乳兒發達序列尺度)

ordinary differential equation 상미분 방정식(常微分方程式)

ordynophagia 생리 연하통(嚥下痛), 삼킴통증

ordynophobia 생리 동통공포증(疼痛恐怖症)

organ 기관(器官)

organ of Corti 해부 나선기관(螺旋器官), 코르티기관

organ of respiration 호흡기(呼吸器)

organ of smell 후각기관(嗅覺器官)

organ of speech 음성기관(音聲器官)

organ of touch 촉각기(觸覺器)
organ of vision 시각기(視覺器)
organ preservation protocol 기관보존 프로토콜
organ system 기관계(器官系)
organ transplantation 해부 기관이식(器官移植)
organelle 해부 소기관(小器官)
organic articulation disorder 조음 기질적 조음장애(氣質的調音障礙)
organic base 기질적 요인(氣質的要因) *cf.* functional base
organic brain syndrome 생리 기질적 뇌증후군(氣質的腦症候群)
organic chemistry 유기화학(有機化學) ↔ inorganic chemistry
organic compound 기질적 혼합물(氣質的混合物)
organic deafness 생리 기질적 농(氣質的聾)
organic disorders 기질적 장애(氣質的障礙) *cf.* functional disorders
organic disorders of communication 기질적 의사소통장애(氣質的意思疏通障礙)
organic hearing loss 생리 기질적 난청(氣質的難聽) *cf.* functional hearing loss
organic language disorder 기질적 언어장애(氣質的言語障礙)
organic mental disorder 기질적 정신장애(氣質的精神障礙)
organic molecule 유기분자(有機分子) ↔ inorganic molecule
organic psychosis 생리 기질적 정신병(氣質的精神病)
organic stuttering 기질적 말더듬 *cf.* cortical stuttering
organic tremor 생리 기질적 진전(氣質的震顫) *cf.* essential tremor
organic voice disorders 기질적 음성장애(氣質的音聲障礙) *cf.* functional voice disorders
organism 유기체(有機體)
organization 조직화(組織化)
organization of information (뇌손상 환자의) 정보조직(情報組織)
organizational competence 조직적 능력(組織的能力)
organizational psychology 조직심리학(組織心理學)
organized 조직적(組織的)인 ↔ disorganized
organizing functions 조직적 기능(組織的機能)
organogenesis 기관형성(器官形性)
organology 조직학(組織學)
organum L 기관(器官), 기(器)
organum gustus L 미각기관(味覺器官), 미각기(味覺器)
organum olfactus L 후각기관(嗅覺器官), 후각기(嗅覺器)
organum spirale L 나선기관(螺旋器官), 나선기(螺旋器)
oricularis oris muscle 해부 구륜근(口輪筋), 입둘레근
orientation 방위(方位), 지남력(指南力) ↔ disorientation
orientation and mobility training 방향정위 및 보행훈련(步行訓練)
orientational metaphor 인지 방향적 은유(方向的隱喩) *cf.* ontological metaphor
orienting attention 정향주의(正向注意) *cf.* executive attention
orienting reflex(OR) 신경 지향반사(指向反射)
orifice 입구(入口), 구멍, 오리피스
orifice of bronchus 해부 기관지구(氣管支口)
orifice of external meatus 해부 외이공(外耳孔)
orifice of internal meatus 해부 내이공(內耳孔)
origin 기원(起源), 기점(起點)
original grammar (아동의) 최초문법(最初文法)
original sound 원음(原音)
orofacial 입얼굴 부위의
orofacial apraxia 생리 구강안면실행증(口腔

顔面失行症) = buccofacial apraxia *cf.* facial apraxia

orofacial-digital syndrome 생리 구안지 증후군(口眼指症候群)

orofacial examination 구강안면검사(口腔顔面檢査)

orofacial muscle imbalance 구강안면 근육불균형(口腔顔面筋肉不均衡)

orofacial tardive dyskinesia 생리 안면 지연성 운동장애(顔面遲延性運動障礙)

orolingual 해부 입-혀부위(部位)의

oromotor training 구강운동훈련(口腔運動訓練)

oronasal 해부 구비강(口鼻腔)

oronasal fistula 해부 구비강 천공(口鼻腔穿孔)

oronasal process 구비강 과정(口鼻腔過程)

oro-ocular 해부 입눈 부위의

oropharyngeal 해부 구인두(口咽頭)의

oropharyngeal airway 해부 구인두 기도(口咽頭氣道)

oropharyngeal dysphagia 생리 구강인두 삼킴장애 *cf.* esophageal dysphagia

oropharyngeal isthmus 해부 구인두협부(口咽頭峽部)

oropharyngeal transit time(OPTT) 삼킴 구인두통과시간(口咽頭通過時間), 구인두이동시간 (口咽頭移動時間)

oropharynx 해부 구인두(口咽頭), 입인두 = oral pharynx *cf.* nasopharynx

oro-sensory perceptual awareness 구강감각의식(口腔感覺意識)

orthodentics (치과의) 교정학(矯正學)

orthodentist (치과의) 교정전문의(齒科矯正專門醫)

orthodontics 해부 치열교정(齒列矯正)

orthogonal function 통계 직교함수(直交固有函數)

orthogonal matrix 통계 직교행렬(直交行列)

orthogonal random variable 직교 불규칙변수(直交不規則變數)

orthogonal vector 직교벡터

orthogonality boundary condition 직교경계조건(直交境界條件)

orthographic consistency 정서법 일치도(正書法一致度)

orthographic depth hypothesis(ODH) 문자규칙 심층성 가설(文字規則深層假說)

orthographic stage 철자법 단계(綴字法段階)

orthographic symbols AAC 철자상징(有形象徵) *cf.* tangible symbols

orthography 정서법(正書法) *cf.* linguistic norm

orthopedics 정형외과(整形外科)

orthopsychiatry 정신치료(精神治療)

orthotherapy 자세교정치료(姿勢矯正治療)

oscillating system 진동계(振動系)

oscillation 진동(振動)

oscillation frequency 음향 진동주파수(振動周波數)

oscillation wave 음향 진동파(振動波)

oscillator 진동기(振動器)

oscillogram 오실로그램

oscillograph 오실로그래프

oscillometer 진동계(振動計)

oscillometry 진동측정법(振動測定法)

oscillopsia 생리 진동시(振動視), 떨림보기

oscilloscope 진동기록기(振動記錄機), 오실로스코프

oscitation 하품

OSHA(Occupational Safety and Health Act) 직업상 안전과 건강에 관한 법

osmosis 삼투현상(滲透現象)

osmotic pressure 삼투압(滲透壓)

OSPL(output sound pressure level) 청각 출력음압레벨

osseotympanic bone conduction 청각 골고막골전도(骨鼓膜骨傳導)

osseous labyrinth 해부 골미로(骨迷路) = bony

labyrinth *cf.* membranous labyrinth

osseous palate 해부 골구개(骨口蓋)

osseous part 해부 골부(骨部)

osseous portion of auditory tube 해부 이관골부(耳管骨部)

osseous semicircular canal 해부 골반규관(骨半規管)

osseous sound 골성 음(骨性音)

osseous spiral lamina 해부 골나선판(骨螺旋板)

osseous tissue 해부 골조직(骨組織), 뼈조직

ossicles 해부 이소골(耳小骨) = ossicula auditus

ossicula auditus 해부 L 이소골(耳小骨) = ossicles

ossicular chain 이소골 연쇄(耳小骨連鎖)

ossiculum 해부 L 소골(小骨)

ossification 생리 골화(骨化)

ostensive word-learning contexts 언어발달 외형적 낱말 학습맥락 ↔ nonostensive word- learning contexts

osteoblas 해부 골아세포(骨亞細胞)

osteoclast 해부 파골세포(破骨細胞)

osteocyte 해부 골세포(骨細胞)

osteogenesis imperfection 생리 골형성부전증(骨形成不全症)

osteogenic layer 해부 골형성층(骨形成層)

osteoid 골 모양의, 뼈모양의

osteoid tissue 해부 골성 조직(骨性組織)

osteology 골학(骨學)

osteolysis 생리 골용해(骨溶解)

osteoma 생리 골종(骨腫)

osteomyelitis 생리 골수염(骨髓炎)

osteon 골원(骨元), 뼈단위

osteopenia 생리 골병증(骨病症)

osteophyte 골증식체(骨增殖體)

osteoporosis 생리 골다공증(骨多孔症)

osteoradianecrosis 골방사선 괴사(骨放射線壞死)

ostium 해부 소공(小孔), 구멍

ostrochondral 해부 골연골(骨軟骨)의

otalgia 이통(耳痛)

othemorrhear 생리 이출혈(耳出血)

other-directed strategy 언어습득 타인지향 책략(他人指向策略) *cf.* inner-directed strategy

otic capsule 해부 이낭(耳囊)

otic depression 해부 이와(耳窩) = otic pit

otic facial palsy 신경 이성 안면신경마비(耳性顔面神經麻痺)

otic ganglion 해부 이신경절(耳神經節)

otic imperforation 생리 외이도 폐쇄(外耳道閉鎖)

otic meningitis 생리 이성 뇌막염(耳性腦膜炎)

otic pit 해부 이와(耳窩) = otic depression

otic placode 해부 이판(耳板), 청판(聽板) = auditory placode, auditory plate

otic vesicle 해부 이소포(耳小胞), 귀소포

otidium 해부 이포(耳胞)

otitis 생리 이염(耳炎) = inflammation of ear

otitis media(OM) 생리 L 중이염(中耳炎) = inflammation of middle ear

oto- '귀'의 의미

otoacoustic emissions(OAE) 음향 이음향 방사(耳音響放射)

otocerebritis 음향 이성 뇌염(耳性腦炎)

otoconia 해부 평형사(平衡砂)

otoconia otoliths 해부 L 이석(耳石) = otoliths

otocranium 해부 두개골 이부(頭蓋骨耳部)

otocyst 해부 이소낭(耳小囊)

otoganglion 해부 이신경절(耳神經節)

otogenic 이원(耳原)의, 이성(耳性)의

otogenic brain abscess 생리 이성 뇌종양(耳性腦腫瘍)

otolaryngologist 이후두과의사(耳喉頭科醫師)

otolaryngology 이후두학(耳咽喉學)

otolic hair 해부 평형모(平衡毛)

otolith organ 이석기관(耳石器官)

otolithiasis 생리 이석증(耳石症)

otolithic apparatus 이석기(耳石器)

otolithic membrane 해부 이석막(耳石膜)
otolithic reflex 신경 이석반사(耳石反射)
otoliths 해부 이석(耳石), 평형석(平衡石) = otoconia otoliths
otologia 이과학(耳科學) = otology
otological screening 청각 이학적 선별검사(耳學的選別檢査)
otologist 이과전문의(耳科專門醫)
otology 이과학(耳科學) = otologia *cf.* audiology
otoncus 생리 이종양(耳腫瘍)
otoneuralgia 생리 청신경통(聽神經痛)
otoneurology 이과신경학(耳科神經學)
otophone 보청기 = hearing aid
otorhinolaryngologist 이비인후과의사(耳鼻咽喉科醫師)
otorhinolaryngology 이비인후과학(耳鼻咽喉科學)
otorhinology 이비학(耳鼻學)
otorrhagia 생리 이출혈(耳出血)
otorrhea 생리 이루(耳漏) = aural discharge
otosclerosis 생리 이경화증(耳硬化症)
otoscope 청각 이경(耳鏡)
otoscopic examination 청각 이경검사(耳鏡檢査)
otoscopy 청각 이경검사법(耳鏡檢査法)
otosis 생리 착청증(錯聽症)
otospongiosis 생리 이해면화증(耳海綿化症)
otosteon 해부 이소골(耳小骨) = ossicles
ototoxic drug 이독성 약물(耳毒性藥物)
ototoxic hearing loss 생리 이독성 청력손실(耳毒性聽力損失)
ototoxicity 이독성(耳毒性)
ototoxicity monitoring 이독성 감시(耳毒性監視)
OTT(oral transit time) 삼킴 구강통과시간(口腔通過時間), 구강이동시간 (口腔移動時間)
outcome 결과(結果)
outcome assessments 결과평가(結果評價)
outcome efficacy 심리 성과 효능감(成果效能感) *cf.* performance efficacy
outcome study 성과연구(成果硏究) *cf.* process study
outer 외부(外部)의 ↔ inner
outer cannula 외부삽관(外部揷管) ↔ inner cannula
outer-directed type 외부지향형(外部志向型) ↔ inner-directed type
outer ear 해부 외이(外耳), 바깥귀 = external ear ↔ inner ear
outer granular layer 외과립층(外顆粒層) ↔ inner granular layer
outer hair cells 해부 외유모세포(外有毛細胞) ↔ inner hair cell
outer hair cell electromotility 생리 외유모세포 전기운동성(外有毛細胞電氣運動性)
outer layer 외층(外層) ↔ inner layer
outer pillar cell 해부 외주세포(外柱細胞)
outer spiral fasciculus 해부 외나선신경섬유속(外螺旋神經纖維束), 바깥나선신경섬유다발 ↔ inner spiral fasciculus
outer spiral sulcus 해부 외나선구(外螺旋溝) ↔ inner spiral sulcus
outer sustentacular cell 해부 외버팀세포 ↔ inner sustentacular cell
outer tunnel 바깥굴, 외터널 ↔ inner tunnel
outer wall 외벽(外壁) ↔ inner wall
outflow 유출(流出) ↔ inflow
outgoing wave 음향 외향파(外向波)
out-patient 외래환자(外來患者) ↔ in-patient *cf.* ambulatory patient
output 출력(出力) ↔ input
output condition 출력조건(出力條件) ↔ input condition
output devices 출력장치(出力裝置) ↔ input devices
output dynamic range(ODR) 음향 출력역동범위(出力力動範圍) = electric dynamic range
output functions 인지 출력 함수(出力函數)

output impedance 음향 출력저항(出力抵抗), 출력 임피던스 ↔ input impedance
output layer 뇌과학 (신경망의) 출력층위(出力層位) ↔ input layer *cf.* hidden layer
output limiting 출력제한(出力制限)
output method AAC 출력방식(出力方式), 출력장치(出力裝置) ↔ input method
output phonology 음운 음운산출(音韻産出)
output power 출력전력(出力電力) ↔ input power
output signal 출력신호(出力信號) ↔ input signal
output sound pressure level(OSPL) 청각 출력음압레벨
output voltage 음향 출력전압(出力電壓)
oval fasciculus 해부 난형속(卵圓束)
oval foramen 해부 난원공(卵圓孔)
oval fossa 해부 난원와(卵圓窩)
oval window 해부 난원창(卵圓窓) *cf.* round window
over damping 음향 과감쇠(過減衰)
over referral 과다의뢰(過多依賴)
overachievement 과잉성취(過剩成就)
overachiever (학습) 과진아(學習過進兒) ↔ underachiever
overall assessment of the speaker's experience of stuttering(OASES) 말더듬 화자의 경험에 관한 전반적 평가
overall intonation contour 전체억양곡선(全體抑揚曲線)
overall pattern 총체형(總體形)
overall sound level 전체음성레벨
overarticulation 조음 과잉조음(過剩調音)
overbite 해부 피개교합(被蓋咬合), 상악전돌(上顎前突) ↔ underbite
overcompensation 과대보상(過大補償)
overcorrection 특수교육 과잉교정(過剩矯正) *cf.* hyper-correction
overdependence 과잉의존(過剩依存)
overeruption 과잉분출(過剩噴出) = overjet
overextension 언어발달 과잉확장(過剩擴張) = overgeneralization ↔ underextension
overgeneralization 언어발달 과잉일반화(過剩一般化) = overextension ↔ undergeneralization
overgeneration 과잉생성(過剩生成)
overgrowth disorders 생리 과도성장장애(過度成長障礙) *cf.* growth disorders
overhaul 분해검사(分解檢査)
overjet 과잉분출(過剩噴出) = overeruption
overlap phenomenon 중첩현상(重疊現象)
overlapping (1) 중복(重複), 겹침 (2) 의미 중첩(重疊)
overlapping distribution 중복분포(重複分布)
overlapping model 인지 중복모형(重複模型) *cf.* prototype extension model
overlearning 특수교육 과잉학습(過剩學習)
overloading 과부하(過負荷)
overmasking 음향 과차폐(過遮蔽) ↔ undermasking
overnutrition 영양과다(營養過多) ↔ malnutrition
overprotection 과잉보호(過剩保護)
overrecruitment 과잉보충(過剩補充)
overregularization 과잉 규칙화(過剩規則化)
overrestriction 과잉제한(過剩制限)
oversampling 과소표집(過多標集) ↔ undersampling
oversaturation 과포화(過飽和) *cf.* unsaturation
oversensitivity 과민성(過敏性)
overshoot 지나치기
overstatement 과장(誇張)
overstimulation 자극과도(刺戟過度), 과자극(過刺戟)
overt 명시적(明示的)인, 현성(顯性)의 ↔ covert
overt behavior 현성행동(顯性行動) ↔ covert

behavior

overt response 현성반응(顯性反應), 명백한 반응 ↔ covert response

overtone 음향 상음(上音) *cf.* harmonics

overuse 남용(濫用) *cf.* misuse

overwriting 과잉표기(過剩表記)

oxidation 산화(酸化)

oxidative phosphorylation 산화적 인산화(酸化的燐酸化)

oxide 산화물(酸化物)

oximeter 산소계기(酸素計器)

oxyecoia 생리 청각과민증(聽覺過敏症) = hyperacusia, hyperacusis

oxygen 산소(酸素)

oxygen debt 산소부채(酸素負債)

oxygen exchange 산소교환(酸素交換)

oxygen lack 산소결핍(酸素缺乏)

oxygen pressure 산소압(酸素壓)

oxygen saturation 산소포화도(酸素飽和度)

oxygen saturation curve 산소포화곡선(酸素飽和曲線)

oxygenation 산소화(酸素化)

oxy-Hb 옥시 헤모글로빈

oxytocin 옥시토신

P

PA(phonological awareness) 언어습득 음운인식(音韻認識) *cf.* morphological awareness

PA(physiological age) 생리적 연령(生理的年齡) *cf.* MA

PA(pictorial analogies) (비언어지능검사의) 그림유추 *cf.* GA

PA(play audiometry) 청각 놀이청력검사 *cf.* BOA

PABS-KS(Paradise adaptive behavior scales Korean standard) 파라다이스 한국표준적응행동검사(韓國標準適應行動檢查)

PAC(portable adaptable communication) AAC 휴대용 보조의사소통기

PACE(prompting aphasics' communicative effectiveness) 실어증환자의사소통효과증진(失語症患者意思疏通效果增進)

pacemaker (심장) 박동기(搏動器)

pachydermia 생리 경피증(硬皮症)

pacing 보측(步測), 조율(調律)

pacing board 속도조절판(速度調節板)

PACS(phonological assesment of child speech) 음운 아동구어음운평가(兒童口語音韻評價)

PAD(peripheral auditory disorder) 생리 말초청각장애(末梢聽覺障碍) ↔ central auditory disorder

Paget-Gorman sign system 청각 파겟-골만 수어체계(手語體系)

PAI(personal assessment inventory) 심리 성격평가검사목록(性格評價檢查目錄)

pain 고통(苦痛)

pain sensation 신경 통각(痛覺) *cf.* superficial sensation

pain threshold 신경 고통역치(苦痛閾値)

pair microphone 쌍(雙) 마이크로폰

pair practice 짝연습

paired associate learning 언어습득 짝연상 학습

paired stimuli approach 조음 쌍자극 접근법(雙刺戟接近法)

paired stimuli technique 조음 짝자극 기법

(技法)

paired syllables 짝음절

paired t-test 대응표본 t검정(檢定)

pairs of electrodes 전극쌍(電極雙)

PAL(predictive adaptive lexicon) 예측기제어휘목록(豫測機制語彙目錄)

PAL(psychoacoustic laboratory) 심리음향연구실(心理音響研究室)

palatal 해부 구개(口蓋)의

palatal bone 해부 구개골(口蓋骨)

palatal insufficiency 해부 구개부전(口蓋不全)

palatal lift 구개거상기(口蓋擧上)

palatal lift prosthesis 구개거상보철기(口蓋擧上補綴器), 구개올림 보철기(補綴器)

palatal myoclonus 생리 구개 간대성 근경련증(口蓋間代性筋痙攣症) *cf.* myoclamus

palatal nasal sound 조음 구개비음(口蓋鼻音)

palatal paralysis 신경 구개마비(口蓋痲痺)

palatal sounds 조음 구개음(口蓋音)

palatal surgery 해부 구개수술(口蓋手術)

palatality 음운 구개성(口蓋性)

palatalization 음운 구개음화(口蓋音化) ↔ depalatalization

palatalized sound 음운 구개음화된 소리

palate 조음 구개(口蓋), 입천장

palate palsy 신경 구개마비(口蓋痲痺)

palate reflex 신경 구개반사(口蓋反射)

palate reshaping prothesis 구개재형성 보철물(口蓋再形成補綴物)

palatine arch 해부 구개궁(口蓋弓)

palatine bone 해부 구개골(口蓋骨)

palatine gland 해부 구개선(口蓋腺)

palatine membrane 해부 구개막(口蓋膜)

palatine nerve 해부 구개신경(口蓋神經)

palatine process 해부 구개돌기(口蓋突起)

palatine suture 해부 구개봉합(口蓋縫合)

palatine tonsil 해부 구개편도(口蓋扁桃)

palatine tonsilitis 생리 구개 편도염(口蓋扁桃炎)

palatine uvula 해부 구개수(口蓋垂), 목젖 = uvula

palatine velum 해부 구개범(口蓋帆)

palatoalveolar sound 조음 구개치조음(口蓋齒槽音)

palatoglossal arch 해부 구개설궁(口蓋舌弓)

palatoglossal muscle 해부 구개설근(口蓋舌筋) = palatoglossus muscle

palatogram 구개도(口蓋圖)

palatography 구개도법(口蓋圖法)

palatomaxillary suture line 해부 구개상악봉합선(口蓋上顎縫合線)

palatopharyngeal 해부 구개인두(口蓋咽頭)의

palatopharygeal arch 해부 구개인두궁(口蓋咽頭弓)

palatopharygeal incompetence 생리 구개인두부전증(口蓋咽頭不全症)

palatopharyngeal muscle 해부 구개인두근(口蓋咽頭筋)

palatopharyngeal sphincter muscle 해부 구개인두괄약근(口蓋咽頭括約筋)

palatoplasty 해부 구개성형술(口蓋成形術)

palatoplegia 신경 연구개마비(軟口蓋痲痺)

palatorrhaphy 해부 구개봉합술(口蓋縫合術)

palatosalpingeus muscle 해부 구개이관장근(口蓋耳管張筋)

palatoschisis 해부 구개열(口蓋裂) = cleft palate

palatostaphylinus muscle 해부 구개수근(口蓋垂筋)

palatum 해부 L 구개(口蓋)

palatum durum 해부 L 경구개(硬口蓋) = hard palate

palatum molle 해부 L 연구개(軟口蓋) = soft palate

palatum osseum 해부 L 골구개(骨口蓋), 뼈구개

palilalia 생리 동어반복증(同語反復症) *cf.* tautology

palliative treatment 완화요법(緩和療法)

PALPA(psycholinguistic assessments of

language processing in aphasia) 신경 실어증환자의 언어처리에 관한 심리언어학적 평가
palpation 심리 촉진(促進)
palpebral 해부 안검(眼瞼)의
palpebral fissure 해부 안검열(眼瞼裂)
palpebral portion 해부 안검부(眼瞼部)
palpebral tremor 생리 안검진전(眼瞼震顚)
PALST(picture articulation and language screening test) 그림조음언어선별검사(調音言語選別檢査)
palsy 신경 마비(痲痺)
PAM(pulse amplitude modulation) 음향 진동진폭변조(振動振幅變調)
pan- '전(全)' 또는 '모두'의 의미
pancrealgia 생리 췌장통(膵臟痛)
pancreas 해부 췌장(膵臟), 이자
pancreatic calculus 생리 췌장결석(膵臟結石)
pancreatic cancer 생리 췌장암(膵臟癌)
pancreatic duct 해부 췌관(膵管), 췌장관(膵臟管)
pancreatic function test 췌장기능검사(膵臟機能檢査)
pancreatic insufficiency 생리 췌장기능부전(膵臟機能不全)
pancreatitis 생리 췌장염(膵臟炎)
pancreatomy 해부 췌장절단술(膵臟切斷術)
panendoscope 범내시경(汎內視鏡)
Paneth's cell 신경 파네트 세포
panic attack 심리 공황발작(恐惶發作)
panic disorders 심리 공황장애(恐惶障礙)
Panje voice button 판제 음성단추
PAP(peripheral auditory pathway) 신경 말초청각로(末梢聽覺路) ↔ central auditory pathway
PAPD(peripheral auditory processing disorders) 신경 말초청각처리 장애(末梢聽覺處理障礙)
paper-and-pencil test 지필검사(紙筆檢査)
Papez circuit 생리 (감정의 통로) 파페즈 회로(回路) *cf.* visceral brain
papillae 해부 L 유두(乳頭) PL papilla
papillae circumvallatae 해부 L 성곽유두(城廓乳頭) = vallate papillae
papillae conicae 해부 L 원뿔유두 = corniculate papillae
papillae filliformes 해부 L 실유두 = filiform papillae
papillae foliatae 해부 L 잎새유두 = foliate papillae
papillae fungiformes 해부 L 버섯유두 = fungiform papillae
papillae linguales 해부 L 혀유두 = lingual papillae
papillae vallatae 해부 L 성곽유두(城廓乳頭) = circumvallate papillae
papillary muscle 해부 유두근(乳頭筋)
papilloma 생리 (후두) 유두종(乳頭腫)
papillomatosis 생리 유두종증(乳頭腫症)
parabolic equation(PE) 파라볼릭 방정식(方程式)
paracentral nucleus 해부 부중심핵(副中心核)
paracusia 생리 착청(錯聽), 청각이상(聽覺異常) = paracusis
paracusia duplicata 생리 중복착청(重複錯聽)
paracusis Willisi 생리 윌리스 착청(錯聽)
paradigm 어형변화(語形變化)
paradigm of treatment 치료 패러다임
paradigmatic 계열적(系列的) *cf.* syntagmatic
paradigmatic constraints 계열적 제약(系列的制約) *cf.* syntagmatic constraints
paradigmatic relation 계열관계(系列關係) *cf.* syntagmatic relation
paradigmatic response 어형변화 반응(語形變化反應)
paradigmatic shift 어형변화 추이(語形變化推移)

paradigmatic word 어형변화 단어(語形變化單語)

Paradise adaptive behavior scales Korean standard(PABS-KS) 파라다이스 한국표준 적응행동검사

Paradise-fluency assessment(P-FA) 말더듬 파라다이스 유창성 평가(流暢性評價)

paradox 역설(逆說), 패러독스

paradoxical effect 역설적 효과(逆說的效果)

paradoxical vocal fold motion 상반적인 성대 움직임

paragoge 음운 어말음 첨가(語末音添加) = epithesis

paragrammatism 생리 착문법증(錯文法症) *cf.* dysgrammatism

paragraph 단락(段落), 문단(文段)

paragraph outline 문단개요(文段槪要)

paragraphia 생리 착서증(錯書症) *cf.* dysgraphia

parahippocampal gyrus 해부 해마곁이랑

paralalia 생리 착음증(錯音症)

paralambdacism 생리 발음곤란증(發音困難症)

paralanguage 준언어(準言語)

paralexia 생리 착독증(錯讀症) *cf.* dyslexia

paralinguistic code AAC 준언어적 부호(準言語的符號), 부차언어학적 부호(副次言語學的符號)

paralinguistic features AAC 준언어적 특질(準言語的特質), 부차언어학적 특질(副次言語學的特質)

paralinguistic feedback 준언어적 피드백 *cf.* linguistic feedback, nonlinguistic feedback

paralinguistic responses AAC 준언어적 반응(準言語的反應), 부차언어적 반응(副次言語的反應)

paralinguistics AAC 부차언어학(副次言語學), 주변언어학(周邊言語學) *cf.* linguistics

parallel construction 병렬구문(竝列構文), 병렬구조(竝列構造)

parallel distributed processing models(PDPs) 통계 병렬분산처리모형(竝列分散處理模型)

parallel distribution 평행분포(平行分布)

parallel form reliability 통계 동형검사신뢰도(同形檢査信賴度) = alternative form reliability *cf.* split-half reliability

parallel nerve fiber 해부 평행섬유(平行纖維)

parallel play 병행놀이

parallel processing 병렬식 처리(竝列式處理) ↔ serial processing

parallel representation 심리 병렬적 표상(竝列的表象)

parallel talk 언어발달 평행발화(平行發話) *cf.* self-talk

parallel teaching 병행교수(竝行敎授) *cf.* alternative teaching

parallel training 병행훈련(竝行訓練)

paralysis 신경 마비(痲痹) *cf.* paresis

paralytic strabismus 생리 마비성 사시(痲痹性斜視)

paralytica aphonia 생리 마비성 무성증(痲痹性無聲症)

paramedian reticular nucleus 해부 정중곁 그물핵

paramedical science 준의료과학(準醫療科學)

parameter resetting 통계 매개변수 고정(媒介變數固定)

parameter-setting model 통계 매개변항고정모형(媒介變項固定模型)

parameters 통계 매개변수(媒介變數) *cf.* dependent variables

parametric measure 통계 매개변수 측정(媒介變數測定)

parametric test 통계 모수검증(母數檢證) ↔ nonparametric test

parametric variation 통계 매계변항적 변수(媒介變項的變數)

paramyotonia 근긴장이상(筋緊張異常)

paranasal cartilage 해부 부비연골(副鼻軟骨)

paranasal cavity 해부 부비강(副鼻腔)
paranasal sinus 해부 부비동(副鼻洞)
paranoia 생리 심리 편집증(偏執症), 망상증(妄想症) = paranoidism
paranoia disorders 심리 편집증적 장애(偏執症的障礙)
paranoia personality 심리 편집증적 성격(偏執症的性格), 편집성 인격(偏執性人格)
paranoia schizophrenia 생리 심리 편집형 정신분열병(偏執形精神分裂症)
paranoiac syndrome 심리 편집 증후군(偏執症候群)
paranoid 편집성(偏執性)의
paranoid melancholia 생리 심리 편집성 울병(偏執性鬱病)
paranoid personality disorder 심리 편집성 성격장애(偏執性性格障碍) *cf.* schizotypal personality disorder
paranoid reaction 심리 편집성 반응(偏執性反應)
paranoid state 심리 편집상태(偏執狀態)
paranoidism 생리 편집증(偏執症) = paranoia
paranoid schizophrenia 생리 심리 망상성 정신분열증(妄想性精神分裂症)
paraphasia 생리 착어증(錯語症) = paraphrasia *cf.* phonemic paraphasia
paraplegia 신경 (하체 중 두 다리가 마비된) 하지마비(下肢痲痹)
parapraxia 생리 착행증(錯行症) *cf.* apraxia
paraprostate gland 해부 부전립선(副前立線)
parareflexia 신경 이상반사(異常反射)
parasite 기생충(寄生蟲)
parasitic oscillation 기생진동(寄生振動)
parasympathetic nerve 해부 부교감신경(副交感神經) *cf.* sympathetic nerve
parasympathetic nervous system 해부 부교감신경계(副交感神經系) *cf.* sympathetic nervous system
parasynapsis 평행 시냅스
parathyroid glands 해부 부갑상선(副甲狀腺)
parathyroid hormone 해부 부갑상선 호르몬
paratoxical sleep 모순수면(矛盾睡眠)
parent-administered approach 부모관리 접근법(父母管理接近法)
parent-infant interaction scale(PIIS) 언어발달 부모유아 상호작용척도(父母乳兒相互作用尺度)
parent involvement 부모참여(父母參與) *cf.* family involvement
parent language 조어(祖語) *cf.* protolanguage, primitive language
parent report 부모보고(父母報告)
parent training 부모훈련(父母訓練)
parent training program 부모훈련 프로그램
parental attitude 부모태도(父母態度)
parenthetical expression 삽입표현(挿入表現)
parenting stress index(PSI) 부모양육스트레스검사, 부모양육스트레스지수
paresis 신경 부전마비(不全痲痹), 편마비(偏痲痹) *cf.* paralysis
paresthesia 생리 지각이상(知覺異常), 감각이상(感覺異常)
paretic agraphia 생리 마비성 실서증(痲痹性失書症) *cf.* dyskinetic agraphia
paretic dysarthria 신경 마비성 마비말장애
paries dorsalis 해부 L 뒷벽
paries externus 해부 L 바깥벽
paries inferior 해부 L 아래벽
paries posterior 해부 L 뒤벽
paries superior 해부 L 위벽
parietal 해부 벽측(壁側)의, 두정(頭頂)의
parietal association area 해부 두정연합영역(頭頂聯合領域)
parietal arc 해부 두정궁(頭頂弓)
parietal bone 해부 두정골(頭頂骨), 마루뼈
parietal cell 해부 벽세포(壁細胞)
parietal foramen 해부 두정공(頭頂孔)

P

parietal fossa 해부 두정와(頭頂窩)
parietal lobe 해부 두정엽(頭頂葉), 마루엽
parietal lobule 해부 두정소엽(頭頂小葉)
parietal margin 해부 두정연(頭頂緣)
parietal notch 해부 두정절흔(頭頂切痕)
parieto-occipital aphasia 신경 두정후두부 실어증(頭頂-後頭部失語症)
parieto-occipitotemporal juncture 해부 두정-후측두부 연접(頭頂後側頭部連接)
parietal operculum 해부 두정 덮개부
parietal organ 두정기관(頭頂器官)
parietal pericardium 해부 벽측심막(壁側心膜) *cf.* visceral pericardium
parietal pleura 해부 벽측흉막(壁側胸膜) *cf.* visceral pleura
parietal region 해부 두정부(頭頂部)
parietal-temporal alexia 생리 두정측두부 실독증(頭頂側頭部失讀症)
parietotemporopontine fibers 해부 두정측두뇌교 섬유(頭頂側頭腦橋纖維)
paritus 출산(出産), 분만(分娩)
parity 출산수(出産數), 출산경력(出産經歷)
Parkinson gait 파킨슨 보행(步行)
Parkinson, James (1755~1824) 파킨슨(영국의 신경과의사, 과학자. 1817년 파킨슨 병에 관한 논문을 발표하였으며, 후에 그의 이름을 따서 파킨슨병으로 명명)
Parkinsonian tremor 생리 파킨슨병 진전 *cf.* resting tremor
Parkinsonian dysarthria 신경 파킨슨 마비말장애
Parkinsonism 생리 파킨슨증, 파킨슨 증후군
Parkinson's disease(PD) 생리 파킨슨병
Parkinson's law 신경 파킨슨 법칙
parole 빠롤, 구체적 언어행위(具體的言語行爲) *cf.* langue
parotid 해부 이하(耳下)의, 귀밑의
parotid amylase 생리 이하선 아밀라아제
parotid branches 해부 귀밑샘 가지
parotid duct 해부 이하선관(耳下腺管) = Stensen's duct
parotid gland 해부 이하선(耳下腺), 귀밑샘 = Stenson's grand
parotid nodes 해부 이하선 림프절
parotid papilla 해부 이하선 유두(耳下腺乳頭)
parotid region 해부 이하선부(耳下腺部)
parotid saliva 생리 이하선 타액(耳下腺唾液)
parotid vein 해부 이하선 정맥(耳下腺靜脈)
parotidean plexus 해부 이하선총(耳下腺叢)
parotidectomy 해부 이하선 절제술(耳下腺切除術)
parotiditis 생리 이하선염(耳下腺炎) = parotitis
parotidomasseteric region 해부 이하선교근부(耳下腺咬筋部)
parotitis 생리 이하선염(耳下腺炎) = parotiditis
parotitis epidemica 생리 유행성 이하선염(流行性耳下腺炎)
paroxysmal nystagmus 생리 돌발성 안진(突發性眼震)
paroxysmal vertigo 생리 돌발성 현기증(突發性眩氣症)
pars abdominal 해부 L 배부분
pars anterior 해부 L 앞부분 ↔ pars posterior
pars basilaris 해부 L 바닥부
pars flaccida 해부 L (고막의) 이완부(弛緩部) = flaccid part ↔ pars tensa
pars inferior 해부 L 아래부분 ↔ pars superior
pars intercartilaginea glottis 해부 L 성대 연골간부(聲帶軟骨間部)
pars posterior 해부 L 뒤부분 ↔ pars anterior
pars superior 해부 L 위부분 ↔ pars inferior
pars tensa 해부 L 긴장부(緊張部) ↔ pars flaccida
pars tympanica 해부 L 고실부(鼓室部)
pars ventralis 해부 L 배쪽 ↔ pars dorsalis
pars vestibularis 해부 L 전정부(前庭部)

pars vocalis 해부 L 성대부(聲帶部)
parser (컴퓨터) 구조해석자(構造解析者)
Parseval's theorem 파시발의 원리(原理)
parsing (컴퓨터 이용) 구문분석(構文分析)
part learning 부분학습(部分學習)
part-time job 시간제 직업(時間制職業) *cf.* full-time job
part-whole schema 인지 부분-전체 도식(部分全體圖式)
part-word repetitions 단어일부 반복(單語一部反復) = partial word repetition
partial access hypothesis 부분접근가설(部分接近假說)
partial alphabetic phase 언어발달 부분 알파벳 단계 *cf.* pre-alphabetic phase
partial amputation 부분절단(部分切斷)
partial assimilation 음운 부분동화(部分同化) *cf.* full assimilation, total assimilation
partial cleft palate 해부 부분구개파열(部分口蓋破裂)
partial cordectomy 해부 부분성대절제술(部分聲帶切除術) *cf.* total cordectomy
partial correlation 부분상관관계(部分相關關係)
partial difference equation 편미분 방정식(片微分方程式)
partial function 통계 부분함수(部分函數)
partial imitation 부분모방(部分模倣)
partial laryngectomy 해부 부분 후두절제술(部分喉頭切除術) *cf.* total laryngectomy
partial leak 부분누출(部分漏出)
partial modeling 부분모방(部分模倣)
partial overlapping 부분중복(部分重複)
partial paralysis 신경 국소마비(局所痲痹)
partial pressure 부분압력(部分壓力)
partial recruitment 부분적 누가(部分的累加), 부분적 보충(部分的補充)
partial reinforcement 부분적 강화(部分的强化)
partial seizures 신경 부분발작(部分發作)
partial specification 부분 명세(部分明細), 부분명시(部分明示)
partial tone 부분어조(部分語調)
partial tongue resection 해부 부분혀절제술
partial vibration 음향 부분진동(部分振動)
partial word repetition 단어 부분반복(單語部分反復) = part-word repetition
partially-diffuse field 음향 부분확산음장(部分擴散音場)
partially voiced stop 조음 부분적 유성폐쇄음(部分的有聲閉鎖音)
partials 부분음(部分音)
participant observation 참여자 관찰(參與者觀察) ↔ nonparticipant observation
participants 피실험자(被實驗者) = informants, subjects
participation model AAC 참여모형(參與模型) *cf.* communication need model
participation restriction 참여제약(參與制約) = handicap
participatory functions 담화 참여적 기능(參與的機能)
participial construction 통사 분사구문(分詞構文)
participle 분사(分詞)
particle (1) 불변화사(不變化詞) (2) 입자(粒子)
particle acceleration 물리 입자가속도(粒子加速度)
particle displacement 물리 입자변위(粒子變位)
particle movement 통사 불변화사 이동(不變化詞移動), 첨사이동(添辭移動) *cf.* dative movement
particle phonology 음운 입자음운론 (粒子音韻論)
particle velocity 물리 입자속도(粒子速度) *cf.* volume velocity
particle velocity level 물리 입자속도레벨
particular grammar 개별문법(個別文法)

particular language competence 특별한 언어 능력(言語能力)
particular linguistics 개별언어학(個別言語學) =specific linguistics
particularity 특이성(特異性), 특수성(特殊性) =specificity
particularization 특수화(特殊化)
particularized conversational implicature 특화된 대화적 함축(對話的含蓄)
partition 분할(分割)
partitive 부분적(部分的)
parts of speech 통사 품사(品詞)=word class
parvocellular recticular nuclei 소세포망상핵, 작은세포그물핵
PAS(penetration-aspiration scale) 삼킴 침습-흡인척도(侵襲吸引尺度)
PAS(phonatory aerodynamic system) 음성공기역학체계(音聲空氣力學體系)
Pascal, Blaise (1623~1662) 파스칼(프랑스 과학자)
Pascal's law 파스칼의 원리
Passavant, Philipas Gustav (1815~1893) 파사반트(독일 의학자)
Passavant's ridge 파사반트 융기(隆起) =Passavant's pad, Passavant's bar, Passavant cushion
passband 음향 통과대역(通過帶域)
pass-band filter 음향 통과대역 필터
passive 수동(受動) ↔ active
passive articulators 조음 수동적 조음기관(受動的調音器官) ↔ active articulators
passive bilingualism 수동적 2개국어병용, 수동적 이중언어(受動的二重言語)
passive conversational style 수동적 대화체(受動的對話體)
passive filter 수동 필터
passive sentence 수동문(受動文) ↔ active sentence
passive sonar 수동 소나
passive transducer 수동변환기(受動變換機)
passive transformation 수동변형(受動變形)
passive vocabulary 수동어휘(受動語彙)
passive voice 수동태(受動態) ↔ active voice
passiveness 수동성(受動性)
past continuous 과거진행(過去進行)
past health history 과거병력(過去病歷)
past participle 과거분사(過去分詞)
past perfect 과거완료(過去完了)
past perfect progressive tense 과거 완료진행시제(過去完了進行時制)
past perfect tense 과거 완료시제(過去完了時制)
past tense 과거시제(過去時制)
PAT(photo articulation test) 사진조음검사(寫眞調音檢查)
patch-up rule 미봉규칙(彌縫規則)
patella 해부 슬개골(膝蓋骨), 무릎뼈
patellar ligament 슬개인대(膝蓋靭帶), 무릎인대
patellar reflex 신경 슬개반사(膝蓋反射), 무릎반사
patellar surface 해부 슬개면(膝蓋面)
patellar tendon 해부 슬개건(膝蓋腱)
patellar tendon reflex 신경 슬개건반사(膝蓋腱反射)
patent Eustachian tube 개방성 이관(開放性耳管)
patented medicine 특허약(特許藥)
paternal infection 부계감염(父系感染) ↔ maternal infection
paternal line 부계(父系) ↔ maternal line
paternal love 부성애(父性愛)=fatherhood ↔ maternal love
paternalism 가부장주의(家父長主義)
paternity 부성(父性) ↔ maternity
paternity test 부성시험(父性試驗) ↔ maternity test
path 경로(經路), 통로(通路)
path analysis 경로분석(經路分析)

path event-frame 인지 경로 사건틀 *cf.* path windowing
path theory 경로이론(經路理論)
path windowing 인지 경로 창문화 *cf.* windowing of attention
pathetic fallacy 감정적 허위(感情的虛僞)
pathological anatomy 병리해부학(病理解剖學)
pathological diagnosis 병리학적 진단(病理學的診斷)
pathological reflex 병적 반사(病的反射)
pathologist 병리학자(病理學者)
pathology 병리학(病理學)
pathway model 인지 경유모형(經由模型)
patient 환자(患者)
patient abuse 환자학대(患者虐待)
patient history 환자내력(患者來歷)
patient seclusion 환자격리(患者隔離)
patient violence 환자폭력(患者暴力)
patriarch 가부장(家父長)
pattern 유형(類型), 형태(形態), 문양(文樣)
pattern cognition 형태재인(形態再認)
pattern congruity 틀 맞추기
pattern discrimination 유형변별(類型辨別)
pattern-finding 언어발달 패턴찾기
pattern matching 유형 짝짓기, 유형매칭
pattern of treatment 치료유형(治療類型)
pattern playback 음성합성 문양재생장치(文樣再生裝置), 유형재생장치(類型再生裝置)
pattern practice 문형연습(文型練習)
pattern recognition 인지 형태인식(形態認識)
patterned elicitation syntax screening test (PESS) 유형화된 유도구문선별검사(誘導構文選別檢査)
patterning 유형화(類型化)
pause 휴지(休止), 쉼
pause and talk 쉬었다 말하기
PC(pictorial categories) (비언어지능검사의) 그림범주 *cf.* GC
PCA(posterior cerebral artery) 해부 후대뇌동맥(後腦大動脈) ↔ ACA
PCA(posterior cricoarytenoid muscle) 해부 후윤상피열근(後輪狀披閥筋)
PCA(principal component analysis) 통사 주요 성분분석(主成分分析)
PCC(percentage of consonant correct) 자음정확도(子音正確度) *cf.* PVC
PCC(posterior cingulate cortex) 해부 후대상피질(後帶狀回皮質) ↔ ACC
PCD(personal communication dictionary) AAC 개인의사소통사전(個人意思疏通辭典)
PCFs(phonetically consistent forms) 음성적으로 일관된 형태
PCM(pulse code modulation) 음향 진동부호변조(振動符號變調)
PCR(peer conflict resolution) 또래 갈등해결(葛藤解決)
PCS(picture communication symbols) 그림의사소통상징(意思疏通象徵)
PCT(personal construct theory) 인격형성이론(人格形成理論)
PD(Parkinson's disease) 파킨슨 병(病)
PDA(pitch determination algorithm) 피치결정 알고리즘
PDD(pervasive developmental disorders) 전반적 발달장애(全般的發達障礙) *cf.* ASD
PDH(procedural deficit hypothesis) 언어발달 절차적 결함가설(節次的缺陷假說)
PDPs(parallel distributed processing models) 병렬분산처리모형(竝列分散處理模型)
PDT(pharyngeal delay time) 생리 인두지체시간(咽頭遲滯時間)
PDT(photodynamic therapy) 광역학치료(光力學治療)
PE(parabolic equation) 파라볼릭 방정식(方程式)
PE(potential energy) 음향 위치에너지 *cf.* KE
PEA(pulmonic egressive airstream) 생리

폐호기류(肺呼氣流), 폐 날숨기류

Peabody individualized achievement test(PIAT) 피바디 개인성취검사(個人成就檢査)

Peabody picture vocabulary test(PPVT) 언어발달 신경 피바디 그림-어휘력검사

peak 정점(頂點), 최대(最大), 마루 ↔ valley

peak acoustic gain 음향 정점음향이득(頂點音響利得)

peak air pressure 정점공기압(頂點空氣壓)

peak amplitude 음향 정점진폭(頂點振幅), 마루진폭 *cf.* maximum amplitude

peak amplitude method 음향 정점진폭방법(頂點振幅方法), 마루진폭방법

peak amplitude variation(vAm) 음향 정점진폭변이(頂點振幅變異), 마루진폭변이

peak clipping 음향 정점절단(頂點絶斷), 정점자르기

peak equivalent sound pressure level(peSPL) 음향 정점등가음압레벨

peak expiratory airflow 생리 정점호기류(頂點呼氣流), 최대호기류(最大呼氣流)

peak expiratory flow 생리 정점 호기유량(頂點呼氣流量)

peak flow 정점기류(頂點氣流)

peak inspiratory pressure 생리 정점흡기압(頂點吸氣壓)

peak level 정점치(頂點値), 최대치(最大値)

peak oral airflow 최대구강기류(最大口腔氣流)

peak particle displacement 정점 입자변위(頂點粒子變位)

peak particle velocity 정점 입자속도(頂點粒子速度)

peak point 정점(頂點), 최대점(最大點)

peak sound pressure 음향 정점음압(頂點音壓)

peak sound pressure level 음향 정점음압레벨

peak speech power 음향 정점 음성파워

peak-to-peak 음향 정점 대 정점(頂點對頂點)

peak-to-peak amplitude 음향 정점 대 정점 진폭(頂點-頂點振幅)

peaked hearing loss 생리 접시형 청력손실(聽力損失) = saucer hearing loss

pearl cyst 생리 진주낭(眞珠囊)

pearl tumor 생리 진주종양(眞珠腫瘍) = cholesteatomsis

pearl white 생리 진주백(眞珠白)

Pearson correlation coefficient 통계 피어슨 상관계수(相關係數)

Pearson's product-moment correlation coefficient 통계 피어슨 적률상관계수(積率相關係數)

PECS(picture exchange communication system) AAC 그림교환 의사소통체계(意思疏通體系)

pectoral girdle 해부 흉곽대(胸廓帶) *cf.* pelvic girdle

pectoral reflex 신경 흉근반사(胸筋反射)

pectoralis major muscle 해부 L 대흉근(大胸筋) ↔ pectoralis minor muscle

pectoralis minor muscle 해부 L 소흉근(小胸筋) ↔ pectoralis major muscle

pectoriloquy 흉성(胸聲)

pectus 해부 흉부(胸部), 가슴 = thorax

pedagogical grammar 교육적 문법(敎育的文法)

pedagogy 교육(敎育), 교육학(敎育學)

pedantic 현학적(衒學的)인 = inkhorn

pedi-, pedo '발'의 의미

pediatric audiology 소아청각학(小兒聽覺學), 아동청각학(兒童聽覺學)

pediatric audiometric 소아청력검사(小兒聽力檢査)

pediatric neurodevelopmental examinations (PNE) 소아신경발달검사(小兒神經發達檢査)

pediatric psychology 소아심리학(小兒心理學)

pediatric speech intelligibility test(PSIT) 음운 소아용 구어명료도검사(小兒用口語明瞭度檢査)

pediatric voice handicap index(PVHI) 소아용 음성장애지수(小兒用音聲障礙指數)
pediatric voice related quality of life(PVRQOL) 소아용 음성관련 삶의 질
pediatrician 소아과의사(小兒科醫師)
pediatrics 소아과학(小兒科學)
pedigree theory 계통설(系統說)
pedigree 가계(家系), 혈통(血統), 가계도(家系圖) *cf.* genogram
pedometer 보행계수기(步行計數器)
PEEP(positive end expiratory pressure) 생리 양-종말 호기압(陽終末呼氣壓)
peer acceptance 또래수용(受容)
peer conflict resolution(PCR) 또래 갈등해결(葛藤解決)
peer editing 또래교정(校訂)
peer feedback 또래 피드백
peer group 또래집단(集團)
peer modeling 또래 모방시키기
peer review 또래복습, [논문] 동료 평가(同僚評價)
peer teaching 또래학습(學習)
peer training 또래훈련(訓練)
peer tutoring 또래교수(敎授)
PEG(percutaneous endoscopic gastrostomy) 삼킴 경피적 내시경위루술(經皮的內視鏡胃瘻術)
pelvic abscess 생리 골반농양(骨盤膿瘍)
pelvic cavity 해부 골반강(骨盤腔)
pelvic examination 해부 골반검사(骨盤檢査)
pelvic ganglia 해부 골반신경절(骨盤神經節)
pelvic girdle 해부 골반대(骨盤帶) *cf.* pectoral girdle
pelvic index 골반지수(骨盤指數)
pelvic obliquity 생리 골반 흔들림
pelvic part 해부 골반부분(骨盤部分)
pelvic rotation 해부 골반회전(骨盤回轉)
pelvic splanchnic nerve 해부 골반내장신경(骨盤內臟神經)
pelvic tilt 골반 기울임
pelvimetry 골반계측(骨盤計測)
pelvis 해부 골반(骨盤)
pen and pencil intelligence test 지필지능검사(紙筆知能檢査)
penal studies 패널연구 *cf.* trend studies
pencillar artery 해부 붓털동맥
Pendred syndrome 생리 (선천성 청각장애) 펜드레드 증후군
pendulum 진자(振子)
penetrating brain injury 관통성 뇌손상(貫通性腦損傷) = open brain injury ↔ nonpenetrating brain injury
penetrating head injury 관통성 두부손상(貫通性頭部損傷) = open head injury ↔ nonpenetrating head injury
penetration 삼킴 침습(侵襲) *cf.* aspiration
penetration after swallowing 삼킴 삼킴 후 침습
penetration-aspiration scale(PAS) 삼킴 침습-흡인척도(侵襲吸引尺度)
penetration before swallowing 삼킴 삼킴 전 침습
penult 음운 끝에서 둘째음절
penultimate 음운 차말음절(次末音節), 어말둘째음절
peptic ulcer 생리 소화성 궤양(消化性潰瘍)
perceived noise decibel 음향 지각소음 데시벨
perceived noise level(PNL) 음향 지각소음레벨
perceived phonatory effort(PPE) 지각음성노력(知覺音聲努力)
perceived self 인지된 자아(自我)
percent syllables stuttered 말더듬 더듬은 음절의 백분율(百分率)
percent words stuttered 말더듬 더듬은 단어의 백분율(百分率)
percentage 백분율(百分率)
percentage of consonant correct(PCC) 자음

정확도(子音正確度) *cf.* percentage vowel correct

percentage of correct consonants(PCC) 조음 자음정확도(子音正確度)

percentage of vowel correct(PVC) 모음 정확도(母音正確度) *cf.* percentage of consonant correct

percentile 백분위수(百分位數) *cf.* quartile

percentile norms 백분위 규준(百分位規準)

percentile rank 통계 백분위 순위(百分位順位), 백분위수(百分位數) *cf.* standard score

percentile score 백분위 점수(百分位點數)

perception 심리 지각(知覺)

perception deafness 난청 감음계 농(感音界聾)

perception disorders 심리 지각장애(知覺障礙) = perceptual disorders

perception-motor disorder 생리 지각운동장애(知覺運動障礙)

perception reflex 신경 지각반사(知覺反射)

perception time 신경 지각시간(知覺時間)

perceptional deficiencies 심리 지각결함(知覺缺陷)

perceptions of stuttering inventory(PSI) 말더듬지각검사목록(知覺檢査目錄)

perceptive hearing loss 생리 지각적 청력손실(知覺的聽力損失)

perceptive psychology 지각심리학(知覺心理學)

perceptive system 지각체계(知覺體系)

perceptual ability 지각능력(知覺能力)

perceptual adaptation 심리 지각순응(知覺順應)

perceptual analysis 지각적 분석(聽知覺的分析) = subjective analysis ↔ instrumental analysis

perceptual assimilation model 인지 지각동화 모형(知覺同化模型)

perceptual categories 인지 지각적 범주(知覺的範疇) *cf.* conceptual categories

perceptual closure 인지 지각적 폐쇄(知覺的閉鎖)

perceptual confusion 인지 지각적 혼동(知覺的混同)

perceptual consistency 인지 지각적 일관성(知覺的一貫性)

perceptual constancy 인지 지각적 항상성(知覺的恒常性)

perceptual data 지각 데이터

perceptual development 지각발달(知覺發達)

perceptual discrimination 심리 지각변별(知覺辨別)

perceptual disorders 인지 지각장애(知覺障礙) = perception disturbance

perceptual distance 인지 지각거리(知覺距離)

perceptual distortion 인지 지각적 왜곡(知覺的歪曲)

perceptual disturbance 인지 지각장애(知覺障碍) = perceptual disorders

perceptual handicapped 지각장애자(知覺障碍者)

perceptual illusion 인지 지각성 착각(知覺性錯覺)

perceptual immaturity 인지 지각미숙(知覺未熟)

perceptual magnet effect 인지 지각의 자석효과(磁石效果)

perceptual map 인지 지각적 지도(知覺的地圖)

perceptual method 청지각적 방법(聽知覺的方法) ↔ instrumental method

perceptual module 인지 지각 모듈

perceptual-motor 인지 지각운동(知覺運動)

perceptual-motor match 인지 지각운동 협응

perceptual organization 인지 지각적 조직화(知覺的組織化)

perceptual phonetics 지각음성학(知覺音聲學)

perceptual reasoning index(PRI) 통계 지각추론지수(知覺推論指數)

perceptual relationship 인지 지각관계(知覺關係) *cf.* construal relationship

perceptual retardation 인지 지각지체(知覺遲滯)

perceptual stimulation 인지 지각적 자극(知覺的刺戟)
perceptual strategy 인지 지각전략(知覺戰略)
percolation 생리 삼출액(滲出液)＝effusion
percussion 타진(打診)
percutaneous endoscopic gastrostomy(PEG) 생리 경피적 내시경위루술(經皮的內視鏡胃瘻術)
perfect combustion 완전연소(完全燃燒) *cf.* partial combustion
perfect conductor 완전도체(完全導體) ↔ imperfect conductor
perfect consonance 완전협화음(完全協和音)
perfect cure 완치(完治)
perfect tense 완료시제(完了時制)
perfective process 인지 완료적 과정(完了的過程) ↔ imperfective process
perforate plate-honeycomb acoustic lining 다공성 평판벌집형음향라이닝
perforated acoustic board 음향 유공 흡음판(有孔吸音板)
perforated-plate absorber 음향 유공판 흡음재(有孔板吸音材)
perforating artery 해부 관통동맥(貫通動脈)
perforation 해부 천공(穿孔)
perforation of ear drum 해부 고막천공(鼓膜穿孔)
perforation of nasal septum 생리 비중격 천공(鼻中隔穿孔)
perforation of stomach 생리 위천공(胃穿孔)
performance 수행(遂行)
performance analysis 수행분석(遂行分析)
performance anxiety 수행불안(遂行不安)
performance efficacy 심리 수행 효능감(遂行效能感) *cf.* outcome efficacy
performance factors 언어 수행요인(遂行要因)
performance feedback 수행 피드백
performance goal 수행목적(遂行目的)
performance grammar 언어 수행문법(遂行文法)
performance-intensity function 수행-강도 기능(遂行-强度機能)
performance model 수행모형(遂行模型)
performance objective 언어 수행목표(遂行目標)
performance test 수행검사(遂行檢査)
performative hypothesis 수행가설(遂行假說)
performative verb 의미 수행동사(遂行動詞)
performatives 의미 진리조건 수행문(遂行文) *cf.* constatives
perfusion 생리 관류(灌流), 환류(還流)
periauritis 생리 이주위염(耳周圍炎)
pericardial cavity 해부 심막강(心膜腔)
pericardiectomy 해부 심막절제술(心膜切除術)
pericardium 해부 심낭막(心囊膜)
perilymph 해부 외림프(액) ↔ endolymph
perilymphatic duct 해부 외림프관, 바깥림프관 ↔ endolymphatic duct
perilymphatic fistula 해부 외림프 누공(瘻孔) ↔ endolymphatic fistula
perilymphatic hydrops 생리 외림프 수종(水腫) ↔ endorilymphatic hydrops
perilymphatic potential 신경 외림프 전위(電位) ↔ endorilymphatic potential
perilymphatic sac 해부 외림프낭(囊) ↔ endorilymphatic sac
perilymphatic space 해부 외림프 공간, 바깥림프공간 ↔ endolymphatic space
perilymphatic trabecula 해부 외림프관 잔기둥
perilymphic 해부 외(外)림프의 ↔ endolymphic
perimeter earmold 돌출형 귓본
perimetry 시야측정(視野測定)
perimysium 근초(筋鞘), 근주막(筋周膜), 근육다발막
perinatal 주산기(周産期)의, 출산전후(出産前後)의
perinatal care 주산기 돌봄

perinatal hearing loss 생리 주산기 청력손실(周産期聽力損失)
perinatal mortality 주산기 사망률(周産期死亡率)
perineurium 해부 신경초(神經鞘), 신경다발막
period 주기(週期)
period doubling 이중적 기간(二重的期間)
period of transition 전이기간(轉移期間)
period time 주기적 시간(週期的時間)
periodic behavior 주기적 행동(週期的行動)
periodic disease 생리 주기성 질환(週期性疾患)
periodic palsy 신경 주기성 마비(週期性痲痹) = periodic paralysis
periodic respiration 생리 주기성 호흡(週期性呼吸)
periodic sounds 음향 주기음(週期音) ↔ aperiodic sounds
periodic table of element 원소주기율표(元素週期律表)
periodic vibration 음향 주기진동(週期振動)
periodic wave 음향 주기파(週期波) ↔ aperiodic wave
periodic waveform 음향 주기파형(週期波形) *cf.* quasi-periodic waveform
periodicity 음향 주기성(週期性) ↔ aperiodicity
periodontal ligament 해부 치주인대(齒周靭帶)
periodontal membrane 해부 치주막(齒周膜)
periodontium 해부 치근막(齒根膜)
periosteum 해부 골막(骨膜)
periosteum reflex 신경 골막반사(骨膜反射)
peripheral 말초(末梢)의 ↔ central
peripheral agraphia 생리 말초성 실서증(末梢性失書症) ↔ central agraphia *cf.* surface agraphia
peripheral alexia 생리 말초성 실독증(末梢性失讀症) ↔ central alexia *cf.* surface alexia
peripheral auditory disorder(PAD) 생리 말초청각장애(末梢聽覺障碍) ↔ central auditory disorder
peripheral auditory nervous system(PANS) 신경 말초청각계(末梢聽覺系) ↔ central auditory nervous system
peripheral auditory pathway(PAP) 신경 말초청각로(末梢聽覺路) ↔ central auditory pathway
peripheral auditory processing disorders (PAPD) 신경 말초청각처리 장애(末梢聽覺處理障礙)
peripheral cluster 의미 주변집단화(周邊集團化)
peripheral device 주변장치(周邊裝置)
peripheral dysarthria 신경 말초성 마비말장애
peripheral facial palsy(PFP) 신경 말초성 안면마비(末梢性顔面痲痹) ↔ central facial palsy
peripheral fatigue 말초성 피로(末梢性疲勞) *cf.* central fatigue
peripheral hearing problems 말초청각문제(末梢聽覺問題)
peripheral inhibition 말초성 억제(末梢性抑制)
peripheral language disturbance 말초성 언어장애(末梢性言語障礙) ↔ central language disturbance
peripheral lesion 신경 말초성 병변(末梢性病邊)
peripheral lymphoid organs 말초 림프계기관
peripheral masking 음향 말초차폐(末梢遮蔽)
peripheral motor neuron 해부 말초운동성 신경세포(末梢運動性神經細胞)
peripheral nerve 해부 말초신경(末梢神經) *cf.* central nerve
peripheral nerve block 해부 말초신경차단(末梢神經遮斷)
peripheral nervous palsy 생리 말초신경마비(末梢神經痲痹)
peripheral nervous system(PNS) 해부 말초신경계(末梢神經系) *cf.* central nervous system
peripheral neuralgia 생리 말초신경통(末梢神經痛)

peripheral representation 말초적 표시(末梢的標示)

peripheral sensitization 생리 말초감각(末梢感覺)

peripheral unit 주변장치(周邊裝置)

peripheral vestibular neuron 해부 말초전정신경세포(末梢前庭神經細胞)

peripheral visual field 주변시각영역(周邊視覺領域)

peripheroceptor 말초수용기(末梢受容器)

peristalsis 삼킴 연동운동(蠕動運動), 꿈틀운동 = peristaltic movement *cf.* segmenting movement

peristaltic movement 삼킴 연동운동(蠕動運動), 꿈틀운동 = peristalsis

perisylvian cortex 해부 실비우스 주변피질(周邊皮質)

peritoneum 해부 복막(腹膜)

periventricular fibers 해부 뇌실주위섬유(腦室周圍纖維)

periventricural white matter 뇌실주위백질(腦室周圍白質)

perlocution 언어발달 언향(言響)

perlocutionary acts 언어발달 언향적 행위(言響的行爲) *cf.* locutionary acts

perlocutionary communicative behaviors 언향적 의사소통행동(言響的意思疏通行動) *cf.* primitive communicative behaviors

perlocutionary stage 언어발달 언향적 단계(言響的段階), 언표외적 단계(言表外的段階) *cf.* illocutionary stage

permanence 영속성(永續性)

permanent teeth 영구치(永久齒) *cf.* milk teeth (乳齒)

permanent threshold shift(PTS) 영구적 역치이동(永久的閾値移動), 영구적 역치변동(永久的閾値變動) ↔ temporary threshold shift

permeability 투과성(透過率), 침투성(浸透性)

permissible noise exposure level 음향 허용소음노출레벨

permissive directives 담화 승인 지시문(承認指示文)

permutation 치환(置換), 순열(順列)

perpendicular magnetization 수직자화(垂直磁化)

perpendicular plate 수직판(垂直板)

perseveration 생리 보속(保續), 보속증(保續症), 고집증(固執症)

perseveration theory 보속이론(保續理論)

perseverative aphasia 신경 보속실어증(保續失語症)

perseverative assimilation 음운 보속적 동화(保續的同化), 지연동화(遲延同化)

perseverative coarticulation 음운 보속적 동시조음(保續的同時調音)

perseverative error 조음 (말실행증의) 보속적 오류(保續的誤謬) *cf.* anticipatory error

perseverative language 지속성 언어(持續性言語), 지연성 언어(遲延性言語)

perseverative paraphasia 생리 보속적 착어(保續的錯語)

persistent viral syndrome 생리 지속성 바이러스 증후군 = recurrent viral syndrome

person 통사 (문법범주) 인칭(人稱), 사람

person-by-situation interaction 사람상황 상호작용(相互作用)

person-centered therapy 인간중심적 치료(人間中心的治療) *cf.* child-centered therapy

person deixis 인칭지시(人稱指示)

person pronoun 인칭대명사(人稱代名詞)

person schema 사람 도식(圖式)

person who stutters(PWS) 말더듬는 사람

personal amplifier 개인용 증폭기(個人用增幅器)

personal assessment inventory(PAI) 심리 성격평가검사목록(性格評價檢査目錄)

personal communication dictionary(PCD) AAC 개인의사소통사전(個人意思疏通辭典) *cf.* personal gesture dictionary

personal construct theory(PCT) 인격형성이론(人格形成理論)

personal dictionary 언어발달 개인사전(個人辭典)

personal disposition 개인성향(個人性向)

personal enviroment 개인환경(個人環境)

personal function (1) (문법) 인칭기능(人稱機能) (2) 언어발달 개인적 기능(個人的機能)

personal gesture dictionary AAC 개인 제스처 사전(辭典) *cf.* personal communication dictionary

personal history 개인력(個人歷)

personal hygiene 개인위생(個人衛生)

personal independence 개인적 독립성(個人的獨立性)

personal information questionnaire 개인정보 질문지(個人情報質問紙), 개인정보 설문지(個人情報說問紙)

personal motive 개인적 동기(個人的動機)

personal name 인명(人名)

personal narrative 언어발달 개인적 서술(個人的敍述) *cf.* fictional narrative

personal pronoun 인칭 대명사(人稱代名詞)

personal relevance 개인적 관련성(個人的關聯性)

personal space 개인적 공간(個人的空間)

personal speech amplifier 개인용 구어확성기(個人用口語擴聲器)

personal value 개인가치(個人價值)

personality 심리 성격(性格), 인성(人性)

personality change 성격변화(性格變化)

personality coefficient 통계 인성계수(人性係數)

personality development 인성발달(人性發達)

personality disorder 성격장애(性格障礙), 인격장애(人格障碍) = character disorder

personality process 성격과정(性格過程)

personality profile 성격 프로파일

personality psychology 성격심리학(性格心理學)

personality structure 성격구조(性格構造)

personality test 인성검사(人性檢查)

personality theory 성격이론(性格理論)

personality traits 성격특질(性格特質)

personalized fluency control therapy(PFC) 말더듬 개별화된 유창성 조절치료(流暢性調節治療)

personification 언어발달 의인화(擬人化), 인격화(人格化)

perspective 관점(觀點), 시각(視覺)

perspective drawing 투시도(透視圖)

perspective mode 원근법 방식(遠近法方式)

perspective-taking 관점 바꾸기

perturbation analysis 음향 섭동분석(攝動分析)

perturbation energy 음향 섭동 에너지

perturbation equation 음향 섭동 방정식(攝動方程式)

perturbation measures 음향 섭동측정(攝動測定)

perturbation method 음향 섭동법(攝動法)

perturbation 섭동(攝動), 동요(動搖)

pervasive developmental disorders(PDD) 전반적 발달장애(全般的發達障礙) *cf.* autism spectrum disorders

pervasive support 전반적 지원(全般的支援) *cf.* extensive support

PES(pharyngoesophageal segment) 해부 인두식도구역(咽頭食道區域), 인두식도 부위(咽頭食道部位)

peSPL(peak equivalent sound pressure level) 음향 정점등가음압레벨

PESS(patterned elicitation syntax screening test) 유형화된 유도구문선별검사(誘導構文選別檢查)

pessimism 염세주의(厭世主義) *cf.* skepticism ↔ optimism

pessimist 염세주의자(厭世主義者) ↔ optimist

PET(positron emission tomography) 뇌과학 양전자방출 단층촬영술(陽電子放出斷層撮

影術)
petechiae 생리 점상출혈(點狀出血)
petit mal seizures 생리 소발작(小發作) ↔ grand mal seizures
petit mal epilepsy 생리 소발작 간질(小發作癎疾)
petrous portion 해부 추체부(錐體部), 바위부분
peudo- 가짜의
P-FA(Paradise-fluency assessment) 말더듬 파라다이스 유창성 평가(流暢性評價)
PFC(personalized fluency control therapy) 말더듬 개별화된 유창성 조절치료(流暢性調節治療)
Pfeiffer syndrome 생리 (유전성 골형성 장애) 파이퍼 증후군
PFP(peripheral facial palsy) 신경 말초성 안면마비(末梢性顔面痲痺) ↔ CFP
PFT(pulmonary function test) 폐기능검사(肺技能檢査)
PGG(photoglottography) 성문사진술(聲門寫眞術), 광(光) 그로토그라피
PGSR(psychogalvanic skin response) 음향 정신전류 피부반응(精神電流皮膚反應)
PGSRA(psychogalvanic skin response audiometry) 청각 정신전류 피부반응청력검사(精神電流皮膚反應聽力檢査)
pH monitoring 산도검사(酸度檢査)
phagocyte 해부 식세포(食細胞)
phagocytosis 해부 식작용(食作用)
phalange bone 해부 지절골(指節骨)
phalangeal process 해부 지절돌기(指節突起), 손가락 돌기
phallic stage 심리 (프로이드의) 남근기(男根期, 3-5세) *cf.* phallic satge
phantom power supply 팬텀 전원공급장치(電源供給裝置)
phantom speech 환상언어(幻想言語)
pharmacological audiology 청각약리학(聽覺藥理學)
pharmacologic intervention 약물중재(藥物仲裁)
pharmacology 약리학(藥理學)
pharyngalgia 생리 인두통(咽頭痛) = pharyngodynia
pharyngeal 인두(咽頭)의
pharyngeal affricate 조음 인두파찰음(咽頭破擦音)
pharyngeal arch 해부 인두궁(咽頭弓)
pharyngeal arches 인두궁(咽頭弓)
pharyngeal branch 인두가지
pharyngeal cavity 조음 인두강(咽頭腔) *cf.* oral cavity
pharyngeal cleft 해부 인두틈새
pharyngeal constrictors 해부 인두수축근(咽頭收縮筋) = pharyngeal sphincters
pharyngeal delay time(PDT) 삼킴 인두지연시간(咽頭遲延時間)
pharyngeal diphtheria 인두 디프테리아
pharyngeal disorders 생리 인두장애(咽頭障礙)
pharyngeal esophageal segment 해부 인두식도분절(咽頭食道分節)
pharyngeal flap surgery 해부 인두피판술(咽頭皮板術)
pharyngeal fricative 조음 인두마찰음(咽頭摩擦音)
pharyngeal lateral wall 해부 인두측벽(咽頭側壁)
pharyngeal mucosa 해부 인두점막(咽頭粘膜)
pharyngeal muscle 해부 인두근(咽頭筋)
pharyngeal nerve 해부 인두신경(咽頭神經)
pharyngeal neurosis 생리 인두신경증(咽頭神經症)
pharyngeal paralysis 신경 인두마비(咽頭痲痺)
pharyngeal peristalsis 삼킴 인두연동운동(咽頭蠕動運動)
pharyngeal phase 삼킴 인두기(咽頭期)
pharyngeal plosive 조음 인두파열음(咽頭破裂音)
pharyngeal polyp 생리 인두용종(咽頭茸腫),

인두폴립
pharyngeal pouch 해부 인두낭(咽頭囊)
pharyngeal raphe 해부 인두봉선(咽頭縫合線)
pharyngeal recess 해부 인두함요(咽頭陷凹), 인두오목
pharyngeal reflex 신경 인두반사(咽頭反射)
pharyngeal residue 삼킴 인두 잔여물(咽頭殘餘物)
pharyngeal respiration 생리 인두호흡(咽頭呼吸)
pharyngeal response time(PRT) 삼킴 인두반응시간(咽頭反應時間)
pharyngeal sound 조음 인두음(咽頭音)
pharyngeal spasm 신경 인두연축(咽頭攣縮) = pharyngospasm
pharyngeal speech 인두구어(咽頭口語)
pharyngeal sphincters 인두괄약근(咽頭括約筋) = pharyngeal constrictors
pharyngeal swallow 삼킴 인두연하(咽頭嚥下), 인두삼킴
pharyngeal tonsil 인두편도(咽頭扁桃)
pharyngeal transit time(PTT) 삼킴 인두통과시간(咽頭通過時間), 인두이동시간(咽頭移動時間)
pharyngeal tuberculosis 생리 인두결핵(咽頭結核)
pharyngeal wall 해부 인두벽(咽頭壁)
pharyngealization 음운 인두음화(咽頭音化) = pharyngealized sound
pharyngectomy 해부 인두절제술(咽頭切除術)
pharyngitis 생리 인두염(咽頭炎) = pharyngolarygitis
pharyngitis sicca 생리 L 건성 인두염(乾性咽頭炎)
pharyngoconjunctival fever 생리 인두결막염(咽頭結膜炎)
pharyngocutaneous fistula 생리 인두피부누공(咽頭皮膚瘻孔)
pharyngodynia 생리 인두통(咽頭痛) = pharyngalgia
pharyngoesophageal junction 해부 인두식도연결(食道咽頭連結)
pharyngoesophageal myotomy 해부 인두식도절개술(食道咽頭切開術)
pharyngoesophageal segment(PES) 해부 인두식도구역(食道咽頭區域)
pharyngoesophageal sphincter 해부 인두식도괄약근(食道咽頭括約筋), 인두식도조임근
pharyngography 인두조영술(咽頭造影術)
pharyngolarygitis 생리 인후염(咽喉炎) = pharyngitis
pharyngolarynx 해부 인후두(咽喉頭)
pharyngolossal muscle 해부 인두설근(咽頭舌筋)
pharyngopalatine arch 해부 인두구개궁(咽頭口蓋弓)
pharyngopalatinus muscle 해부 인두구개근(咽頭口蓋筋)
pharyngoplasty 해부 인두성형술(咽頭成形術)
pharyngospasm 생리 인두연축(咽頭攣縮) = pharyngeal spasm
pharyngostomy 해부 인두절개술(咽頭切開術), 인두창냄술
pharyngotympanic tube 청각 인두고실관(咽頭鼓室管)
pharynx 해부 인두(咽頭)
phase 위상(位相)
phase angle 위상 각(位相角)
phase coefficient 통계 위상 지수(位相係數)
phase conjugation 위상 공액(位相共軛)
phase correction 위상 보정(位相補正)
phase delay 위상 지연(位相遲延)
phase difference 위상 차(位相差)
phase distortion 위상 왜곡(位相歪曲)
phase incoherent 위상 불일치(位相不一致)
phase linearity 위상 선형성(位相線形性)
phase locked loop(PLL) 위상동기루프
phase-locking 위상 폐쇄(位相閉鎖)

phase meter 위상계(位相計)
phase modulation 위상 변조(位相變調)
phase plane plot 위상평이성 계획
phase response 위상 응답(位相應答)
phase reversal 위상 역전(位相逆轉)
phase space 위상 간격(位相間隔)
phase spectrum 위상 스펙트럼
phase transition 위상 전이(位相轉移)
phase unwrapping 위상 연속화(位相連續化)
phase velocity 위상 속도(位相速度)
phasic receptor 위상성 수용체(位相性受容體) ↔ tonic receptor
phatic communication 교감적 의사소통(交感的意思疏通)
phatic function 교감적 기능(交感的機能)
phenomenological approach 현상학적 접근법(現象學的接近法)
phenotype 표현형(表現型)
PHI (protected health information) 건강정보보호(健康情報保護)
philology 문헌학(文獻學)
philtrum 해부 인중(人中)
phlegm 점액질(粘液質)
phobia 심리 공포증(恐怖症)
phobia reaction 심리 공포반응(恐怖反應)
phobic disorders 심리 공포장애(恐怖障礙)
phon 음향 (1,000Hz의 기준음과 같은 크기로 들리는 기준음압) 폰 *cf.* sone
phon scale 음향 폰 척도(尺度) *cf.* sone scale
phonasthenia 생리 발성 무력증(發聲無力症)
phonation 발성(發聲), 음성산출(音聲産出) *cf.* vocalization
phonation break 발성중단(發聲中斷)
phonation disorders 발성장애(發聲障礙) *cf.* voice disorders
phonation process 발성과정(發聲過程)
phonation quotient(PQ) 통계 발성지수(發聲指數)
phonation range 발성범위(發聲範圍)
phonation stage 언어발달 발성단계(發聲段階) *cf.* cooing stage
phonation threshold airflow(PTA) 발성역치기류(發聲閾值氣流)
phonation threshold flow 발성역치호기율(發聲閾值呼氣率)
phonation threshold pressure(PTP) 발성역치압력(發聲閾值壓力)
phonation time 발성시간(發聲時間) *cf.* maximum phonation time
phonation type 발성유형(發聲類型)
phonatory aberations 생리 발성이상(發聲異常)
phonatory aerodynamic system(PAS) 음성공기역학기(音聲空氣力學器)
phonatory air volume 발성시 공기량(發聲時空氣量)
phonatory blockage 발성폐쇄(發聲閉鎖)
phonatory deviation 발성편차(發聲偏差)
phonatory disorders 발성장애(發聲障礙)
phonatory efficiency 발성효율(發聲效率)
phonatory function 발성기능(發聲機能)
phonatory functional analyzer 발성기능 분석기(發聲機能分析機)
phonatory incompetence 발성불능(發聲不能)
phonatory onset 발성개시(發聲開始)
phonatory organ 발성기(發聲器)
phonatory resistance 발성저항(發聲抵抗)
phonatory system 발성체계(發聲體系)
phone 개별음(個別音)
phoneme 음소(音素), 음운(音韻) *cf.* grapheme
phoneme croissant 점강음(漸强音) ↔ phoneme décroissant
phoneme decoding 언어발달 음운해독(音韻解讀), 음소해독(音素解讀)
phoneme decroissant 점약음(漸弱音) ↔ phoneme croissant
phoneme deletion task 언어습득 음소탈락과제

P

(音素脫落課題)

phoneme discovery procedure 음소발견절차(音素發見節次)

phoneme discrimination 음운 음운식별력(音韻識別力), 음소식별력(音素識別力)

phoneme identification 언어발달 음소확인(音素確認)

phoneme level 음소레벨

phoneme non-apparie 짝 없는 음소

phoneme-specific nasal emission 특정음소비누출(特定音素鼻漏出)

phoneme synthesis 음소합성(音素合成) *cf.* speech synthesis

phonemic analysis 음운 음소분석(音素分析)

phonemic awareness 언어발달 음소인식(音素認識) *cf.* phonological awareness

phonemic change 음운 음소변화(音素變化) = phonological change *cf.* phonetic change

phonemic clause 음소절(音素節)

phonemic contrasts 음소적 대조(音素的對照) *cf.* phonetic contrasts

phonemic cueing 음운 음소단서(音素端緖)

phonemic decoding skill 언어발달 음운해독 기술(音韻解讀技術)

phonemic description 음운표기(音韻表記) *cf.* phonetic description

phonemic diphthong 음운 음소적 이중모음(音素的二重母音)

phonemic distinction 음소적 차이(音素的差異)

phonemic element 음소적 요인(音素的要因)

phonemic error 언어발달 음소 오류(音素誤謬), 음운 오류(音韻誤謬)

phonemic family 음소족(音素族)

phonemic fluency 조음 음소유창성(音素流暢性)

phonemic form 음운 음소형(音素形), 음소적 형태(音素的形態)

phonemic hearing 음운청취(音韻聽取)

phonemic inventory 음운목록(音韻目錄) *cf.* phonetic inventory

phonemic jargon 음소적 자곤

phonemic level 음운 음소 레벨

phonemic notation 음운 음소표기법(音素表記法)

phonemic opposition 음운 음소대립(音素對立)

phonemic overlapping 음운 음소중복(音素重複)

phonemic paraphasia 생리 음소착어증(音素錯語症) *cf.* meaning paraphasia

phonemic phrase 음소구(音素句)

phonemic regression 음소퇴화(音素退化)

phonemic representation 음운 음소표시(音素標示) *cf.* phonetic representation

phonemic restoration 음소회복(音素回復)

phonemic segment 음운 음소적 분절음(音素的分節音)

phonemic similarity 음운 유사성(音韻類似性) *cf.* phonetic similarities

phonemic sound change 음운적 음변화(音韻的音變化)

phonemic syllable 음소적 음절(音素的音節)

phonemic synthesis 음성공학 음소합성(音素合成) *cf.* speech synthesis

phonemic transcription 음운 음운전사(音韻轉寫), 음운표기(音韻表記) = broad transcription ↔ phonetic transcription

phonemic word 음소어(音素語)

phonemic writing 음소문자(音素文字) = alphabetic writing *cf.* syllabic writing

phonemicization 음운 음소화(音素化) *cf.* rephonemicization

phonemics 옛 음소론(音素論), 음운론(音韻論) = phonology

phonesthemes 음성어간(音聲語幹)

phonetic alphabet 음성자모(音聲字母)

phonetic analysis 음성분석(音聲分析)

phonetic articulation error 조음 음성적 조음 오류(音聲的調音誤謬)

phonetic boundary 음성경계(音聲境界)

phonetic categories 음성범주(音聲範疇)
phonetic change 음성변화(音聲變化)
cf. phonological change
phonetic class 음성적 분류(音聲的分類)
phonetic component 음성부(音聲部)
phonetic context 음성적 문맥(音聲的文脈)
phonetic contrasts 음성 대조법(音聲對照法)
cf. phonemic contrast
phonetic derivation (목표) 음성유도(音聲誘導)
phonetic description 음성 표기(音聲表記)
cf. phonemic description
phonetic discrimination 음성적 변별(音聲的辨別)
phonetic disorders 음성장애(音聲障礙) = voice disorders
phonetic drift 음성적 표류(音聲的漂流)
phonetic entity 음성적 실재(音聲的實體)
phonetic errors 음성오류(音聲誤謬)
phonetic features 음성자질(音聲資質)
cf. phonological features
phonetic form rules 음성 형태규칙(音聲形態規則)
phonetic group 음성군(音聲群), 음군(音群)
phonetic inventory 음성목록(音聲目錄)
cf. phonemic inventory
phonetic level 음성 층위(音聲層位)
phonetic method 음성학적 방법(音聲學的方法)
phonetic motivation 음성동기(音聲動機)
phonetic notation 음성표기법(音聲表記法)
phonetic overshoot 음성적 과대실현(音聲誇大實現)
phonetic pattern 음성유형(音聲類型)
phonetic placement 음성배치(音聲配置)
phonetic placement method 음성배치법(音聲配置法)
phonetic plausibility 음성적 가능성(音聲的可能性)
phonetic power 음성 파워
phonetic property 음성적 특성(音聲的特性)
phonetic reality 음성적 실재(音聲的現實)
phonetic representation 음성표시(音聲表示)
cf. phonemic representation
phonetic segments 음성분절(音聲分節)
phonetic similarity 음성적 유사성(音聲的類似性) *cf.* phonemic similarities
phonetic sound change 음성적 음변화(音聲的音變化)
phonetic specification 음성적 명시(音聲的明示)
phonetic substitution 음성대치(音聲代置)
phonetic syllables 음성적 음절 (音聲的音節)
phonetic symbolism 음성상징(音聲象徵)
cf. sound symbolism
phonetic symbols 음성기호(音聲象徵)
phonetic system 음성체계(音聲體系)
phonetic transcription 음성전사(音聲轉寫), 음성표기(音聲表記) = narrow transcription ↔ phonemic transcription
phonetic transparency 음성적 투명성(音聲的透明性)
phonetic undershoot 음성적 과소실현(音聲過小實現)
phonetic variation 음성변이(音聲變異)
phonetically conditioned rule 음성적으로 조건화된 규칙
phonetically consistent forms(PCFs) 음성적으로 일관된 형태
phonetician 음성학자(音聲學者)
phonetics 음성학(音聲學)
phoniatrician 음성의학자(音聲醫學者)
phoniatrics 음성병학(音聲病學) = phoniatry
phonic ear 휴대용 보청기(携帶用補聽器), 포닉이어
phonic mediation theory 음성 중재이론(音聲仲裁理論)
phonics 언어발달 발음 중심의 읽기
phono- '음(音)', '소리'의 의미

phonogram 표음문자(表音文字) *cf.* ideogram
phonological agraphia 생리 음운실서증(音韻失書症) *cf.* lexical agraphia
phonological alexia 생리 음운실독증(音韻失讀症)
phonological alternation 음운 음운적 교체(音韻的交替) *cf.* morphological alternation
phonological ambiguity 언어발달 음운적 중의성(音韻的重義性), 음운적 애매성(音韻的曖昧性) *cf.* deep-structure ambiguity
phonological analysis 음운분석(音韻分析)
phonological assesment of child speech (PACS) 음운 아동구어 음운평가(兒童口語音韻評價)
phonological asymmetry 음운론적 비대칭성(音韻論的非對稱性)
phonological awareness(PA) 언어습득 음운인식(音韻認識) *cf.* morphological awareness
phonological awareness approach 음운인식 접근(音韻認識接近) *cf.* metaphon therapy
phonological awareness skills 음운인식능력(音韻認識能力)
phonological change 음운변화(音韻變化) *cf.* phonetic change
phonological circuits 음운적 회로(音韻的回路)
phonological coding 음운부호화(音韻符號化) ↔ phonological decoding
phonological component 의미 음운부(音韻部) *cf.* syntactic component
phonological conditioning 음운론적 조건화(音韻論的條件化)
phonological constraints 음운제약(音韻制約)
phonological contrast 음운대조(音韻對照) *cf.* phonological opposition
phonological correlation 음운적 상관(音韻的相關)
phonological decoding 음운해독(音韻解讀)
phonological delay 언어발달 음운 발달지체(音韻發達遲滯)
phonological derivation 음운도출(音韻導出)
phonological disorders 음운장애(音韻障礙) *cf.* articulation disorders
phonological domain 음운론적 영역(音韻論的領域), 음운적 영역(音韻的領域)
phonological dysgraphia 생리 음운론적 쓰기장애
phonological dyslexia 음운론적 읽기장애
phonological encoding mechanism 음운 음운부호화 기제(音韻符號化機制)
phonological features 음운자질(音韻資質) *cf.* phonetic features
phonological format 언어발달 음운론적 체제(音韻論的體制) = phonological template
phonological frame 음운적 틀
phonological gap 음운적 공백(音韻的空白)
phonological interpretation 음운해석(音韻解釋) *cf.* semantic interpretation
phonological knowledge 음운지식(音韻知識)
phonological level 음운단계(音韻段階)
phonological lexicon 음운 어휘집(音韻語彙集)
phonological mean length of utterance(PMLU) 음운 발화당 평균음운길이
phonological neighboring words 음운적 인접어(音韻的隣接語), 음운적 인접낱말
phonological opposition 음운대립(音韻對立) *cf.* phonological contrast
phonological pattern 음운양식(音韻樣式), 음운패턴
phonological phase 음운구(音韻句) *cf.* intonational phrase
phonological process 음운처리(音韻處理)
phonological process analysis 음운처리분석(音韻處理分析)
phonological process approach 음운처리접근법(音韻處理接近法)
phonological processing skills 음운처리 능력

(音韻處理能力)
phonological property 음운특성(音韻特性)
phonological recoding route 음운재부호 경로(音韻再符號經路)
phonological redundancy rule 음운잉여규칙(音韻剩餘規則)
phonological representation 음운표상(音韻表象), 음운표시(音韻表示)
phonological route 음운경로(音韻經路)
phonological rules 음운규칙(音韻規則)
phonological segment 음운적 분절음(音韻的分節音)
phonological similarity effect 음운 유사성효과(音韻類似性效果)
phonological space 음운공간(音韻空間) *cf.* vowel space
phonological specification 음운적 명시(音韻的明示)
phonological storage 음소 저장고(音素貯藏庫)
phonological string 음운 연결체(音韻連結體), 음운 연속체(音韻連續體)
phonological system 음운체계(音韻體系)
phonological template 언어발달 음운론적 형판(音韻論的型板) = phonological format
phonological unit 음운단위(音韻單位)
phonological utterance 음운적 발화(音韻的發話)
phonological variable 음운변항(音韻變項)
phonological word 음운적 단어(音韻的單語), 음운어(音韻語)
phonological working memory 어어발달 음운작업기억(音韻作業記憶) = phonological memory
phonology 음운론(音韻論) 옛 phonemics
phonon 포논
phonopathy 발성이상(發聲異常)
phonophobia 생리 소리공포증(恐怖症)
phonoscopic examination 포노스코픽 검사(檢査)
phonosurgeon 음성외과의사(音聲外科醫師)
phonosurgery 음성외과학(音聲外科學)
phonotactic constraints 음소배열제약(音素配列制約)
phonotactic cues 음운 음소배열론적 단서(音素配列論的端緖)
phonotactic probability 통계 음소배열 확률(音素配列確率)
phonotactic regularity 음운 음소배열규칙성(音素配列規則性) = phonotactic rule
phonotactic rule 음운 음소배열규칙(音素配列規則) = phonotactic regularity
phonotactics 음운 음소배열론(音素配列論)
phonotrauma 생리 음성외상(音聲外傷)
phonotraumatic behavior 음성외상적 행동(音聲外傷的行動)
phony listening 가짜경청, 거짓듣기
phosphorus 인(燐)
photo articulation test(PAT) 사진조음검사(寫眞調音檢査)
photoacoustic excitation 음향 광음향여기(光音響勵起)
photodetection 광검파(光檢波)
photodynamic therapy(PDT) 광역학치료(光力學治療)
photoglottography(PGG) 음성의학 성문사진술(聲門寫眞術), 광(光) 그로토그라피
photophobia 생리 광선공포증(光線恐怖症)
photoreceptor 광수용기(光受容器) *cf.* thermoreceptor
phrasal accent 구 악센트
phrasal category 구 범주(句範疇)
phrasal coordination 구 등위접속(句等位接續)
phrasal-prepositional verb 구전치 동사(句前置動詞)
phrasal verb 구 동사(句動詞)
phrase 구(句)
phrase interjection 구첨가(句添加)

P

phrase-marker 통사 구구조 표지(句構造標識)
phrase repetition 말더듬 구반복(句反復)
phrase stress 구강세(句强勢)
phrase-structure component 통사 구구조부(句構造部)
phrase structure grammar 통사 구구조문법(句構造文法)
phrase structure rules 통사 구구조규칙(句構造規則)
phrase structure violation 통사 구구조의 변형
phrasing 어법(語法)
phrenic nerve 해부 횡격신경(橫擊神經)
phrenic nerve paralysis 신경 횡격신경마비(橫擊神經痲痺)
phrenic nucleus 해부 횡격신경핵(橫擊神經核), 가로막신경핵
phrenic paralysis 신경 횡격마비(橫擊痲痹) =phrenoplegia
phrenic reaction 횡격반응(橫擊反應)
phrenoesophageal ligament 해부 횡격-식도 인대(橫擊食道靭帶)
phrenology 골상학(骨相學)
phrenoplegia 신경 횡격마비(橫擊膜痲痹) =phrenic paralysis
psychogenic voice therapy 심리적 음성치료(心理的音聲治療) *cf.* symptomatic voice therapy
phylogenesis 계통발생학(系統發生學) =phylogeny
physical 신체적(身體的)인, 물리적(物理的)인 ↔ mental
physical abilities and positioning AAC 운동능력 및 자세잡기
physical abuse 신체적 학대(身體的虐待)
physical characteristics 신체적 특성(身體的特性)
physical concomitants 신체적 수반행동(身體的隨件行動)
physical contact 신체적 접촉(身體的接觸)
physical co-presence 물리적 공존(物理的共存)
physical development 신체발달(身體發達)
physical disability 신체적 장애(身體的障礙) ↔ mental disability
physical entity 물리적 실재(物理的實在)
physical environment 물리적 환경(物理的環境)
physical health 신체건강(身體健康) ↔ mental health
physical justification 언어발달 물리적 정당화(物理的正當化)
physical medicine 물리의학(物理醫學), 물리요법(物理療法)
physical organ 육체적 기관(肉體的器官) ↔ mental organ
physical phonetics 물리음성학(物理音聲學) *cf.* acoustic phonetics
physical prompts 삼킴 신체적 촉진법(身體的促進法) *cf.* natural prompts
physical representation 물리적 표상(物理的表象)
physical symptoms 신체적 증상(身體的症狀)
physical work capacity 신체운동능력(身體運動能力)
physically handicapped 신체장애자(身體障礙者) ↔ mentally handicapped
physics 물리학(物理學)
physiologic abnormality 생리학적 이상(生理學的異常)
physiological acoustics 생리음향학(生理音響學)
physiological age(PA) 생리적 연령(生理的年齡) *cf.* mental age
physiological aging 생리적 노화(生理的老化)
physiological control system 생리조절계(生理調節系)
physiological modification 삼킴 생리학적 수정기법(生理學的修正技法) *cf.* postural modification
physiological need 생리적 욕구(生理的慾求)

physiological phonetics 생리음성학(生理音聲學) *cf.* articulatory phonetics
physiological psychology 생리심리학(生理心理學)
physiological state 생리적 상태(生理的狀態)
physiological sulcus 생리 생리적 구증(生理的溝症) *cf.* sulcus vocalis
physiological vowel diagram 생리학적 모음도식도(生理學的母音圖式)
physiology 생리학(生理學)
pia mater 해부 연막(軟膜) *cf.* meninges
PIA(pulmonic ingressive airstream) 폐흡기류(肺吸氣流), 폐들숨기류
Piaget, Jean William 피아제(1896~1980) 스위스의 발달심리학자
PIC(pictograph ideogram communication) 그림사진 표의문자식 의사소통
PIC(proposition island condition) 명제적 섬조건
PICA(Porch index of communication ability) 신경 포치 의사소통능력지수(意思疏通能力指數)
PICA(posterior inferior cerebellar artery) 해부 후하소뇌동맥(後下小腦動脈) ↔ AICA
pica behaviors 이식행동(異食行動)
pictogram 상형문자(象形文字), 그림문자 = hieroglyphic script *cf.* cuneiform
pictogram-ideogram communication(PIC) 상형문자-표의문자 의사소통(象形文字表意文字意思疏通)
pictograph 상형문자(象形文字), 그림문자 = hieroglyph *cf.* ideograph
pictographic symbols 상형문자 상징(象形文字象徵), 그림문자 상징(象徵) *cf.* ideographic symbols
pictorial analogies(PA) (비언어지능검사의) 그림유추 *cf.* geometric analogies
pictorial aphasia 신경 회화성 실어증(繪畫性失語症)
pictorial categories(PC) (비언어지능검사의) 그림범주 *cf.* geometric categories
pictorial sequences(PS) (비언어지능검사의) 그림순서 *cf.* geometric sequences
pictorial test of intelligence 심리 그림지능검사
picture arrangement AAC 그림배열
picture articulation and language screening test(PALST) 조음 그림조음언어선별검사(調音言語選別檢査)
picture communication symbols(PCS) AAC 그림의사소통상징(意思疏通象徵)
picture description item AAC 그림묘사항목
picture element 그림요소
picture exchange communication system (PECS) AAC 그림교환 의사소통체계
picture identification 언어발달 그림판별
picture naming 그림 명명하기
picture naming word reading 그림 명명하기 단어읽기
picture noun 그림명사
picture-photo dictionary AAC 사진-그림사전(辭典)
picture selection task 언어발달 그림선택과제
picture speech discrimination test(PSDT) AAC 그림-말소리 변별검사(辨別檢査)
picture symbol sequences AAC 그림상징 연속체(象徵連續體)
picture vocabulary test(PVT) AAC 그림어휘검사(語彙檢査)
pidgin 언어습득 혼성어(混成語), 피진 *cf.* creole
pidginization 언어습득 혼성화(混成化) *cf.* creolization
pidginization hypothesis 언어습득 혼성화가설(混成化假說)
pidginized language 언어습득 피진어 = mixed language *cf.* creolized language
piecewise linear 부분선형(部分線型)

pied piping 선도규칙(先導規則), 선도규약(先導規約)
Pierre Robin syndrome 생리 (선천성 안면기형) 피에르 로빈 증후군
Piers-Harris children's self-concept scale 피어스-해리스 아동자기개념척도(兒童自己概念尺度)
piezoelectric accelerometer 압전형 가속도계(壓電形加速度計)
piezoelectric ceramic 압전 세라믹
piezoelectric constant 압전상수(壓電常數)
piezoelectric crystal 압전 크리스탈
piezoelectric effect 압전효과(壓電效果)
piezoelectric loudspeaker 압전형 스피커
piezoelectric microphone 압전형 마이크로폰
piezoelectric polymer 압전성 폴리머
piezoelectric sounder 압전형 음향거리측정기(壓電形音響距離測程器)
piezoelectric stress constant 압전 응력상수(壓電應力常數)
piezoelectricity 압전기(壓電氣)
pigmentary degeneration 눈 색소침착 퇴화(色素沈着退化)
pigmentation 눈 색소침착(色素沈着)
PIIS(parent-infant interaction scale) 언어발달 부모유아 상호작용척도(父母乳兒相互作用尺度)
pilot study 예비연구(豫備硏究) = preliminary study
pilot testing 예비검사(豫備檢査)
PIMFY(please in my front yard) 핌피, 수용적 지역이기주의(受容的地域利己主義) ↔ NIMBY
Pimsleur language aptitude battery(PLAB) 핌슬러 언어적성검사(言語適性檢査)
pinea 해부 송과(松果)
pineal body 해부 송과체(松果体)
pineal gland 해부 송과선(松果腺)
pineal recess 해부 송과체함요(松果體陷凹), 송과체오목
ping 핑
pink noise 음향 핑크 잡음, 핑크 소음
pinna 해부 이개(耳介), 귓바퀴 단수형 pinnae = pinna aurium
pinna reflex 신경 이개반사(耳介反射)
piriform fossa 해부 이상와(梨狀窩)
piriform muscle 해부 조롱박근
piriform neuron layer 해부 조롱박층
piriform recess 해부 조롱박세포
piriform sinus 해부 이상동(梨狀洞), 조롱박오목
piston radiation impedance 피스톤 방사저항(放射抵抗)
piston source 피스톤형 음원
pitch 피치
pitch accent 피치 악센트, 고저 악센트
pitch break 음향 피치 단절 *cf.* voice break
pitch declination 피치 하강
pitch determination algorithm(PDA) 피치결정 알고리즘
pitch direction 피치 방향
pitch discrimination 피치 변별(辨別)
pitch disorders 피치 장애
pitch height 피치 높이
pitch inflection 음향 피치 굴절, 피치 변화
pitch level 피치 레벨
pitch locked dysphonia 피치고정 발성장애(音度固定發聲障礙)
pitch matching 피치 매칭
pitch movement 피치 이동
pitch pattern 피치 유형(類型)
pitch perception 심리 피치 지각(知覺)
pitch period 피치 주기(週期)
pitch period perturbation quotient 피치 주기 변동지수
pitch placement 피치 배치
pitch range 피치 범위

pitch scale 피치 척도(尺度)
pitch shift 피치 변화
pitch slope 피치 경사각(傾斜角)
pitch-synchronous analysis 피치 동시분석(同時分析)
pitch trace 피치 궤적
pitch variation 피치 변이
pituitary adenoma 뇌하수체선종(腦下垂體腺腫)
pituitary disease 뇌하수체질환(腦下垂體疾患)
pituitary disorders 뇌하수체장애(腦下垂體障礙)
pituitary gland 뇌하수체 선(腦下垂體腺)
pituitary hormone 뇌하수체 호르몬
pituitary insufficiency 뇌하수체 기능부전(腦下垂體機能不全)
pivot 축(軸), 주축(主軸)
pivot grammar 주축문법(主軸文法)
pivot joint 해부 중심관절(中心關節)
pivot schema 언어발달 주축어 도식(主軸語圖式) *cf.* word combination
pivot word 언어발달 주축어(主軸語) *cf.* open word
pixel 화소(畫素), 픽셀
PLAB(Pimsleur language aptitude battery) 핌슬러 언어적성검사(言語適性檢查)
place 위치(位置), 장소(場所)
place assimilation 조음 위치동화(位置同化)
place feature 조음 위치자질(位置資質)
place name 지명(地名)
place of articulation 조음위치(調音位置) *cf.* manner of articulation
place of articulation feature 조음위치자질(調音位置資質)
place specificity 위치특수성(位置特殊性)
place theory 위치이론(位置理論)
place theory of hearing 청각위치이론(聽覺位置理論)
place tier 조음 위치층렬(位置層列)
placebo 가짜약, 플라시보
placebo effect 심리 위약효과(僞藥效果) ↔ nocebo effect
placenta 태반(胎盤)
PLAI(preschool language assessment instrument) 학령전 언어평가도구(學齡前言語評價道具), 취학전 언어평가도구(就學前言語評價道具)
plain 평이성(平易性)
plain consonants 조음 평자음(平子音)
plane 평면(平面)
plane joint 해부 평면관절(平面關節)
plane progressive wave 음향 평면 진행파(平面進行波)
plane wave 음향 평면파(平面波)
plane wave excitation 신경 단순파 흥분(單純波興奮)
plane wave field 음향 평면파장(平面波場)
plane wave mode 음향 평면파 모드
planification 계획화(計劃化)
planigraphy 뇌과학 단층촬영술(斷層撮影術)
planned discourse 계획된 담화(談話)
planning praxis 계획적 동작(計劃的動作) *cf.* executive praxis
plantar reflex 신경 (신생아의) 발바닥 반사(反射) = Babinski reflex
plantar response 신경 (신생아의) 발바닥 반응(反應) = plantar reflex
plasma 해부 혈장(血漿), 림프장
plasma membrane 해부 세포막(細胞膜) = cell membrane
plasmalemma 해부 세포막(細胞膜) = plasma membrane
plasmocyte 해부 형질세포(形質細胞)
plasticity (뇌의) 가소성(可塑性)
plate 판(板)
plate absorber 판흡음재
plate bending-wave speed 음향 판 굽힘파 속도
plate reverberation 잔향판(殘響板)
plateau (1) 고원(高原) (2) 안정기(安定期)

plateau method 덮개기술
plateau phenomenon 고원현상(高原現象)
platelets 해부 혈소판
Plato's problem 프라톤 문제
platysma muscle 해부 광경근(廣頸筋), 넓은목근
platysma reflex 신경 광경근반사(廣頸筋反射), 넓은목근반사
play audiometry(PA) 청각 놀이청력검사(聽力檢査) *cf.* behavioral observation audiometry
play boards 놀이판
play group 놀이집단 *cf.* communication partners
play-oriented interaction 놀이중심 상호작용(相互作用)
play-oriented language intervention 놀이중심 언어중재(言語仲裁)
play partners 놀이상대
play therapy 놀이치료, 유희치료(遊戲治療)
playmate 놀이친구
please in my front yard(PIMFY) 핌피, 수용적 지역이기주의(受容的地域利己主義) ↔ not in my back yard
pleonastic comparison 용어비교(用語比較)
pleonastic element 용어적 요소(用語的要素)
pleura 해부 흉막(胸膜), 가슴막
pleural cavity 해부 흉막강(胸膜腔) = pleura space
pleural effusion 생리 흉막유출(胸膜流出)
pleural fluid 생리 흉막액(胸膜液)
pleural layer 해부 흉막층(胸膜層)
pleural linkage 해부 흉막연쇄(胸膜連鎖)
pleural pressure 흉막압(胸膜壓)
pleural pressure index 흉막압지수(胸膜壓指數)
pleural recess 해부 흉막와(胸膜窩), 가슴막오목
pleural rings 해부 흉막고리
pleural sac 해부 흉막낭(胸膜囊)
pleuralgia 생리 흉막통(胸膜痛)
pleurectomy 해부 흉막절제술(胸膜切除術)
pleuritis 생리 흉막염(胸膜炎)
PLI(primary language impairment) 언어발달 단순언어장애(單純言語障礙) = SLI *cf.* secondary language impairment
Plica vestibularis 가성대(假聲帶), 실주름 = ventricular folds, false vocal folds
Plica vocalis 진성대(眞聲帶) = true vocal cords, true vocal folds *cf.* ventricular folds
PLL(phase locked loop) 위상동기 루프
plosive consonants 조음 파열자음(破裂子音) = stop consonant
plosive-injection method 파열주입 방법(破裂-注入方法)
plosive sounds 조음 파열음(破裂音) = stop sounds
plot 구성(構成), 플롯
PLS(preschool language scale) 언어발달 학령전 언어척도(學齡前言語尺度), 취학 전 언어척도(就學前言語尺度)
PLST(preschool language screening test) 언어발달 학령 전 언어선별검사(學齡前言語選別檢査), 취학전 언어선별검사(就學前言語選別檢査)
plural 복수(複數) *cf.* singular
pluralism 다원론(多元論) *cf.* monism, dualism
plus juncture 플러스 연접(連接)
plus rule feature 플러스 규칙자질(規則資質)
PMLU(phonological mean length of utterance) 음운 발화당 평균음운길이
PNE(pediatric neurodevelopmental examinations) 소아신경발달검사(小兒神經發達檢査)
pneumatic artificial larynx 공기 압축식 인공후두기(空氣壓縮式人工喉頭器)
pneumatic device for alaryngeal speech 무후두발성용 공기압축장치(無喉頭發聲用空氣壓縮裝置) *cf.* electronic device for alaryngeal speech

pneumatic loudspeaker 기류 스피커
pneumo- '호흡(呼吸), 폐(肺)'의 의미
pneumoconiosis 생리 진폐증(塵肺症)
pneumogram 기체조영상(氣體造影像)
pneumography 기체조영술(氣體造影術)
pneumonia 폐렴(肺炎)
pneumotachogram 호흡속도그램
pneumotachograph 호흡속도계(呼吸速度計)
pneumotaxic center 신경 지속성 흡식중추(持續性吸息中樞) *cf.* apneustic center
pneumothorax 생리 기흉(氣胸)
PNFA(progressive nonfluent aphasia) 신경 진행성 비유창 실어증(進行性非流暢失語症)
PNL(perceived noise level) 음향 지각소음레벨
PNS(peripheral nervous system) 말초신경계(末梢神經系) ↔ CNS
pocket 주머니
poetic diction 시어(詩語)
poetic metaphor 인지 시적 은유(詩的隱喩) = new metaphor ↔ conventional
poetry 시(詩)
point of articulation 조음 조음점(調音點) *cf.* place of articulation
point of subjective equality(PSE) 주관적 등가치(主觀的等價值)
point of view 관점(觀點) = viewpoint
point vowels 모음점(母音點)
pointing 언어발달 가리키기 *cf.* acting out
polarity 극성(極性)
polarity rule feature 극성 규칙자질(極性規則資質)
polarity schema 인지 극성 도식(極性圖式) *cf.* goal schema
polarization 신경 분극(分極) ↔ depolarization *cf.* repolarization
polarization vector 분극 벡터
polarization voltage 신경 분극전압(分極電壓)
poliomyelitis 척수성 소아마비(脊髓性小兒痲痺), 회색질 척수염
politeness 정중성(鄭重性)
politeness formula 정중성 공식(鄭重性公式)
politzerization 폴리처 통기법
poly- '많은'의 의미
polygamy 일부다처(一夫多妻)
polygenesis 다원설(多元說)
polygenic 다유전자성(多遺傳子性) *cf.* monogenic
polygenic explanation 다유전자성 설명(多遺傳子性說明)
polyglossia 다언어사회(多言語社會), 다층언어(多層言語) *cf.* diglossia
polygraph 폴리그래프, 복사기
polymodally mapped 다양식의 연결
polymorphemic utterances 다형태소 발화(多形態素發話)
polymorphemic word 다형태소어(多形態素語) ↔ monomorphemic word
polymyostis 생리 다발성 근염(多發性筋炎)
polyneuritis 생리 다발신경염(多發神經炎)
polyp 생리 용종(茸腫), 폴립
polyphasic action potential 신경 다단계 활동전위(多段階活動電位) ↔ monophasic action potential
polyphony 다성음악(多聲音樂), 폴리포니
polypoid 용종성(茸腫性), 폴립성
polypoid degeneration 생리 용종성 변성(茸腫性變性) = Reinke's edema
polypoid vocal nodules 생리 용종성 성대결절(茸腫性聲帶結節)
polysemant 다의어(多義語) = polyseme *cf.* monoseme
polyseme 다의어(多義語) = polysemant *cf.* monoseme
polysemy 다의관계(多義關係)
polysemy fallacy 의미 다의성 오류(多義性誤謬)
polysyllabic words 다음절어(多音節語), 다음절낱말 *cf.* monosyllabic words

polysynthetic language 집합어(輯合語) *cf.* incorporating

polytomography 다단층사진촬영장치(多斷層撮影裝置)

POM(pragmatics observational measure) 화용 화용관찰방법(話用觀察方法)

pons 해부 뇌교(腦橋), 다리뇌 = metencephalon

pontine lateral reticular nucleus 해부 다리뇌 가쪽그물핵

pontine nuclei 해부 다리뇌핵

pontine raphe 해부 다리뇌 솔기

pontine reticulospinal tract 해부 뇌교망상척수로(腦橋網狀脊髓路)

pontine tegmental reticular nucleus 해부 뇌교피개망상핵(腦橋被蓋網狀核)

pontocerebellar fibers 해부 뇌교소뇌섬유(腦橋小腦纖維)

pontocerebellar trigone 해부 뇌교소뇌삼각(腦橋小腦三角)

pontomedullary junction 해부 뇌교연수 이행부(腦橋延髓延接部)

poor oral hygiene 구강위생 불량(口腔衛生不良)

popular etymology 민간어원설(民間語源說) = folk etymology, pseudo-etymology

popular fallacy 흔히 있는 오류(誤謬)

popular music 대중음악(大衆音樂)

population (1) 인구(人口) (2) 통계 모집단(母集團) = population parameter

Porch index of communication ability(PICA) 신경 포치 의사소통능력지수(意思疏通能力指數)

porosity 공극률(孔隙率)

porous absorber 다공질 흡음재(多孔質吸收材)

porous material 다공질 재료(多孔質材料)

portable adaptable communication(PAC) 휴대용 보조의사소통기(携帶用補助意思疏通器)

portmanteau 혼성어(混成語)

position 위치(位置)

position de neutralisation 음운 불 중화위치(中和位置)

position de pertinence 불 변별위치(辨別位置), 변별자리

position generalization 위치 일반화(位置一般化)

position of articulation 조음위치(調音位置) = place of articulation

position of articulatory constriction 조음 좁힘점

position potentiometer 신경 위치 전위차계(位置電位差計)

position sensation 신경 위치각(位置覺) *cf.* deep sensation

positional effect 위치효과(位置效果)

positional nystagmus 위치적 안진(位置的眼震)

positional parameters 위치 매개변수(位置媒介變數) *cf.* dynamic parameters

positional prominence 음운 위치적 탁립(位置的卓立), 위치적 돋들림

positional variant 위치적 변이(位置的變異)

positional vertigo 생리 위치적 현기증(位置的眩氣症)

positive attitude 긍정적 태도(肯定的態度) = positive attitude ↔ negative attitude

positive behavior support 긍정적 행동지원(肯定的行動支援)

positive correlation 통계 양의 상관관계(相關關係) ↔ negative correlation

positive effect 긍정적 효과(肯定的效果) ↔ negative effect

positive electrode 양극(陽極) ↔ negative electrode

positive emotion 긍정적 정서(肯定的情緖)

positive end-expiratory pressure(PEEP) 생리 양-종말 호기압(陽終末呼氣壓)

positive evidence 긍정적 근거(肯定的根據)

positive feedback 긍정적 피드백 ↔ negative feedback

positive impact 긍정적 영향(肯定的影響) ↔ negative impact

positive ion 양이온 ↔ negative ion

positive pole 양극(陽極) ↔ negative pole

positive politeness 긍정적 예의(肯定的例義)

positive politeness strategy 긍정적 예의책략(肯定的例義策略)

positive practice 긍정적 실행(肯定的實行)

positive predictive value 양성 예측치(陽性豫測値) ↔ negative predictive value

positive pressure 양압(陽壓) ↔ negative pressure

positive pressure principle 양압법(陽壓法) ↔ negative pressure principle

positive pressure ventilation 양압환기(陽壓換氣)

positive reinforcement 심리 (행동수정의) 정적 강화(正的强化) ↔ negative reinforcement *cf.* intermittent reinforcement

positive reinforcer 심리 정적 강화물(正的强化物) ↔ negative reinforcer

positive response 긍정적 반응(肯定的反應) ↔ negative response

positive sentence 긍정문(肯定文) = affirmative sentence ↔ negative sentence

positive spike waves 음향 양성 극파(陽性棘波) ↔ negative spike waves

positive support reflex 양성 지지반사(陽性支持反射) ↔ negative support reflex

positive syllable structure constraints(PSSC) 긍정적 음절구조제약(肯定的音節構造制約)

positive symptom 생리 양성 증상(陽性症狀) ↔ negative symptom

positive transfer 긍정적 전이(肯定的轉移) ↔ negative transfer

positive tropism 긍정적 친화성(肯定的親和性)

positivism 실증주의(實證主義) *cf.* negativism

positivism school 실증주의 학파(實證主義學派)

positron emission tomography(PET) 뇌과학 양전자방출 단층촬영술(陽電子放出斷層撮影術)

possessive case 소유격(所有格) *cf.* genitive case

possessive construction 통사 소유구문(所有構文)

possessive genitive 소유격(所有屬格)

possessive pronoun 소유대명사(所有代名詞)

possessor 소유자(所有者)

possessor-possession 소유자-소유(所有者-所有)

possible-world semantics 의미 가능세계의미론(可能世界意味論) *cf.* truth-conditional semantics

post- '뒤(後)'의미

post-alveolar click 조음 후치조 혀차는 소리

post-alveolar flap 조음 후치조 탄설음(後齒槽彈舌音), 뒤-치조 탄설음

post-Bloomfieldian 후기 블룸필드학파

postcentral gyrus 해부 중심후회(中心後回), 중심뒤이랑 = primary sensory cortex, sensory strip ↔ precentral gyrus

postcentral sulcus 해부 중심후구(中心後溝) ↔ precentral sulcus

postconceptual age 후개념적 시기(後概念的時期)

postconsonantal vowel 음운 후자음성 모음(後子音性母音)

post-creole continuum 후기 크리올 연속체(連續體)

post-cyclic rule 후순환규칙(後循環規則)

postdeterminer 후한정사(後限定詞)

post hoc test 사후검증(事後檢證)

post potential 신경 후 전위(後電位) ↔ prepotential

post traumatic stress disorder 심리 외상 후 스트레스 장애

postal fixation 자세고정(姿勢固定)

P

posterior (1) 후측(後側)의, 등쪽의 = dorsal ↔ anterior, ventral (2) 음운 후방성(後方性) ↔ anterior

posterior accessory olivary nucleus 해부 뒤덧올리브핵 ↔ anterior accessory olivary nucleus

posterior ampullar nerve 해부 후팽대부신경(後膨大部神經) ↔ anterior ampullar nerve

posterior anterior plane 뒤 앞면

posterior anterior view 뒤앞방향 시야(視野)

posterior auricular artery 해부 후이개동맥(後耳介動脈) ↔ anterior auricular artery

posterior auricular muscle 해부 후이개근(後耳介筋) ↔ anterior auricular muscle

posterior auricular nerve 해부 후이개신경(後耳介神經) ↔ anterior auricular nerve

posterior auricular nodes 해부 후이개절(後耳介節)

posterior basal segment 뒤바닥 구역

posterior belly 해부 후복근(後腹筋) ↔ anterior belly

posterior cerebellar artery(PCA) 해부 후대뇌동맥(後腦大動脈) ↔ anterior cerebellar artery

posterior cerebellar circulation 해부 후뇌순환(後腦循環) ↔ anterior cerebellar circulation

posterior cerebellar lobe 해부 소뇌후엽(小腦後葉) ↔ anterior cerebellar lobe

posterior cerebral artery(PCA) 해부 후대뇌동맥(後大腦動脈) ↔ anterior cerebral artery

posterior cingulate cortex(PCC) 해부 후대상피질(後帶狀回皮質) ↔ anterior cingulate cortex

posterior cochlear nuclei 해부 후와우핵(後蝸牛核) ↔ anterior cochlear nuclei

posterior column 해부 뒤기둥 ↔ anterior column

posterior commissure 해부 후교련(後交連) ↔ anterior commissure

posterior communicating artery 해부 후교통동맥(後交通動脈) ↔ anterior communicating artery

posterior cranial fossa 해부 후두개와(後頭蓋窩) ↔ anterior cranial fossa

posterior cricoarytenoid muscle(PCA) 해부 후윤상피열근(後輪狀披閱筋)

posterior faucial arch 해부 후인두궁(後咽頭弓)

posterior fontanelle 해부 후천문(後泉門)

posterior fossa 해부 후두와(後頭窩) *cf.* anterior fossa

posterior funiculus 해부 L 후삭(後索) ↔ anterior funiculus

posterior glottal chink 해부 후성문틈

posterior gray commissure 해부 후회색교련(後灰色交連)

posterior horn 해부 후각(後角), 뒤뿔 ↔ anterior horn

posterior inferior cerebellar artery(PICA) 해부 후하소뇌동맥(後下小腦動脈) ↔ anterior inferior cerebellar artery

posterior inferior frontal gyrus 해부 하전두회 후부(下前頭回後部)

posterior inferior serratus muscle 해부 후하거근(後下鋸筋)

posterior intercostal arterys 해부 후늑간동맥(後肋間動脈)

posterior intermediate sulcus 해부 뒤중간고랑

posterior intrinsic muscle 해부 후내근(後內筋), 후고유근(後固有筋)

posterior isolation syndrome 생리 후방분리증후군(後方分離症候群)

posterior ligament of incus 해부 침골후인대(砧骨後靭帶)

posterior limb 해부 후각(後脚)

posterior lobe 해부 후엽(後葉), 뒤쪽엽 = neocerebellum ↔ anterior lobe

posterior longitudinal fascicle 해부 뒤세로다발
posterior median septum 해부 후정중중격(後正中中隔)
posterior median sulcus 해부 후정중구(後正中溝)
posterior mediastinum 해부 종격후부(縱隔後部) ↔ anterior mediastinum
posterior nasal drop 생리 후비루(後鼻漏)
posterior nasal fricative 조음 후비강 마찰음(後鼻腔摩擦音)
posterior nasal spine 해부 후비극(後鼻棘)
posterior nostrils 해부 후비공(後鼻孔)
posterior nuclei 해부 후핵(後核) ↔ anterior nuclei
posterior palatine nerve 해부 후구개신경(後口蓋神經)
posterior papillary muscle 해부 후두근(後乳頭筋)
posterior paramedian nucleus 해부 뒤정중곁핵
posterior paraventricular nucleus 해부 뒤뇌실곁핵
posterior parietal lobule 해부 후부두정소엽(後部頭頂小葉)
posterior perforated substance 생리 후유공질(後有孔質)
posterior pharyngeal space 해부 후인두간극(後咽頭間隙)
posterior pharyngeal wall 해부 후인두벽(後咽頭壁)
posterior pillar 해부 후구개궁(後口蓋弓) ↔ anterior pillar
posterior pituitary 해부 뇌하수체후엽(腦下垂體後葉) ↔ anterior pituitary
posterior pole 해부 후극(後極) ↔ anterior pole
posterior process 해부 후돌기(後突起) ↔ anterior process
posterior proper fascicles 해부 뒤고유다발
posterior ramus 해부 후지(後枝), 뒷가지 ↔ frontal ramus
posterior rhinoscopy 후비강검사(後鼻腔檢査)
posterior root 해부 후근(後根) ↔ anterior root
posterior segment 해부 후분절(後分節), 뒤구역 ↔ anterior segment
posterior segmental bronchus 해부 후분절기관지(後分節氣管支) ↔ anterior segmental bronchus
posterior semicircular canal 해부 후반규관(後半規管) ↔ anterior semicircular canal
posterior spinal artery 해부 후척수동맥(後脊髓動脈) ↔ anterior spinal artery
posterior spinal sclerosis 생리 후척수경화증(後脊髓硬化症) ↔ anterior spinal sclerosis
posterior spinocerebellar tract 해부 후척수소뇌로(後脊髓小腦路) ↔ anterior spinocerebellar tract
posterior superior 해부 후상부(後上部) ↔ anterior superior
posterior superior alveolar artery 해부 후상치조동맥(後上齒槽動脈) ↔ anterior superior alveolar artery
posterior superior alveolar foramen 해부 후상치조공(後上齒槽孔)
posterior superior alveolar nerve 해부 후상치조신경(後上齒槽神經) ↔ anterior superior alveolar nerve
posterior surface 해부 후면(後面) ↔ anterior surface
posterior temporal lobe 해부 후측두엽(後側頭葉) ↔ anterior temporal lobe
posterior temporal muscle 해부 후측두근(後側頭筋) ↔ anterior temporal muscle
posterior temporal surface 해부 측두후면(側頭後面)
posterior trapezoid nucleus 해부 후능형핵(後菱形核)
posterior vertical canal 후방수직관(後方垂直管)

P

posterior view 해부 뒤에서 본 그림 ↔ anterior view
posterior wall 해부 뒤벽 ↔ anterior wall
posterior white commissure 해부 후백질교련(後白質交連)
posteriori syllabus 사후교수요목(事後教授要目)
posteroinferior 해부 후하방(後下方)의
posterolateral 해부 후외측(後外側)의
posterolateral fissure 해부 후측열구(後側裂溝), 뒤가쪽틈새
posterolateral frontanelle 해부 후측두천문(後側頭泉門)
posterolateral nucleus 해부 후측핵(後側核), 뒤가쪽핵
posterolateral sclerosis 생리 후측삭 경화증(後索側索硬化症)
posterolateral sulcus 해부 후측구(後側溝)
posterolateral tract 해부 후측도(後側道)
posteromedial nucleus 해부 후내핵(後內核)
postganglionic fiber 해부 절후섬유(節後纖維) ↔ preganglionic fiber
postganglionic nerve fiber 해부 절후신경섬유(節後神經纖維) ↔ preganglionic nerve fiber
postganglionic neuron 해부 후신경절 뉴런 ↔ preganglionic neuron
post-genitive 후치속격(後置屬格)
postglenoid process 해부 후관절 돌기(後關節突起), 관절뒤 돌기
postintubation granuloma 생리 삽관 후 육아종(挿管後肉芽腫)
post-lexical application 후어휘적용(後語彙適用)
post-lexical rule 후어휘규칙(後語彙規則)
postlexical stage 언어발달 어휘이후 단계(語彙以後段階) ↔ prelexical stage
post-lexical stratum 후어휘층(後語彙層)
postlingual 언어발달 언어이후(言語以後)의, 언어습득 후(言語習得後) ↔ prelingual
postlingual deafness 생리 언어이후 농(言語以後聾) ↔ prelingual deafness
postlingual hearing loss 생리 언어이후 청력손실(言語以後聽力損失) ↔ prelingual hearing loss
postlingual stage 언어발달 언어 이전 단계(言語以前段階) ↔ prelingual stage
postmenopausal syndrome 생리 폐경 후 증후군(閉經後症候群)
postmodifier 후치 수식어(後置修飾語)
postnasal drip 생리 후비루(後鼻漏)
post-nasalized consonant 후비음화 자음(後鼻音化子音)
postnatal 출생 후(出生後)의 ↔ prenatal
postnatal period 출생후기(出生後期)
post onset time(POT) 발증 경과일수(發症經過日數)
postoperative dysphonia 수술 후 발성장애(手術後發聲障礙)
postpartum depression 신경 산후우울증(産後憂鬱症)
postponed subject 지연된 주어
postponement devices 말더듬 지연책략(遲延策略), 지연책(遲延策)
postposition 후치사(後置詞) ↔ preposition *cf.* case marker
postprandial aspiration 생리 식후흡(食後呼吸)
postreinforcement pause 강화후 휴식기(强化後休息期)
postsurgical complications 수술후 합병증(手術後合併症)
postsurgical granuloma 생리 수술후 육아종(手術後肉芽腫)
postsynaptic membrane 해부 시냅스 후막 ↔ presynaptic membrane
postsynaptic neuron 해부 후 시냅스 뉴런 ↔ presynaptic neuron
postsynaptic part 해부 후 시냅스 부위(後連接

部位)

post-synaptic receptor 신경 시냅스 후 수용기(受容器)

post-test 사후검사(事後檢査) ↔ pre-test

posttraumatic amnesia(PTA) 생리 외상 후 건망증(外傷後健忘症)

posttraumatic headache 생리 외상 후 두통(外傷後頭痛)

posttraumatic stress disorder(PTSD) 생리 외상 후 스트레스 장애

postural adjustment 삼킴 자세 조정(姿勢調整)

postural instability 삼킴 자세 불안정(姿勢不安定)

postural modification 삼킴 자세 수정(姿勢修正) *cf.* diet modification

postural reflex 신경 자세 반사(姿勢反射)

postural strategies 삼킴 자세 전략(姿勢戰略)

posture 자세(姿勢)

postvocalic 음운 모음뒤 ↔ prevocalic

postvocalic consonant position 음운 모음후 자음위치(母音後子音位置), 모음뒤 자음위치(子音位置)

postvocalic voicing 음운 모음후 유성음화(母音後有聲音化), 모음뒤 유성음화(有聲音化) ↔ prevocalic voicing

POT(post onset time) 발증 경과일수(發症經過日數)

potassium 칼륨(K), 포타슘

potassium pump 칼륨배출

potential 신경 전위(電位)

potential difference 신경 전위차(電位差)

potential energy(PE) 위치에너지 *cf.* kinetic energy

potential language capacity 잠재적 언어능력(潛在的言語能力)

potential phonological opposition 음운 잠재적 음운대립(潛在的音韻對立)

potential presupposition 잠정가설(暫定假說)

potentiometer 전위차계(電位差計)

poverty 빈곤(貧困)

poverty level 빈곤레벨

poverty line 빈곤선(貧困線)

power 전력(電力), 힘

power amplifier 파워 증폭기(增幅器)

power density 전력밀도(電力密度)

power response 파워응답

power sensitivity 전력감도(電力感度)

power source 전원(電源)

power spectral density(PSD) 음향 파워 스펙트럼 밀도

power spectral matrix 음향 파워 스펙트럼행렬

power spectrum 음향 파워 스펙트럼

power supply 전력공급(電力供給)

power transmission factor 파워 전송요인(傳送要因)

PPA(primary progressive aphasia) 신경 원발성 진행성실어증(原發性進行性失語症)

PPE(perceived phonatory effort) 인지 음성노력(認知音聲努力)

PPVT(Peabody picture vocabulary test) 언어발달 신경 피바디 그림-어휘력검사

PQ(phonation quotient) 발성지수(發聲指數)

practical skill 실제적 기술(實際的技術) *cf.* conceptual skill, social skill

practice distribution (아동 말실행증 치료의) 연습 분산(練習分散) *cf.* distributed practice

practice effort 연습효과(練習效果)

practice schedule (아동 말실행증 치료의) 연습 일정(練習日程)

practice stage 연습단계(練習段階)

practice teaching 교육실습(敎育實習)

practice variability (아동 말실행증 치료의) 연습 변이성(練習變異性)

Prader-Willi syndrome 신경 (유전성 다기능 장애) 프레더-윌리 증후군

pragmalinguistic failure 화용언어적 실패(話

P

用言語的失敗)

pragmatic accent 화용적 강세(話用的强勢)

pragmatic aphasia 신경 화용적 실어증(話用的失語症)

pragmatic awareness 화용인식(話用認識)

pragmatic communication problems 화용적 의사소통문제(話用的意思疏通問題)

pragmatic competence 언어발달 화용능력(話用能力) = discourse competence

pragmatic control 화용통제(話用統制)

pragmatic disorders 화용장애(話用障礙) *cf.* semantic disorders

pragmatic error 언어발달 화용적 오류(話用的誤謬)

pragmatic implicature 화용론적 함의(話用論的含意)

pragmatic inference 언어발달 화용적 추론(話用的推論) *cf.* logical inference

pragmatic interpretation 화용적 해석(話用的解釋)

pragmatic intervention 화용론적 중재(話用論的仲裁)

pragmatic presupposition 화용론적 전제(話用論的前提)

pragmatic revolution 화용론적 혁명(話用論的革命)

pragmatic strengthening 의미 화용론적 강화(話用論的强化)

pragmatic structures 화용론적 구조(話用論的構造)

pragmatic theory 화용이론(話用理論)

pragmatics connection 화용연계(話用連繫)

pragmatics observational measure(POM) 화용관찰방법(話用觀察方法)

pragmatics screening test(PST) 화용론선별검사(話用論選別檢査)

pragmatics 화용론(話用論) *cf.* discourse analysis

pragmatism 실용주의(實用主義)

praxis 실행능력(實行能力)

pre- '앞(前)'의 의미

pre-adjunct 전치부가어(前置附加語)

preadolescent 전청년기(前青年期)

pre-alphabetic phase 언어발달 전알파벳 단계 *cf.* partial alphabetic phase

preamplifier 전치증폭기(前置增幅器)

pre-announcement 선언급(先言及)

preauricular tags 귓바퀴 주변 피부주름

preboundary lengthening 음운 경계표지전 장음화(境界標識前長音化) *cf.* prefinal lengthening

prebycusis 생리 노인성 난청(老人性難聽) = senile deafness

precedence effect 음향 선행음 효과(先行音效果) = Haas effect *cf.* Cocktail party effect

precentral gyrus 해부 중심전회(中心前回), 중심앞이랑 = primary motor cortex, motor strip ↔ postcentral gyrus

precentral sulcus 해부 중심전구(中心前溝) ↔ postcentral sulcus

precipitating factor 촉진요인(促進要因)

precipitously falling 가파른 하강

precipitously falling hearing loss 생리 가파른 하강형 청력손실(聽力損失)

precise elaboration 인지 정확한 정교화 ↔ imprecise elaboration

precision conditioning amplifier 정밀정합증폭기(精密整合增幅器)

precision fluency shaping program 말더듬 정밀유창성형성(精密流暢性形成) 프로그램

precision therapy 정밀치료(精密治療)

precocious puberty 성 조숙(性早熟) *cf.* delayed puberty

precognition 사전인지(事前認知)

preconditioning 사전조건형성(事前條件形成)

preconscious memory 심리 전의식적 기억(前意識的記憶)

preconsciousness 심리 전의식(前意識) = the preconscious
preconsonantal vowel 음운 자음앞 모음
precontemplation stage 말더듬 의도전 단계(意圖前段階) *cf.* contemplation
precontour 앞음조형, 억양머리
precursor 전구체(前驅體), 전단계물질(前段階物質)
pre-cyclic rule 선순환 규칙(先循環規則)
predeterminer 전치한정사(前置限定詞)
predicate 술부(述部)
predicate appositive 서술 동격어(敍述同格語)
predicate linking 술어연결(述語連結)
predicate noun 서술명사(敍述名詞)
predicate objective 서술목적어(敍述目的語)
predicate statement 언어발달 술어진술(述語陳述)
predicate truncation 서술부 분할(敍述部分割)
predication 주술관계(主述關係)
predicative 서술적(敍述的)
predicative adjective 서술형용사(敍述形容詞)
predicative genitive 서술속격(敍述屬格)
predicative possession 서술적 소유(敍述的所有) *cf.* attributive possession
predicative use 서술적 용법(敍述的用法)
predictability 예측가능성(豫測可能性)
predictable order (아동 말실행증 치료의) 예측 가능한 순서 ↔ unpredictable order
predicting 예상하기
prediction 예측(豫測), 예언(豫言)
prediction error 통계 예측오차(豫測誤差)
predictive ability 예측능력(豫測能力)
predictive adaptive lexicon(PAL) 예측기제어휘목록(豫測器制御語彙目錄)
predictive assessment 예후평가(豫後評價)
predictive inference 논리 예측추론(豫測推論) *cf.* associative inference
predictive screening 예후적 선별검사(豫後的選別檢查)
predictive validity 통계 예측타당도(豫測妥當度) *cf.* concurrent validity
predisposing factor 성향요인(性向要因)
predisposition 성향(性向)
predominantly hyperactive-impulsive type 과잉행동충동지배적 유형(過剩行動-衝動支配的類型)
predominantly inattentive type 주의력결핍지배적 유형(注意力缺乏支配的類型)
preemphasis 전강조(前强調)
preemption 선점(先占), 선취(先取)
prefabricated language 판에 박힌 언어
preference 선호(選好)
preference organization 선호조직(選好組織)
preference scale 선호도 척도(選好度尺度)
preference structure 선호구조(選好構造)
preference survey 선호조사(選好調査)
preferred activities 선호행동(選好行動)
preferred language 선호언어(選好言語)
prefinal ending 통사 선어말어미(先語末語尾) *cf.* final ending
prefinal lengthening 선어말 장음화(先語末長音化) *cf.* preboundary lengthening
prefix 접두사(接頭辭) ↔ suffix
prefrontal area 해부 전두전 영역(前前頭領域)
prefrontal cortex 해부 전전두 피질(前前頭皮質)
preganglionic 절전(節前)의
preganglionic fibers 해부 절전섬유(節前纖維) ↔ postganglionic fibers
preganglionic nerve fiber 해부 절전신경섬유(節前神經纖維)
preganglionic neuron 해부 절전 뉴런
pregenital conversion neurosis 생리 전성기기 전환신경증(前性器期轉換神經症)
pregnancy 임신(妊娠) = gestation
preintentional communication 언어발달 전의도적 의사소통(前意圖的意思疏通)

P

cf. intentional communication
pre-intentional communicators AAC 의도 이전 의사소통자(意圖以前意思疏通者) *cf.* pre-intentional communicators
prejudice 편견(偏見)
pre-language level 언어발달 언어 이전 레벨
pre-lexical stage 언어발달 어휘이전 단계(語彙以前段階) ↔ postlexical stage
preliminary 예비(豫備)의
preliminary analysis 예비분석(豫備分析)
preliminary notice 사전통지(事前通知)
preliminary report 초기보고(初期報告)
preliminary study 예비연구(豫備硏究) = pilot study
prelingual 언어발달 언어이전(言語以前)의 ↔ postlingual
prelingual deafness 생리 언어이전 농(言語以前聾) ↔ postlingual deafness
prelingual hearing loss 생리 언어이전 청력 손실(言語以前聽力損失) ↔ postlingual hearing loss
prelingual stage 언어발달 언어이전 단계(言語以前段階) ↔ postlingual stage
prelinguistic ability 언어발달 언어이전 능력(言語前能力)
prelinguistic communication 언어발달 언어이전기 의사소통(言語以前期意思疏通)
prelinguistic language behavior 언어발달 언어이전기 언어행동(言語以前期言語行動)
pre-linked convention 선연결 약조, 선연결 규약(先連結規約)
pre-linking 미리 연결하기, 미리 연결
preliterate 읽고 쓰기 이전의 *cf.* literate
Premack's principle 인지 (강화의 상대성을 이용하는) 프리맥 원리(原理)
premature 조산아(早産兒) *cf.* immediate infant
premature spillage 미숙유출(未熟流出)
prematurity 미숙(未熟)
premaxilla 해부 전상악골(前上顎骨)
premise 논리 (삼단논법의) 전제(前提) *cf.* major premise, minor premise
premodifier 전치수식어(前置修飾語)
premolar teeth 해부 소구치(小臼齒), 앞어금니 = biscuspid teeth *cf.* molar teeth
premotor area(PM) 해부 전운동영역
premotor cortex 해부 전운동 피질(前運動皮質) *cf.* motor cortex
premutation 변성기 이전(變聲期以前)
pre-nasalized consonant 음운 전비음화 자음(前鼻音化子音), 앞비음화 자음
pre-nasalized stop 음운 전비음화 파열음(前鼻音化破裂音), 전비음화 폐쇄음(前鼻音化閉鎖音)
prenatal 출생 전(出生前)의 ↔ postnatal
prenatal care 태아기 보호(胎兒期保護)
prenatal development 언어발달 태아기 발달(胎兒期發達)
prenatal development stage 언어발달 태아기 발달단계(胎兒期發達段階)
prenatal diagnosis 태아기 진단(胎兒期診斷)
prenatal drug exposure 산전 약물노출(産前藥物露出)
prenatal educational care 태교(胎敎)
prenatal exposure 태아기 노출(胎兒期露出)
prenatal factors 산전요인(産前要因)
prenatal period 언어발달 태내기(胎內期), 주산기(周産期)
pre-occipital incisure 해부 전후두엽 절흔(前後頭葉切痕), 뒤통수앞 패임
preoperational period 인지 전 조작기(前操作期) *cf.* sensorimotor period
preoperational stage 인지 (피아제의 인지발달) 전 조작단계(前操作段階) *cf.* concrete operational stage
preoperational test 인지 전 조작검사(前操作檢査)

preoperational thought period 인지 전 조작 사고시기(前操作思考時期)
preoptic area 해부 전시각영역(前視覺領域), 시각교차앞구역
preoptic nucleus 해부 시삭전핵(視朔前核)
pre-oral phase 삼킴 구강전 단계(口腔前段階)
prepalatal sound 조음 전구개음(前口蓋音), 앞센입천장소리
preparation stage 말더듬 준비단계(準備段階)
preparatory blocks 예비폐쇄(豫備閉鎖), 예비막힘
preparatory conditions 예비조건(豫備條件)
preparatory phase 말더듬 예비단계(豫備段階)
preparatory sets 말더듬 예비책(豫備策)
preparatory windup 예비동작(豫備動作)
prephonation airflow 생리 발성전 호흡(發聲前呼吸)
prephonetory chest wall movements 음성생성이전 흉벽운동(音聲生成以前胸壁運動)
preposition 전치사(前置詞) ↔ postposition *cf.* case marker
prepositional adverb 전치사적 부사(前置詞的副詞)
prepositional complement 전치사적 보어(前置詞的補語)
prepositional phrase 전치사구(前置詞句)
prepositional stranding 전치사 지위(前置詞的地位)
prepositional verb 전치사적 동사(前置詞的動詞)
prepotential 전 전위(前電位) ↔ post potential
prereading stage 언어발달 읽기 전 단계
prerequisite skill 언어발달 선행기술(先行技術)
PRES(preschool receptive-expressive scale) 언어발달 취학전 수용언어 및 표현언어척도
preschool children 학령전 아동(學齡前兒童), 취학전 아동(就學前兒童)
preschool receptive-expressive scale(PRES) 언어발달 취학전 수용언어 및 표현언어척도

presbycusis 생리 노인성 난청(老人性難聽) = senile deafness
presbylaryngis 생리 노인성 후두(老人性喉頭)
presbyophrenia 신경 노인성 치매(老人性癡呆) = senile dementia
presbyopia 생리 노안(老眼)
presbyphonia 노인음성(老人音聲), 노인성 발성(老人性發聲) = senile voice
preschool 언어발달 학령전(學齡前), 취학전(就學前)
preschool language assessment instrument (PLAI) 언어발달 학령전 언어평가도구(學齡前言語評價道具), 취학전 언어평가도구(就學前言語評價道具)
preschool language scale(PLS) 언어발달 학령전 언어척도(學齡期以前言語尺度), 취학전 언어척도(就學前言語尺度)
preschool language screening test(PLST) 언어발달 학령전 언어선별검사(學齡前言語選別檢查), 취학전 언어선별검사(就學前言語選別檢查)
presbycusis 생리 노인성 난청(老人性難聽) = senile deafness
preschool speech and language screening test (PSLS) 언어발달 학령전 말-언어선별검사(言語選別檢查), 취학전 말-언어선별검사
preschooling 학령전 교육(學齡前教育), 취학전 교육(就學前教育)
prescription 규범(規範), 처방(處方)
prescriptive grammar 규범문법(規範文法) = school grammar *cf.* traditional grammar
prescriptive linguistics 규범언어학(規範言語學) = normative linguistics *cf.* descriptive linguistics
prescriptivism 규범주의(規範主義) = normativism *cf.* descriptivism
presence 실재성(實在性)
presenile dementia 생리 초로성 치매(初老性

P

癡呆) *cf.* senile dementia

Present-day Korean 현대국어(現代國語) *cf.* Modern Korean

present means of communication AAC 현존 의사소통 방식(現存意思疏通方式)

present participle 통사 현재분사(現在分詞)

present perfect continuous 통사 현재완료진행(現在完了進行)

present perfect progressive tense 통사 현재완료진행시제(現在完了進行時制)

present perfect tense 통사 현재완료시제(現在完了時制)

present progressive 통사 현재진행(現在進行)

present tense 통사 현재시제(現在時制)

presentation stage 제시단계(提示段階)

presenting symptom 주증상(主症狀), 현재증상(現在症狀)

pre-sequence 사전연쇄(事前連鎖)

prespasm period 전경련기(前痙攣期)

prespeech oromotor training 언어발달 구어 이전 구강운동 훈련(口語以前口腔運動訓練)

pressed phonation 압축발성(壓縮發聲)

pressure 압력(壓力)

pressure calibration 음압보정(音壓補正)

pressure coefficient 통계 음압계수(音壓係數)

pressure-density relation 압력밀도상관(壓力密度相關)

pressure difference 압력 차(音壓差)

pressure fluctuation 압력변화(壓力變化), 압력변동(壓力變動)

pressure gradient microphone 음압경도 마이크로폰

pressure microphone 음압 마이크로폰

pressure pattern 음압유형(音壓類型)

pressure reflection coefficient 통계 음압 반사계수(音壓反射係數)

pressure release 압력소멸(壓力消滅)

pressure release surface 압력소멸표면(壓力消滅表面)

pressure response microphone 압력응답 마이크로폰

pressure-sensitive tube 압력감지관(壓力感知管)

pressure sensitivity 음압감도(音壓感度)

pressure squared integral 음압자승 적분(壓力自乘積分)

pressure transducer 압력변환기(壓力變換機)

pressure transmission coefficient 통계 압력투과계수(壓力透過係數)

presumptive puberty 가정 사춘기(假定的思春期)

presupposition 논리 담화 전제(前提) *cf.* implicature, entailment

presuppositional skills 언어발달 전제기술(前提技術)

presylvian 해부 실비우스열구의 전부(前部)

presymbolic behavior 언어발달 전상징 행동(前象徵行動)

presymbolic language 언어발달 전상징 언어(前象徵言語)

presymbolic level 언어발달 전상징 단계(前象徵段階) *cf.* early symbolic level

presymbolic scheme 언어발달 전상징 책략(前象徵策略)

presymbolic stage 언어발달 전상징기(前象徵期)

presymptom 전조(前兆)

presynactic devices 신경 시냅스 전 장치

presynapsis 신경 시냅스 전

presynaptic membrane 해부 시냅스 전 막 ↔ postsynaptic membrane

presynaptic part 시냅스 전 부분

pretectal area 해부 덮개앞 구역

pretectal nuclei 해부 덮개앞 핵

pretend play 가상놀이

preterm 조산(早産)

preterminal category 종단전 범주(終端前範疇)

pre-test 사전 검사(事前檢査) ↔ post-test

pretest inspection 시험 전 검사(試驗前檢査)
pre-tonic part 앞음조형, 억양머리
prevalence 유병률(有病率), 출현률(出現率) *cf.* incidence
prevention 예방(豫防)
preventive medicine 예방의학(豫防醫學)
preverbal behaviors 언어발달 구어 이전 행동(口語以前行動)
preverbal communicative schedule 언어발달 구어 이전 의사소통계획(口語以前意思疏通計劃)
prevocalic 모음전(母音前), 모음앞 ↔ postvocalic
prevocalic consonant position 음운 모음 앞 자음위치(子音位置)
prevocalic singleton 음운 모음 앞 단자음
prevocalic voicing 음운 모음 앞 유성음화 ↔ postvocalic voicing
prevocalic voicing assimilation process 음운 모음 전 유성 동화과정(母音前有聲同化過程), 모음 앞 유성 동화과정(同化過程)
prevocational deafness 생리 음성 이전 농(音聲以前聾)
PRI(perceptual reasoning index) 통계 지각추론지수(知覺推論指數)
piriform cortex 해부 이상피질(梨狀皮質)
primacy effect 인지 초두효과(初頭效果) *cf.* recency effect
primary (1) 일차성(一次性)의 (2) 원발성(原發性)의 *cf.* secondary
primary accent 음운 주 악센트, 일차악센트
primary area 해부 (뇌의) 일차영역(一次領域) *cf.* supplementary area
primary articulation 조음 일차조음(一次調音) *cf.* secondary articulation
primary associates 심리 일차연상어(一次聯想語)
primary auditory area(A1) 해부 일차청각영역(一次聽覺領域)
primary autism 생리 일차성 자폐(一次性自閉)
primary behavior 말더듬 일차행동(一次行動) *cf.* secondary behavior
primary bronchus 해부 일차기관지(一次氣管支) *cf.* secondary bronchus
primary cardinal vowel 조음 일차기본모음(一次基本母音) *cf.* secondary cardinal vowel
primary characteristics 말더듬 일차특성(一次特性) *cf.* secondary characteristics
primary closure 일차폐쇄(一次閉鎖)
primary contour 주음조형(主音調形)
primary curve 해부 일차만곡(一次彎曲) *cf.* secondary curve
primary degeneration 일차변성(一次變性)
primary epilepsy 생리 원발성 간질(原發性癎疾)
primary evoked response 청각 일차유발반응(一次誘發反應) *cf.* secondary evoked response
primary fissure 해부 일차열구(一次裂溝) *cf.* secondary fissure
primary frequencies 음향 주주파수(主周波數)
primary gain 청각 일차이득(一次利得) *cf.* secondary gain
primary group 일차집단(一次集團) *cf.* secondary group
primary gustatory area 해부 일차미각영역(一次味覺領域) *cf.* secondary gustatory area
primary infection 생리 일차감염(一次感染), 원발성 감염(原發性感染) *cf.* primary infection
primary language 주언어(主言語) *cf.* secondary language
primary language impairment(PLI) 언어발달 단순언어장애(單純言語障礙) = specific language impairment *cf.* secondary language impairment
primary lateral sclerosis 생리 원발성 측삭경화증(原發性側索硬化症)
primary lesion 생리 일차성 병변(一次性病變) *cf.* secondary lesion
primary language impairment(PLI) 언어발달

P

단순언어장애(單純言語障礙) = specific language impairment *cf.* secondary language impairment

primary language learner 언어습득 제1 언어학습자(第一言語學習者) *cf.* secondary language learner

primary linguistic data 일차언어자료(一次言語資料)

primary memory 심리 일차기억(一次記憶) *cf.* secondary memory

primary motor area(M1) 해부 일차운동영역(一次運動領域) *cf.* secondary motor cortex cortex

primary motor cortex 해부 일차운동피질(一次運動皮質) *cf.* supplementary motor cortex

primary native language 언어 제1 모국어(第一母國語)

primary neurosis 생리 일차신경증(一次神經症) *cf.* secondary neurosis

primary oral apraxia 생리 일차구어실행증(一次口語失行症) *cf.* secondary oral apraxia

primary pain 생리 원발성 통증(原發性痛症)

primary palate 해부 일차구개(一次口蓋) *cf.* secondary palate

primary peristalsis wave 삼킴 일차연동파(一次蠕動波) *cf.* secondary peristalsis wave

primary phoneme 음운 일차음소(一次音素) *cf.* secondary phoneme

primary prevention 일차예방(一次豫防) *cf.* secondary prevention

primary progressive aphasia(PPA) 신경 원발성 진행성실어증(原發性進行性失語症)

primary reinforcers 일차강화물(一次强化物) *cf.* secondary reinforcers

primary segmental bronchus 해부 일차구역기관지(一次區域氣管支) *cf.* secondary segmental bronchus

primary sensation 신경 일차감각(一次感覺)

primary sensory cortex 해부 일차감각피질(一次感覺皮質) = postcentral gyrus, sensory strip *cf.* primary motor cortex

primary somatosensory area(S1) 해부 일차체감각영역(一次體感覺領域)

primary stress 주 강세(主强勢) *cf.* secondary stress

primary stuttering 일차성 말더듬, 초기 말더듬 *cf.* secondary stuttering

primary stuttering stage 일차성 말더듬단계

primary stuttering theory 일차성 말더듬이론

primary tense 기본시제(基本時制)

primary tone 주 음조(主音調)

primary tumor 생리 원발성 종양(原發性腫瘍) *cf.* metastatic tumor

primary verbal apraxia 생리 일차말실행증

primary visual area(V1) 해부 일차시각영역(一次視覺領域)

prime movers 해부 주동근(主動筋)

priming 심리 점화(點火)

priming effect 심리 점화효과(點火效果)

priming task 심리 점화과제(點火課題)

primitive communicative behaviors 언어발달 초기 의사소통 행동(初期意思疏通行動)

primitive language 언어발달 원시언어(原始言語) *cf.* protolanguage, parent language

primitive reaction 원시반응(原始反應)

primitive reflex 일차반사(一次反射)

primitive speech acts(PSAs) 언어발달 원시구어행위(原始口語行爲)

principal axis 주축(主軸), 기준축(基準軸)

principal cell 신경 주세포(主細胞)

principal clause 통사 주절(主節) = main clause ↔ subordinate clause *cf.* coordinate clause

principal component analysis(PCA) 주요 성분분석(主成分分析)

principal coordinate 주좌표(主座標)

principal mode 주모드

principal resonance 주공진(主共振)

principle of compositionality 인지 합성성의

원리
principle of compounding (합성어의) 합성원리(合成原理)
principle of efficiency and response effectiveness AAC 효율성(效率性)과 반응 효과성(反應效果性)의 원리
principle of functional equivalent AAC 기능 동등성(同等可能性)의 원칙(原則)
principle of goodness-of-fit AAC 적합성의 원칙(原則)
principle of identity AAC 동일성 원리(同一性原理)
principles of treatment 치료원칙(治療原則), 치료원리(治療原理)
print awareness 언어발달 활자인식(活字認識)
prior experience 사전경험(事前經驗)
prior knowledge 선행지식(先行知識)
prior learning 선행학습(先行學習)
priori method 선험적 방법(先驗的方法)
priori syllabus 선행 교수요목(先行教授要目), 사전 교수요목(事前教授要目)
priority 우선순위(優先順位)
private clinic 개인 클리닉 *cf.* private practice
private education 사교육(私教育) ↔ public education
private practice 치료실 개업(開業) *cf.* private clinic
privative opposition 유무대립(有無對立), 결여대립(缺如對立)
proactive interference 음향 순행간섭(順行干涉) ↔ retroactive interference
probability 개연성(蓋然性)
probability curve 개연곡선(蓋然曲線)
probability density function 통계 확률밀도함수(確率密度函數)
probable event strategy 언어발달 가능한 사건책략(事件策略) *cf.* word order strategy
probe 탐침(探針), 검사(檢査)
probe criterion 검사기준(檢査基準)
probe microphone 탐침 마이크로폰
probe procedure 검사절차(檢査節次)
probe recording sheet 검사기록지(檢査記錄紙)
probe tip 탐침 팁
probe tube 탐침관(探針管)
problem-oriented acquisition 심리 문제지향학습(問題志向學習) *cf.* fact-oriented acquisition
problem-solving 문제해결(問題解決)
problem-solving approach 심리 문제해결적 접근(問題解決的接近)
procedural approach 삼킴 절차적 접근(節次的接近)
procedural category 언어발달 절차적 범주(節次的範疇) *cf.* control category
procedural deficit hypothesis(PDH) 언어발달 절차적 결함가설(節次的缺陷假說)
procedural knowledge 인지 절차적 지식(節次的知識) *cf.* declarative knowledge
procedural learning 언어습득 절차적 학습(節次的學習) = implicit learning
procedural memory 심리 절차적 기억(節次的記憶) = reflexive memory ↔ declarative memory
procedural memory system 언어발달 절차기억체계(節次記憶體系), 절차기억 시스템
procedural variable 통계 절차상 변인(節次上變因)
procedures for the phonological analysis 음운 음운분석 절차(音韻分析節次)
process (1) 과정(過程) (2) 해부 돌기(突起)
process-based instruction 과정중심교육(過程中心教育)
process instruction 과정학습(過程學習)
process research 과정연구(過程研究) *cf.* outcome study
process verb 진행동사(進行動詞)
processing resources 인지 (정보) 처리자원

(處理資源)
processing speed index(PSI) 통계 처리속도 지수(處理速度指數)
processing speed 처리속도(處理速度)
processing units 인지 처리단위(處理單位)
production 생성(生成), 산출(産出)
productive lexical item 생산적 어휘항목(生産的語彙項目)
productive vocabulary 산출어휘(産出語彙)
productivity 생산성(生産性)
professional consultation 전문가 자문(專門家諮問)
professional term 직업어(職業語)
professional voice user 직업적 음성사용자(職業的音聲使用者)
proficiency 언어발달 숙달(熟達), 능숙(能熟)
proficiency level 언어습득 숙달도(熟達度)
proficiency test 언어습득 숙달검사(熟達檢査)
profiling 윤곽부여(輪廓賦與)
profound 심도(深度) *cf.* severe
profound hearing impairment 생리 고심도청력장애(高深度聽力障礙)
profound hearing loss 생리 고심도청력손실(高深度聽力損失) *cf.* mild hearing loss
profoundly mentally retarded 중증정신지체(重症精神遲滯)
profoundly nasal 고심도 비성(高深度鼻性), 최중도비성(最重度鼻性) = very severely nasal
progesterone 해부 (여성 호르몬) 프로게스테론 ↔ androgen
prognosis 예후(豫後), 예측(豫測)
prognosis judge 예후판단(豫後判斷)
program evaluation 프로그램 평가(評價)
program learning 프로그램 학습(學習)
program of changing criteria 기준변경 프로그램
program of treatment 치료 프로그램
programmable hearing aid 프로그램 보청기
programmed learning 프로그램 학습
programmed therapy 프로그램 치료(治療)
progress monitoring 진도점검(進度點檢)
progressive 진행성(進行性)의, 점진적(漸進的)인 *cf.* degenerative
progressive approach 점진적 접근법(漸進的接近法)
progressive approximation 점진적 유사(漸進的類似)
progressive assimilation 음운 순행동화(順行同化) = anticipatory assimilation ↔ regressive assimilation
progressive bulbar paralysis 신경 진행성 구마비(進行性球痲痹), 진행성 연수마비(進行性延髓痲痹) = progressive bulbar palsy
progressive coarticulation 음운 순행 동시조음(順行同時調音) = anticipatory coarticulation ↔ regressive coarticulation
progressive deafness 청각 진행성 농(進行性聾)
progressive disease 생리 진행성 질환(進行性疾患) *cf.* degenerative disease
progressive muscular dystrophy 생리 진행성 근이영양증(進行性筋異營養症) = L dystropia musculorum progressiva
progressive nonfluent aphasia(PNFA) 신경 진행성 비유창 실어증(進行性非流暢失語症) *cf.* primary progressive aphasia
progressive relaxation 점진적 이완(漸進的弛緩)
progressive sensorineural hearing loss 생리 진행성 감각신경성 청력손실(進行性感覺神經性聽力損失)
progressive supranuclear palsy(PSP) 신경 진행성 핵상마비(進行性核上痲痹)
progressive systemic sclerosis(PSS) 생리 진행성 전신경화증(進行性全身硬化症)
progressive tense 진행시제(進行時制)
progressive vowel assimilation 음운 순행모음동화(順行母音同化) ↔ regressive vowel

assimilation
pro-infinitive 대부정사(代不定詞)
projecting 언어발달 투사하기
projection 심리 투사(投射)
projection area 심리 투사영역(投射領域)
projection fiber 해부 투사섬유(投射纖維)
projection neuron 해부 투사뉴런
projection principle 심리 투사원리(投射原理)
projection reversal 심리 투사전환(投射轉換)
projection rule 심리 투사규칙(投射規則)
projection test 심리 투사검사(投射檢査)
projective hypothesis 심리 투사가설(投射假說)
projection tracts 신경 투사로(投射路) *cf.* association tracts
projective identification 심리 투사적 동일시(投射的同一視)
projective techniques 심리 투사적 기법(投射的技法), 투사법(投射法)
prokinetics 삼킴 위장운동 촉진제(胃腸運動促進劑) *cf.* H2 blockers, proton pump inhibitors
prolepsis 예비적 서술법(豫備的敍述法)
proliferation 증식(增殖)
prolongated phonation 연장발성(延長發聲) = sustained phonation
prolongation 연장(延長)
prolonged interval (발화의) 간격연장(間隔延長)
prolonged intervals between phonemes 조음 음소 간 간격연장(音素間間隔延長)
prolonged intubation 장기화된 삽관(揷管)
prolonged speech 말더듬 연장된 구어, 첫음 연장기법(延長技法)
prominence 음운 탁립(卓立), 돋들림
prominence view 인지 현저성 관점(顯著性觀點) *cf.* experiential view
prominentia laryngea 해부 L 후두융기(喉頭隆起) = laryngeal prominence
promontory stimulation test 청각 와우각 자극검사(蝸牛殼刺戟檢査)
promoter 촉진자(促進子) = facilitator
promotion 승진(昇進), 승격(昇格) ↔ demotion
promotive communication 촉진적 의사소통(促進的意思疏通)
promotor 촉진자(促進子) = facilitator
promotor action 촉진작용(促進作用)
prompting 촉진(促進)하기
prompting aphasics' communicative effectiveness(PACE) 실어증환자 의사소통 효과증진(失語症患者意思疏通效果增進)
prompts 조음 촉진자극(促進刺戟) *cf.* cues
prompts for restructuring oral muscular phonetic targets(PROMPT) 구강근육 음성표적 재구성 촉진법(口腔筋肉音聲標的再構成促進法)
pronominal 대명사(代名詞)의
pronominal reference 대명사 지시(代名詞指示)
pronominal reversal 대명사 반전(代名詞反轉)
pronominalization 대명사화(代名詞化)
pronoun 대명사(代名詞)
pronouncing dictionary 발음사전(發音辭典)
pronunciation 발음(發音)
prop 지주(支柱), 버팀목
prop word 지주어(支柱語)
propagating wave 음향 진행파(進行波)
propagation 전파(傳播)
propagation anomaly 전파 비정상성(傳播非定常性)
propagation coefficient 통계 전파계수(傳播係數)
propagation constant 통계 전파상수(傳播常數)
propagation factor 전파요소(傳播要素)
propagation loss 전파손실(傳播損失)
propagation speed 전파속도(傳播速度) = propagation velocity
propagation theory 전파이론(傳播理論)
propagation vector 전파 벡터
propagation velocity 전파속도(傳播速度)

=propagation speed
propagation wave number 음향 전파파수(傳播波數)
propellant 추진체(推進體)
proper adjective 고유형용사(固有形容詞)
proper government 고유지배(固有支配)
proper inclusion precedence 적정 포괄선행(適正包括先行)
proper inclusion principle 적정 포괄원칙(適正包括原則), 적정 포괄원리(適正包括原理)
proper noun 고유명사(固有名詞) *cf.* common noun
properness 적당함, 예의바름
property verification 심리 속성검증(屬性檢證)
proportion of whole-word complexity 단어단위 복잡성비율(單語單位複雜性比率)
proportion of whole-word correctness (PWC) 단어단위 정확도비율(單語單位正確度比率)
proportion of whole-word intelligibility 단어단위 명료도비율(單語單位明瞭度比率)
proportion of whole-word variability 단어단위 변이비율(單語單位變異比率)
proportional damping 비례감쇠(比例減衰)
proportional opposition 비례대립(比例對立)
proposition 명제(命題), 제안(提案)
proposition island condition(PIC) 명제적 섬 조건
propositional density 명제발화 밀도(命題發話密度) *cf.* grammatical complexity
propositional logic 명제논리(命題論理)
propositional speech 명제언어(命題言語) *cf.* automatic speech
propositional synonymy 명제적 동의성(命題的同意性) *cf.* absolute synonymy
propositional theory 심리 명제적 이론(命題的理論)
propositional value 가치제안(價値提案)
propredicate 술부대용(述部代用)
proprioception 고유수용(固有受容)
proprioceptive controls 고유수용 조절(固有受容調節)
proprioceptive feedback 고유수용 피드백 *cf.* kinesthetic feedback
proprioceptive information 고유수용 정보(固有受容情報)
proprioceptive perception 신경 고유수용체 지각(固有受容體知覺), 자기수용체 지각(自己受容體知覺)
proprioceptive receptor 생리 고유감각 수용체(固有感覺受容體)
proprioceptive reflex 신경 고유수용성 반사(固有受容性反射)
proprioceptor 신경 고유수용체(固有受容體), 자기수용체(自己受容體)
prose 산문(散文) *cf.* verse
prose literature 산문문학(散文文學) ↔ verse literature
prose poem 산문시(散文詩)
prose style 산문체(散文體)
prosencephalon 전뇌(前腦)
prosocial behavior 친사회적 향동(親社會的行動) ↔ antisocial behavior
prosodeme 운율소(韻律素), 운소(韻素)
prosodic deficit 운율능력 결함(韻律能力缺陷)
prosodic domain 운율영역(韻律領域)
prosodic element 운율요소(韻律要素)
prosodic features 운율자질(韻律資質)
prosodic hierarchy 운율위계(韻律位階)
prosodic marker 운율표지(韻律標識)
prosodic phoneme 음운 운율음소(韻律音素)
prosodic phonology 음운 운율음운론(韻律音韻論)
prosodic regularity 음운 운율 규칙성(韻律規則性) = prosodic rule
prosodic rule 음운 운율규칙(韻律規則) = prosodic regularity

prosodic strengthening 운율 단위별 강화(韻律單位別强化)
prosodic unit 운율단위(韻律單位)
prosodic word 운율단어(韻律單語), 운율적 단어(韻律的單語)
prosody 운율(韻律) = suprasegmentals
prosopagnosia 생리 안면실인증(顔面失認症) *cf.* object agnosia
prospective memory 심리 선행기억(先行記憶)
prospective payment plan 예상 지불계획(豫想支拂計劃)
prospective study 전향적 연구(前向的硏究)
prostate 해부 전립선(前立腺)
prostheses 보철기(補綴器)
prosthesis (1) 두음첨가(頭音添加) (2) 보철(補綴)
prosthetic device 보철기구(補綴器具)
prosthodontia 치과보철학(齒科補綴學)
prosthodontics 보철치과의사(補綴齒科醫師)
prosthodontist 보철전문의(補綴專門醫), 보철전문가(補綴專門家)
prosthokeratoplasty 보철각막성형술(補綴角膜成形術)
protasis 전제절(前提節)
protection 보호(保護)
protection motivation theory 보호동기이론(保護動機理論)
protein 단백질(蛋白質)
protein metabolism 단백질 대사(蛋白質代謝)
protesting 저항하기
proto 원래(原來)의, 최초(最初)의
protocol 의학 소견설명서(所見說明書), (간단한) 검사(檢査)
proto conversation 언어발달 원형적 대화(原型的對話), 원시대화(原始對話)
proto language 언어발달 조어(祖語), 원시언어(原始言語) *cf.* primitive language
proton pump initiators 삼킴 프로톤 펌프 억제제(抑制劑) *cf.* H2 blockers, prokinetics
protonarratives 담화 원시설화(原始說話)
protoplasm 원형질(原形質)
protoplasmic astrocyte 원형질성 성상교세포(原形質性星狀膠細胞)
prototype 원형(原型)
prototype categorization model 인지 원형 범주화 모형(原型範疇化模型) = prototype theory
prototype effect 인지 원형효과(原型效果)
prototype extension model 인지 원형확장 모형(原型擴張模型) *cf.* metonymic-metaphorical model
prototype theory 인지 원형이론(原型理論) = prototype categorization model
prototypic complex hypothesis 인지 원형적 복합가설(原型的複合假說) *cf.* associative complex hypothesis
protoword 언어발달 원시단어(原始單語), 원시낱말 *cf.* first word
protrusion lisp 조음 돌출된 혀짧배기발음
protuberance 표면이 돌출된 구조
proverb 격언(格言), 대동사(代動詞)
providing information function 정보제공하기 기능
proxemics 공간학(空間學)
proximal 해부 근위(近位)의 ↔ distal
proximal carpal bone 해부 근위수근골(近位手根骨)
proximate/obviate 회피(回避)
proximity 근접(近接), 가까움
proximity effect 근접효과(近接效果)
proximity operator 근접연산자(近接演算子)
proximity probe 근접탐침자(近接探針子)
PRS(pupil rating scale) 아동평정척도(兒童評定尺度)
PRT(pharyngeal response time) 삼킴 인두반응시간(咽頭反應時間)
prue dyslexia 생리 순수 실독증(純粹失讀症)

P-rule P-규칙, 순수음운규칙(純粹音韻規則)

PS(pictorial sequences) (비언어지능검사의) 그림순서 *cf.* GS

PSAs(primitive speech acts) 언어발달 원시구어행위(原始口語行爲)

PSD(power spectral density) 음향 파워 스펙트럼 밀도(密度)

PSDT(picture speech discrimination test) AAC 그림-말소리 식별검사(識別檢査)

PSE(point of subjective equality) 주관적 등가치(主觀的等價値)

pseud-, pseudo- '유사(類似)'의 의미

pseudobinaural hearing aid 유사두귀보청기

pseudobulbar palsy 신경 가연수마비(假延髓痲痹)

pseudocleft sentence 의사분열문(擬似分裂文)

pseudocoincidence 의사일치(疑似一致)

pseudocommunication 유사의사전달(類似意思疏通)

pseudodementia 신경 가성치매(假性癡呆), 거짓치매

pseudoepiglottis 유사후두개(類似喉頭蓋), 유사후두덮개

pseudo-etymology 민간어원설(民間語源說) = popular etymology

pseudoglottis 가성문(假聲門)

pseudohypacusis 생리 유사난청(類似難聽), 거짓난청 *cf.* malingering

pseudointensity 음향 의사강도(疑似强度), 의사세기

pseudolaryngeal paralysis 신경 유사후두마비(類似喉頭痲痹)

pseudopalate 해부 가구개(假口蓋)

pseudo-passive construction 의사수동구문(疑似受動構文)

pseudopersonality 가인격(假人格)

pseudosaliva 인공침(人工針)

pseudostuttering 말더듬 유사말더듬

pseudosulcus 생리 가성구증(假性溝症)

pseudo supraglottic swallow 삼킴 가성성문상부연하(假性聲門上部嚥下)

pseudo-unipolar neuron 해부 유사단극성 뉴런

pseudovoice 유사음성(類似音聲)

PSI(parenting stress index) 부모양육스트레스검사, 부모양육스트레스지수

PSI(perceptions of stuttering inventory) 말더듬 말더듬지각검사목록

PSI(processing speed index) 처리속도지수(處理速度指數)

PSIT(pediatric speech intelligibility test) 소아용 구어명료도검사(小兒用口語明瞭度檢査)

PSLS(preschool speech and language screening test) 언어발달 학령전 말-언어 선별검사(言語選別檢査), 취학 전 말-언어 선별검사

PSP(progressive supranuclear palsy) 신경 진행성 핵상마비(進行性核上痲痹)

PSS(progressive systemic sclerosis) 생리 진행성 전신경화증(進行性全身硬化症)

PSSC(positive syllable structure constraints) 음운 긍정적 음절구조제약(肯定的音節構造制約)

PST(pragmatics screening test) 담화 화용론 선별검사(話用選別檢査)

psychasthenia 생리 심리 강박증(强迫症)

psychathenia 심리 정신쇠약(精神衰弱)

psyche 정신(精神)

psychiatrist 정신과의사(精神科醫師)

psychiatry 정신병학(精神病學)

psychic energy 말더듬 심리적 에너지 *cf.* mental toughness

psychoacoustian 심리음향학자(心理音響學者)

psychoacoustic laboratory(PAL) 심리음향연구실(心理音響硏究室)

psychoacoustic tuning curve(PTC) 음향 심리음향조율곡선(心理音響調律曲線)

psychoacoustics 심리음향학(心理音響學) =acousticopsychology *cf.* acoustics

psychoactive medications 정신활성약물(精神活性藥物)

psychoanalysis 심리 정신분석(精神分析), 정신분석학(精神分析學)

psychoanalyst 정신분석가(精神分析家)

psychodiagnosis 심리진단(心理診斷)

psychodrama 심리극(心理劇)

psychodynamics 심리역동학(心理力動學)

psychoeducation 정신교육(精神教育)

psychogalvanic skin audiometry 청각 심리전기흐름피부청력검사(聽力檢査)

psychogalvanic skin resistance(PGSR) 청각 정신전류피부저항(精神電流皮膚抵抗)

psychogalvanic skin response(PGSR) 청각 정신전류 피부반응(精神電流皮膚反應)

psychogalvanic skin response audiometry (PGSRA) 청각 정신전류피부반응청력검사(精神電流皮膚抵抗)

psychogenic adductor spastic dysphonia 심인성 내전형 경직성 발성장애(心因性內轉形硬直性發聲障礙)

psychogenic 심인성(心因性)의

psychogenic aphonia 생리 심인성 실성증(心因性失聲症)

psychogenic deafness 생리 심인성 농(心因性聾)

psychogenic disorders 생리 심인성 장애(心因性障礙)

psychogenic mutism 생리 심인성 함구증(心理的緘口症)

psychogenic pain 생리 심인성 통증(心因性痛症)

psychogenic pain disorders 생리 심인성 통증장애(心因性痛症障礙)

psychogenic response 심인성 반응(心因性反應)

psychogenic stuttering 심인성 말더듬 *cf.* neurogenic stuttering

psychogenic voice disorderss 심인성 음성장애(心因性音聲障礙)

psycholinguistic assessments of language processing in aphasia(PALPA) 신경 실어증환자의 언어처리에 관한 심리언어학적 평가

psycholinguistic complexity 심리언어학적 복잡성(心理言語學的複雜性) *cf.* linguistic complexity

psycholinguistic theory 심리언어이론(心理言語理論)

psycholinguistics 심리언어학(心理言語學)

psychological acoustics 심리음향학(心理音響學)

psychological aloofness 심리적 거리(心理的距離)

psychological dependence 심리학적 의존(心理學的依存)

psychological entity 심리적 실재(心理的實在)

psychological evaluation 심리평가(心理評價)

psychological measures 심리학적 측정(心理學的測定)

psychological method 심리적 교수법(心理的教授法)

psychological plane 언어발달 심리적 층위(心理的層位) *cf.* social plane

psychological reality 심리적 실재성(心理的實在性)

psychological scale 심리척도(心理尺度)

psychological stage 심리단계(心理段階)

psychological theory 심리이론(心理理論)

psychologist 심리학자(心理學者)

psychology 심리학(心理學)

psychometric function 통계 심리측정함수(心理測定函數)

psychometrics 심리측정학(心理測定學)

psychometry 심리측정(心理測定)

psychomotor development 정신운동성 발달(精神運動性發達)

psychomotor seizure 생리 정신운동성 발작

P

(精神運動性發作)

psychoneurosis 생리 심리신경증(心理神經症)

psychopath 생리 심리 정신병질(精神病質), 정신병질자(精神病質者)

psychopathology 정신병리학(精神病理學)

psychopatic deviate 생리 심리 정신병질적 일탈(精神病質的逸脫)

psychopharmacology 약물심리학(藥物心理學)

psychophonetics 심리음성학(心理音聲學)

psychophysics 정신물리학(精神物理學)

psychophysiological evaluation 정신생리학적 평가(精神生理學的評價)

psychophysiology 정신생리학(精神生理學)

psychosensory aphasia 신경 정신지각성 실어증(精神知覺性失語症)

psychosis 생리 정신병(精神病), 정신이상(精神異常) = mental disease

psychosis of children 생리 소아정신병(小兒精神病)

psychosocial load 심리사회적 하중(心理社會的荷重), 심리사회적 부담(心理社會的負擔)

psychosocial mental retardation 심리사회적 정신지체(心理社會的精神遲滯)

psychosocial rehabilitation 심리사회적 재활(心理社會的再活)

psychosomatic illness 심인성 질병(心因性疾病)

psychosurgery 정신외과(精神外科)

psychotherapeutic counseling 심리치료 상담(心理治療相談)

psychotherapeutic process 심리치료 과정(心理治療過程)

psychotherapeutic techniques 심리치료 기법(心理治療技法)

psychotherapist 심리치료사(心理治療士)

psychotherapy 심리치료(心理治療)

psychotic depression 신경 정신병적 우울증(精神病的憂鬱症)

PTA(phonation threshold airflow) 발성역치기류(發聲閾値氣流)

PTA(posttraumatic amnesia) 생리 외상후 건망증(外傷後健忘症)

PTC(psychoacoustic tuning curve) 음향 심리음향조율곡선(心理音響調律曲線)

pterygoid branches 해부 날개근가지

pterygoid canal 해부 날개관

pterygoid fossa 해부 날개오목

pterygoid fovea 해부 날개근오목

pterygoid muscle 해부 날개근

pterygoid notch 해부 날개패임

pterygoid plate 해부 날개판

pterygoid tuberostiy 해부 날개근 거친면

pterygoid venous plexus 해부 날개근정맥얼기

pterygomandibular raphe 해부 날개아래턱솔기

pterygomaxillary ligament 해부 날개위턱인대

pterygopalatine ganglion 해부 날개입천장신경절

pterygopalatine nerve 해부 날개입천장신경

pterygopalatine sulcus 해부 날개입천장고랑

ptosis 생리 안검하수(眼瞼下垂), 눈꺼풀처짐증 = drooping eyelid

PTP(phonation threshold pressure) 발성역치압력(發聲閾値壓力)

PTS(permanent threshold shift) 영구적 역치이동(永久的閾値移動) ↔ TTS

PTSD(posttraumatic stress disorder) 외상후 스트레스 장애

PTT(pharyngeal transit time) 삼킴 인두통과시간(咽頭通過時間), 인두이동시간(咽頭移動時間)

PTTA(pure tone threshold average) 청각 순음역치평균(純音閾値平均)

ptyalism 생리 타액분비 과다증(唾液分泌過多症) *cf.* aptyalism

puberphonia 생리 변성기 발성장애(變聲期發聲障礙) = mutational dysphonia *cf.* mutational falsetto

puberty 사춘기(思春期) = pubescence
pubescence 사춘기(思春期) = puberty
pubic symphysis 해부 치골결합(恥骨結合)
pubis 해부 치골(恥骨)
public accommodation 공공시설(公共施設)
public code (노동자 계층이 쓰는) 대중어(大衆語) = restricted code *cf.* formal code
public education 공교육(公教育) ↔ private education
public hearing 공청회(公聽會)
public law 공법(公法)
public welfare 공공복지(公共福祉)
puckering 입술 붙기
pull-in (교실 안에서의) 통합치료(統合治療) ↔ pull-out
pull-out 1. 말더듬 말소(抹消), 빠져나오기 *cf.* cancellation 2. (교실 밖에서의) 개별치료(個別治療) ↔ pull-in
pull-out therapy model 말더듬 말소 치료모형(抹消治療模型), 빠져나오기 치료모형
pulmonary alveoli 해부 폐포(肺胞), 허파꽈리
pulmonary artery 해부 폐동맥(肺動脈)
pulmonary branch 해부 폐지(肺枝)
pulmonary capillary 해부 폐모세혈관(肺毛細血管)
pulmonary circulation 생리 폐순환(肺循環) *cf.* systemic circulation
pulmonary compliance 생리 폐합병증(肺合併症)
pulmonary dysmaturity syndrome 생리 폐미성숙 증후군(肺未成熟症候群)
pulmonary edema 생리 폐부종(廢浮腫)
pulmonary embolism 생리 폐색전증(肺塞栓症)
pulmonary emphysema 생리 폐기종(肺氣腫)
pulmonary fibrosis 생리 폐섬유증(肺纖維症)
pulmonary function 생리 폐기능(肺機能)
pulmonary function test(PFT) 폐기능검사(肺技能檢査)
pulmonary hilum 해부 폐문(肺門)
pulmonary hypertension 생리 폐고혈압증(肺高血壓症)
pulmonary infarction 생리 폐경색증(肺梗塞症)
pulmonary ligament 해부 폐인대(肺靭帶)
pulmonary pressure 생리 폐압(肺壓)
pulmonary root 해부 폐근(肺筋)
pulmonary stenosis 생리 폐동맥판협착증(肺動脈瓣狹窄症)
pulmonary stretch receptors 생리 호흡근신전수용체(呼吸筋伸轉受容體)
pulmonary system 폐체계(肺體系)
pulmonary toilet 생리 호흡배출(呼吸排出)
pulmonary vein 해부 폐정맥(肺靜脈)
pulmonic airstream 생리 폐기류(肺氣流)
pulmonic airstream mechanism 조음 폐기류기제(肺氣流機制)
pulmonic egressive airstream(PEA) 생리 폐날숨기류
pulmonic egressive sound 조음 폐날숨음
pulmonic ingressive airstream(PIA) 생리 폐들숨기류
pulsated voice 진동음(振動音), 진동소리
pulsation 맥박(脈搏) = pulse
pulse (1) 맥박(脈搏) = pulsation (2) 진동(振動)
pulse amplitude 맥박폭(脈搏幅)
pulse amplitude modulation(PAM) 음향 진동진폭변조(振動振幅變調)
pulse code modulation(PCM) 음향 진동부호변조(振動符號變調)
pulse compression 음향 진동압축(振動壓縮)
pulse echo technique 음향 진동반향기술(振動反響技術)
pulse frequency modulation 음향 진동주파수변조(振動周波數變調)
pulse phase modulation 음향 진동위상변조(振動位相變調)
pulse pressure 맥압(脈壓)
pulse rate 맥박수(脈搏數)

pulse register 진동성구(振動聲區)
pulse repetition frequency 음향 진동반복주파수(振動反復周波數)
pulse rise time 진동 상승시간(振動上昇時間)
pulse sequence 음향 파동연속(波動連續)
pulse width 음향 진동폭(振動幅)
pulse width modulation 음향 진동폭변조(振動幅變調)
punctual event 인지 순간적 사건(瞬間的事件) *cf.* extended event
punctuation 구두법(句讀法)
punctuator 구두점(句讀點)
puncture tract 천자관(穿刺管)
puncture wound 자창(刺創)
pupil 해부 동공(瞳孔)
pupil dilation 생리 동공팽창(瞳孔膨脹)
pupil rating scale(PRS) 아동평정척도(兒童評定尺度)
pupillary reflex 신경 동공반사(瞳孔反射)
pure agraphia 생리 순수 실서증(純粹失書症)
pure alexia 생리 순수 실독증(純粹失讀症) = alexia without agraphia
pure aphasias 신경 순수 실어증(純粹失語症)
pure imaginary 순허수(純虛數)
pure manualism 청각 순수 수어주의(純粹手語主義) ↔ pure oralism
pure motor apraxia 신경 순수 운동실어증(純粹運動失語症)
pure motor speech disorders 순수 말운동장애
pure oralism 청각 순수 구화주의(純粹口話主義) ↔ pure manualism
pure probes 순수검사(純粹檢查) *cf.* conversational probes, intermixed probes
pure science 순수과학(純粹科學) *cf.* applied science
pure standing wave 음향 순정정상파(純正定常波)
pure tone 순음(純音) *cf.* complex tone
pure tone air-conduction threshold 청각 순음공기전도역치(純音空氣傳導閾値)
pure tone audiogram 청각 순음청력도(純音聽力圖)
pure tone audiometer 청각 순음청력검사기(純音聽力檢絲器)
pure tone audiometry(PTA) 청각 순음청력검사(純音聽力檢查)
pure tone average 청각 순음평균(純音平均)
pure tone bone-conduction threshold 청각 순음골전도역치(純音骨傳導閾値)
pure tone PTA(pure tone audiometry) 청각 순음청력검사(純音聽力檢查)
pure tone threshold average(PTTA) 청각 순음역치평균(純音閾値平均)
pure vowels 음운 순수모음(純粹母音)
pure wave 음향 순음파(純音波) *cf.* complex wave
pure word deafness 생리 순수어 농(純粹語聾) = verbal word deafness = verbal auditory agnosia
purism 순수론(純粹論)
Purkinje cell layer 해부 조롱박층, 퍼킨제 세포층(細胞層)
Purkinje's cell 해부 조롱박세포, 퍼킨제세포
purport 의도(意圖)
purposive construction 목적구문(目的構文)
purposive productions 목적성 산출(目的性産出) = volitional productions *cf.* automatic productions
purulent 화농성(化膿性)의
purulent otitis media 생리 화농성 중이염(化膿性中耳炎)
pushing and pulling 밀기-당기기
pushing approach 음성치료 밀기접근법 = pushing technique
pushing away 멀리밀기
pushing technique 음성치료 밀기기법 = pushing approach

putamen 해부 피각(被殼), 조가비핵
putative future 추정미래(推定未來)
PVC(percentage of vowel correct) 모음 정확도(母音正確度) *cf.* PCC
pVHI(paediatric voice handicap index) 소아용 음성장애지수(小兒用音聲障礙指數)
PVRQOL(pediatric voice related quality of life) 소아용 음성관련 삶의 질
PVT(picture vocabulary test) AAC 그림어휘 검사
PWC(proportion of whole-word correctness) 단어단위 정확도비율(單語單位正確度比率)
PWS(person who stutter) 말더듬는 사람
Pygmalion effect 피그말리온 효과(效果)
pyloric antrum 해부 유문동(幽門洞)
pyloric canal 해부 유문관(幽門管)
pyloric sphincter muscle 해부 유문괄약근(幽門括約筋), 유문조임근 = L musculi sphincter pylori
pyloric stenosis 생리 유문협착증(幽門狹窄症)
pylorodiosis 해부 유문확장술(幽門擴張術)
pyloroplasty 해부 유문형성술(幽門成形術)
pylorus 해부 유문(幽門)
pyramid 해부 피라밋
pyramidal area 해부 피라밋영역(領域)
pyramidal cell 해부 피라미드세포
pyramidal decussation 해부 피라밋교차(交叉)
pyramidal lobe 해부 피라밋엽
pyramidal process 피라밋돌기
pyramidal system 추체계(錐體系) *cf.* extrapyramidal system
pyramidal system reflex 신경 추체반사(錐體反射)
pyramidal tract 해부 추체로(錐體路) *cf.* extrapyramidal tract
pyridoxine 피리독신
pyriform 배 모양의
pyriform lobe 해부 조롱박엽
pyriform recess 해부 조롱박오목
pyriform sinus 해부 조롱박굴

Q

Q factor(quality factor) 품질계수(品質係數)
QCL(quality of communication life) 의사소통관련 삶의 질 *cf.* V-RQOL
QOL(quality of life) 삶의 질
QRN(quasi-resonant nuclei) 언어발달 유사공명핵(類似共鳴核) *cf.* FRN
quad-cane 사각형 지팡이
quadra-, quadri '4(四)'의 의미
quadrangular 사각(四角)의
quadrangular lobule 해부 사각소엽(四角小葉)
quadrangular membrane 해부 사각막(四角膜)
quadrant hemianopia 생리 사분반맹(四分半盲)
quadrate ligament 해부 사각인대(四角靭帶)
quadriplegia 신경 (두 팔과 다 다리가 마비된) 사지마비(四肢痲痹) *cf.* triplegia
qualifier 수식어(修飾語)
qualitative analysis 정성적 분석(定性的分析) *cf.* quantitative analysis
qualitative assessment 정성적 평가(定性的評價) *cf.* quantitative assessment
qualitative change 질적 변화(質的變化) *cf.* quantitative change
qualitative data 통계 질적 자료(質的資料) *cf.* quantitative data
qualitative method 정성적 방법(定性的方法) *cf.* quantitative method
qualitative research 질적 연구(質的硏究) *cf.* quantitative research
qualitative variable 정성적 변수(定性的變數)
quality 질(質) ↔ quantity
quality control 질 조절(質調節)
quality of communication life(QCL) 의사소통관련 삶의 질 *cf.* voice-related quality of life
quality of life(QOL) 삶의 질
quantal method 양자법(量子法)
quantal theory 양자이론(量子理論), 비약이론(飛躍理論)
quantification 수량화(數量化), 양화(量化)
quantifier 양화사(量化詞) *cf.* determiner
quantifier floating 양화사 유동(量化詞流動)

quantifier lowering 양화사 인하(量化詞引下)

quantifier movement 양화사 이동(量化詞移動)

quantifier raising 양화사 인상(量化詞引上)

quantitative adjective 수량형용사(數量形容詞)

quantitative analysis 정량적 분석(定量的分析) *cf.* qualitative analysis

quantitative assessment 정량적 평가(定量的評價) *cf.* qualitative assessment

quantitative change 양적 변화(量的變化) *cf.* qualitative change

quantitative data 통계 양적 자료(量的資料) *cf.* qualitative data

quantitative method 정량적 방법(定量的方法), 정성법(定量法) *cf.* qualitative method

quantitative pronoun 수량대명사(數量代名詞)

quantitative research 정량적 연구(定量的研究) *cf.* qualitative research

quantity (1) 양(量) ↔ quality (2) 음향 음량(音量)

quantity-insensitive 음향 음량둔감성(音量鈍感性) ↔ quantity-sensitive

quantity-insensitive foot 음향 음량둔감성 음보(音量鈍感性音譜) ↔ quantity-sensitive foot

quantity principle 인지 양의 원리

quantity-sensitive 음향 음량민감성(音量敏感性) ↔ quality-sensitive

quantity-sensitive foot 음향 음량민감성 음보(音量敏感性 音譜) ↔ quantity-insensitive foot

quantization 양자화(量子化)

quantization error 양자화 오차(量子化誤差)

quantized data 양자화 데이터

quantizer 양자화기(量子化器)

quartile 통계 사분위수(四分位數) *cf.* percentile

quartz resonator 수정공진기(水晶共振器)

quasi-argument 유사논항(類似論項)

quasi-coincident array 준일체 배열방식(準一體配列方式)

quasi-homonyme 준동음어(準同音語)

quasi-longitudinal research 유사종단적 조사(類似縱斷的調査) *cf.* longitudinal research

quasi-periodic vibration 음향 준주기 진동(準週期振動) *cf.* periodic vibration

quasi-periodic wave 음향 준주기파(準週期波)

quasi-periodic waveform 음향 준주기적 파형(準週期的波形) *cf.* periodic waveform

quasi-phonological rule 음운 유사음운규칙(類似音韻規則)

quasi-plane-wave mode 음향 준평면파 모드

quasi-predicative 유사서술어(類似敍述語)

quasi-resonant nuclei(QRN) 언어발달 유사공명핵(類似共鳴核) *cf.* fully resonant nuclei

quasi-sinusoid 음향 준정현 신호(準正弦信號)

quasi-stationary 준정상 상태(準正常狀態)

quefrency (켑스트럼에서 시간 축을 의미) 큐프렌시

question 질문(質問)

question formation 의문문 형성(疑問文形成)

questionnaire 질문지(質問紙), 설문검사(說問檢査)

questionnaire method 질문지법(質問紙法)

quick assessment for apraxia of speech 신경 빠른말실행증평가

quick assessment for dysarthria 빠른마비말장애평가

quick incidental learning(QUIL) 언어발달 빠른우연학습(偶然學習)

quick incidental learning strategy 언어발달 빠른우연학습전략

quick screen 빠른선별

quick test 빠른검사

quiet breathing 생리 휴식시 호흡(休息時呼吸)

quiet tidal volume 생리 조용한 일회 호흡량(一回呼吸量)

QUIL(quick incidental learning) 언어발달 빠른우연학습(偶然學習)

quit 종료(終了)
quota sampling 표본할당(標本割當)
quotation adjunct 인용 부가어(引用附加語)
quotient 지수(指數)

R

race difference 인종차이(人種差異)
racial discrimination 인종차별(人種差別)
= racism ↔ desegregation
racial group 인종집단(人種集團)
racism 인종주의(人種主義), 인종차별주의(人種差別主義) = segregation ↔ desegregation
racist 인종주의자(人種主義者), 인종차별주의자(人種差別主義者) = segregationist ↔ desegregationist
RAD(radiation absorbed dose) 방사능 흡수량(放射能吸收量)
RAD(reactive attachment disorder) 심리 반응성 애착장애(反應性愛着障碍)
radial fiber 해부 방사신경섬유(放射神經纖維)
radial glia 해부 방사형 교세포(放射形膠細胞)
radial layer 방사층(放射層), 부챗살층
radial scan 방사상 주사(放射狀走査)
radian frequency 음향 라디안 진동수(振動數)
radiation 방사(放射)
radiation absorbed dose(RAD) 방사능 흡수량(放射能吸收量)
radiation characteristics 방사특성(放射特性)
radiation coefficient 통계 방사계수(放射計數)
radiation condition 방사조건(放射條件)
radiation damping 방사감쇠(放射減衰)
radiation efficiency 방사 효율(放射效率)
radiation force 방사력(放射力)
radiation impedance 방사저항(放射抵抗)
= rediation resistance
radiation impedance matrix 방사저항행렬(放射抵抗行列)
radiation index 방사지수(放射指數)
radiation loss factor 방사손실지수(放射損失要因)
radiation mass 방사질량(放射質量)
radiation mode 방사모드
radiation pattern 방사유형(放射類型)
radiation pressure 방사압력(放射壓力)
radiation ratio 방사율(放射率)
radiation reactance 방사유도저항(放射誘導抵抗)

radiation resistance 방사저항(放射抵抗) =radiation impedance
radical mastoidectomy 해부 근본적 유양돌기 절제술(根本的乳樣突起切除術)
radical underspecification 급진적 미명시(急進的未明示)
radio frequency(RF) 음향 무선주파수(無線周波數)
radio wave 음향 라디오 전파
radioactive effect 방사능 효과(放射能效果)
radioallergosorbent test(RAST) 방사선 알러젠 흡수진단
radiogram X선 사진
radiographic swallowing study 삼킴 방사선 촬영 연하검사(放射線撮影嚥下檢査)
radiography X선 사진술
radiologist 방사선의사(放射線醫師)
radiology 방사선학(放射線學)
radionuclide 방사성 핵종(放射性核腫)
radiotherapy 방사선 요법(放射線療法) *cf.* chemotherapy
radius (1) 해부 요골(橈骨) (2) 반지름
raised intracranial pressure 두개-내압 상승(頭蓋內壓上昇)
raising 인상(引上)
raising-to-object 목적어로서의 인상
raising-to-subject 주어로서의 인상
raising verb 인상동사(引上動詞)
RAM(random access memory) 등속호출 기억장치(等速呼出記憶裝置)
rami 지(枝), 가지 단수형 ramus
rami anteriores 해부 L 앞가지
rami dorsales 해부 L 등쪽가지
rami frontales 해부 L 전두가지
rami inferiores 해부 L 아래가지
rami superiores 해부 L 위가지
ramp function 램프 함수
Ramsay-Hunt syndrome 생리 (말초성 안면신경장애) 람세이-헌트 증후군
ramus 해부 L 가지 PL rami
Ranchos Los Angeles scale of cognitive levels (RLSCL) 랜초스 로스엔젤레스 인지력 레벨 척도
random access memory(RAM) 등속호출 기억장치(等速呼出記憶裝置)
random activity 무작위활동(無作爲活動)
random assignment 무작위 배정(無作爲配定)
random behavior 임의행위(任意行爲)
random error 통계 무작위 오차(無作爲誤差), 임의오차(任意誤差)
random gap detection test(RGDT) 무작위간격탐지검사(無作爲間隔探知檢査)
random incidence 음향 불규칙 입사(不規則入射), 랜덤 입사
random incidence corrector 음향 불규칙 입사교정기(不規則入射校正機)
random incidence microphone 불규칙 입사 마이크로폰
random incidence sensitivity 음향 불규칙 입사감도(不規則入射感度)
random-incidence sound power transmission coefficient 음향 불규칙-입사 음향파워 투과계수
random incident sound absorption coefficient 음향 불규칙 입사음 흡수계수(不規則入射吸音係數)
random noise 음향 불규칙잡음(不規則雜音), 랜덤잡음
random number 난수(亂數), 임의의 수
random number sequence 난수열(亂數列)
random order (아동 말실행증 치료의) 무작위적 순서(無作爲的順序) ↔ blocked order
random process 불규칙 과정(不規則過程)
random sampling 무작위 표집(無作爲標集) *cf.* stage sampling
random selection 무작위 선발(無作爲選拔)

random sequential application 임의 연속적용(任意連續適用)
random signal 불규칙 신호(不規則信號)
random variable 불규칙 변수(不規則變數)
random waveform 음향 불규칙 파형(不規則波形)
randomization 무작위화(無作爲化)
range 범위(範圍), 구역(區域)
range-normalized pressure 범위-정규화 압력(範圍定規化壓力)
range of comfortable loudness(RCL) 청각 쾌적역치범위(快適閾値範圍)
range of frequency 음향 주파수 범위(周波數範圍)
range of motion(ROM) 운동범위(運動範圍), 가동범위(可動範圍)
range of motion exercise 운동범위훈련(運動範圍訓練)
range of voice 성역(聲域), 음역(音域)
range rate 범위비율(範圍比率)
ranging sonar 능동소나
rank order 서열순서(序列順序)
rape 강간(强姦), 성폭행(性暴行) = sexual assault, sexual violence
raphe 봉선(縫線), 솔기
raphe lingue 혀봉선
raphe nuclei 망상핵(網狀核,) 솔기핵 = reticular nuclei
rapid eye movement(REM) 빠른눈움직임
rapid eye movement(REM) sleep 램 수면(睡眠)
rapid naming 빠른이름대기
rapid reading 속독(速讀)
rapid screening test 빠른선별검사(選別檢査)
rapport 친밀감(親密感)
rare clefts 드문파열
rarefaction 희박(稀薄), 희박상(稀薄狀) ↔ compression, condensation
rarefaction curve 희박화곡선(稀薄化曲線)
rarefaction phase 희박상(稀薄相) ↔ compression phase
rarefaction polarity 희박극성(稀薄極性)
RAS(reticular activating system) 활성망상계(活性網狀系)
RAST(radioallergosorbent test) 방사선 알러젠 흡수진단
rate 비율(比率)
rate control 비율제어(比率制御)
rate-intensity curve 속도-강도 곡선(比率强度曲線)
rate of articulation 조음속도(調音速度)
rate of breathing 생리 호흡률(呼吸率)
rate of decay 감쇠비율(減衰比率)
rate of discharge 신경 (뉴런의) 방출비율(放出比率)
rate of maturation 성숙속도(成熟速度)
rate of repetition 반복속도(反復速度)
rate of speech 말속도 = speaking rate
rate of strain 변형율(變形率)
rate reduction 말속도 감소
rate reduction in treating stuttering 말더듬 치료에서의 말속도 감소
rated output power 정격출력 전력(定格出力電力)
rating 순위(順位), 등급(等級), 평정(評定)
rating method 평정법(評定法)
rating scale 평정척도(評定尺度)
rating sheet 평가지(評價紙)
ratio 비율(比率)
ratio judgement 비율판단(比率判斷)
ratio reinforcement 비율강화(比率强化)
ratio scale 통계 비율척도(比率尺度) *cf.* interval scale
ratio strain 비율감축(比率減縮)
rational emotive behavioral therapy(REBT) 말더듬 인지 정서 행동치료(認知情緒行動治療)
rational emotive therapy(RET) 말더듬 인지

합리적 정서치료(認知情緖治療)
rational function 통계 유리함수(有理函數)
rational number 유리수(有理數) ↔ irrational number
rationalism 합리주의(合理主義) *cf.* nativism ↔ empiricism
rationalist theory 합리론(合理論)
rationalization 합리화(合理化)
Raven's progressive matrices 라빈의 진행모형(進行模型)
raw score 원점수(原點數)
ray 광선(光線)
ray acoustic method 음향 광음향기법(光音響技法)
ray acoustics 음향 광음향학(光音響學)
RBMT(Rivermead behavioral memory test) 심리 리버미드 행동기억검사(行動記憶檢査)
RCBA(reading comprehension battery for aphasia) 신경 실어증 독서이해력검사(失語症讀書理解力檢査)
RCFT(Rey complex figure test) (치매검사용) 레이 복합도형검사(複合圖形檢査)
RCM(revised component model) 수정된 구성모형(構成模型)
r-coloring 조음 'r' 음색 *cf.* rhotacized vowel
RD(reading disabilities) 생리 난독증(難讀症), 읽기장애 = dyslexia *cf.* alexia
RDI(relative distortion index) 음향 상대적 왜곡지수(相對的歪曲指數) *cf.* absolute distortion index
REA(right ear advantage) 청각 우이우위(右耳優位), 오른귀 우위(優位)
reactance 음향 유도저항(誘導抵抗)
reaction 반응(反應)
reaction time 반응시간(反應時間) *cf.* response time
reaction time latency 심리 반응시간 잠재기(反應時間潛在期)
reactions 담화 결말(結末) *cf.* direct consequences
reactive attachment disorder(RAD) 심리 반응성 애착장애(反應性愛着障碍)
reactive depression 생리 심리 반응성 우울증(反應性憂鬱症)
reactive intensity 반작용 강도(反作用强度), 반작용 세기
reactive lesion 반응성 병변(反應性病邊)
reactive psychosis 생리 반응성 정신병(反應性精神病)
reactive sequence 언어발달 담화 반응계열(反應系列) *cf.* action sequence
read only memory(ROM) 판독전용 기억장치(判讀專用記憶裝置)
readability 가독성(可讀性)
readability formula 가독성 공식(可讀性公式)
readiness potential(RP) 준비전위(準備電位)
reading 읽기
reading ability 읽기능력
reading achievement 읽기성취
reading comprehension 읽기이해(력)
reading comprehension battery for aphasia (RCBA) 실어증 독서이해력검사(失語症讀書理解力檢査)
reading comprehension disabilities 읽기이해장애
reading disabilities(RD) 읽기장애, 난독증(難讀症) = dyslexia *cf.* alexia
reading disability 생리 읽기장애 = dyslexia
reading fluency 읽기유창성
reading fluency disabilities 읽기유창성장애
reading-language learning disabilities 읽기학습장애 *cf.* single word blindness
reading method 독서법(讀書法)
reading socialization 독서사회화(讀書社會化) *cf.* literacy socialization
reading speed 독해속도(讀解速度), 독서속도(讀書速度)

reading to learn 언어발달 학습을 위한 읽기
cf. learning to read
readjustment component 재조정부(再調整部)
readjustment rule 재조정 규칙(再調整規則)
REAG(real-ear aided gain) 음향 실이증폭이득(實耳增幅利得)
real axis 실수축(實數軸)
real-ear aided gain(REAG) 음향 실이증폭이득(實耳增幅利得)
real-ear aided response(REAR) 음향 실이증폭반응(實耳增幅反應)
real-ear attenuation 음향 실이 감쇠(實耳減衰)
real-ear attenuation at threshold(REAT) 음향 실이역치 감쇠(實耳閾值減衰)
real-ear dial difference(REDD) 청각 실이 다이얼 차(差)
real-ear gain 청각 실이이득(實耳利得)
real-ear insertion response(REIG) 실이삽입이득(實耳挿入利得)
real-ear measurement(REM) 실이측정(實耳測定)
real-ear occluded response(REOR) 생리 실이폐쇄반응(實耳閉鎖反應)
real-ear saturation response(RESR) 생리 실이포화반응(實耳飽和反應)
real-ear target gain 실이목표이득(實耳目標利得)
real-ear target response 실이목표반응(實耳目標反應)
real-ear to coupler difference(RECD) 청각 실이 대 커플러 차(差)
real-ear unaided gain(REUG) 실이자립이득(實耳自立利得)
real-ear unaided response(REUR) 실이자립반응(實耳自立反應)
real image 실상(實像) ↔ virtual image
realia 실물자료(實物資料)
realignment 재정렬(再整列)
reality orientation therapy(ROT) 현실지남력치료(現實指南力治療), 현실 지향성 치료(現實指向性治療)
reality therapy 인지 (치매의) 현실치료(現實治療)
realization 실현(實現)
realization rule 실현규칙(實現規則)
real-life assignment 실생활과제(實生活課題)
real-part 실수부(實數部)
real-part sufficiency 실수부 충족(實數部充足)
real-time 실시간(實時間)
real-time analysis 실시간 분석(實時間分析)
real-time frequency analyzer 실시간 주파수 분석기(實時間周波數分析器)
real-time recording 실시간 녹음(實時間錄音)
real-time speech 실시간 언어(實時間言語)
real-time ultrasound 실시간 초음파(實時間超音波)
reanalysis 재분석(再分析)
reappraisal 재평가(再評價)
REAR(real-ear aided response) 청각 실이증폭반응(實耳增幅反應)
reasoning 논리 추론(推論) = inference
REAT(real-ear attenuation at threshold) 청각 실이역치 감쇠(實耳閾值減衰)
reauditorization 재청각화(再聽覺化), 다시 들려주기 *cf.* auditorization
REBT(rational emotive behavioral therapy) 말더듬 인지 합리적 정서행동치료(合理的情緖行動治療)
rebus AAC 수수께끼 그림, 글자나 그림 맞추기
rebus symbols AAC 리버스 상징, 기표상징(記標象徵) *cf.* dead-end symbol
recall 심리 회상(回想), 재생(再生)
recall memory 심리 회상기억(回想記憶)
recall of general information 심리 일반적인 정보의 회상
recalling sentences 언어발달 문장 회상하기
cf. formulated sentences

R

recast 담화 재구성(再構成)

recast sentences 언어발달 문장 재구성(文章再構成)

RECD(real-ear to coupler difference) 음향 실이(實耳) 대 커플러 차(差)

received pronunciation(RP) 영국표준발음(英國標準發音)

receiver 수신자(受話器), 수신기(受信機), 수용체(受容體) ↔ sender

receiver operating characteristic(ROC) 수신자동장특성(受信者動作特性)

receiver stimulator 수신자극기(受信刺戟器)

recency effect 인지 최신효과(最新效果) *cf.* primacy effect

recency error 인지 시간적 오류(時間的誤謬)

reception 수용(受容)

reception classes 수용층(受容層)

reception threshold for speech(RTS) 신경 어음수용역치(語音受容閾値)

receptive 수용성(受容性)의 ↔ expressive

receptive amusia 생리 수용성 실음증(受容性失音症) *cf.* amusia

receptive and expressive emergent language scale(REEL) 언어발달 수용 · 표현 신생언어척도(受容 · 表現新生言語尺度)

receptive and expressive observation scale (REOS) 언어발달 수용 · 표현 관찰척도(受容 · 表現觀察尺度)

receptive and expressive vocabulary test (REVT) 언어발달 수용 · 표현 어휘력검사(受容 · 表現語彙力檢查)

receptive aphasia 신경 수용성 실어증(受容性失語症) = Wernicke's aphasia ↔ expressive aphasia

receptive aprosody 생리 수용성 운율불능증(受容性韻律不能症) ↔ expressive aprosody

receptive center 수용중추(受容中樞)

receptive character 심리 수용적 성격(受容的性格)

receptive competence 언어발달 수용능력(收容能力) ↔ expressive competence

receptive field 수용적 영역(受容的領域)

receptive language 언어발달 수용언어(受容言語) ↔ expressive language

receptive language ability 언어발달 수용언어능력(受容言語能力) ↔ expressive language ability

receptive language disorders 언어발달 수용언어장애(受容言語障礙) ↔ expressive language disorders

receptive language test 언어발달 청각 수용언어검사(收容言語檢查)

receptive level 언어발달 수용단계(受容段階) ↔ expressive level

receptive lexicon 언어발달 수용어휘집(受容語彙集) ↔ expressive lexicon *cf.* mental lexicon

receptive one-word picture vocabulary test (ROWPVT) 언어발달 수용 단단어 그림어휘력검사

receptive process 언어발달 수용과정(受容過程) *cf.* expressive process

reception vocabulary 언어발달 수용어휘(受容語彙)

receptivity 수용성(受容性)

receptor 신경 수용기(受容器) = receptor organs *cf.* effector

receptor cell 해부 수용기세포(受容器細胞)

receptor organs 수용기관(受容器官)

receptor potentials 신경 수용기전위(受容器電位)

receptor stimulation 수용체 자극(受容體刺戟)

recess (1) 휴식(休息) (2) 해부 함요(陷凹), 오목공간

recessive 신경 열성(劣性)의 ↔ dominant

R

recessive condition 신경 열성조건(劣性條件)
recessive gene 신경 열성유전인자(劣性遺傳因子) ↔ dominant gene
recessive hereditary 신경 열성유전(劣性遺傳) = recessive inheritance ↔ dominant hereditary
recessive inheritance 신경 열성유전(劣性遺傳) = recessive hereditary ↔ dominant inheritance
recipient 수혜자(受惠者) = beneficiary
reciprocal altruism 상호이타주의(相互利他主義)
reciprocal anaphor 상호대용어(相互代用語)
reciprocal assimilation 음운 상호동화(相互同化) *cf.* progressive assimilation, regressive assimilation
reciprocal determinism 상호결정론(相互決定論)
reciprocal hypothesis 상호작용가설(相互作用假說)
reciprocal influence 상호적 영향(相互的影向)
reciprocal inhibition 상호억제(相互抑制)
reciprocal inhibition procedures 상호억제절차(相互抑制節次)
reciprocal object 통사 상호목적어(相互目的語)
reciprocal pronoun 통사 상호대명사(相互代名詞)
reciprocal teaching (교사와 학생의) 상호교수(相互教授)
reciprocal transducer 가역변환기(可逆變換機)
reciprocal verb 상호동사(相互動詞)
reciprocity calibration method 가역 보정방법(可逆補正方法)
reciprocity coefficient 통계 가역계수(可逆係數), 상반계수(相反係數)
reciprocity principle 가역원리(可逆原理)
reciprocity state 상호관계 상태(相互關係狀態)
recitation (단어) 암송(暗誦)
reclassification (언어) 재분류(再分類) *cf.* renumeration
recognition 심리 인식(認識), 재인(再認)
recognition memory 심리 재인기억(再認記憶)
recognition point 심리 재인점(再認點)
recognition score 심리 재인점수(再認點數)
recognition test 심리 재인검사(再認檢查)
recognition vocabulary 심리 인식어휘(認識語彙)
recoil forces 반발력(反撥力)
recombination 의미 재조합(再組合), 재결합(再結合) *cf.* expansion
reconditioning 재조건화(再條件化) *cf.* conditioning
reconstruction 재건(再建), 재구성(再構成)
reconstructive operation 해부 재건수술(再建手術)
recounts 이야기하기
recoverability 통사 복원가능성(復元可能性)
recovered memory 심리 회복기억(回復記憶)
recovery 회복(回復)
recovery time 회복시간(回復時間)
recovery without treatment 자연회복(自然回復) = spontaneous recovery
recreational therapy(RT) 여가치료(餘暇治療)
recruitment 보충(補充)
rectal 해부 직장(直腸)의
rectal gyrus 해부 곧은이랑
rectangular coordinated 직각좌표계(直角座標系)
rectified current 정류전류(整流電流)
rectified diffusion 정류확산(整流擴散)
rectum 해부 직장(直腸), 곧은창자
rectus 해부 직근(直筋)
rectus abdominis muscle 해부 복직근(腹直筋)
recumbent posture 기댄 자세
recurrence 재발(再發), 재현(再現), 회귀성(回歸性)
recurrent 재발(再發)의, 회귀(回歸)의
recurrent depression 생리 재발성 우울증(再

發性憂鬱症)
recurrent laryngeal nerve(RLN) 해부 반회후두신경(反廻喉頭神經), 되돌이후두신경
recurrent laryngeal nerve palsy 신경 반회후두신경마비(反廻喉頭神經痲痹), 되돌이후두신경마비
recurrent laryngeal nerve resection 해부 반회후두신경절제술(反廻喉頭神經切除術), 되돌이후두신경절제술
recurrent nerve 해부 반회신경(反廻神經), 되돌이신경
recurrent nerve injury 생리 회귀신경손상(回歸神經損傷), 되돌이신경손상
recurrent nerve paralysis 생리 회귀신경마비(回歸神經痲痹), 되돌이신경마비
recurrent reaction 생리 재발반응(再發反應)
recurrent respiratory papillomatosis 생리 재발성 호흡기 유두종증(再發性呼吸器乳頭腫症)
recurrent tumor 생리 재발성 종양(再發性腫瘍)
recurrent viral syndrome 생리 재발성 바이러스 증후군 = persistent viral syndrome
recurrent vomiting 생리 반복성 구토(反復性嘔吐)
recurring decimal 순환소수(循環小數)
recurring hemorrhage 생리 반복성 출혈(反復性出血)
recurring illness 생리 회귀성 질환(回歸性疾患)
recursion 회귀(回歸), 귀환(歸還)
recursive rule 회귀규칙(回歸規則)
recursiveness 회귀성(回歸性), 귀환성(歸還性)
red blood cell 해부 적혈구(赤血球) = erythrocyte *cf.* white blood cell, leukocyte
red bone marrow 해부 적색골수(赤色骨髓)
red nucleus 해부 적핵(赤核)
REDD(real-ear dial difference) 음향 실이(實耳) 다이얼 차(差)
redirected phonation 음성치료 발성변경(發聲變更)
redness 발적(發赤)
reduced capacity for internal modeling 말더듬 내적 모델링 능력결함
reduced frequency 감소주파수(減少周波數)
reduced intensity 음성 강도감소(强度減少)
reduced path length 경로길이 감소
reduced pressure 감소압력(減少壓力)
reduced screening audiometry 청각 간편선별청력검사(簡便選別聽力檢査)
reduced stress 조음 강세저하(强勢低下)
reduced vowel 음운 축약모음(縮約母音)
reduction (1) 감소(減少), 축약(縮約) (2) 환원(還元)
reduction division 감수분열(減數分裂)
reduction potential 신경 환원전위(還元電位)
reduction semiconductor 환원형 반도체(還元形半導體)
redundancy 음운 잉여성(剩餘性)
redundancy rule 음운 잉여규칙(剩餘規則)
redundant code 음운 잉여부호(剩餘符號)
redundant feature 음운 잉여자질(剩餘資質)
reduplicated babbling 언어발달 반복 옹알이 = cannonical babbling ↔ non-reduplicated babbling *cf.* variegated babbling
reduplicated template 언어발달 반복형판(反復型板)
reduplication 언어발달 반복(反復)
reduplication assimilation process 음운 반복동화 과정(反復同化過程)
reed 리드
reed artificial larynx 갈대형 인공후두(人工喉頭)
REEL(receptive and expressive emergent language scale) 언어발달 수용 · 표현 신생언어척도(受容表現新生言語尺度)
reenactment 심리 재연(再演), 재현(再現)
reference 기준(基準), 참고(參考), 참조(參照)
reference axis 기준축(基準軸)

reference block 기준시험편(基準試驗片), 대비시험편(對比試驗片)
reference book 참고도서(參考圖書)
reference corpus 참조 코퍼스, 참조 말뭉치 *cf.* standard corpus
reference distance 기준거리(基準距離)
reference electrode 기준전극(基準電極)
reference equivalent threshold level 음향 기준등가 역치레벨
reference equivalent threshold sound pressure level 음향 기준등가 역치음압레벨
reference group 통계 준거집단(準據集團)
reference intensity 음향 기준강도(基準强度)
reference microphone 기준 마이크로폰
reference point 기준점(基準點)
reference principle 언어발달 참조원리(參照原理) *cf.* conventionality principle
reference sound pressure 음향 기준음압(基準音壓)
reference sound pressure level(RSPL) 음향 기준음압레벨
reference sound pressure level for speech audiometry(RSPL-SA) 청각 어음청력검사용 기준음압레벨
reference sound source 음향 기준음원(基準音源)
reference test gain(RTG) 음향 기준검사이득(基準檢査利得)
reference test setting(RTS) 기준검사설정(基準檢査設定)
reference value 기준치(基準値)
reference vibration 기준진동(基準振動)
reference vowel 조음 참조모음(參照母音)
reference zero level 기준제로 레벨
referencing 언어발달 지시하기
referent 지시물(指示物), 지시대상(指示對象)
referent ambiguity 지시물의 애매성(曖昧性)
referent theory 지시이론(指示理論)
referential communication 언어발달 참조적 의사소통(參照的意思疏通) = symbolic communication
referential communication skills 언어발달 참조적 의사소통 기술(參照的意思疏通技術)
referential dependency 언어발달 지시적 의존성(指示的依存性)
referential expression 언어발달 지시적 표현(指示的表現)
referential function 언어발달 지시적 기능(指示的機能), 참조적 기능(參照的機能)
referential gestures 언어발달 참조적 제스처
referential index 지시적 지표(指示指標)
referential learning 참조적 학습(參照的學習)
referential link 인지 지시적 연결(指示的連結)
referential meaning 의미 지시의미(指示意味)
referential opacity 인지 지시적 불투명성(指示的不透明性)
referential semantic 지시의미론(指示意味論)
referential statement 인지 지시적 진술(指示的陳述)
referential words 지시어(指示語)
referral 의뢰(依賴)
reflectance 반사율(反射率)
reflected wave 음향 반사파(反射波) ↔ direct wave
reflecting surface 반사면(反射面)
reflection 반사(反射), 반향(反響) ↔ incidence
reflection and refraction 음향 반사(反射)와 굴절(屈折)
reflection benefit 반사적 이익(反射的利益)
reflection coefficient 통계 반사계수(反射係數)
reflection coefficient matrix 통계 반사계수 행렬(反射係數行列)
reflection factor 반사요인(反射要因)
reflection loss 반사손실(反射損失)
reflection phase 반사위상(反射位相)
reflective listening 반사적 청취(反射的聽取)

reflector 반사기(反射器)
reflectors 반사체(反射體), 반사경(反射鏡)
reflex activity 반사활동(反射活動)
reflex arc 신경 반사궁(反射弓)
reflex behaviors 반사행동(反射行動)
reflex center 신경 반사중추(反射中樞)
reflex decay 반사감퇴(反射減退)
reflex movement 신경 반사운동(反射運動)
reflex seizure 생리 반사적 발작(反射的發作)
reflex time 반사시간(反射時間)
reflexive 재귀적(再歸的)
reflexive behavior 반사행동(反射行動)
reflexive cry 반사성 울음
reflexive dative 통사 재귀여격(再歸與格)
reflexive deletion 통사 재귀사 삭제(再歸辭削除)
reflexive law 반사율(反射律)
reflexive memory 심리 반사성 기억(反射性記憶) = procedural memory ↔ declarative memory
reflexive object 통사 재귀목적어(再歸目的語)
reflexive phonation 반사적 발성(反射的發聲)
reflexive pronoun 통사 재귀대명사(再歸代名詞)
reflexive smile 반사성 미소(反射性微笑)
reflexive verb 통사 재귀동사(再歸動詞)
reflexivization 통사 재귀화(再歸化)
reflux 역류(逆流) = regurgitation
reflux finding score(RFS) 역류 소견점수(逆流所見點數)
reflux laryngitis 역류성 후두염(逆流性喉頭炎)
reflux symptom index(RSI) 역류증상지표(逆流症狀指標)
reformulation 재형성(再形成)
refracted wave 음향 굴절파(屈折波) = reflection wave
refracting angle 음향 굴절각(屈折角)
refraction 음향 굴절(屈折)
refraction loss 음향 굴절손실(掘折損失)
refraction wave 음향 굴절파(屈折波) = refracted wave
refractive eye surgery 굴절성 안수술(屈折性眼手術)
refractive index 굴절지수(屈折指數)
refractory period 신경 불응기(不應期) *cf.* absolute refractory phase, relative refractory phase
refractory phase 신경 불응단계(不應段階)
refrain 후렴(後斂), 반복구(反復句)
reframing 재구성(再構成)
Refsum syndrome(RS) 생리 (선천성 시각장애) 레프섬 증후군
refusal behavior 말더듬 거부행동(拒否行動)
regeneration 재생(再生)
regeneration phase 재생기(再生期)
regeneration potential 신경 재생전위(再生電位)
regional dialect 언어 지역방언(地域方言) *cf.* social dialect
regionalism 지연(地緣) *cf.* school relations, kinship
register (1) 음역(音域), 성구(聲區) (2) 담화 사용역(使用域)
register tone 음운 음역성조(音域聲調), 평판성조(平板聲調)
registration 심리 (기억) 등록(登錄)
regression 회귀(回歸), 역행(逆行)
regression analysis 통계 회귀분석(回歸分析)
regression coefficient 통계 회귀계수(回歸係數)
regression definition 회귀 정의(回歸定義)
regression line 음향 회귀선(回歸線)
regressive assimilation 음운 역행동화(逆行同和), 치닮음 ↔ progressive assimilation
regressive vowel assimilation 음운 역행모음동화(逆行母音同化) ↔ progressive vowel assimilation
regret 유감(遺憾), 실망(失望)
regular conjugation 규칙활용(規則活用)
regular determiner 규칙 한정사(規則限定詞)
regular verb 규칙동사(規則動詞) ↔ irregular

verb
regular word 규칙단어(規則單語)
regularity 규칙성(規則性)=periodicity
regularization 규칙화(規則化)
regulated breathing 생리 호흡조절(呼吸調節)
regulated variable 통계 조절변수(調節變數)
regulation 조정(調整)
regulatory function 언어발달 조정기능(調整機能)
regurgitation 역류(逆流)=reflux
rehabilitation 재활(再活)=readjustment *cf.* habilitation
rehabilitation centers 재활센터
rehabilitation counselling 재활상담(再活相談)
rehabilitation counsellor 재활상담사(再活相談士)
rehabilitation engineering 재활공학(再活工學)
rehabilitation medicine 재활의학(再活醫學) *cf.* clinical medicine
rehabilitation specialist 재활전문가(再活專門家)
rehabilitation technology 재활공학(再活工學)
rehabilitation therapy 재활치료(再活治療)
rehabilitative approach 삼킴 재활적 접근(再活的接近) *cf.* dietary approach
rehabilitative audiology 재활청각학(再活聽覺學)
rehearsal (1) 예행연습(豫行演習) (2) 인지 암송(暗誦)
REIG(real-ear insertion response) 청각 실이삽입이득(實耳挿入利得)
reinforced learning 뇌과학 강화학습(强化學習) cf. supervised learning
reinforcement 심리 강화(强化), 보강(補强)
reinforcement delay 심리 강화지연(强化遲延)
reinforcement interference 음향 보강간섭(補强干涉)=constructive interference ↔ cancellation interference
reinforcement management 말더듬 강화관리(强化管理)
reinforcement priming 심리 강화촉진(强化促進)
reinforcement schedule 강화계획(强化計劃)
reinforcement theory 심리 강화이론(强化理論)
reinforcement withdrawal 심리 강화철회(强化撤回)
reinforcer 심리 강화물(强化物), 강화제(强化劑) ↔ relaxant
reinforcing stimulus 심리 강화자극(强化刺戟)
Reinke's edema 생리 라인케 부종(浮腫) =polypoid degeneration
Reinke's space 해부 라인케 공간(空間)
reinnervation 신경재지배(神經再支配)
reinstatement search 인지 (기억의) 복원탐색(復原探索)
Reissner's membrane 해부 라이스너 막(膜) =vestibular membrane *cf.* basilar membrane
rejection 거부(拒否), 거절(拒絶)
rejection phenomenon 거부현상(拒否現象)
rejection rate 거부율(拒否率)
rejection reaction 거부반응(拒否反應)
rejection symptom 심리 거부 증후군(拒否症候群)
relapse 재발(再發)
relapsing aphonia 생리 재발성 무성증(再發性無聲症)
relapsing polychondritis 생리 재발성 다발신경염(再發性多發神經炎)
relapsing-remitting multiple sclerosis 생리 재발완화형 다발성경화증(再發緩和形多發性硬化症)
related disorders of fluency 말더듬 유창성관련 장애(流暢性關聯障礙)
related meaning 관계의미(關係意味)
relational concepts 상관개념(相關概念)
relational extension 상관확장(相關擴張)
relational grammar 관계문법(關係文法)
relational information 심리 관계정보(關係情報)
relative 상대적(相對的) *cf.* absolute

relative adjective 관계형용사(關係形容詞)
relative adverb 관계부사(關係副詞)
relative amplitude 음향 상대적 진폭(相對的振幅) *cf.* absolute amplitude
relative average perturbation 음향 상대적 평균섭동(相對的平均攝動)
relative clause 관계절(關係節)
relative clause formation 관계절 형성(關係節形成)
relative clause reduction 관계절 간략화(關係節簡略化)
relative conjunction 관계접속사(關係接續詞)
relative deprivation 상대적 박탈(相對的剝脫)
relative distortion index(RDI) 상대적 왜곡지수(相對的歪曲指數) *cf.* absolute distortion index
relative error 상대오차(相對誤差) *cf.* absolute error
relative humidity 상대습도(相對濕度) *cf.* absolute humidity
relative molecular mass 상대분자 질량(相對分子質量) ↔ absolute molecular mass
relative phase 상대위상(相對位相) *cf.* absolute phase
relative prominence 상대적 탁립(相對的卓立), 상대적 돋들림
relative prominence projection rule 상대적 탁립투사규칙(相對的卓立投射規則), 상대적 돋들림 투사규칙(投射規則)
relative pronoun 관계대명사(關係代名詞)
relative quantity 상대적 양(相對的量) *cf.* absolute quantity
relative reduction 통사 관계절 축소(關係節縮小) *cf.* modifier shift
relative refractory period 신경 상대불응기(相對不應期) *cf.* absolute refractory period
relative reverberation level 음향 상대 잔향레벨 *cf.* relative reverberation level
relative sensitivity 음향 상대적 감도(相對的感度) *cf.* absolute sensitivity
relative sentence 통사 관계문(關係文)
relative stress 음향 상대적 강세(相對的强勢) *cf.* absolute stress
relative total sound level 음향 전체음향의 상대적 레벨
relative transmissibility 상대 전달성(相對傳達性)
relativity 상대성(相對性)
relativization 통사 관계화(關係化)
relativizer 통사 관계화소(關係化素)
relaxant 이완제(弛緩劑) ↔ reinforcer
relaxation 이완(弛緩) ↔ reinforcement
relaxation absorption 음향 이완흡수(弛緩吸收)
relaxation dispersion 음향 이완분산(弛緩分散)
relaxation frequency 음향 이완주파수(弛緩周波數)
relaxation model 이완 모델
relaxation oscillation 음향 이완진동(弛緩振動)
relaxation phase 이완단계(弛緩段階)
relaxation pressures 음향 이완압력(弛緩)
relaxation spectrum 음향 이완 스펙트럼
relaxation technique 음성치료 이완기법(弛緩技法)
relaxation therapy 이완치료(弛緩治療)
relaxation time 이완시간(弛緩時間)
relaxation training 이완훈련(弛緩訓練) ↔ reinforcement training
relaxer (후두의) 이완근(弛緩筋) ↔ tensor
relaxer inhibiting reflex 이완억제반사(弛緩抑制反射)
relaxer muscle (후두의) 이완근(弛緩筋) *cf.* relaxer
relay system 중계체계(中繼體系)
relearning 재학습(再學習)
release 개방(開放), 방출(放出) ↔ shutting
release burst 조음 파열개시(破裂開始), 개방파열(開放破裂)

release time(RT) (압축 따위) 해제시간(解除時間)
released sound 조음 외파음(外破音)
=explosive sound
releasing consonant 조음 방출자음(放出子音)
relexicalization 재어휘화(再語彙化)
reliability 통계 신뢰도(信賴度), 신뢰성(信賴性) *cf.* validity
reliability coefficient 통계 신뢰도 상관계수(信賴度相關係數)
reliable acoustic path 음향 신뢰성 음향경로(信賴性音響經路)
relic area (방언학의) 잔재지역(殘滓地域) *cf.* focal area
REM(rapid eye movement) 생리 빠른눈움직임, 빠른안구운동
REM(rapid eye movement) sleep 생리 활성수면(活性睡眠), 렘수면
REM(real-ear measurement) 청각 실이측정(實耳測定)
remedial bilingual education 치료적 이중언어교육(治療的二重言語教育)
remedial education 치료교육(治療教育)
remedial measures 치료측정(治療測程)
remediation 교정(教正), 치료(治療) *cf.* intervention
remedy 치료약(治療藥)
remembrance 회상(回想)=recollection
reminiscence 심리 회상(回想)=remembrance
reminiscence image 심리 기억상(記憶像)
remission (병의) 차도(差度), 경감(輕減)
remote control 원격조정(遠隔調整)
remote memory 심리 원격기억(遠隔記憶)
removal of blockage schema 인지 장벽제거도식(障壁除去圖式) *cf.* diversion schema
renal artery 해부 신장동맥(腎腸動脈)
renal branch 해부 콩팥가지
renal caculus 생리 신장결석(腎腸結石), 콩팥결석
renal ganglia 해부 신장신경절(腎腸神經節)
renal plexus 해부 신장신경총(腎腸神經叢)
renumeration 언어 재계측(再計測) *cf.* reclassification
REOR(real-ear occluded response) 생리 실이폐쇄반응(實耳閉鎖反應)
reordered access model 인지 재순서적 접속모형(再順序的接續模型) *cf.* multiple access model
reordering transformation 재배열 변형(再配列變形)
reorganization (뇌의) 재조직화(再組織化) *cf.* brain plasticity
REOS(receptive and expressive observation scales) 수용 · 표현 관찰척도(受容表現觀察尺度)
repair 교정(矯正)
repair mechanism 회복 기제(回復機制)
repair strategy 말더듬 수정전략(修正戰略) *cf.* anticipatory strategies
repeated measures design 반복측정 설계(反復測定設計)
repeated measures 반복측정(反復測定)
repeated treatment design 반복처치 설계(反復處置設計)
repeated treatments 반복처치(反復處置)
repeating 반복하기
repetition 반복(反復)
repetition compulsion 심리 반복 강박증(反復强迫症)
repetition play 반복놀이
repetition priming 반복점화(反復點火)
repetition rate 반복률(反復率)
repetition request 언어발달 반복요청(反復要請) *cf.* self-correction
repetitive movement 반복운동(反復運動)
repetitive stimulation test(RST) 반복적 자극검사(反復的刺戟檢查)

rephonemicization 음운 재음소화(再音素化) *cf.* phonemicization
replacement 대치(代置)
replicability 반복성(反復性)
replication 반복실험(反復實驗), 반복검증(反復檢證) *cf.* direct replication
replication study 반복연구(反復硏究)
repolarization 신경 재분극(再分極) *cf.* polarization
reporter's test 보고자 검사(報告者檢查)
representation 표상(表象), 유형(類型)
representation-based approach 유형기반 접근(類型基盤接近)
representational category 언어발달 표상적 범주(表象的範疇) *cf.* social category
representational symbols AAC 유형상징(有型象徵) *cf.* tangible symbols
representative sample 대표적 표본(代表的標本)
represented speech 묘출화법(描出話法)
representing 표현(表現)
repress 억압(抑壓)
repressed need theory 억압욕구이론(抑壓慾求理論)
repression (1) 생리 억제(抑制) (2) 심리 억압(抑壓)
repressor 생리 억제인자(抑制因子), 억제제(抑制制)
reproducibility 재현성(再現性) *cf.* sensitivity
reproducing characteristics 재생특성(再生特性)
reproducing head 재생헤드
reproduction 생식(生殖), 번식(繁殖)
reproduction cycle 생식주기(生殖週期)
reproductive function 생식기능(生埴機能)
reproductive gland 해부 생식선(生殖腺)
reproductive organ 해부 생식기관(生殖器官) =genitalia
reproductive system 생식기계통(生殖器系統), 생식기계(生殖器系)
request for clarification 담화 명료화 요구(明瞭化要求)
request for repair 담화 수정요구(修正要求)
request permission 담화 승인요청(承認要請)
requesting action 담화 행동 요구하기
requesting answer 담화 대답 요구하기
research design 연구설계(硏究設計)
research evidence 연구근거(硏究根據)
research hypothesis 통계 연구가설(硏究假說)
research method 연구방법(硏究方法)
reserve air 비축공기(備蓄空氣)
reserve gain 청각 예비이득(豫備利得)
reserve volume 예비량(豫備量), 저장량(貯藏量)
residential care facility 주거 편의시설(住居便宜施設)
residual 잔여(殘餘)의
residual air 잔류공기(殘餘空氣)
residual error 잔여오류(殘餘誤謬)
residual-excited vocoder 잔차구동 보코더
residual hearing 청각 잔존청력(殘存聽力)
residual inhibition(RI) 잔류억제(殘留抑制)
residual movement 잔여운동(殘餘運動)
residual noise 음향 잔류소음(殘留騷音)
residual noise level 음향 잔류소음레벨
residual vision 잔존시력(殘存視力)
residual volume(RV) 생리 잔기용적(殘氣容積)
residual wave 음향 잔류파(殘留波)
residue 잔여물(殘餘物)
resistance 저항(抵抗)
resistivity 저항력(抵抗力)
resistor 저항기(抵抗器)
resocialization 재사회화(再社會化) *cf.* socialization
resolution 분해(分解)
resolved late talker(RLT) 언어발달 정상화된 말늦은 아동 *cf.* late talker
resonance assessment 공명평가(共鳴評價)

resonance bandwidth 공진대역(共振帶域)
resonance 공명(共鳴), 공진(共振)
resonance cavity 공명강(共鳴腔)
resonance curve 공명곡선(共鳴曲線)
resonance disorders 조음 공명장애(共鳴障礙)
resonance method 공진법(共振法)
resonance of target 표적공명(標的共鳴)
resonance technique 공진기법(共振技法)
resonance theory 공명이론(共鳴理論)
resonance transmission 공명투과(共鳴透過)
resonance vocal tract 공명성도(共鳴聲道)
resonance-volley theory 공명연발이론(共鳴連發理論)
resonant consonants 조음 공명자음(共鳴子音) *cf.* obstruent consonants
resonant frequency 음향 공명주파수(共鳴周波數) = formant frequency *cf.* antiresonant frequency
resonant mode 조음 공명방식(共鳴方式) ↔ off-resonant mode
resonant sound absorption 조음 공명음흡수(共鳴音吸收)
resonant sounds 조음 공명음(共鳴音) ↔ obstruent sounds
resonant voice 조음 공명음성(共鳴音聲)
resonant voice therapy(RVT) 공명음성치료(共鳴音聲治療)
resonating body 공명체(共鳴體)
resonating cavity 해부 공명강(共鳴腔) = resonating chamber
resonation 조음 공명(共鳴)
resonator 조음 공명기(共鳴器)
resonatory system 조음 공명체계(共鳴體系)
respiration 호흡(呼吸)
respiration rate 생리 호흡률(呼吸率)
respiration regulation 호흡조절(呼吸調節)
respiration training 호흡훈련(呼吸訓練)
respiratory airway 호흡기도(呼吸氣道)
respiratory apparatus 호흡기(呼吸器)
respiratory arrest 생리 호흡정지(呼吸停止)
respiratory arrhythmia 생리 호흡성 부정맥(呼吸性不整脈)
respiratory bronchiole 해부 호흡세기관지(呼吸細氣管支)
respiratory capacity 생리 호흡용적(呼吸容積)
respiratory center 해부 호흡중추(呼吸中樞)
respiratory cycle 생리 호흡주기(呼吸週期)
respiratory disorders 생리 호흡장애(呼吸障礙)
respiratory distress syndrome 생리 호흡곤란증후군(呼吸困難症候群)
respiratory effort 호흡노력(呼吸努力)
respiratory exchange ratio 생리 호흡교환비율(呼吸交換比率)
respiratory frequency 음향 호흡주파수(呼吸周波數)
respiratory metabolism 생리 호흡대사(呼吸代射)
respiratory movement 호흡운동(呼吸運動)
respiratory muscles 해부 호흡근(呼吸筋)
respiratory nerve 해부 호흡신경(呼吸神經)
respiratory obstruction 생리 기도폐쇄(氣道閉鎖)
respiratory organ 호흡기(呼吸器)
respiratory paralysis 신경 호흡마비(呼吸痲痺)
respiratory period 호흡기간(呼吸期間)
respiratory physiology 호흡생리(呼吸生理)
respiratory rate 생리 호흡률(呼吸率)
respiratory reflex 신경 호흡반사(呼吸反射)
respiratory region 호흡부위(呼吸部位)
respiratory system 호흡체계(呼吸體系)
respiratory therapy 생리 호흡요법(呼吸療法)
respiratory tract 기도(氣道), 호흡기도(呼吸氣道)
respiratory training 음성치료 호흡훈련(呼吸訓練)
respiratory volume 생리 호흡량(呼吸量)

respirometer 폐활량계(肺活量計), 호흡계(呼吸計)

respondent behavior 반응행동(反應行動)

respondent conditioning 심리 반응 조건화(反應條件化)

response amplitude 음향 반응진폭(反應振幅)

response chain 반응연쇄(反應連鎖)

response class 반응계층(反應階層)

response complexity 반응복잡성(反應複雜性)

response continuum 반응연속체(反應連續體)

response cost 반응대가(反應對價)

response current 전류반응(電流反應)

response curve 응답곡선(反應曲線)

response duration 심리 반응 지속기간(反應持續時間)

response elaboration training 반응정교화훈련(反應精巧化訓練)

response evaluation 말더듬 반응평가(反應評價)

response evocation 말더듬 반응유도(反應誘導)

response execution 인지 응답 실행(應答實行) *cf.* response selection

response frequency 반응빈도(反應頻度)

response generalization 반응 일반화(反應一般化)

response hierarchy 반응층위(反應層位)

response magnitude 반응크기

response parameters 통계 반응 매개변수(反應媒介變數), 반응 파라미터

response rate 반응율(反應率)

response recording sheet 반응기록지(反應記錄紙)

response reduction 반응감소(反應減少)

response reduction strategies 반응감소전략(反應減少電略)

response selection 인지 응답 선택(應答選擇) *cf.* response execution

response stimulus contiguity 반응자극근접성(刺戟反應接近性)

response strength 반응력(反應力)

response substitution 반응대치(反應代置)

response suppression 반응억압(反應抑壓)

response system 반응체계(反應體系)

response time 심리 반응시간(反應時間) *cf.* reaction time

response to power 전력반응(電力反應)

response to voltage 전압반응(電壓反應)

response unit 반응단위(反應單位)

response utterance unit 반응발화단위(反應發話單位)

response variable 통계 반응변수(反應變數) *cf.* explanatory variable

response 반응(反應), 응답(應答)

responsive interaction strategies 신경 반응적 상호작용전략(反應的相互作用戰略)

responsive naming 언어발달 반응적 이름대기 *cf.* confrontation naming

responsive naming test 언어발달 반응적 이름대기검사

responsive utterance 말더듬 반응적 발화(反應的發話) *cf.* assertive utterance

responsiveness 반응성(反應性)

responsiveness to intervention(RTI) 중재 반응성(仲裁反應性)

RESR(real-ear saturation response) 청각 실이포화반응(實耳飽和反應)

REST(revised extended standard theory) 통사 수정확대표준이론(修正擴大標準理論)

resting lung volume 생리 잔존 폐용적(殘存肺用積)

resting membrane potential 신경 안정막전위(安定膜電位) *cf.* action potential

resting phase 휴식기(休息期)

resting position 신경 안정위(安定位)

resting potential(RP) 신경 휴지전위(休止電位) ↔ action potential

resting state 신경 안정상태(安定狀態)

resting tidal volume 휴식일회호흡량(休息一回呼吸量)
resting tremor 신경 안정 진전(安定震顫), 휴지기 떨림 *cf.* intention tremor
restitution 복원(復元)
restoring force 회복력(回復力)
restricted code (노동자 계층이 쓰는) 한정어(限定語) = public code *cf.* elaborated code
restricted underspecification 제한적 잠재표기(制限的潛在表記), 제한적 미명시(制限的未明示)
restrictive adjunct 제한적 부가어(制限的附加語)
restrictive apposition 제한적 동격구조(制限的同格構造)
restrictive lung disease 구속성 폐질환(拘束性肺疾患)
restrictive modifier 제약적 수식어구(制約的修飾語句) ↔ nonrestrictive modifier
restrictive ventilatory defect 생리 구속성 환기결함(拘束性換氣缺陷)
restructuring 재구성(再構成), 재구조화(再構造化)
restructuring of experience 말더듬 경험의 재구성(再構成)
resuscitation 인공소생술(人工蘇生術)
resyllabification 음운 재음절화(再音節化)
resynthesis 재합성(再合成)
RET(rational-emotive therapy) 말더듬 인지정서 치료(認知情緖治療)
retardation 지체(遲滯)
retarded time 지연시간(遲延時間)
retention (1) 보유(保有), 지속(持續) (2) 심리 기억(記憶)
retention cyst 생리 저류낭종(低流囊腫)
re-test 통계 재검사(再檢査) ↔ test
rethinking innateness 선천성 재고(先天性再考)
reticular activating system(RAS) 활성망상계(活性網狀系)
reticular formation 해부 망상체(網狀體), 그물체
reticular gland 해부 망상선(網狀腺)
reticular layer 해부 망상층(網狀層)
reticular membrane 해부 망상막(網狀膜)
reticular nuclei 해부 망상핵(網狀核)
reticular part 망상부분(網狀部分)
reticular system 망상계(網狀系)
reticulated foam 망상포말(網狀泡沫)
reticulospinal tract 해부 망상척수로(網狀脊髓路)
retina 해부 망막(網膜)
retinal cell 해부 망막세포(網膜細胞)
retinal detachments 망막박리(網膜剝離)
retinal reflex 신경 망막반사(網膜反射)
retomandibular region 해부 하악후부(下顎後部), 아래턱뒤부위
retomolar triangle 해부 후구치삼각(後臼齒三角), 어금니뒤삼각
retracted stress 음운 견인강세(牽引强勢)
retracting diphthong 조음 후향 이중모음(後向二重母音)
retraction 수축(收縮), 후퇴(後退)
retraction rule 견인규칙(牽引規則)
retrieval 심리 (기억 등의) 인출(引出)
retrieval cue 심리 인출단서(引出但書)
retrieval fluency 심리 인출 유창성(引出流暢性)
retrieval hypothesis 심리 인출가설(引出假說)
retrieval strategy 심리 인출전략(引出戰略)
retro '뒤'의 의미
retroactive amnesia 신경 역행성 기억상실(逆行性記憶喪失)
retroactive inhibition 신경 역행성 억제(逆行性抑制)
retroactive interference 음향 역행간섭(逆行干涉) ↔ proactive interference
retrocochlear 해부 후미로성(後迷路性)

retrocochlear deafness 생리 후미로성 농(後迷路性聾)
retrocochlear hearing loss 생리 후미로성 청력손실(後迷路性聽力損失)
retroflection 반전(反轉)
retroflex 조음 반전음(反轉音), 권설음(捲舌音)
retroflex vowel 조음 권설모음(捲舌母音)
retroflexion 조음 권설성(捲舌性), 권설화(捲舌化)
retrognathia 생리 하악 후퇴증(下顎後退症)
retrograde 역행성(逆行性), 퇴행성(退行性)
retrograde amnesia 생리 역행성 건망증(逆行性健忘症) ↔ anterograde amnesia
retrograde degeneration 역행성 변성(逆行性變性)
retrogressive assimilation 음운 역행동화(逆行同化) ↔ progressive assimilation
retro-olivary area 해부 올리브-뒤 구역
retro-olivary sulcus 해부 올리브-뒤 고랑
retropulsion 역류(逆流) = backflow
retrospection 심리 회상(回想)
retrospective 회상적(回想的), 회고적(回顧的), 소급적(遡及的)
retrospective appraisal 소급적 평가(遡及的評價)
retrospective memory 심리 회상성 기억(回想性記憶)
retrospective study 회고적 연구(回顧的硏究), 후향적 연구(後向的硏究)
Rett's disorder 신경 (유전성 발달장애) 레트장애 = Rett's syndrome
Rett's syndrome 신경 (유전성 발달장애) 레트증후군 = Rett's disorder *cf.* child disintegrated disorders
return key 리턴 키
REUG(real-ear unaided gain) 음향 실이공명이득(實耳共鳴利得)
REUR(real-ear unaided response) 음향 실이자립반응(實耳自立反應)
reverberance 음향 잔향감(殘響感)
reverberant sound 음향 잔향음(殘響音)
reverberant sound field 음향 잔향음장(殘響音場)
reverberating circuit 음향 잔향회로(殘響回路)
reverberation 음향 잔향(殘響)
reverberation chamber 음향 잔향실(殘響室) = reverberation room
reverberation decay 음향 잔향감쇠(殘響減衰)
reverberation duration 음향 잔향지속시간(殘響持續時間)
reverberation level 음향 잔향레벨
reverberation-limited condition 음향 잔향제한조건(殘響制限條件)
reverberation limited range 음향 잔향한계범위(殘響限界範圍)
reverberation radius 음향 잔향반경(殘響半徑)
reverberation room 음향 잔향실(殘響室) = reverberation chamber
reverberation system 음향 잔향체계(殘響體系)
reverberation time 음향 잔향시간(殘響時間)
reverberation time equation 음향 잔향시간방정식(殘響時間方程式)
reverberation volume 음향 잔향 체적(殘響體積)
reverberator 음향 잔향기(殘響器)
reversal 반전(反轉), 전도(顚倒)
reversal design 반전설계(反轉設計)
reversal potential 음향 역전전압(逆轉電壓)
reversal reaction 역전반응(逆轉反應)
reverse breathing 역호흡(逆呼吸) = reverse respiration
reverse Fourier transform 음성공학 역 푸리에 변환 ↔ Fourier transform
reverse phonation 역발성(逆發聲)
reverse respiration 역호흡(逆呼吸) = reversal breathing
reverse swallowing 삼킴 반전연하(反轉嚥下)
reversed dominance 생리 반전우성(反轉優性)

reversed imitation 역행모방(逆行模倣)
reversed mainstreaming 역통합(逆統合)
reversed polarization 신경 역전분극(逆轉分極)
reversibility 가역성(可逆性) ↔ irreversibility
reversible (치료가 가능한) 가역성(可逆性)의 ↔ irreversible
reversible dementia 신경 가역성 치매(可逆性癡呆) ↔ irreversible dementia
reversible mental operation 언어발달 가역적 심적 조작(可逆的心的操作)
cf. transformational thought
reversible process 가역과정(可逆過程)
reversible reaction 가역반응(可逆反應) ↔ irreversible reaction
reversible transducer 가역변환기(可逆變換機)
review of the literature 문헌고찰(文獻考察)
revised component model(RCM) 인지 수정된 구성모형(構成模型)
revised extended standard theory(REST) 통사 수정 확대표준이론(修正擴大標準理論)
revised simultaneous application convention 수정 동시적용규약(修正同時適用規約)
revised token test(RTT) 개정된 토큰검사
revitalization (1) 회생(回生), 활성화(活性化) (2) 언어복구(言語復舊)
REVT(receptive and expressive vocabulary test) 언어발달 수용 · 표현 어휘력검사(受容表現語彙力檢査)
reward system 보상체계(報償體系)
Rey complex figure test(RCFT) (치매검사용) 레이 복합도형검사(複合圖形檢査)
RF(radio frequency) 무선주파수(無線周波數)
RFS(reflux finding score) 역류소견 점수(逆流所見點數)
RGDT(random gap detection test) 무작위간격탐지검사(無作爲間隔探知檢査)
RHD(right hemisphere damage) 우반구뇌손상(右半球腦損傷)
rhetoric 수사학(修辭學), 수사법(修辭法)
rhetorical context 수사적 맥락(修辭的脈絡)
cf. situational context
rhetorical question 수사의문문(修辭疑問文)
RHI(right hemisphere injury) 우반구뇌손상(右半球腦損傷) = RHD
rhin-, rhino- '코'의 의미
rhinalgia 비통(鼻痛) = rhinodynia
rhinencephalon 후각뇌(嗅覺腦), 후뇌(嗅腦)
rhinitis 비염(鼻炎)
rhinoanemometer 비강풍속계(鼻腔風速計)
rhinolaryngology 비후두 과학(鼻喉頭科學)
rhinolith 해부 비석(鼻石)
rhinologist 비과전문의(鼻科專門醫)
rhinology 비과학(鼻科學)
rhinometry 비식측정법(鼻息測定法)
rhinopharyngitis 생리 비인두염(鼻咽頭炎)
rhinopharynx 비인강(鼻咽腔)
rhinophonia 조음 L 비성(鼻聲) = rhinolalia
rhinorrhagia 생리 비출혈(鼻出血) = epistaxis
rhinoscopy 비경검사법(鼻鏡檢査法)
rhinotomy 해부 비절개술(鼻切開術)
RHLB(right hemisphere language battery) 우반구언어검사(右半球言語檢査)
Rhode island test of language structure (RITLS) 로드 아일랜드 언어구조검사(言語構造檢査)
rhombencephalic prominence 능뇌돌출(菱腦突出)
rhombencephalon 능뇌(菱腦), 마름뇌
rhomboid fossa 능형와(菱形窩), 마름오목
rhomboid nucleus 능형핵(菱形核), 마름핵
rhotacized vowel 조음 r-음화 모음
rhyme 각운(脚韻), 각운법(脚韻法) = rime
cf. alliteration
rhyme judgement task 각운판단과제(脚韻判斷課題)
rhyme projection 각운투사(脚韻投射), 운모

투사(韻母投射)

rhyme test 각운검사(脚韻檢査)

rhythm 리듬

rhythm metrics 리듬 측정

rhythmic alternation 리듬교체(交替)

rhythmic stress 리듬강세(强勢)

rhythmic therapy 말더듬 박자치료법(拍子治療法)

rhythmic unit 리듬단위

RI(residual inhibition) 잔류억제(殘留抑制)

rib 해부 늑골(肋骨), 갈비뼈

rib cage 해부 흉곽(胸廓) = thoracic cage

rib cartilage 해부 늑연골(肋軟骨)

rib notching 해부 늑골절흔(肋骨切痕)

ribbon microphone 리본 마이크로폰

ribbon waveguide 리본 도파관(導波管)

ribosome 리보솜

RIDES(Rockford infant developmental evaluation scales) 언어발달 록포드 유아발달평가척도(乳兒發達評價尺度)

ridge 해부 능선(稜線)

ridge of nose 콧등

ridge waveguide 리지 도파관(導波管)

Riemann invariants 리만 불변(不變)

right aorta 해부 우측대동맥(右側大動脈) ↔ left aorta

right atrium 해부 우심방(右心房) ↔ left atrium

right brain 해부 우뇌(右腦) ↔ left brain

right-branch constraint 통사 우분지제약(右分枝制約) ↔ left-branch constraint

right-branching clause 통사 우분지절(右分枝節) ↔ left-branching clause

right cerebral impairment 생리 우뇌손상(右腦損傷) *cf.* left cerebral impairment

right common carotid artery 해부 우총경동맥(右總頸動脈) *cf.* left common carotid artery

right dislocation 생리 우측전위(右側轉位) ↔ left dislocation

right-dominant 오른쪽 우세 ↔ left-dominant

right ear advantage(REA) 생리 오른귀, 우위

right-handedness 오른손잡이 ↔ left-handedness

right hemisphere 해부 우뇌반구(右腦半球) ↔ left hemisphere

right hemisphere damage(RHD) 생리 우반구뇌손상(右半球腦損傷) = right hemisphere injury

right hemisphere impairment 생리 우반구장애(右半球障礙)

right hemisphere injury(RHI) 생리 우반구뇌손상(右半球腦損傷) = right hemisphere damage

right hemisphere language battery(RHLB) 우반구언어검사(右半球言語檢査)

right hemisphere syndrome 생리 우반구 증후군(右半球症候群)

right hypogastric nerve 해부 우하복신경(右下腹神經)

right inferior lobar bronchus 해부 우하엽기관지(右下葉氣管支)

right lamina 해부 오른판

right-left disorientation 좌우지남력장애(左右指南力障礙)

right lower lobe 해부 우하엽(右下葉)

right lung 해부 우폐(右肺) ↔ left lung

right main bronchus 해부 우주기관지(右主氣管支)

right middle lobar bronchus 해부 우중엽기관지(右中葉氣管支)

right neglect 우측무시(右側無視) = right-sided neglect ↔ left neglect

right node raising 우측절점인상(右側節點引上)

right recurrent laryngeal palsy 신경 우측회귀성 후두신경마비(右側回歸性喉頭神經痲痺)

right-sided neglect 생리 우측무시(右側無視) = right neglect ↔ left-sided neglect

right superior lobar bronchus 해부 우상엽기관지(右上葉氣管支)

right ventricle 해부 (심장의) 우심실(右心室) ↔ left ventricle

right visual field deficits 생리 우측시야결함(右側視野결함) ↔ left visual field deficits

righting reflex 바로잡기 반사

rigid body 강체(剛體)

rigid boundary 경성경계(硬性境界)

rigid cerebral palsy 생리 강직형 뇌성마비(硬直形腦性麻痺)

rigid dysarthria 생리 강직형 마비말장애

rigid laryngoscopy 경성 후두경검사(硬性喉頭鏡檢查)

rigid muscle 해부 강직근(硬直筋) *cf.* spastic muscle

rigid tele-laryngoscope 경성 망원후두경(硬性望遠喉頭鏡)

rigid type 강직형(硬直形) *cf.* spastic type

rigidity 강직성(硬直性)

Riley preschool developmental screening test(RPDC) 언어발달 릴리 취학 전 발달선별검사(就學前發達選別檢查)

rill 조음 골짜기 음

rima 해부 L 틈새

rima glottis 해부 성문열(聲門裂), L 성문틈새

rima oris 해부 L 구열(口裂), 입술틈새

rima vestibuli 해부 L 전정열(前庭裂), 안뜰틈새

rime awareness 언어발달 압운인식(押韻認識) = rhyme awareness *cf.* alliteration

Ring frequency 청각 링 주파수

ringing 울림

ringing resonance 반지공진

Rinne test 린네 검사

RIPA(Ross information processing assessment) 로스 정보처리평가(情報處理評價)

rising diphthong 조음 상승 이중모음(上昇二重母音), 오름 두겹홀소리 *cf.* falling diphthong

rising-falling tone 음운 상승하강조(上昇下降調), 상승하강성조(上昇下降聲調)

rising hearing loss 생리 상승형 청력손실(上昇形聽力損失)

rising time 상승시간(上昇時間)

rising tone 음운 상승조(上昇調,) 상승성조(上昇聲調)

risk 위험(危險)

risk dimension 인지 모험차원(冒險次元)

risk factor 위험인자(危險因子), 위험요인(危險要因)

risorius muscle 해부 소근(笑筋), 입꼬리당김근

ritardando 점점 느리게 ↔ accelerando *cf.* diminuendo

RITLS(Rhode island test of language structure) 로드 아일랜드 언어구조검사(言語構造檢查)

RITLS(Rossetti infant-toddler language scale) 언어발달 로세티 영 · 유아언어척도(嬰乳兒言語尺度)

ritual response 의례적 반응(儀禮的反應)

ritualization 의례화(儀禮化) *cf.* formalization

rituals 의례(儀禮)

Ritz method 리츠 방법

Rivermead behavioral memory test(RBMT) 심리 리버미드 행동기억검사(行動記憶檢查)

Rivinus's duct 리비누스관 = sublingual duct

RLN(recurrent laryngeal nerve) 해부 반회후두신경(反廻喉頭神經), 되돌이후두신경

RLSCL(Ranchos Los Angeles scale of cognitive levels) 랜초스 로스엔젤레스 인지력 레벨척도(認知力水準尺度)

RMS(root mean square) 평균제곱근

rob longitudinal-wave speed 막대 종파속도(縱波速度)

robustness 견고성(堅固性)

ROC(receiver operating characteristic) 수신자동작특성(受信者動作特性)

Rochester method 청각 (농아 교육방법) 로체스터 방법
Rockford infant developmental evaluation scales(RIDES) 언어발달 록포드 유아발달평가척도(乳兒發達評價尺度)
rocking motion 삼킴 요동운동(搖動運動)
rods of Corti 해부 코르티 간상체 *cf.* inner pillar cell
roentgenogram 방사선도(放射線圖)
roentgenography 방사선사진술(放射線寫眞術)
Rolandic fissure 해부 롤란드 열구(裂溝) = central sulcus *cf.* Sylvius fissure
role 역할(役割)
role coordination 역할조정(役割調整)
role expectation 역할기대(役割期待)
role-off rate 감쇠율(減衰率)
role play 역할놀이 = role playing
role playing 역할극(役割劇), 역할연기법(役割演技法)
role-related norm 의미 역할관련 기준(役割關聯基準) *cf.* object-related norm
role reversal 역할전도(役割顚倒), 역할 바꾸기
role schema 역할도식(役割圖式)
role taking 역할맡기
role theory 역할이론(役割理論)
rollover 말림현상
rollover index 말림현상 지수(指數)
ROM(range of motion) 운동범위(運動範圍), 가동범위(可動範圍)
ROM(read only memory) 판독전용 기억장치(判讀專用記憶裝置)
roof of fourth ventricle 해부 제4 뇌실천장(腦室天障)
room acoustics 음향 실내음향(室內音響)
room mode 실내모드
room temperature 실온(室溫)
root 근(根), 뿌리
root mean square(RMS) 평균제곱근
root mean square amplitude 음향 평균제곱근 진폭(振幅) *cf.* mean square amplitude
root meaning 인지 근원적 의미(根源的意味) *cf.* epistemic meaning
root of nose 해부 비근(鼻根), 코뿌리
root of the tongue 해부 설근(舌根), 혀뿌리
root tier 근층렬(根層列), 뿌리층렬
Rorschach test 심리 (인성평가를 위한) 로르샤하 검사
Ross information processing assessment (RIPA) 로스 정보처리평가(情報處理評價)
Rossetti infant-toddler language scale(RITLS) 언어발달 로세티 영 · 유아언어척도(嬰乳兒言語尺度)
rostral 해부 두측(頭側)의, 머리쪽 ↔ caudal
ROT(reality orientation therapy) 현실지남력치료(現實指南力治療), 현실지향성치료(現實指向性治療)
rotary chair test 회전의자검사(回轉椅子檢查)
rotation 회전(回轉), 돌림
rotation test 회전검사(回轉檢查)
rotation wave 음향 회전파(回轉波)
rotatory nystagmus 회전안진(回轉眼震)
rote learning 반복학습(反復學習)
rote memory 심리 기계적 기억(機械的記憶)
round-off error 반올림 오차오류
round window 해부 정원창(正圓窓), 와우창(蝸牛窓) = secondary tympanic membrane *cf.* oval window
round window niche 해부 정원창 소와(正圓窓小窩)
rounded 음운 원순성(圓脣性)
rounded back vowel 음운 원순후설모음(圓脣後舌母音)
rounded sounds 음운 원순음(圓脣音) ↔ unrounded sounds
rounded vowels 음운 원순모음(圓脣母音) ↔ unrounded vowels

rounding 음운 원순성(圓脣性) = roundedness
rounding harmony 음운 원순조화(圓脣調和)
ROWPVT(receptive one-word picture vocabulary test) 언어발달 수용 단단어 그림어휘력검사
RP(readiness potential) 음향 준비전위(準備電位)
RP(received pronunciation) 영국표준발음(英國標準發音)
RPDC(Riley preschool developmental screening test) 언어발달 릴리 취학 전 발달선별검사(就學前發達選別檢査)
RS(Refsum syndrome) 생리 (선천성 시각장애) 레프섬 증후군
RSI(reflux symptom index) 역류증상지표(逆流症狀指標)
RSPL(reference sound pressure level) 음향 기준음압레벨
RSPL-SA(reference sound pressure level for speech audiometry) 청각 어음청력검사용 기준음압레벨, 어음청력검사용 기준음압레벨
RST(repetitive stimulation test) 반복적 자극검사(反復的刺戟檢査)
RT(recreational therapy) 여가치료(餘暇治療)
RT(release time) 압축해제시간(壓縮解除時間)
RTG(reference test gain) 청각 기준검사이득(基準檢査利得), 참조검사이득(參照檢査利得)
RTS(reception threshold for speech) 청각 어음수용역치(語音受容閾値)
RTS(reference test setting) 기준검사설정(基準檢査設定)
RTT(revised token test) 개정된 토큰검사
rubella 풍진(風疹) = German measles
rubrospinal tract 적핵척수로(赤核脊髓路)
Rudmose audiometer 청각 루드모스 청력검사기(聽力檢査器)
rule 규칙(規則)
rule addition 음운 규칙첨가(規則添加)
rule change 음운 규칙변화(規則變化)
rule feature 음운 규칙자질(規則資質)
rule insertion 음운 규칙삽입(規則挿入)
rule inversion 음운 규칙도치, 규칙전도(規則顚倒)
rule loss 음운 규칙상실(規則喪失)
rule ordering 음운 규칙순서(規則順序)
rule reordering 음운 규칙재배열(規則再排列)
rule simplification 음운 규칙단순화(規則單純化)
rules of logic 논리적인 규칙
rumble noise 럼블 잡음
rumination 반추(反芻), 심사숙고(深思熟考) *cf.* thinking disorder
rumination disorder 반추장애(反芻障礙)
running reverberation 음향 연속적 잔향(連續的殘響)
running speech 연속된 말
RV(residual volume) 생리 잔기용적(殘氣容積)
RVT(resonant voice therapy) 공명음성치료(共鳴音聲治療)

S

S1(primary somatosensory area) 해부 일차체감각영역(一次體性感覺領域)

S2(secondary somatosensory area) 해부 이차체성감각영역(二次體性感覺領域) *cf.* S1

SA(social age) 사회연령(社會年齡) *cf.* CA

Sabins acoustics 음향 세이빈 음향학(音響學)

Sabine absorption 음향 세이빈 흡음력(吸音力)

Sabine average absorption coefficient 통계 세이빈 평균흡음계수(平均吸音係數)

Sabine's formula 음향 세이빈 공식(公式)

sac 낭(囊), 주머니

saccade 단속운동(斷續運動)

saccule 해부 구형낭(球形囊) *cf.* utriculus

saccus lacrimalis 해부 L 누낭(淚囊), 눈물주머니

sacral curve 해부 (척추의) 천부만곡(薦部彎曲)

sacrum 해부 천골(薦骨)

SAD(separation anxiety disorder) 심리 분리불안장애(分離不安障礙)

sadism 심리 가학증(加虐症) ↔ masochism

sadist 심리 가학증환자(加虐症患者) ↔ masochist

sado-masochism 심리 가학피가학증(加虐-被加虐症)

safety 안전(安全)

safety margin 안전역(安全域), 안전한계(安全限界)

safety value 안전 값

sagging rope sign 늘어진 줄 징후(徵候)

sagittal incision 해부 시상절개(矢狀切開)

sagittal plane 해부 시상면(矢狀面)

sagittal scanning 시상면 스캔

sagittal section 해부 시상절단(矢狀切斷)

sagittal suture 해부 시상봉합(矢狀縫合)

SAH(subarachnoid hemorrhage) 생리 지주막하출혈(蜘蛛膜下出血) *cf.* ICH

SAL(sensorineural acuity level) 청각 감각신경성 청력레벨

salience 현저성(顯著性), 돌출(突出)

salinity 염도(鹽度)

saliva 생리 타액(唾液)
saliva management 타액관리(唾液管理)
salivary antibody 생리 타액항체(唾液抗體)
salivary duct 생리 타액관(唾液管)
salivary gland 생리 타액선(唾液腺), 침샘
salivary reflex 신경 타액반사(唾液反射)
salivation 생리 타액분비(唾液分泌), 침분비
salpingopharyngeus muscle 해부 이관인두근(耳管咽頭筋)
salt 식염(食鹽), 소금
SALT(systematic analysis of language transcripts) (소프트웨어) 언어전사의 체계적 분석
salt deficiency 염류결핍(鹽類缺乏)
salt-free diet 무염식이(無鹽食餌)
salt-losing nephritis 생리 염류소실성 신염(鹽類消失性腎炎)
salt metabolism 염류대사(鹽類代謝)
salt retention 염저류(鹽低流)
salt sickness 생리 염류병(鹽類病)
saltatory chorea 생리 도약성 무도병(跳躍性舞蹈病)
saltatory conduction 신경 도약전도(跳躍傳導)
saltatory spasm 도약연축(跳躍攣縮)
saltatory tic 생리 도약성 틱
sample 표본(標本)
sample of behavior 행동의 표본
sample space 통계 표본공간(標本空間)
sample volume 표본용적(標本容積)
sampling 표본추출(標本抽出), 표본채취(標本採取)
sampling distribution 통계 표집분포(標集分布)
sampling error 통계 표본오차(標本誤差)
sampling frequency 음향 표본주파수(標本周波數)
sampling method 표집방법(標集方法)
sampling rate 표본채취율(標本採取率)
sampling unit 표집단위(標集單位)
sandhi 연음(連音)
Sandwell bilingual screening assessment(SBSA) 샌드웰 이중언어선별평가(二重言語選別評價)
Sanfilippo syndrome 생리 (유전성 대사장애) 샌필리포 증후군
sanguine 낙천적(肯定的), 긍정적(肯定的) = optimistic ↔ pessimistic
sanitation 위생(衛生)
saphenous vein 해부 복재정맥(伏在靜脈)
Sapir, Edward (1884~1939) 사피어 (미국의 구조주의 언어학자)
Sapir-Whorf hypothesis 사피어-워프 가설
SAPQ(smoothed amplitude perturbation quotient) 음향 완만한 진폭동요지수(振幅動搖指數)
SAQOL(stroke and aphasia quality of life) 뇌졸중-실어증 환자의 삶의 질
SAR(stapedial acoustic reflex) 신경 등골음향반사(鐙骨音響反射)
sarcoma 생리 육종(肉腫)
sarcomatosis 생리 육종증(肉腫症)
sarcopenia 생리 근육감소증(筋肉減少症)
SAS(scholastic aptitude scale) 학업적성척도(學業適性尺度)
SASAA(Schuell's auditory stimulation approach for aphasia) 슈엘 실어증환자 청각자극 접근법(失語症患者聽覺刺戟接近法)
SASS(size and space specifiers) 크기-공간 분류사(分類辭)
SAT(screening articulation test) 조음선별검사(調音選別檢査)
SAT(sentence articulation test) 문장명료도검사(文章明瞭度檢査)
SAT(speech awareness threshold) 구어인지역치(口語認知閾値)
SAT(story articulation test) 조음 이야기 명료도검사(明瞭度檢査)
satellite 위성(衛星)

S

satellite cell 해부 위성세포(衛星細胞) *cf.* Schwann cell

satiation 생리 포만(飽滿)

satiety center 생리 포만중추(飽滿中樞) ↔ feeding center *cf.* appetite center

saturated fatty acid 생리 포화지방산(飽和脂肪酸) ↔ unsaturated fatty acid

saturation 생리 포화(飽和) ↔ unsaturation

saturation coefficient 통계 포화계수(飽和係數)

saturation current 음향 포화전류(飽和電流)

saturation distortion 음향 포화왜곡(飽和歪曲)

saturation frequency 음향 포화주파수(飽和周波數)

saturation output 포화출력(飽和出力)

saturation recovery 포화회복(飽和回復)

saturation sound pressure level(SSPL) 음향 포화음압레벨

saturation state 포화상태(飽和狀態)

saucer hearing loss 생리 접시형 청력손실(聽力損失) = peaked hearing loss

Saussure, Ferdinand de (1857～1913) 소쉬르(스위스의 구조주의 언어학자)

Saussure linguistics 소쉬르 언어학(言語學)

Savant syndrome 생리 (특정 영역에서 천재성을 보이는) 서번트 증후군

sawtooth appearance 톱니모양

sawtooth wave 톱니파

S-bar S-바

S-bar deletion 통사 S-바 삭제(削除)

SBI(strategy-based instruction) 전략중심 지도법(戰略中心指導法)

SBSA(Sandwell bilingual screening assessment) 샌드웰 이중언어선별평가(二重言語選別評價)

SC(static compliance) 정적 이행(靜的履行) ↔ DC

SC(structural change) 통사 구조변화(構造變化) *cf.* SD

SCA(scale of communication attitudes) 의사소통태도척도(意思疏通態度尺度)

SCA(superior cerebellar artery) 상소뇌동맥(上小腦動脈) ↔ ICA

scaffolding 언어발달 비계설정(飛階設定)

scala media 해부 L 중간계(中間階)

scala media cochlear duct 해부 L 중간계 내이도관(中間階內耳導管)

scala tympani 해부 L 고실계(鼓室階), 고실계단(鼓室階段)

scala vestibuli 해부 L 전정계(前庭階), 안뜰계단 = vestibular system

scalar feature 도수적 자질(度數的資質), 수치자질(數値資質)

scale 척도(尺度)

scale of cognitive ability for traumatic brain injury(SCATBI) 외상성 뇌손상환자 인지능력척도(外傷性腦損傷患者認知能力尺度)

scale of communication attitudes(SCA) 의사소통태도척도(意思疏通態度尺度)

scale of infant psychological development (SIPD) 유아심리발달척도(乳兒心理發達尺度)

scaled score 척도점수(尺度點數)

scalene node 해부 사각근 림프절

scalenus 해부 L 사각근(斜角筋) = scalenes

scaling 척도화(尺度化)

scalloping vertebra 해부 부채꼴모양 척추(脊椎)

scalogram 반응도(反應度)

scalp 해부 두피(頭皮)

scalp electrode 두피전극(頭皮電極)

scan converter 주사 변환장치(走査變換裝置)

scan time 주사시간(走査時間)

scanner 영상 주사기(映像走査器)

scanning 주사법(走査法)

scanning plane 주사면(走査面)

scanning speech 단속적 구어(斷續的口語)

scanning technique 주사기법(走査技法)

scanography 주사촬영술(走査撮影術)

scapula 해부 견갑골(肩胛骨), 어깨뼈
scapulohyoid muscle 해부 견갑설골근(肩胛舌骨筋)
SCATBI(scale of cognitive ability for traumatic brain injury) 외상성 뇌손상환자 인지능력 척도(外傷性腦損傷患者認知能力尺度)
scatter diagram 통계 산포도(散布度)
scattered field 산란장(散亂場)
scatterer 산란체(散亂體)
scattering 산란(散亂)
scattering coefficient 통계 산란계수(散亂係數)
scattering cross-section 음향 산란 단면적(散亂斷面積)
scattering differential 통계 산란미분(散亂微分)
scattering function 통계 산란함수(散亂函數)
scattering strength 음향 산란강도(散亂强度), 산란세기
Scheie syndrome 생리 (선천성 유전성 안질환) 쉬이 증후군
schema 도식(圖式), 스키마
schema-based categorization 인지 도식기반 범주화(圖式基盤範疇化)
schema theory 인지 도식이론(圖式理論)
schematism 인지 도식화(圖式化) = schematization
schematization 인지 도식화(圖式化) = schematism
schizencephaly 생리 분열뇌증(分裂腦症)
schizophrenia 생리 조현병(調絃病), 옛 정신분열증(精神分裂症)
schizophrenic 조현병환자(調絃病患者)
schizotypal personality disorder 심리 분열형 성격장애(分裂形性格障碍) *cf.* paranoid personality disorder
Schmidt's syndrome 생리 (자기면역결핍증) 슈미트 증후군
Schmorl's nodes 신경 (추간디스크) 슈몰씨 결절(結節)
scholastic aptitude scale(SAS) 학업적성척도(學業適性尺度)
school achievement 학업성취(學業成就)
school age 학령기(學齡期)
school aged children 학령기아동(學齡期兒童) *cf.* preschool children
school industry cooperation 산학협동(産學協同)
school language 학교언어(學校言語)
school performance 학업수행(學業遂行)
school phobia 심리 학교공포증(學校恐怖症)
school refusal 등교거부(登校拒否)
school relation 학연(學緣) *cf.* regionalism
school children 학동(學童)
Schroeder diffuser 음향 슈뢰더 확산기(擴散器)
Schroeder frequency 음향 슈뢰더 주파수(周波數)
Schuell's auditory stimulation approach for aphasia(SASAA) 슈엘 실어증환자 청각자극 접근법(失語症患者聽覺刺戟接近法)
schwa 조음 슈와(/ə/), 중설중모음(中舌中母音)
Schwann cells 해부 슈반세포(細胞)
schwannoma 해부 신경초종(神經鞘腫)
Schwann's sheath 해부 슈반신경초(神經鞘)
Schwarz-Christoffel transformation 슈바르츠-크리스토펠 변환(變換)
sciatic artery 해부 좌골신경동맥(坐骨神經動脈)
sciatic nerve 해부 좌골신경(坐骨神經)
sciatic neuralgia 생리 좌골신경통(坐骨神經動痛) = sciatica
science 과학(科學)
scientific grammar 과학문법(科學文法)
scintigram 뇌과학 섬광조영도(閃光造影圖), 신티그램
scintigraphy 뇌과학 섬광조영검사(閃光造影術)
scissors gait 가위걸음
scleroderma 생리 피부경화증(皮膚硬化症)
sclerosing agent 경화제(硬化劑)

sclerosing cholangitis 생리 경화성 담관염(硬化性膽管炎)
sclerosing myelitis 생리 경화성 척수염(硬化性脊髓炎)
sclerosis 생리 경화증(硬化症), 경화(硬化)
sclerotherapy 경화치료(硬化治療)
sclerotic bone island 경화성 골섬
sclerotic degeneration 생리 경화성 변성(硬化性變性)
scoliosis 생리 (척주) 측만증(側彎症)
scope 범위(範圍)
scope assignment rule 작용역 해당규칙(作用域該當規則)
scope indexing 작용역 지표화(作用域指標化)
scope principle 작용역원리(作用域原理)
scoring 점수(點數)
Scottish dialect 스코틀랜드 방언(方言)
scout film 정찰사진(精察寫眞)
scout roentgenogram 정찰 X선 사진
screen 화면(畫面), 스크린
screening 선별(選別)
screening articulation test(SAT) 조음선별검사(調音選別檢査)
screening audiometry 청각 청력선별검사(聽力選別檢査) = screening hearing test
screening instrument for targeting education risk(SIFTER) 교육위험군선별도구(敎育危險群選別道具)
screening kit of language development (SKOLD) 언어발달 언어발달선별도구(言語發達選別道具)
screening level 선별레벨
screening test 선별검사(選別檢査) *cf.* full test, deep test
screening test for aphasia and neurologic-communication disorders(STAND) 실어증-신경언어장애 선별검사(失語症神經言語障礙選別檢査)
screening test for auditory perception (STAP) 청지각선별검사(聽知覺選別檢査)
screening test for auditory processing disorders(STAPD) 중추청각처리장애선별검사(中樞聽覺處理障礙選別檢査)
screening test for developmental apraxia of speech 발달성 말실행증 선별검사
screening test for identifying central auditory disorders(STICAD) 청각중추신경계장애 판별용 선별검사(聽覺中樞神經系障礙判別用選別檢査)
screening test for young children and retardates(STYCAR) 유아-지체아 선별검사 (幼兒遲滯兒選別檢査)
screening test of adolescent language(STAL) 성인언어선별검사(成人言語選別檢査)
script 스크립트
script therapy 스크립트 치료(治療)
scurvy 생리 괴혈병(壞血病)
scutum genu(s) 해부 L 슬개골(膝蓋骨)
SD(spasmodic dysphonia) 음성장애 연축성 발성장애(攣縮性發聲障礙)
SD(standard deviation) 통계 표준편차(標準偏差)
SD(structural description) 통사 구조기술(構造記述) *cf.* SC
SDLD(specific developmental language disorders) 단순언어발달장애(單純言語發達障礙)
SDS(speech discrimination score) 음향 어음식별점수(語音識別點數)
SDT(speech detection threshold) 음향 어음탐지역치(語音探知閾値)
SDT(speech discrimination test) 어음식별검사(語音識別檢査)
SE(standard English) 표준영어(標準英語)
search model 탐색 모델
search process 탐색과정(探索過程)
second deciduous molar 해부 소구치(小臼齒),

작은어금니

second generation machine 제2 세대기기(世代器機)

second Germanic consonant shift 음운 제2 게르만어 자음추이(子音推移)

second language acquisition(SLA) 언어습득 제2 언어습득(第二 言語拾得), 제2 언어획득(第二言語獲得) ↔ first language acquisition

second language extension 언어습득 제2 언어확장(第二言語擴張)

second language learning 언어습득 제2 언어학습(第二言語學習)

second temporal gyrus 해부 제2 측두회(第二側頭回), 제2 측두이랑

secondary (1) 이차성(二次性)의 (2) 속발성(續發性)의 *cf.* primary

secondary accent 음운 이차악센트

secondary anemia 생리 속발성 빈혈(續發性貧血)

secondary articulation 조음 이차조음(二次調音)

secondary auditory area(A2) 해부 이차청각영역(二次聽覺領域) *cf.* primary auditory area

secondary autism 생리 이차자폐증(第二次自閉症)

secondary behavior 말더듬 이차행동(二次行動) *cf.* primary behavior

secondary bronchus 해부 이차기관지(二次氣管支) *cf.* primary bronchus

secondary cardinal vowel 조음 이차기본모음(二次基本母音) *cf.* primary cardinal vowel

secondary characteristics 말더듬 이차적 특성(二次的特性) *cf.* primary characteristics

secondary curve 해부 이차만곡(二次彎曲) *cf.* primary curve

secondary evoked response 청각 이차유발반응(二次誘發反應) *cf.* primary evoked response

secondary fissure 해부 이차열구(二次裂溝) *cf.* primary fissure

secondary gain 청각 이차이득(二次利得) *cf.* primary gain

secondary infection 생리 이차감염(二次感染), 속발성 감염(續發性感染) *cf.* primary infection

secondary language 제2 언어(第二言語) *cf.* primary language

secondary language acquisition theory 제2 언어습득이론(第二言語習得理論)

secondary language impairment 언어발달 이차언어장애(二次言語障礙)

secondary language learner 언어습득 제2 언어학습자(第二言語學習者) *cf.* primary language learner

secondary lesion 생리 이차적 병변(二次性病變) *cf.* primary lesion

secondary memory 심리 이차기억(二次記憶) *cf.* primary memory

secondary motor cortex 해부 이차운동피질(二次運動皮質) *cf.* primary motor cortex

secondary motor area(M2) 해부 이차운동영역(二次運動領域) *cf.* primary motor area

secondary ossification center 생리 이차골화중심(二次骨化中心)

secondary palate 해부 이차구개(二次口蓋)

secondary peristalsis wave 삼킴 이차연동파(二次蠕動波) *cf.* primary peristalsis wave

secondary phoneme 음운 이차음소(二次音素) *cf.* primary phoneme

secondary pneumonia 생리 속발성 폐렴(續發性肺炎)

secondary prevention 이차예방(二次豫防) *cf.* primary prevention

secondary reinforcers 이차강화물(二次强化物) *cf.* primary reinforcers

secondary segmental bronchus 해부 이차구역기관지(二次區域氣管支) *cf.* primary segmental bronchus

secondary sex characteristic 이차성징(二次性徵) *cf.* genital stage

secondary somatosensory area(S2) 해부 이차체성감각영역(二次體性感覺領域) *cf.* primary somatosensory area

secondary sterility 생리 속발성 불임(續發性不姙), 이차불임(二次不姙)

secondary stress 음운 이차강세(二次强勢) *cf.* primary stress

secondary stuttering 말더듬 이차성 말더듬 *cf.* primary stuttering

secondary stuttering stage 말더듬 이차말더듬단계 *cf.* primary stuttering stage

secondary tympanic membrane 청각 제2 고막(第二鼓膜) = round window

secondary visual area(V2) 해부 이차시각영역(二次視覺領域) *cf.* primary visual area

secondary visual cortex 해부 이차시각피질(二次視覺皮質) *cf.* primary visual cortex

secondary X-ray 이차 X선

second-order symbol 언어발달 이차순서 상징(二次順序象徵)

secretion 분비(分泌)

secretory gland 해부 분비선(分泌腺), 분비샘 = secreting gland

section 절개(切開), 절편(切片), 절단(切斷)

section thickness 절단두께

sectional roentgenography 단층X선 촬영술(撮影術)

sector 구역(區域)

sedative 진정제(鎭靜劑) = tranquilizers

sedative-hypnotic 진정의 최면약

seek 탐색(探索)

segment 음운 (자음과 모음의) 분절(分節)

segment sound 음운 분절음(分節音)

segment structure rule 음운 분절음 구조규칙(分節音構造規則)

segmental alternation 음운 분절음 교체(分節音交替)

segmental analysis 음운 분절음 분석(分節音分析)

segmental bronchus 해부 구역기관지(區域氣管支)

segmental collapse 생리 구역성 허탈(區域性虛脫)

segmental constraint 음운 분절음 제약(分節音制約)

segmental dystonia 생리 분절적 근긴장이상증(分節的筋緊張異常症) *cf.* focal dystonia

segmental features 음운 분절음 자질(分節音資質)

segmental phoneme 음운 분절음소(分節音素)

segmental phonology 음운 분절음운론(分節音韻論)

segmental redundancy 음운 분절음 잉여성(分節音剩餘性)

segmental redundancy rule 음운 분절음 잉여규칙(分節音剩餘規則)

segmental resection 해부 분절절제술(分節切除術)

segmental tier 음운 분절음 층위(分節音層位)

segmental unit 음운 분절단위(分節單位)

segmentation 음운 분절화(分節化)

segmented leukocyte 분엽핵구(分葉核球)

segmented nucleus 음운 분절핵(分節核)

segmenting movement 생리 분절운동(分節運動) *cf.* peristalsis

segregation (1) 분리(分離) (2) 인종차별(人種差別) = racism ↔ desegregation

segregation analysis 분리분석(分離分析)

segregationist 인종차별주의자(人種差別主義者) = racist

Seitz's metamorphosing respiration 생리 자이츠 변태성 호흡(變態性呼吸)

seizure 생리 뇌전증(腦電症), 간질(癎疾)

seizure disorder 생리 (간질) 발작장애(癎疾發作障礙)

selected attention 선택적 주의(選擇的注意)

cf. focused attention

selection 선택(選擇)

selection bias 선택편향(選擇偏向)

selection restriction 선택제한(選擇制限) *cf.* semantic features

selection rules 선택규칙(選擇規則)

selection stage 선별단계(選別段階)

selectionist theory 선택론(選擇論)

selective access model 인지 선택적 접속모형(選擇的接續模型) – context-dependent model *cf.* ordered access model

selective adaptation 선택적 적응(選擇的適應)

selective angiogram 선택적 혈관조영도(選擇的血管造影圖)

selective angiograph 선택적 혈관조영사진(選擇的血管造影寫眞)

selective arteriography 생리 선택적 동맥조영술(選擇的動脈造影術)

selective attention 심리 선택적 주의집중(選擇的注意集中)

selective attention deficits 생리 선택적 집중장애(選擇的集中障礙)

selective auditory attention test 선택적 청각집중검사(選擇的聽覺集中檢查)

selective cognitive configuration 인지 선택인지적 형상(選擇認知的形狀)

selective excitation 신경 선택적 흥분(選擇的興奮), 선택적 여기(選擇的勵起)

selective imitation 언어발달 선택적 모방(選擇的模倣)

selective listening 심리 선택적 청취(選擇的聽取)

selective mutism 심리 선택적 함묵증(選擇的緘黙症) *cf.* functional mutism

selective observation 선택적 관찰(選擇的觀察) *cf.* inaccurate observation

selective perception 심리 선택적 지각(選擇的知覺) *cf.* cocktail party effect

selective permeability 선택적 투과성(選擇的透過性)

selective projection 인지 선택적 투사(選擇的投射)

selectivity 인지 선별성(選別性)

selectivity index 인지 선별지수(選別指數)

self-acturalization 자아실현(自我實現) = self-realization

self-appraisal 자기평가(自己評價) = self-evaluation

self-assessment 자기평가(自己評價) = self-appraisal

self-awareness 인지 자기인식(自己認識) = self-recognition

self-care 자력보호(自力保護)

self-characterization 심리 자기성격묘사(自己性格描寫)

self-check 자기검사(自己檢查)

self-cognition 자아인지(自我認知)

self-concept 인지 자아개념(自我概念)

self-consciousness 자아의식(自我意識)

self-construal 자아해석(自我解釋)

self-content 자기만족(自己滿足)

self-contradiction 자기모순(自己矛盾)

self-control 자기통제(自己統制)

self-corrected errors 언어발달 오류의 자기교정(自己校訂)

self-correcting 언어발달 자기교정법(自己校訂法), 자기수정법(自己修正法)

self-correction 언어발달 자기교정(自己校訂), 자기수정(自己修正) *cf.* repetition request

self-cueing strategies 스스로 단서주기 전략

self-defense 자기방어(自己防禦)

self-denial 자기부정(自己否定)

self-determination 자기결정(自己決定)

self-differentiation 자기분화(自己分化)

self-diffusion 자체확산(自體擴散), 자가확산(自家擴散)

self-direction 자기지시(自己指示)

S

self-directive function 자기지시적 기능(自己指示的機能)
self-doubts 자기의심(自己疑心)
self-efficacy 말더듬 심리 자아효능감(自我效能感)
self-efficacy scale(SES) 말더듬 심리 자아효능감척도(自我效能感尺度)
self-efficacy scaling 말더듬 심리 자아효능감척도(自我效能感尺度), 자기효능감척도(自己效能感尺度)
self-efficacy scaling for adolescents who stutter 말더듬 청소년을 위한 자아효능감척도(自我效能感尺度)
self-esteem 자존심(自尊心), 자아존중(自我尊重) = self-respect
self-evaluation 자기평가(自己評價) = self-assessment
self-excited oscillation 음향 자가진동(自家振動) = self-excited vibration
self-exciting system 자기흥분체계(自己興奮體系)
self-feeding rule 자기급여규칙(自己給與規則)
self-focus 자기초점(自己焦點)
self-fulfilling prophecy 자기성취예언(自己成就豫言)
self-help 자조(自助)
self-help group 자조그룹
self-hypnosis 자기최면(自己催眠)
self-identification 자기동일시(自己同一視)
self-image 자아상(自我像)
self-impedance 음향 자기저항(自己抵抗)
self-induced oscillation 음향 자가유발진동(自家誘發振動) = self-induced vibration
self-injurious behavior 자해행동(自害行動)
self-instruction 자기교수(自己教授)
self-instructional training(SIT) 자기교육 훈련(自己教育訓練)
self-knowledge 자기지식(自己知識)
self-language 자기언어(自己言語)
self-learning 자기주도학습(自己主導學習)
self-liberation 말더듬 자아해방(自我解放)
self-management 자기관리(自己管理)
self memory 심리 기억원(記憶源)
self-monitering 말더듬 자기감시(自己監視), 자기점검(自己點檢) *cf.* self-regulation
self-monitering teaching procedures 자기감시교수절차(自己監視教授節次)
self-motivated request AAC 자기 동기화된 요구
self-observation 자기관찰(自己觀察)
self-perception 자각(自覺)
self-perpetuating 자기영속화(自己永續化)
self-preservation 자기보존(自己保存)
self-protection technique 자기보호법(自己保護法)
self-punishment 자기처벌(自己處罰), 자벌(自罰)
self-purification 자기정화(自己淨化), 자기순화(自己純化)
self-questioning 자기 질문하기
self-ratings 자기평정(自己評定)
self-recording audiometer 청각 자가청력검사기(自家聽力檢查器)
self-recovery 자기회복(自己回復)
self-reevaluation 말더듬 자기재평가(自己再評價)
self-reference effect 청각 자기준거효과(自己準據效果) = Cocktail party effect *cf.* Haas effect
self-reflection 자기성찰(自己省察)
self-regulation 자기규제(自己規制), 자기조절(自己調節) *cf.* self-monitoring
self-reinforcement 자기강화(自己强化)
self-repair 자기개선(自己改善)
self-respect 자아존중(自我尊重) = self-esteem
self-role concept 자아역할 개념(自我役割概念)
self-selection 자기선택(自己選擇)

self-statement 자기진술(自己陳述)

self-suggestion 자기암시(自己暗示)

self-sustaining system 자급자족체계(自給自足體系)

self-talk 언어발달 독백(獨白), 혼자말
cf. parallel-talk

self-theory 자아이론(自我理論)

self-tolerance 자아관용성(自我寬容性)

self-treatment 자기치료(自己治療)

self-understanding 자기이해(自己理解)

SELSI(sequenced language scale for infants) 언어발달 영 · 유아언어발달척도(嬰乳兒言語發達尺度)

SEM(standard error of measurement) 통계 표준측정오차(標準測定誤差)

semantic agraphia 생리 의미실서증(意味失書症) *cf.* lexical agraphia

semantic alteration 의미변경(意味變更)

semantic analysis 의미분석(意味分析)

semantic anomia 생리 의미적 명칭실증(意味的名稱失語症)

semantic aphasia 신경 의미론적 실어증(意味論的失語症)

semantic bleaching 인지 의미 표백화(意味漂白化) = grammaticalization

semantic bootstrapping 언어발달 의미적 자동처리(意味的自動處理) *cf.* syntactic bootstrapping

semantic bootstrapping assumption 언어발달 의미적 자동처리가설(意味的自動處理假定)

semantic categorization 언어발달 의미적 범주화(意味的範疇化)

semantic category 의미범주(意味範疇)
cf. syntactic category

semantic change 의미변화(意味變化)

semantic component 의미 의미부(意味部)
cf. syntactic component

semantic constraints 의미제약(意味制約)

semantic contingency 의미적 후속반응(意味的後續反應)

semantic dementia 신경 의미치매(意味癡呆)

semantic differential method 의미 미분법(意味微分法), 의미 분화법(意味分化法)

semantic differential 의미차이(意味差異)

semantic disorders 의미장애(意味障礙)
= semantic deficits

semantic distance 의미거리

semantic domain 의미 의미영역(意味領域)
= semantic field

semantic environment 의미론적 환경(意味論的環境)

semantic error 의미적 오류(意味的誤謬)

semantic feature 의미 의미자질(意味資質)
= semantic marker

semantic-feature assumption 언어발달 의미적 특징가정(意味的特徵假定) *cf.* mutual exclusivity assumption

semantic-feature hypothesis 언어발달 의미특징가설(意味特徵假說) *cf.* functional-core hypothesis

semantic field 의미 의미장(意味場) = lexical field, conceptual field

semantic flexibility 인지 의미적 유연성(意味的柔軟性)

semantic fluency 말더듬 의미적 유창성(意味的流暢性)

semantic generalization 의미일반화(意味一般化)

semantic implication 의미함축(意味含蓄)

semantic interpretation 의미해석(意味解釋)
cf. phonological interpretation

semantic level 의미단계(意味段階)

semantic map 의미구조도(意味構造圖), 의미지도(意味地圖)

semantic marker 의미 의미표지(意味標識)
= semantic feature

semantic memory 심리 의미기억(意味記憶),

S

어의적 기억(語義的記憶) *cf.* episodic memory

semantic network 의미망(意味網) *cf.* spreading activation

semantic paraphasia 생리 의미착어증(意味錯語症) = meaning paraphasia *cf.* phonemic paraphasia

semantic priming 인지 의미점화(意味點火)

semantic processing 인지 의미처리과정(意味處理過程)

semantic property 인지 의미속성(意味屬性) = semantic component *cf.* semantic feature

semantic recognition task 의미인지과제(意味認知課題)

semantic relations 의미관계(意味關係)

semantic relevance 의미적 관련성(意味的關聯性)

semantic reorientation 의미론적 재교육(意味論的再教育)

semantic representation 의미표시(意味標示)

semantic revolution 의미론적 혁명(意味論的革命)

semantic rules 의미규칙(意味規則)

semantic shift 의미교체(意味交替)

semantic-syntactic rules 의미통사규칙(意味統辭規則)

semantic taxonomy 의미론적 분류학(意味論的分類學)

semantic transparency 인지 의미 투명도(意味透明度)

semantic treatment (실어증 환자의) 의미적 치료(意味的治療)

semanticity 의미성(意味性)

semantics 의미론(意味論)

semaphore flags 수기신호(手旗信號)

sememe 의미소(意味素), 의소(意素) *cf.* lexeme

sememic stratum 의미층(意味層)

sEMG(surface electromyography) 표면근전도(表面筋電圖)

semi- '반(半)' 또는 '준(準)'의 의미

semi-anechoic room 음향 반무향실(半無響室)

semiaural hearing protection device 청각 반청각 청력보호장치(半聽覺聽力保護裝置), 반청각 듣기보호장치(保護裝置)

semicircular canal 해부 반규관(半規管), 반고리관 = semicircular duct

semi-coma 반혼수(半昏睡) *cf.* coma

semiconductor 반도체(半導體)

semi-free field 음향 반자유 음장(半自由音場)

semi-infinitives 준부정사(準不定詞)

semilingual 언어습득 반이중언어사용자(半二重言語使用者)

semilingualism 언어습득 반이중언어(半二重言語)

semilunar ganglion 해부 반달 신경절(神經節)

semilunar hiatus 해부 반달 틈새

semilunar lobe 해부 반달 엽

semimute 반묵음(半默音)

semi-mutism 심리 준함묵증(準緘默症) *cf.* total mutism

seminal vessel 정낭(精囊)

semi-occluded vocal tract exercises(SOVTE) 반폐쇄 성도운동(半閉鎖聲道運動)

semiotic triangle 의미삼각형(意味三角形) = triangle of signification

semiotics 기호학(記號學) = semiology

semiotics system 기호체계(記號體系)

semi-pronoun 준대명사(準代名詞)

semi-sentence 준문장(準文章)

semi-solid 삼킴 (환자에게 제공되는 검사식의) 반고형식(半固形式)

semi-standardized interviewing 심리 반표준화(半標準化)된 면접하기

semistructured observation 반구조화된 관찰

semistructured play 반구조화된 놀이

semitone 반음(半音)

semivowel 조음 반모음(半母音)

semology 의소론(意素論)

Semon-Rosenbach law 시몬-로젠바 법칙(法則)
sender 송신자(送信者), 송신기(送信機) ↔ receiver
senescence 노년기(老年期), 노화(老化)
senescent voice 노화음성(老化音聲) = senile voice
senile 노년(老年)의, 노인성(老人性)
senile atrophy 생리 노인성 위축(老人性萎縮), 노년성 위축(老年性萎縮)
senile deafness 생리 노인성 농(老人性聾) = presbycusis
senile degeneration 생리 노인성 변성(老人性變性)
senile dementia 생리 노인성 치매(老人性癡呆) *cf.* presenile dementia
senile psychosis 생리 노인성 정신병(老人性精神病)
senile voice 노인 음성(老人音聲) = presbyphonia
senility 노년(老年)
sensation 신경 감각(感覺)
sensation area 신경 감각영역(感覺領域)
sensation disorders 생리 감각장애(感覺障礙)
sensation level(SL) 신경 감각레벨
sensation of vibration 신경 진동각(振動覺) = sense of vibration
sensation unit(SU) 신경 감각단위(感覺單位)
sense 신경 감각(感覺) = sensitization
sense center 신경 감각중추(感覺中樞)
sense deprivation 신경 감각상실(感覺喪失)
sense modality 감각양식(感覺樣式)
sense of equilibrium 신경 평형감각(平衡感覺)
sense of hearing 신경 청각(聽覺) = auditory sense *cf.* special sensation
sense of pain 신경 통각(痛覺) = pain sensation *cf.* superficial sensation
sense of position 신경 위치감각(位置感覺)
sense of pressure 신경 압각(壓覺) = pressure sense *cf.* deep sensation
sense of resistance 심리 저항감각(抵抗感覺)
sense of self 심리 (정신분석의) 자기감(自己感)
sense of sight 신경 시각(視覺) = sense of vision *cf.* special sensation
sense of smell 신경 후각(嗅覺) *cf.* special sensation
sense of taste 신경 미각(味覺) *cf.* special sensation
sense of touch 신경 촉각(觸覺) = tactile sensation *cf.* superficial sensation
sense of values 가치관(價值觀)
sense of vibration 신경 진동각(振動覺) = sensation of vibration *cf.* deep sensation
sense of vision 신경 시각(視覺) = sense of sight *cf.* special sensation
sense of warmth 신경 온각(溫覺) *cf.* temperature sensation
sense organ 신경 감각기(感覺器)
sense subject 의미상 주어(意味上主語) ↔ formal subject
senselessness 신경 무감각(無感覺) = insensitivity, numbness, insensibility
sensibility 감수성(感受性), 감성(感性)
sensitive period 언어발달 민감기(敏感期) = critical period
sensitive time 감응시간(感應時間)
sensitiveness 감도(感度)
sensitivity 통계 민감도(敏感度) *cf.* specificity
sensitivity analysis 통계 민감도 분석(敏感度分析)
sensitivity control 민감도 조절(敏感度調節)
sensitivity group 감수성 집단(感受性集團)
sensitivity reaction 과민반응(過敏反應)
sensitivity test 민감도 검사(敏感度檢査)
sensitivity to current (음원의) 전류감도(電流感度)
sensitivity to electronic power (음원의) 전력감도(電力感度)

sensitivity to voltage (음원의) 전압감도(電壓感度)

sensitivity training 감수성 훈련(感受性訓練), 민감성 훈련(敏感性訓練)

sensitization 신경 감각(感覺) ↔ desensitization

sensitization response 신경 감각반응(感覺反應)

sensomobility 신경 감각운동성(感覺運動性)

sensor 감지기(感知器)

sensor operation 신경 감지작용(感知作用), 감지기작용(感知器作用)

sensorimetabolism 신경 감각성 대사(感覺性代謝)

sensorimotor 신경 감각운동(感覺運動)

sensorimotor act 신경 감각운동 행위(感覺運動行爲)

sensorimotor arc 해부 감각운동 궁(感覺運動弓)

sensorimotor area 인지 감각운동영역(感覺運動領域)

sensorimotor commands 감각운동 명령(感覺運動命令)

sensorimotor disturbance 생리 감각운동장애(感覺運動障礙)

sensorimotor intelligence 인지 감각운동적 지능(感覺運動的知能)

sensorimotor intelligence period 인지 감각운동 지능기(感覺運動知能期)

sensorimotor period 인지 (0~2세) 감각운동기(感覺運動期) *cf.* preoperational period

sensorimotor stage 인지 (피아제의 인지발달) 감각운동단계(感覺運動段階)

sensorimotor stage infancy 인지 감각운동단계 유아(感覺運動段階乳兒)

sensorimuscular 해부 감각근(感覺筋)의

sensorineural acuity level(SAL) 청각 골도청력 정밀역치(骨導聽力精密閾値)

sensorineural acuity level technique 청각 골도청력 정밀역치기술(骨導聽力精密閾値技術)

sensorineural deafness 생리 감각신경성 농(感覺神經性聾)

sensorineural hearing impairment 생리 감각신경성 청각장애(感覺神經性聽覺障碍)

sensorineural hearing loss(SNHL) 생리 감각신경성 청력손실(感覺神經性聽覺損失) *cf.* conductive hearing loss

sensori-perceptual training 감각지각훈련(感覺-知覺訓練)

sensorium 감각(感覺)

sensory 감각(感覺)의, 감각성(感覺性) *cf.* motor

sensory adaptation 감각순응(感覺順應), 감각적응(感覺適應)

sensory alexia 생리 감각성 실독증(感覺性失讀症) *cf.* motor alexia

sensory amimia 생리 감각성 무표정증(感覺性無表情症) *cf.* motor amimia

sensory amusia 생리 감각성 실음악증(感覺性失音樂症) *cf.* motor amusia

sensory analysis 감각 분석(感覺分析)

sensory anesthesias 신경 감각마비(感覺痲痺) *cf.* motor anesthesias

sensory anomaly 생리 지각이상(感覺異常) *cf.* motor anomaly

sensory aphasia 신경 감각실어증(感覺失語症) = Wernicke's aphasia *cf.* motor aphasia

sensory apraxia 생리 감각실행증(感覺失行症) *cf.* motor apraxia

sensory aprosodia 생리 감각실율증(感覺失律症) *cf.* motor aprosodia

sensory area 해부 감각영역(感覺領域) *cf.* motor areasensory association area 해부 감각연합영역(感覺聯合領域) *cf.* motor association area

sensory association cortex 해부 감각연합피질(感覺聯合皮質)

sensory ataxia 생리 감각성 실조증(感覺性失調症) *cf.* motor ataxia

sensory cell 해부 감각신경세포(感覺神經細胞) *cf.* motor cell
sensory center of speech 해부 감각성 언어중추(感覺性言語中樞)
sensory circle 신경 감각환(感覺環)
sensory code 감각부호(感覺符號) *cf.* motor code
sensory coding 감각부호화(感覺符號化) *cf.* motor coding
sensory crossway 해부 감각성 교차로(感覺性交叉路)
sensory deafness 생리 감각성 농(感覺性聾)
sensory decussation 해부 감각신경교차(知覺交叉)
sensory defect 생리 감각결손(感覺缺損)
sensory development 감각발달(感覺發達)
sensory discharge 감각성 방전(感覺性放電)
sensory dissociation 신경 감각해리(感覺解離)
sensory disturbance 생리 감각장애(感覺障礙)
sensory education 감각교육(感覺教育)
sensory ending 해부 감각종말(感覺終末)
sensory epilepsy 생리 감각성 간질(感覺性癎疾)
sensory epithelium 해부 감각상피(感覺上皮)
sensory feedback 신경 감각 피드백 *cf.* motor feedback
sensory fiber 해부 감각섬유(感覺纖維) *cf.* motor fiber
sensory fiber tract 해부 감각신경 섬유로(感覺神經纖維路) *cf.* motor fiber tract
sensory function 감각기능(感覺機能) *cf.* motor function
sensory hair 감각모(感覺毛)
sensory homunculus 감각뇌도(感覺腦圖), 감각 난장이 *cf.* motor homunculus
sensory illusion 착각(錯覺)
sensory image 감각상(感覺像)
sensory impairment 감각손상(感覺損傷)
sensory impression 감각인상(感覺人相)
sensory integration therapy 감각통합치료(感覺統合治療)
sensory integration 감각통합(感覺統合)
sensory interaction 감각 상호작용(感覺相互作用)
sensory layer 해부 감각층(感覺層)
sensory mechanism 감각기제(感覺機制) *cf.* motor mechanism
sensory memory 감각기억(感覺記憶) *cf.* motor memory
sensory modality 감각양상(感覺樣相)
sensory-motor approach 감각운동법(感覺運動法)
sensory-motor engram 감각운동적 기억 흔적(感覺運動的記憶痕迹)
sensory-motor stage 감각운동단계(感覺運動段階)
sensory neglect 생리 감각 무시(感覺無視)
sensory nerve 해부 감각신경(感覺神經) *cf.* motor nerve
sensory nerve cell 해부 감각신경세포(感覺神經細胞) *cf.* motor nerve cell
sensory nerve ending 해부 감각신경종말(感覺神經細胞終末) *cf.* motor nerve ending
sensory nerve fibers 해부 감각신경섬유(感覺神經纖維) *cf.* motor nerve fibers
sensory neuron 해부 감각뉴런 *cf.* motor neuron
sensory nucleus 해부 감각핵(感覺核) *cf.* motor nucleus
sensory organs 감각기관(感覺器官) *cf.* motor organs
sensory papillae 해부 감각유두(感覺乳頭)
sensory paralysis 신경 감각마비(感覺痲痹) *cf.* motor paralysis
sensory paroxysm 생리 감각발작(感覺發作)
sensory pathway 해부 감각신경로(感覺神經路) *cf.* ascending pathway, afferent pathway
sensory-perceptual training 감각지각 훈련(感覺知覺訓練) = ear training

sensory physiology 감각생리학(感覺生理學) *cf.* motor physiology

sensory presbycusis 생리 감각성 노인성 난청(感覺性老人性難聽)

sensory process 감각처리과정(感覺處理過程) *cf.* motor process

sensory receptor 신경 감각수용기(感覺受容器)

sensory reflex 신경 감각반사(感覺反射), 지각반사(知覺反射) *cf.* motor reflex

sensory root 해부 감각신경근(感覺神經根) *cf.* motor root

sensory scale 신경 감각척도(感覺尺度) *cf.* motor scale

sensory spot 신경 감각점(感覺點)

sensory store 신경 감각저장고(感覺貯藏庫)

sensory strip 해부 감각띠 = precentral gyrus, primary motor cortex *cf.* motor strip

sensory system 해부 감각계(感覺系) *cf.* motor system

sensory threshold 신경 감각역치(感覺閾値)

sensory unit 신경 감각단위(感覺單位) *cf.* motor unit

sentence 문장(文章)

sentence adverb 문장부사(文章副詞)

sentence articulation test(SAT) 문장명료도검사(文章明瞭度檢査)

sentence assembly 언어발달 문장 재구성하기 *cf.* sentence combining

sentence classification 문장분류(文章分類)

sentence combining 문장결합(文章結合) *cf.* sentence assembly

sentence completion (실어증 환자용) 문장완성(文章完成)

sentence completion test (실어증 환자용) 문장완성검사(文章完成檢査)

sentence compound 통사 문장복합어(文章複合語)

sentence comprehension 문장이해(文章理解)

sentence comprehension test(SCT) 문장이해력검사(文章理解力檢査)

sentence constituents 통사 문장구성요소(文章構成要素), 문장성분(文章成分)

sentence derivation 문장도출(文章導出)

sentence formation disorders 문장구성장애(文章構成障礙)

sentence final ending 통사 문말어미(文末語尾)

sentence fragment 문장파편(文章破片)

sentence grammar 문장문법(文章文法) *cf.* discourse grammar

sentence intonation 문장억양(文章抑揚)

sentence meaning 문장의미(文章意味) *cf.* speaker meaning

sentence method 문장방법(文章方法)

sentence modifying adverb 문수식 부사(文修飾副詞)

sentence negation 통사 문장부정(文章否定)

sentence outline 문장 개요(文章概要)

sentence parts 통사 문장요소(文章要素)

sentence pattern 통사 문장유형(文章類型), 문형(文型) = sentence type

sentence presupposition 의미 담화 문장전제(文章前提) *cf.* speaker presupposition

sentence recognition score(SRS) 문장인식점수(文章認識點數)

sentence repetition task 문장반복과제(文章反復課題)

sentence-starters AAC 시작문장(始作文章)

sentence stress 문강세(文强勢)

sentence subject constraint 통사 문장주어제약(文章主語制約)

sentence topic coherence 문장주제적 응집성(文章主題的凝集性)

sentence types 통사 문장유형(文章類型), 문형(文型) = sentence pattern

sentential ambiguity 언어발달 문장 애매성(文章曖昧性) *cf.* lexical ambiguity

sentential coordination 통사 등위문장(等位文章)
sentoid 문소(文素)
SEP(somatosensory evoked potential) 신경 체감각유발전위(體感覺誘發電位) *cf.* VEP, AEP
separable prefix 분리가능 접두사(分離可能接頭辭)
separation 분리(分離)
separation anxiety 심리 분리불안(分離不安)
separation anxiety disorder(SAD) 심리 분리불안장애(分離不安障礙)
separation impedance 심리 분리저항(分離抵抗)
sepsis 생리 패혈증(敗血症)
septal crista 해부 비중격 능선(鼻中隔稜線)
septal dermoplasty 비중격 피부 성형술(鼻中隔皮膚成形術)
septal nasal cartilage 해부 비중격 연골(鼻中隔軟骨)
septal neurosis 생리 비중격 신경증(鼻中隔神經症)
septal nucleus 신경 중격핵(中隔核)
septectomy 해부 비중격절제술(鼻中隔切除術)
septoplasty 해부 비중격형성술(鼻中隔成形術)
septum 해부 중격(中隔), 격막(膈膜)
septum nasi 해부 L 비중격(鼻中隔)
sequence 연속(連續), 연쇄(連鎖), 순차(順次)
sequence of tense 시제일치(時制一致)
sequence schema 인지 순차도식(順次圖式) = temporal schema
sequenced inventory of communication development(SICD) 순차의사소통발달평가목록 (順次意思疏通發達評價目錄)
sequenced language scale for infants(SELSI) 언어발달 영 · 유아언어발달척도(嬰乳兒言語發達尺度)
sequencing 순차화(順次化)
sequencing rules 연쇄규칙(連鎖規則)
sequential 순차적(順次的) = non-simultaneous
sequential access 순차적 접근(順次的接近)
sequential bilingual children 언어습득 순차적 이중언어아동(順次的二重言語兒童) = successive bilingual children *cf.* simultaneous bilingual children
sequential bilingualism 언어습득 순차적 이중언어(順次的二重言語)
sequential bilinguals 언어습득 순차적 이중언어 사용자(順次的二重言語使用者) *cf.* simultaneous bilinguals
sequential constraint 연쇄제약(連鎖制約)
sequential memory 심리 순차적 기억(順次的記憶)
sequential motion rate(SMR) 조음 연속운동률(連續運動率), 연속운동속도(連續運動速度) *cf.* alternate motion rate, diadochokinetic rate
sequential movements 연쇄운동(連鎖運動), 순차적 운동(順次的運動)
sequential processing 연쇄처리(連鎖處理), 순차처리(順次處理) *cf.* simultaneous processing
sequential redundancy 연쇄잉여성(連鎖剩餘性)
sequential redundancy rule 연쇄잉여규칙(連鎖剩餘規則)
sequential representation 심리 계열적 표상(系列的表象)
sequential scanning 인지 연속주사(連續注射) *cf.* summary scanning
sequential speech movements 연속말운동
serial effect 계열효과(系列效果)
serial error 계열오류(系列誤謬)
serial interface 직렬접속(直列接續)
serial learning 심리 계열학습(系列學習)
serial list learning 심리 계열학습 리스트
serial position effect 인지 계열위치효과(系列位置效果)
serial processing 인지 계열처리(系列處理) ↔ parallel processing
serial reaction time task(SRT) 언어발달 연속

S

반응시간과제(連續反應時間課題)

serial recall 심리 연속회상(連續回想) *cf.* recall memory

seriation 연속배열(連續配列), 순차배열(順次配列)

series 계열(系列)

serotonin (모노아민계 신경전달물질) 세로토닌

serotonin antagonists 세로토닌 길항제(拮抗劑)

serotonin metabolites 세로토닌 대사물(代謝物)

serous fluid 해부 장액(腸液)

serous membrane 해부 장막(腸膜) *cf.* mucous membrane

serratus anterior muscle 해부 앞톱니근

serratus muscle 해부 톱니근

serratus posterior inferior muscle 해부 아래뒤톱니근

serratus posterior superior muscle 해부 위뒤톱니근

serratus 톱니모양

serum 생리 혈청(血淸)

service delivery models 인지 서비스 전달모형

servo system 자동제어계(自動制御系)

servomechanism 자동제어기제(自動制御機制)

SES(self-efficacy scale) 자아효능감척도(自我效能感尺度)

SES(socioeconomic status) 사회경제적 지위(社會經濟的地位)

set 집합(集合)

set theory 집합론(集合論)

set-theoretic model 인지 집합이론 모형(集合理論模型) *cf.* symbolic network model

setting 배경(背景)

setting statements 담화 배경진술(背景陳述) *cf.* initiating events

severe 고도(高度) *cf.* profound

severe and profound mental retardation(SPMR) 고심도 정신지체(高深度精神遲滯)

severe hearing impairment 생리 고도청각장애(高度聽覺障礙)

severe hearing loss 생리 고도청력손실(高度聽力損失)

severe phonologic disorder 생리 중증 음운장애(重症音韻障礙)

severely mentally retarded 심도 정신지체(深度精神遲滯)

severity 중증도(重症度), 심도(深度)

severity conversion table 중증도 환산표(重症度換算表)

severity scale 중증도 척도(重症度尺度)

severly nasal 심도비성(深度鼻性)

sex hormone 생리 성호르몬

sex minority 성소수자(性小數者) *cf.* transgender

SFEMG(single fiber electromyography) 단일근섬유 근전도법(單一筋纖維筋電圖法)

SFF(speaking fundamental frequency) 음향 발화기본주파수(發話基本周波數) = habitual pitch

SFOAE(stimulus frequency otoacoustic emission) 청각 자극주파수이음향방사(刺戟周波數耳音響放射)

SGD(speech generating device) AAC 음성산출기기(音聲算出機器) = VOCA

s-genitive s-속격(屬格)

SGML(standard generalized markup language) 표준생성 활자지정 언어(標準生成活字指定言語)

shadow audiogram 청각 음영청력도(陰影聽力圖)

shadow curve 청각 음영곡선(陰影曲線), 그림자곡선

shadow hearing 음영청각(陰影聽覺)

shadow zone 그림자 영역, 음영대(陰影帶)

shadowing 말더듬 낭독복창(朗讀復唱), 따라말하기

shadowing method 음영법(陰影法)

shaken baby syndrome 생리 진탕아 증후군(震蕩兒症候群)

shaking head 고개 흔들기
shallow breathing 생리 얕은호흡 ↔ deep breathing
shallow nuclei 해부 천부핵(淺部核) ↔ deep nuclei
shallow orthography 언어습득 표층표기체계(表層表記體系) ↔ deep orthography
shallow sensitivity 음운인식 피상적 민감성(皮相的敏感性) ↔ deep sensitivity
shallow structure 천층구조(淺層構造) ↔ deep structure
sham rage 가장분노(假裝忿怒)
shannon frequency 음향 새논 주파수(周波數)
shaping 형성(形成)
sharply falling 급경사(急傾斜), 급하강(急下降) *cf.* gradually falling
sharply falling curve 급하강곡선(急降下曲線)
sharply falling hearing loss 생리 급하강형 청력손실(急下降形聽力損失)
shear modulus 청각 전단계수(剪斷係數)
shear number 청각 전단수(剪斷數)
shear wave 음향 전단파(剪斷波)
shear wave velocity 음향 전단파 속도(剪斷波速度)
shearing (뇌 조직) 절상(折傷)
shearing action 전단행동(剪斷行動), 비틀린 행동
shearing effect 청각 전단효과(剪團效果) = buckling effect *cf.* lever effect
shear-thickening fluid 점성증가유체(粘性增加流體)
shear-thinning fluid 점성감소유체(粘性減少流體)
shelf 판(板)
sheltered English 보호적 영어(保護的英語)
shelters 은신처(隱身處)
Sherman-Lewis scale 서만-루이스 척도(尺度)
shielding 차폐(遮蔽)
shift key 이동 키
shifted subjunct-adjunct 전이 종속부가어(轉移從屬附加語)
shimmer 음향 진폭변이율(振幅變異率), 쉼머 = amplitude perturbation *cf.* jitter
SHM(simple harmonic motion) 음향 단순배음운동(單純倍音運動) = sinusoidal motion
shock-absorber 완충재(緩衝材), 내진장치(耐震裝置)
shock-cell noise 음향 쇼크셀 소음
shock-formation distance 쇼크형성 거리(距離)
shock pulse 충격진동(衝擊振動)
shock treatment 충격요법(衝擊療法)
shock wave 충격파(衝擊波)
shoebox type 구두통 형태, 슈박스 타입
short answer 단답(短答)
short association fiber 해부 단연합 섬유(短聯合纖維)
short bones 해부 단골(短骨) ↔ long bones
short-circuit 음향 단락회로(短絡回路)
short-circuit current 음향 단락회로전류(短絡回路電流)
short-circuit impedance 음향 단락회로저항(短絡回路抵抗)
shortening 음운 단음화(短音化) ↔ lengthening
short esophagus 해부 식도단축(食道短縮)
short frenulum 해부 단설소대(短舌小帶)
short increment sensitivity index(SISI) 생리 미세증가 감성지수(微細增加感性指數)
short-latency auditory evoked potential 청각 단기-잠재성 청성 유발전위(短期潛伏期聽性誘發電位)
short-latency response 단기잠복기 반응(短期潛伏期反應) ↔ long latency response
short process 해부 단돌기(短突起) ↔ long process
short process of malleus 해부 추골단돌기(槌

骨短突起)

short-range goals 단기목표(短期目標) ↔ long-range goals

short-term care 단기간 보호(短期間保護) ↔ long-term care

short-term care facilities 단기요양시설(短期療養施設) ↔ long-term care facilities

short-term memory(STM) 심리 단기기억(短期記憶) ↔ long-term memory *cf.* working memory

short-term shear modulus 단기전단탄성률(短期剪斷彈性率)

short-time analysis 단시간 분석(短時間分析) = short-term analysis

short token test 간편 토큰검사

short vowels 조음 단모음(短母音) ↔ long vowels

short wave 음향 단파(短波)

shoulder 해부 견갑(肩胛), 어깨

shoulder joint 해부 견관절(肩關節), 어깨관절

shouting 짧게 소리지르기 *cf.* yelling

shrinkage 수축(收縮)

shuffling step 질질끄는 걸음걸이

shunt 분류(分類), 단락(段落)

shunt peaking 병렬 피킹

shunting 단락형성(段落形成), 단락화(段落化)

shutting 접근(接近) ↔ release

Shy-Drager syndrome 생리 (퇴행성 신경질환) 샤이-드래거 증후군

sialitis 생리 타액선염(唾液腺炎) = sialoadenitis

sialoadenotomy 해부 타액선절개술(唾液腺切開術)

sialodentitis 생리 타액선염(唾液腺炎) = sialitis

sialolithiasis 생리 타석증(唾石症)

sialometry 타액검사(唾液檢査)

sialoschesis 타액분비억제(唾液分泌抑制)

sibilant 조음 치찰음(齒擦音)

sibling 형제(兄弟), 자매(姉妹), 동기(同氣)

sibling relationship 형제관계(兄弟關係)

sibling rivalry 형제간 경쟁(兄弟間競爭)

sibling terms 동기어(同氣語) *cf.* kinship terms

Sicca syndrome 생리 (건조증) 시카 증후군(乾燥症候群)

SICD(sequenced inventory of communication development) 순차의사소통발달평가목록(順次意思疏通發達評價目錄)

sickle cell anemia 생리 겸상적혈구빈혈증(鎌狀赤血球貧血症)

sickling 생리 겸상적혈구화(鎌狀赤血球化)

sickness 병(病), 질병(疾病) = illness, disease, ailment

side band 측파대(側波帶)

side circuit 실회선, 측회선(側回線)

side effect 부작용(副作用)

side effect of punishment 처벌의 부작용(副作用)

side participants 보조참가자(補助參加者)

side scan sonar 측면주사 탐지기(側面走査探知機)

side tone 측음(側音)

side view 측면도(側面圖)

sidelobe 해부 부엽(副葉)

sidelying siting positioning 옆으로 앉기

SIDS(sudden infant death syndrom) 생리 유아돌연사 증후군(幼兒突然死症候群)

SIFTER(screening instrument for targeting education risk) 교육위험군선별도구(教育危險群選別道具)

sigh-yawn technique 음성치료 한숨-하품 접근법(接近法)

sight method 통찰방법(洞察方法)

sight vocabulary 언어발달 시각어휘(視覺語彙)

sigmoid colon 해부 S상결장(結腸)

sign (1) 기호(記號), 부호(符號) (2) 징후(徵候)

sign extension 부호확장(符號擴張)

sign flag 부호 플래그

sign language AAC 수어(手語) *cf.* gesture language

sign language approach 청각 수어접근법(手語接近法) *cf.* aural-oral approach, finger spelling

sign language system AAC 수어체계(手語體系)

sign linguistics AAC 수어언어어학(手語言語學)

sign marker 기호표지(記號標識)

sign-off 접속종료(接續終了), 방송종료(放送終了)

sign-on 접속개시(接續開始), 방송개시(放送開始)

sign pattern 기호양식(記號樣式)

sign position 부호위치(符號位置)

sign-reversing amplifier 부호반전 증폭기(符號反轉增幅器)

sign system 기호체계(記號體系)

sign word 청각 AAC 수어(手語), 부호화된 단어

signal 신호(信號)의

signal amplification 음향 신호증폭(信號增幅)

signal converter 음향 신호변환기(信號變換器)

signal detection theory 신호탐색이론(信號探索理論)

signal detector 신호검출기(信號檢出器)

signal distance 신호거리(信號距離)

signal duration 신호길이

signal element 신호요소(信號要素)

signal excess 신호초과(信號超過)

signal generator 신호발생기(信號發生機)

signal level 신호 레벨

signal processing devices 신호처리장비(信號處理裝備)

signal processor 신호처리기(信號處理器)

signal regeneration 신호재생(信號再生)

signal reshaping 신호정형(信號正形)

signal-to-noise ratio(SNR) 음향 신호 대 소음비(信號對騷音比) = signal-to-interference ratio

signaling rate 신호율(信號率)

signaling speed 통신속도(通信速度)

signaling system 통신방식(通信方式)

signaling techniques 신호기법(信號技法)

signals grammar 기호문법(記號文法)

signed English 청각 수어영어(手語英語)

signifiant 기표(記標), 시니피앙 *cf.* signifie

significance 통계 유의도(有意度), 유의값

significance level 통계 유의레벨

significance of correlation 통계 상관유의도(相關有意度)

significance test 통계 유의도검증(有意度檢證)

significant digit 통계 유의숫자

significant instant 유의순간(有意瞬間)

significant others (가족, 교사, 친구, 애인 등) 주요 대화상대자(主要對話相對者), 중요한 다른 사람들

signification 언어적 표시(言語的表示)

signifie 기의(記意), 시니피에 *cf.* signifiant

signified 기호내용(記號內容)

signifier 기호표현(記號表現) *cf.* signifie

SII(speech intelligibility index) 조음 어음 명료도지수(語音明瞭 指數)

SIL(speech interference level) 말방해 레벨

SIL(steroid inhaler laryngitis) 스테로이드 흡인후두염(吸引喉頭炎)

silence (1) 무성(無聲), 묵음(默音) (2) 무증상(無症狀)

silent aspiration 생리 무증상 흡인(無症狀吸引) ↔ symptomatic aspiration

silent gap 음향 무성구간(無聲區間) = silent intervals

silent majority 조용한 다수 *cf.* moral majority

silent nasal emission 무음성 비강누출(鼻音性鼻腔漏出)

silent pause 묵음휴지(默音休止), 무성휴지(無聲休止)

silent period 묵음구간(默音區間)

silent prolongations 묵음연장(默音延長)

silent reading 묵독(默讀) *cf.* oral reading

silent receptor 무반응수용체(無反應受容體)
silent way 침묵법(沈默法) *cf.* audiolingual method
silent zone 무성역(無聲域), 불감지대(不感地帶)
similarity 유사도(類似度), 유사성(類似性)
similarity predicate 유사술부(類似述部)
similarity principle 유사원리(類似原理)
similarity schema 인지 유사도식(類似圖式) *cf.* topic schema
simile 직유(直喩) *cf.* metaphor
simple adverb 단순부사(單純副詞)
simple aphasia 신경 단순 실어증(單純失語症)
simple cell 해부 단순 세포(單純細胞)
simple depression 심리 단순 우울증(單純憂鬱症)
simple epithelium 해부 단층상피(單層上皮)
simple form 단순 형(單純形)
simple future progressive tense 단순미래 진행시제(單純未來進行時制)
simple future tense 단순미래시제(單純未來時制)
simple harmonic motion(SHM) 음향 단순배음운동(單純倍音運動) = sinusoidal motion
simple joint 단순관절(單純關節)
simple lobule 단순소엽(單純小葉)
simple past 단순과거(單純過去)
simple past progressive tense 단순과거진행시제(單純過去進行時制)
simple past tense 단순과거시제(單純過去時制)
simple periodic motion 단순주기운동(單純週期運動)
simple periodic sound 단순주기음(單純週期音)
simple periodic wave 음향 단순주기파(單純週期波) = sine wave
simple predicate 단순술어(單純述語)
simple present progressive tense 단순현재진행시제(單純現在進行時制)
simple present tense 단순현재시제(單純現在時制)
simple radio service 간이무선업무(簡易無線業務)
simple random sampling 단순임의표본추출법(單純任意標本抽出法)
simple reaction process 단순반응과정(單純反應過程)
simple reaction time 단순반응시간(單純反應時間)
simple resection 해부 단순절제술(單純切除術)
simple resonance system 단일공진계(單一眞空計)
simple sentence 통사 단문(單文) ↔ complex sentence *cf.* compounded sentence
simple sound-source 단순음원(單純音源)
simple tense 단순시제(單純時制)
simple tone 음운 단순성조(單純聲調)
simple tone group 음운 단순성조군(單純聲調群)
simple view of reading(SVR) 언어습득 단순읽기관점
simple vowel 조음 단모음(單母音) *cf.* diphthong
simple wave 음향 단순파(單純波) ↔ complex wave
simple word 단일어(單一語) = simplex word *cf.* compound word
simplex 단방향성(單方向性)
simplex channel 단방향 채널
simplex feature 단소자질(短小資質)
simplex method 단체법(單體法)
simplex mode 단방향 방식(單方向方式)
simplex modem 단방향 모뎀
simplex system 단일체계(單一體系)
simplex telegraph 단신법(單信法), 단신방식(單信方式)
simplex transmission 단방향 전송(單方向傳送)
simplex word 단순어(單純語) = simple word ↔ complex word
simplicity 간결성(簡潔性) ↔ complexity
simplicity measure 간결성 측정(簡潔性測定)
simplification 단순화(單純化)
simplification techniques 단순화 기법(單純

化技法)
simplified reader 단순화된 독자
simulated presence therapy(SimPres)
simulation 모의실험(模擬實驗), 시뮬레이션
simulation game 모의 게임
simulation language 언어 모의언어(模擬言語)
simulation mode 모의모형(模擬模型)
simulator 모의실험 장치(模擬實驗裝置), 시뮬레이터
simultanagnosia 생리 동시 실인증(同時失認症) *cf.* prosopagnosia
simultaneity 동시성(同時性)
simultaneous acquisition 언어발달 동시 습득(同時習得)
simultaneous application 동시 적용(同時適用)
simultaneous auditory feedback 음향 동시 청각피드백
simultaneous bilingual children 언어습득 동시적 이중언어아동(同時的二重言語兒童) *cf.* sequential bilingual children, successive bilingual children
simultaneous bilingualism 언어습득 동시적 이중언어(同時的二重言語)
simultaneous bilinguals 언어습득 동시적 이중언어사용자(同時的二重言語使用者) *cf.* sequential bilinguals
simultaneous communication 동시의사소통(同時意思疏通)
simultaneous conditioning 동시조건화(同時條件化)
simultaneous input 동시입력(同時入力) ↔ simultaneous output
simultaneous interpretation 동시통역(同時通譯) *cf.* consecutive interpretation
simultaneous masking 음향 동시차폐(同時遮蔽)
simultaneous output 동시출력(同時出力) ↔ simultaneous input
simultaneous perception 심리 동시지각(同時知覺)
simultaneous processing 동시처리(同時處理) *cf.* sequential processing
simultaneous repetition (자극과 반응 사이의) 동시적 반복(同時的反復)
simultaneous stimulation 심리 동시자극(同時刺戟)
simultaneous-talk 말더듬 동시발화(同時發話)
simultaneous transmission 동시전송(同時傳送)
sin (정신적) 죄악(罪惡) *cf.* crime
Sinc function 싱크함수(函數)
sincerity 진지성(眞摯性), 진실성(眞實性)
sincerity condition 성실조건(誠實條件)
s-indicator s-지시기
sine wave 음향 정현파(正弦波), 사인파 = sinusoidal wave
singer's formant 성악가 포먼트 = musical formant
singing teacher 노래교사
singing voice handicap index(SVHI) 성악가 장애지수(聲樂家障礙指數)
singing voice specialist 노래목소리 전문가(專門家)
single action 단일동작(單一動作)
single-case research design 단일-사례 연구 설계(單一事例研究設計) *cf.* time-series methodology
single case study 단일피험자연구(單一被驗者研究) = single-subject study
single-event emission sound pressure level 음향 단일음압 방출레벨
single fiber electromyography(SFEMG) 단일 근섬유 근전도법(單一筋纖維筋電圖法)
single node spreading 단일마디 확산(擴散)
single participant designs 단일참여자 설계(單一參與者設計)
single photon emission tomography(SPET) 뇌과학 단일광자방출단층촬영술(單一光子放出斷層撮影術)

S

single resonator type sound absorber 음향 단일 공명기형 소음기(單一共鳴器形消音器)
single root condition 단일뿌리 조건
single route model 인지 단일경로모형(單一經路模型)
single-sideband(SSB) 단측파대(單側波帶) *cf.* double sideband
single-sided spectral density 음향 단방향 스펙트럼 밀도(密度)
single sound 단일음(單一音)
single stimulus method 단일자극법(單一刺戟法)
single subject design 단일피험자설계(單一被驗者設計)
single-subject design strategy 단일 피험자 설계전략(單一主題設計戰略)
single-subject experimental design 단일 피험자실험 계획(單一被驗者實驗計劃)
single-subject study 단일피험자연구(單一被驗者硏究)＝single case study
single symbolic scheme 단순상징행동(單純象徵行動) *cf.* autosymbolic scheme
single terms 의미 단일어(單一語)
single word blindness 언어발달 단순어맹증(單純語盲症) *cf.* reading-language learning disabilities
singular 단수(單數) *cf.* plural
singulary feature 음운 단항자질(單項資質)
sinistrality 왼손잡이 ↔ dextrality
sinus 해부 동(洞), 굴
sinus aortae 해부 L 대동맥동(大靜脈洞)
sinus ethmoidales 해부 L 사골동(篩骨洞)
sinus frontalis 해부 L 전두동(前頭洞)
sinus maxillaris 해부 L 상악동(上顎洞)
sinus of Morganii 해부 후두실(喉頭室)＝sinus of the ventricle
sinus paranasales 해부 L 부비동(副鼻洞)
sinus tympani 해부 L 고실동(鼓室洞)
sinusoidal motion 음향 정현운동(正弦運動), 사인운동＝simple sinusoidal motion
sinusoidal quantity 음향 정현량(正弦量)
sinusoidal sound wave 음향 정현파(正弦波)
sinusoidal vibration 음향 정현진동(正弦振動)
SIP(stuttering intervention program) 말더듬 중재 프로그램
SIPD(scale of infant psychological development) 유아심리발달척도(乳兒心理發達尺度)
siphonage effect 싸이폰 효과
SIS(support intensity scale) 지원강도척도(支援强度尺度)
SISI(short increment sensitivity index) 음향 소증폭 민감지수(小增幅敏感指數)
sister adjunction 동위부가(同位附加)
sister dependency 자매의존(姉妹依存)
SIT(self-instructional training) 자기교육 훈련(自己教育訓練)
SIT(sound inventory test) 음성목록검사(音聲目錄檢査), 말소리목록검사
site 위치(位置), 사이트
site of lesion 병변부위(病邊部位), 병소부위(病所部位)
sitomania 생리 폭식증(暴食症) ↔ sitophobia
sitophobia 생리 거식증(拒食症)＝anorexia ↔ sitomania
sitotherapy 생리 식이요법(食餌療法)
sitotoxism 생리 식중독(食中毒)
situation 상황(狀況)
situation association 상황연상(狀況聯想)
situation fear 상황공포(狀況恐怖)
situation learning 상황학습(狀況學習)
situation specific anxiety (특정) 상황불안(狀況不安)
situation utterance unit 상황 발화단위(狀況發話單位)
situational approach 상황중심 접근법(狀況中心接近法)

situational coherence 상황적 응집성(狀況的凝集性)
situational constraint 상황적 제약(狀況的制約)
situational context 상황적 맥락(狀況的脈絡) *cf.* rhetorical context
situational crises 상황적 위기(狀況的危機)
situational factor 상황적 요인(狀況的要因)
situational irony 인지 상황적 아이러니 *cf.* verbal irony
situational method 상황적 방법(狀況的方法)
situational model 인지 상황모형(狀況模型)
situational semantics 상황의미론(狀況意味論)
situational style 장면의 문체
situational syllabus 상황중심 교수요목(狀況中心教授要目)
situationism 상황론(狀況論)
size and space specifiers(SASS) 크기-공간 분류사(分流辭)
size constancy 크기 항상성 작용(恒常性作用)
Sjogren's syndrome 생리 (자가면역 질환) 안구건조 증후군(眼球乾燥症候群)
skeletal 골격의
skeletal age 골격연령(骨格年齡)
skeletal disturbance 생리 골격장애(骨格障礙)
skeletal immaturity 생리 골격발육부전(骨格發育不全)
skeletal muscle 해부 골격근(骨格筋) *cf.* smooth muscle, cardiac muscle
skeletal muscle relaxant 골격근 이완제(骨格筋弛緩劑)
skeletal system 해부 골격계(骨格系)
skeletology 골격학(骨格學)
skeleton 해부 골격(骨格)
skeleton earmold 골격형(骨格型) 귓본
skepticism 회의주의(懷疑主義) *cf.* pessimism ↔ optimism
skewness coefficient 통계 비대칭 계수(非對稱係數)
skill 기술(技術), 기능(技能)
skill-building hypothesis 기능구성가설(技能構成假說)
skilled helper 말더듬 숙련된 조력자(助力者)
skilled movements 숙련된 움직임, 능숙한 운동
skilled nursing facility 숙련된 간호시설(看護施設)
skimming 훑어읽기
skin 피부(皮膚)
skin depth 해부 피부두께
skin folds 해부 피부주름
skin graft 해부 피부이식(皮膚移植)
skin preparation 피부준비(皮膚準備)
skin suture 해부 피부봉합술(皮膚縫合術)
skin test 피부반응검사(皮膚反應檢查)
Skinner, Burrhus Frederic (1904~1990) 스키너(미국의 행동주의 심리학자)
Skinner's boxes 심리 스키너 상자
skip distance 도약거리(跳躍距離)
skipped metastasis 도약전이(跳躍轉移)
Sklar aphasia scale 신경 스크라 실어증척도(失語症尺度)
skull 해부 두개골(頭蓋骨), 머리뼈
skull base 해부 두개기저(頭蓋基底)
skull deformity 해부 두개골기형(頭蓋骨畸形) = cranial malformation
skull table 해부 두개골판(頭蓋骨板)
SL(sensation level) 감각레벨
SLA(second language acquisition) 제2 언어습득(第二 言語拾得), 제2 언어획득(第二言語獲得) ↔ FLA
slab thickness 판 두께
slack vocal cords 성대이완성(聲帶弛緩性)
slack voiced 조음 이완 유성성(弛緩有聲性)
slang 속어(俗語) *cf.* cant, swearword
slant 경사(傾斜), 사면(斜面)
SLD(specific learning disorders) 언어습득 특정학습장애(特定學習障礙), 단순학습장애

(單純學習障礙)

sleep 수면(睡眠), 잠

sleep apnea 생리 수면무호흡(睡眠性無呼吸) = apnea ↔ eupnea

sleep centre 수면중추(睡眠中樞)

sleep cycles 수면주기(睡眠週期)

sleep disorders 생리 수면장애(睡眠障礙)

sleep movement 수면운동(睡眠運動)

sleep onset insomnia 생리 수면개시 불면증(睡眠開始不眠症)

sleep paralysis 생리 수면마비(睡眠痲痹)

sleep pattern 수면 유형(睡眠類型)

sleep treatment 수면치료(睡眠治療)

sleep-wake cycle 수면각성주기(睡眠覺醒週期)

sleeping pill 수면제(睡眠劑)

sleeplessness 생리 불면증(不眠症) = insomnia

sleepwalking 생리 몽유병(夢遊病) = somnanbulism

SLI(specific language impairment) 단순언어장애(單純言語障礙)

slice 절편(切片), 슬라이스

slice acquisition 절편획득(切片獲得)

slice entry phenomenon 절편입구현상(切片入口現象)

slice excitation 절편여기(切片勵起)

slice gap 절편간격(切片間隔)

slice interleaved acquisition 절편삽입획득(切片插入獲得)

slice profile 절편 측면도(切片側面圖)

slice selection 절편선택(切片選擇)

slice selection gradient 절편선택경사(切片選擇傾斜)

slice selection gradient field 절편선택경사장(切片選擇傾斜場)

slice selective excitation 절편선택여기(切片選擇勵起)

slice thickness 절편두께

slide maker 슬라이드 제작기(製作器)

slider contact noise 음향 슬라이더 접촉소음(接觸騷音)

sliding hiatal hernia 해부 활주열공 탈장(滑走裂孔脫腸)

sliding theory (수축근의) 미끄럼 이론

slight hearing impairment 경도청각장애(輕度聽覺障碍) = mild hearing impairment

slight hearing loss 생리 경도청력손실(輕度聽力損失)

slips of the tongue 발화실수(發話失手)

slit 슬릿, 세극

slit fricative 조음 찢어지는 마찰음(摩擦音)

SLM(sound level meter) 소음측정기(騷音測程器)

SLN(superior laryngeal nerve) 해부 상후두신경(上喉頭神經), 위후두신경 ↔ ILN

slope 경사도(傾斜度), 기울기

slope index 경사지수(傾斜指數)

sloping hearing loss 생리 경사형 청력손실(傾斜形聽力損失)

Slosson articulation language test(SALT) 슬로슨 조음언어검사(調音言語檢査)

Slosson intelligence test 슬로슨 지능검사(知能檢査)

slot 자리, 슬롯

slow learner 학습부진아(學習不進兒)

slow mapping 의미 느린연결 ↔ fast mapping *cf.* extended mapping

slow rise time 완만한 상승시간(上昇時間)

slow wave 음향 서파(徐波), 저속파(低速波)

slow-wave sleep(SWS) 생리 서파수면(徐波睡眠)

slowness 슬로우니스

slowness vector 음향 슬로우니스 벡터

SLP(speech-language pathologist) 언어병리사(言語病理士) = speech clinician, speech therapist

SLP(superficial lamina propria) 해부 고유층의 표층(表層)

sluggish prolongation 말더듬 느린연장(延長)
slurred speech 조음 불명료한 언어
slurring 불명료하게 말하기
Sly syndrome 생리 (선천성 상염색체 열성) 슬라이 증후군
SMA(supplementary motor area) 해부 보조 운동영역(補助運動領域)
small clause 소절(小節)
small fusiform neuron 해부 작은방추뉴런
small-group discussion 소집단 토의(小集團討議)
small group instruction 소집단수업(小集團授業)
small-group interaction 소집단 상호작용(小集團相互作用)
small intestine 해부 소장(小腸), 작은창자 *cf.* large intestine
small letter 소문자(小文字) = lower case ↔ capital letter, upper case
small pyramidal neuron 해부 작은피라밋뉴런
small salivary gland 해부 소타액선(小唾液腺), 작은침샘
small satellate neuron 해부 작은별뉴런
small tympanic cavity 해부 소고실(小鼓室), 작은고실
small vein 해부 소정맥(小靜脈), 세정맥(細靜脈)
smaller pectoral muscle 해부 소흉근(小胸筋)
SMC(supplementary motor cortex) 해부 (뇌의) 보조운동피질(補助運動皮質) *cf.* primary motor cortex
smell 후각(嗅覺), 냄새
smell organ 해부 후각기(嗅覺器)
Smith-Johnson nonverbal performance scale 스미스-존슨 비구어수행척도(비구어수행척도)
smoke signals 연기신호(煙氣信號)
smooth muscle 해부 평활근(平滑筋), 민무늬근 *cf.* skeletal muscle, cardiac muscle
smoothed amplitude perturbation quotient (SAPQ) 음향 완만한 진폭섭동지수(振幅攝動指數)
smoothed pitch perturbation quotient (SPPQ) 음향 완만한 피치섭동지수
smoothing coefficient 통계 평활계수(平滑係數)
smoothness 유연성(柔軟性)
SMR(sequential motion rate) 조음 연속운동률(連續運動率) *cf.* AMR, DDK
SMST(speech mechanism screening test) 조음기관 구조 · 기능 선별검사(調音器官構造機能選別檢査)
SMST(stutters per minute of speaking time) 발화시간 중 분당말더듬비율
SMT(speech motor training system) 말더듬 구어운동훈련(口語運動訓練) 프로그램
sneeze 재채기
Snell's law 스넬의 법칙
SNHL(sensorineural hearing loss) 청각 감각신경성 청력손실(感覺神經性聽覺損失) *cf.* CHL, MHL
SNR(signal-to-noise ratio) 음향 신호 대 소음비(信號對騷音比) = signal-to-interference ratio
SOA(stimulus onset asymmetry) 심리 자극제시시차(刺戟提示時差)
SOAESs(spontaneous otoacoustic emissions) 청각 자발성 이음향방사(自發性耳音響放射)
SOC(superior olivary complex) 해부 상올리브 복합체(複合體) ↔ IOC
SOCI(systematic observation of communicative interaction) 의사소통 상호작용에 대한 체계적 관찰
sociability 사교성(社交性), 사회성(社會性)
social acceptance 사회적 수용(社會的受容)
social adequacy index(SAI) 사회적 타당성지수(社會的妥當性指數)
social age(SA) 사회연령(社會年齡) *cf.* chronological age
social anthropology 사회인류학(社會人類學)

social anxiety 사회적 불안(社會的不安)
social babbling 사회적 옹알이
social behavior 사회적 행동(社會的行動)
social breakdown 심리 사회 쇠약증(社會衰弱症)
social category 언어발달 사회적 범주(社會的範疇) *cf.* expressive category
social change 사회 변동(社會變動)
social class 사회 계급(社會階級)
social cognition 사회적 인지(社會的認知)
social cognitive theory 사회적 인지이론(社會的認知理論)
social comparison 사회 비교(社會比較)
social comparison theory 사회적 비교이론(社會的比較理論)
social competence AAC 사회적 능력(社會的能力) *cf.* linguistic competence
social conformity 사회 동조성(社會同調性)
social consensus 사회적 합의(社會的合意)
social context 사회환경(社會環境)
social contract theory 사회계약설(社會契約說)
social Darwinism 사회적 다윈주의
social demand 사회적 수요(社會的需要)
social density 사회적 밀도(社會的密度)
social deprivation 사회적 박탈(社會的剝奪)
social development 사회성 발달(社會性發達)
social deviance 사회적 일탈(社會的逸脫)
social dialect 사회방언(社會方言) *cf.* regional dialect
social dialectology 사회방언학(社會方言學) *cf.* urban dialectology
social differentiation 사회적 분화(社會的分化)
social discrimination 사회적 차별(社會的差別)
social disorganization 사회적 해체(社會的解體)
social distance 사회적 거리(社會的距離)
social distance scale 사회적 거리척도(社會的距離尺度)
social drift hypothesis 사회적 표류가설(社會的漂流假說)
social dynamics 사회역학(社會力學)
social environment 사회적 환경(社會的環境)
social equity 사회적 공평(社會的公平)
social evolutionism 사회진화론(社會進化論)
social exchange theory 사회적 교환이론(社會的交換理論)
social gaming 사회성 게임
social gesture speech 사회적 몸짓언어
social identity 사회정체성(社會正體感)
social identity theory 사회정체감이론(社會正體感理論)
social indicators 사회지표(社會指標)
social inhibition 사회저해(社會沮害)
social instinct 사회적 본능(社會的本能)
social insurance 사회보험(社會保險)
social integration 사회적 통합(社會的統合)
social intelligence 사회적 지능(社會的知能)
social interaction 언어습득 사회적 상호작용(社會的相互作用)
social interactionism theory 언어습득 사회적 상호작용이론(社會的相互作用理論) *cf.* behavioral theory
social interest 사회적 관심(社會的關心)
social introversion 심리 사회적 내향성(社會的內向性)
social isolation 심리 사회적 고립(社會的孤立)
social learning 심리 사회학습(社會學習)
social learning theory 심리 (행동수정의) 사회학습이론(社會學習理論)
social liberation 말더듬 사회적 해방(社會的解放)
social life 사회생활(社會生活)
social maladjustment 심리 사회적 부적응(社會的不適應)
social maturity scale 심리 사회적 성숙척도(社會的成熟尺度)
social maturity 심리 사회적 성숙(社會的成熟)
social mobility 사회적 이동(社會的移動)
social networks 심리 사회적 관계망(社會的關

係網)
social norms 사회규범(社會規範)
social organization 사회조직(社會組織)
social ostracism 사회적 배척(社會的排斥)
social pathology 사회병리학(社會病理學)
social perception 사회적 지각(社會的知覺)
social phobia 심리 사회공포증(社會恐怖症)
social plane 사회적 층위(社會的層位)
cf. psychological plane
social policy 사회정책(社會政策)
social pragmatic communication disorders 언어발달 사회적 화용 의사소통장애(社會的話用意思疏通障礙)
social problem 사회문제(社會問題)
social process 사회적 과정(社會的過程)
social psychiatry 사회정신의학(社會精神醫學)
social psychology 사회심리학(社會心理學)
social readjustment rating scale(SRRS) 사회재적응평정척도(社會再適應評定尺度)
social rehabilitation 사회적 재활(社會的 再活), 사회복귀(社會復歸)
social reinforcement 사회적 강화(社會的强化)
social reinforcers 사회적 강화물(社會的强化物)
social responsibility 사회적 책임(社會的責任)
social role 사회적 역할(社會的役割)
social science 사회과학(社會科學)
social security 사회보장(社會保障)
social security act (미) 사회보장법(社會保障法)
social security system 사회보장제도(社會保障制度)
social service 사회봉사(社會奉仕)
social skill 사회적 기술(社會的技術)
cf. conceptual skill, practical skill
social smile 언어발달 사회적 미소(社會的微笑)
social speech 사회적 언어(社會的言語)
social statistics 사회통계학(社會統計學)
social stratification 사회계층(社會階層)
social structure 사회 구조(社會構造)
social support 사회적 지원(社會的支援)
social survey 사회조사(社會調査)
social therapy 사교요법(社交療法)
social unit 사회적 단위(社會的單位)
social values 사회적 가치(社會的價值)
social volunteer-service 사회 자원봉사(社會自願奉仕)
social welfare 사회복지(社會福祉)
social work 사회사업(社會事業)
social worker 사회복지사(社會福祉士), 사회사업가(社會事業家)
socialism 사회주의(社會主義)
socialization 사회화(社會化) *cf.* resocialization
socialized conduct disorders 사회화된 행동장애(行動障礙)
socialized speech 사회화된 언어
sociobiology 사회생물학(社會生物學)
sociocultural meaning 사회문화적 의미(社會文化的意味)
sociocultural theory 언어습득 사회문화 이론(社會文化理論)
socioeconomic status(SES) 사회경제적 지위(社會經濟的地位)
socioemotional maturity 사회정서적 성숙(社會情緖的成熟)
sociolect 사회방언(社會方言)
sociolinguistic approach 사회언어학적 접근(社會言語學的接近)
sociolinguistic competence 사회언어학적 능력(社會言語學的能力)
sociolinguistic knowledge 사회언어학적 지식(社會言語學的知識)
sociolinguistics 사회언어학(社會言語學)
sociometry 사회측정학(社會測定學)
sociotherapy 사회치료(社會治療)
sodium 소디움 = natrium
soft articulatory contacts 조음 가벼운 조음접촉(調音接觸)

S

soft boundary 연경계(軟境界) ↔ hard boundary
soft neurological signs 생리 경미한 신경학적 증상
soft palatal sound 조음 연구개음(軟口蓋音)
soft palate 조음 연구개(軟口蓋) = velum
soft palate cleft 해부 연구개열(軟口蓋裂)
soft palate paralysis 신경 연구개마비(軟口蓋痲痺)
soft phonation index(SPI) 부드러운 발성지수(發聲指數)
soft tissue 연조직(軟組織)
soft whisper 부드러운 속삭임
solecism 어법위반(語法違反)
solenoidal space 솔레노이드형 공간(空間)
solid 고체(固體) *cf.* liquid, fluid
solid angle 고체 각(固體角)
solid-borne (structure borne) sound 고체음(固體音)
solid horn 고체 혼
solid state manometry 음향 고체계측검사(固體計測檢查)
solidarity 유대감(紐帶感)
soliloquy 독백(獨白), 혼잣말 = monologue
solitarius 해부 L 고립핵(孤立核)
solitary play 혼자놀이
solitary tract 해부 고립로(孤立路)
solitary tract nucleus 해부 고립로핵(孤立路核)
soma 세포체(細胞體) = cell body
somasthenia 생리 신체쇠약(身體衰弱)
somatic compliance 신체순응(身體順應)
somatic disorders 신체장애(身體障礙)
somatic fiber 해부 체성신경섬유(體性神經纖維)
somatic motor 해부 체성운동(體性運動)
somatic nerve 해부 체성신경(體性神經)
somatic nervous system 해부 체성신경계(體性神經系)
somatic neuron 해부 체성뉴런
somatic reflex 신경 체성반사(體性反射)
somatic sensation 해부 체성감각(體性感覺)
somatic, -soamtia-, somato- '신체(身體)'의 의미
somatization disorder 심리 신체화장애(身體化障碍) = somatizing syndrome, somatoform disorder *cf.* illness anxiety disorder
somatizing syndrome 심리 신체화증후군(身體化症候群) = somatization disorder, somatoform disorder
somatoceptor 신경 체감수용기(體感受容器)
somatoform disorder 심리 신체형 장애(身體形障礙)=somatization disorder, somatizing syndrome *cf.* hypochondria
somatology 신체학(身體學)
somatopsychology 신체심리학(身體心理學)
somatosensory agnosia 생리 체감각 실인증(體感覺失認症) = tactile agnosia *cf.* auditory agnosia
somatosensory area 해부 체감각연합영역(體感覺聯合領域)
somatosensory cortex 해부 체감각피질(體感覺皮質)
somatosensory evoked potential(SEP) 청각 체감각유발전위(體感覺誘發電位) *cf.* auditory evoked potential
somatosensory information 체감각 정보(體感覺情報)
somatosensory system 생리 체감각계(體感覺系)
somatotopical organization 부위별 대응조직(部位別對應組織)
somesthetic area 해부 (대뇌의) 체성 영역(體性領域) = somatopsychic area
somesthetic dysarthria 신경 체성 마비말장애
somesthetopsychic area 신경 체성 정신영역(體性精神領域)
somnolence 최면(催眠), 졸리움
son impermutable 음운 고체 불가능음(交替不

可能音) ↔ son permutable

son parasite 음운 기생음(寄生音)

son permutable 음운 교체가능음(交替可能音) ↔ son impermutable

sonagram 음향 소나그램

sonagraph 음향 소나그래프

sonance errors 울림 오류

sonant 조음 유성음(有聲音) = voiced sound

sonar background noise 음향 소나 배경소음(背景騷音)

sonar dome 음향 소나 돔

sonar dome insertion loss 음향 소나돔 삽입 손실(挿入損失)

sonar dome loss directivity-pattern 음향 소나돔 손실지향유형(損失指向類型)

sonar equation 소나 방정식(方程式)

sonar range 음향 소나 영역(領域)

sone 음향 (소리크기의 단위로 Loudness 40 phon 기준) 손 *cf.* phon

sone scale 음향 손 척도(尺度) *cf.* phon scale

sonic 음속(音速)의

sonic boom 음향 음속폭음(音速爆音)

sonic throat 음향 음속병목

sonic wind 음향 음속풍(音速風)

sonics 음향 소닉스

sonification 음향 음파처리(音波處理)

sonnet 소네트, 단시(短詩)

sonobuoy 음향 음향부표(音響浮標)

sonogram 음향 소노그램

sonograph 음향 소노그래프

sonoluminescence 음향 음향발광현상(音響發光現象)

sonorant 음운 공명성(共鳴性) ↔ obstruent

sonorant consonants 조음 공명자음(共鳴子音) *cf.* obstruent consonants

sonorant sounds 조음 공명음(共鳴音) ↔ obstruent sounds

sonority 조음 공명도(共鳴度), 가청도(可聽度), 울림도 *cf.* aperture

sonority feature 음운 공명자질(共鳴資質)

sonority hierarchy 조음 공명도 위계(共鳴度位階)

sonotubometry 음향 음이관측정(音耳管測定)

soprano (여성의 최고음) 소프라노 *cf.* mezzo soprano

Sotos syndrome 생리 (유전성 발달장애) 소토스 증후군

sound 음성(音聲)

sound absorbing material 음향 흡음재료(吸音材料)

sound absorption coefficient 통계 흡음계수(吸音係數)

sound absorption 흡음(吸音)

sound analysis 음성분석(音聲分析)

sound analyzer 음성분석기(音聲分析機)

sound articulation 조음 단음 명료도(單音明瞭度)

sound attenuation by barrier 차음벽 감쇠(遮音壁減衰)

sound-attenuation characteristic 음향 음향감쇠특성(音響減殺特性)

sound attenuation wall 장벽감쇠(障壁減衰)

sound blending 혼성음(混成音)

sound change 음성변화(音聲變化)

sound channel 음향 채널

sound channel axis 음향채널 축

sound conducting apparatus 음향전도장치(音響傳導裝置)

sound control room 음향조정실(音響調整室)

sound correspondence 음성대응(音聲對應)

sound effect 음향효과(音響效果)

sound energy density 음향 에너지 밀도(密度)

sound energy density level 음향 에너지 밀도 레벨

sound energy flux density 음향 에너지 유동 밀도(流動密度)

sound energy flux density level 음향 에너지

S

유동밀도레벨

sound energy 음향 에너지

sound energy flux 음향 에너지 유동(流動)

sound exposure 음향노출(音響露出)

sound exposure level 음향노출레벨

sound field 음향 음장(音場)

sound field audiometry 청각 음장청력검사(音場聽力檢査)

sound field testing 음역검사(音域檢査), 소리영역검사

sound frequency spectrum 음향 음향 스펙트럼

sound generator 소리발생기

sound groove 소리홈

sound image 음상(音像)

sound insulation 방음재(防音材)

sound intensity 음 강도(音强度), 음 세기

sound intensity level 음성강도레벨

sound intensity method 음성강도법(音響强度法)

sound inventory test(SIT) 음성목록검사(音聲目錄檢査)

sound-isolated room 음향 방음실(防音室) = soundproof room, sound-treated room

sound isolation 음향 방음(防音)

sound isolation between rooms 음향 실간음압레벨차

sound level 음성 레벨

sound level calibrator 음향 음압레벨 보정기(音壓水準補正機)

sound level contour 음향 등소음곡선(等騷音曲線)

sound level meter(SLM) 음향 소음측정기(騷音測程器), 소음계(騷音計)

sound locator 음향 음원 탐사기(音源探査器)

sound-meaning pairs 소리-의미쌍(音意味雙), 소리-의미짝

sound pattern 음성유형(音聲類型)

sound perceiving apparatus 감음기(感音器)

sound perception 음성지각(音聲知覺)

sound power absorption coefficient 음향파워 흡수계수(吸收係數)

sound power density 음향파워 밀도

sound power level 음향파워 레벨

sound power reflection coefficient 통계 음향파워 반사계수(反射係數)

sound power spectral density 음향파워 스펙트럼 밀도(密度)

sound power transmission coefficient 통계 음향파워 투과계수(透過係數)

sound pressure 음압(音壓)

sound pressure level(SPL) 음압레벨

sound pressure level range 음압레벨 범위(音壓水準範圍)

sound pressure reflection coefficient 통계 음압반사계수(音壓反射係數)

sound pressure spectrum level 음압스펙트럼레벨

sound pressure transmission coefficient 통계 음압투과계수(音壓透過係數)

sound pressure wave 음향 음압파(音壓波)

sound probe 음향탐험(音響探險)

sound processing strategy 음향처리전략(音響處理戰略)

sound processor 음향처리기(音響處理器)

sound production treatment 음성산출치료법(音聲産出治療法)

sound prolongation 말더듬 음성연장(音聲延長), 말소리연장

sound proof door 방음문(防音門)

sound proof motor 방음 모터

sound proofing 방음(防音)

soundproof room 음향 방음실(防音室) = sound-isolated room, sound-treated room

sound propagation 음향전파(音響電波)

sound propagation coefficient 통계 음향전파계수(音響傳播係數)

sound quality 음질(音質) = voice quality

cf. vocal timbre
sound quantity 음량(音量) *cf.* sound quality
sound recording 녹음(錄音)
sound reduction index 통계 음향감소지수(音響減少指數)
sound reflection coefficient 통계 음성반사계수(音聲反射係數)
sound reproducing 소리재생
sound sequence 음성연쇄(音聲連鎖), 소리연쇄
sound shape 음형(音形)
sound shift 음성추이(音聲推移)
sound signal 소리신호
sound source 음원(音源)
sound spectrogram 음향 음성 스펙트로그램
sound spectrograph 음향분석기(音聲分析機)
sound spectrum 음향 음성 스펙트럼
sound speed 음속(音速)
sound speed profile(SSP) 음속분포도(音速分布圖)
sound stimulation 음자극(音刺戟), 소리 자극
sound symbolism 음성상징(音聲象徵)
sound system 음체계(音體系)
sound-symbol association 음성상징연관성(音聲象徵聯關性)
sound track 사운드 트랙
sound transmission coefficient 음향 음향투과계수(音響透過係數)
sound transmission loss 음향 음향투과손실(音響透過損失)
sound-treated room 음향 방음실(防音室) = soundproof room, sound-isolated room
sound tube 음향 음향관(音響管)
sound velocimeter 음향 음속 측정기(音速測程器)
sound velocity 음향 음속도(音速度)
sound wave 음향 음파(音波)
sound wave propagation 음향 음파전파(音波傳播)
sound wave velocity 음향 음파속도(音波速度)
source 원형(原形)
source balance 공간적 균형(空間的均衡)
source broadening 음원확장감(音源擴張感)
source concept 인지 근원개념(根源概念) *cf.* source proposition
source domain 인지 근원영역(根源領域) *cf.* target domain
source energy level 음향 음원에너지 레벨
source feature 근원자질(根源資質)
source-filter theory 조음 음원-필터 이론, 음원여과기이론(音源濾過器理論)
source function 음원기능(音源機能)
source language 근원어(根源語) *cf.* protolanguage
source level 음원레벨
source moments 음원 모멘트
source of sound 음원(音源) = sound source
source power 음향 음원 파워
source program 음원 프로그램
source proposition 인지 근원명제(根源命題) *cf.* source concept
source schema 인지 근원도식(根源圖式) *cf.* goal schema
source spectrum 음향 음원 스펙트럼
source spectrum level 음향 음원스펙트럼 레벨
source strength 음향 음원강도(音源强度), 음원세기
source structure 인지 근원구조(根源構造) ↔ target structure
sour taste 삼킴 신맛 *cf.* taste stimulation
SOV(subject-object-verb) language SOV(주어-목적어-동사) 언어(言語)
SOVTE(semi-occluded vocal tract exercises) 반폐쇄 성도운동(半閉鎖聲道運動)
SP(summating potential) 음향 가중전위(加重電位) = AP
space 공간(空間)

S

space balance 공간균형(空間均衡)
space builder 담화 공간형성자(空間形成者)
space grammar 공간문법(空間文法)
space wave 음향 공간파(空間波)
spaced-retrieval training(SRT) 인지 (치매환자용) 간격인출훈련법(間隔引出訓練法), 간격회상훈련(間隔回想訓練)
span of life 수명(壽命)
SPAR(sensitivity prediction from the acoustic reflex) 신경 청각반사 민감성 예측(聽覺反射敏感性豫測)
spasm 생리 연축(攣縮), 경련(痙攣)
spasmodic 연축성(攣縮性)의, 경련성(痙攣性)의
spasmodic glottal closures 음성장애 연축성 성문폐쇄(攣縮性聲門閉鎖)
spasmodic chores 생리 연축성 무도병(攣縮性舞蹈病)
spasmodic croup 생리 연축성 후두염(攣縮性喉頭炎)
spasmodic dysphonia(SD) 음성장애 연축성 발성장애(攣縮性發聲障礙)
spasmodic laryngitis 생리 연축성 후두염(攣縮性喉頭炎)
spasmodic trembling 생리 연축성 진전(攣縮性震顫) *cf.* essential tremor
spasmodic vocal fold adduction 음성장애 연축성 성대내전(攣縮性聲帶內轉)
spastic 신경 강직형(剛直形)의, 연축성(攣縮性)의 *cf.* rigid
spastic cerebral palsy 신경 강직형 뇌성마비(剛直性腦性痲痺)
spastic dysarthria 음성장애 강직형 마비말장애 *cf.* flaccid dysarthria
spastic dysphonia 음성장애 강직형 발성장애(剛直形發聲障礙)
spastic muscle 해부 경축근(痙縮筋) *cf.* rigid muscle
spastic paralysis 신경 강직성 마비(剛直性痲痹)
spastic quardriplegia 신경 강직형 사지마비(剛直形四肢痲痹)
spastic spinal paralysis 신경 강직성 척수마비(剛直形脊髓痲痹)
spastic type 강직형(剛直形) *cf.* rigid type
spasticity 강직성(剛直性), 연축성(攣縮性) *cf.* rigidity
spatial agraphia 생리 공간실서증(空間失書症) = neglect agraphia
spatial and temporal resolution 공간적 시간적 해상도(空間的時間的解像度)
spatial arrangement 공간배치(空間配置)
spatial attention 인지 공간적 주의집중력(空間的主意集中力)
spatial average 공간평균(空間平均)
spatial contrast 공간대비(空間對比)
spatial deixis 공간적 지시(空間的指示)
spatial distortion 공간왜곡(空間歪曲)
spatial frequency 공간빈도(空間頻度)
spatial imagery 인지 공간적 심상(空間的心象)
spatial impression 공간감(空間感)
spatial information 인지 공간정보(空間情報) *cf.* temporal information
spatial intelligence 인지 공간지능(空間知能)
spatial knowledge 심리 공간적 지식(空間的知識)
spatial learning 공간학습(空間學習)
spatial memory 심리 공간기억(空間記憶)
spatial metonymy 인지 공간적 환유(空間的換喩) *cf.* temporal metonymy
spatial orientation 인지 공간적 정향성(空間的正向性)
spatial perception 심리 공간지각(空間知覺) = space perception
spatial phase 공간위상(空間位相)
spatial-relation perception 심리 공간관계지각(空間關係知覺)
spatial relationships 공간관계(空間關係)
spatial summation 공간적 총화(空間的總和)

cf. temporal summation
spatial thinking 공간적 사고(空間的思考)
spatial visualization 공간적 시각화(空間的視覺化)
SPC(surface phonetic constraint) 음운 표면음성제약(表面音聲制約)
speaker adaptation 음성공학 화자적응(話者適應)
speaker dependent system 음성공학 화자의존체계(話者依存體系)
speaker identification 음성공학 화자식별(話者識別) *cf.* speaker verification
speaker meaning 화자의미(話者意味) *cf.* sentence meaning
speaker-oriented adverb 담화 화자지향 부사(話者指向副詞)
speaker presupposition 의미 담화 화자전제(話者前提) *cf.* sentence presupposition
speaker recognition 음성공학 화자인식(話者認識)
speaker-related norm 의미 화자관련 기준(話者關聯基準) *cf.* object-related norm
speaker verification 음성공학 화자검증(話者檢證) *cf.* speaker identification
speaking fundamental frequency(SFF) 음향 발화기본주파수(發話基本周波數) = habitual pitch
speaking rate 말속도(速度) = speech rate
speaking skill 구술기능(口述技能)
Spearman-Brown formula 스피어만-브라운 공식(公式)
SPEC 지정어(指定語)
SPEC-head agreement 지정어핵 일치(指定語-核一致)
special ability 특수능력(特殊能力)
special class 특수학급(特殊學級)
special education 특수교육(特殊敎育)
special education improvement act 특수교육 진흥법(特殊敎育振興法)
special education student 특수교육 학생(特殊敎育學生)
special education teachers 특수교육 교사(特殊敎育敎師)
special education technology 특수교육 공학(特殊敎育工學)
special hearing aid 특수 보청기
special language 특정어(特定語)
special needs assessment software 특정욕구 평가용 소프트웨어
special notion 특정의사(特定意思)
special physical education 특수체육(特殊體育)
special purpose computer 특수 컴퓨터
special sensation 생리 특수감각(特殊感覺) *cf.* general sensation
special socialization 특수 사회화(特殊社會化)
specialization 특수화(特殊化) = specification ↔ generalization
specialization of meaning 인지 의미의 특수화(特殊化) *cf.* generalization of meaning
specialized phonetic module 특수 음성모듈
specialty 전문성(專門性)
specialty recognition 전문성 인증(專門性認證)
species 종(種)
species specific 종 특유(種特有)
species-specific behaviour 종특정적 행동(種-特定的行動)
species specificity 종 특정성(種特定性)
species uniform 종 공유(種共有)
specific acoustic admittance 음향 비음향 어드미턴스
specific acoustic impedance ratio 음향 비음향 저항비(比音響抵抗比)
specific acoustic reactance 음향 비음향 리액턴스
specific acoustic resistance 음향 비음향 저항(比音響抵抗)
specific action 특이작용(特異作用)
specific activity reflex 심리 특이활성 반사

(特異行爲反射)

specific anosmia 생리 특이적 무후각증(特異的無嗅覺症)

specific boundary impedance 음향 비경계저항(比境界抵抗)

specific developmental disorders 특정 발달장애(特定發達障礙)

specific developmental language disorders (SDLD) 단순언어발달장애(單純言語發達障礙)

specific disease 특이질환(特異疾患)

specific factor 특수요인(特殊要因), 특정요인(特定要因)

specific goal 구체적 목표(具體的目標)

specific grammar 특정문법(特定文法), 개별문법(個別文法) ↔ universal grammar

specific gravity 비중(比重)

specific-heat ratio 비열비(比熱比)

specific humidity 비습도(比濕度)

specific impedance 음향 비저항(比抵抗)

specific impedance ratio 음향 비저항 비율(比抵抗比率)

specific language impairment(SLI) 단순언어장애(單純言語障礙) = primary language impairment

specific learning disorders(SLD) 언어습득 특정학습장애(特定學習障礙), 단순학습장애(單純學習障礙)

specific linguistics 특정언어학(特定言語學) = particular linguistics *cf.* general linguistics

specific nominals 특정 명사류(特定名詞類) *cf.* general nominals

specific normal voice facilitating techniques 특정 정상음성촉진 특수기법(特定正常音聲促進特殊技法)

specific notion 특정의사(特定意思)

specific noun phrase 특정 명사구(特定名詞句)

specific question 특정질문(特定質問), 구체적질문(具體的質問)

specific radiation impedance 비방사저항(比放射抵抗)

specific repair strategy 특정개정전략(特定改定戰略)

specific volume 비체적(比體積)

specific wall admittance 음향 경계면 비음향어드미턴스

specific wall impedance 음향 경계면 비음향저항(境界面比音響抵抗)

specification 특수화(特殊化), 상술(詳述) = specialization ↔ generalization

specificational sentence 지정문(指定文)

specificatory category 지정범주(指定範疇)

specificity 특이도(特異度), 특정성(特定性) *cf.* sensitivity

specificity condition 특이도 조건(特異度條件)

specified subject condition(SSC) 명시주어조건(明示主語條件)

specifier 지정어(指定語)

specifying genitive 특정속격(指定屬格)

SPECT(single photon emission tomography) 뇌과학 단일광자방출단층촬영(腦單一光子放出斷層撮影)

spectral analysis 음향 스펙트럼 분석 = spectrum analysis

spectral coefficient 음향 스펙트럼 계수(係數)

spectral cue audibility 청각 스펙트럼 단서 가청력(端緖可聽力)

spectral cues 음향 스펙트럼 단서 *cf.* temporal cues

spectral density 음향 스펙트럼 밀도(密度) = spectrum density

spectral envelope 음향 스펙트럼 포락선(抛落線) = spectrum envelop

spectral noise 음향 스펙트럼 소음(騷音)

spectral subtraction 음향 스펙트럼 차감법(差減法)

spectrogram 음향 스펙트로그램
spectrograph 음향 음향분석기(音響分析機), 스펙트로그래프
spectrum 음향 스펙트럼
spectrum analysis 음향 스펙트럼 분석 = spectral analysis
spectrum analyzer 음향 스펙트럼 분석기(分析機)
spectrum density 음향 스펙트럼 밀도(密度) = spectral density
spectrum envelope 음향 스펙트럼 포락선(抛落線) = spectral envelop
spectrum of developmental disabilities 발달장애 스펙트럼
spectrum of sound 음향 음성 스펙트럼
specular reflection 경면반사(鏡面反射)
speculation 추측(推測), 심사숙고(深思熟考)
speculative grammar 사색적 문법(思索的文法)
speculum 검경(檢鏡)
speech 음성(音聲), 말 *cf.* language
speech accommodation theory(SAT) 언어조정이론(言語調定理論)
speech acoustics 음향 구어음향학(口語音響學)
speech act 담화 화행(話行) = speech event
speech act classification 담화 화행분류(話行分類)
speech and hearing science 언어-청각과학(言語聽覺科學)
speech and language clinician 음성언어임상가(音聲言語臨床家)
speech and language pathologist 음성언어병리사(音聲言語病理士)
speech and language pathology 음성언어병리학(音聲言語病理學)
speech and language therapist 음성언어치료사(音聲言語治療士)
speech and language therapy 음성언어치료(音聲言語治療)
speech anxiety 언어불안(言語不安)
speech apraxia 생리 구어 실행증(口語失行症)
speech area 말 영역
speech aspects 음성양상(音聲樣相)
speech assignment 구어 과제(口語課題)
speech audiogram 청각 어음청력도(語音聽力圖)
speech audiometer 청각 어음청력측정기(語音聽力測程器)
speech audiometry 청각 어음청력검사(語音聽力檢査)
speech awareness 구어인지(口語認知), 말 인지
speech awareness threshold(SAT) 구어인지역치(口語認知閾値)
speech bobbles 구어실수(口語失手)
speech breaks 구어파열(口語破裂)
speech breathing 생리 구어호흡(口語呼吸)
speech center 신경 언어중추(言語中樞)
speech chain 구어연쇄(口語連鎖), 언어연쇄(言語連鎖)
speech clinician 언어임상가(言語臨床家) = speech-language therapist, speech pathologist *cf.* speech correctionist
speech coding 음성 부호화(音聲符號化)
speech community 언어 공동체(言語共同體), 언어사회(言語社會)
speech comprehensibility 말 이해도(理解度)
speech compression 음성압축(音聲壓縮)
speech conservation 음성보존(音聲保存)
speech continuum 언어 연속체(音聲連續體)
speech correction 언어교정(言語矯正)
speech correctionist 옛 언어교정사(言語矯正士) *cf.* speech-language therapist
speech deafness 생리 어롱증(語聾症)
speech decoding 구어해독(口語解讀)
speech defect 구어결함(口語缺陷) = speech disorders
speech detection 청각 어음탐지(語音探知)
speech detection threshold(SDT) 청각 어음

탐지역치(語音探知閾値)
speech difficulty 말장애 = speech impairment
speech discrimination(SD) 청각 어음식별(語音識別)
speech discrimination score(SDS) 청각 어음식별점수(語音識別點數)
speech discrimination test(SDT) 어음식별검사(語音識別檢査)
speech disorders 구어장애(口語障礙) *cf.* voice disorders
speech disruptions 구어방해(口語妨害)
speech distortion 구어왜곡(口語歪曲)
speech disturbance 구어동요(口語動搖)
speech education 언어교육(言語敎育)
speech engineering 음성공학(音聲工學)
speech error 발화오류(發話誤謬), 발화실수(發話失手)
speech evaluation 구어평가(口語評價) ↔ non-speech evaluation
speech event 담화 화행(話行) = speech act
speech execution 언어수행(言語遂行)
speech fluency 말더듬 구어유창성(口語流暢性) *cf.* language fluency
speech frequency 음향 발화주파수(發話周波數) *cf.* speech fundamental frequency
speech game 구어게임
speech generating device(SGD) AAC 음성산출기기(音聲算出機器) = voice output communication aid
speech hearing 생리 어음청력(語音聽力)
speech hearing loss 생리 어음청력손실(語音聽力損失)
speech identification 음성공학 화자식별(話者識別) *cf.* speech varification
speech impairment 음성장애(音聲障礙) = speech difficulty
speech improvement 구어향상(口語向上)
speech innateness theory 통사 구어선천성이론(口語先天性理論)
speech input 음성입력(音聲入力)
speech intelligibility 조음 말 명료도(明瞭度)
speech intelligibility index(SII) 조음 말 명료도지수(語音明瞭 指數)
speech interference level(SIL) 조음 말 간섭레벨
speech interruption 구어방해(口語妨害)
speech-language pathologist(SLP) 언어병리사(言語病理士) = language clinician, speech-language pathologist, speech therapist
speech-language pathology 언어병리학(言語病理學) = speech therapy
speech-like vocalization 언어발달 (영아의) 유사구어발성(類似口語發聲)
speech maker 언어표지(言語標識), 어음표지(語音標識)
speech mechanism 음성기제(音聲機制)
speech mechanism screening test(SMST) 조음기관 구조기능 선별검사(調音器官構造機能選別檢査)
speech mode 음성방식(音聲方式)
speech motor constraint 구어운동 제약(口語運動制約)
speech motor coordination 말더듬 말운동 협응
speech motor execution 말운동집행
speech motor exercises 조음 구어운동 연습(口語運動練習)
speech motor function 구어운동 기능(口語運動機能)
speech motor training system(SMT) 말더듬 구어운동훈련(口語運動訓練) 프로그램
speech musculature 말 근육조직(筋肉組織)
speech noise 음성 소음(音聲騷音)
speech oral motor sequencing therapy 말더듬 구어구강운동연속하기 치료법
speech organ 조음 발성기관(音聲器官) = vocal

organ

speech output lexicon 음성산출 어휘목록(音聲出力語彙目錄)

speech output signal 음향 음성산출신호(音聲産出信號)

speech pathologist 언어병리사(言語病理士) = speech-language therapist, speech clinician

speech pathology 언어병리학(言語病理學) = speech therapy

speech pathology clinical practice 언어병리 임상실무(言語病理臨床實務)

speech perception 음성지각(音聲知覺), 말지각 *cf.* auditory perception

speech perception ability 음성지각능력(音聲知覺能力), 말지각 능력

speech planning 언어계획(言語計劃)

speech play 구어놀이

speech processing 언어처리(言語處理)

speech production 음성산출(音聲産出), 말 산출

speech quotient 통계 음성지수(音聲指數)

speech rate 말속도 = speaking rate *cf.* articulation rate

speech reading 청각 독화(讀話) *cf.* lip reading

speech reading enhancement 청각 독화향상(讀話向上)

speech reception threshold(SRT) 청각 어음수용역치(語音受容閾値)

speech reception(SR) 청각 어음수용(語音受容)

speech recognition 음성공학 음성인식(音聲認識) *cf.* speech synthesis

speechreading 독화(讀話) *cf.* lipreading

speech rehabilitation 음성재활(音聲再活)

speech repertoire 언어목록(言語目錄)

speech sample 언어표집(言語標集), 언어샘플

speech science 음성과학(音聲科學)

speech segmentation 음성분절(音聲分節)

speech signal 음성신호(音聲信號), 말소리신호

speech sine wave 음향 음성 정현파(音聲正弦波)

speech situation 언어상황(言語狀況)

speech situation checklist 언어상황점검표(言語狀況點檢表)

speech sound development 언어발달 음성발달(音聲發達), 말소리발달

speech sound discrimination 조음 어음식별(言語音識別), 말소리변별

speech sound memory test 언어음기억검사(言語音記憶檢査), 말소리기억검사

speech sound 언어음(言語音), 말소리

speech sound wave 음향 음성파(音聲波)

speech spectra 음향 음성 스펙트라

speech spectrogram 음향 음성 스펙트로그램

speech status 말 상태(狀態)

speech stream 말 흐름

speech styles 언어문체(言語文體)

speech surrogate 음성대용(音聲代用)

speech synthesis 음성공학 음성합성(音聲合成) *cf.* speech recognition

speech synthesis equipment 음성공학 음성합성장치(音聲合成裝置)

speech synthesizer 음성공학 음성합성기(音聲合成機)

speech tasks 구어과업(口語課業) ↔ nonspeech tasks

speech teacher 언어교사(言語敎師)

speech therapist 언어치료사(言語治療士) = speech-language pathologist, speech clinician

speech therapy 언어치료학(言語治療學) = speech pathology

speech tracking 어음추적(語音追跡)

speech training units 음성훈련단위(音聲訓練單位)

speech transmission index(STI) 어음전송지수(語音傳送指數), 말전달지수

speech variability 음성변이성(音聲變異性)

speech variety 언어변종(言語變種)

speech varification 음성공학 화자검증(話者檢證) *cf.* speech identification

speed 속력(速力) *cf.* velocity

speed-accuracy trade-off 속도와 정확성의 균형

speed factor 속도요인(速度要因)

speed quotient (성문개방) 속도지수(速度指數)

speed reading 속독(速讀) *cf.* careful reading

speed tests 속도검사(速度檢査)

SPEL(structured photographic expressive language test) 구조화된 사진을 통한 표현언어검사(表現言語檢査)

spelling 철자(綴字)

spelling checker 철자검사기(綴字檢絲器)

spelling contest 철자경연대회(綴字競演大會)

spelling impairment 철자장애(綴字障礙)

spelling prohibition 철자수정금지(綴字修正禁止)

spelling pronunciation 철자식 발음(綴字式發音)

spelling reform 철자개혁(綴字改革)

spelling rhyme 철자운(綴字韻)

spelling sensitivity system(SSS) 언어발달 철자민감도(綴字敏感度) 시스템

spelling system 철자체계(綴字體系)

spell-out 문자화(文字化)

spell-out rule 명세규칙(明細規則), 명시규칙(明示規則)

spendee threshold(ST) 청각 어음청취역치(語音聽取閾値) = speech reception threshold

SPET(single photon emission tomography) 뇌과학 단일광자방출단층촬영술(單一光子放出斷層撮影術)

sphenoid bone 해부 접형골(蝶形骨), 나비뼈

spherical polar coordinate 구형 극좌표(球形極座標)

spherical progressive wave 음향 구형 진행파(球形進行波)

spherical radius 구형반경(球形半徑)

spherical resonator 원통공명기(圓筒共鳴器)

spherical soundwave effect 구면음파 효과(球面波效果)

spherical spreading 구형분산(球形分散)

spherical wave 음향 구면파(球面波)

spherically-symmetric outgoing wave 음향 구형-대칭 송출파(球形對稱送出波)

spheroidal joint 해부 둥근관절

sphincter muscle 해부 괄약근(括約筋), 수축근(收縮筋), 조임근 *cf.* constrictor muscle

sphincter pupillae 해부 L 동공괄약근(瞳孔括約筋) = constrictor pupillae

SPI(soft phonation index) 부드러운 발성지수(發聲指數)

SPI(stuttering prediction inventory) 말더듬 예측검사목록(豫測檢査目錄)

spike potential 신경 스파이크 전위

spike rate 스파이크 율

spillage 유출(流出)

spin locking 스핀 잠금

spina 해부 L 극(棘), 척추(脊椎)

spinal 척수(脊髓)의, 척추(脊椎)의

spinal accessory nerve 해부 척수부신경(脊髓副神經)

spinal anesthesia 척수마취(脊髓痲醉)

spinal animal 척수동물(脊髓動物)

spinal arachnoid mater 해부 척수 지주막(脊髓蜘蛛膜)

spinal artery 해부 척수동맥(脊髓動脈)

spinal canal 해부 척추관(脊椎管)

spinal column 해부 척주(脊柱)

spinal cord 해부 척수(脊髓) *cf.* lumbar cord

spinal cord injury 척수손상(脊髓損傷)

spinal cord segment 척수분절(脊髓分節)

spinal disease 생리 척수질환(脊髓疾患)

spinal dura mater 해부 척수경질막(脊髓硬膜) *cf.* spinal pia mater

spinal fluid 해부 척수액(脊髓液)

spinal ganglia 해부 척수신경절(脊髓神經節)
spinal nerve 해부 척수신경(脊髓神經)
cf. cranial nerves
spinal paralysis 신경 척수마비(脊髓痲痹)
spinal part 해부 척수부분(脊髓部分)
spinal pia mater 해부 척수연막(脊髓軟膜)
cf. spinal dura mater
spinal reflex 신경 척수반사(脊髓反射)
spinal roots 해부 척수근(脊髓根)
spinal segments 해부 척수분절(脊髓分節)
spinal tract 해부 척수로(脊髓路)
spinal trigeminal nucleus 해부 L 삼차신경척수핵(三次神經脊髓核)
spindle 해부 근방추(筋紡錘)
spine 척수(脊髓), 척추(脊椎)＝backbone
spinocerebellar tract 해부 척수소뇌로(脊髓小腦路)
spino-olivary tract 해부 척수-올리브로
spinoreticular tract 해부 척수망상로(脊髓網狀路), 척수그물로
spinothalamic tract 해부 척수시상로(脊髓視床路)
spiral 나선상(螺旋狀)의
spiral approach 나선형 접근방법(螺旋形接近方法)
spiral canal 해부 나선관(螺旋管)
spiral cochlear canal 해부 와우나선관(蝸牛螺旋管)
spiral effect 척수신경 효과(脊髓神經效果)
spiral fiber 해부 나선신경섬유(螺旋神經纖維)
spiral ganglion 해부 나선신경절(螺旋神經節)
spiral lamina 해부 나선판(螺旋板)
spiral ligament 해부 나선인대(螺旋靭帶)
spiral organ 나선기관(螺旋器官)＝organ of Corti
spiral prominence 나선융기(螺旋隆起)
spiral syllabus 나선형 교수요목(螺旋形敎授要目)
spirant sounds 조음 마찰음(摩擦音), 갈이소리＝fricative sound
spirantization 음운 마찰음화(摩擦音化)
spirocerebellar tract 척수소뇌로(脊髓小腦路)
spirogram 생리 호흡곡선(呼吸曲線), 폐용량곡선(肺容量曲線)
spirometer 폐활량계(肺活量計)
SPL(sound pressure level) 음향 음압레벨
splanchnic thoracic ganglion 해부 내장가슴신경절
spleen 해부 비장(脾臟)
splenium 팽대(膨大)
spliced speech 짜깁기한 음성
split 분리(分離), 분열(分裂)
split antecedent 분리 선행사(分離先行詞)
split-brain 분할 뇌(分割腦)
split construction 분리구조(分離構造)
split-dictation 서로 불러주며 받아쓰기
split ergative language 분리 능격언어(分離能格言語)
split ergative system 분리 능격체계(分離能格體系)
split ergativity 분리 능격성(分離能格性)
split-half method 통계 반분법(半分法)
split-half reliability 통계 반분 신뢰도(半分信賴度) *cf.* parallel reliability
split infinitive 분리부정사(分離不定詞)
split object 분리목적어(分離目的語)
split subject 분리주어(分離主語)
split word 분리어(分離語)
SPMR(severe and profound mental retardation) 고심도 정신지체(高深度精神遲滯)
spoken chain 담화의 연쇄
spoken corpus 구어 코퍼스, 구어 말뭉치 ↔ literary corpus
spoken digit recognizer 음향 숫자 음성인식기(音聲認識機)
spoken language 구두언어(口頭言語) ＝oral language ↔ written language

S

spondaic word 강강격단어(强强格單語) =spondee

spondee threshold 음운 표준이음절 역치(標準二音節閾値), 스폰디 역치(閾値)

spondee 강강격(强强格)=spondaic word

spontaneity 자발성(自發性)

spontaneous 자발적(自發的)인

spontaneous bleeding 자연출혈(自然出血) =spontaneous hemorrhage

spontaneous breathing 생리 자연호흡(自然呼吸)

spontaneous change 자생적 변화(自生的變化)

spontaneous firing rate 신경 자발적 발화율(自發的發火率)

spontaneous fluency 말더듬 자발적 유창성(自發的流暢性) *cf.* controlled fluency

spontaneous hemorrhage 자연출혈(自然出血)=spontaneous bleeding

spontaneous imitation 자발적 모방(自發的模倣)

spontaneous language data 자발언어 사용자료(自發言語使用資料)

spontaneous mutation 자연돌연변이(自然突然變異)

spontaneous otoacoustic emissions(SOAEs) 음향 자발성 이음향방사(自發性耳音響放射)

spontaneous recovery 말더듬 자연회복(自然回復)=unaided recovery

spontaneous retrieval 심리 자발적 인출(自發的引出)

spontaneous rupture 자발파열(自發破裂)

spontaneous speech 자발화(自發話), 자발적 음성(自發的音聲) *cf.* casual speech

spontaneous stuttering 말더듬 자발적 말더듬 ↔ acceptable stuttering

spoonerism 음운 두음전환(頭音轉換)

sporadic change 산발적 변화(散發的變化)

spot compression view 국소압박 촬영법(局所壓迫撮影法)

spot film 순간촬영사진(瞬間撮影寫眞)

spot radiography 순간 방사선촬영술(瞬間放射線撮影術)

SPPQ(smoothed pitch perturbation quotient) 음향 완만한 음조섭동지수(音調攝動指數), 완만한 피치섭동지수(攝動指數)

spread 확장(擴張), 펴짐

spread glottis 확장성문(擴張聲門)

spreading activation model 언어발달 인지 확산활성화 모형(擴散活性化模型)

spreading elaboration 인지 확산정교화(擴散精巧化)

spreading loss 분산손실(分散損失)

spring constant 스프링 상수(常數)

spring reverberation system 음향 용수철 잔향체계(殘響體系)

sproutling 발아(發芽)

SPSS(statistical package for the social sciences) 통계 사회과학용 통계패키지

spurious relation 통계 가식적 관계(假飾的關係)

squamous epithelium 해부 편평상피(扁平上皮) *cf.* stratified squamous epithelium

squamous suture 해부 인상봉합(鱗狀縫合), 비늘봉합

square bracket 사각괄호(四角括弧)

squeeze pressure 악력(握力)

squint 사시(斜視)

SR(speech reception) 말 수용

SRS(sentence recognition score) 문장재인점수(文章再認點數) *cf.* WRS

SRT(serial reaction time task) 언어발달 연속반응시간과제(連續反應時間課題)

SRT(spaced-retrieval training) (치매환자용) 간격인출훈련법(間隔引出訓練法), 간격회상훈련(間隔回想訓練)

SRT(speech reception threshold) 청각 말 수용역치

SRT(syllable repetition task) 음운 음절반복 과제(音節反復課題)
SSB(single-side band) 음향 단측파대(單側波帶)
SSC(stories and strategies for communication) 의사소통을 위한 이야기 전략
SSD(shade surface display) 그림자 표면표시
SSD(synthesized speech device) AAC 음성합성장치(音聲合成裝置) *cf.* DSD
SSI(stuttering severity instrument) 말더듬 말더듬 중증도검사도구(重症度檢査道具)
SSL(syllable structure level) 음운 음절구조 레벨
SSMP(successful stuttering management program) 말더듬 성공적인 말더듬 관리 프로그램
SSPL(saturation sound pressure level) 음향 포화음압레벨
S-structure 통사 문구조(文構造), S-구조
ST(spondee threshold) 청각 어음청취역치(語音聽取閾値) = speech reception threshold
stab 자상(刺傷)
stabbing pain 자통(刺痛), 찌르는 듯한 아픔
stability 안정도(安定度)
stability criterion 안정도 기준(安定度基準), 안정도 판별법(安定度判別法)
stabilization 말더듬 언어습득 안정화(安定化) *cf.* approximation
stabilizer 안정제(安定劑), 안정기(安定器)
stable isotope 안정성 동위원소(安定性同位元素)
stable system 안정체계(安定體系)
staccato 스타카토, 짧고 날카로운 ↔ legato
staccato rhythm 단음 리듬
stage 단계(段階), 기(期)
stage operation 단계적 수술(段階的手術)
stage sampling 단계표집(段階標集) *cf.* random sampling
stages of second language development 언어습득 제2 언어발달단계
stagnation 정체(停滯)
stagnation pressure 정체압력(停滯壓力)
STAL(screening test of adolescent language) 성인언어선별검사(成人言語選別檢査)
STAND(screening test for aphasia and neurologic-communication disorders) 실어증-신경언어장애 선별검사(失語症神經言語障礙選別檢査)
standard 표준(標準) = norm
standard ambient conditions 표준환경상태(標準環境狀態)
standard assessment procedure 표준평가절차(標準評價節次)
standard atmospheric pressure 표준기압(標準氣壓)
standard barium swallow 삼킴 표준바륨삼킴
standard corpus 표준 코퍼스, 표준 말뭉치 *cf.* reference corpus
standard deviation(SD) 통계 표준편차(標準偏差)
standard dialect 표준방언(標準方言)
standard earmold 표준귓본
standard English(SE) 표준영어(標準英語)
standard error 통계 표준오차(標準誤差)
standard error of measurement(SEM) 통계 표준측정오차(標準測定誤差)
standard esophageal speakers 표준식도발성화자(標準食道發聲話者)
standard generalized markup language(SGML) 표준생성 활자지정언어(標準生成活字指定言語)
standard generative phonology 음운 표준생성음운론(標準生成音韻論)
standard head coil 표준두부코일
standard hemilaryngectomy 해부 표준편측후두절제술(標準片側喉頭切除術)
standard language 표준어(標準語) = standard dialect *cf.* official language

S

standard linear solid 표준선형고체(標準線形固體)
standard microphone 표준 마이크로폰
standard normal distribution 표준정상분포(標準正常分布)
standard operating levels 표준운용레벨
standard reference 표준참조(標準參照)
standard reference sound 표준참조음(標準參照音)
standard role 표준역할(標準役割)
standard score 통계 표준점수(標準點數)
cf. percentile rank
standard speech sound 표준어음(標準語音)
standard stimulus 표준자극(標準刺戟)
standard supraglottic resection 해부 표준성문상절제술(標準聲門上切除術)
standard test 표준검사(標準檢査)
standard theory 통사 표준이론(標準理論)
standard threshold shift(STS) 청각 표준역치이동(標準閾値移動)
standard vocabulary list 표준어휘목록(標準語彙目錄)
standard word 표준단어(標準單語)
standardization 표준화(標準化)
standardization sample 표준화 표본(標準化標本)
standardized assessment 표준화평가(標準化評價)
standardized level difference 표준화 레벨차
standardized speech-language test 표준화된 말-언어검사
standardized test 표준화검사(標準化檢査)
standing wave 음향 정재파(定在波)
= stationary wave
standing wave apparatus 음향 정재파 장치(定在波裝置)
standing wave ratio(SWR) 음향 정재파비(定在波比)
standing wave tube 음향 정재파관(定在波管)
Stanford-Binet intelligence scale 스탠포드-비네 지능검사(知能檢査)
stanza 연(聯)
STAP(screening test for auditory perception) 청각 청지각선별검사(聽知覺選別檢査)
STAPD(screening test for auditory processing disorders) 청각처리장애선별검사(聽覺處理障礙選別檢査)
stapedectomy 해부 등골적출술(鐙骨摘出術), 등골절제술(鐙骨切除術)
stapedial acoustic reflex(SAR) 신경 등골음향반사(鐙骨音響反射)
stapedial foot plate 해부 등골 족판(鐙骨足板)
= stapes foot plate
stapedial reflex 신경 등골근 반사(鐙骨筋反射) = stapedius reflex
stapedial reflex decay test 청각 등골근반사피로검사(鐙骨筋反射疲勞檢査)
stapedial tendon 해부 등골긴장(鐙骨緊張)
stapedius 해부 등골(鐙骨), 등자뼈 = stapes
stapedius annular ligament 해부 등골윤상인대(鐙骨輪狀靭帶), 등자돌림인대
stapedius muscle 해부 등골근(鐙骨筋)
stapedius nerve 해부 등골근 신경(鐙骨筋神經)
stapedius reflex 신경 등골근 반사(鐙骨筋反射) = stapedial reflex
stapes 해부 등골(鐙骨), 등자뼈 = L stapedius
stapes fixation 등골고착(鐙骨固着)
stapes foot plate 해부 등골 족판(鐙骨足板)
= stapedial foot plate
stapes mobilization 등골의 가동
STARST(short-term auditory retrieval and storage test) 청각 단기청각회복기억검사(短期聽覺回復記憶檢査)
starting phase 시작위상(始作位相)
starting tricks 말더듬 시작계교(始作計巧)
startle reflex 신경 경악반사(驚愕反射), 놀람

반사
STAT(suprathreshold adaptation threshold test) 역치상순응검사(閾値上順應檢査)
state anxiety 말더듬 상태불안(狀態不安) = A-state *cf.* trait anxiety
state-dependent learning 상태의존 학습(狀態-依存學習)
state-dependent memory 심리 상태의존 기억(狀態-依存記憶)
state-description 상태기술(狀態記述)
state-space 상태공간(狀態空間)
state variables 통계 상태변수(狀態變數)
state verb 상태동사(狀態動詞) ↔ action verb
statement 서술(敍述)
static acoustic impedance 음향 정적 음향저항(靜的音響抵抗), 정적 음향임피던스 ↔ dynamic acoustic impedance
static assessment 정적 평가(靜的評價) ↔ dynamic assessment
static compliance(SC) 음향 정적 이행(靜的履行) ↔ dynamic compliance
static-dynamic distinction 정적동적 구분(靜的動的區分)
static impedance 음향 정적 저항(靜的抵抗), 정적 임피던스
static labyrinth 생리 정적 미로(靜的迷路)
static memory 심리 정적 기억(靜的記憶) ↔ dynamic memory
static motif 정적 모티프
static pressure 음향 정압(靜壓) ↔ dynamic pressure
static pressure equalization 음향 정압등화(靜壓等化)
static tinnitus 음향 정적 이명(靜的耳鳴) ↔ dynamic tinnitus
static units 말더듬 정적 단위(靜的單位)
station teaching 스테이션 교수 *cf.* team teaching
stationary air 잔류공기(殘留空氣)
stationary phase 정상위상(定常位相)
stationary random process 정상확률과정(定常確率過程)
stationary random signal 정상확률신호(定常確率信號)
stationary wave 음향 정상파(定常波) = standing wave
statistical absorption coefficient 통계적 흡음계수(統計的吸音係數)
statistical analysis 통계적 분석(統計的分析)
statistical assumption 통계적 가정(統計的假定)
statistical computation 통계적 계산(統計的計算)
statistical correlation 통계적 상관관계(統計的相關關係)
statistical date 통계자료(統計資料)
statistical estimation 통계적 추정(統計的推定)
statistical graph 통계 도표(統計圖表), 통계 그래프
statistical hypothesis 통계적 가설(統計的假說)
statistical learning 언어습득 통계적 학습(統計的學習) = procedural learning
statistical linguistics 통계언어학(統計言語學)
statistical measurement 통계적 측정(統計的測定)
statistical method 통계적 방법(統計的方法)
statistical package for the social sciences (SPSS) 사회과학용 통계패키지
statistical power 통계적 검증력(統計的檢證力) = statistical power of test
statistical prediction 통계적 예측(統計的豫測)
statistical probability 통계적 확률(統計的確率)
statistical regression 통계적 회귀(統計的回歸)
statistical regression effect 통계적 회귀효과(統計的回歸效果)
statistical reliability 통계적 신뢰도(統計的信賴度)
statistical sample 통계적 표본(統計的標本)

statistical significance 통계적 유의성(統計的有意性)
statistical sound absorption coefficient 통계적 흡음계수(統計的吸音係數)
statistical study 통계적 연구(統計的硏究)
statistical test 통계적 검증(統計的檢證)
statistical universal 통계적 보편성(統計的普遍性)
statistical validity 통계적 타당도(統計的妥當度)
statistical variables 통계적 변수(統計的變數)
statistical weighting 통계적 가중(統計的加重)
statistics 통계학(統計學)
stative passive 상태수동(狀態受動)
status epilepticus 생리 간질 중첩증(癎疾重疊症)
status post 신분자격(身分資格)
statute 규약(規約)
steadiness 안정성(安定性)
steady-state 정상상태(定常狀態), 항정상태(恒定狀態)
steady-state oscillation 음향 정상진동(定常振動) = steady-state vibration
steady-state response 정상상태 응답(定常狀態應答)
steady-state vibration 음향 정상진동(定常振動) = steady-state oscillation
steep drop curve 급하강곡선(急降下曲線)
steeply sloping hearing loss 생리 급경사형 청력손실(急傾斜形聽力損失)
Steinert syndrome 생리 (선천성 근이상증) 스테이너트 증후군
stellate cell 해부 별세포
stem 줄기
stem cell 해부 줄기세포
stem family 직계가족(直系家族)
stemma 계도(系圖)
stammering 영국 말더듬 = 미국 stuttering
stemmering of the vocal cords 성대 말더듬 = laryngeal stuttering
stenography 속기(速記)
stenosis 생리 협착(狹窄), 협착증(狹窄症)
Stensen's duct 해부 스텐슨 관, 이하선관(耳下腺管) = parotid duct
step response 계단응답(階段應答)
Stephens oral language screening test 스테판스 구강언어선별검사(口腔言語選別檢査)
stepped-plate transducer 계단형 변환기(階段形變換機)
stepping reflex 신경 보행반사(步行反射) = walking reflex
stepwise regression analysis 통계 단계적 회귀분석(段階的回歸分析)
stereo microphone 스테레오 마이크로폰
stereocilia 해부 부동섬모(不動纖毛) 단수형 stereocilium
stereognosis 신경 입체인지(立體認知) *cf.* barognosis
stereophonic broadcasting 입체방송(立體放送)
stereophonic sound system 입체음향계(立體音響系)
stereotype 고정관념(固定觀念)
stereotyped behaviors 상투적 행동(常套的行動), 전형적 행동(典型的行動)
stereotyped stress 상투적 강세(常套的强勢)
stereotypic utterance 상투적 발화(常套的發話)
sternal angle 해부 흉골각(胸骨角)
sternal articular surface 해부 흉골관절면(胸骨關節面)
sternal extremity 해부 흉골단(胸骨端)
sternal marrow 해부 흉골골수(胸骨骨髓)
sternal membrane 해부 흉골막(胸骨膜)
sternal muscle 해부 흉골근(胸骨筋)
sternal reflex 신경 흉골반사(胸骨反射)
sternoclavicularis muscle 해부 흉쇄근육(胸鎖筋肉)
sternocleidomastoid muscle 해부 흉쇄유돌근(胸鎖乳突筋), 목빗근

sternocleidomastoideus region 해부 흉쇄유돌부(胸鎖乳突部)
sternohyoid muscle 해부 흉골설골근(胸骨舌骨筋)
sternomastoid muscle 해부 흉골유돌근(胸骨乳突筋)
sternoscapular 해부 흉골견갑골(胸骨肩胛骨)
sternothyroid muscle 해부 흉골갑상근(胸骨甲狀筋)
sternum 해부 흉골(胸骨)
steroid hormone 생리 스테로이드 호르몬
steroid inhaler laryngitis(SIL) 생리 스테로이드 흡인후두염(吸引喉頭炎)
stethocope 청음기(聽音器)
STI(speech transmission index) 조음 구어전달지수(口語傳達指數), 말전달지수
STICAD(screening test for identifying central auditory disorders) 청각중추신경계장애 판별용 선별검사(聽覺中樞神經系障礙判別用選別檢査)
Stickler syndrome 생리 (유전성 진행성) 스티클러 증후군
stiff vocal cords 생리 성대 경직성(聲帶硬直性)
stiff voiced 경직 유성성(硬直有聲性)
stiffening 경직(硬直), 강직(剛直), 강성(强性) = stiffness
stiffness matrix 강성행렬(强性行列)
stigma 낙인(烙印), 불명예(不名譽)
stillborn 사산(死産)
stimulability 자극반응도(刺戟反應度), 자극수용력(刺戟受容力)
stimulability testing 조음 자극반응도검사(刺戟反應度檢査)
stimulant 자극제(刺戟劑), 흥분제(興奮劑)
stimular threshold 심리 자극역치(刺戟閾値) = stimulus threshold
stimulation 심리 자극화(刺戟化)
stimulation approach 자극적 접근법(刺戟的接近法)
stimulation test 자극검사(刺戟檢査)
stimulator 자극기(刺戟器), 자극물질(刺戟物質)
stimulus 자극(刺戟) PL stimuli
stimulus and response 심리 자극과 반응
stimulus-based techniques 삼킴 자극기반적 접근(刺戟基盤的接近)
stimulus-bound 자극의존적(刺戟依存的)
stimulus continuum 심리 자극연속체(刺戟連續體)
stimulus control 심리 자극통제(刺戟統制)
stimulus control therapy 말더듬 자극통제치료(刺戟統制治療)
stimulus discrimination 심리 자극변별(刺戟辨別)
stimulus duration 자극지속기간(刺戟持續時間)
stimulus frequency otoacoustic emission (SFOAE) 음향 자극주파수이음향방사(刺戟周波數耳音響放射)
stimulus generalization 심리 자극일반화(刺戟一般化)
stimulus intensity 음향 자극강도(刺戟强度)
stimulus interval 심리 자극간격(刺戟間隔)
stimulus onset 심리 자극개시(刺戟開始)
stimulus onset asymmetry(SOA) 심리 자극제시시차(刺戟提示時差)
stimulus parameter 통계 자극매개변수(刺戟媒介變數), 자극변수(刺戟變數)
stimulus-response learning 자극반응학습(刺戟反應學習)
stimulus substitution 심리 자극대치(刺戟代置)
stimulus threshold 심리 자극역치(刺戟易置) = stimular threshold
stimulus value 심리 자극치(刺戟値)
stimulus wave 음향 자극파(刺戟波)
stimulus withdrawal 자극철회(刺戟撤回)
stirrup bone 해부 등골(橙骨), 등자뼈 = stapes
stitch 봉합(縫合)

STM(short-term memory) 심리 단기기억(短期記憶) ↔ LTM *cf.* working memory
Stocker probe technique 말더듬 스토커 탐색기술(探索技術) *cf.* Lidcombe program
stokes number 스트로크 수(數)
stoma 해부 소공(小孔)
stomach 해부 위(胃)
stomach cancer 생리 위암(胃癌)
stomach ulcer 생리 위궤양(胃潰瘍)
stomachache 생리 위통(胃痛)
stomodeum 구도(口道), 구와(口窩)
stop 폐쇄(閉鎖), 닫힘
stop band 조음 정지대역(停止帶域)
stop closure 조음 정지음 폐쇄(停止音閉鎖)
stop consonants 조음 폐쇄자음(閉鎖子音) =plosive consonants
stop gap 조음 폐쇄간격(閉鎖間隔)
stop sounds 조음 정지음(停止音) =plosive sounds
stopping 음운 (마찰음의) 폐쇄음화(閉鎖音化)
storage capacity 저장용량(貯藏容量)
storage device 저장장치(貯藏裝置)
storage hypothesis 저장가설(貯藏假說)
storage modulus 저장율(貯藏率)
stored foods 저장 영양물(貯藏營養物)
stored knowledge 축적된 지식
stories and strategies for communication (SSC) 담화 의사소통을 위한 이야기 전략
story 이야기
story articulation test(SAT) 조음 이야기 명료도검사(明瞭度檢査)
story generation 담화 이야기 만들기
story grammar 담화 이야기 문법
story map 담화 이야기 지도
story reading 언어발달 이야기 읽기
story retelling 언어발달 이야기 다시 말하기, 이야기 재산출
story telling 언어발달 이야기 말하기
story time 담화 이야기 시간
strabismus 사시(斜視), 사팔뜨기 =cross-eye
strained-strangled voice 음성장애 쥐어짜는 듯한 음성
stranded consonant 좌초된 자음(子音)
strap muscle 띠근육
strategic competence AAC 전략적 능력(戰略的能力)
strategic family therapy 전략적 가족치료(戰略的家族治療) *cf.* structured family therapy
strategy-based instruction (SBI) 전략중심 지도법(戰略中心指導法)
strategy training 인지 전략훈련(戰略訓練)
stratification 층화(層化)
stratificational grammar 성층문법(成層文法)
stratificational phonology 음운 성층음운론(成層音韻論)
stratified columnar epithelium 중층 원주상피(重層圓柱上皮)
stratified medium 단층매질(單層媒質)
stratified squamous epithelium 중층편평상피(重層扁平上皮)
stratospheric channel 성층권 채널
stratospheric duct 성층관(成層管)
stratum 층위(層位), 계층(階層)
stratum externum 해부 L 외층(外層) ↔ stratum internum
stratum fibrosum 해부 L 섬유층(纖維層)
stratum granulosum 해부 L 과립층(顆粒層)
stratum intermedium 해부 L 중간층(中間層)
stratum internum 해부 L 내층(內層) ↔ stratum externum
stratum licidum 해부 L 투명층(透明層)
stratum ordering 계층순서(階層順序)
stratum ordering hypothesis 계층순서가설(階層順序假說)
Strauss syndrome 생리 (혈관질환) 스트라우스 증후군

strawberry gallbladder 딸기 담낭
strawberry nevus 딸기 모반
strawberry tongue 딸기 혀
stray segment adjunction 음운 표류분절음 부가(漂流分節音附加)
stray syllable 음운 표류음절(漂流音節)
stray syllable adjunction 음운 표류음절 부가(漂流音節附加)
stream 유출(流出), 흐름
stream of consciousness 의식의 흐름
strength 힘
strength training 삼킴 강화운동(强化運動)
strengthening 강화(强化)
strengthening and stabilizing 강화와 안정 *cf.* varying and correcting
strengthening exercises 삼킴 근력강화운동(筋力强化運動) *cf.* compensatory strategies
streotyped inflections 판에 박힌 억양(抑揚)
stress 강세(强勢), 소리의 세기
stress-accent 강세 악센트
stress actualization 강세 활성화(强勢活性化)
stress adjacency 강세인접(强勢隣接)
stress adjustment rule 강세조정규칙(强勢調整規則)
stress assignment 강세부여(强勢附與)
stress clash 강세충돌(强勢衝突)
stress contrast 강세대조(强勢對照)
stress fracture 긴장골절(緊張骨折), 피로골절(疲勞骨折)
stress group 강세군(强勢群)
stress incontinence 생리 긴장성 요실금(緊張性尿失禁)
stress language 강세언어(强勢言語)
stress management 스트레스 관리
stress patterns 강세유형(强勢類型)
stress pitch language 강세 피치언어
stress pulse 강세박동(强勢搏動)
stress reaction 스트레스 반응
stress retraction rule 강세견인규칙(强勢牽引規則)
stress rhythm 강세리듬
stress sequence 강세연속(强勢連續)
stress shift 강세이동(强勢移動)
stress subordination convention 강세 종속규약(强勢從屬規約)
stress test 스트레스 검사(疲勞檢査) = fatigue test
stress-timed language 강세 박자언어(强勢拍子言語) *cf.* syllable-timed language
stress-timed rhythm 강세 박자리듬
stress ulcer 생리 스트레스성 궤양
stressed syllable 음운 강세음절(强勢音節) ↔ unstressed syllable
stretch 신경 신장(伸張), 신전(伸展)
stretch ratio 신장률(伸張率)
stretch receptors 신경 신장수용기(伸張受容器)
stretch reflex 신경 신장반사(伸張反射)
stretching sitting positioning 쭉펴고 앉기
stretching vibration 신전진동(伸展振動)
stretching 신장(伸張), 펴기
stria 선(線)
stria vascularis 해부 L 혈관조(血管條), 혈관줄무늬
striate corpus 선조체(線條體), 줄무늬체
striated muscle 횡문근(橫紋筋), 가로무늬근
striation 찰흔(擦痕)
striatum 선조핵(線條核), 줄무늬핵
strict cycle condition 엄격순환조건(嚴格循環條件)
strict cyclicity principle 엄격순환 원리(嚴格循環原理)
strict subcategorization feature 엄격하위범주화 자질(嚴格下位範疇化資質)
strict subcategorization 엄격하위범주화(嚴格下位範疇化)
stricture 협착(狹窄)

S

stricture-type 협착형(狹窄型)
stridency 조찰(嘲哳)
strident 음운 조찰성(嘲哳性), 소음성(騷音性)
strident lisp 음성 혀짧은 소리
strident voice 조찰성 음성(嘲哳性音聲), 소음성 음성(騷音性音聲)
stridor 천명(喘鳴), 그렁거리는 소리
string 연쇄(連鎖), 현(絃), 줄
string analysis 행렬분석(行列分析)
string mode 행렬양식(行列樣式)
stroboscopic effect 음성의학 후두내시경 효과(喉頭內視鏡效果), 스트로보스코프 효과
stroboscopy 음성의학 후두내시경(喉頭內視鏡), 스트로보스코피
stroke (1) 신경 뇌졸중(腦卒中), 발작(發作) (2) 획(劃) = cerebrovascular accident, (옛) apoplexy
stroke addition (실서증 환자의) 획의 첨가
stroke and aphasia quality of life(SAQOL) 뇌졸중-실어증 환자의 삶의 질
stroke omission (실서증 환자의) 획의 생략
stroke tilting (실서증 환자의) 획의 기울기
stroke volume 생리 (심장의) 박동량(搏動量)
stroma 간질(間質), 기질(基質)
stromal cell 해부 간질세포(間質細胞)
strong binding 강결속(强結束)
strong crossover 강교차(强交叉)
strong crossover constraint 강교차 제약(强交叉制約)
strong declension 음운 강변화(强變化) ↔ weak declension
strong echo 강한 에코, 강한 메아리
strong form 강형(强形)
strong lexicalist hypothesis 강어휘론자설(强語彙論者說)
strong naturalness condition 강력 자연성 조건(强力自然性條件)
strong syllable 음운 강음절(强音節)
strong verb 강변화 동사(强變化動詞) ↔ weak verb
strong-weak verb 강약동사(强弱動詞)
stronger language 강세언어(强勢言語) = dominant language ↔ weak language
structural acoustic coupling 구조적 음향결합(構造的音響結合)
structural analysis 구조분석(構造分析)
structural approach 구조접근법(構造接近法)
structural asymmetry 인지 구조적 비대칭성(構造的非對稱性) *cf.* cognitive asymmetry
structural brain disease 구조적 대뇌질병(構造的大腦疾病)
structural case 구조격(構造格)
structural change(SC) 통사 구조변화(構造變化) *cf.* structural description
structural coding 인지 구조적 부호화(構造的符號化)
structural constraint 통사 구조제약(構造制約)
structural damping 구조감쇠(構造減衰)
structural description(SD) 통사 구조기술(構造記述) *cf.* structural change
structural dialectology 구조방언학(構造方言學)
structural grammar 통사 구조문법(構造文法) *cf.* descriptive grammar
structural index 통사 구조지표(構造指標), 구조지수(構造指數) = structure index
structural linguistics 구조언어학(構造言語學) *cf.* descriptive linguistics
structural meaning 구조의미(構造意味)
structural metaphor 인지 구조적 은유(構造的隱喩) *cf.* conceptual metaphor
structural psychology 심리 구조주의 심리학(構造主義心理學)
structural well-formedness 구조적 적형성(構造的適形成)
structuralism 구조주의(構造主義)
structuralist approach 구조주의적 접근(構造

主義的接近) *cf.* generative approach
structure 구조(構造)
structure-borne path 구조전달경로(構造傳達經路)
structure borne sound 구조음(構造音)
structure dependence 통사 언어습득 구조의존(構造依存)
structure-dependency 통사 언어습득 구조의존성(構造依存性)
structure-dependent 통사 언어습득 구조의존적(構造依存的) ↔ structure dependent
structure-independent 통사 구조독립적(構造獨立的), 구조개별적(構造個別的) ↔ structure-dependent
structure preserving constraint 통사 구조보존제약(構造保存制約)
structure preserving hypothesis 통사 구조보존가설(構造保存假說)
structure preserving transformation 통사 구조보존 변형(構造保存變形)
structure word 구조어(構造語)
structured family therapy 구조적 가족치료(構造的家族治療) *cf.* strategic family therapy
structured interview 구조화된 면접(面接)
structured observation 구조화된 관찰(觀察)
structured photographic expressive language test(SPEL) 구조화된 사진을 통한 표현언어검사(表現言語檢査)
structured play 구조화된 놀이 ↔ unstructured play
structured programming 구조화된 프로그래밍
structured questionnaire 구조화된 질문(質問)
structured transfer 구조화된 전이(轉移)
struggle 말더듬 투쟁(鬪爭)
struggling behaviors 말더듬 투쟁행동(鬪爭行動)
STS(standard threshold shift) 표준역치이동(標準閾値移動)
stumbling gait 비틀거리는 보행(步行)
stuporose 혼미상태(昏迷狀態)
Sturge-Weber syndrome(SWS) 신경 (선천성) 스터지-웨버 증후군
stutter 말더듬기 = stuttering
stutter box 말더듬 상자
stutter-free speech 더듬지 않고 말하기
stutterer 말더듬이
stuttering 미 말더듬, 말더듬증 = 영 stammering
stuttering block 말더듬 폐쇄, 말더듬 막힘
stuttering disorders 말더듬 장애 = fluency disorder, disfluency
stuttering foundation of America 미국말더듬재단
stuttering intervention program(SIP) 말더듬 중재 프로그램
stuttering interview(SI) 말더듬 인터뷰 *cf.* fluency interview
stuttering-like disfluency 진성 비유창성(眞性非流暢性), 말더듬 같은 비유창성 = motoric disfluency
stuttering modification therapy 말더듬 수정법(修正法)
stuttering moment 말더듬 순간
stuttering of sudden onset 돌발성(突發性) 말더듬 *cf.* acquired stuttering
stuttering pattern 말더듬유형(類型)
stuttering phases 말더듬 구
stuttering prediction inventory(SPI) 말더듬 예측검사목록(豫測檢査目錄)
stuttering prevention clinic 말더듬 예방 클리닉
stuttering severity instrument(SSI) 말더듬 중증도검사도구(重症度檢査道具)
stuttering stage 말더듬 단계
stuttering theories 말더듬이론
stutters per minute of speaking time(SMST) 발화시간 중 분당말더듬비율

Stycar hearing test 청각 스티카 청력검사(聽力檢査)

STYCAR(screening test for young children and retardates) 언어발달 유아–지체아 선별검사(幼兒遲滯兒選別檢査)

stylistic continuum 문체연속(文體連續)

stylistic inversion 문체적 도치(文體的倒置)

stylistic rule 문체규칙(文體規則)

stylistic value 문체적 가치(文體的假齒)

stylistic variant 문체적 이형(文體的異形)

stylistic variation 문체변이(文體變異), 어투변이(語套變異)

stylistic variety 문체 변이종(文體變異種)

stylistics 문체론(文體論)

stylization 양식화(樣式化)

styloglossus muscle 해부 경돌설근(莖突舌筋)

stylohyoid ligament 해부 경돌설골 인대(莖突舌骨靭帶)

stylohyoid muscle 해부 경돌설골근(莖突舌骨筋), 경상설골근(莖狀舌骨筋)

styloid process 해부 경상돌기(莖狀突起)

styloid prominence 해부 경돌융기(莖突隆起)

stylolaryngeus 해부 경돌후두근(莖突喉頭筋)

stylopharyngeus muscle 해부 경상인두근(莖狀咽頭筋)

sub- '아래'의 의미

subacute 아급성(亞急性) *cf.* acute, chronic

subarachnoid cavity 해부 지주막하강(蜘蛛膜下腔)

subarachnoid hemorrhage(SAH) 생리 지주막하출혈(蜘蛛膜下出血) *cf.* intracerebral hemorrhage

subarachnoid space 해부 지주막하공간(蜘蛛膜下空間)

subaxial joint 해부 축하관절(軸下關節)

subcategorization 하위범주화(下位範疇化)

subclavius muscle 해부 쇄골하근(鎖骨下筋)

subconscious 심리 반의식(半意識)

subconsciousness 심리 잠재의식(潛在意識) *cf.* uncousciousness

subcortex 해부 피질하부(皮質下部)

subcortical 해부 피질하(皮質下)의 *cf.* cortical

subcortical alexia 생리 피질하 실독증(皮質下失讀症) *cf.* cortical alexia

subcortical aphasia 신경 피질하 실어증(皮質下失語症) *cf.* cortical aphasia

subcortical dementia 생리 피질하 치매(皮質下癡呆) *cf.* cortical dementia

subcortical motor aphasia 신경 피질하 운동실어증(皮質下運動失語症)

subcostal nerve 해부 늑하신경(肋下神經)

subcostalis muscle 해부 늑골하근(肋骨下筋)

subcultural language 하위문화 언어(下位文化言語)

subculture 하위문화(下位文化)

subcutaneous 피하(皮下)의

subcutaneous tissue 피하조직(皮下組織)

subdural 해부 경막하(硬膜下)의, 경막밑의 ↔ epidural

subdural hematoma(SDH) 생리 경막하 혈종(硬膜下血腫) *cf.* epidural hematoma

subdural hemorrhage 생리 경악하 출혈(硬膜下出血) ↔ epidural hemorrhage

subdural space 해부 경막하 공간(硬膜下空間)

subgesture 하위행위(下位行爲)

subglottal 해부 성문하(聲門下)의 = subglottic ↔ supraglottal

subglottal air pressure 성문하압(聲門下壓) = subglottic pressure ↔ supraglottic air pressure

subglottal tumor 생리 성문하부 종양(聲門下部腫瘍) ↔ supraglottal tumor

subglottic cancer 생리 성문하암(聲門下癌)

subglottic cavity 해부 성문하강(聲門下腔)

subglottic laryngitis 생리 성문하 후두염(聲門下喉頭炎)

subglottic obstruction 생리 성문하 폐색(聲門下閉塞)
subglottic receptor 생리 성문하 감각수용체(聲門下感覺受容體)
subglottic region 해부 성문하역(聲門下域)
subglottic resonators 성문하 공명기(聲門下共鳴器)
subglottic stenosis 생리 성문하 협착(聲門下狹窄)
subglottis 성문하(聲門下)
subgoals 하위목표(下位目標)
sub-grammars 언어습득 하위문법(下位文法)
subgranular zone 해부 과립세포밑영역 *cf.* granular zone
subgroup 하위집단(下位集團)
subharmonic response 아배음 응답(亞倍音應答)
subharmonics 아배음(亞倍音)
subjacency condition 통사 하위인접조건(下位隣接條件) *cf.* empty category principle
subjacency parameter 하위인접 매개변수(下位隣接媒介變數)
subject-agent-orientation 주어-행위자 지향성(主語/行爲者-指向性)
subject-auxiliary inversion 주어-조동사 도치(主語-助動詞倒置) = subject-aux inversion
subject complement 주격보어(主格補語)
subject condition 주어조건(主語條件)
subject control 주어통제(主語統制)
subject matter 주제(主題) = thema
subject-object asymmetry 주어-목적어 비대칭(主語-目的語非對稱)
subject orientation 주어 지향성(主語指向性)
subject-predicate 통사 주어-술어(主語述語) *cf.* topic-comment
subject-prominent language 주어중심 언어(主語中心言語)
subject raising 주어인상(主語引上)
subject selection principle 주어선택원리(主語選擇原理)
subject variable 피험자 변인(被驗者變因)
subject-verb-object(SVO) language SVO(주어-동사-목적어) 언어
subjectification 인지 주관화(主觀化)
subjective assessment 주관적 평가(主觀的評價) ↔ objective assessment *cf.* instrumental assessment
subjective assessment measure 주관적 평가법(主觀的評價法)
subjective case 주관적 예(主觀的例)
subjective complement 통사 주격보어(主格補語)
subjective genitive 주격속격(主格屬格)
subjective hearing test 주관적 청각검사(主觀的聽覺檢査) ↔ objective hearing test
subjective memory impairment(SMI) 인지 주관적 기억장애(主觀的記憶障礙)
subjective quantity 주관적 양(主觀的量) ↔ objective quantity
subjective scale 주관적 척도(主觀的尺度) ↔ objective scale
subjective test 주관식 시험(主觀式試驗) ↔ subjective test
subjective tinnitus 이명 주관적 이명(主觀的耳鳴) ↔ objective tinnitus
subjective tone 주관음(主觀音)
subjective vertigo 주관적 현기증(主觀的眩氣症)
subjectivism 인지 주관론(主觀論), 주관주의(主觀主義) ↔ objectivism
subjectivity 인지 주관성(主觀性) ↔ objectivity
subjectivization 주관화(主觀化) ↔ objectivization
subjects 피실험자(被實驗者) = participants
subjunct 종속어(從屬語)
subjunctive 가정법(假定法)의 ↔ indicative
subjunctive clause 가정법절(假定法節)
subjunctive mood 가정법(假定法)

S

↔ indicative mood

subjunctive present 가정법 현재형(假定法現在形)

sublexical unit 하위어휘단위(下位語彙單位)

sublimation 승화(昇華)

subliminal 역치하(閾値下)의

subliminal self 잠재의식(潛在意識)

subliminal stimulus 신경 역치하 자극(閾値下刺戟)

sublingual 설하(舌下)의, 혀밑의

sublingual artery 해부 설하동맥(舌下動脈), 혀밑동맥

sublingual duct 해부 설하선관(舌下腺管) = Rivinus's duct *cf.* submandibular duct

sublingual gland 생리 설하선(舌下腺), 혀밑샘 = sublingual salivary gland

sublingual nerve 해부 설하신경(舌下神經)

sublingual salivary gland 해부 설하 타액선(舌下唾液腺), 혀밑침샘

submandibular 해부 악하(顎下)의, 턱밑의

submandibular branch 해부 악하지(顎下枝)

submandibular duct 해부 턱밑샘관 = Wharton's duct *cf.* sublingual duct

submandibular ganglion 해부 턱밑 신경절

submandibular gland 생리 악하선(顎下腺), 턱밑샘 = submandibular salivary gland, submaxillary gland, parotid gland

submandibular nodes 해부 턱밑 림프절

submandibular salivary gland 생리 턱밑 침샘 = submandibular gland

submaxilla 해부 악하(顎下), 턱밑

submaxillary gland 해부 악하선(顎下腺), 턱밑샘 = submandibular gland *cf.* parotid gland

submaxillary saliva 생리 턱밑침샘

submental 해부 턱밑의

submucosal plexus 해부 점막하 신경총(粘膜下神經叢)

submucous 해부 점막하(粘膜下)의, 점막밑의

submucous bleeding 생리 점막하 출혈(粘膜下出血)

submucous cleft palate 해부 점막하 구개열(粘膜下口蓋裂) *cf.* cleft palate

submucous resection 해부 점막하 절제(粘膜下切除)

submucous tissue 해부 점막하 조직(粘膜下組織)

sub-objective 하위목표(下位目標) = transitional objective

suboccipital 해부 후두하(後頭下)의

suboccipital muscle 해부 후두하근(後頭下筋)

subordinate 하위(下位)의, 종속(從屬)의 ↔ superordinate

subordinate category 종속범주(從屬範疇)

subordinate clause 통사 종속절(從屬節) = dependent clause ↔ main clause *cf.* coordinate clause

subordinate concept 논리 하위개념(下位概念) ↔ superordinate concept *cf.* coordinate concept

subordinate conjunction 통사 종속접속사(從屬接續詞) ↔ coordinate conjunction

subordinating conjuncture 통사 종속접속사(從屬接續詞)

subordination 종속(從屬), 종속관계(從屬關係) *cf.* coordination

subparietal sulcus 해부 두정하구(頭頂下溝)

subpial space 해부 연질막하 공간(軟質膜下空間)

subpyramidal 해부 추체하(錐體下)의

subserosal plexus 해부 장막하신경총(腸膜下神經叢)

subset principle 부분집합 원리(部分集合原理)

subsidiary feature 음운 부차적 자질(副次的資質)

subsidiary task 인지 부가 과제(附加課題)

sub-skill 하위능력(下位能力)

substance 실존(實存), 실질(實質)

substandard language 비표준 언어(非標準言語)

substantia gelatinosa 해부 L 교양질(膠樣質)
substantia medullaris 해부 L 수질(髓質)
substantia nigra 해부 흑질(黑質), 흑색질
substantia propria 해부 L 고유질(固有質)
substantial meaning 실질적 의미(實質的意味) ↔ formal meaning
substantial universals 실재적 보편성(實在的普遍性)
substantival adjunct 실재 부가어(實在附加語)
substantive evidence 실재적 증거(實在的證據)
substantive knowledge 본질적 지식(本質的知識) *cf.* procedural knowledge
substitute 대용사(代用詞)
substitution 조음 대치(代置)
substitution analysis 조음 대치분석(代置分析) = substitutional analysis
substitution frame 대치틀
substitution instance 대입 실례(代入實例)
substitution item 대치항목(代置項目), 갈음항목
substitution list 대치목록(代置目錄), 갈음목록
substitution operation 언어발달 대치조작(代置操作)
substitution parameters 통계 대체매개변수(代替媒介變數)
substitution processes 대치과정(代置過程)
substitution requests 대치요청(代置要請)
substitution test 의미 대치검증(代置檢證)
substitution transformation 통사 대치변형(代置變形)
substitutional analysis 대치분석(代置分析) = substitution analysis
substratum 기층(基層), 언어층위(言語層位)
substratum language 기층언어(基層言語) = substratum ↔ superstratum language
substratum theory 기층언어이론(基層言語理論)
substructure 하부구조(下部構造)
subsumer 포섭자(包攝者)
subsumption theory 포섭이론(包攝理論)
subtest 하위검사(下位檢査)
subthalamic nucleus 해부 시상밑부핵(視床下核)
subthalamus 해부 시상밑부(視床下部) *cf.* hypothalamus
subthreshold stimulus 신경 역치하자극(閾値下刺戟)
subthyroidism 생리 갑상선 기능저하증(甲狀腺機能低下症) = hypothyroidism ↔ hyperthyroidism
subtotal cleft palate 해부 부분 구개열(部分口蓋裂)
subtotal laryngectomy 해부 부분 후두절제술(部分喉頭切除術) = partial laryngectomy
subtotal nephrectomy 해부 부분 위절제술(部分胃切除術)
subtraction 감산(減算), 감쇠(減衰)
subtraction reaction 제거반응(除去反應) ↔ addition reaction
subtractive bilingualism 언어습득 감쇠 이중언어(減衰二重言語)
sub-type 하위유형(下位類型)
subvarieties 통계 하위변위(下位變位)
subventricular zone 해부 뇌실밑영역 *cf.* ventricular zone
subvocal 하위음성(下位音聲)
subvocal rehearsal 음송(吟誦)
subvocalization 준발성(準發聲)
successful stuttering management program (SSMP) 말더듬 성공적인 말더듬 관리 프로그램
succession 연속(連續), 계승(繼承)
successive acquisition 연속적 습득(連續的習得)
successive approximation 연속적 접근(連續的接近)
successive bilingual children 언어습득 연속적 이중언어아동(連續的二重言語兒童) = sequential bilingual children

S

cf. simultaneous bilingual children

successive cycle movement 연속적 순환이동(連續的循環移動)

successive cyclic application 연속적 순환적용(連續的循環適用)

successive single-word utterance 연속단일어 발화(連續單一語發話)

sucking 삼킴 빨기

sucking reflex 생리 빨기 반사

suck-swallow 삼킴 흡입-삼킴

suction method 흡입법(吸入法)

suction 흡입(吸入), 흡착(吸着)

suction stop 조음 흡입 폐쇄음(吸入閉鎖音)

sudden death 급사(急死), 돌연사(突然死)

sudden hearing loss 생리 돌발성 청력손실(突發性聽力損失)

sudden infant death 유아돌연사(幼兒突然死)

sudden infant death syndrom(SIDS) 유아돌연사 증후군(幼兒突然死症候群)

sudden onset 돌연발병(突然發病)

sudden sensorineural hearing loss 생리 돌발성 감각신경성 청력손실(突發性感覺神經性聽力損失)

suffering 고통(苦痛)

suffix 접미사(接尾辭) ↔ prefix

suffocation 질식(窒息) = asphyxiation

sugar 당(糖)

suggestion 암시(暗示)

suggestology 암시학(暗示學)

suggestopedia 암시적 방법(暗示的方法)

sujective case marker 주격(主格)

sulci cerebelli 해부 소뇌고랑

sulci cerebri 해부 L 대뇌고랑 *cf.* L gyri cerebri

sulcus 해부 구(溝), 고랑 PL sulci *cf.* gyrus

sulcus auricular poetrior 해부 L 후이개구(後耳介溝)

sulcus centralis 해부 L 중심고랑 = central sulcus

sulcus hippocampi 해부 L 해마고랑

sulcus hypothalamicus 해부 L 시상아래 고랑

sulcus lateralis 해부 L 외측고랑

sulcus limitans 해부 L 경계 고랑

sulcus terminalis 해부 L 종말고랑

sulcus vocalis 생리 L 성대구증(聲帶溝症) = vocal sulcus *cf.* physiological sulcus

summary 요약(要約)

summary scanning 인지 요약주사(要約注射) *cf.* sequential scanning

summating potential(SP) 신경 가중전위(加重電位) = action potential

summation 가중(加重), 누적(累積)

summation shadow 중첩음영(重疊陰影)

summation tone 합음(合音)

summative evaluation 언어습득 총괄평가(總括評價), 요약평가(要約評價)

summonses 호출(呼出)

super- '위에, 과도의, 지나친'의 의미

super aged society 초고령화사회(超高齡化社會) *cf.* aged society

superciliary arch 해부 미궁(尾弓)

supercilium 해부 미(尾), 눈섭

superdirectivity 초지향성(超指向性)

superego 심리 초자아(超自我) *cf.* ego

superficial 해부 표면으로부터 가까운 ↔ deep

superficial cervical nodes 해부 얕은 림프절

superficial epithelial cell 해부 표층상피세포(表層上皮細胞)

superficial lamina propria(SLP) 해부 (성대근의) 고유층(固有層)의 표층(表層)

superficial layer 해부 (성대근의) 표층(表層) ↔ deep layer *cf.* intermediate layer

superficial reflex 신경 표재성 반사(表在性反射) ↔ deep tendon reflex

superficial sensation 신경 표재지각(表在知覺) ↔ deep sensation

superficial sympathy 신경 (마비성) 피상적

동정(皮相的同情)＝crocodile tears syndromes *cf.* Bell's palsy

superior 위(上)의 ↔ inferior

superior angle 해부 위뿔 ↔ inferior angle

superior auricular muscle 해부 상이개근(上耳介筋) ↔ inferior auricular muscle

superior cerebellar artery(SCA) 해부 상소뇌동맥(上小腦動脈) ↔ inferior cerebellar artery

superior cerebral veins 해부 상대뇌정맥(上大腦靜脈) ↔ inferior cerebral veins

superior cervical cardiac nerve 해부 상경심장신경(上頸心臟神經) ↔ inferior cervical cardiac nerve

superior cervical ganglion 해부 상경신경절(上頸神經節) ↔ inferior cervical ganglion

superior colliculus 해부 상구(上丘), 위둔덕 ↔ inferior colliculus

superior concha 해부 상비갑개(上鼻甲介) ＝superior nasal concha ↔ inferior concha

superior constrictor muscle 해부 상수축근(上收縮筋) ↔ inferior constrictor muscle

superior constrictor pharyngeal muscle 해부 상인두수축근(上咽頭收縮筋) ＝superior sphincter pharyngeal muscle ↔ inferior constrictor pharyngeal muscle

superior cornu 해부 위뿔＝superior horn ↔ inferior cornu

superior fovea 해부 위오목＝L fovea superior ↔ inferior fovea

superior frontal gyrus 해부 상전두회(上前頭回), 상전두이랑 ↔ superior frontal sulcus

superior horn 해부 위뿔＝superior cornu *cf.* inferior horn

superior labial region 생리 상순부(上脣部) ↔ inferior labial region

superior laryngeal artery 해부 상후두동맥(上喉頭動脈) ↔ inferior laryngeal artery

superior laryngeal branch 해부 상후두(上喉頭) 가지 ↔ inferior laryngeal branch

superior laryngeal nerve(SLN) 해부 상후두신경(上喉頭神經) ↔ inferior laryngeal nerve

superior laryngeal nerve palsy 신경 상후두신경마비(上喉頭神經痲痺) ↔ inferior laryngeal nerve palsy

superior ligament of malleus 해부 추골상인대(槌骨上靭帶)

superior limb 해부 상지(上肢) ↔ inferior limb

superior lobe 해부 상엽(上葉) ↔ inferior lobe

superior longitudinal muscle 해부 상종설근(上縱舌筋) ↔ inferior longitudinal muscle

superior malleolar ligament 해부 상추골인대(上槌骨靭帶) ↔ inferior malleolar ligament

superior maxillary bone 해부 상상악골(上上顎骨) ↔ inferior maxillary bone

superior meatus of nose 해부 상비도(上鼻道) ＝superior nasal meatus ↔ inferior nasal concha

superior nasal concha 해부 상비갑개(上鼻甲介) ＝superior concha ↔ inferior nasal concha

superior nasal meatus 해부 상비도(上鼻道) ＝L meatus nasalis superior, ↔ inferior nasal concha

superior oblique muscle 해부 상사근(上斜筋) ↔ inferior oblique muscle

superior olivary complex(SOC) 해부 상올리브복합체(複合體) ↔ inferior olivary complex

superior olivary nucleus 해부 상올리브핵 ↔ inferior olivary nucleus

superior peduncle 해부 상소뇌각(上小腦脚), 상소뇌다리 ↔ inferior peduncle *cf.* middle peduncle

superior pharyngeal constrictor muscle 해부 상인두괄약근(上咽頭括約筋) ＝superior pharyngeal sphincter muscle ↔ inferior pharyngeal constrictor muscle

S

superior segment 해부 위구역 ↔ inferior segment
superior segmental bronchus 해부 위구역 기관지 ↔ inferior segmental bronchus
superior semicircular canal 해부 상반규관(上半規管) ↔ inferior semicircular canal
superior surface 해부 상면(上面) ↔ inferior surface
superior temporal gyrus 해부 상측두회(上側頭回), 상측두이랑 ↔ superior temporal sulcus
superiority 심리 우월감(優越感) = superiority feeling ↔ inferiority
superiority complex 심리 (병적) 우월감(優越感) 콤플렉스
superiority condition 우위조건(優位條件)
superiority feeling 심리 우월감(優越感) = superiority
superlative 최상급(最上級)의 *cf.* comparative
superlearning 초능력학습(超能力學習)
supernatural power 초능력(超能力) = preternaural power
supernumerary teeth 해부 덧니
superomesial cortex 해부 상부내측피질(上部內側皮質)
superordinate category 상위범주(上位範疇) ↔ subordinate category
superordinate concept 논리 상위개념(上位概念) ↔ subordinate concept *cf.* coordinate concept
superordinate 상위(上位)의 ↔ subordinate
superposition 중첩(重疊), 중복(重複)
superresolution 초해상도(超解像度)
supersaturation 신경 과포화(過飽和)
superscript 윗첨자 ↔ subscript
supersecretion 생리 과분비(過分泌)
supersensitivy 심리 초과민증(超過敏症)
supersensitization 심리 과민화(過敏化)
supersonic ray 음향 초음파(超音波) = supersonic wave
superstratum language 상위어(上位語) ↔ substratum language
super-supraglottic swallow 삼킴 초성문위삼킴 *cf.* supraglottic swallow
supertension 과도긴장(過度緊張)
supervised learning 뇌과학 감독학습(監督學習) ↔ unsupervised learning *cf.* reinforced learning
supervision 감독(監督), 관리(管理)
supervisor 감독자(監督者), 관리자(管理者)
supination 생리 외전(外轉) = abduction ↔ adduction
supine positioning 옆으로 눕기
supplemental nonoral feeding program 생리 보충적 비구강 섭식 프로그램
supplementary area 해부 (뇌의) 보조영역(補助領域) *cf.* primary area
supplementary components 의미 보충적 성분(補充的成分) *cf.* diagnostic components
supplementary input 보조적 입력(補助的入力)
supplementary motor area(SMA) 해부 (뇌의) 보조운동영역(補助運動領域) *cf.* primary motor area
supplementary motor cortex(SMC) 해부 (뇌의) 보조운동피질(補助運動皮質) *cf.* primary motor cortex
support 지지(支持), 지원(支援)
support intensity scale(SIS) 지원강도척도(支援强度尺度)
supported employment 지원고용(支援雇用)
supporting cell 해부 지지세포(支持細胞)
supportive control treatment 지지적 조절치료법(支持的調節治療法)
supportive-expressive therapy 심리 (정신분석의) 지지-표현 치료(支持表現治療)
supportive therapy 심리 지원치료(支援治療)

supposition 가정(假定), 가설(假說)
suppression 심리 (의식적인) 억제(抑制), 억압(抑壓)
suppression effect 심리 억제효과(抑制效果)
suppression task 심리 억제과제(抑制課題)
suppression test 심리 억제시험(抑制試驗)
suppressor T-cell 해부 억제 T-세포
supra-aural earphone 귀걸이형 이어폰 *cf.* circum-aural earphone
supraclavicular nodes 해부 쇄골상 림프절
supracricoid laryngectomy 해부 상후두절제술(上喉頭切除術)
supraglottal 해부 성문위의 ↔ subglottal
supraglottal tumor 생리 성문상부 종양(聲門上部腫瘍) ↔ subglottal tumor
supraglottic cancer 생리 성문상부암(聲門上部癌) ↔ infraglottic cancer
supraglottic laryngectomee 해부 성문상부 후두절제자(聲門上部喉頭切除者) ↔ infraglottic laryngectomee
supraglottic laryngectomy 해부 성문상부 후두절제(聲門上部喉頭切除) ↔ infraglottic laryngectomy
supraglottic muscles 해부 성문상근(聲門上筋) ↔ infraglottic muscles
supraglottic resonators 해부 성문상 공명기(聲門上共鳴器)
supraglottic swallow 삼킴 성문상연하(聲門上嚥下), 성문위삼킴 ↔ infraglottic swallowing *cf.* super-supraglottic swallow
supraglottic swallow maneuver 삼킴 성문상연하기법(聲門上嚥下技法), 성문위삼킴기법
supraglottis 해부 성문상부(聲門上部) ↔ infraglottic region
supraglottic 해부 성문상부(聲門上部)의 ↔ infraglottic
suprahyoid 해부 설골상(舌骨上)의 ↔ infrahyoid
suprahyoid muscles 해부 설골상근(舌骨上筋), 설골위근육 ↔ infrahyoid muscles
supraliminal stimulus 신경 역치상자극(閾値上刺戟)
supramodal perception 심리 초감각(超感覺)
supranuclear paralysis 신경 핵상마비(核上痲痺)
suprasegmental 초분절(超分節)의
suprasegmental analysis 초분절적 분석(超分節的分析)
suprasegmental devices 언어발달 초분절 장치(超分節裝置)
suprasegmental element 음운 초분절 요소(超分節要素)
suprasegmental feature 음운 초분절적 자질(超分節的資質), 초분절 자질(超分節資質)
suprasegmental morpheme 초분절 형태소(超分節形態素)
suprasegmental phoneme 음운 초분절 음소(超分節音素), 덧음소
suprasegmental phonology 초분절음운론(超分節音韻論) 초분절음 체계(超分節音韻體系)
suprasegmental representation 초분절음 표시(超分節音表示)
suprasegmental system 초분절음 체계(超分節音體系)
suprasegmental unit 초분절 단위(超分節單位)
suprasegmentals 음운 초분절음(超分節音) = prosody
supratentorial structure 천막상 구조(天幕上構造) ↔ infratentorial structure
suprathreshold adaptation threshold test (STAT) 청각 역치상 순응검사(閾値上順應檢査)
suprathreshold level 역치상 레벨
suprathreshold stimulus 역치상 자극(閾値上刺戟)
surface 표면(表面) ↔ underlying, deep
surface acoustic wave 음향 표면음파(表面音波)
surface agraphia 생리 표면성 실서증(表面性

失書症) *cf.* deep agraphia

surface alexia 생리 표면성 실독증(表面性失讀症) *cf.* deep alexia

surface anatomy 표면해부학(表面解剖學)

surface behavior 말더듬 외현적 행동(外顯的行動) *cf.* core behavior

surface constraint 음운 표면제약(表面制約)

surface dysgraphia 생리 표면성 난서증(表面性難書症), 표면성 쓰기장애 *cf.* deep dysgraphia

surface dyslexia 생리 표면성 난독증(表面性難讀症), 표면성 읽기장애 *cf.* deep dysgraphia

surface electrode 표면전극(表面電極) *cf.* needle electrode

surface electromyography(sEMG) 표면근전도(表面筋電圖)

surface evoked laryngeal sensory action potentials 표면유발후두감각활동전위검사(表面誘發喉頭感覺活動電位檢査)

surface filter 표면여과(表面濾過)

surface form 표면형(表面形) ↔ underlying form

surface gravity wave 음향 표면중력파(表面重力波)

surface impedance 음향 표면저항(表面抵抗)

surface induction 음향 표면자기유도(表面磁氣誘導)

surface language 표면적 언어(表面的言語)

surface layer 해수면층(海水面層)

surface level 표면단계(表面段階)

surface noise 음향 표면잡음(表面雜音)

surface output constraint 표면출력제약(表面出力制限)

surface phoneme 음운 표면음운(表面音韻) ↔ underlying phoneme

surface phonetic constraint(SPC) 표면음성제약(表面音聲制約)

surface representation 통사 표면표시(表面標示) ↔ underlying representation

surface segment 조음 표면분절음(表面分節音)

surface structure(SS) 통사 표면구조(表面構造) ↔ deep structure

surface-structure imitation 표층구조 모방(表層構造模倣)

surface tactile receptor 표면촉각수용체(表面觸覺受容體)

surface tension 표면장력(表面張力)

surface wave 음향 표면파(表面波)

surface wavefront 음향 표면파 파면(表面波波面)

surfactant 계면활성제(界面活性劑)

surgical patients 수술환자(手術患者)

survey 설문 조사(設問調査)

survival of fittest 적자생존(適者生存)

suspicious pair 의심스런 짝, 의심조

sustained attention 언어발달 지속적 주의(持續的主意) *cf.* divided attention

sustained joint attention 언어발달 지속적 공동 주의하기

sustained phonation (모음의) 연장발성(延長發聲) *cf.* prolonged speech

suture 해부 봉합(縫合)

suture line 해부 봉합선(縫合線)

SVHI(singing voice handicap index) 성악장애지수(聲樂障礙指數)

SVO(subject-verb-object) language SVO(주어-동사-목적어) 언어(言語)

SVR(simple view of reading) 언어습득 단순읽기관점

swallow maneuver 삼킴 연하기법(嚥下技法), 삼킴기법

swallow method 삼킴 연하방식(嚥下方式), 삼킴방식

swallowing 삼킴 연하(嚥下), 삼킴 = deglutition

swallowing apraxia 생리 연하실행증(嚥下失行症), 삼킴실행증

swallowing behavior 삼킴 연하행동(嚥下行

動), 삼킴행동

swallowing center 삼킴 연하중추(嚥下中樞), 삼킴중추

swallowing compensation 삼킴 연하보상(嚥下報償), 삼킴보상

swallowing disorders 삼킴 연하장애(嚥下障礙), 삼킴장애 = dysphagia *cf.* eating disorders

swallowing event 삼킴 연하활동(嚥下活動), 삼킴활동

swallowing mechanism 삼킴 연하기전(嚥下機轉), 삼킴기전

swallowing reflex 신경 연하반사(嚥下反射), 삼킴반사

swallowing respiration 생리 연하호흡(嚥下呼吸), 삼킴호흡

swallowing screening tool 삼킴 연하선별검사도구(嚥下選別檢査道具), 삼킴선별검사도구

swallowing techniques 삼킴 연하기법(嚥下技法), 삼킴기법

swallowing therapy 삼킴 연하치료(嚥下治療), 삼킴치료

swallowing threshold 삼킴 연하역치(嚥下閾値), 삼킴역치

swearword 비속어(卑俗語) *cf.* slang

sweat gland 해부 한선(汗腺), 땀샘

sweep-check test 스윕-체크검사

sweet 단맛

swinging story test 스윙잉 이야기검사

switch-reference 지시 전환(指示轉換)

switch rule 전위규칙(轉位規則), 교환규칙(交換規則)

switching pauses 전환하는 쉼

SWR(standing wave ratio) 음향 정재파비(定在波比)

SWS(slow-wave sleep) 서파수면(徐波睡眠)

SWS(Sturge-Weber syndrome) 생리 (선천성) 스터지-웨버 증후군

syllabary (일본어와 같은) 음절문자(音節文字) = syllabic writing *cf.* alphabetic writing

syllabic 음운 성절성(成節性) ↔ consonantal, nonsyllabic

syllabic addition 음운 음절첨가(音節添加)

syllabic aphonia 생리 음절 실성증(音節失聲症)

syllabic consonant 음운 성절자음(成節子音), 성절닿소리

syllabic nasal 성절비음(成節鼻音)

syllabic nucleus 음운 음절핵(音節核) = syllable nucleus

syllabic omission 음절생략(音節省略)

syllabic phonology 음절 음운론(音節音韻論)

syllabic segment 음운 성절성 분절음(成節性分節音)

syllabic sound 음운 성절음(成節音) ↔ non- syllabic sound

syllabic speech sound 음운 성절성 구어음(成節性口語音)

syllabic speech utterance 음운 음절성 발화(音節性發話)

syllabic stress 음운 성절강세(成節强勢)

syllabic structure 음절구조(音節構造)

syllabic substitution 음절대치(音節代置)

syllabic tilting 음절 기울기

syllabic utterance 음절발화(音節發話)

syllabic writing (일본와 같은) 음절문자(音節文字) = syllabary *cf.* alphabetic writing

syllabification 음운 음절화(音節化) *cf.* segmentation

syllabification rule 음운 음절화규칙(音節化規則)

syllable 음운 음절(音節)

syllable articulation 음운 음절명료도(音節明瞭度)

syllable awareness 언어발달 음절인식(音節認識) *cf.* grapheme awareness

syllable boundary 음운 음절경계(音節境界)

syllable coda 음운 음절말음(音節末音) = syllable final *cf.* syllable nucleus, syllable

S

onset

syllable compression 음운 음절압축(音節壓縮)

syllable core 음운 음절중심(音節中心) = syllable nucleus *cf.* syllable margin

syllable deletion 음운 음절삭제(音節削除)

syllable-final 음운 음절말(音節末) = syllable coda ↔ syllable-initial

syllable-finding devoicing 음운 음절말 무성음화(音節末無聲音化)

syllable-initial 음운 음절초(音節初) = syllable onset ↔ syllable-final

syllable juncture 음운 음절연접(音節連接)

syllable list 음절표(音節表)

syllable nucleus 음운 음절핵(音節核) = syllable core *cf.* syllable margin

syllable onset 음운 음절초성(音節初聲) = syllable-initial *cf.* syllable coda

syllable overlap 음운 음절중복(音節重複)

syllable peak 음운 음절정점(音節頂點) = syllable nucleus

syllable reading 언어발달 음절읽기

syllable reduction 음운 음절축약(音節縮約)

syllable repetition task(SRT) 음운 음절반복과제(音節反復課題)

syllable-rhythm 음절리듬

syllable sequence 음운 음절연속(音節連續)

syllable shape 음운 음절양태(音節樣態)

syllable structure 음운 음절구조(音節構造)

syllable structure condition 음운 음절구조조건(音節構造條件)

syllable structure constraint 음운 음절구조제약(音節構造制約)

syllable structure constraints 음절구조제약(音節構造制約)

syllable structure level(SSL) 음운 음절구조레벨

syllable-template 음운 음절형판(音節型板)

syllable tier 음운 음절층위(音節層位)

syllable-timed language 음절박자언어(音節拍子言語) *cf.* stress-timed language

syllabus 교수요목(教授要目)

syllepsis 일필쌍서법(一筆雙書法)

syllogism 논리 삼단논법(三段論法)

Sylvian fissure 해부 실비우스 열구(裂溝)

Sylvian point 해부 실비우스 점

Sylvius aqueduct 해부 실비우스 수도(水道)

symbiotic pairs 의미 공존쌍(共存雙)

symbiotic psychosis 공생성 정신병(共生性精神病)

symbol 상징(象徵), 기호(記號)

symbol assessment AAC 상징평가(象徵評價)

symbol manipulation system 상징조작체계(象徵造作體系)

symbol system 상징체계(象徵體系)

symbolic and linguistic communicators AAC 상징적-언어적 의사소통자(象徵的言語的意思疏通者)

symbolic behavior 기호행동(記號行動)

symbolic communication 상징적 의사소통(象徵的意思疏通) = referential communication

symbolic disorders 기호장애(記號障礙)

symbolic function 상징적 기능(象徵的機能)

symbolic interaction AAC 상징적 상호작용(象徵的相互作用)

symbolic meaning 상징의미(象徵意味)

symbolic network model 상징망 모형(象徵網模型) *cf.* set-theoretic model

symbolic play AAC 언어발달 상징놀이

symbolic process 상징적 과정(象徵的過程)

symbolic representation 상징적 표현(象徵的表現)

symbolic resource 상징자료(象徵資料), 기호자료(記號資料)

symbolic speech 상징언어(象徵言語)

symbolism 상징성(象徵性)

symbolization 상징화(象徵化), 기호화(記號化)

symmetric hearing loss 생리 대칭형 청력손실(對稱形聽力損失)

symmetric relation 대칭관계(對稱關係) ↔ asymmetric relation

symmetrical communication patterns 언어발달 균형적 의사소통 양상(균형적의사소통양상) *cf.* unilateral communication patterns

symmetrical contrariness 의미 대칭적 상반성(對稱的相反性)

symmetrical distribution 대칭분포(對稱分布) ↔ asymmetrical distribution

symmetrical tonic neck reflex(STNR) 신경 대칭적 경부경반사(對稱的頸部硬反射)

symmetrical verb 대칭동사(對稱動詞)

symmetry 대칭(對稱), 대칭성(對稱性) ↔ asymmetry

symmetry axis 대칭축(對稱軸)

symmetry condition 대칭조건(對稱條件)

symmetry plane 대칭면(對稱面)

sympathectomy 해부 교감신경절제술(交感神經切除術)

sympathetic 해부 교감신경(交感神經)의 *cf.* parasympathetic

sympathetic apraxia 생리 교감신경성 실행증(交感神經性失行症)

sympathetic branch 해부 교감신경가지

sympathetic division 해부 교감신경부(交感神經部)

sympathetic ganglion 해부 교감신경절(交感神經節) = sympathetic nerve ganglion

sympathetic hormone 해부 교감신경 호르몬

sympathetic inhibitor 교감신경 차단제(交感神經遮斷劑)

sympathetic nerve 해부 교감신경(交感神經)

sympathetic nerve fiber 해부 교감신경섬유(交感神經纖維)

sympathetic nerve ganglion 해부 교감신경절(交感神經節) = sympathetic ganglion

sympathetic nerve plexus 해부 교감신경총(交感神經總)

sympathetic nervous system 해부 교감신경계(交感神經系) *cf.* parasympathetic nervous system

sympathetic ophthalmoplegia 신경 교감신경성 안근마비(交感神經性眼筋痲痺)

sympathetic response 말더듬 공감반응(共感反應)

sympathetic root 신경 교감신경근(交感神經筋), 교감신경뿌리

sympathetic string 공조현(共助絃), 울림줄 *cf.* empathy

sympathetic vibration 교감진동(交感振動)

sympathomimetic amines 교감신경 흥분성 아민

sympathomimetic effect 교감신경 흥분성 효과(交感神經興奮性效果)

sympathy 동정(同情), 공감(共感)

symphysis 해부 (섬유연골의) 결합(結合)

symphysis menti 해부 하악결합(下顎結合)

symposium 심포지엄

symptom 증상(症狀) *cf.* sign

symptom substitution 심리 증상 대치(症狀代置)

symptomatic aspiration 생리 증상흡인(症狀吸引) ↔ silent aspiration

symptomatic asthma 생리 증후성 천식(症候性喘息)

symptomatic penetration 생리 증상적 침습(症狀的侵襲)

symptomatic therapy 증상치료(症狀治療)

symptomatic voice therapy 증상중심 음성치료(症狀中心音聲治療) *cf.* psychogenic therapy

symptomatology 증상학(症狀學)

symptoms 증상(症狀) *cf.* signs

synapse 신경 시냅스

synaptic cleft 신경 시냅스 틈새

synaptic conduction 신경 시냅스 전도(傳導)

synaptic connection 신경 시냅스 연락(連落)
synaptic delay 신경 시냅스 지연(遲延)
synaptic hillock 신경 시냅스 구부(丘部)
synaptic knob 신경 시냅스 단추
synaptic potential 신경 시냅스 전위
synaptic time 신경 시냅스 통과시간
synaptic transmission 시냅스 전달
synaptic transmitter 신경 시냅스 신경전달물질(神經傳達物質)
synaptic vesicle 신경 시냅스 소포(小胞)
synaptogenesis 신경 시냅스 형성(形成)
synaptology 신경연접학(神經連接學)
synarthrodial joint 해부 부동관절(不動關節)
synchondrosis 해부 연골결합(軟骨結合)
synchronia 동시성(同時性), 동시발생(同時發生)
synchronic linguistics 공시언어학(共時言語學) ↔ diachronic linguistics
synchronic phonemics 음운 공시음소론(共時音素論) ↔ diachronic phonemics
synchronic phonetics 공시음성학(共時音聲學) ↔ diachronic phonetics
synchronic process 공시적 과정(共時的過程) ↔ diachronic process
synchronism 동기성(同期性), 동조성(同調性)
synchronization 동기화(同期化)
synchronized recoding 동시녹음(同時錄音)
synchrony 공시태(共時態), 공시성(共時性) ↔ diachrony
syncope 음운 어중자음탈락(語中子音脫落) *cf.* apocope
syndrome 증후군(症候群)
syndromic hearing loss 생리 증후군청력손실(症候群聽力損失)
synecdoche 제유법(提喩法) *cf.* metonymy
synechias 생리 성대유착증(聲帶癒着症) *cf.* laryngeal web
synergism 상승작용(相乘作用) = synergistic action
synergist 상승제(上乘劑)
synergistic action 상승작용(相乘作用) = synergism
synergy 시너지
synergy effect 시너지 효과 = synergistic effect
synesis 의미구어(意味口語)
synkinesis 연합운동(聯合運動)
synonym 동의어(同義語) ↔ antonym
synonymic collision 의미 동의충돌(同意衝突)
synonymy 동의관계(同義關係) ↔ antonymy
synopsis 개요(概要)
syntactic aphasia 신경 구문실어증(構文失語症)
syntactic bootstrapping 언어발달 통사적 자동처리(統辭的自動處理) *cf.* semantic bootstrapping
syntactic boundary 통사 구문경계(構文境界)
syntactic category 통사범주(統辭範疇) *cf.* semantic category
syntactic component 의미 통사부(統辭部) *cf.* semantic component
syntactic coordination 통사적 대등관계(統辭的對等關係)
syntactic disorders 구문장애(構文障礙)
syntactic drill 통사적 훈련(統辭的訓練)
syntactic feature 통사자질(統辭資質)
syntactic frame 통사적 틀 *cf.* phonological frame
syntactic function 통사적 기능(統辭的機能)
syntactic juncture 통사적 연접(統辭的連接)
syntactic marker 통사표지(統辭標識) *cf.* grammatical marker
syntactic performance 통사적 수행(統辭的遂行)
syntactic problems 통사적 문제(統辭的問題)
syntactic redundancy rule 통사잉여규칙(統辭剩餘規則)
syntactic rule 통사규칙(統辭規則)
syntactic structure 통사구조(統辭構造)
syntactic transformation 통사변형(統辭變形)

syntactic 통사적(統辭的) ↔ asyntactic
syntactics 통어론(通語論)
syntagm 통합체(統合體)
syntagmatic 통합적(統合的) *cf.* paradigmatic
syntagmatic constraints 통합적 제약(統合的制約) *cf.* paradigmatic constraints
syntagmatic-paradigmatic shift 통합적-계열적 전환(統合的系列的轉換)
syntagmatic relation 통합관계(統合關係) *cf.* paradigmatic relation
syntagmatic response 연쇄반응(連鎖反應), 결합 반응(結合反應)
syntagmatic rule 통합규칙(統合規則)
syntagmatic word 결합적 단어(結合的單語)
syntagmeme 연쇄문법소(連鎖文法素)
syntax 통사론(統辭論), 구문론(構文論)
synthesis 합성(合成) PL syntheses ↔ analysis
synthesis sound 합성음(合成音)
synthesized speech 합성된 음성
synthesized speech device(SSD) AAC 음성합성장치(音聲合成裝置) *cf.* digitized speech device
synthesizer 음성합성기(音聲合成機), 신디사이저
synthetic approach 종합적 접근(綜合的接近) *cf.* analytic approach
synthetic compound 종합 복합어(綜合複合語)
synthetic eclecticism 통합적 절충주의(統合的折衷主義) *cf.* technical eclecticism
synthetic method 종합적 방법(綜合的方法), 합성법(合成法) *cf.* analytic method
synthetic proposition 의미 종합적 명제(綜合的命題) ↔ analytic proposition
synthetic sentence identification test 합성문장식별검사(合成文章識別檢査)
synthetic tendency 종합적 경향(綜合的傾向)
synthetic training approach 종합적 훈련접근법(綜合的訓練接近法) ↔ analytic training approach
syrigmus 생리 이명(耳鳴) = tinnitus
syringe 주사기(注射器)
syringocele 해부 척수중심관(脊髓中心管)
syringomyelia 생리 척수공동증(脊髓空洞症)
syrinx (조류의) 울대 *cf.* vocal folds
system 체계(體系)
system learning 체계학습(體系學習)
systematic analysis of language transcripts (SALT) (소프트웨어) 언어전사의 체계적 분석
systematic anatomy 조직해부학(組織解剖學)
systematic desensitization 심리 체계적 둔감화(體系的鈍感化)
systematic drills 체계적 훈련(體系的訓練)
systematic fluency training for young children 말더듬 아동용 체계적 유창성 훈련(兒童用體系的流暢性訓練)
systematic forgetting 체계적 망각(體系的忘却)
systematic gap 체계적 공백(體系的空白), 체계적 빈칸
systematic method 체계적 방법(體系的方法)
systematic observation of communicative interaction(SOCI) 의사소통 상호작용에 대한 체계적 관찰
systematic phoneme 음운 체계음소(體系音素)
systematic phonemic level 음운 체계음소적 차원(體系音素的次元)
systematic phonemics 계통음소론(系統音素論), 체계적 음소론(體系音素論)
systematic phonetic level 체계음성적 차원(體系音聲的次元), 체계음성층위
systematic phonetic transcription 체계적 음성표기(體系的音聲表記), 체계적 음성전사(體系的音聲轉寫)
systematic phonetics 음운 체계적 음소표시(體系的音素表示)
systematic procedure 체계적 절차(體系的節次)

S

systematic replication 체계적 반복실험(體系的反復實驗) *cf.* direct replication

systematic variability 체계적 변이성(體系的變異性)

systematicity 체계성(體系性)

systemic 전신성(全身性)의

systemic blood pressure 체혈압(體血壓)

systemic circulation 체순환(體循環) *cf.* pulmonary circulation

systemic disease 생리 전신성 질환(全身性疾患), 전신질환(全身疾患)

systemic grammar 체계문법(體系文法)

systemic infection 생리 전신성 감염(全身性感染)

systemic lesion 생리 전신성 병변(全身性病邊)

systemic linguistics 체계언어학(體系言語學)

systemic lupus erythematosus 생리 전신성 홍반성 루푸스

systems approach 체계 접근방법(體系接近方法)

systems theory 체계이론

systole 생리 (심장의) 수축기(收縮期) ↔ diastole

systolic arrest 생리 수축기 정지(收縮期停止)

systolic blood pressure 생리 수축기 혈압(收縮期血壓) ↔ diastolic blood pressure

T

taboo 금기(禁忌)
taboo language 금기어(禁忌語) = taboo word
tabula rasa 심리 백지상태(白紙狀態) *cf.* empiricism
tachy- '빠른'의 의미 ↔ brady-
tachyarrhythmia 생리 빈박성 부정맥(頻拍性不整脈)
tachycardia 생리 빈맥(頻脈) = frequent pulse ↔ bradycardia
tachygraphy 속기법(速記法), 속기술(速記術)
tachylalia 생리 속화증(速話症) = cluttering ↔ bradylalia
tachyphagia 생리 속식증(速食症) ↔ bradyphagia
tachyphemia 생리 속화증(速話症) = cluttering ↔ bradyphemia
tachypnea 생리 빈호흡(頻呼吸) ↔ bradypnea
TACL(test for auditory comprehension of language) 언어청각이해력검사(言語聽覺理解力檢查)
tactile 생리 촉각(觸覺)의 = haptic
tactile agnosia 생리 촉각실인증(觸覺失認症) = somatosensory agnosia *cf.* visual agnosia
tactile amnesia 심리 촉각건망증(觸覺健忘症)
tactile aphasia 신경 촉각실어증(觸覺失語症)
tactile area 해부 촉각영역(觸覺領域)
tactile cues 신경 촉각단서(觸覺端緖)
tactile defensiveness 촉각적 방어(觸覺的防禦)
tactile device 신경 촉각장치(觸覺裝置)
tactile feedback 신경 촉각 피드백
tactile hair 해부 촉모(觸毛)
tactile organ 촉각기(觸覺器)
tactile perception 신경 촉각인지(觸覺認知)
tactile receptor 해부 촉각수용기(觸覺受容器)
tactile recognition system 촉각 인지체계(觸覺認知體系)
tactile reflex 신경 촉각반사(觸覺反射)
tactile sensation 신경 촉각(觸覺) *cf.* superficial sensation
tactile sense 신경 촉각(觸覺) = tactual sense

tactile symbols AAC 촉각상징(觸覺象徵)
cf. manual symbols
tactility 신경 촉감(觸感)
tactor 촉각기관(觸覺器官)
tactual map 신경 촉지도(觸地圖)
tactual perception 신경 촉지각(觸知覺)
tactual sense 신경 촉각(觸覺) = tactile sense
tactual stimulation 신경 촉각자극(觸覺刺戟)
tag-formation 부가문 형성(附加文形成)
tag question 부가의문문(附加疑問文)
TAL(tendon Achilles lengthening) 해부 아킬레스건 연장술(延長術)
talk-exchanges 대화 교환(對話交換)
talker variability 화자 가변성(話者可變性)
talking book 녹음책(錄音册)
talking point 이야기의 강조점(强調點)
tandem gait test 직렬보행검사(直列步行檢査)
tandem walking 직렬 걸음
tangential wave 음향 접선파(接線波)
tangible asset 유형자산(有形資産)
tangible fixed asset 유형 고정자산(有形固定資産)
tangible reason 명확한 이유
tangible symbols AAC 유형상징(有形象徵)
cf. representational symbols
tap 조음 탄설음(彈舌音)
Tapia syndrome 생리 (뇌신경 장애로 인한 마비) 타피아 증후군
tapping (가볍게) 두드리기
TAPS(test of auditory-perceptual skills) 청지각기능검사(聽知覺技能檢査)
tardive dyskinesia(TD) 생리 지연성 이상운동증(遲延性異常運動症)
target 목표(目標), 표적(標的)
target behaviors 목표행동(目標行動), 표적행동(標的行動)
target domain 의미 목표영역(目標領域)
cf. source domain
target gain 목표이득(目標利得)
target language 목표언어(目標言語)
cf. native language
target source level 음향 표적음원레벨
target strength 음향 표적강도(標的强度)
target structure 인지 목표구조(目標構造)
↔ source structure
target vowel 목표모음(目標母音)
targeted heart rate 목표심박수(目標心搏數)
targeted neuroplasticity training 뇌과학 목표 신경가소성 훈련(目標神經可塑性訓練)
targeting 표적화(標的化)
tarsals 해부 족근골(足筋骨)
TAS(theory of anticipatory struggle) 말더듬 예기투쟁이론(鬪爭豫期理論)
task analysis 과제분석(課題分析)
task response 검사반응(檢査反應)
TASP(test of aided-communication symbol performance) AAC 보조의사소통상징수행력검사(補助意思疏通象徵遂行力檢査)
taste 생리 미각(味覺), 맛
taste blindness 생리 미맹(味盲)
taste bud 해부 미뢰(味蕾), 맛봉오리
taste cell 해부 미각세포(味覺細胞)
taste organ 미각기(味覺器)
taste papilla 해부 미각유두(味覺乳頭)
taste perception 신경 미지각(味知覺), 맛지각
taste pore 해부 미공(味孔)
taste receptor 신경 미각 수용기(味覺受容器)
taste sense 신경 미각(味覺) *cf.* special sensation
taste stimulation 삼킴 맛 자극법
TAT(thematic apperception test) 심리 주제통각검사(主題統覺檢査)
tautology 논리 동어반복(同語反覆), 항진명제(恒眞命題) *cf.* palialalia
tautosyllabic 음운 동일음절(同一音節)의
taxonomic assumption 언어발달 분류학적 가정(分類學的假定)

taxonomic constraint 언어발달 분류학적 제약(分類學的制約)

taxonomic knowledge 언어발달 분류학적 지식(分類學的知識)

taxonomic model 언어발달 분류학적 모형(分類學的模型)

taxonomic organization 분류조직(分類組織)

taxonomic phoneme 음운 분류음소(分類音素)

taxonomic phonemic level 음운 분류음소적 단계(分類音素的段階), 분류음소층위(分類音素層位)

taxonomic principle 분류학적 원칙(分類學的原則)

taxonomic sisters 분류자매어(分類姉妹語)

taxonomy 분류학(分類學)

Taylor's transformation 테일러 변환(變換)

Tb(tuberculosis) 생리 결핵(結核)

TBE(transitional bilingual education) 과도적 이중언어 병용교육(過渡的二重言語竝用敎育)

TBI(traumatic brain injury) 생리 외상성 뇌손상(外傷性腦損傷) *cf.* ABI

TBU(tone bearing unit) 성조소지단위(聲調所持單位)

TCD(theory of capacities and demands) 말더듬 요구-용량 이론(要求容量理論) *cf.* diagnosogenic theory

TCS(temperament characteristics scale) 기질특성 척도(氣質特性尺度)

TD(tardive dyskinesia) 신경 지발성 안면마비(自發性顔面痲痹)

TD(threshold of discomfort) 음향 불안정역치(不安定閾値)

TDD(telecommunicating devices for the deaf) 농아용 원격의사소통기기(聾兒用遠隔意思疏通器機)

TDT(tone decay test) 청각피로검사(聽覺疲勞檢査)

TE(test ear) 청각 검사 귀 ↔ NTE

teacher aids 교사보조(敎師補助)

teaching English as a foreign language(TEFL) 외국어로서의 영어교육

teaching English as a secondary language (TESL) 제2 외국어로서의 영어교육

teaching English to the speakers of other language(TESOL) 타언어사용자에 대한 영어교육

teaching materials 교수자료(敎授資料)

teaching plan 교수계획(敎授計劃)

team teaching 팀 교수 *cf.* co-teaching

technical eclecticism 기술적 절충주의(技術的折衷主義) *cf.* synthetic eclecticism

technical report 기술 보고서(技術報告書)

technical term 전문어(專門語), 전문용어(專門用語)

technician 기술자(技術者)

technophobia 기술공포증(技術恐怖症)

tectal lamina 해부 덮개판

tectobulbar tract 해부 덮개수뇌로

tectorial membrane 해부 덮개막

tectospinal tract 해부 덮개척수로

tectum 덮개

TEEM(test for examining expressive morphology) (언어의) 표현형태검사(表現形態檢査)

teeth 치아(齒牙), 이

teeth malocclusion 해부 부정교합(不正咬合) = malocclusion

TEF(tracheoesophageal fistula) 해부 기관식도누관(氣管-食道瘻管), 기식도누관(氣食道瘻管) = TEP

TEFL(teaching English as a foreign language) 외국어로서의 영어교육(英語敎育)

teflon (후두성형술에 쓰이는 물질) 테플론

teflon-collagen injection 테플론-콜라겐 주입

teflon injection 테플론 주사(注射), 테플론 주입(注入) *cf.* collagen injection

T

tegmental decussation 해부 피개교차(被蓋交叉)
tegmental nuclei 해부 피개핵(被蓋核)
tegmentum 해부 피개(被蓋)
tela choroidea 해부 맥락조직(脈絡組織)
telangiectasia 생리 모세혈관확장증(毛細血管擴張症) = capillary ectasia
TELD(test for early language development) 초기언어발달검사(初期言語發達檢查)
teleceptors 원격수용기(遠隔受容器)
telecommunicating devices for the deaf (TDD) 농아용 원격의사소통기기(聾兒用遠隔意思疏通器機)
teleconferencing 원격회의(遠隔會議)
telegraphic ellipsis 신경 전보식 생략(電報的省略)
telegraphic production 전보식 말산출
telegraphic sentence 전보식 문장(電報式文章)
telegraphic speech 전보식 발화(電報式發話), 전보체말, 전문체 = telegraphic utterance
telegraphic stage 신경 전보식 발화단계(電報式發話段階)
telegraphic utterance 전보식 발화(電報式發話) = telegraphic speech
telencephalon 해부 종뇌(終腦), 끝뇌
telepathy 정신감응(精神感應)
telephone amplifier 전화증폭기(電話增幅器)
telephone device for the deaf 농인을 위한 전화장치(電話裝置)
telephone earphone 수화기(受話器)
telephone set for the handicapped 장애인용 전화기(障礙人用電話機)
telephone systems 전화체계(電話體系)
telephone theory 전화이론(電話理論)
telephony 전화통화법(電話通話法)
telling 말하기
telodendria 해부 수지상분기(樹枝狀分岐)
TEMA(test of early mathematics ability) 초기수학능력검사(初期數學能力檢查)
temperament 기질(氣質)
temperament characteristics scale(TCS) 기질특성척도(氣質特性尺度)
temperament hypothesis 기질가설(氣質假說)
temperature 온도(溫度)
temperature sensation 신경 온도각(溫度覺) *cf.* superficial sensation
temperature stability 온도안정도(溫度安定度)
template 형판(型板), 틀
template matching 형판맞추기
tempo 박자(拍子), 속도(速度), 템포
temporal (1) 시간(時間)의 (2) 해부 측두(側頭)의
temporal articular surface 해부 측두관절면(側頭關節面)
temporal bone 해부 측두골(側頭骨)
temporal branch 해부 측두지(側頭枝)
temporal changes 시간적 변화(時間的變化)
temporal clause 시상절(時相節)
temporal cortex 해부 측두피질(側頭皮質)
temporal cues 음향 시간 단서(時間端緖) *cf.* spectral cues
temporal difference 시간적 차이(時間的差異)
temporal distance 시간적 거리(時間的距離)
temporal fissure 해부 측두열구(側頭裂溝) = fissure of Sylvius
temporal fossa 해부 측두와(側頭窩)
temporal frequency 시각적 빈도(視覺的頻度)
temporal gyrus 해부 측두회(側頭回)
temporal induction 시간적 유도(時間的誘導)
temporal information 인지 시간정보(時間情報) *cf.* spatial information
temporal integration 시간적 통합(時間的統合)
temporal line 해부 측두선(側頭線)
temporal lobe 해부 측두엽(側頭葉)
temporal lobectomy 해부 측두엽 절제술(側頭葉切除術)
temporal masking 음향 시간적 차폐(時間的遮蔽)
temporal metonymy 인지 시간적 환유(時間

的換喩) *cf.* spatial metonymy
temporal operculum 해부 측두덮개부
temporal ordering 시간적 순서화(時間的順序化)
temporal parameter 시간적 변수(時間的變數)
temporal phase 시간위상(時間位相)
temporal pole 해부 측두극(側頭極)
temporal processing test 시간처리검사(時間處理檢査)
temporal region 해부 측두부(側頭部)
temporal resolution 시간적 해상도(時間的解像度)
temporal schema 인지 시간적 도식(時間的圖式) = sequence schema
temporal sequence principle 인지 시간적 순서의 원리
temporal-spatial concept scale 시공간개념척도(時空間槪念尺度)
temporal sulcus 해부 측두구(側頭溝), 관자놀이구, 측두고랑
temporal summation 시간적 총화(時間的總和) *cf.* spatial summation
temporal theory 청각 시간차이론(時間差理論)
temporal words 시간어(時間語)
temporalis muscle 해부 측두근(側頭筋), 관자근(貫子筋)
temporality 시간관계(時間關係)
temporary threshold shift(TTS) 음향 한시적 역치이동(限時的閾値移動) ↔ permanent threshold shift
temporofacial division 해부 측두안면지(側頭顔面分枝)
temporomandibular 해부 악관절(顎關節)의
temporomandibular disorders(TMD) 측두하악장애(側頭下顎障礙)
temporomandibular joint(TMJ) 해부 측두하악관절(側頭下顎關節)
temporomandibular ligament 해부 측두하악인대(側頭下顎靭帶)
temporomandibular syndrome 생리 측두하악 증후군(側頭下顎症候群)
temporoparietal aphasia 신경 측두두정엽성실어증(側頭頭頂葉性失語症)
temporoparietal cortex 해부 측두두정피질(側頭頭頂皮質)
temporoparietal region 해부 측두두정부위(側頭頭頂部位)
temporoparietalis muscle 해부 측두두정근(側頭頭頂筋)
tendon 건(腱힘), 줄 *cf.* ligament
tendon Achilles lengthening(TAL) 아킬레스건 연장술(延長術)
tendon cell 해부 힘줄세포
tendon fiber 해부 힘줄섬유
tendon lengthening 해부 건연장(腱延長)
tendon organ of Golgi 해부 힘줄방추 = tendon spindle
tendon reaction 건반응(腱反應)
tendon reflex 신경 건반사(腱反射) = tendon jerk
tendon sheath 해부 건초(腱鞘), 힘줄집
tendon spindle 해부 건방추(腱紡錘) = tendon organ of Golgi
tendon transfer 힘줄전이
tenia 해부 띠, 끈
tenia of fornix 해부 뇌활띠
tenia thalami 해부 L 시상띠
tenor (남성의 고음) 테너 *cf.* countertenor
tenotomy 해부 건절제술(腱切除術)
tense (1) 통사 (문법범주) 시제(時制) (2) 조음 (모음의) 긴장(緊張) ↔ lax
tense-aspect 시상(時相)
tense pauses 긴장쉼
tense phoneme 음운 긴장음소(緊張音素)
tense portion 긴장부(緊張部)
tense vowel 조음 긴장모음(緊張母音) ↔ lax vowel

T

tensed 음운 긴장성(緊張性) ↔ lax
tensed-S condition 시제-문 조건(時制文條件)
tenseless 무시제(無時制)
tensile strength 인장강도(引張剛度), 신장강도(伸張剛度)
tensimeter 장력계(張力計)
tensing 음운 긴장음화(緊張音化) ↔ laxing
tension 긴장(緊張), 장력(張力) ↔ relaxation *cf.* tensity
tension curve 긴장곡선(緊張曲線)
tension-fatigue syndrome 생리 (후두의) 긴장-피로 증후군(緊張疲勞症候群)
tension force 장력(張力) ↔ compression force
tension reduction 긴장완화(緊張緩和)
tension relaxation 긴장이완(緊張弛緩)
tension state 긴장상태(緊張狀態)
tension test 장력시험(張力試驗)
tensional headache 생리 긴장성 두통(緊張性頭痛)
tensity 긴장성(緊張性) ↔ laxity *cf.* tension
tensor 해부 (후두의) 긴장근(緊張筋) = tensor muscle ↔ relaxer
tensor muscle of palatini velum 해부 연구개 긴장근(軟口蓋緊張筋)
tensor muscles 해부 긴장근(緊張筋) = tensor
tensor palatini muscles 해부 L 구개긴장근(口蓋緊張筋)
tensor tympani muscle 해부 L 고막장근(鼓膜緊張筋)
tensor tympani tendon 해부 고막긴장건(鼓膜緊張腱), 고막긴장힘줄
tensor veli palatini muscle 해부 L 연구개 긴장근(軟口蓋緊張筋) = tensor muscle of palatini velum
tentativeness 일시성(一時性)
tentorium cerebelli 해부 L 소뇌천막(小腦天幕)
TENVAD(test of nonverbal auditory discrimination) 비구어 청각변별검사(非口語聽覺辨別檢査)
TEOAE(transient evoked otoacoustic emission) 음향 일과성 음유발이음향방사(一過性音誘發耳音響放射)
TEP(tracheoesophageal puncture) 해부 기식도천공술(氣食道穿孔術) = TEF
TERA(test of early reading ability) 초기읽기능력검사
teratism 기형(奇形)
teratogen 기형발생 물질(奇形發生物質)
teres major 해부 큰원근
teres minor 해부 작은원근
term (1) 용어(用語) (2) 기간(期間)
terminal behavior 종결행위(終結行爲)
terminal branch 해부 종말가지
terminal bronchiole 해부 종말세기관지(終末細氣管支)
terminal button 해부 종말단추
terminal cancer 말기암(末期癌)
terminal contour 문미억양(文尾抑揚)
terminal ganglion 해부 종말신경절(終末神經節)
terminal juncture 해부 종말연접(終末連接)
terminal lag 말미지연(末尾遲延)
terminal line 분계선(分界線)
terminal nerve 해부 종말신경(終末神經)
terminal node 종말마디, 말단마디
terminal response 최종반응(最終反應) ↔ initial response
terminal reverberation 음향 종말잔향(終末殘響)
terminal stage 말기(末期) ↔ initial stage
terminal state 최종단계(最終段階) ↔ initial state
terminal string 말미 연결체(末尾連結體), 종착렬(終着列)
terminal sulcus 해부 분계고랑
terminal syllable 음운 종말음절(終末音節)
terminal unit(T-unit) 담화 최소종결단위(最

小終結單位) = minimally terminable unit
terminal ventricle 해부 종말뇌실(終末腦室)
termination 종료점(終了點), 종말(終末)
termination admittance matrix 음향 종료점 어드미턴스 행렬
termination impedance 음향 종료점저항(終了點抵抗)
termination impedance matrix 음향 종료점 저항행렬(終了點抵抗行列)
ternary branching 삼분지(三分枝)
ternary feature 삼원적 자질(三元的資質)
ternary foot 삼분음보(三分音譜)
tertiary bronchi 해부 삼차기관지(三次氣管支)
tertiary contraction 삼차수축(三次收縮)
tertiary stress 삼차강세(三次强勢)
terza rima 제3 운구법
TES(therapeutic error signal) 의료사고 신호(醫療事故信號)
TES(tracheal-esophageal segment) 해부 기관식도분절(氣管食道分節), 기관식도마디
TESL(teaching English as a secondary language) 제2 외국어로서의 영어교육(英語教育)
TESOL(teaching English to the speakers of other language) 타언어사용자에 대한 영어교육(英語教育)
test 검사(檢查)
test administration 검사실시(檢查實施)
testability 통계 검증가능성(檢證可能性) = verifiability
testable hypothesis 검증가능가설(檢證可能假說)
test ear(TE) 청각 검사 귀 ↔ non-test ear
test environment 검사환경(檢查環境)
test equipment 검사장비(檢查裝備)
tester 검사기(檢絲器)
test for auditory comprehension of language (TACL) 언어청각이해력검사(言語聽覺理解力檢查)
test for examining expressive morphology (TEEM) (언어의) 표현형태검사(表現形態檢查)
test frequency 검사주파수(檢查周波數)
testis 해부 고환(睾丸) *cf.* epididymis
test of adolescent language(TOAL) 청소년언어검사(青少年言語檢查)
test of adolescent word finding(TAWF) (실어증 환자용) 청소년단어발견검사(青少年單語發見檢查), 청소년낱말찾기검사
test of aided-communication symbol performance(TASP) AAC 보조의사소통 상징수행력검사(補助意思疏通象徵遂行力檢查)
test of auditory-perceptual skills(TAPS) 청지각기능검사(聽知覺技能檢查)
test of early language development(TELD) 초기언어발달검사(初期言語發達檢查)
test of early mathematics ability(TEMA) 초기수학능력검사(初期數學能力檢查)
test of early reading ability(TERA) 초기읽기능력검사
test of early written language(TEWL) 조기쓰기문자언어검사
test of language competence(TLCE) 언어능력검사(言語能力檢查)
test of language development-primary (TOLD-P) 초기언어발달검사(言語發達檢查)
test of mathematical abilities(TOMA) 수학능력검사(數學能力檢查)
test of minimal articulation competence(TMAC) 최소조음능력검사(最少調音能力檢查)
test of narrative language(TNL) 이야기 언어 검사
test of nonverbal auditory discrimination (TENVAD) 비구어 청각변별검사(非口語聽覺辨別檢查)
test of nonverbal intelligence(TONI) AAC

비언어성 지능검사(非言語性知能檢查)

test of oral structure and function(TOSF) 구강구조기능검사(口腔構造機能檢查)

test of practical knowledge(TPK) 실제적 지식검사(實際的知識檢查)

test of pragmatic language(TOPL) 화용언어검사(話用言語檢查)

test of pragmatic skills(TPS) 화용기술검사(話用技術檢查)

test of problem solving(TOPS) 언어문제해결력검사(言語問題解決力檢查)

test of reading achievement and reading cognitive processes(RA-RCP) 읽기 성취 및 인지처리 검사(認知處理檢查)

test of reading comprehension(TORC) 읽기 이해력검사(理解力檢查)

test of visual neglect(TVN) 시각무시검사(視覺無視檢查)

test of word finding(TWF) 단어발견검사(單語發見檢查), 단어찾기검사

test of word finding in discourse(TWFD) 담화 대화 중 단어찾기검사

test of written language(TWL) 언어발달 문어검사(文語檢查)

test of written spelling(TWS) 언어발달 철자검사(綴字檢查)

testosterone 해부 (남성호르몬) 테스토스테론 ↔ estrogen

test reliability 통계 검사신뢰도(檢查信賴度)

test-retest method 통계 검사-재검사법(檢查再檢查法)

test-retest reliability 통계 검사-재검사 신뢰도(檢查-再檢查信賴度)

test-retest reliability coefficient 통계 검사-재검사 신뢰도계수(檢查-再檢查信賴度係數)

test score 검사점수(檢查點數)

test situation 검사장면(檢查場面)

test standardization 통계 검사표준화(檢查標準化)

test stimulus 검사자극(檢查刺戟)

test trial 검사시행(檢查試行)

test validity 통계 검사타당도(檢查妥當度)

tetanus 생리 파상풍(破傷風)

TEWL(test of early written language) 조기 쓰기언어검사

text 덩이글, 텍스트

text-based AAC 덩이글 기반(基盤) *cf.* picture-symbol-based

text-connecting inference 언어발달 덩이글 연결추론, 텍스트연결추론 *cf.* gap-filling inference

text grammar 덩이글 문법, 텍스트 문법

text grammarian 덩이글 문법학자, 텍스트 문법학자(文法學者)

text linguistics 덩이글 언어학, 텍스트 언어학(言語學)

text sentence 덩이글 문장, 텍스트 문장

text-to-speech conversion 음성공학 덩이글-음성 변환(音聲變換), 텍스트-음성 변환 *cf.* text-to-text conversion

text-to-speech synthesis 음성공학 덩이글-음성 합성(音聲合成), 텍스트-음성 합성

text-to-text conversion 음성공학 덩이글-덩이글 변환, 텍스트-택스트 변환 *cf.* text-to-speech conversion

textual cohesion 문맥적 응결(文脈的凝結)

textual context 문맥(文脈)

textual ellipsis 문맥생략(文脈省略)

textual information 문맥적 정보(文脈的情報)

textual reference 문맥적 지시(文脈的指示)

textuality 텍스트성

TFT(thyroid function test) 갑상선기능검사(甲狀腺技能檢查)

TGP(traditional generative phonology) 전통생성음운론(傳統生成音韻論)

TGV(thoracic gas volume) 생리 흉내 가스용량

thalamic nuclei 해부 시상핵(視床核)

thalamic pain syndrome 생리 (뇌졸중 후) 시상통 증후군(視床痛症候群) = Dejerine syndrome

thalamocortical fibers 신경 시상피질섬유(視床皮質纖維)

thalamocortical tract 해부 시상 피질로(視床皮質路)

thalamotomy 해부 시상 절개술(視床核切開術)

thalamus 해부 (간뇌의) 시상(視床)

thanatology 사망학(死亡學), 죽음학

THD(total harmonic distortion) 음향 전고조파 왜곡률(全高調波歪曲), 총조화음 왜곡(總調和音歪曲)

the conscious 심리 (프로이드의) 의식(意識) = consciousness ↔ the unconscious, unconsciousness

the least marked grammar 통사 최소유표적 문법(最小有標的文法)

the preconscious 심리 (프로이드의) 전의식(前意識) = preconsciousness

the unconscious 심리 (프로이드의) 무의식(無意識) = unconsciousness ↔ the conscious, consciousness

theism 유신론(有神論) ↔ atheism *cf.* agnosticism

thematic apperception test(TAT) 심리 주제통각검사(主題統覺檢查)

thematic hierarchy condition 주제계층조건(主題階層條件)

thematic paralogia 생리 주제적 착화증(主題的錯話症)

thematic relation 주제관계(主題關係)

thematic role 의미역(意味役)

theme 주제(主題), 대상(對象)

theoretical approach 이론적 접근(理論的接近)

theoretical base form 이론적 기본형태(理論的基本形態)

theoretical linguistics 이론언어학(理論言語學) *cf.* applied linguistics

theoretical pathology 이론병리학(理論病理學) *cf.* experimental pathology

theoretical phonetics 이론음성학(理論音聲學) *cf.* experimental phonetics

theoretical research 이론적 연구(理論的研究) *cf.* applied research

theoretical validity 통계 이론적 타당도(理論妥當度)

theoretization 언어습득 이론화(理論化)

theory of adaptive dispersion 적응분산이론(適應分散理論)

theory of anticipatory struggle(TAS) 말더듬 예기투쟁이론(鬪爭豫期理論)

theory of capacities and demands(TCD) 말더듬 요구-용량 이론(要求容量理論) *cf.* diagnosogenic theory

theory of communicative failure and anticipatory struggle 말더듬 의사소통실패와 예기투쟁이론

theory of mind(ToM) 마음이론

theory of mutations 돌연변이설(突然變異說)

therapeutics 치료제(治療劑), 치료학(治療學)

therapeutic effect 치료효과(治療效果)

therapeutic error signal(TES) 치료사고신호(治療事故信號)

therapeutic process 치료과정(治療過程)

therapeutic relationship 치료적 관계(治療的關係)

therapist 치료사(治療士) = clinician

therapy 치료(治療)

thermal absorption 열흡수(熱吸收)

thermal conductivity 열전도율(熱傳導率)

thermal control 체온조절(體溫調節)

thermal death 열사(熱死)

thermal diffusion 열확산(熱擴散)

thermal efficiency 열효율(熱效率)

thermal equilibrium 열평형(熱平衡)

thermal gustatory stimulation 삼킴 온도미

각자극(溫度味覺刺戟)
thermal microphone 열선 마이크로폰
=hot-wire microphone
thermal noise 열잡음(熱雜音)
thermal penetration depth 열침투 깊이
=thermal skin depth
thermal radiation 열방사(熱放射)
thermal sensation 생리 온도감각(溫度感覺)
thermal stimulation 생리 온도자극(溫度刺戟)
thermal-tactile stimulation 삼킴 온도촉각자극법(溫度觸覺刺戟法)
thermal unsteady boundary layer 열불평형경계층(熱不平衡境界層)
thermoacoustics 열음향학(熱音響學)
thermoalgesia 작열통(灼熱痛)
thermodynamics 열역학(熱力學)
thermogenesis 열발생(熱發生)
thermograph 온도기록법(溫度記錄法)
thermography 온도기록술(溫度記錄術)
thermohyperesthesia 생리 온도각 과민(溫度覺過敏), 온도각 과민증(溫度覺過敏症)
thermohypesthesia 생리 온도각 감퇴증(溫度覺減退症)
thermolability 열민감성(熱敏感性)
thermoreceptor 생리 온도수용기(溫度受容器)
cf. photoreceptor
thermosonication 열초음파 처리(熱超音波處理)
thermospheric channel 열권채널
=thermospheric duct
thermo-tactile stimulation 삼킴 온도촉각자극법(溫度觸覺刺戟法)
thermoviscous fluid 열점성 유체(熱粘性流體)
thesis-antithesis-synthesis 논리 정반합(正反合)
theta(θ)-criterion 의미역 기준(意味役基準)
theta(θ)-government 의미역 지배(意味役支配)
theta(θ)-grid 의미역 망(意味役網)
theta(θ)-marking 의미역 표시(意味役表示)
theta(θ)-position 의미역 위치(意味役位置)
theta(θ)-role 의미역(意味役)
theta(θ)-theory 의미역이론(意味役理論)
THI(tinnitus handicap Inventory) 청각 이명장애목록(耳鳴障礙目錄)
thickener 삼킴 (액체의 점도를 짙게 하는) 점도강화제(粘度强化劑)
thick liquid 삼킴 진한 액체 ↔ thin liquid
thickness loss 두께 손실
thickness mode 두께 모드
thin liquid 삼킴 묽은 액체 ↔ thick liquid
thin vocal resonance 약한 성대공명
=effeminate voice quality
think aloud 음성치료 소리내어 생각하기
cf. Lee-Silverman voice treatment
think tank 두뇌집단(頭腦集團)
thinking 사고(思考)
thinking development 사고발달(思考發達)
thinking disorder 심리 사고장애(思考障礙)
cf. rumination disorder
thinking disturbance factor 심리 사고장애인자(思考障礙因子)
third alexia 생리 제3의 실독증(失讀症)
=anterior alexia
third sound 제3의 소리
third ventricle 해부 제3 뇌실(腦室)
thoracic aorta 해부 흉부 대동맥(胸部大動脈)
= L aorta thoracica
thoracic breathing 생리 흉식호흡(胸式呼吸)
cf. abdominal breathing
thoracic cage 해부 흉곽(胸廓)=rib cage
thoracic cardiac branches 해부 흉부 심장가지
thoracic cardiac nerve 해부 흉부 심장신경(胸部心臟神經)
thoracic cavity 해부 흉부강(胸部腔)
thoracic compression 생리 흉부압박(胸部壓迫)
thoracic curve 해부 흉부만곡(胸部彎曲)
thoracic deformity 해부 흉부변형(胸部變形)

thoracic disease 생리 흉부질환(胸部疾患)
thoracic duct 해부 흉관(胸管)
thoracic esophagus 해부 흉부식도(胸部食道)
thoracic ganglia 해부 흉부신경절(胸部神經節)
thoracic gas volume(TGV) 흉내 가스용량
thoracic limb 해부 흉각(胸脚)
thoracic muscles 해부 흉근(胸筋)
thoracic nerve 해부 흉벽신경(胸壁神經)
thoracic organ 해부 흉부기관(胸部器官)
thoracic part 해부 흉부(胸部)
thoracic pulmonary branches 해부 흉부폐 분지(胸部肺分枝)
thoracic respiration 생리 흉식호흡(胸式呼吸) *cf.* abdominal respiration
thoracic segments 해부 흉부분절(胸部分節)
thoracic vertebra 해부 흉추(胸椎)
thoracic wall 해부 흉벽(胸壁)
thoracoscopy 흉강경검사(胸腔鏡檢査)
thorax 해부 흉부(胸部) = chest
thought disorders 심리 사고장애(思考障礙)
thought process 심리 사고과정(思考過程)
thought stopping 말더듬 생각 끊기
three attributes of tone 음의 3요소
three-day measles 생리 풍진(風疹)
three-turn structure 세 순서 구조
threshold 역치(閾値), 문턱값 = threshold value
threshold for discrimination 청각 식별역치(識別閾値), 식별 문턱값
threshold hearing level 청각 청력역치레벨
threshold hypothesis 역치가설(閾値假說)
threshold level 역치레벨
threshold of audibility 청각 청력역치(聽力閾値), 가청한계(可聽限界) = threshold of hearing
threshold of control 말더듬 통제역치(統制閾値)
threshold of discomfort(TD) 심리 불안역치(不安閾値)
threshold of feeling 생리 감각역치(感覺閾値)
threshold of hearing 청각 가청한계(可聽限界), 청각역치(聽覺閾値) = threshold of audibility
threshold of pain 청각 고통역치(苦痛閾値)
threshold of speech intelligibility 음운 말명료도 역치(閾値)
threshold of vibration sensation 청각 진동감각 역치(振動感覺閾値)
threshold of visual sensation 시각역치(視覺閾値)
threshold potential 음향 역치전위(閾値電位)
threshold sensitivity 음향 역치 민감도(閾値敏感度)
threshold shift 음향 역치전이(閾値轉移), 역치이동(閾値移動)
threshold shift method 음향 역치전환법(閾値轉換法)
threshold stimulus 역치자극(閾値刺戟) 문턱자극
threshold value 역치(閾値), 문턱 값 = threshold
thrill 전율(戰慄)
throat 해부 인후(咽喉), 목구멍
throat click 조음 인후 흡착음(咽喉吸着音)
throat culture 생리 인후배양(咽喉培養)
throat deafness 생리 인후성 농(咽喉性聾)
throat microphone 인후 마이크로폰
thrombopenia 생리 혈소판 감소증(血小板減少症)
thrombosis 생리 혈전증(血栓症) = thrombolism *cf.* embolism
thrombus 생리 혈전(血栓) *cf.* embolus
throretical orientation 이론적 지향(理論的指向)
throttled air flow loudspeaker 공기흐름 제어 스피커
through transmission method 투과법(透過法)
thymoma 생리 흉선종(胸腺腫)
thymus-dependent T-cell 생리 흉선의존성 T

세포
thymus gland 해부 흉선(胸線), 가슴샘
thyroarytenoid muscle 해부 갑상피열근(甲狀披閱筋), 방패호미근
thyroarytenoid myectomy 해부 갑상피열 절제술(甲狀披閱切除術)
thyroepiglottic ligament 해부 갑상후두개 인대(甲狀喉頭蓋靭帶)
thyroepiglottic muscle 해부 갑상후두개근(甲狀喉頭蓋筋)
thyroepiglottic part 해부 갑상후두개 부위(甲狀喉頭蓋部位)
thyrohyoid ligament 해부 갑상설골 인대(甲狀舌骨靭帶)
thyrohyoid membrane 해부 갑상설골막(甲狀舌骨膜)
thyrohyoid muscle 해부 갑상설골근(甲狀舌骨筋)
thyroid artery 해부 갑상선 동맥(甲狀腺動脈)
thyroid articular surface 해부 갑상관절면(甲狀關節面)
thyroid cartilage 해부 갑상연골(甲狀軟骨), 방패연골
thyroid disease 생리 갑상선질환(甲狀腺疾患)
thyroid disorders 생리 갑상선 장애(甲狀腺障礙)
thyroid eminence 해부 갑상융기(甲狀隆起) *cf.* laryngeal prominence
thyroid function test(TFT) 생리 갑상선기능검사(甲狀腺技能檢査)
thyroid gland 해부 갑상선(甲狀腺), 갑상샘
thyroid hormone 해부 갑상선 호르몬
thyroid isthmus 해부 갑상선 협부(甲狀腺狹部)
thyroid membrane 해부 갑상막(甲狀膜)
thyroid muscle 해부 갑상근(甲狀筋)
thyroid notch 해부 갑상연골 절흔(甲狀軟骨切痕)
thyroid therapy 생리 갑상선 요법(甲狀腺切療法)
thyroid tumor 생리 갑상선 종양(甲狀腺切腫瘍)
thyroidectomy 해부 갑상선절제술(甲狀腺切除術)
thyroplasty 해부 갑상성형술(甲狀成形術)
TIA(transient ischemic attack) 생리 일과성 허혈발작(一過性虛血發作)
tibial bone 해부 경골(脛骨), 정강이뼈
tibial nerve 해부 경골신경(脛骨神經)
tic disorder 신경 틱 장애(障礙) *cf.* Tourette syndrome
tickle threshold 심리 불쾌역치(不快閾値) = discomfort threshold
tics 틱
tidal air 생리 1회 호흡용적(呼吸容積) = tidal volume
tidal air exchange 생리 1회 호흡교환(呼吸交換)
tidal gas 1회 호흡가스량
tidal rate 생리 호흡률(呼吸率)
tidal volume(TV) 생리 1회 호흡용적(呼吸容積) = tidal air
tie-clip microphone 핀 마이크
tier 층렬(層列), 층위(層位)
timbre 음색(音色) = tone color
timbre density function 통계 음색 밀도함수(音色密度函數)
time 시간(時間)
time-activity curves 시간활동곡선(時間-活動曲線)
time average 시간평균(時間平均)
time-average sound pressure level 음향 시간평균음압레벨
time code 타임코드
time-compressed sentence test 청각 시간압축문장검사(時間壓縮文章檢査)
time compression 시간압축(時間壓縮)
time constant 시상수(時常數)
time-delay response 지적 장애 시간지연 응답(時間遲延應答)
time-delay spectrometry 시간지연 스펙트로메트리

time-delay technique 지적 장애 시간지연기법(時間遲延技法)
time dependency 시간 의존성(時間依存性)
time differential attack 시간차 공격(時間差攻擊)
time dimension 시간적 차원(時間的次元)
time domain 시간영역(時間領域)
time duration 시간길이
time factor 시간요인(時間要因)
time-history 시간이력(時間履歷)
time-integrated intensity 청각 시간적분 강도(時間積分强度), 시간적분 세기
time-integrated sound pressure squared 청각 시간적분 음압제곱
time-intensity trade 청각 시간강도 교환작용(時間-强度交換作用)
time interval 시간간격(時間間隔)
time-interval equivalent continuous sound level 청각 시구간 등가 연속음레벨
time lag 심리 지체시간(遲滯時間)
time lapse 간헐촬영(間歇撮影)
time of relaxation 심리 이완시간(弛緩時間)
time on task 과제참여시간(課題參與時間)
timeout(TO) 한시적 통제(限時的統制), 타임아웃
time-average sound pressure level 음향 시간평균음압레벨
time perception 심리 시간지각(時間知覺)
time pressure 심리 시간압박(時間壓迫)
time reference 시간언급(時間言及)
time-reversal mirror 역시간 거울
time sense 심리 시간감각(時間感覺)
time series 시간열(時間列)
time series analysis 시간열 분석(時間列分析)
time-series methodology 시간계열 방법론(時間系列方法論) *cf.* single-case research design
time variable gain 음향 시간가변이득(時間可變利得)
time weighting 시간가중(時間加重)
timed free writing 시간제한 자유작문(時間制限自由作文)
timing 시간측정(時間測定), 타이밍
timing-of-puberty effect 사춘기-타이밍 효과
timing slot 시간단위(時間單位)
timing unit 길이단위
timpani canal 해부 고실관(鼓室管)
tinnitogram 청각 이명도(耳鳴圖) = tinnitus audiogram
tinnitus 음향 이명(耳鳴) = tympanophonia
tinnitus audiogram 청각 이명청력도(耳鳴聽力圖) = tinnitogram
tinnitus handicap inventory(THI) 청각 이명장애목록(耳鳴障礙目錄)
tinnitus loudness matching 청각 이명강도검사(耳鳴强度檢查)
tinnitus masker 청각 이명차폐기(耳鳴遮蔽器)
tinnitus masking 음향 이명차폐(耳鳴遮蔽)
tinnitus pitch matching 청각 이명음조검사(耳鳴音調檢查), 이명음조매칭
tinnitus questionnaire 청각 이명설문지(耳鳴設問紙)
tinnitus retraining therapy(TRT) 청각 이명재훈련치료(耳鳴再訓練治療)
tiny high-pitched overtones 음향 작은고피치 상음
tipper 혀끝물길
tissue 해부 조직(組織)
tissue fluid 해부 조직액(組織液)
titubation 비틀걸음
TLC(test of language competence) 언어능력검사(言語能力檢查)
TLC(total lung capacity) 생리 총폐용량(總肺容量)
TLESR(transient lower esophageal sphincter relaxation) 생리 일시적 하식도괄약근이완(一時的下食道括約筋弛緩)
TMAC(test of minimal articulation competence)

최소 조음능력검사(最小調音能力檢査)
TMD(temporomandibular disorders) 생리 측두하악장애(側頭下顎障礙)
TMJ(temporomandibular joint) 해부 측두하악관절(側頭下顎關節)
TMS(transcranial magnetic stimulation) 뇌과학 경두개자기자극(經頭蓋磁氣刺戟)
TNL(test of narrative language) 이야기 언어검사
TNW(total number of words) 언어발달 전체 낱말수
TO(timeout) 한시적 통제(限時的統制), 타임아웃
TOAL(test of adolescent language) 청소년언어검사(青少年言語檢査)
toddler 유아(乳兒), 아장이
toddler mortality rate 유아사망률(乳兒死亡率)
toddler period 걸음마기
toddlerhood 유아기(乳兒期) = infancy
toilet training 배변훈련(排便訓練)
TOLD-P(test of language development-primary) 초기언어발달검사(言語發達檢査)
tolerance 허용(許容), 관용(寬容)
tolerance level 허용한계 레벨
tolerance range 허용범위(許容範圍)
tolerance threshold for speech 청각 어음허용한계(語音許容限界)
ToM(theory of mind) 마음이론
TOMA(test of mathematical abilities) 수학능력검사(修學能力檢査)
tomogram 단층촬영상(斷層撮影映像)
tomography 뇌과학 (뇌 구조를 스캐닝하는) 단층촬영술(斷層撮影術)
tonal assimilation 성조동화(聲調同化)
tonal contrast 성조대립(聲調對立)
tonal de liaison 연결성조(連結聲調)
tonal flip-flop 성조배열 교체변형(聲調變形交替變形)
tonal melody 성조 멜로디, 성조가락
tonal modification 성조변형(聲調變形)
tonal pattern 성조양식(聲調樣式)
tonal primitive 성조원소(聲調源素)
tonal reversal 성조반전(聲調反轉)
tonal spectrum 성조 스펙트럼
tonal stress 성조강세(聲調强勢)
tonal system 성조체계(聲調體系)
tonal tier 성조층위(聲調層位)
tonality 성조성(聲調性)
tone 성조(聲調)
tone-bearing ability 성조 수반능력(聲調隨伴能力)
tone bearing unit(TBU) 성조소지단위(聲調所持單位)
tone color 성조음색(聲調音色) = timbre
tone control 성조조절(聲調調節)
tone-corrected perceived noise level 음향 성조보정지각소음레벨
tone deafness 생리 성조 농(聲調聾)
tone decay 생리 음조감쇠(聲調減衰), 청각피로(聽覺疲勞) = auditory fatigue
tone decay test(TDT) 청각피로검사(聽覺疲勞檢査)
tone displacement 성조치환(聲調置換)
tone focus 성조초점(聲調焦點)
tone formula 성조형(聲調形)
tone generator 성조발생기(聲調發生期)
tone group 성조군(聲調群)
tone height 성조높이
tone language 성조언어(聲調言語), 성조어(聲調語)
tone letter 성조문자(聲調文字)
tone lowering 성조저하(聲調低下)
tone mapping rule 성조 전사규칙(聲調轉寫規則)
tone melody 성조가락
tone particle 성조 불변화사(聲調不變化詞)
tone polarity 성조 분극성(聲調分極性)
tone protrusion 톤돌출

tone quality 음질(音質)=voice quality, vocal quality *cf.* timbre, tone color
tone sandhi 음운 성조접변(聲調接變)
tone scale 음계(音階)
tone spreading 성조확산(聲調擴散)
tone stability 성조 안정성(聲調安定性)
tone system 성조체계(聲調體系)
toneme 성조소(聲調素)
tongue 해부 설(舌), 혀
tongue advancement 음성치료 혀 전방화(前方化) *cf.* tongue protrusion
tongue-anchor technique 혀 고정기술(固定技術)
tongue base 해부 혀 기저부(基底部)
tongue blade 해부 혀날
tongue body 해부 설체(舌體), 혓몸
tongue-body feature 음운 혓몸자질
tongue cancer 생리 설암(舌癌)
tongue depressors 해부 혀내림근
tongue dryness 생리 혀건조증
tongue front 해부 앞혀면
tongue height 혀 높이
tongue position 혀 위치
tongue position modification 혀위치 수정(修正)
tongue press 혀 압착
tongue protrusion 음성치료 혀 내밀기 *cf.* tongue advancement
tongue root 해부 설근(舌根), 혀뿌리
tongue slip 실언(失言), 발화실수(發話失手) =slip of the tongue
tongue swallowing 생리 설연하(舌嚥下)
tongue thickening 생리 설비후(舌肥厚)
tongue thrust 혀내밀기, 혀떠밀기
tongue thrust classifications 혀내밀기 분류법(分類法)
tongue thrust therapy 음성치료 혀내밀기 치료
tongue tip 해부 혀끝
tongue tip trill 조음 혀끝떨림 소리
tongue-tie 생리 설소대단축증(舌小帶短縮症), 혀짜래기=ankyloglossia
TONI(test of nonverbal intelligence) 비언어성 지능검사(非言語性知能檢査)
tonic 긴장성(緊張性)의, 강직성(剛直性)의
tonic accent 강세 악센트
tonic block 긴장성 두절(緊張性杜絶)
tonic-clonic seizure 생리 간대성 강직성 발작(間代性剛直性發作) *cf.* generalized seizure
tonic contraction 신경 지속성 수축(持續性收縮)
tonic endings 성조어미(聲調語尾)
tonic immobility 신경 긴장성 무운동(緊張性無運動)
tonic inhibition 신경 긴장성 억제(緊張性抑制)
tonic innervation 지속성 신경지배(持續性神經支配)
tonic labyrinthine reflex 신경 긴장성 미로반사(緊張性迷路反射)
tonic lumbar reflex 신경 긴장성 요반사(緊張性腰反射)
tonic muscle 생리 긴장근(緊張筋)
tonic neck reflex 신경 지속성 경반사(持續性頸反射)
tonic receptor 신경 긴장성 수용체(緊張性受容體) ↔ phasic receptor
tonic seizure 신경 긴장성 발작(緊張性發作)
tonic spasm 신경 긴장성 연축(緊張性攣縮)
tonic syllable 음운 주음조 음절(主音調音節)
tonic triad 으뜸 삼화음(三和音)
tonicity (1) 긴장성(緊張性) (2) 성조상태(聲調狀態)
tonometer 안압계(眼壓計)
tonotopic arrangement 음향 주파수 대응배열(周波數對應配列)
tonotopical organization 음향 음계소 조직(音階素組織), 주파수별 구조(周波數別組織)
tonsil 해부 편도(扁桃)
tonsil fossa 해부 편도와(扁桃窩)

tonsil hypertrophy 생리 편도비대증(扁桃肥大症)

tonsil of cerebellum 해부 소뇌편도(小腦扁桃)

tonsillar branches 해부 편도가지

tonsillectomy 해부 편도선절제술(扁桃腺切除術)

tonsillitis 편도염(扁桃炎)

tonus 긴장(緊張)

tooth 치아(齒牙), 이

topagnosis 신경 국소인지(局所認知) *cf.* autopagnosis

TOPC(test of pragmatic language) 화용언어검사(話用言語檢査)

top-down 하향식(下向式) ↔ bottom-up

top-down approach 하향식 접근(下向式接近) ↔ bottom-up approach

top-down process 하향처리과정(下向處理過程)

top-down processing model 하향처리과정 모형(下向處理過程模型)

topic 주제(主題), 제목(題目)

topic associating 담화 주제 연상하기

topic-association narrative style 담화 주제 연상 화술체(主題聯想話術體)

topic-centered narrative style 담화 주제중심 화술체(主題中心話術體)

topic-comment 통사 주제논평(主題-論評)

topic-comment construction 주제논평구성(主題論評構成)

topic continuation 담화 주제연계(主題連繫)

topic initiation 담화 주제개시(主題開始), 주제소개(主題紹介)

topic jump 담화 화제비약(話題飛躍)

topic maintenance 담화 주제유지(主題維持), 화제유지(話題維持)

topic manipulation 담화 주제운용(主題運用)

topic marker 화제표지(話題標識)

topic outline 화제개요(話題概要)

topic-prominent language 주제중심언어(主題中心言語)

topic schema 인지 주제도식(主題圖式) *cf.* similarity schema

topic sentence 주제문(主題文)

topical anesthesia 국소마취(局所痲醉) = local anesthesia ↔ general anesthesia

topical coherence 담화 화제 일관성(話題一貫性)

topicalization 담화 화제화(話題化), 주제화(主題化)

TOPL(test of pragmatic language) 화용언어검사(話用言語檢査)

topographic organization 지형학적 체제화(地形學的體系化)

topographic sequence of treatment 치료의 형태별 순서

topography 국소해부학(局所解剖學), 뇌지형도(腦地形圖)

topological psychology 위상심리학(位相心理學)

topology 결합위상론(結合位相論), 위상학(位相學)

TOPS(test of problem solving) 언어문제해결력검사(言語問題解決力檢査)

TORC(test of reading comprehension) 독서이해력 검사(讀書理解力檢査), 읽기이해력 검사

torque 회전력(回轉力), 비트는 힘

torsional stiffness 비틀림 강성

torsional stiffness factor 비틀림 강성요소(剛性要素)

torsional vibration 비틀림 진동

torsional wave 비틀린 파형

torso 동체(胴體), 몸체

TOSF(test of oral structure and function) 구강구조기능검사(口腔構造機能檢査)

total absorbing area 전체 흡수면적(全體吸收面積)

total acoustic energy 음향 총 음향에너지

total acoustic power 음향 총 음향출력(總音

響出力)

total aphasia 신경 전반실어증(全般失語症) = global aphasia

total arytenoidectomy 해부 전피열연골절제술(全披閱軟骨切除術)

total assimilation 음운 전체동화(全體同化) = full assimilation *cf.* partial assimilation

total blindness 전맹(全盲)

total body 전신(全身)

total cleft palate 해부 완전 구개열(完全口蓋裂)

total communication 청각 총체적 의사소통(總體的意思疏通) *cf.* auditory verbal approach approach

total contour 총 음조형(總音調形)

total cordectomy 해부 전성대 절제술(全聲帶切除術) *cf.* partial cordectomy

total echo power 총 반향력(總反響力)

total energy density 총 에너지밀도

total harmonic distortion(THD) 음향 전고조파 왜곡률(全高調波歪曲), 총조화음 왜곡(總-調和音歪曲)

total internal reflection 전내반사(全內反射)

total laryngectomy 전후두 적출술(全喉頭摘出術) *cf.* partial laryngectomy

total lung capacity(TLC) 총폐용량(總肺容量)

total mutism 생리 완전 함묵증(完全緘黙症) *cf.* semi-mutism

total nasal resistance 총비강 저항(總鼻腔抵抗)

total noise exposure level 음향 총소음노출레벨

total number of words(TNW) 언어발달 (산출된) 전체낱말수

total physical response(TPR) 전신반응 방법(全身反應方法)

total pulmonary resistance 전폐혈관저항(全肺血管抵抗)

total recall 전체회상(全體回想) *cf.* free recall

total reflection 전반사(全反射)

total reflection angle 전반사각도(全反射角度)

total scattering cross section 총산란단면(總散亂斷面)

touch screen surface AAC 터치화면

Tourette syndrome 생리 뚜렛 증후군 *cf.* tic disorder

toxic aspiration 독성 호흡(毒性呼吸)

toxic deafness 생리 유독성 농(有毒性聾)

toxicologist 독물학자(毒物學者)

toxicology 독성학(毒性學), 독물학(毒物學)

toxin 독소(毒素)

TPK(test of practical knowledge) 실제적 지식검사(實際的知識檢查)

TPR(total physical response) 전신반응(全身反應)

TPS(test of pragmatic skills) 담화 화용기술검사(話用技術檢查)

trabecula 지주(支柱), 잔기둥

trace 흔적(痕迹), 추적(追跡), 자취

trace-conditioned reflex 흔적조건반사(痕迹條件反射)

trace conditioning 흔적조건형성(痕迹條件形成)

trace erasure prohibition 흔적삭제조건(痕迹削除條件)

trace theory 흔적이론(痕迹理論)

trace velocity 추적속도(追跡速度)

trace-velocity matching principle 추적속도일치원칙(追跡速度一致原則)

trace wavelength 음향 추적파장(追跡波長)

trachea 기관(氣管) *cf.* wind pipe

tracheal 기관(氣管)의

tracheal aspiration 생리 기관흡인(氣管吸引)

tracheal bronchiole 해부 기관세기관지부(氣管細氣管支部)

tracheal cartilages 해부 기관연골(氣管軟骨)

tracheal catheter 해부 기관도관(氣管導管)

tracheal collapse 생리 기관허탈(氣管虛脫)

tracheal diameter 해부 기관직경(氣管直徑)

tracheal diverticulum 해부 기관게실(氣管憩室)

T

tracheoesophageal puncture 해부 기관식도 천공(氣管食道穿孔)
tracheoesophageal segment(TES) 해부 기관식도분절(氣管食道分節), 기관식도마디
tracheal fistula 해부 기관누출공(氣管漏出孔)
tracheal glands 생리 기관선(氣管腺), 기관샘
tracheal intubation 해부 기관지내 튜브설치
tracheal mucosa velocity 생리 기관점막 속도(氣管粘膜速度)
tracheal muscle 해부 기관근(氣管筋)
tracheal respiration 생리 기관 호흡(氣管呼吸)
tracheal rings 해부 기관고리
tracheal sound 기관음(氣管音)
tracheal stenosis 생리 기관협착증(氣管狹窄症)
tracheitis 생리 기관염(氣管炎)
tracheobronchial foreign body 기관지 이물(氣管支異物)
tracheobronchial toilet 기관지 청소(氣管支清掃)
tracheobronchial tree 해부 기관기관지분지(氣管氣管支分枝)
tracheobronchitis 생리 기관지염(氣管支炎)
tracheobronchopathia osteochondroplastica 생리 골연골 증식성 기관지병증(骨軟骨增殖性氣管支病症)
tracheobronchopathy 생리 기관지병증(氣管支病症)
tracheobronchoscopy 기관기관지경검사법(氣管氣管支鏡檢查法)
tracheoesophageal 해부 기관식도(氣管食道)의
tracheoespophageal diversion 해부 기관식도전환술(氣管食道轉換術) = laryngeal bypass
tracheoesophageal fistula(TEF) 해부 기관식도누관(氣管食道瘻管) = tracheoesophageal puncture
tracheoesophageal puncture(TEP) 해부 기관식도천공술(氣管食道穿孔術) = tracheoesophageal fistula
tracheoesophageal separation 해부 기관식도분리(氣管管食道分離)
tracheoesophageal shunt 해부 기관식도단락(氣管食道短絡), 기관식도문합(氣管食道吻合)
tracheoesophageal speech 기관식도발성(氣管食道發聲), 기식도발성(氣食道發聲)
tracheolaryngotomy 해부 기관후두절개술(氣管喉頭切開術)
tracheomalacia 생리 기관연화증(氣管軟化症)
tracheoparyngeal 해부 기관인두(氣管咽頭)의
tracheoplasty 해부 기관 형성술(氣管成形術)
tracheoscopy 기관검사법(氣管檢查法)
tracheostenosis 생리 기관협착증(氣管狹窄症)
tracheostoma 해부 기관공(氣管孔)
tracheostomy 해부 기관절개술(氣管切開術)
tracheotomy 해부 기관절개술(氣管切開術) = tracheostomy
track density 트랙 밀도(密度)
tracking angle error 추적 각 오차(追跡角誤差)
tracking filter 추적 필터
tract 도(道), 로(路)
tractography 영상술(映像術)
tracts 다발
trademark (1) 상표(商標), (2) 특징(特徵)
trade-off 맞바꾸기
trading relation 교환관계(交換關係)
traditional analysis 전통적 분석(傳統的分析)
traditional approach 전통적 접근(傳統的接近)
traditional articulation therapy 전통적 조음치료(傳統的調音治療)
traditional dialectology 전통방언학(傳統方言學)
traditional generative phonology(TGP) 전통생성음운론(傳統生成音韻論)
traditional grammar 전통문법(傳統文法) *cf.* generative grammar
traditional logic 전통논리(傳統論理)
traditional orthography 전통적 정서법(傳統的正書法), 전통적 맞춤법
traditional therapy 전통적 치료(傳統的治療)

traditional values 전통적 가치관(傳統的價值觀)
tragus 해부 PL tragi, 이주(耳珠) ↔ antitragus
trail edge noise 음향 뒷전소음
trail making test (치매검사용) 기호잇기검사
trainer-oriented approaches 훈련가중심 접근법(訓練者中心接近法) = clinician-directed approaches ↔ child-centered approaches
training 훈련(訓練)
training broad 광범위 훈련(廣範圍訓練)
training center 훈련센터
training criteria 훈련기준(訓練基準)
training deep 심층훈련(深層訓練)
training in extraclinical setting 치료실 외 환경에서의 훈련
training sessions in natural environment 자연환경에서의 훈련기간(訓練期間)
training string 조음 훈련조(訓練組)
training words 조음 훈련단어(訓練單語)
trait 특성(特性), 특질(特質)
trait anxiety 말더듬 특성불안(特性不安) = A-trait *cf.* state anxiety
trait anxiety inventory 말더듬 특성불안검사목록(特性不安檢查目錄)
trajectory 궤도(軌道)
tranquilizer 신경안정제(神經安靜劑)
trans- '횡단(橫斷), 초월(超越)'의 의미
transactional model of language acquisition 다원적 언어습득 모형(多元的言語習得模型) transcortical aphasia 신경 연결피질실어증(連結皮質失語症)
transcortical motor aphasia(TMA) 신경 연결피질운동실어증(連結皮質運動失語症) = dynamic aphasia
transcortical motor aprosody 생리 피질연결운동 운율불능증(皮質連結運動韻律不能症)
transcortical sensory aphasia(TSA) 신경 연결피질감각실어증(連結皮質運動失語症)
transcranial brain stimulation 뇌과학 경두개뇌자극(經頭蓋腦刺戟)
transcranial magnetic stimulation(TMS) 뇌과학 경두개자기자극(經頭蓋磁氣刺戟)
transcription 전사(轉寫), 표기(表記)
transcriptional phonetics 전사음성학(轉寫音聲學)
transdisciplinary 초학제간(超學制間) *cf.* multidisciplinary
transdisciplinary approach 초학제적 접근법(超學制的接近法) *cf.* interdisciplinary approach
transducer 변환기(變換機)
transducer cartridge 변환기 카트리지
transducing 변환(變換)
transduction mechanism 변환기제(變換機制)
transesophageal echocardiography 경식도심초음파 조영술(經食道心超音波造影術)
transfer 전이(轉移)
transfer admittance 음향 전달 어드미턴스
transfer factor 전달인자(傳達因子)
transfer function 통계 전달함수(傳達函數)
transfer grammar 전위문법(轉位文法)
transfer impedance 음향 전달저항(傳達抵抗)
transfer matrix 전달행렬(傳達行列)
transfer receptance 음향 전달 리셉턴스
transfer RNA t-RNA 전달(傳達) RNA
transference 심리 (정신분석의) 전이(轉移) ↔ countertransference 전환빈도(轉換頻度)
transferred meaning 전이의미(轉移意味)
transferred negation 전이부정(轉移否定)
transformation 변형(變形), 전환(轉換)
transformation frequency 변형 주파수(變形周波數)
transformation-marker 통사 변형표지(變形標識)
transformational 변형(變形)의
transformational ambiguity 변형적 중의성(變形的重義性)
transformational component 변형부(變形部)

transformational cycle 변형순환(變形循環)
transformational drill 변형훈련(變形訓練)
transformational generative grammar 통사 변형생성문법(變形生成文法)
transformational grammar 통사론 변형문법(變形文法) *cf.* generative grammar
transformational history 통사 변형 적용과정(變形適用過程)
transformational lexicon 통사 변형어휘(變形語彙)
transformational relation 통사 변형관계(變形關係)
transformational rules 통사 변형규칙(變形規則)
transformational thought 언어발달 변형적 사고(變形的思考) *cf.* decentration
transformationalist 통사 변형론자(變形論者)
transformationalist position 통사 변형주의적 입장(變形主義的立場)
transformer 변압기(變壓器)
transgender 성전환자(性轉換者) = 옛 transsexual
transgender voice questionnaire(TVQ) 트랜스젠더 음성 설문지
transglottal flow 성문통과 흐름
transient 순간음(瞬間音)
transient analysis 일시적 해석(一時的解析)
transient distortion 일시적 왜곡(一時的歪曲)
transient evoked otoacoustic emission (TEOAE) 음향 일과성 음유발이음향방사(一過性音誘發耳音響放射)
transient intermodulation 음향 일시적 혼변조왜곡(一時的混變調歪曲)
transient ischemic attack(TIA) 일과성 허혈발작(一過性虛血發作)
transient lower esophageal sphincter relaxation(TLESR) 일시적 하부식도괄약근 이완(一時的下部食道括約筋弛緩)
transient oscillation 음향 일시적 진동(一時的振動) = transient vibration
transient response 일시적 응답(一時的應答)
transient signal 일시적 신호(一時的信號)
transient source level 음향 일시적 음원레벨
transient value 일시적 가치(一時的價值)
transient vibration 음향 일시적 진동(一時的振動) = transient oscillation
transillumination 투조진단법(透照診斷法)
transit time 통과시간(通過時間), 이동시간(移動時間)
transition (1) 전이(轉移), 전환(轉換), 과도기(過渡期) (2) 이행부(移行部)
transition area (방언학의) 전이지역(轉移地域) = transition zone *cf.* focal area
transition duration (1) 삼킴 전이 지속시간(轉移持續時間) (2) 음향 (포먼트) 전이 지속시간
transition education 전환교육(轉換敎育)
transition probability 전이확률(轉移確率)
transition relevance place(TRP) 추이적정지점(推移適正地點)
transition zone (방언학의) 전이지대(轉移地帶) = transition area
transitional bilingual education(TBE) 과도적 이중언어병용교육(過渡的二重言語竝用敎育)
transitional construction 과도기적 구문(過渡期的構造)
transitional epithelium 해부 이행상피(移行上皮)
transitional lisp 전이 리스프
transitional movement 전이운동(轉移運動)
transitional objective 전이목표(轉移目標) = sub-objective
transitional period 과도기(過渡期)
transitional sound 음운 전이음(轉移音)
transitional stuttering stage 말더듬 이행성 말더듬단계
transitional target sound 음운 전이 표적음(轉移標的音)
transitional time 전이시간(轉移時間)

transitional utterances 담화 과도적 발화(過渡的發話)

transitive adjective 타동적 형용사(他動的形容詞)

transitive preposition 타동적 전치사(他動的前置詞)

transitive relation 이행적 관계(移行的關係)

transitive verb 타동사(他動詞) ↔ intransitive verb

transitivity 타동성(他動性)

transitory motor disorders 일과성 운동장애(一過性運動障礙)

translaryngeal aspiration 생리 경후두흡인(經喉頭吸引)

translation 번역(飜譯)

translation equivalence 번역대등(飜譯對等)

translational lexicon 번역어휘목록(飜譯語彙目錄)

translational research 중개연구(仲介硏究) *cf.* interdisciplinary research

translational science 전환과학(轉換科學)

translator 번역사(飜譯士) *cf.* interpretor

transliteration 전자(轉字)

translucency 반투명(半透明)

translucent symbol AAC 반투명상징(半透明象徵) *cf.* opaque symbol, transparent symbol

transmissibility 투과율(透過率) = transmission rate

transmission 투과(透過), 전달(傳達)

transmission rate 투과율(透過率) = transmissibility

transmittance 전송도(傳送度)

transmitted information 전송정보(傳送情報)

transmitter (1) 송신기(送信機) (2) 전달물질(傳達物質)

transmitter coil 송신 코일

transmutation 변종(變種)

transonance 조음 공명음전달(共鳴音傳達)

transparency 투명(透明)

transparent symbol AAC 투명상징(透明象徵) ↔ opaque symbol *cf.* translucent symbol

transpose 전치(轉置)

transposition 조음 전위(轉位), 치환(置換)

transposition rule 조음 전위규칙(轉位規則), 도치규칙(倒置規則)

transpositional error 조음 치환오류(置換誤謬), 전위오류(轉位誤謬) = metathetic error *cf.* anticipatory error

transsexual 옛 성전환자(性轉換者) = transgender

transsexual person 성전환자(性轉換者)

transsexual voice 성전환음(性轉換音)

transsexualism 생리 성전환증(性轉換症)

transtheoretical model(TTM) 범이론적 모형(凡理論的模型)

transtympanic recording 청각 경고막측정(經鼓膜測定), 경고막기록법(經鼓膜記錄法) *cf.* tympanic recording

transverse 횡단(橫斷)의, 가로의 ↔ longitudinal

transverse abdominis muscle 해부 복횡근(腹橫筋)

transverse arytenoid muscle 해부 횡피열근(橫披閱筋), 가로피열근

transverse canal 가로관 ↔ longitudinal canal

transverse colon 해부 횡행결장(橫行結腸), 가로주름창자

transverse cordectomy 해부 횡성대절제술(橫聲帶切除術), 가로성대절제술

transverse foramen 해부 횡돌기공(橫突起孔), 가로돌기구멍

transverse lines 해부 횡선(橫線)

transverse lingual muscle 해부 횡설근(橫舌筋), 혀가로근 ↔ longitudinal lingual muscle

transverse muscle 해부 횡근(橫筋), 가로근 ↔ longitudinal muscle

transverse muscle of thorax 해부 흉횡근(胸

橫筋), 가슴가로근

transverse myelitis 생리 횡단 척수염(橫斷脊髓炎) *cf.* ascending myelitis

transverse palsy 신경 횡단성 마비(橫斷性麻痹)

transverse plane 해부 횡단면(橫斷面), 가로면 = transverse section ↔ longitudinal plane

transverse section 해부 횡단면(橫斷面) = transverse plane ↔ longitudinal section

transverse temporal gyri 해부 횡측두회(橫側頭回)

transverse temporal sulci 해부 횡측두구(橫側頭溝)

transverse wave 횡파(橫波) *cf.* longitudinal wave

transversion 변위(變位)

transversus abdominis muscle 해부 L 횡복근(橫腹筋), 가로복근

transversus linguae muscle 해부 L 횡설근(橫舌筋), 가로설근

transversus thoracic muscle 해부 횡흉근(橫胸筋), 가로가슴근

trapezius muscle 해부 승모근(僧帽筋), 등세모근

trauma 생리 외상(外傷), 정신적 외상(精神的外傷)

traumatic brain injury(TBI) 생리 외상성 뇌손상(外傷性腦損傷) *cf.* acquired brain injury

traumatic diseases 생리 외상성 질환(外傷性疾患)

traumatic hematoma 생리 외상성 혈종(外傷性血腫)

traumatic laryngeal disease 생리 외상성 후두질환(外傷性喉頭疾患)

traumatic laryngitis 생리 외상성 후두염(外傷性喉頭炎)

traveling wave 음향 진행파(進行波)

traveling wave theory 음향 진행파이론(進行波理論), 이동파이론(移動波理論)

Treacher-Collins syndrome (유전성 선천성 기형) 트레처-콜린스 증후군

treatment 치료(治療)

treatment duration 치료기간(治療期間)

treatment evaluation 치료평가(治療評價)

treatment evoked trials 치료 유발시도(治療誘發試圖)

treatment for topic initiation 화제시작을 위한 치료

treatment for topic maintenance 화제유지를 위한 치료

treatment for turn-taking 담화 차례 지키기를 위한 치료

treatment for Wernicke's aphasia(TWA) 베르니케 실어증치료법(失語症治療法)

treatment of communicative disorders 의사소통장애치료(意思疏通障礙治療)

treatment of phonological disorders 음운장애치료(音韻障礙治療)

treatment outcomes 치료성과(治療成果)

treatment phase 치료단계(治療段階) = intervention phase *cf.* baseline phase

treatment plan 치료 계획(治療計劃)

treatment procedure 치료절차(治療節次)

treatment variables 치료변수(治療變數)

tree coding 나무부호

tree diagram 수형도(樹型圖), 나무그림

tree pruning 수형절단(樹型切斷), 전지(剪枝)

tremolo 떨림소리

tremor 신경 진전(震顫), 떨림

tremor cerebral palsy 신경 진전형 뇌성마비(震顫形腦性麻痺)

tremor type 신경 진전형(震顫形)

tremulous speech 진전성 구어(震顫性口語)

trend studies 추이연구(推移研究) *cf.* panel studies

triad 삼화음(三和音)

trial and error 심리 시행착오(試行錯誤)

trial and error learning 심리 시행착오 학습

(試行錯誤學習)

trial and error theory 심리 시행착오 이론(試行錯誤理論)

trial lesson 시험교습(試驗敎習)

ttrial therapy 말더듬, 음성장애 시도치료(試圖治療)

triangle of signification 의미삼각형(意味三角形) = semiotic triangle

triangler process 해부 삼각돌기(三角突起)

triangular wave 음향 삼각파(三角波)

trigeminal ganglion 해부 삼차신경절(三次神經節)

trigeminal motor nucleus 해부 삼차신경 운동핵(三次神經運動核)

trigeminal nerve 해부 (뇌신경, CN V), 삼차신경(三次神經)

trigeminal paralysis 신경 삼차신경 마비(三次神經痲痺)

trigeminal sensory nuclei 해부 삼차감각 신경핵(三次感覺神經核)

trigeminal spinal tract 해부 삼차신경 척수로(三次神經脊髓路)

trigger 유발(誘發), 트리거

trigger action 유발 작용(誘發作用), 방아쇠 작용

triggering effect 촉매효과(觸媒效果)

triggering segment 음운 촉발음(觸發音)

trigonum 삼각(三角)

trill 조음 전동음(顫動音), 떨림소리

tripartition 삼분할법(三分割法)

triphone 트라이폰, 세짝음

triphthong 조음 삼중모음(三重母音) *cf.* diphthong

triplegia 신경 (사지 중 세 개가 마비된) 삼지마비(三肢痲痺) *cf.* diplegia

trochaic stress 강약격 강세(强弱格强勢)

trochlea 활차(滑車)

trochlear decussation 해부 활차신경 교차(滑車神經交叉)

trochlear nerve 해부 (뇌신경, CN IV) 활차신경(滑車神經)

trochlear notch 해부 활차절흔(滑車切痕)

trochlear nucleus 해부 활차신경핵(滑車神經核)

trough U형

trough curve 청각 U형 곡선(屈曲線)

trough hearing loss 생리 U형 청력손실(聽力損失)

trough or U shaped curve 청각 홈통형 또는 U형 곡선

TRP(transition relevance place) 추이적정지점(推移適正地點)

TRT(tinnitus retraining therapy) 청각 이명재훈련치료(耳鳴再訓練治療)

true answer 참응답

true aphasia 신경 진성 실어증(眞性失語症)

true beginner 진정한 초보자

true comparative 참비교

true consonant 조음 순수자음(純粹子音), 참자음

true diphthong 조음 참이중모음

true-false item 진위항목(眞僞項目)

true generalization condition 순일반화조건(純一般化條件), 참일반화 조건

true language 참언어

true negative 참된 부정

true pelvis 해부 진골반(眞骨盤)

true ribs 해부 진늑골(眞肋骨) *cf.* faulse ribs

true score 통계 진점수(眞點數) *cf.* observed score

true tinnitus 청각 진성이명(眞性耳鳴)

true vocal cords 해부 진성대(眞聲帶), 성대주름 = true vocal folds *cf.* ventricular folds

true vocal fold occlusion 진성대 교합

true vocal folds 해부 진성대(眞聲帶) = true vocal cords *cf.* ventricular folds

truncation 절단(切斷)

truncation rule 절단규칙(切斷規則)

T

trunk 체간(體幹)

trunk skeleton 해부 체간골격(體幹骨格) =axial skeleton *cf.* appendicular skeleton

truth condition 논리 진리조건(眞理條件) *cf.* conditions of satisfaction

truth-conditional semantics 의미 진리조건 의미론(眞理條件意味論) *cf.* possible-world semantics

truth-function 진리함수(眞理函數)

truth-functional connective 진리함수적 연결사(眞理函數的連結詞)

truth-table 진리표(眞理表)

truth-value 진리치(眞理値)

truth-valueless 진리치 결여(眞理値缺如)

TSA(transcortical sensory aphasia) 신경 연결피질감각실어증(連結皮質運動失語症)

T-score 통계 T 점수

t-test 통계 t-검증(檢證)

TTM(transtheoretical model) 범이론적 모형(凡理論的模型)

TTR(type-token ratio) 어휘다양도(語彙多樣度)

TTS(temporary threshold shift) 음향 한시적 역치변동(限時的閾値變動) ↔ PTS

tubal branch 해부 귀인두관 가지

tubal elevation 해부 이관융기(耳管隆起)

tubal feeding 영양공급관(營養供給管), 경관식이법(經管食餌法) =tube-feeding

tubal tonsil 해부 이관편도(耳管扁桃)

tube feeding 삼킴 경관식이법(經管食餌法) *cf.* oral feeding

Tuberculin test 튜버큘린 반응검사(反應檢査)

tuberculosis(Tb) 생리 결핵(結核)

tuberosity 해부 조면(粗面), 거친면

tuberous sclerosis 생리 결절성 경화증(結節性硬化症)

tumor 종양(腫瘍)

tuned amplifier 음향 동조증폭기(同調增幅器) ↔ tuned damper

tuned circuit 음향 동조회로(同調回路)

tuned damper 음향 동조감쇠기(同調減衰器) ↔ tuned amplifier

tuning 동조(同調), 조율(調律)

tuning bar 음향 음편(音片)

tuning bar vibration 음향 음편 진동자(音片振動子)

tuning curve 음향 동조곡선(同調曲線)

tuning fork 음향 소리굽쇠

tuning fork test 음향 소리굽쇠 검사

T-unit(terminal unit) 담화 최소종결단위(最小終結單位)

tunnel of Corti 해부 코르티 터널

tunnel vision 터널 시야(視野)

turbinate 해부 비갑개(鼻甲介)

turbinates bones 해부 비갑개골(鼻甲介骨)

turbulence 와류(渦流), 난류(亂流) =turbulent noise

turbulence airflow 난기류(亂氣流)

turbulence intensity 음향 와류강도(渦流强度), 와류세기

turbulence noise source 음향 와류성 소음원(渦流性騷音原)

turbulence scale 음향 와류규모(渦流規模)

turbulence screen 와류 스크린

turbulent flow 와류(渦流), 난기류(亂氣流) =turbulence *cf.* laminar flow

turbulent noise 음향 와류성 소음(渦流性騷音)

turgo movement 팽압운동(膨壓運動)

turgo variation 팽압변동(膨壓變動)

turgor pressure 팽창압력(膨脹壓力), 팽압(膨壓)

Turkish saddle 해부 터어키 안장(鞍裝) =sella turcica

turn 차례, 순서(順序), 교대(交代)

turnabout 언어발달 담화 회점(回點), 되돌리기

turn construction unit 순서구조단위(順序構造單位)

turn-ender 순서 마감어

turn location 순서위치(順序位置)
turn of life 갱년기(更年期)
turn-taking 담화 차례 지키기, 순서 지키기
turn-taking function AAC 차례 지키기 기능
turn-type 순서유형(順序類型)
turn-unit 순서단위(順序單位)
turn-yielding signal 담화 (자신의 끼어들기) 양보신호(讓步信號) ↔ attempt-suppressing signal
Turner's syndrome 생리 (유전성 발달장애) Turner 증후군 = XO syndrome
tutor talk 교사발언(教師發言)
tutorial category 언어발달 교수적 범주(教授的範疇) *cf.* expressive category
TV(tidal volume) 생리 1회 호흡용적(一回呼吸容積)
TVN(test of visual neglect) 시각무시검사(視覺無視檢査)
TVQ(transgender voice questionnaire) 트랜스젠더 음성 설문지
TW(tympanometric width) 청각 고막운동도폭(鼓膜運動度幅)
TWA(treatment for Wernicke's aphasia) 베르니케 실어증치료법(失語症治療法)
TWF(test of word finding) 단어찾기검사
TWFD(test of word finding in discourse) 대화 중 단어찾기검사
twin language 쌍둥이 언어
twitch 연축(攣縮), 경련(痙攣)
TWL(test of written language) 언어발달 문어검사(文語檢査)
two-dimensional spatial Fourier transform 이차원 공간푸리에 변환
two-domain model 인지 두영역 모형
two-event narrative 언어발달 두개의 사건으로 구성된 이야기 *cf.* one-event narrative
two-factor model of stuttering 말더듬 말더듬 이중요인 모델
two-factor theory 이원인론(二原因論)
two-part verb 이분동사(二分動詞)
two-point correlation 이점상관(二点相關)
two-point discrimination 신경 이점식별(二点識別) *cf.* double simultaneous stimulation
two-port system 두 단자체계
two stage drill 2단계 훈련(二段階訓練)
two tense system 두 시제체계
two-toned voice 음운 이중어조 음성(二重語調音聲), 이중음조(二重音調)
two-valued orientation 이치적 사고방식(二値的思考方式)
two-valued system 이치적 체계(二値的體系)
two-way analysis of variance(ANOVA) 통계 이원변량분석(二元變量分析), 이원분산분석(二元分散分析)
two-way ANOVA(analysis of variance) 통계 이원변량분석(二元變量分析), 이원분산분석(二元分散分析)
two-way bilingual program 언어습득 양방향 이중언어 프로그램
two-way mirror 양면거울 *cf.* one-way mirror
two-way mixed ANOVA 통계 이원혼합측정분산분석(二元混合測定分散分析)
two-word stage 언어발달 두 낱말 단계, 두 단어 시기
TWS(test of written spelling) 언어발달 철자검사(綴字檢査)
tympanic bone 해부 고실골(鼓室骨)
tympanic cavity 해부 고실(鼓室), 중이강(中耳腔) = middle ear cavity
tympanic cord 해부 고삭(鼓索)
tympanic electrode 청각 고실전극(鼓室電極)
tympanic ganglion 해부 고실신경절(鼓室神經節)
tympanic labyrinthitis 생리 고실성 미로염(鼓室性迷路炎)
tympanic lip 해부 고실 가장자리
tympanic membrane 해부 고막(鼓膜)

T

=eardrum

tympanic membrane perforation 생리 고막천공(鼓膜穿孔)

tympanic muscle reflex 신경 이소골근 반사(耳小骨反射)

tympanic nerve 해부 고실신경(鼓室神經)

tympanic notch 해부 고막절흔(鼓膜切痕)

tympanic orifice 해부 고실개구(鼓室開口)

tympanic ostium of auditory tube 해부 이관고실구(耳管鼓室口)=tympanic part of auditory tube

tympanic part of temporal bone 해부 측두골 고실부(側頭骨鼓室部)

tympanic plexus 해부 고실신경총(鼓室神經叢)

tympanic recording 청각 고막기록법(鼓膜記錄法) *cf.* extratympanic recording

tympanic resonance 청각 고실공명(鼓室共鳴)

tympanic ring 해부 고실륜(鼓室輪)

tympanic roof 해부 고실개(鼓室蓋)

tympanic sinus 해부 고실동(鼓室洞)

tympanic sulcus 해부 고실구(鼓室溝)

tympanic tone 청각 고실음(鼓室音)

tympanicity 청각 고창성(鼓脹性)

tympanion 청각 고실점(鼓室點)

tympanism 해부 고창(鼓脹)

tympanitis 생리 중이염(中耳炎)

tympanogram 청각 고막운동도(鼓膜運動圖)

tympanogram classification 청각 고막운동도 분류법(鼓膜運動圖分類法)

tympanomandibular cartilage 해부 고실하악연골(鼓室下顎軟骨)

tympanomastoid fissure 해부 고실유양돌기 열구(鼓室乳樣突起裂溝), 고실유돌 열구(鼓室乳突裂溝)

tympanometric width(TW) 청각 고막운동도 폭(鼓膜運動度幅)

tympanometry 청각 고실계측(鼓室計測)

tympanophonia 음향 이명(耳鳴)=tinnitus

tympanoplasty 해부 고실성형술(鼓室成形術)

tympanosclerosis 생리 고실경화증(鼓室硬化症)

tympanotomy 해부 고막천공술(鼓膜穿孔術)

tympanostomy tube 청각 중이 환기관(中耳換氣管)

tympanum 청각 고실(鼓室), 중이강(中耳腔) =tympanic cavity

type 유형(類型)

type A tympanogram 청각 A형 고막운동도(鼓膜運動圖)

type Ad tympanogram 청각 Ad형 고막운동도(鼓膜運動圖)

type As tympanogram 청각 As형 고막운동도(鼓膜運動圖)

type C tympanogram 청각 C형 고막운동도(鼓膜運動圖)

type theory 유형이론(類型理論)

type-token ratio(TTR) 언어발달 어휘다양도(語彙多樣度)

typical disfluency 말더듬 전형적인 비유창성(典型的非流暢性) ↔ atypical disfluency

typicality effect 인지 전형성 효과(典型性效果)

typological classification 유형적 분류(類型的分類)

typological thinking 유형학적 사고(類型學的思考)

typological universal 유형적 보편성(類型的普遍性)

typology 유형론(類型論)

U

UASA(upper airway sleep apnea) 생리 상기도 수면무호흡증(上氣道睡眠無呼吸症)

ubiquitous glottal stop 편재성 성문폐쇄(遍在性聲門閉鎖)

UBL(upper bound length) 최장 발화길이 ↔ lower bound length

UBT(urease breath test) 우레아제 호흡실험

UC(ultimate constituent) 종극 구성요소(終極構成要素)

UCG(ultrasonic cardiogram) 초음파 심전도(超音波心電圖)

UCP(united cerebral palsy) 뇌성마비 연합(腦性麻痺聯合)

UCS(unconditioned stimulus) 무조건 자극(無條件刺戟) ↔ conditioned stimulus

UES(upper esophageal sphincter) muscle 해부 상식도괄약근(上食道括約筋) *cf.* LES muscle

UHF(ultrahigh frequency) 음향 초고주파(超高周波), 극초음파(極超音波)

UL(uncomfortable level) 불쾌레벨

ulcer 궤양(潰瘍) = ulcus

ULF(ultralow frequency) 음향 초저주파(超低周波)

ULL(uncomfortable loudness level) 청각 불쾌음량역치(不快音響閾値)

ulna 해부 척골(尺骨)

ulnar artery 해부 척골동맥(尺骨動脈)

ulnar deviation 해부 척골측 편위(尺骨側偏位)

ulnar grasp 척골파악(尺骨把握)

ulnar nerve 해부 척골신경(尺骨神經)

ultima 음운 마지막 음절(音節)

ultimate constituent(UC) 종극 구성요소(終極構成要素)

ultrafast magnetic resonance imaging (uMRI) 초고속자기공명영상(超高速磁氣共鳴映像)

ultrahigh frequency(UHF) 음향 초고주파(超高周波), 극초음파(極超音波)

ultralow frequency(ULF) 음향 초저주파(超低

周波)

ultrashort wave 음향 초단파(超短波)

ultrasonic 음향 초음파(超音波), 초음속(超音速)

ultrasonic amplification 음향 초음파 증폭(超音波增幅)

ultrasonic anemometer 음향 초음파 풍속계(超音波風速計)

ultrasonic atomization 음향 초음파 세분화(超音波細分化)

ultrasonic cardiogram(UCG) 음향 초음파 심전도(超音波心電圖)

ultrasonic casting 음향 초음파 주조(超音波鑄造)

ultrasonic diagnosis 음향 초음파 진단(超音波診斷)

ultrasonic diagnostic equipment 음향 초음파 진단장치(超音波診斷裝置)

ultrasonic Doppler method 음향 초음파 도플러법

ultrasonic echo pulse technique 음향 초음파 진동 반사법(超音波振動反射法)

ultrasonic echography 초음파조영술(超音波造影術)

ultrasonic fatigue test 초음파 피로시험(超音波疲勞試驗)

ultrasonic flow velocimeter 초음파 유속계(超音波流速計)

ultrasonic flowmeter 초음파유량계(超音波流量計)

ultrasonic frequency 음향 초음파주파수(超音波周波數)

ultrasonic guidance aid 음향 초음파 유도장치(超音波誘導裝置)

ultrasonic hardness tester 음향 초음파 경도계(超音波硬度計)

ultrasonic holography 음향 초음파 홀로그라피

ultrasonic homogenization 음향 초음파 균질화(超音波均質化)

ultrasonic image scanner 초음파 이미지 스캐너

ultrasonic interferometer 음향 초음파 간섭계(超音波干涉計)

ultrasonic irradiation 음향 초음파 조사(超音波照射)

ultrasonic light diffraction 음향 초음파 광회절(超音波光回折)

ultrasonic mode converter 음향 초음파 모드 변환기

ultrasonic optical deflector 음향 초음파 광편향기(超音波光偏向機)

ultrasonic optical modulator 음향 초음파 광변조기(超音波光變調機)

ultrasonic power 음향 초음파 파워

ultrasonic power accumulator 음향 초음파 합성기(超音波合成器)

ultrasonic pulse echo display method 음향 진동반사 표시방식(自動反射標示方式)

ultrasonic pulse reflection method 음향 초음파진동 반사법(超音波振動反射法)

ultrasonic pulse superposition method 음향 초음파진동 중첩법(超音波振動重疊法)

ultrasonic pulse transmission method 음향 초음파진동 전파법(超音波轉動傳播法)

ultrasonic radiator 음향 초음파방사체(超音波放射體)

ultrasonic resonator method 음향 초음파공명법(超音波共鳴法)

ultrasonic reverberation method 음향 초음파잔향법(超音波殘響法)

ultrasonic spectroscopy 음성의학 초음파 스펙트로스코피

ultrasonic speedometer 음향 초음파음속계(超音波音速計)

ultrasonic testing 음향 초음파검사(超音波檢査)

ultrasonic therapy 초음파요법(超音波療法)

ultrasonic vibration 음향 초음파진동(超音波振動)

ultrasonic viscometer 음향 초음파점도계(超

音波粘度計)

ultrasonic wave 음향 초음파(超音波) ↔ infrasonic wave

ultrasonics 초음파학(超音波學)

ultrasonification 음향 초음파처리(超音波處理)

ultrasono-glottograghy 음향 초음파 글로토그라피

ultrasonogram 음향 초음파촬영도(超音波撮影圖), 초음파검사도(超音波檢查圖)

ultrasonography 초음파검사법(超音波檢查法)

ultrasonometry 초음파측정법(超音波測定法)

ultrasonoscope 음향 초음파계(超音波計)

ultrasound 초음파(超音波) ↔ infrasound

ultrasound cardiogram 초음파심전도(超音波心電圖)

ultrasound examination 초음파검사(超音波檢查)

ultrasound laryngography 초음파후두조영술(超音波後頭造影術)

ultrasound treatment 초음파치료(超音波治療)

umami 생리 우마미(제5의 맛)

umbo membranae tympani 해부 L 고막배꼽

umlaut 음운 1 모음 역행동화(母音逆行同化), 움라우트

UMN(upper motor neuron) 해부 상위운동뉴런 ↔ LMN

uMRI(ultrafast magnetic resonance imaging) 뇌과학 초고속자기공명영상(超高速磁氣共鳴映像)

unacceptability 수용 불가능(容認不可能) ↔ acceptability

unacceptable 용납할 수 없는 ↔ acceptable

unacceptable behavior 용납할 수 없는 행동

unaccusative hypothesis 통사 비대격 가설(非對格假說)

unaccusative predicate 통사 비대격 술어(非對格述語)

unaccusative verb 통사 비대격 동사(非對格動詞)

unadvanced tongue root 혀뿌리 비전진성(非進展性)

unaided communication AAC 비보조 의사소통(非補助意思疏通)

unaided recovery 말더듬 도움을 받지 않은 회복 = spontaneous recovery

unaided symbols AAC 도구를 사용하지 않는 상징(象徵) *cf.* aided symbols

unalphabetic notation 비자모적 기호(非字母的記號)

unambiguous 비중의적(非重義的)

unary feature 단일자질(單一資質)

unary relation 단항관계(單項關係)

unary transformation 통사 단일변형(單一變形)

unaspirated sound 조음 무기음(無氣音) ↔ aspirated sound

unattached participle 통사 중립동사(中立動詞)

unbounded dependency 무한의존(無限依存)

unbounded dependency construction 무한의존구문(無限依存構文)

unbounded foot 무한음보(無限音譜)

unbounded movement 무한이동(無限移動)

unbounded translator 무한 번역가(無限飜譯家)

unboundedness 통계 무한정성(無限定性), 무한계성(無限界性) ↔ boundedness

uncategorized 비범주화된 ↔ categorized

uncertain 불확실한 ↔ certain

uncertainty 불확실성(不確實性)

uncertainty avoidance 불확실성 회피(不確實性回避)

uncertainty behavior 불확실한 행위, 불명확한 행위

uncertainty principle 불확정성 원리(不確定性原理)

unchanged plural 불변화 복수(不變化複數)

uncomfortable index 불쾌지수(不快指數)

uncomfortable level(UL) 불쾌레벨

uncomfortable loudness 음향 불쾌음량(不快音量)

uncomfortable loudness level(ULL) 음향 불쾌음량레벨 = loudness discomfort level

uncompleted aspect 미완료상(未完了相)

unconditional positive regard 무조건적 긍정적 존중(無條件的肯定的尊重)

unconditioned change 무조건변화(無條件變化) ↔ conditioned change

unconditioned reflex 신경 무조건반사(無條件反射) ↔ conditioned reflex

unconditioned reinforcers 심리 무조건 강화물(無條件强化物) ↔ conditioned reinforcers

unconditioned response(UR) 심리 무조건 반응(無條件反應) ↔ conditioned response

unconditioned sound change 무조건 음성변화(無條件音聲變化)

unconditioned stimulus(US) 심리 무조건자극(無條件刺戟) ↔ conditioned stimulus

unconscious inference 무의식적 추론(無意識的推論)

unconscious motivation 심리 무의식적 동기유발(無意識的動機誘發)

unconscious resistence 심리 무의식적 저항(無意識的抵抗)

unconscious state 심리 무의식상태(無意識常態) ↔ conscious state

unconsciousness 심리 무의식(無意識) = the unconscious ↔ consciousness *cf.* subconsciousness

uncontrollability 통제불능(統制不能)

unconventional metaphor 인지 의미 비관습적 은유(非慣習的隱喩) = poetic metaphor ↔ conventional metaphor

unconventionality 의미 담화 비관용성(非慣用性) ↔ indeterminacy

uncooperative sucking 생리 비협조적 빨기 *cf.* nonnutritive sucking

uncountable noun 불가산명사(不可算名詞) = mass noun ↔ countable noun

uncoupled mode 비연성 모드

uncover test 비은폐 검사(非隱蔽檢查) *cf.* cover test

uncrossed acoustic reflex 비교차 음향반사(非交叉音響反射)

uncrossed acoustic reflex threshold 비교차 음향반사 역치(非交叉音響反射閾値)

undamped natural frequency 음향 비감쇠 고유주파수(非減殺固有周波數)

underachiever 학습부진아(學習不振兒)

underapplication 과소적용(過小適用)

under-arousal model 과소각성이론(過小覺醒理論)

underbite 해부 하악전돌(下顎前突) ↔ overbite

underdeterminacy 미결정성(未決定性)

underdevelopment 발육불량(發育不良), 발육부전(發育不全)

underextension 언어발달 과소확장(過小擴張) ↔ overextension

undergeneralization 과소일반화(過小一般化) ↔ overgeneralization

underived 비파생(非派生)

under jaw 해부 아래턱 = mandible

underlip 해부 하순(下脣), 아랫입술 = lower lip ↔ overlip

underlying 기저(基底)의, 심층(深層)의 = deep ↔ surface

underlying ambiguity 인지 이면 애매성(裏面二重性)

underlying constituent structure 기저구성요소구조(基底構成要素構造)

underlying expectation 심층기대치(深層期待值), 심층기댓값

underlying form 통사 기저형(基底形) ↔ surface form

underlying level 통사 기저층위(基底層位)

underlying phoneme 음운 기저음소(基底音

素) ↔ surface phoneme

underlying phonological representation 음운 기저음운표시(基底音韻標示)

underlying representation 통사 심층표시(深層標示), 기저표시(基底標示) ↔ surface representation

underlying segment 음운 기저분절음(基底分節音)

underlying sentence 통사 기저문(基底文) ↔ surface sentence

underlying sound 음운 기저음(基底音)

underlying structure 통사 기저구조(基底構造) = deep structure ↔ surface structure

underlying terminal string 기저 최종연쇄(基底最終連鎖)

undermasking 음향 저차폐(低遮蔽) ↔ overmasking

undersampling 과소표집(過小標集) ↔ oversampling

underspecification thoery 미명시이론(未明示理論)

underspecification 미명시(未明示)

underspecified 미표시(未標示)

understanding 이해력(理解力)

understatement 절제(節制)

undertone 저음(低音)

undesired sound 소음(騷音) = noise

undifferentiated jargon 미분화한 자곤

undistorted loud 불변질 소음(不變質騷音)

undulation 파동(波動), 파도모양

unergative verb 비능격 동사(非能格動詞)

unfocused temporal chains 담화 초점없는 시간연쇄(時間連鎖)

unforced violation 비강제적 위배(非强制的違背)

ungoverned case 지배받지 않는 격(格)

ungoverned position 지배되지 않은 자리

ungrammatical sentence 비문(非文)

ungrammatical utterance 비문법적 발화(非文法的發話)

ungrammaticality 비문법성 = ungrammaticalness

UNHS(universal newborn hearing screening test) 일반신생아청각선별검사(一般新生兒聽覺選別檢査) *cf.* newborn hearing screening test

uni- '하나'의 의미

unidirectional 단일 지향성(單一指向性)

unidirectional microphone 단일 지향성 마이크로폰

unidirectional transducer 음향 단일 지향성 변환기(單一指向性變換機)

unification-based 통합기반(統合基盤)의

unification-based formalism 통합기반 형식론(統合基盤形式論)

unified Parkinson disease rating scale(UPDRS) 통합 파킨슨병 평가척도(評價尺度)

unified spasmodic dysphonia rating scale (USDRS) 음성장애 단일 연축성 발성장애 평정척도(單一攣縮性發聲障礙評定尺度)

uniform attenuation hearing protection device 청각 단일감쇠 청력보호기기(單一減衰聽力保護機器)

uniform chain 동질적 연쇄(同質的連鎖), 일률적 연쇄(一律的連鎖)

uniform circular motion 등속원 운동(等速圓運動)

uniform condition 동질성 조건(同質性條件), 일률성 조건(一律性條件)

uniformity 통일성(統一性)

uniformity condition 일률성 조건(一律性條件)

uniformity principle 일률성 원리(一律性原理)

unilateral 편측성(片側性), 일측성(一側性)

unilateral abductor paralysis 신경 편측성 외전근마비(片側性外轉筋痲痹)

unilateral anesthesia 신경 편측성 마비(片側性痲痹)

U

unilateral blindness 신경 편측성 맹(片側性盲)
unilateral c-command 일방적 성분통어(一方的成分通語)
unilateral cleft 해부 편측파열(片側破裂)
unilateral cleft lip 해부 편측성 구순열(片側性口脣裂)
unilateral cleft palate 해부 편측성 구개열(片側性口蓋裂)
unilateral communication patterns 언어발달 일방향적 의사소통 양상(一方向的意思疏通樣相) *cf.* symmetrical communication patterns
unilateral deafness 생리 편측성 농(片側性聾)
unilateral focus 일측성 초점(一側性焦點)
unilateral hearing loss 생리 편측성 청력손실(片側性聽力損失)
unilateral laryngeal dysfunction 생리 편측성 후두 기능저하(片側性喉頭機能低下)
unilateral paralysis 신경 편측성 마비(片側性痲痹)
unilateral swallowing problem 삼킴 편측성 연하문제(片側性嚥下問題)
unilateral tinnitus 음향 편측성 이명(片側性耳鳴)
unilateral upper motor neuron(UUMN) 해부 편측상부운동뉴런 *cf.* bilateral upper motor neuron
unilateral upper motor neuron damage 생리 편측상부운동 신경세포손상(片側上部運動神經細胞損傷)
unilateral upper motor neuron dysarthria 신경 편측상부운동신경형 마비말장애
unilateral vocal fold palsy 신경 편측성 성대마비(片側性聲帶痲痹) = unilateral vocal fold paralysis
unilingual society 단일 언어사회(單一言語社會) = monolingual society *cf.* bilingual society
unimodal association area 단양식 연합영역(單樣式聯合領域)
unimodality 단일양상(單一樣狀)
uninflected base form 비굴절 기저형태(非屈折基底形態)
uninflected infinitive 비굴절 부정사(非屈折不定詞)
uninflected word 통사 굴절하지 않는 단어, 비굴절 단어 ↔ inflected word *cf.* conjugation
uninflected verb 비굴절 동사(非屈折動詞)
unintelligible speech 분명치 않은 언어, 불명료한 발화
uninterpretable feature 비해석성 자질(非解析性資質)
union vowel 매개모음(媒介母音)
unipersonal verb 단일인칭 동사(單一人稱動詞)
unipolar componentiality 단극적 성분구성성(單極性成分構成性)
unipolar disorders 단극성장애(單極性障礙)
unipolar induction 단극유도(單極誘導)
unipolar nerve cell 해부 단극 신경세포(單極神經細胞)
unipolar neuron 해부 단극성 뉴런 *cf.* multipolar neuron
unipolar test 단극시험(單極試驗)
unique morpheme 유일 형태소(唯一形態素)
unique reference 독자적 지시의미(獨自的指示意味)
unique underlier condition 유일기저조건(唯一基底條件)
uniqueness 유일성(唯一性), 독특함
uniqueness principle 유일원리(唯一原理)
unisensory 단일감각성(單一感覺性)
unisensory approach 단감각적 접근(單感覺的接近) ↔ multisensory approach
unison 조화(調和), 제창(齊唱)
unit 단위(單位)
unit-credit system 단위-학점 체제(單位-學點體制)
unit-in-context 문맥속 단위(單位)
unit response 단위반응(單位反應)

unitary base hypothesis 단일어기가설(單一語基假說) *cf.* modified base hypothesis
unitary language 단일언어(單一言語)
unitary language system hypothesis 언어발달 단일언어체계 가설(單一言語體系假說) *cf.* dual language system hypothesis
unitary sound 단위음(單位音)
united cerebral palsy(UCP) 뇌성마비 연합(腦性麻痺聯合), 뇌성마비환우회(患友會)
unitiered harmony 단일층렬 조화(單一層列調和)
units of repetition 말더듬 반복단위수(反復單位數)
unity 통일(統一)
universal 보편성(普遍性)
universal alignment hypothesis 보편할당가설(普遍割當假說)
universal association convention 보편연결규약(普遍連結規約)
universal base hypothesis 보편 기저가설(普遍基底假說)
universal case 보편적 격(普遍的格)
universal conceptual promitive 의미 보편적 개념원소(普遍的概念元素)
universal expression 전칭표현(全稱表現)
universal force 전칭적 효력(全稱的效力)
universal grammar 통사 보편문법(普遍文法) *cf.* specific grammar
universal implication 논리 보편적 함의(普遍的含意)
universal knowledge base 보편적 지식기반(普遍的知識基盤)
universal language competence 보편적 언어능력(普遍的言語能力)
universal linguistic principle 보편적 언어원칙(普遍的言語原則)
universal modifiers 보편적 수식어(普遍的修飾語)
universal morphological feature 보편적 형태론적 자질(普遍的形態論的資質)
universal newborn hearing screening test (UNHS) 일반신생아청각선별검사(一般新生兒聽覺選別檢査) *cf.* newborn hearing screening test
universal ordering 보편적 순서(普遍的順序)
universal phonetics 보편음성학(普遍音聲學)
universal phonological process 보편적 음운과정(普遍的音韻過程)
universal phonology 보편음운론(普遍音韻論)
universal pragmatics 보편화용론(普遍話用論)
universal principles 보편원칙(普遍原則)
universal properties 보편속성(普遍屬性)
universal quantifier 전칭양화사(全稱限定詞)
universal reference 의미 전칭지시(全稱指示)
universal semantics 보편의미론(普遍意味論)
universal strength hierarchy 보편적 강도위계(普遍的强度位階)
universal syllable template 음운 보편적 음절형(普遍的音節型)
universal syntax 보편통사론(普遍統辭論)
universal type 전칭유형(全稱類型)
universal word order hypothesis 보편어순가설(普遍語順假說)
universalism 보편성(普遍性) = universality
unknown factor 불명인자(不明因子)
unlearning 재학습(再學習)
unlearning process 고쳐 배우는 과정
unlike-subject constraint 이주어 제약(異主語制弱)
unmarked 무표적(無標的) ↔ marked
unmarked breath group 생리 무표적 호흡군(無標的呼吸群)
unmarked focus 무표적 초점(無標的焦點)
unmarked forms 비표시된 형태
unmarked handshape 무표수형(無標手形)
unmarked order 무표순(無標順)
unmarked phenomenon 무표현상(無標現象)

U

unmarked series 무표계열(無標系列)
unmarked term 무표항(無標項) ↔ marked term
unmarked usage 무표적 용법(無標的用法)
unmarkedness 음운 무표성(無標性) ↔ markedness
unmitigated echolalia 완전한 반향어(反響語)
unmyelinated nerve 해부 무수신경(無髓神經) ↔ myelinated nerve
unmyelinated nerve fiber 해부 무수신경섬유(無髓神經纖維)
unobstructed nasal emission 생리 막힘 없는 비누출(鼻漏出)
unordered rule hypothesis 무규칙순 가설(無規則順假說)
unpitched 비음조적(非音調的)
unpitched sound 고저가 없는 음
unplanned discourse 계획되지 않은 담화(談話)
unpredictable order (아동 말실행증 치료의) 예측 불가능한 순서 ↔ predictable order
unreal conditions 통사 허위 조건절(虛位條件節)
unreal verb forms 통사 허위 동사형태(虛位動詞形態)
unrelated participle 통사 무관계분사(無關係分詞)
unrelated words 상관없는 단어
unreleased sound 불파음(不破音), 비파음(非破音)
unreleased stop 비개방 폐쇄음(非開放閉鎖音)
unreleasing 비개방(非開放), 비파열(非破裂)
unresponsiveness 무반응(無反應)
unrestricted merge 무제한적 병합(無制限的併合)
unrestricted quantification 무제한적 양화(無制限的量化)
unrestricted universal 무제한적 보편성(無制限的普遍性)
unrounded 음운 비원순성(非圓盾性), 평순성(平脣性)
unrounded vowel 조음 비원순모음(非圓盾母音) ↔ rounded vowel
unsafe state 심리 불안상태(不安狀態)
unsaturation 불포화(不飽和) ↔ saturation
unselective binder 비선택적 결속사(非選擇的結束詞)
unspecific respirator disease 비특이성 호흡기 질환(非特異性呼吸器疾患)
unstable phonemic opposition 음운 불안정 음운대립(不安定音韻對立)
unstable sound 불안정음(不安定音)
unstressed syllable 음운 비강세 음절(非强勢音節) ↔ stressed syllable
unstressed syllable deletion 음운 비강세 음절탈락(非强勢音節脫落)
unstressed vowels 음운 비강세 모음(非强勢母音)
unsupervised learning 뇌과학 비감독학습(非監督學習) ↔ supervised learning *cf.* reinforced learning
unstructed play 비구조화 놀이 ↔ structured play
untoward reaction 무반응(無反應)
unvoiced sounds 무성음(無聲音) = devoiced ↔ voiced sound
unwritten language 무문자언어(無文字言語), 구두언어(口頭言語)
UPDRS(unified Parkinson disease rating scale) 통합 파킨슨병 평가척도(評價尺度)
upgrade 개선(改善)
upper aerodigestive tract 상부호흡소화관(上部呼吸消化管)
upper airway 해부 상기도(上氣道) ↔ lower airway
upper airway resistance 생리 상기도 저항(上氣道抵抗)
upper airway sleep apnea(UASA) 생리 상기도 수면무호흡증(上氣道睡眠無呼吸症)

upper bound 상한(上限) ↔ lower bound

upper bound length(UBL) 최장 발화길이 ↔ lower bound length

upper class 대문자(大文字) = capital letter ↔ lower case, small letter

upper cervical cord 해부 상경수(上頸髓)

upper class 상류층(上流層) ↔ lower class *cf.* middle class

upper-class language 상류층 언어(上流層言語) ↔ lower class language

upper cutoff frequency 음향 상부 절단주파수(上部切斷周波數) ↔ lower cutoff frequency

upper difference limen 상변별역(上辨別域)

upper esophageal sphincter(UES) muscle 해부 상부 식도괄약근(上部食道括約筋) ↔ lower esophageal sphincter muscle

upper esophagus 해부 상부 식도(上部食道) ↔ lower esophagus

upper extremity 해부 상지(上肢) = upper limb ↔ lower extremity

upper gastrointestinal series 상부 위장관계열(上部胃腸管系列)

upper jaw 해부 상악(上顎), 위턱 = maxilla ↔ lower jaw

upper joint cavity 해부 상관절강(上關節腔)

upper labial branch 해부 위입술가지

upper labium 해부 상순(上脣), 위입술 ↔ lower labirium

upper limb 해부 상지(上肢) = upper extremity ↔ lower limb

upper limit of hearing 청각 최대가청한계(最大可聽限界)

upper lip 해부 상순(上脣), 위입술 ↔ lower lip

upper lobe 해부 상엽(上葉) ↔ lower lobe

upper lobe orifice 해부 상엽구(上葉口)

upper-lower segment ratio 상하체간 비율(上下體間比率)

upper medulla 해부 상부연수(上部延髓)

upper molars 해부 상악대구치(上顎大臼齒) ↔ lower molars

upper motor neuron(UMN) 해부 상위운동뉴런 ↔ lower motor neuron

upper node 상위마디

upper one-half 상부 1/2, 상반부

upper partial 상부 부분음(上部部分音), 상음일부(上音一部)

upper respiratory infection(URI) 생리 상기도감염(上氣道感染) ↔ lower respiratory infection

upper respiratory system 생리 상부호흡체계(上部呼吸體系) ↔ lower respiratory system

upper respiratory tract 해부 상기도(上氣道) ↔ lower respiratory tract

upper respiratory tract illness 생리 상기도질환(上氣道疾患)

upper third 상부 1/3

upper tone 상음(上音)

upright film 입위사진(立位寫眞)

upward boundedness constraint 상향한계제약(上向限界制約)

upward masking 음향 상향차폐(上向遮蔽) ↔ downward masking

UR(unconditioned response) 무조건 반응(無條件反應) ↔ CR

uraniscochasma 해부 L 구개열(口蓋裂) = uranoschisis

uraniscolalia 해부 구개열 언어장애(口蓋裂言語障礙)

uraniscus 해부 L 입천장

uranoplasty 해부 구개 성형술(口蓋成形術)

uranoplegia 신경 입천장마비

uranorrhaphy 해부 연구개 봉합술(軟口蓋縫合術)

uranoschisis 해부 구개열(口蓋裂) = uraniscochasma *cf.* cleft lip

uranoscopy 구개검사법(口蓋檢査法)
urban dialect 도시방언(都市方言)
urban dialectology 도시방언학(都市方言學) *cf.* social dialectology
urban style 도시문체(都市文體)
urea cycle defect 생리 요소회로 이상증(尿素回路異常症)
urease breath test(UBT) 생리 우레아제 호흡실험
U-restructuring U-재조직(再組織)
ureter 해부 요관(尿管)
ureteric plexus 해부 요관신경총(尿管神經叢)
urethra 해부 요도(尿道)
urgency 긴급성(緊急性)
urging 재촉
URI(upper respiratory infection) 생리 상기도감염(上氣道感染)
Urimal test of articulation and phonology (U-TAP) 우리말 조음음운평가(調音音韻評價)
urinary bladder 해부 방광(膀胱)
urinary system 비뇨기계(泌尿器系)
US(unconditioned stimulus) 심리 무조건 자극(無條件刺戟) ↔ CS
usability 실용도(實用度)
usable sensitivity 실용감도(實用感度)
usage 용법(用法)
usage-based theory 언어발달 사용기반이론(使用基盤理論)
usage conditions 용법조건(用法條件)
usage doctrine 관습주의(慣習主義)
usage event 활용사건(活用事件)
usage label 용법표시(用法表示)
usage rate 사용비율(使用比率)
USDRS(unified spasmodic dysphonia rating scale) 음성장애 단일 연축성 발성장애 평정척도(單一攣縮性發聲障礙評定尺度)
use-inspired basic research 언어발달 사용지향적 기초연구(使用指向的基礎研究)
use meaning 사용의미(使用意味)
use theory 사용이론 (使用理論)
user friendly 사용자 편리성(使用者便利性)
u-shaped behaviour U자형 행위
u-shaped course of development U자형 발달과정(發達過程)
U-shaped curve U자형 곡선(曲線)
Usher's syndrome (유전성 청각 및 시각장애) 어셔 증후군
usual form 보통형(普通形)
usual meaning 통상적 의미(通常的意味)
usurpation (1) 강탈(强奪) (2) (권리의)침해(侵害)
Utah test of language development(UTLD) 유타 언어발달검사(言語發達檢査)
U-TAP(Urimal test of articulation and phonology) 우리말 조음음운평가(調音音韻評價)
uterine 해부 자궁관(子宮管)
utility 유용성(有用性)
UTLD(Utah test of language development) 언어발달 유타 언어발달검사(言語發達檢査)
utricle 해부 소낭(小囊)
utricular nerve 해부 타원주머니신경
utriculoampullar nerve 해부 타원팽대신경(橢圓膨大神經)
utriculus 해부 난형낭(卵形囊) *cf.* saccule
utterance 발화(發話)
utterance act 발화행위(發話行爲)
utterance event 발화사건(發話事件)
utterance formation 발화형성(發話形成)
utterance level 발화층위(發話層位)
utterance meaning 발화의미(發話意味)
utterance rate 발화속도(發話速度)
utterance rule 발화규칙(發話規則)
utterance situation 발화상황(發話狀況)
utterance time 발화시간(發話時間)
utterance type 발화유형(發話類型)

utterance unit 발화단위(發話單位)

UUMN(unilateral upper motor neuron) 해부 편측상부운동뉴런

uvula 해부 구개수(口蓋垂), 목젖

uvular 목젖의

uvular fricative 조음 구개수마찰음(口蓋垂摩擦音)

uvular muscle 해부 구개수근(口蓋垂筋)

uvular sound 조음 구개수음(口蓋垂音)

uvular stop 조음 목젖 폐쇄음

uvular trill 조음 목젖 굴림소리

uvulectomy 해부 목젖절제술＝uvulotomy

uvulitis 생리 구개수염(口蓋垂炎)

uvulopalatopharyngoplasty 해부 구개수구개인두성형술(口蓋垂口蓋咽頭成形術)

uvulopalatoplasty 해부 구개수구개성형술(口蓋垂口蓋成形術)

uvuloptosis 생리 목젖처짐증

uvulotomy 해부 목젖 절제술＝uvulectomy

V

V1(primary visual area) 일차시각영역(一次視覺領域)

V2(secondary visual area) 해부 이차시각영역(二次視覺領域) *cf.* V1

VAB(voice answer back) 음성회답(音聲回答)

VABS(Vineland adaptive behavior scales) 바인랜드 적응행동척도(適應行動尺度)

vaccination 예방접종(豫防接種), 종두(種痘)

vaccine 백신

vacuous mind 얼빠진 생각

vacuum 진공(眞空)

vacuum extraction 흡인분만(吸引分娩)

vacuum tube 진공관(眞空管)

VaD(vascular dementia) 신경 혈관성 치매(血管性癡呆)

VAD(voice activity detection) 음성행위 탐지(音聲行爲探知)

VADS(visual aural digit span test) 시청각수치 범위검사(視聽覺數値範圍檢査)

vagal reflex 신경 미주신경 반사(迷走神經反射)

vagal tone 미주신경 긴장(迷走神經緊張)

vagal trigone 미주신경 삼각(迷走神經三角)

vagotomy 해부 미주신경절단술(迷走神經切斷術)

vague 모호한 *cf.* ambiguous

vagueness 논리 모호성(模糊性) *cf.* ambiguity

vagus nerve 해부 (뇌신경, CN X), 미주신경(迷走神經)

valency 결합가(結合價)

valency dictionary 결합가 사전(結合價辭典)

valeur monophonématique 음운 단음소적 가치(單音素的價値), 홑음소 가치

valeur polyphonématique 음운 복음소적 가치(複音素的價値), 겹음소 가치

valid argument form 타당한 논증형식(論證形式)

validation 확인(確認)

validation therapy(VI) 확인치료(確認治療)

validity 통계 타당도(妥當度), 타당성(妥當性) *cf.* reliability

validity check 통계 타당도 검사(妥當度檢査)

validity effect 통계 타당도 효과(妥當度效果)

vallate papillae 해부 성곽유두(城廓乳頭) =circumvallate papillae
vallecula epiglottica 해부 L 후두개계곡(喉頭蓋溪谷)
valleculae 해부 PL vallacula (후두) 계곡(溪谷)
valley 계곡(溪谷), 골짜기, 골 ↔ peak
Valsalva's maneuver 음정 발살바법
value 가치(價値)
value clarification 가치 명료화(價値明瞭化)
valve cusp 해부 판막 첨판(瓣膜尖板)
valve replacement 생리 (인공) 판치환(瓣置換)
valve 판막(瓣膜)
valvula vasorum 해부 맥관 판막(脈管瓣膜), 맥관판(脈管瓣)
valvular disease 생리 판막증(瓣膜症)
valvular endocarditis 생리 판막성 심내막염(瓣膜性心內膜炎)
valvular heart disease 생리 판막성 심질환(瓣膜性心疾患)
valvular insufficiency 생리 (심장의) 판막 부전증(瓣膜不全症)
valvular regurgitation 생리 판막 역류량(瓣膜逆流量)
valvular stenosis 생리 판막 협착(瓣膜狹窄)
valvulitis 생리 (심장의) 판막염(瓣膜炎)
valvulotomy 해부 판막절개술(瓣膜切開術)
vAm(peak amplitude variation) 음향 정점진폭변이(頂點振幅變異)
Van Buchem syndrome 생리 (유전성 골이형성증) 반부켐 증후군
Van der Woude syndrome 생리 (유전성 구개열 기형) 반 데 우드 증후군
vanishing 쇠퇴(衰退)
vanishing tumor 생리 일과성 종양(一過性腫瘍)
Van Riper, Charles (1905~1994) 벤 라이퍼(미국의 말더듬분야 권위자)
vapor 증기(蒸氣)
variability 통계 변이성(變異性)
variability hypothesis 통계 변이가설(變異假說)
variability index(VI) 통계 변이지수(變異指數)
variable 통계 변수(變數) *cf.* factor
variable accent 음향 가변 악센트
variable bandwidth technique 음향 가변대역기법(可變帶域技法)
variable directional microphone 가변지향성 마이크로폰
variable interval reinforcement schedule 음향 가변간격 강화계획(可變間隔强化計劃)
variable-length record 가변길이 기록, 가변길이 레코드
variable pitch recording 음향 가변피치 녹음
variable ratio(VR) 음향 가변비율(可變比率)
variable ratio reinforcement schedule 음향 가변비율 강화계획(可變比率强化計劃)
variable reluctance pickup 음향 가변자기저항성 픽업
variable resistor 음향 가변저항기(可變抵抗器)
variable resonator 음향 가변공명기(可變共鳴器)
variable rule 변수규칙(變數規則)
variable speech rate 조음 불규칙한 말속도
variable vent 가변환기구(可變換氣口)
variance 통계 변량(變量), 분산(分散)
variance analysis 통계 분산분석(分散分析) *cf.* covariance analysis
variance homogeneity 통계 변량동질성(變量同質性)
variant 변이성(變異性)
variant articulation 변이음 조음(變異音調音)
variation (1) 변이(變異) (2) (벤 라이퍼의 말더듬 단계) 변형(變形) *cf.* approximation
variational features 음운 변이적 자질(變異的資質)
varicella 생리 수두(水痘)
varicography 해부 정맥류 조영술(靜脈瘤造影術)
varicose ulcer 생리 정맥류성 궤양(靜脈瘤性潰瘍)
varicosity 생리 정맥류(靜脈瘤)=varix

variegated babbling 언어발달 혼합 옹알이, 변형적 옹알이 *cf.* reduplicated babbling
variety 다양성(多樣性), 변화(變化)
variola 생리 두창(頭瘡), 마마(痘疫)
varix 정맥류(靜脈瘤) = varicosity
varying and correcting 변화와 교정 *cf.* strengthening and stabilizing
VAS(visual analog scale) 통계 시각아날로그척도 = ORD *cf.* equal-appearing interval scale
vascular 생리 혈관성(血管性) ↔ non-vascular
vascular collapse 생리 혈관허탈(血管許頉)
vascular dementia(VaD) 신경 혈관성 치매(血管性癡呆) = multi-infarct dementia
vascular disease 생리 혈관성 질환(血管性疾患)
vascular malformation 생리 혈관기형(血管奇形)
vascularity 생리 혈관분포상태(血管分布狀態)
vasculature 생리 혈관구조(血管構造)
vasoconstriction 생리 혈관수축(血管收縮) ↔ vasodilation
vasodilation 생리 혈관확장(血管擴張) ↔ vasoconstriction
vasomotor nerve 해부 혈관 운동신경(血管運動神經)
vasopressor 생리 승압제(昇壓劑), 혈관수축제(血管收縮劑)
vasospasm 생리 혈관경련(血管痙攣)
VAT(visual action therapy) 신경 시각적 동작치료(視覺的動作治療)
VBQ(verbal quotient) 구두언어지수(口頭言語指數)
VC(vital capacity) 폐활량(肺活量)
V-C(vowel-consonant) 음운 모음-자음(母音-子音)
VCD(vocal cord dysfunction) 생리 성대기능부전(聲帶機能不全)
VCI(verbal comprehension index) 구어이해지수(口語理解指數)
VCN(ventral cochlear nucleus) 해부 배쪽 와우신경핵(蝸牛神經核) ↔ DCN
VDCD(voice disability coping questionnaire) 음성장애 극복 설문지(音聲障礙克服設問紙)
vector analysis 백터분석
vector potential 벡터전위(電位)
vector quantization 벡터양자화(量子化)
vegetal metabolism 식물성 물질대사(植物性物質代謝) *cf.* fat metabolism
vegetation 생리 증식증(增殖症)
vegetative cell 해부 식물세포(植物細胞)
vegetative disorders 생리 식물성 장애(植物性障礙)
vegetative endocarditis 생리 증식성 심내막염(增殖性心內膜炎)
vegetative function 식물성 기능(植物性機能)
vegetative nervous system 해부 자율신경계(自律神經系) = autonomous nervous system
vegetative neurosis 생리 자율신경증(自律神經症)
vegetative phonation 식물성 발성(植物性發聲) = dysphonia
vegetative reflex 신경 자율신경 반사(自律神經反射)
vehicular language 매개언어(媒介言語)
vein 해부 정맥(靜脈) *cf.* artery
velar 해부 연구개(軟口蓋)의
velar area 조음 연구개 부위(軟口蓋部位)
velar assimilation 음운 연구개음 동화(軟口蓋音同化)
velar closure 조음 연구개 폐쇄(軟口蓋閉鎖)
velar fricative sound 조음 연구개 마찰음(軟口蓋摩擦音)
velar fronting 음운 연구개음 전설화(軟口蓋音前舌化)
velar glide 조음 연구개 전이음(軟口蓋轉移音)
velar insufficiency 생리 연구개부전(軟口蓋不全)
velar softening 음운 연구개음 연화(軟口蓋音軟化)

velar sounds 조음 연구개음(軟口蓋音), 여린입천장소리
velar suction 연구개 흡입(軟口蓋吸入)
velar tail 해부 구개수(口蓋垂), 목젖 = uvula
velaric airstream 조음 연구개기류(軟口蓋氣流)
velaric sound 조음 연구개기류음(軟口蓋氣流音)
velarity 조음 연구개성(軟口蓋性)
velarization 음운 연구개음화(軟口蓋音化), 여린입천장소리되기
velarized consonant 음운 연구개화 자음(軟口蓋化子音)
velarized sound 음운 연구개화음(軟口蓋化音)
velic closure 조음 연구개 폐쇄(軟口蓋閉鎖)
velocimeter 속도계(速度計) *cf.* speedometer
velocity 속도(速度) *cf.* speed
velocity aliasing 속도 에일리어싱
velocity encoding 속도 부호화(速度符號化)
velocity gradient 속도 기울기
velocity imaging 속도영상(速度映像)
velocity micorphone 속도 마이크로폰
velocity modulation 속도변조(速度變調)
velocity of circulation 순환속도(循環速度), 유통속도(流通速度)
velocity ratio 속도비(速度比)
velopharyngeal closure 해부 연인두폐쇄(軟咽頭閉鎖), 연구개인두폐쇄(軟口蓋咽頭閉鎖)
velopharyngeal competence 생리 연인두반응력(軟咽頭反應力)
velopharyngeal gap 해부 연인두 틈
velopharyngeal incompetence(VPI) 생리 연인두기능부전(軟咽頭機能不全) *cf.* velopharyngeal insufficiency
velopharyngeal insufficiency(VPI) 해부 연인두형성부전(軟咽頭形成不全) *cf.* velopharyngeal incompetence
velopharyngeal mechanism 해부 연인두기제(軟咽頭起制)
velopharyngeal misleading 연인두 학습오류(軟咽頭學習誤謬)
velopharyngeal opening 해부 연인두개방(軟咽頭開放)
velopharyngeal passage 해부 연인두통로(軟咽頭通路)
velopharyngeal port 해부 연인두문(軟咽頭門)
velopharyngeal valve 해부 연인두 밸브
velopharyngoplasty 해부 연인두형성술(軟咽頭形成術)
velum 조음 연구개(軟口蓋) = soft palate
VEMP(vestibular evoked myogenic potential) 신경 전정유발 근원성 전위(前庭誘發筋原性電位)
venom 독액(毒液), 독물(毒物)
venous blood 해부 정맥혈(靜脈血)
venous congestion 생리 정맥성 울혈(靜脈性鬱血)
venous sinus 해부 정맥동(靜脈洞)
venous thrombosis 생리 정맥혈전증(靜脈血栓症)
vent 통기성(通氣性)
vented earmold 통기성 귓본
ventilation 환기(換氣)
ventilator 인공호흡기(人工呼吸器)
ventilatory circuitry 환기순환(換氣循環)
ventral 해부 복부(腹部)의, 앞쪽의 = anterior ↔ dorsal, posterior
ventral cochlear nucleus(VCN) 해부 복측 와우핵(腹側蝸牛核) ↔ dorsal cochlear nucleus
ventral cornu 해부 전각(前角), 앞뿔 = ventral horn ↔ dorsal horn
ventral funiculus 해부 전삭(前索)
ventral hernia 복면 헤르니아, 복벽 헤르니아
ventral horn 해부 전각(前角) ↔ dorsal horn
ventral median fissure 해부 전정중렬(前正中裂)
ventral nuclei 해부 배쪽 핵 ↔ dorsal nuclei
ventral primary motor area 해부 복부 일차운동영역(腹部一次運動領域)

V

ventral ramus 해부 전지(前枝)=frontal ramus
ventral root 해부 전근(前根)=frontal root ↔ dorsal root
ventral surface 해부 복측 면, 배쪽 면 ↔ dorsal surface
ventral system 복부체계, 배쪽 체계
ventral thalamus 해부 배쪽 시상
ventricle 해부 뇌실(室)
ventricle of Morgagni 해부 모르가니 실(室)
ventricular arrhythmia 생리 심실성 부정맥(心室性不整脈)
ventricular contraction 생리 심실수축(心室收縮)
ventricular dysphonia 가성대발성장애(假聲帶發聲障礙)
ventricular end-diastolic pressure 심실확장종말기압(心室擴張終末氣壓)
ventricular enlargement (1) 심실확장(心室擴張) (2) 뇌실확장(腦室擴張)
ventricular fold vibration 가성대 진동(假聲帶振動)
ventricular folds 해부 가성대(假聲帶), 전정주름=false vocal folds *cf.* true vocal folds
ventricular ligament 해부 가성대 인대(假聲帶靭帶)
ventricular obliteration 후두실 폐색(喉頭室閉塞)
ventricular phonation 가성대 발성(假聲帶發聲)
ventricular puncture 해부 뇌실천자(腦室穿刺)
ventricular septal defect (1) 심실중격결손(心室中隔缺損) (2) 가성대 격막결함(假聲帶膈膜缺陷)
ventricular system 심실계(心室系)
ventricular tachycardia 생리 심실성 빈맥(心室性 頻脈)
ventricular vocal fold occlusion 가성대 교합(假聲帶咬合)
ventriculitis 생리 뇌실염(腦室炎)
ventriculogram 뇌실조영도(腦室造影圖)
ventriculography 해부 뇌실조영술(腦室造影術)
ventriculus laryngis 해부 L 후두실(喉頭室)=laryngeal ventricle
ventrolateral 해부 복외측(腹外側)의
ventromedial surface 해부 복내측(腹內側)
ventromedial tract 해부 복내측로(腹內側路)
venule 해부 세정맥(細靜脈)
VEP(visual-evoked potential) 신경 시각유발전위(視覺誘發電位) *cf.* AEP, SEP
verb 동사(動詞)
verb-adverb combination 통사 동사부사 결합(動詞-副詞結合)
verb language 동사언어(動詞言語)
verb morphology 언어발달 동사형태론(動詞形態論)
verb movement 통사 동사이동(動詞移動)
verb movement parameter 통사 동사이동 매개변수(動詞移動媒介變數)
verb particle combination 통사 동사소 결합(動詞素結合)
verb phrase 통사 동사구(動詞句)
verb phrase complement 통사 동사구 보문(動詞句補文)
verb-phrase negation 통사 동사구 부정(動詞句否定)
verb root 동사어근(動詞語根)
verb stem 동사어간(動詞語幹)
verb suffix transformation 통사 동사접미사 변형(動詞接尾辭變形)
verbal 구어(口語)의, 구두(口頭)의 ↔ nonverbal
verbal ability 구어능력(口語能力) ↔ nonverbal ability
verbal agraphia 생리 구어성 실서증(口語性失書症)
verbal aphasia 신경 구어성 실어증(口語性失語症)
verbal apraxia 생리 구어성 실행증(口語性失

行症) = apraxia of speech ↔ nonverbal apraxia *cf.* verbal dyspraxia

verbal association 구어연합(口語聯合)

verbal auditory agnosia 생리 구어성 청각실인증(口語性聽覺失認症) = pure word deafness

verbal auditory closure 구어청각폐쇄(口語聽覺閉鎖)

verbal behavior 언어발달 구어행동(口語行動) ↔ nonverbal behavior

verbal communication 구어의사소통(口語意思疏通)

verbal communication chain 구어의사소통연쇄(口語意思疏通連鎖)

verbal compound 동사유래 복합어(動詞由來複合語)

verbal comprehension index(VCI) 구어이해지수(口語理解指數)

verbal corrective feedback 구어교정 피드백

verbal deficit hypothesis 동사결함가설(動詞缺陷假說)

verbal deprivation hypothesis 언어빈곤가설(言語貧困假說)

verbal dyspraxia 생리 구어성 실행증(口語性失行症) ↔ nonverbal dyspraxia *cf.* verbal apraxia

verbal expression 구어표현(口語表現), 구두표현(口頭表現)

verbal fluency 말더듬 구어 유창성(口語流暢性)

verbal fluency circuits 말더듬 유창성 회로(流暢性回路)

verbal fragmentation 구어분열(口語分裂)

verbal gerund 동사적 동명사(動詞的動名詞)

verbal information 구어정보(口語情報)

verbal information agnosia 생리 구어정보실인증(口語情報失認症) *cf.* auditory agnosia

verbal irony 인지 구어적 아이러니, 구어적 반어(反語) *cf.* situational irony

verbal island hypothesis 동사제약가설(動詞制約假說)

verbal language development scale 언어발달 구어발달척도(口語發達尺度)

verbal learning 구어학습(口語學習)

verbal meaning 구어의미(口語意味)

verbal mediation 구어중재(口語仲裁)

verbal memory 심리 구어기억(口語記憶)

verbal modeling 구두 모델링

verbal noun 동사적 명사(動詞的名詞)

verbal paraphasia 생리 구어 착어증(口語錯語症)

verbal passive 통사 동사적 수동(動詞的受動) *cf.* adjectival passive

verbal pause 구어적 휴지(口語的休止)

verbal perseveration 구어적 교착현상(口語的交錯現象)

verbal phrase 동사구(動詞句)

verbal play 발성놀이

verbal praise 구두칭찬(口頭稱讚), 말로 칭찬하기

verbal prompts 삼킴 구두촉진법(口頭促進法) *cf.* gestural prompts

verbal quotient(VBQ) 구두언어지수(口頭言語指數)

verbal reinforcement 구어강화(口語强化)

verbal repertoire 구어목록(口語目錄)

verbal report 구두보고(口頭報告) = oral report ↔ written report

verbal stimuli 구어자극(口語刺戟)

verbal stimulus generalization 구어자극 일반화(口語刺戟一般化)

verbal strength 심리 (다중지능이론의) 구어지능(口語知能)

verbal style 동사적 문체(動詞的文體)

verbal test 구어검사(口語檢查)

verbal thought 구어적 사고(口語的思考)

verbal word deafness 생리 구어농(口語聾) *cf.* pure word deafness

verbal world 구어세계(口語世界)

verbality 수다, 말이 많음
verbalization (1) 구어화(口語化) (2) 동사화(動詞化)
verbless sentence 무동사문(無動詞文)
verbotonal method 버보토날 방법
verifiability 검증가능성(檢證可能性) = testability
verification 검정(檢定), 검증(檢證)
verisimilitude 박진감(迫進感)
vermicular motion 연동(蠕動)
vermiform appendix 충수(蟲垂), 막창자 꼬리
vermis 해부 충양구조(蟲樣構造)
vernacular education 자국어 교육(自國語教育)
vernacular name 지방명(地方名), 속명(俗名)
vernacular style 일상어 문체(日常語文體)
vernacular 토착어(土着語), 지방어(地方語) = dialect
vernacularism 자국어 어법(自國語語法), 자국어 사용(自國語使用)
vernal syntagma 통사 동사적 통어구조(統辭的統語構造)
Verner's law 음운 베르너의 법칙(法則) *cf.* Grimm's law
Vernet's syndrome (9번, 10번, 11번 뇌신경 마비에 의한 장애) 베르네 증후군
verse design 시 디자인
verse instance 운문 예(韻文例)
verse literature 운문문학(韻文文學) ↔ prose literature
verse 운문(韻文) ↔ prose
vertebra 해부 L 척추(脊椎) 단수형 vertebrae
vertebral angiography 척추동맥조영술(脊椎動脈造影術)
vertebral artery 해부 추골동맥(椎骨動脈)
vertebral articulations 해부 척추관절(脊椎關節)
vertebral body 해부 척추골 몸통
vertebral canal 해부 척주관(脊柱管)
vertebral column 해부 척주(脊柱)
vertebral ganglion 해부 척추신경절(脊椎神經節)
vertebral nerve 해부 척추신경(脊椎神經)
vertebral part 척추부분(脊椎部分)
vertebral pedicle 해부 척추뿌리
vertebral plexus 해부 척추신경총(脊椎神經叢)
vertebrate 척추동물(脊椎動物) = vertebrate animal ↔ invertebrate
vertebrate animal 척추동물(脊椎動物) ↔ invertebrate animal
vertebro-basilar arterial system 해부 추골뇌저 동맥계(椎骨-腦低動脈系)
vertex 해부 두정(頭頂)
vertex evoked response audiometry 청각 두정부 유발반응 청력검사(頭頂部誘發反應聽力檢查)
vertical 수직적(垂直的)인 ↔ horizontal
vertical angle 수직각(垂直角)
vertical axis 해부 (신경) 수직축(垂直軸) ↔ horizontal axis *cf.* neuraxis
vertical beam width 수직빔폭
vertical closing diphthong 음운 수직 상향이중모음(垂直上向二重母音)
vertical construction 수직구문(垂直構文)
vertical diphthong 음운 수직 이중모음(垂直二重母音)
vertical direction 수직방향(垂直方向)
vertical field magnet 수직 자장자석(垂直磁場磁石)
vertical focus 수평적 초점(垂直的焦點) ↔ horizontal focus
vertical goal attack strategy 수직적 목표달성 전략(垂直的目標達成) ↔ horizontal goal attack strategy
vertical laryngectomy 해부 수직 후두절제술(垂直喉頭切除術)
vertical muscle of tongue 해부 수직설근(垂直舌筋)
vertical phase difference 수직위상차(垂直位相差)

vertical plane 해부 수직면(垂直面)
↔ horizontal plane
vertical sensitivity 수직감도(垂直感度)
vertical structuring 수직적 구조화(垂直的構造化)
vertical variation 수직변화(垂直變化)
vertical vibration 수직진동(垂直振動)
↔ horizontal vibration
vertical vibration level 수직 진동레벨
vertical vocabulary development 수직적 어휘발달
verticalis linguae muscle 해부 L 혀수직근
vertically polarized wave 수직편파(垂直偏波)
cf. circular polarized wave
vertigo 생리 현기증(眩氣症), 어지럼증
very high frequency(VHF) 음향 초단파(超短波)
very large data base 초대형 데이타 베이스
very low birth weight(VLBW) 극소 저출생체중아(極小低出生體重兒)
very low frequency(VLF) 음향 초장파(超長波)
very severely nasal 고심도 비성(高深度鼻性), 최중도(最重度) = profoundly nasal
vesicle 해부 소낭(小囊)
vessel 해부 맥관(脈管), 혈관(血管)
vessel groove 해부 혈관구(血管溝), 혈관고랑
vestbulocochlear ganglion 해부 전정와우신경절(前庭蝸牛神經節)
vestibular acoustic nerve 해부 전정청각신경(前庭聽覺神經)
vestibular apparatus 해부 전정기(前庭器)
vestibular aqueduct 해부 전정도수관(前庭導水管)
vestibular aqueduct vein 해부 전정도수관정맥(前庭導水管靜脈)
vestibular area 청각 전정영역, 안뜰구역
vestibular ataxia 신경 전정성 운동실조(前庭性運動失調)
vestibular-bilateral disorders 생리 전정양측장애(前庭-兩側障礙)
vestibular canal 해부 전정도관(前庭導管)
vestibular dysfunction 청각 전정기능부전(前庭機能不全), 전정장애(前庭障礙)
vestibular evaluation 청각 전정기능평가(前庭機能評價)
vestibular evoked myogenic potential(VEMP) 음향 전정유발 근원성 전위 (前庭誘發筋原性電位)
vestibular folds 해부 전정주름
vestibular function 청각 전정기능(前庭機能)
vestibular function test 청각 전정기능검사(前庭機能檢查)
vestibular ganglion 해부 전정신경절(前庭神經節)
vestibular gland 해부 전정샘, 안뜰샘
vestibular labyrinth 해부 전정미로, 안뜰미로
vestibular lamina 해부 전정판(前庭板)
vestibular ligament 해부 (후두의) 전정인대(前庭靭帶)
vestibular lip 해부 입술전정(前庭)
vestibular membrane 해부 전정막(前庭膜)
= Reissner's membrane *cf.* basilar membrane
vestibular nerve 해부 전정신경(前庭神經), 안뜰신경 *cf.* cochlear nerve
vestibular nerve branch 해부 전정신경가지
vestibular nuclei 해부 안뜰핵
vestibular ocular reflex 신경 전정안반사(前庭眼反射)
vestibular organ 전정기관(前庭器官)
vestibular pit 생리 전정발작(前庭發作)
vestibular pupillary reflex 신경 전정성 동공반사(前庭性瞳孔反射)
vestibular reflex 신경 전정반사(前庭反射)
vestibular region 해부 전정부(前庭部)
vestibular rehabilitation 청각 전정재활(前庭再活)

V

vestibular sense 생리 전정감각(前庭感覺)

vestibular system 해부 전정계(前庭系)=scala vestibuli

vestibular vertigo 생리 전정성 현기증(前庭性眩氣症)

vestibular wall 해부 전정막, 안뜰막

vestibular window 해부 전정창, 안뜰창

vestibule 해부 전정(前庭), 안뜰

vestibulocochlear nerve 해부 (뇌신경, CN VIII), 전정와우신경(前庭蝸牛神經)

vestibulocochlear organ 청각 전정와우기관(前庭蝸牛器官), 평형청각기관(平衡聽覺器官)

vestibulo-ocular reflex(VOR) 신경 전정안반사(前庭眼反射)

vestibulospinal reflex 신경 전정척수반사(前庭脊髓反射), 안뜰척수반사

vestibulospinal tract 해부 전정척수로(前庭脊髓路), 안뜰척수로

VFEs(vocal function exercises) 성대기능훈련(聲帶機能訓練)

vFo(fundamental frequency variation) 음향 기본주파수변이(基本周波數變異)

VFSS(videofluoroscopic swallow study) 삼킴 비디오 투시조영 삼킴검사

VHF(very high frequency) 음향 초단파(超短波)

VHI(voice handicap index) 음성장애지수(音聲障礙指數)

VI(variability index) 변이지수(變異指數)

viability 생활력(生活力), 생육성(生肉性)

via-rule 의거규칙(依據規則), 경유규칙(經由規則)

vibrancy 음향 진동(振動), 공명(共鳴)

vibrant consonant 음향 진동자음(振動子音)

vibrating capacity 음향 진동용량(振動容量)

vibrating magnetometor 진동자력계(振動磁力計)

vibrating plate 진동판(振動板)

vibrating portion (성대의) 진동부(振動部) ↔ non-vibrating portion

vibrating reed frequency meter 음향 진동편주파계(振動片周波計)

vibration 진동(振動)

vibration acceleration 음향 진동가속도(振動加速度)

vibration acceleration level 음향 진동가속도레벨 *cf.* vibration velocity meter

vibration acceleration meter 음향 진동가속도계(振動加速度計)

vibration calibration equipment 음향 진동보정장치(振動補正裝置)

vibration calibration table 보정용 진동테이블

vibration control 음향 진동제어(振動制御)

vibration deadening 음향 진동제거(振動除去)

vibration deadener 음향 진동제거기(振動除去機)

vibration displacement meter 음향 진동변위계(防振變位系)

vibration hazard 음향 진동위험(防振危險)

vibration level 진동레벨

vibration meter 진동계(振動計)

vibration mode 진동방식(振動方式), 진동 모드

vibration neutralizer 진동 중화제(振動中和劑)

vibration pollution 진동공해(振動公害)

vibration reduction 진동감소(振動減少)

vibration sensation 생리 진동감각(振動感覺)

vibration source 진동원(振動源)

vibration source control 진동원 제어(振動源制御)

vibration theory 진동이론(振動理論)

vibration velocity 진동속도(振動速度)

vibration velocity level 진동속도레벨

vibration velocity meter 진동속도계(振動速度計) *cf.* vibration acceleration level

vibrational energy 진동 에너지

vibrato 비브라토(목소리를 떨리게 하는 기교)

vibrator 진동기(振動機)

vibratory instability 진동 불안정(振動不安定)
vibratory motion 진동운동(振動運動)
vibratory tinnitus 음향 진동성 이명(振動性耳鳴)
vibroacoustics 진동 음향학(振動音響學)
vibrometer 진동계(振動計)
vibrotactile hearing aid 진동촉각 보청기
vibrotactile response 신경 진동촉각반응(振動觸覺反應)
vibrotactile threshold 신경 진동촉각역치(振動觸覺閾值)
VLBW(very low birth weight) 극소저출생체중아(極小低出生體重兒)
vicariation 대체화(代替化)
vicarious experience 대리경험(代理經驗)
vicarious learning 대리학습(代理學習) *cf.* observational learning
vicarious voice 대상음성(對象音聲)
vicious circle 악순환(惡循環) ↔ virtuous circle, good circle
video disc 영상 디스크
videoendoscopy 비디오 내시경(內視鏡) = videoscope
videofluoroscopic examination 비디오 투시조영검사(透視造影檢査)
videofluoroscopic swallow study(VFSS) 삼킴 비디오 투시조영 삼킴검사
videofluoroscopy 삼킴 비디오 투시조영술(透視造影術)
videokymography 비디오카이모그래피
videoscope 삼킴 비디오 내시경(內視鏡) = videoendoscope
video teleconferencing 비디오 원격회의(遠隔會議)
vigilance sustained attention 생리 불면증(不眠症) = insomnia, sleeplessness
villi 해부 융모(絨毛)
Vineland adaptive behavior scales(VABS) 바인랜드 적응행동척도(適應行動尺度)
vineyard type hall 포도밭형 홀
violability 위반 가능성(違反可能性)
violation 위반(違反), 폭행(暴行)
violence 광폭성(狂暴性)
viral infection 생리 바이러스 감염(感染)
virilism 남성화(男性化) = masculinity ↔ femininity
virtual acoustic centre 음향 가상 음향중심(假想音樂中心)
virtual acoustic source 가상 음원(假想音源)
virtual acoustics 음향 가상 음향학(假想音響學)
virtual channel 가상경로(假想經路), 가상채널
virtual colonoscopy 가상대장경(假想大腸鏡)
virtual computer 가상 컴퓨터
virtual end fire array 가상종단배열(假想終端配列)
virtual endoscopy 가상 내시경(假想內視鏡)
virtual image 허상(虛像) ↔ real image
virtual inertia 가상관성(假想慣性)
virtual integration 가상통합(假想統合)
virtual interpreter 가상 해석자(假想解析者)
virtual learning(VL) 가상학습(假想學習)
virtual manipulatives 가상학습도구(假想學習道具)
virtual mass 가상질량(假想質量)
virtual reality(VR) 가상현실(假想現實) *cf.* augmented reality
virtual storage 가상기억장치(假想記憶裝置)
virtual structure 가상구조(假想構造)
virtuality 실질(實質), 실재(實在)
virtualization 가상 현실화(假想現實化)
virtue ethics 덕 윤리(德倫理) *cf.* ethics
virtuous circle 악순환(惡循環) = good circle ↔ vicious circle
virus 바이러스
viscera 해부 내장(內臟)
visceral brain 해부 (감정의 경로) 대장뇌(大腸腦) *cf.* Papez circuit

visceral layer 해부 내장층(內臟層)
visceral motor 생리 장운동(臟運動)
visceral muscle 해부 내장근(內臟筋)
visceral nerve 해부 장신경(臟神經)
visceral nervous system 해부 장신경계(臟神經系)
visceral pericardium 해부 장측심막(腸側心膜) *cf.* parietal pericardium
visceral pleura 해부 장측흉막(腸側胸膜), 폐쪽 흉막 *cf.* parietal pleura
visceral reflexes 신경 장기반사작용(臟器反射作用)
visceral responses 생리 내장반응(內臟反應)
visceral sensation 신경 내장지각(內臟知覺) *cf.* general sensation
visceral swallowing 삼킴 내장연하(內臟嚥下)
viscerocranium 해부 내장두개(內臟頭蓋)
viscoelastic material 점탄성 물질(粘彈性物質)
viscoelasticity 점탄성(粘彈性)
viscosity 점성(粘性)
viscothermal unsteady boundary layer 점열성 비정상경계층(粘熱性非正常境界層)
viscous damping 점성 감쇠(粘性減衰)
viscous damping coefficient 점성 감쇠계수(粘性減衰計數)
viscous drag 점성항력(粘性抗力)
viscous friction 점성마찰(粘性摩擦)
viscous penetration depth 점성 투과깊이 =viscous skin depth
viscous unsteady boundary layer 음향 점성 비정상경계층(粘性非正常境界階層)
viscus 해부 내장(內臟)
viseme 독화소(讀話素)
visemes 독화소(讀話素)
visibility 가시성(可視性)
visibility condition 가시성 조건(可視性條件), 가시조건(可視條件)
visible light 가시광선(可視光線)
visible spectrum 음향 가시 스펙트럼
visible speech 음향 가시언어(可視言語) *cf.* spectrogram
visible speech apparatus 음향 가시언어장치(可視言語裝置)
vision 시각(視覺)
visiting nurses 방문간호사(訪問看護士)
visual action therapy(VAT) 신경 시각적 동작치료(視覺的動作治療)
visual acuity 시력(視力), 시각민감도(視覺敏感度)
visual agnosia 생리 시각실인증(視覺失認症) =optic agnosia *cf.* color agnosia
visual alerting systems 시각경계체계(視覺警戒體系)
visual alexia 생리 시각실독증(視覺失讀症)
visual analog scale(VAS) 통계 시각아날로그척도 =ordinal scale *cf.* equal-appearing interval scale
visual apraxia 생리 시각실행증(視覺失行症)
visual area 해부 시각영역(視覺領域)
visual association area(VA) 해부 시각연합영역(視覺聯合領域)
visual aural digit span test(VADS) 시청각수치 범위검사(視聽覺數值範圍檢查)
visual categorization 시각적 범주화(視覺的範疇化)
visual center 해부 시각중추(視覺中樞)
visual closure 시각폐쇄(視覺閉鎖)
visual communication 시각적 소통(視覺的疏通) *cf.* aural communication
visual contrast AAC 시각대비(視覺對比)
visual cortex 해부 시각피질(視覺皮質), 시각겉질
visual cue AAC 시각단서(視覺端緒)
visual discrimination AAC 시각분별(視覺分別), 시각구별(視覺識別) *cf.* visual identification, visual skills
visual disorders 시각장애(視覺障礙) = visual

handicap

visual dominance 시각적 우세(視覺的優勢)

visual drill AAC 시각훈련(視覺訓練)

visual evoked potential(VEP) 음향 시각유발전위(視覺誘發電位) *cf.* auditory evoked potential, somatosensory evoked potential

visual examination 육안검사(肉眼檢查) =visual inspection

visual feedback AAC, 음성치료 시각 피드백 *cf.* auditory feedback

visual field defect 시야결손(視野缺損)

visual fields 시야(視野)

visual figure-ground AAC 시각 그림판

visual figure-ground discrimination AAC 시각 그림판 변별(辨別)

visual fixation 시선고정(視線固定)

visual gesture 시각운동(視覺-運動)

visual hallucination 생리 환시(幻視), 시각적 환각(視覺的幻覺)

visual handicap 시각장애(時刻障礙) =visual disorders

visual hearing AAC 시각적 청취(視覺的聽取) =visual listening

visual identification AAC 시각판별(視覺判別) *cf.* visual discrimination

visual impairment 생리 시각장애(視覺障礙)

visual impression AAC 시각적 인상(視覺的印象)

visual information store 인지 시각정보 저장고(視覺情報貯藏庫) *cf.* auditory information store

visual information 시각정보(視覺情報)

visual inspection 육안검사(肉眼檢查) =visual examination

visual intelligence 심리 (다중지능이론의) 시각적 지능(視覺的知能)

visualization 가시화(可視化), 시각화(視覺化)

visual language AAC 시각언어(視覺言語) =sign language *cf.* visual speech

visual listening 시각적 청취(視覺的聽取) =visual hearing

visual masking 인지 시각적 차폐(視覺的遮蔽)

visual memory 심리 시각기억(視覺記憶)

visual memory span 심리 시각기억폭(視覺記憶幅)

visual method 시각방법(視覺方法)

visual-motor coordination 시각운동협응(視覺運動協應)

visual neglect 심리 (편측) 시각무시(片側視覺無視)

visual organ 시각기(視覺器)

visual perception 시지각(視知覺)

visual-perceptual motor(VPM) function 시지각운동기능(視知覺運動機能)

visual preference 심리 시각적 선호(視覺的選好)

visual recognition memory 심리 시각적 재인기억(視覺的再認記憶)

visual reinforcement audiometry(VRA) 청각 시각강화청력검사법(視覺强化聽力檢查法) *cf.* behavioral observation audiometry

visual reinforcement operant conditioning audiometry(VROCA) 청각 시각강화 조작조건화 청력검사법(視覺强化操作條件化聽力檢查法)

visual scanning 심리 시각적 주사(視覺的走查)

visual schedule AAC 시각적 스케줄

visual span 시각적 거리(視覺的距離)

visual spatial abilities AAC 시공간 능력(視空間能力)

visual stimulation AAC 시각자극(視覺刺戟)

visual strength 심리 (다중지능이론의) 시각적 강점(視覺的强點)

visual supports AAC 시각지원물(視覺支援物)

visual system 시각체계(視覺體系)

visual-tactile system 시각촉각체계(視覺觸覺體系)

visual threat 시각위협(視覺威脅)

visual thresholds 신경 시각역치(視覺閾値)
visual tracking 시각적 추적(視覺的追跡)
visual-verbal agnosia 생리 시각구어 실인증(視覺口語失認症)
visual window 시야창(視野窓)
visuo-kinesthetic engram 시각-운동감각적 기억 흔적(視覺運動感覺的記憶痕迹)
visuomotor neurons 해부 시각운동 뉴런 *cf.* mirror neurons
visuoperceptual ability 시지각 능력(視知覺能力)
visuoperceptual dysfunction 생리 시지각 기능부전(視知覺機能不全), 시지각 장애(視知覺障礙)
visuorecognition ability 시각재인능력(視覺再認能力)
visuospatial construction (실서증 환자의) 시공간 구성(視空間構成)
visuospatial disorders 시공간장애(視空間障礙)
visuospatial omission (실서증 환자의) 시공간적 생략(視空間的省略)
VIT(vocal initial time) 발성시작시간(發聲始作時間) ↔ VTT
vital capacity(VC) 생리 폐활량(肺活量)
vital energy 생명력(生命力), 활력(活力) = vital force, vitality
vital function 생명기능(生命機能)
vital phenomenon 생명현상(生命現象)
vital prognosis 생명예후(生命豫後)
vital signs(VS) 활력징후(活力徵候)
vital site 급소(急所)
vital wound 치명상(致命傷)
vitality 생명력(生命力), 활력(活力) = vital energy, vital force
VL(virtual learning) 가상학습(假想學習) *cf.* virtual reality
VLF(very low frequency) 음향 초저주파(超低周波)
VOCA(voice output communication aid) AAC 음성출력의사소통 보조기구(音聲出力意思疏通補助器具) = SGD
vocabulary 어휘(語彙) *cf.* lexicon
vocabulary burst 언어발달 어휘폭발 = vocabulary spurt
vocabulary comprehension scale 어휘이해척도(語彙理解尺度)
vocabulary control 어휘조절(語彙調節)
vocabulary development 언어발달 어휘발달(語彙發達)
vocabulary diary AAC 어휘일기(語彙日記)
vocabulary knowledge AAC 어휘지식(語彙知識)
vocabulary size 어휘량(語彙量)
vocabulary spurt 언어발달 어휘폭발(語彙爆發), 어휘분출(語彙噴出) = naming explosion
vocal abuse 성대남용(聲帶濫用) = vocal overuse *cf.* vocal misuse
vocal accommodation 음성조절(音聲調節)
vocal alternation 음운 모음교체 (母音交替) *cf.* vowel shift, ablaut
vocal apparatus 발성기(發聲器)
vocal attack 성대발병(聲帶發病)
vocal-auditory channel 발성청각 통로(發聲聽覺通路)
vocal behaviors 언어발달 (영아의) 발성 행동(發聲行動)
vocal bowing 생리 성대휨 = vocal cords bowing
vocal chink 해부 성문(聲門) = glottis
vocal constriction 생리 성대협착(聲帶狹窄)
vocal cord atrophy 생리 성대위축(聲帶萎縮)
vocal cord dysfunction(VCD) 생리 성대기능장애(聲帶機能障礙)
vocal cord frequency 음향 성대주파수(聲帶周波數) = vocal frequency
vocal cord lateralization 해부 성대외전술(聲帶外轉術) = vocal lateralization

vocal cord medialization 해부 성대내전술(聲帶內轉術) = vocal medialization

vocal cord paralysis 신경 성대마비(聲帶痲痺) = vocal paralysis

vocal cord polyp 생리 성대용종(聲帶茸腫) = vocal polyp

vocal cords 해부 성대(聲帶) = vocal folds

vocal creak 목갈리는 소리

vocal cues 음성단서(音聲端緖)

vocal dryness 생리 성대건조(聲帶乾燥)

vocal dysfunction 생리 성대기능장애(聲帶機能障礙) = vocal cord dysfunction

vocal efficiency 성대능률(聲帶能率), 성대 효율성(聲帶效率性)

vocal efficiency index 성대능률지수(聲帶能率指數)

vocal effort 성대력(聲帶力)

vocal emphasis 음성강세(音聲强勢)

vocal fatigue 생리 성대피로(聲帶疲勞)

vocal focus 성대초점(聲帶焦點)

vocal fold abduction 생리 성대외전(聲帶外轉) ↔ vocal fold adduction

vocal fold adduction 생리 성대내전(聲帶內轉) ↔ vocal fold abduction

vocal fold approximation 성대접근(聲帶接近)

vocal fold atrophy 생리 성대위축증(聲帶萎縮症)

vocal fold augmentation 성대증가(聲帶增加)

vocal fold body 해부 성대몸체

vocal fold bowing 생리 성대휨 = vocal bowing

vocal fold hemorrhage 생리 성대출혈(聲帶出血)

vocal fold paralysis 신경 성대마비(聲帶痲痺), 성대주름마비

vocal fold stripping 해부 성대박리술(聲帶剝離術)

vocal folds 해부 성대(聲帶), 성대주름 = vocal cords

vocal frequency 성대주파수(聲帶周波數) = vocal cord frequency

vocal fry 음성치료 성대프라이, 성대튀김

vocal function exercises(VFEs) 음성치료 성대기능훈련(聲帶機能訓練)

vocal gesture 발성동작(發聲動作)

vocal hyperfunction 성대과대기능(聲帶過大機能) ↔ vocal hypofunction

vocal hypofunction 성대과소기능(聲帶過小機能) ↔ vocal hyperfunction

vocal initial time 발성시작시간(發聲始作時間) ↔ vocal termination time *cf.* voice onset time

vocal intensity 음성강도(音聲强度)

vocal lateralization 성대외전술(聲帶外轉術) = vocal cord lateralization *cf.* vocal medialization

vocal ligament 해부 성대인대(聲帶靭帶)

vocal limping 성대절기

vocal loading 성대부하(聲帶負荷)

vocal mechanism 음성기제(音聲機制)

vocal medialization 해부 성대내전술(聲帶內轉術) = vocal cord medialization *cf.* vocal lateralization

vocal microphone 음성용 마이크로폰

vocal misuse 성대오용(聲帶誤用) *cf.* vocal abuse

vocal mode 발성 발성방식(發聲方式)

vocal murmur 중얼거림, 투덜대는 소리 = murmur

vocal muscle 해부 성대근(聲帶筋) = L musculus vocalis

vocal music 성악(聲樂)

vocal nodule 생리 성대결절(聲帶結節)

vocal organs 발성기관(發聲器官), 음성기관(音聲器官)

vocal overuse 성대남용(聲帶濫用) = vocal abuse *cf.* vocal misuse

vocal paralysis 신경 성대마비(聲帶痲痺) = vocal cord paralysis

vocal phonics 유성발음(有聲發音)

vocal play 언어발달 발성놀이, 음성놀이

vocal polyp 생리 성대용종(聲帶茸腫), 성대폴립=vocal cord polyp

vocal postures 발성자세(發聲姿勢)

vocal process 해부 성대돌기(聲帶突起) *cf.* muscular process

vocal profile analysis(VPA) 음성 프로파일 분석

vocal prosthesis 음성보철기(音聲補綴機)

vocal qualifier 음성검증자(音聲檢證者)

vocal quality 음질(音質)=voice quality *cf.* vocal color

vocal range 음성범위(音聲範圍)

vocal rehabilitation 발성재활(發聲再活)

vocal resonance 성대공명(聲帶共鳴)

vocal rest 발성휴식(發聲休息)

vocal sulcus 생리 성대구증(聲帶溝症)= L sulcus vocalis

vocal termination time(VTT) 발성종결시간(發聲終結時間)

vocal tic 생리 음성 틱

vocal timbre 음색(音色)=vocal color *cf.* voice quality

vocal tract 성도(聲道), 소릿길

vocal tract area function 통계 성도단면함수(聲道斷面函數)

vocal tract constriction 성도협착부(聲道狹窄部)

vocal tract discomfort scale 성도불쾌척도(聲道不快尺度)

vocal tract shape 성도형태(聲道形態)

vocal tract transfer function 통계 성도전달함수(聲道傳達函數)

vocal tremor 성대진전(聲帶震顫), 성대떨림

vocalic 음운 옛 모음성(母音性) ↔ consonantal *cf.* syllabic

vocalic alternation 음운 모음전환(母音轉換), 모음교체(母音交替) *cf.* ablaut

vocalic glide 조음 모음성 전이음(母音性轉移音)

vocalic node 모음성 마디

vocalic nucleus 모음성 핵(母音性核)

vocalic target 목표모음(目標母音)

vocalic vowel 자연적 모음(自然的母音)

vocalis muscle 해부 성대근(聲帶筋)= L musculus vocalis

vocality 음운 모음성(母音性)

vocalization (1) (동물의) 발성(發聲), 소리산출 *cf.* phonation (2) 유성음화(有聲音化) ↔ devocalization

vocational aptitude test 직업 적성검사(職業適性檢查)

vocational English 직업영어(職業英語)

vocational rehabilitation 직업재활(職業再活)

vocative function 호칭기능(呼稱機能)

vocoids 조음 모음류(母音類) ↔ contoids

voice (1) 음성(音聲), 목소리 (2) 통사 (문법범주) 태(態)

voice abuse 음성남용(音聲濫用), 소리남용 =voice overuse *cf.* voice misuse

voice-activated devices 음성작동기(音聲作動器)

voice activity detection(VAD) 음성행위 탐지(音聲行爲探知)

voice and speech function 음성 및 말 기능

voice answer back(VAB) 음성회답(音聲回答)

voice arrest 생리 음성정지(音聲停止)

voice bar 음향학 유성띠

voice box (속어) 소리상자, 후두(喉頭)=larynx

voice break 생리 음성단절(音聲斷絶) *cf.* pitch break

voice breaks 음성일탈(音聲逸脫)

voice chewing 씹기식 음성

voice clinician 음성치료임상가(音聲治療臨床家)=voice therapist

voice coach 음성치료지도자(音聲治療指導者)

voice disability coping questionnaire(VDCQ) 음성장애 극복 설문지(音聲障礙克服設問紙)

voice disorders 음성장애(音聲障礙) *cf.* speech disorders

voice dynamics 음성역학(音聲力學)
voice efficiency task 음성효율성 과제(音聲效率性課題)
voice facilitation technique 음성치료 음성촉진기법(音聲促進技法)
voice fatigue 음성피로(音聲疲勞)
voice frequency 음성주파수(音聲周波數)
voice handicap index(VHI) 음성치료 음성장애지수(音聲障礙指數)
voice hierarchy 음성층위(音聲層位)
voice history 음성 과거력(音聲過去歷)
voice input AAC 음성입력(音聲入力) ↔ voice output
voice intelligibility 음성 명료도(音聲明瞭度)
voice management 음성관리(音聲管理)
voice misuse 음성오용(音聲誤用) *cf.* voice abuse, voice overuse
voice mutation 변성(變聲)
voice onset 음성시작(音聲始作)
voice onset time(VOT) 발성개시시점(發聲開始時點), 성대진동개시시점(聲帶振動開始時點) *cf.* vocal initial time
voice outcome survey(VOS) 음성결과분석(音聲結果分析)
voice output AAC 음성출력(音聲出力) ↔ voice input
voice output communication aid(VOCA) AAC 음성출력의사소통 보조기구(音聲出力意思疏通補助器具) = speech generation devices
voice pathologist 음성병리학자(音聲病理學者) = voice clinician
voice placement 음성치료 음성배치(音聲配置)
voice print 성문(聲紋) = voiceprint *cf.* finger print
voice production 발성(發聲) = phonation *cf.* vocalization
voice professional 직업적 음성사용자(職業的音聲使用者)
voice prosthesis 음성보형물(音聲補形物)
voice quality 음질(音質) = vocal quality *cf.* timbre
voice range profile(VRP) 음역 프로파일
voice rating scale(VRS) 음성평정척도(音聲評定尺度)
voice reaction time 유성반응시간(有聲反應時間)
voice recognition 음성인식(音聲認識) *cf.* voice synthesis
voice recognition equipment 음성인식도구(音聲認識道具)
voice register 성구(聲區)
voice-related quality of life(V-RQOL) 음성 관련 삶의 질
voice resonance 음성공명(音聲共鳴)
voice rest 성대휴식(聲帶休息)
voice shift 음성이동(音聲移動)
voice simulator 인공음성(人工音聲), 모의음성(模擬音聲)
voice source 음원(音源)
voice state 음성상태(音聲狀態)
voice stimulation 음성 자극력(音聲刺戟力)
voice symptoms 음성증상(音聲症狀)
voice synthesis 음성합성(音聲合成) *cf.* voice recognition
voice synthesizing board 음성 합성장치(音聲合成裝置)
voice theories 음성이론(音聲理論)
voice therapist 음성치료사(音聲治療士) = voice clinician
voice timbre type 성종(聲種)
voice tone focus 음조초점(音調焦點)
voice tone locus 음성음조위치
voice tremor 음성진전(音聲震顫), 음성떨림
voice turbulence index 음성난기류지수(音聲亂氣流指數)
voice typewriter 음성타자기(音聲打字機)

voiced 음운 유성성(有聲性) ↔ voiceless
voiced click 조음 유성 혀 차는 소리
voiced consonants 조음 유성자음(有聲子音) ↔ voiceless consonant
voiced continuant consonants 조음 유성지속자음(有聲持續子音)
voiced fricatives 조음 유성 마찰음(有聲摩擦音)
voiced obstruents 조음 유성 장해음(有聲障害音) ↔ voiceless obstruents
voiced palato-alveolar affricate 조음 유성 구개치경 파찰음(有聲口蓋齒莖破擦音)
voiced phoneme 음운 유성음소(有聲音素) ↔ voiceless phoneme
voiced quality deviation 조음 유성 음질일탈(有聲音質逸脫)
voiced sounds 조음 유성음(有聲音) ↔ voiceless sounds
voiced-unvoiced decision 유-무성음 판별(有-無聲音判別)
voiced-voiceless 조음 유성음-무성음(有聲音-無聲音)
voicedness 음운 유성성(有聲性) ↔ voicelessness
voiceless consonants 조음 무성자음(無聲子音) ↔ voiced consonants
voiceless phoneme 음운 무성음소(無聲音素) ↔ voiced phoneme
voiceless sounds 조음 무성음(無聲音) ↔ voiced sounds
voiceless stops 조음 무성폐쇄음(無聲閉鎖音)
voiceless vowels 조음 무성모음(無聲母音) *cf.* devoiced vowels
voicelessness 음운 무성성(有聲性) ↔ voicedness
voicing 음운 유성성(有聲性), 유성음화(有聲音化) ↔ devoicing
voicing assimilation 음운 유성동화(有聲同化)
voicing feature 음운 유성자질(有聲資質)
voicing lag 조음 유성지연(有聲遲延)
volition 의지(意志), 의욕(意欲)
volitional cough 수의적 기침
volitional oral movement 의지적 구강운동(意志的口腔運動)
volitional productions 의도적 산출(意圖的産出) = purposive productions *cf.* automatic productions
volksetymologie 독 민간어원설(民間語源說) = folk etymology
voltage-controlled amplifier 전압제어 증폭기(電壓制御增幅器)
voltage-controlled oscillator 전압제어 진동자(電壓制御振動子)
voltage response 전압응답(電壓應答)
voltage sensitivity 전압감도(電壓感度)
voltage standing wave ratio 전압정재파비(電壓定在波比)
voltage-to-frequency converter 전압주파수 변환기(電壓-周波數變換機)
volume (1) 음량(音量) (2) 음향 체적(體積)
volume absorption 음향 체적흡수(體積吸收)
volume acceleration 음향 체적가속도(體積加速度)
volume acquisition 음향 용적획득(容積獲得)
volume averaging effect 음향 용적평균화효과(容積平均化效果)
volume coil 음향 용적코일
volume conduction 음향 음량전도(音量傳導)
volume control 음향 음량제어(音量制御)
volume diffusers 음향 체적확산체(體積擴散體)
volume elasticity 음향 체적탄성율(體積彈性率)
volume flow rate 음향 체적유동율(體積流動率)
volume gradient echo technique 음향 용적경사 에코기법
volume meter 음향 용적계(容積計)
volume relaxation 음향 체적이완(體積弛緩)
volume source 음향 체적원(體積源)
volume stiffness 음향 체적강성(體積强性)
volume strain 음향 체적변형(體積變形)

volume unit meter 음향 음량계(音量計)
volume velocity 음향 체적속도(體積速度)
cf. particle velocity
voluntary control of involuntary utterances 무의식적 발화의 의식적 통제
voluntary movements 수의운동(隨意運動)
↔ involuntary movements
voluntary muscles 해부 수의근(隨意筋)
↔ involuntary muscles
voluntary mutism 생리 수의 함묵증(隨意緘默症)
voluntary stuttering 말더듬 자발적 말더듬
↔ involuntary stuttering
volunteer 자원봉사자(自願奉仕者)
volunteer-service 자원봉사(自願奉仕)
vomer 해부 서골(鋤骨), 보습뼈
vomeronasal cartilage 해부 서골연골(鋤骨軟骨)
vomeronasal organ 서골기관(鋤骨器官)
vomiting 생리 구토(嘔吐) = emesis
vortex blow noise 음향 와류음(渦流音)
vortex shedding frequency 음향 와류주파수(渦流周波數)
vortex theory 음향 와도이론(渦度理論), 소용돌이이론
vortivity 음향 와도(渦度), 소용돌이도
VOS(voice outcome survey) 음성결과분석(音聲結果分析)
VOT(voice onset time) 음향 발성개시시점(發聲開始時點), 성대진동개시시점(聲帶振動開始時點)
voucher 출금전표(出金錢票), 바우처
vow (음성) 서약(誓約)
vowel 조음 모음(母音), 홀소리
vowel area 조음 모음영역(母音領域)
vowel articulation 조음 모음조음(母音調音)
cf. consonant articulation
vowel assimilation 음운 모음동화(母音同化)
cf. consonant assimilation
vowel chart 조음 모음도(母音圖), 모음 차트
cf. consonant chart
vowel cluster 조음 복모음(複母音)
vowel coalescence 조음 모음축약(母音縮約)
vowel-consonant(V-C) 음운 모음-자음(母音-子音)
vowel contrast 음운 모음대비(母音對比)
vowel deletion 음운 모음탈락(母音脫落)
vowel epenthesis 음운 모음삽입(母音挿入), 모음첨가(母音添加)
vowel family 음운 모음계(母音系)
vowel formant transition 음향 모음 포먼트 전이
vowel fronting 음운 전설모음화(前舌母音化)
vowel gradation 음운 어간모음교체(語幹母音交替) = ablaut
vowel harmony 음운 모음조화(母音調和), 홀소리 어울림
vowel height 음운 모음높이
vowel hiatus 음운 모음충돌 회피현상(母音衝突回避現象)
vowel insertion rule 음운 모음삽입 규칙(母音挿入規則)
vowel length 음운 모음의 장단(母音長短), 모음의 길이
vowel lengthening 음운 장모음화(長母音化)
↔ vowel shortening
vowel-like sounds (m, n, w 등과 같은) 모음과 닮은 소리
vowel lowering 음운 모음하강(母音下降), 저모음화(低母音化) ↔ vowel raising
vowel mutation 음운 모음변이(母音變異)
vowel neutralization 음운 모음중화(母音中和)
vowel perception 음운 모음인지(母音認知), 모음지각(母音知覺)
vowel play 모음놀이
vowel projection 음운 모음투사(母音投射)
vowel quadrilateral 음운 모음사각도(母音四角圖)

V

vowel quality 모음음질(母音音質)
vowel raising 음운 모음상승(母音上乘), 고모음화(高母音化) ↔ vowel lowering
vowel reduction 음운 모음약화(母音弱化)
vowel rhyme 음운 모음운(母音韻)
vowel shift 음운 모음추이(母音推移)
vowel shift rule 음운 모음추이규칙(母音推移規則)
vowel shortening 음운 단모음화(單母音化) ↔ vowel lengthening
vowel space 음운 모음공간(母音空間)
vowel system 음운 모음체계(母音體系) *cf.* consonant system
vowel with off-glides 음운 이중모음화된 모음
vowelization 음운 (자음의) 모음화(母音化)
VP(verb phrase) 동사구(動詞句)
VP(verb phrase) adjunction 통사 동사구 부가(動詞句附加)
VP(verb phrase)-Aux(auxiliary) inversion 통사 동사구 조동사 변환(動詞句-助動詞變換)
VP(verb phrase) deletion 통사 동사구 삭제(動詞句削除)
VP(verb phrase) fronting 통사 동사구 전치(動詞句前置)
VP(verb phrase)-internal subject hypothesis 동사구내부 주어가설(動詞句-內部主語假說)
VPA(vocal profile analysis) 음성 프로파일 분석
VPI(velopharyngeal incompetence) 생리 연인두폐쇄부전(軟咽頭閉鎖不全) *cf.* velopharyngeal insufficiency
VPI(velopharyngeal insufficiency) 생리 연인두형성부전(軟咽頭閉鎖不全) *cf.* velopharyngeal incompetence
VPM(visual-perceptual motor) function 신경 시지각 운동기능(視-知覺運動機能)
VR(variable ratio) 변동비율(變動比率)
VR(virtual reality) 가상현실(假想現實) *cf.* augmented reality
VRA(visual reinforcement audiometry) 청각 시력강화청력검사법(視力强化聽力檢查法) *cf.* BOA
VROCA(visual reinforcement operant conditioning audiometry) 청각 시각강화 조작조건화 청력검사법(視覺强化操作條件化聽力檢查法)
VRP(voice range profile) 음역 프로파일
V-RQOL(voice-related quality of life) 음성관련 삶의 질
VRS(voice rating scale) 음성평정척도(音聲評定尺度)
VS(vital signs) 활력징후(活力徵候)
VTT(vocal termination time) 발성종결시간(發聲終結時間) = VIT
vulgar English 비속영어(卑俗英語)
vulgar speech 속어(俗語) *cf.* cant
vulgarism 비어법(卑語法)
vulnerability 취약성(脆弱性)
vulnerable 취약(脆弱)한 상처받기 쉬운
vulnerable child syndrome 심리 취약아동증후군(脆弱兒童症候群)
vulnerable system 말더듬 취약한 체계
Vulpe assessment battery 벌프 사정검사목록(查定檢查目錄)
Vygotsky, Lev Semenovich (1896~1934), 비고츠키, 구소련의 발달심리학자(發達心理學者)

W

Waardunburg syndrome 생리 (유전성 발달장애) 와덴버그 증후군

WAB(Western aphasia battery) 웨스턴 실어증검사(失語症檢査)

Wada test (뇌기능을 알아보기 위한) 와다검사

waddling gait 동요성 보행(搖動性步行)

WADT(Wepman auditory discrimination test) 청각 웨프맨 청각변별검사(聽覺辨別檢査)

WAIS(Wechsler adult intelligence scale) 웩슬러 성인용 지능검사(成人用知能檢査)

wakefulness 심리 각성(覺醒) = arousal

Walker problem behavior identification checklist 말더듬 워커 문제행동검사목록(問題行動檢査目錄)

walking reflex 신경 보행반사(步行反射) = stepping reflex

walking 보행(步行), 걷기

wall 벽(壁)

Wallenberg syndrome 생리 (허혈성 경색에 의한 신경질환) 발렌베르크 증후군 = lateral medullary syndrome

Wallerian degeneration 생리 (축삭의 변성에 의한 퇴행성 신경질환) 왈러의 변성(變性)

WAN(wide area network) 광역통신망(廣域通信網)

wandering gallbladder 해부 자유담낭(自由膽囊)

warble tone 요들송 어조(語調)

warble tone approach 요들송어조 접근법(語調接近法)

Warburg syndrome 생리 (유전성 발달장애) 워버그 증후군

ward (1) 병동(病棟) (2) 피후견인(被後見人)

warm spot 온점(溫點)

warm-wire anemometer 온선풍속계(溫線風速計)

warning sign 주의신호(注意信號)

warping 일탈(逸脫)

wash out 씻음, (마취제) 가스배출

washback 역류효과(逆流效果)

wasting disease 소모병(消耗病)
watchful waiting 지켜보면서 기다리기
water bath 수욕(水浴), 수욕조
water bath scanner 수조식 스캐너
water bath technique 수조식 기법(水槽式技法)
water-borne infection 수인성 감염(水因性感染)
water control 수분조절(水分調節)
water depletion 탈수(脫水) = dehydration
water filled method 물 충만법(充滿法)
water intake 물 섭취(攝取)
water intoxication 물 중독(中毒)
water manometry 액체 계측검사(液體計測檢查)
water on the brain 뇌수종(腦水腫)
water retention 수분저류(水分貯留)
water selective excitation 물분자 선택여기(選擇勵起)
water-soluble 수용성(水溶性)의 *cf.* lipid-soluble
water soluble contrast media 수용성 조영제(水溶性造影劑)
water suppression 물분자 억제
water unbalance (체액의) 수지교란(水脂攪亂)
waterfall curve 폭포형 굴곡(瀑布形屈曲)
waterfall stomach 폭포위(瀑布胃)
watershed 분수령(分水嶺)
watershed infarction 분수계성 경색(分水界性梗塞)
watershed phenomenon 분수령 현상(分水嶺現象)
watt 와트
wave 파(波)
wave equation 파동 방정식(波動方程式)
wave filter 필터
wave form 파형(波形)
wave front 전음파(前音波)
waveform distortion 파형왜곡(波形歪曲)
wavefront 파면(波面)
wavefront speed 파면속력(波面速度)
wave function 파형기능(波形機能)
wave generator 파형 발생기(波形發生器)
waveguide 음향 도파관(導波管)
waveguide attenuator 음향 도파관 감쇠기(導波管減衰器)
waveguide mode 음향 도파관(導波管) 모드
waveguide resistance attenuator 음향 도파관 저항 감쇠기(導波管抵抗減衰器)
wave impedance 음향 파동저항(波動抵抗)
wavelength 파장(波長)
wave mechanics 파동역학(波動力學)
wave motion 파동(波動)
wave number 파수(波數)
wavenumber vector 파수벡터
wave propagation 파동전파(波動傳播)
wave shaping synthesis 파형성형 합성(波形成形合成)
wave theory 파도이론(波濤理論)
wave theory 파장설(波長說)
wave trains 연속파(連續波)
wave vector 파동 벡터
wax 이구(耳垢), 귀지 = ear wax, cerumen
WCRIL(Wiig criterion-referenced inventory of language) 위그 언어준거-표준검사목록(言語準據標準檢查目錄)
WCST(Wisconsin card sorting test) 위스컨신 분류검사(分類檢查)
WDRC(wide dynamic range compression) 광역역동범위압축(廣域逆動範圍壓縮)
WDS(word discrimination score) 단어변별점수(單語辨別點數), 단어식별점수(單語識別點數)
WDT(word discrimination test) 단어변별능력검사(單語辨別能力檢查), 단어식별능력검사(單語識別能力檢查)
weak crossover constraint 약교차제약(弱交叉制約)
weakening 음운 약화(弱化), 약화현상(弱化現象)
weak language 약세언어(弱勢言語)

=nondominant language
↔ stronger language
weak minded 정신박약(精神薄弱)=mental deficiency, feeble-minded
weak position 약위치(弱位置)
weak retraction rule 약한 견인규칙(牽引規則)
weak shock 약한 충격
weak shock relations 약한 충격관계(衝擊關係)
weak shock theory 약한 충격이론(衝擊理論)
weak stress 음운 약강세(弱强勢)
weak syllable 음운 약음절(弱音節)
weak syllable deletion 음운 약음절 탈락(弱音節脫落)
weak verb 음운 약변화 동사(弱變化動詞)
↔ strong verb
weakness of memory 심리 기억감퇴(記憶減退)
wearable computer 착용식 컴퓨터
Weaver syndrome 생리 (유전성 발달장애) 위버 증후군
web-based instruction 웹기반 교수(敎授)
webbing 생리 후두횡격막(喉頭橫擊膜)
=laryngeal web
Weber test (청각 선별검사) 베버 검사
Wechsler adult intelligence scale(WAIS) 웩슬러 성인용 지능검사(成人用知能檢査)
Wechsler individual achievement test(WIAT) 웩슬러 개인성취검사(個人成就檢査)
Wechsler intelligence scale for children (WISC) 웩슬러 아동용 지능검사(兒童用知能檢査)
Wechsler memory scale(WMS) (기억장애 평가검사) 웩슬러 기억력검사(記憶力檢査)
Wechsler preschool and primary scale of intelligence(WPPSI) 웩슬러 유아지능검사(幼兒知能檢査)
Wechsler test (기억장애 평가용) 웩슬러 검사
WECPNL(weighted equivalent continuous perceived noise level) 음향 가중등가 연속인지소음레벨
weighted equivalent continuous perceived noise level(WECPNL) 음향 가중등가 연속인지 소음레벨
weighted mean 가중평균(加重平均)
weighted scoring 가중점수(加重點數)
weighted sound pressure level 가중음압레벨
weighted sound reduction index 가중차음지수(加重遮音指數)
weighting 가중(加重), 하중(荷重)
weighting factors 가중인자(加重因子)
weighting function 가중함수(加重函數)
weighting scale 가중치(加重値)
welfare 복지(福祉)=well-being
welfare facility 복지시설(福祉施設)
welfare for the aged 노인복지(老人福祉)
welfare policy 복지정책(福祉政策)
welfare society 복지사회(福祉社會)
welfare state 복지국가(福祉國家)
welfare system 복지제도(福祉制度)
welfare work 복지사업(福祉事業)
welfare worker 복지사업가(福祉事業家)
well-baby clinic 육아상담소(育兒相談所), 육아상담실(育兒相談室)
well-being 복지(福祉), 안녕(安寧)=welfare
well-dying 준비된 죽음, 아름다운 죽음
cf. well-being
well-formedness condition(WFC) 통사 적형조건(適形條件)
wellness 건강(健康)=health
Wender Utah rating scale(WURS) 웬더 유타 평정척도(評定尺度)
Wepman auditory discrimination test(WADT) 웨프맨 청각변별검사(聽覺辨別檢査)
Wernicke, Paul (1848~1905) 베르니케(독일의 의사, 해부학자)
Wernicke's agraphia 생리 베르니케실서증
cf. Broca's agraphia

Wernicke's aphasia 신경 베르니케실어증 =fluent aphasia, sensory aphasia *cf.* Broca's aphasia
Wernicke's area 해부 베르니케 영역, 위니키 영역 *cf.* Broca's area
Wernicke's syndrome 생리 베르니케 증후군 *cf.* Broca's syndrome
Western aphasia battery(WAB) 웨스턴 실어증검사(失語症檢査)
wet spirometer 습기 폐활량계(濕氣肺活量計)
wet spontaneous cough 젖은 자발적 기침
wet swallowing 젖은 삼킴 ↔ dry swallowing
WFC(well-formedness condition) 통사 적형조건(適形條件)
Wharton duct relocation 해부 와톤관 재배치
Wharton's duct 해부 (타액) 턱밑샘관 =submandibular duct
what pathway 대상경로(對象經路) *cf.* where pathway
wh-clause wh-절(節)
wh-deletion wh-삭제(削除)
wh-fronting Wh-전치(前置)
wh-Island condition Wh-섬 조건
wh-movement wh-이동(移動)
wh-question wh-의문문(疑問文)
wh-trace wh-흔적(痕迹)
wh-words wh-단어(單語)
wheeze 천명(喘鳴)
where pathway 위치경로(位置經路) *cf.* what pathway
whirlpool sign 와류증후(渦流證候)
whisper 속삭임, 소곤소곤
whisper-phonation method (음성장애 치료의) 속삭임 발성법(發聲法)
whispering gallery mode 속삭이는 갤러리 모드
whistling consonant 조음 치찰음(齒擦音) =sibilant
white bile 백색담즙(白色膽汁)
white blood cell 백혈구(白血球) *cf.* red blood cell
white commissure 해부 백색교련(白色交連)
white matter 해부 백질(白質)
white matter disease 생리 백질질환(白質疾患)
white muscle 해부 백색근(白色筋)
white noise 음향 백색잡음(白色雜音)
white pupil 해부 흰동공
white substance 해부 백질(白質)
white thrombus 생리 백색혈전(白色血栓)
whitish plaque 생리 백반증(白斑症)
whiz deletion 통사 위즈 탈락
WHO(World Health Organization) 세계보건기구(世界保健機構)
whole blood 전혈(全血)
whole body perfusion 전신관류(全身灌流)
whole-group instruction 전체그룹 교수
whole language 전체언어(全體言語)
whole language approach 전체언어 접근(全體言語接近)
whole nerve action potential 전체신경 활동전위(全體神經活動電位)
whole-object assumption 언어발달 전체대상가정(全體對象假定)
whole object constraint 언어발달 전체대상제약(全體對象制約)
whole-object principle 언어발달 전체대상원리(全體對象原理) *cf.* extendability principle
whole tone 온음
whole-tone scale 전음계(全音階)
whole word accuracy(WWA) 조음 전체 단어정확도(全體單語正確度)
whole-word approach 조음 단어단위 접근법(單語單位接近法)
whole-word awareness 언어발달 전체단어인식(全體單語認識), 통문자인식(通文字認識) *cf.* word awareness
whole-word complexity 단어 단어단위 복잡성(單語單位複雜性)

whole-word interjection 조음 단어단위 삽입(單語單位挿入)

whole-word method 조음 단어단위 교수법(單語單位敎授法), 단어단위 지도(單語單位指導)

whole-word reading 언어발달 단어단위 읽기

whole-word repetitions 언어발달 단어단위 반복(單語單位反復)

wholistic associations 전체적 연합(全體的聯合)

whooping cough 백일해(百日咳)

Whorf's hypothesis 워프가설 *cf.* Sapir-Whorf hypothesis

whorl 나선형(螺旋形), 소용돌이

whorl formation 소용돌이 모양

WIAT(Wechsler individual achievement test) 웩슬러 개인성취검사(個人成就檢査)

wide angle lens 광각렌즈

wide-band 음향 광대역(廣帶域) = broad-band ↔ narrow band

wide-band analysis 음향 광대역 분석(廣帶域分析) = broad-band analysis ↔ narrow-band analysis

wide-band noise 음향 광대역 잡음(廣帶域雜音) = broad-band noise ↔ narrow-band noise

wide-band spectrogram 음향 광대역 스펙트로그램 *cf.* narrow-band spectrogram

wide diphthongs 조음 넓은이중모음 ↔ narrow diphthongs, gliding diphthongs

wide dynamic range compression(WDRC) 광역역동범위압축(廣域逆動範圍壓縮)

wide local excision 해부 확장국소절제술(擴張局所切除術)

wide range achievement test(WRAT) 광범위성취검사(廣範圍成就檢査)

wide range audiometer 청각 광범위청력검사기(廣範圍聽力檢絲器)

wide vowels 조음 광모음(廣母音) ↔ narrow vowels

Wiig criterion-referenced inventory of language(WCRIL) 위그 언어준거-표준검사목록(言語準據標準檢査目錄)

willful attention 계획적 주의(計劃的注意)

Williams syndrome 생리 (유전성 발달장애) 윌리엄스 증후군

Willis' paracusis 생리 윌리스 착청(錯聽)

will-mood 의지법(意志法)

Wilson's disease 생리 (상염색체 열성 유전질환) 윌슨 병

wind noise 바람 잡음

wind pipe 기관(氣管) = trachea

window level 창 높이

window width 창폭

windowing of attention 인지 주의 창문화 *cf.* path windowing

windswept hip deformity 바람맞은 둔부기형(臀部奇形)

wings of nose 콧방울

winter tree appearance 겨울나무 모양

WIPI(word intelligibility by picture identification) 그림식별 말명료도

wire target 도선표적(導線標的)

wireless microphone 무선(無線) 마이크로폰

wireless system 무선체계(無線體系)

WISC(Wechsler intelligence scale for children) 웩슬러 아동용 지능검사(兒童用知能檢査)

Wisconsin card sorting test(WCST) 위스컨신 분류검사(分類檢査)

wisdom teeth 지치(智齒), 사랑니

withdrawal (1) 철회(撤回) (2) 금단(禁斷)

withdrawal effect 심리 금단효과(禁斷效果)

withdrawal reflex 심리 도피반사(逃避反射)

withdrawal symptom 심리 금단증상(禁斷症狀)

within-class generalization 조음 부류 내 일반화(部類內一般化) *cf.* across-class generalization

within-group design 집단 내 설계(集團內設計)
within-group variance 집단 내 변량(集團內變量)
within-subject design 피험자 내 설계(被驗者內設計)
within-word disfluency 말더듬 단어내 비유창성(單語內非流暢性) ↔ between word disfluency
WLPB(Woodcock language proficiency battery) 말더듬 우드콕 언어유창성 검사도구(言語流暢性檢査道具)
WMI(working memory index) 심리 작업기억지수(作業記憶指數)
WMS(Wechsler memory scale) (기억장애 평가검사) 웩슬러 기억력척도(記憶力尺度)
Woodcock language proficiency battery (WLPB) 우드콕 언어유창성 검사도구(言語流暢性檢査道具)
Woodcock reading mastery test(WRMT) 우드콕 읽기숙달도검사
word 단어(單語), 낱말
word accent 단어 악센트
word approximation 접근단어(接近單語)
word association 심리 단어연상(單語聯想)
word association activities 심리 단어연상 활동(單語聯想活動)
word association experiment 심리 단어연상 실험(單語聯想實驗)
word association method 단어연상법(單語聯想法)
word association test 단어연상검사(單語聯想檢査)
word attack 단어공격(單語攻擊)
word awareness 언어발달 단어인식(單語認識), 낱말인식 *cf.* whole-word awareness
wordage 어법(語法), 용어의 선택
word bank 단어은행(單語銀行)
word-based morphology 형태 단어기반 형태론(單語基盤形態論)
word blindness 생리 어맹증(語盲症)
word bound effects 단어경계효과(單語境界效果)
word boundary 단어경계(單語境界) *cf.* morpheme boundary
wordbook 단어장(單語帳)
word calling 단어읽기
word class 통사 품사(品詞), 어류(語類) = parts of speech
word combination 언어발달 단어조합(單語組合), 낱말조합 *cf.* pivot schema
word configuration 단어형태(單語形態)
word control 어휘통제(語彙統制)
word count 단어세기
word deafness 생리 단어 농(單語聾)
word derivation 단어파생(單語派生)
word detection 단어탐지(單語探知), 낱말탐지
word discrimination score(WDS) 언어발달 단어변별점수(單語辨別點數), 단어식별점수(單語識別點數)
word discrimination test(WDT) 언어발달 단어변별능력검사(單語辨別能力檢査), 단어식별능력검사(單語識別能力檢査)
word division 단어분할(單語分割)
word element 단어요소(單語要素)
word family 단어족(單語族), 단어분류집단(單語分類集團)
word final 어말(語末) *cf.* word initial, word medial
word final consonants 어말자음(語末子音) *cf.* word initial consonants
word finding 언어발달 낱말 찾기, 단어 찾기
word-finding difficulty 단어선별장애(單語選別障礙), 단어찾기장애
word-finding problem 단어선별문제(單語選別問題)
word fluency 단어 유창성(單語流暢性)
word fluency measure 단어 유창성 측정(單語流暢性測定)

word formation 조어(造語), 단어형성(單語形成)
word formation rule 조어법(造語法), 단어형성규칙(單語形成規則)
word-form dyslexia 생리 단어형성부전 실독증(單語-形成不全失讀症)
word fragmentations 단어분절(單語分節)
word frequency 단어빈도(單語頻度), 낱말빈도
word frequency count 단어빈도계산(單語頻度計算)
word frequency list 단어빈도목록(單語頻度目錄)
word generation 단어생성(單語生成)
word geography 언어지리학(言語地理學)
word grammar 단어문법(單語文法)
word-group 어군(語群)
wording 어법(語法), 말씨
word initial 어두(語頭) *cf.* word medial, word final
word initial consonants 어두자음(語頭子音) *cf.* word final consonants
word intelligibility by picture identification (WIPI) 그림식별 말명료도
word intelligibility 단어명료도(單語明瞭度)
word-length effect 단어길이 효과
word list 단어목록(單語目錄)
word lore 단어연구(單語研究)
word meaning 단어의미(單語意味)
word-meaning deafness 단어의미 맹(單語意味盲)
word medial 어중(語中) *cf.* word initial, word final
word negation 단어부정(單語否定)
word order 어순(語順)
word order strategy 언어발달 어순전략(語順戰略) *cf.* probable event strategy
word origin 어원(語源)
word pair 단어짝
word predictability 단어예측능력(單語豫測能力)
word prediction 단어예측(單語豫測)
word processing 단어처리(單語處理)
word processor 워드 프로세서, 자동문서 작성기(自動文書作成機)
word production anomia 신경 단어산출형 명칭실어증(單語産出形名稱失語症)
word puzzle 단어 퍼즐
word-reading accuracy 언어발달 낱말읽기 정확도
word recognition 심리 단어재인(單語再認) 낱말재인
word recognition score(WRS) 심리 단어재인점수(單語再認點數), 낱말재인점수 *cf.* sentence recognition score
word recognition skill 심리 단어재인기술(單語再認技術), 낱말재인기술
word retrieval 심리 단어인출(單語引出)
word-retrieval problem 신경 단어인출문제(單語引出問題), 단어회상문제(單語回想問題)
word rule 단어규칙(單語規則)
word selection anomia 신경 단어선택형 명칭실어증(單語選擇形名稱失語症)
word sequence 단어연쇄(單語連鎖)
word sequencing 단어 계열화(單語系列化)
word shape analysis 조음 단어형태분석(單語形態分析)
word species 어종(語種)
word splitting 말씨의 까다로움
word spurt 언어발달 어휘폭발(語彙爆發), 어휘분출(語彙噴出) = vocabulary burst
word stress 단어강세(單語强勢)
word structure constraint 인지 단어구조제약(單語構造制約)
word superior effect 인지 단어우월효과(單語優越效果)
word switching 단어 바꾸기
word test 단어검사(單語檢査)
word test-adolescent 청소년용 단어검사(青

少年用單語檢査)
word watcher 단어관측가(單語觀測家)
word web 어휘망(語彙網)
words per utterance 발화당 단어수(發話當單語數)
words phonetic units 단어 음성단위(單語音聲單位)
wordsmanship 문장작법(文章作法)
work metabolism 생리 작업대사(作業代射), 운동대사(運動代射)
working attenuation 작업감쇠량(作業減衰量)
working hypothesis 작업가설(作業假說)
working memory 심리 작업기억(作業記憶)
working memory index(WMI) 심리 작업기억지수(作業記憶指數)
working through 활동과정(活動過程)
workshop 워크샵, (실기) 수련회(修練會)
workup (1) 정밀한 검사 (2) 시안(試案)
world health organization(WHO) 세계보건기구(世界保健機構)
wound 창상(創傷), 상처(傷處)
wound healing 창상치유(創傷治癒), 상처치유(傷處治癒)
wound surface 창면(創面)
WPPSI(Wechsler preschool and primary scale of intelligence) 웩슬러 유아지능검사(幼兒知能檢査)
WRAML(wide range assessment of memory and learning) 심리 광범위기억학습평가(廣範圍記憶學習評價)
wraparound artifact 둘러싸인 인공물(人工物)
WRAT(wide range achievement test) 광범위성취검사(廣範圍成就檢査)
wrinkle 주름
wrist 손목
wrist drop 생리 수근하수(手筋下垂), 손 처짐
wrist joint 해부 손목 관절
writing 쓰기
writing disability 생리 쓰기장애 =dysgraphia
writing system 쓰기체계
written communication 문자 의사전달(文字意思傳達) *cf.* oral communication
written language 문자언어(文字言語) ↔ oral language *cf.* literary language
written literature 문어문학(文語文學) ↔ oral literature
written report 구두보고(口頭報告) ↔ verbal report
written standard 표준문어(標準文語)
WRMT(Woodcock reading mastery test) 우드콕 읽기숙달도검사
WRS(word recognition score) 단어재인점수(單語再認點數), 낱말재인점수 *cf.* SRS
WSSD(Washington speech sound discrimination test) 워싱턴 어음변별검사(語音辨別檢査)
Wug test 언어발달 워그 검사
WURS(Wender Utah rating scale) 웬더 유타 평정척도(評定尺度)
WVAST(Washer visual acuity screening technique) 워셔 시력선별기법(視力選別技法)
WWA(whole word accuracy) 전체 단어정확도(全體單語正確度)

X

X-bar syntax X-bar 통사론(統辭論)

X-bar theory 통사 핵계층이론(核階層理論)

X gradient X축 경사(傾斜)

x-tier x-층위(層位), x-층렬(層列)

xenophobia 심리 타인공포증(他人恐怖症)

xerostomia 생리 구강건조증(口腔乾燥症), 입안마름증

xiphoid 검상(劍狀)의, 칼 모양의

xiphoid cartilage 해부 검상연골(劍狀軟骨)

xiphoid process 해부 검상돌기(劍狀突起)

XO syndrome 생리 (유전성 발달장애) 엑스오 증후군＝Turner syndrome

XXY syndrome 생리 (성염색체 이상) XXY-증후군

Y

Y-cord hearing aid Y-코드 보청기
Y gradient Y축 경사(傾斜)
Yale children's inventory(YCI) 예일 아동검사 목록(兒童檢査目錄)
yardstick 기준(基準), 잣대 = standard
yawn-sigh approach 음성치료 하품한숨 접근법(接近法)
yawning 하품하기
YCI(Yale children's inventory) 예일 아동검사 목록(兒童檢査目錄)
yearly report 연보(年譜)
yeast 효모(酵母)
yelling 소리 지르기 *cf.* shouting
yellow ligament 해부 황색인대(黃色靭帶)
yes-no question 예-아니오형 의문문(疑問文)
yield (1) 수확(收穫) (2) 양보(讓步)
yolk sac 해부 난황낭(卵黃囊)
Young wave 영파
Young's modulus 영의 계수(係數)

Z

Zellweger syndrome 생리 (선천성 유전성 신생아질환) 젤웨거 증후군
Zenker's diverticulum 삼킴 젠커 게실
zero amplitude 음향 제로 진폭(振幅)
zero anaphora 제로 대용어(代用語)
zero article 무관사(無冠詞)
zero derivation 영파생(零派生)
cf. zero derivation
zero hearing level 청각 제로청력레벨
zero level 제로 교차형
zero modification (단어의) 영변화(零變化)
cf. zero derivation
zero morph 제로형태(形態)
zero morpheme 제로형태소(形態素)
zero phoneme 음운 제로음소(音素)
zero pronominalization 제로대명사화(代名詞化)
zero reject 완전취학(完全就學)
zero stuttering 말더듬이 없는 것
zero suffix 제로접미사(接尾辭)
zero tolerance 무관용 정책(無寬容政策), 엄중처벌 원칙(嚴重處罰原則)
zone of proximal development(ZPD) 인지 (비고츠키의) 근접발달영역(近接發達領域)
zone of silence 침묵대(沈默帶)
zonography 대상단층촬영술(帶狀斷層造影術)
zoom 확대(擴大)
ZPD(zone of proximal development) 인지 (비고츠키의) 근접발달영역(近接發達領域)
Zwischenwelt 독 중간세계(中間世界)
zygoma 해부 권골(顴骨), 광대뼈 = zygomatic bone
zygomatic bone 해부 권골(顴骨), 광대뼈 = malar bone
zygomatic nerve 해부 권골신경(顴骨神經), 광대신경
zygomatic process 해부 권골돌기(顴骨突起), 광대돌기
zygomatic region 해부 권골부위(顴骨部位), 광대부위
zygomaticofacial nerve 해부 권골안면신경

(顴骨顔面神經), 광대얼굴신경

zygomaticus major muscle 해부 대권골근(大顴骨筋), 큰관자근

zygomaticus minor muscle 해부 소권골근(小顴骨筋), 작은관자근

찾아보기

기타

0 데시벨 16
1종 접두사 92
1종 접사 92
1종 접사화 92
1회 호흡가스량 530
1회 호흡교환 530
1회 호흡용적 530, 543
2단계 훈련 543
2음절 규칙 149
2음절 음보 149
2종 접사 92
2종 접사화 92
2행 연구 120
8단계 연속치료 162

A

AB 혼동오류 9
Ad형 고막운동도 544
As형 고막운동도 544
A-가중 데시벨 57
A-가중 필터 57
A-가중척도 57
A형 고막운동도 544

B

B-가중 데시벨 75

C

CV 음운론 126
C-가중 데시벨 126
C-가중척도 126
C형 고막운동도 544

G

G-단백 214

H

H2 차단제 219

I

i-모음변이 264

L

l 모음 역행동화 547

O

O형 다리 71

P

P-규칙 422

R

r-음화 모음 449

S

SOV 언어 485
SVO 언어 505, 512
S-구조 495
S-바 456
S-바 삭제 456
S상결장 472
s-속격 470
s-지시기 475

T

T 점수 542
t-검증 542

U

U자형 곡선 554
U자형 발달과정 554
U자형 행위 554
U-재조직 554
U형 541
U형 곡선 541
U형 청력손실 541

V

V자형 소음 357
V자형 청력손실 357
V자형 파형 357
V자형 필터 357

W

wh-단어 578
wh-삭제 578
wh-섬 조건 578
wh-의문문 578
wh-이동 578
wh-전치 578
wh-절 578
wh-흔적 578

X

X-bar 통사론 583
XXY-증후군 583

X선 사진 432
X선 사진술 432
X축 경사 583
x-층렬 583
x-층위 583

Y

Y축 경사 584
Y-코드 보청기 584

ㄱ

가계 385
가계도 187, 210, 385
가계도 모형 187
가계도이론 187
가계발생률 187
가계성 187
가계성 농 187
가계성 자율신경이상 187
가계성 정신지체 187
가계식 228
가골반 186
가구개 422
가까움 421
가늑골 179
가능세계의미론 405
가능한 사건책략 417
가독성 434
가독성 공식 434
가동 음성기관 329
가동관절 142, 329
가동범위 433, 452
가드너 사회적 성숙척도 206, 217
가로가슴근 540
가로관 539
가로근 539
가로돌기구멍 539
가로막신경핵 398
가로면 540
가로무늬근 501
가로복근 540
가로설근 540
가로성대절제술 539
가로주름창자 539
가로피열근 539
가르시아 효과 206
가리키기 403
가리킴말 133
가벼운 음절 286
가벼운 조음접촉 286, 481
가변 악센트 557
가변간격 강화계획 557
가변공명기 557
가변길이 기록 557
가변길이 레코드 557
가변대역 기법 557
가변비율 557
가변비율 강화계획 557
가변자기저항성 픽업 557
가변저항기 557
가변지향성 마이크로폰 557
가변피치 녹음 557
가변환기구 557
가병 300
가부장 383
가부장주의 382
가산명사 119
가산모형 20
가산성 소음 20
가산성 원리 20
가산차이 모형 20
가상 186
가상 내시경 565
가상 음원 565
가상 음향중심 565
가상 음향학 565
가상 컴퓨터 565
가상 해석자 565
가상 현실화 565
가상경로 190, 565
가상관성 565
가상구조 565
가상기억장치 565
가상놀이 414
가상대장경 565
가상소스 237
가상원 237
가상적 기능 237
가상종단배열 565
가상질량 565
가상채널 565
가상통합 565
가상학습 565, 568
가상학습도구 565
가상현실 565, 574
가설 233, 511
가설 생성기 233
가설검증 233
가설검증발화 233
가설설정 233
가설적 대상 233
가설적 연역법 233
가성 187, 292
가성구 187
가성구증 422
가성대 187, 402, 560
가성대 격막결함 560
가성대 교합 560
가성대 발성 186, 560
가성대 인대 560
가성대 진동 560
가성대발성장애 560
가성문 422
가성발성 훈련 187
가성성문상부연하 422
가성역치 187
가성치매 422
가소성 401
가속 12
가속과정 12

가속도 12
가속도 기술 12
가속도 파동 12
가속도계 12
가속도계수 12
가속도운동 12
가속도형 진동픽업 12
가속보행 189
가속화된 구어 12
가수분해 230
가스교환 206
가스배출 575
가슴 384
가슴가로근 539
가슴막 402
가슴막오목 402
가슴샘 530
가시 스펙트럼 566
가시광선 566
가시성 566
가시성 조건 566
가시언어 566
가시언어장치 566
가시음원폭 39, 46
가시조건 566
가시화 567
가식적 관계 494
가역 보정방법 437
가역계수 437
가역과정 449
가역반응 449
가역변환기 437, 449
가역성 449
가역성 치매 449
가역원리 437
가역적 심적 조작 449
가연수마비 422
가용성 12, 56
가우스 207
가우스 곡선 207
가우스 분포 207
가우스 정리 207
가우스 정수 207
가우시안 백색잡음 207
가우시안 임의신호 207
가우시안 잡음 207
가우시안 혼합모델 207, 213
가우시안 확률과정 207
가운데인두수축근 334
가위걸음 457
가유창성 186
가인격 422
가임연령 89
가장분노 471
가장자리 302
가정 511
가정 사춘기 414
가정관리 228
가정방문 227
가정법 505
가정법 현재형 506
가정법절 505
가정보건 227
가정수어 227
가정언어단계 227
가정의학 187
가정폭력 150
가족사 187
가족상담 187
가족상호작용 187
가족생활사건 검사목록 190
가족생활주기 187
가족섬유성이상증 88
가족성 187
가족성 진전 187
가족연합 모형 187
가족요법 187
가족적응력-응집력평가척도 185
가족중심 모형 187
가족중심 평생계획 187
가족중심치료 187
가족중점 모형 187
가족참여 187
가족치료 187
가족친화 187
가족훈련 187
가주어 36
가주파수 생성 27
가주파수 생성방지 36
가주파수 생성방지 필터 36
가주파수 생성오차 27
가중 508, 577
가중등가 연속인지 소음레벨 577
가중음압레벨 577
가중인자 577
가중전위 485, 508
가중점수 577
가중차음지수 577
가중치 577
가중평균 577
가중함수 577
가짜경청 397
가짜약 401
가지 72, 432
가청 48
가청 비누출 49
가청거리 222
가청곡선 52
가청도 48, 483
가청범위 49, 222
가청신호 49
가청연장 49
가청영역 48, 52
가청음 49
가청주파수 49
가청지역 51
가청하음파 246
가청한계 49, 529
가청흡기 49
가치 557

가치 명료화 557
가치관 465
가치제안 420
가파른 하강 410
가파른 하강형 청력손실 410
가학증 454
가학증환자 454
가학피가학증 454
각 34, 117, 228
각가속도 34
각간와 258
각간핵 258
각도편차손실 34
각막 117
각막반 298
각막반사 117
각막염 268
각막이식술 268
각막절개술 268
각막혼탁 95
각모멘트 34
각성 27, 42, 575
각성레벨 42
각성반응 42
각성이론 42
각성자극 27
각성증상 42
각성형 뇌파 42
각속도 34
각운 449
각운검사 450
각운동량 34
각운법 449
각운투사 449
각운판단과제 449
각이랑 34
각인 239
각정맥 34
각주 194
각진동수 34
각질 268
각질평편상피 268
각질화 작용 117
각피 126
각화 268
각화증 268
각회 34
각회우세 150
간 290
간격 259
간격연장 419
간격인출훈련법 486, 494
간격탐지검사 206
간격탐지역치 206, 207
간격판단 259
간격회상훈련 486, 494
간결성 474
간결성 측정 474
간결성조 청력검사 73
간결표현 71
간관 224
간극결합 206
간극길이 206
간극깊이 206
간극도 38, 133
간극동화 38
간극손실 206
간극폭 206
간기 258
간뇌 142
간뇌증후군 142
간대성 강직성 발작 533
간대성 근경련 338
간대성 근경련 간질 338
간대성 반사 338
간대성 장애 94
간략전사 73
간략표기 73
간략한 에피소드 10
간략한 일화 10
간병인 79
간섭 254
간섭 현미경 254
간섭거리 254
간섭계 254
간섭고리 254
간섭대 254
간섭도해 254
간섭물질 254
간섭분광기 254
간섭색 254
간섭수정 254
간섭신호 254
간섭유형 254
간섭음 254
간섭이론 254
간섭행동 254
간섭현상 254
간세포 224
간소엽 220
간염 224
간이무선업무 474
간이소음계 351
간이정신상태검사 270, 319, 322
간접 목적어 241
간접 수동태 241
간접 운동계 241
간접 의문문 241
간접결속 241
간접경로 241
간접경험 241
간접교수 241
간접기억검사 241
간접동화 241
간접방법 241
간접선별 의사소통판 241
간접선택 241
간접성 241
간접요청 241
간접음 241

간접음장 241
간접적 말더듬치료 241
간접적 언어자극 241
간접적 진술 241
간접체계 241
간접치료 241
간접학습 241
간접화법 241
간접화행 241
간접활성경로 241
간접후두검사 241
간접후두경검사법 241
간질 171, 460, 502
간질 성장 259
간질 중첩증 498
간질 증후군 171
간질발작 171
간질성 폐섬유증 259
간질세포 259, 502
간질세포 자극 호르몬 259
간질액 259
간질조직 259
간질핵 259
간투사 255
간투절 255
간편 토큰검사 472
간편선별청력검사 438
간헐성 경련 94
간헐성 카오스 현상 255
간헐적 강화 255
간헐적 강화계획 255
간헐적 실성증 255
간헐적 지원 255
간헐적 폭발장애 255
간헐촬영 531
간호 47
갈고리 60
갈대형 인공후두 438
갈등 109
갈등강화이론 109
갈등역할 109
갈등이론 109
갈등해소 109
갈라진 목젖 65
갈라진 혀 65
갈래 78
갈리시즘 205
갈바닉 검류계 205
갈바닉 피부전기반응검사 205
갈바닉 피부전기반응청력검사 205
갈베스톤 지남력기억상실검사 205, 213
갈비뼈 450
갈음목록 507
갈음항목 507
갈이소리 493
감가현상 131
감각 189, 465, 466
감각 난장이 467
감각 무시 467
감각 분석 466
감각 상호작용 467
감각 피드백 467
감각간 통합 259
감각결손 467
감각계 468
감각교육 467
감각기 465
감각기관 467
감각기능 467
감각기억 467
감각기제 467
감각뇌도 467
감각뉴런 467
감각단위 465, 468
감각띠 468
감각레벨 465, 477
감각마비 466, 467
감각모 467
감각반사 468
감각반응 466
감각발달 467
감각발작 467
감각부호 467
감각부호화 467
감각상 467
감각상실 465
감각상피 467
감각생리학 468
감각섬유 467
감각성 466
감각성 간질 467
감각성 교차로 467
감각성 노인성 난청 468
감각성 농 467
감각성 대사 466
감각성 무표정증 466
감각성 방전 467
감각성 실독증 466
감각성 실음악증 466
감각성 실조증 466
감각성 언어중추 467
감각손상 467
감각수용기 468
감각순응 466
감각신경 349, 467
감각신경 섬유로 467
감각신경교차 467
감각신경근 468
감각신경로 467
감각신경섬유 467
감각신경성 농 466
감각신경성 청각장애 466
감각신경성 청력레벨 454
감각신경성 청력손실 466, 479
감각신경세포 467
감각신경종말 467
감각실어증 466
감각실율증 466
감각실행증 466

감각양상 467
감각양식 465
감각역치 468, 529
감각연합영역 466
감각연합피질 466
감각영역 465
감각외적 지각 183
감각운동 466
감각운동 궁 466
감각운동 명령 466
감각운동 지능기 466
감각운동 행위 466
감각운동기 466
감각운동단계 466, 467
감각운동단계 유아 466
감각운동법 467
감각운동성 466
감각운동영역 466
감각운동장애 466
감각운동적 기억 흔적 467
감각운동적 지능 466
감각운동학 327
감각유두 467
감각이상 379
감각인상 467
감각장애 465, 467
감각저장고 468
감각적응 466
감각점 468
감각종말 467
감각중추 465
감각지각 훈련 467
감각지각훈련 466
감각처리과정 468
감각척도 468
감각층 467
감각통합 467
감각통합치료 467
감각한계 189
감각해리 467
감각핵 467
감각환 467
감금증후군 289, 291
감도 465
감독 510
감독자 510
감독학습 510
감마 아미노브티르산 205, 206
감마 운동뉴런 206
감마 행동 206
감별강화 143
감별검사 143
감별기능 142
감별기록 143
감별반응 143
감별분석 142
감별산란단면 143
감별역치 143
감별이완 143
감별진단 129, 142
감별평가 142
감산 507
감상적 독해 40
감성 465
감성적 영역 23
감성적 책임 166
감성지수 167, 172
감소 438
감소압력 438
감소주파수 438
감속 130
감속과정 130
감속구간 130
감속비 130
감속시간 130
감쇠 48, 130, 507
감쇠 이중언어 507
감쇠계수 48, 128, 130
감쇠고유진동 128
감쇠고유진동수 128
감쇠기 48, 128, 130
감쇠길이 48
감쇠물질 128
감쇠비 128
감쇠비율 433
감쇠상수 48, 128
감쇠속도 128
감쇠손실 48
감쇠시간 130
감쇠열 130
감쇠요인 128
감쇠율 48, 128, 130, 452
감쇠자유진동 128
감쇠진동 128, 130
감쇠효과 128
감수분열 310, 438
감수성 263, 465
감수성 집단 465
감수성 훈련 466
감시 324
감시가설 324
감시기능 324
감압반사 136
감압시험 136
감압신경 136
감압신경섬유 136
감압중추 136
감염 112, 243
감염관리 243
감염성 질환 243
감염성 후두염 245
감음계 농 386
감음기 484
감음정 144
감응시간 465
감정 23, 166, 189
감정실금 166
감정이입 167
감정적 허위 383
감정통제 23

감정투사 23
감정표현 166
감정표현형 독백 23
감지기 466
감지기작용 466
감지력 역치 138
감지 138
감지범위 138
감지역치 138
감지작용 466
감탄 177
감탄 의문문 177
감탄문 177
감탄부사 177
감탄부호 177
감폭 128
감폭진동 128
감폭파 128
갑개 107
갑상관절면 530
갑상근 530
갑상막 530
갑상샘 530
갑상선 530
갑상선 동맥 530
갑상선 요법 530
갑상선 장애 530
갑상선 종양 530
갑상선 협부 530
갑상선 호르몬 530
갑상선기능검사 526, 530
갑상선기능저하증 233, 507
갑상선기능항진증 231
갑상선절제술 530
갑상선종 213
갑상선질환 530
갑상설골 인대 530
갑상설골근 336, 530
갑상설골막 530
갑상성형술 530
갑상연골 530
갑상연골 절흔 530
갑상융기 530
갑상피열 절제술 530
갑상피열근 336, 530
갑상후두개 부위 530
갑상후두개 인대 530
갑상후두개근 336, 530
갑상후두덮개근 336
강 82
강강격 494
강강격단어 494
강결속 502
강교차 502
강교차 제약 502
강당 49
강도 252, 294
강도 단면적 252
강도 초점이득 252
강도감소 252, 438
강도감쇠계수 252
강도레벨 236, 252
강도범위 155, 252
강도변별역치 236, 252
강도변이 252
강도비율 252
강도-시간곡선 252
강도일탈 294
강도장애 294
강도조절기 48
강도-주파수 스펙트럼 252
강도척도 252
강력 자연성 조건 502
강등 134
강박 106
강박감정 360
강박개념 238
강박관념 238, 360
강박관념적 반응 360
강박관념적 장애 360
강박성 성격장애 360
강박신경증 360
강박자극 360
강박장애 360
강박적 행동 360
강박증 422
강박행동 106
강변화 502
강변화 동사 502
강성 499
강성행렬 499
강세 501
강세 박자리듬 501
강세 박자언어 501
강세 악센트 501, 533
강세 종속규약 501
강세 피치언어 501
강세 활성화 501
강세견인규칙 501
강세군 501
강세대조 501
강세리듬 501
강세박동 501
강세부여 501
강세언어 501, 502
강세연속 501
강세유형 501
강세음절 501
강세이동 501
강세인접 501
강세저하 438
강세조정규칙 501
강세충돌 501
강심제 78, 79
강약격 강세 541
강약기호 155
강약동사 502
강어휘론자설 502
강요 106
강제 속삭임 195

강음부 42
강음절 502
강제 폐활량 195, 204
강제급식 195
강제선택법 195
강제운동 195
강제응답 195
강제진동 195
강제호흡 195
강조 167
강조 재귀대명사 167
강조강세 167
강조대명사 167
강조부사 252
강조적 자음 167
강직 499
강직근 451
강직성 451, 486
강직성 마비 486
강직성 척수마비 486
강직증 34
강직형 451, 486
강직형 뇌성마비 451, 486
강직형 마비말장애 451, 486
강직형 발성장애 486
강직형 사지마비 486
강체 451
강탈 554
강한 메아리 502
강한 에코 502
강한 접촉 220
강한 조음접촉 220
강형 502
강화 52, 441, 501
강화 프로그램 169
강화계획 441
강화관리 441
강화국면 110
강화단계 110
강화된 음성피드백 169
강화물 441
강화된 환경중심 언어중재 169
강화와 안정 501
강화운동 501
강화이론 441
강화자극 441
강화제 441
강화지연 441
강화철회 441
강화촉진 441
강화학습 441
강화후 휴식기 408
개구도 38, 133
개구리 자세 200
개관 365
개념 106
개념 접근성 106
개념 형성 235
개념구조 107
개념기능중심 교수요목 358
개념도 268
개념론 107
개념론자 107
개념발달 106
개념배열 106
개념부 107
개념위계 106
개념-의도 체계 107
개념의미론 107
개념장 107
개념장애 106
개념적 기술 107
개념적 사고 107
개념적 위계 107
개념적 은유 107
개념적 의미 107
개념적 중성 107
개념적 통합망 107
개념적 혼성 106
개념중추 106
개념학습 107
개념행위 106
개념형성 106
개념화 107
개념화자 107
개두술 121
개모음 364
개방 364, 442
개방계 364
개방교합 364
개방기 364, 365
개방범주 364
개방부류 364
개방부정교합 364
개방성 궤양 364
개방성 이관 382
개방어 365
개방연수 364
개방이음새 364
개방이중모음 365
개방조건 364
개방지수 364, 366
개방출력 전압 364
개방파열 442
개방형 귓본 354, 364
개방형 뇌손상 359, 364
개방형 두부손상 362, 364
개방형 릴 364
개방형 머리손상 364
개방형 응답 364
개방형 적합 364
개방형 질문 364
개방형검사 364
개방회로 364
개별문법 381, 488
개별사건 172
개별상담 241
개별어 242
개별언어학 382
개별음 393

개별음성학 242
개별조건화 패러다임 241
개별지능검사 242
개별치료 242, 425
개별화 242
개별화 쓰기재활 프로그램 242
개별화 자활계획 236, 242
개별화 전환계획 242, 264
개별화 프로그램 계획 262
개별화가족서비스계획 236, 242
개별화교육 242
개별화교육계획 236, 242
개별화된 유창성 조절치료 390, 391
개별화속격 242
개별화재활계획 242, 263
개복수술 276
개선 239, 552
개성화 242
개시효과 363
개연곡선 417
개연성 113, 417
개연성 관리 113
개연접 364
개요 11, 516
개음절 364
개인 요법 242
개인 제스처 사전 390
개인 클리닉 417
개인가치 390
개인간 언어기술-평가 237, 258
개인내적 260
개인력 390
개인문체 242
개인방언 235
개인별 검사 242
개인사전 390
개인성향 390
개인심리 242
개인심리치료 242
개인용 구어확성기 390
개인용 증폭기 389
개인위생 390
개인의사소통사전 383, 390
개인적 241
개인적 경험 242
개인적 공간 390
개인적 관련성 390
개인적 기능 390
개인적 독립성 390
개인적 동기 390
개인적 목표 242
개인적 사고 242
개인적 서술 390
개인정보 설문지 390
개인주의 99, 242
개인차 241
개인화 242
개인환경 390
개입 169, 259
개입이론 100
개재뉴런 258
개정된 토큰검사 449, 453
개창술 189
개체발생 364
개체발생적 발달 364
개체항 242
객관론 360
객관적 검사 360
객관적 내성법 359
객관적 방법 360
객관적 불안 359
객관적 수량 360
객관적 이명 360
객관적 자기 360
객관적 청력검사 359
객관적 측정 359
객관적 평가 359
객관적 평가측정 359
객관적 현기증 360
객관주의 360
갱년기 93, 312, 543
갱년기 우울증 262
갱년기변화 93
거근 165, 283
거꾸로 숫자외우기 59
거대구조 298
거대분자 298
거대설증 310
거대세포 211
거대세포바이러스 95, 127
거대핵세포 310
거두증 310
거리감각 149
거리진폭보상 149
거리척도 149
거리효과 149
거미막 41
거미막 잔기둥 41
거부 146, 441
거부 증후군 441
거부반응 441
거부율 441
거부행동 440
거부현상 441
거상 165
거성증 298
거센소리 44
거스트만 증후군 210
거시 사회언어학 297
거시분석 297
거시언어학 298
거시적 방법 297
거시증 298
거시해부학 298
거식증 34, 38, 476
거울뉴런 320
거울동작 320
거울상표기 320
거울원리 320

거인증 211
거절 441
거짓 긍정반응 187
거짓 부정반응 186
거짓난청 422
거짓눈물 123
거짓듣기 397
거짓마침 130
거짓말 탐지기 285
거짓문턱값 187
거짓신호 27
거짓양성 187
거짓역할장애 179
거짓음성 186
거짓치매 422
거처병 207
거친 구어 221
거친 음 217
거친 음성 221
거친 음질 221
거친면 542
건 523
건강 221, 577
건강 상담관 222
건강 선별검사 222
건강관리 222
건강관리 체계 221
건강관리요원 221
건강교육 222
건강보험 222
건강상담 222
건강에 좋은 음식 222
건강염려증 232
건강정보보호 393
건강증명서 221
건강증진 활동 222
건강진단서 221
건강평가 222
건막 39
건망성 실서증 25
건망성 실어증 31
건망성 실행증 31
건망증 31
건반 268
건반사 523
건반응 523
건방추 523
건성 인두염 277, 392
건연장 523
건절제술 523
건조 마찰 153
건청 356
걸음걸이 분석 205
걸음걸이 주기 205
걸음마기 532
검사 귀 521, 525
검사간 분석 259
검사기 525
검사기록지 417
검사기준 417
검사내 분석 261
검사도구 62
검사목록 62
검사반응 520
검사시행 526
검사신뢰도 526
검사실시 525
검사자극 526
검사장면 526
검사장비 525
검사-재검사 신뢰도 526
검사-재검사 신뢰도 계수 526
검사-재검사법 526
검사절차 417
검사점수 526
검사주파수 525
검사타당도 526
검사표준화 526
검사환경 525
검상돌기 583
검상연골 583
검시 344
검안경 365
검정 562
검증 562
검증가능가설 525
검증가능성 525, 562
검출 138
검출 수준차 138
검출기 138
겉보기 확산계수 20
게놈 210
게놈 프로젝트 210
게세불안 80
게슈윈 210
게스탈트 210
게스탈트 심리학 211
게스탈트 접근법 211
게스탈트 치료 211
게실 150
게실염 150
게이지 압력 205
격 80
격 고유자질 80
격 구문 80
격 구현화 80
격 구현화 조건 80
격 단위 80
격 대조 80
격 문법 80
격 부여 80
격 여과 80
격 연접조건 80
격 위치 80
격 자질 80
격 제약 80
격 표지 80
격 할당 80
격 할당자 80
격 흡수 80

격과 격 이론 80
격과 연쇄 80
격과 지배 80
격리 263
격리증 231
격리효율 263
격막 469
격변화 131
격식어 195
격언 421
격이론 80
격자구조 216
격자단독 음운론 216
격자유일 음운론 216
격자이론 216
격자충돌 216
격저항 원리 80
격전이 80
격체계 80
격틀자질 197
격하 134, 152
견갑 472
견갑거근 335
견갑골 457
견갑설골근 363, 457
견갑오목근 336
견갑올림근 335
견갑하근 336
견갑하체근 136
견고성 451
견관절 472
견본 177
견인 48
견인강세 447
견인규칙 447
견치 77
견치와 77
결과 110, 372
결과 지식 270
결과가설 110
결과적 자극상황 110, 124
결과주의 110
결과평가 372
결구반복 171
결론 107
결막 110
결말 434
결석 76
결석증 76
결속 66, 70
결속대명사 70
결속대용사 70
결속범주 66
결속변수 70
결속원리 66
결속이론 66
결속이론 적합 74
결속장치 98
결속조건 66
결손가설 132
결손접근 132
결여대립 417
결여동사 132
결여발작 11
결의 138
결장 99, 259
결장염 99
결절 351
결절성 351
결절성 경화증 542
결절성 신경절 351
결정 138
결정과정 131
결정론 139
결정소 138
결정소설 138
결정수형도 131
결정인자 138
결정적 시기 123
결정적 시기 가설 123
결정적 신호 139
결정화된 능력 124
결정화된 능력요인 124
결함가설 132
결함론 132
결함장애 238
결함접근 132
결합 66, 110, 120, 515
결합 반응 517
결합 정상상태 266
결합가 556
결합가 사전 556
결합계수 120
결합공진 99
결합구조 45, 109
결합그래프 69
결합기 120
결합기 이득 120
결합물질 120
결합법 99
결합분포 266
결합성 언어행동 패러다임 255
결합위상론 534
결합유형 99
결합적 단어 517
결합적 변이음 99
결합조직 110
결합통계학 266
결합확률 266
결합확률 분포함수 266
결핵 521, 542
결혼의식 302
결혼상담 302
결혼여부 302
겸상막 187
겸상적혈구빈혈증 472
겸상적혈구화 472
겹닮음 151
겹소리 207
겹올림 152

겹음소 가치 556
겹자음 110, 207
겹자음화 207
겹점 151
겹침 373
겹홑소리 144
경감 27, 443
경계 70, 286
경계 고랑 508
경계면 70
경계면 비음향 어드미턴스 488
경계면 비음향 저항 488
경계면 소음 70
경계선 70
경계선 단계 70
경계선 성격장애 70
경계선 인격장애 70
경계선 정신지체 70
경계선 지능 70
경계선 지적기능 70
경계세포 70
경계약화 규칙 70
경계요소법 63, 70
경계자질 70
경계조건 70
경계치 문제 70
경계파 254
경계표 273
경계표지전 장음화 410
경계회절 160
경계흡수 70
경고막기록법 539
경고막측정 539
경고반응 27
경골 69, 530
경골신경 530
경관식이법 542
경구개 220, 376
경구개 폐쇄지연 133
경구개음 220
경구섭식 367
경구피임 366
경도비성 318
경도인지장애 306, 318
경도정신지체 318
경도정신지체아 318
경도청각장애 478
경도청력손실 318, 478
경도청력장애 318
경돌설골 인대 504
경돌설골근 336, 504
경돌설근 504
경돌융기 504
경돌인두근 336
경돌후두근 504
경동맥 79
경동맥고실신경 79
경동맥동 마사지 79
경두개뇌자극 537
경두개자기자극 532, 537
경련 116, 221, 486, 543
경련반응 116
경련성 말더듬 94
경련성 신경증 116
경련성 장애 94
경련성 호흡 265
경로 87, 382
경로 사건틀 383
경로 창문화 383
경로길이 감소 438
경로분석 382
경로이론 383
경로화 87
경림프본간 266
경막 154
경막외 출혈 171
경막외 혈종 160, 171
경막지 311
경막하 공간 504
경막하 혈종 504
경면반사 489
경모음 286
경미한 신경학적 증상 482
경미한 우울증 320
경변증 92
경부 86, 344
경부 청진법 86
경부만곡 86
경부식도 86
경부신경총 86
경부척수 86
경부척수손상 86, 124
경분절 86
경사 131, 214, 477
경사도 214, 478
경사모드 360
경사선 360
경사입사 흡음계수 360
경사지수 478
경사파 360
경사형 청력손실 478
경상돌기 504
경상설골근 336, 504
경상운동 320
경상원리 320
경상인두근 336, 504
경상표기 320
경상혀근 336
경색 243
경색증 243
경성 망원후두경 451
경성 후두경검사 451
경성경계 451
경수면 286
경시 320
경식도 심초음파 조영술 537
경신경 86
경악반사 496
경악하 출혈 504
경어법 228

경어체계 228
경어표현 228
경유규칙 564
경유모형 383
경음 196
경음절 286
경음화 196, 213
경자음 196
경쟁모델 103
경정맥 266
경정맥 절흔 266
경정맥견갑설골 림프절 266
경정맥공 266
경정맥구 266
경정맥벽 266
경정맥신경 266
경정맥와 266
경정맥이복근 림프절 266
경조증 232
경직 499
경직 유성성 499
경추 86
경추손상 86
경추질환 86
경축 114
경축근 486
경피적 내시경위루술 385, 387
경피증 375
경험 178
경험기대적 가소성 178
경험론 167
경험의 재구성 447
경험의존적 가소성 178
경험자 178
경험적 기초 167
경험적 놀이척도 167
경험적 방법 167
경험적 법칙 167
경험적 사실 167
경험적 심리치료 178
경험적 연구방법 167
경험적 조사 167
경험적 타당성 167
경험주의 167
경험주의 이론 167
경험중심교육과정 178
경화 110, 458
경화성 골섬 458
경화성 담관염 458
경화성 변성 458
경화성 척수염 458
경화제 457
경화증 457
경화치료 458
경후두흡인 539
계곡 557
계관 122
계급방언 92
계기사건 248
계단응답 498
계단형 변환기 498
계도 498
계면 254
계면활성제 512
계사 117
계산법 76
계산장애 155
계속분사 154
계속성가설 113
계속음 층렬 113
계속평가 364
계승 247, 507
계승원리 247
계열 470
계열관계 377
계열오류 469
계열위치효과 469
계열적 377
계열적 제약 377
계열적 표상 469
계열처리 469
계열학습 469
계열학습 리스트 469
계열효과 469
계층 225, 500
계층방언 92
계층분류 71
계층순서 500
계층순서가설 500
계층연구 225
계층음운론 225
계층적 구조 225
계층적 분석 225
계층효과 284
계통발생학 398
계통설 385
계통음소론 517
계통적 분류 208
계획되지 않은 담화 552
계획된 담화 401
계획적 동작 401
계획적 주의 579
계획화 401
고 레벨 미세증가민감도 226
고개 돌리기 221
고개 숙이기 89
고개 흔들기 471
고개연성 반응 226
고개연성 행위 226
고객조력 프로그램 93
고급어휘 22
고급언어 226
고급추론 범주 226
고기능 226
고기능 자폐성장애아동 226
고기류 파동 225
고대국어 33
고대역통과 필터 226
고도 470
고도청각장애 470

고도청력손실 183, 470
고랑 508
고령사회 24
고령화 24, 25
고령화사회 25
고령환자 25
고리 34
고리섬유증 34
고리인대 34
고립 263
고립대립 263
고립로 482
고립로핵 482
고립변화 263
고립실어증 263
고립어 263
고립점 263
고립치료 모형 263
고립핵 482
고립효과 263
고막 153, 157, 310, 339, 543
고막 마사지 51
고막가지 72
고막경 339
고막기록법 544
고막긴장건 524
고막긴장근 336
고막긴장힘줄 524
고막배꼽 547
고막성형술 339
고막염 339
고막외측정 183
고막운동도 544
고막운동도 폭 544
고막운동도분류법 544
고막운동도폭 543
고막장근 336, 524
고막절개술 339
고막절흔 544
고막천공 387, 544
고막천공술 544
고막천자 53
고막파열 157
고모음 226
고모음화 574
고밀도 기록 226
고발생률행동 차별강화 143, 152
고변이형 226
고빈도 진동 226
고삐 219
고삐 맞교차 219
고삐고랑 219
고삐다리사이로 219
고삐삼각 219
고삐핵 219
고삭 543
고삭신경절단 90
고산푸리에 변환 187
고상승 성조 226
고설성 225
고성조 226
고소공포증 17
고속 푸리에 변환 190
고속디지털후두내시경검사 226, 228
고실 153, 317, 543, 544
고실 가장자리 543
고실강 82
고실개 544
고실개구 544
고실경화증 544
고실계 456
고실계단 456
고실계측 544
고실골 543
고실공명 544
고실관 531
고실구 544
고실동 476, 544
고실륜 544
고실부 380
고실성 미로염 543
고실성형술 544
고실신경 90, 544
고실신경절 543
고실신경총 544
고실유돌 열구 544
고실유양돌기열구 544
고실음 544
고실저 204
고실전극 543
고실점 544
고실하부 233
고실하악연골 544
고심도 비성 418, 563
고심도 정신지체 470, 493
고심도청력손실 418
고심도청력장애 418
고안정성 수정발진기 226
고압 226
고양이눈 증후군 81, 86
고양이울음 증후군 81, 122
고어 41
고어체 41
고열 226, 231
고워스 증상 214
고원 401
고원현상 402
고위험 아동 226
고유 변별자질 247
고유 음향저항 261
고유각 주파수 343
고유각 진동수 343
고유감각 수용체 420
고유값 162
고유경계조건 343
고유구강 366
고유근 261, 334
고유명사 420
고유모드 162

고유벡터 162
고유수용 420
고유수용정보 420
고유수용 조절 420
고유수용 피드백 420
고유수용성 반사 420
고유수용체 420
고유수용체 지각 420
고유어 343
고유음선 162
고유자질 247, 261
고유저항 261
고유주파수 162
고유지배 420
고유진동 모드 357
고유질 507
고유층의 심층 132
고유층의 표층 478, 508
고유치 162
고유한 한정성 247
고유함수 162
고유형용사 420
고유흡음 261
고음 292
고음성 농 226
고저 악센트 400
고저가 없는 음 552
고전음소론 92
고전적 감쇄지수 92
고전적 실어증 92
고전적 조건화 92
고전적 타당도 92
고전적 학습이론 92
고전적 흡수 92
고전적 흡음 92
고정 192
고정 길이부호 192
고정 모서리 192
고정 악센트 192
고정간격 강화계획표 190, 192
고정간격강화 192
고정강세 192
고정관념 498
고정대역 주파수분석 111
고정반응 항목 192
고정비율 192
고정비율 강화계획 192, 197
고정채널전략 192
고정화 217
고정휴지 192
고조파 왜곡 220
고주파 자극음 226
고주파 청력검사기 226
고주파수 225, 226
고주파수 농 226
고주파수 청력계 226
고주파수 평균 225, 226
고주파수 평균 풀-온 이득 226
고주파수 확장 청력검사기 180
고주파수형 청력손실 226
고지된 동의 246
고진폭 빈젖병 빨기절차 225
고집 249
고집적초음파 225, 226
고집증 389
고창 544
고창성 544
고체 482
고체 각 482
고체 혼 482
고체계측검사 482
고체음 482
고쳐 배우는 과정 551
고충실도 226
고침 28
고카로틴 혈증 79
고칼륨혈증 230
고통 375, 508
고통역치 529
고혈압 231
고혈압환자 231
고확률 226
곡선 126
곡선압축 126
곡언법 290
곡용 131
곧은이랑 437
곧은창자 437
골 557
골 전정 69
골간 141
골간막 258
골격 477
골격계 477
골격근 477
골격근 이완제 477
골격막 141
골격발육부전 477
골격연령 477
골격장애 477
골격학 477
골격형 귓본 477
골고막 골전도 370
골관 69
골구개 69, 371, 376
골나선판 69, 371
골내막 169
골내막염 169
골다공증 371
골단 172
골덴하르 증후군 213
골도발진기 69
골도역치 69
골도청력 정밀역치 466
골도청력 정밀역치기술 466
골막 388
골막반사 388
골미로 69, 370
골반 385
골반 기울임 385

골반 흔들림 385
골반강 385
골반검사 385
골반계측 385
골반규관 371
골반내장신경 385
골반농양 385
골반대 385
골반부분 385
골반사 69
골반신경절 385
골반지수 385
골반회전 385
골방사선 괴사 371
골병증 371
골부 371
골상학 398
골성 반규관 69
골성 외이도 69
골성 음 371
골성 조직 371
골세포 69, 371
골수 69, 310
골수염 371
골수흡인술 69
골아세포 371
골연골 증식성 기관지병증 536
골연령 69
골용해 371
골원 371
골전도 62, 69
골전도 마이크로폰 69
골전도 보청기 69
골전도 수신기 69
골전도 이식기 69
골전도 진동기 69
골전도 청력 69
골전도순음청력검사 69
골전도이식기 62
골전도진동기 69
골전도청력계 69
골절 69, 197
골조직 69, 371
골종 371
골종양 69
골증식체 371
골지체 213
골진동 69
골진동자 69
골짜기 557
골짜기 음 451
골학 371
골형성부전증 156, 371
골형성층 371
골화 371
공간 26, 485
공간 소결절 26
공간감 486
공간관계 486
공간관계지각 486
공간균형 486
공간기억 486
공간대비 486
공간문법 486
공간배치 486
공간빈도 486
공간실서증 486
공간왜곡 486
공간위상 486
공간적 균형 485
공간적 사고 487
공간적 시각화 487
공간적 시간적 해상도 486
공간적 심상 486
공간적 정향성 486
공간적 주의집중력 486
공간적 지시 486
공간적 지식 486
공간적 총화 486
공간적 환유 486
공간정보 486
공간지각 486
공간지능 486
공간질환 26
공간파 486
공간평균 486
공간학 421
공간학습 486
공간형성자 486
공간횡단 사상 124
공감 515
공감반응 515
공감성 대광반사 110
공격 47
공격기제 362
공격동기 25
공격반사 25
공격반응 47
공격성 25, 362
공격성 불안 25
공격적 대화체 25
공격행동 25
공고한 알파벳 단계 110
공공복지 425
공공시설 425
공교육 425
공극률 404
공기 96
공기 쐬기 22
공기 압축식 인공후두기 402
공기 이온 26
공기간격효과 26
공기감염 26
공기검사 26
공기기관지조영상 26
공기누출 26
공기돔 징후 26
공기막 26
공기방울 공진 74
공기부피 26

공기삼킴증 23
공기색전증 26
공기액체층 26
공기양압 지속 114
공기역학 23
공기역학적 분석 23
공기역학적 음성 23
공기역학적 저항 23
공기역학적 측정 23
공기역학적 힘 23
공기용량 26
공기음 26
공기잡이 26
공기전도 12, 23, 26
공기전도 보청기 26
공기전도수신기 26
공기중 경로 26
공기차음지수 26
공기체적 26
공기탄성 23
공기폐포조영상 26
공기흐름 제어 스피커 529
공기흡수 47
공기흡입 26
공동 266
공동 지시관계 266
공동묘지 344
공동사회 207
공동사회자 96
공동양성 96
공동연구 99
공동음성 96
공동조음 96
공동주목 266
공동주시행동 266
공동폐쇄 82
공동행위 266
공동형 음향여과기 82
공동화 현상 82
공동효과 82
공리 57
공맹장문합술 265
공명 196, 445, 564
공명강 445
공명곡선 445
공명기 445
공명도 483
공명도 위계 483
공명방식 445
공명성 483
공명성도 445
공명연발이론 445
공명음 445, 483
공명음성 445
공명음성치료 445, 453
공명음전달 539
공명음흡수 445
공명이론 445
공명자음 445, 483
공명자질 483
공명장애 445
공명주파수 196, 445
공명주파수 대역 196
공명주파수 동요 196
공명주파수 위치 196
공명체 445
공명체계 445
공명촉진 186
공명투과 445
공명평가 444
공모 111
공모성 111
공백화 206
공범주 167
공범주원리 159, 167
공법 425
공변량 120
공변조차폐감소 95, 102
공복감 229
공분산 120
공분산분석 32, 120
공상 129, 187, 237
공생성 정신병 514
공시성 516
공시언어학 516
공시음성학 516
공시음소론 516
공시적 과정 516
공시태 516
공식 196
공식 읽기검사목록 200
공식구조 196
공식어 195
공식적 관계 196
공식적 교육 195
공식적 정의 196
공식화 196
공여자 151
공용어 362
공유결합 120
공인 13
공장 259, 265
공장루술 265
공장소음 242
공조현 515
공존쌍 514
공진 445
공진기법 445
공진대역 445
공진법 445
공청회 425
공통일상활동 266
공통 접지전극 100
공통배경 100
공통성 점수 100
공통언어 100
공통핵심 100
공통핵심성취기준 83
공포 188
공포반응 393

공포장애 393
공포증 393
공하위어 96
공학자 169
공황발작 377
공황장애 377
공회장문합술 265
과각화증 230
과감쇠 373
과거 완료시제 382
과거 완료진행시제 382
과거병력 382
과거분사 382
과거시제 382
과거완료 382
과거중 미래 35
과거진행 382
과긴장성 후두폐쇄 231
과다긴장 231
과다분비 231
과다운동형 230
과다운동형 마비말장애 230
과다운동형 발성장애 230
과다운동형 실서증 230
과다의뢰 373
과다형성 231
과대기능 230
과대긴장 231
과대내전 230
과대망상 215
과대보상 373
과대비성 176, 231
과대신전 230
과대호흡 176
과도기 538
과도기적 구문 538
과도긴장 510
과도성장장애 373
과도음 211
과도음화 211
과도적 발화 539
과도적 이중언어병용교육 538
과도한 고통척도 177
과도한 불안척도 176
과도한 성문접촉 220
과도한 자기비난 177
과도호흡 231
과독증 230
과립 215
과립공포 변성 215
과립세포 215
과립세포밑영역 505
과립층 215, 500
과민반응 465
과민성 373
과민성 대장 증후군 263
과민성 반응 231
과민증 231
과민화 510
과밸브 긴장발성 231
과부하 373
과분극 231
과분비 510
과산화수소 229
과소각성이론 548
과소기능 232
과소내전 231
과소분비 232
과소비성 232
과소운동형 마비말장애 232
과소운동형 실서증 232
과소일반화 548
과소적용 548
과소표집 373, 549
과소확장 548
과잉 구역반사 230
과잉 규칙화 373
과잉 신전반사 230
과잉교정 230, 373
과잉반사 230
과잉보충 231, 373
과잉보호 373
과잉분출 373
과잉생성 373
과잉성취 373
과잉의존 373
과잉일반화 373
과잉제한 373
과잉조음 373
과잉표기 374
과잉학습 373
과잉행동 230
과잉행동 지수 230
과잉행동 지수척도 230
과잉행동장애 230
과잉행동충동지배적 유형 411
과잉확대 230
과잉확장 373
과자극 373
과장 176, 215, 373
과장법 230
과정 417
과정연구 417
과정중심교육 417
과정학습 417
과제분석 520
과제참여시간 531
과진아 373
과차폐 373
과탄산증 230
과포화 373, 510
과학 457
과학문법 457
과혈당증 230
과형성성 후두염 231
과호흡 231
관 117, 154
관 도관 77
관강 296
관계 돕기 223

관계대명사 442
관계문 442
관계문법 441
관계부사 442
관계의 격률 305
관계의미 441
관계절 442
관계절 간략화 442
관계절 축소 442
관계절 형성 442
관계접속사 442
관계정보 441
관계형용사 442
관계화 442
관계화소 442
관념 235
관념성 실행증 235
관념운동성 실서증 235
관념운동성 실행증 235
관념화 235
관련특징 45
관련행동 45
관료적 리더십 75
관류 387
관류저하 232
관리 21, 510
관리인 79
관문 207
관문조절 207
관문조절이론 207
관상구조 118
관상동맥 118
관상면 118
관상봉합 118
관상절개 118
관상정맥 118
관성 243
관성골도전도 243
관성기초 243
관성력 195
관성법칙 280
관성음전도 243
관성제어 243
관습성 115
관습성 원리 115
관습적 기호 115
관습적 단계 115
관습적 산출연령 126
관습적 연결하기 115
관습적 연령 126
관습적 영상 115
관습적 은유 115
관습적 함축 115
관습주의 554
관용 532
관용어 235
관자근 523
관자놀이구 523
관절 42, 266
관절 기 42
관절근 42
관절낭 42
관절돌기 109
관절뒤 돌기 408
관절연골 42
관절염 42
관절융기 109
관절장애 266
관절절제술 42
관절통 42
관절학 42
관점 390, 403
관점 바꾸기 390
관찰 360
관찰단위 360
관찰육성검사 322, 324
관찰자 360
관찰자 편향 360
관찰자간 신뢰도 258
관찰자내 신뢰도 260
관찰자의 역설 360
관찰적 타당성 360
관찰점수 360
관찰치료 360
관찰학습 360
관통동맥 387
관통성 뇌손상 385
관통성 두부손상 385
관할 151
관할관계 150
관할규칙 150
관할도식 150
관할마디 151
관할자 151
관형사류 21
관형사형 어미 21
괄약근 336, 492
괄호 71
괄호삭제규약 71
광 그로토그라피 391, 397
광 디지털 오디오 디스크 366
광각 286
광각렌즈 579
광간섭 254
광간섭형 진동계 366
광검파 397
광경근 402
광경근반사 402
광대돌기 585
광대부위 585
광대뼈 300, 585
광대신경 585
광대얼굴신경 585
광대역 73, 579
광대역 고주파수 73
광대역 분석 579
광대역 불규칙진동 73
광대역 소음 73
광대역 스펙트럼 73
광대역 스펙트로그램 579

광대역 잡음 579
광대역 충격소음 73
광모음 579
광물질 저장 319
광반사 286
광배근 280, 335
광범위 훈련 537
광범위기억학습평가 582
광범위성취검사 579, 582
광범위청력검사기 579
광선 434
광선공포증 397
광수용기 397
광역규칙 73
광역역동범위압축 576, 579
광역통신망 575
광역학치료 383, 397
광음향기법 434
광음향여기 366, 397
광음향학 434
광의적 참조 73
광장공포증 25
광추 109, 286
광폭성 565
광학녹음 366
광학섬유 내시경 190
괴사 344
괴저 206, 344
괴혈병 458
교감신경 515
교감신경 차단제 515
교감신경 호르몬 515
교감신경 흥분성 아민 515
교감신경 흥분성 효과 515
교감신경가지 515
교감신경계 515
교감신경근 515
교감신경부 515
교감신경뿌리 515
교감신경섬유 515
교감신경성 실행증 515
교감신경성 안근마비 515
교감신경절 515
교감신경절제술 515
교감신경총 515
교감적 기능 393
교감적 의사소통 393
교감진동 515
교과과정 125
교근 304, 333
교근동맥 304
교근반사 304
교근신경 304
교근정맥 304
교근조면 304
교근지 304
교대 542
교대맥박 29
교대반사 29
교대상 29
교대성 무호흡 88
교대성 양이강도평형검사 10, 28
교대성 편이강도평형검사 28
교대성신호보청기 114
교대운동속도 29, 31
교대형 신뢰도 29
교대형태 신뢰도계수 28
교량동사 73
교련 99
교련뉴런 100
교련로 100
교련섬유 100
교련성 실어증 100
교련핵 100
교류 12, 29
교사발언 543
교사보조 521
교수 250
교수계획 521
교수목표 250
교수요목 514
교수자료 521
교수적 범주 543
교수적합화 250
교수전략 250
교실 환경 93
교실담화 93
교실듣기행동평가 159, 176
교실음향학 92
교실청취행동평가 159, 175
교안 283
교양질 507
교원섬유 99
교원질 99
교원질 질환 99
교육가능 정신지체 160
교육가능급 지적장애 160, 166, 167
교육계획 160
교육계획위한 자폐증 선별도구 44
교육계획을 위한 자폐증선별도구 54
교육공학 160
교육과정 125
교육과정 개발 126
교육과정 계획 126
교육과정 평가 126
교육과정기반 언어평가 125
교육과정기반 평가 125
교육실습 409
교육심리학 160
교육언어학 160
교육위험군선별도구 458, 472
교육유인 160
교육이론 160
교육재정 160
교육적 문법 384
교육적 수화체계 160
교육정책 160
교육제도 160
교육지수 160, 172

교육진단 160
교육청각학 160
교육청능사 160
교육평가 160
교육학 384
교육환경 160
교정 118, 443
교육환경 160
교정 118, 443
교정 피드백 118
교정과정 118
교정시력 118
교정전문의 370
교정학 370
교질 99
교차 124, 131
교차 동일지시 124
교차 부호화 기법 28
교차 양상관 함수 123
교차 이변량스펙트럼 123
교차 편측성 124
교차 확장형 124
교차끈 효과 124
교차대화 124
교차된 등골근반사 124
교차반맹 124
교차배열 89
교차범주적 123
교차분류 123
교차상관함수 123
교차상관행렬 123
교차실어증 94, 124
교차압력 124
교차양상 점화과제 124
교차언어 124
교차연구 124
교차왜곡 124
교차제약 124
교차주파수 124
교차청력 124
교차해석 124
교차확장 124
교착 25
교착어 24, 25
교체 29
교체 불가능음 482
교체가능음 483
교체규칙 29
교체음 28, 29
교체조건 29
교체중첩 337
교체형 29
교통지 101
교합 67
교합력측정계 213
교합면 361
교합반사 67
교합징후 67
교합효과 361, 362
교환관계 536
교환규칙 177, 513
교환오류 177
구 397, 508
구 동사 397
구 등위접속 397
구 범주 397
구 악센트 397
구각 329, 366
구각거근 283, 335
구각하체근 136
구강 366
구강 대 구강 소생술 329
구강 분비물 367
구강 삽입형 구어보조기 260
구강 폐쇄음 368
구강 해부학 366
구강감각 자각 367
구강감각변별 367
구강감각의식 370
구강개방 367
구강개방 접근법 364
구강건조증 583
구강검사 366
구강공명 367
구강구조기능검사 534
구강근육 음성표적 재구성촉진법 419
구강기 368
구강기류 366
구강기압 366
구강기압계 367
구강기전 367
구강내 검사 260
구강내압 260
구강단계 367
구강도 368
구강마찰 82
구강모음 368
구강바닥 193
구강백반증 283, 367
구강변환운동 367
구강보철 367
구강삼킴 368
구강성 366
구강성 구어실행증 368
구강세 398
구강시작시간 367
구강신경 367
구강실행증 366
구강안면 근육불균형 370
구강안면검사 367, 370
구강안면실행증 75, 369
구강암 366
구강외과 368
구강외과의사 135
구강운동기능 367
구강운동기능부전 367
구강운동기술 367
구강운동불협응 367
구강운동연습 367

구강운동장애 367
구강운동조절 367
구강운동평가척도 367
구강운동훈련 370
구강운반단계 368
구강위생 367
구강위생 불량 404
구강음 367
구강이동시간 368, 372
구강인두 삼킴장애 370
구강자질 82
구강저 367
구강전 단계 413
구강전정 368
구강점막 367
구강조직 368
구강종양 368
구강주위판 92
구강준비단계 367
구강중앙개방 366
구강진단 367
구강촉각실인증 368
구강측면개방 367
구강통과시간 368
구강폐쇄증 46, 366
구강호흡 329, 367
구개 376
구개 간대성 근경련증 376
구개 성형술 553
구개 편도염 376
구개거근 283, 284
구개거상기 376
구개거상보철기 376
구개검사법 554
구개골 376
구개궁 41, 188, 366, 376
구개근 333
구개긴장근 336, 524
구개내림근 136
구개도 376
구개도법 376
구개돌기 376
구개마비 376
구개막 376
구개반사 376
구개범 376
구개범거근 335
구개범장근 336
구개봉합 376
구개봉합술 376
구개부전 376
구개비음 376
구개상악봉합선 376
구개선 376
구개설궁 376
구개설근 376
구개성 376
구개성형술 376
구개소와 197
구개수 376, 555, 559
구개수구개성형술 555
구개수구개인두성형술 555
구개수근 336, 376, 555
구개수마찰음 555
구개수술 376
구개수염 555
구개수음 555
구개신경 376
구개열 376, 553
구개열 언어장애 553
구개올림 보철기 376
구개올림근 284, 335
구개음 376
구개음의 전설음화 200
구개음화 376
구개음화된 소리 376
구개이관장근 376
구개인두관 121
구개인두괄약근 376
구개인두궁 376
구개인두근 335, 376
구개인두부전증 376
구개재형성 보철물 376
구개천공 341
구개치조음 376
구개파열 93
구개편도 188, 376
구개하체근 136
구구조 표지 398
구구조규칙 398
구구조문법 398
구구조부 398
구구조의 변형 398
구금 265
구도 500
구동부 152
구동점 리셉턴스 152
구동점 저항 152
구동점 저항행렬 152
구두 모델링 561
구두검사 367
구두법 426
구두보고 367, 561, 582
구두언어 367, 493, 552
구두언어 표현 367
구두언어지수 558, 561
구두의사전달 366
구두점 426
구두접근법 366
구두촉진법 561
구두칭찬 561
구두통 형태 471
구두표현 561
구륜근 335, 368, 369
구멍 194, 369, 371
구면음파 효과 492
구면파 492
구문경계 516
구문론 517
구문분석 381

구문실어증 516
구문이해력검사 270
구문장애 516
구반복 398
구별기호 141
구별자질 141
구부 367
구부정한 자세 192
구분 150
구비강 370
구비강 과정 370
구-비강 음향비 367
구비강 천공 370
구비막 75
구비문학 367
구상 마비 75
구상 운동실조 75
구상명사 107
구상주의 107
구성 109, 111, 402
구성 타당도 111
구성관계 111
구성놀이 112
구성도 68
구성마비 75
구성문법 111
구성소구조 113
구성소구조문법 113
구성소문 113
구성실어증 111
구성실행증 111
구성요소 111
구성요소 배열 111
구성장애 111
구성전략 112
구성절 111
구성주의 접근 111
구성주의론 112
구성체 111
구속성 폐질환 447
구속성 환기결함 447
구순구개열환자 93
구순선 272
구순열 88, 93, 220, 272
구순열수술 93
구순열환자 93
구순증 88
구술기능 487
구술문화 366
구심로 24
구심성 경로 23
구심성 뉴런 23
구심성 말초신경 23
구심성 섬유 23
구심성 소동맥 23
구심성 신경 23
구심성 신경체계 23
구심성 억제 23
구심성 운동실어증 23
구심성 자극 23
구심성 피드백 23
구심실서증 23
구심원 23
구안지 증후군 370
구어 과제 489
구어 말뭉치 493
구어 실행증 489
구어 유창성 561
구어 이전 구강운동 훈련 414
구어 이전 의사소통계획 415
구어 이전 행동 415
구어 착어증 561
구어 코퍼스 493
구어강화 561
구어검사 561
구어게임 490
구어결함 489
구어과업 491
구어교정 피드백 561
구어구강운동연속하기 치료법 490
구어기억 561
구어기전검사 367
구어놀이 491
구어농 561
구어능력 560
구어동요 490
구어명료 43
구어목록 561
구어문장모방선별검사 363, 367
구어문장모방진단목록 363, 367
구어발달척도 561
구어방해 490
구어부전 235
구어분열 561
구어불능증 33
구어선천성이론 37
구어성 실서증 560
구어성 실행증 560, 561
구어성 청각실인증 561
구어세계 561
구어실수 489
구어연쇄 489
구어연합 561
구어왜곡 490
구어운동 기능 490
구어운동 연습 490
구어운동 제약 490
구어운동훈련 프로그램 479, 490
구어유창성 490
구어음향학 489
구어의미 561
구어의사소통 101, 366, 561
구어의사소통연쇄 561
구어이해지수 558, 561
구어인지 489
구어인지역치 455, 489
구어자극 561
구어자극 일반화 561
구어장애 292, 490

구어적 교착현상 561
구어적 반어 561
구어적 사고 561
구어적 아이러니 561
구어적 표현 99
구어적 휴지 561
구어전달지수 499
구어정보 561
구어정보실인증 561
구어중재 561
구어지능 561
구어지수 363, 367
구어청각폐쇄 561
구어파열 489
구어평가 490
구어표현 561
구어표현언어 180
구어학습 561
구어해독 489
구어행동 561
구어향상 490
구어호흡 73, 489
구어화 562
구역 433, 460
구역기관지 460
구역성 허탈 460
구역질 344
구연산 회로 92
구열 367, 451
구와 500
구인두 367, 370
구인두 기도 370
구인두이동시간 366, 370
구인두통과시간 366, 370
구인두협부 370
구저곡률 반지름 70
구전치 동사 397
구절언어 상실증 39
구조 111, 503
구조감쇠 502
구조개별적 503
구조격 502
구조기술 458, 502
구조독립적 503
구조문법 502
구조방언학 502
구조변화 456, 502
구조보존 변형 503
구조보존가설 503
구조보존제약 503
구조분석 502
구조어 503
구조언어학 502
구조음 503
구조의미 502
구조의존 503
구조의존성 503
구조이론 111
구조적 가족치료 503
구조적 대뇌질병 502
구조적 부호화 502
구조적 비대칭성 502
구조적 은유 502
구조적 음향결합 502
구조적 적형성 502
구조전달경로 503
구조접근법 502
구조제약 502
구조주의 502
구조주의 심리학 502
구조주의적 접근 502
구조지수 502
구조지표 502
구조해석자 381
구조화된 관찰 503
구조화된 놀이 503
구조화된 면접 503
구조화된 사진을 통한 표현언어검사 492, 503
구조화된 전이 503
구조화된 질문 503
구조화된 프로그래밍 503
구첨가 397
구체성 107
구체음운론 107
구체적 개념 107
구체적 목표 488
구체적 언어행위 380
구체적 조작 107
구체적 조작기 107
구체적 조작단계 107
구체적 질문 488
구체주의 107
구체화된 도식 166
구토 166, 573
구토반사 205
구협 188
구협부 188
구형 극좌표 492
구형 진행파 492
구형낭 454
구형-대칭 송출파 492
구형반경 492
구형분산 492
구호흡 367
구화 청력법 366
구화주의 368
구화주의자 368
구획적 순서 68
국가적 효과측정체계 343, 352
국소 근긴장이상증 194
국소 확인자 291
국소론 291
국소론자 291
국소론자가설 291
국소론자이론 291
국소마비 381
국소마취 291, 534
국소반응 291
국소변형 291

국소빈혈 263
국소성 원리 291
국소성 조건 291
국소수형 291
국소압박 촬영법 494
국소오류 291
국소인지 534
국소적 결속 291
국소적 경제성 291
국소적 일관성 291
국소적 통제 291
국소전류 291
국소전위 291
국소파 291
국소해부학 534
국소화 280
국소회로 291
국어 343
국재설 291
국재화 291
국재화주의 291
국제가족치료협회 257
국제기능장애건강분류 234, 257
국제난독증협회 235, 257
국제단위계 257, 263
국제손상 257
국제손상·불능·장애분류 234
국제신경심리학회 249, 257
국제실어증검사 257
국제어 257
국제어학 255
국제음성자모 257, 262
국제음성협회 257, 262
국제전기기술위원회 236, 257
국제질병분류 234, 257
국제청각구어협회 52, 57
국제표준기구 257, 263
군 95
군속도 217
군어 전치사 217
군어속격 217
군중공포증 14
군중심리 303, 322
군집명사 358
군집행동 124
군집화 95
굳어진 말더듬 109
굳은 경계 220
굴 476
굴곡 192, 193
굴곡반사 193
굴곡성조어 114
굴곡조 114, 211
굴곡청력도 117
굴곡파 63, 193
굴근 193
굴근반사 193
굴근연축 193
굴절 245, 440
굴절각 440
굴절관계 246
굴절구 246
굴절부동 34
굴절성 안수술 440
굴절손실 440
굴절어 246
굴절어미 246
굴절접사 246
굴절지수 440
굴절파 440
굴절하는 단어 245
굴절하지 않는 단어 550
굴절형태소 246
굽힘탄성 63
궁 41
궁상속 41
궁상핵 41
궁형 성대 71
권골 300, 585
권골돌기 585
권골부위 585
권골신경 585
권골안면신경 585
권골하능 247
권능도식 167
권설모음 448
권설성 448
권설음 448
권설화 448
권위주의적 부모 54
권위주의적 성격 54
권위주의적 훈육 54
권장량 28
권태 70
궤도 537
궤양 545
귀 보호 157
귀 보호구 157
귀 선호도 157
귀 우세 157
귀 차단 157
귀 폴립 53
귀 훈련 53, 158
귀걸이형 보청기 63, 74
귀걸이형 이어폰 511
귀납법 242
귀납연역추론 242
귀납적 규칙 242
귀납적 논리 242
귀납적 논증 242
귀납적 도식 242
귀납적 사고 242
귀납적 수업 242
귀납적 유도저항 242
귀납적 접근법 242
귀납적 추론 242
귀납적 추리 242
귀납적 필요조건 242
귀덮개 158
귀덮개형 이어폰 91

귀덮개형 헤드폰 91
귀둘레패임근 335
귀머거리 222
귀밑샘 380
귀밑샘 가지 380
귀사이소리감쇠 234
귀소본능 227
귀소포 371
귀속반사 260
귀앓이 157
귀울림 157
귀의 폐쇄 50
귀인 48
귀인두관 가지 542
귀인두관샘 211
귀인이론 48
귀인재훈련 48
귀지 86, 158, 576
귀지과잉분비 86
귀지떡 238
귀지분해 86
귀지샘 86
귀지성 농 86
귀지전색 86
귀착침묵 48
귀환 438
귀환성 438
귓구멍 51
귓바퀴 53, 107, 400
귓바퀴 주변 피부주름 410
귓바퀴가로근 336
귓바퀴모양 53
귓바퀴피라밋근 336
귓밥 86, 158
귓본 157, 158
귓볼 157, 290
귓속 보청기 260
귓속형 보청기 264
규범 356, 413
규범 연구 357
규범문법 413
규범언어학 357, 413
규범적 발달 357
규범적 영향 357
규범적 전략 357
규범적 진술 357
규범적 형태 357
규범주의 357, 413
규범체계 357
규약 498
규율 146
규준 357
규준집단 356
규준참조검사 357
규칙 453
규칙 한정사 440
규칙단순화 453
규칙단어 441
규칙도치 453
규칙동사 440
규칙변화 453
규칙삽입 453
규칙상실 453
규칙성 441
규칙순 관계 368
규칙순 조건 368
규칙순서 453
규칙순의 역설 368
규칙인지학습론 97
규칙자질 453
규칙재배열 453
규칙전도 453
규칙첨가 453
규칙화 441
규칙활용 440
균등능력주의 172
균등분열 172
균일촉매작용 227
균일평면파 227
균형 59
균형잡힌 이중언어사용자 59
균형잡힌 접근 59
균형적 의사소통 양상 515
그라세이 실어증 216
그래픽 발화 216
그래픽 상징 216
그래픽 요약 216
그렁거리는 소리 502
그레이 읽기진단검사 207, 216
그레이 핵심읽기검사 216, 217
그레이스 214
그레이스 아더 수행척도 214
그루카곤 213
그룹치료 217
그뤼나이젠 매개변수 217
그리피스 검사 216
그린의 거리의존함수 136
그림 명명하기 399
그림 명명하기 단어읽기 399
그림교환 의사소통체계 384, 399
그림-말소리 변별검사 399
그림-말소리 식별검사 422
그림명사 399
그림묘사항목 399
그림문자 399
그림문자 상징 399
그림배열 399
그림범주 383, 399
그림사진 표의문자식 의사소통 399
그림상징 연속체 399
그림선택과제 399
그림순서 399, 422
그림식별 말명료도 579, 581
그림어휘검사 399, 427
그림요소 399
그림유추 375, 399
그림의 법칙 216
그림의사소통상징 383, 399
그림자 영역 470

그림자 표면표시 495
그림자곡선 470
그림조음언어선별검사 399
그림지능검사 399
그림판별 399
그물체 447
극 492
극간부분 258
극간효과 258
극공 194
극대대비 305
극도의 피로 75
극성 403
극성 규칙자질 403
극성 도식 403
극소 저출생체중아 563
극적 아이러니 152
극초단파 317
극초단파 요법 317
극초음파 231, 545
극치 183
극포 183
극한법 315
극화 152
근 452
근간중격 258
근강직 333, 334
근거 176
근거기반 176
근거기반 임상치료 176
근거리 간섭대 200
근거리 반사 344
근거리 음장 344
근거리 음장효과 344
근거중심 176
근거중심 임상치료 158, 176
근경도 334
근경련 333, 338
근경직 338
근골격계 334
근골격계 결함 334
근골격성 긴장 발성장애 334
근골격성 긴장장애 334
근골격장애 334
근골격질환 334
근괴사 338
근기능요법 338
근기록계 338
근긴장 333, 334
근긴장성 발성장애 330, 333
근긴장성 이영양증 338
근긴장이상 156
근긴장증 338
근돌기 118
근력 333
근력강화운동 501
근린소음 102
근마비 334, 338
근막 187, 333
근무긴장증 31
근무력증 333, 338
근반사 334
근방추 333, 493
근병증 338
근본원리 268
근본적 유양돌기 절제술 432
근부전증 334
근비대 334
근사적 동의관계 344
근사체계 40
근섬유 333, 334
근섬유막염 338
근섬유성 막 190
근섬유소 338
근섬유아세포 338
근성 334
근세국어 323
근세사 338
근쇠약 333
근수축 333
근시 338
근신경계질환 348, 350
근신전반사 338
근실조증 337
근심 37
근심전위 313
근연축 338
근연화증 338
근염 338
근외막 171
근운동 333, 334, 338
근운동 기록도 338
근원개념 485
근원구조 485
근원도식 485
근원명제 485
근원어 485
근원영역 485
근원자질 485
근원적 의미 452
근위수근골 421
근위축 47, 333, 338
근위축성 측삭경화증 28, 31, 294
근위축증 31, 156
근육 334
근육 강화제 32
근육 다발막 387
근육가지 333
근육감소증 455
근육계 334
근육기억 333
근육긴장 333
근육긴장 부전증 156
근육긴장이상 156, 338
근육긴장저하 233
근육내 주사 260
근육돌기 334
근육모양 338
근육무긴장증 337
근육발생 329

근육세포 333
근육수축지체 338
근육연축 333
근육위축병 334
근육이완 333
근육이완약물 333
근육자극 반응성 338
근육장애 333
근육전위 337
근육지 333
근육층 333
근육학 338
근음 204
근이영양증 333
근전계 164
근전도 164, 166
근전도검사법 164
근전위 338
근접 421
근접 유전인자 증후군 87, 113
근접과거 237
근접미래 237
근접발달영역 585
근접성 95
근접어휘 활성모형 340, 345
근접연산자 421
근접음향 홀로그래피 340, 344
근접체계 40
근접탐침자 421
근접효과 21, 421
근조직 333, 334
근주막 387
근초 387
근층 333
근층렬 452
근탄성 338
근탄성 공기역학이론 338
근피로 333
근활동 333
근활동전위 333
글래스고우 혼수상태척도 207, 211
글루탐산 213
글리신 213
글자나 그림 맞추기 435
글자도안용 펜 283
글자판 28
금기 114, 519
금기어 519
금단 579
금단증상 11, 579
금단효과 579
금본위 213
금속성 단백질 314
금욕주의 44
금지 247
급경사 471
급경사형 청력손실 498
급사 508
급성 근육긴장 이상반응 19
급성 기관지염 18
급성 뇌장애 18
급성 뇌증후군 18
급성 말더듬 166
급성 상기도폐쇄 19
급성 상행성 마비 18
급성 상후두염 19
급성 성문하후두염 19
급성 스트레스 장애 19
급성 실어증선별검사 18
급성 영아척수성 근위축 19, 26
급성 우울증 19
급성 저주파 감각신경성 청각손실 19
급성 정신병 19
급성 정신분열증 19
급성 중독 19
급성 중이염 19, 37
급성 폐렴 19
급성 하후두개염 19
급성 호흡기병 19
급성 후두개염 19
급성 후두염 19
급성기 19
급성환자 진료병원 19
급소 568
급속방출 11
급여 189
급진적 미명시 432
급하강 471
급하강 곡선 302
급하강곡선 471, 498
급하강형 청력손실 471
긍정 24
긍정문 24, 405
긍정적 근거 404
긍정적 반응 405
긍정적 스트레스 175
긍정적 실행 405
긍정적 영향 405
긍정적 예의 405
긍정적 예의책략 405
긍정적 음절구조제약 405, 422
긍정적 전이 405
긍정적 정서 404
긍정적 친화성 405
긍정적 태도 222, 404
긍정적 피드백 404
긍정적 행동지원 404
긍정적 효과 404
기 369, 495
기간 524
기간 수식어 154
기계공학 308
기계번역 297
기계부호 297
기계시각 297
기계식 필터 308
기계식 환기 308
기계언어 297

기계적 감쇠상수 308
기계적 고정피드백 308
기계적 기억 452
기계적 노인성 난청 308
기계적 반응 308
기계적 방사저항 308
기계적 수용 308
기계적 수용체 308
기계적 어드미턴스 308
기계적 에너지 308
기계적 이행 308
기계적 저항 308
기계적 커플러 308
기계적 파동전파 308
기계적 훈련 308
기계전기적 변환과정 308, 313
기계진단 297
기계학 308
기관 368, 369, 535, 579
기관 형성술 536
기관 호흡 536
기관검사법 536
기관게실 535
기관계 369
기관고리 536
기관공 536
기관근 336, 536
기관기관지경검사법 536
기관기관지분지 536
기관내 발관 169
기관내 삽관 169
기관누출공 536
기관도관 535
기관보존 프로토콜 369
기관샘 536
기관선 536
기관세기관지부 535
기관세지 74
기관식도누관 521
기관식도단락 536
기관식도마디 536
기관식도문합 536
기관식도발성 536
기관식도분리 536
기관식도분절 536
기관식도전환술 536
기관식도천공 536
기관연골 535
기관연화증 536
기관염 536
기관음 536
기관이식 369
기관절개술 536
기관점막 속도 536
기관-중심 프로그램 83
기관지 74
기관지 이물 536
기관지 청소 536
기관지 확장제 74
기관지경 74
기관지경검사 74
기관지관 74
기관지구 369
기관지내 튜브설치 536
기관지동맥 74
기관지병증 536
기관지염 74, 536
기관지장애 74
기관지절제술 74
기관지점막 74
기관지폐 이형성증 71, 74
기관지폐렴 74
기관지폐포세척 59, 74
기관지협착증 74
기관지호흡 74
기관지확장 74
기관직경 535
기관허탈 535
기관협착증 536
기관형성 369
기관후두절개술 536
기관흡인 535
기구 39
기능 201, 477
기능고리 201
기능구성가설 477
기능기반 분포분석 201
기능단위 203
기능동등성의 원칙 417
기능레벨 284
기능문법 202
기능배정 202
기능범주 202
기능범주 매개변수가설 203
기능부전 155, 240, 300
기능분화 202
기능상실 24
기능성 농 202
기능성 문맹 202
기능성 발성장애 188, 202
기능성 소화불량 202
기능성 청력손실 202
기능어 202, 203, 215
기능요소 202
기능의 국재화 291
기능이득 202
기능장애 203
기능저하 232
기능적 가족치료 202
기능적 견해 203
기능적 결과 203
기능적 결과측정 203
기능적 결정 202
기능적 고착 202
기능적 구강섭취척도 194, 203
기능적 국재화 203
기능적 기술훈련 203
기능적 뇌영상화 202
기능적 단일성 203
기능적 독립성척도 191, 202

기능적 등가훈련 202
기능적 문장구성론 201
기능적 문해능력 203
기능적 범주체계 202
기능적 사강 202
기능적 삼킴곤란 척도 188, 202
기능적 실성증 202
기능적 실어증 202
기능적 언어 203
기능적 언어의사소통 검사목록 203
기능적 언어학 203
기능적 연축 203
기능적 유연성 202
기능적 유일성 203
기능적 음성장애 203
기능적 의사소통 202
기능적 의사소통 측정 188, 202
기능적 의사소통검사 188, 202
기능적 의사소통장애 202
기능적 자극 203
기능적 자기공명영상술 194, 203
기능적 자립도측정 191, 202
기능적 잔기용량 197, 203
기능적 장애 202
기능적 정신병 203
기능적 조음장애 202
기능적 지체 202
기능적 청각이해력과제 202
기능적 체계 203
기능적 평가 202
기능적 학습 203
기능적 함묵증 203
기능적 핵심가설 202
기능적 핵심전략 202
기능적 행동평가 202
기능전환 203
기능주의 203
기능주의 모형 203
기능주의 심리학 203
기능주의 음성학 203
기능주의 이론 203
기능중심가설 203
기능중심전략 203
기능통사론 203
기능항진 230
기능해리 142
기능형태소 202
기대 36
기대동기 178
기대문법 178
기대분석 178
기대빈도 178
기대수명 285
기대이론 178
기대주어 36
기대치 178
기대효과 178
기댄 자세 437
기댓값 178
기도 26, 445
기도 협착 26
기도검사 26
기도-골도차 10
기도보호 26
기도식도천공 536
기도압력 26
기도저항 26
기도전도순음청력검사 26
기도진전 252
기도청력 26
기도청력검사 26
기도폐쇄 26, 445
기류 26
기류 스피커 403
기류과정 26
기류기제 26
기류음향학 22
기립불능 46
기만 130
기면 상태 153
기면증 340
기본 진동모드 203
기본가락 61
기본값 132
기본값 규칙 132
기본값 연결규칙 132
기본공진 204
기본교육과정 61
기본교체형 61
기본대인의사소통능력 61, 64
기본모드 203
기본모음 33, 61, 78
기본목표 61
기본배음 근사치 203
기본변형 165
기본성격 61
기본성취기능개별선별검사 61
기본시제 416
기본신뢰 61
기본운동능력 61
기본음 204
기본의미 61, 117
기본이형태 61
기본인성 61
기본입자 204
기본적 불신 61
기본적 오류 203
기본적 욕구 61
기본정보 235
기본정신연령 60
기본주기 204
기본주파수 185, 203
기본주파수 변동률 203
기본주파수 지표 203
기본주파수변이 564
기본진동 204
기본형 60
기분부전장애 156
기분의존적 기억 325
기분장애 326

기분저하증 156
기생음 483
기생진동 379
기수 78
기술 477
기술 보고서 521
기술공포증 521
기술문법 138
기술발달적 접근 137
기술언어학 138
기술연구 138
기술음성학 138
기술자 521
기술적 관찰 138
기술적 규칙 138
기술적 내용 137
기술적 문장 138
기술적 방법 138
기술적 절충주의 521
기술적 타당성 137
기술주의 138
기술체 138
기술통계 138
기술해부학 137
기술형용사 137
기시경험 133
기식도누관 521
기식도발성 536
기식도천공술 524
기식성 음성 73
기식음 73
기식음질 44
기식음화 44
기식화된 음성 44
기아중추 229
기압 26, 47
기압감지 60
기압감지기 60
기압감지기반사 60
기압계 60, 301
기압외상 60
기압측정기 26
기억 311, 447
기억 보조장부 311
기억간섭 322
기억감퇴 577
기억공책 311
기억력장애 311
기억법 322
기억부호 311
기억상 311, 443
기억상실 31
기억세포 311
기억쇠퇴 311
기억수첩 311
기억술 322
기억연결 311
기억용량 311
기억원 462
기억이론 311
기억인출 설명 311
기억인출과정 311
기억장애 132, 311
기억장치 322
기억전략 311
기억주사 가설 311
기억증진기법 322
기억집합 311
기억폭 311
기억화 311
기억활성화 311
기억훈련 311
기억흔적 169, 311
기왕력 33
기왕반응 33
기왕현상 33
기울기 478
기울기선 286
기원 369
기음 204
기의 473
기저 60, 61
기저 벡터 61
기저 최종연쇄 549
기저각 60
기저구성요소구조 548
기저구조 60, 549
기저구표지 60
기저대역 보코더 60
기저독자 60
기저동맥 60
기저막 61
기저면 60
기저문 549
기저부 60, 61, 204
기저분절음 549
기저선단계 61
기저섬유 61
기저세포암 60
기저신경절 60
기저위치 60
기저음 549
기저음소 548
기저음운표시 549
기저의 공통언어능력 100
기저주파수 203
기저층 60
기저층위 548
기저판 60
기저표시 549
기저함수 61
기저핵 60
기저핵 조절회로 60
기저형 548
기전 308
기전력 164, 166
기점 291, 369
기제 308
기조 268
기주 26

기준 122, 356, 357, 438, 584
기준 마이크로폰 439
기준강도 439
기준거리 439
기준검사설정 439, 453
기준검사이득 439, 453
기준등가 역치레벨 439
기준등가 역치음압레벨 439
기준변경 프로그램 418
기준변형 60
기준선 60
기준선 저하 138
기준시험편 439
기준음압 439
기준음압레벨 439, 453
기준음원 439
기준전극 439
기준점 439
기준점수 126
기준제로 레벨 439
기준진동 439
기준축 416, 438
기준치 439
기질 502, 522
기질가설 522
기질적 난청 369
기질적 농 369
기질적 뇌증후군 369
기질적 말더듬 369
기질적 언어장애 369
기질적 요인 369
기질적 음성장애 369
기질적 의사소통장애 369
기질적 장애 369
기질적 정신병 369
기질적 정신장애 369
기질적 조음장애 369
기질적 진전 369
기질적 혼합물 369
기질특성 척도 521
기질특성척도 522
기체조영상 403
기체조영술 403
기초개념 이해검사 61
기초과학 61
기초교육과정 6
기초기술 61
기초대사 60, 61
기초대사율 60, 61, 68
기초선 60
기초선 저하 138
기초선과장 61
기초선기간 61
기초선단계 61
기초성분 61
기초수준범주 61
기초심리학 204
기초쌍 60
기초어휘 61
기초언어 임상평가 83, 93
기초언어개념검사 61, 67
기초연구 61
기초연령 60
기초청각학 61
기초학습기능검사목록 61
기초훈련 61
기층 507
기층언어 507
기층언어이론 507
기침 119
기침반사 119
기포 26
기표 473
기표상징 435
기피성 자극 57
기피성 조절 56
기하음향학 210
기하학 210
기하학적 근거리 음장 210
기하학적 산란 210
기하학적 유추 205, 210
기하학적 중심주파수 210
기하학적 회절이론 210
기형 34, 132, 300, 524
기형발생 물질 524
기형학 156
기호 472, 514
기호내용 473
기호문법 473
기호소 190, 324
기호양식 473
기호잇기검사 537
기호자료 514
기호장애 514
기호체계 464, 473
기호표지 473
기호표현 473
기호학 464
기호행동 514
기호화 514
기회감염 365
기회균등 172
기회비용 365
기흉 23, 403
긴닿소리 292
긴돌기 293
긴장 523, 524, 534
긴장곡선 524
긴장골절 501
긴장근 524, 533
긴장모음 523
긴장부 380, 523
긴장상실 47
긴장상태 524
긴장성 524, 533
긴장성 두절 533
긴장성 두통 524
긴장성 무운동 533
긴장성 미로반사 533
긴장성 발작 533

긴장성 수용체 533
긴장성 억제 533
긴장성 연축 533
긴장성 요반사 533
긴장성 요실금 501
긴장성 운동형태 81
긴장성 정신분열증 81
긴장쉼 523
긴장완화 524
긴장음소 523
긴장음화 524
긴장이완 524
긴장-피로 증후군 524
길랑-바레 증후군 207, 217
길이단위 531
길항근 35
길항반복운동 141
길항반복운동부전 155
길항반사 35
길항운동률 141
길항운동부전 21
길항운동횟수 129
길항작용 35
길항제 35
깊은 수면 132
깊은목 림프절 131
깊이 자각 136
깨진 낱말 74
꼬리 82
꼬리말 194
꼬리뼈 96
꼬리핵 82
꼭대기 38, 125
꼭대기 구역 39
꼭대기 구역기관지 39
꼭대기뒤 구역기관지 39
꼭지모음 117
꼭지핵 188
꾀병 119, 300
꾸밈 대위법 193
꿈 152
꿈꾸기 152
꿈의 분석 152
꿈틀운동 389
끝뇌 522
끝에서 둘째음절 385

ㄴ

나무그림 540
나무부호 540
나부 60
나비뼈 492
나선관 493
나선기 369
나선기관 368, 369, 493
나선신경섬유 493
나선신경절 493
나선연 286
나선융기 493
나선인대 493
나선판 493
나선형 579
나선형 교수요목 493
나선형 접근방법 493
나안시력 340
나이퀴스트 표본추출이론 358
나팔상수 192
나팔효과 228
낙관주의 366
낙하 153, 154
낙하증후군 154
난기류 542
난뇨 156
난독증 156, 434
난류 542
난서증 156
난세포 161
난수 432
난수열 432
난시 46
난원공 194, 373
난원와 373
난원창 373
난이도 레벨 143
난잡한 행위 87
난장이 316
난장이증 154
난청 220, 222
난청인 222
난청정도 222
난형낭 554
난형속 373
난황낭 584
날개관 424
날개근 335, 424
날개근 거친면 424
날개근가지 424
날개근오목 424
날개근정맥얼기 424
날개아래턱솔기 424
날개오목 424
날개위턱인대 424
날개입천장고랑 424
날개입천장신경 424
날개입천장신경절 424
날개판 424
날개패임 424
날숨 162, 177, 179
날숨근 179
날숨기류 162, 179
날숨기류 지속시간 179
날숨비축 179
날숨소리 162
날숨예비용적 173, 179
날숨저항 179
날숨중추 179
날숨판 179
남근기 391
남녀 역할 208
남녀동등권주의 189

남성 우월주의 300
남성 호르몬 300, 303
남성성 303
남성성징 303
남성적 기질 303
남성호르몬 부족증후군 19
남성화 303
남성화 종양 303
남성화 증후군 303
남성화 효과 303
남용 12, 374
남자 같은 여자 207
낭 78, 127, 454
낭독복창 470
낭포체 364
낮은 휼소리 364
낮춤 성조 152
낱글자읽기 283
낱말 580
낱말 찾기 580
낱말빈도 581
낱말인식 580
낱말읽기 정확도 581
낱말재인기술 581
낱말재인점수 581, 582
낱말조합 580
낱말탐지 580
내각 308
내경동맥 234
내과립층 248, 256
내과학 256
내구역기관지 309
내궁섬유 255
내근 261
내나선구 248
내나선신경섬유속 248
내늑간근 254, 256, 334
내늑막 압력 260
내돌기 248
내림근 136
내림차순 137
내림차순 정렬 137
내림프 168
내림프 누공 168
내림프 수종 168
내림프 전위 168
내림프강 168
내림프관 168
내림프낭 168
내막섬유증 260
내막파열 260
내면성 257
내면적 인출연습 239
내면화 257
내면화 장애 257
내면화된 말더듬 254
내방사선섬유 248
내배엽 168, 232
내버팀 세포 248
내벽 249
내복사근 256, 335
내부 보고 257
내부 스피커 257
내부 에너지 256
내부 폐쇄연접 256
내부공명 257
내부기억장치 257
내부도관 248
내부마찰 256
내부분류표 256
내부연접 256
내부외상 257
내부잡음 256
내부저항 256
내부지향전략 248
내부지향형 248
내부파 257
내부환경 256
내분비 168, 257
내분비 음성장애 168
내분비계 168
내분비기관 168
내분비물 168
내분비선 168
내분비성 장애 168
내분비치료 168
내분비학 168
내분절음 표시 246
내사 261
내사근 256
내사시 116, 174, 257
내사위 174
내성 261
내성법 261
내성심리학 261
내수용기 258
내수용체 258
내시경 168
내시경검사 168, 169
내시경기술 168
내시경초음파검사 168, 175
내시경평가 168
내심구조 168
내심적 결합 168
내아교세포 경계막 256
내압 248
내압검사 301
내압투시검사법 301
내언어 248, 257
내언어체계 248
내엽 256
내용골 268
내용어 112
내용영역 112
내용일반화 112
내용절 112
내용조건 112
내용중심 교육 112
내용타당도 112
내유모세포 248

내이 53, 248, 256
내이공 369
내이도 234, 255, 256, 308
내이도관 256
내이성 청각장애 248
내이신경 255
내이형성부전 248
내익돌근 335
내인 256
내인성 감염 168
내인성 반응 168, 178
내인성 우울증 168
내인성 유발전위 168
내인성 청각장애 168
내자형 자기회로 248
내장가슴 신경절 493
내장근 566
내장두개 566
내장반응 566
내장연하 566
내장지각 566
내장층 566
내재 뉴런 261
내재논항 255
내재어 239
내재적 가치 247
내재적 규칙순 261
내재적 기대문법 257
내재적 말더듬 239
내재적 말더듬이 257
내재적 언어 256, 257
내재적 예기문법 257
내재적 접근방식 257
내재적 지속시간 261
내재적 진동자 261
내재적 행동 120
내재통시론 314
내재화 257
내재화 장애 257
내재화된 말더듬 257
내적 개연접 256
내적 계획 256
내적 구조접근법 257, 263
내적 기준 256
내적 내용접근법 234, 256
내적 동기 256, 261
내적 동질성 256
내적 말더듬이 120
내적 모델링 능력결함 438
내적 반응 120, 257
내적 변화 256
내적 보상 261
내적 불안 120
내적 연습 120
내적 욕구 120
내적 일관성 256
내적 일관성 신뢰도 256
내적 재구성 257
내적 정보 256
내적 증거 256
내적 타당도 257
내적 통제소 256
내적 표상 257
내적수정가설 120
내전 20
내전근 20
내전근 마비 20
내전근 반사 20
내전근관 20
내전근절제술 20
내전형 20
내전형 연축성 발성장애 20, 22
내주세포 248
네지 256
내진장치 471
내집단 260
내출혈 256
내측갑상성형술 309
내측갑상인대 309
내측교합 313
내측구역기관지 308
내측면 309
내측부올리브핵 308
내측사시 257
내측상올리브 309
내측섬유띠 309
내측성 후두실낭포증 257
내측슬상체 309, 315
내측압축 308
내측연수 증후군 309
내측올리브와우섬유다발 322
내측융기 308
내측익돌근 256, 309
내측익돌근신경 256
내측익돌신경 309
내측익돌판 309
내측전뇌속 308
내측전두피질 309
내측종단다발 309
내측직근 309
내측측두 위축 309
내측피열연골 절제술 308
내층 248, 500
내파 정지음 239
내파음 239
내포 110, 166, 252, 256
내포구조 166
내포논리 252
내포문 166, 240
내포의미론 252
내포적 사고방식 252
내포적 언어 252
내포적 의미 110, 252
내포적 정의 252
내포절 165
내핵 309
내향 이중모음 83
내향성 261
내향적 성격 261
내향적인 사람 261

내현부 120
내현적 부가 120
내호흡 257
내후두신경 254, 256
냄새 479
냄새변별 362
냉난방 소음 351
넓은 동조 73
넓은 동조공명기 73
넓은 이중모음 579
넓은등근 335
넓은목근 402
넓은목근반사 402
네 손가락법 197
넥서스 350
노골적 기록 59
노년 362, 465
노년기 465
노년성 위축 465
노래교사 475
노래목소리 전문가 475
노래조로 말하기 87
노력레벨 161
노력성 214
노력성 날숨폐활량 189, 195
노력성 발성 161
노력성 삼킴 161
노력성 폐쇄기법 161
노르아드레날린 356
노리 증후군 357
노망 34
노세보 효과 350
노쇠 34
노스웨스턴 구문선별검사 357
노안 413
노이만 함수 346
노인 사회복지사 210
노인 음성 465
노인병 심리치료 210
노인병학 210
노인복지 577
노인성 난청 410, 413
노인성 농 465
노인성 발성 413
노인성 변성 465
노인성 위축 465
노인성 정신병 465
노인성 치매 413, 465
노인성 후두 413
노인심리학 210
노인우울증 척도 207, 210
노인음성 25, 413
노인의학전문의 210
노인차별 24
노인청각학 210
노인학 210
노인학대 162
노인학자 210
노테크 350
노화 24, 25, 465
노화검사 25
노화성 우울 25
노화음성 465
노화현상 25
녹내장 211
녹음책 520
논리 관계 292
논리 문법 292
논리도 292
논리실증주의 292
논리의미론 292
논리장애 156
논리적 기능 292
논리적 논항구조 292
논리적 명제 292
논리적 문제 292
논리적 방법 292
논리적 범주 292
논리적 사고 292
논리적 연결어 292
논리적 오류 292
논리적 일관성 292
논리적 작용 292
논리적 조작 292
논리적 주어 292
논리적 추론 292
논리적 타당성 292
논리적 형태규칙 292
논리적인 규칙 453
논리학 292
논리형태 285, 292
논변체 41
논증 41
논평 99
논항 41
논항구조 41
논항연결원리 41
논항연쇄 41
놀람 266
놀람반사 496
놀이상대 402
놀이양식레벨 322
놀이중심 상호작용 402
놀이중심 언어중재 402
놀이집단 402
놀이청력검사 375, 402
놀이치료 402
놀이친구 402
놀이판 402
농 32, 130
농구화교육 367
농담 229, 264, 265
농도 106
농도 증감율 106
농맹 130
농문화 130
농사회 130
농아 130
농아교육법 134
농아언어 130

농아용 원격의사소통기기 521, 522
농아자 130
농아증 130
농양 11
농역 130
농인을 위한 전화장치 522
농점 130
높은 소프라노 19
높은 자기 기대치 226
높은 홀소리 226
높은-피치 단음조 가성 226
뇌 71, 167
뇌 자극 72
뇌 자기자극 72
뇌 · 자기공명영상 72
뇌가소성 72
뇌간 72
뇌간망상체 72
뇌간반응 9, 72
뇌간반응 청력검사 72
뇌간병변 72
뇌간유발반응 72, 74
뇌간유발반응 청력검사 74
뇌간유발반응검사 11
뇌간이식 72
뇌간청각유발반응 72
뇌간청각-유발전위 59
뇌경색 85
뇌경질막 121
뇌공격 71
뇌과학 72
뇌교 404
뇌교망상척수로 404
뇌교소뇌삼각 404
뇌교소뇌섬유 404
뇌교연수 이행부 404
뇌교피개망상핵 404
뇌궁 196
뇌기능 지도 72
뇌기능부전 72
뇌난장이 228
뇌농양 71
뇌동맥경화증 85
뇌동맥폐쇄 86
뇌두개 85
뇌두개골 121
뇌들보고랑 77
뇌량 77, 118
뇌량절단증후군 77
뇌량절제술 100
뇌량회 77
뇌막 85, 312
뇌물질 72
뇌바닥 동맥 61
뇌반구 전문화 224
뇌반구 특수화 224
뇌반사 72, 121
뇌변위 72
뇌병변 72
뇌병변장애 72
뇌병소 72
뇌병증 167
뇌복잡성 71
뇌부종 85
뇌분리성 72
뇌사 71, 85
뇌사증후군 72
뇌성마비 86
뇌성마비 연합 545, 551
뇌성마비환우회 551
뇌손상 71, 72
뇌손상 간편검사 73
뇌손상자 71
뇌수막 85
뇌수막염 167
뇌수술 72
뇌수종 229, 576
뇌스캔 72
뇌신경 10, 13, 86, 121
뇌신경핵 121
뇌실 86, 560
뇌실간공 259
뇌실내 출혈 261, 264
뇌실막 171
뇌실막세포 171
뇌실밑영역 507
뇌실염 560
뇌실조영도 560
뇌실조영술 560
뇌실주위백질 389
뇌실주위섬유 389
뇌실천자 560
뇌실확장 560
뇌심부자극술 129, 131
뇌연막 121
뇌엽 72
뇌엽절제용 메스 283
뇌영상 72
뇌운동 72
뇌위축증 71, 85
뇌육아종 72
뇌장애 72
뇌저동맥 58, 61
뇌저산소증 85
뇌전기적 자극방법 163
뇌전기활동지도 62, 72
뇌전도 160, 164
뇌전위 72
뇌전증 460
뇌조영법 167
뇌졸중 86, 126, 502
뇌졸중-실어증 환자의 삶의 질 455, 502
뇌종양 72
뇌주사 72
뇌중량 72
뇌증후군 72
뇌지주막 121
뇌지형도 534
뇌진탕 85, 107

뇌척수 121
뇌척수 신경계 86
뇌척수계 86
뇌척수막 311
뇌척수막염 86, 311
뇌척수액 86, 125
뇌척수액 압력 86
뇌척수염 167
뇌출혈 85, 167
뇌파 72
뇌파검사법 164
뇌파이상 11
뇌하수수체와 232
뇌하수체 232
뇌하수체 기능부전 401
뇌하수체 기능저하증 232
뇌하수체 기능항진증 231
뇌하수체 선 401
뇌하수체 호르몬 401
뇌하수체선종 401
뇌하수체장애 401
뇌하수체질환 401
뇌하수체후엽 407
뇌혈관 사고 85
뇌혈관 장애 86
뇌혈관 질환 86
뇌혈관사고 126
뇌혈관조영술 85
뇌혈관질환 86
뇌혈전증 86
뇌활 196
뇌활띠 523
뇌회 116
뇌회위축 116
뇌훈련 72
누가빈도분포 125
누골 273
누공 192
누관 273
누난 증후군 356
누낭 273, 454
누선 273
누선신경 273
누선핵 273
누설 281
누설계수 281
누설저항 281
누설전도율 281
누설전류 281
누수검출기 230
누액 273
누적 508
누적 복합성 125
누적 비선형성 125
누적경험치 13
누적분포함수 83, 125
누출 141
눈 362
눈구석 77
눈깜박거림 반사 184
눈깜박임 68
눈꺼풀 처짐 153
눈꺼풀처짐증 424
눈둘레근 335, 368
눈맞춤 183, 337
눈물분비핵 273
눈물뼈 273
눈물샘 273
눈물샘신경 273
눈물주머니 454
눈신경 365
눈섭주름근 118
뉴런 349
뉴턴 350
뉴턴유체 350
느린연결 478
느슨한 연결조직 294
느린연장 479
느슨한 접촉 294
느슨한 조음접촉 293
늑간근 254
늑간마춰 253
늑간막 254
늑골 119, 450
늑골거근 119, 280, 283, 334
늑골궁 41
늑골내림근 136
늑골면 119
늑골아래근 334
늑골올림근 119, 280, 283, 334
늑골절흔 450
늑골하근 334, 504
늑골하체근 136
늑골호흡 119
늑골흉막 119
늑막내음압 345
늑연골 119, 450
늑하신경 504
늑횡격막각 119
늘어진 줄 징후 454
능격동사 173
능격언어 173
능뇌 449
능뇌돌출 449
능동 소나 18
능동-기계적 소유물 18
능동문 18
능동변환기 18
능동소나 433
능동소나 양호지수 190
능동소음제어 18
능동수송 18
능동이론 18
능동적 강도 18
능동적 교수법 18
능동적 수면 18
능동적 이중언어 18
능동적 인지처리과정 18
능동적 조음기관 18
능동제어 18

능동진동제어 18
능동태 18
능력검사 10
능력기반교육 103
능력기반평가 103
능력-성취 불일치 10
능력심리학 186
능력제고 167
능선 121, 450
능숙 103, 418
능숙한 운동 477
능형와 449
능형핵 449
늦은 언어출현 278, 285
니코틴성 수용체 350
님비 350, 357
님비 증후군 350
님비 현상 350
닛슬소체 350

ㄷ

다감각적 접근 332
다경색 치매 330
다계통위축증 329, 332
다공간 모형 302
다공질 재료 404
다공질 흡습재 404
다극성 뉴런 332
다단계 활동전위 403
다단어 단계 330
다단어 어휘단위 322, 330
다단어문장 330
다단층사진촬영장치 404
다독 181
다리뇌 404
다리뇌 숨기 404
다리뇌가쪽그물핵 404
다리뇌핵 404
다리사이 오목 258
다리사이핵 258
다면대립 331
다목적 일반 대용어휘 206, 208
다목적형 학습전략 208, 213
다문화 교육 330
다문화 문제 331
다문화 주의 331
다민족 국가 332
다발 536
다발성 경화증 329, 332
다발성 골수증 332
다발성 근염 403
다발성 뇌경색 330
다발성 뇌신경 332
다발신경염 403
다변 294
다변량분석 331
다분기 방식 332
다분자질 331
다섯 뇌소포 192
다수 인종언어 공동체 299
다수민족 299
다시 들려주기 435
다양한 양식접근 330
다양화 150
다언어 사회 331
다언어사용 331
다언어사용 공동체 331
다언어사회 403
다요인 관점 331
다요인 평가 접근법 330
다운 증후군 152
다원론 402
다원설 403
다원적 언어습득 모형 537
다원적 자질 331
다위치적 기능 332
다유전자성 403
다유전자성 설명 403
다음절낱말 403
다음절단어 330
다음절어 403
다의관계 403
다의성 오류 403
다의어 403
다이나믹 마이크로폰 164
다이어그램 141
다이테르 세포 133
다인 155
다인성 관점 331
다인성 역동적 모델 331
다인성 유전 331
다인성 장애 331
다주파수 부호화 331
다중 간접의문문 332
다중 경색성 치매 331
다중 공포증 332
다중 마이크 녹음 330
다중 마이크로폰 332
다중 사건연결 에피소드 332
다중 사건연결 일화 332
다중 스피커 체계 333
다중 양식 선자극 331
다중 자유도체계 330
다중 주파수진동 332
다중 직접의문문 332
다중감각 연합영역 332
다중경로 331
다중극자 332
다중기초선설계 331
다중노드 299
다중대립접근법 332
다중모드 필터 330
다중문자 사용 141
다중발화 차례 330
다중방송 332
다중방식적 331
다중성격 332
다중성격장애 302, 332
다중순음소음 332
다중언어 말뭉치 331

다중언어 코퍼스 331
다중언어실어증검사 298, 331
다중음소접근법 332
다중접사 첨가 331
다중접속 331
다중접속 모형 331
다중지능 332
다중지능이론 332
다중지능이론의 자기이해지능 260
다중채널 스피커 105
다중청각처리평가 302, 331
다중통신용장치 332
다중화기 332
다중회귀 332
다중회귀분석 332
다지향성 마이크로폰 331
다차원 모형 331
다차원 성격검사 331
다차원 음성분석프로그램 331
다차원 음운론 331
다차원 척도구성법 331
다차원 척도화 331
다차원 성격검사 329
다차원 음성분석 프로그램 307
다차원적 분석 331
다채널 뇌파검사 330
다축적 분류체계 330
다층 흡음재 331
다층구조 모형 332
다층언어 403
다층적 표시 333
다치논리 302
다치자질 333
다치종속 333
다평면 조화 331
다학문간 분석 331
다학문적 수유프로그램 315, 331
다학문적 접근 331
다형태소 발화 403
다형태소어 403
단감각적 접근 550
단계 495
단계별 명명하기 검사 214
단계순서가설 284
단계적 수술 495
단계적 학습 240
단계적 회귀분석 498
단계표집 495
단계화 직접교수법 214
단골 471
단극 신경세포 550
단극성 뉴런 550
단극성장애 550
단극시험 550
단극유도 550
단극자 325
단극자극 325
단극자분포 325
단극자음원 325
단극적 성분구성성 550
단극전극 325
단기 심리치료 73
단기간 보호 472
단기기억 472, 500
단기목표 472
단기요양시설 472
단기잠복기 반응 471
단기-잠재성 청성 유발전위 471
단기전단탄성률 472
단기청각회복기억검사 496
단단한 접촉 220
단돌기 471
단두증 71
단락 378, 472
단락형성 472
단락화 472
단락회로 471
단락회로저항 471
단락회로전류 471
단마비 325
단맛 513
단모음 325, 472, 474
단모음화 325, 574
단문 320, 474
단방향 방식 474
단방향 스펙트럼 밀도 476
단방향 전송 474
단방향 채널 474
단방향성 474
단백질 421
단백질 대사 421
단상성 활동전위 325
단서 125
단서 언어 125
단서기법 125
단서어휘 77
단서-의존 망각 125
단서회상 125
단선율 녹음 325
단선음운론 287
단설소대 471
단설음 200
단설증 71
단성조 325
단소자질 474
단속 259
단속기 259
단속성 잡음방법 258
단속성 호흡 258
단속운동 454
단속적 구어 456
단순 세포 474
단순 실어증 474
단순 우울증 474
단순과거 474
단순과거시제 474
단순과거진행시제 474
단순관절 474
단순모음 325

단순묘사 137
단순미래 진행시제 474
단순미래시제 474
단순반응과정 474
단순반응시간 474
단순배음운동 471, 474
단순부사 474
단순상징행동 476
단순성조 474
단순성조군 474
단순소엽 474
단순술어 474
단순시제 474
단순어 474
단순어맹증 476
단순언어발달장애 458, 488
단순언어장애 402, 415, 478
단순음원 474
단순읽기관점 474, 512
단순임의표본추출법 474
단순절제술 474
단순주기운동 474
단순주기음 474
단순주기파 474
단순파 474
단순파 홍분 401
단순포진 225
단순학습장애 477, 488
단순현재 진행시제 474
단순현재시제 474
단순화 474
단순화 기법 474
단순화된 독자 475
단시간 분석 472
단신법 474
단양식 연합영역 550
단어 580
단어 계열화 581
단어 놓 580
단어 바꾸기 581
단어 부분반복 381
단어 악센트 580
단어 유창성 580
단어 유창성 측정 580
단어 음성단위 582
단어 찾기 580
단어 퍼즐 581
단어간 비유창성 64
단어강세 581
단어검사 581
단어경계 580
단어경계효과 580
단어공겨 580
단어관측가 582
단어구조제약 581
단어규칙 581
단어기반 형태론 580
단어길이 효과 581
단어내 비유창성 580
단어단위 교수법 579
단어단위 명료도비율 420
단어단위 반복 579
단어단위 변이비율 420
단어단위 복잡성 578
단어단위 복잡성비율 420
단어단위 삽입 579
단어단위 읽기 579
단어단위 접근법 578
단어단위 정확도비율 420
단어단위 지도 579
단어명료도 581
단어목록 581
단어문법 581
단어문자 585
단어발견검사 526
단어변별능력검사 576, 580
단어변별점수 576, 580
단어부정 581
단어분류집단 580
단어분절 581
단어분할 580
단어빈도 581
단어빈도계산 581
단어빈도목록 581
단어산출형 명칭실어증 581
단어생성 581
단어선별문제 580
단어선별장애 580
단어선택형 명칭실어증 581
단어세기 580
단어식별능력검사 576, 580
단어식별점수 576, 580
단어연구 581
단어연상 580
단어연상 활동 580
단어연상검사 580
단어연상법 580
단어연상실험 580
단어연쇄 581
단어예측 581
단어예측능력 581
단어요소 580
단어우월효과 581
단어은행 580
단어의미 581
단어의미 맹 581
단어인식 580
단어인출 581
단어인출문제 581
단어일부 반복 381
단어읽기 580
단어장 580
단어재인 낱말재인 581
단어재인기술 581
단어재인점수 581, 582
단어조합 580
단어족 580
단어짝 581
단어찾기검사 526, 543
단어찾기장애 580

단어처리 581
단어카드 192
단어탐지 580
단어파생 580
단어형성 581
단어형성규칙 581
단어형성부전 실독증 581
단어형태 580
단어형태분석 581
단어회상문제 581
단언문 111
단연합 섬유 471
단열 21
단열방정식 21
단열변화 21
단열불변성 21
단열성 모드 21
단원설 324
단원성 323
단원성 이론 323
단원소 324
단위 550
단위반응 550
단위음 551
단위집합 310
단위-학점 체제 550
단위행렬 235
단음 리듬 495
단음 명료도 483
단음계 320
단음도 음성 325
단음량 325
단음소적 가치 556
단음절성 325
단음절어 325
단음절어 목록 325
단음조 325
단음화 471
단의어 325
단이복청 324
단이음검사 325
단일 공명기형 소음기 476
단일 언어사회 550
단일 연축성 발성장애 평정척도 549, 554
단일 지향성 549
단일 지향성 마이크로폰 549
단일 지향성 변환기 549
단일 피험자 설계전략 476
단일 피험자실험 계획 476
단일가 자질 363
단일감각 324
단일감각성 550
단일감쇠 청력보호기기 549
단일경로모형 476
단일공진계 474
단일광자방출단층촬영 488
단일광자방출단층촬영술 475, 492
단일근섬유 근전도법 470, 475
단일동작 475
단일마디 확산 475
단일변형 547
단일뿌리 조건 476
단일-사례 연구
단일세포군 항체 324
단일양상 550
단일어 474, 476
단일어기가설 551
단일언어 551
단일언어 말뭉치 325
단일언어 코퍼스 325
단일언어사용 325
단일언어사회 325
단일언어체계 가설 551
단일연접반사 325
단일요법 325
단일원칙 325
단일음 476
단일음압 방출레벨 475
단일인칭 동사 550
단일자극법 476
단일자질 547
단일절 사역형 324
단일참여자 설계 475
단일체계 474
단일층렬 조화 551
단일피치 325
단일피험자설계 476
단일피험자연구 476
단절 147
단절관계사 177
단절관계절 177
단절증후군 146
단조감소 325
단조감소 양화사 325
단조로운 감정 192
단조로운 피치 325
단조증가 325
단조증가 양화사 325
단조화 325
단지증 71
단축확장 10
단측파대 476, 495
단층X-선 촬영법 273
단층X선 촬영술 460
단층매질 500
단층상피 474
단층촬영상 532
단층촬영술 401, 532
단파 472
단풍당뇨증 330
단항관계 547
단항자질 476
단핵세포 324
단형태소 재귀사 325
단형태소어 325
닫힌 경로 95
닫힌사회 95
달라스 취학전선별검사 128

달톤의 법칙 128
달팽이관 96
달팽이축 99, 323
담관 127
담관염 90
담낭 205
담낭염 90
담석증 90
담즙 65
담즙병 65
담즙염 65
담즙이상 65
담창구 211
담화 147
담화 불능증 28
담화 선행사 147
담화 악센트 147
담화공동체 147
담화관리 147
담화구정보 147
담화구조 147
담화기능적 요인 147
담화기록 147
담화능력 147
담화론 147
담화문법 147
담화보수 147
담화분석 128
담화상황 147
담화수행 147
담화완성 설문지 147
담화요인 147
담화원리 147
담화위치 147
담화의 연쇄 493
담화의존적 해석 147
담화적 가족치료 340
담화정보 147
담화중심 147
담화표상론 147
당나귀식 호흡 151
닿소리 110
대가유관성 119
대각 117, 216, 299
대각 환기구 141
대각성분 141
대각이중모음 141
대격 13
대격언어 13
대결절 216
대교세포 298
대구실어증진단검사 128
대구증 298
대구치 324
대권골근 299, 336, 586
대근육운동 216
대근육운동기능 216
대기시간 278
대기압 30, 47
대기정압 30
대뇌 86
대뇌 이행회 218
대뇌각 86
대뇌고랑 508
대뇌낫 187
대뇌내 출혈 234, 260
대뇌면 86
대뇌반구 85, 224
대뇌반구우위 85
대뇌발작 86
대뇌섬 251
대뇌수질 310
대뇌우성 85
대뇌이랑 218
대뇌절개술 86
대뇌제거 자세 130
대뇌종열 293
대뇌중추 71
대뇌지배이론 85
대뇌편재화 85
대뇌피질 85, 118
대뇌피질 포도당대사 118
대뇌핵 86
대단위 신경망 276
대답 요구하기 444
대답하기 35
대동맥 38
대동맥 경화증 38
대동맥 폐쇄부전증 38
대동맥궁 38, 41, 476
대동맥신경 38
대동맥압수용기 38
대동사 421
대두증 297
대등 117
대등구조 축소 110
대등구조제약 117
대등접속사 117
대등접속삭감 117
대량법 297
대량분석 297
대류속도 115
대류증폭 115
대리경험 565
대리학습 565
대립 365
대립 유전자 27
대립 형질 27
대만 216
대면 상호작용 185
대면 쓰기기술 109
대면이름대기 109
대명사 419
대명사 기피원리 57
대명사 반전 419
대명사 지시 419
대명사화 419
대모음변이 216, 218
대발작 215
대발작 간질 215

대범주 299
대부정사 419
대분절 297, 298
대비시험편 439
대사 187
대사 증후군 313
대사성 노인난청 313
대사성 질환 313
대사시험 313
대사율 313
대사장애 313
대사전환 313
대사주기 313
대상 359, 527
대상 영속성 359
대상경로 578
대상관련 규준 359
대상구 91
대상단층촬영술 585
대상소음 351
대상속 91
대상실인증 359
대상언어 359
대상음성 565
대상포진 225
대상피질 91
대상회 91, 218
대설증 298
대설하관 299
대세포 망상핵 299
대세포성 뉴런 299
대소변 훈련 94
대수 292
대수 크기비율 292
대수증 297
대순증 298
대식세포 298
대식증 75
대악증 298
대안 29
대안가설 29
대안법 28
대안적 교수 29
대안키보드 29
대역 59
대역 스펙트럼 59
대역거부 필터 59
대역경계 주파수 59
대역레벨 59
대역소거 필터 59
대역음압 레벨 59
대역잡음 59
대역주파수 59
대역차단 필터 59
대역천이 59
대역통과 필터 59
대역폭 59
대역폭-시간산출 59
대용 33
대용 대명사 33
대용사 507
대용어 33
대용어 지시 33
대용지표 33
대음소 297
대응관계 118
대응요소 118
대응이론 118
대응표본 t검정 376
대응피험자설계 304
대의명분 267
대이개 신경 216
대이륜 37
대이륜근 335
대이주 37
대이증 298
대익 216
대인 정신요법 258
대인간 문제해결 능력 258
대인간 지능 258
대인갈등 258
대인관계 258
대인관계 성향 258
대인관계지능 258
대장 99, 259, 276
대장뇌 565
대장염 99
대적혈구증 298
대전제 299
대절편 297
대조 99, 114
대조강세 115
대조강세훈련 115
대조군 115
대조문법 115
대조법 114
대조분석 115
대조분석법 114
대조분포 115
대조수사학 115
대조쌍 115
대조언어학 115
대조원칙 115
대조음성학 115
대조작용제 114
대조적 담화분석 115
대조적 성조 115
대조적 화용 115
대조효과 114
대중심리 303, 322
대중어 425
대중음악 404
대집단 254, 299
대체경로 29
대체계 298
대체매개변수 507
대체맥박 29
대체반응 항목 29
대체섭식 29
대체의사소통 29

대체행동 차별강화 143, 152
대체형태 28
대체화 565
대측경쟁 메시지 114
대측기능 114
대측기능장애 114
대측등골반사 114
대측성 반사 114
대측성 청각반사 14
대측신호 114
대측운동장애 114
대측음향반사 114
대측차폐 114
대측해부지배 114
대치 298, 444, 507
대치검증 507
대치과정 507
대치목록 507
대치변형 507
대치분석 507
대치요청 507
대치의 법칙 282
대치조작 507
대치틀 507
대치항목 507
대칭관계 515
대칭동사 515
대칭면 515
대칭분포 515
대칭성 515
대칭적 경부경반사 515
대칭적 상반성 515
대칭조건 515
대칭축 515
대칭형 청력손실 515
대타액선 299
대퇴골 189
대퇴사각근 336
대퇴신경 189
대표적 표본 444
대학인정협회 13
대행자 놀이 24
대형구조 298
대화 141
대화 교환 520
대화 중 단어찾기검사 526, 543
대화격률 116, 305
대화관리 141
대화교환 141
대화규칙 116
대화기술 116
대화반복훈련 141
대화법 116
대화분석 76, 116
대화상대 116
대화수정 116
대화수정전략 116
대화시작 전략 116
대화어 116
대화와 의사소통 도구 및 기술의 사용 116
대화자 255
대화적 가정 116
대화적 맥락 116
대화적 함축 116
대화주고받기 116
대화차례 116
대화체 검사 116
대화추론 116
대화행위 116
대화형태 116
대후두공 194
대흉근 299, 335, 384
댄디-워커 증후군 129
더듬은 단어의 백분율 385
더듬은 음절의 백분율 385
더듬지 않고 말하기 503
덧음소 511
덧인대 13
덧코연골 341
덩이글 526
덩이글 기반 526
덩이글 문법 526
덩이글 문법학자 526
덩이글 문장 526
덩이글 언어학 526
덩이글 연결추론 526
덩이글-덩이글 변환 526
덩이글-음성 변환 526
덩이글-음성 합성 526
덮개 120, 521
덮개기술 228, 402
덮개막 521
덮개-몸체 모델 120
덮개-몸체 이론 120
덮개수뇌로 521
덮개앞 구역 414
덮개앞 핵 414
덮개척수로 521
덮개판 521
데 랑게 증후군 133
데스크 타입 청력훈련기 138
데시벨 129, 130
데시벨 레벨 129, 130
데시벨 척도 129, 130
데이터 베이스 129
데자뷰 133
데져린 증후군 133
데카 파스칼 130
데카르트 언어학 80
데카르트의 문제 80
덱시메타손 억제검사 153
덴버 발달선별검사 129, 135
덴버 시각선별검사 135, 138
덴버 조음선별검사 129, 135
델리오 언어선별검사 133
델타 변조 134
델타 스펙트럼 134
델타파 134
델타함수 134

도 133, 308, 536
도관 77, 81, 154
도구 250
도구격 251
도구를 사용하지 않는 상징 547
도구시도 140
도구적 기능 251
도구적 동기 251
도구적 방법 251
도구적 분석 250
도구적 상징 25
도구적 의사소통 행동 251
도구적 조건화 251
도구적 평가 250, 251
도구적 학습이론 251
도구적 회피행동이론 251
도구조작능력 365
도덕성 326
도덕적 대수 326
도덕적 판단검사목록 326
도량 형용사 307
도만-델라카토 발달적 프로파일 150
도상성 235
도상적 상징 235
도상적 의사소통 235
도상적 제스처 235
도시미터 151
도시방언 554
도식 457
도식기반 범주화 457
도식이론 457
도식화 457
도약거리 477
도약성 무도병 455
도약성 틱 455
도약연축 455
도약전도 455
도약전이 477
도약현상 266
도역 286
도엽 251
도움을 받지 않은 회복 547
도제제도 40
도출 136
도출구조 137
도출음성표시 137
도출형 137
도출환경 137
도치 262
도치규칙 539
도파관 576
도파관 감쇠기 576
도파관 모드 576
도파관 저항 감쇠기 576
도파민 151
도파민 가설 151
도파민 길항제 151
도파민 대사물 151
도파민 작용제 151
도플러 151
도플러 소나 151
도플러 주파수관계 151
도플러-스트워트 검사 150
도플러효과 151
도피 173
도피기제 174
도피반사 193, 579
도피반응 174, 193
도피소멸 173
도피학습 174
도피행동 173
도피현상 174
도피-회피 173
도피-회피 학습 173
독립변수 240, 264
독립변인 240, 264
독립분사 129
독립분석 240
독립생활 240
독립생활척도 237, 240
독립시도훈련 147, 153
독립절 240, 299
독물학 535
독백 325, 462, 482
독서능력 290
독서법 434
독서사회화 434
독서속도 434
독서완만 71
독서요법 64
독서이해력 검사 534
독성 호흡 535
독성학 535
독소 70, 535
독순 289
독순술 289
독순술가 289
독일 의학자 382
독자적 지시의미 550
독특함 550
독해속도 434
독화 491
독화소 566
독화향상 491
돋들림 419
돌기 417
돌림 452
돌발성 감각신경성 청력손실 508
돌발성 말더듬 503
돌발성 안진 380
돌발성 청력손실 508
돌발성 현기증 380
돌연발병 508
돌연변이 208, 337
돌연변이설 527
돌연사 508
돌출 75, 454
돌출된 혀짧배기발음 421
돌출형 귓본 387

돌풍응답 217
돔 모양 150
돔 스피커 150
돔 형태 150
돔형 스피커 150
동 37, 376
동격 40
동결원리 198
동결유형 201
동결음속 201
동공 426
동공간선 258
동공괄약근 492
동공반사 426
동공이상 155
동공절제술 117
동공팽창 426
동공편위 117
동공확장 144
동기 327, 472
동기관음 228
동기관음 동화 228
동기부여 327
동기부여 면담 327
동기사정척도 303, 327
동기성 516
동기어 472
동기유발 327
동기화 327, 516
동기화가설 327
동기화된 망각 327
동기화훈련 327
동등류 173
동등잠재력가설 172
동등제약 172
동력 152
동력작용 154
동력측정기 155
동력학 체계 155
동료 평가 385
동료의식 106
동류교배 46
동맥 42
동맥경화성 협착 47
동맥경화증 42, 47
동맥류 33
동맥맥박 42
동맥압력 42
동명사 210
동명사 보충어 210
동명사동반 대격 13
동명사적 부정사 210
동명사절 210
동물언어 34
동물의사소통 34
동반음 13
동반질환 102
동사결합가설 561
동사구 560, 561, 574
동사구 보문 560
동사구 부가 574
동사구 부정 560
동사구 삭제 574
동사구 전치 574
동사구 조동사 변환 574
동사구내부 주어가설 574
동사부사 결합 560
동사상 명사 210
동사소 결합 560
동사어간 560
동사어근 560
동사어휘 285
동사언어 560
동사유래 복합어 561
동사이동 560
동사이동 매개변수 560
동사적 동명사 561
동사적 명사 561
동사적 문체 561
동사적 수동 561
동사적 통어구조 562
동사접미사변형 560
동사제약가설 561
동사형태론 560
동사화 562
동시 습득 475
동시 실인증 475
동시 적용 475
동시 청각피드백 475
동시녹음 516
동시발생 516
동시발화 475
동시성 475, 516
동시의사소통 475
동시이행조건 107
동시입력 475
동시자극 475
동시자극-반응 일반화 107
동시적 반복 475
동시적 분포 99
동시적 이중언어 475
동시적 이중언어사용자 475
동시적 이중언어아동 475
동시전송 475
동시조건화 475
동시조음 96
동시조음 운동 96
동시지각 475
동시차폐 475
동시처리 475
동시출력 475
동시타당도 107
동시통역 475
동안근 334
동안신경 361
동안신경 실행증 361
동안신경구 361
동안신경로 362
동안신경마비 361
동안신경반사 362

동안신경핵 361
동압 152, 155
동어반복 520
동어반복증 376
동역학 269
동역학전문가 269
동요 25, 390
동요성 보행 575
동위개념 117
동위부가 476
동위어 96
동위원소 263
동위치 파찰음 228
동위치음 228
동음견인 48
동음어 228
동음이의어 228
동음이자 228
동음이형어 228
동음탈락 220
동의관계 516
동의어 516
동의충돌 516
동인 152, 327
동일 상부표기 96
동일 하부표기 96
동일명사구 삭제 172
동일성 원리 417
동일성 조건 235
동일음량곡선 172
동일지표 96
동일평면 조화 117
동일형태 173
동일화 반응 235
동일화자간 변이 261
동작교육 108
동작그림검사 17
동작동사 18
동작명사 17
동작명사류 17
동작수동태 18
동작어 18
동작장애 329
동작주기 154
동적 강성 155
동적 기억 155
동적 동사 155, 269
동적 매개변수 155
동적 모형 155
동적 상태 155
동적 스프링상수 155
동적 시간왜곡 153, 155
동적 운동 154
동적 유체저항 154
동적 음향저항 154
동적 이행 129, 154
동적 점성 155
동적 증폭인자 155
동적 진동감쇠기 155
동적 차단 154
동적 초점맞추기 154
동적 탄성률 155
동적 특성 154
동적 특정흐름저항 155
동적 흡진기 155
동절요소 93
동절요소제약 93
동정 515
동정맥 기형 57
동정맥기형 42
동조 542
동조감쇠기 542
동조곡선 542
동조성 516
동조증폭기 542
동조회로 542
동족목적어 97
동종성 227
동주어 제약 286
동지시 117
동질성 227
동질성 조건 549
동질어 227
동질적 연쇄 549
동질접합체의 228
동철어 227
동체 534
동축형 96
동축형 스피커 96
동측 경쟁 메시지 262
동측 기능 262
동측 기능장애 262
동측 신경지배 262
동측 신호 262
동측 운동장애 262
동측 음향반사 262
동측 차폐 262
동측성 반맹 228
동측성 청각반사 15
동측신호 262
동측신호 보청기 262
동태구개도 155
동태심리학 155
동태적 음성학 155
동태통계학 155
동통 13, 14
동통공포증 368
동피질 263
동형 263
동형검사신뢰도 173, 378
동형관계 228
동형이의어 227
동화 45
동화과정 45
동화규칙 45
동화비성 45
동화음운변동 45
동화작용 32
동화효과 45
되돌리기 542

되돌이신경 438
되돌이신경마비 438
되돌이신경손상 438
되돌이후두신경 438, 451
되돌이후두신경마비 438
되돌이후두신경절제술 438
된소리 196
된자음 196
두 낱말 단계 543
두 단어 시기 543
두 단자체계 543
두 문화공존 64
두 시제체계 543
두개 121
두개강 121
두개계측 84
두개골 121, 477
두개골 이부 371
두개골격 유착증 121
두개골기형 477
두개골상학 121
두개골절제술 121
두개골판 477
두개관 77
두개근 333
두개기저 477
두개기형 121
두개내 출혈 260
두개내압 235, 260
두개-내압 상승 432
두개내정맥굴 260
두개내정맥동 260
두개뇌 손상 121
두개뇌 외상 121
두개부분 121
두개성형술 121
두개안면골 형성부전증 121
두개안면기형 121
두개안면이상 121
두개와 121
두경부암 221
두귀상호작용 66
두귀상호작용검사 66
두귀청취 144
두귀합산 66
두귀효과 66
두께 모드 528
두께 손실 528
두뇌노동자 72
두뇌집단 528
두드리기 520
두려움 188
두문자어 248
두부거상운동 221
두부손상 221
두부지수 84
두성 221
두성 공명 221
두언어사회 144
두영역 모형 543
두영효과 221
두운 27
두운법 27
두음문자 17
두음약어 17
두음전환 494
두음제약 363
두음첨가 421
두정 562
두정 덮개부 380
두정골 379
두정공 379
두정궁 379
두정기관 380
두정부 380
두정부 유발반응 청력검사 562
두정소엽 380
두정연 380
두정연합영역 379
두정엽 291, 380
두정와 380
두정의 379
두정절흔 380
두정측두뇌교 섬유 380
두정측두부 실독증 380
두정하구 506
두정후두부 실어증 380
두정-후측두부 연접 380
두창 558
두피 456
두피전극 456
두힘살근 335
둔감상태 361
둔감화 138
둔감화 치료 138
둔청 71
둔탁한 소리 330
둘러싸인 인공물 582
둘레근 368
둥근관절 492
둥근핵 212
뒤가쪽틈새 408
뒤가쪽핵 408
뒤고유다발 407
뒤구역 407
뒤기둥 406
뒤뇌실결핵 407
뒤덧올리브핵 406
뒤바닥구역 406
뒤벽 379, 408
뒤부분 380
뒤뿔 406
뒤뿔목 344
뒤세로다발 407
뒤앞방향 시야 406
뒤정중결핵 407
뒤중간고랑 406
뒤쪽엽 406
뒤-치조 탄설음 405
뒤통수앞 패임 412

뒤홀소리 58
뒷가지 407
뒷벽 379
뒷전소음 537
뒷판 58
듀이 140
드문파열 433
드보비치 신경학적 평가 154
드보비치 증후군 154
드보비치 척도 154
드상티스 카치온 증후군 137
득실 158
득실이론 205
득실효과 205
듣기싫은소리 76
듣기좋은소리 175
들려주기 49
들숨 247, 249
들숨 성문기류 247
들숨근 250
들숨기류 247, 249
들숨-날숨 밸브 250
들숨-날숨 비율 250
들숨-날숨 주기 247
들숨단계 250
들숨발성 247
들숨밸브 250
들숨법 247
들숨소리 247
들숨압력 250
들숨예비용적 250, 263
들숨용량 249
들숨운동 250
들숨유발기류 250
들숨주기 249
들숨중추 249
들숨후 휴지시간 250
등가계속음레벨 173
등가대역폭 172
등가레벨 173
등가분류 172
등가소음대역폭 173
등가소음음압 173
등가연령 172
등가용적 173
등가음값 173
등가음레벨 173
등가음법 173
등가음압레벨 173
등가입력잡음레벨 173
등가점성감쇠계수 173
등가직각대역폭 173
등가질량 173
등가회로 173
등가회로 표기법 91
등가흡음면적 172
등간 척도법 172
등간척도 157, 172, 259
등골 496, 499
등골 족판 496
등골고착 496
등골근 336, 496
등골근 반사 496
등골근 신경 496
등골근반사 피로검사 496
등골긴장 496
등골윤상인대 496
등골음향반사 455, 496
등골의 가동 496
등골적출술 496
등골절제술 496
등교거부 457
등근육 333
등급 214, 433
등급 형용사 214
등급강등 152
등급화된 독본 214
등급화된 목표 214
등단위척도 172
등록 440
등분평균률 172
등분평균률 음계 172
등세모근 540
등소음곡선 484
등속원 운동 549
등속호출 기억장치 432
등시 간격성 263
등시성 263
등어선 263
등어선속 75
등온층 263
등용적파 173
등위문장 469
등위절 117
등자근 336
등자돌림인대 496
등자뼈 496, 499
등장법칙 263
등장성 수축 263
등쪽 근육 151
등쪽가지 432
등쪽굽힘 151
등쪽뿌리신경절 151
등쪽외측전전두피질 150, 151
등쪽외측피질 151
등차방정식 227
등치대립 172
등형태 263
등화 172
등화기 172
등화회로 172
디리클렛 경계조건 146
디미누엔도 144
디버룩스 아동행동평정척도 129, 140
디옥시리보 핵산 135, 150
디자인 자질 138
디지털 녹음 144
디지털 보청기 144
디지털 신호 144

디지털 신호처리 144
디지털 신호처리기 144
디지털 언어장치 144, 153
디지털 오디오 143
디지털 오디오테이프 129, 143
디지털 음반 143
디지털 음성신호처리 144
디지털 자료 143
디지털 지시기 144
디지털 지연 144
디지털 체계 144
디지털 필터 144
디지털 필터링 144
디지털신호처리 153
디지털-아날로그 변환 144
디지털화 144
디트로이트 학습적성감사 139, 144
디퍼곡선 144
디폴트 132
딩동설 144
따라 말하기 470
딸기 담낭 501
딸기 모반 501
딸기 혀 501
딸세포 129
땀샘 513
땡땡설 144
떨림 540
떨림보기 370
떨림소리 540, 541
떼기동사 138
또래 갈등해결 383, 385
또래 모방시키기 385
또래 피드백 385
또래교수 385
또래교정 385
또래복습 385
또래수용 385
또래집단 385
또래학습 385
또래훈련 385
뚜렛 증후군 535
뚜렷한 궤도 149
뜬바닥 193
띠 91, 523
띠근육 500
띠-염색법 59
띠이랑 218

ㄹ

라디안 진동수 431
라디오 전파 432
라빈의 진행모형 434
라이스너 막 441
라이터 비언어성 지능검사 282, 289
라이트힐의 음향대응법 286
라이프니쯔의 법칙 282
라인케 공간 441
라인케 부종 441
락타아제 273
람세이-헌트 증후군 432
랑게-닐슨 증후군 265, 266
랑그 276
랑비에 마디 351
래커필름 273
랜덤 입사 432
랜덤잡음 432
랜초스 로스엔젤레스 인지력 레벨척도 432, 451
램 수면 433
램프 함수 432
러모에즈 증후군 283
런던 언어학파 292
럼블 잡음 453
레가토 282
레벨 차 284
레벨별 언어단서 284
레벨양식 284
레쉬-니한 증후군 283, 290
레이 복합도형검사 434, 449
레이블링 272
레이저 기억장치 278
레이저 속도계 278
레이저 수술 278
레이저 융합 278
레이저 증폭기 278
레트 증후군 448
레트장애 448
레프섬 증후군 440, 453
렌즈핵 282, 283
렌즈핵 돌기 283
렌즈핵성 실어증 282
렘수면 152, 443
로그 감쇠율 292
로그 그래프 292
로그 분포 292
로그 척도 292
로그 측정 292
로그주파수 간격 292
로드 아일랜드 언어구조검사 449, 451
로렌스문 증후군 280, 290
로렌츠 변환 294
로르샤하 검사 452
로세티 영·유아언어척도 451, 452
로스 정보처리평가 451, 452
로우 테크 295
로우테크 장치 295
로이드 미러효과 290
로체스터 방법 452
로커스 주파수 291
록포드 유아발달평가척도 450, 452
롤란도 열구 192, 452
롬바드 검사 292
롬바드 효과 292
루게릭병 28, 31, 294
루드모스 청력검사기 453
루드비히 협심증 296
루시카 공 194, 296

루시카 관 296
루프 293
류 92
르장드레 다항식 282
리드 438
리드콤 프로그램 285
리듬 216, 450
리듬 측정 450
리듬강세 450
리듬교체 450
리듬단위 450
리만 불변 450
리버레이터 의사소통보조기 285
리버미드 행동기억검사 434, 451
리버스 상징 435
리보솜 450
리본 도파관 450
리본 마이크로폰 450
리비누스관 451
리비도 285
리-실버만 음성치료 281, 296
리지 도파관 450
리츠 방법 451
리커트 척도 286
리턴 키 448
리파제 289
리하트하임 실어증 285
린네 검사 451
린다무드 청력인지검사 286
릴리 취학 전 발달선별검사 451, 453
림프 296
림프 모세관 296
림프 순환 296
림프계 296
림프관 296
림프관조영도 296
림프관조영술 296
림프관확장 296
림프구 296
림프동 296
림프벽 286
림프부종 296
림프샘 296
림프소절 296
림프장 401
림프절 296
림프절 절제술 296
림프절염 296
림프절장애 296
림프조직 286, 296
링 식스 음성검사 287
링 주파수 451
링 파이브 음성검사 287

ㅁ

마개핵 166
마겐디 공 194
마디 307
마로토-라미 증후군 302
마루 384
마루뼈 379
마루엽 380
마루엽속 고랑 260
마루진폭 384
마루진폭방법 384
마루진폭변이 384
마르팡 증후군 302
마르팡 체형 302
마른 삼킴 153
마름뇌 449
마름오목 449
마름핵 449
마마 558
마미 82
마미 증후군 82
마비 377, 378
마비구어장애 명료도평가 26
마비말장애 155
마비말장애 검사도구 130, 155
마비말장애 명료도평가 45
마비성 구어장애 155
마비성 마비말장애 379
마비성 무성증 378
마비성 사시 378
마비성 실서증 379
마스킹 303
마엘린 수초 337
마우스 에뮬레이터 329
마음이론 527, 532
마음읽기 319
마이너스 규칙자질 320
마이어-브릭스 성격유형지표 306, 338
마이오신 338
마이크로 광도계 316
마이크로빔 엑스레이 316
마이크로폰 위치효과 316, 322
마이크로폰 유동잡음 316
마지막 음절 545
마찰 200
마찰 무성음화 200
마찰개방 200
마찰성 잡음 200
마찰음 200, 493
마찰음 조음방식 200
마찰음화 200, 493
마찰자음 200
마취 340
마취제 340
마푸치 증후군 298
막 304, 310
막 단백질 311
막 흡음재 310
막간 255
막골 310
막내골화 260
막다른 길 효과 206
막대 종파속도 451
막대그래프 60

막미로 311
막벽 311
막성 반규관 311
막성 성문 311
막성 와우각 311
막성 와우관 311
막성 인두염 311
막성 전정 311
막성 협착 311
막성 후두염 311
막성부 311
막안정화 311
막이론 311
막전류 311
막전위 311
막전하 310
막창자 83
막창자 꼬리 562
막평형 311
막횡파속도 311
막힘 68
막힘 없는 비누출 552
만 삼킴능력평가 301, 303
만 연하능력평가 303
만곡 126, 193
만곡음 71
만능약 125
만든 입천장 43
만성 경막하 출혈 91
만성 기관지염 90
만성 기침 90
만성 말더듬 91
만성 스트레스 증후군 91
만성 약물유발 근긴장이상증 90
만성 우울증 90
만성 인두통 91
만성 장애 90
만성 정신병 91
만성 중이염 91, 99
만성 질환 90
만성 통증 91
만성 폐쇄성 폐질환 91, 117
만성 화농성 중이염 91, 125
만성 후두염 91
만성 흡인 90
만성이염 90
만성적 반복성 말더듬 91, 121
만성적 스트레스 91
만성적 슬픔 91
만성질병 90
만성피로증후군 90
만성화예측 검사목록 91, 120
만의 연하능력평가 301
만족도 133
만족조건 108
만지증 94
말 간섭레벨 490
말 근육조직 490
말 늦은 아동 278
말 명료도 490
말 명료도지수 490
말 빠름증 95
말 산출 491
말 상태 491
말 수용 494
말 수용역치 494
말 신경근육 집행 349
말 영역 489
말 이해도 489
말 인지 489
말 흐름 491
말기 524
말기암 524
말느림증 71
말다툼 265
말단규칙 294
말단마디 524
말더듬 498, 503
말더듬 같은 비유창성 503
말더듬 구 503
말더듬 단계 503
말더듬 막힘 503
말더듬 상자 503
말더듬 수정법 503
말더듬 순간 503
말더듬 순간의 보류기법 227
말더듬 아동을 위한 A-19 척도 9
말더듬 예방 클리닉 503
말더듬 예측검사목록 492, 503
말더듬 이중요인 모델 543
말더듬 인터뷰 503
말더듬 장애 193, 503
말더듬 종합평가안내 105
말더듬 중재 프로그램 476, 503
말더듬 중증도검사도구 495, 503
말더듬 청소년을 위한 자아효능감척도 462
말더듬 치료 현장지침 217
말더듬 폐쇄 503
말더듬기 503
말더듬는 사람 389, 427
말더듬유형 503
말더듬의 순간 324
말더듬의 신경학적 이론 349
말더듬이 503
말더듬이 없는 것 585
말더듬이론 503
말더듬증 503
말더듬지각검사목록 386, 422
말로 칭찬하기 561
말림현상 452
말림현상 지수 452
말명료도 역치 529
말뭉치 118
말미 연결체 524
말미지연 524
말방해 레벨 473
말소 425
말소 치료모형 425
말소리 491

말소리 인식 292
말소리기억검사 491
말소리목록검사 476
말소리발달 491
말소리변별 491
말소리신호 491
말소리연장 484
말소변형 173
말속도 433, 487, 491
말속도 감소 433
말실행증 38, 40
말씨 142, 291, 581
말씨의 까다로움 581
말-언어지체 134
말운동 협응 490
말운동능력의 역동적 평가 134, 154
말운동장애 328, 329
말운동집행 490
말운동평가 328
말음 97
말음 무성음화 97
말음 제약 97
말음군제약 97
말이집 기초단백질 337
말장애 490
말전달지수 491, 499
말전환 평균길이 307, 322
말지각 491
말지각 능력 491
말청각적 방법 366
말초 림프계기관 388
말초감각 389
말초관절구축 증후군 148
말초성 마비말장애 388
말초성 병변 388
말초성 실독증 388
말초성 실서증 388
말초성 안면마비 388, 391
말초성 억제 388
말초성 언어장애 388
말초성 피로 388
말초수용기 389
말초신경 388
말초신경계 388, 403
말초신경마비 388
말초신경차단 388
말초신경통 388
말초운동성 신경세포 388
말초적 표시 389
말초전정 신경세포 389
말초차폐 388
말초청각계 388
말초청각로 377, 388
말초청각문제 388
말초청각장애 375, 388
말초청각처리 장애 377, 388
말투 291
말하기 522
말하기 공포증 212, 273
맛 520
맛 자극법 520
맛봉오리 520
맛지각 520
망각 195
망각곡선 195
망각이론 195
망막 447
망막 신경절세포핵 206
망막박리 447
망막반사 447
망막세포 447
망막전기측정기 165, 173
망모형 346
망상 134
망상계 447
망상막 447
망상부분 447
망상선 447
망상성 정신분열증 379
망상증 379
망상척수로 447
망상체 447
망상층 447
망상포말 447
망상핵 433, 447
망치다 78
망치뼈 300
맞교차 99
맞바꾸기 536
맞춤검사 20
맞춤형 보청기 126
매개 309
매개모음 550
매개변수 259, 309, 378
매개변수 고정 378
매개변수 측정 378
매개변항고정 모형 378
매개언어 558
매개전략 309
매개통로 207
매개효과 309
매계변항적 변수 378
매너리즘 301
매력 88
매력 없는 원소 88
매력값 88
매력적 원소 88
매분 방출량 320
매일보정 128
매질 310
매체 310
매체효과 310
매칭 304
매카시 선별검사 330
매캄 구어발달척도 308
매커니즘 308
매크로 프로그램 297
맥관 563
맥관 판막 557
맥관판 557

맥놀이 62
맥놀이 주파수 62
맥락 112
맥락기반평가 112
맥락다양성 113
맥락단서 112
맥락모형 113
맥락얼기 90
맥락의존적 모형 112
맥락의존적 변화 112
맥락의존적 성격 112
맥락일반화 113
맥락적 단서 113
맥락적 연합 113
맥락적 중화 113
맥락적 치료 113
맥락조직 522
맥락주의 113
맥락총 90
맥락총세포 90
맥락화된 113
맥락화된 언어 113
맥락효과 112
맥박 425
맥박수 425
맥박폭 425
맥아더-베이츠 의사소통발달 평가 297, 306
맥압 425
맥카시 선별검사 306
맥카시 아동능력척도 306
맹 68
맹공 194
맹관 125
맹관공명 125
맹목적 복종 68
맹시험 68
맹인벽 68
맹인용 학습적성검사 67, 68
맹장 76, 83, 259
맹장염 39
맹장절제술 83
맹점 68
머더테이프 327
머리 위치변경 221
머리-골반 불균형 84
머리그림자 효과 221
머리근육 333
머리글자 17
머리띠 보청기 221
머리를 움직이는 인형 증후군 69
머리뼈 477
머리-엉덩 길이 124
머리위 공간 221
머리음영 효과 221
머리쪽 452
머리혈종 84
머리회전 조건화 221
멀리밀기 426
멀티 채널 330
메니에르 증후군 311
메니에르병 311
메릴 언어선별검사 313, 322
메이슨 등가회로 303
메이요 클리닉 306
메이지 증후군 310
메조소프라노 315
메타기억 313
메타분석 313
메타사고 313
메타언어학 314
메타인지 313
메타인지 모델 314
메타폰치료 314
메트로놈 315
메트로놈 박자에 맞춰 말하기 315
메트로폴리탄 준비도검사 315
멘델슨기법 311
멜 310
멜 척도 310
멜라닌 310
멜라닌 세포 310
멜로디 억양치료 310, 321
멜로디 억양치료법 336
멜릭 프레이저 증후군 310
멜-주파수 스펙트럼 계수 310, 315
면대면 의사소통 185
면역 238
면역결핍 238
면역계 238
면역글로블린 238
면역반응 238
면역성 238
면역체 238
면역체계 238
면역학 238
면역항체 238
면역현상 238
면적비 41
명도 73
명도 항상성 73
명도대비 73
명도비율 73
명도조정 73
명도지각 73
명령 99
명령문 238
명령법 238
명령적 가리키기 238
명령적 조작 300
명령형 238
명료 296
명료도 42, 92, 252
명료도 지수 92
명료도검사 252
명료도역치 252
명료성 42
명료화 92
명료화 요구 444
명료화 요청 92

명멸 효과 193
명명법 352
명명자 53
명명척도 352
명명하기 과제 340
명백한 반응 374
명사구 358
명사구 보문 358
명사-동사 지수 358
명사류 352
명사적 문체 352
명사절 352, 358
명사절 상당어구 358
명사화 352
명사화소 352
명상 310
명세규칙 492
명시적 179
명시적 교정 179
명시적 기억 179
명시적 수행발화 179
명시적 학습 179
명시주어조건 488
명의론 364
명제 420
명제논리 420
명제발화 밀도 420
명제언어 420
명제적 동의성 420
명제적 섬조건 399, 420
명제적 이론 420
명칭기호 340
명칭실어증 34, 55, 156, 352
명확성 179
명확한 발화 93
모계 304
모계감염 304
모공 220
모교점 327
모국어 343
모근 220
모낭 220
모노아민류 324
모니터된 육성검사 322
모니터링 324
모니터링 청력검사 324
모듈방식 323
모드 밀도 322
모드 방사저항 322
모드 번호 322
모드 변환 322
모드 실험 322
모드 에너지 322
모드 영역 322
모드 저항행렬 322
모드 주파수 322
모드 특성저항 322
모드 해석 322
모드 형상 323
모라 326
모라 박자언어 326
모라 음운론 326
모라 이론 326
모라식 강약격 326
모로 반사 326
모루뼈 240
모르가니 실 560
모르키오 증후군 327
모르핀 326
모멘텀 324
모멘트 생성함수 324
모문 305
모방 237, 319
모방기억 방법 319
모방시도 323
모방어 319
모방하기 237
모사 117
모사규칙 117
모사합성 117
모색행동 216
모서리 모음 117
모서리 회절 160
모서리동맥 302
모서리세포 302
모성 304
모성 우울증 304, 327
모성박탈 304
모성본능 304
모성시험 304
모성신화 339
모성애 304, 327
모성충동 304
모성행동 304
모세관 78
모세관전극 78
모세포 219, 327
모세포내 안정 전위 219
모세혈관 78
모세혈관확장성 운동실조 46
모세혈관확장증 78, 522
모수검증 378
모순관계 240
모순성 114, 240
모순수면 379
모순행동 차별강화 143, 152
모순행위 240
모아간놀이 상호행동척도 327
모어 327
모어 증후군 324
모어화 343
모음 573
모음 변이 337
모음 앞 단자음 415
모음 앞 유성 동화과정 415
모음 앞 유성음화 415
모음 앞 자음위치 415
모음 전 유성 동화과정 415
모음 정확도 386, 427
모음 차트 573

모음 포먼트 전이 573
모음간 약화 259
모음간 유성음화 259
모음간 자음위치 259
모음계 573
모음공간 574
모음과 닮은 소리 573
모음교체 214, 568, 570
모음놀이 573
모음높이 573
모음대비 573
모음도 573
모음동화 573
모음뒤 유성음화 409
모음뒤 자음위치 409
모음류 570
모음변이 337, 573
모음사각도 573
모음삽입 573
모음삽입 규칙 573
모음상승 574
모음성 570
모음성 마디 570
모음성 전이음 570
모음성 핵 570
모음약화 574
모음영역 573
모음운 574
모음음질 574
모음의 길이 573
모음의 어중첨가 33
모음의 장단 573
모음인지 573
모음-자음 558, 573
모음-자음 진폭 111
모음전환 214, 337, 570
모음점 403
모음조음 573
모음조화 573
모음중화 573
모음지각 573
모음첨가 573
모음체계 574
모음추이 574
모음추이규칙 574
모음축약 573
모음충돌 225
모음충돌 회피현상 573
모음탈락 573
모음투사 573
모음하강 573
모음화 574
모음후 유성음화 409
모음후 자음위치 409
모의 게임 475
모의귀 158
모의귀 검사 158
모의모형 475
모의실험 475
모의실험 장치 475
모의언어 475
모의음성 571
모의입 329
모자 전극 77
모조형태 154
모집단 404
모체 304
모험차원 451
모형 323
모형이론 323
모형이론의미론 323
모호성 556
목 고정기 86, 344
목 고정술 86
목 긴장 344
목 울리기 116
목가지 86
목갈리는 소리 121, 569
목구멍 529
목구멍인두 232, 278
목근육 333
목록소 290
목빗근 498
목뼈 관절염 86
목뿔뼈 230
목쉰소리 229
목잠긴소리 227
목잠김 200
목적 보어 359
목적 속격 359
목적격 359
목적구문 426
목적보어 359
목적성 산출 426
목적어 359
목적어로서의 인상 432
목적어-주어 359
목젖 376, 555, 559
목젖 굴림소리 555
목젖 절제술 555
목젖 폐쇄음 555
목젖근 336
목젖절제술 555
목젖처짐증 555
목청 가다듬기 93
목팽대 86
목표 신경가소성 훈련 520
목표구조 520
목표도식 213
목표모음 520, 570
목표설정 213
목표심박수 520
목표언어 520
목표영역 520
목표이득 520
목표행동 213, 520
목해부 344
몬디니 기형 324
몬디니 이형성증 324
몬로 읽기진단검사 325

몬테규 문법 325
몬테규 의미론 325
몬테레이 유창성 프로그램 315, 325
몬테소리 기반 중재 325
몰개성화 133
몰두 11, 20
몰인간화 133
몰입형 이중언어교육 238
몸짓 의사소통 211
몸짓 촉진법 211
몸짓언어 211
몸짓표현의 재조직 211
몸체 534
못섬증 46
뫼비우스 증후군 324
묘사기능 138
묘사음 235
묘사적 술어 135
묘사하기 138
묘출화법 444
무감각 249, 465
무감동 38
무거운 음절 223
무게인지 60
무관계분사 552
무관사 585
무관용 정책 585
무규칙순 가설 552
무규칙순 원칙 354, 356
무규칙순 조건 356
무기능 24
무기력 283
무기성 당분해 32
무기성 생물 32
무기성 전염 32
무기음 547
무기폐 46
무기화학 249
무긴장 47
무긴장성 발작 47
무긴장형 355
무뇌증 33
무능 240
무능력 146
무단서 회상 352
무도무정위운동 90
무도병 90
무도병형 증후군 90
무도병형태 동작 90
무동사문 562
무력성 214
무력증 46, 243
무릎 210
무릎관절 269
무릎반사 269
무릎뼈 382
무릎신경 210
무릎인대 382
무릎점 269
무리수 263
무마 평가프로그램 302
무마찰 자음 200
무마찰 지속음 200
무명동맥 249
무문자언어 552
무미각증 24
무반응 552
무반응수용체 474
무반향 33
무반향 탱크 33
무반향경계조건 33
무반향실 33, 350
무반향종단 33
무발생 24
무발육 24
무비성 134
무산소증 35
무산증 32
무상교육 197
무선 마이크로폰 579
무선주파수 432, 449
무선체계 579
무설증 25
무설증 증후군 25
무성 473
무성구간 473
무성모음 572
무성성 572
무성역 474
무성연장 239
무성음 552, 572
무성음소 572
무성음화 140
무성자음 572
무성증 39
무성폐쇄음 572
무성화음 140
무성휴지 473
무수신경 552
무수신경섬유 31, 354, 552
무수정체 38
무시 345
무시실독증 345
무시제 524
무시증 345
무시증후군 345
무시행동검사 62
무시형 실독증 345
무언증 337
무염식이 455
무운동 26
무운동성 발작 27
무운동성 실행증 26
무운동성 함묵증 26
무운시 67
무월경 30
무음성 비강누출 473
무의미 음절 355
무의미 철자학습 355

무의미어 355
무의미적 자곤 44
무의식 527, 548
무의식상태 548
무의식적 경련 308
무의식적 동기유발 548
무의식적 저항 548
무의식적 추론 548
무의지증 12
무이증 34
무임편승원리 198
무작위 배정 432
무작위 선발 432
무작위 오차 432
무작위 표집 432
무작위간격탐지검사 432, 449
무작위적 순서 432
무작위화 433
무작위활동 432
무장벽운동 197
무정물 34, 239
무정위 운동자세 47
무정위 운동증 47
무정위형 47
무정위형 뇌성마비 47
무제한적 병합 552
무제한적 보편성 552
무제한적 양화 552
무조건 반응 548, 553
무조건 음성변화 548
무조건 자극 545, 554
무조건강화물 548
무조건반사 548
무조건변화 548
무조건자극 548
무조건적 긍정적 존중 548
무증상 473
무증상 감염 46
무증상 당뇨병 46
무증상 보균자 46
무증상 흡인 473
무지향성 363
무지향성 마이크로폰 352, 363
무지향성 전극 체계 363
무진동 부위 356
무진동 설치대 37
무척추동물 262
무청각증 32
무쾌감증 34
무타액증 41
무통증 32
무표계열 552
무표성 552
무표수형 551
무표순 551
무표자질명시 188, 201
무표적 용법 552
무표적 초점 551
무표적 호흡군 551
무표정증 30
무표정한 얼굴 303
무표항 552
무표현상 551
무한 루프 168
무한 번역가 547
무한계성 547
무한도식 245
무한음보 547
무한의존 547
무한의존구문 547
무한이동 547
무한정성 547
무한집단 364
무향실 130, 198
무혈관 56
무형 명사화 60
무형성 39
무호흡 39
무호흡기간 38, 39
무호흡증 39
무효공간 130
무후두 발성용 전자장치 164
무후두 음성 27
무후두발성 27, 362
무흉선증 47
묵독 473
묵음 473
묵음구간 473
묵음연장 473
묵음휴지 473
묶음 61
문강세 260, 468
문구조 495
문단 378
문단개요 378
문말어미 468
문맥 112, 526
문맥검사 113
문맥내 명료도척도 252
문맥다양성 113
문맥단서 112
문맥독립적 규칙 113
문맥독립적 학습 113
문맥상의 정의 113
문맥생략 526
문맥속 단위 550
문맥-유도적 재해석 113
문맥의미 113
문맥의존적 문법 113
문맥의존적 변화 112
문맥자유 다시쓰기규칙 113
문맥자유 문법 112
문맥자질 113
문맥적 변이음 99, 113
문맥적 응결 526
문맥적 정보 526
문맥적 지시 526
문맥효과 112
문맹 236
문맹율 236

문미억양 524
문법 검토기 214
문법 형성소 215
문법관계 215
문법구조 215
문법기능 215
문법능력 214
문법범주 214
문법변항 215
문법분석 214
문법성 215
문법성 정도 133
문법성 판단과제 215
문법성분 214
문법실현 215
문법이론 215
문법적 굴절 215
문법적 대응 215
문법적 동사 215
문법적 동의어 215
문법적 방법 214
문법적 변화 214
문법적 복잡성 214
문법적 부호화 215
문법적 성 215
문법적 술어 215
문법적 애매성 214
문법적 오류 215
문법적 의미 215
문법적 종결 214
문법적 주어 215
문법적 휴지 215
문법중심 교수요목 215
문법통제 214
문법특성 214
문법표시 215
문법표지 215
문법하중 215
문법학자 214
문법해석 중심 교수법 214
문법형식 215
문법형태소 214, 215
문법화 215
문소 469
문수식 부사 468
문양 383
문양재생장치 383
문어 말뭉치 290
문어 코퍼스 290
문어검사 526, 543
문어문학 290, 582
문어적 이해 290
문자 283
문자 의사전달 582
문자규칙 심층성 가설 362, 370
문자소 215
문자소인식 215
문자언어 582
문자-음성변환 283
문자인쇄면 283
문자적 의미 290
문자착어증 290
문자판 28
문자형태 283
문자화 216, 492
문장 개요 468
문장 만들기 196
문장 애매성 468
문장 재구성 436
문장 재구성하기 468
문장 회상하기 311, 435
문장간 의미관계 259
문장결합 468
문장구성요소 468
문장구성장애 468
문장도출 468
문장명료도검사 455, 468
문장문법 468
문장반복과제 468
문장발달점수 140, 153
문장방법 468
문장복합어 468
문장부사 468
문장부정 468
문장분류 468
문장성분 468
문장실어증 12
문장억양 468
문장완성 468
문장완성검사 468
문장요소 468
문장유형 468
문장의미 468
문장이해 468
문장이해력검사 468
문장인식점수 468
문장작법 582
문장재인점수 494
문장전제 468
문장주어제약 468
문장주제적 응집성 468
문장착오 156
문장파편 468
문제지향학습 417
문제해결 417
문제해결적 접근 417
문진 259
문진법 259
문진실시 259
문진치료 259
문체 변이종 504
문체규칙 504
문체론 504
문체변이 504
문체연속 504
문체적 가치 504
문체적 도치 504
문체적 이형 504
문턱값 529
문학어 290

문합술 33
문항 264
문항난이도 264
문항변별도 264
문항변별력 264
문항분석 264
문항성취도 264
문해검사 290
문해교육 290
문해력 290
문해사회화 290
문해언어 290
문헌개관 290
문헌고찰 449
문헌조사 290
문헌학 393
문형연습 383
문화가족성 정신지체 125
문화간 비교 123
문화간 의사소통 123
문화간 의사소통능력 254
문화간 이해 123
문화간 접근 123
문화간 차이 123
문화-개별적 125
문화내 변화 260
문화변용 13
문화변용 모형 13
문화인류학 125
문화적 적응 13
문화화 168
물 섭취 576
물 중독 576
물 충만법 576
물기반사 67
물리요법 398
물리음성학 398
물리의학 398
물리적 공존 398
물리적 실재 398
물리적 정당화 398
물리적 표상 398
물리적 환경 398
물리학 398
물린 상처 67
물림틀 67
물분자 선택여기 576
물분자 억제 576
물질대사 313
물질명사 304
물질전달 효율 303
물집 68
물활론 34
묽은 액체 528
뮤신 330
뮤코이드 330
미각 217, 218, 465
미각감퇴증 232
미각결여 24
미각기 218, 369, 520
미각기관 369
미각성 후각 218
미각세포 217, 520
미각수용기 520
미각신경 217
미각실어증 24
미각실인증 217
미각영역 217
미각유두 520
미각중추 217
미간 211
미간반사 211
미결정성 548
미고정검사 186
미골 96
미골 신경총 96
미골분절 96
미골신경 96
미골인대 82, 96
미골절제 96
미공 520
미구 217
미국 저소득층의료보장제도 309
미국공인언어치료사자격증 82, 86
미국공인청능사자격증 82, 86
미국공통핵심기준 83, 100
미국국립보건원 343
미국국립직업안전보건연구원 343, 350
미국국립표준협회 35
미국노인의료보장제도 310
미국말더듬재단 503
미국수어 30, 44
미국신경심리학회 343
미국심리학회 30, 38, 40
미국언어청각협회 30, 44
미국장애인교육법 242
미국정신박약협회 9, 30
미국정신지체협회 9, 30
미국지적 및 발달장애협회 9
미국청각위원회 30
미국청각학회 9, 30
미국특수아동위원회 119
미국표준연구소 30, 35
미궁 272
미궁 508
미끄럼 이론 478
미네소타 다면적 인성검사 320, 322
미네소타 실어증감별진단검사 320, 330
미네소타 지각진단검사 329
미량분석 316
미량영양소 316
미량전압계 317
미량호흡계 316
미로 272, 306
미로문장 206
미로성 농 96, 272

미로염 272
미로장치 272
미로정위 반사 272
미로학습 306
미뢰 520
미리 연결 412
미리 연결하기 412
미립자 316
미립자물리학 316
미맹 520
미명시 549
미명시이론 549
미봉규칙 382
미부 82
미분방정식 142
미분체적산란계수 142
미분화한 자곤 549
미상엽 82
미상핵 82
미생물 316
미생물공포증 316
미생물학 316
미성숙 237
미세 스위치 317
미세뇌 손상 319
미세뇌기능장애 306, 319
미세뇌기능장애 증후군 319
미세동맥 314
미세방사선 촬영술 316
미세법 316
미세섬유 316
미세성형술 316
미세소관 317
미세소엽 316
미세수술 316, 317
미세운동 191
미세운동조절 191
미세운율 315
미세융모 317
미세음성외과술 316
미세전극 316
미세접촉 191
미세증가 감성지수 471
미세진전 191
미세해부학 316
미세환기 320
미세후두경검사법 316
미소기형적 특징 320
미소엽 316
미소전극 316
미숙 412
미숙아 237
미숙아 행동평가 39, 45
미숙유출 412
미시간 그림목록 315, 329
미시분석 316
미시언어학 316
미엘린 구 337
미완료상 548
미완료적 과정 238
미완료적 동사 238
미완성 240
미음확대기 316
미주신경 556
미주신경 긴장 556
미주신경 반사 556
미주신경 삼각 556
미주신경절단술 556
미지각 520
미측퇴화 증후군 82
미토콘드리아 321
미토콘드리아 근질환 321
미토콘드리아 질환 321
미포 315
미표시 549
민간어원설 194, 404, 422, 572
민감기 465
민감도 18, 465
민감도 검사 465
민감도 분석 465
민감도 조절 465
민감성 청력장애 230
민감성 훈련 466
민말이집신경섬유 354
민무늬근 479
민족언어학 175
민첩성 25, 140
밀기기법 426
밀기-당기기 426
밀기접근법 426
밀도 135
밀도함수 135
밀러 취학 전 아동평가 302, 318
밀러-요더 언어이해력검사 318, 338
밀론 임상다축검사목록 306, 318
밀리 세컨드 318
밀리볼트 318
밀접차용 260
밀집상태 135
밀집자질 102
밑줄긋기 226

ㅂ

바 표기 60
바구니 세포 61
바깥 피라밋세포층 182
바깥굴 372
바깥귀 372
바깥나선신경섬유다발 372
바깥날개근 335
바깥늑골사이근 334
바깥림프공간 387
바깥림프관 387
바깥벽 379
바깥아교 경계막 181
바깥후두신경 182
바닥 충격음레벨 193
바닥부 380
바닥효과 70, 193

바데트-비들 증후군 60
바렛 분류법 60
바렛 식도 60
바로잡기 반사 451
바륨 삼킴 60
바비네 원리 58
바빈스키 반사 58
바빈스키 징후 58
바빈스키 현상 58
바이러스 감염 565
바이어스 64
바인더 증후군 66
바인랜드 적응행동척도 556, 565
바크 척도 60
바텔 발달선별검사목록 61
바흐의 일반화 58
박동기 375
박동량 502
박속 187
박스형 보청기 71
박자 522
박자치료법 450
박절기 315
박진감 562
박층 194
박탈 136
박테리아 59
반 데 우드 증후군 557
반감각소실 223
반감기 220
반개모음 220
반고리관 464
반고형식 464
반공명 37
반공명주파수 37
반구 224
반구간 상호작용 254
반구불균형 224
반구우위 224
반구절제술 224
반구조화된 관찰 464
반구조화된 놀이 464
반규관 464
반기대 37
반기대법 37
반닫힘 모음 220
반달 신경절 464
반달 엽 464
반달 틈새 464
반대 귀 355
반대감정병존 30
반대뇌 223
반대심문 123
반대연습 345
반대위상 365
반도체 464
반동명사 220
반두라 59
반맹 223
반맹증 224
반모음 464
반몽고병 경향 37
반무향실 223, 464
반묵음 464
반발력 437
반복 강박증 443
반복 옹알이 438
반복검증 444
반복구 440
반복규칙 264
반복규칙 적용 264
반복놀이 443
반복단위수 551
반복동화 과정 438
반복률 443
반복성 구토 438
반복성 출혈 438
반복속도 433
반복실험 444
반복연구 444
반복요청 443
반복운동 443
반복적 옹알이 77
반복적 자극검사 443
반복적용 264
반복점화 443
반복처치 443
반복처치 설계 443
반복측정 443
반복측정 설계 443
반복하기 443
반복학습 452
반복형판 438
반부켐 증후군 557
반분 신뢰도 493
반분법 493
반사 439
반사각 34
반사감퇴 440
반사경 440
반사계수 439
반사계수행렬 439
반사궁 440
반사기 440
반사면 439
반사성 기억 440
반사성 미소 440
반사성 울음 440
반사손실 439
반사시간 440
반사와 굴절 439
반사요인 439
반사운동 440
반사위상 439
반사율 439, 440
반사이상 항진 231
반사저하 232
반사적 발성 440
반사적 발작 440
반사적 이익 439

반사적 청취 439
반사중추 440
반사체 440
반사파 439
반사행동 440
반사활동 440
반사회적 성격 37
반사회적 성격장애 37
반사회적 행동 37
반송주파수 79
반수동 37
반연결 동사 220
반열림 모음 220
반올림 오차오류 452
반위상 37
반유성음 220
반음 220, 464
반응 220, 464
반응 매개변수 446
반응 일반화 446
반응 조건화 446
반응 지속기간 446
반응 파라미터 446
반응간 시간 258
반응감소 446
반응감소전략 446
반응계열 434
반응계층 446
반응기록지 446
반응단위 446
반응대가 446
반응대치 446
반응도 456
반응력 446
반응발화단위 446
반응방식 322
반응방식 일반화 323
반응변수 446
반응복잡성 446
반응빈도 446
반응성 446
반응성 병변 434
반응성 애착장애 431, 434
반응성 우울증 434
반응성 정신병 434
반응시간 278, 434, 446
반응시간 잠재기 434
반응억압 446
반응연속체 446
반응연쇄 446
반응요구 301
반응유도 446
반응율 446
반응자극근접성 446
반응잠복기 278
반응적 발화 446
반응적 상호작용전략 446
반응적 이름대기 446
반응적 이름대기검사 446
반응정교화훈련 446
반응진폭 446
반응차수 269
반응체계 446
반응층위 446
반응크기 446
반응평가 446
반응행동 446
반의관계 37
반의식 504
반의어 37
반이중 모음 220
반이중언어 464
반이중언어사용자 464
반자유 음장 223, 464
반작용 강도 434
반작용 세기 434
반장 220
반장모음 220
반전 448
반전력 대역폭 220
반전력 범폭 220
반전설계 448
반전연하 448
반전우성 448
반전음 448
반절점 37
반중력 37
반지공진 451
반지름 432
반지연골 122
반지연골활 122
반청각 청력보호장치 464
반추 453
반추장애 453
반충손상 115, 119
반투명 539
반투명상징 539
반폐모음 220
반폐쇄 성도운동 464, 485
반표준화된 면접하기 464
반향장애 132
반향 159, 439
반향기억 159
반향동작증 159
반향레벨 159
반향말 159
반향상쇄기 159
반향시간유형 159
반향실 159, 290
반향어 159
반향억제기 159
반향위치 159
반향의문 159
반향조작 159
반향지연 효과 159
반향척도 159
반향평면 영상 159
반혼수 464
반회신경 438
반회전 정위반사 137

반회후두신경 438, 451
반회후두신경마비 438
반회후두신경절제술 438
받아쓰기형 작문 142
발견과정 147
발견법 225
발견적 기능 225
발견적 학습법 225
발견적 해결방법 225
발견절차 147
발견학습 147
발견학습법 147
발관 183
발광 263
발단사건 248
발달 139
발달 불균형 139
발달 상호의존가설 139
발달경로 139
발달과업 140
발달단계 140
발달력 139
발달사정 139
발달선별검사목록 140, 153
발달성 난독증 139
발달성 말더듬 140
발달성 말실행증 129, 139, 140, 154
발달성 말실행증 선별검사 458
발달성 실독증 139
발달성 실행장애 139
발달성 조음검사 139
발달성 조음실행증 139
발달성 조음오류 139
발달성 협응장애 129, 139
발달순서 140
발달시기 140
발달실어증 139
발달심리학 140
발달심리학자 140
발달어휘 140
발달언어학 139
발달연령 139
발달오류 139
발달요인 139
발달원리 140
발달유형 139
발달이론 140
발달장애 139
발달장애 서비스 139
발달장애 스펙트럼 489
발달적 음운변동 140
발달적 의사소통 교육과정 139
발달적 접근 139
발달적 차이 논쟁 139
발달적 활동선별검사 129
발달주의 140
발달주춤 139
발달지수 139, 140, 152
발달지체 139
발달척도 140
발달측정치 139
발달특성 139
발달평형설 139
발동 하위제스처 248
발동부 248
발렌베르크 증후군 575
발로우 검사법 60
발바닥 반사 401
발바닥 반응 401
발병나이 24
발병률 47
발병연령 24
발사자 적응행동척도 59, 74
발산 149
발산 과제 149
발산손실 149
발살바법 557
발생 비율 361
발생기 전위 209
발생론적 오류 209
발생론적 인식론 209
발생론적 인식론자 209
발생률 239, 361
발생빈도 199, 361
발생주의 166
발성 393, 570, 571
발성 무력증 393
발성 행동 568
발성개시 393
발성개시시점 571, 573
발성과도 231
발성과정 393
발성기 393, 568
발성기관 490, 569
발성기능 393
발성기능 분석기 393
발성놀이 561, 569
발성단계 393
발성동작 569
발성방식 569
발성범위 393
발성변경 438
발성부전 156, 232
발성불능 393
발성시 공기량 393
발성시간 393
발성시작시간 568, 569
발성실조 139
발성실행증 37, 40
발성역치기류 393, 424
발성역치압력 393, 424
발성역치호기율 393
발성유형 393
발성이상 393, 397
발성자세 570
발성장애 393, 393
발성재활 570
발성저항 393
발성전 호흡 413
발성정확도 13

발성종결시간 570, 574
발성중단 393
발성지수 393, 409
발성청각 통로 568
발성체계 393
발성통 362
발성편차 393
발성폐쇄 393
발성효율 393
발성휴식 570
발신자 문법 214
발암물질 77, 78
발어곤란 156
발어불능증 27
발언공포증 212
발언권 할당 193
발육부전 233, 548
발육불량 300, 548
발육이상 139
발육정지 139
발육학 56
발음 419
발음 중심의 읽기 395
발음곤란증 378
발음불명료 43
발음사전 419
발음숙달 304
발음실수 321
발자질 원칙 190, 194
발작 47, 502
발작시간 47
발작장애 460
발적 438
발전기 209
발증 경과일수 408, 409
발진 176
발한장애 34
발현구조 166
발현적 문해 166
발화 554
발화규칙 554
발화기본주파수 470, 487
발화길이의 확장 165, 180
발화단위 555
발화당 단어수 582
발화당 평균음운길이 396, 402
발화사건 554
발화상황 554
발화속도 554
발화시간 554
발화시간 중 분당말더듬비율 479, 503
발화실수 478, 490, 533
발화오류 490
발화유형 554
발화의미 554
발화장애 148
발화주파수 490
발화층위 554
발화행위 554
발화형성 554
밝기조정 73
방문간호사 566
방법론 315
방법의 격률 305
방사 431
방사 효율 431
방사감쇠 431
방사계수 431
방사관 117, 121
방사능 효과 432
방사능 흡수량 431
방사력 431
방사모드 431
방사상 주사 431
방사선 알러젠 흡수진단 432, 433
방사선 요법 432
방사선괴사 362
방사선도 452
방사선사진술 452
방사선영화촬영술 91
방사선의사 432
방사선촬영 연하검사 432
방사선학 432
방사성 핵종 432
방사손실지수 431
방사신경섬유 431
방사압력 431
방사유도저항 431
방사유형 431
방사율 431
방사저항 431, 432
방사저항행렬 431
방사조건 431
방사지수 431
방사질량 431
방사층 431
방사특성 431
방사형 교세포 431
방송개시 473
방송종료 473
방아쇠 작용 541
방어기제 132
방어성 132
방언 141
방언경계 141
방언권 141
방언사회 141
방언연속체 141
방언적 변이 141
방언적 차이 141
방언지리학 141
방언학 141
방열기 223
방위 369
방위각 57
방위각도 손실 57
방위각도 조정 57
방음 484
방음 모터 484

방음문 484
방음보호구 157
방음실 484, 485
방음재 484
방임 353
방추내 근섬유 260
방추세포 204
방추세포층 204
방추이랑 204
방출 146, 166, 442
방출계획 146
방출된 1회 호흡량 177
방출비율 433
방출음 162
방출자음 443
방패연골 530
방패호미근 530
방해 259
방해단어 149
방해성 258
방해전파 265
방향분별 검사 146
방향성 146
방향성 매개변수 146
방향적 은유 369
방향정위 및 보행훈련 369
배경 58, 470
배경근긴장 58
배경방사선 58
배경소음 58
배경소음레벨 58
배경정보 58, 217
배경지식 58
배경진술 470
배경화 58
배근반사 151
배뇨곤란 156
배면 151
배바깥경사근 335
배발생 166
배변반사 132
배변훈련 532
배분 149
배분단수 149
배분복수 149
배분사 149
배분성 149
배분적 주의 150
배상세포 213
배설 177
배설기능 177
배설물 146, 188
배설장애 165
배속경사근 335
배수 자극법 315
배아 166
배아기 166
배아발달 166
배아판 166
배열 42
배열관계 368
배열민감도 42
배열변환기 42
배열이득 42
배우자 205
배우자 형성 205
배음 220, 221
배음간격 221
배음-대-소음비 221
배음성분 220
배음왜곡 220
배음주파수 220
배제성 한시적 통제 177
배쪽 면 560
배쪽 시상 560
배쪽 와우신경핵 558
배쪽 체계 560
배쪽 핵 559
배측 교련 151
배측 굴곡 151
배측 대동맥 151
배측 미주핵 151
배측 시상 151
배측 신경절 151
배측 와우해부핵 129
배측 와우핵 151
배측 운동핵 151
배측 체계 151
배치 109
배타적 대명사 177
배타적 분포 103, 177
배타적 지역이기주의 350, 357
배타표기 177
배통 58
배플 59
백모증 77
백반 283
백반증 283, 578
백분위 규준 386
백분위 순위 386
백분위 점수 386
백분위수 386
백분율 385
백색교련 578
백색근 578
백색담즙 578
백색선 286
백색잡음 578
백색증 27
백색혈전 578
백신 556
백일몽 129
백일해 579
백지상태 519
백질 578
백질절제술 283, 290
백질질환 578
백터분석 558
백파이프 59
백혈구 283, 578

백혈병 283
뱅크슨 언어검사 60, 68
뱅크슨 언어선별검사 59, 68
버보토날 방법 562
버섯유두 204, 377
버지오의 일반화 75
버찌 진분홍 88
버튼 전화장치 268
버팀대 71
버팀목 419
벅스 행동평정척도 62, 75
번스틴 검사 64
번식 444
번역 539
번역대등 539
번역사 539
번역어휘목록 539
번역차용 77
벌리츠 교수법 64
벌프 사정검사목록 574
범내시경 377
범발성 청각실인증 211
범불안장애 208
범용 인터페이스 버스 208, 214
범위비율 433
범위-정규화 압력 433
범이론적 모형 539, 542
범주 81
범주 구성원 오류 81
범주 내포규칙 81
범주 유창성 81
범주 제스처 81
범주간투사대칭 123
범주규칙 81
범주문법 81
범주변항 81
범주선택 81
범주어 92
범주연합 81
범주와 어순 81
범주적 가정 81
범주적 과잉내포 81
범주적 과잉확대 81
범주적 구성소 81
범주적 영역 81
범주적 이름대기 81
범주적 확장 81
범주지각 81
범주형 변수 81
범주화 81
법 325
법범주 325
법성 감소 322
법언어학 195
법의학적 증거 195
법인류학 195
법적 맹 282
법학 267
벙어리 154
베르 질환 63
베르너의 법칙 562
베르네 증후군 562
베르누이 64
베르누이 원리 64
베르누이 효과 64
베르누이 힘 64
베르니케 577
베르니케 실어증치료법 540, 543
베르니케 영역 578
베르니케 증후군 578
베르니케실서증 577, 578
베리-탈봇 언어검사 64
베버 검사 577
베셀 방정식 64
베셀 필터 64
베셀 함수 64
베이스 61
베이스 음성 131
베이커의 역설 59
베일리 영 · 유아발달검사 62
베일리 영 · 유아발달척도 74
베케시 63
베케시 상승-하강차이평가 59, 63
베케시 청력검사 63
베케시 추적유형 63
베케시형 청력검사기 63
베크 우울검사 62
베크위드-위드만 증후군 62, 75
베타 64
베타 리듬 64
베타 미립자 64
베타 산화 64
베타 세포 64
베타 수용기 64
베타 아밀로이드 단백질 64
베타 차단제 64
베타 행동 64
벡터양자화 558
벡터전위 558
벤 라이퍼 557
벤더 시각-운동형태검사 63
벤더 얼굴손 검사 63
벤턴 시각적 파지검사 64
벤턴 좌우 변별검사 64
벨 63
벨 곡선 63
벨 마비 63
벨루기-클리마 언어이해검사 63
벨-마겐디 법칙 63
벨의 시각어 63
벨칸토 63
벽 575
벽세포 379
벽측심막 380
벽측흉막 380
변경 28
변곡점 245
변동 29
변동비율 574
변동성 193

변동음 28
변량 557
변량동질성 557
변량분석 32, 34
변모음 복수 337
변별 147
변별감각 148
변별곡선 147
변별과제 148
변별능력척도 129, 142
변별력 148
변별법 147
변별성 149
변별손실 148
변별위치 404
변별자극 148
변별자리 404
변별자질 149
변별자질 분석 149
변별자질 이론 149
변별적 기능 149
변별적 대조 149
변별점수 148
변별지수 148
변별학습 148
변별훈련 148
변비 111, 360
변성 28, 132, 337, 571
변성 발성장애 337
변성가성 337
변성기 발성장애 424
변성기 이전 412
변성음 21, 337
변성음성 292
변수 557
변수규칙 557
변압기 538
변연계 286
변연엽 286
변연피질 286
변위 148, 540
변위된 말소리 148
변위법칙 280
변위이동 148
변이 557
변이가설 557
변이계수 97, 126
변이동사 337
변이성 557
변이음 28
변이음 조음 557
변이적 자질 557
변이지수 557, 564
변이형의 변동 27
변이형태 27
변인 186
변인분석 186
변조 323
변조기 323
변조깊이 323
변조된 청각 피드백 28
변조왜곡 323
변조유발이음향방사 149, 152
변조율 323
변조음 323
변조잡음 323
변조잡음 기준단위 170, 322, 323, 330
변조전이기능 323
변조주파수 323
변조지수 323
변조탐지간섭 307, 323
변종 539
변증법 141
변질 28
변칙 34
변칙 한정동사 34
변칙동사 34, 263
변태 314
변통 132
변형 132, 149, 537, 557
변형 적용과정 538
변형 주파수 537
변형관계 538
변형규칙 538
변형론자 538
변형문법 538
변형부 537
변형생성문법 209, 538
변형성 근긴장부전증 156
변형순환 538
변형어휘 538
변형율 433
변형적 사고 538
변형적 옹알이 558
변형적 중의성 537
변형주의적 입장 538
변형표지 537
변형훈련 538
변화 558
변화와 교정 558
변환 102, 116, 537
변환기 537
변환기 카트리지 537
변환기제 537
변환통사론 116
별세포 498
별아교세포 46
병동 575
병력 33, 93
병렬 267
병렬 피킹 472
병렬구문 378
병렬구조 378
병렬배치 267
병렬분산처리모형 378
병렬식 처리 378
병렬어 267
병렬적 동화 267
병렬적 이화 267

병렬적 표상 378
병리적 비유창성 148
병리학 383
병리학자 383
병리학적 진단 383
병리해부학 383
병변 283
병변부위 476
병상 삼킴평가 62
병상 연하평가 62
병상자문 62
병소 283
병소부위 476
병소연구 283
병용이중언어사용 117
병원학교 228
병인-범주적 접근 175
병인체 175
병인학 23, 175
병적 반사 383
병적 질투 326
병적다변증 292
병점선 107
병합 313
병합이론 313
병행교수 378
병행놀이 378
병행훈련 378
보간법 258
보강 441
보강간섭 112, 441
보강제 21
보건 221
보건과학 222
보건기구 222
보건당국 221
보건소 222
보건태도 221
보고라드 증후군 69
보고자 검사 444
보고하기 130
보관 41
보균자 79
보모 79
보문소 103
보문소 범주 103
보문소구 103
보문화소 103
보바스 치료법 69
보살핌 79
보상 102
보상 이론 102
보상강화물 59
보상교육 103
보상기술 103
보상만곡 102
보상모델 103
보상방법 103
보상운동 103
보상적 성장 103
보상적 오류 103
보상적 장음화 103
보상적 조음 102
보상적 조음오류 103
보상적 조음자세 103
보상체계 449
보상치료 103
보상흡기량 103
보속 389
보속실어증 389
보속이론 389
보속적 동시조음 389
보속적 동화 389
보속적 오류 389
보속적 착어 389
보속증 389
보수교육 113
보수교육단위 87, 113
보스톤 실어증진단검사 70
보스톤 이름대기검사 68, 70
보스톤 중증실어증평가 70
보스톤대학 언어음변별검사 70
보습뼈 573
보어 103
보어 명세 103
보어절 103
보엠 기초개념검사 69, 74
보열 107
보완 52
보완교육 113
보완교육단위 87, 113
보완대체의사소통 9, 52
보완의사소통 53
보완의사소통체계 53
보유 447
보일 71
보일의 기체법칙 71
보장구 45
보정 76
보정기 76
보정용 진동테이블 564
보정음 76
보조 25
보조 동사 223
보조공학 45
보조공학 서비스 45
보조공학기기 45
보조근 13
보조대체의사소통 25
보조동사 56
보조듣기장치 45
보조듣기체계 45
보조선 13
보조언어 56
보조언어자극 25, 27
보조영상기법 21
보조영역 510
보조요법 21
보조운동 45
보조운동영역 479, 510

보조운동피질 479, 510
보조의사소통상징수행력검사 520
보조적 입력 510
보조조절 방식 45
보조참가자 472
보조청능사 49
보조치료 69
보조호흡근 13, 56
보조효소 97
보좌 25
보철 421
보철각막성형술 421
보철기 421
보철기구 421
보철전문가 421
보철전문의 421
보철치과의사 421
보청기 49, 53, 219, 222, 372
보청기 변형 220, 222
보청기 산업회의 219, 222
보청기 외형 222
보청기 적응지도 222
보청기 적합 219, 222
보청기 적합공식 222
보청기 청음기 222
보청기 평가 219, 222
보충 437
보충교육 103
보충어 영역 103
보충적 비구강 섭식 프로그램 510
보충적 성분 510
보충적 언어환경 96
보충적 책략 103
보측 375
보톡스 70
보톡스 주사 70
보통 명사구 100
보통 숨참기 158
보통명사 100
보통염색체 56
보통염색체 우성 유전 56
보통형 554
보툴리누스 A 독소 70
보툴리누스 독소 70
보툴리누스 중독 70
보편 기저가설 551
보편문법 551
보편성 551
보편소 97
보편속성 551
보편어순가설 551
보편연결규약 551
보편원리 조합 체계 323
보편원칙 551
보편음성학 551
보편음운론 551
보편의미론 551
보편적 강도위계 551
보편적 개념원소 551
보편적 개념지식 208
보편적 격 551
보편적 수식어 551
보편적 순서 551
보편적 언어능력 551
보편적 언어원칙 551
보편적 음운과정 551
보편적 음절형 551
보편적 지식기반 551
보편적 평가절차 100
보편적 함의 551
보편적 형태론적 자질 551
보편통사론 551
보편할당가설 551
보편화용론 551
보행 30, 205, 291, 575
보행가능환자 30
보행검사 205
보행계수기 385
보행반사 498, 575
보행분석 205
보행불능 47
보행불능증 10
보행실조 205
보행장애 155, 205
보행주기 205
보행훈련 205
보호 79, 421
보호 주파수대 217
보호동기이론 421
보호자 79
보호자 말 79
보호자 명명 79
보호자 질문지 79
보호자를 통한 훈련 프로그램 79
보호적 관리 126
보호적 영어 471
복강 10
복강경 276
복강경 검사 276
복근 10
복내측 560
복내측로 560
복대 10
복막 389
복면 헤르니아 559
복명 130
복모음 573
복문 104
복벽 10
복벽 헤르니아 559
복부 10, 63
복부 일차운동영역 559
복부고착 10
복부골반강 10
복부근 333
복부내장 10
복부대동맥 10
복부체계 560
복부팽만감 192

복사기 403
복선 음운론 354
복소수 104
복소수 각주파수 103
복소수 감쇠 103
복소수 감쇠계수 103
복소수 강도 104
복소수 강성 104
복소수 기류저항 104
복소수 기여도 함수 103
복소수 모드 104
복소수 시적분 세기 104
복소수 압력 104
복소수 유효 압축율 104
복소수 유효밀도 104
복소수 유효음속 104
복소수 유효체적 탄성율 104
복소수 음압반사계수 104
복소수 음압투과계수 104
복소수 자연주파수 104
복소수 주파수 104
복소수 크기 103
복소수 탄성계수 104
복소수 평면 104
복소수 푸리에 진폭 104
복소수 푸리에스펙트럼 104
복소수특성 유동저항 104
복수 402
복수도출 332
복수양식법 332
복수연쇄 330
복시 144
복식 상보배치 331
복식 상보분포 332
복식위영양법 207
복식호흡 10
복식횡격막 호흡 10
복원 447
복원가능성 437
복원탐색 441
복음소적 가치 556
복잡성 104
복잡성의 파생이론 137
복잡한 에피소드 104
복잡한 일화 104
복재정맥 455
복제약품 209
복조 134
복지 577
복지국가 577
복지사업 577
복지사업가 577
복지사회 577
복지시설 577
복지정책 577
복지제도 577
복직근 437
복청 144
복측 면 560
복측 와우핵 559
복통 10
복합 105
복합 부분발작 104
복합 스피커 104, 330
복합 이중언어사용 105
복합가설 105
복합경색성 치매 331
복합관계사 105
복합뇌졸중 332
복합동사 104
복합매개변수 104
복합명사 105
복합명사구 제약 104
복합명사구제약 96
복합모음 104
복합벽 105
복합부가어 105
복합분절음 104
복합성 실어증 99
복합술어 104, 105
복합어 104
복합어 강세규칙 105
복합음 104
복합음 투과손실 105
복합음식별검사 104
복합음절 104
복합음절핵 104
복합음파 104
복합의사소통장애아동 82, 103
복합자음 105
복합자질 104
복합전치사 105
복합절제술 105
복합조음 331
복합주기음 104
복합주기파형 104
복합치료 99
복합타동사 104
복합파 104
복합파수 104
복합파형 104
복합형 방진고무 105
복합활동전위 77, 105
복횡근 539
본능 250
본능이론 250
본능행동 248
본성 344
본성 지향적 이론 344
본질적 조건화 175
본질적 지식 507
본태성 진전 175
볼 언어 75
볼근 75
볼근가지 74
볼근육 333
볼근정맥 75
볼동맥 74
볼러-제럴드 증후군 59
볼록 116

볼반사 74
볼부위 74
볼신경 74
봉선 433
봉쇄도식 68
봉합 499, 512
봉합선 512
부 조음기관 320
부가 21
부가 과제 506
부가구조 21
부가규칙 47
부가문 형성 520
부가성장 40
부가소음 20
부가어 21
부가언어 20
부가운용 21
부가위치 21
부가의문문 520
부가장치 47
부가적 이중언어교육 20
부가적 이중언어주의 20
부가적 준거 20
부가제약 21
부가질량 47
부가혜택 200
부갑상선 13, 379
부갑상선 호르몬 379
부검 55, 344
부계 382
부계감염 382
부교감신경 379
부교감신경계 379
부기 177
부동관절 516
부동섬모 498
부동시 34
부드러운 발성지수 482, 492
부드러운 속삭임 482
부등성 243
부력주파수 75
부록 39
부류 간 일반화 17
부류 내 일반화 579
부류마디 92
부매개변수 320
부모관리 접근법 379
부모보고 379
부모양육스트레스검사 379, 422
부모양육스트레스지수 379, 422
부모유아 상호작용척도 400
부모참여 379
부모태도 379
부모훈련 379
부모훈련 프로그램 379
부문화 135
부분 구개열 507
부분 명세 381
부분 알파벳 단계 381
부분 위절제술 507
부분 후두절제술 381, 507
부분관계 313
부분구개파열 381
부분누출 381
부분대장절제술 223
부분동화 381
부분명시 381
부분모방 381
부분발작 381
부분부정 291
부분상관관계 381
부분선형 399
부분성대절제술 381
부분압력 381
부분어조 381
부분음 381
부분적 382
부분적 강화 381
부분적 누가 381
부분적 보충 381
부분적 유성폐쇄음 381
부분적 이해기술 315
부분-전체 도식 381
부분절단 381
부분접근가설 381
부분중복 381
부분진동 381
부분집합 원리 506
부분치아결손 363
부분학습 381
부분함수 381
부분혀절제술 381
부분확산음장 381
부비강 13, 379
부비동 13, 379, 476
부비동 세척 280
부비연골 13, 341, 378
부사 22
부사구 22
부사류 22
부사적 관계사 22
부사적 대격 22
부사적 명사 22
부사적 목적어 22
부사적 불변화사 22
부사적 속격 22
부사전치 22
부사절 22
부선 13
부성 382
부성시험 382
부성애 188, 382
부속기 21
부속기관 13
부속물 39
부수어휘 200
부수적 말더듬 239
부수적 특성 13
부수행동 12

부신 21
부신 증후군 21
부신경 13
부신경총 13
부신계 22
부신수질 21
부신염 22
부신피질 21
부신피질 기능 22
부신피질 호르몬 17, 22
부엽 13, 472
부영양소 13
부위별 대응조직 482
부유구조 193
부유늑골 193
부유바닥 193
부유성조 193
부이하선 13
부인 135
부인대 13
부작용 22, 472
부재주어 321
부적 감쇠 345
부적 강성 345
부적 강화 345
부적 강화물 345
부적 상관관계 345
부적 성분 345
부적응 300
부적응 반응 300
부적응 전략 300
부적응 학습이론 300
부적응 행동 299
부적절성 239
부적절한 쉼 239
부적절한 울음 239
부적절한 웃음 239
부전립선 379
부전마비 379
부전실설증 156
부전실어증 156
부전실행증 156
부정 345
부정관사 240
부정교합 300, 521
부정대명사 240
부정맥 42
부정모음 240
부정문 345
부정사 245
부정사 배치 345
부정사 인상 345
부정사 축약 345
부정사동반 대격 13
부정적 매력 없는 원소 345
부정적 불안 130
부정적 음절구조 제약 345
부정적 이미지 345
부정적 친화성 345
부정주의 345
부정치열 300
부정합 321
부정확한 관찰 239
부정확한 자음산출 239
부정확한 정교화 239
부정확한 조음 239
부정회귀 187
부조화 240
부종 160
부주의 행동 239
부중심핵 377
부차언어적 반응 378
부차언어학 378
부차언어학적 부호 378
부차언어학적 특질 378
부차적 자질 506
부착 20, 47
부채꼴모양 척추 456
부챗살층 431
부트스트랩 회로 70
부하 290
부하량 290
부하시저항 290
부핵 13
부호 472
부호 플래그 472
부호교체 97
부호반전 증폭기 473
부호선택 97
부호위치 473
부호전환 97
부호혼용 97
부호화 97, 167
부호화 능력 97
부호화 체계 168
부호화기 167
부호화된 단어 473
부호화된 말 167
부호화된 의사소통판 167
부호확장 472
부흉선 13
북미인디언 수어 30
북미인디언수화 30
분계 134
분계고랑 524
분계기능 134
분계막 134
분계선 524
분계섬유줄섬유 190
분계전위 134
분극 403
분극 벡터 403
분극전압 403
분기 65, 149
분기부 79
분기점 65
분노 33
분노계 33
분류 92, 472
분류방법 92

분류사 92
분류서술어 92
분류음소 521
분류음소적 단계 521
분류음소층위 521
분류자매어 521
분류자질 92
분류조직 521
분류학 521
분류학적 가정 520
분류학적 모형 521
분류학적 원칙 521
분류학적 제약 521
분류학적 지식 521
분류형 변수 92
분리 141, 146, 148, 460, 469, 493
분리 능격성 493
분리 능격언어 493
분리 능격체계 493
분리 불가능성 352
분리 선행사 493
분리 형용사 197
분리가능 접두사 469
분리구조 493
분리동사 138
분리목적어 493
분리반응 148
분리부정사 493
분리분석 460
분리불안 469
분리불안장애 454, 469
분리성 138, 150, 263
분리시도 147
분리어 493
분리저항 469
분리적 소유 27
분리전극 67
분리전치사 138
분리주어 493
분립 148
분만 380
분명치 않은 언어 550
분무기 47
분문 78
분비 460
분비샘 460
분비선 459
분사 381
분사구문 381
분사동반 대격 13
분산 148, 557
분산된 신경망 149
분산분석 32, 34, 557
분산성 149
분산손실 494
분산적 연습 149
분석 32
분석 스타일 32
분석 필터 32
분석가능성 33
분석가능성 조건 108
분석경향 32
분석기 33
분석레벨 284
분석법 32
분석시약 33, 41
분석심리학 32
분석언어 32
분석적 명제 32
분석적 문장 32
분석적 방법 32
분석적 심리치료 33
분석적 접근 32
분석적 진리 33
분석적 훈련접근법 33
분석창 32
분석책략 32
분석철학 32
분석표상 32
분석화학 33
분쇄기 47
분수계성 경색 576
분수령 576
분수령 현상 576
분야 190
분열 148, 192, 493
분열뇌증 457
분열문 93
분열성 행위 148
분열이론 142
분열장애 148
분열형 성격장애 457
분엽핵구 460
분자 324
분자량 324
분자론 324
분자생리학 324
분자생물학 324
분자세포학 324
분자식 324
분자압축률 324
분자운동 324
분자유전학 324
분자음속 324
분자이완흡수 324
분자층 324
분자흡수 324
분절 460
분절단위 147, 460
분절운동 460
분절음 460
분절음 교체 460
분절음 구조규칙 460
분절음 내부표시 246
분절음 분석 460
분절음 잉여규칙 460
분절음 잉여성 460
분절음 자질 460
분절음 제약 460
분절음 층위 460

분절음소 460
분절음운론 460
분절적 근긴장이상증 460
분절절제술 460
분절핵 460
분절화 460
분지 72
분지 양화사 72
분지 프로그램 72
분지각운 72
분지규칙 72
분지방향 72
분지이론 72
분포 149
분포분석 149
분포이상 300
분포형태론 149
분할 93, 382
분할 네트워크 124
분할 뇌 493
분할선 93
분할정위 방사선치료 197, 201
분할주파수 124
분할표 113
분해 73, 131, 133, 444
분해검사 373
분해법 315
분화 143
분화복수 143
분획 134
불가산명사 548
불가지론 25
불가지병 12
불감지대 474
불구공포증 156
불구자 220
불규칙 과정 432
불규칙 근육경련 338
불규칙 단어 263
불규칙 동사 263
불규칙 변수 433
불규칙 신호 433
불규칙 입사 432
불규칙 입사 마이크로폰 432
불규칙 입사감도 432
불규칙 입사교정기 432
불규칙 입사음 흡수계수 432
불규칙 조음붕괴 262
불규칙 파형 433
불규칙-입사 음향파워 투과계수 432
불규칙잡음 432
불규칙적 조음단절 263
불규칙한 말속도 557
불규칙형 263
불균일 촉매작용 225
불균질 혼합물 225
불기운동연습 68
불능 257
불면증 25, 37, 44, 249, 478, 565
불명료 239
불명료하게 말하기 479
불명료한 발화 550
불명료한 언어 479
불명열 189
불명예 499
불명인자 551
불명확한 말더듬 30
불명확한 행위 547
불발발화 321
불변대립 111
불변성 261
불변성 가설 261
불변소 261
불변질 소음 549
불변체 261
불변화 복수 547
불변화사 381
불변화사 이동 381
불소치료 194
불수의 운동 262
불수의 치료 262
불수의근 262
불수의-수의조절해리 55
불수의운동형 뇌성마비 47
불수의적 반사 262
불안 25, 37
불안 약물치료 37
불안 히스테리아 37
불안단어 188
불안반응 37
불안상태 37, 552
불안신경증 37
불안역치 529
불안우울증 37
불안장애 37
불안정 272
불안정 음운대립 552
불안정신병 37
불안정역치 521
불안정음 552
불연속 구성성분 147
불연속 동화 147
불연속 의존구조 147
불연속가설 147
불연속성 147
불연속형 명칭실어증 146
불연속화 147
불완전 구개파열 240
불완전 동사 240
불완전한 학습 238
불응기 440
불응단계 440
불충분한 자질 197
불쾌 146, 156
불쾌감 156
불쾌레벨 545, 547
불쾌역치 146, 530
불쾌음량 547
불쾌음량레벨 548

불쾌음량역치 545
불쾌지수 146, 547
불투명 364
불투명 문법 204
불투명 영역 364
불투명분절음 364
불투명상징 364
불투명조건 364
불투명체 364
불투명화 364
불파음 552
불평등 243
불평형 243
불포화 552
불협응 240
불협화음 148
불협화음이론 148
불확실성 547
불확실성 회피 547
불확실한 행위 547
불확정성 240
불확정성 원리 547
불활성화 130
붐 마이크 69
붓털동맥 385
붕괴 73, 148
붕괴이론 130
브라버맨-체비니 청각투사검사 72
브라운운동 74
브라젤톤 신생아행동평가척도 68, 72
브라켄 기초개념척도 71
브레인 스토밍 72
브로드만 74
브로드만 영역 58, 74
브로카 74
브로카 언어 영역 74
브로카 영역 74
브로카 증후군 74
브로카실서증 74
브로카실어증 74
브룬 방식 74
브룸 증후군 68
브룸의 분류 68
브룸필드 68
브룸필드 학파 68
브리지 비평형 73
브리지 회로 73
브릴 농아용 교육성취검사 73
블랙박스 모형 67
블루슈타인 파 68
블루슈타인-글리예프 파 64, 68
블리스 기호 68
블리스 상징 68
비 알레르기 341
비 포먼트 341
비가동 관절 238
비가역반응 263
비가역성 263
비가역성 치매 263
비감독학습 552
비감쇠 고유주파수 548
비갑개 341, 342, 542
비갑개골 542
비갑개능 107
비강 341
비강 난기류 342
비강 누출기류측정기 341
비강 스침소리 342
비강 폐쇄음 342
비강 흡착음 341
비강공명 341, 342
비강기류 341
비강내시경 341, 342
비강면 342
비강모음 342
비강방출 342
비강성 341
비강세 모음 552
비강세 음절 552
비강세 음절탈락 552
비강수축 357
비강역류 342
비강음 342
비강전이음 341
비강제적 위배 549
비강폐쇄 342
비강폐쇄증 341
비강풍속계 449
비강화 355
비개방 552
비개방 폐쇄음 552
비격식 문체 80
비결정성 240
비경 342
비경검사법 449
비경계저항 488
비경련 357
비계설정 456
비고설성 353
비고정 소음 355
비고츠키 574
비골 341
비공명 방식 362
비공명음 355
비공식적 청능훈련 246
비공식적 평가 246
비과학 449
비관습적 은유 548
비관용성 548
비관절면 352
비관통성 뇌손상 354
비관통성 두부손상 354
비교 102, 341
비교구문 102
비교구조 102
비교-대조 방법 102
비교문장 102
비교문헌학 102

비교문화 심리학 123
비교문화적 방법 123
비교방법 연구 102
비교삭제 102
비교수사학 102
비교심리학 102
비교심리학자 102
비교언어학 102
비교언어학자 102
비교역사언어학 102
비교연구 102
비교음성학 102
비교집단 102
비교차 음향반사 548
비교차 음향반사 역치 548
비교평가 102
비교함수 102
비교해부학 102
비교형태 102
비구강의 342
비구개관 343
비구개신경 343
비구두 의사소통 354
비구어 검사 356
비구어 구강실행증 356
비구어 구강운동 연습 352, 355
비구어 지수 356
비구어 청각변별검사 524, 525
비구어 평가 355
비구어 학습 356
비구어 행동 355
비구어성 실행증 356
비구어성 아이큐 356
비구어성 청각실인증 356
비구어성 행동 356
비구어수행척도 479
비구어음 355
비구어의사소통 356
비구어의사소통체계 356
비구어의사소통평가 45
비구어적 강화 356
비구어적 능력 356
비구어적 반응 356
비구어적 외현적 운동반응 356
비구어적 의미 356
비구어적 지능검사 356
비구조화 놀이 552
비굴절 기저형태 550
비굴절 단어 550
비굴절 동사 550
비굴절 부정사 550
비근 335, 342, 452
비기관흡인법 343
비기도 341
비기도 저항 341
비기본 이형태 352
비기질적 농 354
비기질적 청력손실 354
비낭 341
비네-사이먼 지능검사 66
비노출 외이도 보청기 103
비논항 352
비뇨기계 554
비누출 341
비늘봉합 494
비능격 동사 549
비단백 호흡교환 비율 355
비단선 음운론 354
비단어 355, 356
비단어 모방과제 356
비단어 반복 356
비대격 가설 547
비대격 동사 547
비대격 술어 547
비대칭 46
비대칭 계수 477
비대칭 관계 46
비대칭 박자 46
비대칭 분포 46
비대칭 비율 46
비대칭성 46
비대칭형 청력손실 46
비도 308, 341, 342
비도출 환경 352
비동시성 46
비동일 지시 148
비동일 지시규칙 352
비동화적 과정 352
비디오 내시경 565
비디오 원격회의 565
비디오 투시조영 삼킴검사 564, 565
비디오 투시조영검사 565
비디오 투시조영술 565
비디오카이모그래피 565
비례감쇠 420
비례대립 420
비로 342
비루관 342
비루선반사 342
비만세포 304
비만증 359
비말감염 153
비맞교차신경세포 352
비명시 삭제제약 350
비명시적 수행발화 239
비명시적 오류 120
비명제적 언어 355
비모수통계 354
비모양체신경 342
비모음성 356
비문 549
비문법성 549
비문법적 발화 549
비미로 341
비밀보장 109
비밀스러운 음성 109
비밀평가 120
비방사저항 488
비배음 에너지 247

비배제성 한시적 통제 353
비백색 잡음 356
비변별자질 353
비보조 의사소통 547
비부 342
비분산성 353
비분산전파 353
비분절 355
비분지 각운 352
비브라토 564
비비음 354
비삼킴적 빨기 355
비상호적 대화형태 353
비상호적 명명 353
비상호적 의사소통행동 353
비생산적 과정 355
비석 341, 449
비선 341
비선택적 결속사 552
비선형 강조 353
비선형 매개변수 354
비선형 보청기 354
비선형 분포 353
비선형 불안정성 354
비선형 양자화 354
비선형 왜곡 353
비선형 음향학 353
비선형 전파방정식 354
비선형 주파수압축 354
비선형 증폭 353
비선형 증폭기 353
비선형 체계 354
비선형 합성 354
비선형성 354
비선형적 가정 353
비선형적 분석 353
비설정성 352
비섭식용 젖꼭지 353
비섭식적 빨기 353
비성 449
비성 리스프 341
비성 반사 342
비성 유출 342
비성어 342
비성절 모음 355
비성절성 355
비성절성 분절음 302
비성절적 말소리 355
비성천식 341
비속어 513
비속영어 574
비수지 신호 354
비수축된 성문 352
비수축성 362
비순구 342
비순선 342
비순음성 353
비순응 352
비순환성 352
비습도 488
비식측정법 449
비신경절 341
비실체 353
비실험 353
비안검 검사 343
비안와 343
비야크네스힘 67
비약이론 428
비어법 574
비어휘 대명사 353
비어휘 범주 353
비어휘경로 353
비언어 능력 353, 354
비언어기 356
비언어성 지능검사 525, 533
비언어적 단서 354
비언어적 소음 354
비언어적 의사소통 354
비언어적 피드백 354
비역 286
비연골 341
비연상학습 352
비연성 모드 548
비연속 형태론 352
비연속변인 147
비연속성 147
비연쇄 형태론 352
비연하적 빨기 352
비열비 488
비염 449
비영양적 빨기 354
비오니티아제 결핍 67
비와류 342
비외형적 낱말 학습맥락 354
비용종 342
비운율적 발성 148, 156
비원순모음 552
비원순성 552
비위 튜브 350
비위관섭식 342
비위관식이법 342
비위영양관 342
비유 190
비유관 강화 352
비유어 190
비유일성 355
비유적 아이러니 190
비유적 언어 190
비유적 의미 190
비유전성 청력손실 353
비유창성 155
비유창성 실어증 353
비율 433
비율감축 433
비율강화 433
비율제어 433
비율척도 433
비율판단 433
비은폐 검사 548
비음 342

비음 위치동화 342
비음 측정기 342
비음 층렬 342
비음도 342
비음도 중증도 지수 342
비음동화 341
비음성 중얼거림 341
비음소적 이중모음 355
비음운론적 요소 355
비음-유음 자극 341
비음치 342
비음향 리액턴스 487
비음향 어드미턴스 487
비음향 저항 487
비음향 저항비 487
비음화 342
비음화된 모음 342
비음화된 소리 342
비음화음 342
비의도적 진전 353
비익 341
비익호흡 341
비인강 343, 449
비인두 171, 343
비인두 종양 343
비인두경 343
비인두경검사 343
비인두기도 343
비인두내시경검사 343
비인두도 343
비인두염 343, 449
비인접 동화 352
비인지적 증상 352
비인칭 구문 238
비인칭 수동문 238
비인후경검사 343
비자모적 기호 547
비자음 341
비자음성 352
비장 493
비저 341
비저모음성 354
비저설성 354
비저항 342, 488
비저항 비율 488
비전정 342
비전형적 구개파열 48
비전형적 비유창성 48
비전환 전극 353
비절개술 449
비절흔 342
비점막 341
비정상 구토반사 11
비정상 신호 355
비정상 언어 140
비정상 에코 11
비정상 음성 140
비정상 행동 10
비정상성 11, 355
비정상아 11
비정상인 11
비정상적 비유창성 11, 19
비정체성 355
비정형 동사 353
비정형적 352
비정형적 음절 352
비제로 복귀 352
비제한적 부가어 355
비제한적 수식어 355
비조직적 148
비조직적 언어 148
비조찰성 355
비조화성 247
비종단 기호 355
비주기 진동 38
비주기성 38
비주기음 38, 354
비주기파 38, 355
비주어 통제 355
비중 488
비중격 342, 469
비중격 능선 469
비중격 신경증 469
비중격 연골 342, 469
비중격 천공 387
비중격 피부 성형술 469
비중격절제술 469
비중격형성술 469
비중복성 옹알이 355
비중심성 353
비중후군 청력손실 355
비지시적 상담 353
비참여 관찰 354
비체적 488
비축공기 444
비축주파수 응답 362
비출혈 172, 341, 449
비측정형 변수 354
비침습 전극 353
비타민 결핍증 57
비타민 다량투여 요법 310
비통 342, 449
비통합 216
비트 주파수진동자 67
비트는 힘 534
비특이성 호흡기 질환 552
비특정 언어 355
비틀거리는 보행 503
비틀걸음 531
비틀린 파형 534
비틀린 행동 471
비틀림 114
비틀림 강성 534
비틀림 강성요소 534
비틀림 진동 534
비파괴검사 352
비파괴시험 344, 352
비파생 548
비파열 342, 357, 552
비파음 552

비판론 123
비판이론 123
비판적 독서 123
비판적 문해력 123
비판적 사고 123
비판적 읽기 123
비판적 청취 123
비판철학 123
비편도 342
비폐색 342
비폐쇄 귓본 354
비표시된 형태 551
비표준 언어 355, 506
비표준화 평가 355
비해석성 자질 550
비핵심적 문장 353
비혈관 342
비혈관성 356
비협조적 빨기 548
비형상 언어 352
비호흡 341, 342
비화농성 355
비화농성 중이염 355
비확대성 355
비회피기법 352
비후두 과학 449
비후설성 352
빈 형태 167
빈곤 409
빈곤레벨 409
빈곤선 409
빈공간 82
빈구어 167
빈도가설 199
빈도과제점수 199, 201
빈도대응 199
빈도수 계산 198
빈도오류 199
빈도적 비대칭성 199
빈도정보 199
빈맥 199, 519
빈박성 부정맥 519
빈창자 265
빈창자 창냄술 265
빈칸 채우기 추론 206
빈혈 33
빈호흡 519
빌리루빈 65
빔 62
빔-변위 62
빔-조향 62
빔-폭 62
빗모뿔근 360
빗부분 360
빗장뼈 93
빗틈새 360
빙 검사 66
빛굴절 286
빠롤 380
빠른검사 429
빠른구어 12
빠른눈움직임 433, 443
빠른마비말장애평가 429
빠른말실행증평가 429
빠른선별 429
빠른선별검사 433
빠른수축섬유 187, 188
빠른안구운동 443
빠른연결 187
빠른연결전략 187
빠른우연학습 429
빠른우연학습전략 429
빠른위상 187
빠른이름대기 433
빠른인지언어검사 95, 98
빠져나오기 425
빠져나오기 치료모형 425
빠진 정보추론 206
빠진부분검사 321
빨기 반사 508
뼈고정 보청기 69
뼈구개 376
뼈단위 371
뼈세포 69
뼈속질 69
뼈조직 371
뿌리 452
뿌리층렬 452
뿔 117, 228
뿔연골 117
뿔연골결절 117

ㅅ

사각괄호 494
사각근 334, 456
사각근 림프절 456
사각막 428
사각소엽 428
사각인대 428
사각형 지팡이 428
사강 130
사강환기 130
사강효과 130
사건 목적어 176
사건 인과관계 176
사건관련전위 173, 176
사건구조 176
사건범주 명칭 176
사건유형 176
사건종류 176
사격 360
사고 528
사고과정 529
사고발달 528
사고장애 528, 529
사고장애 인자 528
사골 175
사골동 175, 476
사골동염 175
사골신경 175

사골절혼 175
사골판 121
사교성 479
사교요법 481
사교육 417
사구체 118, 212
사구체 신염 212
사구체 캡슐 212
사근 360
사다리도 273
사람 389
사람 도식 389
사람상황 상호작용 389
사랑니 579
사례관리 80
사례력 80
사례력 면접 80
사례보고 80
사례연구 80
사례연구법 80
사례정의 80
사례확인 80
사립체성 근질환 321
사망 130, 327
사망공포증 344
사망률 327
사망본능 130
사망학 527
사면 477
사물 대치 한자 359
사물명 357
사물의 영속성 359
사법권 267
사본위수 429
사분반맹 428
사분법 315
사산 499
사상 302
사상규칙 302
사상열 360
사상원리 302
사상유두 191
사상전향 72
사색적 문법 489
사선 360
사성 227
사슬 87
사슬조건 87
사시 123, 494, 500
사실인출 186
사실적 가정 186
사실적 정보 186, 290
사실지향학습 186
사어 130, 182
사역동사 82
사용기반이론 554
사용비율 554
사용역 440
사용의미 554
사용이론 554
사용자 편리성 554
사용지향적 기초연구 554
사운드 트랙 485
사은유 130
사이뇌 142
사이버 공간 126
사이버 공동체 126
사이버 공포증 126
사이버 심리학 126
사이버 폭력 126
사이언어 236, 255
사이트 476
사인운동 476
사인파 475
사인파 주파수 199
사적 인지 59
사전 검사 414
사전 교수요목 417
사전경험 417
사전맥락 112
사전연쇄 414
사전인지 410
사전적 대조제약 284
사전조건형성 410
사전조직자 22
사전통지 412
사전편찬자 285
사전학 285
사정 45, 162
사정관 162
사지 183
사지골격 39
사지동작 329
사지마비 428
사지실행증 286
사진-그림사전 399
사진조음검사 382, 397
사춘기 425
사춘기 지연 134
사춘기음성 21
사춘기-타이밍 효과 531
사칭자 239
사투리 영어 62
사팔뜨기 123, 500
사피어 455
사피어-워프 가설 455
사피열근 360
사회 계급 480
사회 구조 481
사회 동조성 480
사회 변동 480
사회 비교 480
사회 쇠약증 480
사회 자원봉사 481
사회경제적 지위 470, 481
사회계약설 480
사회계층 481
사회공포증 481
사회과학 481
사회과학용 통계패키지 494, 497

사회규범 481
사회문제 481
사회문화 이론 481
사회문화적 의미 481
사회방언 480, 481
사회방언학 480
사회병리학 481
사회보장 481
사회보장법 481
사회보장제도 481
사회보험 480
사회복귀 481
사회복지 481
사회복지사 481
사회봉사 481
사회사업 481
사회사업가 481
사회생물학 481
사회생활 480
사회성 479
사회성 게임 480
사회성 문제 62, 64
사회성 발달 480
사회심리학 481
사회언어학 481
사회언어학적 능력 481
사회언어학적 접근 481
사회언어학적 지식 481
사회역학 480
사회연령 454, 479
사회인류학 479
사회재적응평정척도 481
사회저해 480
사회적 가치 481
사회적 강화 481
사회적 강화물 481
사회적 거리 480
사회적 거리척도 480
사회적 고립 480
사회적 공평 480
사회적 과정 481
사회적 관계망 480
사회적 관심 480
사회적 교환이론 480
사회적 기술 481
사회적 내향성 480
사회적 능력 480
사회적 다원주의 480
사회적 단위 481
사회적 몸짓언어 480
사회적 미소 481
사회적 밀도 480
사회적 박탈 480
사회적 배척 481
사회적 범주 480
사회적 본능 480
사회적 부적응 480
사회적 분화 480
사회적 불안 480
사회적 비교이론 480
사회적 상호작용 480
사회적 상호작용이론 480
사회적 성숙 480
사회적 성숙척도 480
사회적 수요 480
사회적 수용 479
사회적 언어 481
사회적 역할 481
사회적 옹알이 480
사회적 이동 480
사회적 인지 480
사회적 인지이론 480
사회적 일탈 480
사회적 재활 481
사회적 지각 481
사회적 지능 480
사회적 지원 481
사회적 차별 480
사회적 책임 481
사회적 층위 481
사회적 타당성지수 479
사회적 통합 480
사회적 표류가설 480
사회적 합의 480
사회적 해방 480
사회적 해체 480
사회적 행동 480
사회적 화용 의사소통장애 481
사회적 환경 480
사회정서적 성숙 481
사회정신의학 481
사회정책 481
사회정체감이론 480
사회정체성 480
사회조사 481
사회조직 481
사회주의 481
사회지표 480
사회진화론 480
사회측정학 481
사회치료 481
사회통계학 481
사회학습 480
사회학습이론 480
사회화 481
사회화된 언어 481
사회화된 행동장애 481
사회화장애 156
사회환경 480
사후검사 409
사후검증 405
사후관리 194
사후교수요목 408
사후맥락 112
사후조리 24
삭제검사 77
삭제논항 134
산도 14
산도검사 391
산등성이 121

산란 457
산란 단면적 457
산란강도 457
산란계수 457
산란미분 457
산란세기 457
산란장 457
산란체 457
산란함수 457
산문 420
산문문학 420
산문시 420
산문체 420
산발적 변화 494
산부인과학 360
산소 374
산소결핍 374
산소계기 374
산소교환 374
산소부채 374
산소압 374
산소포화곡선 374
산소포화도 374
산소화 374
산수장애 33
산수하위검사 41
산술평균 41
산아제한 67
산-알칼리평형 14
산업난청 242
산업심리학 243
산업심리학자 242
산업적 농 242
산업청각학 242
산업청력손실 242
산업폐기물 243
산업혁명 243
산원 304
산재회상 259
산전 약물노출 412
산전요인 412
산정강도레벨 76
산중독 14
산출 418
산출어휘 418
산포도 148, 457
산학협동 457
산화 374
산화물 374
산화적 인산화 374
산후우울증 408
삶의 본능 285
삶의 질 428
삼각 541
삼각근 134, 334
삼각돌기 541
삼각오목 197
삼각파 541
삼단논법 514
삼분음보 525
삼분지 525
삼분할법 541
삼원적 자질 525
삼중모음 541
삼지마비 541
삼차감각 신경핵 541
삼차강세 525
삼차기관지 525
삼차수축 525
삼차신경 190, 541
삼차신경 마비 541
삼차신경 운동근 328
삼차신경 운동뿌리 328
삼차신경 운동핵 541
삼차신경 중뇌핵 313
삼차신경 척수로 541
삼차신경절 541
삼차신경주감각핵 299
삼차신경척수핵 493
삼차운동 신경핵 329
삼출성 중이염 363
삼출액 161, 183, 387
삼킴 133, 512
삼킴 전 침습 385
삼킴 전 흡인 44
삼킴 후 침습 385
삼킴 후 흡인 44
삼킴곤란 155
삼킴근육 333
삼킴기법 512, 513
삼킴기전 513
삼킴반사 133, 513
삼킴방식 512
삼킴보상 513
삼킴불능증 25
삼킴선별검사도구 513
삼킴실행증 40, 512
삼킴역치 513
삼킴운동 133
삼킴장애 38, 156, 513
삼킴중추 513
삼킴치료 513
삼킴통증 362, 368
삼킴행동 512
삼킴호흡 513
삼킴활동 513
삼투성 수축 263
삼투압 370
삼투현상 370
삼화음 540
삽관 261
삽관 후 육아종 408
삽관육아종 261
삽입 249, 253
삽입 헤드폰 249
삽입규칙 249
삽입된 언어 165
삽입변형 166
삽입손실 249
삽입어 255

삽입이득 249
삽입점 249
삽입표현 379
삽입하기 249
삽입형 이어폰 249
삽입형 청력보호장치 249
상 동사 44
상 올리브 363
상 층위 44
상경수 553
상경신경절 509
상경심장신경 509
상고실 172
상고실 천공 48
상관 118
상관 보코더 118
상관개념 441
상관계수 118
상관관계 118
상관기 118
상관도 118
상관속 75
상관신호 118
상관쌍 118
상관없는 단어 552
상관연구 118
상관유의도 473
상관절강 553
상관접속사 118
상관표 253
상관표지 302
상관함수 118
상관확장 441
상구 509
상근직 201
상기도 552, 553
상기도 수면무호흡증 545, 552
상기도 저항 552
상기도 질환 553
상기도감염 553, 554
상담 119
상담기반치료 119
상담심리학 119
상담심리학자 119
상담자 119
상담자 역할 119
상담자 태도 119
상담학 학습 119
상대 잔향레벨 442
상대 전달성 442
상대뇌정맥 509
상대분자 질량 442
상대불응기 442
상대성 442
상대습도 442
상대오차 442
상대위상 442
상대적 441
상대적 감도 442
상대적 강세 442
상대적 돋들림 442
상대적 돋들림 투사규칙 442
상대적 박탈 442
상대적 양 442
상대적 왜곡지수 434, 442
상대적 진폭 442
상대적 탁립 442
상대적 탁립투사규칙 442
상대적 평균섭동 442
상동염색체 228
상류층 225, 553
상류층 언어 553
상면 510
상미분 방정식 368
상반 37
상반계수 437
상반규관 510
상반부 553
상반적인 성대움직임 378
상변별역 553
상보 103
상보성 103
상보성 원리 103
상보적 분포 103
상부 1/2 553
상부 1/3 553
상부 부분음 553
상부 식도 553
상부 식도괄약근 553
상부 위장관계열 553
상부 절단주파수 226, 553
상부내측피질 510
상부연수 553
상부호흡소화관 552
상부호흡체계 553
상비갑개 107, 509
상비도 308, 509
상사근 509
상상력 237
상상시제 237
상상악골 509
상상임신 237
상상청중 237
상소뇌각 509
상소뇌다리 509
상소뇌동맥 456, 509
상수축근 509
상순 553
상순거근 283, 335
상순부 509
상순소대 198
상순하체근 136
상술 488
상승 165
상승 이중모음 451
상승 피치단절 44
상승계열 44
상승기법 청력검사 44
상승기술 44
상승법 44

상승성조 451
상승시간 451
상승작용 516
상승제 516
상승조 451
상승-하강법 44
상승하강성조 451
상승하강조 451
상승형 청력손실 451
상시 자극법 315
상식 100
상식도괄약근 545
상아질 135
상악 553
상악골 305
상악골간봉합 255
상악대구치 553
상악돌기 305
상악동 305, 476
상악동 절개술 305
상악신경 305
상악전돌 373
상악지 305
상안검거근 335
상염색체 56
상염색체 열성 56
상염색체 열성유전 56
상염색체 우성 56
상염색체 우성유전 56
상염색체 이상 56
상염생체 우성유전질환 56
상엽 291, 509, 553
상엽구 553
상예측 235
상올리브 복합체 479, 509
상올리브핵 509
상완 71
상완골 229
상완두동맥 71
상완신경총 71
상완통 71
상위개념 510
상위규칙 314
상위기억 313
상위기억전략 314
상위능력 314
상위마디 553
상위범주 510
상위범주 우선원리 38
상위범주 우선제약 38
상위분석 313
상위사고 313
상위심리학 314
상위어 231, 314, 510
상위언어 314
상위언어 기술 314
상위언어 능력 314
상위언어 단서 314
상위언어 부정 314
상위언어 인식 314
상위언어 지식 314
상위언어적 피드백 314
상위언어학 314
상위운동뉴런 553
상위음운 314
상위음운능력 314
상위음운론 314
상위음운인식 314
상위음운치료 314
상위의사소통 314
상위이론 314
상위인지 313, 314
상위인지 기술 314
상위인지 모형 314
상위인지적 접근 314
상위인지적 지식 314
상위화용인식 314
상위화행론 314
상음 374, 553
상음일부 553
상이개근 509
상이성 행렬 148
상인두 171
상인두괄약근 509
상인두수축근 334, 509
상적 보어 44
상적 핵 44
상전두이랑 509
상전두회 509
상종설근 293, 509
상지 509, 553
상징 514
상징놀이 514
상징망 모형 514
상징불능 44, 46
상징성 514
상징언어 514
상징의미 514
상징자료 514
상징적 과정 514
상징적 기능 514
상징적 상호작용 514
상징적 의사소통 514
상징적 표현 514
상징적-언어적 의사소통자 514
상징조작체계 514
상징체계 514
상징평가 514
상징화 514
상처 582
상처치유 582
상체신장 124
상추골인대 509
상측두이랑 510
상측두회 510
상층방언 17
상태공간 497
상태기술 497
상태동사 497
상태변수 497

상태불안 46, 497
상태수동 498
상태의존 기억 497
상태의존 학습 497
상투적 강세 498
상투적 발화 498
상투적 어구 93
상투적 어투 196
상투적 행동 498
상표 536
상피 172
상피염 172
상피조직 172
상피종 172
상피화 172
상하관계 232
상하체간 비율 553
상한 553
상행감각경로 44
상행결장 44
상행대동맥 38, 43
상행로 44
상행신경섬유 44
상행신경전도로 44
상행청각경로 43
상향 이중모음 95
상향식 70
상향식 과정 70
상향식 모형 70
상향식 분석 70
상향식 이론 70
상향식 접근 70
상향이동 329
상향적 처리 70
상향차폐 553
상향한계제약 553
상형문자 225, 399
상형문자 상징 399
상형문자-표의문자 의사소통 399
상호 배타적 337
상호 스펙트럼 124
상호 스펙트럼 밀도 124
상호 스펙트럼 밀도함수 124
상호 스펙트럼 행렬 124
상호 어드미턴스 123
상호 이해성 337
상호 주관적 인식 259
상호감각신경적 학습 258
상호결정론 437
상호관계 258
상호관계 상태 437
상호교수 437
상호대명사 437
상호대용어 437
상호동사 437
상호동화 337, 437
상호목적어 437
상호무의존 111
상호배제 307, 337
상호배타성 307, 337
상호배타성 가정 337
상호배타성 제약 337
상호변조 255
상호부분 반사 259
상호억제 437
상호억제절차 437
상호응시 337
상호의존 254
상호의존원리 254
상호이타주의 437
상호작용 253
상호작용 모형 253
상호작용 분석 253
상호작용 치료 253
상호작용 학습이론 253
상호작용 행동 253
상호작용 효과 253
상호작용가설 253, 437
상호작용설 253
상호작용적 기능 253
상호작용적 수정 253
상호작용적 양식 253
상호작용적 언어발달지도 253
상호작용적 일화 253
상호저항 337
상호적 명명 253
상호적 영향 437
상호참조 124
상호출혈 337
상호출혈순 337
상호함의 337
상황 476
상황 발화단위 476
상황공포 476
상황론 477
상황모형 477
상황불안 476
상황어휘 120
상황연상 476
상황의미론 477
상황적 맥락 477
상황적 방법 477
상황적 아이러니 477
상황적 요인 477
상황적 위기 477
상황적 응집성 477
상황적 제약 477
상황중심 교수요목 477
상황중심 접근법 476
상황학습 476
상후거근 336
상후두 가지 509
상후두동맥 509
상후두신경 478, 509
상후두신경마비 509
상후두절제술 511
새낱말-비낱말 가정 358
새논 주파수 471
새로운 낱말수 344

새로운 단어 358
새로운 자극 358
새로운 피치 확립 175
새소뇌 345
색맹 14, 99
색소침착 400
색소침착 퇴화 400
색인 240
색인정보 240
색전 166
색전증 166
색전형 핵 166
색채 실인증 99
색채어 99
샌드웰 이중언어선별평가 455, 456
샌필리포 증후군 455
샘 211
생 에너지학 66
생각 끊기 529
생각 없이 쳐다보기 167
생검 66
생검침 67
생득능력 248
생득설 343
생득이론 248
생득적인 지적 장치 248
생득주의 248
생득주의 이론 343
생득주의 입장 248
생득주의적 접근 343
생략 134, 165, 363
생략과정 363
생략기호 39
생략언어 94
생략증 165
생략훈련 363
생리심리학 399
생리음성학 399
생리음향학 398
생리적 구증 399
생리적 노화 398
생리적 상태 399
생리적 연령 375, 398
생리적 욕구 398
생리조절계 398
생리학 399
생리학적 모음도식도 399
생리학적 수정기법 398
생리학적 이상 398
생명과학 285
생명기능 568
생명력 568
생명예후 568
생명현상 568
생명호흡 73
생물물리학 67
생물심리사회학적 모형 67
생물심리사회학적 평가 67
생물심리학 66
생물음향학 66
생물학 67
생물학적 검정 66
생물학적 반감기 66
생물학적 분석 66
생물학적 치료 67
생물학적 특성 66
생물학적 행동 66
생물학적 호흡 66
생물학적 효과 66
생산성 418
생산적 어휘항목 418
생성 418
생성 다항식 209
생성능력 209
생성문법 209
생성변형문법 209
생성부분 209
생성원 209
생성음운론 209
생성의미론 209
생성이름대기 209
생성이름대기검사 209
생성주의적 접근 209
생성체계 209
생식 444
생식기계 444
생식기계통 444
생식기관 444
생식기능 444
생식선 444
생식자 205
생식자발생 205
생식주기 444
생육성 564
생의 본능 285
생장학 56
생체 되먹이기 66
생체 리듬 67
생체검사법 67
생체계획 가설 67
생체공학 66
생체기제 67
생체되먹이기 체계 66
생체되먹이기 치료 66
생체되먹이기 훈련 66
생체시계 66
생체역학 67
생체전기전위 66
생체환원 66
생체환원체계 66
생체환원치료 66
생체환원훈련 66
생태문화적 환경 159
생태심리학 159
생태-유전학적 장애 159
생태적 요인 159
생태학 159
생태학적 접근 159
생태학적 타당도 159
생합성 67

생화학 66
생활력 564
생활사 285
생활수준 290
생활양식 고려점 286
생활언어 290
생활연령 76, 91
생활환경 290
생활환경지능 30
샤르코-마리-투스 증후군 87
샤이-드래거 증후군 472
서골 573
서골기관 573
서골연골 573
서독 71
서두름증 189
서로 다른 낱말수 344
서로 불러주며 받아쓰기 493
서맥 71
서번트 증후군 456
서법 325
서법 보조동사 322
서법조동사 322
서비스 전달모형 470
서수사 368
서술 497
서술 동격어 411
서술명사 411
서술목적어 411
서술문 131
서술부 분할 411
서술성 기억 131
서술속격 411
서술적 411
서술적 가리키기 131
서술적 계열 138
서술적 소유 411
서술적 술어 186
서술적 용법 411
서술형용사 411
서약 573
서열 368
서열순서 368, 433
서열척도 368
서운동 감각성 실어증 216
서운동성 기술 216
서운동성 실어증 216
서튼 아동증후군 95
서파 478
서파수면 478, 513
서혜부 247
서혜인대 247
석회화 76
섞임증 327
선 그림 286
선 마이크로폰 286
선 스펙트럼 286
선 음원 286
선다형 332
선다형 질문 332
선도규약 400
선도규칙 400
선동자 250
선량계 151
선별 458
선별검사 458
선별단계 461
선별레벨 458
선별성 461
선별지수 461
선세포 211
선순환 규칙 411
선어말 장음화 411
선어말어미 411
선언 131
선언급 410
선언적 지식 131
선연결 규약 412
선연결 약조 412
선율 310
선율단계 310
선율층렬 310
선점 411
선조직 211
선조체 118, 501
선조핵 501
선종 20
선지 211
선천성 27, 248
선천성 거골직립 109
선천성 구개부전 109
선천성 구개열 109
선천성 구개인두 불능 109
선천성 구개인두기능부전 120
선천성 농 109
선천성 누선관 협착 273
선천성 다발관절 굽음증 42
선천성 성문하부 협착증 109
선천성 심질환 109
선천성 어맹증 109
선천성 외이폐쇄증 109
선천성 장애 109
선천성 장애인 109
선천성 재고 447
선천성 질환 247
선천성 청력손실 109
선천적 결함 109
선천적 구문지식 247
선천적 실어증 109
선천적 열등감 248
선천적 원인 109
선취 411
선택 90, 461
선택규칙 461
선택기법 90
선택론 461
선택반응과정 90
선택반응시간 90
선택인지적 형상 461
선택적 관찰 461

선택적 동맥조영술 461
선택적 모방 461
선택적 무언증 162
선택적 여기 461
선택적 적응 461
선택적 접속모형 461
선택적 주의 460
선택적 주의집중 461
선택적 지각 461
선택적 집중장애 461
선택적 청각집중검사 461
선택적 청취 52, 461
선택적 투과성 461
선택적 투사 461
선택적 함묵증 461
선택적 혈관조영도 461
선택적 혈관조영사진 461
선택적 홍분 461
선택제한 461
선택판 90
선택편향 461
선행 교수요목 417
선행기술 413
선행기억 421
선행대치 37
선행사 35
선행사 관계사 35
선행사 내포삭제 35
선행사 지배 35
선행사건 35
선행성 36
선행성 기억상실 36
선행성 언어 36
선행어 35
선행음 효과 410
선행적 오류 36
선행조건 35
선행지식 417
선행학습 417
선행행위 35
선험적 방법 417
선형 보청기 287
선형 의존성 287
선형 증폭기 286
선형계수 287
선형계획 287
선형관계 287
선형규칙 287
선형녹음밀도 287
선형대응공리 281, 286
선형독립 287
선형독립집합 287
선형방정식 287
선형보청기 증폭 287
선형분극화 287
선형분포 287
선형선행규칙 287
선형성 287
선형순 287
선형안정성 287
선형압축 286
선형예측 287
선형예측 켑스트럼계수 287, 295
선형예측방법 287
선형예측부호 287, 295
선형예측분석 287
선형예측상관계수 287
선형왜곡 287
선형운동량 287
선형음향학 286
선형의존 287
선형이론 287
선형적 구문관계 287
선형적 이야기 구조 287
선형점성 감쇄 287
선형조합 286
선형주파수압축 287
선형증폭 286
선형체계 287
선형표시 287
선형화 287
선형화된 자력계 287
선형회귀 287
선형회귀 방정식 287
선형회귀분석 287
선호 411
선호구조 411
선호도 척도 411
선호언어 411
선호조사 411
선호조직 411
선호행동 411
설계 475
설골 230
설골갑상막 230
설골결절 230
설골궁 230
설골근 230
설골상근 334, 511
설골설근 230, 335
설골소각 283
설골아래근육 334
설골위근육 334, 511
설골인두근 230
설골하근 246, 334
설골하근육군 246
설골혀근 335
설골-후두 상승범위 230
설골후두개 인대 230
설골후두상승 230
설구개근 335
설구개음 288
설근 333, 334, 452, 533
설근 전진모음 22
설농양 288
설단 치폐쇄음 273
설단 후치조음 273
설단음 273
설동맥 288

설마비 288
설맹공 194
설면도 288
설명 92, 180
설명글 180
설명변수 179
설명요청 92
설명적 추론 179
설명적 타당성 179
설명접속사 179
설명체 179
설문 조사 512
설문검사 429
설배 151
설배구개음 151
설배연구개음 151
설배음 151
설배조음 151
설배지 151
설비후 533
설사 142, 170
설상섬유속 125
설상연골 125
설상연골 결절 125
설상이랑 288
설상핵 125
설선 288
설소대 198, 288
설소대단축증 34, 533
설순음 289
설신경 288
설실행증 288
설심동맥 132
설암 533
설연구개음 288
설연하 533
설유두 288
설음성 288
설인신경 212
설자음 288
설정성 117
설정조음 118
설지 288
설첨 38, 288
설첨 뒤치경음 39
설첨 전동음 39
설첨구개음 39
설첨음 39
설첨음화 39
설첨치경 전동음 39
설첨치경음 39
설첨치음 39
설첨치폐쇄음 39
설첨후치조음 39
설체 533
설측 개방 279
설측 공명음 279
설측 마찰음 279
설측 접근음 279
설측 조음 279
설측 협착음 279
설측성 279
설측음 280
설측음화 280
설측전위 289
설측파열 279
설치 250
설치부위 288
설치음 288
설치조 287
설치조 부위 287
설치조음 288
설통 212
설파열 93
설편도 288
설하 타액선 506
설하동맥 506
설하선 506
설하선관 506
설하신경 232, 506
설하신경 삼각 232
설하신경관 232
설하신경핵 232
설하핵군 232
섬 제약 263
섬광전구 기억 192
섬광조영검사 457
섬광조영도 457
섬모 91
섬모세포 91
섬모운동 91
섬모체 91
섬모체 반사 91
섬모체 해부절 91
섬문턱 286
섬유 190
섬유경 189
섬유다발 187
섬유단 204
섬유모세포 190
섬유성 성상세포 190
섬유성 연축 190
섬유성 피막 190
섬유소분해 190
섬유속 187
섬유속성 연축 187
섬유연골 190
섬유연골륜 190
섬유증 190
섬유층 190, 500
섬유혈관성 결절 190
섬유혈관성 노즐 190
섬이랑 251
섭동 390
섭동 방정식 390
섭동 에너지 390
섭동법 390
섭동분석 390
섭동측정 390
섭식 189, 247, 251

섭식곤란 189
섭식-식이 장애 189
섭식실행증 189
섭식장애 158, 189
섭식조절 189
섭식중추 189, 251
성 언어 208
성 조숙 410
성격 87, 390
성격 프로파일 390
성격과정 390
성격구조 390
성격변화 390
성격심리학 390
성격이론 390
성격장애 87, 390
성격진단검사 141
성격특질 390
성격평가검사목록 375, 389
성공적인 말더듬 관리 프로그램 495, 507
성과 효능감 372
성과연구 372
성곽유두 92, 377, 557
성구 440, 571
성기기 210
성년의식 248
성년후기 279
성대 90, 569
성대 경직성 499
성대 내 주입술 260
성대 말더듬 498
성대 비경직성 355
성대 비이완성 355
성대 연골간부 380
성대 효율성 569
성대건조 569
성대결절 569
성대공명 570
성대과대기능 569
성대과소기능 569
성대구증 508, 570
성대근 336, 569, 570
성대기능부전 558
성대기능장애 568, 569
성대기능지수 211, 212
성대기능훈련 564, 569
성대남용 568, 569
성대내 낭종 260
성대내전 569
성대내전술 569
성대능률 569
성대능률지수 569
성대돌기 570
성대떨림 570
성대력 569
성대마비 569
성대몸체 569
성대박리술 569
성대발병 568
성대부 381
성대부하 569
성대성문 90
성대암 213
성대염 90
성대오용 569
성대외전 569
성대외전술 568, 569
성대용종 569, 570
성대용종 육아종 277
성대위축 568
성대위축증 569
성대유착증 516
성대이완성 477
성대인대 569
성대절기 569
성대절제술 117
성대접근 569
성대접촉 212
성대주름 541, 569
성대주름마비 569
성대주파수 568, 569
성대증가 569
성대진동개시시점 571, 573
성대진전 570
성대초점 569
성대출혈 569
성대튀김 569
성대폴립 570
성대폴립 육아종 277
성대프라이 569
성대피로 569
성대협착 568
성대휨 568, 569
성대휴식 571
성도 570
성도단면함수 570
성도불쾌척도 570
성도전달함수 570
성도협착부 570
성도형태 570
성문 213, 568, 571
성문 기류음 213
성문 막힘 212
성문 스펙트럼 212
성문 음원 213
성문 충격 212
성문기류 213
성문기류 기전 213
성문기류 기제 213
성문도 213
성문방출기류 213
성문부 종양 212
성문부종 213
성문사진술 391, 397
성문상 공명기 511
성문상근 511
성문상부 511
성문상부 종양 511
성문상부 후두절제 511

성문상부 후두절제자 511
성문상부암 511
성문상연하 511
성문상연하기법 511
성문수축 212
성문열 451
성문염 213
성문영역 212
성문위삼킴 511
성문위삼킴기법 511
성문음 212
성문음 교체 212
성문음량속도 213
성문음원 212
성문음조 212
성문음화 213
성문음화 자음 213
성문저항 212
성문접촉종양 212
성문조영술 213
성문진동 213
성문축 212
성문충격 119
성문통과 흐름 538
성문틈 212, 213
성문틈새 451
성문파동 212, 213
성문파열 212
성문파열음 212
성문파형 213
성문폐쇄 212
성문폐쇄부전 213
성문폐쇄음 212
성문하 505
성문하 감각수용체 505
성문하 공명기 505
성문하 삼킴 246
성문하 폐색 505
성문하 협착 505
성문하 후두염 504
성문하강 246, 504
성문하부 246
성문하부 종양 504
성문하부 후두절제 246
성문하암 504
성문하역 505
성문협착 212
성문협착증 212
성문호기음 212
성문화음 213
성문흡기음 213
성문흡입 213
성문흡착음 212
성별 207
성별 재지정 207
성별인지치료 207
성분 104
성분구조 111
성분문 111
성분분석 104
성분전파가설 111
성상교세포 46
성상세포종 46
성소수자 470
성숙 305
성숙가설 305
성숙과정 305
성숙단계 337
성숙속도 433
성실조건 475
성악 569
성악가 포먼트 475
성악가장애지수 475
성악장애지수 512
성역 433
성인 22
성인가정위탁제도 22
성인기 22
성인기 말더듬 22
성인기 언어장애 274
성인발달 22
성인병 22
성인보호 서비스 22
성인실행증검사 10, 40
성인심리학 22
성인언어선별검사 458, 495
성인언어장애 274
성인용 의사소통능력의 기능적 평가 186, 202
성인전기 158
성인주간보호 22
성인중기 317
성인지향적 말 22
성인태도 22
성인호흡곤란증후군 22
성장 217
성장 호르몬 211, 217
성장곡선 217
성장기 217
성장률 217
성장속도 217
성장장애 217
성장통 217
성적 역할 208
성전환음 539
성전환자 538, 539
성전환증 539
성절강세 513
성절닿소리 513
성절비음 513
성절성 513
성절성 구어음 513
성절성 분절음 513
성절음 513
성절자음 513
성정체성 208
성조 532
성조 농 532
성조 멜로디 532
성조 분극성 532

성조 불변화사 532
성조 수반능력 532
성조 스펙트럼 532
성조 안정성 533
성조 전사규칙 532
성조가락 532
성조강세 532
성조군 532
성조높이 532
성조대립 532
성조동화 532
성조문자 532
성조반전 532
성조발생기 532
성조배열 교체변형 532
성조변형 532
성조보정지각소음레벨 532
성조상태 533
성조성 532
성조소 533
성조소지단위 521, 532
성조양식 532
성조어 532
성조어미 533
성조언어 532
성조원소 532
성조음색 532
성조저하 532
성조접변 533
성조조절 532
성조체계 532, 533
성조초점 532
성조층위 532
성조치환 532
성조형 532
성조확산 533
성종 571
성차별 207
성충동 285
성취 13
성취검사목록 13
성취능력비교 9, 13
성취도 검사 13
성취도지수 13
성취동기 13
성취동기유발 13
성취력진단검사 128, 141
성취목표 13
성취연령 13
성취잠재력 13
성층관 500
성층권 채널 500
성층문법 500
성층음운론 500
성향 148, 219, 411
성향요인 411
성호르몬 470
세 순서 구조 529
세계보건기구 578, 582
세균 59
세균성 뇌수막염 59
세균성 외이도염 59
세극 478
세기 252
세기 감쇠계수 252
세기 단면적 252
세기 초점이득 252
세기감소 252
세기관지 74
세기관지염 74
세뇌 72, 319
세대간 가족치료 254
세대간 문제 123
세대차 209
세라믹 공진기 85
세라믹 마이크로폰 85
세로관 293
세로근 293
세로면 293
세로토닌 470
세로토닌 길항제 470
세로토닌 대사물 470
세분화 197
세이빈 공식 454
세이빈 음향학 454
세이빈 평균흡음계수 454
세이빈 흡음력 454
세정맥 479, 560
세짝음 541
세포 83, 224
세포간 림프 253
세포간 부종 253
세포간 소화 253
세포간 전위 253
세포간 체액 253
세포간극 253
세포골격 127
세포내 소화 260
세포내 유출 168
세포내 이입 168
세포내 전극 260
세포내 전위 260
세포내 효소 260
세포내액 234, 260
세포내작용 168
세포막 83, 401
세포분열 83
세포사멸 39
세포사이의 백악질 253
세포생리학 83
세포생물학 83
세포외 공간 182
세포외 기질 159
세포외 유출 178
세포외기질 182
세포외액 159, 182
세포외전극 182
세포용해소 127
세포이동 83
세포질 127

세포체 83, 482
세포학 127
세포항독체 127
세포핵 83
세포핵 단백질 227
세포호흡 83
센터 83
셈여림표 155
셔만-루이스 척도 471
소각 117, 283, 320
소각결절 117
소각연골 117
소거 67, 182
소거기 173
소견설명서 421
소고실 479
소곤소곤 578
소골 69, 371
소공 194, 371, 500
소교세포 316
소구 99
소구개공 283
소구개신경 283
소구증 316
소구치 64, 412, 458
소권골근 320, 336, 586
소근 336, 451
소근육 운동 191
소근육 운동기능 191
소금 455
소급적 평가 448
소기관 369
소나 돔 483
소나 방정식 483
소나 배경소음 483
소나 영역 483
소나그래프 483
소나그램 483
소나돔 삽입손실 483
소나돔 손실지향유형 483
소낭 554, 563
소네트 483
소녀기 211
소녀시절 211
소년기 71
소년시절 71
소노그래프 483
소노그램 483
소뇌 85
소뇌 실조증 56
소뇌각 85
소뇌경색 85
소뇌고랑 508
소뇌교각 85, 120
소뇌교각병변 85
소뇌기능 85
소뇌농양 85
소뇌반구 85, 224
소뇌반구 종양 85
소뇌반구 증후군 85
소뇌변성 85
소뇌성 보행 85
소뇌성 운동실조 85
소뇌손상 85
소뇌열구 85
소뇌이랑 85
소뇌자극 85
소뇌제어회로 85
소뇌조절회로 85
소뇌증 316
소뇌천막 524
소뇌체 118
소뇌충부 85
소뇌편도 534
소뇌피질 85, 118
소뇌핵 85
소뇌후엽 406
소닉스 483
소대 198
소동맥 42
소두 78
소두증 316
소디움 481
소리 자극 485
소리 지르기 584
소리공포증 397
소리굽쇠 542
소리굽쇠 검사 542
소리남용 570
소리내어 생각하기 528
소리내어읽기 367
소리발생기 484
소리산출 570
소리상자 570
소리신호 485
소리연쇄 485
소리영역검사 484
소리의 세기 501
소리-의미쌍 484
소리-의미짝 484
소리재생 485
소리크기보충 294
소리홈 484
소립자 165
소릿길 570
소만곡 283
소멸 48, 146, 176
소멸간섭 77, 138
소멸단면 182
소멸모드 176
소멸파 176
소모병 576
소모증 302
소문맥 315
소문자 295, 479
소발작 391
소발작 간질 391
소분절 316
소산 148
소산율 148

소산인자 148
소서증 316
소설 289
소설증 316
소설하선관 320
소세포망상핵 382
소속감 63
소수 인종언어 공동체 320
소수규칙 320
소수민족 320
소수민족언어 320
소수언어집단 320
소수학생 320
소순증 316
소쉬르 456
소쉬르 언어학 456
소시증 316
소신경 안정제 320
소실 146, 148, 186
소실선행사 321
소실전치사 321
소실-획득 모형 294
소아과의사 385
소아과학 385
소아기 기억상실 243
소아신경발달검사 384, 402
소아심리학 384
소아용 구어명료도검사 384, 422
소아용 음성관련 삶의 질 385, 427
소아용 음성장애지수 385, 427
소아정신병 89, 424
소아청각학 384
소아청력검사 384
소엽 193, 290
소엽뇌각 193
소용돌이 579
소용돌이 모양 579
소용돌이 전류손실 160
소용돌이도 573
소용돌이이론 573
소운동 발작 320
소유격 405
소유구문 405
소유대명사 405
소유자 405
소유자-소유 405
소음 351, 549
소음 감수성 351
소음 마스킹 351
소음 상해-위험 판단기준 351
소음 스펙트럼 레벨 351
소음간섭레벨 350, 351
소음거절 필터 351
소음검출역치 344, 351
소음계 352, 484
소음공해 351
소음공해레벨 351
소음기준 351
소음내 간격검사 206, 211
소음노출 351
소음노출계 351
소음노출레벨 351
소음노출예보 351
소음레벨 351
소음문제 351
소음발생기 351
소음방지 351
소음분석기 351
소음상자 351
소음생성기 227, 351
소음성 502
소음성 농 351
소음성 음성 502
소음성 잡음 227
소음성 청력손실 350
소음소 315
소음억제 351
소음억제 장치 351
소음에너지 정규화 357
소음원 351
소음유발 청력손실 351
소음이 들리는 들숨 49
소음장벽 351
소음저감 351
소음제어 351
소음제한기 351
소음제한조건 351
소음증가 351
소음지수 351
소음차단기 351
소음차폐 351
소음측정 351
소음측정기 351, 484
소음측정법 315
소음층 351
소음평가기준 344, 351
소음평가치 351
소음한계 351
소음효과 351
소이동 규칙 320
소이증 317
소익 283
소인 316
소인증 316
소자증 316
소장 259, 479
소장간문합술 170
소장문법학파의 중심인물 283
소재 305
소전제 320
소절 479
소정맥 479
소증폭 민감지수 476
소진 75
소집단 320
소집단 상호작용 479
소집단 토의 479
소집단수업 479
소집단학습 316
소체제 317

소추체신경 283
소치증 316
소타액선 283, 320, 479
소토스 증후군 483
소통법 11
소프라노 483
소피 126
소하악증 316
소형구조 317
소화 143
소화계장애 143
소화관내 투여 170
소화기계 143
소화기관 143
소화기내과 전문의 206
소화로 143
소화불량 38, 156, 241, 300
소화선 143
소화성 궤양 385
소화액 143
소화양호 175
소화호르몬 143
소화효소 143
소후두신경 283
소흉근 320, 335, 384, 479
속 209
속격 210
속격 목적어 210
속격 전치변형 210
속격 최상급 210
속굴 249
속귀 53, 248, 256
속귀길 234, 256
속기 498
속기둥세포 248
속기법 519
속기술 519
속늑골사이근 334
속도 522, 559
속도 기울기 559
속도 마이크로폰 559
속도 부호화 559
속도 에일리어싱 559
속도-강도 곡선 433
속도검사 492
속도계 559
속도변조 559
속도비 559
속도영상 559
속도와 정확성의 균형 492
속도요인 492
속도조절판 375
속도지수 492
속독 433, 492
속력 492
속말 248, 257
속밀세계 248
속명 562
속목 신경얼기 256
속목동맥 256
속목신경 256
속목정맥 256
속발성 감염 459
속발성 불임 459
속발성 빈혈 459
속발성 폐렴 459
속삭이는 갤러리 모드 578
속삭임 578
속삭임 발성법 578
속상수축 187
속서증 25
속섬유막 256
속섬유판 256
속성 48
속성검증 420
속성-실체 48
속성적 소유 48
속식증 519
속어 477, 574
속어증 25
속임 130
속파수면 188, 204
속화 95
속화자 95
속화중증도검사도구 95, 125
속화증 519
속후두신경 256
손 483
손 처짐 582
손 척도 483
손가락 기움증 94
손가락 돌기 391
손가락 실인증 191
손가락문자 191
손가락조작법 144
손가락-코대기 검사 191, 201
손글씨 220
손목 582
손목 관절 582
손발가락 결손증 159
손상 238
손상전위 248
손실각 294
손실인자 294
손잡이 220
손짓상징 302
손짓의사소통 301
솔기 433
솔기핵 433
솔레노이드형 공간 482
솜씨 140
송곳니 77
송과 400
송과선 400
송과체 400
송과체오목 400
송과체함요 400
송신 코일 539
송신기 465, 539
송신자 465

쇄골 93
쇄골골절 93
쇄골두개골 이형성증 93
쇄골상 림프절 511
쇄골아래근 336
쇄골하근 336, 504
쇄골호흡 93
쇠퇴 557
쇼크 266
쇼크셀 소음 471
쇼크형성 거리 471
수 358
수근하수 582
수기신호 464
수뇌 337
수다 294, 562
수단 307
수단-목적 개념 307
수단-목표 모형 307
수단-목표 분석 307
수동 382
수동 소나 382
수동 음량제어 302
수동 필터 382
수동문 382
수동변형 382
수동변환기 382
수동성 382
수동식 조정장치 266
수동어휘 382
수동이득조절 205
수동적 2개국어병용 382
수동적 대화체 382
수동적 이중언어 382
수동적 조음기관 382
수동청력검사 301
수동태 382
수두 89, 557
수량대명사 429
수량형용사 429
수량화 428
수련회 582
수렴 115
수렴 과제 116
수렴가설 115
수렴대 116
수렴적 사고 116
수렴타당도 116
수리논리학 304
수리물리학 304
수리심리학 304
수리언어학 304
수리적 모형 304
수막세포성 수막종 312
수막염 312
수막종 312
수막척수류 312
수면 478
수면 유형 478
수면각성주기 478
수면개시 불면증 478
수면과다 231
수면마비 478
수면무호흡 478
수면운동 478
수면장애 478
수면제 231, 478
수면주기 478
수면중추 478
수면치료 478
수명 285, 486
수반감각 107
수반성 113
수반성 음성변동 96, 113
수반학습 107
수반행동 107
수배열 220
수분저류 576
수분조절 576
수사관 262
수사법 449
수사의문문 449
수사적 맥락 449
수사학 449
수산기 230
수상돌기 전위 135
수상돌기간 시냅스 135
수상세포 135
수소골 229
수소이온 229
수수께끼 그림 435
수술 후 발성장애 408
수술중 수액요법 260
수술환자 512
수술후 육아종 408
수술후 합병증 408
수식어 323, 428
수식어 변경 323
수식어-피수식어 323
수신기 436
수신자 436
수신자 문법 214
수신자극기 436
수신자동장특성 436, 451
수신호 220
수어 473
수어소 88
수어소 체계 88
수어언어어학 473
수어영어 473
수어접근법 473
수어체계 473
수업 250
수업목표 250
수요공급법칙 280
수욕 576
수욕조 576
수용 12, 13, 21, 436
수용 · 표현 관찰척도 436, 443
수용 · 표현 신생언어척도 436,

438
수용 · 표현 어휘력검사 436, 449
수용 · 표현 혼합형 언어장애 321
수용 단단어 그림어휘력검사 436, 453
수용 불가능 547
수용가능 대안법 12
수용가능단어중심교수법 12
수용과정 436
수용기 436
수용기관 436
수용기세포 436
수용기전위 436
수용능력 436
수용단계 436
수용성 실어증 436
수용성 실음증 436
수용성 운율불능증 436
수용성 의사소통 101
수용성 조영제 576
수용어휘 436
수용어휘집 436
수용언어 436
수용언어검사 436
수용언어능력 436
수용언어장애 436
수용이론 13
수용적 말더듬 12
수용적 성격 436
수용적 영역 436
수용적 유창성 12
수용적 지역이기주의 400, 402
수용중추 436
수용체 12, 436
수용체 자극 436
수용층 436
수은기압계 313
수의 함묵증 573
수의규칙 366
수의근 573
수의변이 186, 198
수의성 366
수의운동 573
수의적 기침 572
수인성 감염 576
수정 118, 189, 323
수정 동시적용규약 449
수정 마이크로폰 124
수정 바륨삼킴 검사 306
수정 발살바법 323
수정 발진기 124
수정 스피커 124
수정 음운처리능력평가 45
수정 주파수변조 315, 323
수정 필터 124
수정 확대표준이론 449
수정공진기 429
수정단일어기가설 323
수정된 구성모형 434, 449
수정된 에릭슨 의사소통태도척도 323
수정바륨삼킴검사 323
수정압운검사 323, 329
수정요구 444
수정전략 443
수정체 282
수정확대표준이론 446
수조 92
수조식 기법 576
수조식 스캐너 576
수종 160
수중 230
수지교란 576
수지만곡증 77
수지상돌기 134
수지상분기 522
수직 상향이중모음 562
수직 이중모음 562
수직 입자속도투과계수 357
수직 자장자석 562
수직 진동레벨 563
수직 후두절제술 562
수직각 562
수직감도 563
수직구문 562
수직면 563
수직방향 562
수직벡터 357
수직변화 563
수직빔폭 562
수직설근 336, 562
수직위상차 562
수직자화 389
수직적 구조화 563
수직적 목표달성 전략 228, 562
수직적 어휘발달 563
수직진동 563
수직축 562
수직판 389
수직편파 563
수질 310, 507
수질강 310
수질동 310
수질망상 척수로 310
수질봉선 310
수질세포 310
수질외측망상체핵 310
수질율동성 중추 310
수질중간 망상체핵 310
수질체 118
수척 165
수초 310
수초발생 338
수초변성 337
수초생성 338
수초층판 337
수초탈락 338
수초형성 337
수초화 337
수축 96, 111, 114,

수축근 111, 492
수축기 518
수축기 정지 518
수축기 혈압 518
수축된 성문 111
수축성 114
수축파 114
수치 190
수치료법 230
수치자질 456
수태령 106, 205, 211
수태연령 76
수태조절 106
수평 계층화 228
수평 팽대부 228
수평 팽대신경 228
수평거리 228
수평관 228
수평구문 228
수평면 228
수평범위 228
수평세포 228
수평소리높이 284
수평적 변이 228
수평적 어휘발달 228
수평적 초점 228, 562
수평축 228
수평틈새 228
수평판 228
수평형 청력손실 192
수포 68
수포성 고막염 339
수학능력검사 525, 532
수학자 304
수학장애 304
수행 387
수행 지식 270
수행 피드백 387
수행 효능감 387
수행가설 387
수행-강도 기능 387
수행검사 387
수행동사 387
수행모형 387
수행목적 387
수행목표 387
수행문 387
수행문법 387
수행분석 387
수행불안 387
수행요인 387
수형 220
수형도 540
수형절단 540
수혜격 63
수혜자 63, 437
수화구두법 301
수화기 522
수화문자 301
수화법 301
수화사용자 302
수화속도 301
수화술 302
수화안내 301
수화접근법 301
수화주의 302
수화주의자 302
수확 584
수흉 230
숙달 418
숙달검사 418
숙달도 418
숙달연령 24, 304
숙련된 간호시설 477
숙련된 움직임 477
숙련된 조력자 477
순간 각주파수 250
순간 개방 250
순간 방사선촬영술 494
순간 운동음향 에너지밀도 250
순간 음강도 250
순간 음성파워 250
순간 음향강도 250
순간 음향세기 250
순간 입자가속도 250
순간 입자변위 250
순간 입자속도 250
순간 주파수 250
순간개방 250
순간력 250
순간위상 250
순간위치 음향 에너지 밀도 250
순간음 324, 538
순간음압 250
순간음향 에너지밀도 250
순간적 개방 250
순간적 사건 426
순간적 의도 324
순간전력 스펙트럼 250
순간촬영사진 494
순간치 250
순강사 237
순서 368, 542
순서 마감어 542
순서 지키기 543
순서구조단위 542
순서단위 543
순서매김의 관계 368
순서쌍 368
순서위치 543
순서유형 543
순서의 역설 368
순서적 접속모형 368
순수 구화주의 426
순수 말운동장애 426
순수 수어주의 426
순수 실독증 421, 426
순수 실서증 426
순수 실어증 426
순수 운동실어증 426

순수검사 426
순수과학 426
순수론 426
순수모음 426
순수어 농 426
순수음운규칙 422
순수자음 541
순연구개음 272
순연구개화음 272
순열 389
순위 433
순위척도법 315
순음 272, 426
순음골전도역치 426
순음공기전도역치 426
순음동화 272
순음성 272
순음역치평균 424, 426
순음청력검사 426
순음청력검사기 426
순음청력도 426
순음파 426
순음평균 426
순음화 272
순응 13, 19, 104
순응도 104
순이중모음 201
순일반화 조건 541
순정정상파 426
순조음 272
순차 469
순차도식 469
순차배열 470
순차의사소통발달평가목록 469
순차적 기억 469
순차적 운동 469
순차적 이중언어 469
순차적 이중언어사용자 469
순차적 이중언어아동 469
순차적 접근 469
순차처리 469
순차통역 110
순차화 469
순치성 272
순치영역 272
순치음 272
순치조음 272
순파열음 272
순행 대명사화 196
순행 동시조음 196, 418
순행간섭 417
순행동화 36, 418
순행모음동화 418
순행차폐 196
순허수 426
순환 91
순환계 91
순환규칙 126
순환마디 126
순환성 126
순환소수 438
순환속도 559
순환운동 92
순환원리 126
순환적 접근법 126
순환혈액량 감소 233
술부 411
술부대용 420
술어연결 411
술어진술 411
술잔세포 213
숨 조절 323
숨구멍 194
숨뇌 310, 360
숨뇌솔기 310
숨쉬기 73
숨은그림찾기검사 161, 165
숫자 143
숫자 기보법 190
숫자 기억범위검사 143
숫자 음성인식기 493
숫자폭 과제 119
숫자회상 143
쉬었다 말하기 383
쉬이 증후군 457
쉼머 471
쉿소리 74, 227
슈뢰더 주파수 457
슈뢰더 확산기 457
슈몰씨 결절 457
슈미트 증후군 457
슈바르츠-크리스토펠 변환 457
슈박스 타입 471
슈반세포 457
슈반신경초 457
슈엘 실어증환자 청각자극접근법 457
슈와 457
스넬의 법칙 479
스미스-존슨 비구어수행척도 479
스스로 단서주기 전략 461
스윕-체크검사 513
스윙잉 이야기검사 513
스코틀랜드 방언 458
스크라 실어증척도 477
스크린 458
스크립트 458
스크립트 치료 458
스키너 477
스키너 상자 477
스키마 457
스타카토 495
스탠포드-비네 지능검사 496
스터지-웨버 증후군 503, 513
스테레오 마이크로폰 498
스테로이드 호르몬 499
스테로이드 흡인후두염 473, 499
스테이너트 증후군 498
스테이션 교수 497

스테판스 구강언어선별검사 498
스텐슨 관 498
스토커 탐색기술 500
스트라우스 증후군 500
스트레스 검사 501
스트레스 관리 501
스트레스 반응 501
스트레스성 궤양 501
스트로보스코프 효과 502
스트로보스코피 502
스트로크 수 500
스티카 청력검사 504
스티클러 증후군 499
스파이크 율 492
스파이크 전위 492
스펙트럼 489
스펙트럼 계수 488
스펙트럼 단서 488
스펙트럼 단서 가청력 488
스펙트럼 밀도 488, 489
스펙트럼 분석 488, 489
스펙트럼 분석기 489
스펙트럼 소음 488
스펙트럼 차감법 488
스펙트럼 포락선 488, 489
스펙트로그래프 489
스펙트로그램 489
스폰디 역치 494
스프링 상수 494
스피어만-브라운 공식 487
스핀 잠금 492
슬개건 382
슬개건반사 269, 382
슬개골 382, 458
슬개면 382
슬개반사 269, 382
슬개인대 382
슬관절 269
슬관절 과신전증 210
슬라브어학자 283
슬라이 증후군 479
슬라이더 접촉소음 478
슬라이드 제작기 478
슬라이스 478
슬로슨 조음언어검사 478
슬로슨 지능검사 478
슬로우니스 478
슬로우니스 벡터 478
슬롯 478
슬릿 478
슬상체 210
습관 219
습관성 애성 219
습관적 피치 219
습관적 피치 레벨 219
습관형성 219
습관화 219
습관화 요법 219
습관화-탈습관화 과제 219
습기 폐활량계 578
습도 229
습도계 230
습득 17
습득된 지식 17
습득방법 17
습득속도 17
습득순서 17
습득시간 17
습득연령 17, 24
습득-학습가설 17
습윤치료 229
습진 160
승격 419
승모근 540
승모신경세포 321
승모판 321
승모판막염 321
승모판협착증 321
승산형 디지털-아날로그 변환기 332
승압제 558
승인 지시문 389
승인요청 444
승진 419
승화 506
시 디자인 562
시각 365, 390, 465, 566
시각 그림판 567
시각 그림판 변별 567
시각 피드백 567
시각강화 조작조건화 청력검사법 567, 574
시각강화청력검사법 567
시각겉질 566
시각경계체계 566
시각교차앞구역 413
시각교차오목 366
시각구별 566
시각구어 실인증 568
시각기 369, 567
시각기억 567
시각기억폭 567
시각단서 566
시각대비 566
시각대조 366
시각로 366
시각무시 567
시각무시검사 526, 543
시각민감도 566
시각방법 567
시각분별 566
시각성 실독증 366
시각성 언어중추 365, 366
시각실독증 566
시각실서증 365
시각실어증 365
시각실인증 365, 566
시각실행증 566
시각아날로그척도 558, 566
시각어휘 472

시각언어 567
시각역치 529, 568
시각연합영역 566
시각엽 366
시각영역 365, 566
시각운동 567
시각운동 뉴런 568
시각-운동감각적 기억 흔적 568
시각운동통합발달검사 140, 153
시각운동협응 567
시각위협 567
시각유발전위 560, 567
시각자극 567
시각장애 566, 567
시각재인능력 568
시각적 강점 567
시각적 거리 567
시각적 동작치료 558, 566
시각적 방언 183
시각적 범주화 566
시각적 빈도 522
시각적 선호 567
시각적 소통 566
시각적 스케줄 567
시각적 우세 567
시각적 인상 567
시각적 재인기억 567
시각적 주사 567
시각적 지능 567
시각적 차폐 567
시각적 청취 567
시각적 추적 568
시각적 환각 567
시각정보 567
시각정보 저장고 567
시각중추 566
시각지원물 567
시각체계 567
시각촉각체계 567
시각판별 567
시각폐쇄 566
시각피질 566
시각화 567
시각훈련 567
시간 530
시간 단서 522
시간 맞추기 오류 321
시간 의존성 531
시간가변이득 531
시간가중 531
시간간격 531
시간감각 531
시간강도 교환작용 531
시간계열 방법론 531
시간관계 523
시간길이 531
시간단위 531
시간등가소음 레벨 228
시간압박 531
시간압축 530
시간압축문장검사 530
시간어 523
시간언급 531
시간열 531
시간열 분석 531
시간영역 531
시간요인 531
시간위상 523
시간이력 531
시간적 거리 522
시간적 도식 523
시간적 변수 523
시간적 변화 522
시간적 순서의 원리 523
시간적 순서화 523
시간적 오류 436
시간적 유도 522
시간적 차원 531
시간적 차이 522
시간적 차폐 522
시간적 총화 523
시간적 통합 522
시간적 해상도 523
시간적 환유 522
시간적분 강도 531
시간적분 세기 531
시간적분 음압제곱 531
시간정보 522
시간제 직업 381
시간제한 자유작문 531
시간조절장애 148
시간중심 83
시간지각 531
시간지연 스펙트로메트리 530
시간지연 응답 530
시간지연기법 531
시간차 공격 531
시간차이론 523
시간처리검사 523
시간측정 531
시간평균 530
시간평균음압레벨 530, 531
시간활동곡선 530
시공간 구성 568
시공간 능력 567
시공간개념척도 523
시공간장애 568
시공간적 생략 568
시교차함요 366
시구간 등가 연속음레벨 531
시냅스 515
시냅스 구부 516
시냅스 단추 516
시냅스 소포 516
시냅스 신경전달물질 516
시냅스 연락 516
시냅스 전 414
시냅스 전 막 414
시냅스 전 부분 414
시냅스 전 장치 414

시냅스 전달 516
시냅스 전도 515
시냅스 전위 516
시냅스 지연 516
시냅스 통과시간 516
시냅스 틈새 515
시냅스 형성 516
시냅스 후 수용기 409
시냅스 후막 408
시너지 516
시너지 효과 516
시니피앙 473
시니피에 473
시도 47
시도치료 541
시력 184, 566
시력 불선명 68
시력강화청력검사법 574
시력검사 184
시맹 68
시몬-로젠바 법칙 465
시뮬레이션 475
시범치료 134
시삭 366
시삭전핵 413
시상 366, 523, 527
시상 절개술 527
시상 피질로 527
시상간 고착 259
시상띠 523
시상면 454
시상면 스캔 454
시상밑부 507
시상밑부핵 507
시상봉합 454
시상상부 172
시상수 530
시상아래 고랑 508
시상절 522
시상절개 454
시상절단 454
시상통 증후군 527
시상피질섬유 527
시상하구 233
시상하부 뇌하수체로 233
시상핵 526
시상후부 314
시상후부 핵군 314
시선고정 567
시선주고 받기 207
시설 250
시신경 366
시신경 교련 366
시신경 교차 366
시신경 유두 366
시신경공 366
시신경관 365
시신경로 366
시신경염 366
시신경위축 365, 366
시안 582
시야 567
시야결손 567
시야창 568
시야측정 387
시어 403
시옷봉합 273
시작 363
시작계교 496
시작기호 248
시작렬 247
시작문장 468
시작위상 496
시작주파수 364
시적 은유 403
시제 523
시제-문 조건 524
시제변화 58
시제일치 469
시중 47
시지각 567
시지각 기능부전 568
시지각 능력 568
시지각 운동기능 574
시지각 장애 568
시지각발달검사 140, 153
시지각운동기능 567
시청 49
시청각 교육 49
시청각 교재 49
시청각 연결 49
시청각 의사소통매체 49
시청각수치 범위검사 556, 566
시카 증후군 472
시트르산 회로 92
시행착오 540
시행착오 이론 541
시행착오 학습 540
시험 전 검사 415
시험교습 541
식괴 69
식도 174, 217, 362
식도 삼킴장애 174
식도경 174
식도경 검사 174
식도경련 174
식도관 174
식도괄약근 174
식도내 삽관 174
식도누공 174
식도단계 174
식도단축 471
식도발성 174, 362
식도발성화자 174
식도병학 174
식도성형 174
식도소장문합술 174
식도신경총 174
식도암 174
식도역류 174

식도연축 174
식도열공 174, 225
식도염 174
식도외역류 160, 183
식도외역류병 160, 183
식도절개술 174
식도조루술 174
식도조영상 174
식도창냄술 174
식도천공 174
식도출혈 174
식도폐쇄 174
식도폐쇄증 47, 174
식도협착 174
식물성 기능 558
식물성 물질대사 558
식물성 발성 558
식물성 장애 558
식물세포 558
식물인간 229
식민지 영어 99
식별 147
식별 기법 148
식별 문턱값 529
식별선 286
식별역치 148, 529
식별표지 149
식사도구 189
식세포 391
식염 455
식욕 40
식욕 이상중진 75
식욕결핍 156
식욕과다증 231
식욕부진 33, 239
식욕장애 40
식욕중추 40
식욕항진 231
식이 수정 142
식이력 142
식이생활방식 142
식이성 영양결핍 142
식이요법 135, 142, 476
식이장애 158
식이적 접근 142
식이조절 142
식자율 290
식작용 391
식중독 476
식후호흡 408
신경 346
신경 격 347
신경 대사 349
신경 말-언어검사 348
신경 말-언어장애 348
신경 에너지 346
신경 이주 349
신경가소성 347, 349
신경감각세포 349
신경경로 347
신경계 346
신경계 병변 346
신경계장애 346
신경계통 346
신경고리 346
신경과학 349
신경과학자 349
신경관 347
신경관형성 349
신경교 211, 348
신경교세포 211, 348
신경교종 211
신경구 347
신경궁 347
신경그물 349
신경근 346
신경근 길항제 348
신경근 방추 349
신경근 수축성 348
신경근 자극제 349
신경근 접합부 348
신경근 협조성 348
신경근 흥분성 348
신경근 흥분전달 349
신경근육 경로 349
신경근육 장애 348
신경근육 전기자극법 348, 350
신경근육적 집행 348
신경기능장애 156
신경낭 347
신경내막 168
신경내분비학 347
신경노인성 난청 347
신경뇌하수체 348
신경능선 347
신경다발막 346, 388
신경독 349
신경력 346
신경로 346, 347
신경망 347, 349
신경망적 접근 347
신경무동작 347
신경물질 349
신경밀도 347
신경바깥막 171
신경반응 영상검사 347
신경반응 원격측정법 347
신경발달 347
신경발달가설 347
신경발달장애 347
신경발달치료 344, 347
신경발생 348
신경발화율 347
신경병 진단기술 347
신경병리생리 349
신경병리학 349
신경병리학자 349
신경병증 349
신경병학자 349
신경봉합 349

신경봉합술 346
신경삽입술 346
신경생리학 349
신경생리학 이론 349
신경생리학적 개연성 349
신경생리학적 결합 349
신경생물학 347
신경생물학적 변화 347
신경섬유 346
신경섬유 매듭 347
신경섬유종 347, 348
신경섬유종증 348
신경섬유층 346
신경성 거식증 34
신경성 농 347
신경성 대식증 75
신경성 마비 346
신경성 부전실어증 156
신경성 실성증 233
신경성 우울반응 349
신경성 이명 347
신경성숙도 차이 348
신경세관 349
신경세사 348
신경세섬유 347
신경세포 346, 348
신경세포돌기 346
신경세포체 346
신경세포층 346
신경손상 346
신경쇠약 346
신경쇠약증 347
신경수용기 347
신경수초 347
신경시치이론 347
신경심리검사 349
신경심리언어학 349
신경심리평가 349
신경심리학 349
신경심리학자 349
신경심리학적 조건 349
신경안정제 537
신경약리학 349
신경언어학 348
신경언어학적 프로그램 348
신경연결술 346
신경연접학 516
신경연화증 348
신경염 347
신경염성 플라크 347
신경외과학 349
신경외막 171
신경운동 348
신경운동 기능장애 348
신경운동계 348
신경유두 346
신경의학 348
신경이과학 349
신경이식 347
신경이식술 346
신경이완제 348
신경인지 347
신경인지심리학 347
신경자극 346
신경장애 346
신경재생 347
신경재지배 441
신경재활의학 349
신경전달 347, 349
신경전달물질 346, 349
신경전도 346
신경전문의 348
신경전위 346
신경절 206, 346, 348
신경절 차단약물 206
신경절가지 206
신경절단술 349
신경절세포 206
신경절제술 347
신경절층 206
신경정신 학습장애 349
신경정신병 349
신경정신의학 349
신경조율곡선 347
신경조절물질 348
신경조직 346
신경조직학 348
신경종 348
신경종말기관 346
신경주름 347
신경줄기세포 349
신경증 233, 349
신경증이론 349
신경증장애 349
신경증적 언어장애 156
신경지배 249, 347
신경지배 밀도 249
신경지배비 249
신경지배성 실행증 249
신경차단법 346
신경청각학 347
신경초 346, 347, 348, 388
신경초종 457
신경축 347
신경충격 346
신경충동 346
신경통 346, 347
신경퇴행성 장애 347
신경판 347
신경학 348
신경학자 348
신경학적 각인 348
신경학적 검사 348
신경학적 기능장애 348
신경학적 말더듬 348
신경학적 발성장애 348
신경학적 손상 348
신경학적 진단 348
신경학적 함구증 348
신경해부학 347

신경화학 347
신경활동전위 346
신경회로 347
신경효과기 접합 347
신경후두학 348
신고전주의 345
신구어주의 345
신근 181
신근마비 181
신근반사 181
신디사이저 517
신뢰구간 109
신뢰도 443
신뢰도 상관계수 443
신뢰레벨 109
신뢰성 121, 443
신뢰성 음향경로 443
신뢰한계 109
신맛 485
신분자격 498
신분증 235
신-블룸필드 학파 345
신비적 사고 298
신비화 339
신빙성 121
신생아 346, 350
신생아 무산소증 350
신생아 청각선별검사 350
신생아기 346
신생아발달 346
신생아선별검사 346
신생아장애 346
신생아집중치료실 346
신생아청각반응기 346
신생아청각선별검사 350
신생아행동평정척도 344, 346
신성문 346
신성문자 225
신성설 150
신소뇌 345
신어 346
신어적 왜곡 346
신어적 자곤 346
신어착어증 346
신원도용 235
신은유 350
신장 269, 501
신장강도 524
신장결석 443
신장동맥 443
신장률 501
신장반사 501
신장병 269
신장수용기 501
신장신경절 443
신장신경총 443
신장염 346
신장이식 269
신전 181, 501
신전진동 501
신조어 346
신청 40
신체 118
신체건강 398
신체발달 398
신체상 69
신체생물학 91
신체쇠약 482
신체순응 482
신체심리학 482
신체언어 69
신체운동능력 398
신체이미지 69
신체장애 482
신체장애자 398
신체적 수반행동 398
신체적 장애 398
신체적 접촉 398
신체적 증상 398
신체적 촉진법 398
신체적 특성 398
신체적 학대 398
신체처벌 117
신체학 482
신체형 장애 482
신체화장애 482
신체화증후군 482
신축성 114
신티그램 457
신피아제 학파 345
신피질 345
신호 대 소음비 473, 479
신호 레벨 473
신호거리 473
신호검출기 473
신호기법 473
신호길이 473
신호도착 방향 150
신호도착방향 146
신호발생기 473
신호변환기 473
신호요소 473
신호유실 153
신호율 473
신호재생 473
신호정형 473
신호증폭 473
신호처리기 473
신호처리장비 473
신호초과 473
신호탐색이론 473
실간음압레벨차 484
실구어증 33
실기율 321
실내모드 452
실내음향 452
실독증 27
실례화 250
실마리 125
실망 440

실명 68
실명칭증 34
실무율 28
실문법성 실어증 25
실문법증 25
실물자료 435
실물투사기 364
실비우스 수도 514
실비우스 열구 192, 514
실비우스 점 514
실비우스 주변피질 389
실비우스열구의 전부 414
실사 112
실산증 12
실상 435
실상증 44, 46
실생활과제 435
실서증 25
실서증을 동반하지 않는 실독증 27
실서증을 동반한 실독증 27
실성증 39
실성증 일화 39
실수 276
실수부 435
실수부 충족 435
실수축 435
실시간 435
실시간 녹음 435
실시간 분석 435
실시간 언어 435
실시간 주파수분석기 435
실시간 초음파 435
실어증 38, 39
실어증 독서이해력검사 434
실어증 보스톤학파의 창시자 210
실어증 분류체계 38
실어증 선별검사 38, 46
실어증 언어수행척도 28
실어증검사 176
실어증부부치료 17, 38
실어증-신경언어장애 선별검사 458, 495
실어증-실행증 증후군 38
실어증언어수행척도 38
실어증언어양식검사 275
실어증의 38
실어증임상검사도구 12, 38
실어증적 실서증 39
실어증지수 38, 39, 41
실어증진단검사 21, 38
실어증학 39
실어증학자 38, 39
실어증환자 음운장애 38
실어증환자 의사소통 효과증진 419
실어증환자의 언어처리에 관한 심리언어학적 평가 376, 423
실어증환자의사소통효과증진 375
실언 533
실없는 농담증 326
실온 452
실용감도 554
실용도 554
실용주의 410
실유두 191, 377
실율증 40
실음증 31
실이 감쇠 435
실이 다이얼 차 435, 438
실이 대 커플러 차 435, 436
실이공명이득 448
실이목표반응 435
실이목표이득 435
실이삽입이득 441
실이역치 감쇠 435
실이이득 435
실이자립반응 435, 448
실이자립이득 435
실이중폭반응 435
실이중폭이득 435
실이측정 435, 443
실이폐쇄반응 435, 443
실이포화반응 435, 446
실인증 25
실인증 검사 25
실재 565
실재 부가어 507
실재성 413
실재적 보편성 507
실재적 증거 507
실제 신경증 18
실제구조 18
실제단어 18
실제성 53
실제적 기술 409
실제적 지식검사 526, 535
실조성 대마비 46
실조성 발작 156
실조성 보행 46
실조성 안진 46
실조성 언어 46
실조성 진전 46
실조형 46
실조형 마비말장애 46
실조형 실어증 46
실존 506
실주름 402
실증주의 405
실증주의 학파 405
실질 506, 565
실질적 의미 507
실질형태소 112, 201
실체 170
실행능력 410
실행마비말장애 40
실행실서증 40
실행증 40
실행증형 마비말장애 40
실행증형 실서증 40

실험 178
실험가설 178
실험계획 178
실험과학 179
실험방법 178
실험변이 179
실험변인 179
실험병리학 178
실험사회심리학 179
실험설계 178
실험신경증 178
실험심리학 178
실험연구 179
실험음성학 178
실험적 연구 178
실험적 오차 178
실험적 조건화 단계 178
실험적 지식 178
실험적 치료 179
실험조건 178
실험주의 179
실험집단 178
실험청각학 178
실험피험자 179
실현 435
실현규칙 435
실화의 영역 150
실회선 472
실효음압 160
실효음향중심 160
실효질량 160
실효치 161
심근 78
심근경색 315, 338
심근부전 338
심근성 서맥 79
심근수축 338
심근염 338
심근증 79
심근질환 338
심낭내 심장 223
심낭막 387
심내막 168
심내막염 168
심도 418, 470
심도 정신지체 470
심도비성 470
심리 시간계측법 312
심리극 423
심리단계 423
심리사회적 부담 424
심리사회적 재활 424
심리사회적 정신지체 424
심리사회적 하중 424
심리신경증 424
심리언어이론 423
심리언어학 423
심리언어학적 복잡성 423
심리역동학 423
심리음성학 424
심리음향연구실 376, 422
심리음향조율곡선 422, 424
심리음향학 423
심리음향학자 422
심리의미론 312, 313
심리이론 423
심리적 거리 423
심리적 교수법 423
심리적 실재 423
심리적 실재성 423
심리적 에너지 422
심리적 음성치료 398
심리적 층위 423
심리전기흐름피부청력검사 423
심리주의 313
심리진단 423
심리척도 423
심리측정 423
심리측정학 423
심리측정함수 423
심리치료 424
심리치료 과정 424
심리치료 기법 424
심리치료 상담 424
심리치료사 424
심리평가 423
심리학 423
심리학자 423
심리학적 의존 423
심리학적 측정 423
심막강 387
심막절제술 387
심박 78
심박느림증 71
심박동기록법 78
심박동수 78, 223
심박변화율 223
심박영향약물 223
심박출계수 78
심박출량 78
심방 47
심방 격막결함 47
심방 수축기 47
심방반사 47
심방섬유성 연축 47
심방심실결절 47
심방심실다발 47
심방심실판막 47
심부 건반사 132
심부 신경핵 132
심부전 223
심부지각 132
심사문화 49
심사숙고 453, 489
심상 237, 312
심상기술 237
심상도식 237
심상화 237
심상훈련 237
심성 모형 312

심성속격 175
심성어휘집 312
심성여격 175
심성지도 312
심신 69
심실 78, 223
심실계 560
심실성 부정맥 560
심실성 빈맥 560
심실수축 560
심실중격결손 560
심실확장 560
심실확장 종말기압 560
심음 78, 223
심음도 79
심이 223
심이개동맥 131
심인성 감각소실 312
심인성 내전형 경직성 발성장애 423
심인성 농 233, 423
심인성 말더듬 423
심인성 반응 423
심인성 부종 78
심인성 실성증 423
심인성 알레르기 312
심인성 음성장애 423
심인성 장애 423
심인성 질병 424
심인성 천식 78
심인성 통증 423
심인성 통증장애 423
심인성 함구증 423
심장 223
심장결함 223
심장경화증 79
심장계 78
심장괴사 79
심장근 78
심장근육층 338
심장마비 79
심장맥관학 79
심장박동 변화율 228
심장박동 영향약물 223
심장박동 청력측정 223, 228
심장박동률 223
심장박동변화율 223
심장박동율 78
심장병 223
심장병리학 79
심장병전문의 78
심장병환자 79
심장부조 223
심장비대 78
심장사 78, 223
심장압전 78
심장억제신경 78
심장역학 78
심장염 79
심장예비력 78
심장외과 223
심장운동능력 79
심장유발반응 청력검사 78, 85
심장작업 수행능력 78
심장장애 223
심장재활 78
심장전문의 78
심장주기 78
심장지수 78
심장통 78
심장판막 223
심장학 78
심장혈관학 78, 79
심적 조합 312
심전계 78
심전도 78, 159, 163
심전도검사법 163
심전도기록법 163
심질환 223
심첨 78
심축 78
심측두동맥 132
심층 131
심층 고유감각 수용기 132
심층 신경망 132
심층 신경외막 131
심층 심리치료 132
심층 안면정맥 131
심층관자신경 132
심층구조 132
심층구조 모델 132
심층구조의 중의성 132
심층기대치 548
심층기댓값 548
심층난독증 131
심층난서증 131
심층면담 136
심층성구조 153
심층심리학 136
심층적 민감성 132
심층전극기록 136
심층조음검사 131
심층표기체계 132
심층표시 549
심층학습 132
심층훈련 537
심폐성 잡음 79
심폐소생술 79
심폐운동기록기 79
심포지엄 515
심혈관계 79
심혈관반응 79
심혈관장애 79
심혈관주기 79
심혈관중추 79
심혈관질환 79
심호흡 131
심화검사 132
십이지장 154, 259
십이지장염 154

싱크함수 475
싸이폰 효과 476
쌍 마이크로폰 375
쌍곡선혼 230
쌍둥이 언어 543
쌍방향 유일성 67
쌍자극 접근법 375
쐐기다발 125, 187
쐐기문자 125
쐐기연골 125
쐐기연골 결절 125
쐐기핵 125
쓰기 582
쓰기운동 기술 216
쓰기운동 실어증 216
쓰기장애 156, 582
쓰기체계 582
쓸개 205
씹기 88
씹기기법 88
씹기식 음성 570
씹는 일 304
씻음 575

ㅇ

아급성 504
아기 말 58
아날로그 32
아날로그 보청기 32
아날로그 세대 32
아날로그 신호 32
아날로그 영상 32
아날로그 체계 32
아날로그 출력 32
아날로그 테이프 편집 32
아날로그 필터 32
아날로그 회로 32
아날로그-디지털 변환기 9, 32
아네로이드 기압계 33
아놀드-카이리 기형 42
아담의 사과 19
아데노이드 20
아데노이드 비대 20
아데노이드 절제술 20
아데노이드 조직 20
아데노이드 종양 20
아데노이드 패드 20
아데노이드 편측절제 280
아동 89
아동 문법 89
아동 발달 89
아동 언어 89
아동 정신의학 89
아동 청각처리 수행척도 89
아동 화용언어 점검표 89, 120
아동구어 음운평가 396
아동구어음운평가 375
아동기 89
아동기 말실행증 80, 89
아동기 발병 유창성장애 89
아동기 실어증 89
아동기붕괴성장애 83, 89
아동기신경증 89
아동기자폐증평정척도 89
아동기장애 89
아동발화 모방 237
아동불안척도 80, 89
아동생활전문가 89
아동심리분석 89
아동심리치료 89
아동심리학 89
아동언어 이상 274
아동언어이해력평가 14, 45
아동언어장애 274
아동용 가정환경 척도 126
아동용 가정환경척도 89
아동용 말하기 검사목록 283, 296
아동용 보스톤 이름대기검사 68, 70
아동용 조음음운평가 38, 45
아동용 종합동작사정도구 329
아동용 체계적 유창성 훈련 517
아동용 통각검사 81, 89
아동용 한국판 보스톤 이름대기 검사 268, 270
아동정신분열증 89
아동중심 놀이치료 89
아동중심 언어 89
아동중심 접근법 89
아동중심언어 83
아동청각처리수행척도 87
아동청각학 384
아동평정척도 421, 426
아동학대 89
아동행동 점검목록 89
아동행동 프로파일 82, 89
아동행동점검목록 82
아드레날린 22
아드레날린 신경분포 22
아드레날린성 수용체 22
아래 지점 152
아래가지 432
아래구역 245
아래구역기관지 245
아래둔덕 244
아래뒤톱니근 334, 470
아래벽 379
아래부분 380
아래식도조임근 283, 295
아래오목 197
아래인두 232
아래인두수축근 334
아래입술 295
아래입술내림근 136
아래입술올림근 283
아래턱 265, 548
아래턱뒤부위 447
아래턱반사 265
아래후두신경 237
아랫입술 548

아랫입술내림근 334
아르스코그 증후군 9, 42
아름다운 죽음 577
아리조나 조음능력척도 9, 41
아리조나 치매의사소통장애검사 10, 41
아말감 30
아몬스 광역 그림-어휘검사 31
아미노산 31
아미노아세트산 31
아밀라제 31
아밀로이드 31
아밀로이드 변성 31
아배음 505
아배음 응답 505
아세틸콜린 13
아스톤 지수 46
아스퍼거 증후군 44
아스피린 과민성 44
아이링 흡음계수 173
아이오와 환자음성지수 262
아이콘 235
아인슈타인 162
아장이 532
아킬레스건 13
아킬레스건 연장술 520, 523
아킬레스건 반사 13, 14
아퍼트 증후군 38
아포크린 샘 39
아프가 가족판 38
아프가 점수 38
아프타성 구내염 39
악관절 265
악기 337
악기음 337
악기음 합성 337
악력 494
악력측정계 213
악설골근 335
악성 300
악성 고열 300
악성 고체온 300
악성 고혈압 300
악성 세포 300
악성 암 300
악성 외이도염 300
악성 육아종 300
악성 종양 300
악센트 12
악센트 기법 30
악순환 565
악식 337
악어눈물 123
악어눈물 증후군 123
악음 337
악이복근 143, 335
악하 506
악하선 305, 506
악하지 506
안각동맥 34
안검경련 68
안검부 377
안검열 377
안검진전 377
안검하수증 153
안경제작전문가 366
안경형 보청기 184
안과의사 365
안과학 365
안구 184
안구건조 증후군 477
안구압박반사 183
안구운동 184, 361
안구운동 반사 366
안구하직근 136
안궁 185
안근마비 365
안긴문장 166
안긴절 165
안내전근 20
안녕 577
안드로겐 33
안드로겐 수용기 41
안뜰 564
안뜰계단 456
안뜰구역 563
안뜰막 564
안뜰미로 563
안뜰샘 563
안뜰신경 563
안뜰창 564
안뜰척수로 564
안뜰척수반사 564
안뜰틈새 451
안뜰핵 563
안락사 175
안륜근 335, 368
안륜근반사 368
안면 185
안면 지연성 운동장애 370
안면각 185
안면계수 185
안면골 185
안면근 185
안면근반사 186
안면돌기 186
안면동맥 185
안면두개골 185
안면마비 186
안면변형 186
안면보철학 186
안면부 186
안면신경 185
안면신경 본간 299
안면신경구 185
안면신경마비 63, 185
안면신경부전 185
안면신경핵 186
안면실인증 421
안면실행증 185

안면운동기능 185
안면재인 185
안면정맥 186
안면지각 185
안면타당도 185
안면표정 185
안면표정근 333
안반사 184
안분지 365
안식처 167
안신경 365
안압 260
안압계 533
안와 368
안와공 368
안와근 335, 368
안와돌기 368
안와면 368
안와부 368
안와전두피질 368
안와하공 246
안와하관 246
안와하구 246
안와하동맥 246
안와하부 246
안와하신경 246
안와회 368
안인두위축증 362
안자극 184
안전 454
안전 값 454
안전역 454
안전위도검사 164, 170
안전한계 454
안정 진전 447
안정기 401, 495
안정도 495
안정도 기준 495
안정도 판별법 495
안정막전위 446
안정상태 446
안정성 498
안정성 동위원소 495
안정위 446
안정제 495
안정체계 495
안정화 495
안조직 결손증 99
안쪽날개근 335
안쪽덧 올리브핵 308
안쪽면 309
안쪽바닥 구역 308
안티 포먼트 37
알고리즘 27
알레르겐 27
알레르기 반응 27
알레르기 항원 27
알레르기성 긴장성 피로증후군 27
알레르기성 비염 27
알레르기성 장애 27
알버스-쇤베르그 병 27
알브라이트 증후군 27
알스트롬 증후군 28
알아듣기 힘든말 211
알츠하이머 병 19, 30
알츠하이머 소체 30
알츠하이머 치매 30
알츠하이머 치매 위험률 질문지 30
알츠하이머형 치매 134
알칼리 혈증 27
알코올 남용 27
알코올 중독 27
알코올 중독자 가족 27
알코올성 안진 27
알코올성 치매 27
알타이어족 28
알토 29
알파 운동뉴런 28
알파벳 단계 28
알파벳 방법 28
알파선 28
알파세포 28
알파수용체 28
알파입자 28
알파차단제 28
알파태아단백 28
알파파 억제 28
알파표기 28
알파행동 28
알포트 증후군 28
알품기 240
암 77
암공포증 77
암묵적 239
암묵적 교정 239
암묵적 기억 239
암묵적 이론 239
암묵적 인과관계 239
암묵적 학습 239
암변성 77
암송 437, 441
암시 28, 508
암시적 방법 508
암시학 508
암종 78
암종학 77
암페어 9, 31
암호말 41
암호화 168
암호화된 말 167
압각 465
압력 414
압력 차 414
압력감지관 414
압력밀도상관 414
압력변동 414
압력변화 414
압력변환기 414
압력소멸 414

압력소멸표면 414
압력외상 60
압력응답 마이크로폰 414
압력측정법 301
압력투과계수 414
압박골절 105
압박붕대 105
압박증마비 105
압운인식 451
압전 세라믹 400
압전 응력상수 400
압전 크리스탈 400
압전기 400
압전상수 400
압전성 폴리머 400
압전형 가속도계 400
압전형 마이크로폰 400
압전형 스피커 400
압전형 음향거리측정기 400
압전효과 400
압축 102, 105, 107
압축극성 108
압축기 106
압축력 105, 106
압축률 105
압축발성 414
압축비율 106
압축상 105, 107
압축역치 106
압축제한 105
압축증폭 105
압축파 106
압축파 속도 106
압축해제시간 453
압축형 방진고무 106
압축효과 107
앙상블 169
앙상블 평균 170
앞가지 432
앞고랑 36
앞-과도음 363
앞구개궁 35
앞뇌 195
앞바닥 구역 35
앞부분 380
앞비음화 자음 412
앞뿔 151, 559
앞센입천장소리 413
앞어금니 412
앞음조형 411, 415
앞톱니근 470
앞팔 195
앞혀면 533
애매모음 360
애매성 30
애성 227
애쉬워스 척도 44
애착장애 47
액면계 284
액정화면 289
액체 194, 289
액체 계측검사 576
액체섭취 194
액체탄성 229
앤테로가스트론 반사작용 170
앨런 유치원그림카드 27
앰플 31
야간관리 350
야간병원 350
야뇨증 351
야망 30
야맹 350
야생아 189
야윔 165
약강격 234
약강격 강세 234
약강세 577
약교차제약 576
약량계 151
약리학 391
약물남용 153
약물내성 153
약물민감성 153
약물심리학 424
약물의존성 153
약물저항 153
약물중독 153
약물중재 391
약물치료 153, 310
약물투여 310
약물효과 153
약변화 동사 577
약세언어 576
약시 10, 30, 156
약위치 577
약음 337
약음절 577
약음절 탈락 577
약진형 계수기 266
약체 X 증후군 197, 204
약한견인규칙 577
약한성대공명 528
약한소리 282
약한음질 161
약한충격 577
약한충격관계 577
약한충격이론 577
약화 576
약화현상 576
얇은다발 187
양 문화공존 64
양가감정 30
양극 34, 404, 405
양극 형용사 67
양극경사 67
양극뉴런 67
양극선 34
양극성 자극 67
양극성 장애 67
양극성 질환 67

양극세포 67
양극진공관 144
양두정골 직경 67
양력 286
양력계수 286
양력변동 286
양립성 102
양립성의 필요조건 102
양립원리 65
양막 31
양막강 31
양막액 31
양면 형광투시경 67
양면거울 543
양면대립 65
양방향 가정 65
양방향 이중언어 프로그램 543
양보 584
양보신호 543
양보절 107
양분성 65
양분주기 폐쇄 67
양비측 반맹 341
양상 44, 322
양상 조동사 44
양성 63
양성 극파 405
양성 롤랜드 발작 63
양성 발작성 안진 63
양성 발작성 체위안진 63
양성 세포 64
양성 암 63, 64
양성 예측치 405
양성 종양 63, 64
양성 증상 405
양성 지지반사 405
양수대명사 154
양순부위 65
양순성 65
양순음 65
양순폐쇄 65
양순허차는 소리 65
양순흡착음 65
양식 322
양식화 504
양악돌기 65
양안시성 66
양압 405
양압법 405
양압환기 405
양위상 반응 67
양육자 반응성 79
양육태도 89
양음절성 30
양음절음 30
양의 격률 305
양의 상관관계 404
양의 원리 429
양이 농 65
양이가중 66
양이간잠복기 236
양이강도차 236
양이녹음 66
양이보청기 66
양이복청 66
양이분리 66
양이분리검사 66
양이상호작용 66
양이상호작용검사 66
양이성 울림 65
양이억제 66
양이온 405
양이위치분별 66
양이융합 66
양이융합검사 66
양이음량 평형검사 66
양이이점 65
양이잉여 66
양이증폭 65
양이차폐레벨차 66, 68
양이청취 66, 144
양이청취효과 66
양이측 반맹 67
양이측분별 66
양이통합검사 66
양이합산 66
양이효과 66
양자법 428
양자이론 428
양자화 429
양자화 데이터 429
양자화 오차 429
양자화기 429
양적 변화 429
양적 자료 429
양전자방출 단층촬영술 390, 405
양-종말 호기압 404
양지마비 144
양지향 폴라 유형 65
양측구개파열 65
양측구순파열 65
양측대칭성 65
양측상부운동뉴런 65
양측성대마비 65
양측신경지배 65
양측외전근 65
양측외전마비 65
양측파대 152, 153
양측후두마비 65
양태 322
양태부여 322
양태요소 322
양화 428
양화사 428
양화사 유동 428
양화사 이동 429
양화사 인상 429
양화사 인하 429
얕은 림프절 508

얕은호흡 471
어간모음교체 10, 573
어군 581
어근 175
어금니 324
어금니 모양 324
어금니뒤삼각 447
어기 60
어깨 472
어깨관절 472
어깨목뿔근 363
어깨뼈 457
어깨뼈내림근 136
어눌함 239
어두 581
어두모음생략 39
어두음탈락 39
어두자음 581
어두자음 위치 247
어두자음 탈락 247
어두지체 247
어드미턴스 21
어롱증 489
어류 580
어른 22
어른중심주의 22
어린이 말투 58
어말 580
어말둘째음절 385
어말어미 191
어말음 첨가 172, 378
어말자음 580
어말자음 위치 191
어말자음 탈락 39, 191
어맹증 39, 155, 580
어문규범 289
어미활용 109
어법 291, 398, 580, 581
어법위반 482
어셔 증후군 554
어순 581
어순전략 581
어원 175, 581
어원론 175
어원사전 175
어원적 오류 175
어원적 철자 175
어음 명료도지수 473
어음수용 491
어음수용역치 436, 453, 491
어음식별 490, 491
어음식별검사 458, 490
어음식별점수 458, 490
어음전송지수 491
어음청각반응평가 176
어음청력 490
어음청력검사 489
어음청력검사용 기준음압레벨 439
어음청력도 489
어음청력손실 490
어음청력측정기 489
어음청취역치 492, 495
어음추적 491
어음탐지 489
어음탐지역치 458, 489
어음표지 490
어음허용한계 532
어의적 기억 463
어의차용 77, 290
어의학자 285
어족 274
어종 325, 581
어중 581
어중 위치 309
어중강세 309
어중단어 309
어중삽입모음 171
어중음 첨가 33
어중자음 308
어중자음탈락 516
어지럼증 563
어투변이 504
어파 273
어형변화 377
어형변화 단어 378
어형변화 반응 377
어형변화 추이 377
어형산개 196
어휘 568
어휘 활성화 284
어휘강세 285
어휘개념 284
어휘경로 285
어휘계층 285
어휘구조 285
어휘규칙 285
어휘기능문법 284
어휘능력 284
어휘다양도 542, 544
어휘단계 285
어휘대용 284
어휘량 568
어휘론 285
어휘론자적 통제이론 285
어휘망 582
어휘목록 284
어휘문법 285
어휘밀도 284
어휘발달 568
어휘범주 284
어휘범주 우세규칙 284
어휘변화 284
어휘보존가설 285
어휘부문 284
어휘분기 285
어휘분산 284
어휘분석기 284
어휘분출 568, 581
어휘분해 284

어휘-비의미경로 285
어휘빈칸 284
어휘삽입 284
어휘소 284
어휘실독증 284
어휘실서증 284
어휘오류 284
어휘음운론 285
어휘의미 처리과정 285
어휘의미론 285
어휘이전 단계 412
어휘이해척도 568
어휘이후 단계 408
어휘일기 568
어휘잉여규칙 285
어휘자질 284
어휘장 284
어휘적 결속 284
어휘적 구문장애 285
어휘적 수동 285
어휘적 애매성 284
어휘적 의미 285
어휘적 자동처리 284
어휘적용 284
어휘정보 284
어휘조절 568
어휘주의적 가설 285
어휘지식 568
어휘집 285
어휘체계 285
어휘통계학 285
어휘통제 580
어휘판단과제 284
어휘폭발 340, 568, 581
어휘표시 285
어휘합성가설 284
어휘항목 284, 285
어휘항목 구별자질 284
어휘항목 유표성 284
어휘해석 285
어휘형태소 285
어휘화 285
어휘확산 284
어휘효과 284
억압 247, 444, 511
억압욕구이론 444
억양 260
억양곡선 260
억양구 260
억양단위 260
억양머리 411, 415
억양소 260
억양유형 260
억음 216
억음 악센트 216
억음소 216
억제 42, 247, 444, 511
억제 T-세포 511
억제결합 247
억제과제 511
억제모음 88
억제성 88, 247
억제성 시냅스 247
억제성 시냅스 후 전위 262
억제성 연결 247
억제성 전달물질 247
억제성 조절 247
억제시험 511
억제신경 247
억제신호 47
억제양상 247
억제유도 언어치료 91, 111
억제인자 444
억제제 444
억제처리 247
억제효과 136, 511
언급순서전략 368
언어 공동체 489
언어 구조화된 청력보존기간검사 275
언어 내 전이 260
언어 모델 275
언어 문제점 275
언어 생산성 275
언어 생체프로그램 가설 273
언어 손상 274, 285
언어 안정화 275
언어 연속체 489
언어 유창성 274
언어 이전 단계 408
언어 이전 레벨 412
언어 지시체 288
언어 차이 274
언어 특정적 능력 150
언어 프로파일 289
언어 현상학 289
언어 화석화 274
언어간 금기 255
언어간 동일시 255
언어간 영향 124
언어간 오류 255
언어간 전이 255
언어간 접촉 112
언어검사 275
언어결정론 288
언어경계 273
언어계획 275, 491
언어공동체 288
언어공포증 292
언어교사 491
언어교육 275, 490
언어교정 489
언어교정법 292
언어교정사 292, 489
언어교체 275
언어구조 275
언어기능 202, 274
언어기반교실모형 273
언어기술 273, 274, 275
언어기호 275, 289

언어내용 274
언어내적 이동 260
언어노출 180
언어능력 273, 274, 288
언어능력검사 525, 531
언어다양성 274, 288
언어단위 289
언어마모 273
언어매개변수 275
언어목록 491
언어문제 해결력검사 534
언어문제해결력검사 526, 534
언어문체 491
언어문화 274
언어발달 274
언어발달 지체아동 274
언어발달선별도구 458
언어발달설문조사 274, 281
언어발달이론 274
언어발달장애 139, 150, 274, 281
언어발달지체 134
언어변이 275
언어변종 492
언어변화 273, 288
언어병리 임상실무 491
언어병리사 478, 490, 491
언어병리학 275, 490, 491
언어병리학자 275
언어보유력 289
언어보존 274
언어보편성 275, 289
언어복구 449
언어본능 274
언어부문 274
언어분기 288
언어분열증 289
언어불수증 232
언어불안 489
언어빈곤가설 561
언어사멸 274
언어사용 275
언어사용검사목록 275, 296
언어사회 489
언어산출 275
언어상대 275
언어상대가설 289
언어상대성 289
언어상대주의 289
언어상실 274
언어상황 491
언어상황점검표 491
언어샘플 275, 491
언어생성능력 275
언어성취 273
언어소생 275
언어소실 274
언어쇠퇴 275
언어수행 275, 289, 490
언어숙달 275
언어숙달검사 275, 295
언어순화 275
언어습득 273
언어습득기 275
언어습득장치 273
언어신경증 292
언어심리학 289
언어양상 288
언어연령 273
언어연쇄 489
언어오용 300
언어완만 71
언어외적 단서 183
언어외적 의미 182
언어외적 피드백 183
언어유지 274
언어유형 289
언어유형론 275, 289
언어음 491
언어음기억검사 491
언어음성학 289
언어-의사소통평가 273, 281
언어의학자 292
언어이론 275
언어이전 농 412
언어이전 능력 412
언어이전 단계 412
언어이전 청력손실 412
언어이전기 언어행동 412
언어이전기 의사소통 412
언어이전기 환경검사 170
언어이해 274
언어이해불능증 12
언어이해불능증 17
언어이후 농 408
언어이후 청력손실 408
언어인류학 288
언어임상가 273, 489
언어입력 288
언어자극 275
언어자료 304
언어자질 288
언어장벽 273
언어장애 274, 285
언어적 강요 288
언어적 개체발생학 289
언어적 결함 288
언어적 경험 288
언어적 공존 288
언어적 구성요소 288
언어적 문맥 288
언어적 변이 289
언어적 부담 288
언어적 불안 288
언어적 예언가능성 289
언어적 원칙 289
언어적 은유 288
언어적 인지 288
언어적 조작 261
언어적 지능 288

언어적 직관 288
언어적 표시 473
언어적 피드백 288
언어적성검사 272, 273
언어전사의 체계적 분석 455, 517
언어절차 275
언어접근법 288
언어접촉 274
언어정책 275
언어조정이론 489
언어중심치료 275, 294
언어중추 273, 489
언어지각 275
언어지각의 운동이론 328
언어지도 288
언어지리학 288, 581
언어지배 274
언어지수 275, 295
언어지체 134, 274
언어처리 491
언어처리검사 275
언어처리과정장애 275
언어철학 289
언어-청각과학 489
언어청각이해력검사 519, 525
언어층위 288, 507
언어치료사 275, 292, 491
언어치료학 491
언어태도 273
언어특수성 289
언어편차 274
언어평가 273, 276
언어표본 275
언어표본추출 275
언어표지 490
언어표집 491
언어학 289
언어학습 274
언어학습기제 274
언어학습장애 274, 290
언어학자 288
언어학적 교수법 289
언어학적 복잡성 288
언어학적 비유창성 모델 288
언어학적 의미 288
언어학적 진리 289
언어학적 허위 288
언어해독 274
언어행위 289
언어형식 274
언어형태 195
언어화 274
언어확산 275
언표내적 능력 237
언표내적 단계 237
언표내적 의사소통행동 237
언표내적 행위 237
언표내적 화행 237
언표내적 힘 236, 237
언표외적 단계 389
언표적 단계 292
언표적 의미 292
언표적 의사소통행위 292
언표행위 292
언향 389
언향적 단계 389
언향적 의사소통행동 389
언향적 행위 389
얼굴신경 본줄기 299
얼굴정맥 186
얼굴중간 318
얼렌 증후군 295
얼빠진 생각 556
얼어붙기 198
엄격순환 원리 501
엄격순환조건 501
엄격하위범주화 501
엄격하위범주화 자질 501
엄마말 327
엄중처벌 원칙 585
엉치뼈 226
엎드려 기기 121
에나멜질 167
에너지 169
에너지 감쇠계수 169
에너지 감쇠시간 169
에너지 교차-스펙트럼 밀도 169
에너지 대사 169
에너지 대역폭 169
에너지 밀도 169
에너지 반사계수 169
에너지 속도 169
에너지 스펙트럼 167
에너지 스펙트럼 밀도 169
에너지 스펙트럼 밀도레벨 169
에너지 유동밀도 169
에너지 유동밀도레벨 169
에너지 음향학 169
에너지 전달계수 169
에너지 정리 169
에너지 차폐 169
에너지 평균치 169
에너지 흡수계수 169
에너지 흡수지수 169
에너지스펙트럼 밀도레벨 174
에너지-시간 곡선 169
에너지원 레벨 169, 174
에둘러 말하기 92, 175
에드워드 증후군 160
에르그 173
에비리스 증후군 56
에스트로겐 175
에이카르디 증후군 25
에코 159
에페트린 171
에피네프린 171
엑스오 증후군 583
엔도르핀 168
엔케팔린 169
엔코더 167

엘렉트라 콤플렉스 162
엘리어싱 27
엘리어싱 오차 27
엥겔만 증후군 33, 43
여가시간 282
여가치료 437, 453
여격교체 129
여격부정사 129
여격이동 129
여과액 191
여권신장주의 189
여기 177
여기신호 177
여린입천장소리 559
여린입천장소리되기 559
여성 179
여성 호르몬 189
여성공포 218
여성성 189
여성성징 189
여성우월주의 189
여성적 기질 189
여성화 189
여성화 증후군 189
여성화 효과 189
여성화종양 189
여자 같은 남자 207
여타조건 165
여타환경 165
역 푸리에 변환 261, 448
역 피드백 261
역 필터 261
역균형화 119
역급여 119
역급여순 119
역동론 155
역동범위 155
역동성 155
역동적 공간재구성 153, 155
역동적 문해력 155
역동적 상호과정 155
역동적 시간-촉각 단서 153, 155
역동적 실어증 154
역동적 언어평가 155
역동적 왜곡 154
역동적 인구통계학 154
역동적 인식 154
역동적 평가 154
역동적 평형 154
역동적 해석 155
역량강화 167
역량기반교육 103
역량기반평가 103
역류 58, 440, 441, 448
역류 소견점수 440
역류교환 119
역류성 후두염 440
역류소견 점수 449
역류증가 119
역류증상지표 440
역류효과 59, 575
역반응 22
역발성 448
역방향 차폐 59
역사문법 227
역사언어학 227
역사음성학 227
역사음운론 227
역사의미론 227
역사적 부정사 227
역사적 사전편찬법 227
역사적 현재형 227
역설 378
역설적 효과 378
역성 58
역순환 함수 261
역시간 거울 531
역여과 평균정규화 85
역위상 365
역으로 읽는 독자 59
역전반응 448
역전분극 449
역전이 119
역전전압 448
역제곱 법칙 262
역조건화 119, 131
역출혈 119
역치 529
역치 민감도 529
역치가설 529
역치레벨 529
역치상 레벨 284, 511
역치상 순응검사 511
역치상 자극 511
역치상순응검사 497
역치상자극 511
역치이동 529
역치자극 문턱자극 529
역치전위 529
역치전이 529
역치전환법 529
역치하 자극 506
역치하자극 507
역통합 449
역투사 58
역필터 작용 261
역학 155, 171, 308
역학계 308
역학적 옴 308
역학적 저항 308
역학적 지수 308, 315
역학적 충격 308
역할 452
역할 바꾸기 452
역할관련 기준 452
역할극 452
역할기대 452
역할놀이 452
역할도식 452
역할맡기 452

역할연기법 452
역할이론 452
역할전도 452
역할조정 452
역행 440
역행 대명사화 59
역행 동시조음 59
역행간섭 447
역행동화 440, 448
역행모방 449
역행모음동화 440
역행성 448
역행성 건망증 448
역행성 기억상실 447
역행성 변성 448
역행성 억제 447
역호흡 448
역혼성화 131
역효과 22
연가 59
연간보정 34
연결 45, 81, 109, 110, 120, 289, 350
연결구문 45
연결규약 45, 289
연결규칙 289
연결도식 289
연결동사 117, 289
연결론 110
연결론자 110
연결론자이론 110
연결막대 289
연결선 45
연결선절단규칙 134
연결성조 532
연결술 33
연결-실사 350
연결원형질 110
연결을 의미하는 접두사 42
연결장치 98
연결제약 289
연결피질감각실어증 537, 542
연결피질실어증 537
연결피질운동실어증 537
연결핵 45
연결회로 266
연경계 482
연계성 조건 110
연골 80
연골결합 516
연골고리 80
연골관절 80
연골내 골화 168
연골모체 80
연골부 80
연골사이 부분 253
연골성 골격 80
연골성 성문 80
연골성 외이도 80, 308
연골성 종양 80
연골성 협착증 80
연골세포 90
연골속 골화 168
연골화 80
연구가설 444
연구개 376, 482, 559
연구개 마찰음 558
연구개 봉합술 553
연구개 부위 558
연구개 전이음 558
연구개 파열 93
연구개 폐쇄 558, 559
연구개 흡입 559
연구개거근 280, 284
연구개근 333
연구개기류 559
연구개기류음 559
연구개긴장근 524
연구개내림근 136
연구개마비 376, 482
연구개부전 558
연구개성 559
연구개열 482
연구개올림근 280, 284
연구개음 482, 559
연구개음 동화 558
연구개음 연화 558
연구개음 전설화 558
연구개음의 전설음화 200
연구개음화 559
연구개인두폐쇄 559
연구개하체근 136
연구개화 자음 559
연구개화음 559
연구근거 444
연구방법 444
연구설계 444
연구자 262
연극성 성격장애 227
연기신호 479
연대기적 현재 34
연독 285
연동 562
연동운동 389
연령 24
연령등가 24
연령등가점수 24
연령비율 24
연령차 24
연령차별 24
연막 399
연방재활법 188, 197
연보 584
연산의 복잡성 106
연산증폭기 365
연산체계 106, 124
연상어원 175
연상의미 46
연상전략 46
연상학습 46

연성 광섬유검사 192
연성 광섬유후두경 192
연성 내시경삼킴검사 189, 192
연성 위경 192
연성 파이버스코프후두경 192
연성모드 120
연속 469, 507
연속 불규칙변수 114
연속 스펙트럼 114
연속강화 114
연속단어인식 110
연속단일어 발화 508
연속동화 114
연속된 말 110, 453
연속말운동 469
연속반응시간과제 469, 494
연속방정식 113
연속배열 470
연속부하 시험 114
연속성 113
연속성 장애 113
연속성가설 113
연속운동률 469
연속운동속도 469, 479
연속적 능동기도압력 120
연속적 순환이동 508
연속적 순환적용 508
연속적 습득 507
연속적 이중언어아동 507
연속적 잔향 453
연속적 접근 507
연속주사 469
연속체 114
연속체계 114
연속파 114, 126, 576
연속회상 470
연쇄 81, 87, 106, 469, 502
연쇄결속 87
연쇄규칙 469
연쇄균일성 조건 87
연쇄기준 87
연쇄대화 87
연쇄동사 81
연쇄모형 87
연쇄문법소 517
연쇄반응 87, 517
연쇄-연쇄 조건 87
연쇄연습 87
연쇄운동 469
연쇄이동 87
연쇄-일치 체계 87
연쇄잉여규칙 469
연쇄잉여성 469
연쇄절 106
연쇄제약 469
연쇄조건 87
연쇄처리 469
연수 310, 360
연수 증후군 310
연수경색 310
연수마비 75
연수막염 283
연수미부 82
연수성 마비 75
연수성 운동실조 75
연수성 폴리오 75
연습 변이성 409
연습 분산 409
연습 일정 409
연습단계 409
연습효과 409
연어 99
연역법 131
연역적 논증 131
연역적 사고 131
연역적 접근법 131
연역적 추론 131
연역적 추리 131
연역적 학습 131
연음 282, 285, 455
연음소 282
연음화 282
연인두 밸브 559
연인두 틈 559
연인두 학습오류 559
연인두개방 559
연인두기능부전 559
연인두기제 559
연인두문 559
연인두반응력 559
연인두통로 559
연인두폐쇄 559
연인두폐쇄부전 574
연인두형성부전 559, 574
연인두형성술 559
연자음 282
연장 165, 419
연장된 구어 419
연장발성 419, 512
연접 266
연접 운율학 266
연접 음소 267
연접 자질 266
연접 특성 266
연접적 순서 110
연접적 작용 110
연접적 조직 110
연접제약 111
연조직 482
연주피치 107
연질막하 공간 506
연축 486, 543
연축성 486
연축성 무도병 486
연축성 발성장애 458, 486
연축성 성대내전 486
연축성 성문폐쇄 486
연축성 진전 486
연축성 후두염 486
연하 133, 512

연하근육 333
연하기법 512, 513
연하기전 513
연하무호흡 133
연하반사 133, 513
연하방식 512
연하보상 513
연하선별검사도구 513
연하실행증 40, 512
연하역치 513
연하운동 133
연하장애 156, 513
연하장애 무섭식증 38
연하중추 513
연하치료 513
연하통 368
연하행동 512
연하호흡 513
연하활동 513
연합 45
연합 근육운동 행동 45
연합 통제력 46
연합과정 45
연합능력결함 46
연합동작 45
연합동화 96
연합된 결함 45
연합로 45
연합반응 45
연합법칙 280
연합섬유 45
연합성 시각실인증 46
연합성 실어증 45
연합신경 45
연합심리학 45
연합영역 45
연합운동 516
연합적 복합가설 45
연합주의 45
연합추론 46
연합통로 45
연합피질 45
연화 300
열공 225, 273
열공성 뇌경색 273
열구 192
열권채널 528
열등 콤플렉스 245
열등감 245
열량 77
열량측정 77
열린경로 364
열린사회 364
열림도 38
열민감성 528
열발생 528
열방사 528
열불평형 경계층 528
열사 527
열사병 223
열상 273
열선 마이크로폰 228, 528
열성발작 188
열성유전 437
열성유전인자 437
열성조건 437
열세언어 353
열역학 528
열음향학 528
열잡음 528
열전도율 527
열점성 유체 528
열초음파 처리 528
열침투 깊이 528
열평형 527
열확산 527
열효율 527
열흡수 527
염기 60
염기결핍 60
염도 454
염류결핍 455
염류대사 455
염류병 455
염류소실성 신염 455
염색체 90
염색체 교차 89
염색체 이상 90
염색체 질환 90
염세주의 390
염세주의자 390
염소 90
염저류 455
염증 245
염증성 신경증 245
염증성 후두질환 245
엽 290
엽록소 90
엽사이면 255
엽상유두 194
영·유아언어발달검사 463, 469
영구적 역치변동 389
영구적 역치이동 389, 424
영구치 389
영국말더듬협회 73
영국의 생물학자 129
영국의 음성학자 266
영국표준발음 436, 453
영변화 585
영상 디스크 565
영상 주사기 456
영상기억 235
영상술 536
영상자료 235
영상저장 235
영속성 389
영숫자 28
영숫자 모드 28
영아 243
영아기 243

영아살해 243
영양공급 27
영양공급관 542
영양과다 373
영양관 27
영양실조 135, 156, 300
영양장애 76
영어 강세규칙 169
영어교육 165
영어문헌학 169
영어사용학교 169
영역 150
영역 일반적 150
영역 일반적 능력 150
영역 특정적 150
영역점수 41
영 · 유아 243
영 · 유아 실어증 243
영 · 유아 자폐증 243
영 · 유아 점검표 243
영 · 유아 체크리스트 243
영 · 유아기 이중언어아동 243
영 · 유아발달 243
영 · 유아발성 243
영 · 유아지능척도 236, 243
영 · 유아지향적 말 236, 243
영의 계수 584
영재 211
영재협회 45
영창 87
영창조로 말하기 87
영파 584
영파생 585
옆으로 눕기 510
옆으로 앉기 472
예견 36
예견반응 36
예기문법 178
예기반응 36
예기적 동시조음 36
예기전략 36
예기지도 36
예기투쟁가설 36
예기투쟁이론 36, 520, 527
예기회피반응 36
예기효과 36
예문 177
예민성 18
예방 415
예방의학 415
예방접종 556
예비 59
예비검사 400
예비단계 413
예비동작 413
예비량 444
예비막힘 413
예비분석 412
예비연구 400, 412
예비이득 444
예비재고 59
예비적 서술법 419
예비조건 413
예비책 413
예비폐쇄 413
예상 지불계획 421
예상하기 411
예술치료 42
예시 자극물과 짝짓기 304
예시규칙 148
예시질문 148
예-아니오형 의문문 584
예언 411
예외적 격표시 176
예음 19
예음 악센트 18
예음음운 19
예의바름 420
예일 아동검사목록 584
예측 411, 418
예측 가능한 순서 411
예측 불가능한 순서 552
예측가능성 411
예측기제어휘목록 376, 411
예측능력 411
예측성 언어 36
예측오차 411
예측추론 411
예측타당도 411
예행연습 441
예후 418
예후적 선별검사 411
예후판단 418
예후평가 411
오답 149
오독증 155
오디션 49
오디오 입력 49
오디프스 콤플렉스 362
오류 173, 186
오류 말뭉치 173
오류 일관성 110
오류 코퍼스 173
오류기술 173
오류무게 173
오류반복 173
오류분석 173
오류설명 173
오류식별 173
오류-실수 173
오류율 173
오류의 자기교정 461
오류중량 173
오류처리 173
오류평가 173
오른귀 53, 450
오른귀 우위 434
오른손잡이 140, 450
오른쪽 우세 450
오른판 450

오름 두겹홑소리 451
오름섬유 93
오름차순 44
오리피스 369
오목 196, 197
오목공간 436
오문법증 156
오반응율 173
오발성 321
오보율 186
오실로그래프 370
오실로그램 370
오실로스코프 370
오염 112
오용 81, 321
오조음 320
오차근원 173
오차변량 173
오차점수 173
오차한계 286
오차항 173
오클랜드 학교그림사전 359
오프 마이크로폰 기법 362
오피즈 증후군 365
오후효과 24
오훼돌기 117
옥시 헤모글로빈 374
옥시토신 374
옥타브 361
옥타브 대역 361
옥타브 비틀림 361
옥타브 엉킴 361
옥타브 척도 361
옥타브대역 분석 361
옥타브대역 필터 361
온각 465
온도 522
온도각 522
온도각 감퇴증 528
온도각 과민 528
온도각 과민증 528
온도감각 528
온도기록법 528
온도기록술 528
온도미각자극 527
온도수용기 528
온도안정도 522
온도자극 528
온도촉각자극법 528
온-마이크로폰 363
온선풍속계 575
온음 578
온음계 142
온음계적 반음 142
온음계적 온음 142
온음계적 음정 142
온점 575
올리브뇌교소뇌 퇴행 363
올리브달팽이로 363
올리브-뒤 고랑 448
올리브-뒤 구역 448
올리브소뇌로 363
올리브척수로 363
올리브핵 363
올림근 165, 283
옴의 법칙 362
옴의 음향법칙 362
옹스트롬 34
옹알이 58
옹알이단계 58
와다검사 575
와덴버그 증후군 575
와도 573
와도이론 573
와류 542
와류 스크린 542
와류강도 542
와류규모 542
와류성 소음 542
와류성 소음원 542
와류세기 542
와류음 573
와류주파수 573
와류증후 578
와우 96
와우 내 전극 260
와우 마이크로폰 작용 53
와우각 자극검사 419
와우공 223
와우관 96, 154
와우관 미로 96
와우관절 96
와우기저막내측부 219
와우나선관 493
와우내 전위 168
와우도수관 96
와우반사 97
와우반향 96
와우보철 96
와우분할 96
와우신경 96
와우신경 활동전위 96
와우신경절 96
와우신경지 96
와우신경핵 95, 96
와우안검반사 97, 121
와우전도성 노인성 난청 96
와우정 125
와우증폭 96
와우증폭기 96
와우창 97, 452
와우청력손실 96
와우축 99, 323
와우해부 활동전위 95
와전계 164
와전류손실 160
와톤관 재배치 578
와트 576
완결탐색 177
완곡어법 92, 175

완료시제 387
완료적 과정 387
완만한 상승시간 478
완만한 음조섭동지수 494
완만한 진폭동요지수 455
완만한 진폭섭동지수 479
완만한 피치섭동지수 479, 494
완성 103
완성검사 103
완성기법 95
완전 구개열 535
완전 구개파열 103
완전 기능복합체 87
완전 상승조 201
완전 실어증 103
완전 알파벳 단계 201
완전 접근가설 186
완전 하강조 201
완전 함묵증 535
완전결합 201
완전공명핵 200, 201
완전기능복합체구조 103
완전도체 387
완전동화 103, 201
완전모음 201
완전복합 201
완전분비 227
완전연소 387
완전접근가설 201
완전중복 103
완전취학 585
완전통합 201
완전학습 304
완전한 반향어 552
완전한 삼킴문제 103
완전한 에피소드 103
완전한 일화 103
완전협화음 387
완충 75
완충계 75
완충재 471
완치 387
완화 27, 321
완화된 반향 321
완화요법 376
완화요소 321
완화장치 321
완화제 166
왈러의 변성 575
왔다 갔다 하는 이야기 281
왜곡 148
왜곡된 모음 149
왜곡레벨 149
왜곡산출 149
왜곡성 골도전도 149
왜곡소 성분 149
왜소증 154
왜소체 316
외경동맥 159, 181
외경동맥총 181
외경신경 181
외과립층 372
외국말투 195
외국어 195
외국어로서의 영어 161, 169
외국어로서의 영어교육 521
외국어법 195
외국어습득 195
외국인에게 하는 말투 195
외국풍 195
외근 183
외긴장근 182
외나선구 372
외나선신경섬유속 372
외늑간근 182, 254, 334
외래복수 195
외래어표기법 290
외래환자 372
외림프 387
외림프 공간 387
외림프 누공 387
외림프 수종 387
외림프 전위 387
외림프관 387
외림프관 잔기둥 387
외림프낭 387
외막 22, 56
외면성 182
외면화된 말더듬 181
외배막 183
외배엽 159
외배엽 형성부전증 159
외배엽형 159
외버팀세포 372
외번 176
외벽 372
외변인 183
외복사근 182, 335
외부 개연접 182
외부경계 181
외부괄약근 182
외부기억보조 182
외부방출법 181
외부삽관 372
외부수용기 182
외부연접 182
외부지향형 372
외분비 182
외분비선 178
외비공 182, 340, 357
외비공 수축 340
외비지 182, 279
외사근 182
외사시 149, 178
외사위 178
외삽법 183
외상 540
외상 후 건망증 409
외상 후 두통 409
외상 후 스트레스 장애 405, 409

외상성 뇌손상 521, 540
외상성 뇌손상환자 인지능력척도 456, 457
외상성 질환 540
외상성 혈종 540
외상성 후두염 540
외상성 후두질환 540
외상후 건망증 424
외상후 스트레스 장애 424
외설근육조직 183
외섬유층 181
외섬유판 182
외심 복합어 177
외심구조 177
외심막 171
외심적 결합 177
외연 135, 181
외연적 사고방식 181
외연적 의미 135, 181
외연적 정의 181
외엽 182
외유모세포 372
외유모세포 전기운동성 372
외율격성 183
외이 53, 181, 372
외이공 181, 369
외이도 37, 50, 157, 181, 308
외이도 반사 181
외이도 폐쇄 371
외이도 폐쇄증 53, 181
외이도염 179
외이도진주종 181
외익돌근 335
외인 181
외인성 178
외인성 감염 178
외인성 경로 183
외인성 인자 183
외인성 전위 183
외인성 청각장애 178
외재논항 181
외재적 규칙순 183
외재적 순서 183
외재적 언어 182
외재화 182
외적 기초 181
외적 동기 182
외적 문체론 182
외적 부정 182
외적 시험 182
외적 재구성 182
외적 접근법 182
외적 정보 182
외적 준거접근법 159, 181
외적 차용 181
외전 10, 183, 510
외전근 10
외전근경련 10
외전근마비 10
외전마비 10
외전신경 10
외전지수 10
외전핵 10
외전형 10
외전형 연축성 발성장애 10, 11
외주세포 372
외지 181
외출혈 181
외측각 278
외측갑상설골인대 280
외측갑상연골절개술 280
외측고랑 280
외측고삐핵 279
외측고유섬유속 279
외측곧은근 279
외측관 280
외측구 280
외측구멍 279
외측구역 280
외측구역기관지 280
외측기둥 279
외측날개근 279
외측뇌실 280
외측다리 279
외측대 280
외측도 279
외측돌기 279
외측렌즈핵줄무늬체동맥 279
외측망상체 279
외측망상핵 280
외측바닥구역 기관지 279
외측반고리관 280
외측반규관 280
외측벽 280
외측비연골 279
외측비정맥 279
외측사시 280
외측삼차신경시상로 280
외측상 올리브 280
외측섬유띠 279, 290
외측소뇌반구 279
외측슬상체 279
외측슬상핵 279
외측아데노이드 절제술 279
외측억제 280
외측연수증후군 279
외측올리브 와우속 279
외측윤상피열근 279
외측익돌근 182, 279
외측익돌신경 279
외측익상돌기판 279
외측인두벽 279
외측전정신경핵 280
외측중간회색질 279
외측직근 279
외측척수 280
외측척수시상로 280
외측추골인대 279
외측팽대부신경 279
외측편향 280

외측피질척수로 279
외층 372, 500
외치 변형 183
외탄력막 181
외터널 372
외파 179
외파음 179, 443
외포 181
외피 56
외피계 251
외향 10
외향성 183
외향적 성격 183
외향파 372
외향형 183
외현적 행동 512
외현화 문제행동 182
외현화 장애 182
외현화 행동 182
외현화 행동문제 257
외형적 낱말 학습맥락 371
외형적 말 182
외호흡 182
외회전 182
외후두신경 182
외후두융기 182
외흉부 폐쇄 183
왼귀 53
왼손 수신호 알파벳 282
왼손잡이 282, 476
왼쪽 관자근 282
왼쪽 귀 유리 282
왼쪽우세 282
왼판 282
요골 432
요관 554
요관신경총 554
요구감각레벨 138, 153
요구감각레벨 적합공식 138
요구-모델 기법 301
요구-용량 모델 129, 134
요구-용량 이론 521, 527
요구특징 134
요내장신경 296
요도 554
요동맥 296
요동운동 452
요들송 어조 575
요들송어조 접근법 575
요부 296
요부만곡 296
요부반사 296
요소 165
요소회로 이상증 554
요수 296
요신경 296
요신경절 296
요신경총 296
요실금 240
요약 508
요약주사 508
요약평가 508
요인 186
요인분석 186
요인자극일반화 186
요인점수 186
요인타당도 186
요추 296
요추늑골 296
요추천자 296
요한슨-블리자드 증후군 265, 266
욕망 30
욕설증 117
욕창 131
용골선 268
용광로 310
용납할 수 없는 행동 547
용량 77
용량 제한성 77
용량-요구 모델 77
용법 554
용법조건 554
용법표시 554
용수철 잔향체계 494
용어 524
용어비교 402
용어의 선택 580
용어적 요소 402
용어집 212
용인가능 변이 12
용적 75
용적경사 에코기법 572
용적계 572
용적운동 75
용적위상 모형 75
용적이동 75
용적저항 75
용적코일 572
용적평균화효과 572
용적획득 572
용종 403
용종성 403
용종성 변성 403
용종성 성대결절 403
용해 296
우뇌 450
우뇌반구 450
우뇌손상 450
우뇌손상간편검사목록 319, 320
우드콕 언어유창성 검사도구 580
우드콕 읽기숙달도검사 580, 582
우레아제 호흡실험 545, 554
우리말 조음음운평가 554
우마미 547
우반구 증후군 450
우반구뇌손상 449, 450
우반구언어검사 449, 450
우반구장애 450
우발동화 13

우발성 농 22
우발음 22
우발적 교수 240
우발적 교수절차 240
우발적 장애인 22
우발적 지도절차 240
우발학습 239
우발학습과제 240
우발학습전략 239
우분지절 450
우분지제약 450
우상엽기관지 451
우생학 175
우생학자 175
우선순위 417
우성 150
우성돌연변이 150
우성반구 150
우성유전 150
우성인자 150
우세방언 150
우세언어 150
우심방 450
우심실 451
우아한 퇴행 214
우애 106
우연성 113
우연성 관리 113
우연학습 239
우연학습전략 240
우연한 공백 13
우열법칙 280
우울 232
우울반응 136
우울병 136
우울상태 136
우울신경증 136
우울장애 136
우울증 136, 310
우월감 510
우월감 콤플렉스 510
우위 150, 450
우위조건 150, 510
우이 53
우이우위 434
우주기관지 450
우중엽기관지 450
우총경동맥 450
우측대동맥 450
우측무시 450
우측시야결함 451
우측전위 450
우측절점인상 450
우측회귀성 후두신경마비 450
우폐 450
우하복신경 450
우하엽 450
우하엽기관지 450
우화 185
운동 291
운동 부호화 328
운동 실인증 327
운동 실조증 46
운동 어드미턴스법 327
운동 에너지 269
운동 프로그램 접근법 328
운동각 327
운동각도 79
운동감각 269, 328
운동감각적 기술 269
운동감각적 단서 269
운동감각적 도식 269
운동감각적 방법 269, 328
운동감각적 분석 269
운동감각적 지각 269
운동감각적 지능 269
운동감각적 피드백 269
운동감각적 훈련 269
운동계 269, 328
운동과다 증후군 230
운동과잉 230
운동과잉증 230
운동귀환 315, 327
운동근 328
운동기능 328
운동기능 감퇴효과 232
운동기능학 269
운동기억 328
운동기획치료 328
운동뉴런 328
운동능력 327
운동능력 및 자세잡기 398
운동단위 329
운동단위 활동전위 329, 330
운동대사 582
운동등가성 328
운동띠 328
운동량 324
운동력 322
운동마비 328
운동명령 328
운동명령중추 328
운동무관 시지각검사 328, 337
운동발달 328
운동발화영역 328
운동발화중심 328
운동범위 433, 452
운동범위훈련 433
운동부족 강직 232
운동부족병 232
운동불능증 26
운동불협응 장애 328
운동삽입 329
운동섬모 269
운동신경 328
운동신경 통제 328
운동신경계 328
운동신경로 328
운동신경섬유로 328
운동신경세포 327, 328

운동신경핵 328
운동실독증 327
운동실서증 327
운동실어증 327
운동실음악증 327
운동실조형 뇌성마비 46
운동실행증 269, 328
운동에너지 268
운동영역 328
운동완서증 71
운동음성학 328
운동응답 327
운동이론 328
운동장애 328
운동장애 식별체계 146, 156
운동장애 식별체제 146
운동장애 증후군 156
운동저하 231
운동저하증 232
운동저항 327
운동저항법 327
운동전달도 327
운동점성 269
운동접근 327
운동정지 모형 329
운동조절 328
운동조정곤란 156
운동조합단계 328
운동종판 328
운동중추 269
운동지각 328
운동처리과정 328
운동특성 328
운동피질 328
운동학 269
운동학적 분석 269
운동학적 에너지 269
운동학적 유사성 269
운동학적 이론 269
운동학적 측정 269
운동항진 230
운동행동 328, 329
운동협응 328
운동협응장애 328
운모투사 449
운문 562
운문 예 562
운문문학 562
운반구 79
운반문장 79
운소 420
운용자 결속 365
운율 421
운율 규칙성 420
운율 단위별 강화 421
운율격자 315
운율규칙 420
운율긴장 315
운율능력 결함 420
운율단어 421
운율단위 421
운율부전 232
운율부전증 156
운율불능 40
운율불능증 40
운율소 420
운율수형 315
운율수형 구성규칙 315
운율영역 420
운율요소 420
운율위계 420
운율음소 420
운율음운론 315, 420
운율자질 420
운율적 단어 421
운율진단검사 153
운율표지 420
운지법 191
울대 517
울림 451
울림 오류 483
울림도 483
울림줄 515
울음 124
울음소리 68
울혈 109
울혈성 심부전 88, 109
움라우트 547
웅얼거리는 소리 333
워그 검사 582
워니키 영역 578
워드 프로세서 581
워버그 증후군 575
워셔 시력선별기법 582
워싱턴 어음변별검사 582
워커 문제행동검사목록 575
워크샵 582
워킨-큐라타 구강기전검사-치료체계 129, 154
워프가설 579
원 주파수 91
원거리 179
원거리 음장 187
원거리 음장기준 187
원거리 측정 187
원거리 피판 149
원거리화 149
원격 청신경반응측정 42
원격기억 443
원격동화 149
원격수용기 522
원격조정 443
원격청신경반응측정 52
원격회의 522
원근법 방식 390
원근법 배치 135
원반 146
원반인대 146
원발성 간질 415
원발성 감염 415

원발성 종양 416
원발성 진행성실어증 409, 416
원발성 측삭경화증 415
원발성 통증 416
원분절음 41
원뿔 109
원뿔유두 117, 377
원소 165
원소주기율표 388
원순모음 452
원순성 289, 452, 453
원순음 452
원순조화 453
원순화 289
원순후설모음 452
원시 231
원시구어행위 416, 422
원시낱말 421
원시단어 421
원시대화 421
원시반응 416
원시설화 421
원시소뇌 41
원시언어 416, 421
원심력 159
원심복사 161
원심성 161
원심성 감각계 161
원심성 경로 161
원심성 뉴런 161
원심성 말초신경 161
원심성 신경 161
원심성 신경섬유 161
원심성 운동실어증 161
원심성 자극 161
원심성 청각시스템 161
원심성 청각체계 161
원심성 축삭 161
원심전위 149
원어민 343
원위 수근골 148
원음 369
원음소 41
원인 행위자 82
원인-결과 방법 82
원인병리학 175
원인불명성 안진 236
원인접사 82
원인타동사 82
원자 47
원자량 47
원자번호 47
원자술어 47
원자질량 47
원점수 434
원추유두 117
원통공명기 492
원통파 126
원통형 분산 126
원통형 흉곽 60
원판 146
원판인대 146
원편파 91
원형 421, 485
원형 범주화 모형 421
원형부정사 60
원형식 41
원형이론 421
원형적 대화 421
원형적 복합가설 421
원형질 421
원형질성 성상교세포 421
원형층 91
원형확장 모형 421
원형효과 421
월가락 260
웨스턴 실어증검사 575, 578
웨프맨 청각변별검사 575, 577
웩슬러 개인성취검사 577, 579
웩슬러 검사 577
웩슬러 기억력검사 577, 580
웩슬러 성인용 지능검사 575, 577
웩슬러 아동용 지능검사 577, 579
웩슬러 유아지능검사 577, 582
웬더 유타 평정척도 577, 582
웹기반 교수 577
위 206, 500
위 창냄술 217
위가지 432
위결석 64
위경 207
위경검사법 207
위계 225
위계구조 225
위계모형 225
위계문장구조 225
위계조직 225
위관영양 207
위구역 510
위구역 기관지 510
위궤양 206, 500
위그 언어준거-표준검사목록 579, 579
위기 122, 123
위기개입 서비스 122
위기능검사 206
위기상담 122
위눈꺼풀올림근 335
위대장 반사 206
위둔덕 509
위뒤톱니근 470
위루술 207
위반 565
위반 가능성 565
위버 증후군 577
위벽 379
위부분 380
위뿔 509
위산 206
위산감소 231

위산과다 230
위산과다증 90
위산분비 206
위산역류 206
위상 392
위상 각 392
위상 간격 393
위상 공액 392
위상 변조 393
위상 보정 392
위상 불일치 392
위상 선형성 392
위상 속도 393
위상 스펙트럼 393
위상 역전 393
위상 연속화 393
위상 왜곡 392
위상 응답 393
위상 전이 393
위상 지수 392
위상 지연 392
위상 차 392
위상 폐쇄 392
위상계 393
위상동기루프 392, 402
위상성 수용체 393
위상심리학 534
위상평이성 계획 393
위상학 534
위생 455
위석 64
위성 455
위성 소화불량 206
위성세포 456
위소장 반사 206
위스컨신 분류검사 576, 579
위식도 전정 207
위식도 접합부 207
위식도역류병 207, 210
위신경총 206
위십이지장 궤양 206
위십이지장 동맥 206
위십이지장 연결술 206
위암 206, 500
위액 206
위액분비선 206
위약효과 401
위양성 반응 187
위연축 207
위염 206
위오목 509
위인두수축근 334
위입술 553
위입술가지 553
위장관 207
위장병학 206
위장염 170, 206
위장운동 촉진제 419
위장장애 207
위저 206
위절개술 207
위절제술 206
위절흔 206
위점막 위축 206
위즈 탈락 578
위창냄술 207
위천공 387
위축성 후두염 47
위출혈 206
위치 401, 404, 476
위치 매개변수 404
위치 일반화 404
위치 전위차계 404
위치각 404
위치감각 465
위치경로 578
위치동작관계 291
위치동화 401
위치상태 관계 291
위치에너지 383, 409
위치외적 동격 183
위치이론 401
위치자질 401
위치적 돋들림 404
위치적 변이 404
위치적 안진 404
위치적 탁립 404
위치적 현기증 404
위치층렬 401
위치특수성 401
위치효과 404
위타액반사 207
위턱 553
위턱신경 305
위톱니근 336
위통 206, 500
위하수 206
위해반사 350
위해자극 350
위험 451
위험군 47
위험군 명부 47
위험요인 451
위험인자 451
위후두신경 478
윌리스 착청 377, 579
윌리스 환 91
윌리엄스 증후군 579
윌슨 병 579
윗입술내림근 136
윗입술올림근 283, 284, 335
윗첨자 510
유감 440
유공 흡음판 387
유공판 흡음재 387
유관강화 113
유기 정지음 44
유기 폐쇄음 44
유기분자 369
유기음 44

유기자음 44
유기체 369
유기호흡 22
유기화학 369
유기훈련 23
유당효소 273
유대감 482
유도 165, 242
유도계수 242
유도기술 165
유도단위 137
유도된 공격성 165
유도된 모방 165
유도된 스캐닝 146
유도된 운동 242
유도면접 217
유도물리량 137
유도반응 165
유도자 242
유도저항 434
유도절차 165
유도질량 242
유도토론 217
유독성 농 535
유돌벌집 304
유돌봉소 304
유돌부 304
유동분석적 요인 194
유동불균일성 소음 351
유동성 지능 194
유동식 인공영양 207
유동음향 상호작용 193
유동잡음 193
유동저항 193
유두 377
유두근 377
유두선 300
유두시상로 300
유두종 377
유두종증 377
유두체 300
유두피개로 300
유령어 211
유령울림 211
유리 욕구좌절 211
유리 피판 198
유리섬유 211
유리수 434
유리함수 434
유모세포 재생 220
유무대립 417
유-무성음 판별 572
유문 427
유문관 427
유문괄약근 334, 427
유문동 427
유문조임근 334, 427
유문협착증 427
유문형성술 427
유문확장술 427
유물론 304
유미흉 91
유발 176, 541
유발 작용 541
유발된 모방 165
유발반응 176
유발반응청력측정검사 176
유발반응청력측정계 173, 176
유발시도 176
유발안진 242
유발이음향방사 170, 176
유발전위 170, 176
유방조영술 300
유병률 415
유사공명핵 428, 429
유사구어발성 490
유사난청 422
유사논항 429
유사단극성 뉴런 422
유사도 286, 474
유사도식 474
유사두귀보청기 422
유사말더듬 422
유사분열 321
유사서술어 429
유사성 474
유사술부 474
유사요소 235
유사운동 321
유사원리 474
유사음 46
유사음성 422
유사음운규칙 429
유사의사전달 422
유사종단적 조사 429
유사후두개 422
유사후두넓개 422
유사후두마비 422
유산 273, 320
유산소운동 22
유색잡음 99
유선 300
유선증폭 시스템 220
유성 구개치경 파찰음 572
유성 마찰음 572
유성 음질일탈 572
유성 장해음 572
유성 혀 차는 소리 572
유성동화 572
유성띠 570
유성반응시간 571
유성발음 569
유성성 572
유성음 483, 572
유성음-무성음 572
유성음소 572
유성음화 570, 572
유성자음 111, 572
유성자질 572
유성지속자음 572

유성지연 572
유속밀도 194
유수섬유 337
유수신경섬유 337
유수축삭 337
유수화 337
유신론 527
유심론 235, 313
유심론자 313
유심론적 이론 313
유아 532
유아 사망률 243
유아 삼킴유형 243
유아기 243, 532
유아기 기억상실 243
유아돌연사 508
유아돌연사 증후군 472, 508
유아발달 서열척도 368
유아사망률 532
유아삼킴 243
유아심리발달척도 456, 476
유아용 동작사정 329
유아용 동작평가 299
유아정신병 243
유아정신분열증 243
유아-지체아 선별검사 458, 504
유아특수교육법 158
유아행동 모성평가 297, 327
유압파 194
유양돌기 304
유양돌기 영역 304
유양돌기공 304
유양돌기와 304
유양돌기절흔 304
유양동 304
유양부 304
유어 92
유연성 479
유연성 저하 232
유용성 554
유음 289
유음의 활음화 289
유음화 289
유의값 473
유의도 473
유의도검증 473
유의레벨 284, 473
유의순간 473
유의숫자 473
유인 48
유인자 48
유일 형태소 550
유일기저조건 550
유일성 550
유일원리 550
유전 224
유전 선별검사 209
유전가능성 비율 224
유전공학 209
유전병 224
유전상담 209
유전성 27, 28, 33, 43, 59, 81, 86, 87, 98, 122, 160, 247, 302, 324
유전성 간질 224
유전성 근긴장증 224
유전성 내이성 농 224
유전성 농 224
유전성 농아 224
유전성 무도병 224
유전성 부종 224
유전성 신염 224
유전성 실어증 224
유전성 언어장애 224
유전성 운동실조 224
유전성 진전 224
유전성 척수운동실조 224
유전성 청각장애 224
유전성 청력손실 209, 224
유전암호 209
유전자 208
유전자 변환 208
유전자 복제 209
유전자 조합 209
유전자 증폭 208
유전자형 210
유전장애 209
유전적 개연성 209
유전적 관련성 209
유전적 변이 210
유전적 부동 209
유전적 성향 209
유전적 우성 209
유전체 210
유전학 210
유전학자 210
유전형 247
유전형질 210
유정명사 34
유정행위자전략 34
유지 299
유지단계 299
유지시연 299
유지전략 299
유질동상 263
유착 20
유착성 중이염 21
유창성 193
유창성 단절 193
유창성 단절 유도하기 165
유창성 말-언어선별검사 193, 201
유창성 방해요인 193
유창성 실어증 193
유창성 인터뷰 193
유창성 장애 193
유창성 증진 193
유창성 증진기법 193
유창성 촉진요인 193
유창성 촉진운동 193
유창성 향상 193

유창성 향상기법 189, 193
유창성 회로 561
유창성강화기법 193, 201
유창성관련 장애 441
유창성규칙 프로그램 193, 201
유창성수정법 193
유창성유발 제스처 190, 193
유창성장애 전문가 갱신신청서 193
유창성조절 193
유창성형성기법 201
유창성형성치료 193
유창하게 말더듬기 193
유창한 말 193
유체 194
유체역학 194, 229
유체역학적 근거리음장 229
유체탄성 194
유체하중 194
유추 32
유추변화 32
유추적 과잉확장 32
유추적 전이 32
유추적 확장 32
유추표상 32
유출 141, 372, 492, 501
유치 58, 130, 318
유치원 269
유타 언어발달검사 554
유통속도 559
유표 순 302
유표대용사 302
유표성 302
유표성 결속 302
유표성 원리 302
유표성 재귀사 302
유표언어 302
유표이론 302
유표적 302
유표적 규약 302
유표적 호흡단락 302
유표항 302
유한 체적방법 191
유한동사 191
유한문법 191
유한상태문법 191
유한성 191
유한요소법 189, 191
유한차분법 191
유한충격응답 191
유한충격응답 필터 191
유해 수용체 351
유해소음 221
유해작용 22
유해효과 22
유행 171
유행병 171
유행성 171
유행성 간염 171
유행성 기관지염 171
유행성 설사 171
유행성 이하선염 171, 380
유행성 황달 171
유행어 75
유형 383, 444, 544
유형 고정자산 520
유형 짝짓기 383
유형기반 접근 444
유형론 544
유형매칭 383
유형변별 383
유형상징 444, 520
유형이론 544
유형자산 520
유형재생장치 383
유형적 보편성 544
유형적 분류 544
유형학적 사고 544
유형화 383
유형화된 유도구문선별검사 383, 390
유화작용 167
유효감지소음도 160
유효감지소음레벨 172
유효계수 161
유효길이 160
유효대역 160
유효성 161
유효차폐 160, 165
유효차폐레벨 160
유희치료 402
육성 청력검사 290
육성검사 290
육아 89
육아상담소 577
육아상담실 577
육아일기 58
육아조직 215
육아종 215
육아종증 215
육안검사 298, 567
육안병리학 298
육안으로 보이는 생물 298
육안해부학 216
육종 455
육종증 455
육체적 기관 398
윤곽 109
윤곽부여 418
윤근 368
윤리 175
윤리강령 97
윤상갑상 관절 122
윤상갑상근 122, 334
윤상갑상근마비 122
윤상갑상막 122
윤상갑상절개 122
윤상궁 122
윤상기관막 122
윤상기관인대 122

윤상연골 122
윤상인두 122
윤상인두 불협응 122
윤상인두괄약근 122
윤상인두근 122, 334
윤상인두근 기능부전성 삼킴장애 120, 122
윤상인두근 절개술 122
윤상인두연접부 122
윤상인두인대 122
윤상주름 91
윤상피열관절 121, 122
윤상피열근 122
윤상피열근 강직증 121
윤상피열인대 122
윤주근 91
율격 315
율격강도 315
율격격자 315
율격구조 315
율격도출 315
율격음보 315
율동장애 156
융 267
융기 75, 166
융대 282
융모 565
융모막 90
융합 96, 204, 313
융합구멍 복합체 204
융합어 204
으뜸 삼화음 533
은닉마코프 모델 225, 227
은신처 471
은어 41, 77
은유 314
은유적 사상 314
은유적 언어 314
은유적 전이 314
은유적 투명성 314
은유적 확장 314
은익층위 225
은폐검사 120
은폐된 질문 106
음 강도 484
음 세기 484
음계 337, 533
음계소 조직 533
음고불쾌레벨 281
음군 395
음극 81, 345
음극선 81
음극선 오실로스코프 81, 123
음독 367
음량 294, 429, 485, 572
음량 정규화 294
음량 척도 294
음량계 573
음량곡선 294
음량구성단위 294
음량누가 294
음량둔감성 429
음량둔감성 음보 429
음량레벨 294
음량레벨곡선 294
음량매칭 294
음량민감성 429
음량민감성 음보 429
음량불쾌레벨 294
음량식별 294
음량적응검사 294
음량전도 572
음량제어 572
음량조절 294
음량증가지각검사 294
음량증가함수 294
음량지각 294
음량최적레벨 294
음량평형검사 294
음량합산 294
음보 194
음상 484
음색 530, 570
음색 밀도함수 530
음성 483, 489, 570
음성 과거력 571
음성 대조법 395
음성 레벨 484
음성 명료도 571
음성 및 말 기능 570
음성 및 말소리 분석기기 251
음성 반응 345
음성 부호화 489
음성 소음 490
음성 스펙트라 491
음성 스펙트럼 485, 489
음성 스펙트로그램 485, 491
음성 이전 농 415
음성 자극력 571
음성 정현파 491
음성 중재이론 395
음성 증상 345
음성 층위 395
음성 틱 570
음성 파워 395
음성 표기 395
음성 프로파일 분석 570, 574
음성 합성장치 571
음성 혀짧은 소리 502
음성 형태규칙 395
음성강도 569
음성강도레벨 484
음성강도법 484
음성강세 569
음성검증자 570
음성결과분석 571, 573
음성경계 394
음성공기역학기 393
음성공기역학체계 382
음성공명 571

음성공학 490
음성과학 491
음성관련 삶의 질 571, 574
음성관리 571
음성군 395
음성기관 368, 569
음성기제 490, 569
음성기호 395
음성난기류지수 571
음성남용 12, 570
음성남용의 제거 165
음성놀이 569
음성단서 569
음성단절 570
음성대용 491
음성대응 483
음성대치 395
음성동기 395
음성떨림 571
음성모음 345
음성목록 395
음성목록검사 476, 484
음성반사계수 485
음성반응 345
음성반향증 159
음성발달 491
음성방식 490
음성배치 395, 571
음성배치법 395
음성범위 570
음성범주 395
음성변이 395
음성변이성 491
음성변화 395, 483
음성병리학자 571
음성병학 395
음성보존 489
음성보철기 570
음성보형물 571
음성부 395
음성분석 394, 483
음성분석기 106, 125, 483
음성분절 395, 491
음성산출 393, 491
음성산출 어휘목록 491
음성산출기기 470, 490
음성산출신호 491
음성산출치료법 484
음성상징 395, 485
음성상징연관성 485
음성상태 571
음성생성이전 흉벽운동 413
음성시작 571
음성신호 491
음성압축 489
음성양상 489
음성어간 394
음성언어병리사 489
음성언어병리학 489
음성언어임상가 489
음성언어치료 489
음성언어치료사 489
음성역학 571
음성연쇄 485
음성연장 484
음성예측치 345
음성오류 395
음성오용 571
음성외과의사 397
음성외과학 397
음성외상 397
음성외상적 행동 397
음성용 마이크로폰 569
음성유도 395
음성유형 395, 484
음성음조위치 571
음성의학자 395
음성이동 571
음성이론 571
음성인식 491, 571
음성인식기계 297
음성인식도구 571
음성일탈 570
음성입력 490, 571
음성자모 394
음성자질 395
음성작동기 570
음성장애 395, 490, 570
음성장애 극복 설문지 558, 570
음성장애지수 564, 571
음성재활 491
음성적 가능성 395
음성적 과대실현 395
음성적 과소실현 395
음성적 명시 395
음성적 문맥 395
음성적 변별 395
음성적 분류 395
음성적 실재 395
음성적 유사성 395
음성적 음변화 395
음성적 음절 395
음성적 조음오류 394
음성적 투명성 395
음성적 특성 395
음성적 표류 395
음성적으로 일관된 형태 383, 395
음성적으로 조건화된 규칙 395
음성전사 395
음성정지 570
음성조절 568
음성주파수 571
음성증상 571
음성지각 484, 491
음성지각능력 491
음성지수 491
음성진전 571
음성체계 395
음성촉진기법 571
음성추이 485

음성출력 571
음성출력의사소통 보조기구 568, 571
음성층위 571
음성치료사 571
음성치료임상가 570
음성치료지도자 570
음성타자기 571
음성파 491
음성평정척도 571, 574
음성표기법 395
음성표시 395
음성피로 571
음성학 395
음성학자 395
음성학적 방법 395
음성합성 491, 571
음성합성기 491, 517
음성합성장치 491, 495, 517
음성행위 탐지 556, 570
음성회답 556, 570
음성효율성 과제 571
음성훈련단위 491
음소 393
음소 간 간격연장 419
음소 레벨 394
음소 오류 394
음소 저장고 397
음소구 394
음소단서 394
음소대립 394
음소레벨 394
음소론 394
음소문자 394
음소발견절차 394
음소배열 확률 397
음소배열규칙 397
음소배열규칙성 397
음소배열론 397
음소배열론적 단서 397
음소배열제약 397
음소변화 394
음소분석 394
음소빈도수 199
음소식별력 394
음소어 394
음소유창성 394
음소인식 394
음소적 대조 394
음소적 변이 28
음소적 분절음 394
음소적 요인 394
음소적 음절 394
음소적 이중모음 394
음소적 자곤 394
음소적 차이 394
음소적 형태 394
음소절 394
음소족 394
음소중복 394
음소착어증 225, 394
음소탈락과제 393
음소퇴화 394
음소표기법 394
음소표시 394
음소합성 394
음소해독 393
음소형 394
음소화 394
음소확인 394
음소회복 394
음속 485
음속 측정기 485
음속도 485
음속병목 483
음속분포도 485
음속폭음 483
음속풍 483
음송 507
음식 알레르기 194
음식덩이 69
음식섭취 194
음악 음향학 337
음악 포먼트 337
음악교육 336
음악능력 336
음악적 악센트 337
음악적 지능 337
음악지능 337
음악치료 337
음악학 337
음압 345, 484
음압 마이크로폰 414
음압 반사계수 414
음압 투과계수 484
음압감도 414
음압경도 마이크로폰 414
음압계수 414
음압레벨 484, 493
음압레벨 데시벨 129, 130
음압레벨 범위 484
음압레벨 보정기 484
음압반사계수 484
음압보정 414
음압스펙트럼 레벨 484
음압유형 414
음압자승 적분 414
음압파 484
음압환기 345
음역 433, 440
음역 프로파일 571, 574
음역검사 484
음역성조 440
음영곡선 470
음영대 470
음영법 470
음영청각 470
음영청력도 470
음운 393
음운 발달지체 396

음운 어휘집 396
음운 연결체 397
음운 연속체 397
음운 오류 394
음운 유사성 394
음운 유사성효과 397
음운경로 397
음운공간 397
음운구 396
음운규칙 397
음운단계 396
음운단위 397
음운대립 396
음운대조 396
음운도출 396
음운론 394, 397
음운론적 비대칭성 396
음운론적 쓰기장애 396
음운론적 영역 396
음운론적 읽기장애 396
음운론적 조건화 396
음운론적 체제 396
음운론적 형판 397
음운목록 394
음운변항 397
음운변화 396
음운부 396
음운부호화 396
음운부호화 기제 396
음운분석 396
음운분석 절차 417
음운산출 373
음운식별력 394
음운실독증 396
음운실서증 396
음운양식 396
음운어 397
음운인식 375, 396
음운인식 접근 396
음운인식능력 396
음운일탈 140
음운잉여규칙 397
음운자질 396
음운작업기억 397
음운장애 396
음운장애 합산점수 105, 120
음운장애치료 540
음운재부호 경로 397
음운적 공백 396
음운적 교체 396
음운적 단어 397
음운적 명시 397
음운적 발화 397
음운적 분절음 397
음운적 상관 396
음운적 애매성 396
음운적 영역 396
음운적 음변화 394
음운적 인접낱말 396
음운적 인접어 396
음운적 중의성 396
음운적 틀 396
음운적 회로 396
음운전사 394
음운제약 396
음운지식 396
음운지체 134
음운처리 396
음운처리 능력 396
음운처리분석 396
음운처리이해력검사 105, 125
음운처리접근법 396
음운청취 394
음운체계 397
음운최적조건 366
음운특성 397
음운패턴 396
음운표기 394
음운표상 397
음운표시 397
음운해독 393, 396
음운해독 기술 394
음운해석 396
음원 485, 571
음원 모멘트 485
음원 스펙트럼 485
음원 탐사기 484
음원 파워 485
음원 프로그램 485
음원강도 485
음원기능 485
음원레벨 485
음원세기 485
음원스펙트럼 레벨 485
음원에너지 레벨 485
음원여과기이론 485
음원-필터 이론 485
음원확장감 485
음위전환 314
음위전환 오류 314
음의 3요소 529
음의 극파 345
음의 주파수 345
음이 끊이지 않고 부드럽게 282
음이관측정 483
음이온 345
음자극 485
음장 282, 484
음장 기준점 190
음장입사 190
음장입사 질량법칙 190
음장입사 투과계수 190
음장입사 흡음계수 190
음장청력검사 484
음전기 345
음전위 345
음전위 부정합 322
음전위부정합검사 321
음절 513
음절 기울기 513

음절 실성증 513
음절 음운론 513
음절경계 513
음절경계 불명확성 204
음절구조 513, 514
음절구조 레벨 495, 514
음절구조제약 514
음절구조조건 514
음절대치 513
음절두음 364
음절리듬 514
음절말 514
음절말 무성음화 514
음절말음 513
음절명료도 513
음절문자 513
음절박자언어 514
음절반복과제 495, 514
음절발화 513
음절삭제 514
음절생략 513
음절성 발화 513
음절압축 514
음절양태 514
음절연속 514
음절연접 514
음절외성 183
음절의 주변 302
음절인식 513
음절읽기 514
음절정점 514
음절중복 514
음절중심 514
음절첨가 513
음절체-종성 69
음절초 514
음절초성 514
음절축약 514
음절층위 514
음절표 514
음절핵 513, 514
음절형판 514
음절화 513
음절화규칙 513
음조감쇠 532
음조곡선 114
음조초점 571
음질 484, 533, 570, 571
음체계 485
음치 130, 336
음크기변별 294
음파 485
음파속도 485
음파전파 485
음파처리 483
음편 542
음편 진동자 542
음표 357
음향 경계층 14
음향 경직성 16
음향 눈꺼풀반사 16
음향 댐퍼 14
음향 렌즈 15
음향 모델 15
음향 반사체 16
음향 불변성 15
음향 불변성이론 15
음향 스트레스 16
음향 스펙트럼 16, 484
음향 싱크 16
음향 어드미턴스 14
음향 에너지 14, 484
음향 에너지 밀도 483
음향 에너지 밀도레벨 483
음향 에너지 유동 484
음향 에너지 유동밀도 483
음향 에너지 유동밀도레벨 483
음향 에너지밀도 14
음향 연결기 14
음향 유도저항 16
음향 이동도 15
음향 이미턴스 15
음향 이미턴스 청력검사 15
음향 이미턴스 측정 15
음향 인클로저 14
음향 전도도 14
음향 집중소자 15
음향 채널 483
음향 컴플라이언스 14
음향 콘덴서 14
음향 특성저항 14
음향 피드백 15
음향 필터 15
음향 필터링 15
음향 홀로그래피 15
음향감소지수 485
음향감쇠자 14
음향감쇠특성 483
음향강도 15
음향거리 14
음향건망성 실어증 14
음향계 16
음향공명기 16
음향공포증 16
음향관 485
음향관성 243
음향-광학 효과 17
음향노출 484
음향노출레벨 484
음향누수 15
음향단면 14
음향단서 14
음향대응 14
음향막 16
음향매질 15
음향명도 14
음향반사역치 42
음향발광현상 483
음향방사 14, 15, 22
음향방사력 15

음향방사압 15
음향방사압계 15
음향방사저항 15
음향배경 16
음향변환기 16
음향부양 15
음향부표 483
음향분류 16
음향분석 14
음향분석기 485, 489
음향산란기 16
음향상징 16
음향섬광 15
음향신호 16
음향실인증 14
음향심리학 16
음향안검반사 16
음향어드미턴스검사 54
음향역동범위 14, 21
음향왜곡 14
음향외상성 농 16, 130
음향위상계수 15
음향유동 16
음향-음성적 불변 15
음향음성학 15
음향음영 16
음향-음운전환 15
음향응집 14
음향이득 15
음향임피던스 15
음향자질 14
음향저항 15, 16
음향저항 청력검사 15
음향적 모음공간 16
음향적 방법 15
음향적 상관음 14
음향적 연결 14
음향적 완전성 15
음향전달 14
음향전도장치 483
음향전류비 15
음향전류비청력검사 15
음향전류비측정 15
음향전파 484
음향전파계수 484
음향접근 14
음향조절기 186
음향조정실 483
음향중심 14
음향지대 16
음향진동 15, 16
음향진동 반사측정 15
음향진동음 16
음향질량 15
음향채널 축 483
음향처리 16
음향처리기 484
음향처리전략 484
음향천정 16
음향축 14
음향출력 15
음향탄성 17
음향탄성 효과 17
음향탄환 14
음향탐사 16
음향탐험 484
음향투과계수 485
음향투과손실 485
음향특성 기록 16
음향파 16
음향파워 레벨 484
음향파워 밀도 484
음향파워 반사계수 484
음향파워 스펙트럼 밀도 484
음향파워 투과계수 484
음향파워 흡수계수 484
음향학 16
음향학적 온도측정 16
음향효과 483
음향효율 14
음향흡음 14
음향흡음기 14
음형 485
응고 96
응고반응 95
응고인자 95
응답 446
응답 선택 446
응답 실행 446
응답곡선 446
응시 184
응용 39
응용 이완법 40, 41
응용과학 40
응용구문 40
응용사회심리학 40
응용심리학 40
응용언어학 40
응용연구 40
응용음성학 40
응용주파수 40
응용해부학 40
응용행동분석 9, 40
응집 24, 98, 169
응집력 106
응집력있는 덩어리 98
응집성 99
응집소 25
응집원 25
응축 107
응축장치 108
의거규칙 564
의견척도 365
의견평점 365
의논체 41
의도 426
의도단계 112
의도성 252
의도성 가설 253
의도성 모형 253

의도읽기 252
의도적 말더듬 262
의도적 산출 572
의도적 의사소통 252
의도적 의사소통자 252
의도적 의사소통행동 252
의도적 읽기 252
의도적 전율 252
의도전 단계 411
의도진전 252
의도학습 252
의례 451
의례적 반응 451
의례화 451
의뢰 439
의료사고 신호 525
의료요원 310
의료환자 310
의무규칙 360
의무적 맥락 360
의무적 사건 360
의문대명사 258
의문문 258
의문문 형성 429
의문발화 258
의문변형 258
의문사 258
의문사 역전 258
의문억양 260
의문핵 30
의미 307
의미 미분법 463
의미 분화법 463
의미 투명도 464
의미 표백화 463
의미거리 463
의미관계 307, 464
의미교체 464
의미구어 516
의미구조도 463
의미규칙 464
의미기억 463
의미단계 463
의미론 464
의미론적 분류학 464
의미론적 실어증 463
의미론적 재교육 464
의미론적 혁명 464
의미론적 환경 463
의미망 464
의미범주 463
의미변경 463
의미변화 307, 463
의미부 463
의미분석 463
의미삼각형 464, 541
의미상 주어 465
의미상정 307
의미성 464
의미소 464
의미속성 307, 464
의미실서증 463
의미역 527, 528
의미역 기준 528
의미역 망 528
의미역 위치 528
의미역 지배 528
의미역 표시 528
의미역이론 528
의미영역 463
의미의 구체화 166
의미의 일반화 208
의미의 특수화 487
의미인지과제 464
의미일반화 463
의미자질 463
의미장 463
의미장애 463
의미적 관련성 464
의미적 명칭실증 463
의미적 범주화 463
의미적 오류 463
의미적 유연성 463
의미적 유창성 463
의미적 자동
의미적 자동처리가설 463
의미적 치료 464
의미적 특징가정 463
의미적 후속반응 463
의미점화 464
의미제약 463
의미중복 307
의미지도 463
의미차이 463
의미착어 307
의미착어증 464
의미처리과정 464
의미층 464
의미치료 292
의미치매 463
의미통사규칙 464
의미특징가설 463
의미표시 464
의미표지 463
의미학습 307
의미함축 463
의미해석 463
의미확대 181
의미확장 307
의미효과 307
의미훈련 307
의사강도 422
의사결정 130
의사결정 과정 130
의사단문 39
의사복문 39
의사분열문 422
의사세기 422
의사소통 100
의사소통 과정 101

의사소통 금기 101
의사소통 기능 100, 101
의사소통 기능훈련 101
의사소통 능력 100, 101
의사소통 단위 101, 125
의사소통 대본 101
의사소통 목록 102
의사소통 및 상징행동척도 100, 124
의사소통 박탈 100
의사소통 보조기구 100
의사소통 보조장치 25
의사소통 붕괴 100
의사소통 사례 100, 101
의사소통 상대 101, 120
의사소통 상호작용에 대한 체계적 관찰 479, 517
의사소통 상호작용의 관찰 360, 361
의사소통 상황 101
의사소통 선별 101
의사소통 스트레스 102
의사소통 습득기술평가 158, 175
의사소통 실패이론 100
의사소통 압력 101, 102
의사소통 연습 101
의사소통 요구 100
의사소통 의도 100
의사소통 이론 101
의사소통 장애물 100
의사소통 장치 101
의사소통 전략 102
의사소통 전략훈련 101
의사소통 중심법 100
의사소통 체계 101
의사소통 태도검사 81, 100
의사소통 행위 101
의사소통 효율성 100
의사소통과학 101
의사소통관련 삶의 질 428
의사소통능력 82
의사소통능력진단검사 76, 100
의사소통능력평가 159, 175
의사소통망 101
의사소통매체 101
의사소통모형 101
의사소통실패와 예기투쟁이론 527
의사소통요구 모델 101
의사소통을 위한 이야기 전략 495, 500
의사소통자 신뢰성 102
의사소통장애 100
의사소통장애치료 540
의사소통장치 83
의사소통적 간섭 102
의사소통적 교환 101
의사소통적 의도 101
의사소통중심 언어교육 95, 102
의사소통중심교수법 101
의사소통지원 검사목록 101
의사소통촉진 186
의사소통태도척도 456
의사소통판 100
의사소통학 102
의사소통학자 102
의사소통행위 101
의사소통효율성지수 86, 101
의사소통효율성지표 83, 100
의사수동구문 422
의사일치 422
의사질량 39
의사확산계수 39
의성어 364
의소 464
의소론 464
의식 110, 527
의식고양 110
의식상실 47
의식상태 110
의식의 흐름 501
의식훈련 57
의심스런 짝 512
의심조 512
의욕 572
의욕적 106
의인화 390
의존 70
의존관계 135
의존관계 표지 135
의존문법 135
의존변화 135
의존성 135
의존성 성격장애 135
의존성 우울증 32
의존성격 135
의존음운론 135
의존이론 135
의존자 135
의존형태 70
의존형태소 70
의지 252, 572
의지법 579
의지적 구강운동 572
의치 135
의치학 135
의태어 318
의학심리학 310
의학적 과거력 310
의학적 치료 310
이간감쇠 234, 253
이간강도차 236, 253
이간단면 상관계수 253
이간시간 253
이간시간차 253, 263
이간위상차 253
이간잠복기 236, 253
이간잠복기차 253
이간횡단면 상관계수 234
이갈기 213

이갈이 74
이갑개 157
이갑개정 126
이개 53, 400
이개두정지수 53
이개반사 53, 400
이개부 53
이개신경절 53
이개열 53
이개인대 53
이개지수 53
이개첨 38
이개추체근 336
이개측두신경 53
이개횡근 336
이결절 313
이경 53, 158, 372
이경검사 372
이경검사법 372
이경화증 372
이공 312
이과신경학 372
이과요법 53
이과전문의 372
이과전문의사 53
이과학 372
이관 51, 52, 157, 175
이관게실 175
이관고실구 544
이관골부 371
이관공명 157
이관기능검사 175
이관선 211
이관염 175
이관융기 542
이관인두근 455
이관편도 175, 542
이관협착 157
이구 53, 86, 158, 576
이구전색 238
이극 312
이근 313, 333, 335
이끼섬유 327
이낭 371
이내근 51, 260
이내반사 260
이뇨제 149
이도 53
이독성 372
이독성 감시 372
이독성 약물 372
이독성 청력손실 372
이동 79, 329
이동 키 471
이동가설 329
이동도 322
이동동사 327
이동맥 42
이동변형규칙 329
이동시간 538
이동오류 318
이동이론 329
이동파이론 540
이동해석 가설 329
이드 235
이득 205
이득 신장기 205
이득대역폭 205
이득요인 205
이득조절 205
이득함수 205
이란성 쌍둥이 67, 150, 197
이란성 쌍생아 67, 150
이랑 218
이력현상 233
이론 490
이론병리학 527
이론언어학 527
이론음성학 527
이론적 기본형태 527
이론적 연구 527
이론적 접근 527
이론적 지향 529
이론적 타당도 527
이론화 527
이루 53, 157, 372
이륜 223
이륜미 82
이륜절흔근 335
이름대기 340
이름붙이기 272
이면 애매성 548
이명 157, 517, 531, 544
이명강도검사 531
이명도 531
이명복시 225
이명설문지 531
이명음조검사 531
이명음조매칭 531
이명장애목록 528, 531
이명재훈련치료 531, 541
이명차폐 531
이명차폐기 531
이명청력도 531
이모음성 150
이물 195
이미지 237
이미지 기술 237
이미턴스 238
이미턴스 변환기 238
이미턴스 분석기 238
이반사 53
이방향 유일성 67
이배체 144
이병 326
이병률 326
이복근 홈 143
이복근와 143
이복근지 143
이분검사 142

이분대립 65
이분동사 543
이분론 65
이분법 142
이분법적 메시지 142
이분염색체 154
이분원칙 65
이분자질 65
이분주의 65
이분지가설 65
이분청취 142
이분청취과제 142
이분청취조건 142
이분체계 65
이비인후과 157, 170
이비인후과의사 372
이비인후과학 372
이비학 372
이빨지주 534
이산 데이터 147
이산 스펙트럼 147
이산 주파수성분 147
이산 푸리에 변환 147
이산 푸리에 시리즈 147
이산변수 147
이산시간 147
이산신호 147
이산점 검사 147
이산체계 147
이산표본 147
이산푸리에 변환 140
이산화탄소 78
이상 수심효과 34
이상 청취구역 10
이상감각 155
이상골형성증 156
이상기체 235
이상기체법칙 235
이상동 400
이상반사 379
이상반사활동 11
이상발육 155
이상비대 231
이상성 활동전위 67
이상성숙 156
이상심리학 11
이상와 400
이상운동증 156
이상운동형 실서증 156
이상위치 300
이상유체 235
이상적 담화 147
이상적 대역통과 필터 235
이상피질 415
이상한 나라의 앨리스 증후군 27
이상행동 10
이상화 235
이상회전 300
이색성 부전실성증 142
이색증 225
이서장애 27
이서체 27
이석 157, 371, 372
이석기 371
이석기관 371
이석막 372
이석반사 372
이석증 125, 371
이설골근 335
이설근 335
이성 뇌막염 371
이성 뇌염 371
이성 뇌종양 371
이성 안면신경마비 371
이성 안진 53
이성 현기 52
이세척기 53
이소골 51, 157, 371, 372
이소골 연쇄 371
이소골근 333
이소골근 반사 544
이소낭 371
이소와 157
이소파기 53
이소포 371
이수열구 93
이식행동 399
이식형 골도보청기 238
이식형 보청기 239
이신경 312
이신경절 371
이신경통 53
이심력 159
이심원 159
이야기 340, 500
이야기 기술 340
이야기 다시 말하기 500
이야기 덩이글 340
이야기 만들기 500
이야기 말하기 500
이야기 명료도검사 455, 500
이야기 문법 340, 500
이야기 미시구조 지표 240, 248
이야기 시간 500
이야기 쓰기 340
이야기 언어검사 525, 532
이야기 읽기 500
이야기 재산출 500
이야기 지도 500
이야기기술 훈련 340
이야기의 강조점 520
이야기하기 437
이연골 50, 53
이열 65
이염 245, 371
이영양증 156
이온 262
이온 마이크로폰 262
이온 스피커 262
이온결합 262

이온광선 262
이온통로 262
이온화 262
이와 371
이완 192, 280, 442
이완 모델 442
이완 스펙트럼 442
이완 유성성 477
이완규칙 280
이완근 442
이완기법 442
이완단계 442
이완모음 280
이완부 192, 380
이완분산 442
이완불능증 13
이완성 280
이완시간 442, 531
이완압력 442
이완억제반사 442
이완음소 280
이완음화 280
이완음화 규칙 280
이완자음 280
이완제 442
이완주파수 442
이완진동 442
이완치료 442
이완형 192
이완형 마비 192
이완형 마비말장애 192
이완형 편마비 192
이완훈련 442
이완흡수 442
이용종 53, 157
이원론 154
이원변량분석 543
이원인론 543
이원적 분지 65
이원혼합측정분산분석 543
이월 79
이월효과 80
이위치 파찰음 225
이유구문 82
이음 141
이음과정 28
이음교체 28
이음규칙 28
이음변화 28
이음보 144
이음적 변동 28
이음전사 28
이음절 149
이음조정 28
이음표기 28
이음향 방사 359, 371
이음향권 155
이익사회 210
이자 377
이전 의사소통자 412
이점동시 자극 152
이점상관 543
이점식별 543
이접 148
이접부사 22
이접적 순서 148
이접적 적용 148
이종성 225
이종양 372
이주 537
이주간근 259
이주어 제약 551
이주위염 387
이중 대위법 151
이중 약강조 151
이중 협착음 67
이중국적 154
이중글자 144
이중기억소자 효과 151
이중기억이론 154
이중동화 151
이중모음 144
이중모음의 단모음화 144
이중모음화 144
이중모음화 규칙 144
이중모음화된 모음 574
이중목적 154
이중목적어 152
이중몰두 152
이중문화교육 64
이중방언 64
이중방언 교육 64
이중벽 공진 152
이중복수 152
이중부정 152
이중분석 96
이중비교 151
이중성 154
이중성격 152
이중속격 151
이중식 모델 154
이중어 152
이중어조 음성 543
이중억제가설 153
이중언어 구어능력검사 65, 75
이중언어 독해능력자 65
이중언어 말뭉치 65
이중언어 병용 65
이중언어 사용자 65
이중언어 코퍼스 65
이중언어구문측정 65
이중언어사회 65
이중언어아동 153
이중언어적 결합 65
이중언어체계 가설 153
이중음성 144
이중음조 543
이중이동규칙 154
이중자음 151
이중적 기간 388

이중전치사 152
이중제한 152
이중조음 151
이중지배 152
이중척도 비교 152
이중청 144
이중편마비 151
이중혀증 144
이중효과 153
이질성 225
이질양식 연합영역 225
이차X선 460
이차감염 459
이차강세 460
이차강화물 459
이차골화중심 459
이차구개 459
이차구역기관지 459
이차기관지 459
이차기본모음 459
이차기억 459
이차만곡 459
이차말더듬단계 460
이차불임 460
이차성 말더듬 460
이차성징 459
이차순서 상징 460
이차시각영역 460, 556
이차시각피질 460
이차악센트 459
이차언어장애 459
이차연동파 459
이차열구 459
이차예방 459
이차운동영역 297, 459
이차운동피질 459
이차원 공간푸리에 변환 543
이차유발반응 459
이차음소 459
이차이득 459
이차자폐증 459
이차적 병변 459
이차적 특성 459
이차적 행동 355
이차조음 459
이차청각영역 9, 459
이차체성감각영역 454, 460
이차행동 459
이철동의어 225
이청각증 155, 156
이촉각증 155
이출혈 371, 372
이치적 사고방식 543
이치적 체계 543
이퀄라이저 172
이크로폰 설치기술 316
이타주의 29
이탈 148
이태동사 136
이통 371
이틀 29
이판 51, 371
이포 16, 52, 371
이하선 380
이하선 림프절 380
이하선 아밀라아제 380
이하선 유두 380
이하선 절제술 380
이하선 정맥 380
이하선 타액 380
이하선관 380, 498
이하선교근부 380
이하선부 380
이하선염 380
이하선총 380
이학적 선별검사 372
이항관계 154
이해 가능도 105
이해가능 입력 105
이해과제 105
이해기반접근법 105
이해도 252
이해도 검사 105
이해력 549
이해면화증 372
이해접근법 105
이해폭 105
이행부 538
이행상피 538
이행성 말더듬단계 538
이행적 관계 539
이형성증 156
이형증 156
이형청력 65
이형태 27
이형태의 교체 27
이화 148
이화작용 81
이후두과의사 371
이후두학 371
익돌근 335
익명성 34
익살 229, 265
인가 285
인가어 285
인간 언어학습 229
인간 유두종 바이러스 228
인간 의사소통 229
인간공학 229
인간관계 229
인간-기계 인터페이스 301, 322
인간면역결핍바이러스 227, 229
인간발달 229
인간백혈병항원 227
인간생체리듬 229
인간성 229
인간언어 229
인간역학 229
인간재활학 229
인간정보처리론 229

인간존엄 229
인간중심적 치료 389
인간중심주의 36
인간-컴퓨터 상호작용 221, 229
인간-컴퓨터 접속 229
인격 87
인격교육 87
인격장애 87, 390
인격형성이론 383, 390
인격화 390
인공 귀 43, 96
인공 유양돌기 43
인공 입 43
인공 중이 310
인공구개 43
인공기도 43
인공두뇌 43
인공두뇌학 126
인공두뇌학 이론 126
인공면역 43
인공물 304
인공물 43
인공생명 43
인공소생술 447
인공신경망 34, 43
인공심장 43, 308
인공심장박동기 43
인공언어 43
인공와우이식 96
인공와우이식 매핑 96
인공와우이식팀 96
인공음 43
인공음성 43, 571
인공입 329
인공적 방법 43
인공중이 317
인공지능 25, 43
인공치아 135
인공침 422
인공타액 43
인공현실 43
인공호흡 43
인공호흡기 559
인공후두 43
인과관계 82
인과관계 개념 82
인과관계성 82
인과방법 82
인과성 82
인과율 82, 280
인과적 계기 82
인과형 82
인구 404
인구급증지구 238
인대 286
인대근 286
인두 392
인두 디프테리아 391
인두 잔여물 392
인두가지 391
인두강 391
인두결막염 392
인두결핵 392
인두고실관 392
인두괄약근 392
인두구개궁 392
인두구개근 335, 392
인두구어 392
인두궁 391
인두근 335, 391
인두기 391
인두낭 392
인두마비 391
인두마찰음 391
인두반사 188, 392
인두반응시간 392, 421
인두벽 392
인두봉선 392
인두삼킴 392
인두삼킴지연 134
인두설근 392
인두성형술 392
인두수축근 111, 391
인두식도 부위 390
인두식도괄약근 392
인두식도구역 390, 392
인두식도분절 391
인두식도연결 392
인두식도절개술 392
인두식도조임근 392
인두신경 391
인두신경증 391
인두연동운동 391
인두연축 392
인두연하 392
인두염 392
인두오목 392
인두융종 391
인두음 392
인두음화 392
인두이동시간 392, 424
인두장애 391
인두절개술 392
인두점막 391
인두조영술 392
인두지연시간 391
인두지체시간 383
인두창냄술 392
인두측벽 391
인두통 391, 392
인두통과시간 392, 424
인두틈새 391
인두파열음 391
인두파찰음 391
인두편도 392
인두편도염 20
인두폴립 391
인두피부누공 392
인두피판술 391
인두함요 392

인두호흡 392
인력 48
인류생태학 229
인류언어학 36
인류유전학 229
인류학 36
인명 390
인문주의적 접근 229
인문학 229
인물화 검사 152
인사하기 216
인상 239, 432
인상동사 432
인상봉합 494
인상실어증 239
인상음성학 239
인상적 전사 239
인상적 표기 239
인성 390
인성검사 390
인성계수 390
인성발달 390
인식 97, 437
인식 디퍼렌셜 138
인식론 172
인식수동문 172
인식어휘 437
인식자적 대용화 292
인식자효과 292
인식적 의미 172
인용 부가어 430
인용형 92
인위성 장애 186
인위적 말더듬 43
인자봉합 273
인장강도 524
인적자원 229
인접 매개변수 21
인접공진 94
인접규칙 345
인접대역 113
인접동화 113
인접밀도 345
인접성 21, 113
인접성 조건 21
인접쌍과 연결된 대화 116
인접영역 21
인접원리 21
인접한 자음 12
인조얼음 43
인종주의 431
인종주의자 431
인종집단 431
인종차별 431, 460
인종차별주의 431
인종차별주의자 431, 460
인종차별폐지 138
인종차별폐지론자 138
인종차이 431
인중 393
인지 57, 97, 172
인지 음성노력 409
인지 재훈련 98
인지 정서 행동치료 433
인지가설 97
인지강화 97
인지검사 98
인지결정주의 97
인지공학 97
인지과정 98
인지과학 98
인지교수법 98
인지교정 98
인지구조 98
인지기능 98
인지기반 중재 97
인지노력 97
인지능력 97
인지능력검사 97
인지동사 172
인지된 자아 385
인지레벨 98
인지모형 98
인지문법 97
인지반응이론 98
인지발달 97
인지법 98
인지변수 98
인지생리학적 이론 98
인지신경과학 98
인지신경심리학 98
인지심리학 98
인지심리학자 98
인지양식 98
인지얼개 97
인지영역 97
인지의미론 98
인지의사소통장애 97
인지이론 98
인지자극 98
인지장애 97, 98
인지재구성 98
인지재활 98
인지적 과제 98
인지적 기반구조 98
인지적 면담 98
인지적 미성숙 98
인지적 변별 97
인지적 비대칭성 97
인지적 습관형성 학습론 98
인지적 여과 97
인지적 예상반응 97
인지적 오류 97
인지적 원칙 98
인지적 유연성 97
인지적 의미 98
인지적 재구조화 98
인지적 접근 97
인지적 조작 98
인지적 증상 98

인지적 편견 97
인지적 평가 97
인지적 행동수정 97
인지적 행동치료 97
인지적 회피이론 97
인지정서 치료 447
인지조건 57
인지주의 98
인지중재 98
인지-지각 능력 98
인지지식 98
인지지지 98
인지책략 98
인지체계 98
인지치료 98
인지학습 98
인지학습언어능력 97
인지학습이론 98
인지해석이론 98
인지훈련 97, 98
인체생리학 229
인체측정학 36
인출 447
인출 유창성 447
인출가설 447
인출단서 447
인출전략 447
인칭 389
인칭기능 390
인칭대명사 389
인칭지시 389
인터넷 중독 258
인터페론 254
인후 529
인후 마이크로폰 529
인후 흡착음 529
인후두 392
인후배양 529
인후성 농 529
인후염 392
일과성 운동장애 539
일과성 음유발이음향방사 524, 538
일과성 종양 557
일과성 허혈발작 530
일과표 128
일관성 98, 110
일관성 원리 110
일관성 효과 110
일괄 61
일란성 쌍둥이 235, 325
일란성 쌍생아 235, 325
일률성 원리 549
일률성 조건 549
일률적 연쇄 549
일리노이 임상말더듬 중증도척도 236
일반 명사류 208
일반 학습이론 208
일반감각 208
일반감각 계통 208
일반기술 209
일반기술사정 프로파일 209
일반내장 구심신경 208
일반내장 원심신경 208
일반능력검사 208
일반목적을 위한 영어 162
일반문법 208
일반문제해결기 208
일반신생아청각선별검사 549, 551
일반언어 274
일반언어학 208
일반외과학 208
일반음성학 208
일반의미론 208
일반적 강화물 209
일반적 요구하기 접근 209
일반적 조건강화물 208
일반적인 정보의 회상 435
일반좌표 208
일반체성 구심신경 208
일반체성 원심신경 208
일반화 208
일반화 결속이론 208
일반화 계층 208
일반화 공범주 원리 208
일반화 구문구조 문법 209
일반화 논리 208
일반화 변형 209
일반화 산출 209
일반화된 질량 209
일반화된 타자 209
일반화의 경사도 214
일반화의 오류 208
일반화힘 208
일방경 363
일방적 성분통어 550
일방향 밸브 363
일방향적 의사소통 양상 550
일본음성언어의학회 265
일부다처 403
일산화수소 229
일상생활의사소통능력 76
일상어 문체 562
일상은유 176
일시성 524
일시성 내전근마비 171
일시성 폐렴 171
일시열 171
일시적 가치 538
일시적 말더듬 172
일시적 스트레스 반응 172
일시적 신호 538
일시적 왜곡 538
일시적 음원레벨 538
일시적 응답 538
일시적 진동 538
일시적 하부식도괄약근이완 538
일시적 하식도괄약근이완 531

일시적 해석 538
일시적 혼변조왜곡 538
일어문 227
일어이형 변이 144
일원론 324
일원론적 접근방식 324
일원변량분석 363
일원인론 363
일이청각 324
일일 물질대사 128
일자일어법 285
일차감각 416
일차감각피질 416
일차감염 415
일차강화물 416
일차구개 416
일차구어실행증 416
일차구역기관지 416
일차기관지 415
일차기본모음 415
일차기억 416
일차논리 191
일차만곡 415
일차말실행증 416
일차미각영역 415
일차반사 416
일차변성 415
일차성 말더듬 416
일차성 말더듬단계 416
일차성 말더듬이론 416
일차성 병변 415
일차성 자폐 415
일차시각영역 416, 556
일차신경증 416
일차악센트 415
일차언어자료 416
일차연동파 416
일차연상어 415
일차열구 415
일차영역 415
일차예방 416
일차운동영역 297, 416
일차운동피질 416
일차원 전파 363
일차유발반응 415
일차음소 416
일차이득 415
일차적 가족 191
일차적 변화 191
일차전령체계 191
일차조음 415
일차집단 415
일차청각영역 9, 415
일차체감각영역 416
일차특성 415
일차폐쇄 415
일차행동 415
일체배열방식 99
일측 근긴장이상증 223
일측성 549
일측성 초점 550
일치 25, 99, 107, 110
일치관계 109
일치범주 25
일치성 109
일치율 107, 109
일치자질 25
일치효과 99
일탈 140, 575
일탈 지능지수 140
일탈삼킴 140
일탈언어 140
일탈연하 140
일탈음성 140
일탈조음 140
일탈행동 10, 140
일탈행동 점검목록 10
일필쌍서법 514
일화 172
일화 기록법 33
일화구조 172
일화기억 172
일화적 증거 33
일화주의 33
일회성 학습 363
읽기 434
읽기 성취 및 인지처리 검사 526
읽기 위한 학습 281
읽기 전 단계 413
읽기능력 434
읽기성취 434
읽기유창성 367, 434
읽기유창성검사 367
읽기유창성장애 434
읽기이해 434
읽기이해력검사 526
읽기이해장애 434
읽기장애 156, 434
읽기장애를 동반하지 않은 쓰기장애 156
읽기장애를 동반한 쓰기장애 156
읽기진단척도 141, 153
읽기학습장애 434
임계 대역폭 122
임계각 122
임계감쇠 122
임계감쇠계수 122
임계감쇠비 123
임계값 123
임계대역 122
임계대역 개념 122
임계레벨 123
임계문턱값 123
임계밀도 123
임계비 123
임계상수 122
임계속도 123
임계압력 123
임계역치 123
임계점 123

임계주파수 123
임계질량 123
임계치 123
임상 인턴십 91, 93
임상가 94
임상가에 의해 유도된 확장발화 94
임상가용 말더듬중증도척도 94
임상가중심 접근법 94
임상검사실 94
임상과학 94
임상기록 94
임상단위 94
임상법 94
임상병동 94
임상사례연구 93
임상수련기간 87, 93
임상심리학 94
임상심리학자 94
임상약리학 94
임상언어청각 발달단계척도 94
임상음성학 94
임상의학 94
임상적 연구 94
임상적 우울 93
임상적 유용성 94
임상적 유의성 94
임상적 의의 94
임상적 판단 94
임상전문가 자격증 82
임상전문기술 93
임상전문지식 93
임상징후 94
임상청각학 93
임상청능사자격증 82
임상청력검사기 93
임상치매평정척도 83, 93
임상평가 93
임시적 의미 361
임시철자 361
임신 211, 411
임신기간 211
임신령 106, 205, 211
임신연령 76
임의 연속적용 433
임의오차 432
임의의 수 432
임의적 지시 41
임의행위 432
임피던스 238
입 벌리기 접근법 364
입구 20, 369
입꼬리 329, 366
입꼬리내림근 136
입꼬리당김근 336
입꼬리올림근 283, 335
입내 220
입둘레근 335, 368, 369
입력 249
입력 가설 249
입력 방식 249
입력 쇄도 249
입력 압축 249
입력 임피던스 249
입력 장치 249
입력 저항 249
입력 조건 249
입력 층위 249
입력신호 249
입력잡음 레벨 249
입벌림손가락뻗침현상 329
입부위 367
입사 239
입사각 239
입사장 239
입사파 146, 239
입술 272, 289
입술 붙기 425
입술 소리 272
입술 읽기 289
입술 잇몸판 272
입술가지 272
입술교차 272
입술근육 333
입술모양 289
입술모양 자질 289
입술봉합 88
입술샘 272
입술수술 289
입술장식 272
입술전정 563
입술조음 272
입술턱 272
입술틈새 367, 451
입안마름증 583
입양아 21
입원환자 249
입위사진 553
입인두 367, 370
입자 381
입자가속도 381
입자변위 381
입자성 잡음 215
입자속도 381
입자속도레벨 381
입자음운론 381
입증책임 75
입천장 376, 553
입천장마비 553
입체방송 498
입체성 거시증 298
입체실인증 46
입체음향계 498
입체인지 498
입출력 장치 249
입출력 함수 249
입출력 함수곡선 249
잇몸 211, 344
잇몸능선 217
잇몸소리 211

잉여규칙 438
잉여부호 438
잉여성 438
잉여자질 438
잎새유두 194

ㅈ

자가국소실인증 56
자가반향어 54
자가방사기록법 56
자가방사선도 55
자가분해 54
자가수용기 56
자가수용체 56
자가유발진동 462
자가조직세포치료 54
자가진동 462
자가청력검사기 462
자가항체 54
자가확산 461
자각 57, 462
자각조건 57
자간 159
자곤 265
자곤실어증 265
자국어 교육 562
자국어 사용 562
자국어 어법 562
자궁관 554
자극 499
자극간 간격 259
자극간격 499
자극강도 252, 499
자극개시 499
자극검사 499
자극과 반응 499
자극과도 373
자극기 499
자극기반적 접근 499
자극대치 499
자극매개변수 499
자극물질 499
자극반응도 499
자극반응도검사 499
자극반응학습 499
자극변별 499
자극변수 499
자극수용력 499
자극역치 499
자극연속체 499
자극일반화 499
자극적 접근법 499
자극전극 177
자극제 499
자극제시시차 479, 499
자극주파수이음향방사 470, 499
자극지속기간 499
자극철회 499
자극치 499
자극통제 499
자극통제치료 499
자극파 499
자극화 499
자급자족체계 463
자기 동기화된 요구 462
자기 디스크 298
자기 스피커 298
자기 이어폰 298
자기 질문하기 462
자기 테이프 298
자기가치조건 108
자기간극 298
자기감 465
자기감시 462
자기감시교수절차 462
자기강화 462
자기개선 462
자기검사 461
자기결정 461
자기공극 298
자기공명영상술 298, 329
자기공명혈관조영술 298, 329
자기공분산함수 54
자기공포증 55
자기관리 462
자기관찰 462
자기교수 462
자기교육 훈련 462, 476
자기교정 461
자기교정법 461
자기국소인지 56
자기규제 462
자기급여규칙 462
자기녹음기 298
자기녹음헤드 298
자기뇌파 313
자기뇌파검사 299, 310
자기도취 340
자기동일시 462
자기만족 461
자기면역 54
자기면역성 내이질환 54
자기면역성 청력손실 54
자기면역질환 54
자기모순 461
자기방어 461
자기보존 462
자기보호법 462
자기부정 461
자기분화 461
자기상관 행렬 54
자기상관계수 54
자기상관법 54
자기상관함수 54
자기선택 462
자기성격묘사 461
자기성찰 462
자기성취예언 462
자기소거 헤드 298

자기소거기 298
자기수용체 420
자기수용체 지각 420
자기수정 461
자기수정법 461
자기순화 462
자기스펙트럼 밀도함수 56
자기암시 463
자기애성 성격장애 340
자기언어 462
자기영속화 462
자기왜곡 299
자기왜곡 상수 299
자기음향효과 298
자기의심 462
자기이해 463
자기인식 461
자기자극 298
자기장 298
자기재생기 298
자기재생헤드 298
자기재평가 462
자기저항 462
자기전사 298
자기점검 462
자기정화 462
자기조절 462
자기주도학습 462
자기주장형 352
자기준거효과 462
자기중심적 말 162
자기중심적 언어 161
자기중심적 작문 162
자기중심주의 162
자기지시 461
자기지시적 기능 462
자기지식 462
자기진단 54
자기진술 463
자기처벌 462
자기초점 462
자기최면 54, 462
자기치료 463
자기통제 461
자기평가 461, 462
자기평정 462
자기행동 관리연습 63
자기회로 298
자기회복 462
자기효능감척도 462
자기흥분체계 462
자동 감약기 54
자동 부호화 55
자동 전치사 260
자동감쇠기 54
자동구어 55
자동문서 작성기 581
자동민감도조절 43, 55
자동번역 55
자동사 260
자동성 55
자동소화 54
자동신호처리 44, 55
자동언어 55
자동연결 260
자동연쇄이름대기 55
자동음량제어 55
자동음성인식 54, 55
자동이득조절 24, 55
자동이음향방사 37, 54
자동잡파제거법 54
자동적 강화물 55
자동적 교체 54
자동적 산출 55
자동적 상징행동 56
자동적 생산성 55
자동적 스캐닝 55
자동적 전파 55
자동접어적 조작 54
자동제어계 470
자동제어기제 470
자동제어학 126
자동조절 56
자동처리 70
자동처리 회로 70
자동처리과정 55
자동처리기법 70
자동청각뇌간반응 54
자동청력검사 54
자동청력계 54
자동형용사 260
자동화 55
자력계 299
자력보호 461
자료 129
자료구조 129
자료수집 129
자료처리 129
자리 478
자립 형태 198
자립변화 240
자립분절음 56
자립분절음소론 56
자립분절음운 층렬 56
자립형태소 198
자립형태소 제약 198
자매 472
자매의존 476
자모 28
자모 이름대기 28
자모문자 28
자모법 28
자모음비 111
자모판 28
자모판 보완 28
자문 112
자문모형 112
자문연락 모형 112
자발성 55, 494
자발성 이음향방사 479, 494

자발언어 사용자료 494
자발적 말더듬 494, 573
자발적 모방 494
자발적 발화율 494
자발적 유창성 494
자발적 음성 494
자발적 인출 494
자발파열 494
자발화 494
자벌 462
자살미수 47
자상 495
자생적 변화 494
자서전 54
자서전적 기억 54
자석 벨 298
자석효과 298
자성강청 55
자세 409
자세 반사 409
자세 불안정 409
자세 수정 409
자세 전략 409
자세 조정 409
자세고정 405
자세교정치료 370
자소 215
자소대치 216
자소생략 216
자소-완충기 장애 216
자소음소 대응 215
자소음소 대응규칙 216
자소-음소 변환 214, 215
자소-음소변환규칙 214, 215
자소인식 215
자소첨가 216
자소출력어휘집 216
자속밀도 298
자신감 326
자아 161
자아개념 461
자아관용성 463
자아력 161, 326
자아발육 162
자아방어 161
자아분석 161
자아상 462
자아상태 161
자아신경증 161
자아실현 461
자아애 161
자아역할 개념 462
자아의식 461
자아이론 463
자아인지 461
자아정체성 161
자아존중 462
자아중심성 162
자아통제 161
자아통합 161
자아투과성 161
자아해방 462
자아해석 461
자아효능감 462
자아효능감척도 462, 470
자애 161
자연 344
자연 살해세포 343
자연 순서 가설 343
자연 음운론 343
자연공명도 344
자연과정 344
자연도 344
자연돌연변이 494
자연모음체계 344
자연배음 343
자연부류 343
자연분절음 344
자연생성음운론 343, 350
자연성 344
자연성 조건 344
자연스러운 발화 80
자연스럽게 들리는 유창성 344
자연언어 343
자연음장 344
자연적 관찰 344
자연적 모음 570
자연적 방법 343
자연적 음운변동 343
자연적 자음체계 343
자연적 중재 344
자연적 촉진법 344
자연적 피치 344
자연적 환경 344
자연접근법 343
자연주파수 343
자연지능 344
자연진동 343
자연처리분석 344
자연출혈 494
자연호흡 494
자연환경에서의 훈련기간 537
자연회복 344, 437, 494
자원봉사 573
자원봉사자 573
자유 개방단 198
자유 관계절 198
자유 단 197
자유 모서리 198
자유 어순 198
자유 진행파 198
자유강세 198
자유경제 197
자유교체 197
자유담낭 575
자유도 133
자유모음 198
자유번역 198
자유변 197
자유변이음 186, 198

자유부상 불안 198
자유시 198
자유연상 197
자유음장 197, 198
자유음장 감도 198
자유음장 교정 197
자유음장 방사 197
자유음장 전류감도 197
자유음장고막 전달함수 198
자유작문 197, 198
자유저항 198
자유전자 197
자유진동 198
자유파 198
자유표면 198
자유회상 198
자유흐름 198
자율 55
자율가설 55
자율기능 55
자율변화 55
자율성 홍분 55
자율신경 55
자율신경 반사 558
자율신경 반사항진 55
자율신경계 55, 558
자율신경기능장애 155
자율신경반사 55
자율신경섬유 55
자율신경장애 55
자율신경절 55
자율신경중추 55
자율신경증 558
자율신경지배 55
자율신경총 55
자율언어학 55
자율의미론 55
자율이론 55
자율적 각성 55
자율적 모듈 55
자율적 활성화 55
자율통사론 55
자율효과기 55
자음 110
자음 강도레벨 110
자음 율격제외 110
자음 정확도 383, 385
자음 차트 110
자음간 모음 253
자음교차 주입방법 123
자음군 110
자음군 단순화 110
자음군 축약 95, 110
자음길이 110
자음도 110
자음류 114
자음-모음 126
자음-모음비 126
자음-모음-자음 126
자음성 111
자음성 모음 111
자음앞 모음 411
자음위치 111
자음융합 110
자음음장 110
자음정확도 386
자음조화 111
자음주입 방법 111
자음체계 111
자음탈락 110
자의성 41
자의적 상징 41
자의적 지시 41
자이츠 변태성 호흡 460
자조 462
자조그룹 462
자존심 462
자질 188
자질값 188
자질공기제약 188
자질대치방법 188
자질명시 188
자질모형 188
자질문자 188
자질변경규칙 188
자질삭제규칙 188
자질삼투규약 188
자질위계 188
자질위계론 188
자질위계이론 188
자질최소화원리 188
자질층렬 188
자질탐지기 188
자창 426
자체확산 461
자취 535
자통 495
자판 268
자폐범주성장애 44, 53
자폐성 이론 54
자폐성장애 54
자폐아 54
자폐아동 54
자폐적 몸짓 54
자폐적 사고 54
자폐적 정신질환 54
자폐적 태도 54
자폐증 54
자폐증 진단 관찰 스케줄 21, 54
자폐특성 54
자폐행동 관찰척도 62, 70
자해행동 462
작동자 365
작동체계 365
작동체계 명령어 365
작문 105
작문과정 104
작업 백업파일 266
작업가설 582
작업감쇠량 582

작업계 173
작업관리 266
작업기억 582
작업기억지수 580, 582
작업단계 266
작업대사 582
작업번호 266
작업분석 266
작업처리 266
작업흐름 266
작열감 75
작열통 528
작용근 25
작용기전 17
작용역 지표화 458
작용역 해당규칙 458
작용역원리 458
작용제 25
작위격 186
작위동사 186
작은고실 479
작은고피치 상음 531
작은관자근 586
작은권골근 320, 336
작은내장신경 283
작은뇌 85
작은방추뉴런 479
작은별뉴런 479
작은뿔 283
작은세포그물핵 382
작은어금니 458
작은원근 524
작은창자 479
작은침샘 283, 479
작은피라밋뉴런 479
작화증 109
잔기둥 535
잔기용적 444, 453
잔류공기 444, 497
잔류소음 444
잔류소음레벨 444
잔류억제 444, 450
잔류파 444
잔상 24, 239, 345
잔상효과 190
잔여물 444
잔여오류 444
잔여운동 444
잔재지역 443
잔존 폐용적 446
잔존시력 444
잔존청력 444
잔차구동 보코더 444
잔향 448
잔향 체적 448
잔향감 448
잔향감쇠 448
잔향기 448
잔향레벨 448
잔향반경 448
잔향시간 448
잔향시간방정식 448
잔향실 16, 448
잔향음 448
잔향음장 448
잔향제한조건 448
잔향지속시간 448
잔향체계 448
잔향판 401
잔향한계범위 448
잔향회로 448
잠복 278
잠복고환증 124
잠복기 240, 278
잠복기 이완 278
잠복단계 278
잠복성 반응 278
잠복시간 278
잠복의문 106
잠복효과 240
잠재 278
잠재 비교급 278
잠재강도함수 278
잠재기 278
잠재기억 124
잠재논항 239
잠재몽 278
잠재성 반응 278
잠재성 점막하구개열 361
잠재안구 124
잠재연령기아동 278
잠재의식 504, 506
잠재자음 278
잠재적 범주 120
잠재적 억제 278
잠재적 언어능력 409
잠재적 음운대립 409
잠재적 학습 278
잠정가설 409
잠정적 언어 167
잡다한 이야기 321
잡음 74, 351
잡음비 351
잡음소거 마이크로폰 37, 351
잡종 229
잣대 584
장거리 결속 292
장거리 의존성 292
장거리 이동 292
장거리 추출조건 108
장골신경총 236
장관감염 170
장관내 흡수 170
장관신경계 170
장관영양 170
장근신경총 338
장기 잠복기반응 293
장기간 보호 293
장기간 전단탄성률 293
장기간 평균스펙트럼 296

장기간 평균어음 스펙트럼 293
장기기억 293, 296
장기목표 293
장기반사작용 566
장기요양시설 293
장기저장 293
장기전압강하 293, 296
장기전압증강 293, 296
장기화된 삽관 419
장내분비선 세포 170
장늑골 배측근육 236
장독립성 190
장돌기 293
장력 524
장력계 524
장력시험 524
장막 470
장막하신경총 506
장면의 문체 477
장모음 293
장모음 강세규칙 293
장모음화 573
장문합술 33
장벽 60, 259
장벽감쇠 483
장벽제거 도식 443
장벽제거운동 60
장성 설사 170
장소도식 291
장식음 214
장신경 566
장신경계 566
장신경총 170
장애 146, 148, 220
장애 미취학아동 캐롤라이나 교육과정 79, 82
장애 에티켓 146
장애 영 · 유아용 캐롤라이나 교육과정 79, 82
장애등급 133
장애분류 257
장애영재아동 211
장애음성 148
장애인 146, 220
장애인교육법 160, 162
장애인용 전화기 522
장애전문가 238
장애차별 147
장애체험 178
장액 470
장엄한 문체 215
장연결술 33
장연합섬유 292
장운동 566
장음계 299
장음부호 282, 298
장음화 282
장의존성 190
장이론 190
장자음 292
장절제술 168
장질환 259
장질환 순환 170
장출혈 259
장측심막 566
장측흉막 566
장치 39, 40, 323
장태분석 32
장통 170
장해음 355, 360, 361
장해음 비음화 361
장해음 생략 361
장해음 유성동화 361
재건 437
재건수술 437
재검사 447
재결합 437
재계측 443
재구성 436, 437, 440, 447
재구조화 447
재귀대명사 440
재귀동사 440
재귀목적어 440
재귀사 삭제 440
재귀여격 440
재귀적 440
재귀화 440
재발 437, 441
재발반응 438
재발성 다발신경염 441
재발성 무성증 441
재발성 바이러스 증후군 438
재발성 우울증 437
재발성 종양 438
재발성 호흡기 유두종증 438
재발완화형 다발성경화증 441
재배열 변형 443
재분극 444
재분류 437
재분석 435
재사회화 444
재생 435, 440
재생기 440
재생불량성 빈혈증 39
재생전위 440
재생특성 444
재생헤드 444
재순서적 접속모형 443
재어휘화 443
재연 438
재음소화 444
재음절화 447
재인 437
재인검사 437
재인기억 437
재인점 437
재인점수 437
재정렬 435
재조건화 437
재조정 규칙 435

재조정부 435
재조직화 443
재조합 437
재채기 479
재청각화 435
재촉 554
재택교육 227
재판권 267
재평가 435
재학습 442, 551
재합성 447
재현 437, 438
재현성 444
재형성 440
재활 441
재활공학 441
재활상담 441
재활상담사 441
재활센터 441
재활의학 441
재활적 접근 441
재활전문가 441
재활청각학 441
재활치료 441
저강도 미세증가 감도지수 294
저개연성 반응 295
저기능 294
저기능 자폐성장애아동 294
저긴장성 뇌성마미 233
저긴장아 193
저대역 절단주파수 294
저라틴 어 294
저류낭종 447
저모음 295
저모음화 573
저발생률행동 차별강화 143, 152
저벨, 랑게-닐슨 증후군 265, 266
저변이형 295
저분극 232
저비음병 232
저산소증 220, 233
저상승 곡선 295
저설성 295
저성조 295
저성조 농 295
저소득 294
저소득층 294
저속파 478
저시력 295
저압 294
저음 549
저음비율 61, 71
저음조성 216
저자 53
저자체계 54
저작 304
저작근 304, 333
저작근마비 304
저작기관 304
저작기법 88
저작능률 304
저작반사 304
저작운동 304
저작핵 304
저장 41
저장 영양물 500
저장가설 500
저장량 444
저장용량 500
저장율 500
저장장치 500
저전자 밀도 294
저조 295
저주파 294
저주파 성역소리 292
저주파대역통과 필터 294, 295
저주파수 285, 294
저지 68
저지음압 68
저지저항 68
저차폐 549
저체온증 233
저층위 규칙 294
저항 238, 444
저항 원격측정법 238
저항감각 465
저항경계조건 238
저항관 238
저항기 444
저항도식 119
저항력 444
저항부정합 238
저항부정합 변환기 238
저항정합 238
저항청력검사 238
저항하기 421
저항함수 238
저해음 360
저혈압 233
저확률 295
저활성화 231
적격성 165
적당함 420
적대적 반항장애 362, 365
적도판 172
적부율 118
적분기 251
적분변환 251
적분자극 반응법 251
적색골수 438
적성 41
적성검사 41
적성처치 상호작용 41, 47
적외선 시스템 246
적용 39
적용범위 120
적용순서의 관계 368
적응 19
적응 고주파 필터 20
적응 필터 20

적응검사 20
적응교육 20
적응기 19
적응도 192
적응레벨 19
적응력 있는 문화유능성 19
적응방법 19
적응분산이론 20, 527
적응생리학 19
적응성 19
적응시간 19
적응연구 19
적응요법 219
적응장애 19, 21
적응장치 20
적응저주파 필터 20
적응적 학습환경 모형 27
적응전략 20
적응학습환경모형 20
적응행동 19
적응행동척도 11, 19
적응행동평가체계 10, 19
적응효과 19
적자생존 512
적절성 20, 40
적절한 단어중심 교수법 40
적정 체중아 24, 40
적정 포괄선행 420
적정 포괄원리 420
적정 포괄원칙 420
적정목록 173
적정조건 189
적정후보자 모형 77
적출 183
적층 건전지 280
적합 192
적합성의 원칙 417
적합자극 20
적핵 438
적핵척수로 453
적혈구 173, 438
적혈구 단백질 212
적형조건 577, 578
전 전위 413
전 조작 사고시기 413
전 조작검사 412
전 조작기 412
전 조작단계 412
전각 35, 117, 151, 559
전강 35
전강조 411
전거근 36
전경 36
전경련기 414
전경정보 195
전경화 195
전고조파 왜곡률 527, 535
전-과거 62
전교련 35
전교통동맥 35
전구개궁 35, 36
전구개신경 36
전구개음 413
전구체 411
전구협궁 35
전국신경심리학회 340
전굴증 35
전극 164
전극배열 164
전극쌍 376
전극임피던스 164
전극저항 164
전극전위 164
전근 35, 36, 560
전기 163
전기 기울기 163
전기 보청기 14, 26
전기 임피던스 163
전기기계 필터 164
전기기타 162
전기뇌자극 163
전기달팽이관검사법 164
전기등골근반사역치 163, 174
전기반응 163
전기반응청력검사 163, 173
전기생리학 165
전기생리학적 청력검사 165
전기성문도 164
전기신경전도법 164
전기신호 163
전기악기 163
전기안구도기록법 164
전기안진도검사법 165
전기역동범위 160, 162
전기역치 163
전기역치레벨 163
전기역학 결합 164
전기역학 결합계수 164
전기역학 교반기 164
전기역학 변환기 164
전기역학 속도픽업 164
전기역학 수화기 164
전기역학 진동픽업 164
전기와우도 163
전기와우도검사법 159, 164
전기운동성 164
전기유발 청성전위 157
전기유발등골근반사 163, 174
전기유발복합활동전위 159, 163
전기유발중간잠복기반응 163, 166
전기유발청각뇌간반응 157, 163
전기유발활동전위 163
전기음 효과 165
전기음성합성기 165
전기음향 결합계수 163
전기음향 변환기 163
전기음향분석 163
전기음향자극 158, 163

전기음향적 장치 163
전기음향체계 158, 163
전기음향파 163
전기응답청력측정 173
전기인공후두 163, 164
전기자 41
전기자극 163
전기장 163
전기저항 163
전기적 감수성 162
전기적 결합 163
전기적 녹음방법 163
전기적 뇌자극방법 174
전기적 대응법 163
전기적 비평형 162
전기적 시냅스 163
전기적 영역 162
전기적 자극 163
전기적 측정 163
전기전위 163
전기청성유발전위 163
전기청성유발전위 원격측정 162
전기콘덴서 마이크로폰 162
전기피아노 163
전기화학 기울기 163
전기후두 164
전기후두기 163
전내반사 535
전뇌 420
전뇌동맥 35
전뇌실 196
전단계물질 411
전단계수 471
전단수 471
전단파 471
전단파 속도 471
전단행동 471
전단효과 471
전달 539
전달 리셉턴스 537
전달 어드미턴스 537
전달내용 313
전달물질 539
전달성 손실 115
전달인자 537
전달저항 537
전달체제 134
전달함수 537
전달행렬 537
전대뇌동맥 12
전대상피질 12, 35
전대역 통과함수 27
전도 108, 262, 448
전도계 108
전도도 108, 109
전도된 변화 108
전도로 108
전도성 108, 109
전도성 기제 108
전도속도 108
전도실서증 108
전도실어증 108
전도장애 108
전동음 541
전두가지 432
전두골 200
전두공 200
전두구멍 200
전두극 200
전두근 200
전두돌기 200
전두동 200, 476
전두동맥 200
전두면 200
전두봉합 200
전두부 실독증 35, 200
전두비부돌기 201
전두신경 200
전두엽 200, 291
전두엽 내측부위 309
전두엽 증후군 200
전두엽렌즈핵성 실어증 201
전두엽성 실행증 200
전두엽성 운동실조 200
전두엽피질 200
전두엽피질성 실어증 201
전두엽-피질하 회로 201
전두와 35
전두전 영역 411
전두쪽 200
전두측두엽 변성 201
전두측두엽 치매 201
전두측두치매 201
전두회 200
전략적 가족치료 500
전략적 능력 500
전략중심 지도법 456, 500
전략훈련 500
전력 409
전력감도 409, 465
전력공급 409
전력밀도 409
전력반응 446
전류 125
전류 진폭 125
전류감도 465
전류반응 446
전류응답 125
전류진폭 76
전류회로 125
전립샘올림근 335
전립선 421
전립선거근 335
전말더듬이 180
전맹 535
전면 36
전면신호 보청기 200, 201
전면적 경제성 212
전면적 변형 212
전면적 제약 212

전문가 자문 418
전문가 체계 179
전문성 487
전문성 인증 487
전문어 521
전문용어 521
전문체 522
전미농아협회 340, 343
전-미래 62
전반규관 36
전반사 535
전반사각도 535
전반실어증 211, 535
전반적 개방속도 216
전반적 근긴장이상증 208
전반적 발달장애 383, 390
전반적 발음오류 208
전반적 언어지수 212
전반적 운동기능 분류체계 213, 216
전반적 지원 390
전반적 지적 손상 209
전반적 퇴행척도 207, 212
전반적 폐쇄속도 216
전방변환 196
전방분리증후군 26, 35
전방성 35
전방음소 200
전방차폐 196
전방향 자동이득조절 196
전방화 200
전방활음 195
전벽 36
전보식 말산출 522
전보식 문장 522
전보식 발화 522
전보식 발화단계 522
전보식 생략 522
전보체말 522
전복근 35
전비공 340
전비음화 자음 412
전비음화 파열음 412
전비음화 폐쇄음 412
전사 537
전사음성학 537
전삭 559
전산공기음향학 106
전산언어학 106
전산유체역학 106
전산음향학 106
전상 36
전상부 36
전상악골 412
전상징 단계 414
전상징 언어 414
전상징 책략 414
전상징 행동 414
전상징기 414
전생애 285
전생애발달 285
전생애발달과정 285
전설 200
전설고모음 200, 226
전설구개음 201
전설모음 200
전설모음류 200
전설모음화 573
전설모음화규칙 201
전설선 35
전설성 200
전설음 200
전설음화 200
전설저모음 294, 295
전설중모음 317
전설치경구개음 201
전설치경음 200
전설폐쇄 원순모음 200
전성기기 전환신경증 411
전성대 절제술 535
전송도 539
전송정보 539
전시 180
전시각영역 413
전시상하부 35
전시상핵 36
전신 535
전신 경련발작 208
전신감염 208
전신관류 578
전신마비 208
전신마취 208
전신반응 535
전신반응 방법 535
전신발작 209
전신부종 208
전신성 감염 518
전신성 골다공증 209
전신성 병변 518
전신성 질환 518
전신성 홍반성 루푸스 518
전신질환 518
전알파벳 단계 410
전압감도 466, 572
전압반응 446
전압응답 572
전압정재파비 572
전압제어 증폭기 572
전압제어 진동자 572
전압주파수 변환기 572
전역규칙 17
전역동범위압축 188
전염병 100
전엽 35
전와우핵 35
전외측궁상섬유 35
전외측접근법 36
전운동 피질 412
전운동영역 412
전원 409

전위 148, 409, 539
전위규칙 513, 539
전위문법 537
전위오류 539
전위차 409
전위차계 409
전율 529
전음계 108, 578
전음성 농 108
전음성 청각장애 108
전음성 청력손실 90, 108
전음파 576
전의도적 의사소통 411
전의식 411, 527
전의식적 기억 410
전이 211, 314, 537, 538
전이 리스프 538
전이 이중모음 211
전이 종속부가어 471
전이 지속시간 538
전이 표적음 538
전이개근 35
전이기간 388
전이모음 211
전이목표 538
전이부정 537
전이성 314
전이성 종양 314
전이시간 538
전이운동 538
전이음 211, 538
전이음화 211
전이의미 537
전이자음 211
전이지대 538
전이지역 538
전이확률 538
전인재활 227
전자 164, 539
전자 마이크로폰 165
전자 의무기록 167
전자구개검사법 165, 171
전자기유도 164
전자기장 164
전자기파 164
전자뇌파 청력계 160, 164
전자뇌파반응청력계 164
전자두뇌 164
전자몸짓-보조 의사소통전략 164
전자상거래 164
전자우편 165
전자음생성기 163
전자음향학 163
전자의사소통체계 164
전자전달계 164
전자주사 165
전자집속 164
전자회로 범주 346
전전두 피질 411
전-전이음 363
전접어 159, 167
전정 564
전정 내측핵 309
전정 도수관확장 증후군 169
전정감각 564
전정계 456, 564
전정기 563
전정기관 563
전정기능 563
전정기능검사 563
전정기능부전 563
전정기능평가 563
전정도관 563
전정도수관 563
전정도수관정맥 563
전정막 563, 564
전정미로 563
전정반사 563
전정발작 563
전정부 380, 563
전정샘 563
전정성 동공반사 563
전정성 운동실조 563
전정성 현기증 564
전정신경 563
전정신경가지 563
전정신경절 563
전정안반사 563, 564
전정양측장애 563
전정열 451
전정영역 563
전정와우기관 564
전정와우신경 564
전정와우신경절 563
전정유발 근원성 전위 559, 563
전정인대 563
전정장애 563
전정재활 563
전정주름 187, 560, 563
전정중렬 559
전정창 564
전정척수로 564
전정척수반사 564
전정청각신경 563
전정판 563
전제 412, 414
전제기술 414
전제절 421
전조 53, 414
전지 540, 560
전청년기 410
전체 단어정확도 578, 582
전체 흡수면적 534
전체그룹 교수 578
전체낱말수 532, 535
전체단어인식 578
전체대상가정 578
전체대상원리 578
전체대상제약 578

전체동화 535
전체론 227
전체신경 활동전위 578
전체억양곡선 373
전체언어 578
전체언어 접근 578
전체음성레벨 373
전체음향의 상대적 레벨 442
전체이득 212
전체적 도출제약 212
전체적 연합 579
전체적 오류 212
전체적 이해기술 297
전체적 일관성 212
전체적 지능 212
전체적 학습 212
전체회상 535
전측두엽 대뇌피질 36
전치 539
전치부가어 410
전치사 413
전치사 지위 413
전치사구 413
전치사적 동사 413
전치사적 보어 413
전치사적 부사 413
전치수식어 412
전치증폭기 410
전치한정사 411
전칭양화사 551
전칭유형 551
전칭적 효력 551
전칭지시 551
전칭표현 551
전통 생성음운론 526, 536
전통논리 536
전통문법 536
전통방언학 536
전통생성음운론 92
전통적 가치관 537
전통적 맞춤법 536
전통적 분석 536
전통적 접근 536
전통적 정서법 536
전통적 조음치료 536
전통적 치료 536
전통적-임상적 복잡성 115
전파 419
전파 벡터 419
전파 비정상성 419
전파계수 419
전파상수 419
전파속도 419
전파손실 419
전파요소 419
전파이론 419
전파파수 420
전폐저지 35
전폐혈관저항 535
전피열연골절제술 535
전하 162
전하 전치증폭기 88
전하감도 88
전하부 35
전하소뇌동맥 25, 35
전해질 164
전해질 코르티코이드 319
전행기억 36
전향 이중모음 200
전향성 36
전향적 연구 421
전혈 578
전혈구 계산치 103
전형성 효과 544
전형적 행동 498
전형적인 비유창성 544
전화이론 522
전화증폭기 522
전화체계 522
전화통화법 522
전환 116, 537, 538
전환과학 539
전환교육 538
전환도식 150
전환반응 116
전환빈도 537
전환성 농 116
전환성 발성장애 116
전환신경증 116
전환실성증 116
전환실어증 116
전환작용 116
전환장애 116
전환전극 262
전환점수 137
전환하는 쉼 513
전후 36
전후두 적출술 535
전후두엽 절흔 412
전후방 비율 201
전후상 36
절 부가어 93
절개 148, 460
절단 31, 126, 460, 541
절단 합성어 94
절단규칙 541
절단두께 460
절단점 126
절단주파수 126
절대가청한계 11
절대값 11
절대구조 11
절대동화 11
절대민감도 11
절대변별역 11
절대불응기 11
절대상수 11
절대습도 11
절대실서증 11
절대역 11

절대역치 11
절대온도 11
절대위상 11
절대음감 11
절대잠복기 11, 27
절대적 동의어 11
절대적 양 11
절대적 유무원리 28
절대적 진폭 11
절대적 표준 11
절대주격 352
절대중화 11
절대지터값 11
절대치 11
절대탈격 10
절대판단 11
절대항 11
절면 247
절상 471
절식 358
절연체 251
절전 뉴런 411
절전섬유 411
절전신경섬유 411
절점 허용조건 351
절제 10, 549
절차기억 시스템 417
절차기억체계 417
절차상 변인 417
절차적 결함가설 383, 417
절차적 기억 417
절차적 범주 417
절차적 접근 417
절차적 지식 417
절차적 학습 417
절충식 교수법 159
절충적 음성치료 159
절충주의 159
절치 240
절치골 240
절치봉합선 240
절치신경 240
절치유두 240
절편 460, 478
절편 측면도 478
절편간격 478
절편두께 478
절편삽입획득 478
절편선택 478
절편선택경사 478
절편선택경사장 478
절편선택여기 478
절편여기 478
절편입구현상 478
절편획득 478
절후섬유 408
절후신경섬유 408
절흔 357
점강음 121, 393
점검 형상구조 88
점검과 S-구조 88
점검관계 88
점검영역 88
점검자 88
점검-점검이론 88
점검항목대조표 88
점근 40
점도 330
점도강화제 528
점막 330
점막근층 334
점막발진 167
점막보존수술법 330
점막성 골막 330
점막성분 330
점막주름 330
점막층 330
점막파 330
점막파열 330
점막하 구개열 506
점막하 신경총 506
점막하 절제 506
점막하 조직 506
점막하 출혈 506
점멸 융합주파수 193
점멸융합 주파수 190
점상출혈 391
점성 566
점성 감쇠 566
점성 감쇠계수 566
점성 비정상경계층 566
점성 투과깊이 566
점성감소유체 471
점성마찰 566
점성증가유체 471
점성항력 566
점수 458
점액 330
점액낭포 330
점액성 330
점액성 이염 330
점액성 중이염 330
점액질 393
점약음 393
점열성 비정상경계층 566
점자 71
점점 느리게 451
점점 여리게 144
점진수정연습 125
점진적 유사 418
점진적 이완 418
점진적 접근법 418
점진적 하강 214
점진적 하강곡선 214
점진적 하강형 청력손실 214
점진적 확산모델형 214
점진하강 131
점층적 범주 214
점탄성 566
점탄성 물질 566

점화 416
점화과제 416
점화잡음 236
점화효과 416
접근 12, 40, 472
접근단어 580
접근도피이론 40
접근방법 12
접근법 40
접근성 12
접근위계 12, 25
접근음 40
접근장애 12
접근행동 40
접근-회피 40
접근-회피갈등 40
접근-회피이론 40
접두사 411
접미사 508
접사 24
접사도약 24
접사여과 24
접사이동 24
접선파 520
접속 상자 266
접속개시 473
접속사 110
접속어 110
접속요소 110
접속이론 110
접속종료 473
접시형 청력손실 384, 456
접어 94
접어군강세정점제약 94
접어상승 94
접어적 허사 94
접어중복 94
접어화 94
접요사 245
접지전극 217
접착제 21
접촉성 궤양 112
접촉성 육아종 112
접촉어 112
접촉절 112
접촉지수 112, 121
접촉탄성 112
접촉형 마이크로폰 112
접합 다이오드 266
접합 전기장 효과 트랜지스터 266
접합 트랜지스터 266
접합대명사 94
접형골 492
접형골소익 283
접화 마이크로폰 94
접화감도 94
젓니 318
정강이뼈 530
정격출력 전력 433
정관사 132
정교한 단순화 162
정교한 손동작 191
정교한 추리 162
정교합 361
정교화 162
정교화 거리 162
정규 데이터 357
정규모드 356
정규모드 주파수 356
정규모드 필드 356
정규분포 356
정규분포곡선 356
정규화 상수 357
정규화된 소음에너지 357
정낭 464
정당 267
정당성 267
정도 133
정도어 133
정도의 수식 133
정독 252
정동반응 23
정동상태 23
정동성 23
정동억압 23
정동장애 23
정동적 내포 23
정동적 단어 23
정동적 문체 23
정동적 여과 23
정동적 여과가설 23
정량적 방법 429
정량적 분석 429
정량적 연구 429
정량적 평가 429
정류전류 437
정류확산 437
정리 42
정맥 558
정맥동 559
정맥류 557, 558
정맥류 조영술 557
정맥류성 궤양 557
정맥성 울혈 559
정맥혈 559
정맥혈전증 559
정면감도 57
정밀도 13
정밀어 162
정밀유창성형성 프로그램 410
정밀전사 341
정밀정합증폭기 410
정밀치료 410
정밀표기 341
정밀한 검사 582
정반합 528
정보 246
정보 전달속도 246
정보가치 246
정보공학 246

정보과학 246
정보교환 246
정보내용 246
정보단위 246
정보서비스 제공자 246
정보이론 246
정보전송 비트 246
정보제공하기 기능 421
정보조직 369
정보차이 246
정보차폐 246
정보처리 246
정보처리 모형 246
정보처리 접근 246
정보체계 246
정보하중 246
정보화된 인공물 246
정상 맞물림 350
정상 습득연령 357
정상 청각역치 357
정상 청감각영역 356
정상 통각역치 357
정상교합 349, 357
정상노인 344, 356
정상발달 323
정상비성 357
정상상태 498
정상상태 응답 498
정상성 357
정상시 166
정상압력 뇌수종 357
정상위상 497
정상음 357
정상음소 121
정상인 357
정상적 비유창성 344, 353, 356
정상적 삼킴습관 357
정상적 연하습관 357
정상전이 357
정상진동 498
정상파 497
정상행동 356
정상호흡 175
정상화 357
정상화된 말늦은 아동 444
정상확률 357
정상확률과정 497
정상확률신호 497
정서 23, 62, 64, 166
정서 및 행동장애 166
정서 부적응 166
정서교육 23
정서기능 23
정서반응 167
정서발달 166
정서법 370
정서법 일치도 370
정서부조화 166
정서상 열등성 166
정서상태 167
정서언어 275
정서장애 23, 166
정서장애아 167
정서장애자 167
정서적 각성과 극적 위안 166
정서적 각성이론 166
정서적 공격성 166
정서적 긴장 167
정서적 내포 23
정서적 몰입 23
정서적 무관심 272
정서적 문체 167
정서적 미숙 166
정서적 불안정성 166
정서적 성숙 167
정서적 안정성 167
정서적 원칙 23
정서적 의미 23, 167
정서적 자극 167
정서적 자율 166
정서적 적응 166
정서적 통찰 166
정서적 학대 166, 167
정서조절 166
정서지능 166
정서치료 167
정서학습 166
정석 213
정성법 429
정성적 방법 428
정성적 변수 428
정성적 분석 428
정성적 평가 428
정시안 166
정신 422
정신감응 522
정신건강 312
정신검사법 313
정신결함 312
정신공간 312
정신과의사 422
정신과학 312
정신교육 423
정신기제 312
정신능력 312
정신동화 312
정신물리학 424
정신박약 188, 312, 577
정신발달 312
정신병 312, 424
정신병리학 424
정신병원 312
정신병적 우울증 424
정신병질 424
정신병질자 424
정신병질적 일탈 424
정신병학 422
정신분석 423
정신분석가 423
정신분석학 423

정신분열증 457
정신상태 312, 313
정신상태검사 313
정신생리학 424
정신생리학적 평가 424
정신손상 315
정신쇠약 422
정신실서증 312
정신연령 297, 312
정신외과 424
정신운동성 발달 423
정신운동성 발작 423
정신위생 312
정신이상 424
정신작용 312
정신장애 312, 315
정신장애 진단 및 통계편람 141, 153
정신적 강인함 313
정신적 결함자 312
정신적 규칙 312
정신적 기관 312
정신적 사전 312
정신적 실체 312
정신적 외상 540
정신적 유추 312
정신적 장애 312
정신적 조합 312
정신적 충격 266
정신적 표상 312
정신전류 피부반응 391, 423
정신전류 피부반응청력검사 391
정신전류피부저항 423
정신지각성 실어증 424
정신지체 30, 312, 313, 329
정신지체 간병인 312, 329
정신지체아 312
정신지체인 및 발달장애인을 위한 중간관리 시설 234, 255
정신질환 312
정신착란 30, 134, 312
정신치료 370
정신활동 312
정신활성약물 423
정압 497
정압등화 497
정원공 194
정원창 452
정원창 소와 452
정의 132, 267
정의방법 132
정의성 23
정의속성 132
정의용 어휘 132
정재파 496
정재파 장치 496
정재파관 496
정재파비 496, 513
정적 강화 405
정적 강화물 405
정적 기억 497
정적 단위 497
정적 모티프 497
정적 미로 497
정적 음향임피던스 497
정적 음향저항 497
정적 이명 497
정적 이행 456, 497
정적 임피던스 497
정적 저항 497
정적 평가 497
정적동적 구분 497
정전형 구동기 165
정전형 마이크로폰 77, 165
정전형 부하 77
정전형 수화기 165
정전형 스피커 165
정전형 이어폰 165
정전형 진동픽업 77
정점 384
정점 대 정점 384
정점 대 정점 진폭 384
정점 음성파워 384
정점 입자변위 384
정점 입자속도 384
정점 호기유량 384
정점간 잠복기 258, 262
정점공기압 384
정점기류 384
정점등가음압레벨 384, 390
정점음압 384
정점음압레벨 384
정점음향이득 384
정점자르기 384
정점절단 384
정점진폭 384
정점진폭방법 384
정점진폭변이 384, 557
정점치 384
정점호기류 384
정점흡기압 384
정중 시상면 309, 317
정중 윤상갑상 인대 309
정중갑상설골인대 309
정중결 그물핵 378
정중고랑 309
정중구 309
정중구개봉합 309
정중면 309
정중선 318
정중성 403
정중성 공식 403
정중시상면 318
정중핵 309
정지 42, 227
정지대역 500
정지분절 227
정지삭제 227
정지음 500
정지음 폐쇄 500

정지자음 42
정착 170
정착선점 170
정찰 X선 사진 458
정찰사진 458
정체 495
정체감 235
정체감 성취 235
정체성 235
정체성 성취 235
정체성 위기 235
정체성 장애 235
정체성 형성 235
정체성 혼동 235
정체압력 495
정합 304
정합 필터 304
정향주의 369
정현량 476
정현운동 476
정현진동 476
정현파 475
정현파 476
정현파 주파수 199
정형외과 370
정형적 77
정형적 음절 77
정형적 음절구조 77
정형화된 언어 196
정화 81
정화이론 81
정화효과 81
정확도 13
정확한 정교화 410
정확한 정보단위 92, 118
젖니 130
젖먹이 243
젖먹이와 걸음마 아기 243
젖산 273
젖샘 300
젖은 삼킴 578
젖은 자발적 기침 578
제1 기관연골 191
제1 모국어 416
제1 소구치 179
제1 언어 191
제1 언어습득 191, 192
제1 언어학습자 416
제1 작은어금니 179
제1 파면의 법칙 280
제1차 신경세포 191
제1형 부정교합 92
제2 게르만어 자음추이 459
제2 고막 460
제2 방언으로서의 영어 169
제2 세대기기 459
제2 언어 459
제2 언어 발달단계 495
제2 언어로서의 영어 169, 174
제2 언어습득 459, 477
제2 언어습득이론 459
제2 언어학습 459
제2 언어학습자 459
제2 언어확장 459
제2 언어획득 459, 477
제2 외국어로서의 영어교육 521, 525
제2 측두이랑 459
제2 측두회 459
제2종 접두사 92
제2종 접미사 92
제2형 부정교합 92
제3 뇌실 528
제3 운구법 525
제3의 소리 528
제3의 실독증 528
제3형 부정교합 92
제4 뇌실 197
제4 뇌실천장 452
제4번 뇌신경 197
제5 뇌신경 190
제거 10
제거반응 507
제공부위 151
제공자 151
제드콤 확성기 265
제로 교차형 585
제로 대용어 585
제로 진폭 585
제로대명사화 585
제로음소 585
제로접미사 585
제로청력레벨 585
제로형태 585
제로형태소 585
제목 534
제반응 11
제산제 35
제스처 211
제스처 사전 211
제스처 언어 211
제스처 재조직 211
제시단계 414
제안 420
제약 111
제약기반 설명 111
제약도표 111
제약위계 111
제약적 수식어구 447
제어 115
제왕절개술 76, 86
제외 준거 177
제유법 516
제임스 언어지배검사 265
제창 550
제한기 286
제한대역 59
제한대역 백색잡음 59
제한음보 70
제한입력/제한출력안정성 64,

70
제한적 관계절 132
제한적 기억상실증 291
제한적 동격구조 447
제한적 명칭실증 286
제한적 미명시 447
제한적 부가어 447
제한적 잠재표기 447
제한적 지원 286
젠커 게실 585
젤웨거 증후군 585
조가비핵 427
조각 197
조건 108
조건 확률분석 108
조건명제 108
조건반사 108
조건반응 108, 121
조건법 108
조건변화 108
조건수식어 108
조건자극 108, 124
조건절 108
조건지향반사 108
조건진술 108
조건형성 108
조건화 108
조건화된 강화물 108
조건화된 공포 108
조건화된 놀이청력검사 108
조건화된 분열이론 108
조건화된 연하곤란 108
조건화된 정서 108
조건화자극 108
조기 제2 언어 학습아동 158
조기발견검사목록 158
조기선별 프로파일 158, 174
조기선별검사목록 158, 174
조기쓰기문자언어검사 525
조기쓰기언어검사 526
조기아동교육 158
조기유아자폐증 158
조기주기적 선별진단치료 158
조기중재 158
조기중재발달 프로파일 158
조기청력선별검사 158
조동사 56
조동사 축약 56
조롱박굴 427
조롱박근 400
조롱박세포 400, 426
조롱박엽 427
조롱박오목 400, 427
조롱박층 400, 426
조면 542
조사자 262
조산 414
조산아 412
조어 379, 421, 581
조어법 581
조용한 다수 473
조용한 일회 호흡량 429
조울반응 301
조울증 301
조율 375, 542
조음 42, 227
조음 모형 42
조음 미달성 조음적 도달실패 43
조음 역동성 42
조음 제스쳐 42
조음 좁힘점 404
조음검사 42
조음계획 42
조음곡선 42
조음과정 43
조음기 42
조음기관 43
조음기관 구조 · 기능 선별검사 479
조음능력지수 14, 42
조음목표 43
조음방식 301
조음방식 동화 301
조음방식 자질 301
조음방출 43
조음보상 42
조음상의 기초 42
조음선별검사 455, 458
조음성취검사 9, 42
조음속도 42, 433
조음영역 42
조음오류 42
조음원리 42
조음위치 401, 404
조음위치자질 401
조음음성학 43
조음음성학적 복잡성 43
조음음운장애 42
조음자 42
조음장애 42
조음점 403
조음정확도 43
조음중단 130
조음지수 25, 42
조음지점 43
조음지체 42
조음진단검사 141
조음체계 43
조음합성 43
조음합성기 43
조응사 302
조이스틱 266
조임근 336, 492
조작 365
조작물 365
조작자 365
조작적 공격성 365
조작적 교수기법 365
조작적 레벨 365
조작적 방법 365

조작적 원리 365
조작적 절차 365
조작적 정의 365
조작적 조건형성 365
조작적 조건화 365
조작적 청력검사법 365
조작적 치료 365
조작적 학습 365
조작적 행동 365
조작적 행동이론 365
조작주의 365
조잡한 인물 96
조절 13
조절된 문장 115
조절된 유창성 115
조절방식환기 115
조절법 315
조절변수 323
조절자극 108
조절호흡 115
조정 441
조정규칙 21
조정기능 441
조정된 입력 323
조정이론 13
조정전략 309
조증 301
조직 531
조직생리학 227
조직심리학 369
조직액 531
조직외적 음소 183
조직이식 258
조직적 기능 369
조직적 능력 369
조직학 227
조직해부학 227
조직형태학 227
조직화 369
조짐 53
조찰 502
조찰성 502
조찰성 음성 502
조합 323
조합 마이크로폰 332
조합순서 99
조합음 99
조합정렬 99
조합체계 323
조현병 457
조현병환자 457
조혈작용 223
조화 550
조화 리듬 175
조화 진동체 220
조화과정 221
조화운동 220
조화음 221
조화진동 221
조화함수 220
족근골 520
족판 194
존댓말 228
존재 170
존재 처소격 170
존재과정 177
존재론적 범주 364
존재론적 은유 364
존재명제 177
존재문 177
존재수량사 177
존재전제 177
존중전략 132
졸리움 482
좀먹다 78
좁은마찰음 216
좁은이중모음 341
좁은홈 341
종 공유 487
종 특유 487
종 특정성 487
종격 309
종격후부 407
종결행위 524
종극 구성요소 545
종기 11
종뇌 522
종단뇌교섬유 293
종단면 293
종단압전효과 293
종단적 설계 293
종단적 연구 293
종단적 연구방법 293
종단적 위상차이 293
종단적 접근법 293
종단적 조사 293
종단전 범주 414
종두 556
종렬 293
종료 430
종료점 525
종료점 어드미턴스 행렬 525
종료점저항 525
종료점저항행렬 525
종말 525
종말가지 524
종말고랑 508
종말기관 168
종말뇌실 525
종말단추 524
종말마디 524
종말세기관지 524
종말신경 524
종말신경절 524
종말연접 524
종말음절 524
종말잔향 524
종모드 변환기 293
종별관사 92
종별속격 92

종선 293
종설근 293
종성 무성음화 191
종속 506
종속관계 506
종속범주 506
종속변수 135
종속부사 135
종속어 505
종속의문 135
종속이론 135
종속절 135
종속접속사 506
종속화법 135
종양 346
종양유전자 363
종양학자 363
종요소 135
종적 긴장 293
종주근 293
종착렬 524
종특정적 행동 487
종파 293
종파속도 293
종판전위 168
종합 복합어 517
종합검사 201
종합시각기능검사 105, 125
종합적 경향 517
종합적 명제 517
종합적 방법 517
종합적 접근 517
종합적 훈련접근법 517
좌골 263
좌골신경 457
좌골신경동맥 457
좌골신경통 457
좌굴효과 75
좌뇌 282
좌뇌반구 282
좌뇌손상 282
좌분지 제약 282
좌분지 조건 282
좌분지절 282
좌상 115
좌상엽기관지 282
좌심방 282
좌심실 282
좌엽 282
좌외측익돌근 282
좌우지남력장애 282
좌절 201
좌주기관지 282
좌초된 자음 500
좌총경동맥 282
좌측무시 282
좌측무시 읽기장애 282
좌측시공간무시증 282
좌측전위 282
좌측조건 282
좌측중부뇌동맥 282
좌측회귀성 후두신경마비 282
좌폐 282
좌하복신경 282
좌하엽기관지 282
죄악 475
죄의식 217
죄책감 217
주 강세 416
주 악센트 415
주 언어 305
주 음조 416
주 조음 299
주 조음기관 299
주 증폭기 299
주간관리 129
주간리듬교란 149
주간병원 129
주간절흔 259
주강세 규칙 299
주거 편의시설 444
주격 352
주격 섬조건 350
주격대격 언어 352
주격대명사 352
주격보어 505
주격속격 505
주공진 416
주관론 505
주관성 505
주관식 시험 505
주관음 505
주관적 기억장애 505
주관적 등가치 403
주관적 양 505
주관적 예 505
주관적 음성장애평정등급 조조성 214
주관적 이명 505
주관적 지각소음레벨 266
주관적 척도 505
주관적 청각검사 505
주관적 평가 505
주관적 평가법 505
주관적 현기증 505
주관주의 505
주관화 505
주기 126
주기량 154
주기법 126
주기성 388
주기성 마비 388
주기성 질환 388
주기성 호흡 388
주기억 299
주기음 388
주기적 목표달성전략 126
주기적 시간 388
주기적 행동 388
주기진동 388

주기파 388
주기파형 388
주기훈련법 126
주동근 416
주류언어 299
주류화 299
주름 194
주름근 118
주름띠 198
주모드 416
주버트 증후군 266
주변 302
주변소음 30, 183
주변소음레벨 30
주변시각영역 389
주변언어학 378
주변언휘 200
주변장치 388
주변적 옹알이 302
주변주름 302
주변집단화 388
주변피질 302
주변회 302
주사 248
주사 변환장치 456
주사기 517
주사기법 456
주사면 456
주사법 456
주사시간 456
주사촬영술 456
주산기 412
주산기 돌봄 387
주산기 사망률 388
주산기 청력손실 388
주석 212
주세포 416
주술관계 411
주시 184
주시 검사 207
주시안진검사 207
주시행동 207
주안점 268
주야등가레벨 129
주어 지향성 505
주어로서의 인상 432
주어-목적어 비대칭 505
주어선택원리 505
주어-술어 505
주어인상 505
주어조건 505
주어-조동사 도치 505
주어중심 언어 505
주어통제 505
주어-행위자 지향성 505
주언어 415
주연소실 299
주엽 299
주요 기관지 299
주요 대화상대자 473
주요 매개변수 299
주요 분류자질 299
주요 성분분석 416
주요 어휘범주 299
주요 우울장애 299
주요 호소증상 120
주요어 221
주음 268
주음조 음절 533
주음조형 415
주의 창문화 579
주의끌기 48
주의끌기 장치 48
주의력 47
주의력 장애 47
주의력 지속시간 48
주의력결핍 47
주의력결핍 과잉행동장애 20
주의력결핍 지배적 유형 411
주의력결핍장애 20
주의배분 149
주의분산성 149
주의산만 149
주의산만기술 149
주의산만성 149
주의신호 575
주의적 관점 48
주의집중 47
주의집중 기간 106
주의집중폭 106
주의폭 48
주의형 실독증 48
주입 248
주입 확대술 248
주입법 248
주입절차 248
주장적 발화 45
주장훈련 45
주저강세 228
주저현상 225
주절 240
주절동사 305
주절전략 299
주제 299
주제 연상하기 534
주제개시 534
주제계층조건 527
주제관계 527
주제논평 534
주제논평구성 534
주제도식 534
주제문 534
주제소개 534
주제연계 534
주제연상 화술체 534
주제운용 534
주제유지 534
주제적 착화증 527
주제중심 화술체 534
주제중심언어 534

주제통각검사 520
주제화 534
주조직적 합성복합체 299
주좌표 416
주주파수 415
주증상 414
주참조 신호 299
주체성 장애 235
주축 401
주축문법 401
주축어 401
주축어 도식 401
주치의 47
주파수 198
주파수 가중 199
주파수 가중함수 199
주파수 가중회로 199
주파수 간격 199
주파수 대역 198
주파수 대응배열 533
주파수 도약 199
주파수 반응 199
주파수 배음에너지 199
주파수 범위 199
주파수 변동률 199
주파수 변조 194
주파수 변조음 199
주파수 선택도 199
주파수 성분 198
주파수 스펙트럼 199
주파수 안정도 199
주파수 응답 199
주파수 응답함수 199
주파수 의존형 198
주파수 이론 199
주파수 진전 199
주파수 창 199
주파수 청각피드백 198
주파수 특이성 199
주파수 패턴검사 199
주파수 해상도 199
주파수 혼변조왜곡 199
주파수대역폭 198
주파수반응 곡선 199
주파수변별 198
주파수변이율 266
주파수변조 199
주파수변조 보청기 199
주파수변조 피드백 186
주파수별 구조 533
주파수복조기 198
주파수분석 198
주파수분석기 198
주파수분포 198
주파수압축 보청기 198
주파수역치 곡선 199
주파수영역 199
주파수영역 작용 199
주파수전위 보청기 199
주파수조절 청력훈련기 199
주파수차이역 142
주파수특성 198
주파수평균 199
주해 212
죽은 공기 130
죽음본능 130
죽음학 527
죽인 음성 330
준거 122
준거분석 122
준거집단 122
준거-참조 언어선별검사 123
준거참조검사 122
준거타당도 122
준대명사 464
준동음어 429
준동형 228
준문장 464
준발성 507
준부정사 464
준비 42
준비단계 413
준비된 죽음 577
준비전위 434
준언어 378
준언어적 반응 378
준언어적 부호 378
준언어적 특질 378
준언어적 피드백 378
준의료과학 378
준일체 배열방식 429
준정상 상태 429
준정현 신호 429
준주기 진동 429
준주기적 파형 429
준주기파 429
준평면파 모드 429
준함묵증 464
줄기 498
줄기세포 498
줄무늬체 118
줄무늬핵 501
중간 관리소 255
중간 방추세포 310
중간 상승성조 317
중간 창문화 309
중간 피라밋세포 310
중간 피치 318
중간값 평균화 309
중간건 255
중간계 456
중간계 내이도관 456
중간관자이랑 318
중간구조 255
중간급 단계 255
중간급 말더듬 255
중간뇌막 동맥 318
중간대역 주파수 317
중간동사 318
중간렬 255

중간면 254
중간목표 255
중간반응 255
중간선 318
중간성역 322
중간성역음 322
중간세계 585
중간수축 259
중간신경 255
중간신경세포 258
중간신경절 255
중간어 연속체 255
중간어 화용론 255
중간언어 236
중간엽 291
중간옥타브 주파수 258
중간위 이틀신경 317
중간위치 317
중간주파수 255
중간중격 318
중간지연청력 유발전위 318
중간직장신경총 318
중간층 255
중간치아형 313
중간태 318
중간후두강 255
중간휴지 76
중간힘줄 255
중개실수 99
중개연구 539
중격 469
중격핵 469
중경신경절 317
중경심장 신경 317
중계체계 442
중고도 323
중고도 청력손실 323
중고실 313
중괄호 71
중구개신경 318
중기 314
중기반응 318
중년 317
중년기 318
중년기 위기 317
중뇌 313
중뇌변연로 313
중뇌수도 313
중뇌위 317
중뇌피질로 313
중다계획 332
중다기저선설계 331
중다기초선 331
중다변인 가정 333
중다심리치료 332
중단 148
중단성 258
중단이론 148
중대뇌동맥 306
중도비성 323
중도정신지체 323
중도청력손실 323
중도청력장애 323
중독 20
중독가능성 척도 20
중동태 318
중두개와 317
중두와 317
중력 216
중력파 216
중류생활 318
중립 억양유형 349
중립동사 547
중립모음 350
중립순서 350
중립위치 350
중립접미사 350
중모음 104
중모음성 318
중문 105
중배엽 313
중배엽형 313
중복 152
중복 자음화 207
중복가설 332
중복맥 142
중복모형 373
중복분포 373
중복오차 194
중복음 207
중복의 문제 154
중복자음 207
중복장애 332
중복주파수 194
중복착청 377
중복척수증 144
중비갑개 107
중비갑개골 309
중비강검사 309
중비도 308
중산층 317
중상 123
중상 치조신경 317
중설고모음 317
중설모음 317
중설저모음 317
중설중모음 317
중성교합 350
중성액체 350
중성자 350
중성자극 350
중성조 317
중세국어 317
중소뇌각 317
중소뇌다리 318
중수골 313
중심 83
중심건 84
중심고랑 508
중심관 84

중심관절 401
중심구 84
중심뒤이랑 405
중심뒤판로 84
중심소엽 84
중심소체 84
중심암점 84
중심앞이랑 410
중심열구 84
중심의미 84
중심입자 84
중심전구 410
중심전회 410
중심정맥 84
중심정중핵 84
중심-주변 도식 83
중심주제 84
중심주파수 83
중심중간 회색질 84
중심체 84
중심축 84
중심측두부 간질 317
중심핵 84
중심화 84
중심회 84
중심후구 405
중심후회 405
중압인지 60
중앙 310
중앙 음소 309
중앙 접근음 83
중앙값 309
중앙구개열 안면 증후군 309
중앙구순열 309
중앙설구 288
중앙세로 봉선 309
중앙유형 생성기 84
중앙응집력 84
중앙조음 83
중앙집권주의 84
중앙파열 309
중얼거리는 소리 333
중얼거림 220
중얼거림 모음 333
중요한 다른 사람들 473
중음역 스피커 318
중음절 223
중음탈락 220
중의성 30
중의성 제거 146
중의어 30
중이 317
중이 환기관 544
중이강 317
중이검사 238
중이관 157
중이근 경련 317
중이근반사 317
중이변환기 317
중이염 245
중이염반사 317
중이전달함수 317
중이청력검사 238
중인두수축근 317
중재 259
중재 반응성 446
중재단계 259
중전두회 317
중조 317
중증 근무력증 315
중증 음운장애 470
중증도 470
중증도 척도 470
중증도 환산표 470
중증정신지체 418
중첩 258
중첩음영 508
중첩현상 373
중체제 313
중추 83
중추성 난청 84
중추성 농 84
중추성 맹 84
중추성 실독증 83
중추성 실서증 83
중추성 안면마비 84
중추성 청력상실 84
중추성 피로 84
중추신경계 84
중추신경계 기능부전 84
중추신경계장애 84
중추신경성 과호흡 84
중추실어증 83
중추언어장애 84
중추염색질융해 84
중추차폐 84
중추청각계 84
중추청각로 77
중추청각신경계 77
중추청각장애 76
중추청각처리 77
중추청각처리장애 78
중추청각처리장애선별검사 458
중추청각평가 83
중추청각핵 83
중측두근 318
중측두정맥 318
중층 원주상피 500
중층방언 303
중층편평상피 500
중탄산 이온 64
중-평판 성조 317
중평판조 317
중풍 39
중피 313
중화 350
중화대립 350
중화위치 404
중환자 리스트 123
중환자실 235

쥐어짜는 듯한 음성 500
즉각 반향어 237
즉각 자유회상 237
즉각기억 237
즉각모방 145
즉각적 반복 237
즉각회상 237
즉사 237
즉시적 명명과제 237
즉시효과 237
증강 12
증강현실 41
증거 176
증기 557
증상 515
증상 대치 515
증상적 침습 515
증상중심 음성치료 515
증상치료 515
증상학 515
증상흡인 515
증식 419
증식성 심내막염 558
증식증 558
증오 37
증폭 31
증폭감쇠 31
증폭기 31
증폭기착용 청성
증폭역치 25
증폭요인 299
증폭지수 31
증후군 516
증후군청력손실 516
증후성 천식 515
지각 386
지각 데이터 386
지각 묘듈 386
지각거리 386
지각결함 386
지각과민 230
지각관계 386
지각능력 386
지각대상 359
지각동화 모형 386
지각미숙 386
지각반사 386
지각발달 386
지각변별 386
지각부전 238
지각성 착각 386
지각소음 데시벨 385
지각소음레벨 385
지각순응 386
지각시간 386
지각심리학 386
지각운동 386
지각운동 협응 386
지각운동장애 386
지각음성노력 385
지각음성학 386
지각의 자석효과 386
지각이상 379
지각장애 148
지각장애자 386
지각적 범주 386
지각적 분석 386
지각적 왜곡 386
지각적 일관성 386
지각적 자극 387
지각적 조직화 386
지각적 지도 386
지각적 청력손실 386
지각적 폐쇄 386
지각적 항상성 386
지각적 혼동 386
지각전략 387
지각지체 386
지각체계 386
지각추론지수 386
지나치기 373
지남력 369
지남력장애 148
지능 251
지능검사 252
지능구조 252
지능발달 251
지능지수 251
지도 217
지도력 281
지렛대 비 284
지렛대 효과 284
지름 141
지리적 지남력장애 210
지명 352
지문학 137
지반계수 323
지발성 안면마비 521
지방간 188
지방대사 188
지방덩이 188
지방명 562
지방산 188
지방어 562
지방조직 188
지방질저장세포 21
지배 150
지배-결속이론 213
지배되지 않은 자리 549
지배받지 않는 격 549
지배범주 213
지배범주 매개변수 213
지배음운론 213
지배이론 213
지배주파수 150
지배파장 151
지붕부 313
지소사 144
지소형태소 144
지소화 144

지속 447
지속성 113
지속성 건망증 114
지속성 경반사 533
지속성 기도양압 114
지속성 바이러스 증후군 389
지속성 수축 533
지속성 신경지배 533
지속성 양압호흡법 114
지속성 언어 389
지속성 흡식 39
지속성 흡식중추 403
지속시간 154
지속시제 114
지속음 114
지속음 층렬 113
지속적 강화계획 114
지속적 공기유량 113
지속적 공동 주의하기 512
지속적 능동기도압력 114
지속적 발성 114
지속적 성향 169
지속적 수행검사 114
지속적 주의 512
지속적 지각 114
지수 180
지수감쇠 180
지수곡선 180
지수분포 180
지수함수 180
지시 133
지시 따르기 194
지시 전환 513
지시기호 146
지시대명사 134
지시대상 439
지시대화 146
지시물 439
지시물의 애매성 439
지시발화 146
지시범위 240
지시사 134
지시사-실체 134
지시성 146
지시어 133
지시의미 439
지시의미론 439
지시이론 439
지시적 기능 439
지시적 발화행위 146
지시적 불투명성 439
지시적 상담 146
지시적 연결 439
지시적 응시 133
지시적 의존성 439
지시적 중심 133
지시적 지표 439
지시적 진술 439
지시적 치료 146
지시적 투사 133
지시적 표현 133
지시전략 250
지시표현의 통어원리 99
지시하기 240
지시형 146
지식 269
지식경영 270
지식계급 251
지식공학 269
지식관리체계 270
지식기반 269
지식레벨 270
지식변형책략 270
지식부호화 269
지식사회화 270
지식산업 269
지식서술책략 270
지식습득 269
지식집약산업 269
지식체계 270
지식층 252
지역 영역 41
지역방언 440
지역사회 102
지역사회 심리학 102
지역사회 언어 102
지역사회 재진입 102
지역사회 정신건강 102
지역사회기반 교육 102
지역사회적응능력검사 102
지연 133
지연 강화물 134
지연 자유회상 133
지연 피드백 133
지연감각 134
지연개방성 134
지연교체 133
지연기억 134
지연동화 389
지연된 반향 133
지연된 습득 133
지연된 자극의 제시 134
지연된 주어 408
지연모방 132
지연반사 134
지연반응 134
지연반향어 133
지연성 언어 389
지연성 이상운동증 520
지연시간 447
지연언어 134
지연왜곡 133
지연적 반복 134
지연적 연속 반복 133
지연지각 134
지연책 408
지연책략 408
지연청각 피드백 128
지연최적화 278
지연표지 133

지연피드백 청력검사 133
지연피드백 청력계 140
지연형 과민반응 133
지연효과 273
지용성 188
지원 510
지원 59
지원강도척도 476
지원고용 510
지원치료 510
지위특징지표 240
지적 문체 251
지적 발달 251
지적 실어증 251
지적 장애 251
지적 적응 251
지적관찰 252
지적연령 251
지절골 391
지절돌기 391
지정말단요소 138, 153
지정문 488
지정범주 488
지정어 487
지정어핵 일치 487
지정인 138
지주 419
지주막 41
지주막 과립 41
지주막 융모 41
지주막공 41
지주막하강 504
지주막하공간 504
지주막하출혈 454
지주어 419
지지 510
지지세포 510
지지적 조절치료법 510
지지-표현 치료 510
지질 289
지질막 289
지질음향학 210
지질음향학적 모델 210
지체 273
지체된 발달 133
지체된 언어 134
지체부자유아동서비스 122
지체시간 531
지체효과 273
지치 579
지켜보면서 기다리기 576
지킬과 하이드 성격 265
지터 퍼센트 266
지판 191
지표감쇠 217
지표효과 217
지필검사 377
지필지능검사 385
지향반사 366
지향성 146
지향성 마이크로폰 146
지향성 요인 146
지향성 유형 146
지향성 응답 146
지향성 이득 146
지향성 이득검사 146
지향점 146
지향지수 146
지혈 224
지형학적 체제화 534
지화 128
지화법 191
지화술 128
직각괄호 34
직각좌표계 437
직격손상 120
직경 141
직계가족 237
직관 261
직관적 261
직관적 사고 261
직관적 집합론 261
직관주의 261
직관주의자 261
직교 불규칙변수 370
직교경계조건 370
직교벡터 370
직교함수 370
직교행렬 370
직근 437
직렬 걸음 520
직렬보행검사 520
직렬접속 469
직류 129
직류 바이어스 145
직무 안정성 266
직무수행 266
직무지도 266
직설법 240, 241
직업 361
직업 적성검사 570
직업상 안전과 건강에 관한 법 361
직업성 농 361
직업성 청력손실 361
직업성 폐질환 361
직업어 418
직업영어 570
직업재활 570
직업적 음성사용자 418
직업적 음성요구도 361
직유 474
직장 259
직장주 32
직접 기억접근 150
직접 기호화 145
직접 방사형 145
직접 크기평가 145
직접결과 144
직접경로 145

직접교수 145
직접구동 145
직접구성요소 234
직접구성요소분석 234
직접기억 237
직접기억검사 145
직접기억접근 145
직접논항 144
직접담화 145
직접담화분석 145
직접동화 144
직접목적어 145
직접문장 구성성분 238
직접방법 145
직접선별 의사소통판 145
직접선택 145
직접성 146
직접수동태 145
직접운동체계 145
직접유도 145
직접음 145
직접음장 145
직접의문문 145
직접저항 145
직접적 말더듬 감소전략 145
직접적 말더듬 치료 145
직접적 반복실험 145
직접적 시각화 146
직접적 언어자극 145
직접적 언어치료접근법 145
직접적 진술 145
직접접근 144
직접접촉법 144
직접체계 145
직접치료 146
직접표면 구조합성성 145
직접화법 145
직접화법표시 145
직접화행 145
직접활성경로 144
직접후두검사 145
직접후두경 145
진골반 541
진공 556
진공관 556
진늑골 541
진단 141
진단검사 141
진단관련 집단 141
진단교수 141
진단기인론 141
진단면담계획 141
진단운율검사 141
진단적 면담 141
진단적 성분 141
진단청력검사 141
진단청력계 141
진단초음파 141
진단치료 141
진단평가 141
진도점검 418
진동 370
진동 모드 322
진동 불안정 565
진동 상승시간 426
진동 에너지 564
진동 음향학 565
진동 중화제 564
진동가속도 564
진동가속도계 564
진동가속도레벨 564
진동각 465
진동감각 564
진동감각 역치 529
진동감소 564
진동계 370
진동공해 564
진동기 370
진동기록기 370
진동레벨 564
진동반복주파수 426
진동반사 표시방식 546
진동반향기술 425
진동방식 564
진동변위계 564
진동보정장치 564
진동부 564
진동부호변조 383
진동성 이명 565
진동성구 426
진동소리 425
진동속도 564
진동속도계 564
진동속도레벨 564
진동시 370
진동압축 425
진동용량 564
진동운동 565
진동원 564
진동원 제어 564
진동위상변조 425
진동위험 564
진동음 425
진동이론 564
진동자력계 564
진동자음 564
진동제거 564
진동제거기 564
진동제어 564
진동주파수 199
진동주파수변조 425
진동진폭변조 377
진동촉각 보청기 565
진동촉각반응 565
진동촉각역치 565
진동측정법 370
진동파 370
진동판 564
진동편주파계 564
진동폭 426

진동폭변조 426
진로교육 79
진리조건 542
진리조건의미론 542
진리치 542
진리치 결여 542
진리표 542
진리함수 542
진리함수적 연결사 542
진성 무의식 235
진성 비유창성 329
진성 실어증 541
진성구 322
진성대 402
진성대 교합 541
신성이명 541
진실성 475
진위항목 541
진자 385
진전 540
진전된 단계 22
진전성 구어 540
진전형 540
진전형 뇌성마비 540
진점수 541
진정의 최면약 460
진정제 152
진정한 초보자 541
진주낭 384
진주백 384
진주종 90
진주종성 급성중이염 19
진주종성 만성중이염 91
진주종양 384
진지성 475
진탕아 증후군 470
진통제 32
진폐증 36
진폭 31
진폭 스펙트럼 31
진폭 응답함수 31
진폭 진전주파수 31
진폭 초점이득 31
진폭감쇠계수 31
진폭공명 31
진폭길이의 비율 31
진폭떨림 31
진폭떨림 주파수 31
진폭변이 31
진폭변이율 471
진폭변이지수 31
진폭변조 30
진폭비율 31
진폭소멸계수 31
진폭왜곡 31
진폭진전 31
진피 117
진한 액체 528
진행동사 417
진행성 감각신경성 청력손실 418
진행성 구마비 418
진행성 근이영양증 150
진행성 농 418
진행성 비유창 실어증 403, 418
진행성 연수마비 418
진행성 전신경화증 418
진행성 질환 418
진행성 핵상마비 422
진행시제 418
진행파 419
진행파이론 540
진화 176
진화론 176
진화론 제창자 129
진화음성학 176
진화적 접근 176
질 428
질 조절 428
질량 303
질량명사 303
질량법칙 303
질량보존법칙 280
질량저항 303
질량제어 303
질량형평의 원칙 280
질량활동 반사작용 303
질량효과 303
질량흐름 303
질량흐름 벡터 303
질문 429
질문지 429
질문지법 429
질병 237
질병률 326
질병불각증 34
질병불안장애 234
질병의 부인 135
질식 44
질의 격률 305
질적 변화 428
질적 연구 428
질적 자료 428
질질끄는 걸음걸이 472
짐 290
집단 내 변량 580
집단 내 설계 580
집단 설계전략 217
집단 언어학습 102
집단 정체성 217
집단 지연시간 217
집단 탄성 303
집단간 변량 64
집단간 역학 254
집단간 의사소통 254
집단간 이론 254
집단감각통합치료 217
집단독백 99
집단따돌림 75
집단문체 217

집단반사 303
집단상담 217
집단설계 217
집단수축운동 303
집단신경선택 217
집단심리 217
집단심리치료 217
집단언어학습 94
집단연동운동 303
집단요인 217
집단의식 217
집단작업 217
집단정신요법 217
집단주의 99
집단지능검사 217
집단청력검사 217
집단청력검사기 217
집단청력계 217
집단치료 217
집단토론 75
집단행동 217
집단화 217
집적회로 234
집중 115
집중 유창성 훈련 252
집중경향치 308
집중면담 194
집중성 회로 115
집중소자 296
집중심리요법 252
집중음소 102
집중적 사고 116
집중적 연습 303
집중적 자극 194
집중적 주의 194
집중적 질문 116
집중치료실, 중환자실 252
집중화 84
집중화 경향 84
집착 360
집합 25
집합단수 99
집합론 470
집합명사 99
집합수사 99
집합어 404
집합이론 모형 470
집행 177
집행기능 177
집행적 동작 177
집행주의 177
징표 302
징후 472
짜깁기한 음성 493
짜내는 목소리 121
짝 없는 음소 394
짝수박자 176
짝연상 학습 375
짝연습 375
짝음절 376
짝자극 기법 375
짧게 소리지르기 472
짧고 날카로운 495
쭉펴고 앉기 501
찌르는 듯한 아픔 495
찢어지는 마찰음 478

ㅊ

차단 126
차단범주 68
차단비율 126
차단파수 126
차단효과 68
차도 443
차동 마이크로폰 142
차동 어드미턴스 142
차동증폭기 142
차등전위 214
차례 542
차례 지키기 543
차례 지키기 기능 543
차례 지키기를 위한 치료 540
차말음절 385
차별 147
차분방정식 142
차분음조 142
차분진동부호변조 142
차용 70
차용어 290
차용어 전이 70
차용어음운론 290
차용혼성어 290
차원 144
차음가청한계 143
차음벽 감쇠 483
차음재료 15
차이가설 142
차이역 142
차이역 차이 142
차이역검사 142
차이역역치 142
차이역치 142
차이접근 142
차츰사라짐 186
차폐 303
차폐 딜레마 303
차폐 임계대역폭 122
차폐 증폭기 303
차폐 청력도 303
차폐기 303
차폐기법 303
차폐레벨차이 303
차폐범위 303
차폐성분 303
차폐역치 303
차폐원 303
차폐음 303
차폐잡음 303
차폐효과 303
착각 467

착각적 상관 237
착독증 378
착문법증 378
착색화 99
착서증 378
착시 366
착시증 156
착어증 379
착오 276
착용 보청기 69
착용식 컴퓨터 577
착음증 378
착의실행증 152
착청 377
착청증 372
착행증 379
찰과상 11
찰흔 501
참고 438
참고도서 439
참된 부정 541
참비교 541
참언어 541
참여 169
참여모형 381
참여자 관찰 381
참여적 기능 381
참여제약 381
참여제한 220
참응답 541
참이중모음 541
참일반화 조건 541
참자음 541
참조 438
참조 말뭉치 439
참조 코퍼스 439
참조 틀 197
참조검사이득 453
참조모음 439
참조원리 439
참조적 기능 439
참조적 의사소통 439
참조적 의사소통 기술 439
참조적 제스처 439
참조적 학습 439
창 높이 579
창면 582
창백핵 212
창상 582
창상치유 582
창의성 121
창의성 검사 121
창의성 발달 121
창작법 121
창조성 121
창조적 집단사고법 72
창폭 579
채널 보코더 87
채널 분리 87
채널 이득 87
채점자간 신뢰도 259
책임 13
책임체제 13
처리 463
처리단위 418
처리속도 418
처리속도지수 422
처리자원 417
처방 413
처벌의 부작용 472
처소격 291
처소격 이론 291
처소성 291
척골 545
척골동맥 545
척골신경 545
척골측 편위 545
척골파악 545
척도 456
척도점수 456
척도화 456
척수 492
척수 지주막 492
척수경질막 492
척수공동증 517
척수그물로 493
척수근 493
척수동맥 492
척수동물 492
척수로 493
척수마비 493
척수마취 492
척수망상로 493
척수반사 493
척수부분 493
척수부신경 492
척수분절 492
척수성 소아마비 403
척수소뇌로 493
척수손상 492
척수수막류 338
척수시상로 493
척수신경 493
척수신경 효과 493
척수신경절 493
척수액 492
척수연막 493
척수염 338
척수-올리브로 493
척수원추 115
척수조영술 338
척수중심관 517
척수질환 492
척주 151
척주관 562
척주전만 294
척추 492
척추골 몸통 562
척추관 492
척추관절 562

척추동맥조영술 562
척추동물 562
척추부분 562
척추뿌리 562
척추신경 562
척추신경절 562
척추신경총 562
천골 454
천공 387
천막상 구조 511
천막하 구조 246
천명 502
천문 194
천부만곡 454
천부핵 471
천사얼굴증 88
천식 46
천연방사능 344
천자관 426
천장 효과 83
천재 210
천재성 211
천층구조 471
철자 492
철자 이름대기 28
철자개혁 492
철자검사 526
철자검사기 492
철자경연대회 492
철자민감도 시스템 492
철자법 단계 370
철자상징 370
철자수정금지 492
철자식 발음 492
철자운 492
철자장애 492
철자체계 492
철회 579
첨가 20
첨가규칙 20
첨가어 24
첨두 126
첨부 38
첨사이동 381
첨족 82
첩어법 172
첫 단계 치료 284
첫 면접 247
첫낱말 192
첫음 연장기법 419
첫자매 원리 191
첫째 목분절 191
청각 222
청각 고조파 53
청각 뉴런 51
청각 등골반사 16
청각 서셉턴스 16
청각 순차화 52
청각 실인증 51
청각 양상 51
청각 위치분별 51
청각 피드백 50
청각 필터 51
청각건망증 50
청각검사 52
청각결핍 50
청각과 시각능력 222
청각과민증 15
청각과학 223
청각구어 실인증 52
청각구어법 49
청각구어접근법 52
청각구어학회 12
청각근 진동 51
청각기관 14
청각기억 51
청각기억폭 51
청각기제 222
청각난독증 50
청각뇌간반응 50
청각뇌간이식 10
청각동안반사 49
청각무언증 222
청각미로 15
청각민감도 49
청각반사 16
청각반사 검사 16
청각반사 경로 16
청각반사 민감성 예측 486
청각반사 역치 16
청각반사 유형 16
청각반사 잠복기 16
청각반사 피로 16
청각반사 피로검사 16
청각반응 52
청각법 14
청각변별력검사 50
청각변별력선별검사 50
청각변별력-주의집중 검사 50
청각변별훈련 50
청각보조기기 27
청각보조체계 45
청각보충검사 52
청각보호구 157
청각부전 155
청각상피 50
청각성 49
청각성 경련 49
청각성 눈깜박 반사 14
청각성 발작 49
청각성 실서증 14
청각성 실어증 14
청각성 언어중추 16
청각성 음성연합 52
청각성 전조 14
청각손상 15
청각순응 49
청각신경병증 51
청각실어증 50
청각실인증 49

청각심상 15
청각안면 신경절 16
청각약리학 391
청각언어 51
청각언어 크리닉 223
청각역치 52
청각연합영역 50
청각연합피질 50
청각영역 50
청각영점 49
청각예민증 14
청각외상 16
청각외상절흔 16
청각위치이론 401
청각위험준거 152
청각유도 51
청각유발반응 50
청각유발전위 50
청각유발전위검사 50
청각유형 51
청각음성학 51
청각의 혼합 50
청각이상 377
청각이해력 50
청각이해력검사 50
청각이해력결함 50
청각임계대역 50
청각임상자격증 62
청각자극 52
청각자활 49
청각장애 155
청각장애인 53
청각재활 41
청각저하 231
청각적 국재화 51
청각적 기술 52
청각적 단서 50
청각적 방법 51
청각적 변별 50
청각적 변별력검사 22
청각적 분석 50
청각적 분석검사 50
청각적 소통 53
청각적 연속 52
청각적 연속기억 52
청각적 연속기억검사 52
청각적 음성자동성 52
청각적 전경-배경 50
청각적 전경-배경 변별 50
청각적 종합 52
청각적 집중 50
청각적 차별 50
청각적 차폐 51
청각적 표시 50
청각적응 49
청각전도로 51
청각전정신경 52
청각정보 저장고 51
청각정신영역 49
청각정신중추 49
청각중간 잠복기반응 30
청각중추 50
청각중추신경계 50
청각중추신경계장애 판별용 선별검사 499
청각증상 52
청각지시검사 51
청각질환 222
청각처리 52
청각처리결함 52
청각처리장애 38
청각처리장애선별검사 496
청각측분별 51
청각측정법 14
청각타진법 51
청각탐지 50
청각통증 51
청각통합훈련 51
청각투사영역 52
청각폐쇄 50
청각프로파일 분석 52
청각피로 14
청각피로검사 521
청각피질 50
청각피질유발전위 118
청각학 49
청각합산전위 52
청각해상도 52
청각화 49
청각환경 14
청각훈련 50
청감각 52
청감각영역 52
청결손 50
청곤 50
청년후기 278
청능기사 49
청능사 49
청능자활 53
청능장애 50
청능재활 49
청능평가 49
청능훈련 52
청능훈련단위 52
청도 222
청도견 222
청동맥 50
청력 15
청력 기준점 49
청력개선 222
청력검사 223
청력검사기 49
청력검사실 49
청력결함 222
청력계 18
청력곡선 49
청력도 49
청력레벨 222
청력레벨 데시벨 129
청력민감도 223

청력방향전환기법 223
청력보존 222
청력보존 프로그램 221
청력보존기간검사 42
청력보호구 222
청력선별 223
청력선별검사 223
청력손실 222
청력역치 223
청력역치레벨 223
청력인지검사 272
청력저하 231
청력증폭 222
청력측정검사 49
청력측정사 49
청력훈련 52
청모 51
청반 51
청방사 52
청분석기 14
청사 52
청상 51
청색증 126
청성유발반응 22
청성유발전위 22
청성지속반응 46
청성후기반응 28
청세포 50
청소년 21
청소년기 21
청소년기 심리치료 21
청소년기 유두종증 267
청소년낱말찾기검사 525
청소년단어발견검사 525
청소년비행 267
청소년심리학 21
청소년언어검사 525
청소년언어선별검사 21
청소년용 단어검사 581
청신경 15
청신경 반점 16
청신경 복합활동전위 51
청신경 종양 15
청신경 초종 15
청신경계 51
청신경병증 51
청신경섬유 51
청신경염 15
청신경종양 51
청신경통 372
청아 49
청안검반사 40
청역 14
청와 51
청음기 499
청음실 290
청자 290
청자반응 신호 58
청중 49
청지각 53
청지각 변별기술 129
청지각기능검사 520
청지각변별기법 143
청지각선별검사 458
청지각적 방법 386
청지각적 평가 51
청지각척도범주 78
청진 49
청취 290
청취관 290
청취이해력 290
청판 371
청화습관형성이론 49
청화접근법 53
청화중심교수법 53
체 69
체간 542
체간골격 542
체감각 실인증 482
체감각 정보 482
체감각계 482
체감각연합영역 482
체감각유발전위 469
체감각피질 482
체감수용기 482
체감온도 161
체강 69
체계 517
체계 접근방법 518
체계간 재조직 259
체계로서 파악한 언어 276
체계문법 518
체계성 518
체계언어학 518
체계음성적 차원 517
체계음성층위 517
체계음소 517
체계음소적 차원 517
체계이론 518
체계적 공백 517
체계적 둔감화 517
체계적 망각 517
체계적 반복실험 518
체계적 방법 517
체계적 변이성 518
체계적 빈칸 517
체계적 음성전사 517
체계적 음성표기 517
체계적 음소론 517
체계적 음소표시 517
체계적 절차 517
체계적 훈련 517
체계학습 517
체디아크-히가시 증후군 88
체면요구 185
체성 마비말장애 482
체성 영역 482
체성 정신영역 482
체성감각 482
체성뉴런 482

체성반사 482
체성신경 482
체성신경계 482
체성신경섬유 482
체성운동 482
체순환 518
체액 41
체액성 면역 229
체온조절 527
체인-스토우크스 호흡 88
체적 572
체적가속도 572
체적강성 572
체적변형 572
체적산란계수 75
체적속도 573
체적원 572
체적유동율 572
체적음향파 75
체적이완 572
체적점성 75
체적탄성율 572
체적확산체 572
체적흡수 572
체적흡음계수 75
체중 69
체크 리스트 88
체포 42
체험기반 도식화 178
체험적 관점 178
체험주의 178
체혈압 518
초감각 511
초고령화사회 508
초고속자기공명영상 545
초고주파 545
초과감쇠 176
초과감쇠계수 176
초과레벨 176
초과민증 510
초과소득 176
초기 말더듬 416
초기 사회적 의사소통척도 158
초기 아동기 종단연구 158
초기 옹알이 116
초기 의사소통 행동 416
초기 창문화 248
초기감쇠시간 158
초기값 문제 248
초기단계 247
초기문장단계 158
초기문해 158
초기반사음 158
초기반응 247
초기보고 412
초기상징 단계 158
초기상태 247
초기수학능력검사 522, 525
초기아동기 158
초기언어발달검사 522
초기언어발달척도 158
초기위상 247
초기의사소통자 166
초기읽기능력검사 524, 525
초기자동화 반응 158
초기자음 158
초기지연반응 158
초기차폐 247
초기철자교육 248
초기청소년용 학급 의사소통선별검사 83
초기-후기음 지수 158
초능력 510
초능력학습 510
초단파 546
초당주기수 121
초대형 데이타 베이스 563
초두효과 415
초등학교학생 165
초로성 치매 413
초록 11
초보자 프로젝트 20
초분절 단위 511
초분절 요소 511
초분절 음소 183, 511
초분절 자질 511
초분절 장치 511
초분절 형태소 511
초분절음 511
초분절음 체계 511
초분절음 표시 511
초분절음운론 초분절음 체계 511
초분절적 분석 511
초분절적 자질 511
초성-각운 364
초성문위삼킴 510
초성자음군제약 364
초성제약 364
초성최대화원칙 306
초어 191
초언어 314
초음속 546
초음파 510
초음파 간섭계 546
초음파 경도계 546
초음파 광변조기 546
초음파 광편향기 546
초음파 광회절 546
초음파 균질화 546
초음파 글로토그라피 547
초음파 도플러법 546
초음파 모드 변환기 546
초음파 세분화 546
초음파 스펙트로스코피 546
초음파 심전도 545
초음파 유도장치 546
초음파 유속계 546
초음파 이미지 스캐너 546
초음파 조사 546

초음파 주조 546
초음파 증폭 546
초음파 진단 546
초음파 진단장치 546
초음파 진동 반사법 546
초음파 집속 194
초음파 파워 546
초음파 풍속계 546
초음파 피로시험 546
초음파 합성기 546
초음파 홀로그라피 546
초음파검사 546
초음파검사도 547
초음파검사법 547
초음파계 547
초음파계측 307
초음파공명법 546
초음파방사체 546
초음파심전도 547
초음파요법 546
초음파유량계 546
초음파음속계 546
초음파잔향법 546
초음파점도계 546
초음파조영술 546
초음파주파수 546
초음파진동 546
초음파진동 전파법 546
초음파진동 중첩법 546
초음파처리 547
초음파촬영도 547
초음파측정 307
초음파측정법 547
초음파치료 547
초음파학 547
초음파후두조영술 547
초인지 314
초자아 508
초자연골 229
초장파 563
초저주파 545
초저주파수 246
초저주파음 246
초점 194
초점선 194
초점성 병소 194
초점손상 194
초점없는 시간연쇄 549
초점이동 194
초점이득 194
초점지역 194
초지향성 508
초학제간 537
초학제적 접근법 537
초해상도 510
촉각 465
촉각 인지체계 519
촉각 피드백 220
촉각건망증 519
촉각계 220
촉각기 369
촉각기관 520
촉각기술 220
촉각단서 519
촉각반사 519
촉각상징 520
촉각수용기 519
촉각실어증 519
촉각실인증 519
촉각영역 519
촉각인지 519
촉각자극 520
촉각장치 519
촉각적 방어 519
촉감 520
촉매 81
촉매작용 81
촉매효과 541
촉모 519
촉발음 541
촉지각 220
촉지도 520
촉진 12
촉진기법 186
촉진된 의사소통 186
촉진불안 186
촉진요인 410
촉진자 186
촉진자극 419
촉진작용 419
촉진적 의사소통 419
촉진전략 186
촉진하기 419
촉진확산 186
촘스키 90
총 반향력 535
총 에너지밀도 535
총 음조형 535
총 음향에너지 534
총 음향출력 534
총간관 100
총경동맥 100
총괄평가 508
총담관 100
총비강 저항 535
총산란단면 535
총소음노출레벨 535
총안면 정맥 100
총조화음 왜곡 527
총체적 음성치료 227
총체적 의사소통 535
총체적 접근방법 227
총체적 평가 227
총체적 학습 227
총체형 373
총칭공간 209
총칭단어 209
총칭명제 209
총칭해석 209
총폐용량 531

최고명료도점수 305
최고청력치 305
최고혈압 305
최다적용 원리 305
최단거리원리 319
최단발화길이 280
최단이웃법칙 344
최대 384
최대 숨참기 161
최대 엔트로피법 306
최대가청각 299
최대가청음압 305
최대가청장 305
최대가청한계 553
최대개방속도 306
최대골전도 64
최대공기량 306
최대공명치 306
최대공약수 207
최대구강기류 384
최대깊이 306
최대날숨지속시간 306
최대대립 305
최대두음원리 305
최대발성주파수대역 306
최대발성지속시간 306
최대성문하압 306
최대수행 과제 306
최대순응도 306
최대식별점수 306
최대연장발성과제 306
최대원칙 305
최대유사도 스펙트럼추정 306
최대음압 306
최대음절 305
최대음절구조 305
최대음향출력 305
최대점 384
최대접촉점 306
최대정상소음 레벨 306
최대주의 305
최대주파수범위 306
최대지속시간 306
최대진폭 305
최대차폐 306
최대최적레벨 306
최대출력 306
최대출력 레벨 306
최대치 384
최대투사 305
최대투사범주 305
최대평가 305
최대폐쇄속도 305
최대허용주변소음 레벨 306
최대호기량 305
최내호기류 384
최대호기압력 305
최대호기지속시간 306
최대호흡용량 305
최대흡기 레벨 305
최대흡기압력 305
최면 482
최면성 환각 231
최면술 231
최면술사 231
최면요법 231
최면유도 231
최면제 231
최면치료 231
최면치료자 231
최면학 231
최빈값 322
최상경로 123
최상위 언어 313
최소 281
최소 공통분모 281
최소 단어 319
최소 조음능력검사 531
최소가청각 297
최소가청역 298
최소가청영역 320
최소가청음압 302
최소거리원리 319
최소거리원칙 319
최소공명거리 319
최소공배수 281
최소기호 319
최소노력조건 281
최소뇌손상아 320
최소단어제약 319
최소단위 320
최소대립 319
최소대립방법 319
최소대립쌍 319
최소대립쌍 대조법 319
최소대립쌍 분석 319
최소대범주 319
최소대조접근법 319
최소량 281
최소반응레벨 320
최소변별쌍 분석 319
최소부착 319
최소수용기술 320
최소식별점수 320
최소식별차이 266
최소연결조건 319
최소영역 319
최소요소분석 319
최소위상계 320
최소유표적 문법 527
최소음절 319
최소의미단위 319
최소자극학급 모형 319
최소자립형식 319
최소장벽 319
최소제곱 281
최소제한환경 281
최소조건 320
최소조음능력검사 525
최소종결단위 320

최소주의 319
최소주의 결속이론 319
최소차이 319
최소차폐레벨 319
최소청각영역 298
최소청능검사 297
최소최대범주 319
최소최대투사 319
최신효과 436
최장 발화길이 545
최저 가청한계 295
최저피치 60
최저혈압 319
최적 피치 366
최적강도범위 306
최적자극 모형 366
최적재평형화 366
최적주파수 64
최적진동수 64
최적화 366
최종 공통경로 191
최종 창문화 191
최종단계 524
최종반응 524
최종순환 규칙 278
최중도 563
최중도비성 418
최초문법 369
최하 내장신경 295
최하위의 수 281
최후수단 원리 278
최후야 41
추가반응 20
추가진술 39
추가질량 20
추가치료 69
추가회기 69
추간공 259
추간연골 259
추간원판 259
추골 300
추골뇌저 동맥계 562
추골단돌기 471
추골동맥 562
추골두부 300
추골병 302
추골상인대 509
추골인대 300
추골주름 300
추골측인대 279
추론 243
추론 접속사 236
추론이론 243
추론장애 238
추론적 대등접속 236
추론전략 243
추론하기 243
추리통계 243
추리통계학 243
추벽 194
추상 12
추상명사 12
추상성 12
추상음운론 12
추상적 개념 11
추상적 사고 12
추상적 표시 12
추상적 환유 12
추상화 12
추이연구 540
추이적정지점 538
추적 535
추적 각 오차 536
추적 필터 536
추적속도 535
추적속도 일치원칙 535
추적파장 535
추정 175
추정미래 427
추정치 175
추진력 152
추진압력 152
추진주파수 152
추진체 420
추체 109
추체계 427
추체로 427
추체반사 427
추체부 391
추체외 운동로 183
추체외로 183
추체외로 질환 183
추체외로계 183
추체하 506
추출 160
추출영역 조건 108
추측 489
축면 57
축삭 57
축삭간 시냅스 57
축삭곁가지 57
축삭반응 57
축삭세포체 시냅스 57
축삭소구 57
축삭수상돌기 시냅스 57
축삭운반 57
축삭종말 57
축삭초 57
축삭형질 57
축삭흐름 57
축상감도 57
축상사극자 57
축상음원레벨 57
축상응답 57
축상진행파 57
축소모형 319
축약 438
축약모음 438
축약이형태소 114
축약형 114

축적 13
축주 99
축척된 지식 500
축하관절 504
출근 47
출금전표 573
출력 372
출력 임피던스 373
출력 함수 372
출력방식 373
출력신호 373
출력역동범위 362
출력음압레벨 370
출력장치 372
출력저항 373
출력전력 373
출력전압 373
출력제한 373
출력조건 372
출력층위 373
출산 380
출산경력 380
출산수 380
출산율 67
출산체중 67
출생 67
출생 후-3세 발달척도 67
출생결함 67
출생률 189
출생시 울음 67
출생후 24
출생후기 408
출현률 415
출현빈도 199
출현빈도 361
출현연령 166
출혈 224
출혈성 뇌졸중 224
출혈성 용종 224
출혈성 전환 224
출혈성 췌장염 224
출혈성 폴립 224
출혈순서 68
충격 238
충격 음압레벨 238
충격 음압레벨 정규화 357
충격력 239
충격소음 238
충격요법 471
충격음 방지재료 238
충격응답 239
충격이론 239
충격진동 471
충격파 471
충동 152
충동성 239
충수 39
충수 562
충수염 39
충수절제술 39
충실도 190
충양구조 562
충혈 109
췌관 377
췌장 377
췌장결석 377
췌장관 377
췌장기능검사 377
췌장기능부전 377
췌장암 377
췌장염 377
췌장절단술 377
췌장통 377
취소 77
취소가능성 77
취약성 574
취약아동증후군 574
취약한 체계 574
취학 전 말-언어선별검사 422
취학 전 언어척도 402
취학전 413
취학전 교육 413
취학전 수용언어 및 표현언어 척도 413
취학전 아동 413
취학전 언어선별검사 402
취학전 언어척도 413
취학전 언어평가도구 401
측각 117
측두고랑 523
측두골 522
측두골 고실부 544
측두관절면 522
측두구 523
측두극 523
측두근 336
측두덮개부 523
측두두정근 523
측두두정부위 523
측두두정엽성 실어증 523
측두두정피질 523
측두부 523
측두선 522
측두안면지 523
측두열구 522
측두엽 291
측두엽 절제술 522
측두와 522
측두지 522
측두피질 522
측두하면 246
측두하악 증후군 523
측두하악관절 523
측두하악인대 523
측두하악장애 523
측두회 522
측두후면 407
측만증 458
측면 185
측면고랑 99

측면도 472
측면벽 280
측면적 사고 280
측면주사 탐지기 472
측면투과 192
측면파 280
측방향 균형 279
측부억제 279
측삭 279
측삭경화증 280
측음 472
측절치 279
측정 307
측정 형용사 307
측정기 315
측정도구 308
측정레벨 307
측정방법론 307
측정오차 307
측정용 마이크로폰 307
측정척도 308
측정치 308
측정형 변수 315
측파대 472
측회선 472
층간소음 351
층렬 530
층류 273
층위 500
층화 500
치간발음 오류 254
치간세포 254
치경 344
치경-경구개음 29
치골 425
치골결합 425
치과경 135
치과보철학 135
치과의사 135
치과학 135
치궁 135
치근막 388
치닮음 440
치료 443
치료 계획 540
치료 및 선별절차 273
치료 병동 79
치료 유발시도 540
치료 패러다임 377
치료 프로그램 418
치료 효율성 161
치료과정 527
치료교육 443
치료기간 540
치료단계 540
치료변수 540
치료사 527
치료사고신호 527
치료성과 540
치료실 개업 417
치료실 외 환경에서의 훈련 537
치료약 443
치료원리 417
치료원칙 417
치료유형 383
치료의 일반성 208
치료의 형태별 순서 534
치료적 관계 527
치료적 이중언어교육 443
치료절차 540
치료제 527
치료측정 443
치료평가 540
치료학 527
치료효과 527
치매 134
치매의 행동 및 심리적 증상 71
치명상 568
치밀골 102
치비음 135
치사인자 283
치아 135
치아발생 362
치아보철 135
치아인대 135
치아핵 135
치아형성 135
치아형성 362
치열 135
치열교정 370
치유율 125
치음 135
치의학 135
치조 135
치조 폐쇄음 29
치조간중격 253
치조구개영역 29
치조구개음 29
치조궁 29
치조돌기 29
치조동화 29
치조부 29
치조부위 29
치조설측음 29
치조성 29
치조열 29
치조염 29
치조융기 29
치조음 29
치조음화 29
치조폐쇄 29
치주막 388
치주인대 388
치찰음 472
치측음 135
치폐쇄 135
치환 389
치환검사 102
치환오류 539
치흡착음 135

친밀감 433
친밀도 187
친사회적 향동 420
친숙성 187
친숙화 187
친애감 260
친족관계 209
친족어 269
친족어휘 269
친화계수 24
친화력 24
친화성 24
침 근전도 345
침골 240
침골와 197
침골장각 293
침골체부 240
침골후인대 406
침등골 관절 240
침묵대 585
침묵법 474
침분비 455
침상의존환자 62
침샘 455
침술 18
침습 385
침습적 방법 261
침습전극 261
침습-흡인척도 382
침입 261
침전극 344
침투성 389
침해 554
침해반사 350
침해자극 350
침흘림 증상 153

ㅋ

카르니틴 결핍증 79
카리스마 88
카슨의 법칙 80
카슨의 이론 80
카우프만 아동용 지능검사 270
카운슬러 119
카운터 테너 119
카이 자승 88
카이모그래프 271
카이모그램 271
카타르성 농 81
카타르시스 81
카테터 삽입 81
카텔 발달-지능척도 82
카티시언 좌표 80
카하트 절흔 79
칵테일 파티현상 97
칵테일 파티효과 97
칼로리 77
칼륨 409
칼륨배출 409
칼슘대사 76
캇즈-포스탈 의미보존가설 268
캐로우 유발언어검사목록 79
캐로우 청-시각능력검사 79
캐롤라이나 그림어휘검사 79
캐퓨트 적성검사 78
캘리어-아주사 척도 77
캘리포니아 성격검사목록 77
캠무라티-엥겔만 증후군 77
캠벨 도해 77
캡스턴 유동바퀴 78
커민스 역치가설 125
커밍스 방식 125
커플러 120
커플러 이득 120
커플링 반사계수 120
컬 방정식 125
컴퓨터 단층촬영술 106
컴퓨터 모의실험 106
컴퓨터 보조교육 76
컴퓨터 보조설계 106
컴퓨터 언어 106
컴퓨터 축성 단층촬영술 106
컴퓨터 회의 106
컴퓨터보조 교육 106
컴퓨터보조 언어학습 106
컴퓨터보조 작문 106
케인-레빈 사회능력척도 76
켈빈 268
켑스트럼 84
켑스트럼 정점돋들림 120
켑스트럼 정점돋들림 평활화 120
코구개관 343
코근 335
코끼리 상피증 165
코끼리 인간병 165
코너즈 평정척도 110
코눈물관 342
코능선 341
코드변환 97
코러스 효과 90
코르넬리아 데 랑게 증후군 117
코르사코프 증후군 270
코르티 간상체 452
코르티 섬유 190
코르티 세포 119
코르티 신경절 118
코르티 터널 542
코르티관 119
코르티기관 118, 368
코르티졸 119
코리주기 117
코문턱 286
코바닥 341
코부위 342
코뿌리 452
코샘 341
코-섬모체신경 342
코안 패임 342
코안면 342

코우덴 증후군 120
코위 영양관 350
코위 튜브 342
코인두 171
코입술 고랑 342
코입술선 342
코입천장신경 343
코점막 341
코카인 증후군 97
코턱반사 342
코퍼스 118
코핸 증후군 98
콘서트 피치 107
콘트랄토 114
콜라겐 99
콜라겐 주사 99
콜라겐 주입 99
콜럼비아 지능성숙척도 95
콜레스테롤 90
콜린 90
콜린성 90
콜린성 결함 90
콜린성 시냅스 90
콜린성 신경지배 90
콧길 341
콧노래 229
콧등 450
콧방귀 342
콧방울 579
콧소리 342
콩팥가지 443
콩팥결석 443
쾌락주의 171
쾌적레벨 327
쾌적역치범위 433
쿠잉 단계 116
쿠퍼스미스 자기존중감검사목록 117
큐프렌시 429
크기 299
크기 항상성 작용 477
크기-공간 분류사 455
크로스오버 왜곡 124
크로이츠펠트-야곱병 121
크론병 123
크루존 증후군 124
크뤼버-부시 증후군 269
크리올 121
크리올 언어 121
큰관자근 586
큰권골근 299
큰귀둘레근 335
큰뿔 216
큰세포 그물핵 299
큰원근 524
큰치아 298
큰침샘 299
클로버잎 두개골 증후군 95
클리핑 손실 94
클릭유발 이음향반사 93
키보드 300

ㅌ

타 단어화 음소착어증 196
타격손상 120
타당도 556
타당도 검사 556
타당도 효과 556
타당성 556
타당한 논증형식 556
타동사 539
타동성 539
타동적 전치사 539
타동적 형용사 539
타래 193
타래다리 193
타박상 115
타박성 충격 119
타석증 472
타성 301
타액 455
타액검사 472
타액결핍증 41
타액관 455
타액관리 455
타액반사 455
타액분비 455
타액분비 과다 231
타액분비 과다증 424
타액분비억제 472
타액선 455
타액선염 472
타액선절개술 472
타액항체 455
타언어사용자에 대한 영어교육 521
타원관절 165
타원주머니신경 554
타원체 165
타원팽대신경 554
타이밍 531
타이밍 오류 321
타인공포증 583
타인지향 책략 371
타임아웃 531
타임코드 530
타진 387
타피아 증후군 520
타행동 차별강화 143
탁립 419
탄산 78
탄산 탈수효소 78
탄설음 192
탄설음화 192
탄설자음 192
탄성 162
탄성막 162
탄성모듈 162
탄성반동 162
탄성반동력 162

탄성반동압력 162
탄성변형 162
탄성상수 162
탄성섬유 162
탄성연골 162
탄성원추 115
탄성저항 162
탄성지지 162
탄성체 162
탄성파 162
탄소 78
탄수화물 78
탈 크리올화 131
탈감각화 138
탈강세 규칙 138
탈구 148
탈구개음화 135
탈기식음화 130
탈기식화 폐쇄음 130
탈남성화 134
탈락 134
탈락과정 134
탈맥락화 131
탈맥락화된 의미 131
탈문맥적 이야기 131
탈문맥화된 언어 131
탈바꿈 314
탈범주화 130
탈분극 136
탈분극약물 136
탈분극유도제 136
탈분극전극 136
탈비음화 134
탈색모형 67
탈설측음화 133
탈수 133
탈수반응 133
탈수초성 장애 134
탈수초성 질환 134
탈수초화 134
탈순음화 133
탈습관화 148
탈시설화 133
탈어휘화 항목 134
탈억제 148
탈여성화 132
탈음운화 135
탈자동화 130
탈장 225
탈장애 130
탈중심화 130
탈중의성 146
탈진 75
탈출 173
탈출구 174
탈파찰음화 130
탈피진화 135
탐색 460
탐색 모델 458
탐색과정 458
탐색전략 179
탐색행동 179
탐지 138
탐지범위 138
탐지역치 138
탐지율 138
탐침 417
탐침 마이크로폰 417
탐침 팁 417
탐침관 417
태교 412
태내기 412
태도 48
태도 과거시제 48
태도검사 48
태도기능 48
태도등급 척도 48
태도측정 48
태반 401
태발육 166
태변 308
태변흡인 증후군 308
태생학 166
태생학자 166
태아 166
태아 거대세포 바이러스 189
태아기 189
태아기 노출 412
태아기 발달 412
태아기 발달단계 412
태아기 보호 412
태아기 진단 412
태아배엽 166
태아세포 전이술 189
태아안면 증후군 189
태아알코올 증후군 187
태아연구 189
태아풍진 증후군 189
터너 증후군 543
터널 시야 542
터어키 안장 542
터치화면 535
턱 89
턱 내리기 89
턱 당기기 89
턱 올리기 90
턱 조절 265
턱 치우침증 280
턱관절 265
턱끝 313
턱끝가시 312
턱끝가지 312
턱끝결절 313
턱끝관 312
턱끝구멍 312
턱끝근 313
턱끝동맥 312
턱끝부위 312
턱끝설골근 210
턱끝설근 210

털끝신경 312
털끝융기 312
털끝입술고랑 313
털끝혀근 335
털밑 506
털밑 림프절 506
털밑 신경절 506
털밑 침샘 506
털밑샘 506
털밑샘관 506
털밑침샘 506
털뼈목 344
털주위 265
테너 523
테스토스테론 526
테일러 변환 521
테플론 521
테플론 주사 521
테플론 주입 521
테플론-콜라겐 주입 521
텍스트 526
텍스트 문법 526
텍스트 문법학자 526
텍스트 문장 526
텍스트 언어학 526
텍스트성 526
텍스트연결추론 526
텍스트-음성 변환 526
텍스트-음성 합성 526
텍스트-택스트 변환 526
템포 522
토순 220
토착어 562
톤돌출 532
톱니근 470
톱니모양 456
톱니파 456
통각 27
통각과민 27
통각과민증 230
통각실인증 39
통각적 시각실인증 40
통계 그래프 497
통계 도표 497
통계언어학 497
통계자료 497
통계적 가설 497
통계적 가정 497
통계적 가중 498
통계적 검증 498
통계적 검증력 497
통계적 계산 497
통계적 방법 497
통계적 변수 498
통계적 보편성 498
통계적 분석 497
통계적 상관관계 497
통계적 신뢰도 497
통계적 연구 498
통계적 예측 497
통계적 유의레벨 284
통계적 유의성 498
통계적 추정 497
통계적 측정 497
통계적 타당도 498
통계적 표본 497
통계적 학습 497
통계적 확률 497
통계적 회귀 497
통계적 회귀효과 497
통계적 흡음계수 497, 498
통계학 498
통과대역 382
통과대역 필터 382
통과시간 538
통기 22
통기성 559
통기성 귓본 559
통로 382
통로 87
통문자인식 578
통사구조 516
통사규칙 516
통사론 517
통사범주 516
통사변형 516
통사부 516
통사잉여규칙 516
통사자질 516
통사적 기능 516
통사적 대등관계 516
통사적 문제 516
통사적 수행 516
통사적 연접 516
통사적 자동처리 516
통사적 틀 516
통사적 훈련 516
통사표지 516
통상적 의미 554
통시언어학 140
통시음성학 140
통시음소론 140
통시적 과정 140
통시태 140
통신망 346
통신방식 473
통신속도 473
통어 99
통어론 517
통역 258
통역사 258
통용어 288
통일 551
통일성 549
통제 115
통제과정 115
통제군 115
통제기법 115
통제단어연상 115
통제단어연상검사 115

통제동사 115
통제된 증거 115
통제변인 115
통제불능 548
통제-비통제 대명사 115
통제실 115
통제역치 529
통제이론 115
통제일치원리 115
통제자 115
통제적 범주 115
통제조건 115
통찰 249
통찰방법 472
통찰이론 249
통찰지향 정신요법 249
통찰학습 249
통합 99
통합 기능적 중재 251
통합 파킨슨병 평가척도 549
통합, 적분법 251
통합검사 251
통합관계 517
통합교실 299
통합규칙 517
통합기반 형식론 549
통합능력 결함 251
통합성 251
통합언어 251
통합연습 251
통합작용 254
통합적 동기 251
통합적 자극법 251
통합적 전체언어접근법 251
통합적 절충주의 517
통합적 접근법 251
통합적 정교화 251
통합적 제약 517
통합적-계열적 전환 517
통합중추 251
통합체 517
통합치료 425
통합치료 모형 251
통합학습 251
통합환경 240
퇴색 186
퇴행 132
퇴행성 448
퇴행성 관절질환 133
퇴행성 뇌질환 132
퇴행성 심질환 132
퇴행성 질환 132
퇴행성 청력손실 132
퇴화 33
투과 539
투과법 529
투과성 389
투과율 539
투덜대는 소리 569
투명 539
투명 합성수지 296
투명상징 539
투명층 500
투사 419
투사가설 419
투사검사 419
투사규칙 419
투사뉴런 419
투사로 419
투사법 419
투사섬유 419
투사영역 419
투사원리 419
투사적 기법 419
투사적 동일시 419
투사전환 419
투사하기 419
투석 141
투석치매 141
투시 92
투시도 390
투시영상조형술 91
투약 21
투여 21
투쟁 503
투쟁-도피반응 190
투쟁행동 503
투조진단법 538
튜버큘린 반응검사 542
트라이폰 541
트랙 밀도 536
트랜스젠더 남성 189
트랜스젠더 여성 300
트랜스젠더 음성 설문지 538
트레처-콜린스 증후군 540
트리거 541
트림 63
특발성 간질 236
특발성 난청 236
특발성 농양 235
특발성 뇌출혈 236
특발성 부종 236
특발성 빈혈 236
특발성 산발 후발성 소뇌실조증 236
특발성 식도확장증 236
특발성 안면신경 마비 236
특발성 안진 236
특발성 언어지체 236
특발성 청력손실 236
특발성 파킨슨병 236
특별한 언어능력 382
특성 537
특성 감쇠시간 87
특성 다항식 87
특성 방정식 87
특성 위상지연 87
특성 음향저항 87
특성 파수벡터 87
특성불안 47

특성불안검사목록 537
특성왜곡 87
특성저항 87
특성주파수 87
특성파수 87
특성함수 87
특수 건강관리요구를 지닌 아동 125
특수 보청기 487
특수 사회화 487
특수 음성모듈 487
특수 컴퓨터 487
특수감각 487
특수교육 487
특수교육 공학 487
특수교육 교사 487
특수교육 학생 487
특수교육진흥법 487
특수능력 487
특수목적을 위한 언어 276
특수성 382
특수아동 176
특수아동위원회 83
특수아동평가 및 처방 171
특수요인 488
특수용어 287
특수체육 487
특수학급 487
특수화 382
특이도 488
특이도 조건 488
특이성 382
특이작용 487
특이적 무후각증 488
특이질환 488
특이체질 142
특이한 방언 236
특이한 음운변동 236
특이한 의미 236
특이활성 반사 487
특정 명사구 488
특정 명사류 488
특정 발달장애 488
특정 언어발달장애 488
특정 정상음성촉진 특수기법 488
특정개정전략 488
특정문법 488
특정성 488
특정속격 488
특정어 487
특정언어 275
특정언어학 488
특정요인 488
특정욕구 평가용 소프트웨어 487
특정음 민감성장애 321
특정음소 비누출 394
특정의사 487
특정질문 488
특정학습장애 477
특정형태가설 322
특질 188
특징 536
특징추출 188
특허약 382
특화된 대화적 함축 382
틀 맞추기 383
틀부여 기능 197
틀의미론 197
틈새 192
틱 530
틱 장애 530
팀 교수 521
팀 평가 41

ㅍ

파간간격 259
파겟-골만 수어체계 375
파골세포 371
파괴적 행동 148
파괴적 행동장애 148
파괴형 정신분열증 223
파네트 세포 377
파도모양 549
파도이론 576
파동 549
파동 방정식 576
파동 벡터 576
파동역학 576
파동연속 426
파동저항 576
파동전파 576
파라다이스 유창성 평가 378, 391
파라다이스 한국표준적응행동검사 375
파라볼릭 방정식 377
파면 576
파면속력 576
파사반트 382
파상풍 526
파생 136
파생개념 136
파생관계 136
파생명사류 137
파생문 137
파생복합어 136
파생어 137
파생이론 137
파생점수 137
파생접두사 136
파생접미사 137
파생접사 136
파생제약 136
파생형용사 137
파생형태 137
파생형태소 136
파수 576
파수벡터 576
파스칼 382

파스칼의 원리 382
파시발의 원리 381
파악 192
파악반사 216
파열개시 442
파열음 402
파열자음 402
파열주입 방법 402
파워 스펙트럼 409
파워 스펙트럼 밀도 409
파워 스펙트럼행렬 409
파워 전송요인 409
파워 증폭기 409
파워응답 409
파이버스코프 190
파이퍼 증후군 391
파장 576
파장설 576
파찰음 24
파찰음화 24
파찰자음 24
파킨슨 380
파킨슨 마비말장애 380
파킨슨 법칙 380
파킨슨 보행 380
파킨슨 증후군 380
파킨슨병 380
파킨슨병 진전 380
파킨슨증 380
파탄 121
파페즈 회로 377
파형 576
파형 발생기 576
파형기능 576
파형성형 합성 576
파형왜곡 576
판 굽힘파 속도 401
판 두께 477
판결 21
판단 266
판단 과제 266
판단자간 신뢰도 255
판독전용 기억장치 434
판막 557
판막 부전증 557
판막 역류량 557
판막 첨판 557
판막 협착 557
판막성 심내막염 557
판막성 심질환 557
판막염 557
판막절개술 557
판막증 557
판별 235
판별검사 148
판별과제 235
판별분석 147
판별용 청력측정 235
판별타당도 147
판별하기 235
판별훈련 235
판에 박힌 억양 501
판에 박힌 언어 411
판정 266
판제 음성단추 377
판치환 557
판흡음재 401
팔분음 162
팔분음표 162
패널연구 385
패러독스 378
패임 357
패턴찾기 383
패혈증 469
팬 부하 187
팬텀 전원공급장치 391
팽대 493
팽대부 31
팽압 542
팽압변동 542
팽압운동 542
팽창 144
팽창률 144
팽창성 68
팽창압력 542
팽창유체 144
팽창파 144
퍼날드 단어학습기법 189
퍼짐 494
퍼킨제 세포층 426
퍼킨제세포 426
페이더 186
페히너의 법칙 188
펜드레드 증후군 385
펴기 501
편견 412
편도 533
편도가지 534
편도기둥 534
편도비대증 534
편도선절제술 534
편도염 534
편도와 533
편도절제술 31
편도체 31
편도핵 31
편두통 318
편류 152
편마비 223
편모 192
편무도병 223
편미분 방정식 381
편승원칙 198
편식 194
편안한 발성시작 210
편이 보청기 324
편이 음량평형검사 321
편이 저잉여성검사 324
편이 저잉여어음검사 324
편재성 성문폐쇄 545

편재오차 64
편재잡음 64
편재화 280
편재화 가설 280
편집 증후군 379
편집상태 379
편집성 반응 379
편집성 성격장애 379
편집성 울병 379
편집성 인격 379
편집증 379
편집증적 성격 379
편집증적 장애 379
편집형 정신분열병 379
편측공간 무시증 224
편측부전마비 223
편측상부운동 신경세포손상 550
편측상부운동뉴런 550, 555
편측상부운동신경형 마비말장애 550
편측성 구개열 550
편측성 구순열 550
편측성 농 550
편측성 마비 549
편측성 맹 550
편측성 성대마비 550
편측성 연하문제 550
편측성 열구 279
편측성 외전근마비 549
편측성 우위 279
편측성 이론 280
편측성 이명 550
편측성 청력손실 550
편측성 후두 기능저하 550
편측실조증 223
편측우성 279
편측파열 550
편측후두절제술 223
편평상피 494
편한말 158
편향 64
편향오차 64
편향효과 64
폄침화음 74
평가 176
평가과정 176
평가자간 신뢰도 258
평가자내 신뢰도 261
평가적 이해 176
평가적 질문 176
평가전략 45
평가지 433
평가척도 176
평균 307
평균가능성곡선 357
평균고장시간간격 307
평균관계발화 307
평균구문길이 307
평균기류 307
평균기류율 307
평균낱말발화화길이 307
평균단어발화길이 307
평균모드 에너지 56
평균반응길이 307
평균발화길이 307, 322
평균분산정규화 307
평균세이빈흡음률 56
평균연령 56
평균오차 307
평균옹알이레벨 307
평균유발반응청력측정 56
평균유발전위 56
평균음성 파워 56
평균음속 56
평균음압레벨 56
평균음파강도 56
평균음파세기 56
평균음향투과손실 307
평균자유경로 307
평균잔향음강도 56
평균잔향음세기 56
평균제곱 오차 307
평균제곱 진폭 307
평균제곱 편차 307
평균제곱값 307
평균제곱근 451
평균제곱근 진폭 452
평균주관척도 307
평균청각역치레벨 56
평균치보간 307
평균형태소발화길이 307
평균호기류율 298
평균호기율 56
평균화 56
평마찰음 192
평면 401
평면 진행파 401
평면관절 401
평면청력도 192
평면파 401
평면파 모드 401
평면파장 401
평범 192
평상속도 344
평생교육 285
평서문 131
평순성 552
평순음 192
평이성 401
평자음 401
평정 172
평정법 433
평정자간 비교 가능성 258
평정자간 일치도 258
평정척도 433
평탄 192
평판 스피커 192
평판성조 440
평행 시냅스 379
평행발화 378

평행분포 378
평행섬유 378
평형감각 465
평형모 371
평형법 59
평형사 371
평형상태 172
평형석 372
평형음속 172
평형전기자형 59
평형전위 172
평형정도 59
평형청각기관 564
평형화 172
평활계수 479
평활근 479
폐 날숨기류 383
폐경 후 증후군 408
폐경색증 296
폐고혈압증 425
폐근 425
폐기 154
폐기능 425
폐기능검사 391
폐기류 425
폐기류기제 425
폐기종 167
폐날숨기류 425
폐날숨음 425
폐내부 압력 261
폐농양 296
폐동맥 425
폐동맥판협착증 425
폐들숨기류 399
폐렴 403
폐모세혈관 425
폐모음 95
폐문 226
폐물 267
폐미성숙 증후군 425
폐부종 425
폐색 361
폐색귀 시뮬레이터 361
폐색전증 425
폐섬유증 425
폐쇄 500
폐쇄 두부외상 95
폐쇄 지속시간 95
폐쇄 질문 95
폐쇄간격 500
폐쇄-개방 비율 95
폐쇄공포증 93
폐쇄교합 94
폐쇄구간 95
폐쇄근점 94
폐쇄기 95
폐쇄부류 95
폐쇄부정교합 94
폐쇄상징 130
폐쇄성 수면 무호흡증 360
폐쇄성 이름대기 95
폐쇄성 폐질환 360
폐쇄연수 94
폐쇄연접 94
폐쇄음 361
폐쇄음화 500
폐쇄응답 95
폐쇄이행 94
폐쇄자음 500
폐쇄적 혀짧은 소리 361
폐쇄전사 94
폐쇄증 47
폐쇄지수 121
폐쇄집합 95
폐쇄체계 95
폐쇄표기 94
폐쇄형 검사 95
폐쇄형 뇌손상 82
폐쇄형 두부손상 88
폐쇄형 질문 94
폐쇄회로 95
폐쇄효과 361
폐수축 반사 296
폐순환 296
폐순환 체계 95
폐습화 197
폐암 296
폐압 425
폐엽절제술 290
폐용량 곡선 493
폐용적 296
폐음절 88
폐인대 425
폐정맥 425
폐지 425
폐질환 296
폐쪽 흉막 566
폐첨 38
폐체계 425
폐포 29
폐포 중격 29
폐포 환기율 29
폐포강 29
폐포관 29
폐포낭 29
폐포내압 260
폐포모세혈관막 29
폐포벽 29
폐포상피 29
폐포압 29
폐포염 29
폐포용적 29
폐합병증 425
폐허탈 296
폐호기류 383
폐활량 296
폐활량계 446
폐흉 95
폐흡기류 399
포괄기호 120

포괄성 112
포괄적 분포 240
포괄적 실행증검사 105
포괄적 확인과정 105
포노스코픽 검사 397
포논 397
포닉이어 395
포도당 213
포도밭형 홀 565
포락선 170
포락선 발생기 170
포락선 변조 스펙트럼 170
포만 456
포만중추 456
포먼트 196
포먼트 궤적 196
포먼트 전이 196
포먼트 조율 196
포먼트 중앙화비율 188
포먼트 추출 196
포먼트 합성 196
포먼트 합성기 196
포먼트주파수 196
포먼트주파수 대역 196
포먼트주파수 동요 196
포먼트주파수 위치 196
포복파 121
포상세포 29
포섭이론 507
포섭자 507
포스터-실리 검파기 196
포진 225
포치 의사소통능력지수 399
포타슘 409
포함 240
포함 분포 240
포함어 240
포화 456
포화계수 456
포화상태 456
포화왜곡 456
포화음압레벨 456
포화전류 456
포화주파수 456
포화지방산 456
포화출력 456
포화회복 456
폭발 충격원 179
폭발로 인한 뇌손상 66
폭발음 거리측정 179
폭식증 476
폭주 115
폭주마비 116
폭주안진 115
폭포위 576
폭포형 굴곡 576
폰 척도 393
폴리그래프 403
폴리처 통기법 403
폴리포니 403
폴립 403
폴립성 403
표기 537
표기규약 357
표류분절음 부가 501
표류음절 501
표류음절 부가 501
표면 511
표면 장력파 78
표면구조 512
표면근전도 464
표면단계 512
표면분절음 512
표면성 난독증 512
표면성 난서증 512
표면성 실독증 512
표면성 실서증 511
표면성 쓰기장애 512
표면성 읽기장애 512
표면속도 185
표면여과 512
표면유발후두감각활동전위검사 512
표면음성제약 487
표면음운 512
표면음파 511
표면이 돌출된 구조 421
표면자기유도 512
표면잡음 512
표면장력 512
표면저항 512
표면적 언어 512
표면전극 512
표면제약 512
표면중력파 512
표면촉각수용체 512
표면출력제약 512
표면파 512
표면파 파면 512
표면표시 512
표면해부학 512
표면형 512
표본 455
표본공간 455
표본오차 455
표본용적 455
표본주파수 455
표본채취 455
표본채취율 455
표본추출 455
표본할당 430
표상 235
표상적 범주 444
표시 302
표시된 구 151
표시등 240
표어문자 292
표음문자 396
표의문자 235
표의문자 상징 235

표재성 반사 508
표재지각 508
표적 520
표적강도 520
표적공명 445
표적음원레벨 520
표적행동 213
표적화 520
표정근 333
표정행동부호화체계 185
표제어 221
표준 357
표준 마이크로폰 496
표준 말뭉치 495
표준 코퍼스 495
표준 테이프 357
표준검사 496
표준구조실현 125
표준귓본 495
표준기압 495
표준단어 496
표준두부코일 495
표준문어 582
표준바륨삼킴 495
표준방언 495
표준생성 활자지정 언어 470
표준생성음운론 495
표준선형고체 496
표준성문상절제술 496
표준성장 차트 83
표준식도발성화자 495
표준어 495
표준어음 496
표준어휘목록 496
표준역치이동 496
표준역할 496
표준영어 458
표준오차 495
표준운용레벨 496
표준음성학 357
표준이론 496
표준이음절 역치 494
표준자극 496
표준적 음절 77
표준점수 496
표준정상분포 496
표준지배 77
표준참조 496
표준참조음 496
표준측량체계 87
표준측정오차 463
표준편차 458
표준편측후두절제술 495
표준평가절차 495
표준형 77
표준화 357
표준화 레벨차 496
표준화 표본 496
표준화검사 496
표준화된 말-언어검사 496
표준화평가 496
표준환경상태 495
표지 302
표지관계 272
표집단위 455
표집방법 455
표집분포 455
표출 301
표출상태 99
표층 508
표층구조 모방 512
표층상피세포 508
표층표기체계 471
표피 171
표피 이형성 171
표피구조 171
표피기관 171
표피낭종 171
표피암 171
표피염 171
표현 180
표현과정 180
표현기능 180
표현단계 180
표현도 180
표현면 180
표현성 180
표현성 말더듬 181
표현성 운율불능증 180
표현성 의사소통 101
표현-수용 실어증 180
표현-수용언어장애 180
표현실어증 180
표현실질 180
표현심리치료 180
표현어휘검사 176, 180
표현어휘집 180
표현언어 180
표현언어장애 180
표현오류 180
표현의미 180
표현적 가치 180
표현적 범주 180
표현적 상태 180
표현적 소리바탕 180
표현적 자질 180
표현적 힘 180
표현형 393
표현형태검사 521
푸리에 계수 197
푸리에 급수 197
푸리에 변환 197
푸리에 분석 197
푸리에 성분 197
푸리에 스펙트럼 197
푸리에 위상 스펙트럼 197
푸리에 이론 197
푸리에 적분 197
푸리에 적분이론 197
푸리에 진폭 스펙트럼 197

푸리에 해석 197
푸리에-베셀 적분 197
푸리에-베셀모드 해석 197
푸트-스위치 체계 194
풀뿌리 운동 216
품사 382
품질계수 428
품행장애 108
풍부 169
풍선확장술 59
풍유 27
풍진 210
풍토병 168
프라그 언어학파 288
프라톤 문제 402
프랑스 과학자 382
프랑스 차용어 198
프레넬 보정 200
프레더-윌리 증후군 409
프레임 197
프로게스테론 418
프로그램 보청기 418
프로그램 치료 418
프로그램 평가 418
프로그램 학습 418
프로이드 200
프로톤 펌프 억제제 421
프리드리히 운동실조 200
프리맥 원리 412
플라시보 401
플래시 지표 192
플래시 카드 192
플러스 규칙자질 402
플러스 연접 402
플러터 반향 194
플롯 402
플루하티 학령전 말-언어선별 검사 193
피각 427
피개 522
피개교차 522
피개교합 373
피개핵 522
피고용자조력 프로그램 157
피그말리온 효과 427
피드백 188
피드백 기전장애 189
피드백 억제 188
피드백 회로 188
피라미드세포 427
피라밋 427
피라밋교차 427
피라밋돌기 427
피라밋엽 427
피라밋영역 427
피로 188
피로골절 501
피로도검사 188
피로효과 188
피류 119
피리독신 427
피바디 개인성취검사 384
피바디 그림-어휘력검사 384
피부 119
피부경화증 457
피부계 137
피부과의사 137
피부과학 137
피부굴 137
피부근육염 137
피부두께 477
피부반응검사 477
피부봉합술 477
피부염 137
피부이식 477
피부전위청력검사 164
피부전위청력반응검사 160
피부절편기 137
피부점막 126
피부주름 477
피부준비 477
피부촉진제 126
피부층 126
피상적 동정 508
피상적 민감성 471
피셔 청각문제점검표 192
피셔-로지만 조음능력검사 190
피수식명사 221
피스톤 방사저항 400
피스톤형 음원 400
피실험자 246
피아제 399
피아제 인지발달 조작단계 365
피어스-해리스 아동자기개념 척도 400
피어슨 상관계수 384
피어슨 적률상관계수 384
피에르 로빈 증후군 400
피열간근 253
피열간절흔 253
피열간주름 253
피열관절면 43
피열근 43
피열륜 43
피열연골 43
피열연골 기저 43
피열연골 내전 43
피열연골 첨부 43
피열융기 43
피열후두개 부분 43
피열후두개 주름 43
피열후두개근 43
피점검자 88
피진 176
피진어 399
피질 118
피질 편측성 118
피질구조 119
피질기저핵 변성 119
피질뇌교로 119

피질막 119
피질반응 119
피질변성 118
피질성 간질 118
피질성 기능부전증 118
피질성 농 118
피질성 뇌염 118
피질성 뇌전증 118
피질성 마비 119
피질성 말더듬 119
피질성 망막 119
피질성 맹 118
피질성 세포 118
피질성 실명 118
피질성 치매 118
피질성 편마비 118
피질성 호흡 119
피질실독증 118
피질실어증 118
피질엄지 119
피질연결운동 운율불능증 537
피질연수로 119
피질유발전위 118
피질적핵 섬유 119
피질제거자세 131
피질지수 119
피질척수로 119
피질하 실독증 504
피질하 실어증 504
피질하 운동실어증 504
피질하 치매 504
피질하부 504
피차폐 성분 303
피치 400
피치 경사각 401
피치 굴절 400
피치 궤적 401
피치 높이 400
피치 단절 400
피치 동시분석 401
피치 레벨 400
피치 매칭 400
피치 방향 400
피치 배치 400
피치 범위 400
피치 변별 400
피치 변이 401
피치 변화 400
피치 악센트 400
피치 유형 400
피치 이동 400
피치 장애 400
피치 주기 400
피치 주기 변동지수 400
피치 지각 400
피치 척도 401
피치 하강 400
피치결정 알고리즘 383
피치고정 발성장애 400
피판술 192
피표시물 138
피하조직 232
피하주사 232
피하주사침 232
피학대적 성격 303
피학대증 303
피학대증 환자 303
피한정 어휘소 138
피해망상 134
피험자 내 설계 580
피험자 변인 505
피험자간 설계 64
피후견인 575
픽셀 401
핀 마이크 530
필수 굴곡성조원리 360
필수 아미노산 174
필수구구조 이론 60
필수규칙 우선원칙 360
필수산출조건 60
필수속성 60
필수원소 175
필수적 굴곡성조원리 361
필수지방산 175
필연적 오류 360
필연적 조음오류 360
필터 191
필터 기능 191
필터 대역폭 191
필터 작용 191
필터 제약 191
필터된 음성 191
필터작용 압력 191
핌슬러 언어적성검사 400
핌피 402
핑크 소음 400
핑크 잡음 400

ㅎ

하 올리브 363
하각 117
하갑상결절 245
하갑상절흔 245
하강 295
하강 이중모음 186
하강 피치단절 137
하강곡선 186
하강기법 137
하강기법 청력검사 137
하강법 137
하강-상승 성조 186
하강-상승조 186
하강상승조 곡선 144
하강연접 186
하강운율 186
하강이중모음 144
하강조 하강성조 186
하경신경절 244
하경심장신경 244
하구 244

하구순대 244
하기도 295
하나의 사건으로 구성된 이야기 363
하대뇌정맥 244
하대정맥 245
하두정소엽 245
하류층 295
하면 245
하모늄 221
하반규관 245
하방전위 246
하방향 안진 152
하부 식도괄약근 295
하부 절단주파수 295
하부 호흡관 295
하부 호흡체계 295
하부구조 507
하부식도괄약근 283
하부연수 295
하비갑개 107
하비갑개골 245
하비도 244
하사근 245
하상악골 244
하설구역 244
하설기관지 244
하소뇌각 244
하소뇌다리 245
하소뇌동맥 234
하수범 244
하수축근 244
하순 295
하순거근 283
하순동맥 244
하순부 244
하순소대 198
하순정맥 244
하순지 244
하순하체근 136
하스 선별검사 221
하스효과 219
하신경절 244
하악 265
하악 발육부전증 301
하악 후퇴증 448
하악각 301
하악결손 175
하악결합 515
하악경 344
하악골 300
하악골 유합 301
하악골절제술 301
하악공 301
하악관 301
하악궁 301
하악근 333
하악낭 301
하악대구치 295
하악돌기 301
하악두 301
하악반사 265
하악부 차단 89
하악선 265
하악설골근 301
하악설골근 신경구 338
하악설골근봉선 338
하악설골근선 338
하악설골근신경 338
하악소설 289
하악신경 301
하악안면골 형성부전증 301
하악와 301
하악운동 301
하악전돌 548
하악절흔 301
하악제한 301
하악지 301
하악형성장애 301
하악후부 447
하엽 244
하올리브 복합체 245
하올리브핵 245
하와 197
하와이 조기학습 프로파일 221
하울링 레벨 228
하위 운동뉴런 295
하위개념 506
하위검사 507
하위능력 506
하위목표 505
하위문법 505
하위문화 504
하위문화 언어 504
하위범주화 504
하위변위 507
하위부가 129
하위어 232
하위어휘단위 506
하위운동뉴런 290
하위유형 507
하위음성 507
하위음성규칙 294
하위인접 매개변수 505
하위인접조건 505
하위집단 505
하위행위 504
하윤상근 85
하윤상인대 85
하이개근 243
하이테크 226
하이테크 말생성장치 226
하이테크 장치 226
하인두 232
하인두게실 232
하인두괄약근 245
하인두수축근 244
하전두구 244
하전두회 244
하전두회 후부 406

하전정신경 245
하종격 244
하종단 다발 244
하종설근 244
하중 577
하지 244
하지마비 379
하직근 245
하직근신경총 245
하체근 136
하추골인대 244
하출혈 504
하측두구 245
하측두선 245
하측두회 245
하층방언 61
하치조동맥 243
하치조신경 243
하치조정맥 243
하침골인대 244
하타액핵 245
하품 370
하품하기 584
하품한숨 접근법 584
하행감염 137
하행결장 137
하행구개동맥 137
하행대동맥 137
하행돌기 137
하행로 137
하행변성 137
하행성 신경염 137
하행성 전도로 137
하행성 척수염 137
하행자율신경로 137
하행전도로 137
하향식 534
하향식 접근 534
하향이동 329
하향처리과정 534
하향처리과정 모형 534
하향확산 차폐 152
하후거근 334
하후두 232
하후두 가지 244
하후두동맥 244
하후두신경 237
하후두신경마비 244
학교공포증 457
학교언어 457
학급내 학급 126
학년등가 214
학대받은 아동증후군 61
학동 457
학령기 457
학령기아동 457
학령전 413
학령전 교육 413
학령전 말-언어선별검사 413, 422
학령전 아동 413
학령전 언어선별검사 402, 413
학령전 언어척도 402, 413
학령전 언어평가도구 401
학습 281
학습 동기유발 281
학습곡선 281
학습과정 281
학습과제 281
학습기간 281
학습능력 281
학습능력이론 281
학습동기 281
학습된 무력감이론 281
학습된 행위 281
학습력 281
학습모형 281
학습목적 281
학습부진아 478
학습양식 281
학습언어분석 27
학습유형 281
학습을 위한 읽기 435
학습이론 281
학습일지 281
학습자 말뭉치 281
학습자 코퍼스 281
학습장애 281
학습장애교사 281
학습장애위원회 93
학습장애인 281
학습적성 281
학습전략 281
학습지도 281
학습평가 발달지표 139
학습한 지식 281
학습효과 281
학업성취 457
학업수행 457
학업적성 12
학업적성 검사 12
학업적성척도 455
학업지도 12
학연 457
학점제도 13
학제간 254
학제간 분석 123
학제간 연구 254
학제간 의사소통 254
학제간 접근 331
학제간 활동 254
학제적 결정 254
학제적 접근법 254
학제적 평가 254
한 단어 그림어휘표현검사 170
한 단어 그림표현어휘검사 179
한 단어발화 363
한계 286
한계 광선 286
한계 마디 71

한계범위 발화청력측정기 286
한계범위 청력측정기 286
한계범주 71
한계법 315
한계선 70
한계성 60
한계순환기 286
한계원리 71
한계이론 71
한계자극 286
한계점 286
한국수화언어 270
한국실어증감별진단검사 270
한국아동토큰검사 270
한국어 표준 조음음운 검사 270
한국언어재활사협회 270
한국자폐증진단척도 268
한국판 간이정신상태검사 269
한국판 덴버 발달선별검사 268
한국판 웩슬러 성인지능검사 270
한국판 웩슬러 아동지능검사 270
한국판 웩슬러 유아지능검사 271
한국판 적응행동검사 270
한국판 카우프만 아동용 지능검사 268
한국판 프렌차이 실어증 선별검사 269
한국학 270
한귀 보청기 324
한귀듣기 324
한선 513
한숨-하품 접근법 472
한시적 역치변동 542
한시적 역치이동 523
한시적 통제 531
한정 어휘소 138
한정 형용사 48
한정명사구 132
한정사 138
한정사 보편소 138
한정사 제약 138
한정성 71
한정어 138
한정적 사용 48
한정적 수신호체계 286
한쪽 귀 농 324
할당제약 45
함께 주목하기 266
함께 책읽기 266
함묵증 337
함수 201
함수고원 203
함수공간 202
함수관계 203
함수놀이 203
함수방정식 202
함수분석 202
함요 436
함의 170
함축 110
함축된 발화 105
함축적 의미 110
합리론 434
합리적 정서치료 433
합리적 정서행동치료 435
합리주의 434
합리화 434
합병증 104
합성 517
합성된 음성 517
합성문장식별검사 517
합성법 517
합성-복합문 105
합성-분리 75
합성성 105
합성성의 원리 416
합성신호 105
합성어 105
합성에 의한 분석 32
합성원리 417
합성원칙 105
합성음 517
합성형용사 105
합음 508
합창 90
항공성 중이염 23
항구대립 111
항구성 111
항등함수 235
항력 152
항력계수 152
항목 264
항목-과정 264
항목기반구조 264
항목-배열 264
항문 37
항문기 32
항문기 인성 32
항문반사 32
항불안제 36
항상성 227
항생물질 36
항염효과 37
항온실 111
항온항습실 111
항우울제 37
항원 37
항원결정부 37
항원항체합성 37
항응고제 37
항이뇨 37
항이뇨 호르몬 37
항정상태 498
항정신병약 37
항정신성 약품 37
항종양제 37
항진 12
항진명제 520
항체 36
항체형성 36

항파키슨 약 37
항히스타민 37
항히스타민 약물 37
해독 131
해독기 131
해독제 증후군 27
해독하기 131
해리 148
해리성 장애 148
해마 227
해마 교차연결 226
해마곁이랑 378
해마고랑 508
해마백판 29
해마열 227
해마형성체 227
해마회 227
해면정맥동 82
해면체 118
해부 148
해부병리학 33
해부연령 33
해부학 33
해부학적 기도 33
해부학적 뉴런 33
해부학적 사강 33
해부학적 위치 33
해부학적 진단 33
해석 212
해석관계 111
해석규범 357
해석규칙 258
해석방법 258
해석부문 258
해석상 오류 258
해석의미론 258
해석이론 258
해석적 기능 258
해석학 225
해셀 소체 221
해수면층 512
해수온도 측정기 61
해열제 37
해제시간 443
핵 이동 221
핵계층이론 583
핵말 언어 221
핵말 여과 221
핵문 268
핵상마비 511
핵선행 언어 221
핵심 117
핵심 단어 268
핵심과목 117
핵심국부관계 117
핵심문법 117
핵심속성 117
핵심어 기법 269
핵심어휘 117
핵심언어 117
핵심의미 117
핵심행동 117
핵액 268
핵음운론 117
핵이동 제약 221
핵자기공명 350
핵자질 221
핵자질 약정 221
핵접합 268
핵중심 구문구조문법 221
핵지배 221
핵파괴 268
핵형 268
행동 62
행동 요구하기 444
행동감퇴 232
행동계약 62
행동공학 62
행동과학 63
행동관리 62
행동관찰 63
행동관찰방법 63
행동관찰청력검사 62
행동관찰청력측정 63
행동기반중재 62
행동단계 18
행동모델링 62
행동목표 63
행동발달선별검사목록 139
행동분석 62
행동상태계 63
행동수정 62
행동수행하기 17
행동신경학 63
행동요법 62
행동원리 62
행동유전학 62
행동의 표본 455
행동의미론 63
행동이론 18
행동장애 62
행동적 개연성 62
행동적 개연성 관리 300
행동적 음성치료 63
행동주의 63
행동주의 심리학 63
행동주의 이론 63
행동주의적 상담 62
행동주의적 정의 63
행동주의학습이론 62
행동준거 62
행동치료 62
행동통제소 281
행동통제소 척도 291
행동평가 62
행동평가척도 62
행동평정 프로파일 62
행동평정도구 62
행동형성법 62
행동훈련 63

행렬 304
행렬분석 502
행렬양식 502
행렬유추검사 304
행복감 175
행위격 24
행위-대상 17
행위도식 18
행위순서 17
행위연쇄 18
행위자 24
행위자 격 24
행위자 의미역 24
행위자 인과관계 24
행위자 후치 24
행위자격 목적어 24
행위자-대상 24
행위자-행위 24
행위-장소 17
행정 21
향상 239
향상된 입력 169
향후방향 204
허가 285
허가조건 285
허구 190
허구어 167
허동사 154
허리엉치팽대 296
허무주의 350
허밍 229
허사 179
허상 565
허스키음성 229
허어 167
허용 532
허용가능성 24
허용량 28
허용범위 532
허용소음노출레벨 389
허용한계 28
허용한계 레벨 532
허위 195
허위 동사형태 552
허위 조건절 552
허위경보 186
허위경보율 186
허위양성 187
허위음성 186
허파 296
허파꽈리 29
허혈 263
허혈성 뇌 증후군 263
허혈성 뇌손상 263
허혈성 뇌졸중 263
허혈성 대장염 263
허혈성 심장질환 263
허혈성 저산소뇌병증 233
헌터 증후군 229
헌트 증후군 229
헌팅턴 229
헌팅턴 무도병 229
헌팅턴 병 221
헐러 증후군 229
헤드 스타트 프로그램 221
헤르쯔 225
헤모글로빈 224
헤슬 회 225
헬름홀쯔 223
헬름홀쯔 공명기 223
혀 212
혀 고정기술 533
혀 굴림소리 39
혀 기저부 533
혀 내밀기 533
혀 높이 533
혀 압착 533
혀 위치 533
혀 전방화 533
혀가로근 539
혀건조증 533
혀고유 근육조직 261
혀근 334
혀끝 288
혀끝떨림 소리 533
혀끝물길 531
혀끝-소리 39
혀날 533
혀내림근 533
혀내밀기 533
혀내밀기 분류법 533
혀내밀기 치료 533
혀등 151
혀떠밀기 533
혀마비 212
혀밑동맥 506
혀밑샘 506
혀밑침샘 506
혀봉선 433
혀봉합술 212
혀뿌리 452
혀뿌리 비전진성 547
혀뿌리전진모음 22
혀샘 288
혀세로근 293
혀수직근 336
혀앞모음 200
혀위치 수정 533
혀유두 377
혀절제술 212
혀점막 288
혀주름띠 288
혀짜래기 533
혀짤배기발음 290
혀짤배기소리 288
혀짧은소리 200
혀쪽경사 289
혀차는 소리 93
혀처짐증 212
혀통증 212

현기증 563
현대국어 414
현대언어적성검사 321
현미경검사 316
현미경검사법 316
현미경적 분석 316
현미경적 진단 316
현상학적 접근법 393
현성반응 374
현성행동 373
현수 수식어 129
현수구문 129
현수분사 129
현실지남력치료 452
현실지향성치료 452
현실추론 245
현실치료 435
현장 190
현장 방법론 190
현장경험 190
현장작업 190
현재몽 301
현재분사 414
현재시제 414
현재완료시제 414
현재완료진행 414
현재완료진행시제 414
현재증상 414
현재진행 414
현저성 454
현저성 관점 419
현저성의 정도 133
현존 의사소통 방식 414
현학적 용어 248
현현 301
혈관 563
혈관 운동신경 558
혈관경련 558
혈관고랑 563
혈관구 563
혈관구조 558
혈관기형 558
혈관내막 260
혈관모세포종 223
혈관분포상태 558
혈관성 558
혈관성 질환 558
혈관성 치매 556
혈관수축 558
혈관수축제 558
혈관조 501
혈관조영상 33
혈관조영술 33
혈관종 223
혈관줄무늬 501
혈관학 34
혈관허탈 558
혈관확장 558
혈구 모세포 224
혈뇌장벽 68
혈색소 224
혈소판 402
혈소판 감소증 529
혈압 68
혈액 68
혈액내 산소레벨 69
혈액동태 224
혈액투석 224
혈액형 68
혈우병 224
혈장 401
혈장 68
혈전 529
혈전증 529
혈족 110
혈족관계 269
혈종 223
혈청 470
혈통 385
혈행 91
혐오 37
혐오발언 221
혐오자극 57
혐오조절 56
협대역 340
협대역 분석 340
협대역 소음 341
협대역 스펙트럼 341
협대역 스펙트로그램 341
협대역소음 344
협동놀이 116
협동수업 265
협동운동 불능증 46
협동적 취학전 검사목록 116
협동효과 116
협력 99
협력교수 96
협력모형 99
협력원칙 116
협력적 자문 99
협력팀 체계모형 99
협면와동 74
협모음 341
협부 263
협부이개 310
협심증 33
협심증 증후군 33
협업 96
협역 340
협역청력검사기 341
협역출력범위 341
협응 117
협응 센터 117
협응구조 117
협의적 참조 341
협착 111
협착성, 수축성 111
협착증 498
협착형 502
협측전위 75

혓몸 533
혓몸자질 533
혓소리 212
형광투시경 194
형광투시법 194
형상 109
형상언어 109
형상적 구조 109
형상적 바탕 109
형상적 자질 109
형성 471
형성규칙 196
형성단계 유창성 일탈 196
형성부전증 232
형성소 196
형성적 요소 196
형성평가 196
형식모형 195
형식문법 195
형식법 195
형식부 196
형식어 195
형식언어 195
형식-의미 합성체 195
형식자질 195
형식적 공리 196
형식적 등치 195
형식적 보편소 196
형식적 비유창성 196
형식적 언어학습 환경 195
형식적 의미 195
형식적 조작 195
형식적 조작기 196
형식적 조작단계 196
형식적 청능훈련 195
형식적 함언 195
형식주어 196
형식중심 교육 195
형식착어증 196
형식통사론 196
형식형태소 167
형식화 196
형용사 21
형용사구 38
형용사적 대명사 21
형용사적 명사 21
형용사적 수동태 21
형용사적 종속어 21
형용사절 21
형제 472
형제간 경쟁 472
형제관계 472
형질세포 401
형태 195
형태 실인증 31
형태 접근법 211
형태구문인식 327
형태규칙 326
형태-기능 관계 195
형태-기능 매핑 195
형태-기능 분석 195
형태론 326
형태론적 과정 326
형태론적 분석 326
형태론적 재분석 326
형태류 195
형태문법적 규칙 326
형태발생 326
형태부 326
형태부-추진 문법 326
형태소 326
형태소 구성요소 326
형태소경계 326
형태소교체이론 326
형태소구조규칙 326
형태소구조제약 326
형태소구조조건 326
형태소론 326
형태소변이형 326
형태소습득순서 326
형태소연구 326
형태소일괄원리 326
형태소층렬가설 326
형태심리학 211
형태음소 326
형태음소규칙 327
형태음소론 327
형태음소적 과정 327
형태음소적 교체 326
형태음소적 구성요소 326
형태음소적 차원 326
형태-음소적 층위 326
형태음소표기 327
형태이론 211
형태인식 326
형태인자 195
형태장애 326
형태재인 383
형태적 교체 326
형태적 방법 211
형태적 변화 326
형태적 분류 326
형태정보 326
형태통사론 327
형태판 196
형태학 326
형판 522
형판맞추기 522
형평 172
호기 162
호기류 162
호기류 지속시간 179
호기음 162
호기종결레벨 168
호기후 휴지시간 179
호르몬 228
호르몬 치료 228
호먼큘러스 228
호미연골 43
호산성 14

호식상 179
호식상 시간 179
호식성 호흡곤란 179
호출 508
호칭 195
호칭기능 570
호칭형태 20
호환성 102
호흡 445
호흡 지원 73
호흡계 301
호흡곡선 493
호흡곤란 73
호흡곤란증후군 445
호흡관리 26
호흡교환비율 445
호흡근 333
호흡근신전수용체 425
호흡기 368
호흡기간 445
호흡기도 445
호흡기압 73
호흡노력 445
호흡단락 73
호흡대사 445
호흡량 445
호흡량계 23
호흡률 433
호흡마비 445
호흡반사 445
호흡방식 73
호흡배출 425
호흡부위 445
호흡-삼킴 조절 73
호흡생리 445
호흡성 부정맥 445
호흡세기관지 445
호흡소화관 23
호흡속도계 403
호흡속도그램 403
호흡신경 445
호흡예비 73
호흡완만 71
호흡요법 445
호흡용적 445
호흡운동 445
호흡장애 445
호흡장치 73
호흡저하 232
호흡정지 445
호흡정지 발작 73
호흡조절 441
호흡주기 445
호흡주파수 445
호흡중추 445
호흡체계 445
호흡훈련 445
혼돈상태 34
혼동된 언어 109
혼란가족 87
혼란감 189
혼미상태 503
혼성 229
혼성공간 68
혼성국제어 288
혼성비음 321
혼성어 121
혼성언어 321
혼성음 483
혼성화 399
혼성화가설 399
혼수 283
혼자놀이 482
혼자말 463
혼합 149
혼합 림프구 배양 321
혼합 설측성 321
혼합 언어장애 321
혼합 옹알이 558
혼합가족 68
혼합검사 255
혼합공명 321
혼합뉴런 321
혼합모음 321
혼합선 321
혼합성 후두실낭종 99
혼합식 접근 229
혼합신경 321
혼합어 121
혼합연결피질실어증 321
혼합이론 321
혼합층 321
혼합현실 321
혼합형 321
혼합형 농 321
혼합형 뇌성마비 321
혼합형 마비말장애 321
혼합형 부모참여 언어중재 모형 229
혼합형 실어증 321
혼합형 정서장애 321
혼합형 청각장애 321
혼합형 청력손실 321
혼합형 치매 321
혼합형 행동장애 321
홀소리 573
홀소리 어울림 573
홀수짝수 기법 362
홀짝기법 362
홀파이크 조작법 220
홈마찰음 216
홈통형 또는 U형 곡선 541
홍반 173
홍역 210
홍채 262
홑음소 가치 556
화농성 중이염 426
화면 458
화법 291
화법조동사 322

화석화 197
화성음운론 221
화성적 음계 221
화소 401
화술력 340
화술훈련 340
화용관찰방법 404
화용능력 410
화용론 410
화용론선별검사 410
화용론적 강화 410
화용론적 구조 410
화용론적 전제 410
화용론적 중재 410
화용론적 함의 410
화용론적 혁명 410
화용언어검사 526, 534
화용언어적 실패 409
화용연계 410
화용이론 410
화용인식 410
화용장애 410
화용적 강세 410
화용적 실어증 410
화용적 오류 410
화용적 의사소통문제 410
화용적 추론 410
화용적 해석 410
화용통제 410
화인골드 식이가설 189
화자 가변성 520
화자간 변이 259
화자검증 487
화자관련 기준 487
화자식별 487
화자의미 487
화자의존체계 487
화자인식 487
화자적응 487
화자전제 487
화자지향 부사 487
화제 일관성 534
화제개요 534
화제비약 534
화제시작을 위한 치료 540
화제유지 534
화제유지를 위한 치료 540
화제표지 534
화제화 534
화학감각 88
화학물질 88
화학반응 88
화학분해 88
화학수용 88
화학수용기 88
화학신호 88
화학요법 88
화학적 뇌자극 88
화학적 미세환경 88
화학적 전달 88
화학적 폐렴 88
화학전달물 88
화학주성 88
화행 489
화행분류 489
확대 181
확대가족구성원 180
확대규약 178
확대술어틀 180
확대어휘주의 가설 180
확대언어습득 180
확대의미 180
확대의미과제 149
확대의미론 181
확대의미생산 149
확대자곤 착어증 180
확대투사원리 180
확대표준이론 175
확률밀도함수 417
확립 175
확산 143
확산 모형 143
확산 범주화 149
확산법칙 280
확산성 149
확산음소 143
확산음장 143
확산음장감도 143
확산음장거리 143
확산자질 143
확산정교화 494
확산활성화 모형 494
확성기 294
확성기 수화 294
확성효과 316
확인 556
확인 및 수정 235
확인전화 194
확인치료 556
확장 149
확장 가변폭 178
확장국소절제술 579
확장기 142
확장기고혈압 142
확장기술 178
확장기압 142
확장기혈압 142
확장단계 178
확장된 반응 181
확장된 연결하기 180
확장비율 178
확장성 181
확장성 원리 181
확장성문 494
확장역치 178
확장의 정도 133
확장적 사건 180
확장적 지원 181
확장증 159
확정 위험도 175

확정동화 175
확정변화 132
확충시제 178
환각 220
환각성 정신병 220
환각제 220
환경 170
환경 언어이전검사 170
환경공학 170
환경소음 170
환경소음레벨 30
환경언어검사목록 165
환경오염물질 170
환경요법 318
환경음 170
환경자극 모형 170
환경재평가 170
환경적 개연성 170
환경적 언어목록 170
환경적 언어중재 프로그램 165, 170
환경적 언어중재전략 165
환경적 유표성 113
환경적 의사소통목록 170
환경조절장치 159
환경중심 언어중재 318
환경중심 언어훈련 318
환경중심교수 318
환경중심교수법 318
환경중심치료 318
환관양 발성 175
환기 176
환기성 발화 176
환기순환 559
환기적 발화 176
환기효과 176
환류 34
환상언어 391
환시 567
환영 237
환원 438
환원전위 438
환원형 반도체 438
환유 315
환유법 315
환유-은유 모형 315
환유적 기호 315
환유적 목적어 315
환자 383
환자-개인별 평가절차 93
환자개인별전략 93
환자격리 383
환자내력 383
환자폭력 383
환자학대 383
환청 14
활꼴다발 41
활동 모형영상 18
활동과정 582
활동기억 18
활동레벨 17
활동전위 18
활동제한 18
활동중심 언어중재 18
활동중심교수 18
활동중심중재 10
활동중심지도 18
활동지도 18
활력 568
활력징후 568
활성 필터 18
활성망상계 433
활성수면 152
활성지역 18
활성화 18
활성화 규칙 18
활성화 에너지 18
활성화 피드백 18
활용사건 554
활용어휘 18
활음 211
활음화 211
활자 디자인 283
활자 주조자 283
활자 품질수준 283
활자인식 417
활주열공 탈장 478
활차 541
활차신경 197
활차신경 교차 541
활차신경핵 541
활차절흔 541
황반 298
황색인대 584
황홀증 159
회결장문합술 236
회경장동맥 236
회고적 448
회고적 연구 448
회귀 438
회귀 정의 440
회귀계수 440
회귀규칙 438
회귀분석 440
회귀선 440
회귀성 437
회귀성 질환 438
회귀신경마비 438
회귀신경손상 438
회맹괄약근 236
회맹부 236
회맹부부전 236
회맹부종양 236
회맹장문합술 236
회백교련 216
회백주 216
회백질 216
회백질 가지 216
회복 437
회복 기제 443

회복기 치료 24
회복기억 437
회복력 447
회복시간 437
회상 435
회상기억 435
회상성 기억 448
회상적 448
회색 나뭇잎 반점 44
회색질 91
회색질 척수염 403
회생 449
회송 293
회송유도 청력훈련기 293
회의주의 477
회장 236
회장 259
회장조루술 236
회전 452
회전검사 452
회전력 534
회전안진 452
회전의자검사 452
회전파 452
회절 143
회절인자 143
회절파 143
회점 542
회피 421
회피 조건화 57
회피갈등 57
회피방책 57
회피백터 57
회피성성격장애 57
회피전략 57
회피학습 57
회피행동 57
회화성 실어증 399
회화영역 116
획득 17
획득 행렬수 17
획득반사 17
획의 기울기 502
획의 생략 502
획의 첨가 502
횡격마비 398
횡격막 141
횡격막반사 141
횡격막-복부호흡 141
횡격막형 141
횡격면 141
횡격반응 398
횡격-식도인대 398
횡격신경 398
횡격신경마비 398
횡격신경핵 398
횡격흉막 141
횡근 539
횡단 척수염 540
횡단면 540
횡단성 마비 540
횡단연속적 연구 124
횡단적 설계 124
횡단적 연구 124
횡단적 연구방법 124
횡단적 접근법 124
횡돌기공 539
횡문근 501
횡복근 540
횡선 539
횡설근 539
횡설수설 실어증 211
횡성대절제술 539
횡측두구 540
횡측두회 540
횡파 540
횡피열근 539
횡행결장 539
횡흉근 540
효과 160
효과 수용기 161
효과기 161
효과기 작동 161
효과기세포 161
효과기억제인자 161
효과수용체 161
효과입증 13
효과적 교육 161
효과적 의사소통 160
효과적 진폭 160
효과적 차폐 165
효과적 학교교육 160
효과크기 160
효능 160
효모 584
효소 170
효율성 161
효율성 매개변수 161
효율성과 반응 효과성의 원리 417
효율적 음성 161
효율적 의사소통 161
후 시냅스 뉴런 408
후 시냅스 부위 408
후 전위 405
후 효과 362
후각 362
후각고랑 362
후각기 362
후각기관 363
후각뇌 449
후각뉴런 363
후각로 363
후각망울 362
후각부위 363
후각상실증 34
후각상피 362
후각선 362
후각섬모 362
후각성 실어증 34
후각세포 362

후각소실 34
후각신경 363
후각역치 363
후각영역 362
후각유발전위 362
후각자극 363
후각장애 233
후각점막 362
후각정보 362
후각중추 362
후각지각 363
후감각 24
후개념적 시기 405
후결절 363
후고유근 406
후과거 24
후관 362
후관절 돌기 408
후광효과 220
후교련 406
후교통동맥 406
후구개궁 407
후구개신경 407
후구치삼각 447
후극 407
후근 151
후근반사 151
후기 블룸필드학파 405
후기 크리올 연속체 405
후기반응 278
후기자음 278
후기청성유발반응 278
후기피질반응 278
후내근 406
후내핵 408
후뇌 171
후뇌순환 406
후늑간동맥 406
후능형핵 407
후대뇌동맥 383
후대상피질 383
후돌기 407
후두 20
후두 근육긴장이상 276
후두 마사지 276
후두 매달기 277
후두 바이패스 276
후두 백반증 276
후두 신경통 361
후두 아밀로이드증 276
후두 측정법 277
후두 카테테르 삽입법 276
후두 폴립 277
후두각 361
후두각화증 276
후두갈림증 276
후두감각과민 276
후두감각마비 277
후두강 276
후두강직 278
후두개 171
후두개결절 171
후두개계곡 557
후두개고정술 171
후두개곡 171
후두개연골 171
후두개염 171
후두개와 406
후두개음 171
후두개절제술 171
후두격막 213
후두결절 277
후두결핵 277
후두경 276
후두경검사 278
후두경련 278
후두고유근 261
후두골 361
후두과전문의 277
후두과학 277
후두구 276
후두구멍 276
후두극 361
후두근 277
후두근전도검사 276
후두기관 분리 278
후두기관재건술 296
후두기관지염 278
후두긴장 277
후두낭종 276
후두낭포 277
후두내강 276
후두내근 261
후두내시경 277
후두내시경 효과 502
후두농양 276
후두닫침 276
후두덮개 171
후두돌출 277
후두동 277
후두동맥 276
후두마비 277
후두마사지 276
후두말더듬 277
후두무감각증 276
후두무도병 276
후두반사 277
후두발성 278
후두보정 276
후두부 277
후두부 실독증 361
후두부 연합피질 361
후두부종 276
후두비학 278
후두상승 276
후두샘 276
후두선 276
후두섬유탄성막 190
후두성형술 278
후두소공 277

후두소낭 277
후두수축 276
후두수화 276
후두신경마비 277
후두신경재배치 277
후두신경전도검사 277
후두신경차단 277
후두실 277
후두실 낭포 277
후두실 폐색 560
후두실근 336
후두실행증 276
후두안뜰 277
후두암 276
후두암종 78
후두연골 276
후두연화증 277
후두열 276
후두열구 277
후두염 245
후두엽 291
후두와 406
후두외근 183
후두외상 277
후두용종 277
후두우회로 276
후두운동마비 277
후두유두종증 277
후두육아종 276
후두융기 19
후두음 277
후두음화 277
후두이상 276
후두인대 276
후두인두 232
후두인두지 278
후두입구 276
후두장애 276
후두전정 277
후두절개술 278
후두절제술 277
후두절제환자 277
후두조영술 277
후두졸증 276
후두종양 277
후두주위 수기치료 301
후두지각이상 277
후두지질증 276
후두진동 277
후두질환 277
후두쪽 361
후두천명 277
후두천식 276
후두천자 361
후두충렬 277
후두침습 277
후두통로 277
후두편도 277
후두폐색증 276
후두폐쇄 276
후두피로 276
후두하근 506
후두협착 277
후두호흡 277
후두활음 276
후두횡격막 276
후렴 440
후면 407
후미래 24
후미로성 447
후미로성 농 448
후미로성 청력손실 448
후반규관 407
후발성 말더듬 278
후방경과음 24
후방대용 81
후방분리 중후군 406
후방산란격차 58
후방성 406
후방수직관 407
후방차폐 59
후방화 58
후백질교련 408
후보 77
후복근 406
후부두정소엽 407
후부하 24
후분절 407
후분절기관지 407
후비강 마찰음 407
후비강검사 407
후비공 340, 407
후비극 407
후비루 407, 408
후비음화 자음 408
후삭 362, 406
후산 24
후상부 407
후상치조공 407
후상치조동맥 407
후상치조신경 407
후설고모음 225
후설모음 58
후설성 58
후설성 58
후설음소 58
후설음화 58
후설저모음 294
후설중모음 317
후성문틈 406
후속결과 113
후속반응 113
후속조치 194
후속질문 113
후속평가 194
후순환규칙 405
후신경 미로 362
후신경공 362
후신경섬유 363
후신경절 뉴런 408

후신경표피 363
후어휘규칙 408
후어휘적용 408
후어휘층 408
후엽 291, 406
후엽각 363
후와우핵 406
후유공질 407
후윤상피열근 334
후이개구 508
후이개동맥 406
후이개신경 406
후이개절 406
후인두간극 407
후인두궁 406
후인두벽 407
후인두역류 278
후인두역류병 278
후인식 24
후인후근 278
후입선출 278
후입후출 278
후자음성 모음 405
후전류 24
후전위 24
후전이음 362
후정중구 407
후정중중격 407
후지 407
후진연쇄 59
후진제거 59
후진통 24
후처치 24
후척수경화증 407
후척수동맥 407
후척수소뇌로 407
후천문 406
후천성 난독증 17
후천성 농 17
후천성 뇌손상 17
후천성 말더듬 17
후천성 맹 17
후천성 면역 17
후천성 면역결핍증 17
후천성 면역결핍증후군 25
후천성 성문하협착증 45
후천성 신경학적 말더듬 348
후천성 실행증 17
후천성 심인성 말더듬 17
후천성 의사소통장애 17
후천성 장애 17
후천성 질병 17
후천성 청력손실 17
후측구 408
후측도 408
후측두근 407
후측두엽 407
후측두천문 408
후측삭 경화증 408
후측열구 408
후측핵 408
후치 수식어 408
후치사 408
후치속격 408
후치조 탄설음 405
후치조 혀차는 소리 405
후탈분극 24
후퇴 447
후팽대부신경 406
후하거근 406
후하소뇌동맥 399
후한정사 405
후핵 407
후행동시조음 79
후행동화 79
후향 이중모음 447
후향적 연구 448
후형질 314
후회색교련 406
혹의 법칙 228
훈련 152
훈련가중심 접근법 537
훈련기준 537
훈련단어 537
훈련센터 537
훈련조 537
훈육 146
훑어읽기 477
휴대용 보조의사소통기 375
휴대용 보청기 395
휴식 436
휴식기 446
휴식시 호흡 429
휴식일회호흡량 447
휴지 383
휴지기 떨림 447
휴지전위 446
휴지지수 64
흉각 529
흉강경검사 529
흉격종막 309
흉격종면 309
흉골 499
흉골각 498
흉골갑상근 336
흉골견갑골 499
흉골골수 498
흉골관절면 498
흉골근 336
흉골늑골관절 42
흉골단 498
흉골막 498
흉골반사 498
흉골병 302
흉골설골근 336
흉골유돌근 499
흉골체 118
흉곽 450
흉곽내압 261
흉곽대 384

흉관 529
흉근 333
흉근반사 384
흉내 가스용량 526
흉내근막 169
흉대동맥 38
흉막 402
흉막강 402
흉막고리 402
흉막낭 402
흉막압 402
흉막압지수 402
흉막액 402
흉막연쇄 402
흉막염 402
흉막와 402
흉막유출 402
흉막절제술 402
흉막층 402
흉막통 402
흉벽 529
흉벽모양 88
흉벽신경 529
흉벽체계 88
흉부 384
흉부 대동맥 528
흉부 심장가지 528
흉부 심장신경 528
흉부강 528
흉부기관 529
흉부만곡 528
흉부물리요법 88
흉부박동 88
흉부변형 528
흉부분절 529
흉부식도 529
흉부신경절 529
흉부압박 528
흉부영상 88
흉부질환 529
흉부폐 분지 529
흉선 529
흉선외존성 T세포 529
흉선종 529
흉성 384
흉성 공명 88
흉성구 88
흉쇄근육 498
흉쇄유돌근 336
흉쇄유돌부 499
흉식호흡 528
흉추 529
흉통 88
흉횡근 539
흐린 시력 68
흑백사진 67
흑색종 310
흑색질 507
흑질 350
흑질 줄무늬체로 350
흑질선조로 350
흔들림 68
흔적 535
흔적삭제조건 535
흔적이론 535
흔적조건반사 535
흔적조건형성 535
흔히 있는 오류 404
흡기 249
흡기류 249
흡기발성 247
흡기법 247
흡기상 250
흡기예비용적 263
흡기유발기류 250
흡기음 250
흡기천명 247
흡기후 휴지시간 250
흡수계 11
흡수계측 11
흡수손실 11
흡식력 250
흡식성 호흡곤란 250
흡음 483
흡음 보드 15
흡음계수 11
흡음률 14
흡음재 15
흡음재료 483
흡인 44
흡인 생검법 44
흡인분만 556
흡인성 폐렴 44
흡입 508
흡입 폐쇄음 508
흡입기 247, 249
흡입물 247
흡입법 251, 508
흡입-삼킴 508
흡착 508
흡착성 성대 프라이 93
흡착성 이명 93
흡착음 93
흥분 177
흥분성 막 177
흥분성 세포 177
흥분성 시냅스 177
흥분성 시냅스전섬유 177
흥분성 시냅스후전위 172
흥분성 연결 177
흥분성 전달물질 177
흥분성 접합부전위 177
흥분신경 177
흥분전달 239
흥분전위 177
흥분전이 177
흥분전이효과 177
흥분제 499
희돌기교세포 363
희돌기교종 363

희박 433
희박극성 433
희박상 433
희박화곡선 433
희열 175
흰동공 578
히스타민 227
히스테리구 212
히스테리성 마비 233
히스테리성 말더듬 233
히스테리성 무감각증 233
히스테리성 부전실성증 233
히스테리성 신경증 233
히스토그램 227
히스톤 227
힘든 구어 220
힘역학 194
힘역학 도식 194
힘줄방추 523
힘줄섬유 523
힘줄세포 523
힘줄전이 523
힘줄집 523

고도흥 교수

편저자 고도흥 교수는 미국 조지아대학교와 캔자스대학교에서 언어학과 음성과학을 전공하고, 한림대학교 국어국문학과와 언어청각학부에서 30년간 강의와 연구를 이어오고 있다. 다년간 학제 간의 연구와 『음성과학 용어번역사전』(2001) 및 『언어기관의 해부와 생리』(2009) 등 관련 저술의 집필 경험을 바탕으로, 후학들에게 의사소통장애 및 관련 분야에서 용어 선택의 길라잡이가 되었으면 하는 바람으로 이 용어집을 출간하게 되었다.

의사소통장애 용어집

Dictionary of Communication Disorders

2018년 7월 30일 1판 1쇄 인쇄
2018년 8월 10일 1판 1쇄 발행

엮은이 • 고도흥
펴낸이 • 김진환
펴낸곳 • (주) 학지사
04031 서울특별시 마포구 양화로 15길 20 마인드월드빌딩
대표전화 • 02)330-5114 팩스 • 02)324-2345
등록번호 • 제313-2006-000265호

홈페이지 • http://www.hakjisa.co.kr
페이스북 • https://www.facebook.com/hakjisa

ISBN 978-89-997-1586-0 93370

정가 40,000원

이 도서의 국립중앙도서관 출판시도서목록(CIP)은 서지정보유통지원시스템 홈페이지(http://seoji.nl.go.kr)와 국가자료공동목록시스템(http://www.nl.go.kr/kolisnet)에서 이용하실 수 있습니다.
(CIP 제어번호: CIP2018021462)